U0686767

民國時期圖書館學
報刊資料分類彙編

法律法規卷

滕静静　張珊珊　主編

下　册

國家圖書館出版社

下册目録

關於學校圖書館的法令

關於私立圖書館的法令

關於職員任免和待遇的法令

關於工作標準的法令

關於輔導事業的法令

關於考查社教機關的辦法

關於社教機關開放時間的法令

圖書館立案備案表

籌辦京師大學堂奏片并章程

總理衙門片再本月初十日臣衙門議覆御史楊深秀李盛鐸請設局譯書一摺奉旨依議欽此又軍機大臣面奉諭旨京師大學堂指日開辦亦應設立譯書局以開風氣應如何籌款興辦之處著總理各國事務王大臣一併妥擬具奏等因欽此臣等竊惟譯書一事與學堂相輔而行譯出西書愈多則講求西學之人亦愈衆故以日本區區小國而所設譯局在東京大坂熊本長崎各地者凡十餘處今當更新百度之始必以周知博采爲先譯書既不厭其多則譯局自不妨廣設惟事必呵成一氣始能日起有功查應譯之西書甚緊而譯成一書亦頗不易若兩局同時並譯不相聞問易致複出徒費無益且書中一切名號稱謂亦須各局一律始便閱看故大學堂編譯局似宜與上海之譯書官局歸一手辦理始能措置得宜查上海爲華洋要衝一切購買書籍延聘譯人等事皆較便易既經臣等查有廣東舉人梁啟超堪勝此任奏准在案今京局似可與上海聯爲一氣仍責成該舉人辦理由該舉人隨時自行來往京滬主持其事所有細章皆令該舉人妥議由臣衙門核定施行至京師編譯局爲學堂而設當以多譯西國學堂功課書爲主其中經史等書亦當撮其菁華編成中學功課書頒之行省所關最爲重大編纂尤貴得人梁啟超學有本原在湖南時務學堂編有各種課程之書教授生徒頗著成效若使之辦理此事聽其自行分纂必能勝任愉快至京局用款視上海總局較省應請每月撥款一千兩由戶部在籌撥大學堂常年經費項下一併籌措實爲妥便所有臣等遵旨議覆緣由謹附片陳明伏乞

聖鑒謹奏○謹將京師設立大學堂章程繕單恭呈　御覽　第一章總綱　第一節　京師大學堂爲各省之
表率萬國所瞻仰規模當極宏遠條理當極詳密不可因陋就簡有失首善體制　第二節　各省近多設立學
堂然其章程功課皆未盡善且體例不能畫一聲氣不能相通今京師既設大學堂則各省學堂皆當歸大學堂
統轄一氣呵成一切章程功課皆當遵依此次所定務使脉絡貫注綱舉目張　第三節　西國大學堂學生皆
由中學堂學成者遞升今各省之中學堂草創設立猶未能徧則京師學堂之學生其情形亦與西國之大學堂
略有不同今當於大學堂中兼寓小學堂中學堂之意就中分列班次循級而升庶幾兼容並包兩無窒礙　第
四節　西國最重師範學堂蓋必教習得人然後學生易於成就中國向無此舉故各省學堂不能收效今當於
堂中別立一師範齋以養教習之才　第五節　西國學堂皆有一定功課書由淺入深條理秩然有小學堂讀
本有中學堂讀本按日程功收效自易今中國既無此等書故言中學則四庫七略浩如烟海窮年莫殫望洋而
歎言西學則陵亂無章顧此失彼皮毛徒襲成效終虛加以師範學堂未立教習不得其人一切教法皆不講究
前者學堂不能成就人才皆由於此今宜在上海等處開一編譯局取各種普通學盡人所當習者悉編爲功課
書分小學中學大學三級量中人之才所能肄習者每日定爲一課局中集中西通才專司纂譯其言中學者薈
萃經子史之精要及與時務相關者編成之取其精華棄其糟粕其言西學者譯西人學堂所用之書加以潤色
既勒爲定本除學堂學生毎人給一分外仍請　旨頒行各省學堂悉遵教授庶可以一趨向而廣民智　第
六節　學者應讀之書甚多一人之力必不能盡購乾隆間　高宗純皇帝於江浙等省設三閣盡藏四庫所
有之書俾士子借讀嘉惠士林法良意美泰西各國於都城省會皆設有藏書樓卽是此意近張之洞在廣東設
廣雅書院陳寶箴在湖南設時務學堂亦皆有藏書京師大學堂爲各省表率體制尤當崇閎今擬設一大藏書
樓廣集中西要籍以供士林流覽而廣天下風氣　第七節　泰西各種實學多藉試驗始能發明故儀器爲學
堂必需之事各國都會率皆有博物院蒐集各種有用器物陳設其中以備學者觀摩事半功倍今亦宜仿其意
設一儀器院集各種天算聲光化電農礦機器製造動植物各種學問應用之儀器咸儲院中以爲實力考求之
助　第八節　現時各省會所設之中學堂尙屬寥寥無以備大學堂前茅之用其各府州縣小學堂尤爲絶無
僅有若不尅期開辦則雖有大學堂而額數有限不能逮下成就無幾今宜一面開辦一面嚴飭各省督撫學政
迅速將中學堂小學堂開辦務使一年之內毎省毎府毎州縣皆有學堂庶幾風行草偃立見成效　第二章學

堂功課例　第一節　近年各省所設學堂雖名爲中西兼習實則有西而無中且有西文而無西學蓋由兩者之學未能貫通故偶涉西事之人輒鄙中學爲無用各省學堂既以洋務爲主義即以中學爲具文其所聘中文教習多屬學究帖括之流其所定中文功課不過循例伊唔之事故學生之視此學亦同贅疣義理之學全不講究經史掌故未嘗厝心考東西各國無論何等學校斷未有盡舍本國之學而徒講他國之學者亦未有絕不通本國之學而能通他國之學者中國學人之大敝治中學者則絕口不言西學治西學者亦絕口不言中學此兩學所以終不能合徒互相詬病若水火不相入也夫中學體也西學用也二者相需缺一不可體用不備安能成才且既不講義理絕無根柢則浮慕西學必無心得祗增習氣前者各學堂之不能成就人才其弊皆由於此且前者設立學堂之意亦與今異當同文館廣方言館初設時風氣尚未大開不過欲培植譯人以爲總署及各使館之用故僅教語言文字而於各種學問皆從簡略今此次設立學堂之意乃欲培非常之才以備他日特達之用則其教法亦當不同夫僅通西國語言文字之人亦不能謂爲西學之人才明矣西文與西學二者判然不同各學堂皆專教西文而欲成就人才必不可得矣功課之完善與否實學生成就所攸關故定功課爲學堂第一要著今力矯流弊標舉兩義一曰中西並重觀其會通無得偏廢二曰以西文爲學堂之一門不以西文爲學堂之全體以西文爲西學發凡不以西文爲西學究竟宜昌明此意頒示各省　第二節　西國學堂所讀之書皆分兩類一曰溥通學二曰專門學溥通學者凡學生皆當通習者也專門學者每人各占一門者也今略依泰西日本通行學校功課之程別參以中學列爲一表如下　經學第一　理學第二　中外掌故學第三　諸子學第四　初級算學第五　初級格致學第六　初級政治學第七　初級地理學第八　文學第九　體操學第十　以上皆溥通學其應讀之書皆由上海編譯局纂成功課書按日分課無論何種學生三年之內必須將本局所纂之書全數卒業始得領學成文憑惟體操學不在功課書內　英國語言文字學第十一　法國語言文字學第十二　俄國語言文字學第十三　德國語言文字學第十四　日本語言文字學第十五　以上語言文字學五種凡學生每人自認一種與溥通學同時並習其功課悉用洋人原本　高等算學第十六　高等格致學第十七　高等政治學第十八法律學歸此門　高等地理學第十九測繪學歸此門　農學第二十　礦學第二十一　工程學第二十二　商學第二十三　兵學第二十四　衛生學第二十五醫學歸此門　以上十種專門學俟溥通學卒業後每學生各占一門或兩門其已習西文之學生即讀西文各門讀本之書其未習

西文之學生即讀編譯局譯出各門之書　此章程未完

——摘自《湘報》一八九八年第一百三十一號

第七章經費　第一節　西國凡一切動用款項皆用豫算表決算表之法豫算者先估計此事應需款若干甲項用若干乙項用若干擬出大概數目然後撥款措辦也決算者每年終將其開銷實數分別某項某項開出清單也中國向來無列表豫算之法故款項每患糜弊費帑愈多成效愈少今宜力除積弊采用西法先列爲常年豫算表開辦豫算表然後按表撥款辦理　第二節　中國官制向患祿薄今既使之實事求是必厚其薪俸使有以自養然後可責以實心任事除管學大臣不別領俸外其各教習及辦事人應領俸薪列一中數爲表如下

職名　人數　每人每月薪水　每年合計　總教習　一　三百兩　三千六百兩　專門學分教習西人十　三百兩　三萬六千兩　溥通學分教習頭班　六　五十兩　三千六百兩　溥通學分教習二班八　三十兩　三千八百八十兩　西文分教習頭班西人　八　二百兩　一萬九千二百兩　西文分教習二班　八　五十兩　四千八百兩　總辦　一　一百兩　一千二百兩　提調　八　五十兩　四千八百兩　藏書樓提調　一　五十兩　六百兩　供事　三十　四兩　一千四百四十兩　謄錄　八　四兩四百八十四兩　統計每年開銷八萬一千六百兩　右教習及其餘辦事人薪俸豫算表第一　學生分爲六級每級以所領膏火之多寡爲差列表如下　級數　人數　每人每月膏火　每年合計　第一級　三十二十兩　七千二百兩　第二級　五十　十六兩　九千六百兩　第三級　六十　十兩　七千二百兩第四級　一百　八兩　九千六百兩　第五級　一百　六兩　七千二百兩　第六級　一百六十　四兩七千六百八十兩　附設之小學堂學生　八十　四兩　二千四百兩　總計每年開銷五萬零四百八十兩　右學生膏火豫算表第二　其餘各項雜用列表如下　火食共五百六十人每人每月三兩每年約一萬六千兩　華文功課書每學生一分每分約二兩每年約一萬兩　西文功課書每學生一分每分約二兩每年約一萬兩　獎賞每月一千兩每年一萬二千兩　紙張及墨水洋筆等每年約二千兩　僕役薪工飯食約用一百人每年約三千六百兩　豫備額外雜用每年五千兩　總計五萬六千六百兩　右其餘雜用豫算表三表合計每年共應開銷十八萬八千六百三十兩之譜是爲常年統計經費之數　第三節　開辦經費以建學堂購書購器及聘洋教習來華之川資爲數大宗今略列於下　建築學堂費約十萬兩　建築藏書樓費約二萬兩　建築儀器院費約二萬兩　購中國書費約五萬兩　購西文書費約四萬兩　購東文書費約一萬

兩　購儀器費約十萬兩　洋教習來華川資約一萬兩　右開辦經費豫算表約三十五萬兩　第四節　一切工程及購書購器等費皆由總辦提調經理皆當實支實銷不得染一毫官場積習○第八章新章　第一節　以上所列不過大概情形若開辦以後千條萬緒非事前所能悉定在辦事人各司所職順時酌擬　第二節　功課之緩急次序及每日督課分科分課及記分數之法其章程皆歸總教習分教習續擬　第三節　一切堂規歸總辦提調續擬　第四節　建築學堂分段分齋一切格式歸總辦提調續擬　第五節　應購各書目錄及藏書樓收藏借閱詳細章程歸藏書樓提調續擬　第六節　應購各器並儀器院准人游觀詳細章程歸儀器院提調續擬　第七節　學成出身詳細章程應由總教習會同總理衙門禮部詳擬　第八節　各省府州縣學堂訓章應由大學堂總教習總辦擬定請　旨頒示　第九節　學生卒業後選其高才者出洋游學

——摘自《湘報》一八九八年第一百三十四號

京師大學堂藏書樓章程 第一章 總綱 第一節 藏書樓之設所以研究學問增長智慧一切規模亟應宏廣惟現在開辦伊始諸事尙未擴充現定各章乃就目前情形暫行設立日後隨時推廣所有應增應減各節臨時再行稟請管學大臣核定辦理 第二節 所有 欽定大學堂章程藏書樓辦事各人員均應一律遵守 第三節 藏書樓辦事人員姑就目前情形除本處提調外設正收掌一員副收掌一員供事四員聽差四名日後隨時擴充再行稟明管學大臣審事理 之繁簡分別添設 第四節 藏書樓所儲各種書籍圖報本應無論何人概許觀閱惟現在房舍不敷不得不從權限制今定惟本學堂各人員暨各學生均得入內觀閱盡得取往齋舍其閱書取書各節須按照第二章第三章辦理第五節 查藏書樓規制藏書閱書必須分設今暫就現在情形以樓上爲藏書處樓下除藏書外兼備閱書日後擴充再行相度情形另行布置 第六節 所有各種報章藏書樓均應儲備此項報章應隨時由管學大臣發交藏書樓其閱報章程卽按照閱書章程辦理惟不得取出觀閱 第七節 書籍各項有應行裝訂鈔寫之處由本處提調隨時辦理所用經費由本處開具數目稟請管學大臣批示支取至此外所有應行改設添置各事須由各處辦理者由本處提調照會各處辦理 第八節 藏書樓內不可吸煙所有本處辦事人員暨來本樓閱書者均須一律遵守以昭愼重而免遺誤

——摘自《大公報》一九〇二年十二月二十三日第一百九十號

續錄京師大學堂藏書樓章程　第二章　閱書　第一節　凡本學堂各人員暨各學生來藏書樓閱書須在本藏書樓辦事處所設閱書簿內註明本人姓名及所閱何書并按照本藏書樓所定書目字號照章登註註畢即就本藏書樓閱書處所列坐次任意就坐再由本處辦事人照簿發書惟閱報者可以任便至藏書樓閱書處隨意觀閱不必登簿

第二節　閲書時刻除按照定章放假停課日期外每日早期午前八句鐘起至午後四句鐘止晚期自七句鐘起至十句鐘止遇有寒燠不宜隨時再行釐定惟晚期只能閲報其閲書時刻仍以午後四句鐘爲止　第三節　藏書樓房舍不廣所列坐次均不敷用凡來本處閲書者坐位不足須自行商酌辦理　第四節　凡在藏書樓閲書者所有各種書籍圖報均須加意珍惜不宜使有汚壞傷損如有損壞等事須由閲書人照價賠補　第五節　第一章第七節來藏書樓閲書各人員一律遵照辦理　第六節　藏書樓開辦伊始各項書籍各部尙未多備如需閲之書遇有彼此同需一部者應以先後爲定

——摘自《大公報》一九〇二年十二月二十五日第第一百九十二號

續錄京師大學堂藏書樓章程　第三章　取書　第一節　凡本學堂各人員暨各學生來藏書樓取書者應自書憑據一紙註明本人姓名暨某月某日取閱某書計若干本按照本章第二節取限日期自行註明限若干日繳還並按照本藏書樓所定書目字號註明某字某號由本人持至藏書樓或着差役送至藏書樓由辦事人照據發書　第二節　藏書樓所存書籍每部未能多備若取去時日過久恐觀覽諸多窒礙今就現在情形姑爲限制凡書籍本數在五本以內者限十日繳還十本以內者限二十日繳還其有每部在十本以外須分作數次來取繳還時日以此類推惟編譯兩局暨各教習處不在此例　第三節　外國書籍繳還期日可無須按照本章第二節辦理臨時由取書本人視書卷之多少於取書時自行酌定惟最遲不得過月　第四節　取閱書籍須加意珍惜不宜使有遺失殘缺及汚壞損傷如有以上等情須由取書人照價賠補　第五節　藏書樓開辦伊始各項書籍未備多分如遇有所取之書彼此相須者應以先後爲定　第六節　各項報章遵照第一章第九節辦理不得取出　第七節　取閱之書不得自加批點違者照本章第四節辦理　第八節　取閱各書只許在學堂各齋舍觀覽不得帶出學堂之外至譯書局編書局譯學館醫館各處取閱不在此例

已完

——摘自《大公報》一九〇二年十二月二十八日第第一百九十四號

專件

京師大學堂藏書樓新定章程

一　藏書樓提調遵照定章辦理藏書樓事務其章程所未備或有應行損益之處隨時陳明管學大臣核辦　二　藏書樓辦事人員除提調外暫設正副收掌各一員供事六員均由提調督率照章辦事隨時稽察如有過犯分別黜革并隨時知照總辦以備年終彙報　三　辦事人員遇有與本學堂各處交涉事件由提調會同總辦處及各處提調分別辦理　四　每日午前八點鐘至午後九點鐘爲辦事時刻凡在辦事時刻內收掌供事各員不得私自擅離惟每日酌分時刻更番辦事應由提調派定以均勞逸　五　凡有應置之書籍與教習講授所需各書均由提調隨時回明管學大臣核辦　六　藏書樓各項經費按月造具清册會同總辦公同核定畫押呈送管學大臣閱後發存支應處以備核銷　七　藏書樓所有書籍圖報及陸續所收各件隨時由提調督飭收掌造具清册凡板本帋色卷數本數及撰人譯人姓名朝代均須注明并按照所定目錄依次收藏以便查核　八　各項書籍有應行裝訂鈔寫之處由提調隨時辦理　九　藏書樓各項書籍圖報提調均須隨時檢察并督飭收掌供事各員加意珍惜勿使損壞如有無故損壞等事應責提調照價賠補　十　書籍須編列字號每日查檢號數有無遺失傷損等事箱門平時扃鎖非收發及查檢不開　十一　每季及暑假年假放學日期前一日均由提調督飭收掌供事按照目錄查檢一次有無遺失傷損注明册內照章辦理　十二　每季擇天晴日督率各員所有書籍挨次攤晒一次　十三　每日書籍出入及有何人來本處取閱書報收掌均須逐日登記　十四　所有各種報章每日檢查一次分別收藏如有遺失照章賠補　十五　所有應鈔之件隨時交供事鈔寫所需帋墨各項由提調發條向雜務處支取　十六　藏書樓所儲各種書籍圖報本學堂人員暨學生均得入內觀閱并可取回齋舍惟須按照第十八條至二十八條辦理不強辦事人員以違背定章之事　十七　藏書樓暫就現在情形以樓上爲藏書處樓下爲閱書處日後相度情形再行擴充　十八　所有各種報章應行儲備者應隨時由管學大臣核交藏書樓其閱報章程均照閱書章程辦理惟不得取出觀閱　十九　藏書樓內不可吸煙所有本處各員及來本樓閱書者均須一律遵守　二十　凡堂內各員暨學生來樓閱書者在本處閱書簿內注明月日及所閱何書及本人姓名交辦事人照簿發書　二十一　閱書時刻除按照定章放假停課日期外每日午前八點鐘至午後五鐘晚飯後七鐘至九鐘止遇有寒燠不宜臨時再行更定　二十二　藏書樓房舍不廣所列坐次一時尚不敷用凡來本處閱書者遇有坐位不足由閱書各人須自行設法商辦　二十三　凡閱書取書須加意珍惜勿

使汚壞傷損并不得自加批點如有汚壞批點等事須由閲書人照價賠補　二十四　藏書樓開辦伊始各項書籍每部未能多備凡閲書取書遇有彼此同需一部者應以先後爲定　二十五　凡堂內各員暨學生來本樓取書者須自書憑據一帋憑帋定式由本樓刋印注明本人姓名與月日所取何書計若干本按照定章所限日期自行注明限若干日繳還由本人持至書樓或著人送至書樓由辦事人照據發書倘有錯誤遺失應責成辦事人照價賠補　二十六　藏書樓所存書籍每部未能多備若取去時日過久諸多窒礙今就現在情形姑爲限制凡取書在五本以內者限十日繳還十本以內者限二十日繳還其有本數在十本以上者須分作數次來取繳還時日以此類推　二十七　外國書籍卷帙重而字數密自應畧予變通惟每次取書不得過一本繳還之期不得過一月　二十八　取閲各書須在本學堂內觀閲不得携出惟譯書局編書局醫學館各處取閲者不在此例

——摘自《大公報》一九〇三年三月十二日第二百五十八號

京師大學堂藏書樓增訂閱書借書章程

一閱書時刻現擬照原訂展寬每日清晨七鐘至夜十鐘止凡堂中各執事人員及兩館學生均可來本樓閱看書籍報紙　一凡來本樓閱書各員欲閱何書務宜將書目開明交辦事人照目檢出不得自行繙閱以昭愼重　一藏書樓所存各項書籍圖畫報章分爲兩項一曰尋常項一曰貴重項凡尋常項書中各員生均得借閱至貴重項除章程內所聲明准借者外一概不得借閱　一尋常項貴重項之區別應以藏書樓所定之册爲斷　一貴重項惟管學大臣暨總辦總教習提調襄辦或總教習有准借之憑據乃得借閱　一前准總教習處移知凡各漢洋教習助教所有到藏書樓領取書籍物件應先由本總教習發給條據等語以後自當查照辦理以歸畫一　一各執事人員來本樓借書者除照章自書條據外特另備借書簿一本凡有借書者中本樓將書目本數開明檢同書籍送諸借書之人簽寫收字仍將原簿携回備查　一兩館學生遇有告假出外者應請堂提調處於學生未出館時先行知會本處　一兩館學生所借書籍如有遺失及過期屢次索取不還者擬由本處移知總教習處總辦處酌辦　一藏書樓所藏書籍除現在擬板本部數一細目呈送管學大臣並移總辦外以後凡各省解到之書及本樓添置之書擬按月造册移知總辦處　一遇放年

暑假本樓當清查書籍擬於十日前停止借書并將各處所借之書取回以便整理　以上各條均補原章所未及其餘一切仍照原章辦理

——摘自《大公報》一九〇三年六月二十日第三百五十七號

京师大学堂续订图书馆章程

第一章

第一节　本堂藏庋书籍之所，旧名藏书楼，现照奏定章程，应称图书馆，故于楼额仍沿藏书楼之名，而于章程则标为图书馆，并设经理官以掌其事。

第二节　图书馆除遵守奏定大学堂章程，暨开办藏书楼时原有章程不再复载外，凡此次续定章程，堂内教员、办事员、学生等及本馆各员，均应一律遵守。

第三节　经理官由总监督选择委任，掌理馆中书籍事务，及节制所属供事听差各人，均禀承于总监督。

第四节　经理官应常川住馆，除星期、年暑假及有要事请假外，不得擅离职守。

第五节　图书馆供事人，掌书籍出入，登记簿录，整理各书籍图报，检查收发书籍，及各项笔墨等事，均承经理官之命。

第六节　供事人有簿记书籍之责，即有收回书籍之权，应逐日查明借期已满之书，按照借取章内第三节办理。

第七节　馆内房屋暨应用书橱等项，有须修理添置者，由经理官陈明总监督，知会庶务提调办理。

第八节　本馆立收书、借书簿各一册，每日晚膳后，供事人应将本日所录收书借书各簿，呈经理官阅看。

第二章　收储

第一节　凡图书馆所收中外书籍图画，均由供事人逐日登记号簿，呈经理官阅看，加盖本馆戳记(自此次续订章程后，其戳记即用“大学堂图书馆收藏记”九字)。书籍类盖第一本第一页内左角，图画类盖于右角，分别部居注入清册，向各橱收藏。

第二节　书籍图书及陆续所收各件，既遵原章第七条造具清册，将卷数本数、撰人译人姓氏，区为门类，以便检查，并将洋文之书，按照各国洋文书类别编成目录。

第三节　报章一类，每日供事人至憩息室检收一次，每十日装订一次，分别种类及时日先后，挨号收藏。

第四节　供事人应轮派一人，至书楼上下各橱，每日扫洁一次，或遇大风扬尘，更须不时拂拭。

第五节　凡书籍有脱线破损者，供事人随时查明修整后，依旧安置原处。

第三章　借取

第一节　凡借取书籍图报证纸，概用本馆定式印单，非此不得给发。

京师大学堂藏书楼取书单式

管理员
教　员
预备科　第　类学生　　自习室住　字第　号
师范馆
上　　　　　参考
楼　字　号　文　书　本
下　　　　　教科
于　月　日取
限　月　日缴

光绪三十　年　月第　　号取书单

第二节　本馆借用书籍，依送到印单先后，挨次给发，以免搀越争竞。

第三节　凡教员授课至何处，应发何种教科书，由教员开条，呈明教务提调核过，于原条签字，并加盖戳记，连同教员发给学生名单，交本馆照发。如无名单或未经教务提调核过，概不能发。

第四节　各教科书计日课毕，由原取教员，向学生收回缴还本馆，如有缺少，本馆只向教员收取，不与学生间接，致有推诿。

第五节　凡教员取书，须携大部全册以备参考者，时日暂不限定，惟至多不得过一学期。每届暑假年假前十日，由经理官通知各教员，如限送还，查核一次，各办事官取书者仿此。

第六节　凡学生取书，皆须亲至本馆填写书单，方能照借。一经到限即应缴回，如未经阅毕，准其赴本馆申明，换展期取书证据一纸，仍由供事续登号簿，到限缴还。倘到限不还，又不请展限，除追缴原书外，由经理官将学生姓名牌记本馆，限止再借。

第七节　凡学生取书，逾限不缴，并抗不展限或任意遗失，除限止再借外，并将该书全部原价令学生赔偿，并于立品门内告知监学官扣分，教习、办事员或蹈此弊，禀明总监督酌夺。

第八节　凡教员、学生因事故出堂，教员由教务提调，学生由监学官知照本馆，立时查明，如曾借取书籍，须逐一缴还，方准离堂。

第九节　每届年暑假放学前十日，由经理官悬牌告知，各学生所借各书，无论缴还日期已到未到，应逐一向本馆缴清，统核数目，查明有无缺失。

第十节　教员学生有于年、暑假内不回籍者，其前取借各书，亦于此时收齐截止，俟本馆将书籍查点清楚，并查明年、暑假未回籍之教员学生名单，再行凭取书条检付。

第十一节　若遇书籍仅有一部，取借之后尚未缴还，而他人复需借阅者，应由经理官询明借书人缓急情形，或由经理官给条，令暂向原借者翻检片刻，或俟其还日知照来取，如逾三日不取,复被他人借用,经理官不能留以相待。

第十二节　不得将书籍图画,展转更借他人,一经查出,由经理官陈明总监督,此后禁用本馆书籍,若因而遗失,须由原借者赔补。

第十三节　教科书必须按计课毕归还,所以备异日新班之用。然或学生于接读第二课时,尚欲将第一课之本留住温习,似未便阻其勤学之意,拟展限至一学期,届时即行归还,不再延长假借。

第十四节　教科书用有破损,缴还时须察看情形,其或油污墨渍,妄加涂乙,或附粘图画,私自裁去,万难复用者,令学生赔缴半价,该书即与学生。其非教科书,而借取后污坏批点者,应照原章二十三条,责令赔补,不容宽假。

第十五节　本馆储有外洋图画,教员学生取去观览,仍与教科书一律办理。

第十六节　除教科书及图画外,其余外洋各种参考书,教员学生借取者,应按照原章第二十七条限期缴还。

第十七节　本馆所备东西洋文参考各书,如教习学生同时借阅,自当让与教习,以明秩序。即有已经出借者,教习登时来取,当向学生处收回,不问缴还期限之满与否。

第四章　禁约

第一节　中外书籍借取时,供事人须将书橱号数及所携册数,逐一查明,不得少报多付,并不归原有号数安置,至碍于检查。

第二节　凡借取书籍图画,须将印单交由供事检查,取出呈阅,不得由取书人自行入室信手翻检。

第三节　取书条应由供事人按日逐一检点存储,并登录册记,以备到限收书,交还原条,如有遗失,照本章第六节处治。

第四节　图书馆内除吸烟应照原章一律禁止外,至每日上灯后,书橱全行锁闭,概不取阅,以昭慎重,其或教员学生于预备堂应用之书,均于上灯前条取。

第五节　供事人遇星期放假,虽停办公事,须轮留一二人在馆,不得全班出外,平时有要事请假,须由经理官许可,不得逾限回馆,年暑假亦照星期假,不准全班回籍。

第六节　供事人须勤慎当差,如有别项嗜好,擅离职守,及遗失取书条等项,由经理官陈明总监督,分别斥退。其遗失书籍,情节较重者,仅予斥退,不足示惩,当陈明总监督,另行办理。

第七节　凡系本堂教员、办事员、学生等,如有强本馆以违背章程之事,均由经理官陈明总监督办理。

第五章　附则

第一节　此次续订章程,其实行之日,以总监督批准为始,除揭示图书馆外,并刊印多本,以期周晓。

第二节　凡原章所载各条,皆为续订章程所无,须新旧参看,一律遵守。

第三节　凡此次章程,或仍有未备与应行损益之处,随时由总监督酌度情形,另行颁布。

(录自北大图书馆藏单行本)

——摘自《北京大學史料第一卷(一八九八—一九一一)》

北京

進士館藏書樓條規〇一藏書樓開辦伊始現存書籍圖報須登記總簿俟購備完齊分別種類逐一造具清册送呈監督以憑察核　一藏書樓所存書籍圖報收掌供事須加意檢點勿令損失倘有無故損失即由辦事人賠補　一凡學員借閱書籍地圖倘有汚穢損失照價賠償亦不得展轉借觀若私自通融致有汚穢損失等事即歸具條借書之人賠補　一凡學員借閱書籍不得過三種每種不得過十本凡借書在十本以內者繳還限期不得過一月其本數少者限期以此類推惟洋書卷帙繁重可畧予變通每本借閱之期以二十日爲限　一凡學員借書籍至藏書樓取借書條親自注明齋號姓名書目限期月日交辦事人查照登簿隨將書籍檢發或飭聽差持條至藏書樓領取　未完

——摘自《大公報》一九〇四年六月八日第七百號

續進士館藏書樓條規○一凡學員借閱書籍地圖務須珍惜不得任意批點以昭慎重　一凡藏書樓所有各項報章只在閱報處閱看均不得取至齋舍以昭劃一　一本館現在創辦一切未能擴充如閱報處座位不敷輪次到閱以免擁擠　一凡在館學員因事請假在半月以外者由檢察處先期知會藏書樓恐有借閱書籍各項等情以便清查　一藏書樓書櫥依次編列字號所有書籍每日收掌查檢數櫥尤須加意扃鐍除查檢及借書外不得啓鑰　一本館現在創辦應用書籍未能多備如有同需一書者即以先後爲定　一藏書樓所存書籍凡在館人員皆可借閱務須照章辦理不得有逾限制　一藏書樓收掌供事均須隨時照料勿稍疏虞除星期休假外如有緊要事件不得擅離職守　一凡學員暨各辦事員借閱書籍各項均不得携出館外一律遵照定章庶免遺失　一凡學員暨辦事人員借閱書籍故違定章由收掌回明提調斟酌辦理　一每逢年假之期於前十日停止借書並已借出書籍地圖等項須一律取回由收掌會同供事照簿清查以防遺失　已完

——摘自《大公報》一九〇四年六月九日第七百〇一號

浙撫咨送浙江法政學堂章程

第一章　總則

第一條　本堂宗旨在造就行政及裁判人材以爲一切新法之豫備

第二條　本堂先置簡易科教授關於法律政法及經濟學術之大畧俟

察看程度添置專修科

第二章 畢業年限及課程

第三條 本堂定於一年半爲畢業期限分爲三學期但須除去暑假年假扣足六個月爲一學期

第四條 本堂之學科課程表如左

學科	第一學期每星期鐘點	第二學期每星期鐘點	第三學期每星期鐘點
人倫道德	一	一	一
皇朝掌故	二	二	二
大清律例	二	二	二
中國文學	三	三	三
世界歷史	二	二	二
各國地理	二	二	二
法學通論	四		

科目			
比較國法學	四	四	
國際公法		四	二
國際私法		二	四
經濟學		四	一
財政學		一	四
刑法	二		
民法		四	四
裁判所構成法		二	二
民刑訴訟法	二		
比較行法法	四	四	
政治學	四		
警察學	四		
監獄學	二		

商法			四
統計學			二
合計	三六	三六	三六

以上各科均由各科教員編輯講義分任教授每學期終由監督彙呈察核

第五條　本堂於每星期原定功課三十六點鐘外由國文教習命題課試策論幷作日記隨時呈送教習評閱每星期終與講義彙呈巡撫察閱

第三章　學額及入學

第六條　本學堂額暫定二百名均為通學官額一百二十名地方九十名鹽務三十名紳額八十名倘官額不足數時暫准以官浙各員子弟年在二十歲以上三十歲以下者考補

凡本省官員地方自同通以下鹽務自運副以下年在五十歲以內者

均得報名投考但已在他項學堂畢業及實缺署缺要差者不在此限

至道府運同等官有不願考者可作旁聽員有願與考者須與學員一律辦理

凡本省紳士投考者須具一定之資格（一）品行端正（二）年在二十五歲以上四十歲以下者（三）國文有根抵者（四）須由地方官備文保送或得公正紳士保證者（五）無嗜好及疾病者

第七條　本堂入學試驗當由巡撫示期扃試凡經取錄者均由開學前五日親自來堂塡註願書以憑查核

第四章　退學及除名

第八條　學員有半途退學者均應按月罰繳本堂費用洋銀十元如實有特別事故應行退學經監督許可者不在此例

第九條　本堂學員有如左之事項應即除名

一正當之事理輟課在一箇月以上者

二學業分數屢列下等無成業之希望者
三違背學則屢戒不悛者
四品行不良者
五身膺錮疾及沾染嗜好者
依前次之規定除名者不論官紳應詳請巡撫核辦以示懲警而肅堂規其罰繳費用仍照第八條例
第五章　考驗及畢業獎勵
第十條　本堂考驗分列如左
一臨時試驗每一學科講授畢時應由教員命題試驗記明分數
二學期試驗於每學期末由監督定期請教員出題面試記明分數分別次第及曠課時日繕册送監督彙齊填明成績表呈請巡撫察核
三畢業試驗於第三期末由巡撫臨堂督同教員考驗以定等第
第十一條　各科試驗分數均按照學部改定各學堂考試章程辦理

第十二條　凡遇試驗期如有因疾病及不得已事故不得與試者准其申明事由定期補行特別試驗託故規避者不得援例

凡學期試驗各科有不及格者得於次學期試驗時呈請再行試驗但畢業試驗不及格者須留堂補習一學期果能試驗及格照章給獎

第十三條　本堂畢業考試及格者呈請巡撫分別等第給與畢業文憑並照修律大臣奏准專設法律學堂章程將各學員銜名試驗分數造册咨送各部查核其官班列最優等者酌委差缺以示鼓勵

第六章　告假及假期

第十四條　學員除例假外無故不得告假即有不得已事故亦須禀明監督給與假條向教務處登記假簿方准免予上課否則仍作曠課論

第十五條　本堂之假期均按照學部頒發假期表辦理

第七章　講堂規則

第十六條　學員須各依所定時刻上課不得延誤凡先未請假臨講不

到者作曠課論於一學期平均數內扣抵

第十七條　講堂功課學員均須逐日筆記由教員或譯員檢閱酌正

第十八條　教員到堂均須起立致敬

第十九條　上講堂後非經教員許可不得擅離坐位

第二十條　上下講堂須有次序不得淩亂

第二十一條　講堂以內皆爲教員權限所在上堂後須遵守規則服從教員之命令不得喧笑偶語躡足附耳

第二十二條　講堂以內不論何人均不得擅行出入卽監督及辦事人到堂亦須得教員許可方得入內

第二十三條　聽講時遇有疑難之處須俟教員講畢就講義範圍內從容起問不得故意詰難

第二十四條　不論教員學員在堂時均不得接見賓客致妨功課

第二十五條　凡參觀者欲入講堂時須由庶務長告明教員許可後方

得入內如兼欲聽講須與學員一律守講堂規則

第二十六條　講堂內有痰盂不得隨地吐沫紙片粉筆亦不得任意拋棄

第八章　職員

第二十七條　本堂職員之名稱如左

一監督　二會辦（因開辦事繁暫設僅給夫馬不支薪水）　三教務長　四教員　五譯員　因聘用日本教員添延譯員　六庶務長　七會計員兼書記　八書記員　九圖書員

第二十八條　關於延聘札委辦事人員及堂中一切應辦之事均由監督主持會商會辦定議施行

第二十九條　教務長專稽核各學科課程及各學員課業勤惰品行優劣隨時整理以圖進步

第三十條　教員除擔任一定學科外兼隨時考察學員優劣記錄功過

月終彙交監督會辦以備綜核

第三十一條　譯員就認定之學科任通譯之責並得隨時檢查學員勤惰

第三十二條　庶務長管理主稿領款檢察辦事人及其他關於庶務之事項隨時稟承監督會辦決議施行

第三十三條　會計專司銀錢出入一切報銷每月終會同庶務長編列四柱清册彙送監督會辦處存查

第三十四條　書記專司擬稿及一切文牘

第三十五條　圖書員專司藏書室收發書籍兼理閱報室一切事務

第九章　經費及校址

第三十六條　本堂常年經費分額支活支兩項額支計洋銀一萬五千四百十二元活支每月約計洋五百元按月造册報明巡撫及藩司惟活支款項應由何處撥給詳候巡撫批示遵行

第三十七條　本堂現就省城小米巷空間軍裝局房屋稍加整理改爲校舍以節經費隨後再行擴充

第十章　規則

第三十八條　本堂規則均應一律確守不得以一二人之私意害全堂之公益

第三十九條　同學之中宜互相親愛不得彼此歧視

第四十條　不論何人不得在堂飲博及吸食鴉片煙

第四十一條　本堂不備膳宿凡學員到堂上課不得自帶僕役致碍學則每日課畢散歸

第四十二條　學生入堂每逢典禮日期官員應備公服行禮紳員公服常服均聽其便平日一律須用常服不得率用西裝惟外國教員譯員不在此例

第四十三條　凡堂中職員均不得曠職如非假期內確有要事必須申

明事由方得請假

第四十四條　堂中無論何人親友均不得在內歇宿

第十一章　藏書室及閱報室

第四十五條　本堂所備各種圖書報章專爲學生研究學問周知時事起見均宜加意珍惜如任意損擲油汚墨染及毀壞殘缺等情須照價賠償

第四十六條　無論職員學生借閱書籍應在借書劵內注明某日某人取書幾本限於當日歸還向圖書員取付不得自行翻閱致無秩序

第四十七條　藏書室除本堂職員學員可按時出入外他人概不得入內借閱書籍

第四十八條　所有書籍報章不得私帶出門及私借與人

第四十九條　凡在藏書室及閱報室內不得大聲談笑不得任意吐沫拋棄紙片

第十二章　接待所休憩所

第五十條　接待所專爲欵待來賓而設他人概不得擅入即學員亦不得無故閒坐

第五十一條　休憩爲功課暇時游息之地不得喧呼笑謔有壞規則

第五十二條　休憩所兼爲飲茶之所吸水旱烟者亦限在此室内

山西蒲州府中學堂各項規則

堂內通守規則

一本學堂所定各種規章或關於全體或關於一部分無論何人均應一律恪遵不得違抗

二凡事均有分際卽當各守權限員司學生均不得干預本學以外之事其監督監學及教員因爲地方謀公益盡義務之故被衆所推舉辭不獲已力能兼顧者禀明本府亦准放任

三欲杜紊規之漸須嚴門禁爲先本學堂大門夏秋每日以六點鐘啓門九點半鍵戶冬春每日以六點半啓門十點鐘鍵戶諸人外出應於鍵戶以前歸室如有遲逾不准既鎖復開

四授課時間夏秋日長大畧每日以七點鐘起至五點鐘止正午畧停以避炎暑冬春日短大畧每日以八點鐘起至四點鐘止不宜過遲不宜太早以齊秩序關於作息時間應詳定作息時間表張示各處俾人一望而知

五堂内人員如自帶僕役均應命其遵守本堂規則將來學制漸充由堂分派公役以備使喚即不准自携僕從

六建築膳堂後在堂職員教員學生均應一律就膳堂會食以免時候參差

七堂内員司人等除例假外遇不得已事故請假均須自行覓代其應送給代理人薪資工食由本人自理與堂無涉

八在堂員役均不准有吸食鴉片賭博牌骰等嗜好

九堂内不准設筵欵客惟開學散學午秋二節員司教習或公筵欵待或自相慶賞不在禁例但不宜拇戰喧嘩致傷大雅

十無論何人不許留親友在堂膳宿

員司職務

監督

應綜攬全學博採衆長不執成見不惑異議不任一己之私不徇衆人之情

凡教界事界諸人均有稟承本府秉公進退之權

凡本學堂以外之事不應與聞其因公推舉者又作別論

監學

本學堂設監學處一所畧師湖北普通學堂之意設監學一員於教界事界諸端皆得承本府意在監督處會同各員集議改良管理諸法惟不涉銀錢不預教課

督飭學生恪守規則勤於上課復習稽察學生有無不良行爲隨時記簿載册學生有惰於上課者應直接勸戒之使其勤於課習

簿記學生品行優劣學課勤惰分數若干考核各教員送到各表按月彙列總表報告本府及監督

監督以下各員司出入應向監學告知俾可登簿備查

學生請假應否照准由監學核定登記假簿令請假者至齋務長處知會銷假時亦然如有遲逾假限不返者報告監督核辦

教員

教務長及諸教員應遵　奏定章程及本學堂所定各學科目程度切實循序教授不可專己自是淩躐棻亂致乖教育實際

教科以外內外界事教員毋庸干預

凡教員當按所定日時入講堂教授不可曠廢功課貽誤學生遇不得已事請假應自行覓代送修

授課時學生到否各學科目分數若干每星期記明草簿備考月終匯錄總表交監學處

學生品行亦由教員分門暗記月終錄交監學處

齋務長暫由教習二員兼任

自修室寢室學生出入起居均歸稽查管理

他人例假時齋務長必留一人在堂照料

凡學生告假於監學處領取准假對牌即應告知齋務長塡明休假表俟回堂向監學處銷假後該生仍報知齋務長俾彼此浹洽

學生每月津欵及考試奬賞由會計核明數目開具名單依期送交齋務長按名轉給諸生以杜從前挪移侵扣諸弊

夜間未息燈以前職司尤重凡遇學生有不應爲之事輕則勸戒重則會同監學告知監督

兼有稽詧齋舍僕役之權令其按時整潔

庶務長庶務員會計

庶務長凡本學堂置備器具圖籍紙張筆墨各項應用等件以及歲修泥木工作隨時妥爲購置經理

教員等應領紙劄表册簿籍粉筆墨水等項並體操衣械悉歸收發庋藏

庶務員承庶務長意帮同辦理一切報告上課下課之號音庶務員督飭堂

役對准時刻按次鳴報毋任遲速參差

稽查全堂夫役如有違規滋事者同庶務長告知監督輕則斥退重則懲辦

管理全堂公用物件不時查驗有無損毁

會計應按照定期致送在堂辦事人員薪水工食勿徇情濫借預支致多轇轕

學生津膳月奬等項按月開單核數依期送交齋務長轉行散給每月底向監學處查明本月學生請假日期及有無罰過扣奬以便核算各欵應行催收欵項隨時征收

活支各欵隨時給發登明簿記毋稍遺漏

按月將收支欵項分別額支活支列册報明府署備查

書記長司錄

繕辦公牘示榜收管一切文件書函簿册課卷核算學生積分按月分報監督監學　司錄佐其繕寫講義等項

庶務長有兼顧不及處書記長應盡相助之義務應常住堂內不准任意請假

司書暫由庶務員兼充

專管書報室藏書樓書籍圖畫儀器標本毋得毀失

學生借閱書報依限索取毋任久假不歸如有遺失歸司書賠償

有遵庶務長調遣指揮之義務

學生規則

一學生以遵守本堂規章勤於課習爲本分

二奏定章程考核品行尤爲注重學生益宜自勉

三非星期例假不得出門即例假日晨出必於下午八點鐘歸舍

四不得托詞酬應買物諸小事任意請假曠課其實係正確要事暫假出堂者須課畢始能核准每次以二小時爲率每月毋過二次

五家中有要事請假必有父兄保人書函陳明監學方能給假仍由本生至

齋務長及各教習處告知緣由然後出堂但不得續假不得逾限

六婚假喪假各准給一月但婚期係由人而定總以改至年假暑假時免致曠課爲合宜

七學生每以戚族婚喪事請假嗣後一概不准該父兄亦應切囑子弟及時力學勿任借端作輟

八學生有病由同齋學生陳明齋務長告知監學驗明屬實方准酌定假期如逾假未愈准其酌量續假惟回家調理者至多只准給假一月逾期開除名額

九除例假病假婚喪假外其因事請假過多者月終核計酌扣勻得分數每一日扣一分

十例假後無故延逾不到者每遲一日扣勻得總分二分屢次逾限者記過

十一年假暑假滿時應一律齊到以便按期開學如有無故遲逾一星期以上者開除名額

十二學生對於本堂管理員教員均應恭敬不拘堂內堂外邂逅相遇必須肅立致敬

十三學生宜留心習學官音

十四學生如有陳訴事情應告知值日生代稟本堂管理員不准聚衆要求藉端挾制停課罷考違者擇尤懲處

十五平時課餘遊散不得擅出大門舉動勿效輕薄勿涉蠻劣

十六每班學生依次輪流值日每一星期更換一人周而復始

十七性質愚鈍於各學科目不能兼顧難期精進者應隨時淘汰未便姑息

十八學生凡有學養未定偶蹈愆尤由監督監學教習分別其過失大小酌予簿記大率積小過三次爲一大過積大過三次例必除名毋謂言之不預也

十九將來建設膳堂學生均應就膳堂餐飯不得紊越坐次關於膳堂規則俟後別定之

二十除學業以外堂內堂外雜事學生概不得預聞

二十一凡在齋舍學生均歸監學齋務長管理

二十二本堂於齋舍中分備寢室自修室兩式凡在堂學生均應住宿堂內不得無故留宿堂外

二十三學生入堂時由監學會同齋務長指明派定所住齋舍以後不得隨意更換

二十四凡齋舍均　編號以便早晚稽查

二十五本學堂現在規模尚狹齋舍亦不甚多學生中暫時毋庸公舉舍長

二十六學生起居餐膳須按照堂內所定時間

二十七若有疾病或特別事故須留宿堂外者先期陳明齋務長及監學

二十八齋舍內公用器具不得有意蹧蹋損毀

二十九學生親友來堂者概不准留飯住宿

三十凡學生親友來訪時須在應接所談會不得引至住室關於應接所規

則別定之

三十一齋舍內無論何時不得任意喧嘩

三十二同學須互相禮讓不得爲有損名譽舉動

三十三寢室自修室之規則另酌定之

三十四學生遇有本堂增添規則新施禁令概不准任意阻撓抗不遵行違者分別情節輕重由監督稟明本府核辦

三十五規則有未詳盡處隨時酌改揭示

書報室規則 附藏書樓規則

一書報室所備各種圖書報紙係爲本堂人員公共瀏覽起見不得携出堂外並轉借他人

二書報室限本堂教員管理員及學生入覽

三入覽時間每日以八點鐘至五點鐘止夏日晷長得展延一點鐘

四室內另備書報目錄入覽者指明何種由司書人取出交閱閱畢仍交收

藏不得任意亂翻

五另備閲書簿一册如有欲領至本人住室以備參考者將姓名書目本數月日借限逐一登記或蓋章或畫押畢由司書人照簿發書依限繳還但借限不得逾十日以外

六領閲書籍至多不得過十册前書未繳者不得再領他書或有兩人同領一部者以先後爲定

七借閲之書未曾繳還司書人註明簿内不得遙自轉給第二人借閲

八入覽或領閲圖書報紙均宜加意珍惜如有任意汚損短少由閲者照價賠償司書人於收還時若不聲明或失於檢查被最後取閲者詧出即責令司書人照賠

九不准在書籍報紙上圈點批評

十在書報室内不得大聲談笑不得吸烟及隨地涕唾

十一藏書樓所藏圖籍等項均應分門别類登記簿册標明號數部數本數

幅數如有續行添購依次記入以備查考

此項簿册照樣兩分一存監督處一交庶務長收管騎縫處蓋用本府印信以杜弊竇

十二所藏各圖籍遇有連陰潮濕時應俟晴霽卽行晒晾以防損毀蟲蠹

十三不得持燈燭及引火之物入藏書樓亦不准將容易燃火之物與書並置一處如化學藥水之類

十四藏書樓鎖鑰歸庶務長收管

講堂規則

一講堂以內均爲教員權限所在學生入講堂後一切須遵教員命令

二每次上課散課分別酌定號音

三學生一聞號音各備應用紙筆課本按坐次先後魚貫齊集講堂不得遲逾三分鐘教習不得逾五分鐘

四既入講堂不得復出違者由教習記過知會監學塡入册內

五無故不上課者記過一次

六教習上堂時聽値日生口號同時起立致敬教員歸坐後同時坐定課畢教習出堂時亦起立致敬學生於散課時必俟教員出堂然後整齊魚貫而出不得爭先凌亂其聞散課號音後功課尙未了結者亦不得遲逾五分鐘後始出講堂

七學生出入講堂均按坐次先後進退由値日生率領而行講堂坐次皆按派定名次無得攙越

八授課時須一律肅靜不得互相言語

九除應用物件外不得携帶他物入內

十聽講時如有疑義俟教習講畢然後請業遇有問難當和平措詞不得偃蹇執拗

十一上課時不得擅離坐次凡質問疑義祇可就本位肅立非有教員命令不得趨近講臺

十二入講堂時雖夏月亦須長衣歸坐後准卸去長衣惟不得袒裼

十三各學科目悉聽教員指授或用教科書或用講義學生當就範圍毋得藐視竊議違者記過

十四當上課時無論教員學生有何要客不得接見

十五飲茶及大小遺均當在散課暫息時刻

十六每次上課由教員按簿點名一次

十七講堂內不得吸煙飲茶涕唾

十八不守講堂規則不聽教習約束者記過一次其尤甚者會同監學告知監督懸牌斥退

十九講堂記過三次記大過一次者扣總分一半二次者扣十分之三一次者扣十分之二記大過二次者扣總分全份三次者斥退

二十凡教習所記學生大小過失月終彙送監學處核辦

操場規則

一體操一科爲强壯身體運動筋骨振興尚武精神練成異同能耐勞苦之基礎

二聞上操號音卽各更換操衣靴帽接次魚貫齊集操場整立靜待教員上課

三學生到操場時値日生於教習未到之先檢視各生衣履是否整齊

四啞鈴及球竿兵式體操應用鎗械各學生皆至儲藏室取齊始到操場

五教員到操場時値日生呼令敬禮後報明到操請假人數教員記之

六操畢散隊後卽將所用軍裝鎗械安置原處不得任意拋棄

七操場卽教員權限所在學生須聽教員命令指揮不得爭先亂次以致擁擠傾仆違者記過

八須到操時必須按時上課不得畏難託故請假致有間斷

九架揁等事未經教員指授不得自行嘗試視同兒戲致蹈不虞違者記過

十各生到操均宜潛心學習一律整齊不准任意談笑擅離行次違者記過

十一操場記過由教員自記知會監學入册例與各項功課同

十二操場內准學生於日課餘閑作種種有益之運動

應接所規則

一本所專爲學生接待外客之所除上講堂外學生如有親友相訪由司閽詢其姓名來意入內告知本學生一面將來賓引至所內相見

二無論何人親友如本人在講堂時不得接見接見後聞上課號音來賓卽應告退

三學生在應接所與親友晤談不得逾十分鐘如在例假日不拘此例

四學生送客以二門爲限不准遠送

五學生見客只准備茶點不許留飯

六在應接所內不准大聲談笑

寢室規則

一學生起眠時刻由齋務長及監學按時酌定

二眠起以鳴金爲號

三晨起後房門即應關鎖須俟寢時方准開入

四就寢後一律息燈不准私自燃燭

五寢室內被褥衣服等件均須每日摺疊整齊各項用品器具亦應拂拭清潔不得拉雜汚穢

自修室規則

一除寢食及上課外學生宜常在自修室

二自修室於入學時由齋務長及監學派定後各製名牌訂懸室外以後不得隨意更換

三各人書籍須隨時整頓

四在自修室內不得大聲誦讀亦不得任意喧譁致碍他人功課

五同室學生宜互相敬禮毋得諧謔輕薄

盥所浴室梳薙室規則

一本學堂所設各室所概以潔淨清爽有裨衛生爲目的員司學生均宜注意清潔之行爲幷時令僕役整潔之

二每號齋舍設一盥所學生不得於寢室內盥漱

三盥所內宜常令堂役灑埽

四盥所用具各生自備堂內只供備棹橙盆架水桶等件其湯水由堂役於晨興飯後等時妥爲預備

五本堂設有浴室備隨時入浴

六溫浴涼浴任人自便惟病人則宜熱浴

七入浴時間以早晚食前十分鐘爲宜

八沐浴於人有澡身却病之益雖疏密不妨從便惟蒲郡夏秋之間空氣溫度頗高暑熱熏蒸最易致病故夏秋宜於勤浴必須每日一次春冬兩季則可稍疏約每星期一次如願日日入浴者仍聽其便

九沐浴時應用巾胰一概自備

十浴室宜飭堂役時時洗滌清潔浴後汚水隨時傾棄不准存留

十一學生欲梳薙時應至梳薙室內按次先後梳薙

十二薙髮匠只許在梳薙室守候不准擅入各室

十三薙髮匠如有紛擾齋舍及滋事口角者照僕役一律懲治

十四梳薙應用手巾等類學生自備

十五薙髮匠不得將亂髮等拋棄室內

僕役規則

一本學堂所有僕役人等對於堂內管理員教員學生一律均須恭順

一派定執事即屬各有專責必須各司其事不得推諉懶惰

一非奉差使不得擅自出外其自有要事須外出者當向庶務處告假

一堂內僕役庶務長有稽察督飭之權

一在堂人員有自携僕從者仍須悉聽堂中約束違者更換其主不得迴護

一門禁宜嚴責成司閽按時謹愼啓閉凡進出諸人一律由門役詳細詢問

其不應出入而出入者許該門役稟聞監督核奪

一司茶水者如用水不潔有碍衛生另選更换司炊膳者烹調不潔亦同

一無論何項僕役凡有滋事互鬬及駡詈者不必理論曲直一律革退

一所用僕役不得吸鴉片煙及飲酒賭博犯者立卽斥革

坿條

除以上各種規則外如禮儀規則學堂禁令賞罰規條接待外賓規則經費規則膳堂規則等遵照奏定章程酌量辦理茲不贅列

——摘自《學部官報》一九〇七年第四十一期

蒙藏專門學校規程

查此項規程規則等件業經本部於七年六月二十日核准并經該校遵照部案將第二章第四條修正茲特一併刊布俾便查考

第一章　通則

第一條　本校以開發蒙藏青海人民學識增進文明造成法政專門人才為宗旨

第二條　本校所收學生本不分種族惟因西北閉塞而辦此學故重在多收蒙藏青海學生

第三條　本校學額劃作十二分計算內外各蒙古占二十分之十西藏占二十分之三青海及其左近各回部占二十分之二其餘二十分之五專收漢滿兩族學生

第四條　徵集蒙藏青海學生時由各盟長將軍都統各辦事長官挑選咨送其來京路費由本旗酌量補助

第五條　蒙藏青海學生概不收學費其膳宿費暫援優待蒙藏條例由公家備辦以示提倡至內地招考學生不納學費膳宿自備

第六條　本校為預備蒙藏青海學生升入專科起見於校內附設中學科

第七條　本校經費由蒙藏院列入預算函請財政部按期發給

第八條　本校直隸於蒙藏院由教育部考核

第九條　凡關於學校通行章程為本規程所未列者得遵教育部規程辦理

第十條　本規程如有未盡事宜得隨時酌核修正

第二章　法政專科規程

第一條　學科設法律科政治科經濟科各科修業年限預科一年本科三年非經預科畢業不得入本科

第二條　預科本科各科科目如左

預科科目

法學通論

經濟原論

心理學

論理學
倫理學
國文
蒙藏文
英文

法律本科科目

憲法
行政法
羅馬法
刑法
民法
商法
破產法
刑事訴訟法
民事訴訟法
國際公法
國際私法

蒙藏文
英文

以下各種科目得選擇一種以上習之

刑事政策
法制史
比較法制史
財政學
法理學

政治本科科目

憲法
行政法
政治學
國家學
國法學
政治史
政治地理
國際公法

外交史
刑法總論
民法概論
商法概論
貨幣銀行論
財政學
統計學
社會學
蒙藏文
英文

以下各種科目得選擇一種以上習之

農業政策
工業政策
商業政策
交通政策
殖民政策
政黨史

經濟本科科目

憲法
行政法
經濟史
貨幣論
銀行論
財政學
財政史
農業政策
工業政策
商業政策
交通政策
殖民政策
統計學
保險學
簿記學
民法概論

商法
蒙藏文
英文
以下各種科目得選擇一種以上習之
商業史
商業地理
國際公法
刑法總論
政治學
交易市場論
倉庫及稅關論

政治經濟本科科目
憲法
行政法
政治學
刑法總論
國際公法

民法概論
商法概論
貨幣銀行論
農業政策
工業政策
商業政策
交通政策
殖民政策
財政學
統計學
簿記學
蒙藏文
英文
以下各種科目得選擇一種以上習之
國法學
政治史
外交史

經濟史
商業史
保險學
第三條 入學資格以中學畢業得有畢業證書者爲合格
第四條 各盟旗中學畢業之蒙古學生得由該管長官咨送來京經本校試驗方准入學
第五條 凡預科入學之第一學期爲試學期試學期滿試驗不及格者令其退學
第六條 試學期內學生缺席至三十日者令其退學

第三章 附設中學科規程

第一條 本科以完足普通敎育造成健全國民爲升入專門之基礎
第二條 本科修業年限四年
第三條 本科學額至少以二百名爲限
第四條 本科科目
修身
國文
蒙藏文
英俄文
歷史
地理
數學
博物
物理化學
法制經濟
圖畫
手工
樂歌
體操
第五條 入學資格以高等小學畢業及與有同等學力者經試驗及格方准入學
第六條 各地咨送學生額數每年斟酌情形公平派定之
第七條 本科學生依入學前後分班敎授每班至多不得過五十人

蒙藏專門學校現行規則

第一章 職務規則

第一節 校長

第一條 督率各員主持全校事宜

第二節 教務主任

第二條 稽核各學科課程各教員教授法管理教務一切事宜

第三節 教員

第三條 分教各種科學並負訓育學生之責

第四節 學監主任

第四條 掌訓育學生管理學生一切事宜

第五節 學監

第五條 分管學生一切事宜

第六節 庶務主任

第六條 管理庶務一切事宜

第七節 寢室管理員

第七條 約束學生出入檢視寢室被服注意衞生等事

第八節 事務員

第八條 承校長各主任學監指導分任一切事宜

第二章 約規

第一節 教員教授約規

第九條 教員除授課外在教室有執行教室規則之責有約束學生之權

第十條 各科教授之目的及方法一遵民國教育方針不得持各人之偏見紛歧學生之思想致不能收教育上圓滿之效果

第十一條 教員平時考查學生學行之優劣應隨時登入日記冊每學期終送交教務課以便核定操行等次但遇特別情形應隨時報告

第十二條 教員請假應先期知照以便通告學生並記入缺席表

第十三條 教員請假不宜過多如必須請庖代人時應有一定期限所有庖代人薪金即在本教員薪金內支付

第十四條 教員薪金按照到堂鐘點計算

第十五條 教員所編講義應於授課前二日送交教務課以便繕印

第十六條　教員評閱試卷應於試驗後二週內送交教務課以便核算分數

第三章　辦事規則

第一節　教務辦事規則

第十七條　教務課一切事宜由教務主任主持

第十八條　每學期與各教員商訂功課並擬定教授時間表

第十九條　每屆學期學年接收各教員評定之試卷查核平時分數平均計算於二週內製表送呈校長核閱並行宣布

第二十條　每屆學期學年試驗後應將審查各生操行等次列表宣布其有功過者分別准其抵銷

第二十一條　所有繕寫以及核算分數一切事宜由教務主任斟酌分配

第二十二條　藏書室由教務主任指派一人專管

第二節　庶務辦事規則

第二十三條　庶務課一切事宜由庶務主任主持

第二十四條　校中支出經費除額定外如有特別用欵稍鉅者須請校長核定

第二十五條　每年三月內應將本年七月起至次年六月止各項用欵造具全年度預算書

第二十六條　每月初五前應將下月份支付各欵造具預算書

第二十七條　收支欵項應詳記出納簿按欵分類登記每月初十日前造具上月分支出計算書

第二十八條　本校薪水定於月終支付概不預支

第二十九條　典守鈐記以及收發文件保管器具等項由庶務主任分配辦理

第三十條　校中夫役人等由庶務課管束其有懶惰誤公及舞弊滋事者立即斥退

第三節　寢室管理員辦事規則

第三十一條　管理員有約束學生出入檢視寢室被服注意衛生等事之責

第三十二條　管理員應設寢室學生姓名簿分室登記以便稽查

第三十三條　寢室各生每晚自習時管理員或學監均得巡視一二次藉查各生勤惰

第三十四條　管理員處設請告宿假簿一冊凡每晚請告宿假學生登記於簿

第三十五條　每晚搖鈴大門關閉後管理員須至寢室點名一次如查有私出而未歸校者卽於請告宿假簿內該生姓名之下註明私出以便懲處

第三十六條　寢室各生請告宿假理由如不充足或假期過多時管理員得不准其假

第三十七條　請告宿假簿每屆月終呈送校長閱核

第三十八條　寢室各生如有不服管理員訓誨及侮慢行爲者管理員得陳明校長分別記過開除

第四節　敎務課事務員辦事規則

第三十九條　繕寫敎務一切事宜

第四十條　辦理試驗以及核算分數一切事宜

第四十一條　管理藏書室閱報室以及圖畫標本操具各項事宜

第四十二條　繕寫講義應各認若干頁以專責成而免諉誤

第四十三條　講義末尾須由繕寫人署名以便稽核

第四十四條　繕寫各門講義須字體端正筆畫清楚

第四十五條　講義繕印後應送敎務主任核閱

第五節　庶務課事務員辦事規則

第四十六條　繕寫庶務一切事宜

第四十七條　典守鈐記及盖用文件

第四十八條　凡校中一切用品應登記簿冊

第四十九條　大門啓閉有一定時間四五六七八九十以上七個月早五鐘啓門晚十鐘半閉門十一十二一二三以上五個月早七鐘啓門晚十鐘半閉門除有特別事故外倘有逾法定閉門時間以後請求開門者卽由庶務主任查明記大過一次逾三次者開除

第六節　會議室規則

第五十條　會議時以校長爲主席如校長缺席時以敎務主任代之

第五十一條　會議時間由主席臨時酌定

第五十二條　會議時各主任敎員學監管理員均應列席

第五十三條　會議之事項共分三種

一　關係全校事宜

二　改定校章

三　遇有特別事項應公同商定者

第四章　管理規則

第一節　教室規則

第五十四條　坐位次席經編定後不得自行更易

第五十五條　聞上課鐘聲不得遲至五分鐘後上課

第五十六條　教員上課下課時各生須起立致敬

第五十七條　各生在教室內均應肅靜聽講不准說話

第五十八條　教員講時如有疑問須俟教員講畢再行起問

第五十九條　除教授時間外如遇教員請假各生均應在教室自習

第六十條　教室內不准吸食茶烟及携帶學科外一切書籍

第六十一條　學生在校不得無故而不上課

第六十二條　上課時不得隨意出位倘遇必要事件應向教員陳明方准出室

第六十三條　每堂上課後由學監查點一次如有缺席者即在缺席牌所列姓名之下註明缺字以便登記不得自行塗抹

第六十四條　每教室設班長一人副班長一人維特秩序

第六十五條　職教員到教室視察時各生不必起立

第六十六條　遇有參觀人入教室時非有職教員命令不必起立

第六十七條　學生如有補領講義時每門不得過三頁每一學期不得補發三次

第六十八條　違反以上規則者由職教員斟酌情形分別記過

第二節　操場規則

第六十九條　凡遇上操之時應在休息時間豫將操衣更妥聞上課鐘聲即入操場

第七十條　教員上下操場排長應呼令致敬與教室上課同

第七十一條　每班設班長二人由教員指派每學期更換一次

第七十二條　在上操時間以前教員尚未到場排長有隨時照料維持秩序之責

第七十三條　上操後雖在少息時間亦不得任便行動言語

第七十四條　下操後收置操具排長從旁監視以免淩亂

第七十五條　操衣器械各宜愛護如有損壞者應由排長隨時報告庶務課以便查核

第三節　試驗規則

第七十六條　試驗分學期試驗學年試驗畢業試驗三種

第七十七條　學期試驗於學期終行之但自一月至三月之一學期得免試驗

第七十八條　學年試驗於學年終行之但屆畢業時得免學年試驗

第七十九條　畢業試驗於修業最後之學年終行之但未屆畢業以前遇有一科目教授完竣時得先行試驗屆畢業時即以所試驗之分數爲該科目之畢業試驗分數

第八十條　評定試驗成績分甲乙丙丁四等

甲　八十分以上

乙　七十分以上

丙　六十分以上

丁　不滿六十分

前項丙等以上爲及格丁爲不及格

第八十一條　平時成績由教員審查學生勤惰與其學業之優劣隨時判定

第八十二條　試驗時領卷歸座後不得無故出位

第八十三條　各門試卷概不更換

第八十四條　不准交談及左右觀望並不准另紙起草

第八十五條　倘有傳遞夾帶等情一經查出除扣卷外並記大過一次

第八十六條　無論何項講義書籍均不得攜帶入室

第八十七條　各門功課均須錄寫全題無題者扣分

第八十八條　須按限定時刻交卷逾時者雖有佳卷亦不收閱

第八十九條　交卷即須出室不得逗留

第九十條　試驗時如有不得已事故未能與試者須於試驗前將確實理由陳明方准補試但不得遲至一月以後

第四節　筆記簿規則

第九十一條　每學期每學生發給筆記簿一本以備隨時鈔錄教員口授之用

第九十二條　筆記簿面須將本生姓名及第幾學年第幾學期

註明

第九十三條　此項筆記簿不准撕扯汚損

第九十四條　各生筆記簿於每學期試驗後交由班長彙送教務課轉呈校長閱看

第九十五條　如屆呈交之期有遲延不交者除限令交出外並記過一次

第九十六條　每屆學期開學之始仍由班長向教務課領回分交各生

第五節　班長規則

第九十七條　每班設正副班長各一人由同班學生公舉須經學監認可方准充任

第九十八條　各班班長於每學期上課後二週內卽應舉出

第九十九條　蒙藏學生所用書籍筆墨文具等件應由班長開具領用收據向庶務處領取發給各生如有請假者該項物品卽由班長收存俟該生到校補發

第一百條　班長爲諸生代表凡一切條規均宜倡率諸生遵守

第一百一條　學生如有呈請事件關係全班者須由班長代陳

第一百二條　同班學生如有不規則之行爲者班長應隨時勸阻倘有不服准其報明學監分別輕重辦理

第一百三條　各班班長每學期更換一次如任事勤愼認眞者准其留任若不勝任隨時查明更換

第一百四條　各班班長始終任事盡職者由校長酌給獎勵以昭激勸

附則　排長舍長任事有能盡職者亦得援照此條辦理

第六節　請假規則

第一百五條　學生請假時須向學監陳明理由

第一百六條　學生因事缺席須當日請假如不請假及次日補假者均以曠課論

第一百七條　學生請假除孝假有定期外其餘無論因事因病如假期屆滿仍不能上課者必須繼續請假否則以曠課論

第一百八條　學生遇有親喪請假者以兩星期爲限如願早銷假者聽

第一百九條　此項假期缺席時間得免與普通缺席計算

第一百十條　此項假期以丁父母暨祖父母艱者爲限

第一百十一條　此項假期於丁艱之日起算不得推前挪後

第一百十二條　告親喪假者須於丁艱三日內書具假單

第一百十三條　學生欲回籍回旗奔喪者除額定兩星期外應覩道路遠近酌給假期

第一百十四條　如一學年請假至四十小時者應扣學業成績總平均一分如逾二十小時者扣半分多少以此類推

第一百十五條　缺席時間如逾授課時間三分之一者不得與學期學年試驗

第七節　休業規則

第一百十六條　八月一日爲學年之始以翌年七月三十一日爲學年之終

第一百十七條　學年分爲三學期

元月一日起至三月三十一日爲一學期

四月一日起至七月三十一日爲一學期

八月一日起至十二月三十一日爲一學期

第一百十八條　暑假休業四十日寒假休業十日年假休業十四日其起止日期臨時酌定春假休業七日自四月一日起至七日止

第一百十九條　紀念日日曜日均休業一日

第八節　曠課規則

第一百二十條　曠課至二十小時者除扣學年學業成績總平均半分外並記過一次

第一百二十一條　英文上課時間缺席逾三分之一者不得與學期試驗其繙譯默書文法三項交課不足三分之一者亦不得與學期試驗

第一百二十二條　體操在一學期內缺席逾授課時間三分之一者不得與學期體操試驗

第一百二十三條　手工在一學期內不交功課逾實習時間三分之一者不得與學期手工試驗

第九節　操行規則

第一百二十四條　學生操行由各主任學監敎員隨時審查默記於冊

第一百二十五條　各主任學監敎員於每學期內以平時審查所得註於操行表送請校長核定

第一百二十六條　操行成績以甲乙丙丁四等評定之

第一百二十七條　學生每學年操行成績列丙等以上者爲及格列甲等者由校長給以獎勵

第一百二十八條　學生畢業時應以操行成績與畢業成績參酌定之

第一百二十九條　操行分爲氣質智力感情意志容儀動作言語七項

第一百三十條　凡記過者不能列甲等記大過者不能列乙等

第一百三十一條　凡學業成績未及格其分數相差不及十分之一而操行成績列乙等以上者得升級或畢業如學業成績僅能及格而操行成績列丁等者得停止升級或畢業

第十節　獎勵規則

第一百三十二條　一學期無假者記功一次

第一百三十三條　一學年無假者記大功一次

第一百三十四條　各門科學學期學年試驗俱過七十分者記功一次過八十分者記大功一次

第一百三十五條　凡班長排長舍長一學期盡職者記功一次

第一百三十六條　學生記功可與過相抵

第一百三十七條　凡記功三次者得幷爲一大功記大功一次而無過者由校長分別給與褒獎狀

第十一節　懲戒規則

第一百三十八條　懲戒分記過退學兩項

第一百三十九條　記過之事項如左

（一）志氣昏惰敎室功課不勤者

（二）違反規則不服訓誨者

（三）對職敎員傲慢失禮者

（四）告假不銷不申述理由者

（五）欺侮同學辱罵口角者

（六）任意喧嘩塗畫墻壁者

第一百四十條　退學之事項如左

（一）聚衆要挾停課罷學經勸諭不服者

（二）嬉玩功課侮慢敎員屢戒不悛者

（三）性情驕縱行爲悖謬不堪敎訓者

（四）身膺痼疾沾染嗜好查驗確寔者

（五）留級二次以上不及格者

（六）曾經學期扣考兩次者

第一百四十一條　凡犯記過各項情節較輕者記過情節較重者記大過記過三次幷爲一大過大過三次以上酌令退學

第一百四十二條　記過除校長執行外凡各主任學監教員均得執行但必陳述理由由校長宣布

第一百四十三條　凡由校發給文具及操衣操帽手工器具等項退學者須將原物交還庶務處

第一百四十四條　退學由校長執行

第十二節　藏書室規則

第一百四十五條　學生取閱書籍應由管理事務員取出須在本室內閱看不得携往他處

第一百四十六條　學生閱書不得圈點損壞違者照全部價值索賠

第一百四十七條　閱畢將書籍交還管理事務員放置原處

第十三節　閱報室規則

第一百四十八條　新開雜誌藉以周知時事擴充見聞在校各

生於課業既畢可隨意觀覽

第一百四十九條　報紙不許携出室外或割裂汚損

第一百五十條　室內務求肅靜各報閱後須整理次序安置桌上不得任意拋棄

第一百五十一條　室內不得飲茶吸煙及高聲言笑

第一百五十二條　凡在上課時間不准在閱報室閱報違者記過

第十四節　飲茶室規則

第一百五十三條　飲餘之茶不得傾潑於地

第一百五十四條　茶杯木器不得任意損壞違者照原價索賠

第一百五十五條　室內不許洗滌文具

第十五節　寢室規則

第一百五十六條　寢室各生無故不得請假在外寄宿但遇有緊要事故當晚必不能歸校者應先向管理員領請告宿假單註明事由及借宿處所經管理員給假後方准出校

第一百五十七條　凡因事請告宿假所陳理由及借宿處所如有虛僞情事一經査出輕則記過重則開除

第一百五十八條　寢室各生如不請假私自出外當晚而不歸校者每次記過一次

第一百五十九條　寢室各生出外晚間如逾法定閉門時間以後歸校者每次記大過一次逾三次者開除

第一百六十條　寢室各生每晚自七鐘至九鐘爲自習時間

第一百六十一條　自習時不得翻閱學科以外各種書籍

第一百六十二條　在自習時間不得隨意往來談話

第一百六十三條　每晚自習時間以搖鈴爲號

第一百六十四條　寢室內每室設寢室長二人由各生公舉經管理員認可負維持室內一切事務之責

第一百六十五條　寢室牀桌電燈洋爐等件不得擅自移動損壞

第一百六十六條　每早搖鈴後各生卽須一律起牀每晚搖鈴後各室卽須一律息燈

第一百六十七條　各生每日起床後應將被褥折疊齊整不得隨意亂置

第一百六十八條　各生在寢室內不得飲酒猜拳高聲談唱

第一百六十九條　各生傳喚校役不得任意狂呼

第一百七十條　各生就寢後卽不得談話致妨他人眠睡

第一百七十一條　各生在校或寢室除書籍衣服及學校應用物品外不准携帶其他物件違者如經學監管理員檢查得寔照章懲辦

第一百七十二條　各生携有銀錢貴重物品者均須點交庶務課代爲儲存

第一百七十三條　寢室內除木器茶水燈燭並冬日煤火外餘均自備本校概不供給

第十六節　應接室規則

第一百七十四條　本校設應接室二處一職員應接室一學生應接室

第一百七十五條　凡親友來校拜會者須在應接室靜候

第一百七十六條　無論何人親友均須在應接室會談不得擅入校內如有來校參觀者應回明庶務主任派員招待

第一百七十七條　學生會客時間在午前課畢及午後課畢非所定時間內概不准接待外客如遇有緊要事件須回明庶務

主任於下課時接見

第十七節 傳達室規則

第一百七十八條 凡校外之人不得令其擅入

第一百七十九條 凡來賓卽時通報並須註明姓名住址

第一百八十條 會學生者如在上課時間不得通報

第一百八十一條 外來公文信件立卽照送不得遺失延擱

第一百八十二條 對於來賓不得有傲慢之色

第一百八十三條 傳達室內不得容留閒雜人等住宿

以上未盡事宜除查照部令辦理外並隨時體查情形再行規定

指令北京高等師範學校該校修訂現行簡章應准照行文 第一千二百三十七號 七年十月五日

呈悉該校修訂現行簡章各條均尚妥適應准照行此令

附原送簡章

第一章 立學總則

（一）要綱

第一條 本校以養成師範學校中學校教員爲宗旨

第二條 本校設預科本科補習科及專攻科專修科

第三條 本校設附屬中學校及高等小學校國民學校以便教生實地練習

第四條 本校暫附設職工科（另有簡章）

（二）學科

第一條 預科本科計分六部曰國文部英語部歷史地理部數學物理部物理化學部博物部

第二條 預科本科各部所習之科目如左

國文部

（預科）倫理學 論理心理及教育學 英文 數學 歷史 圖畫 音樂 體操

（本科）倫理學 心理及教育學 國文 英語 歷史 哲學 美學 體操

本部以日文爲隨意科

英語部

（預科）倫理學 論理心理及教育學 英文 國文 德文 數學 圖畫 音樂 體操

（本科）倫理學 心理及教育學 英文 國文 德文 歷史 哲學 美學 言語學 體操

歷史地理部

（預科）倫理學　論理心理及教育學　國文　英文　日文　數學　中國史　西洋史　圖畫　音樂　體操

（本科）倫理學　心理及教育學　國文　英文　中國史　東亞史　西洋史　史學研究法　地理學通論及人文地理學　中國地志　外國地志　地理實習　法制經濟　人類學　體操

數學地理部

（預科）倫理學　論理心理及教育學　國文　英文　數學　物理　圖畫　音樂　體操

（本科）倫理學　心理及教育學　數學　物理　化學　天文學　測量學　簿記學　手工　體操

本部以日文德文爲隨意科

物理化學部

（預科）倫理學　論理心理及教育學　國文　英文　數學　物理　化學　圖畫　音樂　體操

（本科）倫理學　心理及教育學　英文　數學　物理　化學　天文及氣象學　簿記學　手工　體操

本部以日文德文爲隨意科

博物部

（預科）倫理學　論理心理及教育學　國文　英文　日文　生理及衛生學　植物學　化學　圖畫　音樂　體操

（本科）倫理學　心理及教育學　英文　植物學　動物學　鑛物及地質學　圖畫　農學　剝製學　體操

本部以德文爲隨意科

第三條　補習科所習之科目如左

修身　國文　英文　數學　音樂　體操

第四條　專攻專修等科所習之科目如左

教育專攻科　倫理學　論理心理及教育學　德文及德文學　國文　言語學　哲學　美學　體操

體育專修科　心理及教育學　國文　體操　拳術　柔術　體育原理　體育史　軍事學　體育場設備及管理法　生理衛生學　醫學大要　音樂

（三）學額及修業期限

第一條　本校以一千人爲足額現設本科十六班預科四班補習科一班教育專攻科一班體育專修科一班職工科四班共約八百七十人

第二條　修業期限本科三年預科一年補習科一年教育專攻科四年體育專修科二年

（四）學年學期及休業日

第一條　一學年分三學期以陽歷八月一日爲學年之始

第二條　修業日爲暑假　年假　春假　春節　夏節　秋節　冬節　日曜日　民國紀念日　孔子誕日　本校紀念日

（五）入學退學休學及懲誡

第一條　入學資格預科以師範學校或中學畢業者爲合格專攻專修等科以師範學校中學校畢業或具有同等之學力者爲合格

第二條　應考各生由各地方長官選送者須交出履歷書像片畢業證書及地方長官咨送公文其由本校招考者應交出履歷書像片繳納試驗費有畢業證書者並須呈驗證書

第三條　各科入學試驗之科目如左

預科　國文　英文　數學　歷史　地理　理化　博物

教育專攻科　國文　外國文　歷史　地理　數學

體育專修科　國文　英文　數學　體操　生理學

第四條　試驗入學之學生須塡具入學願書服務願書指定正副保證人各一人塡具保證書並應繳納保證金十元

第五條　本校不收學費預科本科補習科學生由本校供給食宿其餘制服書籍等項概由自備專攻專修科學生之待遇其規則另定之

第六條　新生入學後概以一學期爲試學期試學期滿舉行甄別試驗不及格者令其退學

第七條　試學期內學生因事故不能上課缺席至三十日以上者得令其退學

第八條　學生於一學期中其缺席時間逾授課時間三分之一者應卽令其休學

第九條　學期之始學生應於開學前到校其遲到逾十五日

以上者得酌量情形令其休學

第十條　修學期滿之學生應於學年之始距開學十日前呈請續學經校長核准得應編級試驗插入相當學級肄業若無相當班次得酌量延長修學期限

第十一條　學生有學力劣等身體羸弱或品行不良及其他事故校長認為不適於教職者令其退學

第十二條　學生非有不得已事故經校長許可者不得退學

第十三條　學生因違背校規斥退或任意退學者應償本校所給各項用費每月學費三元膳費五元宿費一元

第十四條　學生有學行優良者校長得施以左列之獎勵

一言語獎勵　二名譽獎勵

第十五條　學生有違背校規之行為時校長得酌量輕重施以左列之懲誡　一勸誡　二記過　三斥退

(六) 試驗升級留級及畢業

第一條　試驗分為甄別臨時學期學年畢業五種

第二條　甄別試驗於新生入學第一學期之終行之其成績即作為該學期試驗成績

第三條　臨時試驗由教員定期行之

第四條　學期試驗於學期終行之

第五條　學年試驗於學年終行之

第六條　學年成績參照學年試驗分數及學期臨時試驗分數於教員會議評定之

第七條　畢業試驗於畢業時行之但行畢業試驗時得免去本年學年試驗

第八條　畢業成績參照畢業試驗分數各學年試驗分數實地練習分數於教員會議評定之

第九條　本科及專科學生學年試驗成績在丙等以上升級不及丙等留級但學業成績雖不及丙等而分數相差不及十分之一其操行成績列乙等以上者得經教員會評議由校長決定令其升級

第十條　預科學生修業期滿成績在丙等以上者升入本科不及丙等者令其退學但分數相差不及十分之一者照第八條辦理

第十一條　凡應留級學生無級可留者得令暫隨原班聽講

滿三月後再加以試驗如能及格卽准其升級否則令其退學

第十二條　畢業成績在丙等以上者給予畢業證書其不及丙等者參照第八條辦理令其畢業或留級或退學

第十三條　學生因事告假其缺席時間每日以六小時計算每缺席四十小時扣本學年試驗總平均分數一分多於四十小時者每逾二十小時遞扣半分不告假而缺席者加倍扣分

第十四條　學生因故未與試驗得於次學期開學後一週以內請求補考經校長核准者得補行試驗但須減其所得分數十分之一請求補考之期甄別試驗學期試驗學年試驗均以次學期開學後一週爲限臨時試驗以得教員之允許爲限

第十五條　臨考時未經校長允許無故缺席者概不准補考

（七）服務

第一條　本校本科及專攻科專修科學生畢業後均應服務

第二條　服務限期分別如左

本科六年　教育專攻科四年　體育專修科二年

第三條　遇有不得已事故得由本校詳准教育總長展緩服務期限或解除之

第四條　在服務期限內有左列事項之一者應令償還本校所給各項費用

一未盡教育職事之義務者

二懲戒免職者

三教員許可狀被褫奪者

償還各費亦可酌量情形呈准教育總長令其免繳或免其一部分

第二章　管理細則

（一）教室規則

第一條　上課散課均依號鐘

第二條　上課時一律著制服

第三條　聽講時應一律脫帽

第四條　先教員入後教員出教員就坐離坐時均起立行敬禮

第五條　坐位均依編定次序

第六條　教授時非得教員允許不得羼問

第七條　問答時必須起立

第八條　聽講時不得偶語

第九條　涕唾必就唾壺

第十條　非本課應用之圖籍物品不得携入

第十一條　學生上課遲至五分鐘以後即作為遲到遲到三次作為缺席一次

第十二條　每班舉正副班長各一人一學期一任其所任事項如左

正班長

(1)注意教室規則之實行　(2)上課前後傳達教員之意見於同班生代陳同班生之意見於教員　(3)注意同班生上課散課時之秩序　(4)教室器具有損缺須補者隨時通知教務課

副班長

補助正班長之不及與正班長負聯帶責任正班長缺席時代理其職務

(二)　教室服務生規則

第一條　本校各班學生除現充正副班長者均有充當服務生之義務

第二條　服務生每班每週當值者四人以第一第二第三第四等稱別之由教務課按照坐次表輪派

第三條　服務生所任事項如左

第一服務生擔任關於功課事項（如領發講義報告缺席人數及註寫教室日記等類）

第二服務生擔任保管點名册及用具（如收送點名册粉筆及整理墨水鉛筆等類）

第三服務生擔任整潔教室用具事項（如拭黑板拂几椅及啓閉窗戶檢視痰盂等類）

第四服務生擔任裝飾事項（如陳列成績品灌溉花木及懸掛教育圖畫等類）

第四條　如遇有難定性質之事項由教務課指定擔任之

第五條　服務生所負之責任以輪值之本週為限

第六條　服務生請假時以坐次最近者代之如銷假在當值期內者仍自接理其職務

第七條　服務生應將逐日經理事項註入服務日記冊每日報告教務課一次

第八條　每學年終由教務課核定各班服務生之職務勤惰給予分數加入操行成績勻算之

（三）　操場規則

第一條　體操時聞鈴迅赴操場

第二條　在操場內不得離位行動及任意談笑

第三條　演操時應服從教員指揮約束不得違抗

第四條　習器械體操時應順次至體操室取出器械操畢仍自將器械安置原處

第五條　學生有保存經理器械之責如有損壞應隨時由班長報知教員以便修理

第六條　整隊散隊時向教員正立致敬

（四）　修學旅行規則

第一條　本校本科學生修學旅行以史地部博物部爲限

第二條　修學旅行以二次爲限於第二第三學年行之

第三條　教員率領學生修學旅行時旅費之規定如次表

第四條　助手或校役隨行時旅費之規定如次表

第五條　修學旅行中學生因事中途歸校者從翌日起停給旅費但有特別事故者不在此限

第六條　旅行中豫定日程變更之時不支給豫算以外之旅費但有特別事故者不在此限

第七條　校長得斟酌情形增損旅費

第八條　旅行出發之前五日由教員作豫算書送校長核准然後交會計課出發之前一日支給旅費

第九條　凡關於公共費用如運送行李等費由學校支給

第十條　旅行告畢歸校後兩週間以內將旅行報告書交教務課旅行決算書交會計課保存

旅行費表

	火車費	輪船費	每日旅館及零用
教員	二等	二等	一元半

學生	三等	三等	一元
助手	三等	三等	一元
校役	三等	三等	六角

(五) 齋舍通則

第一條 本校本科預科學生以在校寄宿爲定則專攻科專修科學生不在此限

第二條 每日起寢會食及授課時間均由本校表示之

第三條 除例假外在授課或自習時間內非有不得已事故不得請假

第四條 學生因病或因事告假不能上課或自習者應向學監陳明事由聽候准駁

凡應陳明之事如左

(一) 本人疾病 (二) 父母近親疾病 (三) 其他必要事項

第五條 學生請假外出外宿或歸里遇有特別要事不能按照假期回校者當先期函達學監陳明事由

第六條 學生在自習時間內無故缺席而又不告假者當由學監就操行成績酌量扣減分數

第七條 除例假日及土曜日無須點名外每晚自習時間內各生均須在自習室聽候學監點名

第八條 本校寄宿學生不得外宿但有家眷在京得於土曜日曜兩日回家住宿

第九條 在校寄宿學生遇有疾病應入調養室醫治病症較重或易於傳染者由本校斟酌情形令入醫院或准其回籍調治

第十條 損失校中物品須照價賠償

第十一條 齋夫專供洒掃司閽及取送洗濯衣服等事之用不得隨意遣往遠處

第十二條 各自習室寢室置正室長一人副室長一人各號置分室長一人值日生一人分室長由同號生中選舉正副室長由分室長中互選當一學期一任值日生由同號中按次序輪派

第十三條 正室長受學監之指揮管理室內一切事務其所

任事如左

(一)傳達學監之意見於同室生代達同室生之意見於學監 (二)注意全室內之整潔衛生 (三)清理寢室內用器勿令破損 (四)注意應接所調養室閱報室食室浴室盥漱室便所關於整理清潔等事 (五)注意各項布告

第十四條 副室長輔助正室長之不及正室長有疾病或事故時代理其職務

第十五條 分室長輔助室長分任管理號內一切事務其所任事項如左

(一)注意號內之整潔衛生 (二)注意各項布告 (三)整理號內器具 (四)照料同號生之疾病

第十六條 值日生之職務如左

(一)擔任號內之整潔衛生及打掃事 (二)擔任室內氣溫及燈火門戶事

(六) 自習室規則

第一條 自習室坐位應按照編定號次不得移易

第二條 每晚七時三十分振鈴學生一律入自習室九時三十分振鈴各歸寢室

第三條 自習時間內學監隨時至各室巡視每晚點名一次

(七) 寢室規則

第一條 寢室牀位應按編定號次不得移易

第二條 晨起時須將衣服被褥各自整理每星期並須晒晾一次

第三條 上課及自習時間寢室一律關鎖但土曜日下午及例假日有須變通時由齋務課另行酌定辦法

第四條 自息燈後不得私自燃燭

第五條 學生如有銀錢在十元以上應送存銀行或交本校會計課代存給予手摺不得存於室內

第六條 學生所帶箱篋應存於寢室床箱之內無床箱者存於行李室不得任意度置

(八) 食堂規則

第一條 聞鈴入堂各覓號次入座

第二條 會食均自行盛飯

第三條 不得換菜添菜或隨帶食物

第四條　食品如有不適衞生者由室長於下堂後報知管理員處理

第五條　會食時不得言笑食畢即退

第六條　會食時間以三十分鐘爲限逾時概不補設

（九）　醫藥室規則

第一條　校醫按規定日期來校寄宿學生有病者可按時到室就診

第二條　非診視之期學生如遇急病得通知學監請校醫來校特診其病輕者可至齋務課領取就診卷赴校醫處診治通學生在授課時間內遇有急病亦得參照本條辦理

第三條　學生就診應按到時先後診視不得攙越

第四條　校醫開方後學生持方至藥室取藥仍按先後次序

（十）　調養室規則

第一條　本校寄宿學生有病由校醫診斷後通知學監移入調養室重者由學監陳明校長令入醫院或酌令回家調養

第二條　病人親友來校探視者與病人交談不得過三十分鐘

第三條　調養室特派夫役一名專司看護兼任煮藥洒掃等事

第四條　室內應力求潔淨病人所用器具須特別存置不得通用

第五條　本校不設中醫遇有學生願服中藥者由學生自覓醫士診治

（十一）　盥漱室規則

第一條　室內由本校安設面盆以備盥洗之用

第二條　室內面盆不得攜往他處

第三條　手巾胰皂均由學生自備

第四條　學生盥漱用具應存放室內不得攜入他室

（十二）　浴室規則

第一條　入室洗浴以在校寄宿學生爲限

第二條　入浴時間應隨時由齋務課酌定通告

第三條　手巾胰皂均由學生自備

第四條　室內設特別浴盆一具專備患皮膚病或其他疾病者洗浴之用又設木盆兩個以備學生洗濯零物之用

公牘

（十三）行李室規則

第一條　學生入校每人所帶箱篋行李以兩件爲限

第二條　學生寄存箱篋應自行封鎖註明姓名交夫役送至行李室並報齋務課由齋務課事務員登簿箱內所存物件由學生自行點記

第三條　除日曜外每日課畢以後得到行李室取放物件惟不得持火入室

第四條　取放物件時應通知齋務課由事務員執鑰偕往

第五條　行李室內概不得存珍貴物品

（十四）學生應接所規則

第一條　學生親友家族來校會晤者應在應接所接見

第二條　上課時間不得會客

第三條　學生親友家族欲入校參觀者應通知教務課由事務員引導

（十五）圖書館規則

第一條　本館蒐集圖書供本校職敎員學生參考之用

第二條　圖書之閱覽時間規定如左但有特別情事及依時宜之伸縮增減從本學校之命令四月開課之日起至六月暑假日止每日午前八時至十二時午後二時至六時九月開課日起至翌年三月底春假日止除年假春假外每日午前八時三十分至十二時午後二時至六時日曜日仍照前項時間規定土曜日午前仍照前項時間之規定午後休館年假春假午前八時三十分至十二時開館午後休館

第三條　國慶日紀念日元旦春節夏節秋節冬節植樹節均休館一日若遇臨時休館則另行布告

第四條　每月第四週之日曜日爲掃除期停止閱覽

第五條　每年之曝書期定爲九月內行之以兩週間爲限臨時由主任商承校長定之

第六條　館內圖書非各研究室各課及各敎務主任指定學生講堂用書外無論職敎員學生均不得以個人名義貸用前項之貸用須在每日午後開館行之

第七條　貸用圖書至多不得逾四週間但各研究室之參考書及指定學生講堂用書之繳還期過不能依上定期限時得由各敎務主任臨時酌定

第八條　閱覽者對於圖書遺失汚損及毀棄者賠償其同一之圖書或相當之金額
第九條　閱覽者須依本館之閱覽表規程而行
第十條　本規則如有未盡事宜時得由主任商承校長修改

（十六）　圖書館閱覽規程

第一條　閱覽圖書者欲覽某項圖書須向圖書目錄函內自行檢擇
第二條　閱覽者擇定圖書須向閱覽劵交付所領取閱覽劵并記註其所示之事項及書名號數以邈向圖書出納所繳劵領取圖書
第三條　同時閱覽之圖書數華裝者每次不得逾五本洋裝者每次不得逾三本幷須隨取隨還

（十七）　閱報室規則

第一條　本校學生皆得入室閱報
第二條　凡非授課及自習時間皆得入室閱報
第三條　入室閱報不得將報紙撕破或携出室外
第四條　閱過之報須疊置整齊安放原處
第五條　室內器具須注意保存不得損壞塗抹

（十八）　貸用品領繳規則

第一條　本校爲便利學生起見凡關於教科之參考書籍及應用器械准由學生借用
第二條　貸用之物品以現時上課或自習必需者爲限
第三條　上課時所需之貸用品其貸用期限由教務主任或教員定之
第四條　自習時所需之貸用品其貸用期限由教務主任或教員定之
第五條　領繳貸用品時應於貸用品領繳簿上自書姓名月日及領繳字樣不得託人替代
第六條　領取貸用品後卽負保管責任倘有損壞遺失應照式修理或賠償
第七條　公共貸用之物品由班長領繳之並由班長負保管之責任
第八條　貸用之物品逾貸用期三日以上而延不繳還者停止其貸用之權利至繳還後爲止

第九條 應修理或賠償之物逾十日而未照辦者應停止其貸用之權利至修理或賠償完竣爲止

第十條 貸用之物品延至本學期之終仍未實行繳還或修理賠償者卽作價由保證金內扣還如學生無保證金或所損物價過保證金金額者應由保證人賠償

（十九）參觀規則

第一條 凡欲參觀本校者須先得本校校長或職員許可然後導入

第二條 接待室設有參觀人題名簿參觀人須將姓名職業書於簿上

第三條 參觀人所帶僕從不得隨入

第四條 參觀教室不得有違背教室規則之舉動

第五條 參觀過一小時者必經本校許可

第六條 休業日概不接待

——摘自《教育公報》一九一八年第十六期

咨各省區北京女子高等師範學校招生請如額選送文第一千零八十七號八年六月五日

爲咨行事據北京女子高等師範學校呈稱屬校業奉部令改組當經擬訂簡章於下學年分設各科呈

准在案茲距暑假期近用特擬訂招生簡章與業經核准之暫行簡章分印成冊呈請大部鑒核並准通行各省區教育行政官廳剋期選送到校覆試庶免遲誤等情到部除照准外相應檢同原件咨請貴公署查照招生簡章如額選送準期到校覆試可也此咨

（附註）本案已同時訓令業經成立之各省教育廳

附北京女子高等師範學校暫行簡章

立學規則

一 宗旨

第一條 本校以養成女子師範學校女子中學校教員管理員及小學校教員管理員蒙養園保姆為宗旨

二 編制

第二條 本校設預科本科專修科研究科選科並酌設講習科補修科

預科本科分為文科理科家事科分部如下

文科計分三部為國文部外國語部史地部

理科計分二部為數物化學部博物部

家事科暫不分部

第三條 本校附設女子中學校女子高等小學校及國民學校蒙養園為學生實地練習之所

三 學科

第四條 預科本科各部所習科目如下

一 國文部

預科科目為倫理教育國文英文數學歷史論理圖畫樂歌體操

本科科目為倫理教育國文英文數學歷史哲學家事樂歌體操而以日文或法文為隨意科

二 外國語部 暫以英文為主

預科科目為倫理教育國文英文法文數學論理圖畫樂歌體操

本科科目為倫理教育英文法文國文數學歷史地理哲學家事樂歌體操

三 史地部

預科科目為倫理教育國文英文數學中國史西洋史地理

學通論圖畫論理樂歌體操

本科科目爲倫理敎育英文國文中國史東亞史西洋史史學研究法地理學中國地志外國地志地理實習人類學家事樂歌體操而以日文爲隨意科

四 數物化學部

預科科目爲倫理敎育國文英文數學物理化學論理圖畫樂歌體操

本科科目爲倫理敎育數學物理化學國文英文天文及氣象家事樂歌體操而以日文爲隨意科

五 博物部

預科科目爲倫理敎育國文英文生理衛生學植物學化學圖畫論理樂歌體操

本科科目爲倫理敎育英文植物學動物學鑛物及地質學圖畫剝製學農學家事樂歌體操而以日文爲隨意科

六 家事科

預科科目爲倫理敎育家事應用理科圖畫縫紉手藝手工園藝國文英文樂歌體操

本科科目爲倫理敎育家事應用理科圖畫縫紉手藝手工園藝國文英文樂歌體操而以日文爲隨意科

第五條 專修科之學科目臨時訂定呈請敎育總長認可

第六條 研究科就本科各部之一科目或數科目專攻之

第七條 選科除倫理敎育必須修習外選習本科或專修科之一科目或數科目

第八條 講習科爲謀補充地方小學敎員智能之缺乏專以研練小學敎育爲主所習科目臨時訂定呈請敎育總長認可

第九條 補修科爲學力不足進求高深學科者學業之補充所習科目視所需要臨時訂定

四 學額及修業期限

第十條 預科本科額定六百名專修科研究科選科等無定額

第十一條 修業期限預科一年本科三年專修科三年研究科二年選科三年講習科一年補修科一年

五 學年學期及休業日

第十二條　本校以八月一日爲學年之始翌年七月三十一日爲學年之終

第十三條　一學年分爲三學期以八月一日至十二月三十一日爲第一學期一月一日至三月三十一日爲第二學期四月一日至七月三十一日爲第三學期

第十四條　休業日爲暑假年假春假春節夏節秋節冬節日曜日孔子誕日民國紀念日本校紀念日

六　入學退學及休學

第十五條　入學資格列下

一預科以身體健全品行端潔年在十八歲以上二十二歲以下在女子完全師範或中學校畢業尚未婚嫁者爲合格

二專修科選科以身體健全品行端潔年在十八歲以上二十五歲以下在女子師範或中學校畢業者爲合格

上二項學生由各省教育行政長官選送到校覆試及本校定期招考之

三本科由預科修業期滿升入

四研究科由本科及專修科畢業生中選取之但在本國或外國專門學校畢業及從事教育有相當之學識經驗者經校長認可亦得自費入學

五講習科及補修科之入學資格臨時定之

第十六條　應考各生由各省教育行政長官選送者須交出履歷書相片畢業證書選送公文及試卷其由本校招考者應交出履歷書相片繳納試驗費呈驗畢業證書

第十七條　預科之試驗科目爲國文英語數學歷史地理理化博物並口試檢查體格

第十八條　專修科選科講習科之試驗科目臨時定之

第十九條　試驗入學之學生須塡具入學願書服務願書邀同正副保證人到校塡具保證書並繳納保證金二十元

第二十條　新生入學後之第一學期爲試習學期甄別試驗不及格者得令其退學

第二十一條　學生有學力劣等或身體羸弱及性質不宜於教職者得令其退學

第二十二條　學生非有不得已事故經校長許可者不得退學

第二十三條　學生因疾病或事故曠課過多校長認爲必須休學時得令其休學休學期限由校長定之

第二十四條　休學期滿之學生應使插入後一學年之學級若無相當班次得酌量延長休學期限或令退學

七　學費

第二十五條　預科本科均爲公費生免納學費並由本校供給膳宿其餘制服書籍等項概歸學生自備

第二十六條　專修科選科講習科補修科均爲自費生免納學費宿費其餘膳費制服書籍等項概歸學生自備

第二十七條　研究科由本科及專修科畢業生中選取者均爲公費生非本校畢業者均爲自費生

八　懲戒

第二十八條　學生有違背校規之行爲時施以下列之懲戒

（一）勸誡（二）退學

第二十九條　學生因違背校規斥退或任意退學者公費生應償還學費及所給各費（每月學費三元膳費五元宿費一元）自費生應償還學費宿費但得酌量情形呈請教育總長免其一部分

九　試驗升級留級及畢業

第三十條　試驗分爲甄別臨時學期學年畢業五種

第三十一條　甄別試驗於新生入學第一學期之終行之

第三十二條　臨時試驗由教員定期行之

第三十三條　學期試驗於每學期之終行之學期成績參照學期試驗分數及本學期平時成績分數臨時試驗分數由教務會議評定之

第三十四條　學年試驗於每學年之終行之學年成績參照學年試驗分數及本學期平時成績分數與臨時試驗分數並與上二學期成績平均由教務會議評定之

第三十五條　畢業試驗於畢業時行之但行畢業試驗時得免去本學年試驗畢業成績參照畢業試驗分數與各學年試驗分數以及實地練習分數（實地練習分數占畢業成績五分之一）由教務會議評定之

第三十六條　學生因故未與試驗者得於次學期始業時請求補行試驗經校長之許可補行試驗但須減其所得分數十分

之一

第三十七條　臨攷時未經校長許可無故缺席者不得補行試驗

第三十八條　預科學生修業期滿甄別試驗成績在丙等以上者升入本科不及丙等者令其退學

第三十九條　本科及專修科選科學生學年試驗成績在丙等以上者升級不及丙等者留級或退學

第四十條　畢業試驗成績在丙等以上者給予畢業證書不及丙等者留級或給予修業證書

第四十一條　凡學業成績未及格其分數相差不及十分之一而操行列乙等以上者亦得升級或畢業學業成績僅能及格而操行列丁等者得停止其升級或畢業但須經校務會議之評定

第四十二條　凡應留級學生如無級可留者得令改入相當之新班或暫入原班肄業一學期試驗及格准予升級否則令其退學

第四十三條　學生因事缺席在一學年內至四十小時者應減學業成績總平均一分多於四十小時者每逾三十小時遞減半分缺席一日以六小時計未請假而缺席者加倍計算

十　服務

第四十四條　本科公費生之服務期自受畢業證書之日起以四年爲限

第四十五條　專修科選科自費生之服務期自受畢業證書之日起以二年爲限

第四十六條　本科專修科選科畢業生服務於邊遠之地或任特別指定職務者由本校呈請教育總長酌減服務年限

第四十七條　本科專修科選科畢業生遇有特別事情不能依規定期限服務者由本校呈請教育總長酌量展緩服務期限並解除之

第四十八條　在服務期內有左列事項之一者公費生應償還學費及所給各費自費生應償還學費但得酌量情形呈請教育總長免其一部分

(一)未盡教育職務者

(二)懲戒免職者

(三)解除服務者

第四十九條　在服務期內有願入研究科者得呈請教育總長認可

第五十條　前條入研究科之在學時期及展緩服務期間均不得算入服務年限

十一　附則

第五十一條　本校原有之女子師範學校本科仍照向章辦理至畢業爲止不續招生

第五十二條　本校各科部課程及各種細則另行規定

管理規則

(一)通則

一　本校學生以在校寄宿爲定則

二　須恪守本校所有一切現行規程

三　遇本校職員須行敬禮

四　同學須互相敬愛

(二)教室規則

一　上課退課悉依號鐘

二　教員就坐離坐時均起立致敬

三　坐位皆依編定次序

四　上課時非經教師許可勿亂問

五　質問應對必起立

六　上課時不得離坐偶語及帶非教科應用之書籍用品

(三)自修室規則

一　除休業日外必於規定時間在室內自修

二　坐位悉依編定次序非經學監許可勿擅移

三　自修時宜肅靜雖温習課業亦勿故高聲浪致妨他人之自修

四　室內書物宜隨時整理置有定處

五　妨礙公衆之物品勿置室內

六　室內洒掃各生每晨輪値行之

(四)寢室規則

一　榻位悉依編定次序

二　息燈後勿談話勿私自燃燭

三　在規定時間前起身者勿妨礙他人之安眠

四　箱篋等之有妨公衆者應存放行李儲存室

五　所帶銀錢滿五元以上者寄存學監處

六　衣服物品宜隨時整理置有定處

七　晨起被褥須一律摺疊整齊並宜時常晒洗以期潔淨

八　規定臥具如左

(1)帳帷被褥枕套等一律白色

(2)帳用白夏布或稀白洋紗長五尺四寸(官尺下同)寬二尺三寸前高五尺五寸後高四尺九寸(頂之前後邊須添腰以便穿竹杆)

(3)被褥長五尺四寸寬二尺三寸被褥單須各備二條較被褥略寬大用漂白布

(五)食堂規則

一　鳴鐘排班入堂勿稽遲

二　通堂齊坐聞鈴聲然後舉箸食畢以次退

三　當食勿談笑勿自行添菜

四　食時均自行添飯

五　非因特別事故致逾會食時限者概不補設

(六)飲茶室規則

一　入飲須有秩序勿溢茶水於地

二　茶杯由各人自備飲畢須注意清潔覆杯原處

三　勿得擅用他人杯壺破碎他人杯壺者須自向學監陳明

(七)櫛沐室規則

一　梳洗各在指定位次

二　櫛沐具各自清潔整理置原處

三　注水潑水勿任意狼籍

四　勿高聲談笑

五　非櫛沐勿入內

(八)浴室規則

一　洗浴必在規定時間

二　浴時勿溢水盈地浴畢須將浴水傾盡

三　換下衣服須隨時收拾

四　水管須加意保護

(九)學生請假規則

一　學生除例假外非有要故經家長來函證明者不得請假

二 家住本京者例假回家由家長派人持片接送其由家長預行備函聲明自由往返者不在此例

三 家屬不住本京者不得在外過宿

四 凡假出回校不得過下午五時半

五 病假須經校醫之証明

（十）行李儲存室規則

一 凡寄存箱篋應自行封鎖注明姓名送交管理員登簿收存

二 除日曜及上課時間外隨時取放惟不得持火入室

三 取放物件須通知管理員偕同入室

四 珍貴物品概不收存並勿私行夾入

（十一）調養室規則

一 本校學生偶患疾病由校醫診斷後認爲不宜仍住宿舍時須移入調養室重者由學監陳明校長送入醫院或令回家調治

二 凡經校醫診斷處方所給之藥資由校任之送入醫院後一切費用概歸學生自理

三 凡入室養病學生之食品由學監及校醫指定不得自備雜食致碍攝生

四 調養室由學監照料並指派女僕專司看護煮藥洒掃等事

五 親友來校探視者與病人交談勿過三十分鐘

（十二）制服規程

一 本校學生隨時隨地均須著用本校制服

二 制服之式樣與常服同下有黑色素紡裙

三 寒季制服之質料爲藍色愛國布

四 暑季制服之質料爲月灰色愛國布

五 鞋規定黑色不飾花襪夏秋季白色冬季春季黑色除體操課外不穿皮鞋

六 髻式照學校規定髮不覆額不御裝飾品

七 凡舉行一切儀式或集會及出校時必佩襟章

八 制服料由校代備以歸一律於入學之始預繳制服費十二元

（十三）試驗規則

一 試驗時之坐次或另行編號或隨堂由教師定之

二 出題後不得質問題義

三 試驗時不得携帶書籍講義及紙片等

四 試驗時勿離坐偶語及左右顧盼

五 交卷勿逾限

六 交卷後卽退出教室

七 如有違犯規則者由教師記明情節會商校長及教務主任酌量輕重扣分

(十四)風琴練習室規則

一 各級學生練習風琴當按指定處所及練習時間表勿先後錯雜以紛秩序

二 彈奏時須注意琴上各件有無損壞偶有毀損當卽通知勤務組長

三 奏畢須關上琴蓋端整坐具

四 彈奏時須保持莊重優美之姿勢

注意 教課所用之風琴不在練習之列綱琴之整潔雖有勤務生經理而全體學生均須存愛護之心卽見他人爲不規則之彈弄亦當勸止

(十五)借閱圖書規則

一 借閱圖書者須按一定格式塡寫書劵

二 每日以上午八時起至下午六時止爲借書時間日曜日及節日下午休息年暑假停借

三 借閱期限本校職員以一學期爲限學生以一週爲限但未閱畢時得展續借閱一次附屬學校職員所借者以無妨本校應用爲限

四 學生所借之書以十册爲限其有函帙者以一函爲限科學地圖等以一種爲限雜誌類以五册爲限

五 借閱之書如有汚損須担任修繕或賠償之責

六 貴重之書祇可到室檢閱概不出借以免遺失

七 每屆年暑假前借出各書一律收回以便檢查

(十六)書報閱覽室規則

一 除上課自修時間外可隨時入室閱覽

二 書報雜誌均勿携出室外

三 閱時須加意護惜勿使破損

四 閱畢仍摺疊署原處

(十七)敎生實習規則

一 本科及專修科學生於第三學年應至附屬學校實習敎育其實習期間及敎授次數臨時定之

二 學生在附屬學校實習時稱敎生完全受附屬學校主任之指導管理

三 敎生於實習期間之先後須往附屬學校及其他學校參觀敎授訓練方式或行假設實習以資研究但參觀之次數及時數依附屬學校實際上之方便由主任酌定

四 實習科目以敎生原習主要學科爲主但在附屬小學應並以修身國文算術體操爲主其餘各科得由敎生選習之

五 敎生非敎授時須參觀其他敎生之敎授並於課後批評之

六 除實習敎授外必須練習學校管理訓練監護及處理各項事務

七 敎生在實習時須聽從附屬學校學科主任或級任敎員及事務擔任員之指導

八 敎生對於附屬學校校務上有所陳述時得將意見報告主任

九 實習成績由附屬學校主任及職員參合評定彙送校長

十 關於實習指導細則批評會細則及參觀規則均由附屬學校定之

(十八)級長內規

一 每學級置級長副級長各一名均一學期一任

二 級長副級長由各本學級學生加倍推舉由校長選任之預科或專修科之第一學期由學監及主任薦 請校 長選任

三 級長之勤務如左

甲注意敎室規則之實行

乙傳達職敎員之命令代表同級生之意見

丙分派敎科書及印刷品成績品等

丁塡記敎室日誌

戊其他類此之重要事項

四　副級長輔助級長處理各種事務級長有事離職時代理其職務

(十九)室長內規

一　自修室寢室每室各置室長一名均一學期一任於同室生中加倍推選由學監指定

預科或專修科之第一學期由學監派定之

二　室長之任務

甲傳達學監之意於同室生代達同室生之意於學監

乙奬勵同室生之勤務

丙注意室內之整潔及門窗之啓閉

丁保管室內之器物

戊同室生有罹病者卽報告於學監

己處理其他臨時發生事項

三　室長因事不能勤務時當報告學監委托同室生一人代理之

(二十)值日生內規

一　每學級置值日學生二名或一名依級長預定順序按日輪替以謀室內之整潔

二　值日生之勤務

甲每日於上課之前課畢以後入本級教室拂拭桌椅

乙啓閉窗戶

丙每次退課後揩拭黑板

丁其他類此之輕易事項

三　除普通教室外兼值特別教室

(二十一)勤務生內規

一　入校學生除級長室長外凡派有一定事務者統爲勤務生

二　勤務生須聽管理員之指導分值各項事務

三　各組任期以一學期爲限期滿更番

四　各依當值處之規約負保管器物及淸潔整理之責

五　各組分配若干人按日輪任其當值事務

六　勤務時間就實際上之方便由各管理員臨時酌定

(二十二)學生家屬接待規則

一　學生家屬來校須遵本校規定時刻每日以下午三時至

五時星期日以上午八時至下午五時爲度

二 家屬來校不在規定時刻而有要事必須與學生會面者須經學監之允許

三 除學生家屬外如保證人及親戚因有要事必須與學生會面者須將事由通報學監以定可否

四 會話須在本校指定之室

五 會話時間至多不得逾三十分鐘

六 家屬來校如須參觀校舍及授課者悉照參觀人接待之

(二十三)參觀人接待規則

一 參觀授課一時間內以兩教室爲度

但遇特別事情經校長教務主任許可者不在此例

二 參觀授課時宜靜肅勿言笑

三 除於教育職務上有關係者授課參觀概行謝絕

四 參觀校舍過本校未便接待時得臨時謝絕

附北京女子高等師範學校招生簡章

一名額 本校於本年暑假招選數物化學部預科一班博物部預科一班家事科預科一班每班定額三十名總額九十名

二資格 以身體健全品行端潔年在十八歲以上二十三歲以下任女子完全師範或中學校畢業尚未婚嫁者爲合格

三選送 由各省教育行政長官選送預科生三名（不滿額者聽）於八月二十六日到北京本校覆試倘程度未及志願留京者酌設補修科以資造就但補修科生除學費外一切費用概歸本省津貼

四招考 除由各省選送外不足額者本校另行招考

五報名 報名時須交出相片畢業證書納報名費一元並塡寫履歷書

履歷書式

姓名		家長			
年歲	籍貫	姓名	職業	住址	與本人之關係
		字			

家庭狀況				經過學校	應攷志願	
父　母	兄弟姊妹	已否許字	夫家姓氏籍貫職業		第一志願	第二志願

填寫注意

一表內各項均須詳細填寫

一家庭狀況父母須注明存歿或生母繼母兄弟姊妹須註明幾人如已許字須注明夫婿姓名

一經過學校須歷述某校畢業升入某校或轉學某校現在某地某校畢業

一應考志願須注明第一志願考入某科某部第二志願考入某科某部以便額滿見遺時酌量編入不足額之他科部

六考期　各省選送定期以能將錄送名額於八月五日前郵送到校並不誤到京覆試時期（八月二十六日）爲度

本校招考定期後登報廣布之

七試驗　科目爲國文英語數學歷史地理理化博物覆試時並行口試及檢查體格

凡各省錄送之學生須將履歷書相片畢業證書試卷於八月二十日前郵送到校以便覆試

八入學　凡錄取之學生均於八月三十日入學以一星期爲限過期不到傳補備取

備取學生於正取不到時備補之但須於二星期內到校

保姆講習科招生簡章

一本校於本年暑假後增設保姆講習科一班額定四十名由各省教育行政長官於八月五日前選送二名或一名視不足額時再由本校定期續招

二資格以身體健全品行端潔心性温和富有同情年在二十歲以上三十歲以下在女子師範學校畢業曾任蒙養園保姆及小學教員二年以上者爲合格

三考驗手續由各省酌定但須於報名時取具相片畢業證書履歷書（書式同前）錄取後隨同試卷於八月二十日前郵送到校覆核

試驗科目爲教育國文數學應用圖畫

四入學期八月三十日遲到不得過一星期

五學科目爲兒童研究學保育法教育學幼稚教育史教授法手工技術故事恩物料之研究社會學游戲樂歌體育實習

六修業期限一年半

七費用除免納學費外其餘一切費用歸學生自備或由本省津貼

——摘自《教育公報》一九一九年第七期

南洋公學圖書館管理章程　三月十七日申報

一組織大綱及館員職務

本校校長就本校敎職員聘任七人組織董事會並同時聘任館長一人及館員主任若干人其統系如左表

圖書館管理統系表

校長
董事會
館長
國文部主任
外國文部主任
館員（己）
館員（庚）
館員（甲）
館員（乙）
館員（丙）
館員（丁）
館員（戊）
館員（辛）
館員（壬）

各員職務條列如次館長總理館中一切事務而受成於校長 國文部主任管理國文部一切事務 外國文部主任管理外國文部一切事務 館員甲除借書發書外兼理雜誌修書通信 館員乙除借書發書外兼理日報 館員丙除借書發書外兼理標本模型陳列 館員丁庶務 館員戊監察 館員己除借書發書外兼編國文圖書目錄 館員庚除借書發書外兼理雜務 館員辛除借書發書外

兼編外國文圖書目錄　館員壬除借書發書外兼理雜務　招待暫由主兼任之

統計報告由各員分任編製

二開放時刻及館員輪値

本館開放時刻每逢星期一二三四五等日上午八時開放至十一時三刻止下午十二時二刻開放至五時二刻止晚間六時二刻再開至九時二刻止星期六日上下午同前惟晚間停開星期日上午八時二刻開放至十一時二刻止下午停開晚間六時二刻開放至九時二刻止星期六星期日二日校外人可入內閱書餘時僅供本校師生參考之用來賓有介紹者得入內參觀開放及休息均以電鈴爲號館員輪値上午每部一人下午及晚間每部二人又晚間雜誌室一人在規定時間內不得遠離如有要事應請本館同人代理其兼任事務以餘時辦理之

三借書手續及閱書室管理

閱書人入館借書應先從目錄櫃覓得該書號碼取館中所備空白紙填明並注借書人姓名交與管理員然後遞給發書人發書携入閱書室閱畢交還原管理員圖書館開放前後値班館員均應將閱書室整理一次閱書時館員亦應隨時照料

查察毋任錯亂閱書規則另詳

四目錄編輯及添購新書

本館編輯目錄國文部按照四庫書目外國文部採用杜威分類法並按書名著作家姓氏另編附目均分裝入目錄櫃以便檢查兩部均另編總目錄裝訂成書用作底册以後逐年添購新書由館員(己)(辛)隨時編入總目錄並寫訂卡片加入目錄櫃　逐年添購新書應由校長酌量情形傳知館長及各科長開單交館員(甲)發信訂購其應隨時添購者得由館長主任或館員呈明校長辦理之

五日報雜誌保存及雜誌室管理

逐期日報雜誌均由館員(甲)(乙)分別保存並隨時用卡片記明以免散失如遇缺遺即行催取或補購　每逢開放前後均由館員(甲)(乙)將雜誌室整理一次每晚有專員管理之其他規則另詳

六標本模型陳列

本館上層南部外間爲古物陳列處北部外間爲天然科學標本模型陳列處二層樓南北兩間分列工程科各種圖書照相標本模型

七讀經室

本館三層樓北部外間爲讀經室藏唐校長所著經書讀本本校歷年出版品亦附入焉

八參觀及招待

招待事務由主任兼任並得隨時指定館員助理之參觀規則另詳

九統計報告

各館員隨時均應記載所辦事務大綱每月底報告館長一次如借書數目閱書人數等尤爲主要　本校學生入館應於門首簽名來賓應留名片以便稽查　每年終編輯報告一次本館進步情形詳細載入

十館役

本館雇用館役分甲乙二種（甲）一人主傳達（乙）二人主清潔（甲）除任傳達外兼管學生簽名來賓引導及按時鳴鈴（乙）除每日掃除並揩抹門窗檯椅銅桓外每星期日下午大掃除一次（甲）應帮同掃除並由館員丁督察之本館門側另設館役室附設寄物處以便來賓寄物

十一公守規則

一無論何人不得在館内吸煙　二不得隨地吐痰　三辦事時間弗談笑　四辦事時間不得招待親友致妨公務

南洋公學圖書館閱書規則　三月十八日申報

一凡本館開放時間各種書報雜誌均可借閱　二閱書人來館所携衣帽雜物應交存本館門側寄物處不得携入館内　三本校學生應於門首簽名來賓應交名片以便稽查　四借書人應取本館印就之空白劵逐項塡明並簽姓名交管理員取書閱後交還原管理員不得携出館外　五日報雜誌閱後仍置原處　六本館三層樓爲儲蓄之所借書人未得館長或主任允許不得入内　七借書人雖經館長或主任特許入三層樓亦不得任意翻檢致亂卷帙　八本館圖畫標本模型借書人不得觸動以免錯亂污損　九閱書人若欲鈔錄書中文字應自携筆墨紙張本館概不供給　十書籍若經閱書人污損應責令照價賠償或修訂　十一本館備有夾記閱書人可向管理員索取以便記認頁數但不得携出館外或塗字其上　十二閱書人不得吸烟隨地吐痰　十三閱書不得朗誦或談笑　十四借書人

違背本館規則應酌量停止其借書權利自三日至一月不等（附註一）以上各條對於本校同學及校外來賓均適用之但來賓閱書限於星期六及星期日二日來賓參觀臨時閱書籍者不在此例但仍須遵守以上各項規則（附註二）俟本館書籍漸次增加應酌提通常書籍若干種另編書目以便借出館外並同時另訂借書規則

南洋公學圖書館參觀規則

一各界士女均可來館參觀如携童僕應請候於館外　二本館參觀時間除本校例假日期及星期日下午之外每日上午九時至十一時下午一時至四時　三參觀人到門應請先付名片由館役傳達於主任以便招待　四參觀人如欲指引周詳或討論管理方法須預先函訂時日以便招待　五參觀人不得在館內吸烟及隨地吐痰　六參觀人衣帽零物應交存寄物處勿携入館內　七參觀人如欲閱書應即按照閱書規則辦理　八本館備有留名簿參觀人臨去應請題名如有指教或評論亦請書於簿內

——摘自《浙江公立圖書館年報》一九二〇年第五期

北京大學圖書館借書規則十年一月二十四日公布

第一條　本校教職員正科學生及本校規程上所規定之各機關向本館借書須持借書證或機關公函用本館定式之借書條塡具書名號數年月日幷由本人或各機關主任簽名交付本館存查

第二條　借書人借書時須將借書證連同借書條留存典書課俟繳還所借圖書時再行取回關於所借圖書之責任應完全由借書證上所記之人負之如在第一次借書未滿期之前再借書時須將第一次所借之書持往圖書館以資證明

第三條　本館藏書分貴重書類與通常書類二種貴重書類無論何人概不出借通常書類除辭典字典外俱可按本規則出借但教員指定之參考書若參考人甚衆時得由圖書館斟酌情形暫不出借

第四條　新到書籍若無複本則自到館之日起一個月內陳列館內供衆閱覽之用暫不借出館外

第五條　本校規程上所規定之各機關及各教職員每次借出圖書中文以三十册爲限西文以五册爲限本校正科學生每次借出圖書中文以二十册爲限西文以二册

爲限圖書之裝成幅帙者以一幅或一帙爲一册

第六條　借書期限敎職員以十四日爲度學生以七日爲度俱從借書之日起算但期滿還書時如無他人需用可以換條續借

第七條　無論何人借書期滿不繳還者除暫停其借書權外並照下條規定徵收違約金

第八條　違約金之辦法依左列方法定之

一　違約金率用累進法定之每逾限七日遞加違約金率一倍至書價三倍爲止

二　在逾限未滿七日以內中文圖書敎職員每册每日徵收銅元六枚學生每册每日徵收三枚西文圖書敎職員徵收銅元十二枚學生徵收六枚在逾限未滿十四日以內中書敎職員徵收銅元十二枚學生徵收六枚西書敎職員征收銅元二十四枚學生征收銅元十二枚在逾限未滿二十一日以內中文圖書敎職員每日征收銅元十八枚學生征收銅元九枚西書敎職員征收銅元三十六枚學生征收銅元十八枚以下類推之

三　違約金之征收敎職員或自交典書課或由薪水中扣除學生於還書時隨交

典書課彙收若學期終了尙不繳還書籍及違約金者下學期開始時即停止其學生資格

第九條　校外各機關如有以公函向本館借閱圖書者本館依其圖書之性質認爲無何妨害得貸與之但該機關須派人蒞館以本館定式借書條塡具書名號數簽名蓋章並須於一定期限歸還（期限由本館臨時酌定）

第十條　借出之圖書如有損壞時須按其損壞之程度由圖書館酌定修補費令借書人賠償在未賠償以前停止其借書權

第十一條　借出之圖書如有遺失應由借書人報告本館如其遺失報告在規定之借書期內應由借書人賠償本館所估定之代價如已逾限則除賠償以外並按第八條徵收違約金

第十二條　借書還書均於本館開館辦公之時間行之

——摘自《浙江公立圖書館年報》一九二二年第七期

一、國民大學圖書館規則

第一條　閱覽時間：除例假日及學校會時間停止外，規定每日上午八時至十二時，下午一時至五時，七時至九時。星期日上午八時半至十一時。

第二條　借書時間：除例假日及學校會時間外，規定每日上午八時至十一時半，下午一時至四時半，七時至八時半。星期日上午八時半至十時半。但遇必要時，得斟酌情形伸縮之。

第三條　欲借圖書者，須先至本館領取借書證(每人以一張爲限)，依式填交館員。以便檢取。

第四條　借書證倘有遺失，應注意下列各項——

一　須至館聲明。

二　在未經聲明前，被拾得借書證者借去圖書，應由原領證人負責。

三　補證：每次須繳補證費小洋二角。

第五條　借書證用完時，或學期結束時，須將原證送還。

第六條　借閱圖書，請注意下列各項——

一　欲借何書，應就目錄卡片中選擇，記該書書號于借書證，交館員檢取。

二　閱畢仍交還管理處，不得攜出室外。

三　閱覽室中陳列圖書雜誌報章等，得隨意取閱；閱後須妥置原處。

四　參考書及雜誌，未經管理員許可而攜出者，每次每本納小洋一角。，如逾日仍未歸還者每日每本納金遞加小洋一角

第七條　借閱圖書，如有剪裁圖書，或遺失、污損、評註等情時，應即按照原價賠償。

第八條　書庫非經許可者不得入內。

第九條　本規則自布告日施行

民國十五年三月

——摘自《國大週刊》一九二六年第十六期

圖出納手續

圖出納部爲閱者與圖之聯絡關鍵故借書人及管理員對於借書手續均須極爲明瞭方便借閱玆將圖出納部辦事細則列左俾閱者明瞭圖內部組織之完密手續之繁瑣以後可以按照規定手續辦理雙方嚴守借書規則以重公物而免致誤

圖出納部辦事細則

一出納部根據各項借書規則辦理全館出納事宜

二關于發給學生借書券手續規定如下

（一）設立學生借書券登記部五本（總館及醫農附中附小各一本）

（二）登記簿內列明登記號數學生姓名學生證號數科別系別班別及現在住址

（三）學生借書券號數分配如左

甲總館　1—2500　　乙醫科　3001—3900

丙農科　4001—4900　丁附中　5001—5900

戊附小　6001—6900

（四）凡學生領取借書券者須將學生證及照片二張繳驗驗畢在證上蓋「借書券已發」章及發出日期

（五）無學生證者無論任何證明均不得領取借書券

（六）發借券前先由學生將登記簿照填

（七）出納員根據登記簿號數填寫相同號數之借書券二張並于照片上加簽該員姓名或小章

(八)驗完左列各項記載無誤方得將借書劵發出

甲，　借書劵號碼二張須相同

乙，　借書劵號碼須與登記簿相符

丙，　須有截止日期(一年爲限)

丁，　須有圖硬印(硬印須在發劵時加蓋)

戊，　須有館員簽字

(九)經以上各項手續後乃將借書劵連同學生證交學生收受

三關于發教職員借書劵手續規定如下

(一)設立教職員登記薄(附于學生登記部後)

(二)登記部內列明登記號數教職員姓名徽章號數別號科别系别及現在住址

(三)教職員借書登記號分配如下

甲，總館　2501—2999　乙，醫科　3901—3999

丙，農科　4901—4999　丁，附中5901—5999

戊，附小6901—6999

(四)教職員初次借書者憑事務管理處來函或繳驗徽章然後發証

(五)發証前由教職員先照登記部塡寫

(六)出納員根據登記簿塡寫教職員相同號碼之借書總賬一張存在館內

(七)借書總賬依照姓氏排列

四關于發校外人借書劵手續規定如下

第三卷　第六期

(一)發借書志願書一張交借書人塡寫

(二)志願書塡寫後交主任簽可

(三)設立校外人員借書登記簿(附學生登記部後)

(四)登記部內列明登記號數及姓名職業住址

(五)登記號碼爲0001校9

(六)發相同號碼之校外人員借書劵一張交借書人保存以後憑劵借書

(七)志願書背後加寫姓名與教職員總賬並列

五關于遺失借書劵之手續規定如下

(一)無論何項借書劵遺失後於借書有效期內一概不照補發

(二)遺失者須將劵號登中大日報聲明作廢

(三)在登報聲明以前如有書借出應由原借書人負責

(四)遺失證後應在登記簿內註明遺失日期及所登日報期數

(五)另編遺失証劵表將號碼姓名列明每次借書須先檢對

(六)每次遺失借書劵應通知各分館查照

六關于學生借書手續規定如下

(一)憑取書條依號碼取書

(二)如書已借出則取相當之書代之

(三)向學生取借書劵塡寫該書號碼

(四)將書內書卡取出塡寫該書號碼

(五)在借劵書卡及期限表上加蓋日戳

(六)核對各項記載及號碼卡片正確與否

（七）將書交借書人携去借書劵及書卡相夾另放箱內取書條則可取銷

七關于教職員借書手續規定如下

（一）憑取書條依號數取書（如教職員將書自行檢出者取書條可免）

（二）借書前應先驗明徽章有無登記及查以前所欠數目過限與否方得借出

（三）將書卡取出請教職員簽名其上

（四）將書卡彙交還書股登記

（五）將所借之書號列入教員總賬

（六）總賬及書卡期限表均加蓋日戳

（七）核對後將書交借書人携去

八關于校外人員借書手續規定如下

（一）憑取書條依號取書

（二）向借書人索取借書劵

（三）取出借卡填寫借書人號碼及姓名

（四）將借書劵填寫書碼

（五）借書劵書卡及期限表上加蓋日戳

（六）將借書劵交借書人收回書卡則彙交還書般登記

九關于學生還書手續規定辦法如左

（一）根據所還書之號碼取出書卡

（二）根據書卡之日期及借書劵號碼取出借書劵

（三）在書卡及借書劵內加蓋還書日戳

(四)將借書劵交還借書人將書卡插回書袋內

(五)將還書與書卡核對後彙齊插架

十關于教職員還書手續規定如下

(一)根據書碼取書卡

(二)根據書卡之姓氏取出總賬

(三)在書卡及總賬上加蓋還書日期

(四)蓋還書日期時請該借書人監視以免致誤

(五)將書卡插回書袋以備插架

十一關于校外人員還書手續規定如下

(一)憑書碼取出書卡

(二)憑書卡上之姓氏取出借書人之總賬

(三)向借書人取借書劵

(四)在書卡總賬及借書劵上加蓋還書日戳

(五)將借書劵交還借書人卡插回書袋

十二關于借書劵卡排列手續規定如下

(一)所有書卡均照書碼排列

(二)無書碼之書卡暫照書名字母或筆劃排列

(三)中文舊書之取書條照書箱排列但改編後即照用書碼

(四)雜誌及樓上參攷書之取書條另列一處

(五)學生借書劵先照日期排列同日期者照借書劵號碼排列

(六)教職員及校外人員之總賬均照借書人姓名筆劃排列

十三關于催書手續規定如下

(一)每星期一四爲學生催書日期

(二)每月二十，三十，日爲教職員及校外人員催書日期

(三)每屆催書日期應將各借書劵依次檢查

(四)將已到期之書開列催書條塡明書碼日期及姓名地址

(五)所有催書劵均須由主任簽發

(六)凡已催三次之書即不必再催將姓名書名通知校長查辦

十四關于扣劵手續規定如下

(一)凡過期交還之借書劵應將應扣日期在還書期欄註明

(二)所有扣留之借書劵依照借書劵號碼排列

(三)到應領日期由還書股發還

(四)於學期終了如學生屆期不還者將書名價值通知校長扣考扣分

十五關于罰欵手續規定如下

(一)凡有遺失及損破書籍應將書名告知購訂部查明欵罰

(二)將欵項及書名通知總務部照收

(三)收欵時由總務部繕寫收條由主任簽發

(四)該欵即由總務交會計部照收

(五)於學期終了如教職員屆期不還者將書名價值送校長扣薪

十六關于取銷書籍手續規定如下

(一)將失書名稱書碼價值及原由錄簿登記

(二)將該籍送編目部查照並取目錄卡

(三)點查書籍後而未知確否失去之書應補寫書卡一張

放在出納箱內存查

(四)補寫之書卡應註明某月某日點查遺失待詳字樣與其他借出之書

卡依書碼排列

(五)該書發見時應將補寫之卡取銷

(六)該書已確實遺失時亦將補寫之書卡取銷

十七關于統計手續規定如下

(一)每日借書之書卡應由還書股分類統計塡寫工作表

(二)每屆催書期應將催書數目統計報告主任

(三)每學期應將取銷或遺失之書籍或書目及價值統計報告主任

(四)每學期終了應將全學期借出總數及未交還之書籍總數報告主任

十八關于借書還書輪值手續規定如下

(一)每星期一三五及二四六爲借書股及還書股員更迭期

(二)凡星期一所借書之書卡由星期二担任還書者整理及統計餘類推

(三)借書股員担任取書及借出

(四)還書股員担任收回書籍及整理卡片

(五)辦公時刻內還書股員不能離開出納部不得已時倩人代替

十九關于閱覽室借書手續規定如下

(一)閱書者得向書庫告借書籍至閱覽室閱覽不限冊數

(二)凡借書至閱覽室者須先塡取書條

(三)取書後將書卡取出由借書人簽名

(四)書及取書條則由館役送至閱覽室點收

(五)取書條則存閱覽部書則交閱者點收

(六)閱者閱畢則將書交閱覽部點收

(七)閱覽部將書籍及取書條交回出納部點收

(八)出納部將卡加蓋還書日期插回書袋

二十關于雜誌參攷書出納手續規定如下

(一)凡借參攷書或新聞雜誌者須先得主任特許方得出借

(二)參攷書及雜誌本數及時期照借書章程所限

(三)凡借參攷書及新聞雜誌須塡取書條二張一張存閱覽部一張存出納部並附有特許證方得借出否則每本每次扣經手人薪一元取書條少一張扣薪五角

二十一關于各科系借書手續規定如下

(一)各科系借書暫不限冊數及日期

(二)各科分館及本館各部借書用薄登錄交收受人簽收

(三)各學系研究室均書卡及照教職員辦法另列各學系總賬

(四)未編目前各系不得借出但各科分館及本館各部不在此限

(五)各學系借書由借書股掌理各科分館及本館各部由還書股掌理

(六)還書手續照普通辦法分別在書卡總賬及登錄簿上註銷

二十二關于變通出納手續規定如下

(一)出納科借書手續均照各項借書規則辦理非經主任特許不得變通辦理

（二）凡借書逾期者須有特許證附於書卡上方爲有效否則每本每次扣經手人薪水一元

（三）凡入書庫者持有特許證方得放行否則每次每人扣薪一元

（附註）（一）本館爲慎重保管圖及厲行借書章程起見故有左列罰則

（二）所有扣薪款項貯作添補圖之用

（三）辦事人每半年中未經犯上列諸細則者由主任呈校長獎勵之

（四）本細則如有未盡事宜隨時由主任修改宣佈之

國立中山大學圖

教職員借書暫行簡章

1. 借書時間——每日上午八時至十一時下午十二時半至五時星期及例假停止借書

2. 非經填寫借書條不得携出

3. 參攷書貴重書及新聞雜誌概不出借

4. 教職員借書中裝書以五十冊西裝書以十冊爲限過以上之數者須得圖書館主任許可

5. 借用日期至多不得過一月欲續借書必須於期滿前另行填寫借書單但續借以一次爲限過每本每日罰洋一角

6. 凡借出書籍圖書館於必要時得隨時收回

7. 學期放假一星期前書籍未經交淸者得由薪俸內扣除書價當原書之倍

8. 凡教職員初次向本館借書須由本校事務管理處來函介紹

借書暫行章程

國立中山大學圖

學生借書規則摘要

1. 本館借書時刻

每日 上午八時至十一時
下午十二時半至五時

每逢星期及例假停止借書

2. 參攷書貴重書及新聞雜誌概不出借

3. 每學期學生開始借書時須將學生證繳驗領取借書劵二張

4. 借書劵須貼二寸半身相並不得轉借他人

5. 學生借書劵每劵得借書一部(中文每部至多十冊西文以一冊爲一部)

6. 借書以拾天爲限但於必要時本館得隨時取囘如欲續借須隔三天內再借

7. 到期不交還者每過一天停止借書權一星期

8. 所借書籍如有損失加倍賠償

9. 借書劵如有遺失應即向本館掛號并登報聲明但本學期內概不補發

10 每學期終了之十日前如有借書手續未清者不得參加考試

十七年九月訂

國立中山大學圖

校外人員借閱圖章程

1. 本館爲校外專門學者研究便利起見特定校外人員借閱圖章程

2. 凡校外專門學者或機關人員經本館主任之認許均得來館閱覽書籍
3. 閱覽室之參攷書籍雜誌室之新舊雜誌及其他一切貴重書籍概不得借出
4. 凡欲向本館借書者須有相當介紹與保證經本館主任認許方得借出
5. 凡向本館借書者須先塡志願書（格式另見）經借書人保證人及本館主任正式簽字蓋章方得開始借書
6. 凡經本館主任許可後得領借書劵一張每次借書時交出納科登記還書時交出納科註銷
7. 每人借書不得過五部（西文以一冊爲一部，中文最多以十冊爲一部）
8. 借出書籍限於十天內交還逾期不交還者得酌量停止其借書權
9. 借出書籍本館於需要時得隨時收回．
10. 凡未經主任許可不得擅進書庫
11. 書籍如有損失須由借書人照原價加倍償還或由保證人負責追還
12. 本館借書時間如下：—

上午八時至十一時

下午十二時半至五時

星期日及例假日均停止

閱覽時間如下：—

上午八時至夜九時半

星期日一時至五時，六時半至八時半

星期六晚及例假日均停止

——摘自《國立中山大學圖書館週刊》一九二八年第三卷第六期

本館編目部辦事細則

（一）編目部除雜誌小冊子外專理全館圖書之分類及編目一切事宜

（二）編目部爲便利辦事起見分中西文二科每科設以下八股

（甲）登記股

（乙）分類股

(丙)編目股

(丁)製卡股

(戊)排卡股

(己)校對股

(庚)標貼股

(辛)送書股

(三)各股辦事手續

(甲)關於登記之手續如下

(一)凡新到書籍交購訂部點收由主任簽核後即交與登記股加蓋館章在下列各處(一)裏書面上(二)每逢二十七頁上(三)每逢全幅圖表上(四)在最後一頁上

(二)書籍蓋章後每書應貼裏書標在封面底頁上

(三)登記以冊為單位每冊一號用記號機蓋在裏書標上

(四)每日登記由第幾號至第幾號應在登記薄上註明

(五)小冊子及期刊不登記

(六)凡贈送之書於裏書標上及贈書人登記卡上註明

(七)贈書人登記卡上註明贈書姓名住址書名登記號數日期及冊數

(八)每月最後一日應統計該月共進書籍若干種若干冊估價若干連上若干于登記薄上註明

(九)凡撤消之書應另立圖書撤消登記薄註明撤消號次登記號數

書名冊數日期與原由

（十）統計時應將撤消書數減去以求確切

（乙）關於分類之手續如下

（一）西文書籍照L.C.分類法分類各門類應設法詳爲分析

（二）中文書籍照世界圖書分類法及革命文庫分類法分類

（三）分類號碼凡存在閱覽室作參考用者加

R存在革命文庫者加S存在醫科者加M存在農科者加A存在附

中者加H附小者加I

（四）分類號碼之外應用著者號碼中日文一律用著者號碼編製法

西文則用Cutters著者號碼二位數表

（五）書碼須註明於外書標及裏書標上

（六）每次分類應在分類表中作一符號以示該號曾經採用

（七）凡L. C.卡上已有分類號碼者則採納之不必

另行分類

（八）對於中西分類表如有更改之處須先商准主任

（丙）關於編目之手續如下

（一）西文目錄用L. C.卡照L. C.編目規則辦理中日文則照杜氏

編目法辦理

（二）凡編一書應先查書架目錄以免號碼衝突

（三）每編一書先擬目錄稿紙一張註明下列各項交與打字股照樣

繕打（一）書碼（二）著者（三）書名（四）出版期（五）篇幅事項

(六)類名

(四)西文類名一律以L. C.類名表爲標準中文則須另編類名索引以便異日沿用

(五)總館書籍應繕以下各種卡片

(一)書架目錄 一 張

(二)著者目錄 一 張

(三)書名目錄 一 張

(四)種類目錄 若干張

(五)參考目錄 若干張

(六)書卡目錄 一張

(六)分館每書暫繕書架目錄一張

(七)凡L.C.卡上已有類名者則採納之不必另行尋找

(八)對於編目規則如有更改之處須先商准主任

(丁)關於製卡之手續如下

(一)本部專備有卡片打字機數架以便製卡

(二)西文目錄一概用打字機照L.C規則繕製

(三)中文書碼亦用打字機繕打其餘則用毛筆抄寫清楚

(四)各種卡片繕打抄寫後應夾有裏書面內交與標貼股貼書袋書標等

(戊)關於排卡之手續如下

(一)西文卡片照字母順序根據目錄排列規

則排列

（二）中文卡片照漢字排字法目錄排疊法排列

（三）將應排之卡片用排字盆在編目室先行排順然後再行排入目錄卡箱內

（四）每約廿張卡片用指引卡一張以便尋找

（五）所有己排竣之目錄卡片於每學年終了應全行校對一遍

（己）校對之手續如下

（一）凡新書有L.G.卡者須與書頁內之各項逐一核對後方可製卡

（二）目錄卡片繕打或抄寫後亦須逐一核對方得排列

（三）書標書袋書卡號碼貼印後亦須逐一核對方得將書送與出納部

（四）校對書碼時校對人須在裏書標右角下簽字以示負責

（五）購卡單在未寄發以前須由校對股在以下各處逐一核對本館內已有此類卡片否

（一）在字典目錄卡箱內

（二）在存卡箱內

（三）在新書目錄內

（庚）關於標貼之手續如下（附貼書標書袋等）

（一）外書標須用Shellac油刷以免號碼糢糊

（二）外書標貼在書脊上離書脚一寸半

（三）書袋貼於裏書背後

（四）書碼印在外書標上

（五）舊書標須一律用法刮下重貼上新書標以求劃一

（辛）關於送書手續規定如下

A已編書籍須先經主任簽核方得送出

（一）送出納部之手續如下

（一）設立出納部送書簿一本

（二）簿內列明送書日期及數目

（三）每書須附書架目錄卡一張

（四）由出納部負責人核對後須在每張卡背後蓋章交還編目部彙存

（二）送閱覽部之手續如下

（一）設立閱覽部送書簿一本

（二）簿內列明送書日期及各類書籍若干

（三）由閱覽部負責人核對後須在薄內簽字交還編目部彙存

（三）送各分館之手續如下

（一）所有送分館書籍先送出納部轉發

（二）薄內列明分館號碼送書日期及各類書籍若干

（四）編目部統計須每日由每股填寫工作表報告主任

（五）本細則如有未盡事宜隨時由主任脩改宣佈

——摘自《國立中山大学圖書館週刊》一九二八年第四卷第五期

本館新訂購書辦法

一，購訂圖書之原則

(1)購書費若干，由學校規定預算，按月照支。

(2)各科購書費分配標準，由圖書館委員會照預算額議定之。

(3)購書費分兩大部份：

甲，總館購書費　包括購置普通圖書及參攷書，各科常年雜誌及其裝訂修理費，圖書館專門用品，目錄，卡片等項。

乙，各科購書費　包括各科應用圖書及補購各科舊雜誌，全校分爲左列各科：

1.文科2.理科3.法科4.醫科5.農科6.預科7.附中8.附小。

(4)各系各級購書費分配標準，由各科自行議定之。

(5)各科購書，應由各科主任向圖書館主任接洽之。

(6)凡欲購訂圖書者，須用圖書館之圖書介紹卡片照例塡寫；否則概不照辦。

(7)各科購書費，例不得超出預算，但爲辦事便利起見。上月超出時，得由下月預算內扣除，惟超出之數最多不得過三個月之預算額。

(8)購書費每年六月及十二月結束一次。

(9)各科購書費超出預算後，如有特別急需時，應由校長批准另籌款項支付之。

(10)凡未經圖書館購訂之書籍，及未經圖書館主任簽許之單據，概不得在圖書預算內支付之。

(11)每月支出款項由會計主任核算後，呈報校長察閱。

(二)每月購書費分配之標準　其分配之標準爲：(一)，總館二千四百元(二)，文，理，法，醫，農以上五科各一千元；(三)預科一百二十元；(四)附中，附小各二百四十元；合共八千元。

以上購訂圖書之原則及分配標準，業由本館委員會正式通過辦理云。

——摘自《國立中山大学圖書館週刊》一九二八年第五卷第三期

本館舊書整理部暫行借閱圖書條例

本館前向滬杭各地購得中國舊書十餘萬冊，祇以館舍狹小，不克存放，因在語言歷史學研究所三樓特設舊書整理部一所，專爲整理是項書籍，及爲該所研究之便利。現該部所藏各書之目錄，大體都已編就，爰在該部書庫之旁闢一參攷室，爲謀閱覽者之便利。茲將該部借閱圖書之條例錄下：

一，本部係整理新購之中國舊書，及爲語言歷史學研究所研究之方便而設。

二，本部圖書，暫定不准外借，祇准在本部參攷室閱覽；惟有參攷之必要時，得由本部酌量情形辦理之。

三，本部借閱之圖書，以編好目錄者爲限。

四，借閱時間規定如下：

上午八點至十一點；

下午一點至四點。

五，借閱圖書冊數，在本部閱覽者，每人每次至多五十冊；借出部外者，每人每次至多二十冊。

六，借閱圖書時，須先在參攷室目錄箱內，查出所欲借之書名，依照取書條所開各項填寫完畢，交由室內之管理員檢出。還書時，則將原書點交管理員，注銷取書條；惟取書條須留存本部，以資統計。

七，借書人不得擅入書庫，如欲參觀，亦須徵得管理員之允許，引導入內。

八，本部目錄共有二種：一爲著者目錄，依照分類之次序排列，一爲書名目錄，依照書名第一字筆畫之多少排列。分類目錄以〇〇〇至九〇〇各數目代表各類書籍，茲將其代表之數目與類名列下：

總記〇〇〇　哲學一〇〇　教育二〇〇　社會科學三〇〇　藝術四〇〇　自然科學五〇〇　應用科學六〇〇　語言文字七〇〇　文學八〇〇　歷史九〇〇　地理九〇〇——

——摘自《國立中山大学圖書館週刊》一九二八年第五卷第三期

本校圖書館章程

本校圖書館，年來積極改良編制，擴大規模，成績斐然，前夏從新釐定章程，其組織系統，及所訂條文，簡明完備，或可為別館之助歟。

編者誌

第一編　總綱

第一條　本館依據本大學規程第十章組織之。

第二條　本館直轄于大學校長。暫設七部，另由各科主任，或教授組織圖書委員會，以輔助館務之進展。

第三條　本館設主任一人，統理本館全部事務，由大學校長聘任之。

第四條　本館各部設部主任一人，及館員若干人，事務員若干人，由館主任薦請校長委任之。本章程下文各條，本館主任簡稱曰主任。

第五條　本館設圖書委員會委員若干人，由大學校長聘請各科主任或教授組織之。該委員會章程，另訂之。

第六條　凡關於全館進行事務，得由主任召集館務會議議決，經大學校長核准施行。本館館務會議細則，另訂之。

第七條　本館內設總務，購訂，編目，閱覽，出納，雜誌，典藏七部，其組織系統如下：

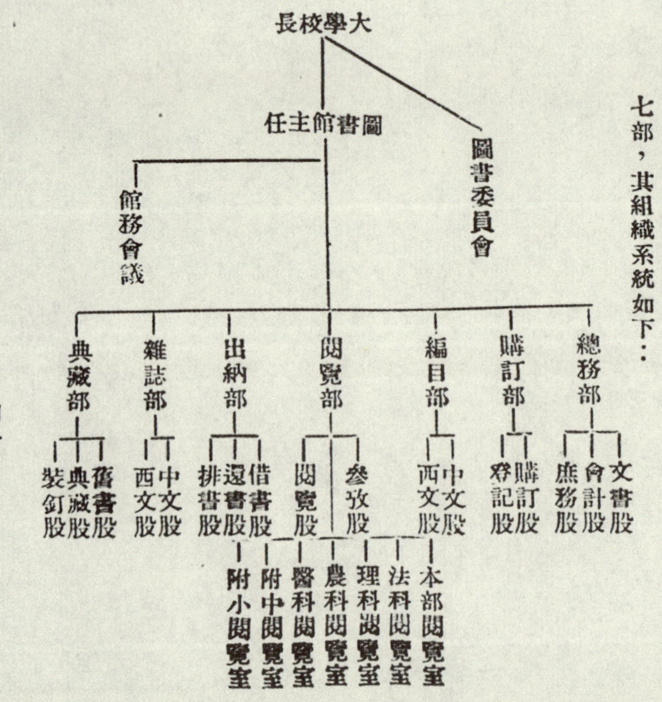

第八條　本館各部職掌如下：

(一)總務部

(1)關於本館文件之繕發，及保管事項。

(2)關於會計、及庶務事項。

(3)關於設備用具之保管，修理，及點查，清理事項。

(4)關於管理雜役，工人等事項。

(5)關於編製統計，圖表，報告等事項。

(6)關於一切接洽事項。

(二)購訂部

(1)關於圖書雜誌之購訂及徵求事項。

(2)關於寄贈圖書之答謝事項。

(3)關於出版物之交換事項。

(4)關於圖書之檢閱，蓋章、貼裏書標事項。

(5)關於圖書之登記事項。

(6)關於圖書之點查，撤銷事項。

(7)關於編理各處圖書目錄事項。

(三)編目部

(1)關於圖書之分類，編目事項。

(2)關於目錄卡之繕寫，排列事項。

(3)關於特殊書目之編纂事項。

(4)關於書架目錄之編纂事項。

(5)關於目錄之撤銷及修改事項。

(6)關於圖書館文字之撰述事項。

(7)關於實習之指導事項。

(四)閱覽部

(1)關於執行閱覽規則事項。

(2)關於閱覽室佈置，整理事項。

(3)關於閱覽室秩序之維持，及閱覽之指導事項。

(4)關於閱覽室參攷書之管理與運用事項。

(5)關於閱覽室圖書之點查事項。

(6)關於編製閱覽統計事項。

(7)關於解答閱者對于學術上之問題，及其他疑問。

(8)關於供給閱者對于學術上研究所需之一切材料。

(9)關於指導閱者對于圖書館及參攷書之使用法。

(五)出納部

(1)關於發給及收回借書劵事項。

(2)關於圖書之出納事項。

(3)關於借出圖書之催還事項。

(4)關於編製出納統計事項。

(5)關於圖書之點查，及排列事項。

(6)關於執行借貸規則事項。

(六)雜誌部

(1)關於雜誌報紙之收受登記事項。

(2)關於雜誌報紙插架佈置事項。

(3)關於雜誌報紙分類編目事項。

(4)關於雜誌報紙彙編裝釘事項。

(5)關於小冊子陳列，及分類保管事項。

(七)典藏部

(1)關於一切藏書之整理，及保管事項。

(2)關於舊書整理，及保管事項。

(3)關於書袋書標之更換事項。

(4)關於圖書之插架點查，及撤銷事項。

(5)關於圖書修理裝釘事項。

(各部辦事之細則另訂)

第九條　本館閱覽借貸等規則，由主任擬定，經大學校長核准後公佈施行。

第十條　本館經費由主任編造預算，經圖書館委員會審查後，由大學校長核准，在大學圖書經費項下開支。

第十一條　本館開館時間如下：

(一)閱覽時刻　每星期一至星期五，上午八時至下午九時。星期六上午八時至下午五時。星期日下午一時至下午九時。

(二)出納時刻　每星期一至星期六上午八時至下午五時止。

第十二條　各科系各研究及附校重要之專門圖書，得存於各該科系，但須有圖書館專門人才管理，以免毀壞遺失。各科系所及附校閱覽室，本章程下文簡稱曰，各科閱覽室。

第十三條　各科系所及附校得在其預算範圍內，支配購書經費，直接訂購書籍，但仍須經各該管主任及圖書館主任審核後，方能發生効力。其購書定單應抄具三份，一存本館，一存該系或研究所或附校，一存該科辦事處，以資考核；如超過該科或附校預算時，本館得否決之。

第十四條　本館對於各科訂購書籍，在接受訂單登記後，須給與該科以此項訂單之收據；如無收據，大學會計部得停止給欵。（收據格式由本館制定之）

第十五條　各科訂購圖書，須向書店聲明運交大學圖書館，不得以私人名義購訂，運到之後，由本館按照前述訂單所開書名册數登記編目，如必要時，本館得委託各科系自行編定之。

第十六條　各科系所或附校所存之圖書，由各該管主任切實負責保管，並須自行在該閱覽室範圍內編目登記，並編造各該閱覽室圖書一覽表等。

第十七條　各科或附校購訂書籍，運到圖書館後，經本館編目完畢，即應照原定數目分送各該閱覽室，不得任由各科系所及附校自取以免紊亂。

第十八條　本館全部事務進行情形，於每年終印報告公佈之。

第十九條　各科置存之圖書，除一部分專門書籍及普通參攷書外，其餘概存本館閱覽部，但於必要時，經主任核准，得向本館閱覽部流通借貸。

第二編　本館辦事細則

第一章　總　則

第一條　本館主任承大學校長之命，總理本館全部事務。

第二條　本館部主任館員及事務員，承館主任之命，管理各該部事務。

第三條　本館各部主任各館員及事務員等，按照本館規定辦公時間，每日在考勤簿上簽到。

第四條　辦公時間以外之閱覽時間，由主任派定館員或事務員輪値之。

第五條　本館職員因事請假時，應具請假單載明事由及期間，送請主任核准，方得離職。

第六條　請假次數及日期，依大學通則行之。

第七條　各部主管事務，如遇連帶關係者，應由各部協商辦理。

第八條　如告假在一星期以上者，應請人代理，但遇輪值時，則每逢告假，必須請人代理。

第九條　本館職員除各該部主管事務外，如有特別事務，得隨時由主任指派辦理。

第二章　總務部

第一節　文書股

第一條　本館往來文件，經主任披閱批核，交總務部文書股分別擬稿繕發。

第二條　凡對外文件，均須由主任簽字或蓋章，方得發出。

第三條　凡重要函件及來往公事，均須另錄底稿，以便存查。

第四條　來往文件，均須分類保存，以便查考。

第五條　對外通信，應另編通信錄，註明通信人員機關住址，以便考查。

第六條　通知錄約分三種：(一)普通通信機關，(二)函索及函購圖書機關，(三)交換圖書機關。

第七條　全館職員應編職員錄，註明姓名，性別，年齡，學歷，履歷，到館日期，所任職務，以便查考。

第八條　每日須將考勤簿送交主任核閱。

第九條　每月須將本館職員告假及不到日期，具報主任核閱。

第二節　會計股

第一條　本館各項開支，除職員薪金外，應先由總務部會計股核算清楚，經主任簽字後，方得向會計部支款。

第二條　本館各項開支，除薪水外，總務部會計股應列詳細賬目，以便考查。

第三條　總務部會計股，除經主任特許外，不得經手錢銀款項，所有開支由大學會計部直接發付。

第四條　本館賬目每年應由總務部會計股會同大學會計部，編列決算公佈。

第三節　庶務股

第一條　本館一切用品，除書籍及專門用品外，應由總務部庶務股轉知大學庶務部照購。

第二條　本館所有書籍及專門用品，如裝訂用具各項卡紙等件，由總務部庶務股直接購置。

第三條　凡關於日用文件等，均由總務部庶務股，向大學庶務部領用。

第四條　凡館內所有用具，如書籍椅桌等，均須列簿登記，隨時點查。

第五條　每日早晚館門之啓閉，均由總務部庶務股任之。

第六條　各種用具，如有損壞，即應知照大學庶務部修理之。

第七條　凡館內各部，如有移動，由總務部庶務股督促工人妥為佈置。

第八條　每日應巡視館內數次，視察館內衛生情形。

第九條　督促工人關於大掃除事項，如每日應將各書架掃刷一次，每月舉行大掃除一次。

第十條　對於外來文件等項，應蓋章點收。

第十一條　招待參觀人員、及受主任之委托辦理，各種關於接事項。

第十二條　經主任之指定繪製各項統計圖表，購訂各項卡片表格，及編輯圖書報告。

第十三條　辦理其他主任交辦事項。

第三章　購訂部

第一節　購訂股

第一條　購訂股分發圖書介紹卡與各科主任轉發各教職員，以便隨時介紹購定圖書。

第二條　介紹卡填寫後，隨時交購訂股彙存審查，逐一查明著者書名，出版期，出版處，定價，及館內已有該書否。

第三條　凡審查介紹卡，除特別急需之書籍，由主任審定外，每年五月十一月彙交圖書館委員會審查。

第四條　各科購書經費分酌標準，由圖書館委員會擬定預算，依照辦理。

第五條　各介紹卡依照各書內容需要，及經費情形，分別定為即購緩購停購三種。

第六條　凡館內已有而無須添購，或貢獻之價值甚少之圖書，均在停購之列。

第七條　凡非急需之書，或為經費所限，未能立即訂購者，或尙待考慮者，均在緩購之列。

第八條　審訂後之介紹卡，每張由主任簽字認可，方得購訂。

第九條　其臨時添購之書籍，須經各該科主任及圖書館主任簽字後，方得購買。

第十條　審訂後之介紹卡，依出版處彙集於一處，再依著作人姓名筆畫排列，然後按照上列順序編製定書單。每單應給予定單號數。

第十一條　凡中文定單，須繕二份，西文則繕三份：一份寄與出版處，一份寄美國購目錄卡(單指西文而言)，一份存查。

第十二條　定單製就後，經主任簽字後，方得發出。

第十三條　介紹卡上，每張應註明定單號數及訂購日期。

第十四條　定單發出後，所有介紹卡，均按照著者排列。

第十五條　書籍收到後，照發單點核清楚，經主任簽字，交會計部支款。

第十六條　書籍收到後，各書點查一過，如有倒裝損破等情，卽送回掉換。

第二節　登記股

第一條　登記股須點核訂購股交到圖書，點核後加蓋館章在下列各處：

(一)裏書面上

(二)每逢十五頁上

(三)全幅圖表上

(四)在最後一頁上

第二條　書籍蓋章後，每書應貼裏書標在封面底頁上。

第三條　依著者筆畫檢出訂購已到之介紹卡，在該卡加上登記號數，幷註明收到日期，頁數，實價等等。

第四條　登記號數，以每册爲一號，除註明在介紹卡外，同時在裏書標上載明。

第五條　凡雜誌報紙小册子，由雜誌部登記。(凡不滿五十頁之中西文書籍，裝訂不完善者，作爲小册子。)

第六條　每月最後一日，應統計該月共進若干種，若干册，估價若干，連上若干，用指引卡指明。

第七條　凡送贈之書，於書上及登記卡上，註明編贈書人通信錄，先錄贈書人姓名，次註明登記號碼，日期，及册數，收到贈書後，幷應卽日函謝。

第八條　交換之書，在登記卡上註明外，另由總務部編製交換人姓名錄，書明住址，及交換物名稱等項，以便查攷。

第九條　本股應隨時留心新書目錄，塡寫介紹卡，及函向各出版機關，索取圖書及目錄等件。（由總務部編通知錄應用。）

第十條　凡各處寄來之圖書目錄，應編號排列，以便檢查；如有新書目錄到時，原有舊目方得取消之。

第十一條　圖書目錄及各公司目錄等，概不必登記。

第十二條　每月所編之新書目錄，應與登記數目相符，互相對照，以免遺漏。

第十三條　如有遺失改編取消之書籍，應由出納編目典藏各部，將書名登記號數及撤消緣由等，呈請主任核准後，方可交登記部撤銷。

第十四條　凡撤銷之書，應將登記卡抽出另列一處，用紅筆將登記號數削去，另加撤銷號數，并註明日期與緣由。

（未完）

——摘自《農聲》一九三〇年第一百二十九期

本校圖書館章程（續）

第四章　編目部

第一條　編目部除雜誌小冊子外，專理全館圖書之分類，及編目一切事宜。

第二條　編目部為便利辦事起見，分中西文二股，辦理下列事項。但各種手續如無特別規定者，中西兩股均通用。

（一）分類，（二）編目，（三）製卡，（四）排卡，（五）校對，（六）標目，（七）送書。

第三條　關於分類之手續如下：

（一）西文書籍照L. C. 分類法分類，各門類應分析清楚。

（二）中文書籍照世界圖書分類法，及革命文庫分類法分類。

（三）分類號碼，凡存在閱覽室作參考用者加R，存在醫科者加M，存在農科者加A，存在附中者加H，附小者加I。

（四）分類號碼之外，應用著者號碼，中日文一律用著者號碼，製法西文則用Cutter's 著者號碼二位數表。

（五）書碼須註明於外書標，及裏書標上。

（六）每次分類，應在分類表中作一符號，以示該號曾經採用。

（七）凡L.C.卡上，已有分類號碼者，則採納之，不必另行分類。

（八）對於中西分類表，如有更改之處，須先商得主任之同意。

第四條　關於編目之手續如下：

（一）西文目錄用L.C.卡，照L.C.編目規則辦理；中日文則照杜氏編目法辦理。

（二）凡編一書，應先查書架目錄，以免號碼衝突。

(三)每編一書，先擬目錄稿紙一張，註明下列各項交與製卡課照樣繕打．(1)書碼，(2)著者，(3)書名，(4)出版期，(5)篇幅事項，(6)類名．

(四)西文類名一律以L.C.類名表爲標準，中文則另編類名索引，以便異日沿用．

(五)本館總部書籍，應繕以下各種卡片：

(1)書架目錄一張
(2)著者目錄一張
(3)書名目錄一張
(3)書卡目錄一張
(4)種類目錄若干張
(5)參攷目錄若干張
(6)分析目錄卡若干張
(8)叢書目錄卡若干張
(9)編者或譯者目錄若干張

(六)各科各附校閱覽室圖書，每書暫繕書架目錄一張．

(七)凡L.C.卡上，已有類名者，則採納之，不必另行尋找．

(八)對於編目規則，如有更改之處，須先商准主任．

第五條　關於製卡之手續如下：

(一)本部專備有卡片打字機數架，以便製卡．

(二)西文目錄一概用打字機，照L.C.規則繕製．

(三)中文書碼，亦用打子機繕打，其餘則用毛筆或鋼筆抄寫清楚．

(四)各種卡片繕打抄寫後，應夾在裏書面內，交與標貼課貼書袋書標等．

第六條　關於排卡之手續如下：

(一)西文卡片照字母順序，根據目錄排列規則排列．

(二)中文目錄卡片，照漢字排字法及目錄排登法規則排列．

(三)將排列之卡片，用排字盒在編目室先行排順，然後再行排入目錄卡箱內．

(四)每約二十張卡片，用指引卡一張，以便找尋．

(五)所有已排竣之目錄卡，於每學年終結，應全數舉行校對一次．

第七條　關於校對之手續如下：

(一)凡有 L.C. 卡者，須與書頁內之各項逐一校對後，方可製卡。

(二)目錄卡片繕打或抄寫後，亦須逐一校對，方得排列。

(三)書標書袋書卡號碼貼印後，亦須逐一校對，方得將書送與出納部。

(四)校對書碼時，校對人須在裏書標角下簽字，以示負責。

(五)購卡單在未寄發以前，須由校對課在以下各處逐一校對，本館內已有此類卡否。

(1)在字典目錄卡箱內

(2)在存卡箱內

(3)在新書目錄內

第八條　關於標目之手續如下：

(一)外書標須用 Shellac 油刷，以免號碼模糊。

(二)外書標貼在書脊上，離書脚一寸半。

(三)書袋貼於裏書背後。

(四)書碼印在外書標上。

(五)舊書標須一律妥愼刮下，重貼上新書標，以求劃一。

第九條　關於送書手續規定如下：

(一)已編書籍，須先經主任簽核，方得送出。

(二)凡送書與出納部，須設立出納部送書簿一本。簿內列明送書日期及數目，每書須連同該書之書架目錄一張，由出納部負責人核對後，須在每張卡背後蓋章，交還編目部彙存。

(三)凡送書與閱覽部，須設立閱覽部送書簿一本。簿內列明送書日期，及各類書籍若干，由閱覽部負責人核對後，須在簿內簽字交還編目部彙存。

(四)凡送書與各科閱覽室，先送庶務股轉發，並設送書簿一本。簿內列明各科閱覽室號碼，送書日期及各類書籍若干。

第十條　編目部統計，須每日由各股填寫工作表報告主任。

第五章　閱覽部

第一節　參攷股

第一條　參攷股解答閱者關於學術上之問題，及其他疑問。

第二條　供給閱者關於學術上研究所需之材料。

第三條　指導閱者關於圖書館及參攷書之使用方法。

第四條　輔助購訂部關於參攷書之選購事項。

第五條　輔助編目部關於參攷書之分類編目事項。

第六條　輔助出納部工作之進行。

第七條　搜集各種重要時事新聞，以備閱者之急需。

第八條　參攷書籍，除有特許借出外，概不借出。

第二節　閱覽股

第一條　閱覽股指導閱者之閱覽，輔助閱者檢尋參考閱覽書籍。

第二條　維持閱覽室內之秩序。

第三條　每日早午檢察架上書籍，校正各書秩序。

第四條　每點鐘將桌上書籍插回架上，同時記其數目，以便統計。

第五條　每星期按照書架目錄，點查一次。

第六條　注意閱覽室中之佈置，與淸潔衞生等事項。

第七條　閱者閱畢後，須核查手續淸楚，方得發給出門證。

第八條　圖書如有遺失，卽須通知總務部激查，並通知編目部及登記股撤消之。

第九條　關於閱覽室借書手續規定如下：

(一)閱書者得向書庫借書在閱覽室閱覽，不限册數。

(二)凡借書在閱覽室者，須先塡取書條。

(三)取書後將書卡取出，由借書人簽名。

(四)該書及取書條則，由館役送至閱覽室點收。

(五)取書條則存閱覽部，該書則交閱者點收。

(六)閱者閱畢，卽將該書交閱覽部點收。

(七)閱覽部卽將該書及取書條交回出納部點收。

(八)出納部將卡加蓋還書日期，插回書袋。

第三節　各科閱覽室

第一條　各科閱覽室之圖書，概由總館訂購分類編目；如各科系自行訂購時，須對書店聲明運交大學圖書館，不得以私人名義訂購。

第二條　本館送交書籍至各科閱覽室時，每次須列單由該閱覽室簽收。

第三條　各科專門書籍及普通圖書，爲各科閱覽室購備者，得永遠保存在各該閱覽室。

第四條　除上列各書外，各科如需其他圖書，得隨時向總部告借，但須依照借書手續。該項手續與教職員借書手續相同。

第五條　各科閱覽室向總部所借各書，以半年爲限。

第六條　各科閱覽室自存之圖書，照總部出納手續辦理。

第七條　由總部借來之書，另取書條以代書卡。

第八條　各科教職員學生向本館出納部借書者，須向本館出納部交還，向各科系閱覽室借用者，交還該處。

第六章　出納部

第一節　借書股

第一條　格據借書規則每學生發借書証二張，每張限借英文一冊，或中文一部，每部以十冊爲限。

第二條　關於發給學生借書証手續，規定如下：

（一）設立學生借書証登記簿若干本。（總部及各科系及附校各一本。）

（二）登記簿內列明登記號數，學生姓名，學生証號數，科別，系別，班別，及現在住址。

（三）學生借書証號數，分配如左：

（1）本部1——2599　（2）醫科3001——3999

（3）農科4001——4999　（4）附中5001——5999

（5）附小6001——6999

（四）凡學生領取借書証者，須將學生証及照片二張繳驗，驗畢在該証上蓋「借書証已發」章，及發出日期。

（五）無學生証者，無論任何証明，均不得取借書証。

（六）發借書証前，先由學生將登記簿照填。

（七）出納員根據登記簿號數，填寫相同號數之借書証二張，並於照片上加蓋該員姓名或小章。

（八）驗完左列各項記載，方得將借書証發出。

（一）借書証號碼二張須相同。

（二）借書證號碼須與登記簿相符。

(三)須有截止日期。(一年爲限)

(四)須有圖書館硬印。(硬印須在發證時加蓋)

(五)須有部主任或館員簽字。

(九)經以上各項手續後，乃將借書證連同學生證交學生收受。

第三條　關於教職員借書證手續，規定如下：

(一)設立教職員登記簿。

(二)登記簿內列明登記號數，教職員姓名，別號，徽章號數，科別，系別，及現在住址。

(三)教職員借書證登記，分配如下：

(1)本部2501——2999

(2)醫科3901——3999

(3)科農4901——4999

(4)附中5901——5999

(5)附小6901——6999

(四)教職員初次借書者，須憑教務處，或事務管理處來函，或繳驗徽章然後發證。

(五)發證前由教職員先照登記部塡寫。

(六)出納員根據登記部塡寫教職員相同號碼之借書總賬一張，存在館內。

(七)借書總賬依照借書人姓名排列。

第四條　關於發校外人借書證手續，規定如下：

(一)發借書志願書一張，交借書人塡寫。

(二)志願書塡寫後，送主任署名認可。

(三)設立校外人員借書登記簿。

(四)登記簿內列明登記號數，及借書姓名職業住址。

(五)登記號碼爲9001——10000

(六)發相同號碼之校外人員借書證一張，交借書人保存，以後憑證借書。

(七)志願書背後寫姓名與教職員總賬並列。

第五條　關於遺失借書證之手續規定如下：

(一)無論何項借書證遺失後，於借書有效期內一概不照補發。

(二)遺失者須將借書證號數登中大日報聲明作廢。

(三)在登報聲明於前，如有圖書借出，應由原有該借書證人負責。

(四)遺失證後，應在登記簿內註明遺失日期，及所登日報期數。

(五)另編遺失借書證表，將號碼姓名列明，每次借書須先檢對。

(六)每次遺失借書證，應通知各科系及附校閱覽室查照。

第六條 借書時先由借書人填寫取書條一張，註明書碼及著者書名。

第七條 關於學生借書手續規定如下：

(一)憑取書條依號碼取書。

(二)如書已借出，則取相當之書代之。

(三)向學生取借書證，填寫該書號碼。

(四)將書內書卡取出填寫借書證號碼及姓名。

(五)在借書證書卡及期限表上，加蓋日戳。

(六)校對各項記載及號碼卡片正確與否。

(七)將書交借書人携去，借書證及書卡相夾，另放箱內，取書條則可取銷。

第八條 關於教職員借書手續規定如下：

(一)憑取書條依號取書。

(二)借書前應先驗明徽章有無登記，及查以前所欠數目過限與否，方得借出。

(三)將書卡取出，請教職員簽名。

(四)將職卡彙交還書股登記。

(五)將所借之書碼列入教員總賬。

(六)總賬及書卡期限表，均加蓋日戳。

(七)校對後將書交借書人携去。

第九條 關於校外人員借書手續如下：

(一)憑取書條依號取書。

(二)向借書人索取借書証。

(三)取出借書卡填寫借書人號碼及姓名。

(四 將借書証填寫書碼。

(五)借書証書卡及期限表上，加蓋日章。

(六)將借書証交還借書人收回書卡，則彙交還書股登記。

第十條 關於各科系及附校借書手續規定如下：

(一)各科系所及附校借書，暫不限册數及日期。

(二)各科閱覽室及本館各部借書用簿登錄，交收受人簽收。

(三)各科系研究室借書，照教職員借書辦法，另列各科系總賬。

(四)未編目之圖書，各科系不得借出。

(五)還書手續，照普通辦法分別在書卡總賬，及登錄簿上註銷。

第十一條　取書條上蓋「發」字章，如已借書者，則蓋「書已借出」章。

第十二條　每日書卡及取書條另存一處，以便統計。

第十三條　每日將借出書籍，按分類號碼分別統計。

第十四條　關於統計手續規定如下：

(一)每日借書之書卡，應由還書股分類統計填寫工作表。

(二)每屆催書期，應將催書數目統計報告主任。

(三)每學期應將取銷或遺失之書籍，或書目及價值統計報告主任。

(四)每學期終了，應將全學期借出總數及未還之書籍總數報告主任。

第十五條　關於借書還書輪值手續規定如下：

(一)每星期一三五及二四六為借書股，及還書股員更迭期。

(二)凡星期一所借書之卡，由星期二担任還書者及整理及統計。

(三)借書股員担任取書及借書。

(四)還書股員擔任收回書籍及整理卡片。

(五)辦公時刻內還書股員不能離開出納部，不得已時須請人代替。

第二節　還書股

第一條　還書股於閱者還書時，應嚴格依據規則辦理。

第二條　關於學生還書手續規定辦法如左：

(一)根據所還書之號碼取出書卡。

(二)根據書卡之日期及借書証號碼，取出借書劵。

(三)在書卡及借書証內加蓋日戳。

(四)將借書証交還借書人，將書卡插回書袋內。

(五)將還書與書卡校對後，彙齊插架。

第三條　關於教職員還書手續規定如下：

(一)根據書碼取出書卡。

(二)根據書卡之姓名取出總賬。

(三)在書卡上及總賬上，加蓋還書日期。

(四)蓋還書日期時，請該借書人監視以免致悞。

(五)將書卡插回書袋，以備插架。

第四條　關於校外人員還書手續規定如下：

(一)憑書碼取出書卡。

(二)憑書卡上之姓名取出借書人之總賬。

(三)向借書人取借書証。

(四)在書卡總賬及借書証上，加蓋還書日戳。

(五)將借書証交還借書人卡插回書袋。

第五條　借書証及書卡，應照下列手續排列：

(一)所有書卡，均照書碼排列。

(二)無書碼之書卡，暫照書名字母或筆畫排列。

(三)中文舊書之取書條，照書籍排列，但改編後，即照用書碼。

(四)雜誌及參考書之取書條另列一處。

(五)學生借書證，先照日期排列，同日期者，照借書證號碼排列。

(六)教職員及校外人員之總賬，均照借書人姓名筆畫排列。

第六條　借出書籍到期，應按下列期間催收：

(一)每星期一四兩日為學生催書日期。

(二)每月二十日三十日為教職員及校外人員催書日期。

(三)每屆催書日期，應將各借書證依次檢查。

(四)將已到期之書開列催書條，塡明書碼日期及姓名地址。

(五)所有催書條，均須由主任簽發。

(六)凡已催三次之書，即不必再催，將該借書人姓名及書名報告主任，呈請校長查辦。

第七條　關於扣留借書證手續規定如下：

(一)凡過期交還之借書證，即將應扣日期在還書期欄註明。

(二)所有扣留之借書證，依照借書證號碼排列。

(三)到應領日期，由還書股發還。

(四)於學期終了，如學生屆期不還者，將書名價值報告主任，呈請校長扣考。

第八條 關於罰欵手續規定如下：

(一)凡有遺失及損破書籍，應將書名通知購訂部，查明罰欵。

(二)將該罰欵及書名，通知總務部照收。

(三)收罰欵時，由總務部繕寫收條由主任簽發。

(四)該罰欵，即由總務部交會計部照收。

(五)於學期終了，如教職員屆期不還者，將書名價值列明報告主任，呈請校長令會計部扣薪。

(六)圖書價值之計算，照原價加五分之一。

第三節　排書股

第一條 各書須按照書碼插架，並應隨時察閱架上之排列有無錯誤。

第二條 每日收回之圖書，應於是日排列妥當，以備翌日之用。

第三條 排書股應隨時注意書標有無塗汙或損壞，以便更換。

第四條 凡發覺有破壞之書籍時，應即通知典藏部取消，或修理該書。

（未完）

——摘自《農聲》一九三〇年第一百三十期

本校圖書館章程（三）

第七章　雜誌部

第一條　雜誌部編製雜誌，報紙，目錄，以便檢查。

第二條　對於各種外來雜誌，須按期登記，分類，及插架。

第三條　對於缺少之雜誌，報紙，須通知購訂部函索補齊。

第四條　對於續訂之雜誌，亦須按期通知購訂部續訂。

第五條　每日須整理雜誌架一次，或數次。

第六條　各種重要報紙，每月須彙訂，以便存查。

第七條　應訂購及保存之雜誌報紙，由圖書館委員或主任訂定，不得隨時更改。

第八條　對於雜誌每年須彙齊後，每種分若干册，塡寫裝釘單，交裝訂股裝釘。

第九條　小册子（凡不滿五十頁，而裝釘不完善者。）收到後，暫不登記。但約分數大類，陳列架上兩星期後，收回存貯。

第十條　裝釘後，須先點核內容，核對格式。經主任署名，方得付欵。

第十一條　雜誌及報紙，裝釘完竣時，加貼書標書袋等，及另行編目。

第十二條　凡雜誌報紙，如無複本者，概不借出。

第八章　典藏部

第一條　典藏部整理及保管一切藏書。

第二條　徵求中國古書善本，碑帖，及加以整理。

第三條　繕貼書袋書標。

第四條　點查圖書插架，及撤消已遺失，及殘破不堪之圖書。

第五條　修理及釘裝圖書。

第一節　舊書股

第一條　舊書股整理及保管全舘之古書，善本，碑帖等事項。

第二條　關於古書，善本，碑帖之選購，及審查事項。

第三條　關於古書，善本，碑帖之登記，分類，編目事項。

第四條　關於古書，善本，碑帖之出納手續，因特別情形，得參酌本舘借貸規則另訂之。

第五條　關於舊書股借閱圖書規定，照本舘出納部借貸規則辦理。

第二節　典藏股

第一條　典藏股保管及排列全舘之圖書事宜。(參照出納排書股辦事手續)

第二條　注意圖書及書庫之清潔，以資保護。

第三條　裝配書架上之標目插。

第四條　每月檢查全舘目錄一次。

第五條　檢出破壞之圖書，須交裝釘股，以便裝釘修理。

第六條　每學年終時，應點查全舘圖書一次。

第七條　破壞不堪用之圖書，卽行撤消，同時知照登記股，取銷書碼。

第八條　關於取銷圖書手續如下：

(一)將失書名稱，書碼價値，及原由錄簿登記。

(二)將該書籍送編目部查照，並取出目錄卡。

(三)點查書籍後，對於未知確否失去之書籍，應補寫書卡一張，放在出納箱內存查。

(四)補寫之書卡，應註明某月某日點查遺失待詳等字樣，與其他借出之書卡，依書碼排列。

(五)該書發見時，應將補寫之卡取銷。

第三節　裝釘股

第一條　凡破爛之圖書，槪交裝釘股修理之。

第二條　凡裝釘圖書時，須在裝釘單上註明下列各項：(一)裝釘號數，(二)發出日期，(三)格式，(四)顏色，(五)

印字，(六)本數。

第三條 裝釘後須先點核內容，查明格式，方可收回，交出納部註銷。

第四條 裝釘後，加貼書標書袋，或另行編目。

第三編 本館其他規則及章程

第一章 本館館務會議章程

第一條 本規則根據本館規程第一編第六條訂定之。

第二條 本館館務會議，凡本館館員均得出席，本館事務員均得列席。

第三條 本館館務會議，以主任爲主席。

第四條 會議事件，分下列二種：

(一)主任或部主任，及各閱覽室館員交議者。

(二)本館館員二人以上提議者。

第五條 館務會議每月開常會一次，暫定每月之第一星期一日，但遇有必要時，得由主任召集臨時會議。

第六條 會議時館員如因事缺席，得用書面提出意見，先期通知主任於會議時報告，並記入記事錄。

第七條 館務會議，以本館全體館員三分二出席爲足法定人數，議決事項，以出席過半數通過決定之。

第八條 館務會議表決議案，如贊成與反對票數相同時，由主席決定之。

第九條 館務會議記事錄之記載及保全，由主席指定館員辦理之。

第二章 本館圖書委員會章程

第一條 本委員會根據本館規程第一編第五條，由各科主任及教授組織之。

第二條 本委員會職責如下：

(一)擬定本館進行計劃大綱。

(二)審訂本館預算及決算。

(三)訂定各科購書費標準。

(四)審訂各科用書及應購書目。

(五)其他關於輔助本館改進事項·

第三條　本會設主席一人，由本館主任兼任之，書記一人，由主席就本館職員中指定之·

第四條　本會以有三分之二委員出席爲法定人數·

第五條　本會會議出席人數過半數通過者，爲議決案·

第六條　本會開會每學期至少二次，由主席召集之·

第三章　本館職員工作報告規則

第一條　本館職員逐日塡寫報告，以便年終彙集作爲年報資料，及考勤報據·

第二條　各職員將每日工作逐日摘要記錄，每晨由主任簽核，每星期一由總務部收集彙存主任室核查·

第三條　總務部應將來信文件另簿登記，每日結束將總數記明在數量項下，此外如有承辦接洽點查購辦各件，亦須摘要註明·

第四條　購訂部登記股，須將逐日登記書籍本數註明，並將已登記之書籍另列架上，以便檢核，如有贈送交換等記載，亦須註明·

第五條　編目部須將逐日所編書籍，另架排列，以便檢核，每日分類本數，製卡數目，均須註明·

第六條　雜誌部將每日收授登記之數目記明，凡查存各項，均須記明·

第七條　出納部將每日出入書籍，根據取書條報告本數，如有發出催書條等、亦須分別註明數量·

第八條　各科系及附校閱覽室，須將每日書籍出納文件收發書籍整理等事與數量，逐日登記隨時由主任點校·

第九條　各項紀載務須詳實，所列數目須能互相證實，以便年終統計·例如登記之數，與編目之數，借出之數，與收回之數，來往文件之數，與登記冊之數，均須符合·

第十條　附註欄內註明關於所辦事項，有須附以說明者，或對於所辦事項之問題及意見，以便彙齊提出館務會議討論·

第十一條　凡告假遲到早退等情，亦須註明附註欄內·

第十二條　每學期由主任將工作報告，發回各職員編造學期總報告，將半年中所辦事項，分爲數大項，註明數量及大體情形，以便轉呈校長核閱。

第四章　本館閱覽規則

第一條　本館每日開館及閉館時間如左：

(一)星期一日至星期五日，每日上午由八時起至下午九時，星期六上午八時至下午五時，星期日下午一時至九時，爲開館閱覽時間，但爲辦事上便利起見，得由主任斟酌情形更改之。

(二)本館星期六晚間至星期日上午，及各例假日爲閉館日期，停止閱覽。

(三)如有特別事故，臨時閉館，由主任另行通告。

(四)年假暑假開館閉館時間，由主任臨時公佈之。

第二條　各科閱覽室開館閱覽時間，定星期一至星期六上午八時至十二時，下午一時至五時，但如有特別情形時，得由各該閱覽室職員請主任另行訂定之。

第三條　凡本大學職員學生及校外各機關介紹之人員，均得到本館閱覽。

第四條　閱覽人到館如欲借本館各種書籍，須向出納部塡寫借書證，由出納部職員檢發閱畢繳還。

第五條　凡閱者出閱覽室時，須將所閱圖書交還閱覽部職員，方得出館。

第六條　所閱圖書，如有汚損破毀或遺失時，閱者應負賠償之責，依借貸規則辦理。

第七條　閱者如須抄錄文課時，須自備文具。

第八條　閱者須恪遵本館其他閱覽規例如：

(一)閱者須穿着衣服鞋襪。

(二)不得在館內吸煙及喧譁等。

第九條　閱者如違本章程第八條之規定，經本館職員勸告，仍不從命者，本館職員得令其出館，但無論抗議與否，本館卽停止其閱覽權利三個月。

第十條　閱覽人對於本館一切設施事項，倘有意見時，得隨時正式函告總務部，以備本館採擇。

第五章　本館借貸規則

第一條　本館總部借貸圖書時間，定每星期一至星期六上午八時至下午五時，但各科閱覽室定開館時爲借貸時間。

第二條　凡本大學教職員學生均得向本館借書，其向本館總部或各科閱覽室借書者，還書時應分別交還原處。

第三條　本館藏書分左列六類：

(一)保存類，(二)通常類，(三)寄存類，(四)美術品類，(五)參考類，(六)新聞雜誌小册子類。右列之(一)(二)(三)(四)(五)(六)各類，及字典辭書，與無複本之圖書等，例不借出；但雜誌小册子等，如有複本者，得借出。

第四條　本大學教職員初次到館借書時，須由教務處或事務管理處正式來函介紹，並由本館職員將其姓名職掌住址等記入册內，以備檢查。

第五條　外來閱者由政府或學術機關正式來函介紹，並保證者得到本館借書。

第六條　借書人到館(至出納部發証處)依式塡寫取書條，由本館職員檢發，如期閱畢繳還。如係學生借書，須呈繳借書証，每部一張，俟還書時，取回塡寫學生証號碼，並交學生証與本館職員檢閱。

第七條　每次借貸圖書學生，以二部爲限，教職員以五部爲限，如有特別情形時，得以三十部爲限，每部册數與學生同，中文每部至多十四册，西文以一册爲一部。圖書卷軸學生以一軸爲限，教職員以五軸爲限；但教員借書經主任特別許可者，不在此限。

第八條　凡原許借出各類圖書，如經教員臨時指定爲參考書者，得停止借貸。

第九條　凡本館借出圖書，學生以十日爲限，教職員以三十日爲限；期滿後得續借一次，重寫取書條，如向本館作口頭聲明者無效。

第十條　所有圖書在借貸期內，如遇必要時，得由本館隨時取回。

第十一條　借書期滿繳還本館、及不履行續借規則者，至到期之日起，學生每册每日罰銀五分，教職員每册每日罰銀一角，並自期滿之日起，停止借書權；俟原書追還罰欵繳清之日爲止。如不繳罰欵者，由主任通知會計部，學生則由儲存費扣除，教職員則由薪金扣除。

第十二條　借書不依本章程第六條之規定，而逕將圖書攜出館外者，於追還原書外，每本每次罰銀，照該書原價雙倍計算，並停止借書權三個月。

第十三條　貸出之書，由借者負保管之責任。其規則如下：

（一）借書人如有破壞或遺失所借之書，須自購原印板本，或繳書價償還本館，每本須依該書原價加繳五分之一作手續費。

（二）如有塗寫及汚損本館圖書者，由本館察其輕重酌令賠償。

第十四條　凡來本館貸出圖書，逢半學年終了，無論借貸時日到期與否，一律收還以清手續。

第九章　附則

第一條　本章程列舉組織大綱及辦事方法，至各項詳細手續，除總務事務外，均遵照圖書專門技術辦理。

第二條　本章程如有未盡善之處，經館務會議之通過，呈請校長修改之。

第三條　本章程經館務會議通過，呈請校長核准，自公佈日施行。

附註：第六章本館參觀規則，第七章本館職員任用章程，第八章本館職員待遇章程等從畧。

（完）

——摘自《農聲》一九三〇年第一百三十一期

規約

國立勞動大學圖書館借書規約

第一條　借書人資格規定如下

一、本校職教員

二、已向本校立案之學術團體

第二條　借書時憑本館所發之借書證無證者不能借書

第三條　借書時須塡寫取書單交館員檢收

第四條　借書人將書擇定後須於書片上正楷簽名

第五條　借閱圖書以五本爲限

第六條　借閱時期以二星期爲限期滿即須歸還如必須續借須將書繳還本館加蓋續記續借但以一次爲限

第七條　書滿借期須由租書人送還本館本館不另通知亦不遣人收取

第八條　所借之書如有遺失汚損等情事須由借書人照原價賠償

第九條　借書證不能遺失亦不得轉借如有遺失須隨即報告本館否則由原領證人負責

第十條　借出之書本館因遇有特別事故得有中途收回之權

第十一條　下列各種書籍無論何人概不借出

一、善本書

二、辭書字典等

三、雜誌及報紙合訂本

四、教員所指定之參考書

五、[illegible]農院及中學部之選[illegible]圖書

第十二條　借書時間除星期日及例假外每日下午一時至四時半

第十三條　本規約自公佈日施行

附件

圖書館啓事　本館規定除星期日及例假外每日下午一時至四時半爲本校教職員及業經立案之各學術團體借書時間非規定時間內概不借書此啓

國立勞動大學圖書館學生學術團體借書規則

第一條　凡已經立案之學生學術團體得向本館借閱圖書。

第二條　學生學術團體借閱圖書時須由該團體推定一人向本館負責以後圖書如有遺失汚損等情事無論團體存在與否均惟該負責人是問

第三條　凡各團體向本館借書時均依照本館所公佈之借書規則辦理。

第四條　領取借書證時須完備以下之手續

一、繳納團體章程及負責人名單各一份

二、塡寫借書證存査單

第五條　借書之學術團體如有下列事情之一者本館得取消其借書權。

一、遺失借書證者

二、書滿借期尙不歸還者

三、已借之書雖未滿期因有特[illegible]繳而不歸還

者。

四、遺失污損書籍尚未照價賠償者。

第六條　關於各學院借書地點規定如下

一、社會科學院工學院向總館借閱

二、農學院向農院圖書室借閱必要時得向總館借閱

三、中學部向中學部圖書室借閱必要時得向總館借閱

〔附註〕凡向何處借閱之書須直接繳還該處不得混亂并不得要求轉遞

第七條　本規則自公佈日施行

——摘自《勞大週刊》一九三〇年第四卷第十一期

河北省教育廳訓令 第五八八號 中華民國二十一年五月二十日

令省立工業學院

案據本廳臨時囑託圖書館視察員李文裿報告視察該院圖書館辦理情形畧稱該館附屬於圖書儀器課館舍狹小頗不適用惟書籍之登錄係購用商務印刷所圖書館用品部出售之登錄簿均甚合法又中西文書全部用杜威十進分類法箸者號碼用自製之拼音號碼尚便於用等情據此合亟令仰知照此令

命令 十九

——摘自《河北教育公報》一九三二年第十四期

河北省教育廳訓令 第五九八號 中華民國二十一年五月二十日

令省立法商學院

案據本廳臨時囑託圖書館視察員李文𤅧報告視察該院圖書館辦理情形畧稱該院圖書館圖書目錄用書本式分類係用杜威分類法加以變通惟不用原分類號數書籍排架用統號此則亟應改正者也并附具視察意見等情前來查所稱各節均屬切要合亟抄附原意見令仰該院遵照辦理具報此令

計開

一、應速完成卡片目錄一全份計書名著者件名三種

二、採用健全之書號以便改善排架方式

河北省教育廳訓令 第五九一號 中華民國二十一年五月二十日

令省立女子師範學院

案據本廳臨時囑託圖書館視察員李文𤅧報告視察該院圖書館辦理情形畧稱該院圖書館在民國六年即行成立歷經增加書籍現已斐然可觀所查院校圖書館以該院爲最合法書目雖正在改編而借閱事務亦未停止擬請嘉奬以資鼓勵等情據此查該院長對於圖書館教育尚知加意辦理劃出專款聘請專才內部各項辦法大體均屬相合殊堪嘉慰仰仍積極辦理以期日臻完善爲要此令

河北省教育廳訓令 第五九七號 中華民國二十一年五月二十日

令省立第一女子中學校

案據本廳臨時囑託圖書館視察員李文裿報告視察該校圖書館辦理情形略稱該校圖書館書籍僅七八百冊除購入外未向各方函徵故受贈圖書甚少登錄係採用直行式用油印行格逐部登錄未採取任何確定之分類法亦未製目片僅以上項之登錄簿充作書目并附具視察意見等情前來查所稱各節均屬切要合亟抄附原意見令仰該校遵照辦理具報此令

計開

一、應速完成卡片目錄

二、按月添購新書

三、向各出版處徵求書籍

——摘自《河北教育公報》一九三二年第十四期

河北省教育廳訓令 第六一七號 中華民國二十一年五月二十四日

令省立第一中學校

案據本廳臨時囑託圖書館視察員李文𥕞報告視察該校圖書館辦理情形畧稱該校圖書登錄簿係購自商務印刷所出版者尚稱合適惟逐部登錄舊藏書籍尚未舉數登竣亟應早日完成分類法係採用劉衡如博士之中國圖書分類法惟未能全部了解故有錯誤之處書目則僅有分類目錄及叢書分析目錄至於書名著者兩種目錄則尚付闕如并附具視察意見等情前來查所稱各節均屬切要合亟抄附原意見令仰該校遵辦具報此令

計開

一、分類號碼外應加用著者號碼以免重複

二、分類欠妥之處應至他館參觀

三、書名著者兩種目錄應速完成

河北省教育廳訓令　第六零七號　中華民國二十一年五月二十一日

令省立第二中學校

案據本廳臨時囑託圖書館視察員李文裿報告視察該校圖書館辦理情形畧稱該校校舍寬大圖書館另有專室爲中等學校所僅見者圖書登錄簿採用直行式所著錄各項目大致尚合全部藏書擬用杜威十進分類法惟尚未舉辦現在所用目錄除書本目錄外多分類裝製壁上以謀閱者之快覩并附具視察意見等情前來查所稱各節均屬切要合亟抄附意見令仰該校遵照辦理具報此令

計開

一、應購合法之登錄簿全部書籍舉行總登錄一次

二、應另製購書片一份將來免購重複書籍

三、速完成卡片目錄

河北省教育廳訓令　第六零八號　中華民國二十一年五月二十一日

令省立第一師範學校

案據本廳臨時囑託圖書館視察員李文裿報告視察該校圖書館辦理情形畧稱該校學生頗知利用圖書館故借書異常發達爲中等學校之冠惟藏書數量不多逐年添購書籍亦少常有供不應求之勢是則亟須

力謀擴充者也至分類編目均尚合法并具視察意見等情前來查所稱各節均屬切要合亟抄附原意見令仰該校遵照辦理具報此令

計開

一、函各出版處徵求書籍

二、增加購書經費認眞添購新書

三、後期師範應選授圖書館學藉便改善本校圖書館

河北省教育廳訓令 第六一一六號 中華民國二十一年五月二十四日

令省立第九師範學校

案據本廳臨時囑託圖書館視察員李文𥪕報告視察該校圖書館辦理情形畧稱該校初無圖書館近始清理闢校舍一間爲藏書室旁通一教室兼充閱覽室館中僅有書記一人負責管理此外各班推舉學生逐日服務書籍購入之數雖不多復未舉行徵求辦法登錄簿與書目無別用油印行格備具書名著者出版處價格各項亟應從速劃分圖書分類係採用杜威氏法加以變通編目僅用上述之油印行格塡寫未作卡片目錄既不便於檢查復不便於增添并附具視察意見等情前來查所擬各節均屬切要合亟抄附原意見令仰該校積極改進具報此令

計開

一、應速完成卡片目錄

二、後期師範應選授圖書館學藉可整頓本校圖書館

三、劃出購書經費認眞添購新書

四、增加校舍後應爲圖書館另闢較大專用之閱覽室與藏書室

——摘自《河北教育公報》一九三二年第十五期

河北省教育廳訓令 第九七四號 中華民國二十一年八月二十三日

令省立第十二中學校

案據本廳臨時囑託圖書館視察員李文裿報告視察該校圖書館辦理情形略稱該館日常鎖閉全不見開館形式設管理員一人兼教務員購入書籍多係教科書或普通之參考書無裨益於學生之作業登錄簿亦不詳圖書分類據云按中外圖書統一分類法實則僅分其大類亦欠正確有書本目錄備檢亦雜亂無章等語并附具視察意見前來查所稱各節均關切要合亟抄附原意見令仰該校遵照改進嗣後應特別注意不得再行忽視爲要此令

計開

一、增加購書費認眞添購新書

二、指撥專員管理圖書

河北省教育廳訓令 第九七八號 中華民國二十一年八月廿四日

令省立第三女子師範學校

案據本廳臨時囑託圖書館視察員李文裿報告視察該校圖書館辦理情形畧稱該館館舍三楹書籍甚少負責無專人日常鎖閉殊失圖書館之效用購入之書籍以適合學生之需要爲標準登錄不詳書籍之數量過少係陳於室內目錄簿數册雜置案頭等語并附具視察意見前來查所稱各節均關切要合亟擬附原意見令仰該校遵照切實改進須知圖書館教育關係重大嗣後應特別注意不得再行忽視此令

計開

一、增加購書費認眞添購新書

二、指撥專人管理圖書館

河北省教育廳訓令 第九七五號 中華民國二十一年八月廿三日

令省立第四師範學校

案據本廳臨時囑託圖書館視察員李文裿報告視察該校圖書館辦理情形畧稱該館館舍原爲樓房十四棟以閱覽室不敷應用復於樓房房北建築閱覽室及研究室十餘棟環樓之三面以走廊通之庀材鳩工今夏可以落成冀南學校圖書館可首屈一指焉購入書籍數量各科平均重要典籍且置複本登錄簿採用直行式所著錄之項目尙無不合至新館落成後擬改編藏書目錄用杜威氏十進分類法等語查該校圖書館

既擴充建築復改進辦法工作努力殊堪嘉慰仍仰切實辦理以期日臻完善爲要此令

命令

四十三

——摘自《河北教育公報》一九三二年第二十五期

國立山東大學圖書館

新訂之各系借書規則

山東大學圖書館最近內部積極發展各系借書規則，業經重新訂定茲特錄誌于後，〔第一條〕各系圖研究上之便利，得將館藏圖書借出存放各該系研究室內。〔第二條〕各系借書由系主任負責辦理借書手續。〔第三條〕各系借書，祇限各系小圖書範圍以內。〔第四條〕各系借書時，須按章履行借書手續，還書時亦須妥交本館點收〔第五條〕各系借書不限册數及日期，惟于學校結束期間一律歸還，如因特別原因不能履行時，得由本館派員點查。〔第六條〕此項借書由各系負保管全責。〔第七條〕倘遇必要時，所借圖書本館亦得通知收回。〔第八條〕本規則經教務會議決公佈施行。

——摘自《中華圖書館協會會報》一九三三年第八卷第四期

3 廣東國民大學圖書館開館時間及各項規則

（一）開館時間

時別 / 日別	日		夜
	上午	下午	午
星期一至星期五	八時至十一時	十二時至四時	六時半至九時
星期六	八時至十一時		
星期日		十二時至四時	六時半至九時
附說	如因特別事故閉館時臨時佈公之		

（二）閱書規則

（一）非閱書者不得入館（但預爲通知係到館參觀者不在此限）

（二）閱書時須先將閱書証留存出納處待閱書完畢交回時發還

（三）須遵守時間不得故意延擱

（四）閱畢各書須放回原處

（五）不得吟哦朗讀或談話

（六）不得蹲足踞坐或假寐伏案

（七）取閱各書不得汚損

（八）不得吸煙或食物

（九）不得穿着木屐背心或短內褲

凡有違反上述規則或其他有妨碍秩序時得勸止之或停止其借閱各書權利

（三）學生借書規則

（一）先具借書証

（二）凡屬貴重或新到暨參考圖書雜誌報刊不能借出

（三）每次借書以一冊爲限但同屬一書可倍之

（四）借出圖書以十日爲限逾期每天罰銅幣四枚（規定銅幣十六枚作小洋一角計算）

（五）圖書閱畢應卽交還不得任意輾轉傳借

（六）借出圖書本館如有需要時得隨時通知收回之

(七)借出圖書如有遺失須賠回原書賠償並繳納手續費二角或照該書原價小洋加倍賠欵

(八)借出圖書若至學期考試前一星期仍未交還者分別呈請校長予以扣考處分並由會計處照扣其按金

(四) 職教員借書規則

(一)職教員初次到館借書須先由各該部辦事處書函介紹以資識別但爲館員認識者不在此限

(二)須在職敎員借書登記冊內親手依式塡明書名冊數等項以爲借書之證據如委托別人代借則須交與委托憑証並須由代借人在該冊內書「某某代借」字樣

(三)每次借書冊數以二種四冊爲限但同屬一書者得倍之如因特別情形其借書超過上數者須經館長核准

(四)借出圖書期以十日爲限如在借書期內無別人到取可續借一次惟須通知本館查照

(五)圖書閱畢請卽交回切勿輾轉傳借

(六)借出圖書本館如有急需時得隨時通知收回之

(七)借出圖書如有遺失須賠回原書賠償或照該書原價小洋加倍賠欵

(八)借出圖書至學期考試前一星期仍未交還由會計處在薪金扣償

(九)凡屬貴重或新到暨參考圖書雜誌報刊不能借出

(五) 領閱書証規則

(一)領閱書証時須先繳驗上課証或學生証

(二)須備具最近半身二寸相片一張

(三)須完滿登記手續

(四)遺失補領除照本規則各條辦理外並須繳納手續費二角

(六) 領借書証規則

(一)領借書証時須先繳驗上課証或學生証

(二)須備具最近半身二寸相片一張

(三)須完滿登記手續

(四)發給日期定自開始發給日起之一個月內行之逾期到領須繳納手續費二角

(五)遺失補領除照本規則第一條至第三條辦理外並須繳納手續費二角

(七) 夜間開館特別規則

(一)夜間開館除本規則特定外其餘悉照閱書規則辦理

(二)夜間開館時間到館閱書如屬學生須先放下本人閱書証俟離館時發還如屬職敎員則請簽名

(三)夜間閱書只限取閱已陳列在閱覽室之書其在書庫內或典藏室內書停止取閱

(四)領閱書証借書証及借書還書或其他特別事宜均定在日間舉行夜間停止辦事

——摘自《廣東國民大學圖書館館刊》一九三三年第一期

2. 新訂各項時間及規則

(一)開館時間

除星期日及例假外每日由上午七時四十五分至下午四時三十分

(二)借書時間

上午八時至九時三十分

上午十時二十分至下午四時三十分

(三)借閱舊雜誌日報及畫刊時間

上午八時至九時三十分

上午十時二十分至下午四時

(四)閱書規則

(一)非閱書者不得入館(但預爲通知係到館參觀者不在此限)

(二)閱書時須先將學生證或上課證留存借書處待閱書完畢交回時發還

(三)須遵守時間不得故意延擱

(四)閱畢各書須放回原處

(五)不得吟哦朗讀或談話

(六)不得蹺足踞坐或假寐伏案

(七)取閱各書不得汚損

(八)不得吸煙或食物

(九)不得頂冠而坐

(十)不得穿着木屐背心或短內褲

凡有違反上述規則或其他有妨碍秩序時得分別勸止或着令賠償或暫行停止其借閱各書權利

(五)學生借書規則

(一)先具借書證

(二)凡屬貴重或新到與參考之圖書雜誌報刊不能借出

(三)每次借書以二種四册爲限但同屬一書可倍之
(四)借出圖書以十日爲限逾期每天罰銀毫半角
(五)閱畢圖書應即交還不得任意輾轉傳借
(六)借出圖書本館如有需要時得隨時通知收回之
(七)借出圖書如有損失須購回原書賠償並繳納手續費弍角或照該書原價加倍賠欵
(八)借出圖書若至學期考試前一星期仍未交還者分別呈請校長予以扣考處分並由會計處照扣其按金

(六)職教員借書規則

(一)職教員初次到館借書須先由各該部辦事處書函介紹以資識別但爲館員認識者不在此限
(二)凡屬貴重或新到與參考之圖書雜誌報刊不能借出
(三)每次借書册數以三種六册爲限但同屬一書者得倍之如因特別情形其借書超過上數者須先自行呈奉　校長核准
(四)借出圖書以十五日爲限如有特別情形同照上條辦理
(五)圖書閱畢請即交回切勿輾轉傳借
(六)借出圖書本館如有急需時得隨時通知收回之
(七)借出圖書如有遺失須購回原書賠償或照該書原價加倍賠欵
(八)借出圖書至學期考試前一星期仍未交還由會計處在薪金扣償

(七)領借書証規則

(一)領借書證時須先繳驗上課証或學生證
(二)須備具最近半身二寸相片一張
(三)須完滿登記手續
(四)發給日期定自開始發給日起一個月內行之逾期到領須繳納手續費二角
(五)遺失補領除照本規則第一至第三條辦理外並須繳納手續費二角

(八)附則

(一)凡繳納各種欵項均須自行具備整數交到本館概不找續
(二)凡書定價係大洋時如交失書賠欵規定以小洋加五伸算收入之
(三)本館收入欵項均發給正式收據爲憑
(四)本時間及規則如有未盡善事宜本館得隨時公佈修改之

——摘自《廣東國民大學圖書館館刊》一九三三年第二、三期合刊

（甲）圖書館閱覽規則

第一章　總則

第一條　本規則依本館組織規程第八條之規定訂定之•

第二條　本館閱覽分下列四部：

一、閱報室

二•期刊室

三•參考室

四•研究室

第三條　凡本校教職員生在規定時間內，均得入第二條所列各室閱覽書報。

第二章　閱報室

第四條　本室開放時間，除紀念日停止外，規定爲每日上午七時至下午九時。

第五條　本室陳列報章分下列二項：

一•陳列新到各種報章以供閱覽；

二•陳列報章裝訂本以供參考。

第六條　本館報章爲公共閱覽及參考之用，例不借出。

第七條　凡閱覽本室報章者，務須格外愛護•

第八條　本室內嚴禁吸煙，食物，高聲談笑，或其他不規則行爲。

第三章　期刊室

第九條　本室開放時間，除例假外，規定爲每日上午七時至下午九時。

第十條　本室陳列期刊分下列二項；

一•陳列新到各種期刊以供閱覽；

二•陳列裝訂本以供參考。

第十一條　本室期刊原爲公共閱覽及參考之用，例不借出；但已隔數月，而尚未裝訂之期刊，如經閱者申請借出，得由閱覽組長斟酌情形，按照借書規則辦理借給。

第十二條　閱覽期刊，閱畢須置原處。

第十三條　參考裝訂期刊，應先塡取書卷，交管理員備查；閱後仍交管理員檢收•

第十四條　凡閱覽本室期刊者，務須格外愛護。

第十五條　閱覽室內嚴禁吸煙，食物，高聲談笑，其他不規則行爲。

諸章四　參考室及研究室

第十六條　本室開放時間，除紀念日停止外，規定爲每日上午九時至下午八時。

第十七條　本室陳列之參考書誌，及字典，辭典，概不借出。

第十八條　本室陳列之字典，辭書，得隨意取閱；閱後交還原處。

第十九條　閱覽普通參考書籍，與教官指定參考書　須先填取書卷，交管理員備查；閱後，仍交管理員檢收。

第二十條　本室管理員應助閱者所需參考書誌之檢覓。

第二十一條　凡自行攜出本室書籍，一被察出，第一次罰銀一角；第二次罰銀一元；第三次取銷其在本館借閱之權利。

第二十二條　各項書籍須加愛護。

第二十三條　本室內嚴禁吸煙，食物，高聲談笑，或其他不規則行爲。

第五章　附則

第二十四條　本規則如有未盡事宜，得隨時呈請修正之。

第二十五條　本規則自呈奉　核准公佈之日施行。

（乙）圖書館借書規則

第一條　本規則依據圖書館組織條例第七條之規定訂定之。

第二條　圖書館所藏圖書，凡本校員生均得借閱。

第三條　左列各項圖書，不得借出館外閱覽。如遇特殊必要時，須經本校各處各班隊之主管長官書面證明，始得借出；并由圖書館限定其閱覽期間。

一·善本書

二·陳列參考室之圖書及報紙

三·無複本之雜誌及小册子

第四條　圖書館借書時間，除假期外每日規定正午十二時至下午五時，晚六時至八時。

第五條　借書人先向圖書館出納處領取存查片（附式一略一）一紙，就片之左半，逐項填明，簽名蓋章；職教員則由各該管主管官，學員生則由隊（連）長就片之右半逐項填明　簽字蓋章；然後送經圖書館核對確實，發給借書證，以憑借書。

第六條　職教員發卡片式證（附式二略）一張　小簿式證（附式三）一本；學員生發卡片式證三張，（藍色者二張，爲借中文圖書之用；紅色者一張，爲借外國文圖書之用。）

第七條　凡遺失借書證者須一面立即到館，以書面記明部別，姓名，及借書證號碼，聲明作廢，一方面登黨軍日報聲明作廢。否則由其負一切責任。如補領卡片式借書證時，每張須繳小洋兩角；小本式借書證，繳納小洋五角，以示處罰。

第八條　凡借書者須先按照規定填寫取書卷（附式四略），職教員於填單後，繳納卡片式之借書證，并收小本式借書證交由圖書出納人員登記完畢後，再行收執。學員生於填單後，只繳納卡片式之借書證，每張借書證一册（函）。

第九條　借書人還書時，須待圖書館出納人員檢查無有汚誤或損壞情形，始得取回借書證，或將小本式借書證之記載註消。職教員須待所借書籍完全還清後，方得取回卡片式之借書證。

第十條　職教員借書，中文圖書以六册（函），外國文圖書以四册（函）爲限；學員生則概以三册（函）爲限。

第十一條　借閱期間，職教員以一月爲限，學員生以十日爲限。期滿欲續借者須將原書攜至圖書館出納處聲明，如管理人員審查并無他人需要時得展期一次。

第十二條　借書人欲借之書已爲他人借出者，可在圖書館出納處填寫預借單（附式五）交出納人員預定。

第十三條　凡員生所借圖書，如圖書館認爲有收回之必要時，得隨時通知索回。借書人接得是項通知時，應即交還；否則由圖書館照滿期手續處理。

第十四條　凡借閱圖書滿限時，由圖書館以書面（附式六—略—）索取。索取後經三日仍不交還者，由圖書館以書面（附式七—略—）作第二次之催索。經第二次催索仍不交還逾三日者，由圖書館造册呈報扣餉，同時以書面（附式八—略—）通知該借書人。

第十五條　扣餉辦法：由圖書館將借閱逾限者之姓名，部別，職別，所借之圖書名稱、應扣金額，依各應處班隊，分别造册，呈請校部轉飭經理處扣餉，交圖書館保存。

第十六條　扣餉之金額依左列之方法計算之：

（一）照圖書之定價計算；

（二）整部書及叢書之不能零星配購者，雖所借只一册或數册，仍以整部或全叢書之定價計算；

（三）書之市價超過定價以上，或有其他手續費，郵費等項者，照數加算之。

第十七條　所扣之餉，由圖書館照所損失之書如數購買：若尚有餘款，則報請圖書選購委員會另行選購其他書籍。

第十八條　借閱圖書如有遺失，破壞，圈點，批評，塗改等情事，應由借書者自購原版本賠償；否則由圖書館照第十五條之規定，呈報扣餉。

第十九條　凡職教員學員生請准長假或離校時，如有借閱圖書，均應繳還，否則由圖書館依照第十五條之規定呈報扣餉。

第二十條　凡教職員學員生請准長假或離校時，各該管軍需特務長或負會計責任人員，應即詢明該離校員生，有無借書未還情事，待確知其無有此項情事後，始清償其薪餉；否則因此而損失之圖書，即責成該軍需人員等負責。

第二十一條　每年暑假期前兩星期　由圖書館通告借書人將所借圖書完全繳回。借書人無論其借閱期限滿否均應即刻繳還。否則由圖書館照逾限之規定處理。

第二十二條　暑假期中之借書者，職教員須由各該廳處主管長官或各科長，總教官作函，學員生則由各該管隊（連）長作出證明借用理由交圖書館收執，方得借出。

第二十三條　暑假期中所借之書須於暑假期滿開課一星期内繳還，否則由圖書館照逾限之規定處理。

第二十四條　士兵之借閱圖書，准用關於學員生之規定。

第二十五條　本規則如有未盡事宜得隨時呈請修改之。

第二十六條　本規則自公布之日施行。

——摘自《中央軍校圖書館月報》一九三四年第七期

特載

厦門大學圖書館借閱圖書規則

（民國廿四年九月改訂）

（一）本館專爲便利本大學教職員學生參攷及研究而設

（二）本館藏書分貴重參攷通常及雜誌新聞紙四種除貴重及參攷圖書無論何人概不出借外新到書籍亦須到館一月後方可出借

（三）經本館主任或教員指定爲參攷書者概不借出

（四）本館書庫除本館辦事人員及教員外皆不得擅入

（五）借閱圖書者應仔細認明何處損壞脫落或已有塗改之處向本館出納員申明以免借出後負責

（六）無論何項圖書閱覽人如有發現書籍中錯誤之處應另紙記明告知本館不得自行添註刪改

（七）借閱圖書如有任意塗寫圈點批改或失落者須照原書全部現價賠償並酌加寄費

(八)本館設有藏書參攷及閱書閱報等室其開閉時間由本館主任商承校長規定之

(九)圖書出借祇限於每日上午八時至十一時三刻下午一時至四時三刻星期六下午及星期日概不出借如遇特別情形當隨時通告

(十)本大學學生於每期開始時須將註册証交本館察驗由本館發給借書證方可憑證借書

(十一)每次借書須親自攜證到館如借給他人頂替冒用或託人代借等情一經察出卽將證扣留分別懲戒

(十二)借書證倘若遺失應注意下列各項

甲・須到館報失但在報失以前如被拾得者借去圖書該項圖書仍須由原領證人負賠償之責

乙・遺失後原領證人須繳納補證費一角方可補發

丙・新證補給以後如有舊證發現應立卽將舊證交由本館註銷

(十三)借閱書籍以二册爲限(一函作二册論)在前書未還之先不得再借他書

(十四)借閱圖書以二星期爲限如無他人需用得續借一星期但遇必要時本館主任得隨時通知取還

(十五)借出書籍逾期還者得予警告如仍不還者每逾一日停止其閱書權三日凡事前未商准出納員展期者亦照過期不還論

(十六)借出圖書至每學期前一星期均須繳還繳還後由出納員在註證上蓋章證明方能在會計課領取其賠償準備金

(十七)學生畢業時須經本館主任證明已交還其所借一切圖書方得領取畢業證書

(十八)本規則經校長核准後公佈施行

圖書館閱報室規則

一・本室每日上午八時至十二時下午一時至五時晚上六時半至九時半止爲開放時間

一・報章上不得圈點加批或塗汚

一・同學中如有擅自剪裁報章一經查出本館得將該生姓名報交訓育處懲罰

一・凡入室閱報須簽名於簿上以便本館統計

一・各種報紙僅可在室內閱覽不得攜出館外

一・各報閱後須仍放原處

教職員借閱圖書規則

民國廿四年九月改訂

(一)本大學及附中之教職員均由本館填發借書證憑證借閱圖書

(二)各學院教員借閱本學院有關係學科之書籍不限定册數亦不限定日期但至多不得過一學期須於放假前一星期交還清楚並由本館填發還清證以清手續

(三)各學院教員欲借他學院書籍者須照普通借書規則辦理

但遇有特別需要得館主任許可者不在此例

(四)本校職員借閱圖書應照普通借書規則辦理若職員中欲為長期之借閱或平時借書同時在二冊以上者須經校長特別許可

(五)凡教員所借書籍遇必要時本館得隨時通知取還

(六)教職員寒暑假期內借閱圖書其借書證須經校長簽字許可後方可借書

(七)普通參攷書本不出借為便利計得於閱覽室不開放時間內借用

(八)凡教員指定之學生課程參攷用書概不借出

(九)本規則經校長核准施行

學生借閱教員指定參攷書辦法

(民國廿四年九月訂)

一・凡各學程教員所指定之各種參攷書均分別將書名著者冊數發行所等註明於教員指定參攷書簿上

一・凡欲閱覽參攷書者可向管理員索取

一・在開放時間內該項參攷書本不得攜出室外閱覽

一・為參攷便利起見各教員指定參攷書得於每晚九時起出借至翌日上午九時以前歸還倘逾期不還本館得停止其此項特有權一星期

一・凡欲閱覽者須向出納處閱覽登記簿逐格登記

一・晚上閉館時欲借出館外閱覽者須簽名於「書片」上

教員指定課程參攷書辦法

(民四廿四年九月訂)

一・教員得向本館指定若干種書籍為課程參攷書之用

一・教員可將各種參攷書之名稱及陳列參攷日期等開交本館揭示

一・教員須將所指定之參攷書先期通知本館以免學生借用致繁手續

一・若初未開列參攷日期則於無須參攷該書時應通知本館以便將該書歸還原架得以流通活用

一・若第二次仍需用第一次之參攷書須重行開列通知本館

圖書閱覽室規則

(民國廿四九月訂)

(一)閱覽時間每日上午八時至十二時下午一時至五時晚間六時半至九時半但星期日祇限於上午九時至十二時下午二時至五時晚間六時半至九時半例假日上下午停開晚間照常開放如有特別事故本館得隨時通告停止開放

(二)凡在館閱覽者不得高聲誦讀任意談笑或隨地吐痰及吸煙

(三)閱覽圖書均須簽名於借書簿上閱後須交還館員

(四)閱覽須在室內不得攜出閱後仍置原位

(五)報紙或雜誌內有新聞或學術論文及畫片等不得剪裁

(六)閱覽各種圖書每次以一本至三本為限交還後方得再借

（七）閱覽各種圖書請勿圈點加批折角

（八）每次閉館前十五分鐘管理員撳鈴通知並停止借閱

（九）凡入室閱覽須將自已攜帶之書籍交存入口之『自帶書籍存放架』上

（十）本規則經送校長核准施行

——摘自《廈大圖書館館報》一九三五年創刊號

特　載

本館預約借書辦法

一・本辦法爲便利各同學借閱圖書而設

二・凡預約借書須先向出納處塡寫預約借書單交由本館存查

三・預約借書每次以二册爲限（一函作一册論）

四・本館收回各同學欲借之書後當卽通知預約人到館借取

五・倘該預約人接得通知後逾期借取本館卽行轉借他人以利流通

六・借閱預約書時倘已借他書一册則預約書僅可借取一册如已借二册者則須將前所借各書還後方可享受此項權利

七・新書須待一個月後方可出借如經聲請預約者至規定期滿後亦有優先借取權

八・本辦法未盡處仍照本館借閱圖書規則辦理

九・本辦法自公佈之日施行

——摘自《廈大圖書館館報》一九三五年第三期

國立北平大學工學院圖書館借書補充規則

第一條、凡本院各系指定之專門書籍除由本系教員學生借閱時按照北平大學圖書館規則及本規則辦理外甲系教員學生需借乙系指定書籍時須經兩系主任簽字認可方得借出職員如因職務關係需借各學系指定書籍時須經各該系主任及課長之簽字

第二條、本院各系得依照左列規則向圖書館借用圖書

一、各系特用之專門字典大部參考書及教室用之圖表等經本系系務會議議決認爲確係該系教員日常需用參考者於可能範圍內應同時購備兩份一份存置圖書館一份存置該系其存置各系者以一年爲歸還期遇必要時得提前歸繳其不能購置兩份者應儘先由各系借用

二、西文雜誌經各系主任指定者於新到時應立即送交各系閱覽一月後得由圖書館收回但於必要時經系主任許可得延長借閱時期

三、各系借用之圖書雜誌由系主任簽字負責保管其存放地點由系務會議決定之

第二條、本院教員借用圖書依照左列規則辦理

一、教員所任本門課程之必要參考書得借用一學年但每門課程之參考書同時以二部爲限二部以上者須遵守普通借用書之規則

二、教員所任本門之教科書籍得借用一學年但每門課程以一册爲限

三、教員中途停授某種課程時所借關於該課程之教科書或參考書須由系主任或註册課通知本館收回

四、一二兩種書籍如經系主任說明該項課程下學年仍由上期教員聯任者暑假期中仍得借用須持赴圖書館重新登記

五、教員長期借用之教科書或參考書借條上須由系主任副署以便帮同本館收回

第四條、本院教職員借書到期後經館函催二次仍不歸還者得分別請各系主任或各課課長帮同收回

第五條、本院學生借書除依照北平大學圖書館規則辦理外並適用本條之規定

一、學生借書以一本爲限

二、學生借書到期未還者應停止其借書權停止期限以所逾日期加倍計算之

三、學生借書到期未還者由館函催經一週仍不歸還者再催一次第二次函催後於一週內仍不歸還者應即報告院長予以警告

四、警告後於一週內仍不歸還者應即報告院長予以記過之處分

五、記過後於一週內仍不歸還者應即報告院長提交院務會議議處之其所借之書即函其保證人負責償還

第六條、凡借出之書籍收回後至少須留館一週始得再行借出

第七條、凡書籍借出或應在留館期內時借閱者得預先登記俟可借時由本館依次通知

第八條、凡本規則所未載明者概依北平大學頒行之借書規則辦理

第九條、本規則自院務會議議決通過之日起實行

第十條、本規則未盡事宜得由院長或圖書委員會提請院務會議修改之

參觀規則

一、參觀人請記載姓名籍貫住址職業於題名簿內

二、參觀人如須詳細考察時請先期通知

三、參觀人須由本館或本院職教員引導

四、參觀人如欲閱覽圖書照閱覽規則辦理之

五、停止閱覽時謝絕參觀

——摘自《工學院半月刊》一九三六年第二十期

國立北平大學農學院圖書館暫行規則

1.本館開館時間除假期中另行規定外爲每日上午八時半至十二時下午一時至五時晚間七時至九時星期日休息但雜誌閱覽室照常開館

2.凡本院學生向本館借閱圖書須特本人借書證借書證不得轉借他人內貼本人相片用資識別以後即可憑借書證借覽書籍如在館中閱覽室內陳列雜誌可以自行取閱閱畢放還原處如欲在參考室中參攷玻璃櫃內之書時館內特備借書單向出納處領取閱畢出館時將書送還換回領書單如欲借出館外閱讀時須將館內所備之借書條依式填交方可將書攜出所簽姓名必須用註冊之姓名否則無效

3.本館所有書籍雜誌及報章之借閱時期凡本校教職員及學生均以兩星期爲限如有他人欲借此項書報或本館需用之時得向之索回此項書籍一經索取即需立刻送還如無他人借閱則借書期滿後仍可續借二星期如欲借一書不願落他人後可填寫預約借單存於出納處俟書歸時由館通知往取如欲借之書爲本館所無而北平市內其他圖書館確已收藏者本館可代爲商借至在參考室內研究者不得攜出館外閱覽所借本館書籍無論滿期與否須於每學期終了前一星期一律繳回以便清理否則停止其借書權並將姓名公佈於揭

示處

4.借閱圖書每次以二本爲限敎職員如於所授課程及職務上必須之參攷書不在此限惟至多不得過三本雜誌得斟酌情形出借至五本爲止

5.新到圖書未編目登記者無論何人不許出借至巳登記者亦須兩星期後方可出借普通參攷書及最近期之定期出版刊物只許在圖書室內閱覽不得出借閱畢仍須歸還原處

6.假期內學生所借閱書報雜誌須按本館辦公時間行之於開學後上課前須一律還清否則不許借閱一切圖書

7.敎授指定參攷書籍置於玻璃櫃內者祇可在參攷室閱讀閱書人須先將該書後封面頁上紙袋內之特製書單依式塡寫交出納處收存方可取閱此項指定參攷書非經指定敎授允可並函知圖書館者不得自由携出

8.凡借閱敎授指定參攷書者無論因何事故離閱書室時必須將借閱之書一律歸還圖書館並不得轉借他人以防混亂而免遺失

9.閱覽人如有在圖書或雜誌上任意圈點塗抹加批以及摺皺汚損或缺少册數頁數等情應照原價賠償

10此外有違犯本館規則者損壞或遺失所借之圖書者當呈請本院院長處辦學生非將應繳之圖書賠償金繳清不得發給畢業證書敎職員如未將賠償金繳清則會計課於薪水內扣除

11本館參考室書棹備有墨水鋼筆鉛筆銷刀象皮以便使用用畢不得任意携出館外以重公物

12敎員指定購買之書籍如需參考者可斟酌出借但至多不得過二本且以兩星期爲限

13凡本館巳經佈置妥當之一切器具書物等不得任意遷移

14在閱書室中不得隨地吐痰高聲談笑吟聲朗誦或吸烟等事

15本規則經院長核准後施行必要時得隨時修改之

——摘自《農訊》一九三七年第四十七期

◉鐵路運輸教育用品特價章程

第一條　本部爲扶助教育啓發民智起見，凡由鐵路運輸之學校所用教科書、參考書、儀器、標本、模型、圖表及印刷品，確係教育上所專用，爲本國出版或製造者，不論里程遠近，每百公斤每公里概按國幣一厘七毫核收運費，不滿一百公斤者，作爲一百公斤計算。

其他本國出產之教育用品，係教育上所專用，有提倡之必要者，得援照本章程辦理，但須先經本部核准。

第二條　公立圖書館所用書籍、圖表、儀器、標本、模型、爲本國出版或製造者，得適用前條第一項之規定核收運費。

第三條　本章程第一條第一項及第二條所規定之各項教育用品，如非本國出產者，應由教育部或地方教育行政最高機關咨請本部核辦。

第四條　不依照前列各條之規定，朦混報運，希圖省費者，一經查出，除照章補收運費外，仍應按照各該路之一等運價十倍處罰。

第五條　鐵路特價運輸教育用品之託運辦法另訂之。

第六條　本章程自公布之日施行。

◉鐵路特價運輸教育用品託運辦法

(一)凡託運業經教育部審訂之教科書拼庸開具證明書，其學校所用之參攷書，圖表及印刷品，與圖書館所用之書籍圖表，應分別由學校或圖書館開具證明書，如具有鐵路運輸教育用品特價章程第三條之情形者，除開具證明書外，並須先經本部之核准。

(二)託運學校或圖書館所用之儀器、標本、模型、應由學校或圖書館開具證明書並備函通知路局；經路局審核確係學校及圖書館必需之品，始准照運。如具有鐵路運輸教育用品特價章程第一條第二項及第三條之情形者，除開具證明書及備函外，並須先經本部之核准。

(三)託運教育用品除照前兩項規定外，並須將商店之發貨單交由站長查驗；其有報稅單者，應一併交查。

(四)託運教育用品，遇必要時，站長得開箱抽查。

(五)關於教育用品、凡前經本部核准各路之加價費，應一律免收。

規章

國立暨南大學圖書館閱覽規則

第一條　本館圖書專供本校員生閱覽之用。

第二條　本館圖書，以在館內閱覽爲原則，但遇必要時，得借出館外，教職員借書規則另定之。

第三條　左列書籍不得借出館外。

（一）善本書及特種書。

（二）各閱覽室及各院系參考室（如有必要時參考室書籍得經主任簽字特許借出）陳列之書，及新到之期刊報章。

（三）教員指定參考書。

（四）已裝訂舊報及舊期刊。

第四條　凡本館書籍期刊，均編有目錄，以備檢查，如有未明檢查方法者，可向本館典藏股或主任室詢問。

第五條　凡新到之教職員，須先得祕書室之介紹，方得借閱圖書。

第六條　本校學生，欲閱圖書者，須持有閱書證，閱書證每學期註册時發給之。

第七條　閱書證如有遺失，須立至本館聲明，在未經聲明前被拾得閱書證者借去圖書，應由原領證人負責賠償。

第八條　補證每次須向會計課繳納補證費國幣貳角。

第九條　閱書證不得轉借他人，如因轉借而發生遺失圖書情事，應由原領證人負責賠償。

第十條　以拾得之閱書證，或借他人之閱書證來館閱書者，經發覺後，當報告教務處及訓育委員會加以警告以上之處分。

第十一條　借閱圖書時，應就目錄片中，錄記該書書碼于取書條，交館員檢取，取書時須將閱書證交館員。

第十二條　每人同時最多祇得借閱圖書五册。（中文書一函作一册計算）

第十三條　閱覽時，不得高聲交談朗誦，致妨他人閱覽。

第十四條　圖書閱畢，應即交還，不得任意輾轉借閱。

第十五條　閱覽室內所陳列之書籍期刊報章，閱畢應即歸還原處。

第十六條　所借圖書，不得删改污損，如有錯誤之點，應報告館員。

第十七條　借閱圖書，如有損汚或遺失等情，應照原價加倍賠償。

第十八條　館內不得吸煙，或拋置燃燒物，以免危險。

第十九條　書庫非經本館主任特許，不得入內。

第二十條　寒暑假期內，出納圖書規則另訂之。

第廿一條　本規則自公佈日施行。

國立暨南大學教職員借閱圖書暫行規則

第一條　本校教職員借閱圖書時，須塡寫教職員借書單，親自簽名或蓋章來館借閱。

第二條　凡因特別需要，必須借閱閱覽規則第三條不得借出館外之圖書時，須經本館主任之許可，惟此項圖書借閱期，至多不得超過二星期。

第三條　凡新到校之教職員，須先得祕書室之介紹方得借書。

第四條　普通借書期，以二星期爲限，如未閱畢得續借二星期。

第五條　特種借書期，以二星期爲限，如未閱畢得續借二星期。

第六條　借書册數，每次以五册爲限。（中文書籍一函作一册計）

第七條　本館所借出圖書，得因需要隨時收回。

第八條　借閱圖書，如有汚損或遺失，應照原價加倍賠償。

第九條　學期結束時，所借各書必須掃數歸還，如不還者，由本館通知會計課保留薪金或即在薪金內扣除應賠償之數。

第十條　學期結束前十日停止借閱。

第十一條　寒暑假借閱圖書規則另定之。

第十二條　本規則各院系參考室准用之。

第十三條　本規則自公佈日施行。

——摘自《暨南校刊》一九三七年第二百〇四期

南通學院圖書館借閱圖書規則

一、本學院學生借閱圖書，依照本規則辦理。

二、本館書籍除報章雜誌圖譜及各種辭典叢書須在本館閱覽室閱覽外，其餘書籍，均可借出。

三、本學院學生，於每學期開始時，憑上課證至本館領取借書券，閱覽證。

四、學生每次借閱圖書，均須繳驗借書券或閱覽證。

五、借書券閱覽證，倘有遺失，須立即通知本館，聲明作廢，並繳法幣二角，另補新券新證，但未經報失以前，被人冒名借出之書，仍由原領券證人負責。

六、學生借閱書籍，每人以二本爲限，未經歸還前，不能再借。

七、借閱時間以一星期爲限，如因特別緣因不能依期閱畢者，得商請展期，但連前不得過兩星期。如遇本館認爲必須交還時，既經通知，應即歸還。

八、借書逾限或接到本館索書通知單而仍不歸還者，每本每日罰法幣五分，逾限一星期者，並停止其借閱圖書之權利。

九、借出圖書，不得輾轉借閱，或請人代繳。如有損失，須由借者負責賠償。

十、新到書籍，須俟留館閱覽兩週後，方得借出。

十一、新到書籍，不得評點剪裁，倘有污損，應照原價加倍賠償。如係整部圖書，雖經損壞一冊亦須按照全部價值賠償。

十二、借書券閱覽證不得污損或塗改。至學期終了時，須將該券證繳還本館，如不繳還，即通知會計組扣法幣二角。

〔4〕

——摘自《南通學院院刊》一九三七年第二期

圖書館組織及辦事細則（二十八年十二月訂）

一、本館依據本大學規程設主任一人，總攬全館事務；

二、本館分總務，訪購，編纂，閱覽，四組，每組設組長一人，受主任指揮，分掌各組事務，并酌設事務員以佐助之。

三、各組職務規定如次；

(1)總務組　預算統計及各項工作報告之編製文件之起草及收發，館內之佈置，整理，辦公用品之備置，書報之裝訂，及其他不屬於各組事項。

(2)訪購組　圖書之採訪購置，報章雜誌之選訂，國內外出版情形之調查。

(3)編纂組　書目之編纂，卡片之製作，書籍之考訂，論文索引之編輯，新書報告及其他有關編纂事項。

(4)閱覽組　圖書之出納，報章雜誌之陳列，書庫之保管，閱覽室之管理，學生參考問題之解答，及其他有關閱覽事項。

四．每月舉行館務會議一次，由主任召集全體工作人員參加之，檢討過去工作之效果．策劃未來工作之進行。

五．辦公時間，除出納人員另定外，餘均與大學部各處辦公時間相同。

六．本細則由校長核准後施行，修改時亦同。

圖書館規則

十八年十一月訂

一．本館開放時間。除例假日外。定爲每日上午八時至十二時。下午一時至五時。晚間六時半至九時。星期六晚間及星期日上午停止開放。

二．凡本校生須於學期開始時。先向會計處繳納圖書館借書保證金五元。持據來館換取借書證。以便憑證借書　又該項保證金於期終了完清手續時發還之。

三．凡借閱本館圖書。須先塡寫借書單。至出納檯前室取及簽字。並須繳存借書證。俟還書時卽行退還。

四．借書證祇限於本人使用。不得轉借他人。

五．借閱本館書籍。每人每次以一册爲限。並須於三日內歸還。但如無他人借閱。得續借一次。

六、本館所藏字典，地圖，報章，雜誌，及指定參考書。概不借出館外。

七、學生閱覽圖書，祇限於覽閱室。不得擅入書庫。

八、學生在圖書館內。不得高聲談笑。及作有礙公共秩序行爲。

九、館內陳列之書籍報章雜誌。取閱後仍須還置原處。

十、學生借閱圖書，務勿剪摘圈塗及其他損壞。

十一、借閱本館圖書。如有損壞或遺失。應照該書現在價格加倍賠償。如係損壞或遺失全部書籍之一冊或一部分者。應照全書價格賠償。

十二、如有破壞本館規則者。本館得停止其借書權利。其情節較重者。並得報告學校處罰之。

圖書館落成紀念徵募圖書辦法（二十八年十一月訂）

（一）凡中西文新舊圖書，大中學教本，報章，雜誌，地方文獻，輿圖，照片，碑帖，字畫，以及其他有關文獻價值之出版物或抄本，均在徵募之列。

（二）惠捐書籍。請先示知。本埠當派人趨領。外埠則請一面運寄來蓉。一面示知墊用之郵費或運費。當如數奉還。如外埠捐贈書籍數量較多者。幷得由本校派人前往領取。

（三）惠捐之書籍。於到館後。除於卷首錄銜紀念外。其捐贈較多者。并於館內勒石。或闢專室收藏。以誌不忘。

（四）善珍刊本不欲割愛者。可作爲寄存。并由本校負保管之責。

書籍信收受處　成都西郊本校圖書館
　　　　　　　重慶狀元橋街太華樓巷本校通信處

圖書館落成紀念學生獻募圖書辦法（二十八年十一月訂）

一．本圖書館係康心如，心之，心遠三先生所捐贈。紀念其尊人季琴公。題名曰「季琴圖書館」。本校爲慶祝落成起見。組織學生獻募圖書團。

二．本團分大中學兩部。大學部設委員八人。中學部設委員十八人。大學部由每級推選二人。中學部由高初中每年級推選二人爲代表。分別組織委員會。

三．大中學兩部學生。以二十人爲一隊。進行獻募運動。

四．每隊設隊長二人。由各級推選之。

五．每隊獻募成績。應隨時報告委員會。俟結束後。刻表登入光華通信。以誌不忘。其成績優勝者．對於隊員並贈優勝旗。以作紀念。

——摘自《光華通信》一九三九年第十二期

本大學圖書館暫行訂購書籍辦法

(一)凡各院系應用圖書，由各學系斟酌各該系圖書費預算，開列請購單正副二張，交各院院長室轉本館登記訂購，其他普通書籍，經校中師生介紹請購者，由本館辦理。

(二)各學系書單或普通書籍介紹單，交本館後，由本館查明著者姓名，書名，出版處，出版期，定價，及館內已有之部數，如係孤本，或能交換，或贈送者無須購買，但學系指定之學生參考用書，應照各該學系擬定之複本冊數購買。

(三)各學系書單，或普通書籍介紹單，經本館查明後，呈教務長審核，由教務長送會計室清查預算，如每批書價在壹百元以上者，並由會計室送呈　校長核定，此項書單，或介紹單原張存會計室，副張應即送還本館辦理訂購手續，以期迅速。

(四)凡經介紹之普通書籍，如非急需，或為經費所限，不便訂購者，均在緩購之列。

(五)新購圖書送達館中時，如版次，冊數，面積價格，均無誤後，即將正式發單，點核清楚，送交會計室付款，如遇有書籍倒裝損壞等情，即送回掉換，並由會計室以發票副張，登記本大學圖書之財產目錄。

(六)如添購新書須預付款項時，本館得憑件負責向會計室預支。

(七)書籍收到後，即由本館編目股編目流通，並通知原請購人。

(八)本辦法經教務處轉呈　校長核定後施行，如有未盡事宜，得隨時呈請　校長修改之。

——摘自《國立四川大學校刊》一九四〇年第八卷第九期

廣西大學圖訂定半開書庫暫行簡則

一、本館爲使本校同學明瞭圖書情形及利用圖書起見特採用書庫半開式辦法准許同學入庫閲覽

二、同學暫憑閱覽證入庫時間及班次另行規定

三、庫內書籍不得隨便抽取及破壞原有秩序

四、同學除准帶筆記簿外餘物一概不准攜入庫內

五、庫內不得喧嘩及其他違規情事

六、遇有問題得請本館職員指導解釋

七、本簡則經公佈後十二月十一日起施行

——摘自《中華圖書館協會會報》一九四〇年第十四卷第五期

教育部訓令 第三七七三四號 （三十二年八月五日）

令國立各級學校等

（准交通部函送修正鐵路運輸教育用品特價章程及託運辦法令仰知照）

案准

交通部三十二年六月二十二日路營字第一五二五一號公函開

「案查鐵路運輸教育用品特價章程及託運辦法經前鐵道部於二十六年一月業字第57號咨送貴部查照在案茲查該項章程及託運辦法與現在情形有未盡適宜之處業經分別修正公布相應檢同該項修正章程及託運辦法暨函附送即望查照為荷」

等由附修正鐵路運輸教育用品特價章程及鐵路特價運輸教育用品託運辦法各一份過部除分行外合行抄發上項章程及辦法各一份令仰知照此令

附發修正鐵路運輸教育用品特價章程及託運辦法各一份

鐵路運輸教育用品特價章程

第一條　本部為扶助教育啓發民智起見凡由鐵路運輸之學校所用教科書

參攷書儀器標本模型圖表印刷品確係教育之所專用爲本國出版或製造者概按普通運價五折收費

其他本國出產之教育用品係教育之所專用有提倡之必要者得援照本章程辦理但須先經本部核准

第二條　公立圖書館所用書籍圖表儀器標本模型爲本國出版或製造者得適用前條第一項之規定核收運費

第三條　本章程第一條第一項及第二條所規定之各項教育用品如非本國出產者應由教育部或地方教育行政最高機關函請本部核辦

第四條　不依前列各條之規定朦混報運希圖省費者一經查出除照章補收運費外仍應按照各該路之一等運價十倍處罰

第五條　鐵路特價運輸教育用品之託運辦法另定之

第六條　本章程自公布之日施行

——摘自《教育部公報》一九四三年第十五卷第八期

敎育部訓令 第一六六一六號 （三十三年四月六日）

令本部直屬各機關學校

（轉發國營鐵路運輸敎育用品減價辦法令仰知照）

查民國三十二八月五日本部轉發之「鐵路運輸敎育用品特價章程」及鐵路特價運輸敎育用品託運辦法」現經交通部合併修正爲「國營鐵路運輸敎育用品託運辦法」已經交通部分別公佈廢止並於三十三年三月十四日以參字第四二三七號咨請本部查照在案除分行外合行檢發國營鐵路運輸敎育用品減價辦法一份令仰知照幷轉飭知照此令

附發國營鐵路運輸敎育用品減價辦法一份

國營鐵路運輸敎育用品減價辦法

第一條 國營鐵路運輸各學校或圖書館左列國產用品准照貨物普通運價五折收費

敎科書 參考書 各項閱覽書籍 圖表 標本 模型

儀器 體育用品

前項所列書籍圖表並准照包裹普通運價六折收費

第二條 除前條各種用品外其他國產敎育用品或非國產敎育用品而國內尚無代用品者得經交通部核准照前條規定收費

第三條 各學校或圖書館託運前兩條所定敎育用品須開具正式證明文件將品名出版或製造廠店名稱包裝數量重量起訖站名等項據實塡明送交起運站查核如係新購者並繳驗出版或製造廠店之發貨單其須納稅者並應將稅單一併繳驗遇必要時起訖中轉各站或列車經辦人員得開啓抽查

第四條 各學校或圖書館託運之敎育用品如查有隱混捏報情事應照鐵路定章補收運費並照補收費之十倍至十五倍加收賠償金

第五條 本規則自公布日施行

——摘自《教育部公報》一九四四年第十六卷第四期

圖書館書庫開放暫行辦法

(一)本館書庫開放時間，定每星期一、自上午八時至十時半，下午一時至四時。

(二)入庫閱覽生分組輪流，(分組輪流姓名表另定之)由各該組組長，按時領導入庫，并負維持秩序之責。

(三)書庫內設有閱覽桌，凡在書架上取下之圖書，閱後請放于閱覽桌上，或櫈上，俟管理員檢歸架上，以免誤置。

(四)書架上書籍如有誤排之處，應通知本館，由管理員重排之，切勿自行換位，以免紊亂。

(五)凡遇假日本館停止開放，是日輪值入庫學生，不得要求提前退後或變更日期。

(六)入庫閱覽學生除應遵守三、四、兩條之規定外，并須遵守左列規定：

一、入庫時應將借書證交與出納人員存查，俟出庫時取回。

二、應于簽名簿上簽名。

三、書庫內勿吸煙，朗誦或談笑。

四、因書庫太狹，勿穿大衣或寬大長衣入庫。

五、除筆記簿外，勿携任何書本入庫。
六、不得携帶架上圖書，自由進出書庫。
七、須接受管理人員合理勸告及必要之檢查。

（七）入庫閱覽學生如須借出庫內書籍，應於出庫時，按照普通借書手續借出。既經借書之學生，不得當時重行入庫。

（八）左列圖書概不得借出館外。

一、珍本；
二、普通參考書；
三、未編圖書；
四、本館特別指定之書籍。

（九）入庫學生如有違反以上各項規定時，除由各該組組長迅即糾正外，并請由學校依法處罰之，本館得視情節之輕重，停止其借書及閱覽權一月至一學期。

（十）遇有意外事情發生時，本館得隨時將書庫停止開放。

（十一）本辦法如有未盡事宜得隨時修改公佈之。

——摘自《廈大校刊》一九四六年創刊號

本校圖書館圖書借閱規則

第一條　本館所備中外圖書期刊報章係供本校教職員學生參考之用其他機關或個人須經相當之介紹得主任之同意後始得借閱

第二條　左列書籍概不借出館外
一、善本書
二、會誌年刊及其他大套書
三、字典辭書百科全書及地圖
四、教員指定之參考書
五、新到圖書（新到圖書須陳列一月後始得借出）
六、報紙及雜誌

第三條　借閱圖書如有遺失或污損情事應照市價兩倍賠償（外國書按照賠償時市價折合國幣）

第四條　借書人借到書籍須於館內自行查看如發現已經污損須立即聲明否則由借書人自行負責

第五條　借書人不得在書內批點塗改如發現有錯誤可另記明通知本館

第六條　館內不得吸烟或拋置燃燒物以免危險須注意公共秩序不得高聲談笑踱步吟誦等情以免妨害他人

第七條　平時借書時間如左（假期內借書時間另行規定）
星期一至星期六　上午八時半至十一時半
　　　　　　　　下午一時半至四時半
星期日及例假日停止借書

第八條　凡本校學生得於每學年開始時持學生證至本館出納股領取借書證一張嗣後在該學年內憑證借書每證限借參考書籍一冊或線裝書一冊教科書每種以一冊為限其名稱則以各系主任或教授所規定者方能借出凡未規定者概以參考書論但教科書本數有分配必要時得請教授統籌分借

第九條　借書證不得託人代領亦不准轉借他人如有遺失須即向本館聲明即予補發每補一證須納國幣一千元在未聲明前被拾者借出之書由領借書證人負責

第十條　凡冒用他人之借書證來本館借書者一經查覺即報告訓導處予以懲誡并停止其借書一學期

第十一條　學生借書期間以二星期為限如無人預借時得再續借但須將書帶至出納股聲明換蓋借出日期戳

第十二條　學生借書務須參照還書日期表按期交還屆時不另通知倘逾期不還且未經續借手續者每延遲一日須納國幣一百元逾期兩週仍不繳還者除強制收回所借圖書外並停止其借書一學期

第十三條　教員借書以二十冊為限助教借書以十冊為限職員借書以一冊為限借閱期間教員除教科書及主要參考書外餘者以兩星期為限職員借書均以兩星期為限如欲特別需用可以續借但學期終均須還清以便檢查整理　（未完）

——摘自《北洋週刊》一九四七年復刊第一期

本校圖書館圖書借閱規則

第十四條　借書人擬借之書如已借出得向出納股聲明俟該書經借用者交還儘先借閱。

第十五條　借出之書如遇本館查對或整理需用時得隨時索回。

第十六條　凡新到校之教職員經相當之介紹方得借閱圖書中途離校者應由文書組通知本館俾得清理手續。

第十七條　學生休學退學時須將所借書籍連同借書證一併交還。

第十八條　閱覽室內所陳列之書籍期刊報章閱畢應送還原處不得携出。

第十九條　本規則如有未盡事宜得由本校隨時修正之。

第二十條　本規則自公佈之日施行。（續完）

——摘自《北洋週刊》一九四七年復刊第二期

國立北洋大學圖書館辦事細則

第一條　本細則根據本校組織規程之規定訂定之

第二條　本館之職掌如左

一、購置並保存本校教學研究及參考應用圖書雜誌日報

二、徵求並保存各機關團體惠贈本校圖書雜誌

三、分類編目並統計本校所有圖書雜誌

四、辦理圖書雜誌借閱及收回事宜

五、供給本校員生學術研究資料

六、辦理其他有關圖書事宜

第三條　本館分設左列各股由本館主任指定館員負責辦理一股或數股事宜

一、採購股

二、登記股

三、編目股

四、出納股

五、期刊日報股

六、總務股

七、裝釘股

第四條　採購股辦事之程序如左

一、查核本館所存圖書雜誌目錄確定各應購圖書期刊出版處所或代售處所及其價格

二、參考各書店或其他出版機關目錄確定各應購書籍期刊是否為本館所已備

三、分類並排列應購圖書期刊目錄

四、將應購圖書期刊目錄送請教務主任轉請校長審查核定是否購置

五、根據核定應購圖書期刊目錄分別辦理購置手續

六、新書期刊到館時查核名稱版本卷期年月頁數有無錯誤及是否完整並加蓋本館圖章

七、統計購置圖書期刊日報種類冊數份數及其價格

八、函索並函謝中外各機關團體所刊印及贈送之書報

（未完）

——摘自《北洋週刊》一九四七年復刊第三期

國立北洋大學圖書館辦事細則（續一）

第五條　登記股辦事之程序如左

一、登記書報名稱及圖書著者及冊數

二、登記出版處所出版年月及版次

三、登記頁數及價格裝訂情形及購置或徵贈等

四、填註登記號碼及登記日期

五、填註撥付處所

六、統記本年全體書報冊數及價格

第六條　編目股辦事程序如左

一、參照「杜威十進分類法」查註分類號碼

二、填寫著者號碼

三、打寫著者片題名片書名片分析片參照片分類片及排架片

四、打寫書袋號碼及書卡號碼

五、繕寫書背或書簽

六、貼書袋書簽還書日期表誌諸片及不外借簽

七、加蓋登記號碼

八、排片及入片

——摘自《北洋週刊》一九四七年復刊第四期

國立四川大學圖書館期刊室規則

一、本室開放時間：除例假星期六晚間及星期日晝間停開外，每日上午八時至十二時，下午二時至五時，晚間，冬季時間，六時至九時，夏季時間，七時至十時。

二、本室所陳列之各種報紙雜誌可自由借閱，閱畢仍置原處，不得攜出室外。

三、本室所藏之期刊報紙一律憑閱者本人之借書證借閱，不得以註冊證或其他證件代替，而每次借閱以一冊或一份爲限，並須在內閱覽，不得攜出室外，如有私自攜出室外在一日以內者，則扣其借書證一星期，兩日以內者，扣二星期，三日以內者，扣四星期，三日以上者，除扣四星期外，教職員每多逾一日者，罰國幣二千元，學生則每多逾二日者，報請訓導處記小過一次。

四、例假日及星期日，本館定有例假借出過夜辦法，即自假期前一日閉館時借出，假期次日開館時歸還。每人每次所借仍以一冊爲限，逾期未歸還者，照第三條辦理。

五、凡報紙在到館一月以後，期刊在到館三月以後，教職員研究生及畢業學生必須借出室外，作較長時間之參考者，經本室同意後可借出一星期，每人每次所借，仍以一冊爲限。

六、本室書庫，除教職員研究生及四年級學生得依左列之規定入庫查閱外，非四年級學生可檢查目錄均不得入庫以免凌亂，而礙檢取。

1．教職員及研究生，可於開放時間內憑本人之借書證入庫查閱。

2．四年級學生，得於星期二，四，六，上午憑本人之借書證入庫查閱。

七、室內須注意公共秩序及衛生，不許有吸煙，食物，談笑，重步，或吟誦等情事。

八、規則未經規定之事宜、依照本館借閱規程辦理。

國立四川大學圖書館閱覽室規則

十六年度第廿次行政會議通過

一、本室開放時間：除例假星期六晚間及星期日晝間停開外，每日上午八時至十二時，下午二時至五時，晚間，冬季時間，六時至九時，夏季時間，七時至十時。

二、本室圖書一律憑閱者本人之借書證借閱，不得以註冊證或其他證件代替而每次借閱以一冊爲限，並須在室內閱覽、不得攜出室外，如有私自攜出室外在一日以內者，則扣其借書證一星期，兩日以內者，扣二星期，三日以內者，扣四星期，超過三日者，除照扣四星期外，教職員每多一日者，罰國幣二千元，學生則每多二日者，報請訓導處記小過一次。

三、本室普通參考書及新到圖書，概不借出室外閱覽；唯教師指定之圖書本館訂有例假借出過夜辦法，即於例假前一日閉館時借出，例假次日開館時歸還，每人每次所借仍以一冊爲限：逾期未歸還者，照第二條辦理。

四、本室所藏畢業論文，除於必要時其所屬院系之主管人或作者本人，經其所屬院系主管人之證明者，得依本館借閱總則借出外，概不借出。

五、本室書庫除教職員研究生及四年級學生得依左列規定入內查閱外，非

國立四川大學各研究室向圖書館提書規則

三十六年度第廿次行政會議通過

廿四年度第廿九次行政會議議決修正通過

一、凡本校各所院系組科及本校合辦之學術團體暨研究室，爲參考便利起見，須向圖書館提書者依本規則之規定辦理。

二、各研究室提書之先，須將書名著者號碼等詳列目錄正副三份，商得本館同意，并送請教務長轉校長批准後，方得提取。

三、各研究室提書目錄核准後，由各研究室派員親來本館書庫照目錄所列自行審得，然後依照借書手續簽片借出。

四、上述目錄三份於提書手續辦畢時，須由各研究室負責人及經手人分別簽蓋於總計[illegible]數[illegible]冊之末，本館以一份存查，一份公佈，一份代替借據；於所提書籍全部送還無誤時，副張二份註銷，退還正張。

五、各研究室提取之圖書，必須屬極專門性而流通性最小者，凡珍本藏工具書，大部頭書，期刊等，不能提取。

六、各研究室所提圖書，必須派定專人保管，不得轉借他人，並須依照圖書館辦公時間開放。

七、各研究室所提圖書，其時期不得超過半年，總數不得超過五十種或壹百冊。

八、各研究室所提圖書，本館有隨時稽查之權，以防轉借及其他不合[illegible]形。

九、各研究室所提圖書，本館如認爲有必要時，得收回一部，或全部。

十、各研究室所提圖書如損失；一切均由負責保管人照市價加倍賠償。

十一、各研究室簽蓋提書目錄之負責人及經手人，如離職或有變更時，須照交代手續辦理，並由繼任補簽，並同時不得由兩人負責。

三年級學生僅可檢查目錄，不得入內查閱，免致凌亂，而難檢取。

1·教職員及研究，可於開放時間憑本人之借書證入庫查閱。

2·四年級學生，可於每星期一，三，五，下午憑本人之借書證入庫查

六，室內須注意公共衛生及秩序，不許有吸烟，食物，談笑，踱步，或吟誦等事。

七，本規則未盡規定之事，宜依照本館借閱規程辦理之。

——摘自《國立四川大學校刊》一九四八年第二十卷第十二期

指令第五百十七號（十年三月十四日）

令江西教育廳廳長伍崇學

呈一件呈報白鹿洞圖書館組織成立檢同來件請備案由

據呈報白鹿洞圖書館組織成立檢同來件請准備案等情均悉核閱該館所呈章程細則各件均尚妥協應准備案仰即轉飭知照此令

附章程

第一條　本館由白鹿書院洞租項下酌撥常年經費設立故定名為白鹿洞圖書館

第二條　本館以保存白鹿書院藏書供人閱覽為宗旨其閱覽規則另定之

第三條　本館就白鹿洞書院為館址惟該書院四圍山地劃歸農專校造林樹木叢為湖泓甚重儲藏書籍恐滋霉蠹因暫在城東愛蓮池設立閱覽分所其書籍即儲藏該處以資保存而便閱覽

第四條　本館設館長一員館員一員

第五條　本館館長由星子縣知事呈請教育廳委任館員由館長任用呈由縣知事轉報教育廳察核

第六條　館長之職務如左

（一）綜理本館及閱覽分所一切事務

（二）掌館儲藏書籍鎖鑰

（三）編輯年報及目錄

（四）編製預算決算

第七條　館員承館長之指揮其職務如左

（一）整理書籍及收發事項

（二）編立簿册記載閱覽人數

（三）辦理文牘會計及一切雜務

第八條　本館閱覽分所暫設藏書室一閱覽室二

第九條　本館不徵收閱覽費

第十條　本館經費由館長按月查照預算在縣公署徵收洞租項下支領給發

第十一條　本館得徵集本境及外境歷代藏書并各種古蹟物品以廣儲藏而供閱覽

第十二條　本館應於每屆年終將辦理情形分別具報其辦事細則另定之

第十三條　本館章程中如有未盡事宜或變更時得隨時呈請修正之

第十四條　本館章程自呈奉核准後施行

附細則

第一章　總則

第一條　本館按照館章第三條及第八條暫在縣城分別設立藏書處并閱覽室其事務處即附屬於勸學所以便管理館長員依規定時間并遵照館章第六條第七條之規定服務

第二條　職員每日辦公時間及閱覽時間如左

自一月至三月每日午前八時起至午後五時半止

自四月至九月每日午前七時起至午後六時止

自十月至十二月每日午前八時起至午後五時止

第三條　職員休息日及停閱日如左

一月一日　春節前五日至後十日止

夏秋冬三節日　各紀念日

孔子誕日　春秋祭祀日

第四條　本館藏書及閱覽各處所一切事務應由館長員負完全責任館長遇有事故時由館員代理如館員有事須陳明館長預請他員代理之

第二章　徵集

第五條　本館儲藏各書多係經史子集凡通俗圖書及新聞雜誌時報無欵購置不足以供一般人民之閱覽得隨時設法籌款徵集新舊圖書及古蹟物品并購訂新聞報紙藉廣瀏覽

第六條　本館對於地方長官或紳富捐助上項所列各書籍物品除登報鳴謝外當標明姓名藉爲保存并查照捐資興學褒獎條例呈請轉呈給獎

第七條　本館徵集圖書古蹟等類應將書名及編輯人姓名與各物品來歷隨時揭示目表於每屆年終彙報主管官廳備查

第八條　本館爲養成社會道德增進人民智識起見對於本境各學校及各界有願購雜誌時報小說演稿等項應擔任代購并分送之責

第九條　本細則第二章各款應分別張貼本館及閱覽分所

第三章　庋藏

第十條　本館暫設藏書室一間凡白鹿書院原有書籍即於該室內妥藏嗣後徵集各書品須分別藏儲之

第十一條　本館原有白鹿書院各書籍均應蓋鈐編號並粘貼書簽標明門類其徵集之書品即加蓋徵集品字樣藉以識別

第十二條　庋藏各櫥架均應編列號數標明門類

第十三條　庋藏各書籍應由館員隨時整理排列不得錯亂散置

第十四條　藏書室每日由館員督同館僕隨時洒掃每年三伏期內晒晾一次並

由館長員按照書目詳細檢查惟書籍繁多得由館長臨時雇人襄助其費用即在公雜費項下支給之

第十五條 藏書室取用書籍每日開館時由館員向館長領鑰開鎖閉館後即繳還非取書籍不得開鎖

第十六條 藏書室內不得任人參觀并不得吸食各種烟草及携火入內

第十七條 如因意外事故各種書籍致有損失應呈報主管官廳

第四章 閱覽

第十八條 閱覽人到館時須先向本館辦事處簽名指定閱覽書目卷數由館員取給閱覽

第十九條 本館應編立書籍門類目表張貼閱覽處以便閱覽人按照表列彙目指定領閱

第二十條 閱覽人領閱之書閱畢應將書籍卷數親付館員當面點交收置

第二十一條 閱覽人所閱各書籍不得污損并不得在書籍上批評圈點

第二十二條 本館館員對於閱覽人交付書籍時應查核書名卷數如有缺少割裁污損等情應責成原閱人賠償至冒昧收回應由館員負責

第二十三條 本館對於閱覽人應隨時督察倘將書籍携去經館員或館僕查出應請縣知事核辦

第二十四條 本館藏書除在閱覽室閱覽外不得借貸

第二十五條 本細則第四章各款應分別張貼本館暨閱覽分所

第五章 册報

第二十六條 本館每届年終彙報主管官廳一次其應載如左

(一)本年度關於本館辦理情形

(二)本年度徵集書籍古蹟物品

(三)本年度經費收支款數

(四)本年度之整理進行計畫

第二十七條 本館經費預算由館長於每會計年度前編製預算書呈報主管官廳

第二十八條 本館歲支經費於每會計年度告終後造具計算書呈請主管官廳核銷

第六章 附則

第二十九條 本細則如有未盡事宜隨時呈請修正

第三十條 本細則俟呈奉核准後施行

——摘自《教育公報》一九二一年第五期

批松坡圖書館據呈報第二館開館並送簡章准備案第二百八十一號十三年六月五日

據呈報松坡圖書館第二館開館日期並送簡章規則各一份到部核閱所訂簡章各件均稱妥協應准備案合卽批示知照此批

附上 大總統呈文十二年三月十七日

呈爲呈報接收快雪堂設立松坡圖書館請飭所司備案事竊啓超等於十一年九月呈請撥北海官房設立圖書館一節經准十月六日公府庶務司來函蒙批撥給快雪堂旋准十二年三月二日司函案查北海快雪堂前奉諭撥作貴處圖書館等因業商由貴處於快雪堂兩廊石刻加造護欄以便分管經司於上月十一日遵諭派員將快雪堂所屬全部官房及其毗連之基地樹木逐一會同貴處委員踏勘撥交在案惟撥交範圍非圖不顯茲特繪具詳圖四周以毗連馬路及小路之單直綫爲界界內屋地樹木均交貴處收管除兩廊石刻不在其內並另繪同式底圖存司備查外相應檢圖一份送請貴處查收卽希按圖收受妥爲保管等因奉此竊聞麗澤講習會友以文粢庶謳恩有功則祀故將軍蔡鍔行高志潔學粹勛崇力能復楚奮包胥之同仇義不帝秦逐魯連以長往啓超等緬懷芳躅思永薪傳僉謂宜圖典籍之府用惠士林更置仰高之祠藉醻明德惟我 大總統篤念舊勳揄揚盛事指華林逍遙之館作石渠天祿之藏海嶼不飛館壇斯在長依勝地與晴雪而比清式應嘉名共貞松而永固啓超等祇承殊貺倍矢微誠擬將該館前二進作爲陳列閱覽圖書之所後一進爲蔡公祠奉祀故蔡將軍及護國之役死事諸先烈其快雪堂石刻則護以雕欄保其遺蹟行看縹緗有人集鴻都而校字山堂圖象過燕市以題歌啓超等無任感抃謹述情由請飭下主管官署備案謹呈

附財政部來公函十一年十月十六日

敬啓者准來文稱擬設松坡圖書館蒙 大總統准撥北海快雪堂一所萬不敷用查西單牌樓石虎胡同第七號官房現爲財政金融學會呈准借用擬懇撥給松坡圖書館永遠爲業呈懇鑒核批示等因到部查設立松坡圖書館崇奉松坡先生栗主遺像並廣儲中西圖籍任人觀覽於以仰企先哲嘉惠後來藉崇拜英雄之心寓鼓勵人才之意本部深表贊成所有西單牌樓石虎胡同第七號財政金融學會借用官房一所應卽撥給松坡圖書館永遠爲業以備收藏而資建設除由部塡具部照另行送達外相應先行函達查照此致

附松坡圖書館簡章

第一條 本圖書館設立北京以北海快雪堂爲第一館西單石虎胡同七號房爲第二館備置中外圖書公開閱覽

第二條 本館設館長一人以創辦主任充任總理館中各部事務

第三條　本館設幹事三十二人除以創辦人充任外嗣後如有續加幹事應由幹事會多數公推

第四條　凡捐助本館資財圖書及對於本館有特別盡力者由幹事會公推爲維持員

第五條　本館幹事及維持員皆爲名譽職不支薪津

第六條　本館設圖書經理二部

甲圖書部　設專任幹事十人專掌購製蒐集圖書及管理閱覽各事宜由幹事內公推充任各項規則由幹事會議訂

乙經理部　分職如左

一基金管理　二會計　三文牘　四庶務　五交際

以上五項各設專任幹事由幹事會議定名額公推分任各項處務規則由幹事會議訂

第七條　本館各部得酌用雇員名額薪水由幹事會議定

第八條　本館經費除以原有捐欵爲基金外應由維持員及幹事隨時招募

第九條　本館會計以每年一月一日起十二月底止爲一年度於每年開始前二月內由幹事會議定豫算案照收支於每年度終了後一月內由幹事會審定決算案並報告於大會

第十條　本館每年由幹事及維持員合開大會一次報告館務及收支決算並審商進行擴充各事宜

第十一條　本館每月開幹事會一次遇有特別事故時由館長發議或由幹事五人以上之同意得開臨時幹事會

第十二條　本館房屋概不得出租借用

第十三條　本簡章由幹事會多數議決實行遇有修改時亦同

附第二館規則

一本館專備外國文圖書供衆閱覽

二本館每日開館閱覽定時如左

一月至三月上午九時至十二時下午一時至五時

四月至八月上午八時至十一時下午二時至六時

九月至十二月上午九時至十二時下午一時至五時

三本館以下列日期爲休息日

(甲)國慶紀念日及中秋年節寒假等日

(乙)每星期一日

(丙)蔡公忌日(十一月八日)

(丁)本館成立紀念日(十一月四日)

(戊)曬書及修理房屋由本館臨時訂定日期先行通告

四本館因添製圖書酌收閱覽券費閱覽券分下列二種在第二館售劵處出售

(甲)長期券　分一年期券收大洋壹圓半年期券收大洋六角

(乙)臨時券　每次收銅元二枚

五凡購買長期閱覽券者應記明姓名職業住址日期以便登記存查

六凡持長期券來本館閱書者經驗券處驗明後即逕至閱覽室將券交由管理處書

換取閱書券由持券人填寫日期及原券號數並擬閱圖書類別名稱字號册數
交司書人檢給閱畢交還取原券出館

七凡購臨時券者於閱書券內須填明姓名閱畢將書交還出館

八如長期閱覽券有遺失時持券者應將券中所填事項及該券號數通知本館以便補給新券原券作廢

九凡有瘋狂惡瘡等疾及酒醉者本館得拒絕入館

十取書閱覽每次以二册為限閱畢得再行換取惟不得過五次

十一閱覽室備有書目字典及最近期雜誌日報放置一定廚架以便檢查閱覽閱畢務望仍置原處

十二閱覽人如有污損本館圖書者應負賠償之責

十三本館所藏圖書概不出借但寄存圖書者不在此限

十四本規則專適用於石虎胡同第二館如有修改時本館當先日通告

——摘自《教育公報》一九二四年第七期

公牘

呈文

山東省政府教育廳呈第二二八號二月二十三日

（遵令查明聊城楊氏海源閣藏書遷運詳情呈覆鑒核由）

案奉

鈞部第一一三號訓令，以據中央日報載稱：『聊城海源閣藏書，疊經匪軍佔住，閣內藏書，任意毀損，現由楊氏之姪，將殘破書籍，共裝六十餘箱，運往濟南等語；飭即查明呈報，以憑核辦，』等因。奉此，查楊氏藏書，曾於去歲四月，經職廳擬具起運及保管辦法，呈奉

鈞部指令，准予備案在案。正擬派員起運，匪軍已陷聊城，交通斷絕，起運未果。旋以逆軍犯濟，職廳隨　省府東遷，延擱又復數月。迨逆軍敗退，各機關遷回濟垣，職廳即擬迅行運書來濟，以便保管。旋據山東省立圖書館館長王獻唐面稱：頃接聊城圖書館館長報告，楊氏存書，已悉數運濟，』等語。復奉

山東省政府訓令，以據聊城縣長代電報告海源閣藏書，已運濟南，飭即會同民政廳派員查明具報，等因。正派員會同查報間，復奉前因，當經令飭圖書館長王獻唐併案詳細查復，去後，茲據復稱：

『案查聊城楊氏海源閣書籍運濟一案，前奉　鈞廳第三七九號訓令，飭與民政廳派員，會查具報；正在呈覆，復奉　鈞廳第五七三號訓令，以轉奉　教育部訓令，查詢報載楊氏運書各節，飭即併案辦理，各等因。奉此；遵查楊氏海源閣書籍，其最精之宋元善本，早於前數年前，運存天津。十八年冬間，獻唐奉令往查，見其所餘書籍，類屬普通版本，間有宋元善本，及名抄名校，亦寥寥無幾，且非楊氏最精之品。迨獻唐回濟報告後，　鈞廳即擬具保管辦法，并會同民政廳，派員辦理在案，獻唐亦在所派委員之列。正擬起行赴聊，交通已彼匪徒截斷，并佔據聊城，其偽司令部，即設於海源閣內。旋以戰事突起，政局中變，獻唐交代去職，晉軍之偽政府，亦更不知圖書文化之重要，無人過問。然在土匪佔據聊城時，據獻唐調查所知，確有一部份書籍，被其賣出帶去。其賣出之書，隨時售於當地之流氓，展轉歸於濟南商賈。職館盡力收買，已購得四種，內有二種，爲楹書隅錄著錄

之書，頗稱善本。其餘尙有字畫多件，及楊氏藏書印章，皆以價昂未致。現在職館若有相當之書款，設法收買，獻唐敢決言土匪在聊城變賣之書，而歸於當地流氓者，能完全收回。至其帶去之一部份，後皆流落保定一帶，展轉歸於北平商賈，現聞多已秘密售出。此當時損失之前後情形也。去歲晉軍退濟，獻唐復來供職，即擬繼續辦理。旋接聊城圖書館長報告，楊氏所餘書籍，已悉數運濟。當即呈明　鈞廳，并由省政府派員會同調查；繼奉　鈞廳第三七九號訓令，案同前因。經獻唐調查結果：楊氏書籍之殘餘者，確已全數運來，約五六十箱，盡在商埠緯一路楊氏私宅儲藏。家主楊敬夫尙在天津，僅其大夫人，居住此處。并間接向獻唐聲明：書籍運濟之時，凌亂不堪，悉數裝入箱內，未加整理。刻以身體染病，無人照料，一俟病愈，即擬分別整理；并請各界參觀。外間風傳出售之說，均屬不確，且擬盡力收回云云。此楊氏書籍運濟之前後情形也。現在此間楊氏所存，皆係獻唐前年在海源閣目驗之書，無多宋元精本。其最精者，皆在天津，是否現有一部份出售？其所出售者，究係何種？價目若干？何人經手？售於何人？獻唐正在調查，已略得端倪。在未得到真實確據以前，似未便冒然逕呈　鈞廳，至目下保管辦法，獻唐曾間接向楊氏徵商意見，彼意頗爲活動。已囑獻唐先將職館之意見寫出，藉使會同商定。當以此案關係重大，所擬辦法，第一須蒙　鈞廳核准，第二須得楊氏同意。但若先呈鈞廳核准，而楊氏不肯同意，亦似與威信有關，諸多不便。因是先爲草案，共分三種辦法，由楊氏自擇其一。俟其擇定後，再詳訂細則，呈請　鈞廳核定，藉使職館與楊氏得有轉圜餘地。現在此項草案，已提交楊氏，據間接聲稱：已函催其家主楊敬夫，并重要之親朋來濟，共同商酌；一俟決定，再正式答覆職館。此現在辦理之經過情形也。至職館此次所擬保管者，均連同天津所存之善本在內，并不限於運濟之普通書籍。并在各方面已有相當之佈置，此間所存書籍，據目前觀察，似不致有運出私賣情形。奉令前因，理合據實詳細呈覆，伏祈鑒核，實爲公便！』

等情。據此，查該館長呈稱各節，尙屬實在。除分呈外，理合將未能起運保管，及楊氏運書來濟各緣由，連同山東省立圖書館所擬楊氏海源閣書籍協議大綱草案一份，一併備文呈覆，祇請

鑒核。謹呈

教育部

附呈楊氏海源閣書籍協議大綱草案一份

兼山東省政府教育廳廳長何思源

抄楊氏海源閣書籍協議大綱草案　山東省立圖書館擬

此項大綱，由山東省立圖書館向海源閣楊氏提議，共分三項，得請楊氏任擇其一。擇定後，再由圖書館呈請教育廳核定。另訂詳細辦法，會商遵行。在未經楊氏同意，及核准以前，此但為圖書館方面單獨之意見。楊氏得自由酌量增減，或另提他項辦法，磋商進行。計開大綱如下：

甲　楊氏委託圖書館代為保藏辦法

楊氏如為提高全省文化，願將家藏秘籍，公開閱覽，普利民衆，交由圖書館代為辦理，則書籍所有權，完全為楊氏私有，而圖書館亦僅為楊氏之委託人，近日梁任公先生身後藏書，即如此處置，圖書館願以萬分之誠意，敬謹接受之。其辦法列左：

一、楊氏全部書籍所有權，先由省政府明令確定完全為楊氏私有，佈告週知。并呈請國府備案，援木齋圖書館成案，明令褒獎之。

二、組織楊氏海源閣圖書委員會，官府方面推選委員十人，社會方面推選品學兼優之委員十人，共同組織之。關於保藏經營一切方案，完全歸委員會決定，送由圖書館執行。其委員長一席，即請海源閣主人楊敬夫先生担任。

三、由圖書館特建規模宏大之樓房，代楊氏保藏書籍。以堅固，美觀，適用，為三大要素，其圖樣設計，亦由委員會決定。樓名仍用海源閣舊稱，并在正樓中間，建立石碑，將政府明令，國府褒獎令，及本案辦理經過，鐫刻碑上，用垂永久。

四、委員會為永久獨立性質，不受任何方面之牽制。圖書館對委員會但有建議及執行議決案之義務，所有一切進行辦法，均操之委員會，并在政治法律方面，予以切實之保障。如委員會遇有不能執行職務，或楊氏認為圖書館保藏不善時，得隨時自行收回，并在明令內確定之。

五、海源閣樓房建築，及書架書桌，一切佈置整理費用，并委員會各項支出。均由圖書館担任，或呈請省府指定專款辦理之。

六、俟建築完竣，佈置整理就緒後，即公開閱覽，使楊氏先世藏書功德，借以溥利民衆。

七、凡到海源閣閱書者，得酌收費用，其數目由委員會決定。并印製票證，蓋章編號，送交圖書館發售。每月結算清楚。連同票價根據，送還委員會審核無誤，即將票價轉歸楊氏，作楊氏私家收入，委員會及圖書館不得支用。

八、圖書館經委員會之同意，得將海源閣善本書籍，設法印行。所得書價，除收回成本外，其贏餘紅利，均歸楊氏私有。一切收支賬目，得由委員會，隨時核查，向楊氏報告。

九、圖書館爲表揚楊氏藏書，得編印書籍二種：(一)楊氏海源閣藏書史，(二)楊氏海源閣藏書志，其編撰方法另定之。

十、楊氏對以上各條，有隨時監察考核之權。如有不合，得提出質問，及其他相當處置，別訂考核辦法，共同遵行。

十一、楊氏交由圖書館代爲保藏之書，須有現存善本全部，或一大部份在內。若係普通明清版本，恐無收取閱書費價值，閱者亦不甘納費。至影印刊行，亦礙難辦理。

十二、上項書籍，須有建築專樓之數量。圖書館希望代藏楊氏書籍全部，或三分之二以上。若僅數十百種，只容三五書架，則不敷建築專樓之用。糜費公款空閒無用，亦似所難行。

十三、除上而外，凡與楊氏有權益之事，得請楊氏酌量增加，磋商辦理。

乙　半捐半賣辦法

楊氏如欲擬所藏書籍，減收書價，作半捐半賣性質，歸圖書館保存，得享下列之權益：

一、圖書館會同楊氏，就官府社會兩方面，邀請品學兼優者若干人，詳定全書價目。在此價目之內，楊氏能減收若干，卽以減收之款，作爲楊氏對山東文化之義舉。屆時政府得酌量多少情形，予以相當之褒揚。

二、圖書館建築樓房藏書，仍用海源閣名義。

三、圖書館得將所收海源閣閱書費，及所印楊氏善本書籍之贏餘，每年各提若干，贈予楊氏，其數目另定之。

四、圖書館仍編印海源閣藏書史藏書志二書，表揚楊氏藏書美德。

五、書籍之價值數量，以甲項辦法(十一)(十二)兩條爲準。若係普通版本，或只爲少數，其辦法另議。

丙　平價收買辦法

此項辦法，最爲簡單，卽照書籍所值，公買公賣耳。圖書館既以相當價格，收買書籍，楊氏亦無享受特別權益之可言，其辦法如下：

一、楊氏先將書目版本，開交圖書館，由圖書館派員到藏書所在閱看鑒定。或不自開目，由圖書館代開亦可。

二、圖書館所購書籍，以善本及館內未有之書爲限。若係普通版本，而又爲圖書館已有者，圖書館得酌量情形辦理。

三、圖書館選定書籍後，由楊氏家屬或派代表，會同圖書館議價。幷得經雙方同意，邀請官府及社會方面品學兼優者若干人，居中評定之。

四、書價商定後，即履行交書付款手續。

五、圖書館如一時不能收買全部書籍，日後楊氏欲繼續出售，圖書館得以公共文化機關，享有優先購買權。

× × × ×

——摘自《山東教育行政週報》一九三一年第一百二十四期

令知修正整理紹興古越藏書樓辦法已奉部令准予備案

訓令第一九一四號（十、一、）

令紹興縣政府

案查前據該縣政府呈送修正該縣古越藏書樓整理辦法條文及理由，經本廳分別核定呈部核示並指令各在案。茲奉教育部指令第七六四四三號內開：

「呈件均悉，察核該廳抄呈修正整理紹興縣古越藏書樓辦法，尚屬妥適，應准備案，仰卽知照，並轉飭知照，附件存。此令。」

等因，奉此，合亟抄發修正辦法一件令仰該政府知照，並轉飭知照此令。

計附發修正整理古越藏書樓辦法一件

附修正整理紹興古越藏書樓辦法

第一條　本辦法專為整理紹興縣古越藏書樓而訂。

第二條　整理古越藏書樓以保管文獻公開閱覽為目的。

第三條　整理分：(一)檢點現有圖書，(二)查封散軼圖書，(三)組織保管委員會，(四)延聘專家重編書目，(五)定期公開，五個步驟辦理之。

第四條　整理方法分款擬定如左：

ㄅ、由縣政府派員攜帶封條，前往該樓將所有書一律暫行發封，靜候整理。

ㄆ、由縣政府定期召集徐氏後裔，並派員會同赴樓逐櫥檢點現有圖書。

ㄇ、現有圖書檢點完竣後，即封對開辦時所刊書目，究竟何書缺少，何書尚存，其版本是否與原有書目相符等。

ㄈ、由縣政府令飭徐氏後裔推客若干人，會同縣政府所聘邑中公正熱心士紳，組織古越藏書樓保管委員會，負保管責任。

万、由保管委員會延聘圖書館專家，依照科學方法，加以整理，編定目錄，公開閱覽。

第五條　前次所稱保管委員會，其組織法及章程另訂之。

第六條　整理後由保管委員會妥擬徐氏捐建紀念辦法，呈報教育廳備案。

第七條　本辦法經縣行政會議議決，送請教育廳，轉呈教育部備案。

令知古越藏書樓准予改設縣立圖書館仰遵辦具報

訓令第一九一五號(十、一、)

令紹興縣政府

案查前據該縣教育局呈以古越藏書樓創辦人徐氏後裔，現已無力負擔該樓經常費用，擬將縣立民衆教育館圖書部歸併於該樓，組設縣立圖書館；經本廳飭據該政府呈復以合組縣立圖書館與政府保存地方文獻及徐氏創理該樓之宗旨，均屬相符，尚無窒碍等情到廳；查整理古越藏書樓，既經規定辦法，自應依照步驟，俟整理完畢後，即行定期開放。惟既據稱徐氏後裔無力負擔經費，擬將該樓改為縣立圖書館，事屬可行，應予照准。仰迅將該樓應行整理事項，尅日辦竣，一面將飭該保管委員會知照。一俟整理就緒該樓圖書房屋，即由該縣接管，保管委員江應即同時結束。至民衆教育館閱覽部，為館內重要事業之一，未便變更組織，減少教育力量，應照本廳核定該縣本年度教育計劃，將縣立流通圖書庫歸併組設縣立圖書館，各項書籍，既可適應民衆閱讀需要，而預算內所列館庫兩項設備費，亦足購置通常書籍，館長職責重要，應設專員，即以原列庫主任薪給移充，至民衆教育館預算，本年度並未減少，館員六人，管理各部事業，亦敷分配，併即轉飭遵照，妥為籌備隨時具報！此令。

——摘自《浙江教育行政週刊》一九三二年第四卷第八期

▽上海市教育局私立圖書館立案規則

局長潘公展

（二十年一月公布）

第一條　本規則依教育部公佈圖書館規程訂定之

第二條　私法人或私人得依本規則之規定設立圖書館

第三條　私法人或私人所設立之圖書館稱私立圖書館

第四條　私立圖書館以董事會爲設立者之代表負經營圖書館全責

私立圖書館董事會之董事第一任由創辦人延聘以後由該會自行推選

第五條　私立圖書館董事會有處分財產推選館長監督用人行政議決預算決算之權

第六條　私立圖書館董事會組織時應由創辦人將左列各款填具表格呈請本局核准

一，名稱

二，創辦人姓名職業住址等

三，董事姓名

第七條　私立圖書館董事會成立時應由董事會將左列各款填具表格呈請本局核准設立及立案

一，名稱

二，目的

三，事務所之地址

四，關於董事會之組織及其職權之規定

五，關於資產或資金或其他收入之規定

六，董事姓名籍貫職業職權及住址等

上列各款如有變更時應即呈報本局

第八條　私立圖書館設置時由董事會主席將左列各款填具表格呈請本局核准設立及立案

一，名稱

二，地址

三，經費（分臨時費經常費兩項並及其來源與百分支配）

四，現有書籍册數及其分類法

五，建築圖式及其說明

六，章程及規則

七，開館日期

八，館長及館員姓名學歷職務及薪給等

圖書館名稱地址建築章程館長經費管理人等如有變更應隨時分別呈報

第九條　私立圖書館長應具有左列各項資格之一

一，國內外圖書專科畢業者

一、文件之收發及撰擬繕印
二、參加會考各校學生名册相片學業操行體格成績及文卷等之徵集編製及管理
三、試卷之編號彌封及管理
四、試場之布置及照料
五、試題之印製及管理
六、助理監試
七、試驗成績之登記計算及保管
八、其他關於試驗手續事項

第九條　各科試題由命題委員分別認定科目加倍擬撰連同標準答案密送委員長選定

第十條　畢業會考各科目試題之內容應遵照左列標準
一、應依據部頒課程標準之各科教材大綱
二、應包括各科目教材之全部
三、應注重各種教科書中之教材并避免隱僻含糊之題目
四、命題除外國語外限用中文

每科限定回答之題數應估計該科會考之時間

第十一條　各科試驗成績先由命題委員評閱計分送經本會覆核後發交登記計算再送委員長核定之

第十二條　本會對外行文以教育局名義行之

第十三條　本細則自公布之日施行

——摘自《教育週報》一九三四年第二百四十期

私立河北通信圖組織簡章

第壹條 本簡章依據私立河北通圖董事會簡章第貳條及第九條之規定。

第貳條 本圖定名爲「私立河北通信圖」。

第叁條 本圖地址設北平和内舊簾子胡同三十七號。

第肆條 本圖以通信方式進行圖之職務。

第伍條 本圖設館長一人秉承董事會處理全圖一切事宜。

第陸條 本圖館長之下，設總務圖書通信三組，秉承館長分負會計庶務文牘及圖書捐集購置整理編目裝訂及圖書通信出納等事宜。

第柒條 每組各設主任一人，辦事員若干人，館長及主任爲義務職，辦事員得支給定額之津貼費。

第捌條 本圖每月舉行館務會議一次，由館長召集之，商討推進工作，及應行興革事宜，必要時得召集臨時會議。各組每月舉行組務會議一次，由主任召集，商討組內工作之推進事宜。

第玖條 本圖經費由董事會籌措之，一切支出均須依照董事會規定之預算。

第拾條 本簡章如有未盡事宜，得由館長提請董事會年會全體董事三分之二以上之議決修正之。

——摘自《中華圖書館協會會報》一九三五年第十一卷第一期

北平市私立木齋圖書館籌備處簡章

第一條　本籌備處受發起人盧木齋先生之委託遵照　教育部頒布圖書館規程第二條籌設北平市私立木齋圖書館先設籌備處名北平市私立木齋圖書館籌備處

第二條　本館設於北平西單牌樓舊刑部街二十號籌備處附設館內

第三條　本館籌備建設一切經費均由盧木齋教育基金項下撥用本館舊刑部街二十號房屋已由盧木齋教育基金處欵項撥付

第四條　本籌備處設董事會以合議制籌備進行一切事務董事會章程另訂之

第五條　本籌備處暫設處長一人主持一切進行事務以董事長兼任

第六條　本籌備處職員暫時均爲名譽職不支薪津

第七條　本籌備處遵照　教育部頒圖書館規程悉依私立圖書館各條籌備一切

第八條　本館正式成立另訂新章後本簡章即行廢止

第九條　本簡章所有未盡事宜由董事會決定修改之

第十條　本簡章呈奉北平市政府教育部批准之日施行

北平市私立木齋圖書館籌備處董事會簡單

第一條　本會根據北平市私立木齋圖書館籌備處簡章第四條之規定組織董事會定名爲北平私立木齋圖書館籌備處董事會

第二條　本會暫設董事七人互推一人爲董事長

第三條　本董事會每月開會一次有特別事故時得由董事長召集開臨時會

第四條　開會日期由董事長召集之

第五條　本會開會由董事長主席董事長因事缺席時董事公推一人爲臨時主席

第六條　本會以到會董事過半數開會以到會董事過半數議決之開會時設紀錄員一人紀錄議案

第七條　董事任期以籌備完成之日爲限

第八條　本會會址設於北平私立木齋圖書館籌備處

第九條　本簡章如有未盡事宜得由本會開會議決修改之

第十條　本簡章以呈准之日施行

——摘自《北平私立木齋圖書館季刊》一九三七年創刊號

北平市社會局訓令 第九零五號

令北平市私立木齋圖書館董事會

案查該會呈請備案一案，業經批示，並檢具章表等件，分呈在案，玆奉

教育部指令第一零三三號內開：

「呈件均悉。准予備案。附件存。此令。」等因，奉此。除呈府外，合亟令行知照，仰即遵照圖書館規程第四條之規定，分別呈局，以憑核轉爲要。此令

中華民國二十四年二月五日

社會局局長蔡元

——摘自《北平私立木齋圖書館季刊》一九三七年創刊號

北平市社會局指令

令私立木齋圖書館董事會

二十五年十月八日呈一件呈報圖書館一切設備現已籌辦就緒於十月十八日開館請鑒核備案由

呈暨章表等件均悉。據查該館籌設情形大致尚可，准予備案，除分呈府部備案外，茲特檢發圖書館鈐記式樣一紙，仰由該會自行刊製轉發，啓用具報，章表等件分別存轉，餘件發還。此令。

計發還組織大綱三份

付發鈐記式樣一紙

中華民國二十五年十月廿六日

北平市社會局訓令

令私立木齋圖書館董事會

案查前據該會呈報圖書館章表等件請予備案一案，業經令准，並檢同原件轉呈在案。茲奉教育部指令第一七三四二號內開：呈件均悉。查該市私立木齋圖書館董事會呈報圖書館章表等件，大致尚合，應准備案惟。下列數處，應即修改，仰即令飭該館遵照改正，件存此令。等因奉此，

合亟轉飭遵照改正爲要。此令

中華民國二十五年十一月廿五日

——摘自《北平私立木齋圖書館季刊》一九三七創刊號

之

指令第一千六百七十五號 八年九月十八日

令京師圖書分館

呈一件送八月分圖書新聞雜誌閱覽人數及每日閱覽總券數表暨職員薪俸規則由

據呈送八年八月分圖書新聞雜誌閱覽人數表每日閱覽券數表暨新定職員薪俸規則十條查所擬支給薪俸規則諸條大致均尚妥適應准予備案表摺存此令

附規則

第一條　本館職員薪俸依本規則支給

第二條　本館職員分左列三種

一　事務員

二　錄事

三　學習生

第三條　事務員薪俸分三級如左

一　四十元

二　三十二元

三　二十四元

第四條　事務員服務滿一年以上由主任考察成績得予加薪但每次每月以四元爲限

第五條　事務員服務滿五年以上薪俸已進至第一級者如辦事勤慎成績優異得由主任呈部特別加薪但此項加薪仍須依據第四條之規定辦理前項特別加薪以遞加至八十元爲度

第六條　錄事薪俸分四級如左

一　二十八元

二　二十四元

三　二十元

四　十六元

第七條　錄事服務滿一年以上由主任考察成績得予加薪每次每月以四元爲限

第八條　錄事服務滿五年以上薪俸已進至第一級者如辦事勤愼成績優異得由主任特別加薪但此項加薪仍須依第四條辦理前項特別加薪以遞加至四十元爲度

第九條　學習生月給薪水十元每滿一年查其服務勤愼確有成績者得由主任斟酌情形或給予一次獎金或按月加給薪水但一次獎金不得逾十元每月加薪不得逾二元

第十條　本規則自核准日施行

——摘自《教育公報》一九一九年第十一期

二

暫行兼代教育廳廳長謝學霖

呈省長公署第一〇三七號 十二月十二日

呈爲呈報遴員改委接充省立圖書館館長仰祈

鑒核事案查省立圖書館爲全省文化中心館長一職關係重要該館長陳樹芳自任事以來迭被呈控亟應遴員改委接充以重職守茲查有吳傳綺學望兼優堪以委充省立圖書館館長一職除由職廳先行委任並訓令陳館長另候任用外所有遴員委任接充省立圖書館館長緣由理合備文呈報仰祈

鈞署鑒核備案謹呈

安徽省長呂

暫行兼代教育廳廳長謝學霖

——摘自《安徽教育公報》一九二五年第三十八期

中央大學區各縣公共圖書館館長任免及待遇暫行規程

第一條　公共圖書館館長，由縣教育局局長遴選合格人員，呈由本大學核准後聘任之；並呈報縣政府備案。

第二條　公共圖書館館長，以人格高尚，服膺黨義，並具有左列資格之一者爲合格：

一，大學或專門學校畢業，並於圖書館學，有相當之研究者；

二，中等學校畢業，並曾修習圖書館學專科，得有畢業證書者；

三，中等學校畢業，曾任圖書館主要職務三年以上，著有成績者；

四，國學確有根柢，而於圖書館學及社會教育，有相當之研究者；

前項應聘人員，應先行擬具計劃書，連同履歷，畢業文憑，服務證書，及著作品，交由縣教育局審查，呈由本大學核驗，經令准後，方得聘任。

第三條　公共圖書館館長聘任期間，分爲三階段：第一階段爲一年，第二階段爲二年，第三階段以後均爲三年。於每一階段間，經嚴格攷查，確有成績者，始得繼續次一階段。

第四條　爲提高館長職務之專業精神，及謀館員發展任務計劃之便利起見，在未滿每階段聘約期間時，教育行政機關，不得任意撤換。惟犯左列事項之一，經查明屬實者，由縣教育局長，呈准本大學撤換之。

一，違背本黨黨義者；

二，違背本大學教育方針者；

三，治事不力，改進無方者；

四，操守不謹，侵蝕公款者；

五，行爲不檢，人格墮落者；

六，身心缺陷，不能執行職務者。

第五條　館長不得兼任館內外任何有給職務。

第六條　館長之月俸標準，規定如左：

(1)以上數目，均包括膳費而言。

(2)以上級制，依個人學歷，成績，及各縣經濟情形，為區別之標準。

(3)各縣遇有特別情形，得由教育局長，另擬標準，呈由本大學核准施行。

第七條　館長年功加俸，獎勵金，養老金，恤金等項標準，另訂之。

第八條　館長服務細則，另訂之。

中央大學區公共圖書館館員聘任及待遇暫行規程

第一條　公共圖書館館員，分指導員，事務員二種。均由館長聘任，呈報縣教育局備案。

館長於聘任各員時，應負責審查第二條所列資格；如聘任後，經發現資格不合時，得由教育局長，督令撤換之。

第二條　公共圖書館館員，以人格高尚，服膺黨義，並具有左列資格之一者為合格：

甲　指導員

一，大學或專門學校畢業，對于圖書，具有研究興趣者；

二，中等學校畢業，對于圖書，具有解難析疑之知能者；

三，國學具有根柢，對於閱覽人，善於誘導者。

乙　事務員

一，具有前項資格者；

二，曾任圖書館職務一年以上，而於圖書館學有相當之研究者；

三，勤奮耐勞，對于社會教育，富有興趣者。

第三條　公共圖書館館員，聘任期間，以一年為一期，期滿經嚴格考查，確有成績者，始得繼續聘任。

第四條　為提高館員職務之專業精神起見，在未滿聘約期間時，不得任意撤換。惟犯左列事項之一，經查明屬實者，由館長呈准教育局長撤換之。

一，違背本黨黨義者；

二，違背本大學教育方針者；
三，治事不力，改進無方者；
四，操守不謹，侵蝕公款者；
五，行爲不檢，人格墮落者；
六，身心缺陷，不能執行職務者。

第五條　館員之月俸標準，規定如左：

職務＼等級	第一級	第二級	第三級	第四級	第五級
指導員	五〇——四五	四五——四〇	四〇——三五	三五——三〇	三〇——二五
事務員	四〇——三五	三五——三〇	三〇——二五	二五——二〇	二〇——一五

(一)以上數目，均包括膳費而言。
(二)以上級制，依個人學歷，成績，及各縣經濟情形，爲區別之標準。
(三)各縣遇有特別情形，得由教育局長，另擬標準，呈由本大學核准施行。

第六條　館員年功加俸，獎勵金，養老金，恤金等項標準，另訂之。

第七條　館員服務細則另訂之。

——摘自《第四中山大學教育行政週刊》一九二九年第八十四期

命令

令

▲本局委任令

◉任命温瀛士爲市立第一通俗講演所管理員兼管理市立第一第五民衆閲書報所事務令第三五號

茲委任温瀛士爲市立第一通俗講演所管理員兼管理市立第一第五民衆閲書報所事務此令

◉任命李丹忱爲市立第二通俗講演所管理員兼管理市立第二民衆閲書報所事務令第三六號

茲委任李丹忱爲市立第二通俗講演所管理員兼管理市立第二民衆閲書報所事務此令

◉任命崔文奎爲市立第三通俗講演所管理員兼管理市立第三民衆閲書報所事務令第三七號

茲委任崔文奎爲市立第三通俗講演所管理員兼管理市立第三民衆閲書報所事務此令

◉任命柴恩重爲市立第四通俗講演所管理員兼管理市立第四民衆閲書報所事務令第三八號

茲委任柴恩重爲市立第四通俗講演所管理員兼管理市立第四民衆閲書報所事務此令

中華民國十八年 四月 十二日

天津特別市教育局印

局長 鄧慶瀾

——摘自《教育公報》(天津)一九二九年第三期

本大學區各縣通俗圖書館、民衆閱報事務所、通俗講演所主任任免及待遇暫行規程

第一條 各館所主任之任用由縣教育局局長遴選合格人員呈請本大學核准後委任之並呈報縣政府備案

第二條 各館所主任以品格高尚服膺黨義並具有左列資格之一者爲合格

甲 通俗圖書館主任

1 中等學校畢業者對於圖書館學有相當研究及興趣者

2 縣立師範學校畢業曾在圖書館任重要職務二年以上着有成績者

3 國學確有根底對於圖書館學或社會教育有當相之研究或著作者

乙 民衆閱報事務所主任

1 中等以上學校畢業對於新聞學有相當之研究及興趣者

2 縣立師範學校畢業曾任教育職務二年以上著有成績者

3 國學確有根底而於新聞事務或其他社會教育有相當之經驗或著作者

丙 通俗講演所主任

1 中等以上學校畢業對於講演學有相當之研究及興趣者

2 縣立師範學校畢業曾任講演員二年以上有相當成績者

3 國學確有根底而於講演學或社會教育有相當之研究或著作者

前項合資人員應先行擬具計劃書連同履歷畢業文憑或服務證書著作品等交由縣教育局審查呈由本大學核准後方得委任

第三條 爲提高職務之專業精神起見教育行政機關對於各館所主任不得任意撤換但各館所主任有犯左列事項之一者經查明屬實由縣教育局長呈准本大學撤換之

一 違背本黨黨義者

二 違背教育方針者

三 治事不力進行無方者

四 操守不謹侵蝕公欵者

五　行爲不檢人格墮落者

六　身心缺陷不能執行職務者

第四條　主任之月薪標準規定如左

級＼等	第一等	第二等	第三等
第一級	六十元	四十五元	三十元
第二級	五十五元	四十元	二十五元
第三級	五十元	三十五元	二十元

各縣如有特殊情形得由教育局長另擬標準呈由本大學核准施行

第五條　主任不得兼任其他有給職務

第六條　本規程自公布日施行

——摘自《北平大學區教育旬刊》一九二九年第九期

河北省各縣通俗圖書館民衆閱報所通俗講演所主任任免及待遇暫行規程（十八年八月十九日公佈）

第一條　各舘所主任之任用由縣教育局局長遴選合格人員呈請教育廳核准後委任之並呈報縣政府備案

第二條　各館所主任以品格高尚服膺黨義並具有左列資格之一者爲合格

甲通俗圖書館主任

一、中等以上學校畢業對於圖書館學有相當之研究及興趣者

二、簡易師範科或師範講習所畢業曾在圖書館任重要職務二年以上著有成績者

三、國學確有根底對於圖書館學或社會教育有相當之研究或著作者

乙民衆閱報所主任

一、中等以上學校畢業對於新聞學有相當之研究及興趣者

二、簡易師範科或師範講習所畢業曾任教育職務二年以上著有成績者

三、國學確有根底而於新聞事業或其他社會教育有相當之經驗或著作者

丙通俗講演所主任

一、中等以上學校畢業對於講演學有相當之研究及興趣者

二、簡易師範科或師範講習所畢業曾任講演員二年以上有相當成績者

三、國學確有根底而於講演學或社會教育有相當之研究或著作者

前項合格人員應先行擬具計劃書連同履歷畢業文憑或服務證書著作品等交由縣教育局審

査呈由教育廳核准後方得委任

第三條 爲提高職務之專業精神起見教育行政機關對於各館所主任不得任意撤換但各館所主任有犯左列事項之一者經查明屬實由縣教育局局長呈准教育廳撤換之

一、違背本黨黨義者

二、違背教育部及本廳教育方針者

三、治事不力進行無方者

四、操守不謹侵蝕公款者

五、行爲不檢人格墮落者

六、身心缺陷不能執行職務者

第四條 主任之月薪標準規定如左

級＼等	第一等	第二等	第三等
第一級	六十元	四十五元	三十元
第二級	五十五元	四十元	二十五元
第三級	五十元	三十五元	二十元

各縣如有特殊情形得由教育局局長另擬標準呈由教育廳核准施行

第五條　主任不得兼任其他有給職務

第六條　本規程自公佈日施行

——摘自《河北教育公報》一九二九年第一期

命令

◉任命張恩祿爲市立第二民衆閱書報所管理員令第一二三號

命令

茲委任張恩祿爲市立第二民衆閱書報所管理員此令

◉任命何祖炎爲市立第三民衆閱書報所管理員令第一二三號

茲委任何祖炎爲市立第三民衆閱書報所管理員此令

◉任命段復生爲市立第四民衆閱書報所管理員令第一二四號

茲委任段復生爲市立第四民衆閱書報所管理員此令

◉任命馬駿元爲市立第五民衆閱書報所管理員令第一二五號

茲委任馬駿元爲市立第五民衆閱書報所管理員此令

中華民國十八年八月十五日

局長鄧慶瀾

天津特別市教育局印

——摘自《教育公報》(天津)一九二九年第十期

河北省教育廳指令第一一九七號

呈爲改組民衆閱報所選定主任請鑒核准委由

令阜城縣教育局

呈暨附件均悉據報擬將該縣民衆閱報事務所改爲民衆閱報所並委沈鳳山爲主任等情查該所改組既係遵照新章自屬可行又沈鳳山資格尙合所擬計畫亦大體妥適仰卽由該局直接委任可也履歷及計畫

書存查畢業證書及委任令發還此令

計發還畢業證書一件委任令二件

中華民國十九年二月十七日

河北省教育廳印

——摘自《河北教育公報》一九三〇年第七期

河北省教育廳指令第一七九三號

呈送民衆閱報所及通俗講演所兩所主任證明文件由

令新樂縣縣長

呈暨附件均悉查該縣所報民衆閱報所及通俗講演所兩所主任證明文件核與定章相合應准委任仰即轉飭教育局長督促進行期收實效並將辦理情形隨時具報爲要附件發還此令

計發還證明文件七件

中華民國十九年三月十三日

河北省教育廳印

廳長沈尹默

——摘自《河北教育公報》一九三〇年第十期

河北省教育廳指令第一八二七號

廳長沈尹默

令滄縣縣長

呈請委任呂會同爲民衆閱報所主任由

呈暨附件均悉據報擬委呂會同爲民衆閱報所主任等情查該員資格尚合所擬計畫書亦大體可行仰即轉飭教育局直接委任可也計畫書存此令

中華民國十九年三月十四日

河北省教育廳印

廳長沈尹默

命令

三七

——摘自《河北教育公報》一九三〇年第十期

令

▲本局委任令

◉任命李澤周爲市立第十民衆閱書報所管理員令第一九號

茲委任李澤周爲市立第十民衆閱書報所管理員此令

中華民國十九年　三月　二十一日

天津特別市教育局印

局　長　鄧慶瀾

——摘自《教育公報》（天津）一九三〇年第二十五期

命令

令

▲本局委任令

◉任命王培初爲市立第七通俗圖書館管理員令第二一號

茲委任王培初爲市立第七通俗圖書館管理員此令

中華民國十九年四月一日

局長鄧慶瀾

天津特別市教育局印

——摘自《教育公報》（天津）一九三〇年第二十六期

河北省教育廳指令第二三三五號

令行唐縣教育局

呈爲委任通俗圖書館閱報事務所主任及講演所主任請鑒核備案由

呈悉案查河北省各縣通俗圖書館通俗講演所民衆閱報所主任任免及待遇暫行規程業於十八年八月經本廳令發在案該局呈報手續與前項規程尚有未合未便備案仰再遵照定章補行呈報爲要此令

命令

中華民國十九年四月九日

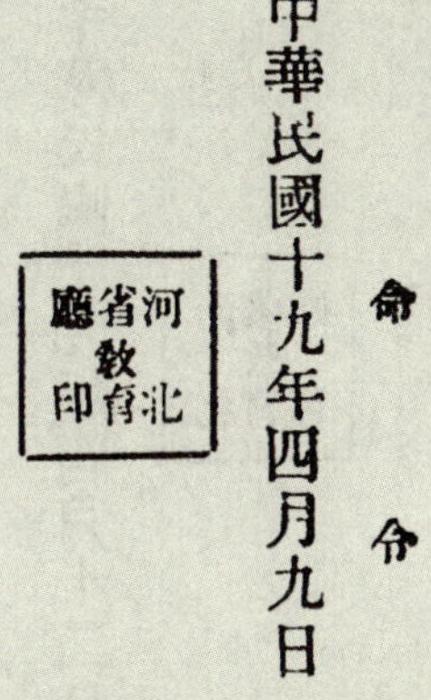

廳長沈尹默

七八

——摘自《河北教育公報》一九三〇年第十三期

令慶雲縣縣長

呈報成立通俗圖書館經過情形並請准委胡遵乾爲主任由

呈及履歷均悉該縣通俗圖書館成立既經數月應將館址經費圖書等項呈報備查至該館主任因人才缺乏擬請委任胡遵乾一節查核該員履歷與本省通俗圖書館主任任免暫行規程第二條甲項第三欵規定之資格尚無大差應准委爲試充主任俟經過相當時期著有成績再行正式委任惟照章請委任時應取具該員計畫書連同畢業文憑或服務證明書等件呈候核示現在如因交通不便證件可由該縣長負責驗明計畫書應即補呈仰即轉飭遵照履歷存此令

中華民國十九年四月十二日

河北省教育廳印

廳長沈尹默

——摘自《河北教育公報》一九三〇年第十四期

河北省教育廳指令第二八二〇號

令武邑縣教育局

呈報擬委吳孝先爲通俗圖書館主任附証書等件請鑒核示遵由

呈暨附件均悉據報擬委吳孝先爲通俗圖書館主任等情查該員資格相合所擬計畫書亦大體可行仰即由該局直接委任可也履歷書計畫書存查畢業證書委任令發還此令

計發還畢業證書三件委任令五件

廳長沈尹默

河北省教育廳印

中華民國十九年四月二十五日

——摘自《河北教育公報》一九三〇年第十五期

河北省教育廳指令第五一七一號

命　令　　四七

令淶源縣教育局

呈報籌設民衆閱報所並遴選主任附送證件及計畫書請鑒核示遵由

呈件均悉據報該縣民衆閱報所籌辦情形尚無不合審查王成文資格相符所擬計畫書亦大體可行所請委爲主任一節應准照辦仰即轉知按照計畫切實進行並將時聞簡報按月裝釘成册隨時具報爲要畢業證書一件委任令二件發還履歷表計畫書各一件存查此令

計發還畢業證書一件委任令二件

中華民國十九年八月二日

河北省教育廳印

廳長沈尹默

——摘自《河北教育公報》一九三〇年第十五期

◉任命金人爲市立第五民衆閱書報所管理員令第四八號

茲委任金人爲市立第五民衆閱書報所管理員此令

中華民國十九年六月十一日

局長 鄧慶瀾

天津特別市教育局印

◉任命鄭恩榮爲市立第四通俗講演所兼第四通俗圖書館管理員令第四九號

命令

◉任命李恩祜爲市立圖書館籌備處事務員令第五〇號

茲委任鄭恩榮爲市立第四通俗講演所兼第四通俗圖書館管理員此令

茲委任李恩祜爲市立圖書館籌備處事務員此令

——摘自《教育公報》(天津)一九三〇年第三十期

本廳訓令各縣及直轄各教育機關（函吉林市政籌備處）奉部令明定中等以下學校校長等任免辦法仰遵照（請查照）文　十九年五月二十七日　第三二六號（一一四）

爲令遵事（逕啓者）案奉　教育部訓令開查各省市縣中等以下學校校長及社會教育機關主任人員之任免手續頗不一致審核自難周密亟應明定辦法以歸畫一而昭鄭重茲特規定如左（一）省立中等學校校長及社會教育機關（如教育館博物館美術館圖書館公共體育場等）主任人員之任用由省教育廳長

提出合格人員於省政府委員會議通過後由省教育廳派充並得以省政府名義派充之(二)特別市立中等學校校長及社會教育機關主任人員之任用由特別市教育局長選薦合格人員呈請特別市政府核准派充(三)市縣立中等學校校長及社會教育機關主任人員之任用由市縣政府選薦合格人員呈請省教育廳核准派充(四)省立或特別市立小學校長由省教育廳或特別市教育局遴選合格人員任用(五)市縣立小學校長由市縣教育局長選薦合格人員呈請市縣政府核准派充(六)在省教育廳尚未成立之省分前列第一三四各項人員之任用由省政府派充或核派在縣教育局尚未成立之縣分前列第五項人員之任用由縣政府派充(七)前列各項人員之更調及撤免應各依照任用時之手續辦理除分行外合行令仰該廳遵照並轉飭所屬一體遵照此令等因奉此除分行外

合行令仰該縣長即便轉飭
校長
學董館長
遵照此令

相應函請

查照此致

吉林市政籌備處

——摘自《吉林教育公報》一九三〇年第六十八期

河北省教育廳指令第五一六九號

呈爲經費缺乏擬請以督學張書年兼任圖書館主任附履歷計畫書請鑒核示遵由

令通縣教育局

呈暨履歷計畫書均悉該局以經費艱窘擬請以督學張書年兼任圖書館主任仍爲無給職一節應准照辦惟此係一時權宜辦法將來經費稍裕仍應另行遴委主任以專責成計畫書大致妥適仰飭督促進行期收實效履歷計畫書存此令

中華民國十九年八月二日

廳長沈尹默

——摘自《河北教育公報》一九三〇年第二十二—二十四期合刊

江蘇省各教育機關交代暫行辦法

第一章　總則

第一條　本辦法於省立各級學校暨社會教育機關，各縣教育局，及縣立各教育機關，均適用之。

第二條　各教育機關主辦人員，在職滿一月以上者，其前後任應辦交代，無論正任代理，均應依本辦法辦理。

第三條　前條卸職人員，及應負連帶責任之人員，於交代未算結呈報以前，不得擅離。

第四條　凡因病卸職，或在職病故者，應由與其連帶負責之人員，代辦交代。

第五條　凡省立教育機關及縣教育局前後任辦理交代，遇必要時，得由教育廳指派監盤員，監同會算。縣教育局之交代，並應以該縣縣長為督算員；縣立各教育機關之交代，其監盤員，得由縣教育局指派之。

第六條　在職未滿一月者，其所接收前任之交代，得逕行移交後任，繼續辦理。但本任內收支各款，仍應開摺咨送後任，聽候盤查會算。

第二章　移交

第七條　卸任人員，應將內所管左列各款，分別造冊移交後任：

一、各項收入數額；

二、經費實支，及餘存數額；

三、學產及執管之其他各項契據；

四、各種簿記，表冊，存款摺據，及文卷，但關於款項出入，及應繼續辦理之文卷，應另行專案移交；

五、直接經收捐租票照，存根，及未用票照；

六、物品及器具。

第八條　卸任人員經手各款，如有餘存，應於交卸後五日內，專案移交後任保管。

第九條　卸任人員，如有已支未報，或已報未支各款，一律按照預算款目，將實數造冊移交後任。

第十條　凡款項交代收款，以動支書，及所出印收存根，銀行或錢莊存摺為憑；支款以核准預算文電，各種單據為憑。如有直接經征捐款，應以票根印簿為憑。

第三章　盤查

第十一條　後任接到前任交冊，應即逐項盤查，造具覆冊，咨送前任及監盤員督算員，訂期會算。

第十二條　後任盤查，應以前任之總分各冊為依據。

第四章　會算

第十三條　會算日期，由後任訂定，分別通知前任及監盤員督算員。

第十四條　會算應於各該機關內行之，但有特別情形，不在此限。

第十五條　前後任有款項糾葛時，由督算員或監盤員，秉公評議。如評議不諧，得呈請教育廳核辦。但縣立教育機關，應先呈由教育局核辦。

第十六條　會算交代時，各該經費稽核委員會，得公推委員二人參加。

第十七條　交代算結後，督算員，監盤員，前後任，及參與會算之稽核委員，應於交代冊署名蓋章。

第十八條　會算確定後，前後任應即會銜呈報教育廳復核；但縣立教育機關，應分別呈報縣教育局及縣政府。

第五章　期限

第十九條　省立教育機關，及縣教育局交代之期限，自到任之日起，限四十日；在職未滿一月者，限二十日，全部完結。其期限之分別如左：

(甲)在職滿一月以上者：

一、前任造冊移交限十日；

二、後任盤查造覆冊限十日；

三、會算完結限十日；

四、造冊送廳復核限十日。

(乙)在職未滿一月者：

一、前任開摺移交限四日；

二、後任盤查限四日；

三、會算完結限四日；

四、開摺送廳覆核限八日。(縣立各教育機關之交代期限，至長不得逾二十日)。

第六章　處分

第二十條　前任造冊移交，如有虛捏情弊，後任應會同督算員，監盤員，揭報，依法追繳。

第廿一條　前任交代延不造冊，移交逾限在一月以上者，勒限嚴催；限滿仍不清理者，如查有虧欠情事，得報由該管司法官署，查封其私產備抵，一面仍應追繳。

第廿二條　凡在任病故人員，有虧欠情事者，得酌量情形，依前條規定，就其遺產執行之。

第廿三條　交代逾限不清，擅自逃匿，經後任查出有虧欠情事者，除依第二十條辦理外，並報由該管司法官署緝究。

第廿四條　盤查會銜報結後，倘查出前任有漏收侵蝕之款，應責成後任賠償。

第七章　附則

第廿五條　本辦法如有未盡事宜，得隨時修正之。

第廿六條　本辦法自江蘇省政府委員會議决公布之日施行

——摘自《江蘇教育》一九三〇年創刊號

公牘

委任令

◉委任令第一二四號　十九年十月三號

令阿衣拉兜任司基司恩那雜洛夫

茲委任阿衣拉兜任司基司恩那雜洛夫為蘇聯路員子弟第二中學校圖書室辦事員此令

令也司蘇達爾吃果瓦木衣莫袂臣闊果沙波留霍瓦

茲委任也司蘇達爾吃果瓦木衣莫袂臣闊果沙波留霍瓦為蘇聯路員子弟第四中學校圖書室辦事員敎員此令

——摘自《東省特別區教育行政週報》一九三〇年第一卷第十六期

命令

令

▲本局委任令

◉任命姚金紳爲市立圖書館館長令第九五號

茲委任姚金紳爲市立圖書館館長此令

中華民國十九年十二月十三日

天津特別市教育局印

局長　鄧慶瀾

——摘自《教育公報》（天津）一九三一年第四十二期

東省特別區教育廳所屬各教育機關主管人員交代規程

第一章　總則

第一條　東省特別區教育廳所屬各級學校校長各館場會長暨其他各教育機關主管人員遇有前後任交代時應依照本規程辦理之

第二條　各校館場會等主管人員交替時得由教育廳派員監交以昭慎重

第三條　卸任人員於未交代清楚之前不得藉口因公擅自離任

第四條　在職身故或因病及其他特殊情形不能自辦交代手續者應由事務方面負責人員代

爲辦理之但卸任人員得指定他員帮同辦理

第五條　卸任人員係調任者應俟交代事宜辦理淸楚再赴新任

第六條　卸任人員如因本規程第四條之不得已情形委人代辦交代者仍應自負完全責任

第七條　卸任人員自移交鈐記圖章之日起不得再以舊任名義支領款項

第八條　交接人員如確因不得已情故不能依照本規程所定各期限辦結者得呈請展限但所展期限至長不得過原定期限之一倍

第九條　各教育機關應支經費前後兩任按交替之日截日計算以昭公允

第十條　前任應交各種款項雖已報交接淸楚一經後任查有遺漏錯誤仍由前任負責補交以重公款

第二章　移交

第十一條　卸任人員於新任抵任之日先將鈐記圖章及員役薪工名册移交新任并於五日內將經手現欵十日內將任內所管左列各件造册移交接任人員點收

一　文卷　表冊　簿記

二　圖書　儀器

三　器具物品
四　其他公產公物
第十二條　卸任人員應行具領之經費及請准未領之各種費欵一律按照預算或令准之數目造冊移交接任人員代領
第十三條　每月計算書簿及應造送之各種表冊除有特殊情形經雙方同意歸接任人員代爲造報者外由卸任人員截至卸任之前一日止完全負責造送并應將原稿移交接任人員但性質上不能存卷者不在此限
第十四條　依照前條造送之計算書簿及各種表冊至遲不得過二十日
第三章　接收
第十五條　接收人員接到卸任人員移交本規程第十一條所列各項後應於十日內核明會同卸任人員呈報查核卸任人員得請求接收人員出具接收結證
第十六條　凡款項之交代收款以存根賬簿及文卷爲憑支款以各種單據爲憑繳款以教育廳指令或其他證明文件爲憑請准之欵以令文爲憑
第十七條　接收人員接收前任應繳之款項至遲須於二十日內呈繳到廳

第四章　處分

第十八條　卸任人員有左列情事之一者得予以扣薪處分

一　造冊移交有虛揑情事者

二　逾本規程第十一第十四各條之期限者

三　有違背本規程各條之行爲者

第十九條　受扣薪處分者若無薪可扣得追繳或以其所存之他種款項代之

第二十條　虧欠公款不能彌補者得呈請長官公署對於其家屬執行之

第二十一條　交代不清潛行遠離或違背本規程各條情節較重者得呈請長官公署通緝或押追之

第二十二條　移交手續未依照本規程第十一第十二第十三第十四各條規定辦理者以交代不清論由廳酌量情節依法懲處

第二十三條　接任人員於卸任人員交代不清逾限不揭報者依左列之規定處分之

一　逾限十日以上者記過一次

二　逾限二十日以上者記大過一次

三　逾限三十日以上者扣薪一個月

第二十四條　接任人員於卸任人員交代已清延不結報者依左列之規定處分之

一　逾限十日以上者記大過一次

二　逾限二十日以上者扣薪一個月

第二十五條　本規程自呈准公布之日施行如有未盡事宜得隨時呈請修正之

——摘自《東省特別區教育行政週報》一九三一年第二卷第一期

安徽省政府教育廳委任令第三號

茲委任王燦求爲銅陵縣立圖書館館長此狀（一月十二日）

——摘自《安徽教育行政週刊》一九三一年第四卷第一期

咨財政廳爲據突泉縣轉報縣立圖書館長擬即委用專員月薪改爲三十五元業已轉飭編列十九年度地方預算祈鑒核轉咨備准由

遼寧教育廳咨第一六號

爲咨請事案據突泉縣縣長呈稱窃查職縣轉報縣立圖書館講演所主任人員履歷一案奉鈞廳指令貞字第九九六號內開呈暨履歷均悉查圖書館講演所進行事務甚多應由專任人員負責辦理該縣此次所送館長及所長履歷仍用代理名義殊有未合仰飭委定專員報候核履歷發還此令計發還履歷一份等因奉此當即檢同履歷轉令教育局遵辦具報去後茲據覆稱遵查職局前請准將圖書館及講演所劃歸職局接辦即擬委用專員負責辦理以資整頓嗣因公欵支絀及種種原因本

年編造十九年度預算時不得已將該館長及所長共月支原新十六元二角（十八年度）減爲月支十元殊難委用專人萬弗獲已始用代理名義茲奉令飭委用專員自應遵照惟原編之十九年度預算月僅支現洋十元薪俸過少按諸實際似難委用專員現預算尚未付郵擬請俯准轉飭財政局將圖書館長月薪改爲三十五元仍按十二個月開支如蒙核准並請轉呈教育廳咨行財政廳一俟預算批准再行委用專員呈報備核所擬是否有當理合簽請鑒核示遵實爲公便等情前來縣長覆查該局擬將圖書館長遵令委用專員每月增支薪俸三十五元所擬尚不爲過除轉飭財政局編列十九年度地方預算并指令外理合備文呈請鑒核轉咨財政廳准予列編施行等情據此查該館進行事務甚繁業經令飭另委專員辦理有案所需增支薪俸數目每月僅數十元爲數無多似應准予改列以免窒碍除指令候轉咨外相應咨請

查核見覆以憑令遵此咨

遼寧財政廳

中華民國二十年一月十五日

——摘自《遼寧教育公報》一九三一年第二十六期

浙江省社會教育機關主任人員登記甄選辦法

一、本辦法依據浙江省各類教育人員登記甄選辦法大綱訂定之。

二、本省社會教育機關服務人員之登記，暫以左列各種爲限：

甲、省立民衆教育館館長

乙、縣市立民衆教育館館長

丙、省立圖書館館長

丁、共立及縣市立圖書館館長

戊、省立體育場場長

已、縣市立體育場場長

庚、省立博物館館長

三、請求登記者須年滿二十五歲以上，其資格規定如左：

甲、省立民衆教育館館長

(一)大學教育學院師範大學或高等師範畢業，服務民衆教育一年以上，並於民衆教育有相當研究者。

(二)中等學校以上程度之民衆教育師資訓練機關畢業，服務民衆教育二年以上，著有成績者。

(三)專科以上學校高中師範科或舊制師範本科畢業，服務民衆教育二年以上，著有成績，並於民衆教育有相當研究者。

乙、縣市立民衆教育館館長

(一)具有前項各種資格之一者。

(二)中等學校以上程度之民衆教育師資訓練機關畢業者。

(三)高中師範科或舊制師範本科畢業，服務民衆教育著有成績，並有相當研究者。

(四)中等以上學校畢業，服務民衆教育一年以上，著有成績，並有相當研究者。

丙、省立圖書館館長

(一)國內外大學圖書館專科畢業。

(二)大學教育學院師範大學或高等師範畢業，在圖書館服務一年以上，著有成績，並於圖書館學術有相當研究者。

(三)專科以上學校畢業，服務圖書館主要職務二年以上，著有成績，並於圖書館學術有相當研究者。

(四)對於某種學術有特殊研究，並於圖書館學術有相當研究者。

丁、共立及縣市立圖書館館長

(一)具有前項各種資格之一者。

(二)中等以上學校畢業，服務圖書館一年以上，著有成績者，並於圖書館學術有相當研究者。

戊、省立體育場場長

(一)大學體育系體育專修科或同等程度學校畢業，曾任體育主要職務一年以上，著有成績者。

己、縣市立體育場場長

(一)具備前項之畢業及服務資格，或單具畢業資格者。

(二)中等體育學校畢業，任曾體育職務一年以上者。

(三)中等以上學校畢業，於體育有相當研究，並曾任體育職務二年以上者。

庚、省立博物館館長

(一)國內外大學或專科學校畢業，對於歷史文化或自然科學有專精研究，並於社會教育有經驗者。

(二)大學教育學院師範大學或高等師範畢業，服務社會教育一年以上，著有成績，並於歷史文化或自然科學有相當研究者。

(三)對於歷史文化或自然科學有專精研究，並於社會教育有相當研究及經驗者。

四、請求登記之辦法，依照浙江省各類教育人員登記甄選辦法大綱第五至第九各條之規定辦理之。前項登記人員關於相當研究或專精研究者，均應呈送著作品；關於服務著有成績者，除服務證明書外，並應呈送服務期內主管職務範圍內之計劃報告及其他足資證明文件。

五、本辦法經省政府委員會議決後施行。

——摘自《浙江教育行政週刊》一九三一年第二卷第三十五期

新委省立圖書館長趙冕呈辭擬予照准遺缺擬請以馬宗榮充任請公決案（省政府委員會第四二〇次會議）

提議者委員兼教育廳廳長張道藩

謹按省政府委員會第四百一十次會議議決通過調任趙冕爲省立圖書館館長等因，旋奉發委任狀一紙，當經轉發去後，茲據呈請辭職，情詞懇摯，擬予照准，所遺圖書館長一職，查有馬宗榮堪以繼任，謹取具履歷，敘案提請公決！

（議決）通過

馬宗榮　年三十三歲　貴州貴陽縣人

日本東京帝國大學教育學科畢業文學士，及該校大學院研究生，專攻教育行政及社會教育。曾任上海特別市教育局督學，大夏大學社會教育系主任兼圖書館館長，國立勞働大學國立暨南大學江蘇省立民衆教育院及中國公學等校教授。著作有社會教育概說，現代圖書館序說，現代圖書館經營論，現代圖書館事務論，現代圖書館教育論，現代圖書館發展論等書。

——摘自《浙江教育行政週刊》一九三一年第二卷第四十九期

廳令

(一)訓令

(1)要令

雲南省敎育廳訓令第號七〇五號

通令塡報社會敎育機關主任人員學歷經歷薪給一覽表由●

令各縣敎育局

案奉

敎育部第一五八五號指令據本廳呈復遵報省立社會敎育機關主任人員之學歷經歷薪給等項，請鑒核一案內開：「呈表均悉應准存查。惟該省縣應報事項仍應嚴催彙報，仰卽遵照！此令。」等因，奉此查各縣應報之社敎事項，前奉敎育部第三〇二號令頒簡表，當以第二七九號訓令抄發各該局飭速塡具報廳彙報在案。迄今日久，僅有少數塡報到廳，就中能遵照　部令規定社會敎育機關主任人員之學歷經歷薪給等項列表塡報前來者，僅有晉寧廣通及昆明市等三處，玆奉前因，除檢該三市縣來表呈報外，合再遵令嚴催：並將「社敎機關主任人員之學歷經歷薪給等項」規定表式隨令頒發二份，仰各該　查遵前令及期限表等項於文到二日內將所有應報之社敎事項詳切具報二份以便分別存轉勿再違延。嗣後並應按期呈廳彙報如社敎事項尚未舉辦，並卽專案呈明。是爲切要！

此令。

計發表式二份

兼廳長龔自知

民國二十年六月日

縣社會敎育機關主任人員學歷經歷薪給一覽表　民國　年　月　日

機關名稱	主任人員 職別	主任人員 姓名	學歷	經歷	每月薪金數	備註

縣立民衆教育館，民衆學校，圖書館，

說明

一機關名稱如：圖書報室，講演所，宣講所，其他，

二主任人員職別如：主任，館長，校長（民衆學校），所長，其他、

三學歷係說明本人的出身如：由何校畢業，或修業，

四經歷係說明曾充任某機關或某學校……何種職務。

——摘自《雲南教育週刊》一九三一年第一卷第二十二期

◉據呈報事務員鄒宗範辭職遺額擬以張毓賡補充准予備案令第三四二三號

令市立第六通俗圖書館

一件呈報事務員鄒宗範辭職遺額擬以張毓賡補充請鑒核備案由

呈及履歷均悉准予備案此令履歷存

中華民國二十年十月一日

局長鄧慶瀾

天津特別市教育局印

——摘自《教育公報》（天津）一九三一年第六十二期

命令

◉任命宋琳爲市立第十民衆閱書報所管理員令第四六號

茲委任宋琳爲市立第十民衆閱書報所管理員此令

中華民國二十年十月三十一日

天津特別市教育局印

局長鄧慶瀾

——摘自《教育公報》（天津）一九三一年第六十三期

◉據呈請再辭管理員職務應即照准所務着由宋琳接任仰將交接情形呈局備查令

第三八八五號

令市立第十民衆閱書報所管理員李澤周

一件呈請再辭管理員職務請鑒核由

呈悉查該員任職以來頗具熱心只以體弱尚未復原辭職至再應即准予辭職所有所内一切事務着由代理管理員宋琳接任並將交接情形呈局備查此令

中華民國二十年十月三十一日

天津特別市教育局印

局長 鄧慶瀾

——摘自《教育公報》(天津)一九三一年第六十三期

為令知社會教育機關職員之撫卹得適用官吏卹金例條

福建教育廳 訓令 字第一六〇二號

令 各縣教育局局長
省立各社會教育機關

本廳前据建甌縣公立圖書館來呈請示社會教育機關職員可否與學校職教員同受養老金及卹金之待遇等情經轉呈教育部核示去後奉 指令開

「呈悉關於社會教育機關職員可否援用學校職教員養老金及卹金條例前據該館長呈部請示經以「查學校職教員養老金及卹金條例僅適用於學校職教員至社會教育機關職員之撫卹依照本部成案得援照官吏卹金條例辦理」等語批示知照在案仰即知照此令」

等因奉此查前項指令關係社會教育機關職員之待遇自應通令週知以資依据除分行外合行令仰知照此令并轉行所屬社會教育機關一體知照此令

——摘自《教育週刊》(福建)一九三一年第九十四期

◉敎部解釋敎育人員任免疑義

▲中等以下校長及社敎機關主任

敎育部解釋中等以下學校校長及社敎機關主任人員任免辦法之疑義，通令各省市敎育廳局云，查各省市縣中等以下學校校長及社會敎育機關主任人員任免辦法，業經本部於十九年第四四五號訓令中頒布施行在案，本部爲愼重市縣立中等學校校長及社會教育機關主任人員之任用起見，特於第三條規定「由市縣政府選薦合格人員呈請省教育廳核准派充」，惟據各省教育廳來呈各市縣教育局間有誤會本條意旨，以爲市縣立中等學校校長及社會教育機關主任人員，旣由市縣政府選薦則市縣立中等學校及社會教育機關之一切措施，市縣教育局舉不能過問，殊不知市縣教育局主管一市縣之教育，對於所屬中等學校及社會教育機關，自有其監督與促進之責任，初不因該項校長及主任人員之，由市縣政府選薦而有所變更，又查該辦法所稱社會教育機關，係指規模較大者而言，如教育館博物館美術館圖書館公共體育場等，在該辦法第一條括弧內業已註明，至若組織簡單之民衆圖書館閱報處識字處問字處民衆茶園等，自不包括在內，以上兩點，亟應通飭知照，除分令外，合行令仰知照，并轉飭所屬一體知照，此令。

教育消息

——摘自《東省特別區教育行政週報》一九三一年第二卷第四十九期

轉令解釋關于部頒各省市縣中等以下校長及社會敎育機關主任人員任免辦法之疑義

廣東省政府敎育廳訓令第四三九號（二十一年二月十日）

令各縣市政府

現奉

敎育部第一九一一號訓令內開：

「查各省市縣中等以下學校校長及社會敎育機關主任人員任免辦法，業經本部於十九年第四四五號訓令中頒佈施行在案。本部為慎重市縣立中等學校校長及社會敎育機關主任人員任用起見，特於第三條規定，由市縣政府選薦合格人員呈請省敎育廳核准派充。」惟據各省敎育廳來呈，各市縣敎育局間有誤會本條意旨，以為市縣立中等學校校長及社會敎育機關主任人員，既由市縣政府選薦，則市縣立中等學校及社會敎育機關之一切措施，市縣敎育局舉不能過問。殊不知市縣教育局主管一市縣之教育，對於所屬中等學校及社會教育機關，自有其監督與促進之責任，初不因該項校長及主任人員之由市縣政府選薦而有所變更。又查該辦法所稱社會教育機關，係指規模較大者而言，如教育館、博物館、美術館、圖書館、公共體育場等，在該辦法第一條括弧內業已註明。至若組織簡單之民衆圖書館、閱報處、識字處、問字處、民衆茶園等，自不包括在內。以上兩點應通飭知照。除分令外，合行令仰知照，並轉飭所屬一體知照。此令」

等因；奉此，除分行外，合行令仰知照；

此令。

——摘自《廣東教育月刊》一九三二年第一卷第二期

◎令飭填報社會教育機關主任人員履歷表

廣東省政府教育廳訓令第二三七一號（二十一年十月十五日）

令各省立民衆教育人員訓練所
　　省立民衆教育館
　　省立圖書館
　　市縣政府

查社會教育機關主任人員履歷表應于每年三月，六月，九月，十二月各彙報一次，每表二份，歷經辦理有案。現在二十一年九月已屆，自應彙報到廳，以憑核轉。除分令外，合將履歷表式一紙隨發，仰該縣即便遵照填報。勿延，切切！此令。

計發表式一紙

縣市社會教育機關主任人員履歷表　　中華民國　　年　　月　　日填報

縣市別	機關名稱	主任人員職別	姓名	別號	性別	年齡	籍貫	住址	學歷	經歷	薪給	備考

——摘自《廣東教育月刊》一九三二年第一卷第十期

令省立第一圖書館

据呈擬增設中西文編目主任編目員各一人可否乞核示由

呈悉查該館新舊藏書已逾十餘萬册該館長所擬將書目改編以便管理檢查尚無不合惟改編書目係屬臨時性質究需若干時日又編目主任及編目員支薪俸若干將來編訂完竣約需印刷費若干應速妥擬詳細辦法及經費預算呈送來廳以憑核奪至書目分類除新書應用新式分類法外舊書一項應仿照浙江圖書館書目仍用四庫總目分類以便查檢仰即遵照此令

——摘自《廣西教育行政月刊》一九三二年第一卷第八期

縮小省立圖書館組織另行派員整理以節公帑

訓令育字第一七四號　廿一年一月廿二日

令第四科科長龍叔篇
　省督學龍承燨
　　　　蕭謙

查省立圖書館久未開館，應縮小組織，另行派員整理，以節公帑。省立圖書館館長，由本廳長自兼，所有職員應分別裁減。茲派該員等率同科員辦事員前往該館辦理接收交代事宜。除分令外，仰即遵照！此令。

令塡報社教機關人員學歷經歷俸給調查表

訓令育字第六七〇號　二十一年三月七日

令直轄各社教機關
各縣教育局

案奉

教育部訓令頒發部定各省市教育行政機關分期呈報事項表，關於社會教育機關人員之學歷經歷俸給等項，規定每年三月六月九月十二月底各彙報一次；以前俱經飭令遵辦在案；現値三月，又屆呈報之期，特製定調查表式，隨令發去，仰卽按照表列各項分別塡具；並限於三月二十五日以前呈送到廳，以便彙轉。事關統計，務各依限趕辦爲要！

計發社會教育機關人員學歷經歷俸給調查表二份

此令。

江西省社會教育機關人員學歷經歷俸給調查表

廿一年　月　日

職別	姓名	姓別	籍貫	學歷	經歷	俸給	服務機關任職年月

——摘自《江西教育行政旬刊》一九三二年第一卷第三期

法規

江西省教育廳取締本省教育機關服務人員兼職兼薪辦法

二十一年二月二十九日第四四五次省務會議通過

(一)本辦法爲取締本省教育機關服務人員兼職兼薪而訂定之。

(二)本辦法所稱服務人員，指左列各項而言：

㈠校長及教務訓育事務宿舍等主任；

㈡部科主任及訓導員(或年級主任)；

㈢專任及兼任教員；

㈣社會教育機關主管人員。

(三)第二條所列各項人員除兼任教員另有規定外，均須專任，不得在外兼有給職務；如在本機關內有暫行代職代課之必要者，不得另支薪給。

(四)校長及各主任訓導員等每週所任鐘點，以預算內規定之數目爲標準。專任教員，專科以十八小時，高中以二十一小時，初中以二十二小時爲標準；其因支配課程間有出入在二小時內者，所支薪俸，不得增減。

(五)專任教員於專科高中或初中均任有鐘點者，其任某部鐘點較多者，則支某部專任薪。

(六)各校聘請兼任教員，應合左列規定：

㈠每校兼任教員，不得超過全校教員總數三分之一；

㈡各校支配鐘點，應以一課目爲單位，不得任意割裂；

㈢兼任教員每週所兼各校鐘點，各校合計不得超過十八小時。

(七)本省各教育機關主管人員，應於每學期開始兩週內，將本期各該機關服務人員一覽表，(附表式)詳細分別填注，專案呈廳考核。

(八)本省各校有聘任各機關事務官兼課者，須遵照 國民政府第六八號訓令辦理。(由主管機關認可兼任學校功課者，其所兼之功課，每週以四小時爲限)。

(九)凡有特殊情形與本辦法稍有出入者，須先呈經本廳核准。

(十)本省教育機關服務人員有違反本辦法之規定者，除由本廳令其停職或解聘外，其主管人員並分別予以左列各款之懲處：

㈠申斥，

㈡記過，

㈢撤職。

（十一）本省教育機關服務人員有違反本辦法之規定者，除由督學隨時查明呈報外，其未經查出者，無論何人，得向本廳舉發。

（十二）本辦法如有未盡事宜，得提出廳務會議修正之

（十三）本辦法經廳務會議通過後，呈請　省府核准施行。

表式甲（各學校適用）

江西　學校服務人員一覽表

年　月　呈報

職別	姓名	專任或兼任	專任			兼任			備註
			課目	每週鐘點	月支薪額	課目	每週鐘點	月支薪額	

說明㈠校長及各主任在規定內所任課目及鐘點，可填入專任欄內；至規定以外，如兼有鐘點者，則應將所任課目鐘點薪額等，分別填于兼任欄內。

㈡專任教員，如在一校內，於專門高中，或初中，均任有鐘點者，應將所任課目及鐘點，分別填註。

㈢各機關事務官，有兼任該校鐘點者應特別註明。

㈣如有其他事情可供參攷者，應於備註欄內詳細填明。

表式乙（各社會教育機關適用）

江西省某機關服務人員一覽表

年　月　日呈報

姓名	本職		兼職		備註
	職	月支薪額	職	月支薪額	

——摘自《江西教育行政旬刊》一九三二年第一卷第五期

河北省教育廳指令

第三一七六號　中華民國二十一年五月十七日

令天津縣縣政府

呈報成立第三區區立民衆閱報社委任主任請鑒核備案由

呈暨附件均悉案查本廳前頒河北省各縣民衆閱報所組織大綱第三條載民衆閱報所隸屬於縣教育局又河北省各縣民衆閱報所主任任免及待遇暫行規程第一條載各館所主任之任用由縣教育局局長遴選合格人員呈請教育廳核准後委任之並呈報縣政府備案等語區立民衆閱報社與縣立雖有不同但既屬縣區民衆教育範圍按行政系統上自應由該縣教育局負責考核原件發還仰即轉飭照章辦理爲要此令

計發還原履歷一份

——摘自《河北教育公報》一九三二年第十四期

（三）裁撤淮陰社教機關不稱職人員

本廳據省督學馮策視察報告，該縣社教機關服務人員辦理成績絕少表見，有應即撤職裁汰者，特爲如下之訓令，令該縣縣政府遵照：

「案據省督學馮策視察該縣社教機關情形，據查民衆教育館館務廢弛，工作荒怠，館長花世溥應予撤職，另荐繼任人員接充。中山圖書館薪工佔百分之六十二，辦理成績絕少表見，應即併入民衆教育館圖書部，以省經費。公共體育場薪工亦佔百分之六十二以上，應即裁去指導員一人，其職務由場長兼任；場長張乃瑜所兼縣師教務，飭即辭去，不准再兼。農民教育館成績腐敗，達于極點，館長紀國永應即撤職，另選專門人員，呈荐核委，所有館員，應一律改組。民教實驗主任范星五，既無興趣辦理，應令局准予辭職，另荐幹員接充，切實整頓。該縣閱報所，附設于完全小學者十所，附設于初小者五所，多未見張貼，嗣後由完全小學辦理者，應自備報紙，逐日摘要張帖，閱報所經費應停發；初小五所，報費三角，亦應核減，以免虛糜。民衆學校視察時均未開課，殊屬不合！應飭從速開課，並責令督學教委嚴加視察。仰即遵照辦理，並將辦理情形呈報備核！此令。」

——摘自《江蘇教育》一九三三年第二卷第一、二期合刊

◎據呈請假省親並請派員代庖等情准予給假三星期並派由王遂前往代理令第一一〇號

令市立第六閱書報所管理員王明德

呈一件據呈請假省親並請派員代庖由

呈悉准予給假三星期並派由注音符號推行委員會書記王遂前往代理假期屆滿速行銷假仰即遵照此令

令 命

中華民國二十二年一月三十日

天津特別市教育局印

局長 鄧慶瀾

——摘自《教育公報》(天津)一九三三年第九十三期

河北省各縣通俗圖書館、民衆閱報所、通俗講演所主任任免及待遇暫行規程第三條條文

中華民國二十二年本廳重行公布

第三條　爲提高職務之專業精神起見敎育行政機關對於各館所主任不得任意撤換但各館所主任有犯左列事項之一者經查明屬實由縣敎育局呈准敎育廳撤換之

一、違背本黨黨義者

二、違背敎育部及本廳敎育方針者

三、治事不力進行無方者

四、操守不謹侵蝕公欵者

五、行爲不檢人格墮落者

六、身心缺陷不能執行職務者

——摘自《河北教育公報》一九三三年第十三期

◉據呈爲助理員展樹桐因病辭職遺額擬請以展毓筠補充准予備案令第一三八七號

令市立第六通俗圖書館

一件呈爲助理員展樹桐因病辭職遺額擬請以展毓筠補充請鑒核備案由

呈暨履歷均悉准予備案此令履歷存

中華民國二十二年五月十九日

——摘自《教育公報》(天津)一九三三年第一百期

河北省教育廳委任令 第七二號 中華民國二十二年七月八日

令劉潛

茲委任劉潛代理河北省立第一圖書館館長此令

——摘自《河北教育公報》一九三三年第二十一期

聘請馮飛等爲湖北省立圖書館選購圖書委員會委員

聘函　神字第四〇九號　八月十五日

茲聘請

馮飛，曾昭安，張春霆，朱心佛，沈祖榮，嚴士佳先生爲湖北省立圖書館選購圖書委員會委員，此聘。

——摘自《湖北教育月刊》一九三三年創刊號

令

▲本局委任令

◉任命張家譽爲市立第八民衆閱書報所管理員令第一七號

茲委任張家譽爲市立第八民衆閱書報所管理員此令

中華民國二十二年九月二十八日

局長　鄧慶瀾

天津特別市教育局印

——摘自《教育公報》(天津)一九三三年第一百〇九期

河北省立民衆教育館及圖書館職員任用暫行辦法 中華民國二十二年十二月本廳公布

第一條　省立民衆教育館圖書館職員之任用依本辦法之規定

第二條　省立民衆教育館館長主任以具有左列資格之一者充之

一、國內外師範大學或大學教育系及高等師範畢業對於社會教育有研究及興趣者

二、民衆教育實驗學校師範學校畢業曾任社會教育職務二年以上著有成績者

三、國內外專門以上學校及民衆教育人員養成所畢業曾任社會教育職務三年以上著有成績者

第三條　省立圖書館館長主任以具有左列資格之一者充之

一、國內外圖書館專科學校或大學圖書館學系畢業者

二、合於第二條所列資格之一者

第四條　各館館長比照中等學校校長由教育廳提出合格人員經省政府委員會通過後任用之

各館主任由教育廳任免之

第五條　各館館員由館長呈請教育廳核准後委任之

各館事務員由館長任用呈報教育廳備案

第六條　館長薪俸由教育廳定之

第七條　各館員額及薪金應由館長妥擬呈請教育廳核定

第八條　館長主任及館員均爲專任職不得兼任其他有給職務

第九條　河北省民衆教育館組織大綱及省立圖書館暫行規程與本辦法有抵觸者應依本辦法之規定

第十條　本辦法自呈准之日施行

——摘自《河北教育公報》一九三三年第三十四期

▽上海市市立圖書館主任幹事幹事任免及服務細則(二十二年十二月奉令核准)

第一條　市立圖書館(以下簡稱圖書館)依照上海市市立圖書館組織規則第四條之規定設主任幹事及幹事各若干人助理館務

第二條　圖書館主任幹事及幹事由館長遴選合格人員呈請教育局局長委派之

第三條　圖書館主任幹事及幹事須品格健全才學優長服膺黨義並具有左列資格之一者爲合格

甲、主任幹事

一、相當於專科以上學校之圖書館學專門訓練之學校畢業者

二、中等以上學校畢業對於圖書館學確有研究於所任職務並具有一年以上之經驗者

(乙)幹事

一、相當於中等以上學校之圖書館學專門訓練之學校畢業者

二、中等以上學校畢業對於所任職務具有經驗者

呈請委派主任幹事及幹事時應隨文呈繳所請委派人員之履歷及畢業證書服務證明書或著作品以憑審查

第四條　有左列情事之一者不得任用爲圖書館主任幹事及幹事

一、褫奪公權尚未復權者

二、虧空公款尚未清償者

三、曾因贓私處罰有案者

四、吸用鴉片或其代用品者

第五條　圖書館主任幹事及幹事在任期內如犯有左列情事之一經館長或教育局查明屬實者得隨時停止其職務

一、違背中國國民黨黨義者

二、違背國民政府或本市教育法令者

三、服務不力改進無方者

四、玩忽職務發生重大錯誤者

五、操守不謹侵蝕公款者

六、發現犯有本規則第四條所列各款情事之一者

第六條　圖書館主任幹事及幹事之職務規定如左

甲、主任幹事

一、協助館長規畫館務設施

二、商承館長支配本組業務並主持其進行

三、商承館長製定本組工作計劃並實施之

四、編擬本組工作綱要或工作歷

五、編輯關於本組之各項報告統計及宣傳品
六、擬關於本組之一切文書
七、擬訂關於本組之各項規章
八、處理其他關於本組之事項
(乙)幹事
一、處理主管經常職務
二、計劃改進或推廣主管業務之一切設施
三、編撰關於主管業務之報告統計及宣傳品
四、擬訂關於主管業務之各項規章
五、處理其他一切主管事項

第七條　圖書館主任幹事及幹事爲專任職不得兼任任何有給職務

第八條　圖書館主任幹事及幹事除特定休假日(一切例假日之次日)外應每日按照辦公時間在館辦公但因公出外不在此限

第九條　圖書館主任幹事及幹事因故請假須陳經館長認可後方得離職並須於館中指定代理人負責執行其職務

第十條　本規則如有未盡事宜得隨時修訂之

第十一條　本規則自公布之日施行

——摘自《教育週報》一九三四年第二百二十四期

▲本局訓令

◉令仰接收市立第七通俗圖書館，並將接收情形，具報查核令。第三號

令新任市立第七通俗圖書館管理員王德本

案查市立第七通俗圖書館管理員王培初，業經調任，所遺管理員職務，並經令委該員接充在案，仰即前往妥爲接收，並將接收情形，具報查核，除派本局科員劉燕東前往監交外，合行令仰該員遵照辦理。

此令。

中華民國二十三年一月五日

局長　鄧慶瀾

天津特別市教育局印

——摘自《教育公報》（天津）一九三四年第一百一十六期

◉據市立第六民衆閱書報所管理員王明德呈，以旋里請假，並派員暫代等情。茲派該處書記吳葆恒暫代，合行令仰該處知照，並轉飭該員前往暫代令。第一三二號

令民衆讀物編審處

案據市立第六民衆閱書報所管理員王明德呈，以旋里省親，自三月二十六日起，請假一月，請核准並派員暫代等情，據此，茲派該處書記吳葆恒暫行代理該所管理員職務。除指令外，合行令仰該處知照，並轉飭該員前往暫代爲要。

此令。

中華民國二十三年四月七日

天津特別市教育局印

局長 鄧慶瀾

——摘自《教育公報》（天津）一九三四年第一百二十三期

◉據呈管理員王德本，請假三週，回籍省親。准予給假，並准館務暫由事務員王言遜代理，仰知照令。第一三〇一號

令市立第七通俗圖書館

呈一件，據呈管理員王德本，請假三週，回籍省親，館務暫由事務員王言遜代理，請鑒核示遵由。

呈悉。管理員王德本，准予給假三週，並准館務暫由事務員王言遜代理，仰即知照。此令。

中華民國二十三年七月三十一日

命令

局長 鄧慶瀾

——摘自《教育公報》（天津）一九三四年第一百二十九期

◉據會呈公推市立通俗圖書館編輯委員會委員長，准予備案。查該編輯委員會發行之月刊，現既更換負責人員，應由該會現任委員長，塡具聲請書登記表呈局，以憑轉呈更換，仰遵照辦理具報令。第一三〇八號

令市立第一二三四五六七通俗圖書館

呈一件，據會呈公推市立通俗圖書館編輯委員會委員長，請鑒核備案由。

呈悉。准予備案。查該編輯委員會發行之月刊，曾由已故管理員宋壽彤負責聲請登記。現既更換負責人員，應由該會現任委員長，依照出版法第七條之規定，塡具聲請書，登記表各四份，呈局，以憑轉呈請予更換，仰即遵照辦理具報，勿延爲要。

此令。

中華民國二十三年七月三十一日

天津特別市教育局印

局長 鄧慶瀾

——摘自《教育公報》（天津）一九三四年第一百二十九期

第三二四九號

據呈因事離津，請開去職務等情，應予照准，仰即遵照辦理交代，會報查核令。

令市立第四民衆閱書報所管理員宋效濂

呈一件，爲因事離津，懇祈開去職務由。

呈悉。准予開去管理員職務，除另委陳寶珊接充，並派本局科員劉燕東爲監交員外，仰即遵照交代暫行規程，辦理交代會報查核爲要。

此令。

中華民國二十三年十月八日

局長 鄧慶瀾

天津特別市教育局印

——摘自《教育公報》(天津)一九三四年第一百三十四期

江蘇省省立圖書館館員聘任及待遇暫行規程

第一條：江蘇省省立圖書館館員聘任及待遇依照本規程辦理之。

第二條：省立圖書館館員分部主任、幹事、管理員、事務員等四種。由館長遴選合格人員聘任之。呈報教育廳備案。呈報新聘館員時，須開具詳細履歷；並呈驗畢業證書，服務證書著作物等。

第三條：省立圖書館館員以人格高尚服膺黨義體格健全，並具有左列資格之一者為合格：

甲、部主任：一、大學或專門以上學校畢業，對於圖書館學有相當研究者；二、高級中等以上學校畢業，並修習圖書館學專科得有畢業證書者；三、高級中等以上學校畢業，曾任圖書館主要職務三年以上者；四、國學確有根底，對於圖書館學有特殊研究者。

乙、幹事及管理員：一、專科以上學校畢業者；二、高級中等以上學校畢業，對於圖書館學有相當之研究者；三、初級中等以上學校畢業曾受圖書館專門訓練者；四、對於圖書館學有特殊研究者。

丙、事務員：一、具有本條乙項第二第三第四各款資格之一者；二、曾任教育職務一年以上者，

第四條：省立圖書館館員聘任期間，以一年為一期，新聘館員得以半年為一期，期滿經考查確有成績者，得繼續聘任。

第五條：省立圖書館館員在聘任期間未滿時，不得任意撤換，但有左列情事之一，經查明屬實者，得由館長呈准教育廳撤換之。

一、違背本黨黨義或中華民國教育宗旨者；二、違背法令者；三、治事不力改進無方者；四、操守不謹侵蝕公款者；五、行為不檢，人格墮落者；六、身心缺陷不能執行職務者。

第六條：省立圖書館館員待遇標準規定如左：

等級	部主任	幹事	管理員	事務員
1	120元	70元	50元	40元
2	110元	65元	45元	35元
3	100元	60元	40元	30元
4	90元	55元	35元	25元
5	80元	50元	30元	[illegible]0元
6	70元	45元	25元	15元
7	60元	40元	20元	0

說明：一、以上俸額係包括膳費而言。二、以上等級須依個人之學歷、成績、職務繁簡及各館之經費情形酌定之，但新聘館員之薪俸，不得超過第三級。在一館以內，幹事薪給不得超過部主任。三、事務員係指會計員、庶務員、書記等而言；四、各館如有特殊情形須將本表變更者，應呈准教育廳行之。

第七條：省立圖書館館員年功加俸及獎勵金等標準另訂之。

第八條：省立圖書館館員服務細則另訂之。

第九條：本規程由江蘇省教育廳公布施行，並呈省政府轉咨教育部備案。

——摘自《江蘇教育》一九三五年第四卷第一、二期合刊

令

▲本局委任令

◉任命劉育民爲市立第七民衆閱書報所管理員令。第三號

茲委任劉育民爲市立第七民衆閱書報所管理員。此令。

中華民國二十四年二月十一日

天津特別市教育局印

局長 鄧慶瀾

——摘自《教育公報》（天津）一九三五年第一百四十二期

命令

(令)據呈報管理員劉金銘因病逝世，請派員接充等情。茲准劉育民暫行代理，並負責交代，仰將該所卷宗圖書傢俱造具清册，准備移交令。(第三二五號)

令市立第七民衆閱書報所

一件，據呈報管理員劉金銘因病逝世，請派員接充由。

呈悉。准該員暫行代理，並負責交代，仰將該所卷宗圖書傢俱造具清册，准備移交為要。

此令。

中華民國二十四年二月十一日

天津特別市教育局印

局長 鄧慶瀾

——摘自《教育公報》(天津)一九三五年第一百四十二期

令知修正社教機關職員任免及待遇暫行規程

本廳爲改善省立社教機關教職員待遇，特訂定規程三種，見本刊四卷一二期合刊二九五葉。現已由敎部修正備案，並將修正規定令發遵照，茲錄令文于左：

案奉　江蘇省政府訓令祕字第二六一號內開『案查前據該廳呈送省立民衆教育館圖書館體育場職員聘任及待遇暫行規程三種請鑒核存轉一案，當經轉咨在卷。茲准教育部咨復略開：「查核原送各規程，尚須略予修正，除由部修正備案外，復請轉飭遵照修改爲荷。」等因；除已報告本府委員會第七二五次會議外，合行抄發清單，令仰該廳遵照修改。此令。』等因；並附發修正清單一紙，奉此，查此項規程前經令行遵照在案，奉令前因，遵卽分別修正，除分令外，合行檢發修正規程一份，令仰遵照。此令。清單照錄于左：

一、江蘇省省立民衆教育館館員聘任及待遇暫行規程：

第三條（甲）一、「或專門學校以上」七字刪。二、「社會教育」四字刪，同項內「畢業」二字下增「曾習社會教育學科」八字。三、「以上」二字刪（乙）二、「專門」二字修正爲「專科」。

第五條第三項「法」字修正爲「方」字。

二、江蘇省省立圖書館館員聘任及待遇暫行規程：

第三條（甲）一、「大學或」三字刪，「專門」二字修正爲「專科」。二、三兩項「以上」二字均刪。（乙）二、三兩項內「以上」二字均刪。

——摘自《江蘇教育》一九三五年第四卷第四期

命令

令

▲本局委任令

◉任命章承忠暫代市立第二民衆閱書報所，管理員令。第七號

茲委任章承忠暫代市立第二民衆閱書報所，管理員。此令。

中華民國二十四年三月十九日

天津特別市教育局印

局長 鄧慶瀾

——摘自《教育公報》（天津）一九三五年第一百四十五期

令仰該員遵照交代暫行規程，前往接收具報查核令。第一五一號

令新任暫代市立第二民衆閱書報所管理員章承忠

查市立第二民衆閱書報所管理員一職，業經令委該員暫代在案。除派本局職員鍾澂為監交員外，合行令仰該員遵照交代暫行規程，前往接收清楚，會報查核。

此令。

中華民國二十四年三月十九日

天津特別市教育局印

局長　鄧慶瀾

——摘自《教育公報》（天津）一九三五年第一百四十五期

核令。第一五二號

㊞爲該員在辦公時間，擅離職守，實屬玩忽職務，應予停職，仰即遵照，交代清楚，具報查

令市立第二民衆閲書報所管理員張恩祿

案查該員，前經本局派員視察，以在辦公時間，並未到所，殊屬曠職，當即嚴令予以申斥，以觀後效，並飭知凡在辦公時間，如不到所辦公，即以擅離職守論，茲復於本月十五日派員到所視察，而該管理員在民衆閲覽時間，仍未在所辦公，並查得所內一切設備，均欠整齊，又無振作精神，實屬玩忽職務，應予停職，除派章承忠暫代管理員職務，並派鍾澂爲監交員外，合行令仰遵照交代暫行規程，交接清楚，會報查核。

此令。

中華民國二十四年三月十九日

天津特別市教育局印

局長　鄧慶瀾

——摘自《教育公報》（天津）一九三五年第一百四十五期

◉茲派該員爲監交員，仰遵照交代暫行規程前往市立第二民衆閱書報所監交，具報查核令。

第一五三號

令鍾徵

查市立第二民衆閱書報所管理員張恩祿，因故停職，所遺職務，另委章承忠暫代，業經分令遵照在案。茲派該員爲監交員，合行令仰遵照交代暫行規程，前往監交，具報查核。

此令。

中華民國二十四年三月十九日

天津特別市教育局印

局長 鄧慶瀾

——摘自《教育公報》（天津）一九三五年第一百四十五期

⊙據呈報請假一個月返里省親，並請派員代理職務等情，准給假一個月，該員職務派吳葆恒暫代，仰即知照令。第一二九七號

令市立第六民衆閱書報所管理員王明德

一件，據呈報請假一個月返里省親，並請派員代理職務由。

呈悉。准自四月二十七日起給假一個月。該員職務派吳葆恒暫代。期滿呈報銷假，仰即知照。

此令。

天津特別市教育局印

中華民國二十四年四月三十日

局長　鄧慶瀾

——摘自《教育公報》(天津)一九三五年第一百四十七期

●令仰遵照交代暫行規程，前往會同接收會報查核令。第三〇七號

令新任市立第一民衆閲書報所管理員劉璧臣

查市立第一民衆閲書報所管理員一職，業經令委該員充任在案。除派本局職員包德潤爲監交員外，仰即遵照交代暫行規程，接收清楚會報查核爲要。

此令。

中華民國二十四年五月二十一日

天津特別市教育局印

局長 鄧慶瀾

——摘自《教育公報》(天津)一九三五年第一百四十九期

◉為調任該員為本局第二科科員，所遺管理員職務，另委劉璧臣接充，仰遵照交代清楚會報查核令。第三〇八號

令市立第一民衆閱書報所管理員馬振英

查該員調任爲本局第二科科員，所遺管理員職務，另委劉璧臣接充，業經分別令委遵照各在案。除派本局職員包德潤爲監交員外，仰即遵照交代暫行規程，交代清楚，會報查核爲要。

此令。

中華民國二十四年五月二十一日

天津特別市教育局印

局長　鄧慶瀾

——摘自《教育公報》（天津）一九三五年第一百四十九期

㊀爲調任該員代理市立第三通俗講演所管理員，兼第三通俗圖書館管理員，仰遵照接收清楚會報查核令。第三一〇號

令第二科科員劉燕東

查市立第三通俗講演所兼第三通俗圖書館管理員崔文奎，調充市立民衆教育館館長，所遺職務，調任該員前往代理，業經分別令委遵照各在案。除派本局職員包德潤爲監交員外，仰即遵照交代暫行規程接收清楚，會報查核爲要。

此令。

中華民國二十四年五月二十一日

天津特別市教育局印

局長　鄧慶瀾

——摘自《教育公報》（天津）一九三五年第一百四十九期

（令）爲呈報更動市立民衆教育館館長，市立第三通俗講演所第三通俗圖書館管理員，及市立第一民衆閱書報所管理員，請鑒核備案文。第二五三號

竊查市立民衆教育館館長孫士琛業經本局令飭停職，另候任用，其遺缺經調任市立第三通俗講演所管理員兼第三通俗圖書館管理員崔文奎接充，遞遺管理員職務，調任本局第二科科員劉燕東代理，又市立第一民衆閱書報所管理員馬振英調局充任第二科科員，所遺管理員之缺，另委劉璧臣接充，除分別令飭遵照交接外，理合備文呈報，伏乞鑒核備案，實爲公便。

謹呈

天津市市長張

中華民國二十四年五月二十五日

㊕據呈助理員周文濬因事辭職，遺缺以王壽萱遞補，等情，准予備案令。第二八六一號

令市立第三通俗圖書館

一件，據呈助理員周文濬因事辭職，遺缺以王壽萱遞補，請備案由。

呈表均悉。准予備案。件存。

此令。

中華民國二十四年八月三日

天津特別市教育局印

局長 鄧慶瀾

——摘自《教育公報》（天津）一九三五年第一百五十四期

命令

◉任命邢湧瀾爲市立第一民衆閱書報所管理員由。第三八號

茲委任邢湧瀾爲市立第一民衆閱書報所管理員。此令。

中華民國二十四年八月二十日

天津特別市教育局印

局長 鄧慶瀾

—(2)—

——摘自《教育公報》(天津)一九三五年第一百五十五期

◎令仰遵照交代暫行規程前往接收清楚，會報查核由。第六一七號

令新任市立第一民衆閲書報所管理員邢湧瀾

查市立第一民衆閲書報所管理員劉璧臣因事辭職照准，所遺之缺，業經令委該員充任在案。除派本局職員馬振英爲監交員前往監交外，仰即遵照交代暫行規程，接收清楚，會報查核爲要。

此令。

中華民國二十四年八月二十日

——摘自《教育公報》（天津）一九三五年第一百五十五期

㊂據呈應聘充任市立第三十九小學校教員，懇辭管理員職務，等情，准予辭職，遺缺另委邢湧瀾接充，仰遵照交代暫行規程交代清楚，會報查核由。第三〇五六號

令市立第一民衆閱書報所管理員劉璧臣

命令

呈一件，爲應聘擔任市立第三十九小學教員，懇辭管理員職務，請鑒核由。

據呈已悉。准予辭職。所遺之缺，另委邢湧瀾接充，除派本局職員馬振英爲監交員外，仰即遵照交代暫行規程，交代清楚會報查核爲要。

此令。

中華民國二十四年八月二十日

天津特別市教育局印

局長　鄧慶瀾

——摘自《教育公報》（天津）一九三五年第一百五十五期

▲本局委任令

◎茲調委田繼光為市立第五通俗圖書館管理員由。第一四號

令田繼光

茲調委田繼光為市立第五通俗圖書館管理員。此令。

——摘自《教育公報》（天津）一九三七年第十七期

◉令為該員調充第五通俗圖書館管理員，仰遵照接收清楚，會報查核由。第二三一號

令新任市立第五通俗圖書館管理員田繼光

查市立第五通俗圖書館管理員王錫齡辭職照准，其遺缺業經令委該員接充在案，除派本局劉學寵爲監交員外，仰即遵照交代暫行規程，接收清楚，會報查核爲要！

此令。

中華民國二十六年四月二日

天津特別市教育局印

局長 凌勉之

命令

——摘自《教育公報》（天津）一九三七年第十七期

◉據呈請求辭職，應予照准，仰遵照交代暫行規程，交代清楚會報由。第一四九五號

令第五通俗圖書館管理員王錫齡

呈一件，爲請求辭職請鑒核照准由。

呈悉。所請應予照准，遺缺另委田繼光接充，並派本局科員劉學寵爲監交員，除分令外，合行令仰遵照交代暫行規程，交代清楚，會報查核爲要！

此令。

中華民國二十六年四月二日

天津特別市教育局印

局長 凌勉之

——摘自《教育公報》（天津）一九三七年第十七期

江蘇省各縣縣立圖書館館長任免及待遇暫行規程

第一條　各縣縣立圖書館館長由縣知事選薦合格人員呈請教育廳核委

第二條　各縣縣立圖書館館長以人格高尚思想純正並具有左列資格之一者爲合格

一、大學或專門學校畢業並於圖書館學有相當研究者

二、中等學校畢業曾任圖書館主要職務三年以上著有成績者

三、國學確有根柢對於圖書館學及社會教育有相當研究者

前項選薦人員應由縣公署取具履歷表連同畢業證書服務證明書等呈報教育廳查驗

第三條　各縣縣立圖書館館長有左列情形之一經省督學或縣公署查明確實者得呈准教育廳撤換之

一、有背教育宗旨及法令者

二、治事不力者

三、操守不謹者

四、行爲不檢者

第四條　各縣縣立圖書館館長不得兼任其他有給職務

五、身心缺陷不能執行職務者

第五條　各縣縣立圖書館館長之年俸標準規定爲六級自六六〇元至三六〇元每級差數六〇元得由各縣視辦理成績及縣財政情形酌定之

第六條　各縣縣立圖書館館長服務細則另訂之

第七條　本規程經呈奉江蘇省政府核准公布施行

江蘇省各縣縣立圖書館館員聘任及待遇暫行規程

第一條　各縣縣立圖書館館員由館長遴選合格人員呈經縣公署核准聘任之並由縣報廳備案

第二條　各縣縣立圖書館館員以人格高尚思想純正並具有左列資格之一者爲合格

一、大學或專門學校畢業者

二、中等學校畢業對於圖書館學有相當研究者

三、國學具有根柢對於閱覽人善於誘導者

四、曾任教育職務一年以上對於圖書館學有相當研究者

第三條　各縣縣立圖書館館員聘任期間均以一年爲一期

第四條　各縣縣立圖書館館員在聘約未滿時如有左列事情之一經查明屬實者得呈准撤換之

一、有背教育宗旨及法令者

二、治事不力者

三、操守不謹者

四、行爲不檢者

五、身心缺陷不能執行職務者

第五條　各縣縣立圖書館館員之年俸標準規定爲主任五級自四八〇元至二四〇元幹事四級自三六〇元至一八〇元每級差數六〇元書記四級自二一六元至一四四元每級差數二四元得由館長視辦理成績及經費情形酌定之

第六條．各縣縣立圖書館館員服務細則由館訂定呈報縣公署備案

第七條　本規程經呈奉江蘇省政府核准公布施行

——摘自《江蘇省公報》一九三九年第三十六期

社會教育機關服務人員養老金及䘏金條例施行細則

三十年二月十日教育部令頒

一　本細則依社會教育機關服務人員養老金及䘏金條例第二十一條制定之

二　依本條例第四條及第五條請領養老金者應塡具社會教育機關服務人員

請領養老金事實表三份並附具證件分別按照本條例第十四條或第十五條所規定之手續呈請核辦

三　本條例第五條所稱因公受傷以致殘廢第九條第四款所稱因公死亡及第五款所稱因公受傷或罹疾致死均以具有左列原因之一者爲準並須提出確切之證明：

一、因執行職務所生之危險所致者

二、因出差遇險所致者。

三、在工作時突遇意外危險所致者

四　依本條例第九條及第十一條請領卹金者應塡具社會教育機關服務人員遺族請領卹金事實三份并附具證件分別按照本條例第十四條或第十五條所規定之手續呈請核辦

五　各級教育行政機關遇有呈請發給養老金及卹金時依左列規定辦理

一、國立社會教育機關由教育部核准呈請行政院轉呈國民政府備案。

二、省市立社會教育機關由省市教育行政機關核准呈請省市政府備案

三、縣市區鄉鎮立社會教育機關由縣市教育行政機關核准呈請縣市政府備案。

六　社會教育機關請領之養老金或卹金經前條手續決定後由各該主管教育行政機關塡發養老金或卹金證書經由各該社會教育機關主管人員發交本人或承領卹金合法人收執

七　養老金或卹金證書分爲四聯第一聯存根留各該主管教育行政機關第二聯證書發交領受人第三聯通知送財政機關第四聯備核送審計機關

八　養老金及卹金撥發機關規定如左：

國立社會教育機關由財政部撥發

省市立社會教育機關由省市財政廳局撥發

縣市區鄉鎮立社會教育機關由縣市政府撥發

前項撥發機關接到養老金或卹金通知後應通知領受人具領

九　領受養老金人如已死亡或有本條例第十七條情事之一其養老金應即停止發給如有朦混冒領情事一經發覺除由撥發機關追繳冒領之款及養老金證書外並依法懲處

十　證書如有遺失或污損時得詳敍事由應附具證明書呈由主管教育行政機關補發或換給之

十一　本細則所規定之養老金證書卹金證書請領養老金事實表及請領卹金事實表式樣另定之

十二　本細則如有未盡事宜，由教育部修正之，並呈請　行政院備案

十三　本細則自呈奉　行政院核定公布之日施行

社會教育機關服務人員養老金證書式樣

社會教育機關服務人員
養老金證書存根

茲有　立　退職人員
係　省市　縣人年　歲
住　依社會教育機關服務人
員養老金及卹金條例第　條
規定應受養老年金　元　角
分正業經本　核准給予自
年　月　日起算除分別塡發
證書通知及備查各聯外存此備查
塡發員署名蓋章
中華民國　年　月　日

字第　號

社會教育機關
養老金

爲各校發給養老金證書事茲有
立　退職人員　係
省市　縣人年　歲住
依社會教育機關服務人員養老金及
卹金條例第　條規定應受養老年
金　元　角分正業經本　核

關服務人員
證書

准給予自　年　月　日起算
除將通知備核各分別送交　并
由本　存根外合行填發證書交本
人收執仰按期向　具領此證
填發員署名蓋章
中華民國　年　月　日

社會教育機關服務人員領受養老年金登記表

民國年月日發訖	民國年月日發訖	民國年月日發訖	民國年月日發訖	民國年月日發訖
民國年月日發訖	民國年月日發訖	民國年月日發訖	民國年月日發訖	民國年月日發訖

字第　號

社會教育機關服務人員
養老金證書通知

茲有　立　退職人員
係　省市　縣人年　歲
住　依社會教育機關服務人員
員養老金及卹金條例第　條規定
應受養老年金　元　角　分
正業經本　核准給予自　年
月　日起算除將證書發交本人
收執備核聯送交　並由本
存根外相應填具通知一聯送請
貴　查照辦理此致
某某機關
核准機關
中華民國　年　月　日

社會教育機關服務人員領受養老年金登記表

民國年月日領訖	民國年月日領訖	民國年月日領訖	民國年月日領訖	民國年月日領訖
民國年月日領訖	民國年月日領訖	民國年月日領訖	民國年月日領訖	民國年月日領訖

字第　號

社會教育機關服務人員
養老金證書備核

茲有　立　退職人員
係　省市　縣人年　歲
住　依社會教育機關服務人
員養老金及卹金條例第　條規定
應受養老年金　元　角　分
正業經本　核准給予自　年
月　日起算除將證書發交本人
收執通知聯送交辦理　並由本
存根外相應填具備核一聯送請
存核此致
某某機關
核准機關
中華民國　年　月　日

社會教育機關服務人員卹金證書式樣

社會教
卹金

茲有　立　在職死亡
人員　係　省市　縣人年
歲　住依社會教育機關服務
人員養老金及卹金條例第　條第

字第　號

社會教育機關服務人員
證書存根

角
款之規定應受卹金　元
分正業經本　核准給予除
分別填發證書通知備核各聯外合留
存根備查
填發員署名蓋章
中華民國　年　月　日

字第　號

社會教育機關服務人員
卹金證書

為發給卹金證書事茲有
立　在職死亡人員　係
省市　縣人年　歲　住
依社會教育機關服務人員養老金
及卹金條例第　條第　款之規
定應受卹金　元　角　分正
業經本　核准給予除將通知備核
各聯分別送交　並由本　存
根外合行填發證書交　收執仰
向　具領並將證書繳銷此證
填發員署名蓋章
中華民國　年　月　日

字第　號

社會教育機關服務人員
卹金證書通知

茲有　立　在職死亡
人員　係　省市　縣人年　歲
住　依社會教育機關服務人員
養老金及卹金條例第　條第
款之規定應受卹金　元　角
分正業經本　核准給予除將證
書發交承領卹金合法人　收執
備核聯送交　並由本　存根
外相應填具通知一聯送請
貴　查照辦理此致
某某機關
核准機關
中華民國　年　月　日

字第　　號

社會教育機關服務人員卹金證書備核

茲有　　立　　在職死亡人員　　係　省市　縣人年　　歲住　　依社會教育機關服務人員養老金及卹金　　元　　角　　分正業經本　　核准給予除將證書發交承領卹金合法人　　收執通知聯送交　　辦理並由本　　存根外相應填具備核一聯送請存核

此致

某某機關

核准機關

中華民國　　年　　月　　日

社會教育機關服務人員請領養老金事實表式樣

社會教育機關服務人員請領養老金事實表

姓名	性別	年齡	籍貫	省　縣　市
現住所				
服務機關名稱		任職起訖年月		合計年數
退職時之職務		退職之事由		
退職時之月薪		傷病原因及其現狀		
退職之年月日		依據條款		
證明文件	服務證件	備考		
	醫生診斷書			

中華民國　退職時服務機關印信　年　月　日

社會教育機關服務人員遺族請領卹金事實表式樣

社會教育機關服務人員遺族請領卹金事實表

死亡者姓名	性別	年齡	籍貫	省　縣　市
住所				
服務機關名稱		任職起訖年月		合計年數
死亡時之職務		死亡原因		
死亡者之最後俸薪		依據條款		
死亡之年月日		證明文件	服務證件	死亡證明文件
備考				

各款遺族

款別	姓名	年齡	籍貫	與死亡者之關係
第一款				
第二款				
第三款				
第四款				
第五款				
第六款				
現住所				

中華民國　死亡時服務機關印信　年　月　日

——摘自《浙江教育》一九四〇年第三卷第九期

法規

社會教育機關服務人員養老金及卹金條例

（國民政府二十九年四月八日公布）

第一條 社會教育機關服務人員領受養老金或卹金依本條例之規定。

第二條 本條例所稱社會教育機關，謂左列各種。

一、民衆教育館。

二、圖書館。

三、體育場。

四、博物館。

五、美術館。

六、科學館。

七、專設民衆學校。

八、民衆教育實驗區與其他實驗區所屬社會教育之組織。

九、各級教育行政機關或社會教育機關所屬有關社會教育之組織。

第三條 社會教育機關專任服務人員，經依規定資格任用者，得依本條例請領養老金或卹金。

第四條 前項服務人員連續服務十五年以上而有左列情形之一者，得請領養老金，但以不任其他職務者爲限。

一、年逾六十歲，自請退職者。

二、年逾六十歲，由服務機關請其退職者。

三、未滿六十歲而身體衰弱不勝任務，經醫生證明屬實者。

第五條 服務人員因受傷以致殘廢不勝任務時，雖未滿十五年，亦得請領養老金，但以不任其他職務者爲限。

第六條 服務人員養老金給予之標準如左：

養老年金 在職年數 \ 最後月俸	二百元以上	百五十元以上二百元未滿	百二十元以上百五十元未滿	百元以上百二十元未滿	八十元以上百元未滿	六十元以上八十元未滿	四十五元以上六十元未滿	三十元以上四十五元未滿	二十元以上三十元未滿	二十元未滿
二十年未滿	九〇〇	七五五	六四八	五九四	五四〇	四六二	三八一	二九六	二一〇	一八〇
二十年以上二十五年未滿	一〇五〇	八〇〇	七二九	六六〇	五九四	五〇四	四一三	三一九	二二五	一九二
二十五年以上	一二〇〇	九四五	八一〇	七二六	六四八	五四六	四四五	三四二	二四〇	二〇四

第七條 凡連續服務十五年以上之服務人員，依第五條之規定退職時，其養老金除依前條規定給予外，並按其最後年薪加給百分之十。

第八條 養老金之支給，自退職之翌日起，至死亡日止。

第九條 服務人員在職死亡而有左列情形之一者，得由法定承領人請領卹金。

一、連續服務十年以上者。

二、連續服務十五年以上者。

三、連續服務二十年以上者。

四、因公死亡者。

五、因公受傷或罹病致死者。

第十條 服務人員卹金給予之標準如左：

一、合於前條第一款者，照最後年薪之半數。

二、合於前條第二款者，照最後年薪之額數。

三、合在前條第三款第四款或第五款者，照最後年薪之加倍。

第十一條　服務人員退職後，依本條例領受養老金未滿二年而死亡者，得由法定承領人請領前條所定卹金額之半數。

第十二條　承領卹金之順序如左：

一、死亡者有配偶時，其配偶，但死亡者之夫以殘廢不能謀生者爲限。

二、無前款遺族時，其未成年之子女，但成年而殘廢不能謀生者亦得領受。

三、無以上遺族時，其未成年之孫子暨孫女。

四、無以上遺族時，其父母。

五、無以上遺族時，其未成年之同父弟妹。

第十三條　服務人員之養老金或卹金，在國立機關由國庫支給，在省立機關由省庫支給，在市縣區鄉鎮立機關由市縣經費支給。

第十四條　請領養老金或卹金，應由本人或法定承領人開具履歷事實及請領金額，經由該機關主管人員呈請主管教育行政機關核給之。

第十五條　社會教育機關主管人養老金或卹金之請領，應由本人或其法定承領人依前條規定，經由該機關繼任或代理主管人轉請核給。

第十六條　本條例公布以前服務人員服務年數，得予追溯計算，但以依規定資格任用而有證明者爲限。

第十七條　有左列情事之一者，其養老金應即停止發給，並追繳其領受憑證，呈報各該主管上級機關備案。

一、背叛中華民國，經通緝有案者。

二、褫奪公權者

三、喪失中華民國國籍者。

四、違反本條例之規定，退職後再任其他職務者。

第十八條　領受養老金者死亡時，應由其遺族呈報主管教育行政機關，並繳還其領受憑證。

教育行政機關接受前項呈報後，除將憑證註銷外，應即呈報上級主管機關備案。

第十九條　卹金之法定承領人有左列情事之一時，其應領卹金由次順序之法定承領人具領之。

一、背叛中華民國，經通緝有案者。

二、褫奪公權者

三、喪失中華民國國籍者。

第二十條　養老金自該服務人員退職之翌日起，卹金自該服務人員死亡之翌日起，二年內不請求者，其權利消滅。

第二十一條　本條例施行細則，由教育部擬訂　呈請行政院核定之。

第二十二條　本條例自公布日施行。

——摘自《教育部公報》一九四〇年第十二卷第七期

法規

國立中央圖書館館員任用及待遇暫行規程

第三六八八五號部令公佈（三十年九月）

第一條　國立中央圖書館（以下簡稱本館）館員依照本館組織條例之規定分組主任、編纂、幹事、委員及顧問五種其任用及待遇悉依照本暫行規程辦理。

第二條　本館組主任除應具有薦任職公務員資格外並應對圖書館「或目錄學」有專門之學識但總務組主任得就具有薦任職公務員資格並有相當經驗者任用之。

第三條　本館聘任編纂就具有右列各款資格之一者任用之：

一、在教育部認可國內外專科以上學校圖書館學科畢業者。

二、在教育部認可國內外大學畢業並曾任「有關」圖書館學科之教授或副教授一年以上者。

三、對圖書館學科有專門著作經審查合格者。

第四條　本館委任編纂除應具有委任職公務員資格外並應對圖書館學或其同類之學科有相當之學識或經驗。

第五條　本館幹事應就具有委任職公務員資格者任用之。

第六條　本館聘任編纂由館長呈請教育部聘任組主任委任編纂及幹事由館長遴選呈請教育部轉咨銓敘部審查合格後分別呈薦委任之。

第七條　本館聘任編纂聘期二年在聘約有效期間非有重大事故呈准教育部者不得解聘。

第八條　本館組主任編纂及幹事之薪級暫定如左表：

組主任

任別	級別	俸別
薦	一	400
	二	380
	三	3[illegible]0
	四	340
	五	320
	六	300
	七	280
	八	2[illegible]0
任	九	240

編纂

任別	級別	俸別
聘	一	380
	二	360
	三	340
	四	320
	五	300
任	六	280
委	一	200
	二	180
	三	160
	四	140
	五	130
	六	120
	七	110
任	八	100

幹事

任別	級別	俸別
委	一	200
	二	180
	三	160
	四	140
	五	130
	六	120
	七	110
	八	100
	九	90
	十	85
	十一	80
	十二	7[illegible]
任	十三	70

第九條　本館初任人員均從最低俸敘起組主任委任編纂及幹事並應斟酌其曾任同等職務積有年資在一年以上者得按其原敘等級原支俸額酌敘級俸。

第十條　本館圖書館事業輔導委員會委員不支薪。

第十一條　本館日常到館工作之專任顧問得按其資歷酌支薪給呈報教育

部備案但最高薪額不得超過組主任之第一級俸。

第十二條　本規程自公佈之日施行。

——摘自《教育部公報》一九四一年第十三卷第十七、十八期合刊

省市縣立社會機關工作人員待遇規程

第三六七〇一號（三十一年九月十四日）

第一條　省市縣立社會教育機關工作人員之待遇應依本規程之規定

第二條　本規程所稱省市縣立社會教育機關指左列各種機關：

一、民衆教育館

二、圖書館

三、體育場

四、科學館

五、博物館

第三條　本規程所稱社會教育機關工作人員以服務於前條所列機關之專任人員爲限

第四條　社會教育機關工作人員之薪給依左表之規定：

前項表列之月薪每年按十二月發給之

第五條　前條規定之薪額得經主管上級機關呈經教育部核准由各社會教育機關斟酌當地生活程度及本機關經濟狀況予以增減初任人員應從最低額起薪其任同等職務一年以上支薪較高而能提出合法證件者得按照其原支薪俸酌予提高級薪但須報請主管上級機關核定之

第六條　社會教育機關工作人員之晉級加薪應以考績之結果為依據其考績辦法由各省市教育行政主管機關訂定後呈請教育部核定施行

第七條　社會教育機關工作人員於本機關連續服務五年以上志願升學經主管教育行政機關核准得於其考入學校後給以相當於一個月至三個月薪額之升學獎金以資鼓勵

第八條　社會教育機關工作人員於本機關連續服務十年以上著有成績得休假一年從事研究或考察　仍照領原薪但以不担任其他有給職務為限

第九條　社會教育機關工作人員因本人婚嫁或生育父母或配偶之喪於左列規定期間仍支原薪代理工作人員之薪給由服務機關負担之

一、本人婚嫁至多二星期

二、本人生育至多六星期

三、父母或配偶之喪至多四星期

第十條　社會教育機關工作人員之子女除肄業小學者一律免學費外肄

業中等以上學校者其免費標準如左：

一、肄業於本縣（市）或其服務所在縣（市）立中等學校者免其學費

二、服務滿五年者其子女肄業於公立中等學校均免學費

三、服務滿十年者其子女肄業於公立中等學校免其宿費肄業於國立或省立專科學校或大學免其學費

四、服務滿二十年者其子女肄業於國立或省立專科學校或大學免其學宿費

前項免費辦法另定之

第十一條 社會教育機關工作人員養老金及卹金事宜依照社會教育機關服務人員養老金及卹金條例辦理

第十二條 本規程關於待遇之規定於不具備教育部所規定資格之社會教育工作人員不適用之

第十三條 第二條所規定社會教育機關以外之各省市縣立社會教育機關或團體工作人員之待遇標準得由各該機關團體之主管官署比照本規程之規定自行訂定呈經教育部核定施行

第十四條 本規程由教育部公布施行並呈報 行政院備案

——摘自《教育部公報》一九四二年第十四卷第十五、十六期合刊

法規

教育部直屬社會教育機關團體工作人員待遇規程

第二三六七九號（三十二年五月十四日）

第一條 國立或本部特設社會教育機關團體（以下簡稱社會教育機關團體）工作人員之待遇依本規程之規定辦理

第二條 本規程所稱社會教育機關團體指左列各種而言

一、國立及本部直屬民衆教育館

二、國立圖書館

三、國立博物院

四、中華教育電影製片廠

五、本部直屬社會教育工作隊

六、本部直屬藝術文物考察團

七、本部直屬盲啞學校

八、其他由本部設立之社會教育機關及團體

第三條 本規程所稱社會教育機關團體工作人員以服務於前條所列各該機關團體之專任人員爲限

第四條 社會教育機關團體工作人員之薪級除應行銓敍人員另有法令規定外悉依左表之規定

八、在本規程公佈前各機關團體工作人員已支薪級高於本表規定數額曾經本部核准有案者仍准照舊列支

七、新成立機關團體之工作人員薪給起訖級數得由本部按照其組織及範圍比照本表內某一欄核給之

六、各機關團體如有本表所舉以外經本部核准任用之人員應由各該機關團體主管人員比照本表同等人員詳擬起敍薪級呈報本部核定發行之

五、國立中央博物院尙未正式成立其工作人員之薪級暫不列入

四、技術人員得依照本表規定薪給酌予提高

三、本部特設盲啞學校教職員之待遇比照國立中學辦理

二、中央圖書館工作人員依照規定須送銓敍部審核其待遇仍應依照本部前頒國立中央圖書館館員僱用及待遇暫行規程辦理

（說明）一、各機關團體工作人員應依照其組織規程內規定名義分別任用其薪級起訖級數悉照本表之規定

前表所列之月薪每年以十二個月計算

第五條　前條規定薪級之起敘除依法令規定應行送審人員仍應依照規定手續辦理外其餘由本部按照各該機關團體之範圍組織情形暨各該人員之資歷由部核定其薪給起訖級數職員初到職時並得由本部令飭各該機關團體在二個月以內將到職人員姓名擬任職務擬支薪俸連同資歷證件呈送本部審核俟核定後正式任用在未經核定以前得由各該機關團體暫派代理

第六條　初任人員應從本部核定之最低級起薪其曾任同等職務一年以上支薪較高而能提出合法證件者得由本部按照其原支薪俸酌予提高敘薪

在同一機關團體低一級工作人員之薪俸不得超過其所隸屬之上一級主管人員所領支薪俸

第七條　社會教育機關團體工作人員之晉敘加薪應以成績之結果為依據考績辦法由本部另訂之

第八條　社會教育機關團體工作人員於本機關連續服務五年以上志願升學經本部核准者得於其考入學校後給以相當於一個月至三個月之薪額之升學獎金以資鼓勵

第九條　社會教育機關團體工作人員於本機關連續服務十年以上者有成績得休假一年從事研究或考察仍照領原薪但以不担任其他有給職務為限。

第十條　社會教育機關團體工作人員因本人婚嫁或生育父母或配偶之喪於左列規定期間仍支原薪代理工作人員之薪給由服務機關負担

一、本人婚嫁至多二星期

二、本人生育至多六星期

三、父母或配偶之喪至多四星期

第十一條　社會教育機關團體工作人員之子女除肄業小學者一律免費外肄業中等以上學校者其免費標準如左

一、肄業於機關團體所在縣（市）之中等學校者免其學費

二、服務滿五年者其子女肄業於公立中等學校均免學費

三、服務滿十年者其子女肄業於公立中等學校免其學宿費肄業於國立或省立專科以上學校者免其學費

四、服務滿二十年者其子女肄業於國立或省立專科以上學校免其學宿費

前項免費辦法另訂之

第十二條　社會教育機關團體工作人員養老金及卹金依照社會教育機關服務人員養老金及卹金條例及其施行細則辦理

第十三條　本規程關於待遇之規定於不具備本部所規定資格之社會教育工作人員不適用之

第十四條　本規程公布後本部前頒社會教育工作隊職員任用資格薪金支給辦法內待遇部份中華教育電影製片廠職員薪給表等均停止適用

第十五條　本規程由本部公布施行，並呈報行政院備案。

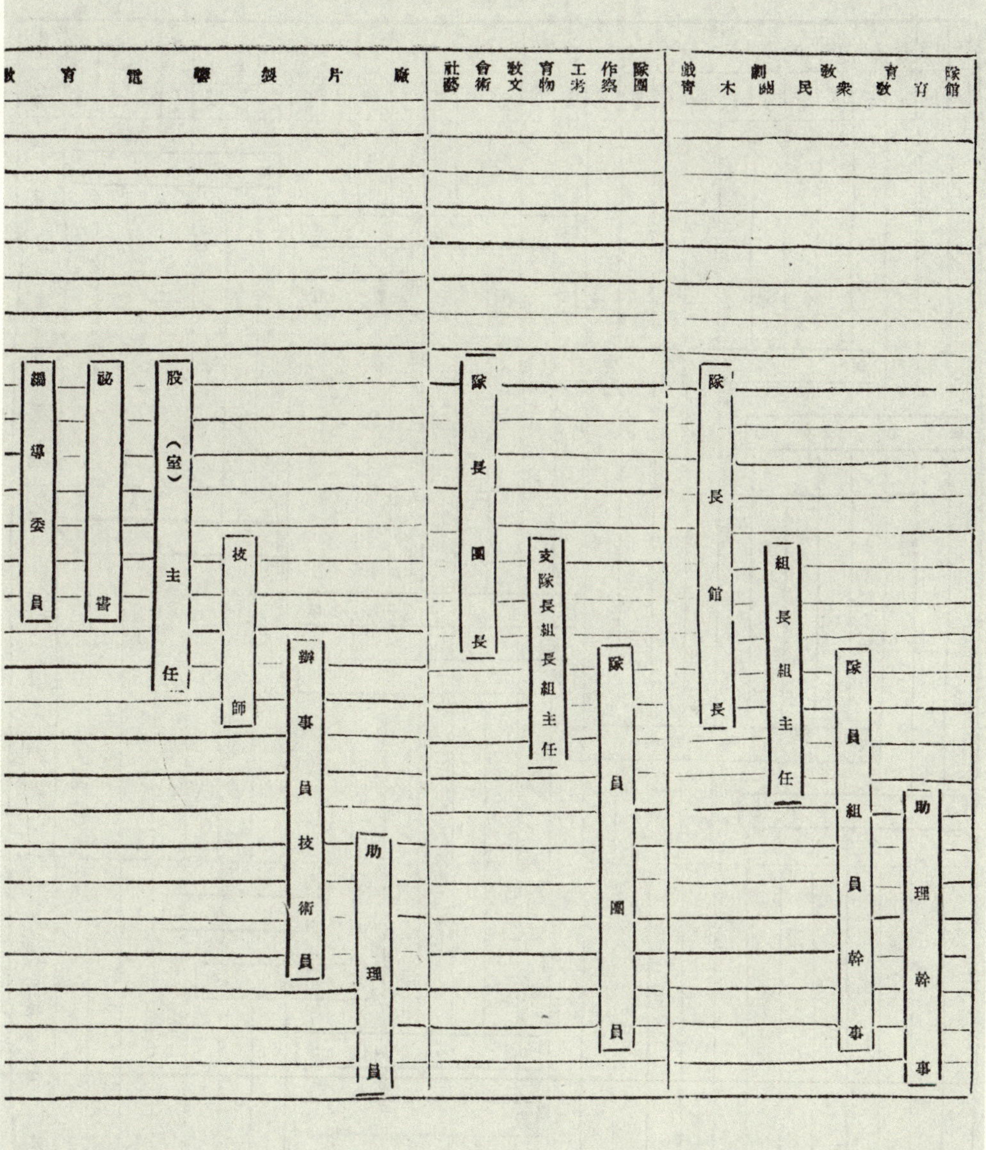
隊長館長
組長組主任
隊員組員幹事
助理幹事
隊長團長
支隊長組長組主任
隊員團員
秘書
股（室）主任
技師
辦事員技術員
助理員

等級	月薪
一	640
二	600
三	560
四	520
五	490
六	460
七	430
八	400
九	380
十	360
十一	340
十二	320
十三	300
十四	280
十五	260
十六	240
十七	220
十八	200
十九	180
二十	160
廿一	140
廿二	130
廿三	120
廿四	110
廿五	100
廿六	90
廿七	80
廿八	70

國立民眾教育館：館長　組主任　編輯指導員　幹事　助理幹事

國立圖書館：館長　組（部）主任　編纂　組員幹事　助理幹事

中華教育電影製片廠：廠長　副廠長　編導委員　秘書　股（室）主任　技師

——摘自《教育部公報》一九四三年第十五卷第七期

教育法令

社會教育機關工作人員檢定規程（三十二年六月十九日公佈）

第一條 各省市社會教育機關（以下簡稱社教機關）工作人員依照本規程檢定之

第二條 社教機關工作人員之檢定分無試驗檢定與試驗檢定兩種無試驗檢定由檢定委員會審查其各項證明文件決定之試驗檢定除審查其各項證明文件外並加以試驗

第三條 試驗檢定與無試驗檢定均每年舉行一次於每年年度開始前舉行之

第四條 具有左列資格之一者應受無試驗檢定

一、省市立社教機關主任指導員

（一）大學社會教育系或社會教育學院及有關各種社會教育專科學校畢業者

（二）師範學院教育學系或教育科系畢業者

（三）大學附設之教育專修科師範專科學校或師範學院初級部畢業者

（四）專科以上學校畢業曾受有關社會教育之訓練者或曾任有關社會教育職務者

註：各社教機關規程中規定之資格較本款（二）（三）（四）三項規定爲高者應從各該機關規程之規定受無試驗檢定

（五）社會教育師範學校或師範學校社會教

育師範科畢業並曾任有關社會教育職務一年以上者

（六）師範學校畢業並曾任有關社會教育職務二年以上者

（七）檢定合格之縣市立社教機關主任在檢定後曾任有關社會教育職務五年以上著有成績者

（八）曾任省市立社教機關幹事五年以上經主管教育行政機關考核認爲成績優良者

二、省市立社教機關幹事

（一）具有本條第一款各目資格之一者

（二）社會教育師範學校或師範學校社會教育師範科畢業者

（三）師範學校或鄉村師範畢業者

（四）高級中等學校畢業曾任有關社會教育職務三年以上者

（五）檢定合格之縣市立社教機關工作人員在檢定後曾任有關社會教育職務三年以上者

（六）曾任縣市立社教機關工作人員三年以上經主管教育行政機關考核認爲成績優良者

（七）對於所任工作具有特殊技能者

三、縣市立社教機關主任指導員

（一）具有本條第一款（一）（二）（三）（四）各目資格之一者

（二）社會教育師範學校或師範學校社會教育師範科畢業者

（三）師範學校或鄉村師範學校畢業者

（四）高級中等學校畢業曾任有關社會教育職務一年以上者

（五）檢定合格之縣市立社教機關幹事在檢定合格後曾任有關社會教育職務三年以上者

（六）曾任縣市立社教機關幹事五年以上經主管教育行政機關考核認爲成績優良者

四、縣市社教機關幹事

（一）具有本條第三款各目資格之一者

（二）簡易師範學校畢業者

（三）高級中等學校畢業者

（四）曾任縣市立社教機關幹事三年以上經主管教育行政機關考核認爲成績優良者

（五）對於所任工作具有特殊技能者

第五條　社教機關工作人員申請檢定時須呈繳下列各件

一、畢業證書或修業證書

二、服務證明書

三、本人履歷書志願書及最近照片如有關於社會教育之著作或發明等得一併附繳

第六條　各省市舉行社教機關工作人員試驗檢定須於三個月前將檢定日期及辦法登報公布

第七條　社教機關工作人員試驗檢定之科目規定如左

一、各類工作人員共同試驗科目

（一）總理遺教暨總裁言論

（二）社會教育概論

（三）國文

二、各類工作人員各別試驗科目

（一）補習教育類　1.學校行政及管理　2.教學法　3.訓育原理及實施方法

（二）圖書教育類　1.圖書館學　2.圖書管理　3.圖書館推廣事業

（三）體育教育類　1.體育原理　2.健康教育　3.體育場管理

（四）音樂教育類　1.音樂概論　2.音樂教學法　3.指揮法及唱奏

（五）戲劇教育類　1.戲劇大意　2.化裝術　3.表演

（六）美術教育類　1.美術概論　2.美術教育　3.[illegible]論鑑

（七）科學教育類　1.科學概論　2.科學常識　3.科學實驗

（八）衛生教育類　1.生理衛生學　2.公共衛生　3.救護常識

五、口試

省市立社教機關工作人員試驗科目程度應較縣市立社教機關工作人員試驗科目程度略高其他各類社教工作人員遇有檢定必要時其檢定科目另定之

第八條　受試驗檢定者以各科目及口試均滿六十分爲及格

第九條　檢定合格者由各省市教育行政機關給予檢定合格證書（註明類別）檢定合格證書有效期間爲五年期滿重行檢定

第十條　受試驗檢定未能及格而某科成績滿六十分者給予該科目及格證明書以後再行檢定時得免除該科目之試驗

第十一條　社教機關工作人員檢定合格後以擔任檢定合格之某類工作爲限如擔任他類工作仍應申請檢定

第十二條　社教機關應儘先任用檢定合格人員此項合格人員並優先享受各種法定待遇

第十三條　各省市社會教育人員檢定委員會組織規程另訂之

第十四條　本規程自公布日施行

——摘自《教育通訊》一九四三年第六卷第二十三期

教育部直屬社會教育機關團體工作人員待遇規則

行政院三十二年六月九日第一二九五九號暨九月十七日第二〇七九二號指令修正備案教育部三十二年二月十日第52620號部令公布

第一條　教育部直屬社會教育機關團體（以下簡稱社會教育機關團體）工作人員之待遇除法令別有規定外依本規則之規定

第二條　左列社會教育機關團體工作人員之薪級悉依附表之規定但依法應行銓敍之人員不在此限

一、國立及教育部直轄民衆教育館

二、國立圖書館

三、國立博物院

四、中華教育電影製片廠
五、教育部直屬社會教育工作隊
六、教育部直屬藝術文物考察團
七、教育部直屬盲啞學校
八、其他由教育部設立之社會教育機關及團體

前項附表所列之月薪每年以十二個月計算

第三條 依本規則所定附表核敍薪級之社會教育機關團體工作人員以服務於各該機關團體之專任人員為限

第四條 社會教育機關團體工作人員之應依本規則所定附表核敍薪級者由教育部按照各該機關團體之範圍組織情形及各該人員之資歷核定其薪級

社會教育機關團體對於新任人員應於其到職後二個月內開具到職人員姓名及擬任職務擬支薪俸等項連同資歷證件呈送教育部審核俟核定後正式任用在未經核定前得由各該機關團體暫派代理

第五條 初任人員應從最低級起薪其曾任同等職務一年以上支薪較高而能提出合法證件者得按其原支薪俸酌予提高敍級

在同一機關團體低級工作人員之薪級不得高於其直接上級主管人員之薪級

第六條 社會教育機關團體工作人員於本機關團體連續服務五年以上志願升學經教育部核准者得准其考入學校後給以相當於一個月至三個月之薪額之升學獎金以資鼓勵

第七條 社會教育機關團體工作人員於本機關團體連續服務十年以上著有成績得休假一年從事研究或考察仍照領原薪但以不担任其他有給職務為限

第八條 社會教育機關團體工作人員因本人婚嫁或生育父母或配偶之喪於左列規定期間仍支原薪代理工作人員之薪給由服務機關負担之

一、本人婚嫁至多二星期
二、本人生育至多六星期
三、父母或配偶之喪至多四星期

第九條 社會教育機關團體工作人員之子女除肄業小學者一律免費外肄業中等以上學校者其免費標準如左

一、肄業於機關團體所在縣(市)立中等學校者免其學費
二、服務滿五年者其子女肄業於公立中等學校均免學費
三、服務滿十年者其子女肄業於公立中等學校免其學宿費肄業於國立或省立專科以上學校者免其學費
四、服務滿二十年者其子女肄業於國立或省立專科以上學校免其學宿費

前項免費辦法另訂之

第十條 社會教育機關團體工作人員養老金及卹金依照社會教育機關服務人員養老金及卹金條例及其施行細則辦理

第十一條 本規則關於待遇之規定於不具備教育部所規定資格之社會教育工作人員不適用之

第十二條 本規則自公布之日施行

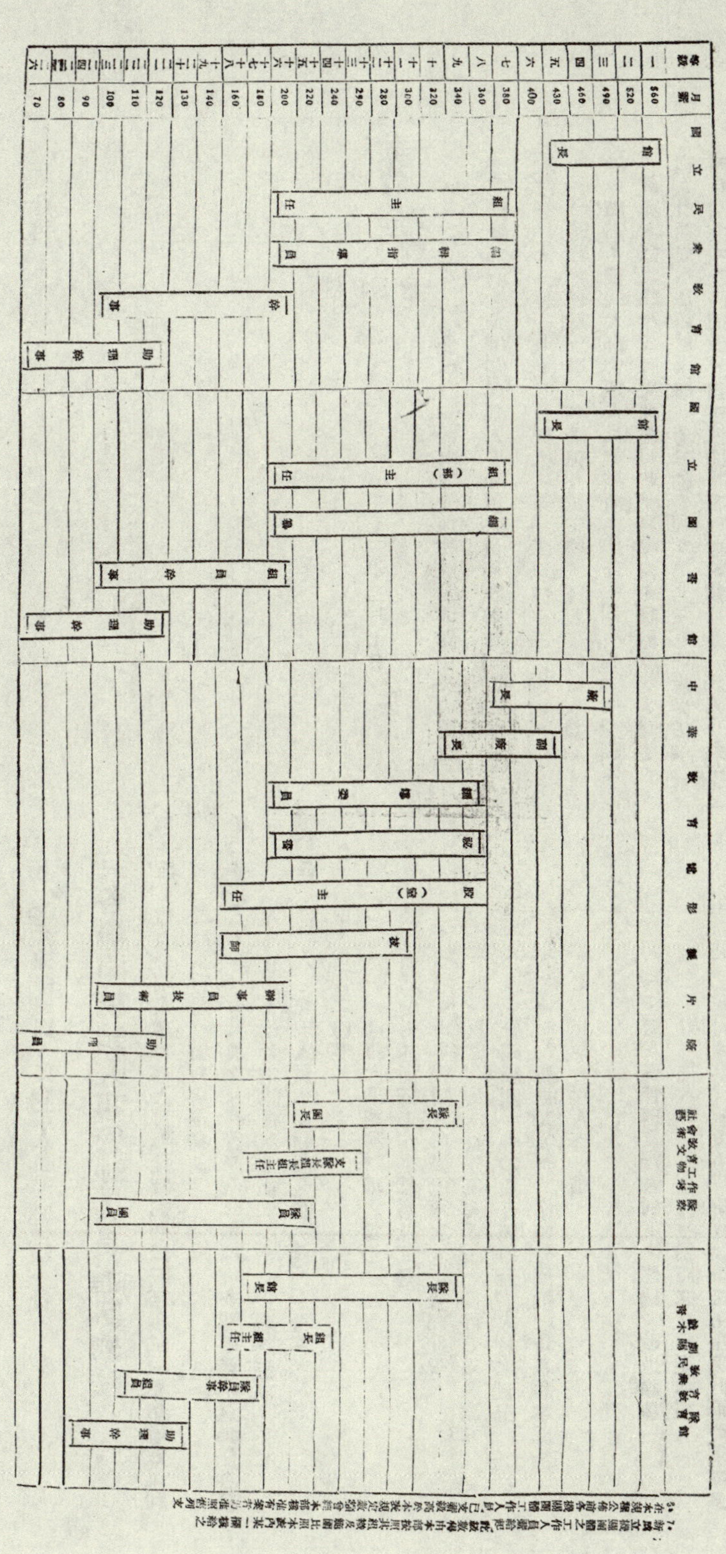

等級	月薪	國立民眾教育館	國立圖書館	中華教育電影製片廠	社會教育工作隊 藝術文物考察隊	戲劇教育隊 青木關民眾教育館
一	560	館長	館長			
二	520	館長	館長			
三	490	館長	館長	廠長		
四	460	館長	館長	廠長		
五	430	館長	館長	廠長、副廠長		
六	400			廠長、副廠長		
七	380	組主任、編輯指導員	組（部）主任、編纂	廠長、副廠長		
八	360	組主任、編輯指導員	組（部）主任、編纂	副廠長、編導委員、秘書、股（室）主任		
九	340	組主任、編輯指導員	組（部）主任、編纂	副廠長、編導委員、秘書、股（室）主任	隊長團長	隊長館長
十	320	組主任、編輯指導員	組（部）主任、編纂	編導委員、秘書、股（室）主任	隊長團長	隊長館長
十一	300	組主任、編輯指導員	組（部）主任、編纂	編導委員、秘書、股（室）主任、技師	隊長團長	隊長館長
十二	280	組主任、編輯指導員	組（部）主任、編纂	編導委員、秘書、股（室）主任、技師	隊長團長	隊長館長
十三	290	組主任、編輯指導員	組（部）主任、編纂	編導委員、秘書、股（室）主任、技師	隊長團長、支隊長組長組主任	隊長館長
十四	240	組主任、編輯指導員	組（部）主任、編纂	編導委員、秘書、股（室）主任、技師	隊長團長、支隊長組長組主任	隊長館長、組長組主任
十五	220	組主任、編輯指導員	組（部）主任、編纂	編導委員、秘書、股（室）主任、技師	隊長團長、支隊長組長組主任、隊員團員	隊長館長、組長組主任
十六	200	組主任、編輯指導員、幹事	組（部）主任、編纂、組員幹事	編導委員、秘書、股（室）主任、技師、辦事員技術員	支隊長組長組主任、隊員團員	隊長館長、組長組主任
十七	180	幹事	組員幹事	股（室）主任、技師、辦事員技術員	支隊長組長組主任、隊員團員	隊長館長、組長組主任、隊員幹事組員
十八	160	幹事	組員幹事	股（室）主任、技師、辦事員技術員	隊員團員	組長組主任、隊員幹事組員
十九	140	幹事	組員幹事	辦事員技術員	隊員團員	隊員幹事組員
二十	130	幹事	組員幹事	辦事員技術員	隊員團員	隊員幹事組員、助理幹事
二十一	120	幹事	組員幹事	辦事員技術員、助理員	隊員團員	隊員幹事組員、助理幹事
二十二	110	幹事、助理幹事	組員幹事、助理幹事	辦事員技術員、助理員	隊員團員	隊員幹事組員、助理幹事
二十三	100	幹事、助理幹事	組員幹事、助理幹事	辦事員技術員、助理員	隊員團員	助理幹事
二十四	90	助理幹事	助理幹事	助理員		助理幹事
二十五	80	助理幹事	助理幹事	助理員		
二十六	70	助理幹事	助理幹事	助理員		

7. 新成立機關團體之工作人員薪給起訖級數得由本部按照其組織及範圍比照本表內某一欄核給之

8. 在本規程公佈前各機關團體工作人員已支薪級高於本表規定數額曾經本部核准有案者仍准照舊列支

——摘自《教育部公報》一九四三年第十五卷第十期

教育部公函/訓令　第六〇七三/四號（三十三年二月七日）

令國立編譯館中央博物院籌備處中央圖書館

（准銓敍部函送各機關受訓人事管理人員通訊辦法函請查照/令仰遵照）

案准銓敍部三十三年一月十八日總人字第一二三四六號公函開

「逕啟者查黨政軍人事管理人員訓練班暨人事行政人員訓練班開訓各機關人事管理人員業經前後辦理七期茲為加強受訓人員與本部之聯繫以利業務推行起見特擬訂各機關受訓人事管理人員通訊辦法前經呈奉　考試院人訓字第九三九號指令核准施行在案相應檢同該通訊辦法函請查照並轉飭所屬受訓人員遵照為荷」

等由附各機關受訓人事管理人員通訊辦法一份准此除分行外相應抄送原/合行抄發附件函請查照為荷/令仰知照并轉飭所屬受訓人員遵照此致/此令

國立北平故宮博物院

附/計抄發送各機關受訓人事管理人員通訊辦法一份

各機關受訓人事管理人員通訊辦法

第一條　為謀受訓人事管理人員與銓敍部（以下稱本部）密切聯繫以利業務推行起見特訂定本辦法

第二條　凡人事行政人員及人事管理人員訓練班各期畢業學員現任各級人事管理人員者須經常與本部保持密切之聯絡通訊

第三條　受訓人事管理人員通訊分報告建議詢問三種

甲、報告之內容如次：

（一）目前人事業務辦理之情形

（二）對於所任工作之感想及志趣

（三）對本機關及所屬機關之人事管理狀況

（四）對原有及新頒各項人事法令推行效果及意見

（五）管理範圍內各階層最優與最劣人員之實況

（六）本人動態事項（工作如有變動即時呈報本部）

（七）其他有關人事事項

乙、建議之內容如此：

（一）對人事管理及銓敍制度之建議及改進事項

（二）對現行人事法規應行增刪訂立之建議事項

（三）對人事行政技術上研究改良之方法與計劃（須繕具副本附送）

丙、詢問之內容如次：

（一）對人事法令及業務上之擬義請求解釋事項

（二）其他有關人事案件之詢問事項

第四條　通訊分爲定期與臨時兩項定期通訊於每年六月及十二月行之應分別前條各、臨時通訊隨時行之以前條各項之有時間性或關係重大者爲限

第五條　報告事項應力求確實詳盡建議事項應力求切合實際需要並發揮意見詢問事項應力求簡明扼要均分類分條開列之其已在本部召集之人事管理人員會報時所提者亦不再列入。

第六條　本部對於報告建議詢問之事項處理如左：

（一）報告：由本部彙閱後留作業務改進參考

（二）建議：由本部研究分別取捨其確有價值之建議得酌予獎勵。

（三）詢問：分別情形予以解答

第七條　通訊人員之職務姓名受訓期別通訊處所及年月日等應於通訊文件內詳細註明通訊之書面格式如附表

第八條　本辦法自公布之日施行

附報告建議或詢問格式

報告（建議或詢問）年　月　日

甲、（任用類）

一、

二、

三、

乙、（考績類）

一、

二、

三、

丙、（其他類別）依類填列丙丁戊等

右列○項謹呈

銓敍部

機關文

受訓班○期學員職銜○○○

國立中央圖書館聘任人員遴聘規則

行政院、攷試院(三十六)四防字第五三六一九號、祕文字第〇二二五號會令公佈

第一條　本規則依聘用派用人員管理條例第六條之規定訂定之。

第二條　本館之聘任人員分主任、編纂、編輯、顧問、圖書館事業研究委員會委員及通訊員，但顧問、圖書館事業研究委員會委員及通訊員均爲無給職。

第三條　本館主任及編纂須就具有左列各款資格之一者遴聘之。

一、國內外圖書館學專科以上學校畢業，有特殊著作，經審核認爲與所聘職務相當者。

二、曾任大學教授或副教授，有特殊著作，經審核認爲與所聘職務相當者。

三、國內外專科以上學校畢業，曾在學術文化界服務十年以上，成績優良，並於圖書館事業有特殊經驗者。

四、於圖書館學或目錄校讎之學有特殊著作，經審核認爲與所聘職務相當者。

五、曾任本館編輯，支最高級薪二年以上，經登記有案者。

第四條　本館編輯須就具有左列各欵資格之一者遴用之。

一、國內外圖書館學專科以上學校畢業，曾在圖書館事業服務三年以上，成績優良者。

二、國內外專科以上學校畢業，曾在學術文化界服務二年以上，有專門著作，經審核認爲與所聘職務相當者。

三、於國學有專門著作，經審核認爲與所聘職務相當者。

四、曾任本館幹事，支委任最高級俸二年以上，經銓敍合格者。

第五條　本館顧問及圖書館事業研究委員會委員須就具有主任及編纂資格之一者遴聘之。

第六條　本館通訊員須就具有編輯資格之一者遴聘之。

第七條　本館聘任人員之薪給，依照聘用派用人員管理條例第八條之規定訂定之。

第八條　本館聘任人員薪給之核敍及考成，準用公務員敍級條例及公務員考績條例之規定。

第九條　本規則自公布日起施行。

——摘自《教育部公報》一九四八年第二十卷第一期

海寧縣圖書館視導標準

1. 設　備：閱書處光線——閱報處光線——桌椅高低合度　統計圖表簿籍

有閱書規則　有痰盂　有紙屑箱　有問字板　書櫥　書架——報夾——掛報架——

重要新聞加紅圈　新到圖書畫報有揭示板　古書——通俗圖書——日報——雜誌——

2. 佈　置：環境美化　有閱書標語　有進出口標語

3. 管　理：編目採用——法　便於檢查　分類適當　新到圖書隨時登記　新到圖書隨時揭示　借書辦法

簡便妥當　有閱書簽名册領書證

4. 流通辦法：流通方法——流通地點

3. 統　計：每日有統計　每月有統計報告　統計方法簡便精確

6. 職　員：館長學歷——經驗——辦事——

指導員學識——經驗——態度——管理員經驗——態度——

7. 職員意見：

8. 視導者意見：

年　月　日視導者

——摘自《教育部公報》一九三一年第三卷第四十三期

1. 江蘇省各縣縣立圖書館二十二年度標準工作

(一)舉辦流動書車：各縣縣立圖書館須選擇最淺近之民衆讀物及兒童讀物，設置流動書車。在本館所在地之城鎮流動，任民衆及兒童閱覽。

(二)舉辦巡迴文庫：各縣縣立圖書館須遵照江蘇省各縣巡迴文庫暫行辦法，舉辦巡迴文庫。

(三)組織讀書會：各縣縣立圖書館須召集本館附近已識字之民衆組織讀書會。會員至少須滿足五十人，每月開會一次，舉行讀書競賽，讀書興趣調查，讀書心得報告，書報介紹等工作。

(四)編印民衆讀物：各縣縣立圖書館須搜集民間流傳之故事、歌謠、謎語及民衆必需之常識等，編爲最淺顯之民衆讀物，本年度至少須編印二種。

(五)改良說書及故事講演：各縣縣立圖書館每週須舉行改良說書，或故事講演一次，任民衆來館聽講，但說書及故事之材料，須於館內圖書中搜集之。

(六)舉辦民衆學校：各縣縣立圖書館至少須附辦民衆學校一班，學生須招足五十人。民衆學校畢業之學生，須完全加入讀書會爲會員。

(七)附辦民衆識字處及代筆處：各縣縣立圖書館須於館內附辦民衆識字處及代筆處。幷須揭示重要文字，隨時教學。

(八)舉辦壁報：各縣縣立圖書館須於本館附近設壁報三處至五處，每日用淺顯文字，揭示重要新聞。本館新到之圖書，亦須利用壁報，逐日揭示。

——摘自《江蘇教育季刊》一九三三年第二卷第九期

杭州市市立社會教育機關服務人員服務細則

第一條　凡在本市市立社會教育機關之服務人員，除法令別有規定外，均須遵守本細則之規定。

第二條　市立社會教育機關主任人員須依據各項教育法令及政府規定方針，主持並督促實施一切應辦之事項。

第三條　市立社會教育機關主任人員必須分任本機關職員或教員之職務，但兼任者得變通之。

第四條　市立社會教育機關主任人員之職務如左：

一、代表本機關處理對外一切事項；

二、召集有關本機關行政及業務進行之各種會議，並執行其議決案；

三、考查職教員工作成績；

四、編訂業務計劃及行事曆；

五、編製預算決算呈報市政府審核；

六、在本市社會教育法令範圍內，得擬訂本機關應用各種規則；

七、聯絡當地有關推行民衆教育及社會事業之機關；

八、考察社會狀況；

九、計劃本機關設備之添置場所之修建及環境之改造；

十、指導調製各種表冊簿籍統計；

十一、商承市政府訂定各種教材教法及實驗事項；

十二、領導職教員組織研究會從事研究；

十三、對於社會之通函調查或實地攷察，負指導答覆之責；

十四、報告業務經過及實驗結果；

十五、其他。

第五條　市立社會教育機關職教員須接受主任人員之指導與支配，處理本機關一切行政及業務。

第六條　市立社會教育機關職教員一律專任，不得兼任校外一切有給職；但有特殊情形，經本機關主任人員之同意，呈報市政府核准者，不在此限。

第七條　市立社會教育機關職教員之職務如左：

一、處理所任職務並注意其改進及發展；

二、出席本機關各種會議並執行其議決案；

三、協助主任人員編訂推行業務法辦；

四、協助主任人員處理本機關總務事項；

五、隨時考查受教育民衆之反應，施以適當之陶冶；

六、調製各種表冊簿籍及統計；

七、根據業務經過或研究結果，隨時作成報告；

八、注意行關業務之進修；

九、担任輪値事務及臨時發生事項；

十、辦理市政府及地方機關之委托事項；

十一、其他

上列職務得視機關性質業務範圍，由主任人員酌量派定之。

第八條 市立社會教育機關服務人員每人應備工作日記逐日記載。

第九條 市立社會教育機關服務人員之請假辦法，規定如下：

甲、主任人員因事請假者，須請人代理；如請假在三日以上者，應呈請市政府核准。

乙、職敎員因事請假者，形請人代理；如在二日以上者，須請本機關以外相當人員代理。前項代理人員應得主任人員之同意。

第十條 市立社會教育機關服務人員須隨時隨地保持民衆導師之態度。

第十一條 本細則經呈准 浙江省敎育廳備案後公布施行。

：

——摘自《浙江教育行政週刊》一九三三年第五卷第五期

浦江縣教育服務人員進修辦法

一、本縣教育服務人員之進修，應依照本辦法之規定辦理之。

二、各教育機關服務人員在三人以上者，均應組織讀書會；其讀書會之組織規程，由各教育機關擬訂，呈送教育局備核。

三、各教育機關服務人員每週至少須有六小時閱書及六小時適當運動。

四、凡服務各小學之教職員，非師範本科畢業者，須一律加入省師資進修通訊研究部或杭州師範學校小學教育函授班研究。

五、小學教職員凡遇所在縣學區舉行輔導會議及有關於教職員進修事項之集會，應一律出席。

六、小學教職員凡遇本縣舉行假期進修講習會時，應按其入會資格踴躍加入聽講。

七、凡非師範本科畢業之小學教職員進修其有下列成績之一者，本縣小學教員登記時，得免除口試。

1. 有省師資進修通訊研究部或杭州師範學校小學教育函授班畢業證書者。

2.連續進假期進修講習會三種以上，確有成績者。

3.平時勤於閱讀教育書報，且確具心得，並有讀書筆記；或關於教育方面文字發表者。

八、凡社會教育機關服務人員應加入省立社會教育機關通訊研究，每月均應有研究問題之提出。

九、凡社會教育機關服務人員應遵照　教育廳令頒浙江省社會教育協進會所擬訂之地方社教服務人員最低限度閱讀書報目錄，（目錄見浙江省教育行政週刊第四卷第三十二號）所規定之書報；購備閱讀，除雜誌應隨時閱讀外，分三期讀完，以半年爲一期，每期至少閱讀七種。

十、凡教育服務人員閱讀書報，均應備閱讀筆記，記載閱讀心得。

十一、凡有關小學及社教服務人員進修之書報，得由縣立民衆教育館設立巡迴教育文庫，輪流借閱。

十二、縣督學區教育員視導各教育機關時，應切實考查服務人員之進修狀況。

十三、凡平時不能勤奮進修之教育服務人員，由教育局予以勸告；如勸告在三次以上仍不聽從者，得予以撤職處分。

十四、本辦法呈准　浙江省教育廳備案後施行。

——摘自《浙江教育行政週刊》一九三三年第五卷第六期

各縣市社會教育機關工作人員作息時間標準

一、各縣市社會教育機關（如民衆教育館，圖書館，閱報室，體育場，及民衆識字處，民衆茶園，或民衆學校等）工作人員作息時間，應遵照本標準辦理。

二、各縣市社教機關，應就辦理事務情形，並詳審當地多數民衆職業狀況，分季規定每日啓閉時間。

三、各社教機關人員，須依各該機關每日啓閉時間，按時作息，不得遲到早退。

四、各社教機關休假，應遵部頒規定辦理：

1.星期日及紀念日不放假，一律於次日補放；

2.新年不放假，於一月四日至六日補放。

五、各社教機關在嚴寒及酷暑時，得以三分之一職員更番休息，其日期：冬季自冬至起至立春止，夏季自夏至起至立秋止。

六、各社教機關休假日，如臨時發生關於社教重要事件，亟須辦理時，仍應照常工作，并移於次日休假一日。

七、關於民衆教育館書報閱覽部份，除法定休息日期照常開放外，並遵部令於每日下午五時以後，九時以前，仍應開放。至普通圖書館，得斟酌地方情形辦理。

各縣市圖書館採購圖書標準

各縣市普通圖書館採購圖書，應以左列各項爲標準：

1. 總理遺教及關於黨義讀物；
2. 國防常識；
3. 世界及本國歷史地理書籍之通俗者；
4. 國民政治，外交常識；
5. 國民法律常識；
6. 國民經濟常識；
7. 國民健康及衛生常識；
8. 教養兒童常識；
9. 科學常識；（純理科學如解釋天文現象破除迷信思想之類，應用科學如有無線電原理淺釋及利用方法之類）
10. 新興工業常識；
11. 農業及農產副業常識；
12. 關於商業道德商業組織及貿易方法之常識；
13. 關於交通運輸常識；
14. 關於合作常識；
15. 關於民族道德及民族精神讀物；
16. 民族文學及詩歌；
17. 民族英雄賢哲故事及本地風土紀事；
18. 衛生，軍事，工業，農業，商業各種雜誌圖表；
19. 各種統計報告；
20. 國內各種重要日報雜誌；
21. 介紹正當娛樂方法及有益游戲之書籍；
22. 各種通用字彙，字典，辭書。

——摘自《四川省政府公報》一九三六年第五十八期

四川省各縣市社會教育機關工作人員作息時間標準

二十五年九月公布

一，各縣市社會教育機關（如民衆教育館圖書館閱報室體育場及民衆識字處民衆茶園或民衆學校等）工作人員作息時間應遵照本標準辦理。

二，各縣市社教機關，應就辦理事務情形，幷詳審當地多數民衆職業狀況，分季規定每日啓閉時間。

三，各社教機關人員須依各該機關每日啓閉時間，按時作息，不得遲到早退。

四，各社教機關休假，應遵部頒定辦理：

1.星期日及紀念日不放假，一律於次日補放；

2.新年不放假，於一月四日至六日補放。

五，各社教機關在嚴寒及酷暑時，得以三分之一職員更番休息，其日期冬季自冬至起立春止，夏季自夏至起至立秋止。

六，各社教機關休假日如臨時發生關於社教重要事件亟須辦理時，仍應照常工作，幷移於次日休假一日。

七，關於民衆教育館書報閱覽部份除法定休息日期照常開放外，並部令於每日下午五時以後九時以前仍應開放至於普通圖書館得斟酌地方情形辦理。

——摘自《四川教育》一九三七年第一卷第一期

戰時各級圖書館工作綱要

(甲)工作原則

1. 戰時各級圖書館工作，以指導民衆參加全體動員之準備，從事抵抗敵人侵略，並指導民衆應付戰時各種之智識爲目的。

2.戰時各級圖書館，爲適應戰時需要，應運用平時已有之組織及活動，從事廣大救國宣傳工作，並領導民衆作長期抗戰之準備。

(乙)工作實施

1.各級圖書館應利用平時已有之設施，如壁報，流動書車，流通圖書部等，以圖書，畫冊，報紙，小冊，傳單等作抗戰救國之宣傳。

2.各級圖書館，應運用原有之讀書會會員，供給以各項資料，從事於家喻戶曉之各種宣傳。

3.各級圖書館應將戰事消息，利用無綫電報告，隨時寫成壁報，分佈於城市及鄉村，使民衆得明瞭戰事情況。

4.各級圖書館，應搜羅或自行編刊各項應付戰事，如防空，防毒，救護等重要知識，分發於民衆。

5.各級圖書館應隨時聘請人員舉行各項適應戰時講演，以期喚起民衆意識，愛國情緒，及灌輸各項應有之常識，以收長期抗戰之效。

6.各級圖書館，應徵集各種戰時畫報圖片，調製各項材料，並利用幻燈，電影，向民衆宣傳，以喚起其抗敵情緒。

7.各級圖書館，應搜集各項有關戰事之書籍，圖表器物等，設法陳列，巡迴展覽於城市與鄉村。

8.各級圖書館，爲應付戰時之需要，得權衡輕重，將各項經費斟酌更改，添設流通圖書部或書報閱覽處等於各城市與鄉村，供給以戰時各項圖書報紙，藉廣宣傳。

9.各級圖書館，應隨時聯絡當地各社教機關，通力合作，以增强長期抗戰之實力。

部頒社會教育機關臨時工作大綱

甲　總綱

一、社會教育機關所在地區，所受軍事影響不甚嚴重或僅受敵人輕微襲擊時，仍應力持鎮靜照常工作，必要時民衆學校得爲短期休課之處置。

二、社會教育機關所在地區發生激烈戰爭時，得呈准主管教育行政機關暫行停閉或爲遷移之處置。

三、社會教育機關應特別注重精神訓練以喚起民衆之民族意識，及抗戰精神並應加緊灌輸民衆自衛與防空防毒知能以及養成民衆鎮靜守法維持社會秩序之習慣。

四、社會教育機關應加緊完成播音教育網及電影教育網並盡量利用作普遍宣傳之用。

乙　戰地服務

一、指導並組織戰地民衆協助國軍工作，以及偵察奸細擾亂敵人之各種方法。

二、組織或聯合慈善團體設立難民收容所救濟戰區難民並向難民講演戰時常識。

三、慰勞傷兵募集物品利用無綫電收音機及留聲機片設立代筆處或講解民族英雄故事以激發其民族意識並慰勞其爲國抗戰犧牲之精神。

丙　後方服務

一、指導並組織後方民衆努力爲抗戰服務，如宣傳，警衛，糾察交通，救護，救濟，防空與消防，募集與慰勞等項工作。

二、應與其他社會團體軍警機關取得密切聯絡，共商維持後方之秩序與安寧。

三、利用壁報無綫電等公布時事正確消息。

四、放映戰時電影，宣傳戰時情況或敵人殘酷情形。

——摘自《浙江教育》一九三七年第二卷第九期

◉圖書館工作大綱

教育部第一七二一九號部令公布（二八，七，二四。）

第一章　總綱

第一條　本大綱依據修正圖書館規程第八第九兩條之規定訂定之。

第二條　本大綱之目的在使各級圖書館於施教時有所依據並增加工作效能促進事業普及，與便利成績考核。

第二章　施教準則

第三條　圖書館之施教目標，在養成健全公民，提高文化水準，改善人民生活，促進社會發展。

第四條　圖書館之施教範圍，應以全區民衆爲對象，各種設施應儘量巡迴推廣，本區內寄居之外國人士及本區外之各社會團體學術機關及私人之聲請協助者，並應酌量情形，予以便利，以期事業之普及。

第五條　圖書館之施教任務，除辦理本館一切事宜外，應負輔導或協助本區內各社會教育機關及各級學校有關圖書事項之責。

第六條　圖書館之施教方法，應根據民衆實際需要，發展地方特性，并聯絡黨政機關社會團體學術文化團體及當地民衆所信仰之人士，以增進工作效能。

第三章　工作要項

第七條　省市（行政院直轄市）立圖書館之工作，規定如左：

1、總務部

（一）收發登記文件

（二）撰擬文件及典守印信

（三）編製年報，彙製表册；

（四）編製預算決算；

（五）掌管經費出納及票據帳册；

（六）登記及保管不屬於圖書之公產公物；

（七）購置物品修繕房屋及一切庶務事項；

（八）辦理不屬於其他各部事項。

2、採編部

（一）選購或徵集中外圖書表册本省文獻及其他文獻物品；

（二）辦理本圖書館與國內外各機關團體之圖書交換事宜；

（三）整理書店出版之圖書目錄及其他輔導選購用具；

（四）辦理圖書登記並編製圖書統計；

（五）辦理館藏圖書表册之分類；

（六）編製館藏圖書表册之各類目錄片及書本目錄；

（七）編製圖書論文索引及專題書目；

（八）辦理各類卡片之排列並整理破舊卡片；

（九）會同閱覽部辦理館藏圖書與目錄片之查對事項，每年至少舉行普查一次及抽查若干次；

（十）辦理其他關於採編事項。

3，閱覽部

（一）辦理已分類編目之圖書庋藏與歸架事項並負保管之責；

（二）辦理閱覽人之登記及圖書之出納；

（三）答復閱覽人之普通諮詢，指導閱覽人使用卡片目錄與圖書；

（四）答復「般參考諮詢，並斟酌情形編製各種參攷書目；

（五）辦理館際間之互借與郵寄；

（六）會同採編部辦理館藏圖書與目錄之查對事項，每年至少舉行普查一次及抽查若干次；

（七）編製各種閱覽統計出借互借統計；

（八）辦理其他關于閱覽事項。

4，特藏部

（一）辦理各種特藏專室，設立各專室講座；

(二)辦理各特藏專室之閱覽事項；
(三)辦理各專室參攷諮詢事項；
(四)編製各專室閱覽統計；
(五)編選各種特藏文獻物品提要說明等事項，(如金石拓片，善本圖書地方文獻，音樂譜及各種專書等)；
(六)辦理其他關於特藏事項；

5,研究輔導部

(一)調查省區內各級圖書館之情況並統計之；
(二)根據調查與統計編製省區內各級圖書館標準表册與比較表；
(三)舉辦特種圖書館實驗，視察各圖書館實況；
(四)編輯各項課程專目，指導讀者研究；
(五)研究讀者讀書興趣輔導書局編印書籍；
(六)舉辦圖書館員暑期講習會，促進圖書館事業之發展；
(七)舉辦全省圖書館員研究會，交換專門知識；
(八)舉辦巡迴文庫圖書站及代辦處；
(九)舉辦民衆問字處民衆學校或識字班；
(十)協助各學校團體機關辦理圖書閱覽事宜；
(十一)辦理其他關於研究輔導事項。

第八條　縣市(普通市)立圖書館之工作，規定如左：

1,總務組

(一)收發登記文件；

（二）選擬文件及典守印信；
（三）編製年報，彙製表册；
（四）編製預算決算；
（五）掌管經費出納及票據帳册；
（六）登記及保管不屬於圖書之公產公物；
（七）購置物品修繕房屋及一切庶務事項；
（八）辦理不屬於其他各部事項。

2，採編組

（一）選購或徵集圖書表册及地方文獻；
（二）辦理圖書交換事宜；
（三）整理書店出版之圖書目錄及其他輔導用具；
（四）辦理圖書登記並編製圖書統計；
（五）辦理館藏圖書表册之分類；
（六）編製館藏圖書表册之各類目錄片並於必要時編製書本目錄；
（七）辦理各類卡片之排列，並整理破舊卡片；
（八）會同閱覽組辦理館藏圖書與目錄片之查對事項，每年至少舉行普查一次及抽查若干次；
（九）辦理其他關於採編事項。

3，閱覽組

（一）辦理已分類編目之圖書庋藏與歸架事項，並負保管之責；
（二）辦理閱覽人之登記及圖書之出納；

（三）答復參攷與諮詢指導閱覽人使用卡片目錄與圖書；

（四）辦理館際間之互借與郵寄；

（五）會同採編組辦理館藏圖書與目錄之查對事項，每年至少舉行普查一次及抽查若干次；

（六）舉辦兒童閱覽室，兒童讀書競賽會，兒童故事會等；

（七）編製各種閱覽統計，出借互借統計；

（八）辦理其他關於閱覽事項。

4，推廣組

（一）按照縣市人口之分布，設立分館圖書站及圖書代辦處；

（二）辦理巡迴文庫便利人口稀疏交通不便之山區及邊區民衆；

（三）辦理民衆問字處民衆學校或識字班；

（四）於總館分館內設置無綫電收音機，接收廣播，輔導民衆讀書；

（五）按期放映幻燈片或教育影片；

（六）辦理各項學術講演，陳列館藏新書；

（七）舉辦讀書顧問，指導民衆進修；

（八）協助縣市各社教團體黨政學商機關設置圖書館；

（九）舉辦巡迴壁報，發表民衆論著，輔導民衆作家；

（十）編製各種推廣統計；

（十一）辦理其他關於推廣事項。

第九條　地方自治機關，私法人或私人設立之圖書館，其工作應比照縣市立圖書館之規定。

第四章　工作實施及攷核

第十條　各省市教育行政機關，應根據本大綱並參酌地方情形，訂定本省市各級圖書館之中心工作及細目。

第十一條　各級圖書館須依照教育行政機關訂定之中心工作及其細目，訂定全年度事業進行計劃暨工作月歷呈報主管教育行政機關審核備案並為考核成績之參攷。

第十二條　各省市教育行政機關應根據中心工作及其細目，參酌實際情形，訂定視察攷核標準，考核各館之成績。

第十三條　各級圖書館及館內各部組之工作均應取得密切聯繫。

第十四條　各級圖書館須認清施教對象，把握工作中心，以增進工作之效能。

第十五條　各級圖書館應備齊施教記錄及統計，保存各種實證，以備考核。

第十六條　各省市教育行政機關，應視各館工作之優劣，分別予以獎懲。

第十七條　本大綱於必要時，得由教育部修正。

第十八條　本大綱自公布之日施行。

——摘自《教育部公報》一九四〇年第十一卷第七—九期合刊

——江蘇省立民衆教育館及教育學院
視察輔導各縣社會教育機關要點——

(一)關於社會環境者：

(1)民情風俗如何？如何改善不良之風俗？

(2)社會經濟狀況如何？如何補救社會經濟缺陷？

(3)一般民衆教育程度如何？如何推進民衆教育。

(4)學校及文化機關辦理情形如何?如何與之互助合作?

(5)地方自治辦理情形如何?如何與之聯合辦理各項事業?

(6)有無贊助或阻礙教育進行之人士?如何加以獎進或勸導?

(二)關於工作人員者:

(7)主任人員及職員對於三民主義是否有深刻之認識?如何指導其努力研究?

(8)主任人員及職員對社會教育有深切之研究否?如何指導其繼續進修?

(9)主任人員及職員工作勤惰如何?如何加以獎勵或勸勉?

(10)主任人員及職員能深入民間獲得民衆信仰否?如何加以指導或示範?

(11)主任人員及職員均能勝任否?其才力學力品性及興趣如何?曾兼其他有給職務否?如何指導其專心職守?

(12)主任委員及職員有不良行爲否?如何指導其自相策勵爲民衆表率?

(三)關於工作進行者:

(13)能切實施行三民主義教育否?如何指導其實施?

(14)能遵照廳令切實實施救國教育否?如何指導其實施?

(15)能遵照廳令切實推行新生活否?如何指導其推行?

(16)能切實奉行法令否?如何指導其明瞭法令之意義及實施方法?

(17)工作有計畫否?如何指導其依照計畫實施?

(18)遵行廳頒標準工作及實施方案有困難否?如何協助其解決?

(19)遵行廳頒標準工作有特殊之成績否?如何加以獎勵或表揚?

(20)事業上之設備完全否？如何指導其充實設備，並盡量利用？

(21)經費支配是否遵照規定有無浮濫？如何指導其使用經濟方法？

(22)各項表簿是否完備？如何指導其記載及利用？

(23)工作報告是否按月呈送？如何指導其多做具體而切實之工作？

(24)推行識字教育有何具體實施？如何指導其改進？

(25)識字調查，民衆學校識字班，流動教學，讀書會等辦理情形如何？如何指導其改進？

(26)推行生計教育有何具體實施？如何指導其改進？

(27)生計調查、農事指導、提倡副業、提倡合作、提倡儲蓄、職業訓練等辦理情形如何？如何指導其改進？

(28)對於民衆的組織及訓練有何具體實施，如何指導其改進？

(29)鄉鎮改進會、集團訓練、常識講演等，辦理情形如何？如何指導其改進？

(30)對於民衆健康活動，有何具體實施？如何指導其改進？

(31)提倡民衆體育衞生情形如何？如何指導其改進？

(32)曾勸導民衆戒除不良嗜好否？如何指導其提倡民衆正當娛樂？

(33)對於民衆家庭教育有適宜指導否？如何指導其實施家事教育？

(34)一切工作適合民衆需要否？如何指導其改進？

(四)其他

(35)教育局長或縣長對於各社教機關事業之進行，有適宜之規畫否？如何增進行政效率？

(36)督學教委對於各社教機關能按期視導否？如何增進視導效能？

(37)社教機關主任人員及職員對於視導人員之視導，能虛心接受否？如何加以勸勉或糾正？

（38）有特殊事項需臨時處理否？處理之情形如何？

（39）輔導一縣後之心得如何？有無具體之改進意見？

（40）輔導全區後之心得如何？全區社會教育應如何改進？

——摘自《江蘇教育季刊》一九三〇年第三卷第八期

浙江省指定代用省學區社會教育輔導機關暫行辦法

（省政府委員會第四二七次會議議決通過）

一、本省爲輔導省學區社會教育事業，由教育廳於未設省立民衆教育館各學區內，指定相當民衆教育館一所，爲各該學區代用省學區社會教育輔導機關。

二、代用省學區社會教育輔導機關，仍以原名命名。

三、代用省學區社會教育輔導機關，仍以原屬縣市教育行政機關爲主管機關。

四、代用省學區社會教育輔導機關主任人員之任免依照各該機關固有之規定辦理；但必要時教育廳得直接任免之。

五、代用省學區社會教育輔導機關職員由主任人員任用，呈報主管機關備案，並應由主管機關轉呈教育廳備案。

六、教育廳得以省欵補助代用省學區社會教育輔導機關之經常費或臨時費，其數額由教育廳定之。

七、代用省學區社會教育輔導機關，應於每年度開始前三月，預擬實施計劃，編製經費預算，呈送主管機關審核，加具意見，轉呈教育廳核定之。

八、代用省學區社會教育輔導機關呈送每年度計劃預算時，並應附送現有設備清冊，存廳備查。

九、代用省學區社會教育輔導機關，應按月塡具月報表，呈送主管機關查核，並應由主管機關轉呈教育廳查核。

十、代用省學區社會教育輔導機關，應於年度終了時，造具當年度決算，連同單據及工作報告，呈送主管機關查核，並應由主管機關檢齊報告決算，轉呈教育廳查核。

十一、代用省學區社會教育輔導機關指導大綱另定之。

十二、代用省學區社會教育輔導機關於各該學區省立民衆教育館成立時，或各該機關不適爲輔導機關時，得由教育廳取消各該機關輔導資格。

十三、本辦法自省政府公佈日施行。

附、指定代用省學區社會教育輔導機關

第二學區　嘉興縣立民衆教育館

第三學區　吳興縣立民衆教育館

第四學區　鄞縣縣立中山民衆教育館

第五學區　紹興縣立民衆教育館

第六學區　臨海縣立海門民衆教育館

第七學區　金華縣立民衆教育館

第八學區　衢縣縣立民衆教育館

第九學區　建德縣立民衆教育館

第十學區　永嘉縣立民衆教育館

第十一學區　麗水縣立民衆教育館

——摘自《浙江教育行政週刊》一九三一年第三卷第一期

法規章則

修正浙江省地方教育輔導組織大綱（本廳第二十九次廳務會議議决通過）

(一)浙江省地方教育輔導事宜，由省輔導會議，省學區輔導會議，縣市輔導會議，縣市學區輔導會議主持進行。

(二)浙江省地方教育之輔導以省輔導會議爲發動機關，省學區輔導會議縣市輔導會議爲承接樞紐，縣市學區輔導會議爲其本組織。

(三)各級輔導會議；得分初等教育組，社會教育組，分別舉行。

(四)省輔導會議，每年五月，舉行一次，參加人員除教育廳廳長，秘書，常任編審，主管科長，省督學，專門視察員，指定科員外，其他人員規定如左；

省立中學附小主任或地方教育輔導員

省立社會教育機關及指定代用省學區社會教育輔導機關主任人員或地方教育輔導員

(五)省學區輔導會議於每年六月必須舉行一次，參加人員，除縣市教育局長或科長督學外其他人員規定如左：

省立中學附小主任及地方教育輔導員縣市學校教育指導員

省立社會教育機關或指定代用省學區社會教育輔導機關主任人員，及地方教育輔導員，縣市社會教育指導員。

(六)縣市輔導會議每學期至少舉行二次，參加人員除縣長市長縣市教育局長或科長督學及區教育員外，其他人員規定如左：

(1)縣市學校教育主管課長或股長及指導員；

(2)縣市立實驗小學及中心小學校長；

(3)所在地省立中學附小代表；

(4)縣市社會教育主管課長或股長及指導員；

（5）縣市立民衆教育館館長，圖書館館長，體育場場長；

（6）縣市立實驗民衆學校中心民衆學校校長；

（7）所在地省立社會教育機關或指定代用省學區社會敎育輔導機關代表。

（七）縣市學區輔導會議每學期至少舉行二次，出席人員除督學及區敎育員外，規定如左：

（1）縣市學校敎育指導員；

（2）區內公私立小學現任敎職員；

（3）所在區省立中學附小代表；

（4）縣市社會敎育指導員；

（5）區立公私立社會敎育機關現任服務人員；

（6）所在區省立社會敎育機關或指定代用省學區社會敎育機關代表。

（八）省輔導會議以敎育廳爲主持機關，省立中學附小省立社會敎育機關及指定代用省學區社會敎育輔導機關爲被輔導機關。

（九）省學區輔導會議以省立中學附小及省立社會敎育機關或指定代用省學區社會敎育輔導機關爲主持機關，縣市敎育局或科爲被輔導機關。敎育廳亦得派員指導。

（十）縣市輔導會議以縣市敎育局或科爲主持機關，縣市立實驗小學中心小學民衆敎育館圖書館體育場實驗民衆學校及中心民衆學校爲被輔導機關。所在地省立中學附小及省立社會敎育機關或指定代用省學區社會敎育輔導機關亦得派員出席指導。

（十一）縣市學區輔導會議以區內縣市立實驗小學中心小學民衆敎育館中心民衆學校及其他社會敎育中心機關爲主持機關，區內公私立小學及社會敎育機關爲輔導機關。縣市督學指導員區敎育員均應出席指導，所在區省立中學附小及省立社會敎育機關或指定代用省學區社會敎育輔導機關亦得派員出席指導。

（十二）省輔導會議應行討論之事項如左：

1全省輔導方針及計劃

2省立中學附小輔導地方初等敎育標準

3省立社會教育機關及指定代用省學區社會教育輔導機關輔導地方社會教育標準

4其他

（十三）省學區輔導會議應行討論之事項如左：

1本學區輔導方針及計劃

2本學區各縣市輔導標準

3關於本學區各縣市應行聯合舉行事項

4關於本學區各縣市應行交換參證事項

5縣市中心小學實驗小學輔導初等教育標準

6縣市民衆教育館等輔導社會教育標準

7其他

（十四）縣市輔導會議應行討論之事項如左

1本縣市輔導方針及計劃

2本縣市輔導曆

3本縣市中心小學實驗小學民衆教育館中心民衆學校實驗民衆學校輔導實驗事項

4其他

（十五）縣市學區輔導會議應行討論之事項如左：

1本學區輔導計劃

2本學區輔導曆

3關於初等教育民衆教育各種實際問題

4其他

（十六）各級輔導會議開會時，得同時舉行展覽會及講演會等，縣市學區輔導會議開會時，並得舉行教學演示或各種教育宣傳。

（十七）各級輔導會議結果應就範圍，性質，分別報告教育廳，省立中學附小，省立社會教育機關，指定代用省學區社會教育輔導機關，縣市教育行政機關，及各教育機關，以便採擇施行。

（十八）本大綱由教育廳公布後施行

——摘自《浙江教育行政週刊》一九三一年第三卷第四期

紹興縣立民衆教育館二十年度輔導地方社會教育計劃

(甲)輔導原則：

(一)明瞭輔導對象，
(二)充實本身能力，
(三)具備誠摯態度，
(四)注重相互合作，
(五)鼓勵研究興趣，
(六)注重積極協助，
(七)切合實際需要，
(八)應用科學方法，
(九)符合教育宗旨，
(十)適應訓政工作。

(乙)輔導步驟：

(一)輔導區域：先從較近的一二縣着手，漸次及於全學區各縣。
(二)輔導對象：先從民衆教育館及民衆學校着手，漸次及於其他社會教育機關。
(三)輔導方法：先從調查事實，明瞭對象着手，然後根據事實，計劃輔導方案，實施輔導工作。
(四)輔導工作：先從充實本館一切設施着手，然後引導各縣社會教育機關，作實際的參照改進。
(五)輔導方式：先從解決具體的困難問題着手，漸次及於抽象的理論的研究。

(丙)輔導事項：

(一)設置地方社會教育輔導員
(目的)使本學區社會教育輔導事業之推行，責有專歸。
(辦法)1.輔導員就合於下列資格之一者任用之：
ㄅ、本省省立民衆教育實驗學校社會教育行政科或他省同樣性質及程度之學校畢業者。
ㄆ、大學教育學院，師範大學，或高等師範畢業，並於民衆教育有相當研究者。
ㄇ、大學或專門學校畢業，服務教育一年以上，並於民衆教育有相當研究者。
ㄈ、高中師範科或舊制師範本科畢業，曾服務民衆教育，著有成績，並有相當研究者。
2.輔導員之任務如左：
ㄅ、計劃輔導事業。

ㄆ、實施輔導工作。
ㄇ、出席輔導會議。
ㄈ、督促並執行輔導會議決議案。
3.輔導員之待遇，應酌予提高。

（二）組織地方社會輔導委員會
（目的）推行本學區之輔導事業。
（辦法）1.報告及討論本學區一切輔導事宜。
2.本會以地方社會教育輔導員爲主持人員。

（三）擬訂省學區輔導方案。
（目的）作爲本學區實施輔導事業之依據。
（辦法）1.根據地方實際需要。
2.依照輔導機關本身能力。
3.會同省立中學附屬小學擬訂。
4.提交省學區輔導會議討論。

（四）擬訂本學區縣社會教育輔導標準
（目的）作爲本學區各縣實施社會教育輔導事業之依據。
（辦法）1.調查各縣社會教育現況。
2.根據地方實際需要。
3.訂定縣社會教育輔導標準。
4.提交省學區輔導會議討論。

（五）擬訂本學區縣民衆教育館及中心民衆學校輔導社會教育標準。
（目的）作爲本學區各縣民衆教育館及中心民衆學校實施社會教育輔導事業之依據。
（辦法）1.調查各縣民衆教育館及中心民衆學校現況。
2.根據地方實際需要。
3.訂定縣民衆教育館及中心民衆學校輔導社會教育標準。
4.提交省學區輔導會議討論。

（六）將年度實施計劃及工作進程，印發本學區縣民衆教育館參考。
（目的）便利本學區縣民衆教育館作實際的參考改進。
（辦法）印本館年度實施計劃及工作進程發給本學區縣民衆教育館參考。

（七）推行省教育廳及省立社會教育機關各種輔導刊物。
（目的）推廣輔導資料，輔導地方社會教育的改進。
（辦法）1.推行方法
ㄅ、口頭——輔導工作人員出發輔導時，及各地參觀人員來館參觀時，隨時隨地推行。
ㄆ、文字——登載於本學區或本館出版之教育刊物上，介紹推行。
2.推行輔導刊物，應將左列各項說明或載明：ㄅ•書名，ㄆ•册數，ㄇ•書價，ㄈ•內容大意，ㄪ•發行之年月，ㄉ•出版處
3.本學區縣社會教育輔導及事業機關應列若干經費，作爲購買輔導刊物之用。

（八）介紹民衆教育書報：

(目的)介紹有價値的民衆教育書報，以增進教育人員的知能。

(辦法)1.介紹方法：

ㄅ、口頭——輔導工作人員出發輔導時及各地參觀人員來館參觀時，隨時隨地介紹。

ㄆ、文字——登載於本學區或本館出版之刊物上。

2.民衆教育書報選擇標準如左：

ㄅ、適合本國教育宗旨的。

ㄆ、適應世界教育趨勢的。

ㄇ、適合民衆教育需要的。

ㄈ、適合一般讀者程度的。

ㄪ、在同類書報中較爲適合的

ㄉ、便於採購的。

ㄊ、都須審查教料圖書共同標準中所規定，足供參照的。

3.介紹民衆教育書報，應將左列各項說明或載明：

ㄅ●書名，ㄆ●册數，ㄇ●定價，ㄈ●某種機關或學校適用，ㄪ●發行之年月，ㄉ編輯人及發行人之姓名，ㄊ●出版處。

4.各教育機關，每年應列若干經費，作爲購置民衆教育書報之用。

5.已經介紹之民衆教育書報，各縣之民衆教育館圖書館及圖書巡迴文庫等，須盡力採購。

(九)搜集並介紹各種現成輔導資料：

(目的)利用現成資料，輔導地方教育改進。

(辦法)1.搜集方法：

ㄅ、調查，

ㄆ、徵集，

ㄇ、研究，

ㄈ、選擇。

2.介紹方法：

ㄅ、口頭——輔導工作人員出發輔導時及各地參觀人員來館參觀時隨時隨地介紹。

ㄆ、文字——登載於本學區或本館出版之刊物上。

3.輔導資料選擇標準如左：

ㄅ、足資取法的，

ㄆ、足資參考的，

ㄇ、足資研究的。

4.輔導資料選擇種類如左：

ㄅ、計劃章則類

ㄆ、實施報告類

ㄇ、實驗研究類

ㄈ、統計圖表類

5.各縣輔導機關，應列若干經費，作爲購置輔導

究擇尤介紹

(十三)聯絡各縣組織社會教育參觀團：

(目的)增進社會教育人員的知能：

(辦法)1.定名：浙江省第五學區社會教育人員參觀團。

2.參觀目標：

ㄅ、地方社會教育行政。

ㄆ、民衆教育館。

ㄇ、民衆學校。

ㄈ、圖書館。

ㄪ、體育場。

1.參加人員：

ㄅ、各縣教育局社會教育行政主管人員。

ㄆ、各縣民衆教育館館長。

ㄇ、各縣中心民衆學校校長。

ㄈ、第五學區代用省學區社會教育輔導機關主管人員及輔導員。

4.經費：

ㄅ、消費合作。

ㄆ、消費每人以三十元爲度。

ㄇ、參加人員之消費，均由所屬機關川旅費內支給之，不足之數，由各機關自行解決。

5.日期：由本學區輔導會議決議定之。

6.參觀結果：分別報告，彙訂成册，以資介紹。

7.其餘一切籌備事宜，由本會辦事處徵詢各縣同意辦理之。

(十四)聯合各縣民衆教育館，搜集民衆固有讀物彙送省立民衆教育實驗學校研究。

(目的)利用民衆固有讀物，圖謀推行及改進。

(辦法)1.函請省立民衆教育實驗學校繼續搜集研究民衆固有讀物並將研究結果輔導各縣利用民衆固有讀物，實施民衆教育。

2.本學區社會教育人員應極力調查搜集研究民衆固有讀物。

3.各縣已經搜集之民衆固有讀物，應檢齊一份函寄本館轉送省立民衆教育實驗學校研究。

(十五)督促本學區各縣設置辦理社會教育之專課或專任教員。

(目的)增進社會教育效率，圖謀社會教育發展。

(辦法)1.調查各縣地方需要情況及社會教育現況。

2.根據地方需要及經濟狀況，督促各縣設置辦理社會教育之專科或專任課員。

(十七)於必要時派輔導員至各縣教育行政機關及社會教育機關，視察輔導，謀教育之革新。

(目的)視察各縣實際狀況，輔導教育革新。

(辦法)1.本館輔導員於本年度內，至少至各縣視察教育行政及社會教育一次。

2.於必要時，派員儘力輔導，謀教育之革新。

(十七)輔導實施救國教育：

究擇尤介紹

(十三)聯絡各縣組織社會教育參觀團：

(目的)增進社會教育人員的知能：

(辦法)1.定名：浙江省第五學區社會教育人員參觀團。

2.參觀目標：

ㄅ、地方社會教育行政。

ㄆ、民衆教育館。

ㄇ、民衆學校。

ㄈ、圖書館。

ㄪ、體育場。

1.參加人員：

ㄅ、各縣教育局社會教育行政主管人員。

ㄆ、各縣民衆教育館館長。

ㄇ、各縣中心民衆學校校長。

ㄈ、第五學區代用省學區社會教育輔導機關主管人員及輔導員。

4.經費：

ㄅ、消費合作。

ㄆ、消費每人以三十元爲度。

ㄇ、參加人員之消費，均由所屬機關川旅費內支給之，不足之數，由各機關自行解決。

5.日期：由本學區輔導會議決議定之。

6.參觀結果：分別報告，彙訂成册，以資介紹。

7.其餘一切籌備事宜，由本會辦事處徵詢各縣同意辦理之。

(十四)聯合各縣民衆教育館，搜集民衆固有讀物彙送省立民衆教育實驗學校研究。

(目的)利用民衆固有讀物，圖謀推行及改進。

(辦法)1.函請省立民衆教育實驗學校繼續搜集研究民衆固有讀物並將研究結果輔導各縣利用民衆固有讀物，實施民衆教育。

2.本學區社會教育人員應極力調查搜集研究民衆固有讀物。

3.各縣已經搜集之民衆固有讀物，應檢齊一份函寄本館轉送省立民衆教育實驗學校研究。

(十五)督促本學區各縣設置辦理社會教育之專課或專任教員。

(目的)增進社會教育效率，圖謀社會教育發展。

(辦法)1.調查各縣地方需要情況及社會教育現況。

2.根據地方需要及經濟狀況，督促各縣設置辦理社會教育之專科或專任課員。

(十七)於必要時派輔導員至各縣教育行政機關及社會教育機關，視察輔導，謀教育之革新。

(目的)視察各縣實際狀況，輔導教育革新。

(辦法)1.本館輔導員於本年度內，至少至各縣視察教育行政及社會教育一次。

2.於必要時，派員儘力輔導，謀教育之革新。

(十七)輔導實施救國教育：

（目的）喚起民衆，共謀救國。

（辦法）1.遵照中央及省頒救國教育實施方案，切實奉行並督促各縣教育行政機關及社會教育機關一體奉行。

2.指導各縣教育行政機關及社會教育機關規劃實施救國教育之具體方案，並輔助其解決在實施上所發生之困難問題。

1.考查各級教育機關實施救國教育之成績，並注意互相介紹其優點。

（十八）於本年度結束時，整理輔導地方社會教育結果，呈報省教育廳審核備查：

（目的）使教育廳明白本年度內輔導社會教育結果，作爲以後計劃改進的根據。

（辦法）1.於年度結束時，整理輔導地方社會教育結果。

2.呈報教育廳審核備查。

3.分贈省學區社會教育輔導機關參考。

——摘自《浙江教育行政週刊》一九三二年第三卷第二十二期

浙江省第五學區二十年度縣立民衆教育館輔導社會教育標準

一、縣立民衆教育館應擬訂縣社會教育輔導方案，提交縣輔導會議討論。

二、縣立民衆教育館應遵照本學區縣立民衆教育館輔導社會教育標準，實施輔導工作。

三、縣立民衆教育館應於年度開始擬訂輔導計劃及輔導歷提請輔導會議審核通過，並函送省學區社會教育輔導機關備查；於年度終，將實施輔導結果，報告縣輔導會議及省學區社會教育輔導機關備查。

四、縣立民衆教育館實、輔導事宜，應先從直接增進初等教育效能的觀點輔導小學辦理擴充教育。

五、縣立民衆教育館實施輔導事宜得先從一二區着手再及其他各區。

六、縣立民衆教育館應盡量推行教育廳，省立社會教育機關及省學區社會教育輔導機關各種輔導刊物，並介紹其他民衆教育書報。

七、縣立民衆教育館應隨時搜集並介紹各種實施民衆教育之具體材料及方法。

八、縣立民衆教育館應遵照省學區社會教育輔導機關製定之民衆教育館民衆學校等最低限度應用簿籍表册，督促並輔助本縣各社會教育機關應用。

九、縣立民衆教育館，應遵照省學區社會教育輔導機關製定之縣社會教育最低限度統計事項及表式督促並輔助本縣各社會教育機關應用。

十、縣立民衆教育館，本年度內，應設法聯合本縣各社會教育機關舉行交互參觀批評或出境參觀。

十一、縣立民衆教育館，應聯合本縣各社會教育機關，搜集研究民衆固有讀物。並設法編輯民衆讀物。

十二、縣立民衆教育館，於必要時，得派員至本縣各社會教育機關，視導誤教育之革新。

——摘自《浙江教育行政週刊》一九三二年第三卷第二十四期

長興縣輔導社會教育機關實施標準

▲圖書館

甲、位置方面：

一、交通便利　二、風景優美

乙、館舍方面：

一、形式美觀　二、材料堅固

三、支配得當　四、光線合度，方向適宜

五、空氣清鮮　六、溫度調節適宜

丙、職員方面：

一、學識經驗豐富　二、服務精神振作能耐勞苦

丁、經營方面：

一、組織切實得當　二、設備完善充實

三、佈置整潔雅觀　四、章則齊備切實簡明，揭示得當

五、選購圖書有適當標準　六、新到圖書隨時登記

七、新到圖書隨時揭示　八、目錄採用卡片式

九、通俗圖書，特製目錄牌　十、分類便於檢查

十一、圖書出納，簡便迅速　十二、有適當方法流動圖書

十三、圖書遇有汙損及時修訂　十四、注意保藏圖書並有適當之保藏方法

十五、閱覽室安靜　十六、般勤切實指導閱覽

十七、有各種詳實的統計　十八、推廣事業有切實周詳的計劃，並有相當成效之設施

▲民衆學校

甲、設備方面：

一、桌凳整齊合度　二、燈光普遍合度

三、佈置整潔美觀　四、教具完備

乙、教師品格方面：

一、體格健全　二、態度和藹大方

三、言語簡明通俗　四、性情懇摯沉毅

五、服裝整潔樸素　六、精神飽滿

七、富於研究精神

丙、教學方面：

一、有充分準備　二、能自編適當的教材

三、引起動機有適當方法　四、目的指示適當

五、發問普遍簡切適當　六、討論講解明確扼要

七、練習有方法多變化　八、勤於成績訂正

九、常有客觀的方法考查成績

丁、訓管方面：

一、有具體切實的訓練標準並能注意實施

二、有適當的獎懲方法，多利用團體制裁

三、自治指導合法有記載　四、多注意學生行動

五、教室秩序安靜　六、師生間感情親密

戊、學生反應方面：

一、學生興趣濃厚　二、自動能力强

三、多數人能遵守紀律　四、多數人遵時到校

五、有奮勉合作的精神　六、出席人數衆多

己、社會活動方面：

一、舉行同樂會　二、舉行講演會

三、按時舉行各種紀念會　四、有適當方法改善環境

五、家庭社會能充分聯絡合作

▲民衆茶園

甲、園舍方面：

一、地位寬敞　二、空氣清鮮

三、光線充足

乙、人員方面：

一、茶園主人

1、態度誠懇　2、手腕靈活

二、茶店倌

1、習性勤儉樸實　2、應接得當

三、指導員

1、言語清晰通俗　2、服裝整潔樸素

3、經驗豐富　4、性情和平沉毅

丙、設備方面：

一、有總理遺像及國黨旗　二、有講演台

三、有簡明扼要的掛圖　四、有通俗圖書

五、有日報在二份以上　六、有各種娛樂用具

七、有時事揭示牌　八、有圾垃箱

九、有痰盂　十、有清潔的小便處

丁、佈置方面：

一、整潔　二、美觀

三、富有教育意味

戊、教育活動方面：

一、說書

1、取材有革命意義，道德價值及科學常識

2、技術精巧動聽

二、時事報告簡明扼要　三、指導閱讀方法適當

四、當舉行個別談話　五、指導娛樂方法適當

六、講演

1、語言簡明通俗　2、姿態活潑自然

3、取材迎合民衆心理切合生活需要

己、民衆方面：

一、人數衆多　二、舉動文雅

三、秩序安靜　四、受教興味濃厚

▲民衆問字代筆處

一、地點適中　二、規則簡明切當

三、設備完善

四、招牌

1、字句簡單通俗，醒目，含有深切意味

2、形式美觀　3、地位衝要高低合度

五、辦理者：

1、語言清晰能懂當地方言　2、態度和藹懇摯

3、常識豐富　4、明白當地人情風俗

5、文筆清順　6、思想新穎

▲壁報處

甲、張貼：

一、地位衝要　二、高低合度

三、按時掉換

乙、編輯

一、取材扼要簡明新鮮活潑　二、分類顯明醒目

三、語句淺顯通俗　四、字體楷書

五、字形大小適當　六、字數多寡適當

七、句讀用新式標點　八、難字註以淺顯解釋

九、插圖生動有趣　十、緊要處有適當表示

——摘自《浙江教育行政週刊》一九三二年第三卷第三十三期

四、二十一年度省立社會教育機關輔導地方社會教育標準

一、省立社會機關，應於年度始，編立輔導地方社會教育計劃，呈請教育廳核准施行。

二、省立社會教育機關，於本年度內，應根據前項輔導計劃，訂定輔導曆，切實執行。

三、省立社會教育機關，應共同聯絡，分任各種輔導工作。

四、省立社會教育機關，應根據本年度全省地方教育輔導方案切實聯絡各學區代用社會教育輔導機關，從事輔導工作。

五、省立社會教育機關，應編行民衆教育輔導刊物至少一種。

六、省立社會教育機關，應供給適合地方需要之民衆教育材料及方法，於各縣市社會教育機關，每學期至少一次。

七、省立社會教育機關，本年度內應舉行通信研究事宜。

八、省立社會教育機關，本年度須訂定收受藝友辦法，呈請省教育廳核准施行。

九、省立社會教育機關，於本年度結束時，應將輔導地方社會教育結果，呈報省教育廳審核備查。

五、二十一年度省學區社會教育輔導機關輔導地方社會教育標準

一、省學區社會教育輔導機關，應於年度始，編訂輔導地方社會教育計劃，呈請省教育廳核准施行。

二、省學區社會教育輔導機關，於本年度內，應根據前項輔導計劃，訂定輔導曆，切實施行。

三、省學區社會教育輔導機關，應督促輔導各縣市實施救國教育。

四、省學區社會教育輔導機關，應督促教育各縣市改進通俗講演工作。

五、省學區社會教育輔導機關，應督促輔導各縣市依照省教育廳訂頒各縣市辦理民衆學校教育最低標準，推廣民衆學校教育。

六、省學區社會教育輔導機關應會同省立學校附屬小學根據省定辦法舉辦並督促輔導各縣市舉行假期講習會。

七、省學區社會教育輔導機關應會同省立學校附屬小學輔導各縣市組織全縣市教育參考室或巡迴文庫，已設立者，設法充實其內容。

八、省學區社會教育輔導機關，應聯絡省立學校附屬小學，共同輔導各縣市小學兼辦民衆教育。

九、省學區社會教育輔導機關，應督促輔導各縣市社會教育輔導人員及服務人員，注意進修。

十、省學區社會教育輔導機關，應將本機關本年度實施計劃及工作進程，印發本學區縣市民衆教育館，以供參攷。

十一、省學區社會教育輔導機關，應盡量推行省教育廳及省立社會教育機關各種輔導刊物，並介紹其他民衆教育書報。

十二、省學區社會教育輔導機關，應隨時搜集並介紹各種現成輔導資料。

十三、省學區社會教育輔導機關，應擬製民衆教育館民衆學校等最低限度簿籍表冊，分發各縣市社會教育機關參攷。其已印發者，應徵詢各級縣市民衆教育館民衆學校意見，加以修訂。

十四、省學區社會教育輔導機關，應督促輔導各縣市注重社會教育統計，並彙集統計材料，加以統計。

十五、省學區社會教育輔導機關，本年度內，應聯合或協助各縣市舉行社會教育成績展覽會一次。

十六、省學區社會教育輔導機關，本年度內，應聯合或協助各縣市社會教育人員相互參觀或出境參觀。

十七、省學區社會教育輔導機關，於本年度結束時，應將輔導地方社會教育結果，呈請省教育廳審核備查。

——摘自《浙江教育行政週刊》一九三二年第三卷第四十一期

二、擬訂省立社教機關輔導各縣社會教育辦法

查省立社會教育機關之設置，其重要任務，爲實驗各項社會教育之方法，及輔導各縣社會教育之改進。本省各省立社會教育機關，以往對於實驗工作，已能切實進行，對於輔導事業，尙無具體規畫。實施固有未便，成效亦屬難期。本廳有鑒於此，特製定「江蘇省省立社會教育機關輔導各縣社會教育辦法」一種，以資遵守，令發各縣教育局長遵照！幷轉飭遵照！其原文如下：

江蘇省省立社會教育機關輔導各縣社會教育辦法

第一條　江蘇省教育廳為改進本省教育起見，特製訂本辦法。

第二條　省立社會教育機關除公共體育場圖書館另訂辦法外，均須依照本辦法，以輔導各縣社會教育為主要任務之一。

第三條　依照本省地方情形，劃分全省為六個民衆教育區，每區由省立社會教育機關負各該區內各縣社會教育輔導之責

第四條　各民衆教育區之省立社會教育機關及應行輔導之縣份，規定如左：

第一民衆教育區，以省立鎮江民衆教育館為輔導機關，包括鎮江、丹陽、揚中、江都、泰興、泰縣、崇明、海門、啓東、如皋、南通等十一縣。

第二民衆教育區，以省立南京民衆教育館及省立湯山農民教育館為輔導機關，包括江甯、江浦、六合、儀徵、句容、金壇、溧水、高淳等八縣。

第三民衆教育區，以省立徐州民衆教育館為輔導機關，包括銅山、蕭縣、碭山、豐縣、沛縣、睢甯、邳縣、宿遷、東海、贛榆、灌雲等十一縣。

第四民衆教育區，以省立淸江民衆教育館為輔導機關，包括淮陰、淮安、泗陽、漣水、阜甯、鹽城、寶應、興化、東台、高郵、沭陽等十一縣。

第五民衆教育區，暫以省立教育學院為輔導機關，包括無錫、武進、吳縣、崑山、溧陽、江陰、靖江、常熟、吳江、宜興、等十縣。

第六民衆教育區，以省立俞塘民衆教育館為輔導機關，包括上海、松江、南匯、青浦、奉賢、金山、川沙、寶山、嘉定、太倉等十縣。

第五條　省立社會教育機關輔導各縣社會教育時，須以教育廳所頒布之各種社會教育實施方案及法令為標準。

第六條　省立社會教育機關實施輔導時，其具體工作規定如左：

一、調查幷統計本區內社會教育狀況；

二、通訊討論關於本區社會教育實際問題，幷介紹工作人員進修資料；

三、編印各種輔導刊物，分發本區各社會教育機關參考；

四、舉辦實驗區為本區各社會教育機關之模範；

五、酌辦各種巡迴事業；

六、接受教育行政機關之委托，辦理關於本區社會教育機關服務人員實習及訓練事項；

七、備本區各縣縣政府或教育局關於改進社會教育諮詢事項

八、督促各縣社會教育機關依限完成廳頒標準工作；

九、遵照廳頒法令，於學年開始時召開社會教育分區研究會

十、其他關於本區社會教育輔導及改進事項。

第七條　在一民衆教育區內有兩所以上省立社會教育機關者，其輔導工作得以各機關之性質分任之。

第八條　各民衆教育區內省立社會教育機關，須於每年度開始時擬具本年度輔導計畫，呈報教育廳核准備案。

第九條　各民衆教育區之省立社會教育機關，須於每年度終了時編造輔導報告，呈報教育廳備查。

第十條　各民衆教育區內之省立社會教育機關，對於各縣社會教育如有改進意見，得呈請教育廳採擇施行。

第十一條　各縣社會教育機關均須接受本區內之省立社會教育機關之輔導，并須於每月工作報告表內詳列輔導事項。

第十二條　各縣社會教育機關如不接受區內之省立社會教育機關輔導之事項或進行不力時，別查明屬實後，由教育廳分經予以相當之懲處。

第十三條　各省立社會教育機關輔導各縣社會教育之成績，由教育廳分別考核之。

第十四條　各民衆教育區內之省立社會教育機關，於輔導事項所需用之經費，在各該機關事業費內勁支。

第十五條　本辦法由江蘇省教育廳公佈施行。

——摘自《江蘇教育季刊》一九三三年第二卷第七、八期合刊

鄞縣縣立中山民衆教育館二十二年度輔導地方社會教育計劃

一、本年度本館輔導事宜由本館輔導部主持之其辦法如下：

1. 計劃進行輔導事宜，
2. 搜集並介紹輔導材料，
3. 研究並解決社教問題，
4. 調查各縣社教狀況。

二、本年度輔導方法採取下列六種：

1. 調查　調製表格調查各縣社教狀況，以資輔導工作之依據。

2. 供給　擬訂輔導標準，各項社教實施辦法，及編印輔導刊物，供給各縣參攷。

3. 介紹　介紹各地社教材料，供各縣參攷。

4. 研究　分集會研究與通訊研究二種，研究社教學術與問題。

5. 協助　協助各縣實際教育活動及解決實施困難問題。

6. 指導　派員出席各縣輔導會議，及視導全縣社會教育。

三、本館輔導事項規定如下：

ㄅ、關於調查方面

1. 製定表式調查各縣社教行政狀況；
2. 調查各縣社教實施狀況；
3. 調查各縣社教實施困難問題；
4. 調查各縣民衆學校招生留生辦法；
5. 調查各縣社教服務人員對於實施社教之意見；
6. 上列各項調查之後，分別加以整理，然後登諸本館所出刊物發表，或呈廳核示。

ㄆ、關於供給方面

1. 擬訂本省學區輔導計劃，謀本省學區輔導工作之促進，其辦法如下：

ㄅ同四中附小合訂

2. 擬訂本省學區各縣輔導民衆教育館及中心民衆學校標準，謀各縣社教實施之改進，辦法如下：

由本館參照本年度省學區社會教育輔導機關輔導社教標準，並根據各縣需要擬訂。

3. 擬訂民衆學校招生及留生具體辦法，以供各縣參考，其辦法如下：

ㄅ、搜集各地招生留生具體辦法。

ㄆ、徵詢各縣民校招生留生困難問題。

ㄇ、參照本館附設民校招生留生辦法。

ㄈ、將上列三種材料整理後編訂，並印發各縣參考。

4. 編輯有關於生產救國之歌曲，其辦法如下：

ㄅ、徵集固有之山歌小曲，從事研究改編。

ㄆ、編輯新歌曲，印發各縣社教機關翻印施用。

5. 編印輔導資料分發各縣參考，辦法如下：

ㄅ、印發本館二十一年度工作報告，二十二年度實施進行計劃，及各種實施研究計劃，供各縣參考。

ㄆ、繼續編輯民教通訊。

ㄇ、繼續編輯輔導叢書。

ㄈ、編印民衆學校各科補充教材，通俗演講材料。

万、編印各種社教活動辦法。

ㄇ、關於介紹方面

1. 本年度本館對於各地社教材料，盡量搜集介紹各縣參考，辦法如下：

1. 搜集各種社教實施材料，印發或分送各縣參考。

2.本館教育展覽材料，移借各縣展覽。

3.搜集各種社教實施方法，印發或分送各縣參考。

4.介紹本學區各縣優良設施，以資各縣借鏡。

5.介紹實施社教用具。

6.介紹各地優良社教機關，備各縣舉行社教參觀時參考。

ㄈ、關於研究方面

本館為促進各縣社教及解決實施困難問題起見，聯絡各縣社教服務人員共同研究，辦法如下：

1.研究方法分兩種：一集會研究，二通訊研究。

2.集會方面：ㄅ、繼續組織本學區社會教育協進會，謀本省學區各縣社教之促進。ㄆ、訂定社教讀書會組織辦法，輔導各縣社教機關組織讀書會，研究社教學術。

3.通訊方面：ㄅ、平日關於社教問題之通訊探討。

ㄆ、擬定社教實際困難問題徵集表，交由各縣教育局印發各社教機關查填，然後彙集整理解答。

ㄇ、擬製民衆教育館民衆學校等最低限度簿籍表冊等，徵得各縣民衆教育館民衆學校應用後之意見，加以整理後，彙送教育廳。

万、關於協助方面

1.協助各縣實施救國教育生產教育國防教育，辦法如下：

ㄅ、協助各縣社教機關遵照中央及省頒救國教育實施方案，繼續施行。

ㄆ、協助各縣社教機關遵照各縣教育局呈請省教育廳核准之實施生產教育具體辦法，訂定實施辦法切實施行。

ㄇ、協助各縣社教機關遵照省頒實施國防教育具體辦法，訂定實施辦法，切實施行。

ㄈ、搜集上列三項教育材料，介紹各縣社教機關參考。

万、協助各縣社教機關解決實施上列三項教育所發生之困難問題，並相互介紹其優點。

2.協助各縣改進通俗演講工作，辦法如下：

ㄅ、介紹並編印通俗演講材料，分發各縣參考。

ㄆ、訂定改進通俗講演辦法。

ㄇ、協助解決講演所發生之困難問題。

ㄈ、在可能範圍內派員赴各縣演講。

万、本館講演輔助用具巡迴各縣使用。

3.協助各縣社教服務人員注意進修，辦法如下：

ㄅ、聯絡各縣舉辦社會教育暑期講習會，謀服務社教人員學術之增進。

ㄆ、訂定各縣社教服務人員進修辦法，供各縣採行。

ㄇ、編訂主要社教圖書雜誌目錄，輔導各縣社教機關購備。

ㄈ、本館舉行各種教育活動，於二星期前通知各縣社教機關，請派員來館參觀，以資取法。

万、聯合各縣社教機關組織社教參觀團，出境參觀，或相互參觀。

ㄉ、關於指導方面

1.本年度本館輔導事宜，除用上列各項方法外，並派員實地指導，辦法如下：

ㄅ、本館輔導員出席各縣輔導會議，每縣至少一次。

ㄆ、每次順道視導社會教育一星期。

ㄇ、視導時除指導各種教育設施及解決困難問題外，並相機參加協助舉行教育活動。

2.各縣舉行教育活動，於必要時得請本館派員協助指導一切。

平陽縣二十二年度社會教育輔導計劃

(一)組織輔導委員會。

(目的)主持全縣輔導工作之進行。

辦法1.前項委員會由局長督學主管課課長及指定課員共同組織之。

2.另行訂定簡章呈 廳核准施行。

3.縣輔導會議閉會後所有議決案由前項委員會負督促實施之責。

(二)充實施地方教育參考室內容。

（目的）搜集地方教育參加資料以資觀摩。

辦法1.依照前定地方教育參考室徵集出品辦法隨時向本外縣各教育機關繼續徵集出品。

2.選留每屆成績展覽會優良出品送室陳列。

3.編輯地方教育參考室出品目錄印發全縣各教育機關以備參攷。

4.于各學區輔導會議時將室內出品輪流展覽以資觀摩。

5.訂定室內各種章則並規定開放時間歡迎參觀。

（三）籌設區立民衆教育館。

（目的）謀全縣民衆教育均衡之發展。

辦法1.除第五第三二區業經先後設立外其餘各區擬于本年度內一律設法籌設。

2.經費由各區自行籌集成立後每學期由教育局給予縣款補助。

3.由各區教育員會同區長及地方士紳組織籌備委員會負責籌備。

4.如因經費或其他關係民教館一時不易籌設可先行設立中心民衆學校漸謀擴充。

（四）設置民衆教育書報流通處。

（目的）增進全縣民教服務人員之知能。

辦法1.地點暫附設于縣教育局內由第三課主持辦理。

2.經費由社教經費項下酌量支撥。

3.流通辦法另行訂定之。

（五）舉行社會教育成績展覽會。

（目的）促進社會教育之設施藉收觀摩之效。

辦法1.由教育局第三課負責籌備並訂定出徵集範圍通告全縣各社教機關。

2.日期定本年度第二學期五月與縣輔導會議同時舉行。

3.由教育局訂定詳細辦法呈　廳核准施行。

4.函第十學區代用民衆教育館供給準備出品參攷資料。

（六）組織社會教育參觀團。

（目的）俾各社教人員藉此有所借鏡。

辦法1.與初等教育參觀團聯合組織。

2.出發地點及日期由教育局決定通知。

3.參觀費由縣區款酌予補助。

4.參觀後應將參觀心得編造報告送登平陽教育。

(七)輔導全縣各社教機關實施救國教育生產教育及國防教育。

(目的)培養民衆愛國思想及從事生產之知能。

辦法1.印發救國教育生產教育及國防教育各種實施方案以供參照。

2.由各輔導人員隨時予以督促及指導。

3.全縣各社教機關應注意救國教育及生產教育環境之設施。

4.各民衆教育館實施生產教育應根據鄉土情形訂定具體計劃切實施行。

5.全縣民衆學校對于生產及救國教材應特別注重儘量選授。

(八)編訂社教機關各項應用表册式樣印發各社教機關參攷。

(目的)劃一全縣社教機關簿籍及表册以利應用。

辦法1.由教育局第三課訂定之。

2.將表册式樣印發各社教機關參攷應用並徵詢應用後之意見加以修正。

(九)改進通俗講演工作。

(目的)灌輸不識字民衆以日常生活之智識。

辦法1.于城內指定固定場所由民衆教育館全體職員及城區各小學教師兼任通俗講演人員定期輪流講演。

2.講演材料應以民衆日常生活常識爲主體且有中心大標題。

3.民教館主持通俗講演人員應常赴各鄉鎮巡迴講演並取得該鄉鎮最高機關證明文件以資憑信。

4.應注意利用民衆各種集合機會出發演講。

5.利用幻燈留聲機等以引起民衆興趣利用圖表實物模型等補助品使民衆易於

了解。

6. 督令各小學教師兼任通俗講演員利用星期例假出發講演並實行獎勵辦法。

(十)督促民衆教育館注意各種實際活動。

(目的)擴大活動範圍俾充分表現民衆教育之效能。

辦法1. 舉行講演會—如衞生講演會地方自治講演會等。

2. 舉行各種比賽會—如國術比賽划船比賽游泳比賽健康比賽捕撈比賽種植比賽等。

3. 舉行各種演習—如消防演習，避災演習，救護演習等。

4. 舉行各種展覽會—如農作物種子或產品展覽會兒童幸福展覽會等。

(十一)充實民衆學校內容並謀繼續擴充。

(目的)謀民衆教育質的改進與量的發展。

辦法1. 通令全縣各教育機關一律附設民衆學校。

2. 由局印發辦理民衆學校須知以供參考。

3. 督促各民校招足學額最低限度須在二十人以上。

4. 印發各種民衆學校調查表及期報表令飭切實塡報。

5. 教材方面應力求適合民衆生活實際的需要。

6. 改進教學方法並注意個別之指導。

7. 在經濟可能範圍內增加各種設備。

8. 編制方面應以學生程度參酌年齡性別時間職業之適當爲依據。

——摘自《浙江教育行政週刊》一九三三年第五卷第十六期

安徽省立圖書館指導各行政專員公署保送來館實習員辦法

第三百十三期公報教高字〇〇四五〇五號訓令附件

一、本辦法依照安徽省各行政專員區設立圖書館辦法大綱第四條之規定訂定之

二、實習員以各行政專員公署保送者爲限

三、實習期間以三個月爲限

四、實習員自報到日起即須遵照本館館長指派任務按照辦公時間到館實習

五、實習員實習期間應絕對服從本館館長及各部人員之指導

六、實習員實習之範圍包括下列各項

1選購 2登記 3分類 4編目 5出納 6閱覽指導 7典藏 8裝修 9事務

七、實習員請假須經本館許可請假日數仍應照規定實習時間補足之

八、實習員違背本館規程或無故曠職或不服從指導者本館得星請　省政府取消其實習資格

九、實習員實習期滿由本館將其實習情形及成績呈報　省政府核定分派服務

十、實習員膳宿等費概須自理

十一、本辦法自呈經　省政府核准後施行

——摘自《安徽政務月刊》一九三五年第十一、十二期合刊

十、二十五年度省學區社會教育輔導機關輔導各縣市社會教育標準

一、省學區社會教育輔導機關，應編訂輔導各縣市社會教育輔導計劃及輔導曆，呈請教育廳核准施行。

二、省學區社會教育輔導機關，應遵照廳頒非常時期民衆教育具體方案，輔導各縣市切實推行。

三、省學區社會教育輔導機關應依照廳頒本省各社會教育機關推行新生活辦法厲行生計教育辦法，輔導各縣市切實推行。

四、省學區社會教育輔導機關應依照教育廳頒發民衆教育館工作標準，設立民衆學校補充辦法，輔導各縣市民衆教育館民衆學校充實內容，增高效率。

五、省學區社會教育輔導機關，應聯絡省立學校附小輔導各縣市推廣成人兒童合校制之鄉村學校。

六、省學區社會教育輔導機關應依照教育廳頒發小學兼辦民衆教育辦法，聯絡省立學校附小，輔導各縣市小學切實辦理民衆教育。

七、省學區社會教育輔導機關應依照教育廳公佈講演輔助用具，督促各縣市設法購備，酌編講演材料，供給各縣市參考，輔導各縣市改進講演方法，可能時並應攜帶講演用具，巡迴至各縣作示範講演。

六、省學區社會教育輔導機關應聯合各縣市舉辦教育電影巡迴隊，其他單獨一縣市不能舉辦之事業，亦應聯合各縣市舉辦之。

九、省學區社會教育輔導機關，應盡力推行教育廳及省立社會教育機關輔導刊物，並供給資料，必要時得編地方性之輔導刊物，如民衆學校補充教材民衆讀物及關於當地人文物產事項。

十、省學區社會教育輔導機關，應繼續彙集統計材料，加以統計研究，呈送教育廳參考。

十一、省學區社會教育輔導機關應將輔導各縣市社會教育結果，呈報教育廳查核。

省輔導主持機關（浙江省教育廳）實際工作·一一

各級輔導機關活動概況·一五

——摘自《浙江教育》一九三七年第二卷第三、四期合刊

1.浙江省立圖書館二十五年度輔導本省圖書館工作報告

本年度本館輔導本省圖書館之各項工作，大體仍照歷年之成規，訂定辦法，隨時進行，主持此項工作之人員，爲主任一人，（館長兼）幹事一人，助理一人，並由輔導委員會設計商討經常工作之進行，茲將本年度之各項工作，報告如後：

一、舉辦通訊研究：本館隨時接受本省各圖書館所提出之困難問題，予以解答，或指示改進要點；或介紹簡易辦法。此項通信商討問題，本年度已有三十餘次，其問題以應付閱覽者爲多。

二、編送輔導刊物：本館歷年所編之輔導刊物，已有1.圖書之流通；2.圖書之典藏；3.圖書之徵購：4.圖書之分類四種。本年度在編輯中者，有1.圖書之閱覽；2.圖書之編目二種，如此二種編成後，則成爲整套之輔導叢刊，於普通圖書館之工作機構，可云大體具備矣。

三、供給參考資料：本館逐月編印參考資料二三種，分發各館以供採行，其題材以1.圖書館學識之灌輸；2.應付各項問題之具體辦法；3.圖書館普通設施事項之指示；4.選購圖書之介紹；5.其他一般的參考資料等爲範圍，本年度已印發者，計有十餘種。

四、代辦圖書館用品：關於圖書館之各項用品，內地無從置辦者，本館隨時接受代爲置辦，本年度已有四十餘次，大部份爲標準式樣之印刷品與用具。

五、收受藝友：接受本省各圖書館派送館員來館實習，本年度已有省會公安局圖書館館員楊愛貞；省教育廳圖書館館員楊守貞；慈谿縣立中學圖書館館員俞慰三等三人，派送來館，各實習一月，業均結束，返館服務矣。尙擬於本年五六月間，約集各館館員，來館實習。

六、編送全省圖書館概況：本館自二十一年度起，歷年編印全省圖書館概覽一種，業已出至第四回本，其內容分載全省各圖書館之館名、館長、館員、經費、圖書、及進行事項等，對於本省各圖書館之最近設施，一目瞭然。此項概覽，除分送本省各圖書館外，並贈送全國各大圖書館，以供查考本省圖書館事業者之稽考。本年度預定編印之第五回本，業已着手調查修正，六月間可以印行。

七、主持本學區及全省圖書館協會：本省第一學區圖書館協會及浙江省圖書館協會，均由本館發起組織，並實際參與與主持會務之進行，本年度四五月間，將各召開年會一次，正在籌備進行。

八、介紹應購圖書：各館對於選購圖書，或以標準難定，或以消息隔膜，所備圖書，每少實用，故本館逐月編印新出圖書一份，分送各館，以供採購，書目選擇之標準，以適合於縣市圖書館之通俗性圖書爲原則。分成十元、三十元、五十元、三組，以符各館選購圖書之經濟能力。關於編訂之通俗圖書館應辦書目，正在印刷，即可分發各館應用。

九、其他工作：如特種書目之代選；章則之審查；圖書雜誌之代爲交換；圖書館用具之設計，則隨時處理之。

本館處理各項輔導工作，雖經分別進行，而於實地之視察輔導；則以視導費與考察費之未經劃分與短少之故，致不能派員出發從事實際之指導，故輔導效力，未能充分表現，又以各縣市圖書館經費之欠發與短少，即有優良之方法與最低限度之設施，介紹各館，每以經費關係，未能接受舉辦。例如介紹新書、雜誌報紙每月以十元爲最低標準，各館猶未能照辦者，此後欲求輔導機關之增加效力，與被輔導機關之接受指導，似應於經費方面，分別籌增，此則有賴於教育行政機關之設法救濟也。

——摘自《浙江教育》一九三七年第二卷第三、四期合刊

二十六年度省學區社會教育輔導機關輔導各縣市社會教育標準

一、省學區社會教育輔導機關應編訂輔導各縣市社會教育輔導計劃及輔導曆，呈請教育廳核准施行。

二、省學區社會教育輔導機關應遵照廳頒非常時期民衆教育工作方針，輔導各縣市民衆教育館及中心民校切實實施。

三、省學區社會教育輔導機關應遵照省頒推行成年失學補習教育辦法，輔導各縣市切實推行。

四、省學區社會教育輔導機關應遵照廳頒設立民衆學校補充辦法，輔導各縣市民衆學校充實內容，增高效率。

五、省學區社會教育輔導機關應依照廳頒小學兼辦民衆教育辦法，聯絡省立學校附小，輔導各縣市小學切實辦理民衆教育。

六、省學區社會教育輔導機關應力謀省學區教育電影巡迴隊內容之充實，並盡量巡迴各縣市講映。

七、省學區社會教育輔導機關應切實輔導各縣市推行播音教育，並協助播音教育指導區修理各收音機關收音機件及解答問題。

八、省學區社會教育輔導機關應繼續輔導各縣市設法購備教育廳公佈之講演輔助用具，並編擬演講材料，供給各縣市參考。

九、省學區社會教育輔導機關應輔導各縣市分別或聯合舉行土產等展覽會。

十、省學區社會教育輔導機關應盡力推行教育廳及省立社會教育機關輔導刊物，並供給資料，必要時得編地方性之輔導刊物，如民衆學校補充教材民衆讀物及其他鄉土材料。

——摘自《浙江教育》一九三七年第二卷第六期

社會教育機關協助各級學校兼辦社會教育辦法

第一條 全國各社會教育機關應依照本辦法協助各級學校兼辦社會教育以增高社會教育推行之效率

第二條 各省市縣主管教育行政機關應就各該省市縣所屬之社會教育機關分佈情形及規模之大小指定各社會教育機關之協助區域以確定協助之對象

第三條 同一協助區內有兩個以上社會教育機關時應聯合組織協助學校兼辦社會教育委員會統籌幷分配協助事宜以免工作重複

第四條 各省市立民衆教育館對於區內各學校兼辦社會教育應協助之事項如左

一、辦理民衆學校及家庭教育班供

各學校之觀摩

二、利用已有設備及技術如電影、幻燈、播音．話劇、化裝講演、等巡迴各學校所兼辦之民衆學校及家庭教育班以補助其教學

三、介紹幷借予各學校兼辦社會教育需用之教具

四、聯絡各學校兼辦社會教育之負責人研究兼辦社會教育之各種實際問題

第五條　各省市縣立體育場對於區內各學校兼辦社會教育應協助之事項如左：

一、應用已有設備及人才輔助各學校所兼辦之民衆學校及家庭教育班辦理健康教育事宜如衛生指導及健康檢查等

二、聯絡各學校所兼辦之民衆學校提倡民衆業餘運動

三、聯絡各學校所兼辦之家庭教育班改良家庭兒童游戲提倡婦女體育指導家庭衛生

第六條　各省市縣立圖書館對於區內各學校兼辦社會教育應協助之事項如左：

一、介紹幷借予各學校兼辦社會教育之教材

二、辦理巡迴文庫供給各學校所兼辦之民衆學校及家庭教育班所讀物

第七條　各省縣市社會教育機關協助學校兼辦社會教育除民衆教育館體育場圖書館應依照規定項目辦理外其他社教機關均應各就所長參加協助

第八條　各省市縣立主管教育廳局或科對各社會教育機關協助學校兼辦社會教育應視爲各社會教育機關重要工作之一切實視導與考核

第九條　本辦法由教育部訂定施行

◉民衆教育館輔導各地社會教育辦法大綱

教育部第一一〇五〇號部令公布（二八、五、一三）

第一條　本大綱依據民衆教育館規程第二十一條之規定訂定之。

第二條　民衆教育館應以輔導各地社會教育爲主要任務之一。

第三條　民衆教育館應行輔導之範圍，除社會教育機關協助各級學校兼辦社會教育辦法已有規定者外，規定如左：

一、省立民衆教育館，應負輔導各該民衆教育輔導區內民衆教育館及其他社會教育機關之責；

二、縣立民衆教育館，應負輔導各該民衆教育施教區內民衆學校及其他社會教育機關之責。

三、市（行政院直轄市及普通市）立民衆教育館，應負輔導各該市區內民衆學校及其他社會教育機關之責。

第四條　各省如尚未單獨設有省立圖書館，體育場，博物館者，省立民衆教育館應負輔導縣市立圖書館，體育場，博物館之責，

第五條　各省如已單獨設有省立圖書館，體育場，博物館者，其輔導工作，應以各機關之性質分任之。

第六條　省市立民衆教育館應行輔導之工作，除關於協助各級學校兼辦社會教育另有規定外，規定如左：

一、調查並統計本區社會概況；
二、視導本區公私立民衆教育館及其他社教機關（每年至少普遍視導一次）；
三、通訊討論關於本區社會教育實際問題並介紹工作人員進修資料；
四、編印各種輔導刊物分發本區各社會教育機關參考；
五、舉辦實驗事業爲本區辦理社會教育機關之模範；
六、舉辦各種巡迴事業；
七、接受教育行政機關之委託，辦理關於本區社會教育機關服務人員實習訓練事項；
八、答復本區各教育行政機關關於改進社會教育諮詢事項；
九、遵照規定召開輔導會議；
十、辦理其他關於本區社會教育輔導及改進事項；

第七條 縣市立民衆教育館應行輔導之工作，除關於協助各級學校兼辦社會教育另有規定外，規定如左：
一、調查並統計本區社會概況；
二、視導本區公私立民衆學校及其他社教機關（每半年至少普遍視導一次）；
三、舉辦各種巡迴事業；
四、遵照規定召開輔導會議；
五、辦理其他關於本區社會教育輔導及改進事項。

第八條 民衆教育館輔導各地社會教育時，須以教育行政機關所頒佈之各種社會教育實施方案及法令爲標準。

第九條 民衆教育館對於各該區內社會教育，如有改進意見，得分別函呈教育行政機關採擇施行。

第十條 各地社會教育機關，均須接受本區內民衆教育館之輔導，並須於每月工作報告表內詳列輔導事項。

第十一條 各地社會教育機關，如不接受區內民衆教育館之輔導事項或進行不力時，經查明屬實後，由主管教育行政機關予以相當之懲處。

第十二條　民衆敎育館擬具事業進行計劃時，須將輔導計劃列入，呈報主管敎育行政機關核准備案。

第十三條　民衆敎育館編造工作報告時，須將輔導報告列入，呈報主管敎育行政機關審核備查。

第十四條　民衆敎育館輔導各地社會敎育之成績，由主管敎育行政機關分別考核之。

第十五條　民衆敎育館於輔導事項所需用之經費，各該館事業費內動支。

第十六條　各省市敎育行政機關應依照本大綱詳訂實施辦法呈報敎育部核准備案。

第十七條　本大綱得由敎育部於必要時修改之。

第十八條　本大綱自公布之日施行。

——摘自《教育部公報》一九三九年第十一卷第四—六期合刊

教育法令

圖書館輔導各地社會教育機關圖書教育辦法大綱

第一條　本大綱依據修正圖書館規程第二十三條及圖書館工作大綱第五條之規定訂定之

第二條　圖書館應以輔導各地社會教育機關圖書教育爲主要任務之一。

第三條　圖書館應行輔導之範圍，除社會教育機關協助各級學校兼辦社會教育辦法另有規定外，規定如左：

一、省立圖書館應負輔導各該省區內圖書館及其他社會教育機關關於圖書教育之責。

二、縣立圖書館應負輔導各該縣區內圖書館及其他社會教育機關關於圖書教育之責。

三、市（行政院直轄市及普通市）立圖書館應負輔導各該市區內圖書館及其他社會教育機關關於圖書教育之責。

第四條　省市立圖書館應行輔導之工作，除關於協助各級學校兼辦社會教育另有規定外，規定如左：

一、調查幷統計本區各級圖書館概況；

二、視導本區內公私立圖書館及縣市地方自治機關或私人設立之民衆教育館圖書室；（每年至少普遍視導一次）

三、編印各項課程專目及其他輔導刊物分發本區各圖書館及民衆教育館之圖書室指導讀者研究及供參考之用；

四、適應讀者需要與興趣協助書局與編譯機關編印適用書籍；

五、接受地方機關與文化團體之委託，設計改進圖書館事業，并得派專門指導員隨時前往指導；

六、接受教育行政機關之委託辦理關於本區圖書館館員實習訓練事項；

七、舉辦本區圖書館研究會交換專門智識；

八、召開輔導會議；

九、辦理其他關於本區社會教育機關圖書教育輔導及改進事項。

第五條　縣市立圖書館應行輔導之工作，除關於協助各級學校兼辦社會教育另有規定外，規定如左：

一、調查并統計本區各圖書館概况；

二、視導本區內公私立圖書館及民衆學校之圖書事業（每半年至少普遍視察一次）；

三、協助本區內社教機關設立圖書室；

四、設置讀書顧問輔導讀者進修；

五、召開推廣會議；

六、辦理其他關於本區社會教育機關圖書教育輔導及改進事項。

第六條 圖書館輔導各地社會教育機關圖書教育時，須以教育行政機關所頒布之各種社會教育實施方案及法令爲標準。

第七條 圖書館對於各該區內社會教育機關圖書教育如有改進意見，得分別函呈教育行政機關採擇施行。

第八條 各地社會教育機關關於圖書教育設施均須接受本區內圖書館之輔導，并須於每月工作報告表內詳列輔導事項。

第九條 圖書館擬具事業進行計劃時，須將輔導計劃列入呈報主管教育行政機關，核准備案。

第十條 圖書館編造工作報告時須將輔導報告列入，呈報主管教育行政機關備查。

第十一條 圖書館輔導各地社會教育機關圖書教育之成績，由主管教育行政機關分別攷核之。

第十二條 圖書館於輔導事項所需之經費，在各該館事業費內動支。

第十三條 各省市教育行政機關，應依照本大綱詳訂實施辦法，呈報教育部核准備案。

第十四條 本大綱於必要時由教育部修改之。

第十五條 本大綱自公布之日施行。

——摘自《教育通訊》一九四〇年第三卷第一期

法規

師範學院教育學院師範學校及社會教育機關輔導及協助學校辦理社會教育辦法

第一條　國立師範學院大學師範學院教育學院省市縣師範學校及社會教育機關應依照本辦法之規定分別輔導及協助中等以下學校辦理社會教育

第二條　師範學院教育學院師範學校及社會教育機關以原劃定之師範學院區師範學校區社會教育施教區等爲輔導區域其在同一區域之學校及社會教育機關得會同辦理輔導協助事宜

第三條　國立師範學院大學師範學院教育學院應行輔導之事項如左

甲、省市立師範學校及省市立社會教育機關輔導方法之研究與指導及其困難問題之解答

乙、中等學校辦理社會教育人員之訓練指導及教材之介紹與補充

丙、依照中等學校應行辦理之社會教育事項舉辦數種供區內中等學校之觀摩

丁、其他關於主管教育行政機關之委託及區內各學校請求協助事項

第四條　省市立師範學校應行注意事項如左

甲、小學辦理社會教育之訓練指導及教材教法之研究與介紹與難問題之解答等

乙、民衆學校教材之研究與介紹及鄉土教材之編製補充等

丙、辦理較完備之民衆學校供地方小學之觀摩

丁、其他關於主管教育行政機關之委託及各學校請求協助事項

第五條　國省市縣立社會教育機關對於區內學校之辦理社會教育應行協助事項如左

甲、民衆教育館應行協助事項如左

（一）辦理民衆學校及家庭教育班供各學校之觀摩

（二）利用已有設備及技術如電影幻燈播音話劇化裝講演等巡迴各校所辦之民衆學校及家庭教育班以輔助其教學

介紹並借予各校辦理社會教育需用之教具

（四）聯合各學校辦理社會教育之負責人員研究辦理社會教育之各種實際問題

乙、體育場應行協助之事項

（一）應用已有設備及人才輔導各校所辦之民衆學校及家庭教育班辦理健康教育事宜如衛生指導及健康檢查等

（二）聯絡各學校所辦之民衆學校提倡民衆業餘運動

（三）聯絡各學校所辦之家庭教育班改良家庭兒童游戲提倡婦女體育指導家庭衛生

丙、圖書館應行協助之事項

（一）介紹並借予各學校辦理社會教育之教材

（二）辦理巡迴文庫供給各學校所辦之民衆學校及家庭教育班讀物

第六條　各省市縣社會教育機關協助學校辦理社會教育除民衆教育館體育場圖書館應依照規定項目辦理外其他社會教育機關均應各就所長參加協助

第七條　本辦法自公布日施行

——摘自《教育部公報》一九四五年第十七卷第十期

專載

社會教育第一期視導標準

第一　民衆學校及識字班：

甲，總綱：

一，教職員要明瞭設立民衆學校或識字班的宗旨

二，教職員要通力合作，熱心服務。

三，要竭力宣傳使民衆明瞭民衆學校或識字班的內容，以便多招學生。

四，書籍及學用品等，要遵章發給學生。

五，每班人數及學生年齡，要適合定章。

六，經費收支要實行公開。

乙，訓練：

一，要注意黨化設施。

二，要養成學生適應社會生活能力。

三，要養成學生清潔習慣。

四，要聯絡學生家庭及社會。

五，要矯正學生不良習慣及社會惡俗。

丙，教學：

一，教學科目各科用書及教學時間要均合定章。

二，教學方法要力求詳明並注意實用。

三，要養成學生讀書的興趣。

四，要指導學生讀書的方法。

第二　圖書館及教育館：

甲，總綱：

一，館長館員均要明瞭設立圖書館或教育館的宗旨。

二，館長館員要共同研究改進館務之方法。

三，館長要領導館員努力工作。
四，館內組織要切於實際。
五，館員服務要分工合作。
六，經費支配要斟酌適當。
七，經費收支要實行公開。

乙，設備：

一，館內設施要富於黨化精神。
二，館內各處要注意清潔。
三，圖書陳列品等的陳列要便於閱覽。
四，圖書陳列品等的保管要注意安全。
五，圖書陳列品等的添置要注意選擇。
六，圖書陳列品等要有詳細的目錄。
七，館內館外要設法引起民衆之注意，與興趣。
八，每日到館人數要有詳細統計表。
九，新購圖書或陳列品等要隨時揭示。

第三　閱書報處及講演所：

甲，閱書報處：

一，主管人員要按時工作。
二，要注意書報之陳列與保管。
三，對於閱覽者要和藹。
四，對於閱覽者要指導。
五，書報之添置要選擇。
六，新添之書報要登記及隨時揭示。
七，要注意清潔與秩序。
八，每日閱覽人數要有統計，並按時報局。
九，要設法引起民衆閱覽之興味。

乙，講演所：

一，講演員要經過檢定及格。
二，講演材料要不背黨義。
三，講演材料要通俗。
四，講演材料要有系統。
五，講演時要注意國音。
六，講演時得採用問答式。
七，講演要守時刻。

八，講演時事要有根據。
九，聽講人數要有統計。
十，要注意清潔與秩序。
十一，講演要注意姿態。
十二，講演大綱要有記錄。
十三，每次講演要注意聽衆之身分與需要。

第四　民衆茶社及問字處：

甲，民衆茶社：
一，負責人員要熱心。
二，對民衆要和氣。
三，書報的閱覽及玩具的使用要便利。
四，要注意書報及玩具的保管。
五，書報及玩具等的添置要選擇。
六，要注意社內的清潔與秩序。
七，每日到社人數要有統計並按時報局。
八，茶資要較普通茶社爲廉。

乙，問字處：
一，對民衆問字要表示歡迎。
二，對民衆問字要詳細答覆。
三，要預備答問簿詳載各種事項。
四，問字時間要遵守。

——摘自《北平市教育行政週報》一九三二年第一卷第三十期

◉平市教育局制定中等教育社會教育視導標準

社會敎育視導標準

第一，民衆學校及識字班　(甲)總綱(一)敎職員要明瞭設立民衆學校或識字班的宗旨，(二)敎職員要通力合作，熱心服務，(三)要竭力宣傳，使民衆明瞭民衆學校或識字班的內容，以便多招學生，(四)書籍及學用品等要遵章發給學生，(五)每班人數，及學生年齡，要適合定章，(六)經費收支，要實行公開，(乙)訓練，(一)要注意黨化設施，(二)要養成學生適應社會生活能力，(三)要養成學生清潔習慣，(四)要聯絡學生家庭及社會，(五)要矯正學生不良習慣，及社會惡俗，(丙)敎學，(一)敎學科目各科用書及敎學時間，要均合定章，(二)敎學方法，要力求詳明，并注意實用，(三)要養成學生讀書的興趣，(四)要指導學生讀書的方法。

第二，圖書館及敎育館　(甲)總綱(一)館長館員，均要明瞭設立圖書館或敎育館的宗旨，(二)館長館員，要共同研究改進館務之方法，(三)館長要領導館員努力工作，(四)館內組織，要切於實際，(五)館員服務，要分工合作，(六)經濟支配，要斟酌適當，(七)經費收支，要實行公開，(乙)設備，(一)館內設施，要富於黨化精神，(二)館內各處，要注意清潔，(三)圖書陳列品等的陳列，，要便於閱覽，(四)圖書陳列品等的保管，要注意安全，(五)圖書陳列品等的添置，要注意選擇，(六)圖書陳列品等，要有詳細的目錄(七)館內館外，要設法引起民衆之注意與興趣，(八)每日到館人數，要有詳細統計表，(九)新購圖書，或陳列品等，要隨時揭示。

第三，閱書報處及講演所　(甲)閱書報處，(一)主管人員要按時工作，(二)要注意書報之陳列與保管，(三)對於閱覽者要和藹，(四)對於閱覽者要指導，(五)書報之添置要選擇，(六)新添之書報要登記，及隨時揭示，(七)要注意清潔與秩序，(八)每日閱覽人數，要有統計，并按時報局，(九)要設法引起民衆閱覽之興味，(乙)講演所，(一)講演員要經過檢定及格，(二)講演材料，要不背黨義，(三)講演材料要通俗，(四)講演材料要有系統，(五)講演時要注意國音，(六)講演時要用問答式，(七)講演要守時刻，(八)講演時事，要有根據，(九)聽講人數，要有統計，(十)要注意清潔與秩序，，(十一)講演要注意姿態，(十二)講演大綱，要有紀錄，(十三)每次講演要注意聽衆之需要。

第四，民衆茶社及問字處　(甲)民衆茶社(一)負責人員要熱心，(二)對民衆要和氣，(三)書報的閱覽及玩具的使用要便利，(四)要注意書報及玩具的保管，(五)書報及玩具等的添置要選擇，(六)要注意社內清潔與秩序，(七)每日到社人數，要有統計，幷按時報局，(八)茶資要較普通茶社為廉，(乙)問字處，(一)對於民衆問字，要表示歡迎，(二)對民衆問字，要詳細答覆，(三)要預備答問簿，詳載各種事項，(四)問字時得要遵守。

——摘自《東省特別區教育行政週報》一九三二年第三卷第一期

（四）整頓并調查各縣社會教育機關之內容

查本省各縣社教機關設立最早，自民十六改革以還，普教畝捐開征，社教經費獨立，於是社教事業，如雨後春筍，盛極一時。近年來以辦理欠善，成效殊鮮，本廳為整頓起見，特以左列數事令飭各縣遵照辦理，俾謀發展。

△飭塡工作報告△

查社會教育，至關重要。各社教機關，應根據前頒社教設施標準，切實進行，期事業之推廣，謀民生之改善。本廳前經製定社教機關工作報告表，令行各縣，轉飭所屬各社教機關，一體遵照，按月依式塡報，呈由該局轉送來廳，以憑查核各在案。乃近查各縣，往往因循玩忽，漫不加察，對于各該機關之報告，或延至數月一報，聊用塞責，或僅報二處，意存點綴，致本廳對各該機關，既無勤惰之可稽，更何效率之足考？為此令仰各該局，迅將所屬各社教機關，所缺報之工作報告，限於文到後，翔實補送；嗣後並應切實督促，戒其已往之疏怠，時加策勉，課其將來之事功，每月工作報告，務於次月五日以前，分別送廳，毋得延擱併報，仰即遵照！此令。

△訂定攷核規程△

案查各縣社教機關主任人員，勤愼將事者，固不乏人，而因循敷衍者，亦所難免，不有考核，將何以儆怠荒，而策淬勵。本廳有鑒於此，爰訂定江蘇各縣社會教育機關主任人員考核規程十四條，呈經江蘇省政府轉咨教育部核准備案在案，除分令外，合行檢發前項規程令仰該縣長遵照，並轉飭遵照此令！

按該項考核暫行規程原文，另詳本刊社會教育專號（約在十一月份出版）。其考核之方法：一、獎勵；二懲戒；獎勵依其成績之等次，分別四種：一、嘉獎；二、記功；三、加俸或進級；四、特別褒獎。懲戒依其情節之輕重，亦分列四種：一、申戒；二、記過；三、減俸或降級；四、停職或撤職。嘉獎三次作記功一次，記功三次以上，得分別加俸進級，或特別嘉獎。申戒三次作記過一次，記過三次以上，得分別減俸，或降級停職，或撤職。記功與記過得互相抵銷。加俸減俸得依其原有俸額加減百分之五至百分之十。受停職處分者，其停止任用期間為三月以上二年以下，受撤職處分者不得再任本省社教機關任何職務云。

▽呈繳經費月報▽

△案查各縣社教經費，自指定專款以後，業經本廳令飭各縣，遵照核定預算支用，並製定支出月報表，暨副收證各一種，令按月翔實填報，以便分別統計各在案，乃日久玩生，各該局竟累積數月，甚至延至半年之久，始連叠併報，殊屬不合！查二十年度行將終了，各縣支出之社教經費，急待統計，除分令外，合亟令仰限於文到十日內，將未呈繳各月份月報表，及副收證，迅卽填報前來，嗣後並應按月呈送，毋再玩忽！此令。

▽令發調查表格▽

△「查本廳關於各縣規模較大之社教機關主任人員暨各縣歷屆所辦之民衆學校校數，級數，畢業生數，以及現在所辦之民衆學校校數，級數，學生數，均須詳細調查，以資統計，而憑查考。現經訂定表式六種，除分發外，合行檢發六份，令仰該局於文到十日內查填具報，毋稍延遲，切切！此令。」附各表式樣如次：

△各縣民衆教育館調查表

館名	館長姓名	任事年月	備註

△各縣農民教育館調查表

館名	館長姓名	任事年月	備註

（註）各縣簡易農教館亦應填入

△各縣圖書館調查表

館名	館長姓名	任事年月	備註

△各縣公共體育場調查表

場名	場長姓名	任事年月	備註

△各縣民衆教育實驗區調查表

區名	主任姓名	任事年月	備註

△民衆學校調查表

歷屆共辦校數	歷屆共辦級數	畢業生數	現在所辦校數	現在所辦級數	學生數

——摘自《江蘇教育季刊》一九三二年第一卷第六期

社會教育

一、檢發各縣民教館及農教館最低標準工作考查辦法及應用表式

本廳爲整頓及改進各縣社會教育起見，曾分別製訂民衆教育館及農民教育館二十一年度最低標準工作，（見本刊第一卷九期）令飭遵行，並先後令將實施情形具報備核各在案。茲以最底標準工作，考查時期已迫，特製訂江蘇省各縣縣立民衆教育館及農民教育館最低標準工作實施情形考查辦法一種，以資遵守。各縣縣立民衆教育館及農民教育館除有特殊情形經縣政府或教育局呈請本廳核准者外，均須依照本辦法之規定，嚴予考查。茲將考查辦法及應用表式三種，照錄於左：

▼江蘇省各縣縣立民衆教育館及農民教育館最低標準工作實施情形考查辦法

第一條 江蘇省教育廳爲增進社會教育效率起見，特以一年度爲一階段，分年製訂各縣民衆教育館及農民教育館最低標準工作，分發實施，其實施情形，依本辦法考查之。

各縣縣立民衆教育實驗區之最低標準工作及其考查辦法依照民衆教育館之規定行之。

第二條 各縣除遵照舉行普通視察外，並于每年七月二十日至七月三十一日，由各縣縣督學教育委員及掌管社會教育之局員，須依照各館及實驗區應遵行之該階段最低標準工作分往考查，攷查時須注意左列各點：

一、關於職業指導、舉辦民衆學校、指導民衆閱讀書報、提倡民衆體育政治常識講演、促進地方自治、提倡正常娛樂、改良娛樂場所等；除檢閱其書面記載外，均須親視其實際工作。

二、關於提倡副業、職業介紹、農事指導、家事指導、家庭訪問、家事比賽及展覽休閑集會、提倡戒除不良嗜好等，除檢閱其書面記載外，並須分別至民家切實詢問。

三、關於生計調查、識字調查、識字運動、提倡公共衛生等，須詳細審査其書面記載，及其他具體之成績，核定其是否眞實，於必要時，仍須至民家或其他公共團體切實查詢。

第三條 考查後須由考查者依照最低標準工作中所規定之限度及記分標準，分別記分塡具記分表，簽名蓋章，送呈縣長或教育局長核閱，記分標準及記分表式另訂之。

第四條 各縣縣長或教育局長，審核各機關之記分表，認爲確當時，卽分別排列等第，其標準如左：

一、九十分以上爲特等；

二、八十分以上爲甲等；

三、七十分以上爲乙等；

四、六十分以上爲丙等；

五、五十分以上爲丁等；

六、不及五十分者爲戊等。

凡生計教育或語文教育所得分數，不及標準分數百分之六十者降等。

第五條 各縣縣長或教育局長，須依照江蘇省各縣社會教育機關主任人員考核規程第三條第四條之規定，及各機關應列之等第，分別擬定獎懲，其標準如左：

一、列特等者進級或加俸；

二、列甲等者記功或傳知嘉獎；

三、列丁等者申誡或記過；

四、列戊等者停職或撤職。

第六條　各縣縣長或教育局長，須儘每年八月十日以前，根據已排列之等第，擬定之獎懲，塡具一覽表，連同各機關記分表，簽名蓋章，呈報教育廳核定。一覽表式另訂之。

第七條　各縣縣立民衆教育館、農民教育館、及民衆教育實驗區，如有特殊情形，不能完全依照最低標準工作實施，經呈請教育廳核准者，其等第及獎懲，由縣長或教育局長呈請教育廳核定之。

第八條　教育廳根據各縣局之呈報，得派員赴各縣抽查或密查，嚴核各縣所編造之報告，是否確實，分別准予獎懲。

第九條　各縣縣立民衆教育館、農民教育館、及民衆教育實驗區、實施最低標準工作，經考查列入丙等以上者，准進行次階段工作，惟本階段未完成之工作，仍須繼續完成。其列入丁等以下者，須將本階段工作重行實施。

第十條　各縣局如不遵照辦法施行考查，或考查不確實時，考查者及縣長或教育局長，應連帶受相當之處分。

第十一條　本辦法由江蘇省教育廳公佈施行。

縣立民衆/農民教育館二十一年度實施最低標準工作等第及獎懲一覽表

機關名稱	主任人員姓名	實得分數	列入等第	擬定獎懲	備註

縣長或教育局長＿＿＿＿＿＿

簽名蓋章　　年　　月　　日

縣立　　農民教育館二十一年度最低標準工作記分表

種類	項目	標準分數	實得分數	評語	備註
生計教育	生計調查	10			
	農事指導	8			
	農事展覽及比賽	5			
	提倡農民副業	8			
	提倡農民合作與儲蓄	5			
語文教育	識字調查	10			
	舉行識字運動	4			
	舉辦民衆學校	10			
	指導農民閱讀書報	4			
健康教育	提倡農民體育	4			
	提倡公共衞生	6			
公民教育	政治常識講演	4			
	促進方地自治	4			
家事教育	家庭訪問及調查	3			
	家事比賽及展覽	3			
休閑教育	改良娛樂場所	2			
	提倡正當娛樂	2			
	舉行休閑集會	2			
	提倡戒除不良嗜好	6			
總計		100		列入等第	

考查者＿＿＿＿簽名蓋章　縣長或教育局長＿＿＿＿簽名蓋章　　年　月　日

（註）記分時如需應用小數以一位爲限

縣立　民衆教育館二十一年度最低標準工作記分表

種類	項目	標準分數	實得分數	評語	備註
生計教育	生計調查	10			
	職業指導	6			
	提倡副業	8			
	職業介紹	3			
	提倡合作	3			
語文教育	識字調查	10			
	舉行識字運動	4			
	舉辦民衆學校	10			
	指導民衆閲讀書報	4			
健康教育	提倡民衆體育	5			
	提倡公共衛生	5			
公民教育	政治常識講演	4			
	促進地方自治	6			
家事教育	家庭訪問及調查	4			
	家事指導	3			
	家事比賽及展覽	3			
休閑教育	改良娛樂場所	2			
	提倡正當娛樂	2			
	舉行休閑集會	2			
	提倡戒除不良嗜好	6			
總計		100		列入等第	

考查者　　簽名蓋章　縣長或教育局長　　簽名蓋章　　　年　月　日

（註）記分時如需應用小數以一位爲限

——摘自《江蘇教育季刊》一九三三年第二卷第四期

製定分組視察省教育機關辦法

本廳製訂之分組視察省敎育機關辦法，已由本廳第卅次廳務會議通過，其原文如下：

・分組視察省敎育機關辦法・

一、爲綜合觀察及比較研究起見，依各機關事業性質相同及其有連帶關係者，分左列六組：(甲)社敎組，(乙)普通中學組，(丙)職業學校組，(丁)師範學校組，(戊)附屬小學及義務敎驗區組，(己)實驗小學組。

二、按實際需要，暫定各組視察人數如左：(甲)社敎組二人，(乙)普通中學組三人，(丙)職業敎育組二人，(丁)師範敎育組三人，(戊)附屬小學及義務敎驗區組二人，(己)實驗小學組二人。

三、按各組機關數及各級等數之多寡，估計各組視察時期如左表：

各組視察時期估計表

組別	機關數	級、數	週數
社敎組	十四		約七週
普通中學組	十三	約一百八十	約十一週
職業學校組	八	三十九	約六週
師範學校組	十六	一百十四	約十一週
附小及實驗區組	十九	一百十九及五處	約十二週
實驗小學組	八	九十五	約六週

四、各組視察人員之分配，由廳長指定之。

五、出發時期定三月一日。

六、出發前之準備工作，由廳長召集視察會議討論之。

七、各組視察重心，由分組會議商定之。

——摘自《江蘇教育季刊》一九三四年第三卷第一、二期合刊

北平市社會局考查市立圖書館教育館閱書報處民衆茶社暫行辦法

第一條　本市市立第一普通圖書館民衆圖書館通俗教育館各閱書報處民衆茶社暨各私立圖書館均依本辦法考查

第二條　本辦法以謀各館處社之改進爲主旨

第三條　考查人員由局長就本局職員派充

第四條　每月每處至少考查一次

第五條　考查人員應按月列表呈報局長核閱其表式另定之

第六條　考查事項列左

1，圖書報紙及其他陳列品保管適當否

2，注意清潔及秩序否
3，能聯絡社會引起觀衆興趣否
4，對於兒童閱覽有誘導方法否
5，圖書檢閱便利否
6，經費支配適當否
7，社會評論如何
8，每月添購新書暨各種報紙雜誌若干（不記分）

第七條　每項擬定分數若干以一百分爲限

第八條　考查時如認爲有辦理失當情形得專案呈請核辦

第九條　木辦法如有未盡事宜得隨時修正

第十條　本辦法自呈准公佈日施行

——摘自《時代教育》一九三四年第二卷三期

◉發閱覽時間表仰遵照令第一四一號

令市立第一二三四五六通俗圖書館
　　　　一二三四五六七八民衆閱書報所

爲令遵事案查通俗圖書館／民衆閱書報所閱覽規則第二條本館／所閱覽時間定爲上午九時至十二時下午二時至五時七時至九時但得因季候關係酌量改定之等語茲特分別季候製定閱覽時間表一份合亟令發該館／所仰即遵照此令

計發閱覽時間表（略）一份

中華民國十九年二月二十四日

天津特別市教育局印

局長 鄧慶瀾

——摘自《教育公報》（天津）一九三〇年第二十三期

訓令 第一四九四號 十二月三十日

令中山圖書館河南教育館河南圖書館河南博物館——

改定新年放假五日仰遵照

爲令遵事：案奉　省政府第二五〇號訓令開，爲令遵事，案奉行政院漾電內開，國歷新年休假日期，現經中央規定，改爲五天。自十二月三十一日起至一月四日止。舊歷新年，各界一律不得休業；以期推行國歷，轉移人民習尚。除通令外，合先電達，希即飭屬一體遵照！等因，奉此。除分行外，合亟令仰該廳即便遵照！并轉飭所屬一體遵照爲要！此令。等因，奉此。除分行外，合亟令仰該館遵照！此令。

廳長李敬齋

——摘自《河南教育行政週刊》一九三一年第一卷第十六、十七期合刊

◎據呈報第四代辦處遷移錦衣衛橋准予備案令第三七〇一號

令命

令市立第三通俗圖書館

一件呈報遷移第四代辦處於錦衣衛橋並訂於十二月一日開幕請鑒核由

呈悉准予備案此令

中華民國十九年十二月十二日

天津特別市教育局印

局長鄧慶瀾

——摘自《教育公報》(天津)一九三一年第四十二期

行政院祕書長函開：

案准

教育部訓令 第六〇六九號 二十四年五月十三日

▲民教館圖書館延長開放時間令

令各省市教育廳局

奉　院長諭：「仇培之呈，以關於圖書館及民衆教育館之開放時間，與一般民衆之工作時間相同，閱覽多有未便，擬請於每日下午五時後，照常開放，以供衆覽一案，應交教育部酌核辦理」等因，相應函達查照。

等；

等由，准此，查該仇培之所陳各節，尚屬不無見地。嗣後民衆教育館圖書閱覽部份，除規定休息日外，每日下午五時以後，九時以前，仍應開放，至普通圖書館，得斟酌地方情形辦理。除函復並分令外，合行令仰遵照。此令。

——摘自《法令週刊》一九三五年第二百六十期

省府訓令民教館圖書館等遵照教育部令延長開放時間

安徽省政府訓令　教高字第　號

令各縣縣政府
省立圖書館
各民衆教育館

教育廳轉陳：「奉　教育部社館壹3第零六零六九號訓令內開：

『案准行政院秘書長函開：「奉院長諭：『仇培之呈以關於圖書館及民衆教育館之開放時間，與一般民衆之工作時間相同，閱覽多有未便，擬請於每日下午五時後，照常開放，以供衆覽一案，應交教育部酌核辦理。』等因，相應函達查照。」等由，准此，查該仇培之所陳各節，尚屬不無見地。嗣後民衆教育館圖書閱覽部份，除規定休息日外，每日下午五時以後，九時以前仍應開放。至普通圖書館，得斟酌地方情形辦理。除函復並分令外，合行令仰遵照！此令。」擬飭咨復並通令等情，除咨復外，合行令仰轉飭所屬圖書館及民衆教育館遵照！此令。

——摘自《安徽教育週刊》一九三五年第十六期

◉准教育廳咨，以奉教育部令，以民衆教育館圖書閱覽部分，應延長開放時間。普通圖書館

得斟酌辦理，咨請飭屬遵照，等由，仰轉飭遵照令。第一九六二號

令教育局

案准

河北省教育廳二十四年五月二十九日第三一七號咨開：

「案奉　教育部本年五月十三日社館壹3第零六零六九號訓令內開：『案准行政院秘書長函開：「奉院長諭仇培之呈以關於圖書館及民衆教育館之開放時間，與一般民衆工作時間相同，閱覽多有未便，擬請於每日下午五時後照常開放，以供衆覽一案，應交教育部酌核辦理等因，相應函達查照。」等由；准此，查該仇培之所陳各節尚屬不無見地，嗣後民衆教育館圖書館閱覽部分，除規定休息日外，每日下午五時以後，九時以前仍應開放，至普通圖書館，得斟酌地方情形辦理。除函覆並分令外，合行令仰遵照。此令。』等因；奉此，除分行外，相應咨請查照。並飭屬遵照：」

等由；准此，合行令仰該局轉飭遵照。

此令。

市長　張廷諤

中華民國二十四年　六　月　八　日

天津特別市政府印

——摘自《教育公報》(天津)一九三五年第一百五十期

●奉令以民衆教育館圖書閱覽部延長時間，普通圖書館得斟酌辦理，仰遵照令。第四一三號

令市立各通俗圖書館
市立民衆教育館

案奉

市政府第一九六二號訓令內開：

「案准河北省教育廳第三一七號咨開：『案奉教育部訓令，以准行政院秘書長函開：

「奉院長諭，仇培之呈以關於圖書館及民衆教育館之開放時間，與民衆工作時間相同，閱

覽多有未便。擬請於每日下午五時後，照常開放，以供衆覽。等由；准此，查該仇培之所陳各節，不無見地。嗣後民衆教育館圖書閱覽部份，除規定休息日外，每日下午五時以後，九時以前，仍應開放。至普通圖書館，得斟酌地方情形辦理。令仰遵照。此令。」等因；奉此，除分行外，相應咨請查照，並飭屬遵照。』等由；准此，令仰該局轉飭遵照。此令。」

等因；奉此，除分行外，合行令仰遵照辦理。

此令。

中華民國二十四年六月十九日

天津特別市教育局印

局長　鄧慶瀾

——摘自《教育公報》（天津）一九三五年第一百五十一期

咨各省區行政公署自九年度起應塡送省縣社會教育調查表文 第一百三十四號 十年二月一日

爲咨行事案查社會教育辦理有年自應切實調查以憑編列統計爲此制定調查表式兩種詳定辦法即希自九年度起一律查照塡送以便彙編可也此咨

附表二種

某省（或某特別區域）社會教育調查表（民國　年度）

社會教育類別			某道							
社會教育類別			某縣	某縣	某縣	某縣	某縣	某縣	某縣	某縣
圖書館	處數									
	藏書數	種數								
		冊數								
	經費									
	入覽人數									
通俗圖書館	處數									
	藏書數	種數								
		冊數								
	經費									
	入覽人數									
博物館	處數									
	藏品數	種數								
		件數								
	經費									
	入覽人數									
通俗教育會	處數									
	經費									
	會員數									
通俗教育講演所	處數									
	經費									
	講演員數									
	聽講人數									
講演傳習所	處數									
	經費									
	職員數									
	傳習人數									
編纂通俗圖書	處數									
	出版圖書數	種數								
		冊數								
	經費									
	編纂員數									
閱報所	處數									
	報紙種數									
	經費									
	入覽人數									
巡廻文庫	處數									
	圖書數	種數								
		冊數								
	經費									
	閱覽人數									

一表內各項數目均以本年度共有之數計應用亞剌伯字橫寫

一表內經費應以銀元計算其未通用銀元之處以庫平銀七錢二分作爲銀元一枚

一經費以元爲單位元以下四捨五入

公牘　六

一本表所列各項凡爲該省所無者即無庸虛列以便觀覽

一此項調查表各省須照式填就連同縣調查表按期送部

一本表調查年度及填報期限應查照部頒教育統計暫行規則辦理

某縣社會教育調查表（民國　年度）

社會教育類別	項目	
圖書館	處數	
	藏書數　種數	
	藏書數　冊數	
	經費	
	入覽人數	
通俗圖書館	處數	
	藏書數　種數	
	藏書數　冊數	
	經費	
	入覽人數	
博物館	處數	
	藏品數　種數	
	藏品數　件數	
	經費	
	入覽人數	
通俗教育會	處數	
	經費	
	會員數	
通俗教育講演所	處數	
	經費	
	講演員數	
	聽講人數	
講演傳習所	處數	
	經費	
	職員數	
	傳習人數	
編纂通俗圖書	處數	
	出版圖書數　種數	
	出版圖書數　冊數	
	經費	
	編纂員數	
閱報所	處數	
	報紙種數	
	經費	
	入覽人數	
巡廻文庫	處數	
	圖書數　種數	
	圖書數　冊數	
	經費	
	閱覽人數	

一表內各項數目均以本年度共有之數計應用亞剌伯字橫寫

一表內經費應以銀元計算其未通用銀元之處以庫平銀七錢二分作爲銀元一枚

一經費以元爲單位元以下四捨五入

一本表所列各項凡爲該縣所無者即無庸虛列以便觀覽

一此項調查表式由省公署照印頒發各道尹轉發所屬各縣各縣填就後仍送由本道尹轉送省公署

一本表調查年度及填報期限應查照部頒教育統計暫行規則辦理

（附註）本案已同時訓令京師學務局及各省教育廳

——摘自《教育公報》一九二一年第四期

◉大學院訓令四川教育廳令發圖書館表式二紙飭轉所屬遵照填報一案

中華民國大學院訓令第一九四號

令四川教育廳

為令行事查各地圖書館關繫社會教育甚巨各館內容亟應調查清楚以便考核而資發展茲由本院製定調查表式一種令行令仰該廳即便遵照通飭該管教育行政區域內公立私立各圖書館一體遵照限期具報彙繳送院切切此令

計附發圖書館調查表格式二紙(見條規欄)

圖書館調查表

名稱	
種類（公立或私立）：	
性質（通俗或專門）：	
所在地：	
建築	自建抑租借：
	佔地若干：
開辦時日	
經費	經費來源：
	本年度收入預算總額：
	本年度支出預算總額：
	圖書費：
	俸　給：
	雜　費：
書籍	現有圖書總數：
	中國文：
	日本文：
	西　文：
	用何種分類方法：
	目錄用何形式：
	有無特別貴重之書籍
流通	閱覽人資格有無限制：
	是否徵收閱覽費：
	能否借出館外：
	每月借閱書籍人數：
推廣	有無分館：
	分館所在地：
	有無兒童圖書室：
	有無巡迴文庫：
	有無通俗講演：
	有無其他推廣閱書機會之方法：

說明：(1) 經費項下應將本年度預算開呈備核

(2) 書籍如印有目錄者應檢呈一部備核

——摘自《四川教育公报》一九二八年第二卷第二期

●訓令四川圖書館各縣教育局遵照中華民國大學院塡送圖書館調查表一案

四川教育廳訓令、第三九七五號

令四川圖書館
　各縣教育局

爲令遵事案奉　中華民國大學院訓令第一九四號開爲令行事查各地圖書館關係社會教育甚鉅各館內容亟應調查清楚以便考核而資發展茲由本院製定調查表式一種合行令仰該廳即便遵照通飭該管教育行政區域內公立私立各圖書館一體遵照限期具報彙繳送院切切此令計附發圖書館調查表格式二紙等因奉此合行照印表式檢發二（四）份令仰該館即便（局即便分轉縣內公私立各圖書館）遵照限文到十日內塡造二份連同表內說明之件呈送來廳以憑分別存轉爲要切切此令

計發圖書館調查表式各二（四）份（見條規欄）

圖書館調查表

名稱		
種類（公立或私立）：		
性質（通俗或專門）：		
所在地：		
建築	自建抑租借：	
	佔地若干：	
開辦時日		
經費	經費來源：	
	本年度收入預算總額：	
	本年度支出預算總額：	
	圖書費：	
	俸給：	
	雜費：	
書籍	現有圖書總數：	
	中國文：	
	日本文：	
	西文：	
	用何種分類方法：	
	目録用何形式：	
	有無特別貴重之書籍	
流通	閱覽人資格有無限制：	
	是否徵收閱覽費：	
	能否借出館外：	
	每月借閱書籍人數：	
推廣	有無分館：	
	分館所在地：	
	有無兒童圖書室：	
	有無巡迴文庫：	
	有無通俗講演：	
	有無其他推廣閱書機會之方法：	

說明：⑴ 經費項下應將本年度預算開呈備核

⑵ 書籍如印有目録者應檢呈一部備核

——摘自《四川教育公報》一九二八年第二卷第二期

圖書館調查表

名稱		陝西省立第一中山圖書館
種類（公立或私立）		省立
性質（通俗或專門）		普通
所在地		陝西省城內南院門
建築	自建抑租借	自建樓房七間　平房八十四間
	佔地若干	面積十畝餘
開辦時日		清宣統二年五月開辦
經費	經費來源	由教育經費項撥給
	本年度收入預算總額	八千八百八十元
	本年度支出預算總額	八千八百八十元
	圖書費	一千二百六十元
	俸給	五千五百五十六元
	雜費	二千零六十四元
書籍	現有圖書總數	一十五萬三千五百二十六册
	中國文	一十五萬二千玖百七十六册
	日本文	三百五十册
	西文	二百册
	用何種分類方法	用經史子集學科分類法
	目錄用何形式	鉛印本及墨抄本二種
	有無特別貴重之書籍	有宋板西山記宋明板藏經清初殿板圖書集成
流通推廣	閱覽人資格有無限制	全無限制
	是否徵收閱覽費	凡不識字者每人徵收游覽費錢五百文
	能否借出館外	能借出館外
	每月借閱書籍人數	約計二百餘人
	有無分館	無
	分館所在地	無
	有無兒童圖書室	正在籌備中
	有無巡迴文庫	無
	有無通俗講演	有義務講演團
	有無其他推廣閱書機會之方法	廣告標語及閱書勸導會等項

說明

（1）經費項下應將本年度預算開呈備核

（2）書籍如印有目錄者應檢呈一部備核

組織及編制	本館內因附有勸工陳列部及古物部故共分三股 1、事務股 2、圖書股 3、陳列股 圖書股分三科 (甲)選購科 (乙)編藏科 (丙)閱覽科館內設有藏書樓閱書室婦女閱覽室閱報室勸工陳列室標本室古物室中山公園等	
館長	姓名：：	姬在灃
	履歷：：	年三十六歲陝西澄城縣人由南偉烈大學畢業歷任中等學校校長教員西安中山大學校講師
	俸給及任事年月：：	每月薪俸洋五十元十七年三月到任
職員姓名任務及俸給	事務主任 陳宗宏 又股員三人 圖書主任 尙其志 又股員四人 陳列主任 李秉仁 又股員三人 文書主任 王宗孔 主任月支洋三十元 股員月支十八元至二十四元	
私立圖書館之董事會	成立時期	
	事務所地址	
	立案年月	
	組織大概	
	董事姓名	

說明
(1)組織及編制摘要填入本表外應將該館詳細章程備核
(2)私立圖書館應將董事會章程附呈備核

——摘自《陕西教育週刊》一九二九年第六十六期

命

令

省　　縣市圖書館概況調查表　年　月　日填註

<table>
<tr><td colspan="2">名　稱</td><td colspan="6"></td></tr>
<tr><td colspan="2">地　址</td><td colspan="6"></td></tr>
<tr><td colspan="2">立　別</td><td colspan="6"></td></tr>
<tr><td colspan="2">性　質</td><td colspan="6"></td></tr>
<tr><td colspan="2">沿革概要</td><td colspan="6"></td></tr>
<tr><td rowspan="3">經費</td><td>數目</td><td colspan="6"></td></tr>
<tr><td>來源</td><td colspan="6"></td></tr>
<tr><td>分配</td><td>圖書費</td><td></td><td>俸給</td><td></td><td>辦公及其他</td><td></td></tr>
<tr><td colspan="2">圖書數目</td><td colspan="6"></td></tr>
<tr><td colspan="2">採用之分類法</td><td colspan="6"></td></tr>
<tr><td colspan="2">建　築</td><td colspan="6"></td></tr>
<tr><td colspan="2">組　織</td><td colspan="6"></td></tr>
<tr><td rowspan="2">現任館長</td><td>姓名</td><td colspan="2"></td><td>性別</td><td colspan="3"></td></tr>
<tr><td>畧歷</td><td colspan="6"></td></tr>
<tr><td rowspan="2">職員人數</td><td>男</td><td colspan="3"></td><td rowspan="2">合計</td><td colspan="2" rowspan="2"></td></tr>
<tr><td>女</td><td colspan="3"></td></tr>
<tr><td colspan="2">備　註</td><td colspan="6"></td></tr>
</table>

注　　意

一，本表調查之範圍如下
1普通圖書館 2.專門圖書館 3.民衆圖書館（或稱通俗圖書館）及鄉村圖書館 4兒童圖書館 5.流通圖書館及巡廻文庫 6民衆教育館圖書部及其他社教機關附設之圖書部 7書報閱覽社 8.學校圖書館 9.機關團體商店等附設之圖書館 10私家藏書樓

二，性質欄應註明專門普通通俗等字樣

三，如有圖書目錄各種章則表册刋物等最好能檢附一份送部備查

四，本表由各省市教育廳局轉發各省市直轄各館或縣教育局塡明送由各廳局彙送

塡送者

九

——摘自《河北教育公報》一九三二年第十九期

省　縣/市　閱報所概況調查表　　年　月　日填註

名稱						
地址						
性質			設別			
沿革						
經費	數目					
	來源					
	分配	報費		俸給		辦公及其他
報之種類及名稱	日報	1. 3. 5.	2. 4. 6.	雜誌	1. 3. 5.	2. 4. 6.
已辦事業	閱報處	共　處日報共　種雜誌共　種				
	時間簡報	1.幾日一期 3.印刷方法 5.內客分類		2.每期份數 4.每份頁數 6.分派方法		
	報紙揭貼牌	現有處數				
其他施設						
建築						
組織						
現任主任	姓名		性別		畧歷	
職員人數	男	名	共計　名			
	女	名				
備註						

說明

1.性質欄應填明省立縣立市立或私立
2.設別欄應填明特設或附設
3.經費數目應按全年計算分配應填明佔全經費百分之幾
4.無主任者可填負責人員姓名於備註欄內註明

——摘自《河北教育公報》一九三二年第十九期

河北省教育廳訓令 第八八零號 中華民國二十二年七月十三日

令省立各學院
中學校
師範學校
社會教育機關

案准浙江省立圖書館第四零號公函開查本館前印「全國圖書館一覽」一種係據十八年調查所得迄今時經數載已多變遷難資查考且其內容僅及各館名稱地址關於「藏書册數」及「經費」「組織」等類均未列入遺漏尚多亟應另印表格重加查編期臻翔實除分函外相應檢同調查表十張函請貴廳查照所有貴省市內各公私立圖書館（包括民衆教育館之圖書部重要機關圖書館及中等以上學校之圖書館）及藏書樓等務希代爲逐細查塡寄館以便着手改編不勝公感如遇藏書經費等不盡明瞭之處亦

可缺塡但最盼儘所知詳爲塡入如貴廳調查未詳亦希分行令知貴省各縣教育局並附去調查表數紙就各該縣境內之圖書館（包括民衆教育館）分別按表查塡逕行復送「杭州浙江省立圖書館」收庶幾衆擎易舉裒然成編社會取稽咸拜嘉賜計函送圖書館調查表一百張等因准此合行檢同原表一紙令仰該院校館遵照逐細查塡塡妥逕行寄送該館勿庸呈廳彙轉以省手續此令

附原表一紙

省各圖書館調查表（　　縣）

二十二年六月浙江省立圖書館調查

名稱	立別	地址	藏書冊數	每年經費	組織	館長或主任姓名	成立年月	備註

說明

（1）名稱請填全部名稱，勿用簡稱。

（2）立別請填省立縣立市立區立聯立或私立等字樣。

（3）地址請填某縣之某地點，以可以郵遞寄達爲限。

（4）組織註明內部之分部，其他設備或特殊事項入「備註」，如原紙行格不容，請另附他紙。

（5）本表填就後請直接郵寄杭州大學路浙江省立圖書館收

——摘自《河北教育公报》一九三三年第二十二期

等因，計發圖書館立/備案表格式二種，奉此，合行登報代令，仰即遵照辦理。

此令。

計登圖書館立/備案表格式二種。

兼廳長龔自知

奉教部令圖書館立案或備案時均須依表式填報令昆明市府各縣教育局暨各圖書館

教育廳訓令第　號（二五，六，五，）

令昆明市政府
各縣教育局
各圖書館

（登報代令不另行文）

案奉

教育部訓令第六一〇六號開：

「案查各省市公私立圖書館立案或備案時，應行呈報事項，業經本部頒佈之圖書館規程規定在案。惟各省市公私立圖書館立案，或備案呈報事項及格式，殊不一致，查核頗感困難。茲爲劃一整齊起見，特製定表格兩種，嗣後凡圖書館立案或備案，均須依式填報。合行檢發表格式樣，令仰知照，並轉飭所屬一體遵照。此令。」

圖書館立案備案表一

圖書館名稱										
地址										
經費	經常		來源							
	臨時									
現有書籍冊數	中文									
	外國文									
開館日期										
職員	姓名									
	職務									
	薪俸									
	學歷									
	經歷									
備考										

附註：凡公立圖書館立案或備案時，除填註本表外，並須將章程規則及建築圖式，與其說明呈繳兩份。

圖書館立備案表二

董事會名稱	
創辦目的	
事務所之地址	
董事之會組織及職權之規定	
資金資產及其他收入之規定	

董事	姓名								
	籍貫								
	職業								
	住址								
備	考								

附註：凡私立圖書館立案或備案時，除塡註表一暨本表外，並須將章程規則經費管理人姓名履歷及建築圖式與其說明各呈繳兩份。

——摘自《雲南教育公報》一九三六年第五卷第五期

圖書館立備案表一

圖書館名稱											
地址											
經費	經常			來源							
	臨時										
現有書籍冊數	中文										
	外國文										
開館日期											
職員	姓名										
	職務										
	薪俸										
	學歷										
	經歷										
備攷											

附註：凡公立圖書館立案或備案時，除塡註本表外，並須將章程規則及建築圖式與其說明呈繳兩份。

圖書館立備案表二

董事會名稱										
創辦目的										
事務所之地址										
董事會之組織及職權之規定										
資金資產及其他收入之規定										
董事	姓名									
	籍貫									
	職業									
	住址									
備考										

附註：凡私立圖書館立案或備案時，除塡註表一暨本表外，並須將章程規則經費管理人姓名履歷及建築圖式與其說明各呈繳兩份。

令發圖書館立備案表

安徽省政府訓令 第　號

令各縣縣政府
省聯私立各中等學校
省立圖書館

教育廳轉陳：

「奉教育部二十五年發統伍5第六一零六號訓令內開：『案查各省市公私立圖書館立案或備案時，應行呈報事項，業經本部頒佈之圖書館規程分別規定在案：惟各省市公私立圖書館立案或備案呈報事項及格式，殊不一致，查核頗感困難。茲爲劃一整齊起見，特製定表格兩種，嗣後凡各圖書館立案或備案時，均須依式填報，合行檢發表格式樣，令仰知照，並轉飭所屬一體遵照。此令。』等因，並附件到廳；奉此，請予通令幷咨復。」

等情，除咨復暨分令外，合行抄錄原件各一份隨令附發，仰卽知照並轉飭所屬遵照！此令。

附發圖書館立備案表格式二種。

中華民國二十五年五月　日

主席劉鎮華

圖書館立備案表一

圖書館名稱											
地址											
經費	經常		來源								
	臨時										
現有書籍冊數	中文										
	外國文										
開館日期											
職員	姓名										
	職務										
	薪俸										
	學歷										
	經歷										
備考											

附註：凡公立圖書館立案或備案時除填註本表外並須將章程規則及建築圖式與其說明呈繳兩份

表二　立案/備案圖書館

董事會名稱											
創辦目的											
事務所之地址											
董事會之組織及職權之規定											
資金資產及其他收入之規定											
董事	姓名										
	籍貫										
	職業										
	住址										
備考											

附註：凡私立圖書館立案或備案時除填註表一暨本表外並須將章程規則經費管理人姓名履歷及建築圖式與其說明各呈繳兩份

——摘自《安徽教育週刊》一九三六年第六十二、六十三期合刊

桂省頒發各圖立案備案表格

桂教育廳呈奉教育部廿五年發統伍5第六一零號訓令開「案查各省市公私立圖書館立案或備案時應行呈報事項，業經本部頒佈之圖書館規程，分别規定在案；惟各省市公私立圖書館立案或備案呈報事項及格式殊不一致，查核頗感困難，茲爲劃一整齊起見，特製定表格兩種，嗣後凡各圖書館立案或備案時，均須依式填報，合行檢發表格式樣，令仰知照，並轉飭所屬一體遵照此令，等由計發圖書館立（備）案表格式二種，」准此，合將原表印發，仰各該館即便轉飭所屬遵照此令。計發圖書館立備案表格式二種。

圖書館立備案表一

圖書館名稱		
地址		
經費	經常	來源
	臨時	
現有書籍冊數	中文	
	外國文	
開館日期		
職員	姓名	
	職務	
	薪俸	
	學歷	
	經歷	
備攷		

附註：凡公立圖書館立案或備案時除填註本表外並須將章程規則及建築圖式與其說明呈繳兩份

圖書館立備案表二

董事會名稱		
創辦目的		
事務所之地址		
董事會之組織及職權之規定		
資金資產及其他收入之規定		
董事	姓名	
	籍貫	
	職業	
	住址	
備攷		

附註：凡私立圖書館立案或備案時除填註表一暨本表外並須將章程規則經費管理人姓名履歷及建築圖式與其說明各呈繳兩份

——摘自《中華圖書館協會會報》一九三六年第十二卷第一期

教育部訓令 社字第三七〇〇二號（卅六年七月三日）

令各省市教育廳局

（令將各該省、市、縣國立圖書館實施概况館長姓名及所有圖書雜誌報紙數目等項一併查明具報由）

查勝利以還本部曾以社字第〇三五、六〇號代電飭將省市縣立圖書館實施概况及館長姓名等項查明具報事隔多時未呈報之省市教育廳局尚多本部對各該圖書館辦理詳情亟待明瞭茲再檢發省、市、縣圖書館實施概况及圖書雜誌報紙調査表式各一份仰迅即查明遵照表式塡就報部爲要

此令

附發省市縣立圖書館實施概况圖書雜誌報紙調査表各一份

省市縣立圖書館實施概況調查表

年　月　日

名稱	館長姓名	館址	職員數	卅六年度所列經費數目	實施概況	備註

填表說明

一、此表須用墨筆楷書填寫

二、名稱一項填該省、市、縣立圖書館名

三、本年度所列經費數目一欄將該館經常事業等費數目分別填寫

四、實施概況一欄將該館辦理情形之要點填入

省市縣立圖書館圖書雜誌報紙調查表

年　月　日

名稱	圖書總數	本國書本數	外國書本數	雜誌總數	本國雜誌數	外國雜誌數	報紙總數	本國報紙數	外國報紙數

填表說明

一、此表須用墨筆楷書填寫

二、名稱一項填該省、市、縣立圖書館之名

三、表中各欄有則填寫無不用填

四、表列各項數目須將應有確數填入

教育部訓令　社字第三七四七一號　(卅六年七月五日)

令部屬機關學校

(爲劃一升降國旗辦法飭遵照由)

案據國立貴州師範學校電呈以升降國旗奏青天白日滿地紅譜應否仍奏國歌又青天白日滿地紅歌譜應在升降國旗前奏或在升降國旗後奏抑正在升降國旗時奏請予核示等情前來經呈奉行政院本年六月廿日(卅六)四內二三七七一號指令內開

「呈悉查青天白日滿地紅譜係爲國旗正在升降時所奏之歌譜至升降國旗前應唱國歌爲升降旗儀式中所明定仰即知照並轉飭遵照」

等因奉此除分行外合行令仰知照

此令

——摘自《教育部公報》一九四七年第十九卷第七期

篇目索引

說明：本索引收録輯入《民國時期圖書館學報刊資料分類彙編·法律法規卷》中的所有文章，依次著録每篇文章的篇名、原載報刊名、出版時間、卷期號、在本書中的起始頁碼等信息，按篇名的漢語拼音順序排列。

1935 年第 11、12 期合刊　下册:434 頁

015　安徽省立圖書館組織大綱　《學風》　1931 年第 1 卷第 9 期　上册:435 頁

016　安徽省政府教育廳擴圖書室計劃　《安徽教育行政週刊》　1928 年第 1 卷第 26 期　中册:160 頁

017　安徽省政府教育廳圖書室管理圖書辦法　《安徽教育行政週刊》　1928 年第 1 卷第 26 期　中册:161 頁

018　安徽省政府教育廳圖書室簡章　《安徽教育行政週刊》　1928 年第 1 卷第 26 期　中册:161 頁

019　安徽圖書館財產保管委員會簡則　《安徽教育行政週刊》　1928 年第 1 卷第 6 期　上册:345 頁

020　安徽圖書館規程　《安徽教育行政週刊》　1928 年第 1 卷第 22 期　上册:351 頁

B

021　北京大學圖書館借書規則　《浙江公立圖書館年報》　1922 年第 7 期　下册:107 頁

022　〔北京圖書館〕收受寄存圖書簡章　《北京圖書館月刊》　1928 年第 1 卷第 1 期　上册:207 頁

023　北京圖書館徵求新版報告辦法　《北京圖書館月刊》　1928 年第 1 卷第 3 期　上册:209 頁

024　〔北平〕大學區各縣民衆閲報事務所暫行規程　《北平大學區教育旬刊》　1929 年第 9 期　中册:552 頁

025　〔北平〕大學區各縣通俗圖書館、民衆閲報事務所、通俗講演所主任任免及待遇暫行規程　《北平大學區教育旬刊》　1929 年第 9 期　下册:244 頁

026　北平大學區各縣通俗圖書館暫行規程　《北平大學區教育旬刊》　1929 年第 9 期　中册:319 頁

027　〔北平教育短波社郵借圖書館借書規程〕　《中華圖書館協會會報》　1936 年第 12 卷第 3 期　中册:209 頁

028　北平市社會局考查市立圖書館、教育館、閲書報處、民衆茶社暫行辦法　《時代教育》　1934 年第 2 卷 3 期　下册:464 頁

029　北平市私立木齋圖書館籌備處董事會簡章　《北平私立木齋圖書館季刊》　1937 年創刊號　下册:230 頁

030　北平市私立木齋圖書館籌備處簡章　《北平私立木齋圖書館季刊》　1937 年創刊號　下册:229 頁

031　北平特別市第一普通圖書館辦事細則　《北平特別市市立第一普通圖書館週年紀念刊》　1930 年紀念刊　中册:16 頁

032　北平特別市第一普通圖書館規則　《北平特別市市立第一普通圖書館週年紀念刊》　1930 年紀念刊　中册:9 頁

033 北平特别市第一普通圖書館閲覽規則 《北平特别市市立第一普通圖書館週年紀念刊》 1930 年紀念刊 中册:13 頁

034 本司支批金華勸學所總董請創辦送閲報紙機關稟 《浙江教育官報》 1909 年第 11 期 中册:521 頁

035 布告各書店遵章呈繳新出圖書 《廣東教育月刊》 1933 年第 2 卷第 8 期 上册:96 頁

036 部頒社會教育機關臨時工作大綱 《浙江教育》 1937 年第 2 卷第 9 期 下册:393 頁

C

037 裁撤淮陰社教機關不稱職人員 《江蘇教育》 1933 年第 2 卷第 1、2 期合刊 下册:309 頁

038 察哈爾省立通俗教育館圖書部借書簡章 《察哈爾教育公報》 1931 第 1 卷第 12 期 中册:377 頁

039 長興縣輔導社會教育機關實施標準 《浙江教育行政週刊》 1932 年第 3 卷第 33 期 下册:419 頁

040 呈〔安徽〕省長公署呈爲呈報遴員改委接充省立圖書館館長仰祈 《安徽教育公報》 1925 年第 38 期 下册:238 頁

041 成立〔湖南〕全省各縣民衆圖書館以省款預購萬有文庫作基本圖書請公決案 《湖南教育行政彙刊》 1929 年第 2 期 中册:331 頁

042 呈省長爲本届教育行政會議議決巡迴文庫案請核准文並指令 《江蘇教育公報》 1919 年第 9 期 中册:410 頁

043 呈爲〔天津〕市立圖書館館址未定籌備期限届滿擬再展長三個月以利進行仰祈鑒核令遵文 《教育公報》(天津) 1930 年第 36 期 中册:25 頁

044 呈爲呈報〔天津〕各市立通俗圖書館成立巡迴文庫請鑒核備案文 《教育公報》(天津) 1932 年第 76 期 中册:465 頁

045 呈主席爲通俗教育館與圖書館合併編造全年度預算書請備案文 《察哈爾教育公報》 1928 年第 1 卷第 6 期 中册:308 頁

046 飭令圖書館、教育館照章領用臨時費 《安徽教育行政週刊》 1928 年第 1 卷第 20 期 上册:348 頁

047 〔重慶民生實業公司〕圖書館巡迴固定文庫閲覽規約 《新世界》 1933 年第 29 期 中册:183 頁

048 〔重慶民生實業公司〕圖書館巡迴文庫管理規程 《新世界》 1935 年第 63 期 中册:195 頁

049 籌辦京師大學堂奏片並章程 《湘報》 1898 年第 131 號 下册:1 頁

050 籌辦圖書館等辦法 《教育益聞録》 1930 年第 2 卷第 1 期 上册:58 頁

051 籌設各省流通圖書館辦法 《中華圖書館協會會報》 1934 年第 10 卷第 3 期

中册:397 頁

D

052 大學院發陳劍翛提全國應廣設民衆閲報處以資推廣社會教育案 《教育公報》(天津) 1929 年創刊號 中册:545 頁

053 大學院令發全國應廣設民衆閲報處以資推廣社會教育案飭屬遵照由 《廣東教育公報》 1928 年第 1 卷第 5 期 中册:530 頁

054 大學院訓令令發圖書館調查表式仰即限期具報文 《甘肅教育公報》 1928 年第 3 期 上册:39 頁

055 大學院訓令四川教育廳令發圖書館表式二紙飭轉所屬遵照填報一案 《四川教育公报》 1928 年第 2 卷第 2 期 下册:482 頁

056 第四中山大學區各縣公共圖書館暫行條例 《第四中山大學教育行政週刊》 1928 年第 24 期 中册:277 頁

057 東督徐奏請江省創建圖書館摺 《浙江教育官報》 1909 年第 9 期 上册:283 頁

058 〔東省特別行政區〕委任阿衣拉兜任司基、司恩那雜洛夫爲蘇聯路員子弟第二中學校圖書室辦事員等令 《東省特別區教育行政週報》 1930 年第 1 卷第 16 期 下册:277 頁

059 東省特别區教育管理局暫行通俗圖書館規程 《教育月刊》 1922 年第 1 卷第 2 期 中册:246 頁

060 東省特别區教育廳所屬各教育機關主管人員交代規程 《東省特別區教育行政週報》 1931 年第 2 卷第 1 期 下册:279 頁

061 東省特别區教育廳圖書室公開借閲辦法 《東省特别區教育行政週報》 1933 年第 3 卷第 4 期 中册:185 頁

E

062 二十六年度〔浙江〕省學區社會教育輔導機關輔導各縣市社會教育標準 《浙江教育》 1937 年第 2 卷第 6 期 下册:440 頁

063 二十五年度〔浙江〕省學區社會教育機關輔導各縣市社會教育標準 《浙江教育》 1937 年第 2 卷第 3、4 期 下册:436 頁

064 二十一年度〔浙江〕省立社會教育機關輔導地方社會教育標準 《浙江教育行政週刊》 1932 年第 3 卷第 41 期 下册:422 頁

065 二十一年度〔浙江〕省學區社會教育輔導機關輔導地方社會教育標準 《浙江教育行政週刊》 1932 年第 3 卷第 41 期 下册:422 頁

F

066 奉化縣成立巡迴圖書館 《中華圖書館協會會報》 1933 年第 6 卷第 4 期 中册:467 頁

067 奉化縣立巡迴圖書館巡迴暫行細則 《中華圖書館協會會報》 1933 年第 6 卷第 4 期 中册:469 頁

068 福建各縣、市立民衆圖書館辦法 《福建教育廳教育週刊》 1928 年第 7 期 中册:290 頁

069 福建各縣、市立民衆圖書館閱覽辦法 《福建教育廳教育週刊》 1928 年第 7 期 中册:292 頁

070 福建公立圖書館參觀規則 《福建教育廳教育週刊》 1928 年第 12 期 上册:362 頁

071 福建公立圖書館規程 《福建省政府公報》 1929 年第 77 期 上册:372 頁

072 福建公立圖書館規程草案 《福建教育廳教育週刊》 1928 年第 12 期 上册:358 頁

073 福建公立圖書館普通閱覽室規則 《福建教育廳教育週刊》 1928 年第 12 期 上册:361 頁

074 福建公立圖書館雜誌閱覽室規則 《福建教育廳教育週刊》 1928 年第 12 期 上册:362 頁

075 福建公立圖書館職員辦事簡則 《福建教育廳教育週刊》 1928 年第 12 期 上册:360 頁

076 〔福建公立圖書館〕徵集圖書簡章 《福建教育廳教育週刊》 1928 年第 12 期 上册:365 頁

077 福建獎勵捐贈圖書文獻辦法 《福建教育廳教育週刊》 1928 年第 11 期 上册:48 頁

078 福建省捐資創辦圖書館及捐助圖書館獎勸簡章 《建甌縣公立圖書館十週年紀念刊》 1930 年版 上册:72 頁

079 〔福建省立圖書館〕參觀規則 《福建省立圖書館年報》 1929 年年報 上册:370 頁

080 〔福建省立圖書館〕革命文庫及民衆閱覽室閱覽規則 《福建省立圖書館年報》 1928 年第 12 期 上册:369 頁

081 〔福建省立圖書館〕普通閱覽室規則 《福建省立圖書館年報》 1929 年年報 上册:367 頁

082 〔福建省立圖書館〕雜誌閱覽室閱覽規則 《福建省立圖書館年報》 1928 年第 12 期 上册:369 頁

083 福建省民衆書報所辦法大綱 《教育週刊》(福建) 1932 年第 125 期 中册:569 頁

084　福建縣市立民衆圖書館徵集圖書簡約　《福建教育廳教育週刊》　1928年第7期　中册:294頁

085　福建縣市民衆圖書館附設巡迴文庫辦法　《福建教育廳教育週刊》　1928年第7期　中册:426頁

086　福建徵集圖書文獻辦法　《福建教育廳教育週刊》　1928年第11期　上册:47頁

G

087　各級學校及各機關團體附設圖書館室供應民衆閲覽辦法　《教育部公報》　1941年第13卷第11、12期合刊　中册:214頁

088　各縣公共圖書館暫行規程　《圖書館月刊》　1932年第1卷第2號　中册:380頁

089　各縣民衆圖書館暫行規程　《福建教育廳教育週刊》　1928年第7期　中册:295頁

090　各縣縣立圖書館最低限度之工作設備及經費標準應如何規定案　《福建教育》　1935年第1期　中册:110頁

091　各縣巡迴文庫暫行規程　《民衆教育月刊》　1931年第3卷第4、5期合刊　中册:454頁

092　公函阮紳强等〔函爲呈轉公民阮强等請在蕪湖創設省立第二圖書館擬列入第十年度預算由〕　《安徽教育月刊》　1920年第31期　上册:311頁

093　公函中華教育基金會修正墊款維持辦法第三五六等條　《教育公報》　1927年第1期　上册:31頁

094　公函中華教育文化基金董事會墊付圖書館經常費每月二千五百元並辦法六條　《教育公報》　1927年第1期　上册:29頁

095　〔光華大學〕圖書館規則　《光華通信》　1939年第12期　下册:195頁

096　〔光華大學〕圖書館落成紀念學生獻募圖書辦法　《光華通信》　1939年第12期　下册:197頁

097　〔光華大學〕圖書館落成紀念徵募圖書辦法　《光華通信》　1939年第12期　下册:197頁

098　〔光華大學〕圖書館組織及辦事細則　《光華通信》　1939年第12期　下册:194頁

100　〔廣東國民大學圖書館〕新訂各項時間及規則　《廣東國民大學圖書館館刊》　1933年第2、3期合刊　下册:172頁

101　廣東國民大學圖書館開館時間及各項規則　《廣東國民大學圖書館館刊》　1933年第1期　下册:170頁

102　廣東教育廳圖書館借書規則　《廣東教育廳旬刊》　1935年第1卷第2期　中册:202頁

103 廣西大學图书館訂定半開書庫暫行簡則 《中華圖書館協會會報》 1940 年第 14 卷第 5 期 下册:200 頁

104 廣西各縣設置縣立圖書館辦法(附縣立圖書館章程式樣) 《廣西省政府公報》 1938 年第 253 期 中册:119 頁

105 廣西省立第一圖書館徵募贈圖書文獻物品簡章 《中華圖書館協會會報》 1935 年第 11 卷第 1 期 上册:527 頁

106 廣州市立中山圖書館組織章程 《統計月刊》 1936 年第 2 卷第 7—9 期合刊 中册:39 頁

107 桂省頒發各图书館立案、備案表格 《中華圖書館協會會報》 1936 年第 12 卷第 1 期 下册:502 頁

108 桂省府飭各縣設立縣圖書館 《中華圖書館協會會報》 1938 年第 13 卷第 3 期 中册:121 頁

109 國立北平大學工學院圖書館借書補充規則 《工學院半月刊》 1936 年第 20 期 下册:182 頁

110 國立北平大學農學院圖書館暫行規則 《農訊》 1937 年第 47 期 下册:185 頁

111 國立北平圖書館委員會組織大綱 《教育部公報》 1929 年第 1 卷第 10 期 上册:217 頁

112 國立北平圖書館組織大綱 《教育部公報》 1929 年第 1 卷第 6 期 上册:210 頁

113 國立北平圖書館組織條例 《教育部公報》 1946 年第 18 卷第 6 期 上册:266 頁

114 〔國立北洋大學〕圖書館辦事細則 《北洋週刊》 1947 年復刊第 3 期、第 4 期 下册:209 頁

115 〔國立北洋大學〕圖書館圖書借閲規則 《北洋週刊》 1947 年復刊第 1 期、第 2 期 下册:207 頁

116 國立暨南大學教職員借閲圖書暫行規則 《暨南校刊》 1937 年第 204 期 下册:191 頁

117 國立暨南大學圖書館閲覽規則 《暨南校刊》 1937 年第 204 期 下册:190 頁

118 國立勞動大學圖書館借書規約 《勞大週刊》 1930 年第 4 卷第 11 期 下册:157 頁

119 國立勞動大學圖書館學生學術團體借書規則 《勞大週刊》 1930 年第 4 卷第 11 期 下册:157 頁

120 國立山東大學圖書館新訂之各系借書規則 《中華圖書館協會會報》 1933 年第 8 卷第 4 期 下册:169 頁

121 〔國立四川大學〕圖書館暫行訂購書籍辦法 《國立四川大學校刊》 1940 年第 8 卷第 9 期 下册:199 頁

122 國立四川大學各研究室向圖書館提書規則 《國立四川大學校刊》 1948 年第 20 卷第 12 期 下册:211 頁

123 國立四川大學圖書館期刊室規則 《國立四川大學校刊》 1948 年第 20 卷第 12 期 下册:211 頁

124 國立四川大學圖書館閲覽室規則 《國立四川大學校刊》 1948 年第 20 卷第 12 期 下册:211 頁

125 國立西北圖書館籌備委員會組織規程 《社會教育季刊》 1943 年第 1 卷第 2 期 上册:262 頁

126 〔國立中山大學〕图书館出納部辦事細則 《國立中山大学圖書館週刊》 1928 年第 3 卷第 6 期 下册:111 頁

127 〔國立中山大學〕圖書館章程 《農聲》 1930 年第 129 期、130 期、131 期 下册:132 頁

128 國立中山大學图书館教職員借書暫行簡章 《國立中山大学圖書館週刊》 1928 年第 3 卷第 6 期 下册:119 頁

129 國立中山大學图书館校外人員借閲圖書章程 《國立中山大学圖書館週刊》 1928 年第 3 卷第 6 期 下册:120 頁

130 國立中山大學图书館學生借書規則摘要 《國立中山大学圖書館週刊》 1928 年第 3 卷第 6 期 下册:120 頁

131 〔國立中山大學圖書館〕編目部辦事細則 《國立中山大学圖書館週刊》 1928 年第 4 卷第 5 期 下册:122 頁

132 〔國立中山大學圖書館〕舊書整理部暫行借閲圖書條例 《國立中山大学圖書館週刊》 1928 年第 5 卷第 3 期 下册:130 頁

133 〔國立中山大學圖書館〕新訂購書辦法 《國立中山大学圖書館週刊》 1928 年第 5 卷第 3 期 下册:128 頁

134 〔國立中央圖書館辦理出版品國際交換事項辦法〕 《北平市政府公報》 1947 年第 2 卷第 11 期 上册:270 頁

135 國立中央圖書館籌備處閲覽室規則 《學觚》 1936 年 1 卷第 7 期 上册:259 頁

136 國立中央圖書館館員任用及待遇暫行規程 《教育部公報》 1941 年第 13 卷第 17、18 期合刊 下册:364 頁

137 國立中央圖書館聘任人員遴聘規則 《教育部公報》 1948 年第 20 卷第 1 期 下册:380 頁

138 國立中央圖書館書籍裝訂暫行規則 《學觚》 1936 年第 1 卷第 3 期 上册:222 頁

139 國立中央圖書館暫行期刊編目條例 《學觚》 1936 年第 1 卷第 4 期 上册:229 頁

140 國立中央圖書館暫行中文圖書編目規則 《學觚》 1936 年第 1 卷第 5 期 上册:237 頁

141 國立中央圖書館重慶分館建築委員會組織規則 《教育通訊》 1938 年第 1 卷第 32 期 上册:260 頁

142 國立中央圖書館組織條例 《教育部公報》 1940 年第 12 卷第 19、20 期合刊 上册:261 頁

143 國立中央圖書館組織條例 《教育部公報》 1945 年第 17 卷第 10 期 上册:264 頁

144 國民大學圖書館規則 《國大週刊》 1926 年第 16 期 下册:110 頁

145 國民政府教育部、中華教育文化基金董事會合組國立北平圖書館辦法 《教育部公報》 1929 年第 1 卷第 10 期 上册:216 頁

H

146 海寧縣圖書館視導標準 《教育部公報》 1931 年第 3 卷第 43 期 下册:382 頁

147 海鹽縣立圖書館二十三年度進行計劃書 《浙江教育行政週刊》 1935 年第 6 卷第 23 期 中册:112 頁

148 海鹽縣圖書館參觀規則 《浙江公立圖書館年報》 1921 年第 6 期 中册:70 頁

149 函昆華圖書館及經費委員會等轉知月報預算計算改進辦法案 《雲南教育公報》 1938 年第 8 卷第 8 期 上册:534 頁

150 函送雲南圖書館及民教館調查表 《雲南教育》 1934 年第 2 卷第 7 期 上册:100 頁

151 杭縣縣立流通圖書館附設通俗圖書庫暫行章程 《中華圖書館協會會報》 1930 年第 6 卷第 1 期 中册:346 頁

152 杭縣縣立流通圖書館規程 《中華圖書館協會會報》 1930 年第 6 卷第 1 期 中册:344 頁

153 杭縣縣立流通圖書館一般書類流通借閱章程 《中華圖書館協會會報》 1930 年第 6 卷第 1 期 中册:344 頁

154 杭州市市立社會教育機關服務人員服務細則 《浙江教育行政週刊》 1933 年第 5 卷第 5 期 下册:385 頁

155 合肥縣立中和圖書館財產保管委員會章程 《安徽教育行政週刊》 1932 年第 5 卷第 29 期 中册:104 頁

156 〔河北〕省立各圖書館經常費預算數目仍照舊案辦理案 《河北教育公報》 1929 年第 3 期 上册:386 頁

157 〔河北〕省縣市圖書館概況調查表 《河北教育公報》 1932 年第 19 期 下册:489 頁

158 〔河北〕省縣市閱報所概況調查表 《河北教育公報》 1932 年第 19 期 下册:490 頁

159 河北省各縣民衆閱報所組織大綱 《河北教育公報》 1929 年第 1 期 中册:555 頁

160 河北省各縣通俗圖書館、民衆閱報所、通俗講演所主任任免及待遇暫行規程 《河北教育公報》 1929 年第 1 期 下册:247 頁

161 河北省各縣通俗圖書館、民衆閱報所、通俗講演所主任任免及待遇暫行規程第三條條文 《河北教育公報》 1933年第13期 下册:312頁

162 河北省各縣通俗圖書館組織大綱 《河北教育公報》 1929年第1期 中册:329頁

163 河北省各縣巡迴文庫暫行辦法 《河北教育公報》 1929年第2卷第6期 中册:439頁

164 河北省教育廳布告〔令各書局將應繳圖書逕寄國立北平圖書館〕 《河北教育公報》 1934年第31、32期合刊 上册:110頁

165 河北省立民衆教育館及圖書館職員任用暫行辦法 《河北教育公報》 1933年第34期 下册:317頁

166 河北省省立圖書館暫行規程 《河北教育公報》 1930年第3卷第4期 上册:415頁

167 河北省通俗圖書館流動閱覽辦法大綱 《河北教育公報》 1930年第3卷第4期 中册:335頁

168 〔河南〕革命圖書館提倡閱書(規定借書章程並獎兒童讀書) 《河南教育行政周刊》 1931年第2卷第7期 上册:448頁

169 河南藩學兩司會詳請撫院創建圖書館並擬定章程文(附擬辦河南圖書館章程) 《浙江教育官報》 1909年第11期 上册:287頁

170 〔河南革命圖書館徵集圖書簡章〕 《河南教育行政週刊》 1931年第1卷第30期 上册:432頁

171 河南教育廳擬定推廣河南全省圖書館計畫(附民衆閱報處報章揭示辦法) 《河南教育》 1928年第1卷第2、3期合刊 中册:533頁

172 河南教育廳圖書室捐助及寄存圖書辦法 《河南教育》 1929年第1卷第17期 中册:166頁

173 河南教育廳圖書室圖書借閱規程 《河南教育》 1929年第1卷第17期 中册:166頁

174 河南教育廳圖書室閱覽規則 《河南教育》 1929年第1卷第17期 中册:165頁

175 河南教育廳圖書室暫行章程 《河南教育》 1929年第1卷第17期 中册:164頁

176 河南民衆圖書館閱覽規則 《河南教育特刊》 1929年第1期 中册:318頁

177 河南民衆圖書館暫行章程 《河南教育特刊》 1929年第1期 中册:318頁

178 河南省各市縣立新民圖書館組織規則 《河南教育季刊》 1942年第1卷第3期 中册:127頁

179 河南省立圖書館規程 《河南教育季刊》 1942年第1卷第3期 上册:545頁

180 〔河南省立圖書館組織規程〕 《河南政治》 1934年第4卷第5期 上册:491頁

181 河南省立圖書館組織暫行規程 《河南省政府公報》 1934年第1018期 上

册:498 頁

182 河南省圖書館閲覽規則 《河南圖書館館刊》 1934 年第 4 期 上册:520 頁

183 核示洱源縣小學生文庫巡迴閲覽辦法 《雲南教育》 1934 年第 3 卷第 4 期 中册:480 頁

184 核准〔四川〕省立圖書館籌設委員會組織規程 《四川教育》 1937 年第 1 卷第 2 期 上册:531 頁

185 核准昆明縣重訂民衆書報閲覽室辦法(附重訂昆明縣立民衆書報閲覽室辦法) 《雲南教育》 1934 年第 2 卷第 7 期 中册:575 頁

186 湖北各縣巡迴講員暨巡迴文庫處獎懲條例 《湖北教育行政旬刊》 1929 年第 9、10 期合刊 中册:433 頁

187 湖北省各縣巡迴講演暨巡迴文庫辦法大綱 《湖北教育行政旬刊》 1929 年第 7 期 中册:431 頁

188 湖北省立各縣巡迴講演暨巡迴文庫處辦事細則 《湖北教育行政旬刊》 1929 年第 11 期 中册:437 頁

189 湖北省立圖書館建築委員會章程 《湖北省政府公報》 1934 年第 57 期 上册:518 頁

190 〔湖南〕縣立民教館、圖書館設置巡迴文庫計劃式樣 《湖南教育》 1942 年第 28 期 中册:491 頁

191 湖南省各機關團體及各級學校附設圖書館室供應民衆閲覽辦法 《湖南教育》 1942 年第 27 期 中册:215 頁

192 湖南省各縣圖書館、民衆教育館巡迴文庫設置指南 《湖南教育》 1942 年第 28 期 中册:492 頁

193 湖南省立中山圖書館組織規程 《湖南教育行政彙刊》 1929 年第 1 期 上册:383 頁

194 湖南省普及圖書教育暫行辦法 《社教之友》 1941 年第 16、17 期合刊 上册:542 頁

195 湖南市縣立民衆圖書館暫行規程 《湖南教育行政彙刊》 1930 年第 5 期 中册:338 頁

196 滬市立圖書館特訂公務員借書簡易辦法 《中華圖書館協會會報》 1936 年第 12 卷第 3 期 中册:45 頁

197 華僑商會倡辦民衆圖書館或附設民衆書報閲覽處辦法 《教育部公報》 1930 年第 2 卷第 39 期 中册:348 頁

J

198 〔吉林教育廳〕訓令各縣及直轄各教育機關函吉林市政籌備處奉部令明定中等以下學校校長等任免辦法仰遵照請查照文) 《吉林教育公報》 1930 年第 68 期 下册:270 頁

199 〔吉林教育廳〕訓令各縣政府爲令發本省民衆圖書館辦法大綱並應查照教育公報刊登書報目録購備仰飭遵辦文(附吉林省民衆圖書館辦法大綱) 《吉林教育公報》 1930 年第 69 期 中册:342 頁

200 〔吉林教育廳〕訓令省立各教育機關、各縣政府爲准北平特别市立第一普通圖書館函徵各教育機關出版刊物仰照表查填逕寄文 《吉林教育公報》 1931 年第 93 期 中册:27 頁

201 〔吉林教育廳〕訓令省立圖書館遵照本年春季省督學報告應行改進各節切實辦理文 《吉林教育公報》 1929 年第 8 期 上册:380 頁

202 〔吉林教育廳〕指令汪清縣據呈擬於原有通俗教育圖書館内附設民衆圖書館核准並飭將通俗教育圖書館改稱爲民衆教育館文 《吉林教育公報》 1930 年第 78 期 中册:352 頁

203 〔吉林教育廳〕指令榆樹縣據轉報民衆教育館辦理民衆圖書館情形准予備案仰即轉知並飭將圖書目録及閲覽規則繕訂呈核文 《吉林教育公報》 1930 年第 85 期 中册:355 頁

204 嘉善縣公立通俗圖書館辦理巡迴文庫報告 《浙江教育行政週刊》 1930 年第 2 卷第 11 期 中册:445 頁

205 檢發各縣民教館及農教館最低標準工作考查辦法及應用表式 《江蘇教育季刊》 1933 年第 2 卷第 4 期 下册:458 頁

206 〔建甌縣公立圖書館〕章程 《建甌縣公立圖書館十週年紀念刊》 1930 年版 上册:73 頁

207 建設委員會圖書館借閲圖書規則 《建設委員會公報》 1934 年第 37 期 中册:190 頁

208 江蘇各縣黨部設置圖書館辦法 《中華圖書館協會會報》 1931 年第 6 卷第 4 期 中册:180 頁

209 江蘇省各教育機關交代暫行辦法 《江蘇教育》 1930 年創刊號 下册:274 頁

210 江蘇省各縣縣立圖書館二十二年度標準工作 《江蘇教育季刊》 1933 年第 2 卷第 9 期 下册:383 頁

211 江蘇省各縣縣立圖書館館長任免及待遇暫行規程 《江蘇省公報》 1939 年第 36 期 下册:355 頁

212 江蘇省各縣縣立圖書館館員聘任及待遇暫行規程 《江蘇省公報》 1939 年第 36 期 下册:356 頁

213 江蘇省各縣縣立圖書館組織暫行規程 《江蘇省公報》 1939 年第 36 號 中册:123 頁

214 江蘇省各縣巡迴文庫暫行辦法 《江蘇教育》 1932 年第 1 卷第 11、12 期合刊 中册:466 頁

215 〔江蘇省教育廳〕圖書館購書辦法 《江蘇教育》 1930 年創刊號 中册:174 頁

216 江蘇省教育廳圖書館徵書辦法 《江蘇教育》 1930 年創刊號 中册:174 頁

217 江蘇省立第二圖書館增訂詳細章程 《浙江公立圖書館年報》 1922 年第 7 期

上册:336 頁

218 江蘇省立第一圖書館保存善本規則 《浙江公立圖書館年報》 1922 年第 7 期 上册:333 頁

219 江蘇省立第一圖書館章程 《浙江公立圖書館年報》 1922 年第 7 期 上册:328 頁

220 江蘇省立國學圖書館閱覽部特種借書規約 《江蘇省立國學圖書館年刊》 1942 年年刊 上册:544 頁

221 江蘇省立民衆教育館及教育學院視察輔導各縣社會教育機關要點 《江蘇教育季刊》 1930 年第 3 卷第 8 期 下册:402 頁

222 江蘇省省立圖書館館員聘任及待遇暫行規程 《江蘇教育》 1935 年第 4 卷第 1、2 期合刊 下册:327 頁

223 〔江西〕省立第二通俗書報閱覽室視察報告 《江西教育公報》 1929 年第 3 卷第 3 期 中册:550 頁

224 〔江西〕省立圖書館視察報告 《江西教育公報》 1929 年第 3 卷第 3 期 上册:379 頁

225 江西各縣、市立通俗圖書館規程 《江西教育公報》 1928 年第 16 期 中册:281 頁

226 江西各縣、市立通俗圖書館閱覽規則 《江西教育公報》 1928 年第 16 期 中册:283 頁

227 江西各縣市通俗圖書館附設巡迴文庫規程 《江西教育公報》 1928 年第 16 期 中册:423 頁

228 江西獎勵捐贈圖書文獻條例 《江西教育公報》 1927 年第 17 期 上册:33 頁

229 江西省教育廳取締本省教育機關服務人員兼職兼薪辦法 《江西教育行政旬刊》 1932 年第 1 卷第 5 期 下册:306 頁

230 江西省教育廳圖書室訂定省會小學教職員借閱書籍規則 《江西教育旬刊》 1933 年第 7 卷第 9 期 中册:187 頁

231 江西省立圖書館辦事細則 《江西省立圖書館館刊》 1934 年創刊號 上册:504 頁

232 江西省立圖書館保證金借書規則 《江西省立圖書館館刊》 1934 年創刊號 上册:512 頁

233 江西省立圖書館附設圖書館學研究室辦法 《江西教育公報》 1928 年第 21 期 上册:349 頁

234 江西省立圖書館規程 《江西教育公報》 1927 年第 8 期 上册:343 頁

235 江西省立圖書館規程 《江西教育公報》 1929 年第 3 卷第 15 期 上册:402 頁

236 江西省立圖書館機關借書規則 《江西省立圖書館館刊》 1934 年創刊號 上册:513 頁

237 江西省立圖書館普通閱覽規則 《江西省立圖書館館刊》 1934 年創刊號 上册:510 頁

238 江西省立圖書館善本圖書閱覽規則 《江西省立圖書館館刊》 1934年創刊號 上册:511頁
239 江西省立圖書館書庫規則 《江西省立圖書館館刊》 1934年創刊號 上册:515頁
240 江西省立圖書館圖書流通部規則 《江西省立圖書館館刊》 1934年創刊號 上册:514頁
241 江西省立圖書館閱報規則 《江西省立圖書館館刊》 1934年創刊號 上册:515頁
242 江西省立圖書館閱覽雜誌規則 《江西省立圖書館館刊》 1934年創刊號 上册:517頁
243 江西省立圖書館暫行規程 《江西省立圖書館館刊》 1934年創刊號 上册:503頁
244 江西省立圖書館戰時書報流通暨供應暫行辦法 《中華圖書館協會會報》 1939年第14卷第1期 上册:540頁
245 江西省立圖書館職員借書規約 《江西省立圖書館館刊》 1934年創刊號 上册:516頁
246 江西省立圖書館職員請假規則 《江西省立圖書館館刊》 1934年創刊號 上册:514頁
247 教部解釋教育人員任免疑義 《東省特別區教育行政週報》 1931年第2卷第49期 下册:297頁
248 教部社教司提交年會議案議決具覆(附改進縣市圖書館行政要點) 《中華圖書館協會會報》 1936年第12卷第2期 上册:122頁
249 教部委本會〔中華圖書館協會〕擬具改進圖書館行政要點(附改進圖書館行政要點) 《中華圖書館協會會報》 1936年第12卷第1期 上册:117頁
250 教育部代電河北省教育廳〔請解釋教育局圖書館閱報所職員取得教育會會員之資格仰即知照由〕 《教育部公報》 1931年第3卷第19期 上册:90頁
251 教育部直屬社會教育機關團體工作人員待遇規程(附表格) 《教育部公報》 1943年第15卷第7期 下册:369頁
252 教育部直屬社會教育機關團體工作人員待遇規則(附表格) 《教育部公報》 1943年第15卷第10期 下册:375頁
253 進士館藏書樓條規 《大公報》 1904年6月6日第700號、701號 下册:19頁
254 京師大學堂藏書樓新定章程 《大公報》 1903年3月12日第258號 下册:11頁
255 京師大學堂藏書樓增訂閱書借書章程 《大公報》 1903年6月20日第357號 下册:14頁
256 京師大學堂藏書樓章程 《大公報》 1902年12月23日第190號、192號、194號 下册:7頁

257　京師大學堂續訂圖書館章程　《北京大學史料第 1 卷(1898－1911)》　下册:17 頁

K

258　昆明縣立民衆書報閲覽室辦法　《云南教育半月刊》　1930 年第 2 卷第 6 期　中册:565 頁

259　擴充省縣圖書館案　《遼寧教育月刊》　1929 年第 1 卷第 3 期　上册:49 頁

L

260　令〔安徽〕省立圖書館長〔胡翼謀〕改進缺點　《安徽教育行政週刊》　1929 年第 2 卷第 7 期　上册:376 頁

261　令〔安徽〕省立圖書館館長陳東原〔案據本廳視察報告意見,令仰該館遵照辦理具報〕　《安徽教育行政旬刊》　1933 年第 1 卷第 21 期　上册:479 頁

262　令〔安徽〕省立圖書館館長陳東原〔嘉奬並飭擴展館務〕　《安徽教育行政週刊》　1930 年第 3 卷第 47 期　上册:426 頁

263　令北平市私立木齋圖書館董事會〔准予該會呈請備案〕　《北平私立木齋圖書館季刊》　1937 年創刊號　下册:232 頁

264　令滄縣縣長呈請委任吕會同爲民衆閲報所主任由　《河北教育公報》　1930 年第 10 期　下册:256 頁

265　令飭填報社會教育機關主任人員履歷表　《廣東教育月刊》　1932 年第 1 卷第 10 期　下册:301 頁

266　令第二科科員劉燕東爲調任該員代理〔天津〕市立第三通俗講演所管理員,兼第三通俗圖書館管理員,仰遵照接收清楚會報查核令　《教育公報》(天津)　1935 年第 149 期　下册:343 頁

267　令第四科科長龍樹篤、省督學龍承熾、蕭謙縮小省立圖書館組織另行派員整理以節公帑　《江西教育行政旬刊》　1932 年第 1 卷第 1 期　下册:303 頁

268　令東光縣縣政府教育局〔視察員李文綺視察該縣通俗圖書館辦理情形〕　《河北教育公報》　1932 年第 14 期　中册:384 頁

269　令發〔安徽〕省立各教育機關、省立圖書館百年儲金辦法(附安徽省立圖書館百年儲金辦法)　《安徽教育週刊》　1935 年第 6 期　上册:523 頁

270　令發圖書館規程　《安徽教育行政週刊》　1930 年第 3 卷第 16 期　上册:61 頁

271　令發圖書館立案、備案表　《安徽教育週刊》　1936 年第 62、63 期合刊　下册:499 頁

272　令發閲書報處概况報告表須遵即填報　《廣東教育月刊》　1934 年第 3 卷第 10、11 期合刊　中册:578 頁

273　令發中華圖書館協會擬具條陳飭遵照辦理　《安徽教育行政週刊》　1930 年第 3

卷第 31 期　上册:75 頁

274　令福建教育廳呈一件送仙遊縣公立圖書館簡章表册由(附簡章、職務規則、藏書規則、閱覽規則)《教育公報》1924 年第 5 期　中册:87 頁

275　令阜城縣教育局呈爲改組民衆閱報所選定主任請鑒核准委由　《河北教育公報》1930 年第 7 期　下册:253 頁

276　令〔甘肅〕省立圖書館呈爲擬具補充圖書館計劃概略請鑒核由　《甘肅教育公報》1934 年第 25－28 期合刊　上册:500 頁

277　令各平民圖書館改館名爲“民衆圖書館”並將館内所有書籍等項情形具報　《河南教育》1929 年第 1 卷第 17 期　中册:315 頁

278　令各省教育廳重慶市教育局令仰轉飭各縣市國民教育研究會遵照開示各點積極辦理圖書供應業務　《教育部公報》1945 年第 17 卷第 4 期　中册:508 頁

279　令各省市教育廳局令將各該省、市、縣國立圖書館實施概況、館長姓名及所有圖書雜誌報紙數目等項一併查明具報由　《教育部公報》1947 年第 19 卷第 7 期　下册:503 頁

280　令各省市教育廳局修正圖書館規程第九條條文由　《教育部公報》1947 年第 19 卷第 11 期　上册:145 頁

281　令各縣、縣政府直轄各級學校、第一二通俗圖書館爲奉令中華圖書館協會議決案並教育部審核意見仰查照分别辦理由　《山西教育公報》1936 年第 221 期　上册:118 頁

282　令各縣教育局、各附屬機關、回教教育促進會、各中等學校〔抄發中華圖書館協會原呈暨原批各一份令仰知照〕《甘肅省教育廳教育週刊》1931 年第 11、12 期合刊　上册:88 頁

283　令各縣市政府頒發縣市圖書館暫行規程仰遵照由　《浙江教育行政週刊》1930 年第 2 卷第 2 期　上册:83 頁

284　令各縣縣長、省立各學校圖書館、省立民衆教育館〔令發圖書館調查表式仰遵照填送以憑彙辦由〕《廣西教育行政月刊》1933 年第 3 卷第 1 期　上册:94 頁

285　令各縣知事〔呈報公私立圖書館、通俗圖書館、講演所之名稱、地址暨成立時間以資考核〕《河南教育公報》1922 年第 2 期　上册:27 頁

286　令各學校、各社會教育機關奉省令發教育部審核中華圖書館協會議決各案意見一案仰知照　《河南教育週刊》1930 年第 13 期　上册:84 頁

287　令國立北平、中央、西北圖書館籌備委員會抄發本部邊疆教育委員會會議決議國立圖書館應充實東方圖書一案仰遵辦具報(附國立圖書館應充實東方圖書案)《教育部公報》1944 年第 16 卷第 5 期　上册:263 頁

288　令國立北平圖書館令照視察意見遵辦　《教育部公報》1947 年第 19 卷第 1 期　上册:268 頁

289　令國立北平圖書館委員會爲結束國立北平圖書館移交委員會接收由　《教育部公報》1929 年第 1 卷第 9 期　上册:214 頁

290　令國立編譯館、中央博物院籌備處、中央圖書館准銓敍部函送各機關受訓人事管

理人員通訊辦法函請查照令仰遵照(附各機關受訓人事管理人員通訊辦法) 《教育部公報》 1944年第16卷第2期 下册:378頁

291 令國立各級學校等准交通部函送修正鐵路運輸教育用品特價章程及託運辦法令仰知照(附發修正鐵路運輸教育用品特價章程及托運辦法各一份) 《教育部公報》 1943年第15卷第8期 下册:202頁

292 令國立中央圖書館、北平圖書館、羅斯福圖書館、西北圖書館籌備處委員會令即搜藏各級政府官書官文書 《教育部公報》 1947年第19卷第1期 上册:269頁

293 令〔廣西〕省立第一圖書館館長趙佩瑩〔將名稱、地址、經費等項造具册表圖說二份呈送來廳以憑轉報備案〕 《廣西教育公報》 1930年第3卷第4號 上册:414頁

294 令〔廣西〕省立第一圖書館据呈擬增設中西文編目主任編目員各一人可否乞核示由 《廣西教育行政月刊》 1932年第1卷第8期 下册:302頁

295 令懷集縣縣長呈送縣立圖書館建築費預算書請察核由 《廣西教育行政月刊》 1931年第1卷第5期 中册:100頁

296 令懷來縣政府據督學蕭賓報告視察該縣民衆教育館第二民衆閱報處等情形仰轉飭查照指示各節改進由 《察哈爾教育公報》 1934年第2卷第2期 中册:573頁

297 令〔河北〕省立第二圖書館〔案據本廳視察報告意見,令仰該館遵照辦理具報〕 《河北教育公報》 1932年第25期 上册:476頁

298 令〔河北〕省立第二圖書館〔崔叔青視察該館辦理情形所列應行改進之要點仰即切實遵辦〕 《河北教育公報》 1932年第2期 上册:452頁

299 令〔河北〕省立第二圖書館呈送各項章程及辦事細則等件請鑒核由 《河北教育公報》 1930年第3卷第25－27期合刊 上册:419頁

300 令〔河北〕省立第二圖書館主任〔省立第二圖書館可以開館令〕 《河北教育公報》 1928年第10期 上册:356頁

301 令〔河北〕省立第二中學校〔視察員李文裿報告該校圖書館辦理情形〕 《河北教育公報》 1932年第15期 下册:163頁

302 令〔河北〕省立第九師範學校〔視察員李文裿報告該校圖書館辦理情形〕 《河北教育公報》 1932年第15期 下册:164頁

303 令〔河北〕省立第三女子師範學校〔視察員李文裿報告該校圖書館辦理情形〕 《河北教育公報》 1932年第25期 下册:166頁

304 令〔河北〕省立第十二中學校〔視察員李文裿報告該校圖書館辦理情形〕 《河北教育公報》 1932年第25期 下册:166頁

305 令〔河北〕省立第四師範學校〔視察員李文裿報告該校圖書館辦理情形〕 《河北教育公報》 1932年第25期 下册:167頁

306 令〔河北〕省立第一女子中學校〔視察員李文裿報告該校圖書館辦理情形〕 《河北教育公報》 1932年第14期 下册:161頁

307 令〔河北〕省立第一師範學校〔視察員李文褘報告該校圖書館辦理情形〕《河北教育公報》 1932年第15期 下册:163頁

308 令〔河北〕省立第一通俗圖書館〔視察員李文褘視察該縣通俗圖書館辦理情形〕《河北教育公報》 1932年第14期 中册:388頁

309 令〔河北〕省立第一通俗圖書館案據本廳委員視察該館情形報稱 《河北教育公報》 1932年第3期 中册:382頁

310 令〔河北〕省立第一圖書館〔案本廳視察該館情形,令仰該館遵照指示各點切實改進具報此令〕《河北教育公報》 1932年第15期 上册:461頁

311 令〔河北〕省立第一中學校〔視察員李文褘報告該校圖書館辦理情形〕《河北教育公報》 1932年第15期 下册:162頁

312 令〔河北〕省立法商學院〔視察員李文褘報告該院圖書館辦理情形〕《河北教育公報》 1932年第14期 下册:160頁

313 令〔河北〕省立各學院、中學校、師範學校、社會教育機關〔准浙江省立圖書館調查河北省市立各公私圖書館及藏書機構並依表填報〕《河北教育公报》 1933年第22期 下册:491頁

314 令〔河北〕省立工業學院〔視察員李文褘報告該院圖書館辦理情形〕《河北教育公報》 1932年第14期 下册:159頁

315 令〔河北〕省立女子師範學院〔視察員李文褘報告該院圖書館辦理情形〕《河北教育公報》 1932年第14期 下册:160頁

316 令〔湖北〕省立各縣、巡迴講員〔遵湖北省立各縣巡迴講演暨巡迴文庫處懲獎條例〕《湖北教育行政旬刊》 1930年第25、26期合刊 中册:441頁

317 令獲鹿縣政府呈送圖書館一覽表及巡迴文庫辦法等項請鑒核備案由 《河北教育公報》 1930年第25—27期合刊 中册:99頁

318 令吉林教育廳呈一件檢送吉林縣公立圖書館清册及各項簡章規則請核備由(附簡章、本館借閱圖書簡章、閱覽規則)《教育公報》 1922年第7期 中册:71頁

319 令嘉定縣知事呈爲轉報勸學所擬辦巡迴文庫規程簡則祈鑒核備案由(附原呈及規程)《江蘇教育公報》 1922年第4期 中册:421頁

320 令江西教育廳呈一件報臨川縣圖書館開辦巡行文庫並送簡章職員履歷藏書目録請鑒核由(附簡章)《教育公報》 1921年第5期 中册:418頁

321 令江西教育廳呈一件送臨川縣公立圖書館各項清摺章程圖表請備案由(附抄件、章程、閱覽規則、優待捐贈圖書規則、寄存圖書簡章 《教育公報》 1920年第7期 中册:62頁

322 令江西教育廳呈一件送臨川縣通俗圖書館簡章等件請核令由 《教育公報》 1922年第4期 中册:244頁

323 令江西教育廳呈一件送上饒縣通俗圖書館規程等請核備令遵由 《教育公報》 1921年第1期 中册:240頁

324 令江西教育廳呈一件送興國縣鄉立圖書館章程各件請核由(附簡章)《教育公

報》 1923 年第 5 期　中册:84 頁

325　令江西教育廳廳長李金藻呈一件呈送省立圖書館章程請核令由 《教育公報》 1922 年第 6 期　上册:312 頁

326　令江西教育廳廳長伍崇學呈一件呈報白鹿洞圖書館組織成立檢同來件請備案由(附章程、細則) 《教育公報》 1921 年第 5 期　下册:213 頁

327　令交河縣縣長〔呈送巡迴文庫辦事細則請鑒核備案由〕 《河北教育公報》 1930 年第 9 期　中册:443 頁

328　令〔教育部〕直屬各機關學校轉發國營鐵路運輸教育用品減價辦法令仰知照(附發國營鐵路運輸教育用品減價辦法一份) 《教育部公報》 1944 年第 16 卷第 4 期　下册:204 頁

329　令教育局據呈爲擬定天津市市立圖書館徵集圖書文獻辦法,呈請鑒核,提交市政會議公決施行等情,案經議決,仰照行政手續由該局核准施行,報府備查令 《教育公報》(天津) 1934 年第 114 期　中册:33 頁

330　令京師通俗圖書館呈一件修改館規由(附抄件) 《教育公報》 1922 年第 12 期　中册:252 頁

331　令京師圖書分館呈一件送八月分圖書新聞雜誌閲覽人數表、每日閲覽總券數表暨職員薪俸規則由(附規則) 《教育公報》 1919 年第 11 期　下册:236 頁

332　令京師圖書分館呈一件重訂規則請核由(附規則、請假規則、閲覽規則、職員薪水規則) 《教育公報》 1923 年第 1 期　上册:187 頁

333　令京師圖書館〔頒發鈔書閲書特許券式樣仰京師圖書館遵照〕 《教育公報》 1919 年第 12 期　上册:169 頁

334　令京師圖書館呈一件擬變通捐助圖書褒獎辦法由 《江蘇教育公報》 1919 年第 1 期　上册:158 頁

335　令京師圖書館呈一件擬訂與分館交换閲覽圖書簡則連同閲覽暫行規則請核示由(附簡則、規則) 《教育公報》 1919 年第 7 期　上册:167 頁

336　令京師圖書館呈一件擬訂暫行辦事細則由(附細則) 《教育公報》 1924 年第 5 期　上册:196 頁

337　令京師圖書館呈一件送改訂藏書流布暫行規則請示遵由(附規則) 《教育公報》 1919 年第 2 期　上册:159 頁

338　令京師圖書館呈一件條陳該館應行改革事宜請批准由(附規章) 《教育公報》 1923 年第 3 期　上册:192 頁

339　令京師圖書館呈一件爲酌擬修改本館閲覽規則及藏書流布暫行規則請核施由(附京師圖書館暫行圖書閲覽規則、修正京師圖書館藏書流布暫行規則) 《教育公報》 1922 年第 9 期　上册:171 頁

340　令京師圖書館呈一件修改各項暫行規則請核示由(附京師圖書館修改暫行辦事規則、修改京師圖書館暫行圖書閲覽規則、修改京師圖書館藏書流布暫行規則) 《教育公報》 1922 年第 12 期　上册:181 頁

341　令京師圖書館呈一件與商務印書館訂立印書免費契約由(附契約) 《教育公報》

1919 年第 3 期　上册:165 頁

342　令京師圖書館呈一件徵集圖書謹擬簡章請核行由(附徵求書籍簡章)《教育公報》 1919 年第 3 期　上册:162 頁

343　令京師學務局呈一件修訂公立通俗教育講演所及公衆閲報處簡章送請備核由(附公立公衆閲報處簡章)《教育公報》 1919 年第 2 期　中册:522 頁

344　令景縣縣政府教育局〔視察員李文禕視察該縣通俗圖書館辦理情形〕《河北教育公報》 1932 年第 14 期　中册:386 頁

345　令昆明市府、各縣教育局、各圖書館奉教部令圖書館立案或備案時均須依表式填報 《雲南教育公報》 1936 年第 5 卷第 5 期　下册:494 頁

346　令涞源縣教育局呈報籌設民衆閲報所並遴選主任附送證件及計畫書請鑒核示遵由 《河北教育公報》 1930 年第 15 期　下册:266 頁

347　令民衆讀物編審處據〔天津〕市立第六民衆閲書報所管理員王明德呈,以旋里請假,並派員暫代等情。茲派該處書記吴葆恒暫代,合行令仰該處知照,並轉飭該員前往暫代令 《教育公報》(天津) 1934 年第 123 期　下册:322 頁

348　令南皮縣縣政府教育局〔視察員李文禕視察該縣通俗圖書館辦理情形〕《河北教育公報》 1932 年第 14 期　中册:385 頁

349　令南通縣知事呈爲舉辦巡迴文庫擬訂簡章規程請鑒核備案由(附南通縣勸學所巡迴文庫簡章及規程)《江蘇教育公報》 1921 年第 6 期　中册:415 頁

350　令平魯縣縣長呈報城内設立通俗圖書舘情形備案由 《山西教育公報》 1928 年第 262 期　中册:299 頁

351　令平順縣縣長呈報成立通俗圖書館並送簡章規則由 《山西教育公報》 1928 年第 262 期　中册:303 頁

352　令慶雲縣縣長呈報成立通俗圖書館經過情形並請准委胡遵乾爲主任由 《河北教育公報》 1930 年第 14 期　下册:262 頁

353　令熱河省教育廳〔抄發圖書館規程〕《熱河教育月刊》 1930 年第 11 期　上册:60 頁

354　令陝西教育廳呈一件送朝邑縣公立圖書館簡章及建築圖式職員表册請核備由(附簡章)《教育公報》 1925 年第 3 期　中册:90 頁

355　令上林縣縣長呈送該縣圖書館建築圖式及預算書請察核由 《廣西教育行政月刊》 1932 年第 1 卷第 7 期　中册:101 頁

356　令省立第一圖書館爲令尊事案據本廳委員視察該館辦理情形 《河北教育公報》 1932 年第 2 期　上册:454 頁

357　令順義縣縣政府呈報籌設通俗圖書館經過情形附簡章等件請鑒核由 《河北教育公報》 中册:1930 年第 33 期　中册:356 頁

358　令私立木齋圖書館董事會〔經核查同意該圖書館備案〕《北平私立木齋圖書館季刊》 1937 年創刊號　下册:234 頁

359　令私立木齋圖書館董事會〔准令該會呈報圖書館章表等件備案〕《北平私立木齋圖書館季刊》 1937 年創刊號　下册:234 頁

360　令太倉縣知事呈爲屬縣巡迴文庫由圖書館兼辦並修正簡章請核示由(附原呈暨簡章)《江蘇教育公報》 1921年第1期　中册:412頁

361　令〔天津〕市立第二民衆閱書報所管理員張恩禄爲該員在辦公時間,擅離職守,實屬玩忽職務,應予停職,仰即遵照,交代清楚,具報查核令　《教育公報》(天津)　1935年145期　下册:335頁

362　令〔天津〕市立第九民衆閱書報所奉市府令爲該所經費准自二十二年七月份起由專款項下動支等因仰造具經費預算書請款憑單呈局彙辦令　《教育公報》(天津)　1933年第14期　中册:572頁

363　令〔天津〕市立第六民衆閱書報所管理員王明德據呈報請假一個月返里省親,並請派員代理職務等情,准給假一個月,該員職務派吴葆恒暫代,仰即知照令　《教育公報》(天津)　1935年第147期　下册:339頁

364　令〔天津〕市立第六通俗圖書館據呈報事務員鄒宗範辭職遺額擬以張肅賡補充准予備案令　《教育公報》(天津)　1931年第62期　下册:293頁

365　令〔天津〕市立第六通俗圖書館據呈爲助理員展樹桐因病辭職遺額擬請展毓筠補充准予備案令　《教育公報》(天津)　1933年第100期　下册:313頁

366　令〔天津〕市立第六閱書報所管理員王明德據呈請假省親並請派員代庖等情准予給假三星期並派由王遂前往代理令　《教育公報》(天津)　1933年第93期　下册:310頁

367　令〔天津〕市立第七民衆閱書報所據呈報管理員劉金銘因病逝世,請派員接充等情。茲准劉育民暫行代理,并負責交代,仰將該所卷宗圖書家俱造具清册,准備移交令　《教育公報》(天津)　1935年第142期　下册:330頁

368　令〔天津〕市立第七通俗圖書館據呈報成立學校巡迴文庫,及家庭巡迴文庫日期,擬具實施計畫等情,准予備案令　《教育公報》(天津)　1934年第121期　中册:477頁

369　令〔天津〕市立第七通俗圖書館據呈管理員王德本,請假三週,回籍省親。准予給假,並准館務暫由事務員王言遜代理,仰知照令　《教育公報》(天津)　1934年第129期　下册:323頁

370　令〔天津〕市立第三民衆閱書報所令據呈送十九年三月至二十年四月分圖書清册如此延緩玩視局令殊屬不成事體應將管理員記過一次,並遵照第三三九號通令辦理仰遵照令　《教育公報》(天津)　1931年第55期　中册:568頁

371　令〔天津〕市立第三通俗圖書館據呈報第四代辦處遷移錦衣衛橋准予備案令　《教育公報》(天津)　1931年第42期　下册:470頁

372　令〔天津〕市立第三通俗圖書館據呈助理館員周文濬因事辭職,遺缺以王壽萱遞補,等情,准予備案令　《教育公報》(天津)　1935年第154期　下册:345頁

373　令〔天津〕市立第十民衆閱書報所管理員李澤周據呈請再辭管理員職務應即照准所務着由宋琳接任仰將交接情形呈局備查令　《教育公報》(天津)　1931年第63期　下册:295頁

374　令〔天津〕市立第四民衆閱書報所管理員宋效濂據呈因事離津,請開去職務等情,

應予照准,仰即遵照辦理交代,會報查核令 《教育公報》(天津) 1934 年第 134 期 下册:326 頁

375 令〔天津〕市立第四民衆閱書報所據呈送遺失圖書登記表,准予照表分别註銷令 《教育公報》(天津) 1934 年第 133 期 中册:577 頁

376 令〔天津〕第五通俗圖書館管理員王錫齡據呈請求辭職,應予照准,仰遵照交代暫行規程,交代清楚會報由 《教育公報》(天津) 1937 第 17 期 下册:365 頁

377 令天津市第五自治區第十五坊坊長李玉廷等據呈爲創設民衆閱書報社懇請備案等情如係該坊公所自設可擬具組織章程呈局核訂若請由市立應俟教育專款增加再行核辦仰知照批 《教育公報》(天津) 1933 年第 93 期 中册:571 頁

378 令〔天津〕市立第一、二、三、四、五、六、七通俗圖書館據會呈公推市立通俗圖書館編輯委員會委員長,准予備案。查該編輯委員會發行之月刊,現既更換負責人員,應由該會現任委員長,填具聲請書登記表呈局,以憑轉呈更換,仰遵照辦理具報令 《教育公報》(天津) 1934 年第 129 期 下册:325 頁

379 令〔天津〕市立第一、二、三、四、五、六、七通俗圖書館據會銜呈報館外借閱規則,准如所擬辦理,仰即遵照令 《教育公報》(天津) 1935 年第 151 期 中册:401 頁

380 令〔天津〕市立第一、二、三、四、五、六、七通俗圖書館令發學校巡迴文庫辦法及家庭巡迴文庫辦法,仰遵照辦理具報令 《教育公報》(天津) 1933 年第 111 期 中册:390 頁

381 令〔天津〕市立第一、二、三、四、五、六、七通俗圖書館令發巡迴文庫草案仰遵照籌備並將籌備情形隨時呈局備查令 《教育公報》(天津) 1931 年第 58 期 中册:459 頁

382 令〔天津〕市立第一、二、三、四、五、六、七通俗圖書館令知呈准該館創設巡迴文庫增加經費仰即派員來局更正前送年度歲出預算及七月份支付預算並携帶請款憑單領款收據以便更换給領令 《教育公報》(天津) 1931 年第 58 期 中册:457 頁

383 令〔天津〕市立第一、二、三、四、五、六通俗圖書館,一、二、三、四、五、六、七、八民衆閱書報所發閱覽時間表仰遵照令 《教育公報》(天津) 1930 年第 23 期 下册:466 頁

384 令〔天津〕市立第一民衆閱報所據呈報奉令改稱天津市市立第一閱書報所已悉令 《教育公報》(天津) 1931 年第 44 期 中册:566 頁

385 令〔天津〕市立第一民衆閱書報所管理員劉璧臣據呈應聘充任市立第三十九小學校教員,懇辭管理員職務,等情,准予辭職,遺缺另委邢湧瀾接充,仰遵照交代暫行規程交代清楚,會報查核由 《教育公報》(天津) 1935 年第 155 期 下册:349 頁

386 令〔天津〕市立第一民衆閱書報所管理員馬振英爲調任該員爲本局第二科科員,所遺管理員職務,另委劉璧臣接充,仰遵照交代清楚會報查核令 《教育公報》(天津) 1935 年第 149 期 下册:341 頁

387 令〔天津〕市立各民衆閲書報所令知奉市政府訓令,以據裘視察主任世廉,簽報視察市立各民衆閲書報所情形,市立第一第七民衆閲書報所着予嘉獎,第三民衆閲書報所既經遷移,應即迅速整頓,其餘各所應參照市政府訓令,切實整理,以期日有進展,仰遵照令 《教育公報》(天津) 1935 年第 148 期 中册:579 頁

388 令〔天津〕市立各民衆閲書報所爲准社會教育機關會議議决,閲書報所之圖書由附近之通俗圖書館供給,以所餘之購書費伍元,作爲多訂報紙,及增設閲報牌之用,仰遵照,並將辦理情形具報由 《教育公報》(天津) 1936 年第 161、162 期合刊 中册:480 頁

389 令〔天津〕市立各通俗圖書館、市立民衆教育館奉令以民衆教育館圖書閲覽部延長時間,普通圖書館得斟酌辦理,仰遵照令 《教育公報》(天津) 1935 年第 151 期 下册:478 頁

390 令〔天津〕市立各通俗圖書館令知奉市政府訓令,以據裘視察主任世廉簽報視察市立各通俗圖書館情形市立第一第三第六通俗圖書館着予嘉獎,其餘各館應參照市政府訓令切實整理,以期日有進展,仰遵照令 《教育公報》(天津) 1935 年第 148 期 中册:400 頁

391 令〔天津〕市立各通俗圖書館爲准社會教育機關會議議决代辦處無效率者予以撤消,及供給閲書報所圖書辦法,仰遵照,並將辦理情形具報由 《教育公報》(天津) 1936 年第 161、162 期合刊 中册:402 頁

392 令〔天津〕市立圖書館籌備處令知呈請續領市立圖書館開辦費呈奉指令照准令 《教育公報》(天津) 1930 年第 41 期 中册:26 頁

393 令〔天津〕市立圖書館奉令該館經費准自十二月十六日起由教育專款項下撥發附發鈐記一顆仰查收具報令 《教育公報》(天津) 1931 年第 44 期 中册:30 頁

394 令〔天津〕市立圖書館奉令以轉呈圖書分館每月經常費數目,經再予核定並仍着本局籌發等因,俟教育專款增加時再行辦理,仰知照由 《教育公報》(天津) 1937 年第 21 期 中册:50 頁

395 令〔天津〕市立圖書館據呈請擬轉請市府撥給公園樓房建設圖書分館,附呈概算書二份等情,經予轉請核奪矣,仰即知照,並補送概算書二份備查由 《教育公報》(天津) 1937 年第 18 期 中册:46 頁

396 令〔天津〕市立圖書館令知據呈二十年上半年息金補充印刷費收支清册及單據粘存簿准予備案令 《教育公報》(天津) 1931 年第 62 期 中册:32 頁

397 令〔天津〕市立圖書館爲奉市政府令發該館分館預算清單一紙,仰知照由 《教育公報》(天津) 1937 年第 19 期 中册:48 頁

398 令〔天津〕市立一、二、三、四、五、六、七通俗圖書館爲抄發視察報告改進事項一份仰即按照所指切實改善以期進步令 《教育公報》(天津) 1932 年第 15 期 中册:389 頁

399 令天津縣縣政府呈報成立第三區區立民衆閲報社委任主任請鑒核備案由 《河北教育公報》 1932 年第 14 期 下册:308 頁

400 令田繼光茲調委田繼光爲〔天津〕市立第五通俗圖書館管理員由 《教育公報》

（天津） 1937 年第 17 期　下册:351 頁

401　令通縣教育局呈爲經費缺乏擬請以督學張書年兼任圖書館主任附履歷計畫書請鑒核示遵由　《河北教育公報》 1930 年第 22－24 期合刊　下册:272 頁

402　令圖書閱覽所呈一件修訂所章請核示由(附章程、規則、館外閱覽暫行規則、暫行借書辦法、職員薪水規則、職員請假規則)《教育公報》 1922 年第 12 期　上册:176 頁

403　令武邑縣教育局呈報擬委吴孝先爲通俗圖書館主任附證書等件請鑒核示遵由《河北教育公報》 1930 年第 15 期　下册:264 頁

404　令新任〔天津〕市立第七通俗圖書館管理員王德本令仰接收市立第七通俗圖書館,並將接收情形,具報查核令　《教育公報》(天津) 1934 年第 116 期　下册:321 頁

405　令新任〔天津〕市立第五通俗圖書館管理員田繼光令爲該員調充第五通俗圖書館管理員,仰遵照接收清楚,會報查核由　《教育公報》(天津) 1937 年第 17 期　下册:352 頁

406　令新任〔天津〕市立第一民衆閲書報所管理員劉璧臣令仰遵照交代暫行規程,前往會同接收會報查核令　《教育公報》(天津) 1935 年第 149 期　下册:340 頁

407　令新任〔天津〕市立第一民衆閲書報所管理員邢湧瀾令仰遵照交代暫行規程前往接收清楚,會報查核由　《教育公報》(天津) 1935 年第 155 期　下册:348 頁

408　令新任暫代〔天津〕市立第二民衆閲書報所管理員章承忠令仰該員遵照交代暫行規程前往接收具報查核令　《教育公報》(天津) 1935 年第 145 期　下册:334 頁

409　令新樂縣縣長呈送民衆閲報所及通俗講演所兩所主任證明文件由　《河北教育公報》 1930 年第 10 期　下册:255 頁

410　令行唐縣教育局呈爲委任通俗圖書館閲報事務所主任及講演所主任請鑒核備案由　《河北教育公報》 1930 年第 13 期　下册:260 頁

411　令陽高縣縣長省政府行知據陽高縣呈送黨化教育圖書館簡章仰核飭遵照由《山西教育公報》 1928 年第 261 期　中册:94 頁

412　令張家口公立黨義圖書館董事會呈一件爲呈請改定本館名稱並頒發鈐記祈鑒核由　《察哈爾教育公報》 1931 年第 1 卷第 10 期　中册:375 頁

413　令張家口公立黨義圖書館爲督學王子佩查報該館辦理情形仰按照指示各節分别遵辦具報查核由　《察哈爾教育公報》 1931 年第 1 卷第 9 期　中册:374 頁

414　令浙江教育廳呈一件呈送永嘉縣公立通俗圖書館清册章程辦事細則圖説履歷請核備令遵由(附規程、辦事細則)《教育公報》 1920 年第 1 期　中册:221 頁

415　令浙江教育廳呈一件送孝豐縣通俗圖書館册件請核備由(附章程、藏書規則、閲書規則、辦事細則)《教育公報》 1922 年第 7 期　中册:248 頁

416　令浙江教育廳呈一件送餘杭縣圖書館成立日期及簡章等項由(附簡章、閲書報社簡章、閲書規則、借閲圖書規則、藏書規則、辦事細則)《教育公報》 1923 年第 5 期　中册:78 頁

417 令浙江教育廳廳長許壽裳呈一件送舊温屬公立圖書館長履歷暨各種册件由(附圖書館章程、細則、參觀條例 《教育公報》 1920年第4期 中册:58頁

418 令浙江教育廳廳長夏敬觀呈一件呈送省立公衆運動場並附設通俗圖書館章程細則規則清册圖樣主任履歷請鑒核由 《教育公報》 1920年第6期 中册:227頁

419 令浙江教育廳廳長夏敬觀呈一件送嘉興縣新塍鎮公立通俗圖書館簡章等件請核示由 《教育公報》 1922年第2期 中册:242頁

420 令浙江教育廳廳長夏敬觀呈一件送縉雲縣公立通俗圖書館事項清册簡章規則職員履歷請核示由 《教育公報》 1921年第7期 中册:234頁

421 令浙江教育廳廳長夏敬觀呈一件送温嶺縣通俗圖書館章程册件請核備由 《教育公報》 1922年第12期 中册:237頁

422 令浙江省教育廳廳長伍崇學呈一件送公立圖書館修正辦事細則由(附修正條文) 《教育公報》 1919年第4期 上册:310頁

423 令知各社教機關合併改組爲江西省立民衆教育館 《江西教育行政旬刊》 1932年第1卷第1期 上册:91頁

424 令〔浙江〕省立圖書館呈一件呈報擬訂各縣市圖書館暫行辦法數種請鑒核由 《浙江教育行政週刊》 1933年第4卷第38期 上册:490頁

425 令知古越藏書樓准予改設縣立圖書館仰遵辦具報《浙江教育行政週刊》 1932年第4卷第8期 下册:225頁

426 令知教育部審核中華圖書館協會議决各案意見已由國府核准照辦 《安徽教育行政週刊》 1930年第3卷第23期 上册:67頁

427 令知修正社教機關職員任免及待遇暫行規程 《江蘇教育》 1935年第4卷第4期 下册:331頁

428 令知修正整理紹興古越藏書樓辦法已奉部令准予備案 《浙江教育行政週刊》 1932年第4卷第8期 下册:224頁

429 令直轄各社教機關、各縣教育局令填報社教機關人員學歷經歷俸給調查表 《江西教育行政旬刊》 1932年第1卷第3期 下册:304頁

430 令中山圖書館、河南教育館、河南圖書館、河南博物館改定新年放假五日仰遵照 《河南教育行政週刊》 1931年第1卷第16、17期合刊 下册:468頁

431 令鍾澂兹派該員爲監交員,仰遵照交代暫行規程前往〔天津〕市立第二民衆閲書報所監交,具報查核令 《教育公報》(天津) 1935年第145期 下册:337頁

M

432 蒙藏專門學校規程(附蒙藏專門學校現行規則) 《教育公報》 1918年第11期 下册:56頁

433 民教館圖書館延長開放時間令 《法令週刊》 1935年第260期 下册:472頁

434 民衆教育館輔導各地社會教育辦法大綱 《教育部公報》 1939年第11卷第

4—6 期合刊　下册:443 頁

435　民衆圖書館通則　《福建教育廳教育週刊》　1928 年第 11 期　中册:311 頁

436　閩省圖書館規定借閱圖書規則　《中華圖書館協會會報》　1937 年第 12 卷第 6 期　上册:533 頁

N

437　南京第一公園通俗圖書館閱覽規則　《南京特別市教育月刊》　1928 年第 1 卷第 6 期　中册:279 頁

438　南京特別市立民衆閱報處簡章　《首都教育》　1929 年第 1 卷第 4、5 期合刊　中册:559 頁

439　南京特別市立民衆閱報處閱覽規則　《首都教育》　1929 年第 1 卷第 4、5 期合刊　中册:560 頁

440　南京特別市市立第一通俗圖書館館務會議暫行細則　《南京特別市教育月刊》　1927 年第 1 卷第 2 期　中册:273 頁

441　南京特別市市立第一通俗圖書館寄存圖書規則　《南京特別市教育月刊》　1927 年第 1 卷第 2 期　中册:275 頁

442　南京特別市市立第一通俗圖書館募贈圖書辦法　《南京特別市教育月刊》　1927 年第 1 卷第 2 期　中册:274 頁

443　南京特別市市立第一通俗圖書館閱覽規則　《南京特別市教育月刊》　1927 年第 1 卷第 2 期　中册:275 頁

444　南京特別市市立第一通俗圖書館暫行辦事細則　《南京特別市教育月刊》　1927 年第 1 卷第 2 期　中册:271 頁

445　南京特別市市立第一通俗圖書館暫行規程　《南京特別市教育月刊》　1927 年第 1 卷第 2 期　中册:269 頁

446　南陵縣通俗圖書館閱覽規則　《安徽教育公報》　1923 年第 5 期　中册:262 頁

447　南陵縣縣立通俗圖書館簡章　《安徽教育公報》　1923 年第 5 期　中册:260 頁

448　南通學院圖書館借閱圖書規則　《南通學院院刊》　1937 年第 2 期　下册:192 頁

449　南洋公學圖書館參觀規則　《浙江公立圖書館年報》　1920 年第 5 期　下册:106 頁

450　南洋公學圖書館管理章程　《浙江公立圖書館年報》　1920 年第 5 期　下册:100 頁

451　南洋公學圖書館閱書規則　《浙江公立圖書館年報》　1920 年第 5 期　下册:105 頁

452　南嶽圖書館徵圖書(附徵求圖書規程)　《中華圖書館協會會報》　1933 年第 8 卷第 5 期　中册:129 頁

453　擬定促進圖書館推廣事業辦法以供教廳採擇案　《福建教育》　1935 年第 1 期

上册:114 頁

454 擬訂〔江蘇〕省立社會教育機關輔導各縣社會教育辦法 《江蘇教育季刊》 1933 年第 2 卷第 7、8 期合刊 下册:424 頁

455 寧夏省立圖書館〔章程〕 《中華圖書館協會會報》 1935 年第 10 卷第 4 期 上册:521 頁

456 女子圖書館章程 《女子月刊》 1933 年第 1 卷第 1 期 中册:188 頁

P

457 批松坡圖書館據呈報第二館開館並送簡章准備案(附大總統呈文、財政部來公函、松坡圖書館簡章、第二館規則) 《教育公報》 1924 年第 7 期 下册:216 頁

458 聘請馮飛等爲湖北省立圖書館選購圖書委員會委員 《湖北教育月刊》 1933 年創刊號 下册:315 頁

459 平魯縣城内通俗圖書館簡章 《山西教育公報》 1928 年第 262 期 中册:301 頁

460 平市第一普通圖書館圖書館學術研究會〔簡章〕 《北平特別市市立第一普通圖書館週年紀念刊》 1930 年紀念刊 中册:21 頁

461 平市教育局制定中等教育社會教育視導標準 《東省特別區教育行政週報》 1932 年第 3 卷第 1 期 下册:453 頁

462 平市通俗教育館添設圖書流動車(附簡章) 《中華圖書館協會會報》 1932 年第 7 卷第 4 期 中册:461 頁

463 平順縣通俗圖書館簡章 《山西教育公報》 1928 年第 262 期 中册:305 頁

464 平順縣通俗圖書館閱覽書報規則 《山西教育公報》 1928 年第 262 期 中册:306 頁

465 平陽縣二十二年度社會教育輔導計劃 《浙江教育行政週刊》 1933 年第 5 卷第 16 期 下册:430 頁

466 浦江縣教育服務人員進修辦法 《浙江教育行政週刊》 1933 年第 5 卷第 6 期 下册:387 頁

467 普及全國圖書教育辦法 《教育部公報》 1943 年第 15 卷第 12 期 上册:138 頁

468 普及全國圖書教育辦法修正第七條條文 《教育部公報》 1944 年第 16 卷第 7 期 上册:143 頁

469 普及全國圖書教育暫行辦法 《教育部公報》 1941 年第 13 卷第 3、4 期合刊 上册:135 頁

Q

470 巧家縣立通俗圖書館擴爲巧家縣立民衆教育館之計劃 《雲南教育週刊》 1931

年第1卷第14期　中册:372頁

471　青島市觀象台圖書館簡則　《青島市政府市政公報》 1931年第17期　中册:178頁

472　青島市立圖書館組織規程　《青島市政府公報》 1934年第3卷第1期　中册:35頁

473　青島市圖書館借書規則　《中華圖書館協會會報》 1936年第11卷第6期　中册:43頁

474　青島市圖書館巡迴書庫出借用簡則　《中華圖書館協會會報》 1936年第11卷第6期　中册:489頁

475　請大學院籌設國立中央圖書館案　《安徽教育行政週刊》 1928年第1卷第5期　上册:205頁

476　全國教育會議中關於圖書館之提案　《圖書館學季刊》 1928年第2卷第3期　上册:42頁

477　全國圖書館發展步驟大綱之決議　《中華圖書館協會會報》 1928年第3卷第6期　上册:40頁

R

478　任命金人爲〔天津〕市立第五民衆閲書報所管理員令　《河北教育公報》 1930年第30期　下册:268頁

479　任命李恩祜爲〔天津〕市立圖書館籌備處事務員令　《河北教育公報》 1930年第30期　下册:269頁

480　任命李澤周爲〔天津〕市立第十民衆閲書報所管理員令　《教育公報》(天津) 1930年第25期　下册:258頁

481　任命劉育民爲〔天津〕市立第七民衆閲書報所管理員令　《教育公報》(天津) 1935年第142期　下册:329頁

482　任命宋琳爲〔天津〕市立第十民衆閲書報所管理員令　《教育公報》(天津) 1931年第63期　下册:294頁

483　任命王培初爲〔天津〕市立第七通俗圖書館管理員令　《教育公報》(天津) 1930年第26期　下册:259頁

484　任命溫瀛士爲市立第一通俗講演所管理員兼管市立第一第五民衆閲書報所事務等令　《教育公報》(天津) 1929年第3期　下册:243頁

485　任命邢湧瀾爲〔天津〕市立第一民衆閲書報所管理員由　《教育公報》(天津) 1935年第155期　下册:347頁

486　任命姚金紳爲〔天津〕市立圖書館館長令　《教育公報》(天津) 1931年第42期　下册:278頁

487　任命章承忠暂代〔天津〕市立第二民衆閲書報所管理員令　《教育公報》(天津) 1935年第145期　下册:333頁

488　任命張恩禄爲〔天津〕市立第二民衆閲書報所管理員等令　《教育公報》(天津)　1929年第10期　下册:251頁

489　任命張家譽爲〔天津〕市立第八民衆閲書報所管理員令　《教育公報》(天津)　1933年第109期　下册:316頁

490　任命鄭恩榮爲〔天津〕市立第四通俗講演所兼第四通俗圖書館管理員令　《河北教育公報》　1930年第30期　下册:268頁

S

491　三十二年度教育部補助各省市縣民衆教育館圖書館設備費辦法　《教育部公報》　1943年第15卷第5期　上册:137頁

492　山東各縣公立圖書館暫行規程　《山東教育行政週報》　1928年第6期　中册:92頁

493　山東各縣民衆讀書閲報所暫行規程　《山東教育行政週報》　1928年第8期　中册:535頁

494　山東全省圖書委員會〔組織規程〕　《山東省立圖書館季刊》　1934年第1卷第1期　上册:98頁

495　山東省立圖書館工作計劃大綱　《山東教育行政週報》　1929年第60期、61期　上册:389頁

496　山東省立圖書館組織大綱草案　《山東教育行政週報》　1932年第178期　上册:458頁

497　山東省立圖書館組織章程　《山东教育行政週報》　1929年第66期　上册:411頁

498　山東省政府教育廳附設民衆讀書閲報處暫行規程　《山東教育行政週報》　1928年第9期　中册:538頁

499　山東省政府教育廳附設民衆讀書閲報所辦事細則　《山東教育行政週報》　1928年第9期　中册:539頁

500　山東省政府教育廳附設民衆閲報處閲覽規則　《山東教育行政週報》　1928年第10期　中册:541頁

501　山西蒲州府中學堂各項規則　《學部官報》　1907年第41期　下册:35頁

502　山西省立通俗圖書館辦事規則　《山西教育公報》　1928年第262期　中册:298頁

503　山西省立通俗圖書館閲覽規則　《山西教育公報》　1928年第262期　中册:298頁

504　山西省立通俗圖書館章程　《山西教育公報》　1928年第262期　中册:297頁

505　〔陜西教育廳〕編審委員會圖書室圖書出納規則　《教育旬刊》　1937年第1卷第3期　中册:211頁

506　〔陜西教育廳〕編審委員會閲覽室閲覽規則　《教育旬刊》　1937年第1卷第3

期　中册:212 頁

507　陝西省各縣縣立圖書館暫訂實施方案　《陝西省政府公報》 1934 年第 2352 期　中册:105 頁

508　〔陝西省立第一中山圖書館〕調查表　《陝西教育週刊》 1929 年第 66 期　下册:487 頁

509　陝西省立圖書館暫行規程　《新陝西月刊》 1932 年第 2 卷第 1 期　上册:450 頁

510　商業圖書館圖書借出章程、寄存圖書暫行章程　《上海總商會月報》 1927 年第 7 卷第 7 期　中册:158 頁

511　上海市教育局私立圖書館立案規則《教育週報》 1934 年第 240 期　下册:226 頁

512　上海市教育局徵求市立圖書館圖書暫行辦法《中國圖書館聲》 1930 年第 1 期　中册:24 頁

513　上海市市立圖書館主任幹事、幹事任免及服務細則　《教育週報》 1934 年第 224 期　下册:319 頁

514　上海特别市市立流通圖書館暫行規則　《上海特别市公安旬刊》 1929 年第 1 卷第 18 期　中册:333 頁

515　上海特别市市立民衆圖書館辦事通則　《大學院公報》 1928 年第 4 期　中册:286 頁

516　上海特别市市立民衆圖書館閲覽規約　《大學院公報》 1928 年第 4 期　中册:288 頁

517　上海特别市市立民衆圖書館暫行條例　《大學院公報》 1928 年第 4 期　中册:285 頁

518　上海洋涇浜公教進行會信衆流通圖書館簡章　《我存雜誌》 1936 年第 4 卷第 6 期　中册:207 頁

519　紹興縣立民衆教育館二十年度輔導地方社會教育計劃　《浙江教育行政週刊》 1932 年第 3 卷第 22 期　下册:411 頁

520　社會教育第一期視導標準　《北平市教育行政週報》 1931 年第 1 卷第 30 期　下册:450 頁

521　社會教育機關服務人員養老金及卹金條例　《教育部公報》 1940 年第 12 卷第 7 期　下册:362 頁

522　社會教育機關服務人員養老金及卹金條例施行細則　《浙江教育》 1940 年第 3 卷第 9 期　下册:358 頁

523　社會教育機關工作人員檢定規程　《教育通訊》 1943 年第 6 卷第 23 期　下册:373 頁

524　社會教育機關協助各級學校兼辦社會教育辦法　《社教通訊》(杭州) 1939 年第 8 期　下册:441 頁

525　深澤縣閲報室簡章　《直隸教育雜誌》 1906 年第 21 期　中册:511 頁

526 省市縣立社會機關工作人員待遇規程 《教育部公報》 1942 年第 14 卷第 15、16 期合刊 下册:366 頁

527 師範學院、教育學院、師範學校及社會教育機關輔導及協助學校辦理社會教育辦法 《教育部公報》 1945 年第 17 卷第 10 期 下册:449 頁

528 視察〔安徽〕省立圖書館報告 《安徽教育行政週刊》 1929 年第 2 卷第 42 期 上册:407 頁

529 視察〔安徽〕省立圖書館概況報告 《安徽教育行政旬刊》 1933 年第 1 卷第 21 期 上册:480 頁

530 視察安徽省立圖書館報告書 《安徽教育行政週刊》 1930 年第 3 卷第 47 期 上册:428 頁

531 署教育總長章士釗呈臨時執政呈報組織國立京師圖書館委員會並擬定委員請簡派文(附教育部、中華教育文化基金董事會合辦國立京師圖書館契約) 《安徽教育公報》 1925 年第 62 期 上册:202 頁

532 雙林公共圖書館暫行簡章 《湖州月刊》 1925 年第 1 卷第 6 期 中册:267 頁

533 私立河北通信图书館組織簡章 《中華圖書館協會會報》 1935 年第 11 卷第 1 期 下册:228 頁

534 〔四川省〕各縣市社會教育機關工作人員作息時間標準 《四川省政府公報》 1936 年第 58 期 下册:389 頁

535 〔四川省〕各縣市圖書館採購圖書標準 《四川省政府公報》 1936 年第 58 期 下册:389 頁

536 四川省各縣市社會教育機關工作人員作息時間標準 《四川教育》 1937 年第 1 卷第 1 期 下册:391 頁

537 四川省縣(市)立圖書館、民教館舉辦巡迴文庫注意要點 《四川省政府公報》 1943 年第 154 期 中册:499 頁

538 四川省縣(市)立圖書館、民教館設置巡迴文庫計劃範式 《四川省政府公報》 1943 年第 154 期 中册:499 頁

539 四川省縣(市)立圖書館、民教館巡迴文庫設置須知(附表) 《四川省政府公報》 1943 年第 154 期 中册:500 頁

540 蘇省整理各項圖書館之令飭 《圖書館》(上海圖書館協會) 1925 年創刊號 上册:28 頁

T

541 臺灣省立圖書館章程 《臺灣省行政長官公署公報》 1946 年夏字第 37 號 上册:547 頁

542 臺灣省林業試驗所圖書館借書規則 《臺灣省林業試驗所通訊》 1947 年第 17 期 中册:217 页

543 提倡小圖書館案(呈教育部並函各省區教育會) 《教育潮》 1921 年第 1 卷第

10 期　上册:24 頁

544　提議〔湖南〕省府委員會請將省立中山圖書館臨時辦事處名義改爲籌備處十九年下半期經費預算改從二十年度上半期開支案　《湖南教育行政彙刊》　1931 年第 9 期　上册:433 頁

545　天津社會教育辦事處圖書閱覽所試辦規則　《浙江公立圖書館年報》　1922 年第 7 期　中册:155 頁

546　天津社會教育辦事處圖書閱覽所現行入覽規則　《浙江公立圖書館年報》　1922 年第 7 期　中册:155 頁

547　〔天津市教育局〕書報室簡章　《教育公報》(天津)　1929 年創刊號　中册:168 頁

548　〔天津市教育局〕主辦民衆閱書報所計畫大綱　《教育公報》(天津)　1929 年創刊號　中册:543 頁

549　〔天津市教育局〕主辦通俗圖書館計畫大綱　《教育公報》(天津)　1929 年創刊號　中册:316 頁

550　天津市市立第×通俗圖書館館外借閱規則　《天津市市立通俗圖書館月刊》　1935 年第 2 卷第 10—12 期合刊　中册:398 頁

551　天津市市立通俗圖書館編輯委員會編輯部辦事細則　《天津市市立通俗圖書館月刊》　1934 年第 1 卷第 1 期　中册:394 頁

552　天津市市立通俗圖書館編輯委員會規則　《天津市市立通俗圖書館月刊》　1934 年第 1 卷第 1 期　中册:393 頁

553　天津市市立通俗圖書館編輯委員會印刷發行部辦事細則　《天津市市立通俗圖書館月刊》　1934 年第 1 卷第 1 期　中册:395 頁

554　天津市市立通俗圖書館代辦處規則　《天津市市立通俗圖書館月刊》　1934 年第 1 卷第 2 期　中册:396 頁

555　天津市市立通俗圖書館家庭巡迴文庫辦法　《教育公報》(天津)　1933 年第 110 期　中册:471 頁

556　天津市市立通俗圖書館家庭巡迴文庫規則　《天津市市立通俗圖書館月刊》　1935 年第 2 卷第 7—9 期合刊　中册:484 頁

557　天津市市立通俗圖書館事務部辦事細則　《天津市市立通俗圖書館月刊》　1934 年第 1 卷第 1 期　中册:395 頁

558　天津市市立通俗圖書館學校巡迴文庫辦法　《教育公報》(天津)　1933 年第 110 期　中册:470 頁

559　天津市市立通俗圖書館學校巡迴文庫規則　《天津市市立通俗圖書館月刊》　1934 年第 2 卷第 4—6 期合刊　中册:482 頁

560　天津市市立通俗圖書館巡迴文庫借閱手續草案　《天津市市立通俗圖書館月刊》　1934 年第 2 卷第 3 期　中册:478 頁

561　天津市市立通俗圖書館組織規程　《天津市市立通俗圖書館月刊》　1934 年 1 卷第 1 期　中册:392 頁

562 天津市市立通俗圖書普通巡迴文庫暫行規則 《天津市市立通俗圖書館月刊》 1934年第2卷第3期 中册:478頁

563 天津市市立圖書館徵集圖書文獻辦法 《教育公報》(天津) 1934年第117期 中册:37頁

564 天津特别市教育局市立美術館、圖書館、民衆教育館、通俗講演所、通俗圖書館、民衆閱書報所職員服務通則 《教育公報》(天津) 1930年第36期 中册:7頁

565 天津特别市教育局市立圖書館籌備處簡章 《教育公報》(天津) 1929年第11期 中册:2頁

566 天津特别市教育局市立圖書館計畫大綱 《教育公報》(天津) 1929年第11期 中册:1頁

567 天津特别市教育局委託各機關設立民衆閱書報所辦法 《教育公報》(天津) 1929年第11期 中册:562頁

568 天津特别市市立民衆閱書報所閱覽規則 《教育公報》(天津) 1929年第8期 中册:555頁

569 天津特别市市立民衆閱書報所組織規程 《教育公報》(天津) 1929年第11期 中册:557頁

570 天津特别市市立通俗圖書館辦事細則 《教育公報》(天津) 1930年第37期 中册:353頁

571 天津特别市市立通俗圖書館代辦所辦法 《教育公報》(天津) 1929年第8期 中册:324頁

572 天津特别市市立通俗圖書館巡迴文庫辦法 《教育公報》(天津) 1929年第8期 中册:429頁

573 天津特别市市立通俗圖書館閱覽規則 《教育公報》(天津) 1929年第8期 中册:322頁

574 天津特别市市立通俗圖書館組織規程 《教育公報》(天津) 1929年第9期 中册:326頁

575 天津特别市市立圖書館組織規程 《教育公報》(天津) 1930年第29期 中册:4頁

576 鐵路特價運輸教育用品託運辦法 《教育部公報》 1937年第9卷第7、8期合刊 下册:189頁

577 鐵路運輸教育用品特價章程 《教育部公報》 1937年第9卷第7、8期合刊 下册:187頁

578 通俗圖書館規程 《教育公報》 1915年第8期 上册:22頁

579 桐廬縣各學區小學教育巡迴圖書庫巡迴辦法 《浙江教育行政週刊》 1932年第3卷第28期 中册:463頁

580 銅山縣公共圖書館報誌閱覽室規約 《銅山縣公共圖書館年刊》 1931年第1期 中册:367頁

581 銅山縣公共圖書館參觀規則 《銅山縣公共圖書館年刊》 1931年第1期 中

册:367 頁

582 銅山縣公共圖書館當值員服務暫行内規 《銅山縣公共圖書館年刊》 1931 年第 1 期 中册:369 頁

583 銅山縣公共圖書館兒童閲覽室規約 《銅山縣公共圖書館年刊》 1931 年第 1 期 中册:366 頁

584 銅山縣公共圖書館古物徵集委員會簡則 《銅山縣公共圖書館年刊》 1931 年第 1 期 中册:363 頁

585 銅山縣公共圖書館館務會議規則 《銅山縣公共圖書館年刊》 1931 年第 1 期 中册:363 頁

586 銅山縣公共圖書館館員借閲書籍規約 《銅山縣公共圖書館年刊》 1931 年第 1 期 中册:371 頁

587 銅山縣公共圖書館基金籌募委員會簡則 《銅山縣公共圖書館年刊》 1931 第 1 期 中册:362 頁

588 銅山縣公共圖書館檢尋目録須知 《銅山縣公共圖書館年刊》 1931 年第 1 期 中册:368 頁

589 銅山縣公共圖書館捐款褒獎簡則 《銅山縣公共圖書館年刊》 1931 第 1 期 中册:360 頁

590 銅山縣公共圖書館流動書車暫行規約 《銅山縣公共圖書館年刊》 1931 年第 1 期 中册:451 頁

591 銅山縣公共圖書館普通閲覽室規約 《銅山縣公共圖書館年刊》 1931 年第 1 期 中册:365 頁

592 銅山縣公共圖書館特別閲覽室規則 《銅山縣公共圖書館年刊》 1931 年第 1 期 中册:366 頁

593 銅山縣公共圖書館圖書出借暫行規約 《銅山縣公共圖書館年刊》 1931 年第 1 期 中册:370 頁

594 銅山縣公共圖書館圖書寄存簡則 《銅山縣公共圖書館年刊》 1931 第 1 期 中册:361 頁

595 銅山縣公共圖書館圖書選備委員會簡則 《銅山縣公共圖書館年刊》 1931 第 1 期 中册:361 頁

596 銅山縣公共圖書館巡迴文庫暫行規約 《銅山縣公共圖書館年刊》 1931 年第 1 期 中册:450 頁

597 銅山縣公共圖書館暫行辦事規則 《銅山縣公共圖書館年刊》 1931 第 1 期 中册:358 頁

598 銅山縣公共圖書館暫行規程 《銅山縣公共圖書館年刊》 1931 第 1 期 中册:357 頁

599 銅山縣公共圖書館職員服務通則 《銅山縣公共圖書館年刊》 1931 年第 1 期 中册:364 頁

600 銅山縣公共圖書館徵書褒獎簡則 《銅山縣公共圖書館年刊》 1931 第 1 期

中册:360 頁

601 圖書館輔導各地社會教育機關圖書教育辦法大綱 《教育通訊》 1940 年第 3 卷第 1 期 下册:446 頁

602 圖書館工作大綱 《教育部公報》 1940 年第 11 卷第 7—9 期合刊 下册:395 頁

603 圖書館工作實施辦法 《教育部公報》 1944 年第 16 卷第 3 期 上册:140 頁

604 圖書館規程 《教育公報》(天津) 1930 年第 28 期 上册:54 頁

605 圖書館規程 《教育公報》 1915 年第 8 期 上册:21 頁

606 圖書館規程 《教育通訊》 1948 年復刊第 5 卷第 4 期 上册:146 頁

607 圖書館立、備案表 《雲南教育公報》 1936 年第 5 卷第 5 期 下册:495 頁

608 圖書館僕役服務規則 《江蘇教育季刊》 1930 年創刊號 中册:172 頁

609 圖書館條例 《大學院公報》 1928 年第 1 卷第 1 期 上册:35 頁

610 圖書館員服務規程 《江蘇教育季刊》 1930 年創刊號 中册:171 頁

611 圖書館閲覽規程 《江蘇教育季刊》 1930 年創刊號 中册:172 頁

612 圖書館暫行規程 《政府公報》 1939 年第 74 號 上册:127 頁

W

613 萬全縣設立宣講閱報所稟並批(附萬全縣閱報所章程) 《直隸教育雜誌》 1907 年第 21 期 中册:515 頁

614 爲呈報更動〔天津〕市立民衆教育館館長,市立第三通俗講演所第三通俗圖書館管理員,及市立第一民衆閲書報所管理員,請鑒核備案文 《教育公報》(天津) 1935 年第 149 期 下册:344 頁

615 爲令知社會教育機關職員之撫卹得適用官吏卹金例條 《教育週刊》(福建) 1931 年第 49 期 下册:297 頁

616 委任劉潛代理河北省立第一圖書館館長 《河北教育公報》 1933 年第 21 期 下册:314 頁

617 委任王燦求爲銅陵縣立圖書館館長此狀 《安徽教育行政週刊》 1931 年第 4 卷第 1 期 下册:284 頁

618 無錫圖書館流通部借書簡章 《無錫圖書館協會會報》 1932 年第 2 期 中册:102 頁

X

619 西風清寒讀者流通圖書館簡則 《西風》(上海) 1941 年第 54 期 中册:213 頁

620 西風清寒讀者流通圖書館借書簡則 《西風》(上海) 1941 年第 54 期 中册:213 頁

621 〔廈門大學圖書館〕教員指定課程參考書辦法 《廈大圖書館館報》 1935 年創

刊號　下册:179 頁

622　〔廈門大學圖書館〕圖書閱覽室規則　《廈大圖書館館報》　1935 年創刊號　下册:179 頁

623　〔廈門大學圖書館〕預約借書辦法　《廈大圖書館館報》　1935 年第 3 期　下册:181 頁

624　〔廈門大學〕圖書館書庫開放暫行辦法　《廈大校刊》　1946 年創刊號　下册:205 頁

625　〔廈門大學〕圖書館閱報室規則　《廈大圖書館館報》　1935 年創刊號　下册:178 頁

626　〔廈門大學圖書館〕教職員借閱圖書規則　《廈大圖書館館報》　1935 年創刊號　下册:178 頁

627　〔廈門大學圖書館〕學生借閱教員指定參考書辦法　《廈大圖書館館報》　1935 年創刊號　下册:179 頁

628　廈門大學圖書館借閱圖書規則　《廈大圖書館館報》　1935 年創刊號　下册:177 頁

629　仙舟合作圖書館組織規定　《農村合作》　1934 年第 55 期　中册:193 頁

630　縣(市)立圖書館設置巡迴文庫辦法　《教育部公報》　1941 年第 103 卷第 23、24 期合刊　中册:490 頁

631　湘撫咨送奏設圖書館暫定章程　《學部官報》　1907 年第 11 期、12 期　上册:1 頁

632　孝義縣教育圖書館簡章　《山西教育公報》　1928 年第 261 期　中册:96 頁

633　新出圖書呈繳規程　《教育部公報》　1930 年第 2 卷第 14 期　上册:59 頁

634　新出圖書呈繳條例　《大學院公報》　1928 年第 1 卷第 1 期　上册:38 頁

635　新委〔浙江〕省立圖書館長趙冕呈辭擬予照准遺缺擬請以馬宗榮充任請公決案　《浙江教育行政週刊》　1931 年第 2 卷第 49 期　下册:290 頁

636　〔行政院圖書館〕閱覽及借書規則　《農村復興委員會會報》　1934 年第 2 卷第 5 期　中册:194 頁

637　修改教育部圖書室規則第三條、第四條　《教育公報》　1920 年第 12 期　中册:152 頁

638　修正圖書館規程　《教育部公報》　1940 年第 11 卷第 7—9 期合刊　上册:129 頁

639　修正圖書館規程有關主計部分條文　《教育部公報》　1947 年第 19 卷第 4 期　上册:144 頁

640　修正浙江省地方教育輔導組織大綱　《浙江教育行政週刊》　1931 年第 3 卷第 4 期　下册:408 頁

641　修正浙江省縣市圖書館暫行規程　《浙江教育行政週刊》　1932 年第 3 卷第 34 號　上册:92 頁

642　續録京師大學堂章程　《學部官報》　1907 年第 12 期　下册:5 頁

643　學友互助社第一圖書館巡迴書車條例　《圖書館月刊》　1932年第1卷第4期　中册:181頁

644　訓令〔安徽〕省立圖書館整理館務　《安徽教育行政週刊》　1929年第2卷第42期　上册:405頁

645　訓令〔江西〕省立第二通俗書報閲覽室胡久宷令發省督學視察該室報告仰遵照辦理由　《江西教育公報》　1929年第3卷第3期　中册:548頁

646　訓令〔江西〕省立圖書館主任歐陽祖經據省督學報告視察該館情形令仰知照由(附省立圖書館視察報告)　《江西教育公報》　1929年第3卷第3期　上册:378頁

647　訓令各縣知事(除未設通俗教育圖書館各縣)爲據松江公民陸規亮函陳整理各縣通俗教育圖書館意見仰轉飭參照辦理由　《江蘇教育公報》　1920年第3期　中册:225頁

648　訓令江西省立圖書館、贛南公立中山圖書館、私立匡廬圖書館、各縣教育局圖書館奉教育部令爲修正前大學院公布之圖書館條例並改稱爲圖書館規程通令知照由　《江西教育公報》　1930年第3卷第35期　上册:62頁

649　訓令四川圖書館、各縣教育局遵照中華民國大學院填送圖書館調查表一案　《四川教育公報》　1928年第2卷第2期　下册:484頁

Y

650　嚴促經營出版事業各機關須按新出圖書呈繳條例辦理　《河南教育》　1930年第2卷第12期　上册:53頁

651　陽高縣黨化教育圖書館簡章　《山西教育公報》　1928年第261期　中册:94頁

652　宜興縣立公共圖書館巡迴小書庫試行規約　《中華圖書館協會會報》　1931年第7卷第1期　中册:456頁

653　蟻蜂戲劇圖書館郵借章程　《中華圖書館協會會報》　1935年第10卷第4期　中册:204頁

654　鄞縣縣立中山民衆教育館二十二年度輔導地方社會教育計劃　《浙江教育行政週刊》　1933年第5卷第6期　下册:427頁

655　元氏縣創設閲報所並章程稟　《直隸教育雜誌》　1905年第14期　中册:509頁

656　〔雲南教育廳〕通令填報社會教育機關主任人員學歷經歷薪給一覽表由　《雲南教育週刊》　1931年第1卷第22期　下册:291頁

657　〔雲南省教育廳函覆省立昆華圖書館函送章程及規則均尚妥適，應予一併照准實行〕　《雲南教育行政週刊》　1932年第2卷第9期　上册:475頁

658　〔雲南省教育廳函昆華圖書館據報改組館務請照修正辦理〕　《雲南教育週刊》　1932年第1卷第51期　上册:457頁

659　雲南省立昆華圖書館閲覽規則　《雲南教育行政週刊》　1932年第2卷第9期　上册:473頁

660 雲南省立昆華圖書館章程 《雲南教育行政週刊》 1932 年第 2 卷第 9 期 上册:469 頁

661 雲南省立雲南圖書館收藏圖書計劃 《雲南教育公報》 1936 年第 6 卷第 1 期 上册:528 頁

662 雲南圖書館及民衆教育館一覽表 《雲南教育》 1934 年第 2 卷第 7 期 上册:102 頁

Z

663 戰時各級圖書館工作綱要 《浙江教育》 1937 年第 2 卷第 9 期 下册:392 頁

664 浙撫增奏建設圖書館並將官書局藏書樓歸併擴充摺 《浙江教育官報》 1909 年第 11 期 上册:299 頁

665 浙撫咨送浙江法政學堂章程 《學部官報》 1907 年第 27 期 下册:21 頁

666 浙江省第五學區二十年度縣立民衆教育館輔導社會教育標準 《浙江教育行政週刊》 1932 年第 3 卷第 24 期 下册:417 頁

667 浙江省會巡迴文庫委員會章程 《浙江教育行政週刊》 1931 年第 2 卷第 29 期 中册:452 頁

668 浙江省建設廳圖書館借閱圖書規則 《浙江省建設月刊》 1935 年第 8 卷第 7 期 中册:196 頁

669 浙江省教育廳補助籌設縣立圖書館辦法 《浙江教育》 1940 年第 3 卷第 5 期 中册:125 頁

670 浙江省立圖書館"圖書館學術參考室"暫行辦法 《浙江教育行政週刊》 1933 年第 4 卷第 24 期 上册:484 頁

671 浙江省立圖書館擔任學術講演暫行辦法 《浙江教育行政週刊》 1932 年第 3 卷第 36 期 上册:467 頁

672 浙江省立圖書館二十五年度輔導本省圖書館工作報告 《浙江教育》 1937 年第 2 卷第 3 期 下册:438 頁

673 浙江省立圖書館獎勵捐贈圖書版片及文獻物品辦法 《浙江圖書館館刊》 1934 年第 3 卷第 2 期 上册:495 頁

674 浙江省立圖書館解答業務詢問暫行辦法 《浙江教育行政週刊》 1932 年第 3 卷第 36 期 上册:465 頁

675 浙江省立圖書館聯絡各縣市圖書館暫行辦法 《浙江教育行政週刊》 1932 年第 3 卷第 36 期 上册:463 頁

676 浙江省立圖書館十九年度各組織進行計劃大綱 《浙江教育行政週刊》 1930 年第 2 卷第 6 期 上册:422 頁

677 浙江省立圖書館收受寄存圖書版片及文獻物品辦法 《浙江圖書館館刊》 1934 年第 3 卷第 2 期 上册:496 頁

678 浙江省立圖書館收受藝友暫行辦法 《浙江教育行政週刊》 1932 年第 3 卷第

36 期　上册:468 頁

679　浙江省立圖書館學術通訊研究暫行辦法　《浙江省立圖書館月刊》　1932 年第 1 卷第 2 期　上册:459 頁

680　浙江省立圖書館組織暫行條例　《浙江教育》　1939 年第 1 期　上册:537 頁

681　浙江省立温中附小設置民衆巡迴文庫辦法　《浙江教育行政週刊》　1933 年第 5 卷第 16 期　中册:473 頁

682　浙江省社會教育機關主任人員登記甄選辦法　《浙江教育行政週刊》　1931 年第 2 卷第 35 期　下册:287 頁

683　浙江省縣市圖書館暫行規程　《浙江教育行政週刊》　1930 年第 2 卷第 1 期　上册:81 頁

684　浙江省指定代用省學區社會教育輔導機關暫行辦法　《浙江教育行政週刊》　1931 年第 3 卷第 1 期　下册:407 頁

685　整頓並調查各縣社會教育機關之内容　《江蘇教育季刊》　1932 年第 1 卷第 6 期　下册:456 頁

686　知行圖書館取送圖書辦法　《中華圖書館協會會報》　1935 年第 10 卷第 5 期　中册:206 頁

687　直隸省立第二圖書館章程　《浙江公立圖書館年報》　1922 年第 7 期　上册:322 頁

688　直隸省立第一圖書館參觀規則　《浙江公立圖書館年報》　1922 年第 7 期　上册:320 頁

689　直隸省立第一圖書館閱覽章程　《浙江公立圖書館年報》　1922 年第 7 期　上册:317 頁

690　直隸圖書館暫定章程　《直隸教育雜誌》　1909 年第 20 期　上册:272 頁

691　指令〔安徽〕省立圖書館呈送十九年度工作報告祈鑒核備考由　《安徽教育行政週刊》　1931 年第 4 卷第 39 期　上册:446 頁

692　指令北京高等師範學校該校修訂現行簡章應准照行文(附原送簡章)　《教育公報》　1918 年第 16 期　下册:72 頁

693　指令江西教育廳江西省立通俗圖書館規程規則證券並職員履歷等核與規程尚合准備案文(附原規程、優待捐贈圖書規則、閱覽規則、書券式、履歷册)　《教育公報》　1918 年第 15 期　中册:218 頁

694　指令京師圖書館送修正該館暫行圖書閱覽規則准備案文(附京師圖書館暫行圖書閱覽規則)　《教育公報》　1917 年第 5 期　上册:151 頁

695　指令京師圖書館所呈修訂暫行辦事規則准如所擬辦理文(附規則)　《教育公報》　1917 年第 3 期　上册:148 頁

696　指令京師圖書館所請釐定購券規則應准照辦文(附購券規則、優待券及廉價券用法、規則説明)　《教育公報》　1917 年第 6 期　上册:154 頁

697　指令京師學務局巡迴文庫規程表件應准備案文(附京師小學教員巡迴文庫簡章等)　《教育公報》　1918 年第 7 期　中册:403 頁

698　指令郎溪縣知事令爲該縣創辦縣立圖書館並設鄉市鎮巡迴文庫暨閱報社體育場請備案由(附郎溪縣公立圖書館附設公立通俗圖書館簡章)《安徽教育月刊》1920年第36期　中册:52頁
699　指令圖書閱覽所所擬閱覽規則尚稱允協准備案文(附中央公園圖書閱覽所閱覽規則)《教育公報》1917年第15期　上册:156頁
700　製定分組視察〔江蘇〕省教育機關辦法　《江蘇教育季刊》1934年第3卷第1、2期合刊　下册:463頁
701　中國科學社明復圖書館閱書規則　《社友》1931年第5期　中册:176頁
702　中國科學社上海明復圖書館、南京生物圖書館借書章程　《社友》1931年第5期　中册:176頁
703　中國科學社圖書館辦事細則　《科學》1916年第2卷第8期　中册:140頁
704　中國科學社圖書館暫行流通書籍章程　《科學》1916年第2卷第8期　中册:138頁
705　中國科學社圖書館總章　《科學》1916年第2卷第8期　中册:136頁
706　中華教育文化基金董事會分配款項原則　《教育部公報》1934年第6卷第45、46期合刊　上册:107頁
707　中華教育文化基金董事會分配款項之補充原則　《教育部公報》1934年第6卷第45、46期合刊　上册:109頁
708　中央大學區各縣公共圖書館館長任免及待遇暫行規程　《第四中山大學教育行政週刊》1929年第84期　下册:239頁
709　中央大學區各縣公共圖書館暫行規程　《安徽教育行政週刊》1929年第2卷第9期　中册:313頁
710　中央大學區各縣巡迴文庫暫行規程　《安徽教育行政週刊》1929年第2卷第9期　中册:427頁
711　中央大學區公共圖書館館員聘任及待遇暫行規程　《第四中山大學教育行政週刊》1929年第84期　下册:241頁
712　〔中央軍校〕圖書館借書規則　《中央軍校圖書館月報》1934年第7期　下册:175頁
713　〔中央軍校〕圖書館閱覽規則　《中央軍校圖書館月報》1934年第7期　下册:174頁
099　中央圖書館籌備委員會〔組織條例〕《中華圖書館協會會報》1929年第5卷第1、2期合刊　上册:220頁
714　轉〔廣東教育廳〕令發提倡流通圖書館案及促進流動識字教學案　《廣東教育月刊》1932年第1卷第11期　中册:377頁
715　轉令抄發國立中央圖書館籌備處關於國際出版品交換事宜　《廣東教育月刊》1935年第3卷第12期　上册:112頁
716　轉令解釋關於部頒各省市縣中等以下校長及社會教育機關主任人員任免辦法之疑義　《廣東教育月刊》1932年第1卷第2期　下册:299頁

717 准河南省政府函據河朔圖書館呈請徵集圖書文獻資料一案請查照辦理等由令仰遵照(附河朔圖書館徵集各種刊物辦法) 《江西省政府公報》 1936年第486期 中册:116頁

718 准教育廳咨,以奉教育部令,以民衆教育館圖書閱覽部分,應延長開放時間。普通圖書館得斟酌辦理,咨請飭屬遵照,等由,仰轉飭遵照令 《教育公報》(天津) 1935年第150期 下册:476頁

719 咨財政廳爲據突泉縣轉報縣立圖書館長擬即委用專員月薪改爲三十五元業已轉飭編列十九年度地方預算祈鑒核轉咨府准由 《遼寧教育公報》 1931年第26期 下册:285頁

720 咨各省區北京女子高等師範學校招生請如額選送文(附北京女子高等師範學校暫行簡章)〔含借閱圖書規則等〕 《教育公報》 1919年第7期 下册:85頁

721 咨各省區行政公署自九年度起應填送省縣社會教育調查表文 《教育公報》 1921年第4期 下册:480頁

722 咨廣西省長准咨送永淳縣通俗圖書館章程規則等准備案文(附章程、規則) 《教育公報》 1924年第11期 中册:264頁

723 咨湖北省長准咨送遠安縣公立圖書館章程准備案文(附章程、規則) 《教育公報》 1922年第9期 中册:75頁

724 咨江蘇省長准咨送太倉縣圖書館簡章圖表各件准備案文(附章程) 《教育公報》 1921年第7期 《教育公報》 1921年第7期 中册:66頁

725 咨熱河都統准咨送灤平縣公立圖書館簡章准備案文(附簡章) 《教育公報》 1924年第6期 中册:89頁

726 咨浙江省長准咨送浙江公立圖書館章程等應准備案請飭知文(附原送章程細則) 《教育公報》 1918年第3期 上册:302頁

727 奏擬定京師及各省圖書館通行章程摺 《學部官報》 1910年第113期 上册:13頁

728 遵令查明聊城楊氏海源閣藏書遷運詳請呈覆鑒核由 《山東教育行政週報》 1931年第124期 下册:219頁

民國時期圖書館學
報刊資料分類彙編

法律法規卷

滕静静　張珊珊　主編

中　册

國家圖書館出版社

中册目録

關於市立圖書館的法令

關於縣立圖書館的法令

關於區立圖書館的法令

關於機關團體圖書館的法令

關於民衆圖書館的法令

關於巡迴文庫的法令

關於閱書報處的法令

◉天津特別市教育局市立圖書館計畫大綱

一、本局爲謀發展文化與闡揚學術起見擬創設圖書館一處

二、本館定名爲天津特別市市立圖書館

三、本館直轄於天津特別市教育局

五、本館視事務之繁簡得分爲若干股分掌事務但須呈經教育局核准

六、本館設事務員若干人由館長呈請教育局委任之

七、館長秉承教育局長總理本館一切事務

八、事務員輔助館長分掌各股事務

九、本館經費由教育局於專款項下支給之
十、本館開辦費暫爲一萬元其支配方法另定之
十一、本館經常費每月暫爲一千元其支配成數如左
1、薪工約占百分之三十五
2、購書費約占百分之五十
3、雜費約占百分之十五
十二、本館購備圖書須按照成數開列書目價格呈請教育局核准辦理遇必要時得請臨時購書費
十三、本館開辦經常各費詳細預算表另定之
十四、本館館址由教育局籌劃之
十五、本館組織規程及各種規則另定之
十六、本館未成立以前由籌備處秉承教育局負責籌備之
十七、本大綱經市政會議通過施行

◉天津特別市教育局市立圖書館籌備處簡章

一、本簡章依據天津特別市教育局主辦圖書館計畫大綱規定之
二、本籌備處(簡稱本處)籌設圖書館須按照市立圖書館計畫大綱進行一切籌備事宜
三、本處設主任一人負籌備全責由教育局委任之

四、本處設事務員二人或三人由籌備主任呈請教育局委任之遇必要時得僱用書記

五、本處關於修築館舍及特殊設備應由籌備主任徵集樣式估定預算呈經教育局核准辦理之

六、本處購置圖書由籌備主任隨時造具計畫書估單預算書呈請教育局核准辦理之

七、本處辦事細則及徵集圖書辦法另定之

八、本處開辦費經常費由教育專款項下支撥其概算約計如左

開辦費　三百元

經常費　每月三百五十元

九、本處籌備期間暫定爲三個月市立圖書館成立時期即行取消

十、本簡章如有未盡事宜得由教育局提出市政會議修改之

十一、本簡章自公佈之日施行

——摘自《教育公報》(天津)一九二九年第十一期

◉天津特別市市立圖書館組織規程市府訓令第一六一三號附發

第一條　本規程依據天津特別市教育局主辦市立圖書館計畫大綱第十五條規定之

第二條 本館設館長一人秉承教育局長綜理本館一切事務

第三條 本館設圖書總務兩部各部分股如左

甲、圖書部

1，選購股 掌圖書之調查選擇訂購收受圖書總簿之登記保管及地方文獻之徵集等事項

2‘編訂股 掌圖書之分類書目之編製目片之編定圖書之裝訂修整雜誌講義報章等之分裝合訂等事項

3，典藏股 掌圖書之收藏保管書架之整理藏書之統計等事項

4，出納股 掌圖書之借閱貸出收納閱覽人之監督閱覽室之管理參考圖書之指導及各種統計等事項

乙、總務部

1，文書股 掌撰擬文稿收發文件保管卷宗紀錄館務典守印信及出版刊物之編輯交換等事項

2，會計股 掌編造預算決算收支款項等事項

3，庶務股 掌設備修繕器具物品之購置保管職工館役之監督參觀之招待及一切雜務事項

第四條　各部設主任一人商承館長綜理各該部一切事務

第五條　本館視事務之繁簡設館員二人至八人商承主任分掌各股事務

第六條　本館得酌用書記

第七條　本館爲謀閱覽便利起見得設左列各室

甲、圖書閱覽室

乙、新聞雜誌閱覽室

丙、兒童閱覽室

第八條　本館視經濟情形得添設專門閱覽室及編印各種刊物

第九條　本館爲謀館務之整理及辦事精神之一貫得由館長召集館務會議全體職員均須出席會議規則另定之

第十條　本館爲謀館務進展及徵募圖書起見得設董事會其組織規程另定之

第十一條　本館辦事細則閱覽規則借閱規則行事曆及徵集圖書文獻辦法由本館擬定呈請教育局核准施行

第十二條　本規程如有未盡事宜得提出修正之

第十三條　本規程自公布之日施行

——摘自《教育公報》（天津）一九三〇年第二十九期

法規

◉天津特別市教育局市立美術館　通俗講演所　圖書館　通俗圖書館　民衆敎育館　民衆閱書報所職員服務通則

本局第五十五次局務會議修正通過
本局訓令第七二八號附發

第一條　本通則爲各館所職員服務規定之

第二條　各館所職員對於一切任服均須切實奉行

第三條　各館所每星期一上午應舉行　總理紀念週

第四條　各館所主管員對於一切進行事宜得召集會議

第五條　各館所職員須嚴守工作時間不得任意缺席遲到或早退

第六條　各館所職員非至不得已時不得請假

第七條　各館所主管員如因事請假至二日以上者須呈請本局核准在未經核准以前不得擅離職守或請人替代

第八條　各館所職員均須逐日塡寫工作日誌按月呈局核閱

第九條　各館所職員均須遵守本局及各館所一切法令規章

第十條　各館所職員對於承辦事件應隨到隨辦不得拖延積壓

第十一條　各館所職員均須佩帶徽章

第十二條　本通則如有未盡事宜得提出修正之

第十三條　本通則自公布之日施行

——摘自《教育公報》（天津）一九三〇年第三十六期

規　則

北平特別市第一普通圖書館規則

第一條　本館直轄於教育局蒐集中外圖書及新聞雜誌供給一般市民之閱覽

第二條　本館設館長一人事務圖書主任各一人館員七人書記三人學習生無定額視事務之繁簡隨時酌定之

第三條　館長秉承教育局之命令綜理館務監督所屬職員

第四條　館員書記承主任之指揮辦理館中事務

第五條　學習生承主任之指揮輔助館員分理事務

前項學習生至相當程度得升爲額外館員遇有館員缺額時得擇尤升補之

第六條　本館置左列二科

一　事務科

二　圖書科

第七條　事務科執掌事務如左

甲　文牘股

一　關於印章典守事項

二　關於編製統計及報告事項

三　關於公文撰擬及收發保管事項

四　關於館務紀錄及通知事項

乙　會計股

五　關於編製預算決算事項

六　關於欵項出納及保管事項

七　關於會計簿記之整理保存及報告事項

丙　庶務股

八　關於館中各種設備事項

九　關於警備預防及衛生事項

十　關於購置器物事項

十一關於器物之登記及保管事項

十二關於營造修繕事項

十三關於工匠僕役監督事項

十四凡不屬他股各事項

丁 裝訂股

十五關於檢查裝訂事項

十六關於圖書修理事項

十七關於收發裝訂記錄事項

十八關於一切附屬事項

第八條 圖書科執掌事務如左

甲 編目股

一 關於圖書分類事項

二 關於目錄編製及整理事項

三 關於指導排列事項

四 關於編目上一切附屬之事項

乙 登錄股

五 關於圖書登錄事項

六 關於蓋章編號事項

七 關於目錄填寫事項

八 關於調查統計事項

九　關於圖書撥付事項

丙　出納股

十　關於管理及指導圖書閱覽事項

十一關於圖書整理排列及保管事項

十二關於閱覽人數及圖書統計報告事項

丁　選購股

十三關於圖書選擇事項

十四關於圖書訂購事項

十五關於圖書之徵求及介紹事項

十六關於本股與庶務會計接洽事項

第九條　本館館員得兼任各股所列職務辦事細則另定之

第十條　本館設左列各閱覽室

一　公衆閱覽室

二　兒童閱覽室

三　新聞閱覽室

四　婦女閱覽室

五　黨義研究室

第十一條　本規則自核准之日施行

北平特別市第一普通圖書館閱覽規則

第一條　本館儲備各種圖書及新聞雜誌供衆閱覽惟以在館內取閱爲限

第二條　本館閱覽劵概不收費

第三條　閱覽圖書應遵左列各項規則

一　閱覽人持劵入閱覽室換取借書劵擇其欲閱之書照劵上所列各項塡寫清楚交圖書出納處領取圖書

二　借書劵之塡寫每次只限一張每張只限一部如欲換閱他種圖書須將原借書劵繳還並另塡新劵但查閱字典及有特殊情形者不在此項

三　閱覽人閱畢出館於最後交書時仍須領取原閱覽劵繳還收發劵處以憑出館

四　領取之閱覽劵不得遺失

五　所借圖書如有擦抹汚染撕毀剪裁及評點各事須賠償同一之圖書或相當之價値

六　閱覽室內務宜肅靜不得朗讀及高聲互語致妨他人閱覽

七　閱覽室內禁止吸煙食物臥眠赤膊及任意涕唾

八　閱覽者携帶隨身物件應自行照管其他笨重之物不得帶入閱覽室內

第四條　閱覽新聞除依前條第四第六第七第八各項規定外應遵左列各欵

一　閱覽新聞者所領閱覽券須自行隨身保管於出館時繳還收發券處

二　各種新聞均可隨意取閱但於同一時間內不得一人執持多份致妨他人閱覽

三　閱覽既畢應將新聞置諸原處不得混亂次序

四　對於新聞如有裁割及撕取副張等事須負賠償之責

第五條　凡閱覽人違背第三第四各欵之規定者本館得勸告或干涉之

第六條　瘡疥及癲癡醺醉者概不准入館

第七條　本館閱覽時間規定如左

自十一月至二月　午前九時至午後五時

自三月至五月　午前九時至午後六時

自六月至八月　午前八時至午後六時

自九月至十月　午前九時至午後六時

第八條　本館定期休息規定如左

一月一日　開國紀念

一月二日三日　新年

三月十二日　總理逝世紀念
三月二十四日　本館開館紀念
　廿九日　黃花岡
七月九日　革命軍誓師
八月廿七日　孔子誕辰
十月十日　國慶紀念
十一月十二日　總理誕辰
每星期一　本館例假

第九條　本規則自核准之日施行

——摘自《北平特別市市立第一普通圖書館週年紀念刊》一九三〇年紀念刊

北平特別市第一普通圖書館辦事細則

第一節　服務

第一條　本館人員分任各項職務均由館長指定之

第二條　本館閱覽室一切事務爲館員之主要任務館員處理其他職務時均應以一人輪值在閱覽室任事

第三條　閱覽室應辦之事務如左

一　設備　室內張掛各種圖畫表式定每月更換一次其他應用各項物品均應隨時備置

二　招待　對閱覽人之接待應和平誠摯不得怠忽

三　監視　保護各種圖籍凡有違背閱覽規則第三第四條各項之規定者得勸告或干涉之

第四條　館員兼任之職務經館長或主任認爲必要時得指定其事務之一部派學習生或書記辦理之

第二節　事務科應辦之事務如左

一　文牘

第五條　外來文件應隨時登記收文簿送由館長核定分別辦理

第六條　發文繕寫完畢經由館長核閱蓋章再印行發

第七條　收入原件及所擬文稿均應摘錄事由分別歸檔以備檢查

第八條　本館編製預算決算並款項出納保管各事應由館長核定之

第九條　本館薪水工資均於每月之末日發給其發款時應先將收據簽名蓋章黏足印花始行發放未經到期以前概不預支

第十條　本館雜用及夫役工食等款概行交由庶務辦理如雜用支款過二十元以上者應由館長簽字始行發給

三　庶務

第十一條　本館各項購置由庶務辦理者其發單收據應蓋章檢交會計按月報局

第十二條　本館所有器物由庶務保管記入物品簿中如添補及毀損者應於年終造具清册以備查核

第十三條　館中一切設備及預防衛生各事庶務應隨時辦理不得疏懈

四　裝訂

第十四條　館中原有之圖書凡已經缺破汚殘者應即飭匠分別修理之

第十五條　新到之圖書雜誌應斟酌新舊情形分別彙總裝訂或修理之

第三節　圖書科應辦之事務如左

一　編目

第十六條　本館編製目錄暫分左列二種

一　分類目錄

二　索引目錄

以上二種目錄均用卡片分別裝置

前項目錄之更換及增加應於每星期整理一次

二　登錄

第十七條　本館登錄之順序如左

一　查照發單收受各種圖書登記於收書簿及總登記簿

二　加蓋本館小章分別類目黏製各種號籤

三　登記圖書總簿分類簿對照表

四　繕寫卡片加入於原有目錄

五　用圖書揭告條發表新到各項圖書

三　出納

第十八條　本館閱覽室內遇有出納事務繁劇原有職員不敷分配時得派他項人員助司出納及修訂之事

第十九條　本館出納之圖書應隨時檢查册數號數遇有磨滅損壞者即行修補完善

前項書籍遇有遺失損壞等事應隨時記入保管簿交由圖書科查核

第二十條　收受新置圖書驗收人須於交付簿中蓋章爲據

第二十一條　藏書室閱覽室内均不得吸烟朗誦及高聲談笑并應於每日閱覽後將各種圖書分別整理完畢鎖閉加封次晨驗封啟鎖

四　選購

第二十二條　本館選購圖書應分左列二種

一　就中外新出圖書中適合於普通圖書館及原部類所缺少者購備之

二　就原有圖書中擇其與現代社會無甚裨益或殘缺不能整理者應即檢出另行保存

第四節　辦公時間

第二十三條　本館辦公時間及休息日依閱覽規則第七第八條之規定行之

第二十四條　本館設置考勤簿凡本館人員到館時須於本人名下註到

第二十五條　本館遇有特別事件及事務繁劇時館長得於辦公時間外或休息日委囑辦理

第二十六條　本館人員應輪流用餐其用餐時間無論館内外均不得逾越一點鐘

第二十七條　本館人員於休息日應以一人輪值在館任事

第五節　請假規定

第二十八條　本館人員因病或不得已事故請假時其所任職務應請館長派人代理之若事假逾二十日病假逾一月以上者按其假期內薪水十分之四扣給代理人但喪服因公致疾者不在此項

第二十九條　凡請假無論久暫均應塡寫請假單於前一日呈送惟病假及緊急事故不及先送者得於當日或次日補送之

第六節　報告

第三十條　本館報告分左列三種

一　臨時報告　本館遇有特別事件均應隨時呈報遵照教育局示行之

二　每月報告　本館支付預算支出計算及閲覽統計均應編製表册按月呈報

三　年終報告　本館每届年終應將一年經過情形及各項閲覽統計呈報教育局備核

第三十一條　本細則自核准之日施行

第三十二條　本細則遇有不適時得隨時修訂之

——摘自《北平特別市市立第一普通圖書館週年紀念刊》一九三〇年紀念刊

簡章

本館圖書之編製其斷缺紊亂由來已久而今後之應如何改善若無有一研究之組織不足爲功不佞濫竽斯界幾近十年到館之初即承館長囑謂有成立圖書討論會之必要惟値工作緊張苦無暇晷雖開會數次亦僅討論事實未能有詳細之組織也乃遲至今春始粗具端倪因定名爲本館圖書館學術研究會倘能循循善進則他日收效當在預料中也爲誌數語以記本會之緣起如此

十九年三月十一日朱英謹識

平市第一普通圖書館圖書館學術研究會

第一條　名稱　本會定名爲平市第一普通圖書館圖書館學術研究會

第二條　宗旨　本會以聯絡感情研究圖書館學術及促進本館館務之發展爲宗旨

第三條　會員　凡本館職員皆爲本會會員

第四條　職員

一　主席　主席一人總理本會一切進行事宜

本館館長爲本會當然之主席

二　**指導委員會**　委員三人負指導各會員進行研究之責幷襄助主席經理本會一切進行事宜

三　**本館圖書主任爲本委員會之當然主席**

三　**事務委員會**　事務委員會分設下列三股各股直隸於本會主席

A文牘股　股員一人經理本會開會之通知記錄及其他文牘事件由本館文牘充之

B會計股　股員一人經理會員會費及其他會計事由本館會計充之

C庶務股　股員一人經理購置及其他庶務事由本館庶務充之

第五條　**會務**　會務進行分下列六種由主席及指導委員會商同進行之

一　**研究**　組織研究會分下列七組各組直隸於指導委員會並各推舉主席一人負本組進行之責惟每組不足二人者不在此例

A管理組　B選購組　C登錄組　D編目組

E出納組　F度藏組　G裝訂組

各組特負該組學術研究及指導他組會員對於該組學術研究之責其研究計畫由各組酌據本館之需要擬訂大綱經指導委員會審查後進行研究之

二、**討論**　組織討論會分下列二種

A定期討論會　於每月末舉行之

B不定期討論會　遇有臨時發生問題經主席及指導委員會認爲有開會討論之必要時舉行之

三　講演　舉行講演會敦請圖書專家或對於圖書館事業經驗宏富者充講演員講演會分下列二種

A定期講演會　每兩月舉行一次

B不定期講演會　遇必要或有相當講演人時舉行之

本會講演會得斟酌情形公開之

四　參觀　本會遇有關於圖書館學術需待實際觀摩時得全體或分組赴其他圖書館參觀惟參觀之後各人須有相當之報告

五　出版　本會於每半年末出刊物一期詳細辦法另定

關於出版事項得組出版委員會惟本會主席指導委員會及各研究組主席爲出版委員會之當然主席及委員

六　聯歡　本會於每三月末舉行聯歡會一次借以聯絡感情調濟生活內容暫定爲聚餐遊藝旅行等項詳細辦法臨時酌定

第六條　會費　會員每人每年納會費一元二角分三期交納由會計於每期始徵收之

第七條　附則　本簡章有未盡善處經會員三人以上之提議得於開會時提出修正之

——摘自《北平特別市市立第一普通圖書館週年紀念刊》一九三〇年紀念刊

上海市教育局徵求市立圖書館圖書暫行辦法

一、本局爲徵求市立圖書館圖書起見，訂定本暫行辦法。

二、凡願將出版或自藏之圖書捐贈市立圖書館者，應先將書名價值通訊處函知本局派員接洽。

三、凡捐贈圖書，應由捐贈人加蓋圖章，以資紀念。

四、凡捐贈圖書概由本局發給收據。

五、凡一次捐贈圖書價值在五十元以上者，由本局在市立圖書館題名。

六、凡一次捐贈圖書價值在五百元以上者，除按照第五條辦法辦理外，並給與三等褒狀。

七、凡一次捐贈圖書價值在五千元至一萬元者，除按照第五條辦法辦理外，並給與二等褒狀。

八、凡一次捐贈圖書價值在一萬元以上者，除按照第五條辦法辦理外，並給與一等褒狀。

九、凡願將珍貴圖書半售半贈者，除照第二條辦法函知本局派員鑑估酌給代價外，餘照第三四兩條辦理。

十、本暫行辦法經市政府核准後公布施行。

——摘自《中國圖書館聲》一九三〇年第一期

第二六四號

◉呈爲市立圖書館館址未定籌備期限屆滿擬再展長三個月以利進行仰祈鑒核令遵文

呈爲市立圖書館館址未定籌備期限屆滿擬再展長籌備期限三個月以利進行仰祈

鑒核令遵事案奉

鈞府第三三五五號指令內開兩呈均悉關於價購該民房事爲愼重起見曾經本市市長偕同陳參事該局長等親往查勘僉以該民房購作圖書館址多不適用且地點亦不相宜應另覓相當地址再行籌辦仰即遵照並轉飭知照此令等因奉此遵即另覓相當地址惟籌備期限截至八月十二日又經屆滿擬再續展籌備期限三個月以利進行是否有當理合具文呈請

鑒核令遵實爲公便謹呈

天津特別市市長崔

中華民國十九年九月五日

天津特別市教育局局長鄧慶瀾

天津特別市教育局印

——摘自《教育公報》（天津）一九三〇年第三十六期

◉令知呈請續領市立圖書館開辦費呈奉指令照准令第九一二號

令市立圖書館籌備處

爲令知事案查前據該處呈請續領圖書館開辦費伍千元並送預算書請款憑單等情到局當經轉呈

市政府第四三六號指令內開呈悉市立圖書館開辦費未經請領之伍千元准予仍由教育專款項下動支仰即知照此令等因奉此除俟積欠教育專款照案補撥即函請專款保委會撥款給領外合行令仰該處知照此令

中華民國十九年十一月二十二日

——摘自《教育公報》（天津）一九三〇年第四十一期

本廳訓令 省立各教育機關 各縣政府 為准北平特別市立第一普通圖書館函徵各教育機關出版刊物仰照表查塡逕寄文 十二月十二日 第八二零號 （不另行文）

為令行事案准北平特別市立第一普通圖書館函徵各教育機關出版刊物并送調查表等由合將表式抄登公報仰即查明照表塡列逕寄該館可也此令

北平特別市市立第一普通圖書館各項期刊調查表

名稱	日週半月月年刊	性質	出版所名稱	發行所詳細地址	賣品非賣品	價格	備考

——摘自《吉林教育公報》一九三一年第九十三期

◉奉令該館經費准自十二月十六日起由教育專款項下撥發附發鈐記一顆仰查收具報令

第一八號

令市立圖書館

爲令遵事案查前據該館呈報成立請頒發鈐記並請准撥該館經費等情前來當經呈請

命令

市政府鑒核令遵在案茲奉

市政府第三零五五號指令內開呈悉市立圖書館經費准予自十二月十六日起由教育專款項下撥發至該館鈐記茲已刊就文曰天津市市立圖書館之鈐記隨令附發仰即查收轉飭啓用具報備查此令附發木質鈐記一顆等因奉此合行令仰該館遵照附發鈐記一顆仰即查收並將啓用日期具報以憑轉報此令

附發木質鈐記一顆

中華民國二十年一月十日

天津特別市教育局印

局長 鄧慶瀾

◉令知據呈二十年上半年息金補充印刷費收支清册及單據粘存簿准予備案令第三六〇七號

令市立圖書館

一件呈二十年上半年息金補充印刷費收支清册及單據簿請備案由

呈及附件均悉准予備案仰即知照附件存此令

中華民國二十年十月十四日

天津特別市教育局印

局長鄧慶瀾

——摘自《教育公報》(天津)一九三一年第六十二期

◉據呈為擬定天津市市立圖書館徵集圖書文獻辦法。呈請鑒核，提交市政會議公決施行，等情，案經議決，仰照行政手續，由該局核准施行，報府備查令。第八七五號

令教育局

呈一件，為擬定天津市市立圖書館徵集圖書文獻辦法。呈請鑒核，提交市政會議公決施行由。

呈件均悉。案經檢同各辦法，提交市政會議第一百九十四次例會，議決：「照行政手續，由市政府核准，勿庸提會討論。」等因，紀錄在卷，復查前天津特別市市立圖書館組織規程第十一條，「本館規定徵集圖書文獻辦法，由館擬定，呈請教育局核准施行。」等語；仰即遵照，該館規程分別辦理具報備查。

此令。

中華民國二十二年十二月六日

天津特別市政府印

市長王韜

——摘自《教育公報》(天津)一九三四年第一百一十四期

青島市立圖書館組織規程

奉府祕二字第四二八六號指令准予備案

第一條 青島市立圖書館（以下簡稱本館）隸屬於青島市教育局

第二條 本館設置左列各部：

（一）總務部：掌理文書、出納、庶務，及其他不屬於各部之事項。

（二）採編部：掌理選購、徵集、交換、登記、分類、編目等事項。

（四）特藏部：掌理金石輿圖、善本、地方文獻、等事項。

（五）研究輔導部：掌理調查、統計、研究、實驗、視察、輔導、本館工作人員之進修與訓練及各項推廣事業等事項。

第三條 本館爲便利閱覽起見、應設分館、巡迴文庫、圖書站、並得協助學校辦理圖書閱覽事宜。

第四條 本館設館長一人、綜理館務、由教育局遴選合格人員、呈請市政府核准後派充之。

第五條 本館每部設主任一人、幹事二人至四人、由館長遴選合格人員任用之、並呈報教育局核准備案。

第六條 本館館長應兼一部主任 、並得指定主任一人兼任祕書、均不兼薪。

第七條 本館設會計員一人、由教育局核派。

第八條 本館得酌用助理幹事。

第九條 本館應舉行左列會議：

（一）館務會議：由館長各主任組織之、以館長爲主席、討論全館一切興革事項、每月開會一次。

（二）輔導或推廣會議：由館長主任及各該地方有關之教育行政

機關代表組織之、以館長爲主席、討論圖書館輔導或推廣事業之興革事項、每半年開會一次。

第十條 本館應設置左列各會：

（一）小組討論會：由各主任及幹事分別組織之、以部主任爲主席、負研究討論改進工作之責、每週開會一次。

（二）經費稽核委員會：由各主任及全體幹事互推三人至五人爲委員（總務主任會計庶務不得爲委員）組織之、委員輪流充當主席、負審核收支賬目及單據之責、每月開會一次。

第十一條 圖書館爲謀事業之發展起見、得聯絡地方黨政機關社會團體及熱心圖書事業人士組織各種委員會。

第十二條 本館辦事細則另訂之。

第十三條 本規程自呈奉核准之日施行。

——摘自《青島市政府公報》一九三四年第三卷第一期

◎天津市市立圖書館徵集圖書文獻辦法本局訓令第二八號抄發

第一條　本辦法依據本館組織規程第十一條規定之

第二條　徵集之種類如左

一、各種圖書及版本

二、各種文獻物品

三、已刊未刊之各家著述

四、各地方金石或拓本

五、各郡縣志及山水志

六、各姓族譜

七、關於革命之各種記載

八、各種雜誌報章

九、各學校講義及刊物

十、各機關重要檔案及刊物

十一、各種集會紀錄及宣傳品

上列第九至第十一項得贈送副本

第三條　凡在本市出版之圖書雜誌新聞及一切刊物均須捐贈市立圖書館一份

第四條　凡捐贈之圖書文獻應由市立圖書館按月呈報教育局轉登教育公報公布之

第五條　本市公有及以公費辦理之圖書版本均由市立圖書館庋藏之

第六條　凡捐贈之圖書文獻應由市立圖書館估價登記以憑請奬

第七條　凡私人或團體以圖書及文獻物品捐贈者應由市立圖書館依照國民政府公布之捐資興學褒奬條例暨天津市褒奬捐資興學暫行規程呈請給奬

第八條　凡以欵項捐贈市立圖書館者應依照第七條辦理但所捐欵項只須充作購書建築及設備之用不得移充經資

第九條　受奬勵者之姓名暨捐物之名稱以及奬勵之等級均由市立圖書館列表呈報教育局轉登教育公報公布之

第十條　本辦法如有未盡事宜得呈請教育局修正之

第十一條　本辦法自公布之日施行

——摘自《教育公報》（天津）一九三四年第一百一十七期

廣州市立中山圖書館組織章程

第一條　本館依據教育部公布圖書館規程設立隸屬廣州市教育局

第二條　本館設董事會由廣州市政府聘任董事十一人至十五人組織之董事會組織章程另定之

第三條　本館設館長一人綜理全館事務由廣州市教育局薦請市政府委任之

第四條　本館設總幹事一人勷辦館務進行由館長聘任之

第五條　本館內設總務購訂及編目閱覽典藏四部其組織系統如下

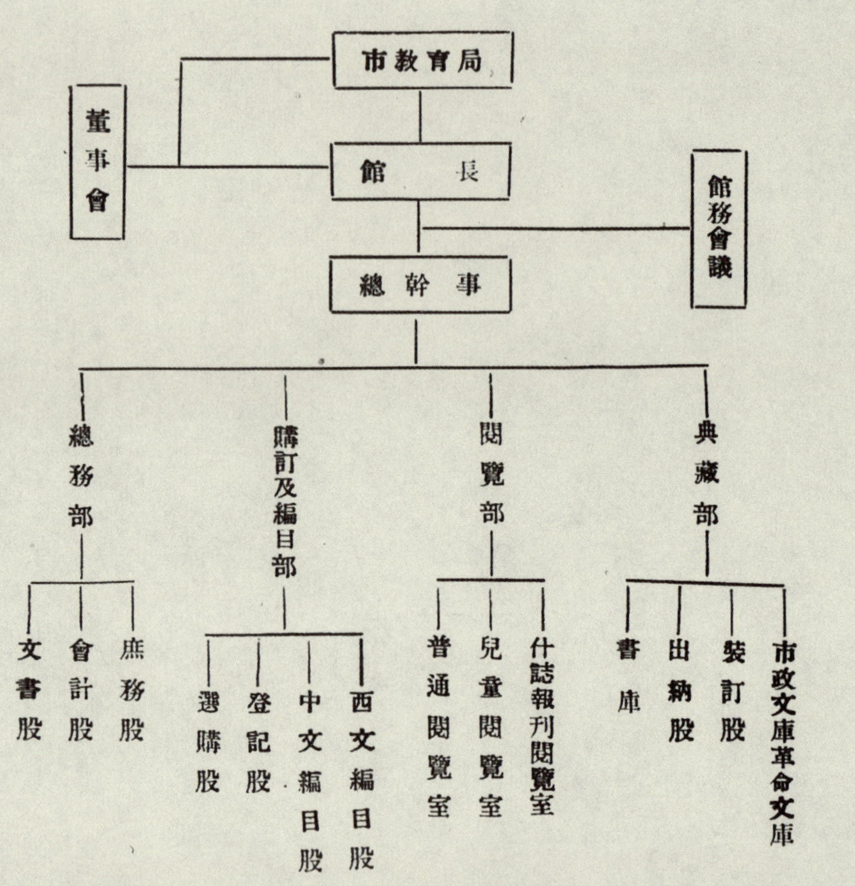

第五條　本館各部設幹事一人助理事務員各若干人由館長委任之各部職掌如下

一　總務部

1. 關於本館文書之撰發及保管事項

2. 關於本館印信之鈐用及保管事項

3. 關於會計及庶務事項

4. 關於設備用具之保管修理及點查清理事項

5. 關於編製統計圖表報告等事項

6. 關於一切接洽事項

二　購訂及編目部

1. 關於圖書雜誌之購訂及徵求事項

2. 關於寄贈圖書之答謝事項

3. 關於出版物之交換事項

4. 關於圖書之登記事項

5. 關於圖書之檢閱蓋章貼裏書標事項

6. 關於圖書之點查撤銷事項

7. 關於圖書之分類及編目事項

8. 關於特殊書目及書架目錄之編纂事項

9. 關於目錄卡之繕寫事項

10關於目錄之撤銷及修改事項

11關於圖書館文字之撰述事項

三　閱覽部

1. 關於執行閱覽規則事項

2. 關於閱覽室之佈置整理事項

3. 關於閱覽室秩序之維持及閱覽之指導事項

4. 關於閱覽室陳列圖書之點查事項

5. 關於各閱覽室圖書之管理與運用事項

6. 關於編製閱覽統計事項

7. 關於供給閱者對於學術上研究所需之一切材料

8. 關於指導閱者對於圖書館及參攷書之使用法

9. 關於雜誌報紙之收受登記分類彙編裝訂等事項

四　典藏部

1. 關於一切藏書之整理及保管事項

2. 關於書袋書標之更換事項

3. 關於圖書之插架點查及撤銷事項

4. 關於圖書之修理裝釘事項

5. 關於總理紀念品革命文庫市政文庫及參攷室圖書之整理及保管事項

6. 關於發給及收回借書証事項

7. 關於圖書之出納事項

8. 關於編製出納統計事項

9. 關於執行借貸規則事項

第六條 本館各部辦事細則另訂之

第七條 本館一切應興應革及設備購置事宜得由各該部幹事提出計劃預算於館務會議公決由館長執行之

第八條 本館館務會議每月舉行一次由館長召集如有特別事故得開臨時會議

第九條 本章程如有未盡善處得由董事會提出修正之

第十條 本章程由市政府核准日施行

——摘自《統計月刊》一九三六年第二卷第七—九期合刊

青島市圖書館借書規則

一、本館爲流通圖書便利閱者起見特設出借部以便讀者借書館外閱覽。

二、借書時間以每日開放時間爲標準。

三、左列各書不得借出。

A. 保存類圖書

B. 寄存類圖書

C. 捐贈圖書

D. 通常類鈔本

E. 各種圖表

F. 拓本照法珂羅版印品及各種字畫册軸

G. 字典辭書

H. 報紙雜誌

I. 本館新置圖書未經編目者

四、借書手續。

A. 用借書証

1. 讀者欲借圖書出館須持有本市黨部委員書 記長科主任或區黨部常務委

員負責出具保証書（保證書由本館規定備塡）方得領取借書證

2. 各機關團體學校須有各該管官長負責出具保證書方得領取借書證

3. 用借書證借書籍者須遵照借書證規定各項辦理

B 用保證金或押金

1. 存相當之保證金在本館內或依借出圖書之價值繳付相當押金亦可借出圖書閱畢歸還時可如數取回保證金或押金

2. 出借書籍須先至發券處領取借書券塡寫姓名住址職業性別號碼書名並

3. 按照全書價值隨付押金由拿書員將其書檢發並掣給押金收據

五、每次出借圖書以壹部爲限其一種書在二十本以上者應分二次借出但繳付押金仍須于第一次按照全部價值繳納

六、普通圖書至多不得逾一星期如欲續借應携圖書及收據到館聲明續借但不得連續二次

七、借閱圖書逾期不還者每部每日罰洋五分至交還之日止由押金內扣抵其用借書證借書逾期一日者停止借閱一星期多一日者多一星期在七日以上者取銷其借書證

八、借閱圖書如有遺失汚損或剪裁等情應照原書全部價值賠償

九、出借圖書至本館曝書日或迅本館檢查必要時經本館通知即應繳還

十、本規則自公佈之日施行

——摘自《中華圖書館協會會報》一九三六年第十一卷第六期

上海市中心區圖書館，自開放以來，按日到館閱覽者甚衆，開爲便利市政府各機關人員借書起見，特定市府公務員借書

滬市立圖特訂公務員借書簡易辦法

簡易辦法如下。（一）本館爲便利市政府直屬機關公務員借書起見，特定簡易出借辦法。（二）凡市政府直屬機關公務員欲將本館圖書借出館外閱覽者，除依照本辦法外，所有本館出借圖書規則第二、六、七、九、十二、十三、十六、十七、十八等條仍一律適用，（三）凡欲向本館借出圖書，可在本館每期所分送之印鑑表上親筆簽字蓋章，由各機關備文彙送本館登記（四）本館接到印鑑表後，即按名致送借書條小冊，以後即憑具有此項印鑑及親筆簽字之借書條向本館出納處借取（五）印鑑表每年定一月七月更換二次，如滿期未將印鑑表向本館掉換者，即作爲不繼續借書論，（六）凡在每期中途欲向本館借出圖書者，可隨時由各機關備文將印鑑表送繳本館登記，但期限仍照規定之有效期間辦理，（七）借書到期尚未閱完者，得事前聲明，經本館認可後，得繼續借閱，但以一次爲限，如逾期不送亦未聲請續借者，或續借逾期仍未繳還者，每日罰法幣一角，經本館函催二次不應者，即由本館將所借圖書全部價值及應繳罰金，函請各該機關在本人薪俸項下扣繳之，（八）借書期間，如借書人住址變更及職務遷調等情，須函知本館登記，（九）本辦法經本館館務會議通過，並呈請市政府備案後施行。

——摘自《中華圖書館協會會報》一九三六年第十二卷第三期

◉據呈請擬轉請市府撥給公園樓房建設圖書分館，附呈概算書二份等情，經予轉請核奪矣，仰即知照，並補送概算書二份備查由。第一六七六號

令市立圖書館

呈一件，爲擬建設分館請轉請市政府撥給第一公園樓房一所作爲館址並附呈概算書貳份，請鑒核示遵由。

呈暨附件均悉。經予據情轉呈

市府核奪矣，概算書轉，仰即知照，並補造概算書各一份送局備查。

此令。

局長 凌勉之

中華民國二十六年 四月 二十一 日

天津特別市教育局印

——摘自《教育公報》（天津）一九三七年第十八期

◉爲奉市政府令發該館分館預算清單一紙，仰知照由。第三一八號

令市立圖書館

案查前據該館呈送籌設分館開辦費經常費概算書，業經據情轉呈
市政府並指令知照各在案，茲奉
市政府丙字第四一四九號指令內開：

「兩呈暨附件均悉。據呈擬在第一公園豐澤園舊址設立圖書分館，事關提倡文化，自屬可行，惟查所擬之經常費預算，爲數較多，茲經核定每月爲二百二十元，另單開列項目，仰即參酌辦理。但此款現以市庫虧絀過鉅，碍難担負，應由該局在敎育專款內自行設法勻撥，如果二十五年度專款分配無餘，轉瞬年度屆滿，不妨俟二十六年度開始再行籌設，至開辦費所列各項物品，仍應專案開具估單呈候核定。併仰遵照。預算清單隨發，原件存。此令。」

等因；計抄發預算清單一紙，奉此，查本局敎育專款，久已分配無餘，事實上殊難勻挪，茲奉令前因，合行令仰知照。

此令。

計抄發預算一紙。（略）

中華民國二十六年五月七日

天津特別市教育局印

局長　凌勉之

——摘自《教育公報》（天津）一九三七年第十九期

▲本局訓令

◉奉令以轉呈圖書分館每月經常費數目，經再予核定並仍着本局籌撥等因，俟教育專欵增加時再行辦理，仰知照由。第三八五號

令市立圖書館

案查前據該館呈以奉令抄發圖書分館預算，經詳籌計數目微少不敷應用，請准予稍事增益，並迅予撥給等情，附清單一份到局，當經據情轉呈並指令各在案，茲奉　市府丙字第五一一七號指令內開：

「二十六年五月十五日第二六五號呈一件，爲據呈奉令抄發分館預算，經詳細籌計數目微少不敷應用，請准予稍事增益，俾早日籌設等情，據此本局實難勻撥該項經費，理合檢同原附件備文轉祈鑒核示遵由。呈件均悉。查核所擬圖書分館每月經常費預算，較本府核定數目，超出二百餘元，殊嫌過多。茲經重行規定，每月經常費爲三百元，仰即配量支配另行編造，現在庫款虧絀過鉅，碍難担負。並仰遵照前令各令仍在教育專款項下，自行設法勻撥。以利進行。附件存銷。此令。」

等因；奉此，查本局教育專款久經分配無餘，茲奉　令前因，惟有俟教育專欵增加或另籌有款時，再行辦理，除呈復

外，合亟令仰知照。

此令。

中華民國二十六年六月三日

天津特別市教育局印

局長　凌勉之

——摘自《教育公報》（天津）一九三七年第二十一期

指令郎溪縣知事第五二號（令爲該縣創辦縣立圖書館並設鄉市鎭巡迴文庫暨閱報社體育場請備案由）十二月二十七日

呈及附件均悉該知事創辦縣立圖書館並附設四鄉市鎭巡迴文庫暨閱報社體育場等項足見實心提倡社會教育應予傳令嘉奬所定各項簡章及委任各職員

亦無不合除通行各縣仿辦外准予備案仰即知照此令附件存

附簡章

郎溪縣公立圖書館附設公立通俗圖書館簡章

第一條 本館遵照教育部圖書館規程第一條第二項暨通俗圖書館規程第一條組織設立除一切均遵兩規程辦理外並依圖書館規程第三條暨通俗圖書館規程第二條定名曰郎溪縣公立圖書館並附設公立通俗圖書館

第五條 本館依圖書館規程第五條設正館長一人副館長一人均名譽職並依本條及通俗圖書館規程第四條設主任管理一人每月津貼火食洋五元公役一人每月工食洋四元又每月公費洋二元共計月支洋十一元館長總理館內一切事務以副館長協助之主任管理經管一切圖書出納事宜公役專司雜務

第二條 本館暫就縣城文廟內設置

第六條 本館附設圖書販賣部以便各學校就近購置教科書及教育用品價格特別從廉以資提倡並設公衆閱報室及兒童婦女閱覽等室就內佈置各種教育畫及修身理科掛圖以期引起閱書人之興趣而激發其意志且就館內隙地闢爲花圃以供公衆遊覽館外設置體育場以資公衆運動而並藉以誘導公衆之閱書報者

第三條 本館經費由地方財政局公益項下撥出一千八百元開辦每年添購書籍暨按月常費均就勸

學所教育經費內支撥。

第四條　本館所置圖書之性能範圍以能供給專門人才及國民曾受中等教育者之研究爲原則其通俗部份則以培養普通國民之常識爲主各科略備名目頗多不及備載另製圖書目錄以備查考。

第五條　本館圖書分館內閱覽與館外借閱二種均經印刊證書以便閱書人依照辦理其規則分甲乙兩項備列如左。

（甲）館內閱書規則

（一）凡入館閱書者先向門首檢查處檢查目錄領取閱書證即將所閱書名函數册數及住所職業姓名年齡等項塡入閱書證持向管理處領取至閱書室閱覽閱訖繳納時即取證書交檢查所監守人驗明方始出所無證書者暫止出館

（二）檢查目錄時有不明晰之處可向館員問明。

（三）凡索閱圖書者本裝之書不得借至四册以上洋裝之書不得借至二册以上如欲兩種之書並借均不得過前數之半。

（四）凡還圖書於管理處將閱書證收回後更可依第一條手續借閱他籍如紙面已滿可續行索取。

（五）本館閱書報時間上午九句鐘起至十二句鐘止下午一句鐘起至四句鐘止

（乙）館外借書規則

（一）本館借書辦法分爲兩項。⑴借閱高等或普通圖書限於具有公民之資格或具公民資格而

有保證人者·(2)借閱通俗圖書·不計資格·但須自覓保證·

(二)凡欲借書至館外者·先將借書證票依式塡就·加蓋自己或保證人私章·送交圖書館館員查核·始得領取書籍·

(三)凡借書出外·本裝之書·不得同時借至二種三册以上·洋裝之書·不得同時借至二種二册以上·如欲兩種之書並借·均不得過前數之半·但所取之書未還·不得再借·以示限制·

(四)借書繳還限期·至多不得過十日·如有逾限不繳·卽由本館派人索取·其力錢若干·應由借書人供給·

(五)凡館內閱覽及借書館外者·如有遺失損壞等情·惟着借書人或保證人·按照所借之書全部價值賠償·

第六條　本館附設公衆閱書報處規則·

(一)凡入閱書報者·不得損壞圖書及報紙·

(二)凡入閱書報者·不得互相高談·妨礙他人閱覽書報·

(三)凡入閱書報者·不得在室啖用有殼核之食物·以持清潔·

(四)凡入閱書報者·不得唾涕及地·暨縱吸紙煙·致礙公共衛生·

第七條　兒童閱覽室規則·

(一)毋許損壞圖書報紙·

（二）毋許高聲大呼妨礙他人閱書·
（三）毋許攜帶有殼核之食物在室內啖食·
（四）毋許唾涕及於地面·
第八條　女子閱覽室規則·
（一）毋許損壞圖書報紙·
（二）毋許高聲談話妨礙他人閱書·
（三）毋許在室啖食有殼核之物·以保清潔·
（四）毋許唾涕地面致礙公衆衛生·
第九條　參觀規則·
（一）凡來本館參觀者先於檢查處投刺書名於參觀題名錄·由監守人通知館員·復由館員引導入館內覽閱·
（二）參觀時間自午前九句鐘起·至午後四句鐘止·
第十條　本館因圖市鄉閱書者之便利·就東之濤城·南之畢橋·西之東夏·北之梅渚·定埠各公立學校內·設巡迴文庫·凡新舊書籍·均由本館分別寄送文庫留備·所在附近借閱·均以寄留一月爲限·巡迴周轉·以期普及·並採免費主義·概不取費·
第十一條　本章程呈由本縣行政公署核准施行·

第十二條　本章程有須增改之處隨時得由館長依據規程擬具辦法呈由本縣行政公署核准行之

——摘自《安徽教育月刊》一九二〇年第三十六期

指令第二百三十八號九年二月五日

令浙江教育廳廳長許壽裳

呈一件送舊温屬公立圖書館長履歷暨各種册件由

據呈送舊温屬公立圖書館館長履歷并章程細則等件前來核與圖書館規程相合所定章程暨辦事細則亦均妥協應即照准備案合行令仰轉飭知照此令

（附註）館長履歷見本期紀載門核准辦理學校社會教育人員一覽表內

附章程

第一條　本館前由六屬士紳稟省設立名爲温屬圖書館

第二條　本館設在永嘉城內西北隅保安橋曾氏依綠園舊址

第三條　本館設主任一員館員一員司書生一名

第四條　主任之職務如下

一綜理全館事務　二掌理購置圖書報章　三編輯年報及目錄　四編製預算決算

第五條　館員之職務如下

一整理圖書報章及收發事項

二辦理文牘會計及一切雜務

第六條　司書生之職務如下

一專在藏書樓收發書籍以便閱者之取携

二可輔理館員整理樓上圖書及玻璃窗併標籤各籍

第七條　設門役館夫各一名

第八條　本館樓上爲藏書室樓下爲閱書室籀祠內附閱報所

命令

第九條　本館經費由主任按月照預算漑條呈縣給領

第十條　本館應於每屆歲終將所置圖書修築器具等項編印年報呈報縣署轉呈主管官廳以資查核

第十一條　本館章程如有未備事宜得隨時修正之

第十二條　本館章程俟呈奉核准後施行

附細則

第一章　細則

第一條　本細則凡館內職員應一律遵守

第二條　本館所置各室俱由主管職員依規定時間駐處辦事

第三條　職員每日辦公時間及閱覽時間如下

自一月起至三月止每日上午八時起至下午五時止

自四月起至九月止每日上午七時起至下午六時止

自十月起至十二月止每日上午八時起至下午五時止

第四條　本館休息日如下

一月一日至三日

春節前五日起後五日止
夏秋冬三節日
各紀念日
孔子誕日
曝書日

第五條　本館各處所應由館長指定館員駐宿理事如遇有要事不能駐宿須請他員代理至多不得過三日

第二章　購置

第六條　本館購置書籍每年從月支撙節盈餘項下照實數逐漸購書凡中外新舊圖書及雜誌應均擇要籌備

第七條　本館對於長官或紳富捐助各書除登報鳴謝外均當標明姓名議為保存給以憑證其助書多者當呈縣核轉請獎以資鼓勵

第八條　本館購入圖書將書名及著者姓名揭示目表並分編書目呈報備查

第三章　庋藏

第九條　本館圖書應擇本館最曠朗處庋藏之

第十條　本館庋藏圖書應均加蓋館鈐編列號數錄簿並黏貼書籤標明門類

第十一條　藏書橱架應均編列號數並如前標明門類

第十二條　庋藏圖書應由館員隨時整理排列不得錯雜散置

第十三條　庋藏圖書每週由館員督同僕役洒掃一次所藏圖書每年三伏日內晒晾一次仍依書目庋藏之

第十四條　藏書室非取書時不得開鎖其鎖鑰由館員藏儲以司啓閉

第十五條　藏書室內不得吸食各種煙草並不得携火入內

第十六條　本館係閱書重地不得供人宴會及許人寄宿

第十七條　本館目下備書無多無論官紳未便出借外觀俟冊數增加時再准出借但每次以五本為限其期間不得逾十日並須邀同保證人或繳納保證金方得具領

第十八條　藏書室如因意外事故致圖書損失由館長呈報主管官廳

第四章　閱書條例

第十九條　凡來閱書須先開一書券注明欲閱何書面交館員由該員檢授之閱畢後仍照原數交繳並不得硃墨圈點如有塗抹污損或缺數缺頁須照價賠償

第二十條　凡來閱書報勿高聲朗誦勿吸煙飲茶

第五章　冊報

第二十一條　本館每年終彙報主管官廳一次其應載如左

一本學年新置圖書等件

一本學年關於辦理一切情形

一本學年經費款項造具四柱清冊呈准核銷

一本學年閱書人數表

第六章　附則

第二十二條　本細則如有未洽處須隨時呈請修正

第二十三條　本細則俟呈准後施行

附參觀條例

第一條　凡過參觀者須先時通知由本館職員導引

第二條　參觀人欲閱覽圖書須遵守閱書條例

第三條　參觀人入藏書室參觀幸勿吸煙唾涕

第四條　參觀人勿携帶幼孩僕役及雜物

第五條　參觀人對於本館如有意見得面告或函達之

——摘自《教育公報》一九二〇年第四期

指令第九百四十號 九年五月二十七日

令江西教育廳

呈一件送臨川縣公立圖書館各項清摺章程圖表請備案由

據呈送臨川縣公立圖書館各項清摺章程圖表均悉核閱該館所擬章程等均尚妥協應准備案合即

令行轉飭知照此令

附抄件

一　名稱　本館定名曰臨川縣公立圖書館

二　位置　本館由教育會附設圖書館改辦其地點仍在教育會南邊

三　經費　本館經費由前清縣學束修息金項下支給其細數列表如左

項目	種類	數目	附記
第一款	常年費	洋邊四百八十元	
一目	館長一人	支薪邊一百二十元	
二目	館員二人	支薪邊一百二十元	
三目	館役二人	工資洋邊二十四元	
四目	火食	支洋邊九十六元	
五目	添購書報	支洋邊一百元	
六目	修整及雜用	支洋邊二十元	

四　書籍　本館書籍卷數另列表附後

五　建築圖式　本館建築圖式另附於後

六　章程規則　本館章程規則分列於後

七　開館時日　本館改歸縣辦後即開辦於民國九年一月二十日

附章程

一　本館遵照部頒圖書館規程辦理兼具通俗圖書館性質以圖公衆閱覽之利益爲宗旨

二　本館章程基於圖書館規程第四條所列第六項規定之

三　本館遵章設置各職員如左

(甲)館長一人由縣知事委任之轉報於教育廳

(乙)館員二人由館長定之呈報於行政長官

四　館長掌理全館執行事務並監理一切應辦事宜

五　館員受館長之指揮分掌司書庶務會計書記等事務

六　館員每屆年終應將辦理情形報告於地方長官列入學事年報

七　本館爲拓充閱覽起見仿照通俗圖書館辦法不收閱覽費

八　本館爲普及社會閱覽起見應儲集關於通俗圖書供公衆之閱覽

九　本館閱覽規則及優待捐贈規則另定之

十　本章程如有未盡事宜得隨時呈請修改

附閱覽規則

一　本館儲備各種圖書無論何人均得入內閱覽但不得携出館外

二　如有急需此書携出參考時應將書價如數納繳以便損壞賠償

三　本館所藏書籍另繕細目懸掛館中以便閱者採擇

四　本館閱覽時間除休息日外暫定如左

一月至四月　午前九時起午後五時止

五月至八月　午前八時起午後五時止

九月至十二月　午前九時起午後五時止

五　定期休息日特定如左但臨時休息得別行揭示

(子)每星期月曜日

(丑)歲首一月一日至三日

(寅)春節日

(卯)夏秋冬節日之翌日

(辰)民國紀念日

(巳)灑掃日

(午)曝書日每年約十日於期前二週間揭示

(未)年終十二月三十一日

六　閱覽人除得有本館特別閱覽劵者外應於入館時領取左列閱覽劵之一種

(天)普通閱覽劵

(地)婦孺閱覽劵

(人)新聞閱覽劵

七　領劵後換取領書證逐項塡明交由館員檢發入室閱覽但領人號劵者得逕至新聞閱覽室

八　領書以一種爲限如欲換閱他書須將前書連同領書證交濟後另塡領書證檢發

九　閱覽人出門時須將圖書交由館員點收於領書證上蓋明收訖字樣

十 閱覽人有一日中數次來館者其每次出入手續與前一律

十一 閱覽人隨身物件須自行照管不得携帶危險及笨重等物

十二 閱覽圖書不得塗抹汚損摺皺撕裂如有上項情事酌量輕重責令賠償並禁止閱覽

十三 如需抄錄此書必須自帶筆紙等件本館概不給予

十四 本館不收閱覽費

十五 閱覽人應注意左列各事

不朗誦不談笑不吸煙不食物不隨意涕唾不傾側倚臥窗欄牆壁不得塗抹陳設器具不得移易如有不遵者館員得隨時令其出館

十六 此規則如有未盡事宜得由本館隨時修改

附優待捐贈圖書規則

一 優待事項分四款如左

(元)標識捐贈者之姓名籍貫職業於所贈之圖書

(亨)以捐贈者之姓名籍貫職業經過事實製爲一覽表懸掛本館藉資表揚

(利)給予本館永遠有效之特別閱覽券並得入優待室閱覽

(貞)呈請縣知事轉詳教育廳比照捐資興學褒獎條例給予褒獎

捐贈圖書値在五元以上不滿五十元者適用元亨二款之規定五十元以上不滿百元者適用元亨利三款之規定百元以上者元亨利貞四款均適用之

二 有以圖書定期借陳本館者得適用前條元款之規定其陳列中改作捐贈者分照前條各款之規定

三 圖書捐贈本館後其儲藏及陳列方法由本館主之但捐贈者亦得陳述意見以備採擇

附寄存圖書簡章

一 寄存圖書須將種類卷數及價目逐一開明以備查考

二 本館接收此項圖書當給予收條以昭信守

三 此項圖書如有塗抹及損壞情事本館應照原價賠償

四 寄存圖書不論久暫有隨時取閱及定期撤回之權

五 此簡章如有未盡事宜得以隨時商同修改

——摘自《教育公報》一九二〇年第七期

咨江蘇省長准咨送太倉縣圖書館簡章圖表各件准備案文（第五百六十四號 十年六月十三日）

爲咨復事准貴公署咨送太倉縣圖書館簡章圖表各件到部核閱該館所訂簡章尚稱妥協應准備案惟檢閱各件尚缺建築房屋收支清冊一件應由該館補送相應咨復請煩轉飭知照可也此咨

附章程

第一章　總則

第一條　本館爲縣地方有志學問人之研究學問而設參照本省各縣圖書館章程組織

第二條　本館爲縣地方經費建設由縣知事呈省備案

第三條　本館常年經費由勸學所於縣教育費項下酌量支配按月照發其特別費隨時籌撥

第四條　本館以縣公益款產處勸學所及前本館籌備員會同購置者爲基本圖書以後籌增未備各種應以縣教育費實力所能及及設法籌到的款爲多寡之準

第五條　本館爲愼重地方公款起見凡館中圖書概不借出

第六條　有以圖書贈送本館者予以相當之報酬其報酬辦法如左

一於本館目錄及贈送品上標明贈送人之姓氏

二徵集贈送人之相片懸掛館中以留紀念

三參照勸學所捐資興學例酌量贈送品之價値分別呈請縣知事褒獎

第七條　有以圖書寄存本館供衆閱覽者本館應代爲陳列其寄存辦法如左

一本館對於寄存圖書非遇特別事故應負代爲保管之責

二參觀閱覽人對於寄存圖書有污穢損壞者照本館通例議賠

三寄存圖書時本館給予收據將來收回原物應將本館收據繳還

四寄存圖書之期至少以三年爲限

五寄存人自欲檢閱原有圖書向本館聲言本館當予以特別優待

第二章　閱覽規則

第八條　本館分男女賓兒童閱覽室三處閱覽人應各就規定處所閱覽不得混雜

第九條　閱覽室上午八時半啓門十一時半閉門下午一時啓門四時閉門

第十條　閱覽人欲閱何種圖書向收發處領取領書券於目錄上查明某字某號某種塡入領書券中並註姓名送管理處換領圖書

第十一條　閱覽人閱覽終止應將所領圖書交還收發處

第十二條　閱覽室內不得吸各種煙葉

第十三條　不得攜食物入閱覽室

第十四條　閱覽人如有雨具等物交收發處代存弗攜入閱覽室

第十五條　閱覽人如誤將圖書污穢損壞照章賠償

第十六條　閱覽室內備有筆墨閱覽人如欲摘抄所閱之圖書得自行抄錄不得

公牘

污損圖書

第十七條　閱覽人對於所閱圖書有認爲錯誤必須改正之處可另紙記明某書某卷某頁某行某字交收發處彙交主任校定寫正不得自行添注塗改有誤犯者照污損圖書章程賠償

第十八條　閱覽人污損本館圖書以幅計照購入原價賠償書污損少者以頁計多者以卷册部計照通常抄書例點字數賠償

第十九條　本館規定停止閱覽日概不招待閱覽人其日期如左

一陽歷新年前後七日

二舊歷十二月二十四至正月初五日止

三清明端午中秋冬至四節日

四民國紀念日地方紀念日本館紀念日

五每逢星期一日

六曝書日於每年秋燥中行之前後約二十日臨時布告

第二十條　兒童閱覽除適用通例外別定特例如左

一兒童閱覽之圖書以本館規定兒童閱覽品爲限

二同時入兒童閱覽室閱覽圖書至多以十人爲限滿十人時應俟先入者退出閱覽室再行填券領書

第三章　參觀規則

第二十一條　參觀人須自在參觀簿上填明姓名住址職業事由

第二十二條　參觀人須經本館招待員指引

第二十三條　參觀圖書樓幸勿自啓櫥門抽閱圖書如見有圖書須詳細閱覽者應俟退出圖書樓另填閱覽券領向閱覽室內閱覽

第二十四條　參觀閱覽室幸勿擾亂閱覽人之心思

第二十五條　參觀時不得吸各種烟葉

第二十六條　僕役不得隨入參觀

第二十七條　凡停止閱覽日幷停止參觀

第四章　藏書樓規則

第二十八條　藏書樓櫥如圖書依千字文編次不得凌亂

第二十九條　藏書樓窗之啓閉依天氣晴雨燥濕定之

第三十條　藏書樓上午八時半啓門十一時半閉門下午一時啓門四時閉門

第三十一條　藏書樓中不吸各種烟葉不用各種火具

第三十二條　藏書樓中非得本館職員引導不得擅入

第五章　職員任務

第三十三條　本館設主任一人由縣知事委任暫盡義務其任務如左

一管理全館事宜

二關於館員督率進退事宜

三關於保管審定購置徵集各項圖書及編輯目錄釐訂章程事宜

四關於布置館屋事宜

五關於閱覽人參觀人接待導引及其他事宜

六關於經費收支事宜

七凡主任有事時得託館董一人代行其職務

第三十四條　本館設館董若干人由勸學所延聘暫盡義務其任務如左

一會同勸學所籌集本館經費事宜

二協助主任籌商一應進行事宜

三協助主任審定購置徵集各項圖書及編輯目錄釐定章程事宜

四協助主任布置館屋事宜

第三十五條　本館設保管一人收發一人書記一人會計庶務一人由主任會商館董延訂其任務如左

一掌管圖書樓圖書總簿凡送樓陳列之圖書隨時依類登記

二掌管圖書樓及各書櫥之鑰匙

三整理櫥中陳列之圖書

四注意圖書樓門窗之以時啓閉

五檢查圖書之破裂蟲傷

六注意天時之陰晴燥濕爲圖書樓之設備

七督率僕役揩拭圖書樓之塵埃

八督同修書員隨時修理圖書

九曝書期內曝書（以上九項爲保管職務）

十掌管收發處收發圖書事宜

十一登記閱覽人之姓名住址職業及其所閱圖書門類

十二收存閱覽人之領書券

十三注意閱覽人交還圖書時有無多少污損設有差誤由收發員負賠償之責

十四閱覽人有違背規則時須婉言正告

十五每月終時閱覽人數及所閱圖書册數列表報告主任（以上六項爲收發員職務）

十六繕寫編定之目錄及各種圖書之簽條

十七繕寫各項文牘（以上二項爲書記職務）

十八掌管銀錢出入

十九造具每月報册

二十掌管館中各項購置

二十一收管總門鑰匙

二十二督率館中僕役逐日洒掃館屋器具

二十三保管館中一應器具立簿登記

二十四注意館中各項清潔事宜

二十五曝書期內襄同保管員曝書

二十六星期一上午督率僕役掃除

二十七關於其他庶務事宜（以上十項爲庶務職務）

第三十六條　本館辦事各員除例定休假日外非必要時不得告假告假必請相當之人代行職務

第三十七條　本館修書不設專員臨時酌雇其經費由勸學所加給

第六章　餘則

第三十八條　此項章程由主任會同館董擬訂呈請縣知事核准施行

公牘　二十四

（附註）其他附件略

海鹽縣圖書館參觀規則

第一條　凡來本館參觀須先期通知本館許可接待

第二條　參觀須記載姓名籍貫住址職業於題名簿內

第三條　參觀人須由本館職員導引

第四條　參觀人欲閱覽圖書時須照閱覽規程辦理

第五條　參觀人入室參觀勿吸煙勿涕吐

第六條　參觀人勿携帶幼孩僕役及雜物

第七條　參觀人對於本館如有意見或得面告或函達本館

第八條　停止閱覽日謝絕參觀

九年十一月二日之江日報

——摘自《浙江公立圖書館年報》一九二一年第六期

指令第一千四百零七號十一年七月十七日

令吉林教育廳

呈一件檢送吉林縣公立圖書館清冊及各項簡章規則請核備由

據呈送吉林縣公立圖書館清冊及各項簡章規則均悉核閱所擬簡章規則尚稱妥協應准備案仰即轉飭知照此令

附簡章

第一條　本館爲推廣社會教育補助學校教育進行起見儲集各種圖書報章以供各學校及公衆閱覽定名曰吉林縣公立圖書館設於省城新開門裏縣立第一高等小學校前院蟲王廟舊址俟辦有成效再擇繁盛鎮鄉設立分館

第二條　本館設職員於左

一　館長一員

一　館員一員

第三條　館長由縣長委任經理全館一切事務

第四條　館員由館長任用承館長之指揮經理館內一切事宜

第五條　本館由縣公署刊發圖記一顆曰吉林縣公立圖書館圖記以昭信守

第六條　本館經費及購書費由縣教育費項下撥充預算書

另定之

第七條　本館應用圖書除採集中外圖籍外於本他藝文刋本尤宜廣爲搜集

第八條　本館圖書借用規則及閱覽規則另定之

第九條　本館每屆年終應將辦理情形呈報備案

第十條　本館附設圖書發行所幷刷印所其簡章另定之

第十一條　本簡章自呈准之日實行

附本館借閱圖書簡章

一吉垣各界人士有正當職業住址明晰無暇來館披閱圖書而立待參攷者得借閱本館圖書

一借閱圖書時須先購借書券一張每張收銅幣五枚贈送本簡章一份

一借閱之圖書函數多者以一函爲限册數多者以十册爲限叢書每種册數多者亦以十册爲限册數少者以兩種爲限

一借閱圖書時應按照本館所定價格表如數繳足作爲保證金惟經主管長官之介紹而予以借書憑證者得免繳價格表未訂定之先須由管書員酌定價值交保證金

一由本館發給借閱券時即在該券上面註明借閱者姓氏職業住址門牌號數及借某版某書若干册或圖若干幅交保證金若干元免繳保證金者該册之上亦須註明管書員須於券上署名蓋章

一借閱日期以十五日爲限屆時應將原借圖書連同借閱券一幷送還本館經管書員查點無誤保證金如數發還

一繳還圖書時管書員應即逐册查驗如有圈點擦損情事保證金概不發還其免繳保證金者如將所借圖書圈點擦損本館得向借閱人追繳原書全部價值

一繳還之圖書如有圈點擦損等事發生管書員未經覺察即行收回亦未扣留保證金者應由管書員如數賠償

一本館外借之圖書以門首牌示之目錄爲限其宋元舊槧海內孤本及精刻精鈔概不外借

一借閱圖書逾期不還管書員於期滿之日即行追繳如仍延宕不還即將保證金如數扣留預行聲明展期者至多以三日爲限

免繳保證金者亦得適用前項之規定

一繳還圖書無論本人或非本人持借閱券送還原書時經管書員查驗無誤即將保證金交付來人帶回

一扣留之保證金原爲賠償圖書之用自應隨時補購除呈報縣公署外并於年終在本館門首發布一次俾衆週知

一本館除定期休息日及曝書期內暫拒借閱外以每日午前九時至午後四時爲辦公時間

一本簡章自呈准後施行

附閱覽規則

第一條　凡年在十二歲以上者皆得持券入館閱覽圖書報紙

第二條　凡本館開閉均有一定時間到館不得過早出館不得過遲（暫定春分前秋分後早九時開館晚三時閉館春分後秋分前早八時開館晚四時閉館）閉館時以鈴聲傳達閱覽人即預備出館

第三條　凡欲入本館閱覽圖書報紙者當先至售券處購取閱覽券酌收券費以示限制

（甲）閱書券一張售銅元二枚十張銅元十二枚

（乙）閱報券一張售銅元一枚十張銅元六枚

第四條　凡本館所藏圖書均編列目錄詳載部數函數本數幅數及著作譯述者姓名刊行地方并編次號數存置換券處以便閱覽人查取請領

第五條　凡已購閱覽券者可至換證處以券交管書員換取領書證即於證上記明職業住址姓名及需領書籍持至圖書出納處取出

第六條　凡購閱書券者入閱覽室同時可請領圖書兩種線裝限五冊洋裝限三冊其線裝洋裝同時請領前者各限三冊後者各限二冊購閱報券者可請領新聞雜誌二冊閱畢即須交還出納處若欲換取他種仍照前條辦理

第七條　凡出館之時須將所領圖書交還出納處由該處管書員檢視如無損壞等事即於領書證上加蓋戳記仍交閱覽人持至換證處換取閱覽券代交收券處

第八條　凡學校職教各員及學生如需用圖書編輯參攷者可由各校函請本館寄贈縱覽券俱免取券費但寄贈之數則由本館酌量各校職教員及學生之多寡而定之

第九條　凡寄贈之券每一年終繳還本館註銷遇遺失時須從速告知以便補寄

第十條　凡捐贈本館圖書雜誌報紙者由本館特寄贈優待券其換領繳券等辦法同前

第十一條　凡閲覽人如有攜帶傘包等物及禽畜類者亦售券處收存給予號牌以便出館時照牌領還不得帶入館内

第十二條　凡領閲書籍者須於交書時檢閲一通如有缺頁墨污毁損等事當即説知管書員載明領收證内

第十三條　凡閲書者如有遺失書籍或點污毁損須以相當之價賠償如該項事件未清不得更請閲他種亦不得逕行退出閲報者須依次閲看不得將各報凌亂雜揉并堆積一處尤不得從報中截取要件違者除追還外并令給價報償半月

第十四條　凡覽閲圖書之人如有欲抄錄者祇須帶鉛筆紙冊等件其餘各種筆墨恐致污染均不得攜帶亦不得在圖書上圈點批寫

第十五條　凡閲覽室禁止高談朗誦食物吸烟塗抹几案題書牆壁傾潑茶水拋棄紙物并另備痰盂以盛痰涎不得隨意涕唾室外另設便所亦不得隨意溲溺

第十六條　凡本館圖書如各教育行政機關調取須有取書條及圖記爲憑此外欲借出者須得圖書館館長許可但不得過三日如有損壞仍照前條令即賠償

第十七條　凡違背本館規則或不遵本館臨時指示及有無禮之舉動者可體察情形示禁一月或數月不得來館請閲書報

第十八條　有神經病及酒醉者不得入館

第十九條　本規則如有不適宜時得呈請修改

——摘自《教育公報》一九二二年第七期

咨湖北省長准咨送遠安縣公立圖書館章程准備案文第一千一百四十號 十一年九月二十六日

爲咨覆事准咨送遠安縣公立圖書館章程圖表等件到部核閱所擬章程各條均稱妥協應准備案相應咨覆請煩查照飭知可也此咨

附章程

第一條　本館購置各種圖書以供公衆閱覽研究學問幷以搜集保存鄉土藝文以興其敬鄉愛國之觀念爲宗旨

第二條　本館以縣款設立故定名曰遠安縣公立圖書館

第三條　本館館址暫設縣城勸學所內

第四條　本館現有圖書均由勸學所支款購置以後籌增未備各種亦應在縣教育費項下籌劃若干但以經費實力所能及者爲限

第五條　有以圖書贈送本館者予以相當之報酬其報酬辦法如左

一於本館目錄及贈送品上標明贈送人之姓名

二徵集贈送人之相片懸掛館中以留紀念

三呈請知事參照捐資興學褒獎條例酌量贈送品之價值分別呈請上憲褒獎

第六條　有以圖書寄存本館供衆閱覽者本館應代爲陳列其寄存辦法如左

一閱覽人對於寄存圖書有毀失汚損者照本館通例議賠
二寄存圖書時本館予以收據將來收回原物應將收據繳還
三寄存圖書之期至少以三年爲限
四寄存人自欲檢閱原有圖書向本館聲言本館當予以特別優待

第七條 本館設館長一人暫由勸學所長兼充不另支薪管理員二人暫由勸學所書記二人兼任每月各支津貼錢三串文

第八條 本館不徵收閱覽費

第九條 本館應於年終將所辦情形呈報縣署轉呈主管官廳以資查核

第十條 本館之管理閱覽規則另定之

第十一條 本章程如有未盡事宜得由館長修改呈請縣知事核定轉呈主管官廳備查

附規則

第一條 館長總理館內一切事務

第二條 管理員管理左列事項
一編製圖書目錄
二整理圖書標題
三圖書之檢查
四收發閱覽圖書
五整理閱覽室及其物品
六各年夏季曝曬一次
七閱覽人如將圖書毀失或汚損須責令賠償

第三條 本館圖書每部在二百冊以內者得以借出但每次以一冊爲限每冊以四日爲期

第四條 本館於春節前後放假二十日夏季間停止閱覽十日以便曬書餘惟年節紀念日四節日清明前後十日並日曜日停止

第五條 本館圖書各界人均得請求閱覽

第六條 閱覽圖書須依照左列各欵
一閱覽人欲閱何種圖書得就目錄中擇所欲閱之圖書記書名冊數於領書券并註姓名加蓋圖章送交管理員換

領圖書

二閱覽人閱覽終止應將所領圖書交還管理員然後退去

三每人所領圖書册數以二册爲限若閱畢不敷可再請領

四本館圖書每種止一部如有數人同請一種須讓先請者閱畢然後遞交

五在閱覽室務宜肅靜勿朗誦及大聲互詰致妨他人閱覽

六閱覽室禁止吸煙飲茶

七管理員查明圖書毁失或汚損須賠償同一之圖書或相當之價値

第七條　閱覽時間淸明至秋分節上午八時至十一時下午一時至四時寒露至春分節上午九時至十一時下午一時至三時以便收藏圖書例不延遲

第八條　本規則如有必須修改時由館長呈請縣知事核定

——摘自《教育公報》一九二二年第九期

指令第八百二十六號十二年五月二十八日

令浙江教育廳

呈一件送餘杭縣圖書館成立日期及簡章等項由

據呈報餘杭縣公立圖書館成立日期並檢送簡章等項到部核閱所訂各件均尚妥協應准備案仰即轉飭知照此令

附簡章

一 本館定名爲餘杭公立圖書館

二 本館暫設文廟內

三 本館爲推廣社會教育補助學校教育起見備置各種圖書報紙雜誌以供各界閱覽不取閱費藏書規則另訂之

四 本館爲便利閱者起見借書規則閱覽規則另定之

五 本館開辦費業已籌定經常費擬請在教育費項下撥充預算表另定之

六 本館經常費將來充裕時得逐漸分設閱書報社於鄉鎮各區以資推廣

七 本館暫設名譽館長一人綜理一切館務由縣知事委任館員一人承館長之指揮保管館內一切事宜由館長聘任館役一人辦事細則另訂之

八 本館除規定星期一爲辦事人休息外其餘休息日期如左

國慶日 元旦 夏節 秋節 各一日 寒假 兩星期

晒書期在立秋前後臨時酌定但不得過一星期

九 本館規定每日開放時間上午晚間各三小時下午四小時爲限

十 本館每屆年終應將辦理情形分別具報

十一 本館簡章俟呈奉核准後施行

閱書報社簡章

一 本社依照餘杭公立圖書館簡章第六條設立定名爲餘杭公立圖書館附設閱書報社

二 本社斟酌經常費之多寡備置通俗書報供衆閱覽

三 本社得就各區地方情形逐漸按照後列次序添設分所

第一所 閑林 第二所 雙溪 第三所 倉前 第四

命令

所　黃湖　第五所　冷水橋　第六所　白泥山　第七
所　坎亭灣

四　本社總社即由圖書館管理員主持一切社務其他各分社在圖書館基本金未充足時先委就地方教育機關或熱心地方事業者主持之但無論委託或指派本總社均有督察之權

五　本社經費除由圖書館經常費中開支外如有就地人士樂於捐助得就其地分社作局部的擴充或提前設立

六　各分社開放時間之長短等得各就其地情形斟酌定之但每日至少須在二小時以上且每年至少須將社務經過情形報告總社一次

七　本社暨分社之閱覽規則辦事細則等均由受委託者斟酌地方情形另行訂定施行

八　本社暨各分社成立時絡續由圖書館館長呈報官廳備案給示保護

九　本簡章如有應行修改之處由圖書館館長暨各分社主持人酌議改定呈縣以昭鄭重

閱書規則

一　來館閱書概不取費

二　來館閱書除雜誌日報外須先填就閱書人題名錄然後再向館員取書至閱書室閱覽閱畢仍交館員收藏調換他書時可先將原書交還再填題名錄取書

三　每人同時只准取書二冊每一開放期間只准換書一次取閱圖書如已經人借閱須俟閱畢交還再取

四　本館開放時間分上下午及晚間三期間上午自九時起至十二時止下午自一時起至四時止晚間自七時起至九時止（晚間因經費支絀暫不開放）

五　取閱之書務須愛護如有損傷應照値賠償

六　閱書人得自備筆墨札記所閱

七　閱書人如有關於改進館務之意見請用紙寫就投入徵求意見櫃中

八　如承閱書人慨捐款項或圖書請逕交本館館長檢收隨掣蓋章收據爲憑以後除登報鳴謝外再照捐資興學條例呈請官廳給獎

九　本規則如有應行修改之處隨時修訂以期完善

借閱圖書規則

一　本館所有圖書分爲甲乙丙三部標明圖書分類目錄上甲部之書概不出借乙部丙部之書得依照後列各條出借

二　凡繳有保證金三元者得借閱乙丙部圖書但每次至多以三冊爲限

三　凡繳有保証金一元者得借閱丙部圖書但每次至多以二冊爲限

四　保証金繳付後本館即給以手摺一扣以後無論借閱繳還均憑此摺（本館經費充裕時當刊贈乙部或丙部圖書目錄一份）續借圖書者如未繳齊前借各書不得再發

五　每次借閱圖書至久不得過一星期過期不繳者本館即沒收其証金但經聲請而本館允許展期者不在此例

六　借閱圖書如有損壞須照值賠償

七　借閱圖書如須由本館代爲寄遞者其一切寄遞費概歸借書人（在必要時本館併得酌收包紮費）

八　圖書寄出後及本館未收到前途間如有遺失毀壞等情本館不負責任

九　本規則如有未妥處得隨時修訂之

藏書規則

一　本館所有圖書無論自行購置他人捐助或他人寄存概須加意收藏

二　本館所有圖書暫行參酌國內現在流行之圖書分類法分爲文學哲學史地教育法政經濟理科數學生理醫學工商農業藝術體育兒童用書外國文小說雜誌雜書等十八類總期收藏迅速檢查便捷以利進行此後陸續收入各書即隨類編列

三　本館所有圖書每年在立秋前後全部晒晾一次

四　本館所有圖書如有蟲蛀損傷須隨時捕殺補葺

五　本館藏書舊書如有缺葉缺卷須隨時設法補購或補抄完全

六　本館所有圖書書面與書內須各加蓋『餘杭公立圖書館藏書』印章以示所有

七　館外捐助圖書本館收到後除蓋藏書印章外再於書面

命令

註明捐助人姓名以資紀念

八　館外藏書家如願將其珍藏圖書寄存本館以供衆覽本館當格外加意收藏以免損失如兩方認爲必要時得另行會商辦法訂立條欵共相遵守

九　本館所有圖書斟酌書價書版分爲甲乙丙三部甲部各書概不出借乙部丙部各書得另訂借書規則出借閱者

十　本館所有乙部丙部各書出借後如有損傷遺失等情除按照借書規則責由借書人賠償外本館須隨時設法補購以免殘缺

十一　本館借閱圖書總目錄一冊隨各圖書到館之先後記錄入冊捐助者記明捐助人姓名購買者記明購買店號併記明到館月日書價冊數既便統計尤利檢查

十二　本館更備圖書分類目錄一冊館中所有圖書即按所定門類分別錄入併編定號數註明著作人姓名及冊數以便閱書人檢查而於取藏兩方尤可多得便利

十三　本規則如有未盡事宜得隨時增修之

辦事細則

甲館長之職權

一規劃館務之進行

二審查新出及未購置之圖書按照經常費之收入分別緩急按月購置

三掌管經費查檢帳務併裁奪往來重要文件

四督察館員履行職務

乙館員之職務

一館員承館長之指揮掌管館內一切事宜

二本館所有圖書每年在立秋前後全部晒晾一次晒晾期間得通告暫停閱覽但至長前後統計不得過一星期

三本館所備圖書如有蟲蛀損傷隨時捕殺補葺

四收發來館取及館外借閱之圖書

五記載館務日記並設法促進館務

六按年造具報告書由館長呈報縣署

七主持館中之秩序布置清潔衛生等

八掌管逐月收支帳目

九每月調製經費收支詳表懸示館中每屆年終造具收支

表呈報縣署備查
十調製圖書統計表閱書人數統計表及其他一切表冊
十一督率館役助理館中應爲事項
丙館役之職務
一清潔屋宇器具整理閱覽室設置等
二送遞文件整理日報併供給茶水
三承館員之指揮協作館中事務

——摘自《教育公報》一九二三年第五期

指令第八百二十七號十二年五月二十八日

令江西教育廳

呈一件送興國縣鄉立圖書館章程各件請核由

據呈送興國縣鄉立圖書館章程各件到部核閱所訂各件均稱妥協應准備案仰即轉飭知照此令

附章程

第一條 本館由清源鄉籌款設立定名爲清源鄉立圖書館

第二條 本館暫設清源高小學校內

第三條 本館設館長一人綜理全館事務館員二人分掌館內一切事務俱純盡義務不支薪金

第四條 本館常年經費由清源學校學款項下支付并募捐補助

第五條 本館閱不收覽費惟出借書籍得酌收借貸費其規則另定之

第六條 本館每屆年終應將辦理情形分別具報

第七條 本章程俟呈奉核准之日施行

附辦事細則

第一章 總則

第一條 本細則凡館內職員應一律遵守

第二條 本館所置各室俱由主管職員依規定時間駐處辦

命令

事

第三條　本館每日辦公時間及閱覽時間如下

一月至四月　午前九時至午後五時

五月至八月　午前八時至午後六時

九月至十二月　午前九時至午後五時

第四條　本館休息日如下

（一）歲首一月一日至三日（二）春夏秋冬四節日（三）各紀念日（四）曬書日

第二章　購置

第五條　本館力求完備凡新舊圖書及新聞雜誌均應逐漸選購

第六條　凡官紳士商慷慨捐金者本館當購置書籍標明姓名識爲保存并查照捐資興學條例呈縣轉呈給奬其捐贈書籍者同此辦法

第七條　本館購入圖書將書名及著者姓名揭示日表並分編書目呈報備查

第三章　庋藏

第八條　本館新舊圖雜書誌日報依照種類分類藏儲

第九條　庋藏圖書均加蓋館鈐編列號數錄簿並黏書簽標明門類

第十條　庋藏圖書應由館員隨時整理排列

第十一條　藏書室每日灑掃一次所藏圖書每年三伏日曬晾一次

第十二條　藏書室非取書時不得開鎖

第十三條　藏書室內不得吸烟並不得携火入內

第四章　閱借

第十四條　凡來閱書者須照閱覽館券註明向員領取

第十五條　凡在圖書室內不得高聲朗誦吸烟飲茶並不得隨意唾涕傾側倦臥

第十六條　每次借書以十本爲限

第十七條　借貸圖書不得逾二星期如逾期不還當遣人索取下次不得借閱

第十八條　借貸費每次納銅元一枚借書時繳淸

第十九條　圖書歸還時館員查對部數本數卷數無圈點汚

損等情方得收回銷册如查有缺少圈污應責成賠償若冒昧收回應由館員負責

第二十條　本館職員閱借書報應照上列各條辦理

第五章　册報

第二十一條　本館每屆年終彙報官廳一次其應載事項如左

（一）本年度新置書報（二）本年度辦理情形（三）經費收支表（四）閱覽及借貸人數表

第六章　附則

第二十二條　本細則俟呈奉核准後施行

指令第六百九十七號十三年三月十二日

令福建教育廳

呈一件送仙遊縣公立圖書館簡章表冊由

據呈送仙遊縣公立圖書館簡章表冊等到部核閱所擬簡章各件尚無不合應准備案合即令行轉飭知照此令

附簡章

第一章 總則

第一條 本館設備圖書以補助社會教育學校教育促進文化為宗旨

第二章 名稱

第二條 本館定名為仙遊縣公立圖書館

第三章 館址

第三條 本館設在城內金山祠邊

第四章

第四條 設館長一人暫任義務不支薪水館員五人酌給薪水館丁一人酌給工食

第五章 經費

第五條 開辦購書置器設備費大洋三百元由官廳津貼不敷館員捐助及勸募之至常年經費由縣公署就學款項下遞年撥給小洋肆百捌拾元令每月移向教育局支領

第六章 書籍

第六條 購經史子集四部暨小學中學醫學實業武備師範法政各科學參考書俟購置更完備時刊刷目錄分給各學校其目錄一存縣附卷一存本館內

第七條 官紳各私人隨時捐助圖書收到後給証詳細列明所捐之書目之[illegible]少價值多少照章呈請地方官分別列三等給獎分獎狀獎章匾額各項

第八條 章程草創未盡處得隨時呈報改良

附職務規則

第一條 注意書籍之廣告批評查核圖書館所必需及資費之多寡

第二條 將定購之書目紙箋順次排列檢查重複

第三條 製購書目錄送交書肆

第四條 查照發票領收書籍

第五條 檢點書籍蓋印畢注意裝訂勿任鬆懈開閉勿任破損

第六條　寄贈書籍發收據謝信登記寄贈書簿蓋寄贈書印

第七條　書籍記入總簿（如書籍號數未定當更記入第十三條之總簿）

第八條　書籍分類編號

第九條　書架爲整理之準備黏貼書架籤書籍袋

第十條　將書籍記入書架目錄（但書籍編號在目錄編纂後者記入第十五條之書架目錄亦可）

第十一條　書目錄紙籤（著者名書名及册數目錄）

第十二條　記續購之書籍目錄（備揭示館內及登載新聞）

第十三條　將書目紙籤依號數次序整理之記其號數於總簿

第十四條　納書籍於架中

第十五條　書目紙籤依數目或分類整理之編入總目錄

附藏書規則

第一條　書籍每年待三伏日晒書時由館長將目錄取出查點一次有所遺失即着管書並館丁賠補如擅自借給他人者即並無遺失察出管書或館丁即議罰薪資若干以免瞻徇

第二條　每日傍晚管書人須將本日所發之書逐一歸回原架如有面頁破賺訂線斷絕以及鼠傷蟲蛀均先註明簿內彙齊召匠修補此項工資由館內給發不得浮開混報

第三條　所藏書籍每年就三伏天晒一次以防霉蠹晒時應用鋪板椅凳就館前排列取書斜攤之先晒綫縫後晒面頁晒後就陰取涼隔一日還架不可夾帶陽氣因濕生蠹着管書人照辦

第四條　本館所藏書目按期由各館員查點以免遺失日久生弊

第五條　現藏書籍如有譌字敚文備校勘簿如閱書人確能校正將校勘登註如某書第幾卷第幾頁第幾行某當作某或敚某之字下註校人姓名逢晒時請館長復勘校改正其原校之人查有改正至一百字者由公項提給酬勞每百字給酬勞費小洋拾角多寡照此唯不得任意塗改原書妄行校正以誤後學

附閱書規則

第一條　本館書籍無論官紳教員學生概不許借祇可到館翻閱

第二條　閱書之人應先開書名卷數付管書之人令其檢出送至案頭閱畢一部再令檢一部如大部卷過多先取若干卷閱畢交還再令檢查若干卷不得連篇取閱以致錯亂亦不得自至架頭任意翻閱

第三條　到館閱書者如約會三四人同來則每人須分開書目一紙下註姓名交由管書人按單分送經史子集以及各科書均有定坐位如借閱經部者再欲觀史部須移人就書不得移案就人若兩人同觀一書或彼此轉觀歸時向原取人是問不得互諉

第四條　鈔書須自帶筆硯就館抄錄不得攜書出外亦不許油漬墨污猖者着賠

第五條　管書人須設有號簿每日將閱書人取閱之書一一記明簿內送還時蓋一館字年終將號簿公同查驗一次以便稽查勤惰查點藏書有無號籤可送管書人更換

——摘自《教育公報》一九二四年第五期

咨熱河都統准咨送灤平縣公立圖書館簡章准備案文（第八百零八號 十三年五月二十九日）

為咨行事准貴公署咨開據熱河道尹呈送灤平縣公立圖書館簡章暨館長員履歷各件據情咨請查核等因到部核閱該圖書館簡章尚稱妥協應准備案相應咨復即希轉令知照可也此咨

附簡章

一名稱　灤平縣公立圖書館

一位置　館設於縣街西河沿座東向西

一經費　常年經費一百八十元

一書籍卷數　一百零五卷

一建築圖式　暫在通俗講演所內佔用房屋二間備有書廚卓椅等件（書廚圖式附呈）俟籌有的欵再行建築

一章程規則

一館設館長一員暫委女子國民學校校長兼充不另支薪水

一館設館員一員常川住館

一閱書時間春夏秋三季上午九點鐘啓門下午五點鐘閉門中間休息兩點鐘冬季上午十點鐘啓門下午三點鐘閉門

一在規定閱書時間任人入館閱覽不徵收閱覽費

一閱書之人欲閱某書須先告知館員由館員檢出付給閱畢仍交付館員不得自行檢取

一閱書之人須在館中看閱不得携出館外

一星期日仍行啓門以便學生入館閱覽

一閱書之人閱書時不得高聲朗誦

一閱書之人如抄寫時自帶筆墨不得在書上塗抹

一閱書之人不得將書撕碎遺者令其賠償

一閱書之人在館內不得隨意亂吐

一館中備有茶水有一定處所閱書之人不得在閱書案上飲茶

一閱書之人不得在館中吸烟以防意外

一圖書館如有私人捐助書籍由勸學所呈請縣公署依照捐貲興學條例辦理

一開館時日　民國十三年三月一日

——摘自《教育公報》一九二四年第六期

指令第五百七十七號 十四年四月十七日

令陝西教育廳

呈一件送朝邑縣公立圖書館簡章及建築圖式職員表冊請核備由

據呈送朝邑縣公立圖書館簡章等件到部核閱所訂簡章尚稱妥協應准備案合即令仰轉飭知照此令

附簡章

第一條 本館定名爲朝邑縣公立圖書館

第二條 本館地址在邑治城內西大街門牌四八號

第三條 本館以補助學校教育之不及養成青年好學之習慣並可爲國民終身之學校

第四條 本館組織擬定館長一人館員二人職務分下列兩項

甲館長 總管館內一切事務

乙館員 担任出納藏書裝訂收入庶務會計等職並任本館附設初級小學校教員

第五條 本館設備現分下列四項

甲閱書處 並陳各種雜誌及有益於社會饒興趣之小說

乙閱報處 定就京津滬及本省有價値之報章

丙教室 爲本館附設初級小學校授課之處

丁藏書室 現存新舊書籍共二千二百四十卷

第六條 本館書籍之由來分下列兩種

甲選購者 一千九百六十卷

乙捐贈者 二百八十卷

第七條 本館基本經費設定全年一千一百一十元由本邑留支差徭項下及教育款產保存處按月發給

第八條 本館經費分配法分下列三項

甲圖書 佔百分之二十七

乙薪俸 佔百分之四十五

丙需用 佔百分之二十八

第九條 本館待遇閱者無論館內館外概不收費

第十條 本館閱書報規則仿照京津滬各圖書館閱書報規則照地方情形採擷十餘條

第十一條 本館十二年九月三日開館

第十二條 本簡章如有未盡事宜得由教育界多數議決修改之

——摘自《教育公報》一九二五年第三期

山東各縣公立圖書館暫行規程

第一條　各縣至少設公立圖書館一所，隸屬于縣教育局。

第二條　公立圖書館設館長一人，辦理全館事務；管理員，事務員，若干人，承館長之指揮，分任各項事務。

第三條　公立圖書館長，以品行端正，服膺黨義，而合於左列資格之一者爲合格：

(一)大學或專門學校畢業並於圖書館學有相當之研究者；

(二)中等學校畢業，並曾在圖書館專科學校畢業者；

(三)中等學校畢業，曾任圖書館主要職務三年以上確有成績者。

第四條　公立圖書館長，由縣教育局長選定合格人員，呈經教育廳核准，由該局聘任之，並呈報縣政府備案。縣教育局應于呈請委任時，繳驗下列文件：(一)畢業証書(二)服務證明書(三)計劃書或著作。

第五條　公立圖書館管理員及事務員，由館長呈准縣教育局長委任之。

第六條　公立圖書館長及管理員之薪俸，由縣教育局長酌量情形按下列等級支給之：

職務＼月薪等級	第一級	第二級	第三級	第四級	第五級	第六級	第七級
館長	60	55	60	45	30	25	20
管理員	40	35	30	25	20	15	10

第七條　公立圖書館長不以本縣人為限。

第八條　公立圖書館長，不得兼任他項有給職務。

第九條　公立圖書館長應編制全館預算，及決算，呈由縣教育局長核准之。

第十條　公立圖書館經費，由縣教育經費項下支給。

第十一條　公立圖書館長每半年應將經過情形，及下半年進行計劃，呈由縣教育局轉呈教育廳查核。

第十二條　公立圖書館辦事細則，由館長另定之，並呈報縣教育局備案。

第十三條　公立圖書館長任期一年，但如有違背黨義及違法行為，或服務不力者，得由縣教育局長呈准教育廳撤換之。

第十四條　私人或私人團體設立圖書館供公衆閱覽者，須呈請所在縣教育局核准。轉呈教育廳備案，其館長資格應依照本規程第三條之規定辦理。

第十五條　私人或私人團體設立之圖書館，應標明私立字樣。

第十六條　私立圖書館立案規程另定之。

第十七條　本規程如有未盡事宜，得由教育廳廳務會議議決修正之。

第十八條　本規程自公布日施行。

——摘自《山東教育行政週報》一九二八年第六期

山西省政府教育廳指令第二四六一號十一月六日

令陽高縣縣長

省政府行知據陽高縣呈送黨化教育圖書館簡章仰 核飭遵照由

前據該縣呈報籌設黨化教育圖書館情形並送簡章等情到廳正核辦間旋奉

省政府教字第五三三號行知內開案據陽高縣呈稱爲呈送事案據職縣勸學所呈稱爲呈報籌設黨化教育圖書館並送簡章仰祈鑒核轉詳備案事查陽邑迭遭兵旱民生凋弊各校學生對于消費問題頗感困難至課本一項就地購用而無正式書局種數多屬舊本價值又見昂貴以致學生畏難每校有生到校而教科差次不齊未能劃一若非即早提倡遺誤青年實屬非淺值此黨化大行啟發民智對於各種書籍若聽其自行購買終難普及職所爲闡揚黨化教育減輕學生消費起見爰擬設立黨化教育圖書館專向各埠及本省書局以代售手續採用黨化教育書籍以供閱覽而便購買茲擬定簡章十二條另繕一紙理合備文呈送敬請核轉前來縣長覆查該所所呈各節尚無不合理合具文連同簡章一併呈送敬請鑒核指令祗遵施行等情並附送簡章一份據此合亟抄發簡章仰該廳核飭遵照特此行知等因奉此查該縣所擬各項辦法大致尚可仰即依照辦理並將辦理情形具報備查此令

計抄發原簡章一紙

陽高縣黨化教育圖書館簡章

第一條　本館定名爲黨化教育圖書館

第二條　本館假東街呂祖廟西地址

第三條　本館爲啟發黨化統一課本節省學生消費爲宗旨

第四條　本館經理一人幹事員一人監察員四人夫役一人

第五條　本館職員六人除幹事員每月津貼膳費洋四元夫役工食洋四元外均係義務職

第六條　本館經理管理館內一切事務幹事員承經理指揮管理賬簿以及售買爲專責監察員監察館內一切事宜

第七條　本館經費每年預計洋一百二十五元除營業盈餘外由縣公署籌款補助

第八條　本館購買圖書及學生教科書除供閱覽外按照原價出售概不取利以廣購閱

第九條　本館書籍無論機關或個人概不出借如有參考時來館閱覽

第十條　本館書籍出售時以現洋購買概不賒欠

第十一條　本館每月開會一次召集全體職員討論進行事宜如有臨時發生問題開臨時會議

第十二條　本簡章如有未盡事宜得臨時修改之

——摘自《山西教育公報》一九二八年第二百六十一期

孝義縣教育圖書館簡章

第一章　宗旨

第一條　本館以增加進民衆常識提倡社會教育爲宗旨

第二章　名稱

第二條　本館定名爲孝義縣教育圖書館

第三章　地址

第三條　本館設于孔廟內前院

第四章　組織

第四條　本館內分圖書室閱報室農工礦學成績室三部

（甲）圖書室設於名宦祠內購備歷代名人著作及寺廟碑碣並有關於社會之圖書雜誌等以備人民參考如人民或紳耆願將自己家藏圖書等物捐贈或願存儲本館陳列者極表歡迎其捐贈圖書價值在十元以上者並得呈縣轉呈

上級官廳核獎

（乙）閱報室設于鄉賢祠內購備本省或外埠時報若干份以備人民閱覽

（丙）成績室設于東西兩廡內東廡爲農工礦及男高小生成績陳列部西廡爲女高小生及男女初小生成績陳列部每年于陰歷六月及臘月並由縣署轉催各界擇其成績最優者送寄若干種以資陳列而便人民參觀

第五章　參觀及閱報時間

第五條　圖書室于每日上午十鐘至十二鐘閱報室於每日下午三鐘至六鐘任人隨意參閱惟不得將書報損汚及携帶出室

第六條　成績室于每年陰歷三月及十月開展覽會二次任人隨意展覽同時圖書室閱報室亦一律開放惟不得將各成績損汚及携帶出室其開展覽會起止日期及時間臨時酌定之

第六章　員役及職權

第七條　本館應設員役如左

（子）管理員一人受縣知事之監督管理館內一切事務由勸學所所長兼

（丑）幹事二人受管理之監督協理館內一切事務由勸學員兼

（寅）書記一人受管理幹事之監督經管卷宗及繕寫文牘由勸學所書記兼

（卯）差役一人受管理幹事書記之指使專司傳達及役使等事務

第八條　本館經費由地方公款內支給如願將私產捐入本館作爲臨時購買圖書經費者特別歡迎其捐額在十元以上者並呈縣轉呈

上級官廳核獎

第七章　附記

第九章　本簡條自呈准之日發生效力

第十條　本簡章如有未盡事宜得隨時修正之

陽高縣黨化教育圖書館簡章

——摘自《山西教育公報》一九二八年第二百六十一期

河北省教育廳指令第五五六八號

呈送圖書館一覽表及巡廻文庫辦法等項請鑒核備案由

令獲鹿縣政府

呈暨附件均悉該縣通俗圖書館籌備完竣請求備案一節應即遵照部頒圖書館規程第四條各項詳細呈復再爲核辦至所擬巡廻文庫辦法路線及調查表尚屬可行應准備案仰即轉飭切實進行以利閱覽附件存此令

中華民國十九年八月二十六日

河北省教育廳印

廳長沈尹默

命令

——摘自《河北教育公報》一九三〇年第二十五——二十七期合刊

指令第一六八四號 十一月十六日

令懷集縣縣長

呈送縣立圖書館建築費預算書請察核由

呈及預算書均悉該縣教育局擬將縣教育總經費各種捐項收入一律改征大洋以爲建築圖書館之用既經提交縣教育委員會議決通過自屬可行惟不敷之伍千元仍應在改征大洋項下撥支俾得從事興築以期早觀厥成俟將來購置圖書再由本廳酌予補助可也仰即轉令遵照預算書存此令

命令

三

——摘自《廣西教育行政月刊》一九三一年第一卷第五期

指令第八三二號 一月六日

令上林縣縣長

呈送該縣圖書館建築圖式及預算書請察核由

呈及附件均悉查圖書館爲瀹民智之利器該縣籌備建築自屬要圖所送建築圖式及預算書亦無不合應予備案惟建築費如有不敷應另設法增籌不得在捐集購書費內提支仰即督飭該館據備委員會悉心規劃早覩厥成俾資津逮案經分呈仍候 民政 建設廳該示附件存此令

——摘自《廣西教育行政月刊》一九三二年第一卷第七期

無錫圖書流通部借書簡章

(一)本館為便利館外閱覽起見，特設流通部。

(二)凡欲借閱本部書籍者，須來部登記，履行下列一切手續。

1. 填具本部制定之表格(關於姓名住址事項等)

2. 繳納保證金二元(此項證金，由本館指之銀行代收，凡閱者存入後即由該行照章給予週息四厘(此息歸閱者自得)然後將存簿交與本部。

3. 繳納捐助圖書費半元。

（三）履行上項手續後，即由本部發給借書證，嗣後借出與繳還即憑此爲證。此項借書證，每學期調換新證一次重新登記，如中途遺失欲請補給，須重納借助圖書費半元。

（四）每次借書，均以流通部書籍爲限，其冊數以一種六册爲限。

（五）每次借出書籍，自借日起算，以一星期爲限，如有特別事故，得展三日，逾此則每日罰銀五分。

（六）凡借出書籍，閱者須須妥愼愛護，以重公物，如有損毁，汚穢，遺失，須照價賠償。

（七）本部借書時間，每日自下午一時起至四時止。

（八）凡閱者如欲取消借書登記時，可通知本部，取具單據將證金及息金赴指定之銀行領回。

（九）本章程如有未盡事宜，得隨時增改之。

世間第一件好事只是讀書因人在社會上能立足穩固全恃有學識有能力而識力之所以豐富非多讀書不爲功歐美人士好學心切每於全年收入提出幾分之幾劃作購書費與我國先儒存學如不及猶恐失之之心若合符節然閱書重要固知之矣奈有多數人爲服務時間束縛與受經濟壓迫苦於無暇無錢何！本館有鑒於斯特設流通部允許民衆將該部書籍借出館外閱覽冀將上列困難或能稍裨於萬一惟添設後借閱者能否踴躍半在本館設法充實内容以滿足閱者慾望半在邦人君子誘掖勸加以鼓吹不勝翹企之至！

流通部之利益

一、利於不能到館閱覽祇能在家閱讀者。

二、利於不喜在館閱覽喜在家從容閱讀者。

三、利於失學青年在家自修補充常識者。

四、利於初就職業藉此作爲補充不致將學業完全拋荒者。

五、利於就職業後自覺學識不夠藉此可以增長學問者。

附誌

1. 流通部借書無性别男女均可。
2. 如有優良書籍及需要書籍爲該部所缺者可由閱者登記介紹以備本館選購。
3. 遵章納費後各給書目一本以便在家査閱。
4. 檢査目錄卡片上有桃形夾針者均已借出請勿開列。
5. 流通部目錄除可向本館索閱外北門。南門。可向附近索閱北門在江陰巷省立實驗民衆圖書館南門在吊橋下省立實驗民衆教育館。

無錫縣圖書館謹啓　七月一日

14

合肥縣立中和圖書館財產保管委員會章程

七月十二日本廳第四一八二號指令應予存備查考

第一條 本章程依據安徽圖書館規程第二十六條規定之。

第二條 本委員會依照安徽圖書館財產保管委員會簡則第二條規定，由左列人員組織之：

一，縣教育局代表二人，

二，由縣教育局函聘教界人士二人，

三，圖書館館長。

第三條 本會委員任期爲一年，但均係義務職。

第四條 本會應辦事項如左：

一，關於財產約據之保管；

二，關於財產之整理；

三，關於租利之征收與考核；

四，關於中和圖書館預算決算之審核。

第五條 本會每月開會一次，如遇必要時，得召集臨時會。

第六條 本會由委員中推舉一人爲主管委員，處理日常事務。

第七條 本會由委員中推舉二人担任文牘及經理，承主管委員之命辦理文書事務等事宜。

第八條 本會雇司租及勤務各一人。

第九條 本會委員如兼任本會其他職務者，得月支夫馬費若干元。

第十條 本會辦事細則另訂之。

第十一條 本章程如有未盡之處，得由委員會議修正，呈請上級機關備案。

第十二條 本章程由本委員會通過后呈報教育局轉呈教廳備案施行。

——摘自《安徽教育行政週刊》一九三二年第五卷第二十九期

陝西省各縣縣立圖書館暫訂實施方案

查民衆教育館及民衆學校之設施曾經訂定規程令發遵辦惟圖書館尙無具體設施辦法故暫訂方案以便遵行

本省各縣須按照地方情形及其需要於縣城內人口稠密之處籌設縣立圖書館一所隸屬縣教育局縣教育局裁併之各縣由縣

政府直轄之如已設立圖書館之各縣須依本方案之規定次第改進

一、縣立圖書館之目標儲存各種圖書報章供一般民衆閱覽以改進生活常識及文化普及為目標

二、縣立圖書館之組織及館員之職務

1,設館長一人館員若干人

2、分設總務編藏流通選購等股（館長可兼任一股館員可兼二股或三股）

3、館長之職務秉承局長或縣長負左列各項任務

A計劃全館改進事項

B支配館員工作及指導事項

C考查館員服務狀況

D編製各項規約及表簿

E召集館務會議

4、館員職務秉承館長分掌左列各股職務

A總務股　關於編置統計佈置全館對外交際及一切事務方面等事項屬之

B編藏股　關於圖書分類編目整理保管裝訂檢查等事項屬之

C流通股　關於圖書之出納介紹閱覽指導及流動巡迴等事項屬之

D選購股　關於新刊圖書之調查選購披露登記等事項屬之

圖書館之組織須力求完備如因經費所限得參酌需要合併之

三、縣立圖書館實施原則

1,須適合一般民衆之需要

2,須以最少之費用選購多量最通俗之圖書

3,須力謀民衆讀書之機會增加

4、須注意窮鄉僻壤

5、須與當地民衆聯絡提倡增進其讀書興趣

四、縣立圖書館流通圖書在本館閱覽外之重要設施

1、流動書車　圖書館原爲民衆閱覽圖書而設自應將圖書設法流動以期圖書之活用及閱覽之普遍爲此應製備流動書車到處流動俾各地民衆隨時得以閱覽易收普及之效

2、巡迴文庫　爲擴大閱覽範圍延長閱覽時間使距離圖書館較遠之鄉村均有閱覽之機會起見應製備巡迴文庫按劃定之巡迴區域及巡迴次序以圖書巡迴各處並設法陳列以備借閱

3、圖書代理處　距離圖書館較遠之鄉村借閱圖書甚感不便應即酌設圖書代理處指定當地學校或公所人員兼理處務凡借書人得隨時逕向代理處塡寫借書單據交由代理人到圖書館彙借還時亦如之

五、縣立圖書館之推廣事業

1，民衆讀書會　在館內組織民衆讀書會專收成年失學之男女會員每日利用休閒時間到會讀書由館員指導並鼓勵其興趣

2，學術研究會　爲失學民衆謀求較高深之學識起見成立學術研究會召收會員互相切磋以資深造

3，各種講演會　利用各地集會時期及地點舉行各種講演會說明讀書閱報之重要以堅定民衆對圖書館之信仰以利推進

4，附設民衆學校　當地民衆因受圖書館之指導對讀書識字漸次感覺需要並發生興趣於此時應即附設民衆學校召收十六歲以上之男女學生授以相當課程以增進其常識及生活智能

此外如舉辦問字處代筆處質難處以及書報介紹家庭訪問各種展覽會比賽會等應參酌地方情形及事實需要隨時舉辦

六、縣立圖書館開辦費及經常費之支配

甲，開辦費

1，創設圖書館並建築館舍所需開辦費之支配如下

A建築費——應占百分之六十

B設備費——應占百分之二十

C圖書費——應占百分之十五

D〕事務費——應占百分之五

2、已有相當館舍其開辦費支配如下

A設備費——應佔百分之三十五

B圖書費——應佔百分之二十五

C用品費——應佔百分之十五

D修繕費——應佔百分之二十

E雜支費——應佔百分之五

乙、經常費

1,薪俸　欲期館務發達端賴館員之努力故規定薪俸應佔百分之五十使生活妥定以便安心供職

2,圖書　圖書爲圖書館之重要原素當力求充實完備並須隨時調查新出版之圖書以便選購故其經常費須佔全經費百分之三十五其支配如下

A圖書——應佔百分之五十

B報章——應佔百分之二十五

C雜誌——應占百分之二十

D裝訂——應佔百分之五

3,辦公　圖書館之辦公費須力求撙節佔百分之十五即可

七、縣立圖書館選購圖書標準

1,須以低廉價格選購現代最通俗之圖書爲原則

2,須選購有關三民主義改進農村生產及鄉賢言行之圖書

3,須選購適合民衆需要能引起民衆興趣之圖書

4,須選購富於生活常識提倡科學之圖書

八、縣立圖書館爲適應民衆閱書之需要及便利起見分設左列各閱覽室

1、書報閱覽室
2、婦女書報閱覽室
3、兒童書報閱覽室
4、特別閱覽室

九、縣立圖書館之設置及用具

圖書館之設置及用具均須合於經濟條件無求華麗但使空氣流通光線充足無礙公共衛生即可至於一切用具須求耐久妥適尤以桌椅須合於閱書姿勢爲宜

十、縣立圖書館對設施應注意之點

1、圖書設置須極力採用開架式以便民衆自由取閱
2、圖書借閱之手續須力求簡便
3、努力巡迴事業使圖書充分流動逐漸普及
4、側重宣傳工作引起民衆來館閱書之興趣
5、圖書分類法目前各家主張互有短長圖書館只宜採一種不可兼用二種以上以免紛歧
6、編目須採用活葉目錄以便檢閱並須刊印圖書分類表使閱者一目了然
7、時事問題應隨時就本館所有圖書分製參考書表以提倡其研究興趣
8、編製圖書索引以便利民衆選擇取閱

十一、徵集圖書雜誌報紙及有關文藝之拓片品物

圖書館書籍不能全恃購置應設法向各機關團體征集或私人捐贈而館務整飭圖書保藏流通得法實爲取得社會信用慨予捐贈之先決條件至參照部定訂立奬勵捐贈圖書規程亦提倡之一法

十二、圖書之保藏與整理

規模較大之圖書館圖書閱覽不能純用開架式其藏書室應力求堅固乾爽多闢窗戶形式窄而長以便於通風採光書架排列有序不占地方書籍分類安排便於覓取每年須晒書一次通俗書籍易於破敝尤宜隨時補苴裝訂並注意消毒報紙按月裝訂成册視同書籍保藏

——摘自《陝西省政府公報》一九三四年第二三五二期

一　各縣縣立圖書館最低限度之工作設備及經費標準應如何規定案

福建省教育廳交議案
崇安縣立圖書館提案　合併討論
大會議決照審查意見通過

理由　查年來各縣對於圖書事業漸知注意但其經費多屬支絀且分配不甚適宜設備及管理亦多未滿意非規定一最低限度工作設備及經費標準無以使此項事業推行盡利

辦法　由會斟酌各縣情形商定左列各項標準呈請省政府採擇施行

甲　經費

一　新設圖書館之開辦費

1 甲等縣一五〇〇元以上

2 乙等縣一〇〇〇元以上

3 丙等縣五〇〇元以上

4 特等縣及商埠不在此限

二　每月最低限度經常費

1 甲等縣二〇〇元

2 乙等縣一六〇元

3 丙等縣一二〇元

4 特等縣及商埠不在此限

三　每月經費之分配

1 薪工百分之四十五至五十

2 圖書百分之三十

3 辦公及設備百分之二十至二十五

乙　設備　其標準如下

一　圖書一千册

二　報紙十份

三　雜誌三十份

四　館舍

1書庫一欄可容三架書架

2閱覽室一欄同時可容二十八

3辦公室一欄可供三人以上辦公之用

4光線足用空氣流通

5地點要適中

五 館具

1標準尺寸之書架三架

2閱覽棹椅同時可容二十八

3目錄櫃辦公棹等

丙 組織

一 人員 甲等五人乙等四人丙等三人

二 分部

1甲等 編藏閱覽總務推廣

2乙等 編藏總務閱覽

3丙等 總務編藏閱覽

丁 工作

一 日常工作 徵集保存分類編目出納指導閱覽

二 擴充工作 徵求文獻宣讀會圖書流通互助協作

二 養成圖書館學人才案

李岳王孝總原案

審查委員會合併整理成立

大會議決通過

——摘自《福建教育》一九三五年第一期

海鹽縣立圖書館三十三年度進行計劃書

甲、說明

本館過去工作之大要，除于推廣閱覽多所致力外，餘悉為整理補苴之事，茲者整理已漸有端緒，今後除根據廳頒本年度實施注意事項於流通事業繼續謀其發展，以冀啓迪民智，補益教育外，對于充實內容，徵存文獻，振導學風，輔導學校圖等，亦擬多所盡力，庶不負現代圖書館之使命，而成爲吾邑文化之眞正重心也。

茲根據上列各點以工作之性質區爲四節：（一）全般事項（二）圖書之徵集及處理事項（三）閱覽出納事項（四）推廣及輔導事項等。各爲縷述如左：

乙、計劃

一、全般事項

1. 髹漆閱覽室　閱覽室所有板欄，均須髹漆一過，室頂原刷之白粉，亦已斑駁不堪，應改染白漆，庶較耐久。樓梯背所書之分類表亦擬改以黑漆漆之。

2. 添置參考書櫥　原有參考書架，已不敷陳列，擬添置一長方玻璃櫥容納之，陳列于閱覽室之中央，以便閱者檢閱。

3. 擴充雜誌陳列架　近來捐贈雜誌漸多，原有之架已不敷容納，擬加長二公尺，卽可共陳列雜誌六十種。

4. 添置兒童閱覽室桌椅　兒童每日來館閱覽者甚衆，原有桌椅僅能容納十餘人，自應加以添置。茲擬添置桌一張，座椅十只。

5. 添置低年級兒童書架　舊有之兒童書架，頗不適于低年級應用，且高中級書籍自購置小學生文庫小朋友叢書等大批書籍後，原有之架已不敷庋藏，因擬添置低年級書架二只，以資應用。

6. 闢古物保存室　古物碑板，有關於掌故文獻者甚衆，茲擬隨時蒐羅徵集，闢講演所東廊房屋一間爲保藏之處。

7. 舉行講演　除隨時赴各學校及各種學術研究集會處所講演圖書館學外，遇有機緣，幷舉行各種學術講演，以期于導揚學風有所盡力。

8. 參加本省學區圖協會各種集會及中華圖協會年會　本省學區圖協會成立以來，本館迪被推爲歷屆執監委員，本年度自應繼續參加，幷出席各種集會，俾收互助合作之效。中華圖協會第三次年會，本年度內將在杭州武昌或廣州舉行，擬由館長前往參加，分贈本館概況于各會員，同時幷詳細考察各大圖。

二、圖書之徵集及處理事項

1. 添購各科基本圖書暨參考書　各科基本圖書，應儘量購置，百科辭典年鑑等參考書，亦當量力置備，庶足供閱者之研究與參考之便利。其購書經費之分配標準，則仍照上年度之比例，惟文學類低級趣味之書籍，則擬極度少購而代以生產書籍及發揮黨義與民族精神之各類書籍。

2. 廣徵捐贈圖書　上年度陸續蒙各界贈入各類圖書，尙屬不少。而發起募款購置四庫全書珍本四部叢刊續編等大部圖書，竟得完全達到目的，尤感地方人士對本館之熱忱。本年度仍當善用各種機緣，從事勸募也。

3. 繼續徵求及傳鈔鄉賢遺著　徵存文獻，爲圖書館使命一，近年雖隨時蒐羅，惜多飄沒，存者約多。茲擬繼續向各先哲後裔珍藏家及各地圖書館徵求或借鈔之。

4. 徵求本省各縣縣志　縣志有關一地方文化之考證，本省各縣縣志尤與本縣文獻有不少相互參證之處，以相距密邇關係較切也。故擬設法徵求，先從本省學區入手，視力之所及，再徵集其他各學區。

5. 繼續徵求古物碑板　本館于古物碑板，既擬闢保存室以儲藏之，俟後自應繼續蒐羅。其碑石有不能徵得者，亦派人前往摹拓，裱裝保藏，書版擬隨時徵求捐贈或寄存。

6.徵求定期刊特　各種定期刊物不僅爲最新史料之供給地，且於最新知識之發源地，其在圖書館中頗差重要。現此種刊物有如雨後春筍，萬非本館之財力所能畢購。除選擇較重要之各類約四十種出貲訂購外，擬再向各出版家徵求捐贈。

7.添購地圖圖表　地圖圖表爲重要之參攷物，本館舊藏數量未多，擬酌量添購，以供參閱。

8.攝取本縣古跡名勝照片　古跡名勝，有關地方歷史之印證，擬購置攝影機一具，隨時赴各地攝取，分類陳列，并兼供各學校教授鄉土誌時之參證。

9.編印書本式目錄　書本目錄足以行遠，上年度曾計劃編印，現編輯已竣事，本年度卽擬付印。

10添寫叢書子目卡　叢書子目卡，迄今未曾編製，本年度內擬卽編製完成，以便參閱。

11編輯鄉先哲書目　吾鹽鄉先哲著作如林，惜存者已百不得一，爲景仰先哲暨便于蒐羅計，于上年度中卽開始編輯書目一種，現已蒐集有一千餘種，兹擬繼續蒐集，并于本年度內編輯完成。

12整理庋藏　于年度結束前舉行書籍總檢查一次，遇有脫線破損之書，隨時亟爲修補。

13曝晒線裝書　線裝書每年于夏季適當時期內曝晒一次，并加以樟腦，以防蟲蛀。本年度內仍擬在規定期內分日檢出曝晒。

14繼續編新書介紹及提要　是項工作自實施以來，頗收相當成效，本年度仍當繼續編製。

15整理報紙　報紙每種每月裝訂一冊，現儲藏日多，擬加以整理，并擬擇材料較簡略者廢去，不再保存，以免徒佔地位，上年度曾將報紙剪裁一份，分類保存，現查坊間有一期刊索引，收有每月各報材料，可供參攷，故此項剪裁工作，擬卽停止，不再繼續矣。

三、閱覽出納事項

1.改善處理出納手續　出納手續須簡單敏捷而正確，本館原定辦法，在借者已極簡單便利，而某書由何人借去，在館中尙不易檢查，兹擬加一臨時書卡，依借出書之類別次序排列　如此于檢查時卽甚便利矣。

2.改善兒童閱覽借書　兒童借閱書籍，向與成人同一手續，兹爲便利兒童計，改爲完全保用保證，并不收特種保證費，僅領填一保證單，卽發一借書劵，卽可憑劵借書，另設出納處於兒童閱覽室內，特派一人處理之。

3.增添通訊借書　此項係上年度計劃，本年度一俟書本目錄印就後，卽當擬訂辦法實行。

4.試行閱覽指導　本館之閱覽借書，以小說文藝爲多，本年度起，擬設法指導閱者多借有益圖書，如口頭介紹，揭布新書提要等，并于閱者之諮詢問難等，當量力之所及謀爲解答。至指示應用參攷圖書，及代爲蒐集參考資料等，亦當盡力爲之。

5.設法增進閱覽　設法增進閱覽，過去已隨時注意，如(1)陳列應時圖書。(2)揭新書介紹。(3)赴各小學校講演圖書館之功用，報告本館閱覽辦法。(4)隨時布告勸學之語句。(5)印迻本館概況。(6)隨時變更閱覽室佈置，以引起閱者興趣等，今後仍當繼續之爲。

四、推廣及輔導事項

1.繼續辦理流動巡迴文庫　流動文庫辦理迄今，尙爲相當成效。本年度仍設沈蕩通元澉浦三處，以後如經費可能，當再謀推廣。

2.擴充固定巡迴文庫　固定文庫原設西塘歟成二處，茲擬再擇較大之鄉鎭　如舟里堰石泉等各設一處，以利借閱。

3.繼續辦理民衆閱覽處及茶園文庫　民衆閱覽處原設于民衆教育館內，茶園文庫設于南塘民衆茶園，借閱者尙多，本年度仍應繼續辦理。

4.改善兒童巡迴文庫　兒童巡迴文庫，上年度由縣教育局委託本館代辦，實施以來，因鄉間交通之不便，每爲愆期，致更換交流，時遭阻隔，茲擬於每月終託由區教育員就近向各校收回上期書籍，同時卽爲之互爲交換，在一區各組書籍巳巡迴完畢，再與他區交換，因區教育員近在咫尺，寄遞自便，一面請教育局派員視察時隨時注意督促。

5.添辦教育巡迴文庫　教育方法日新月異，各校導師不隨時進修，將無以敎學其兒童。惟本館購書經費有限，舊藏敎育書籍實不敷巡迴各校；查縣敎育會對于敎育之硏究改進本爲其職責之一，茲擬函請其按月或每年撥補本館購置敎育書籍費若干，如是敎育書籍既能多多購置，卽可舉辦巡迴文庫，對于導師之進修，當裨益不少也。

6.改善各區代借處　各區代借處俟書本目錄印就後卽分發各處，同時于設立地點及委託人員將重行支配及選擇。

7.擴充讀書會　讀書會兒童組仍照上年度辦理，成人組擬以吸收民衆學校畢業生爲主，俾使其得有繼續讀書之機會，其工作每月閱書三冊，作文一篇，閱過書籍記入閱讀成績報告表，難句記載表，交指導員考成，于每月舉行研究會時，提出討論解答。

8.繼續調查本縣各圖書館狀況　本縣圖書館除本館外，僅有小學圖書館。上年度曾分發調查表調查一次，惟尙未齊全，擬續加調查。

9.協助各學校圖之改進與擴充　除通訊討論各項問題，并擬隨時予以實際之輔導，如設備管理諸問題，尤應予切實協助，對于未設立者，亦當視事實之可能督促其設立。

——摘自《浙江教育行政週刊》一九三五年第六卷第三十二期

◉准河南省政府函據河朔圖書館呈請徵集圖書文献資料一案請查照辦理等由令仰遵照

江西省政府訓令 祕隆2第二七八九號

令各廳、處、會、局、署、縣(不另行文)

案准河南省政府教三字第三十七號公函開：

「案據河朔圖書館籌備主任楊耀五呈稱：竊查本會成立以來，慘淡經營，承各界人士之贊助，得以五萬餘元之捐款，於新鄉四周環水風景秀麗之衞河灣上，建築同時能容六百餘人之宏大圖書館，刻已全部竣工，然內部庋藏、必須豐富，方可廣收宏效。在建築期間，雖曾徵書二萬餘册，而關於各省市政府之官書圖籍，以及各縣之文獻資料，多付缺如，均應積極蒐羅，以資充實，而便研討，爲此呈請鈞府鑒核，通令本省各廳縣，并函請各省市政府，力予贊助，轉飭所屬廣爲徵集，逕寄本會，其有爲數過鉅，不便寄遞者，亦請函達本會設法往取，俾中州文化，賴以重放曙光，豈僅河朔人士之幸，亦中國前途之福也。是否有當，理合檢同徵書辦法一份，呈請鈞府鑒核施行，實爲公便。等情，計呈徵書辦法一份；據此，除指令并分別函行外，相應抄送徵書辦法一份，函請查照惠贈圖書爲荷！」等由，計送徵書辦法一份；准此，除分令外，合行抄發徵書辦法，令仰該□即便遵照，將出版刊物酌予逕寄爲要！

此令。

計抄發原附徵書辦法一份。

中華民國二十五年五月四日　　主席　熊式輝

▲徵集各種刊物辦法

一、徵集範圍：

甲•屬於省政府暨各廳處局方面：

1.各種公報、月刊、及其他定期刊物。

2.各種法規法令章則彙編。

3.各種統計圖表暨行政交通物產等地圖。

4.各種行政計劃方案工作報告概况。

5.各種會議紀錄報告彙刊。

6.各種出巡視察彙刊特刊。

7.各種紀念專刊年鑑年刊一覽。

8.各種調查報告。

9.各種重要公路水利工程建設之測繪設計藍圖。

10各種著述金石搨片職員錄等。

乙•屬於各縣政府暨地方團體方面：

1.各縣新舊縣志地圖遠年檔案。

2.各縣古今人士著述書畫暨族譜家譜等。

3.各縣先賢遺像照片。

4.各縣名勝古蹟志書照片暨碑帖造像搨片等。

5.各縣機關團體刊物章則圖表等。

6.各縣有關風俗歌謠方言氣象記載之刊物。

7.各縣公私藏書家而願以所藏複本見贈者。

二、各種書籍不計殘整及時間新舊，均請惠賜一份，以便珍存。

三、各種定期刊物請自創刊號起，檢一整份，俾窺全豹，而便合訂，並望按期惠寄，如早出而已停刊者，亦望檢一全份。

四、嗣後如有刊物出版時，敬請惠贈，無任企禱。

五、贈書收到，除於封面恭書贈者姓名，以留永久紀念外，並登報鳴謝，藉彰高誼。

六、凡贊助之各機關各團體，請將主管人員玉照小傳各賜一份，以便紀念。

七、惠賜圖書或函件，請逕寄河南省新鄉縣河朔圖書館。

——摘自《江西省政府公報》一九三六年第四百八十六期

廣西各縣設置縣立圖書館辦法

一、各縣設置縣立圖書館悉依本辦法之規定辦理

二、各縣縣立圖書館直接隸屬於各該縣縣政府

三、各縣縣立圖書館館址應設於縣政府所在地

四、各縣縣立圖書館設館長一人由縣政府遴荐教育行政委任職登記合格之人員呈請省政府核委如因經費短絀不能設置專任館長者得由縣政府第三科科長兼任之但不得另支津貼

五、各縣縣立圖書館設館員若干人由縣政府委任之僱員若干人由館長僱用之

六、各縣籌設縣立圖書館時應擬訂具體計劃組織章程及開辦經臨各費之詳細預算呈請省政府核定

七、各縣縣立圖書館之開辦費至少定爲國幣壹百元

八、各縣縣立圖書館每年經常費至少定爲國幣三百元

九、各縣縣立圖書館成立後各該縣政府應將所存萬有文庫叢書集成等悉撥交該館庋存以供衆覽

十、各縣縣立圖書館每購書報應列具目錄呈經縣政府核定其在國幣一百元以上者應由縣轉呈省政府核定

十一、各縣縣立圖書館保管及閱覽規則由館擬訂呈報縣政府備案

十二、各縣籌設圖書館時得由縣政府聘請當地熱心教育人士五人至七人組織徵募圖書委員會從事徵集公私藏書并捐募購書經費圖書徵募辦法由縣政府境擬呈省政府備案

十三、本辦法自公佈日施行

縣縣立圖書館章程(式樣)

第一條　本館定名為　縣縣立圖書館

第二條　本館館址設於　縣　鄉鎮

第三條　本館設館長一人綜理館務由縣政府遴荐呈請省政府委任之第三科科長兼任之

第四條　本館設館員人承館長之命勷理館務由縣政府委任之

第五條　本館視繕寫事務之繁簡得酌設雇員由館長僱用之

第六條　本府經費由縣政府撥支

第七條　本館圖書均須加蓋館章分類編目呈報縣政府備案

第八條　本館分設普通閱覽室兒童閱覽室閱報室及巡迴文庫

第九條　本館每年除規定休假日及曬書日外均一律開館以便觀覽但寒假期間得呈准停閱若干日

第十條　本館辦事細則閱覽規則及每日開館時間另定之

第十一條　本章程如有未盡事宜得隨時呈請修改之

第十二條　本章程自呈奉核准日實行

——摘自《廣西省政府公報》一九三八年第二百五十三期

桂省府飭各縣設立縣圖書館

廣西省政府以圖書館爲保存文獻實施社會教育機關，爲提高社會教育　各縣有設立縣圖書館之必要，特製定辦法飭全省各縣設立，梧縣頃已奉到省令，並附頒設立縣圖書館辦法，現經進行籌設，茲錄辦如如下：（一）各縣設置縣立圖書館，悉依本辦法規定辦理，（二）各縣縣立圖書館直隸於各該縣縣政府，（三）各縣縣立圖書館址，應設於縣政府所在地，（四）各縣縣立圖書館，設館長　人，由縣府遴薦教育行政委任職登記合格之人員，呈請省政府核委，如因經費短絀，不能設置專任館長者，得由縣政府第三科科長兼任，但不得另支津貼，（五）各縣縣立圖書館，設置館員若干人，由縣政府委任，雇員若干人，由館長雇用之，（六）各縣籌設縣立圖書館時，應擬訂具體計劃組織章程及開辦經臨各費之詳細預算，呈省府核定，（七）各縣立圖書館之開辦費、至少定爲國幣一百元，（八）各縣縣立圖書館，每年經常費至少定爲國幣三百元，（九 各縣立圖書館，成立後，各縣政府應將該縣所存萬有文庫叢書集成等，悉撥交該館庫存，以供衆閱，（十）各縣立圖書館每購書報，應列具目錄呈縣政府核定，其在國幣一百元以上者，應由縣轉呈省府核定，（十一）各縣縣立圖書館保管及閱覽規則，由館擬訂呈報縣府備案，（十二）各縣籌設圖書館時，得由縣政府聘請當地熱心教育人士五人至七人，組織徵募圖書委員會，從事徵集公私藏書，並捐購書經費，圖書徵募辦法，縣府擬呈省府備案云云。

——摘自《中華圖書館協會會報》一九三八年第十三卷第三期

江蘇省各縣縣立圖書館組織暫行規程

第一條　各縣縣立圖書館應依照本規程組織之

第二條　各縣縣立圖書館設館長一人秉承縣知事主持一切館務館長任免及待遇規程另訂之

第三條　各縣縣立圖書館爲處理館務便利起見得分設左列各部

一、總務部　文書庶務會計等屬之

二、編目部　圖書之選購徵集登記編製調查統計補輯等屬之

三、保管部　圖書之保管整理校訂收發及報紙剪裁彙集等屬之

四、推廣部　圖書之閱覽解答介紹編刋番定及講演等屬之

以上各部得就地方實際情形全數設置或酌量合併設置

第四條　各縣縣立圖書館各部設主任一人商承館長分掌各部事務設幹事若干人承館長及主任之指揮分任各項事務主任與幹事任免及待遇規程另訂之

第五條　各縣縣立圖書館於必要時得設書記

第六條　各縣縣立圖書館全年經費數規定爲六級自三六〇〇元至一二〇〇〇元每級差數四八〇〇元得由各縣就縣財政情形分別酌定之

第七條　各縣縣立圖書館設館務會議由館長召集全體館員組織之以館長爲主席

第八條　各縣縣立圖書館得設普通特別婦女兒童各項閲覽室由館長指定主任或幹事管理之

第九條　各縣縣立圖書館應事實上之需要得設各種委員會

第十條　各縣縣立圖書館應附設巡迴文庫及民衆閲報處

第十一條　本規程經呈奉江蘇省政府核准公布施行

——摘自《江蘇省公報》一九三九年第三十六號

浙江省教育廳補助籌設縣立圖書館辦法

一、凡未設有公私立圖書館縣份，本廳得按照其經費及需要情形，分期或分年指定若干縣，籌設縣立圖書館，由本廳撥給補助費。

二、補助費以一次為限，專充購置圖書之用，必要時，並得由本廳決定應購圖書，或指定書局代辦之。

三、受補助之圖書館，應將所購圖書造具清冊連同購書單據，呈由縣政府轉報本廳查核。

四、應行籌設之縣立圖書館其開辦費及經常費，均由各縣自行籌措，每年經常費最低不得少於一千二百元。

五、縣立圖書館籌辦期間，以一學期爲限，如逾期不能籌設成立，不給發補助費。

六、本辦法由浙江省教育廳訂定施行，並呈報教育部省政府備案。

——摘自《浙江教育》一九四〇年第三卷第五期

河南省各市縣立新民圖書館組織規則

第一條 本省各市縣立新民圖書館直隸於各該市縣主管機關呈請教育廳核准備案

第二條 市立縣立新民圖書館設館長一人由主管機關遴選呈請教育廳核准委任之館員若干人由館長保薦呈請主管機關委任之但仍須呈報教育廳備案

第三條 市立縣立新民圖書館分左列三部

一 總務部

二 圖書部

三 閱覽部

以上各部依事繁簡得增設一部或數部

第四條 市立縣立新民圖書館總務部職掌如左

一 關於保管印信事項

二 關於文書收發分配及選繕文件保管事項

三 關於各項會議紀錄及館員進退紀錄事項

四 關於物品之購置管理及房屋整理清潔事項

五 關於考核工役勤惰及賞罰事項

六 關於編製預算決算及經費出納事項

七 關於關於登記賬目及核算事項

八 關於其他不屬他部事項

第五條 市立縣立新民圖書館圖書部職掌如左

一 關於採購圖書事項

二 關於徵集圖書事項

三 關於保管圖書事項

四 關於檢查圖書及整理事項

五 關於編輯目錄事項

六 關於考訂版本事項

七 關於撰擬提要事項

八 關於補輯裝訂事項

第六條 市立縣立新民圖書館閱覽部職掌如左

一 關於閱覽室佈置整理事項

二 關於收發圖書事項

三 關於閱覽室及研究室管理及監察事項

四 關於閱覽指導及執行閱覽規則事項

五 關於編製閱覽統計事項

六 關於推廣設計事項

第七條 市立縣立新民圖書館爲繕寫文件及修理書籍

得酌用傭員若干人

第八條　市立縣立新民圖書館經費由該市縣主管機關按月發給之

第九條　市立縣立新民圖書館應照河南省市立縣立新民圖書館暫行規則第十五條之規定每旬將館務概況每月將收支情形分別呈報主管機關轉呈教育廳查核

第十條　本組織規則如有未盡事宜得隨時修正之

第十一條　本規則自公布之日施行

——摘自《河南教育季刊》一九四二年第一卷第三期

南嶽圖書館徵圖書

南嶽文化，自舜禹以逮唐李鄴侯韓昌黎宋胡文定父子朱張二賢明鄒東廓湛甘泉羅念庵王敬所王船山諸先生。過化存神，讀書講學，淵源甚長，而鄴侯隱居煙霞，牙籤三萬，豔稱至今，尤爲玆山掌故。去歲湘省議定建設南嶽，先就嶽廟右集賢書院卽鄴侯南嶽書院舊址，籌設南嶽圖書館，現在籌備略已就緒，通過徵求圖書茲，將規程錄下。（一）徵求海內外碩學耆儒及各收藏家，以所藏多餘之圖書及出版著述捐贈。（二）徵求海內各大圖書館。以重複多餘之圖書及其刊物捐贈。（三）徵求海內各大書局以出版或收存各圖書捐贈有書業團體之地，並請我理團體發起徵募。（四）徵求海內各報社學術團體及各學校，以所出之報章雜誌及其他刊物捐贈。（五）徵求全國各縣市新舊志書金石文字，及各姓新舊有譜牒。（六）能以私家著述稿本，及寓嶽先哲湖湘耆舊已刊未刊著作見贈者，尤所歡迎。（七）凡熱心文化負有提倡之責者，均請其發起提倡，廣爲徵募如一時無書可捐者，勸捐書欵由南嶽圖書館代購（八）本省或各省收藏家有大宗圖書賣出省外或國外者，勸其捐贈一部分價額，保藏名山，以存國粹。（九）無論私人或團體，凡捐贈圖書欵或一部分價額，其値在國幣百元以上五百元以下者，依湖南捐資興學條例褒奬。五百元以上至十萬元者依國府捐資興學條例分別請奬。（十）凡捐贈圖書或書欵，均請逕寄南嶽市南嶽圖書館。由館肅具收到謝柬，藉拜嘉貺。並將其書或代購之書，標識庋藏，以供衆覽。

——摘自《中華圖書館協會會報》一九三三年第八卷第五期

安徽省各行政專員區設立圖書館辦法大綱

一、本省每一行政專員區內各設圖書館一所、名曰安徽省第幾圖書館。

二、行政專員自奉到本大綱後，應即就所轄區內擇定適宜縣份，呈請省政府核准作爲圖書館之所在地。

三、圖書館所在地，經省政府核定後，由所在地之縣長於三個月以內籌出經常費設備費並館舍及計劃，呈報省政府派員查明，合於規定標準後，即由省政府教育廳於五年內分期發給價值五千元之圖書，以供閱覽。

四、圖書館設立計劃，經省政府核定後，由館址所在縣之縣長保送師範學校畢業或高中以上學校畢業學生兩人來省，由教育廳派往省立圖書館予以至少三個月之訓練，經認爲合格後，再由教育廳分別委充主任或館員。

五、開辦設備費支配標準：

圖書館開辦設備費分爲甲乙丙三等，各縣得依照該縣經濟狀況，自行決定等第呈報備案，其支配標準如下：

等級／項別	甲		乙		丙		備註
	件數	款數	件數	款數	件數	款數	
書架	二〇	二八〇元・〇〇分	一八	二五二元・〇〇分	一六	二二四元・〇〇分	六格
閱覽檯	一二	一五四・〇〇	八	一一二・〇〇	五	七〇・〇〇	
閱覽椅	六六	一九八・〇〇	四八	一四四・〇〇	四〇	一二〇・〇〇	
出納檯	一	一八・〇〇	一	一八・〇〇	一	一八・〇〇	
辦公檯	二	一八・〇〇	二	一八・〇〇	二	一八・〇〇	
辦公椅	三	八・四〇	三	八・四〇	三	八・四〇	
目錄櫃	二	三六・〇〇	一	一八・〇〇	一	一八・〇〇	一六屜
雜誌架	三	三六・〇〇	二	二四・〇〇	二	二四・〇〇	

閱報檯	二	三二・〇〇	二	三二・〇〇	二	三二・〇〇	
閱報橙	一六	二二・四〇	一六	二二・四〇	一六	二二・四〇	
報紙架	四	四・〇〇	四	四・〇〇	四	四・〇〇	
報紙夾	一六	四・〇〇	一六	四・〇〇	一六	四・〇〇	
舘匾	一	五・〇〇	一	五・〇〇	一	五・〇〇	
圓棹	一	一〇・〇〇	一	一〇・〇〇	一	一〇・〇〇	
茶几	二	五・〇〇	二	五・〇〇	二	五・〇〇	
靠背椅	八	二二・四〇	八	二二・四〇	八	二二・四〇	以上三項係會客室用具
寫字檯	二	一六・〇〇	二	一六・〇〇	二	一六・〇〇	以下係宿舍及傳達室用具
橙	八	一一・二〇	八	一一・二〇	八	一一・二〇	

床	四	二四・〇〇	四	二四・〇〇	四	二四・〇〇
方棹	二	一〇・〇〇	二	一〇・〇〇	二	一〇・〇〇
合計		九一四・四〇		七六〇・四〇		六六六・四〇

材料係柳木價格依照省立圖書館在安慶製造標準。

六　經常費支配標準：

一、區立圖書館經常費，分爲甲乙丙三等。甲等每月二百元，乙等每月一百五十元，丙等每月一百一十元，各地得斟酌經濟能力定之。

二、各館經常費之開支，以左列一表爲標準：

員目　時　等		甲等		乙等		丙等	
		每月	全年	每月	全年	每月	全年
俸	主任一人	40	480	30	360	24	258

給費		事業費			辦公費	總數
館員一人	館役二人	添購圖書	報紙雜誌	卡片印件		
30	20	50	30	10	20	200
360	240	600	360	120	240	2400
25	16	30	25	8	16	150
300	192	360	300	96	192	1800
20	14	20	15	5	12	110
240	168	240	180	60	144	1320

三、區立圖書館最近五年內，既有省方頒發書籍，其添購圖書之經費，可酌移作卡片印件及報紙雜誌之用。

四、所謂卡片印件，包括目錄片、書片、書袋、書簽、借書證等件。

七、本大綱自公布之日施行。

——摘自《安徽政務月刊》一九三五年第六期

中國科學社圖書館章程

原起

中國科學社之始設也,不過發行雜誌機關;其性質毗於營業.嗣以科學事大,應舉者多;爰以民國四年十月由社友公決,改為一切科學事業之機關.於是乎有圖書部之設,以建設圖書館為職務.夫學問之事,沿流溯源,固須稽之載籍;卽物窮理,亦有待於圖書.方今國內藏書,挂一漏萬;百科圖籍尤屬寥寥:是圖書館之設為不容緩,夫人而知.維辰下本社根基雖立,能力未充.一切事業,同時並舉,實有顧此失彼之虞.所願海內外諸君子奮發熱誠,玉成盛業,使學術前路日卽光明;則中國之幸,亦本社之幸矣.

民國五年八月一日中國科學社圖書部謹啓

通信處 Mr. Y. Tang,
208 Delaware Ave.,
Ithaca, N. Y., U. S. A

中國科學社圖書館總章

(一)定名. 本圖書館名為中國科學社圖書館.

(二)所有權. 本圖書館為中國科學社事業之一,其所有權屬本社.

(三)定章權. 本圖書館章程及細則,依中國科學社總章第二十七條之規定,由本社董事會協同圖書部長定之.

(四)經費. 本館籌畫經費方法約分四種:

1.於中國科學社經常費總額中劃出若干份;

2.社員特捐;

3.社外熱心贊助本館者之惠捐;

4.政府補助.

(五)**地點及建築.** 本館之地點及建築,以中國科學社社員多數之表決定之.

(六)**職員.** 本館設圖書館長一人,卽爲中國科學社圖書部長;依本社總章第三十五條由董事推任,任期無定.此外設館員若干人,有本館館長委任;惟須得董事會之同意.館員任期無定.

(七)**職務.** 圖書館職員之職務約分爲五:

1.籌募經費;

2.收集圖書;

3.編列圖書并藏弆之;

4.編纂本館書目提要;

5.管理借用圖書事務;

6.管理本館之收入支出,及一切文牘.

(八)**借用權利.** 有借用本館圖書之權利者計有四項:

1.中國科學社員及特社員;

2.中國科學社仲社員;

3.中國科學社名譽社員及贊助社員,

以上三項,依中國科學社總章第四章之規定有遵

本館章程借用圖書之權利;

4.社外熱誠君子捐助書籍圖錄,經董事會及圖書部認爲有特別之價値者,得享有遵本館章程借用圖書之權利.

(九)修改章程. 本館章程及其他規則,得以中國科學社中任何社員之提議,經董事會及圖書部之核決改定之.

中國科學社圖書館暫行流通書籍章程

(一)本社圖書館未成立以前,暫依本章程收集及借用圖書;以濟目前之急需,并爲將來建設圖書館之豫備.

(二)社員或社外人有願將書籍捐入本館供衆借閱者,須將其書目照下列格式書明,交圖書部長.其書仍藏原處.

(著者姓名) [譯者姓名]
(書名)
(第幾版及出版之年) (發行所)
(冊數) (頁數) (插圖數)
(目錄提要)
(參考書目,附錄,備檢表等之有無及其他評語)
(捐贈者之姓名住址)
(捐贈者之住址)

如圖書爲英文本,則格中各項填寫用英文;如圖書爲漢文本,則用漢文.

(三)社員或社外人願將圖書借與本部供流通之用者,辦法如第二條.其圖書之損傷亡失由本部負責.

(四)圖書部得此項書目後,卽彙印成册,寄交各社員及其他有借閱本館圖書權之人.

(五)依本報總章第八條之規定有遵本章借用本館圖書之權利者如下:

1. 中國科學社社員及特社員;
2. 中國科學社仲社員;
3. 中國科學社名譽社員及贊助社員;
4. 社外熱誠君子捐贈圖書,經董事會及圖書部認爲有特別之價值者.

(六)凡借用圖書者應書借閱據寄交圖書部.借閱據之格式如下:

(借者姓名)

願遵中國科學社圖書館章程借用

下開圖書:

(著者姓名)

(書名)

(册數)　(第幾版及出版年)

(借者簽名)

(借者住址)

(七)圖書部接到借閱據後,卽將該據寄與暫藏該書之人,請其直寄與借用者.其寄往郵費,由借用者如數給還.

(八)凡借用圖書者,應於起借時交美金五元或中銀十元於圖書部,爲傷亡書籍之擔保金.但社員特社員不在此例.擔保金或於還書時如數發還,或暫藏本部以便繼續借書,均聽借用者之便.惟須早向本部聲明願準何項辦法.

(九)一人同時只能借用書籍一部(不必係一册).

(十)每書借閱時間以四星期爲限.郵遞時間在外.滿限後應卽寄還原藏該書之人.原藏者收回該書後,卽將原有借閱據寄交圖書部由圖書部發還與借閱人.

(十一)如遇特別事故,本部得不時索回借出書籍.借用者當卽歸還,不得延誤.

(十二)借書時郵遞往還之費,均由借用者擔負.

(十三)借閱者不得將書籍圖册加以字樣或其他符號.

(十四)借用者如將書籍損傷或亡失,應於借閱期滿時報告圖書部.本部得按情節輕重索相當之賠償.有隱而不宣者,經本部察出,卽取消其借閱權,幷加倍科罰.

(十五)各書至中國科學社圖書館成立時,卽歸入該館中.其借閱章程另定之.

中國科學社圖書館辦事細則

(一)收集圖書.

甲.圖書種類:

(1)教科書及參考書;

(2)期刊及其他出版物;

(3)圖說;

(4)其他一切書籍圖錄.

乙.收集辦法.

(1)捐贈.　凡社內外熱誠君子欲以圖書捐贈本館者,請將該圖書寄交本館,并示明姓名住址.本館當登大名於科學月刊,以謝盛意.

(2)寄藏.　社員及社外人願以其書籍寄藏本館者,寄藏時間應在一年以上;并須聲明是否願將該書借出.其書籍如有損傷亡失.由本館負責.

注意　此係將來辦法其現行辦法見本館暫行流通書籍章程第一條及第二條.

(3)徵求.　凡國內外各局署學會書肆之出版物,非屬賣品函索即寄者,由科學社諸分股各派一人協同本館徵集之.

(4)購置.　凡圖書部及各分股認爲重要之圖書,爲本館所當備者,本館得視財力酌擇購置之.

(二)編列圖書　本館所有書籍,應以定法編爲書目牌,并附號數於書上,依次藏弆,以便檢用并將書目號數彙印成册,分給有借用書籍權之人.

寄藏書籍,另類編列.

(三)編纂書目提要. 凡重要書籍,無論本館能否購置,各分股及本館當各舉所知,載該書之詳情於書目提要牌.本館卽按定法編列藏之,備各社員之檢查,及日後擇購之用.其書目提要牌,由本館選定格式.印成後寄與各分股備用.

(四)管理借閱事務. 其細則另定之.

——摘自《科學》一九一六年第二卷第八期

安徽省長咨送該省教育廳各項章程規則職員履歷請核備文七年七月二十七日

安徽省長公署爲咨請事案據教育廳廳長盧殿虎呈稱竊職廳成立以來遵照部章妥愼編制並擬訂各項辦事章則分別施行所有辦事職員業經正式委任汪開棟等爲科長江辛等爲科員汪聲應等爲視學遵章分職任務所有擬定職廳各項章則並委定職員緣由理合繕具履歷清摺並各項章則備文呈請鈞署鑒核備案並懇轉咨教育部查核實爲公便等情到署除指令外相應檢同履歷清摺暨辦事章則備文咨送即希查核備案此咨

附原送辦事細則

第一條　本廳依教育廳暫行條例第二條之規定設置三科承廳長之指揮分掌各科事務

第二條　第一科設科長一人科員二人所掌事務如左

一關於公立學校職員事項　二關於教育行政訴訟事項　三關於師範學校中學校小學校及蒙養園事項　四關於普通實業學校及特種實業學校事項　五關於檢定小學教員及學齡兒童就學事項　六關於視察報告發表事項

第三條　第二科設科長一人科員二人所掌事務如左

一關於私立大學及公私立專門學校事項　二關於外國留學事項　三關於教育會及各種學術會事項　四關於動植物園圖書館及搜集古物事項　五關於美術館美術展覽會及文藝音樂演劇等事項　六關於通俗教育各事項

第四條　第三科設科長一人科員二人所掌事務如左

一關於教育統計事項　二關於褒獎事項　三關於學校預算決算事項　四關於學校建築及衛生事項　五關於各種集會事項　六關於文件收發及掌管事項　七關於庶務會計事項　八關於記錄職員進退事項　九其他不屬於各科事項

第五條　各科職務除依前列各條之規定外廳長得隨時審察各該科事務之繁簡指令他科職員協助之其臨時發生事件得指令某科職員辦理

第六條　本廳爲謀全省教育發達起見得聘任專員輔助進行

第七條　遇廳務繁劇三科職員不敷分配時得添委職員隨時協助

第八條　本廳印信由廳長委任專員典守之

第九條　本廳設置辦公廳自廳長以次同廳辦公廳內設置考勤簿逐日於到時書到退時書退遇增設職員時得分別另置辦事室辦公

第十條　本廳除日曜日及例假日外每日以午前九時至十二時午後二時爲辦公時間振鈴爲號但於必要時得由廳長變更時間

第十一條　辦公時間以外辦公廳內應有一員輪流當值至下午十時退廳日曜日並有一員輪值至下午十時退廳遇有緊要文電隨時知照主管之科擬辦

第十二條　本廳收到公文函件由收發員逕送廳長察閱後發交第三科蓋戳分科由各科科長分交科員擬稿經科長核閱送判各科科長亦得自行擬稿科長科員之擬稿核稿均簽名蓋章

第十三條　凡關係兩科以上之公文函件擬稿後應會同有關係之他科科長簽名蓋章

第十四條　本廳錄事承廳長之命分掌謄繕稿簽保管案卷印刷文件等事務由第三科科長督察之

第十五條　錄事在辦公廳謄繕稿簽每日應將發交之件謄繕完畢如實係謄繕不及須展至明日者應向第三科科長報明得其許可

第十六條　逐日印發文件由收發員分別摘錄簡由交錄事繕單送陳廳長察閱其印稿俟公文發行後即日排列辦公廳內以便稽核并備傳觀次日即行歸檔

第十七條　本廳會計事宜依另訂會計規則辦理

第十八條　本廳會議依另訂會議規則辦理

第十九條　本廳職員因事請假者依另訂請假規則辦理

第二十條　省視學除依另訂視學服務細則服務外得隨時留廳協助辦公在留廳辦公時期應與廳內職員一律遵守訂定規條

第二十一條　本細則由廳長核定施行

附會議規則

第一條　本規則基於本廳暫行辦事細則第十八條之規定訂定之

第二條　本廳會議分兩種組合如次

甲　全廳會議以全廳職員組織之

乙　全科會議以三科職員組織之

第三條　除前條規定兩種會議外於舉行視學會議時得由廳長指派他項職員加入與議

第四條　凡會議以廳長爲主席遇廳長有事故時得指定科長一人爲臨時主席

第五條　凡會議由廳長指定與議職員一人或二人爲記錄員

第六條　全廳會議每月一次於每月末一週之土曜日舉行全科會議每兩週一次於第二週之水曜日舉行遇必要時得由廳長召集臨時會議

第七條　與議職員有欲提出議題者應先期開送廳長酌定提議遇必要時得於會議時臨時提議其議題過於複雜必須詳具理由書者應於開會前二日由廳長核交繕印分送與議各員先行研究

第八條　會議事件除徵取多數意見外由廳長決定之

第九條　本規則由廳長核定施行

附請假規則

第一條　本規則基於本廳暫行條例第十九條之規定訂定之

第二條　本廳科長以上各職員依照官吏服務令第九條第一項第三款第五款須請假時應向第三科領取請假簿如式塡明職務姓名緣由(事或病)期限委託代理人及請假月日其委託代理人暨本人姓名並各蓋章送呈廳長核准蓋章

第三條　銷假時陳明廳長幷於請假簿如式塡明銷假月日

第四條　凡請假須於前一日塡簿送呈察核但遇疾病或緊急事件不及前一日陳送請假簿者得於當日塡送

第五條　請假離署後因不得已事故須繼請假時應函知委

託代理人代行第二條規定之手續

第六條　第一至第五各條本廳錄事准用之但須陳由第三科科長轉呈廳長

第七條　本廳人員凡因病請假過六十日因事請假過三十日須酌量扣俸每月月終之前一日由第三科查明此項人員請假列單送陳廳長核辦並知照第三科會計員

第八條　每月終由第三科製請假一覽表送陳廳長查核三月統計一次

第九條　本規則由廳長核定施行

請假簿式

職務	
姓名	
請假緣由	
請假期限	
委託代理人	
請假月日	
銷假月日	

附圖書室規則

第一條　本廳為各職員謀學識上之修養特於廳內設置圖書室

第二條　圖書室設管理員二人以本廳學習員充之

第三條　本圖書室除各種公報留置辦公廳檢查可毋列入外其他一切圖書均陳列室內以備閱覽

第四條　前條不列圖書室之各種公報仍應由圖書室管理依類列目隨時纂載

第五條　凡日報并陳列於圖書室內由管理員按日保存

第六條　本圖書室除由管理員設立圖書簿外仍將各項圖書編定號數按照出版物冊數出版人姓名出版年月及處所與為賣品或非賣品製表揭示室內其為賣品應載明價格

第七條　前條揭示之表每月改製一次

第八條　凡圖書不得携出室外如有必須詳細考覽者得向圖書室借取但須填寫借取劵交管理員存查其借取並不得逾一星期

第九條　每日閱覽時間以不妨礙辦公為度

第十條　除特別假期及縣書日得臨時停止閱覽外逢星期日仍得隨時閱覽

第十一條　本規則由廳長核定施行

圖書室借取券
借取人
出版物
號數
冊數
借取月日
交還月日

附視學暫行規程

第一條　安徽教育行政機關為監督指導地方教育事宜依教育部之規定分設視學員如左

甲　省視學

乙　縣視學

上項視學員均由教育廳長任用呈報省長查核

第二條　有左列各項資格之一者得任為省視學

甲　曾充中等以上學校校長或教員三年以上積有研究者

乙　師範學校本科畢業曾任學務職二年以上或畢業於其他中等以上各學校曾任學務職三年以上具有經驗者

丙　曾辦省教育行政三年以上確有成績者

第三條　有左列資格之一者得任為縣視學

甲　具有省視學資格者

乙　有高等小學校正教員資格曾任高等小學校校長或教員三年以上積有研究者

丙　曾辦縣教育行政三年以上確有成績者

第四條　省視學設視學室於教育廳內除出發視察外即以視學室為辦公之所

第五條　省視學分區視察其視察區域由廳長於每屆出發前指定之

第六條　遇必要時得派遣臨時視察或發生其他特別事項亦得特派專員行之

第七條　省視學之職務如左
一　視察各屬縣教育行政之狀況
二　視察全省學校教育之狀況
三　視察全省學校衛生之狀況
四　視察全省學校經濟之狀況
五　視察關於教育學藝及學校各種設施之狀況
六　考察各塾與學務有關係各員執務之狀況
七　視察全省社會教育之狀況
八　考查其他特令注意之事項

第八條　縣視學之職務如左
一　調查境內對於教育法令施行之實況
二　考核各地方學齡兒童之就學及出席狀況
三　督察各學區學校位置及校數之適否
四　視察各校教授管理訓育之狀況
五　視察各校編制學級支配教員及釐訂學科課程之狀況
六　視察生徒之學業成績及其風紀
七　視察學校職員及其他與學務有關係各員執務之狀況
八　視察學校設備及整理清潔之狀況
九　調查學校經濟及生徒納費之實況
十　調查關於社會教育之事項並指導之
十一　考查其他縣知事特令注意之事項

第九條　省視學關於視察事項應舉行視學會議遇必要時得召集縣視學加入與議

第十條　省視學視察之結果應敘述所至地方教育狀況附陳意見隨時報告廳長轉呈省長察核縣視學視察之結果應敘述所至地方教育狀況附陳意見隨時報告於縣知事每學期終由縣知事呈送廳長備核但遇有重要事項得直接呈報廳長

第十一條　視學視察時遇左列事項得對於主管者表示意見
一　與教育法令牴觸事項
二　學校教授管理訓育事項

三　社會教育設施事項

四　其他特令指示事項

第十二條　省視學視察所至得督同縣視學視察之

第十三條　視學視察得集合地方與學務有關係人員陳述關於教育之意見

第十四條　視學視察得請主管者到場說明

第十五條　視學遇必要時得變更教授時間

第十六條　視學遇必要時得調閱各項簿籍

第十七條　視學遇必要時得試驗學生成績

第十八條　視學視察之日數每年以二百四十日為率

第十九條　視學出發時應支出公費不受其他之供給

第二十條　本規程自公布日施行

附省視學服務細則

第一條　省視學分區視察區內各縣每年至少須視察一次

第二條　省視學在外視察日期以二百日至二百四十日為度但遇特別事故者不在此限

第三條　省視學視察各縣所得事項除用表式報告外並用書類報告經廳長核准發表之

前項書表每遇視察一縣終了後即行陳報

第四條　省視學視察一縣終了後得商由縣知事邀集教育行政人員或各學校校長教員暨其他與地方教育有關係人員開談話會商榷教育進行及改良方法

第五條　省視學視察各該區教育認為成績優良者得依左列各項呈請表彰之

一　呈請廳長按照條例轉請給獎

二　呈請廳長傳令嘉獎

三　呈請廳長將優良成績揭載於本省教育公報

四　呈請廳長徵收各項成績攝影陳列之

第六條　小學校校長教員如有違背教育法令或怠廢職務及有不名譽行為者得由省視學呈請廳長按照小學令予以相當之懲戒處分

第七條　省視學所至各縣遇有教育上重大事件得會同縣知事呈請廳長核奪

第八條　省視學每至一縣先取閱縣視學之報告表冊以憑

復查

第九條　本細則自公布日施行

附職員履歷

第一科科長汪開椂安徽全椒縣人前清由三江師範學堂畢業派赴日本留學明治大學旋調回充兩江優級師範學堂教員文案監學江甯提學使署科員以辦學異常勞績奏保知縣民國歷充全椒縣中學校校長安徽教育司科員省視學湖北鄂西觀察使署荊南道尹公署教育科科長兼選舉事務所所長安徽省公署教育科科員省公署教育秘書

科員江辛安徽旌德縣人前清舉人歷充大理院民科二庭推事旌德旅甯公學監督皖江中學監兼國文修身歷史教員旌德縣教育會會長

科員周積塴浙江平湖縣人前清優貢知縣第三屆知事江蘇復旦公學畢業歷充浙江嘉興府中學校國文教員嘉興及秀水縣高等小學校國文歷史英文教員平湖縣高等小學校校長平湖縣小學教員養成所所長安慶道道視學

第二科科長章尚蘭安徽銅陵縣人前清江南高等學堂畢業歷充直隸學務公所普通科科員天津等處檢定教員委員安徽省視學教育司科員代理科長內務司科員實業廳諮議

科員潘鴻逵浙江紹興縣人前清安慶府中學堂肄業歷充合肥等縣刑席科長承審員行政司法教育文牘員兼代蕪湖縣知事

科員印書城安徽全椒縣人前清增生歷充本縣公立集益兩等小學堂堂長縣教育會副會長省立第五中學校國文教員江西藩署總務科員本縣公署學務佐治員第三科科長滁縣文牘員

第三科科長汪灝安徽宣城縣人直隸農業學堂畢業歷充吉林賓州府中學堂國文算學教員本縣高等小學校校長省立第五中學校學監兼教員安徽省視學

科員洪迪安徽懷甯縣人南洋方言學堂畢業歷充安徽禁煙公所總稽查等差曾任荻港釐局局長

科員盧孟麟安徽廬江縣人江南商業學校畢業歷充江蘇都督府實業科辦事員江蘇省立第一工業學校事務主任

公牘

兼工業簿記教員

省視學姚毓麟安徽繁昌縣人安徽高等學堂畢業京師大學修業歷充繁昌師範學堂教員湖南提法司署課員本省民政實業兩司課員省立第五師範學校學監兼教員

省視學朱述曾安徽黟縣人江南高等學堂畢業歷充蕪湖徽州公學教員績溪東山師範教員黟縣南洋高等小學校校長

省視學汪聲應安徽當塗縣人前清歲貢歷充太平府中學堂

國文地理教員本縣教育會會長采石鎮兩等小學校校長漢口中等商業國文歷史地理教員太平中學校校長省立第五中學校國文修身教員中央高等文官考試審查員兼監試員

省視學向道成安徽霍邱縣人兩江優級師範學堂畢業歷充省城公立第一高等小學校校長桐城縣署第三科科長公立法政專門學校教員舍監學監

修改教育部圖書室規則第三條第四條

九年十一月八日部令第一百二十二號

第三條　本部職員確因要公必須圖書參攷時得向圖書室借取但須遵左列各欵

一依式寫借取券

二借取書籍中文每次以二部爲限但每部過二十冊者以一部爲限西文以四冊爲限在未經繳還以前不得再借惟本部編審員特別指用之參攷書籍不在此例

三借出書籍以兩星期爲限

四如有損壞或遺失須按原價賠償

第四條　叢書百科全書字典及雜誌概不出借

附原規則二年九月十八日部令第四十一號

第一條　圖書室庋藏圖書雜誌專供本部職員閱覽之用但本京各學校及各學會之職員或學生持有該機關紹介書者亦得請求閱覽

第二條　閱覽圖書須遵左列各欵

一就目錄中擇所欲閱覽之圖書記其書名號數冊數於閱覽

券

二閱覽券內所填圖書冊數以十冊爲限

三閱覽券填寫畢交由庶務員候取得圖書并交還原券即至閱覽室閱覽

四在閱覽室務宜靜肅勿朗讀及大聲互語致妨他人閱覽

五閱覽室內禁止吸煙

六圖書如有損壞或毀失須賠償同一之圖書或相當之價值

七閱覽畢須將圖書連同閱覽券交還庶務員

第三條（參看前條文）

第四條（參看前條文）

第五條　圖書室主任一人圖書管理員二人庶務員二人均以文書科職員充之

第六條　主任員總理圖書室一切事務

第七條　圖書管理員掌左記事務

一編理圖書目錄

二整理圖書標題

三圖書之檢查

四圖書之出納

第八條　庶務員掌左記事務

一收發閱覽圖書

二保管雜誌及新聞紙

三整理閱覽室及其物品

第九條　圖書室辦事時間依本部辦公時間之規定但於每歲九月或十月中曝書時得停閱覽及借取二十日

第十條　本規則自公布日施行

（附註）本規則公布在先本報發行在後故特一併補列特此聲明

——摘自《教育公報》一九二〇年第十二期

天津社會教育辦事處圖書閱覽所試辦規則

一本所蒐集圖書雜誌供社會一般之閱覽

一本所圖書除備置及承捐助者外另設寄陳一門凡願送所寄陳者本所製付收據妥

爲保管至於何時取回聽其自便

一本所經費每月由社會教育辦事處經費項下支領三十元

一本所設司事一員經理其事由社會教育辦事處總董監督之

一國慶日陽曆元旦陰曆年假前後共七日春夏秋冬四節各一日爲休館日期若遇臨時休館另行揭示

一每年曝書期於九十月内行之約以三日爲限臨時揭示

一每月第三星期日爲掃除停止閱覽

一每遇星期一日休息星期日照常開所

一閱覽規則另定之

一本規則如有未盡事宜隨時修改

天津社會教育辦事處圖書閱覽所現行入覽規則

一本所地勢陜隘暫不設備女席

一現在天時極短閱覽時間擬暫定爲上午自九鐘半起至十一鐘半止下午自一鐘半起至四鐘止將來時令變更再行延長鐘點

一閱覽本所圖書者須先取領書證

一持領書證向司事人取書須先從目錄上看明某種注明於證上並注明証上所應注之事項取書後歸座閱看

一換閱他種圖書時須先將原領之圖書繳還仍照前項寫法書於領書證上

一領書證不收費每證閱書不得過五種但持有優待券者不在此限

一閱書完畢將書繳還其領書證卽留於領書處

一入覽人欲鈔記者須自備鉛筆紙册但不得使用毛筆以防玷汚并不得在圖書上圈點批評

一圖書未繳還以前不得隨便出入如有必須暫行離所時須將圖書交由司事人暫爲收存

一所領圖書當加意珍惜不得任意折疊凌亂如有遺失損壞情事須賠償其同一之圖書或相當之金額

一本所圖書概不外借

一飲水須就專席不得擕至座次

一閱覽人吐痰應就痰盂不得任意唾吐致礙衛生
一閱覽人須聽從本所司事之指告及揭示
一年未滿十四歲以上者不得入覽
一酗酒或瘋癡等病及攜帶凶器動物者不得入覽

——摘自《浙江公立圖書館年報》一九二二年第七期

商業圖書館

本館新訂章程二種

(一)圖書借出章程

(一)本會會員欲借圖書須先備函由本人簽字並蓋店章領取本

館借書憑證非會員欲借圖書至館外閱覽者須覓介紹人塡具介紹書並繳保證金二元手續費每半年一元將來不再借書時交還借書證將保證金發還

（二）借書時間除例假外每日下午一時至八時星期日亦照常借閱

（三）借書證如有遺失須立卽至本館聲明繳補證費小洋二角在未經聲明前被人冒持該證來借圖書應由原人負責償還

（四）借書時請照本館圖書目錄開示名目號數（可多開幾種當由本館儘有奉借以免空勞往返）隨同原證交來以便將借與圖書登入證內仍交來人帶還還書時仍將原證持來以便登記收退

（五）借出圖書須在兩星期內繳還借與册數多寡當由本館隨時酌定之逾期不還當在保證金內支出書價以便購補

（六）借出圖書如値本館需用時憑借書證通知借戶應卽繳還

（七）本館認爲重要之圖書不便借出館外者不在此例

（八）借出之書須請加意保護如有汚損遺失應照所値賠償

（二）寄存圖書暫行章程

（一）凡以自藏圖書或孤本墨稿寄存本館公諸同好者本館當保負護之責給與憑證隨時得由本人或其委任代表憑證取還

（二）寄存圖書請先開示名目價値當卽奉函接洽其價値百元以上須保火險者其保險費由寄存人自任之

（三）書面及第一頁均請寄存者加蓋圖章以資識別

（四）寄存時須將圖書價値預先聲明登記於所給憑證萬一遺失無從購還時當照所値酌量賠償惟如本館認爲不便寄存者得謝却之

（五）凡有寄存或捐贈圖書於本館者對於本館所有圖書得有優先借閱之權

（六）凡將圖書寄存於本館所有運費或郵費槪由本館担任

（七）寄存圖書當由本館編號列入圖書目錄以便索閱註明某某寄存字様庶於取還後得卽銷號

（八）本館對于寄存圖書當體察情形隨時爲之修理裝訂或另加書套務求美觀耐用至其用費當由本館担任之

（九）寄存圖書若在一年未滿時取還其修理裝訂費之支出者須請寄存人照原發票付還本館已滿一年以上者免

（十）寄存圖書在取回時須請先函知聲明事由如係讓售與人者應示售價庶本館或願受買得與函商

——摘自《上海總商會月報》一九二七年第七卷第七期

1. 確定每月圖書經費

預算設備費二百元，全年圖書費四百元。（第一月八十元，第二月至第十一月各三十元，共三百元；第十二月二十元。）兩共六百元。就省教育會洲租項下動支。

2. 規定購買圖書手續

凡本廳職員需要參考之教育圖書，均得開單經各科科長核定後，交編輯處彙齊，分別重輕，就預算範圍內開單交由庶務處照單購置。庶務處每月應將上月用款，連同單據，呈廳核銷。

3. 增加圖書室設備

另擇寬敞地點，設閱書室，藏書室，各一間；先行設置新式書架五張，目錄盒一個，雜誌架一個，報架一個，布告板一方，目錄片五百張，雜誌目錄片五十張，閱書桌二張，椅子十二張，及其他應用物品。

4. 徵集中小學教科用書

小學教科書已徵集一部分，應先由管理人分類整理，

（一）安徽省政府教育廳擬圖書室計劃

登記編目。

5. 擬定教育圖書分類法

本圖書着重教育方面，屬於專門性質，故教育書籍應詳爲分類，擬暫定爲：1.行政，2.學務調查及統計，3.初等教育，4.中等教育、5.高等教育，6.職業教育，7.教材及教法，8.社會教育，9.教育原理，10其他。

6.交換定期刊物

凡各機關交換定期刊物，應由管理人隨時檢查卡片，遇有中缺或郵局遺誤之件，當即擬具公函，請其補寄，並隨時彙訂成册，妥加保存，不得稍有損失。

7.剪裁教育新聞

圖書室管理員每日應將各報教育新聞，擇要剪裁，分類佈告；每週整理彙訂一次，以備查考。

（二）安徽省政府教育廳圖書室簡章

一，本廳爲增進工作人員智識，養成工作人員好學之習慣起見設立本圖書室。

二，本廳工作人員，於公餘時均得到圖書室自由閱覽。

三，本圖書室由廳長派員專司管理圖書責任。

四，圖書來源，除由寄贈交換外，得隨時訂購。

五，關於管理圖書辦法另定之。

六，本簡章由廳務會議通過後公佈施行。

七，本簡章如有未盡事宜，得於廳務會議修改之。

（三）安徽省政府教育廳圖書室管理圖書辦法

一，凡新到圖書，應由管理員先行登記、登記簿卽採用廳頒安徽通俗教育館暫行規程附圖書登記簿格式。

凡新到定期刊物，無論訂購或交換，均應由管理員分別登記於卡片。

卡片式如下：

（名稱雜誌）												
每　出版一次												
日／年	一	二	三	四	五	六	七	八	九	十	十一	十二

二，圖書分類方法於線裝書採用四庫分目體例，新書則以性質分類：（1）黨義及黨史，（2）教育（3）科學（4）哲學及文學（5）地方文獻（各縣縣志省志及各縣鄉賢之著作品。）

三，編目採用卡片式以便檢查。

四，由圖書室製借書証分給本廳工作人員每人一張，以便憑借書證借閱，還書時仍將借書證交還。（不能借出者不在此例）

五，借書非經特許，不得逾一星期。

六，無借書証者，不得借書；已借書一部者，不得再借。

七，借書証遺失，須向圖書室聲明。

八，借書人須保持原書之清潔美觀，不得在書上自由書寫，更不得剪採，如有損失，照價賠償，由管理員通知本廳會計處照扣。

九，凡新到之雜誌報章應陳列閱書室，並佈告周知，本廳工作人員，可自由閱覽，但不得携出室外。

十，圖書室新雜誌報章到後，即將前陳列之雜誌報章收存。

十一，圖書室閱覽時間每日上午　時至　時，下午時至　時，星期日除外，例假日停止閱覽。

十二，圖書室應注意清潔衛生。

十三，每周整理報章一次，由管理人擇其教育上重要事實分類粘存；每月整理雜誌一次，裝釘成冊，以備查考。

十四，本辦法由廳務會議議決施行。

十五，本辦法如有未盡善處，得由廳務會議隨時修改之。

——摘自《安徽教育行政週刊》一九二八年第一卷第二十六期

河南教育廳圖書室暫行章程

十八年三月二十二日廳務會議通過

第一條　本圖書室定名爲河南教育廳圖書室。

第二條　本圖書室附設於本廳編輯處。

第三條　本圖書室經費，由本廳經常費及書報收入項下臨時指撥，約分下列三項：　1.雜費；　2.購置費；　3.購書費。

第四條　本圖書室暫備表簿如下：　1.新到圖書登記簿；　2.刊物登記簿；　3.日報登記簿；　4.圖書分類目錄簿；　5.刊物分類目錄簿；　6.寄存圖書簿；　7.購書簿；　8.請求購書單；　9.圖書借閱簿；　10.裝修圖書簿；　11.閱覽人數統計簿；12.

閱覽圖書種類統計表； 13.圖書分類法表； 14.其他應用各種表簿。

第五條 本圖書室設主任一人，書記一人，由編輯處主任指定該處職員兼任之。

第六條 本圖書室主任承廳長及編輯處主任之命，主辦一切事宜，書記承主任指揮，執行職務。

第七條 本圖書室因事務之性質分下列各股： 1.總務股； 2.登錄股； 3.出納股。

第八條 總務股之職務如下： 1.購置應用器具； 2.選擇應購圖書； 3.刊物之購置及裝訂； 4.圖書之裝訂； 5.室內佈置及清潔； 6.擬辦函件； 7.揭示要件； 8.事務紀錄； 9.招待參觀； 10.閱覽之報告； 11.不屬於他股事宜。

第九條 登錄股之職務如下： 1.圖書之登記； 2.圖書之整理編號； 3.圖書之分類； 4.目錄之編造； 5.書簽之調製及整理； 6.新舊圖書之統計 7.不屬於他股一切事宜。

第十條 出納股之職務如下： 1,圖書之借出與收還， 2,閱覽室之整理清潔及物品之保管； 3,雜誌報紙之整理登記及保管；4,閱覽人之指導； 5,圖書借閱簿之管理； 6,不屬于他股事宜。

第十一條 前條所列各股事務，在本圖書室未擴充以前，暫由主任及書記二人分担之。

第十二條 主任于每年年終，將一年度內一切成績報告編輯處主任轉呈廳長核閱，有必要時，并得廳長之允許可出年度特刊。

第十三條 本圖書室圖書之分類法另定之。

第十四條 本圖書室圖書細目，備有圖書分類目錄簿，以便借閱人檢查。

第十五條 關於本圖書室圖書閱覽及借閱規則另定之。

第十六條 凡贈予或寄存本圖書室圖書字帖報章者，得依本圖書室捐助辦法辦理，其辦法細目另定之。

第十七條 本章程自廳務會議通過日施行。

第十八條 本章程有不適宜時，得提出廳務會議修改之。

河南教育廳圖書室閱覽規則

一，凡本廳人員，均得入室閱覽。

二，本室所備報紙及陳列各種雜誌，均可自由取閱，閱畢，仍須妥置原處，不得攜出室外。

三，如有借閱本室圖書者，須依照本室圖書借閱規程辦理。

四，閱覽人不得在報紙雜誌上，任意圈點。

五，閱覽人於閱覽時，不准高聲朗誦或接談歡笑。

六，閱覽人在閱覽室內，不得吸煙食物以重衞生。

七，在本廳辦公時間，均爲本室閱覽時間。

八，本規則如有不適宜時，得提出廳務會議修改之。

九，本規則自廳務會議通過日施行。

河南教育廳圖書室圖書借閱規程

一，凡本廳人員於本圖書室圖書，均有借閱權。

二，借閱人擬借閱某種圖書時，須先檢查目錄簿，檢得後，將月日，姓名，職務，書報號數，書名，冊數等項，照格填寫于借閱簿上，向出納處索取。

三，借閱圖書每次平裝以三冊，線裝以一函爲限，如欲更閱他種圖書時，須於繳還後始得更換。

四，借閱圖書限於一週內繳還，如於一週後，仍欲繼續閱覽原書時，須再填寫於借閱簿上，以便稽核。

五，借閱人閱畢繳還時，須視出納員將借閱簿上原填書名之後加蓋經手人戳記，以免錯誤。

六，字典詞典及各種重要書籍，只可在本室內翻閱，概不外借。

七，借閱人非有特別情事，不得擅入藏書室內，以重秩序。

八，借閱人不得在圖書上，任意圈點評註。

九，借閱人如將圖書損壞或遺失時，須照原書或原書價值加倍賠償，以重公物。

十，本規程如不適宜時，得提出廳務會議修改之。

十一，本規程自廳務會議通過日施行。

河南教育廳圖書室捐助及寄存圖書辦法

一，凡捐助本圖書室圖書費，在一百元以下者，得在本廳半月刊上公佈，用誌感謝；在一百元以上者，除公佈外，並將捐助者像片懸掛本

11

室，以資表揚。

二，凡捐助本圖書室圖書字帖報章者，除估量傷値照上條辦法辦理外，並於所贈物品上加蓋贈者圖章，以資紀念。

三，凡有圖書碑帖雜誌報章等件，願寄存本圖書室供衆閱覽者，本圖書室願負保管之責。

四，凡寄存圖書應在封面上加蓋本人圖章，以便識別，幷開設清單，交本圖書實收存，以免遺失。

五，凡寄存之圖書，本圖書實得以編號分類陳列，爲寄存者欲另行陳列時，請預先申明。

六，凡寄存圖書皆得依本圖書室圖書借閱及閱覽規則之規定任人閱覽，倘有損壞或遺失時，須照原物或原物價値，加倍賠償。

七，本規則如有不適宜時，得提出廳務會議修改之。

八，本規則自廳務會議通過日施行。

——摘自《河南教育》一九二九年第一卷第十七期

◉本局書報室簡章

第一條　本局所有書報均應歸書報室保管以備職員公餘閱覽

第二條　本室書報依照本局組織規程第七條第四項之規定由第三科派員負責管理之

第三條　本室管理員應將新舊書報隨時分類登簿各項公報如係日刊每十日挨次裝訂成册以便查閱而免遺失

第四條　本室除購訂各種必要書報外得由各科處提議應添某種書報商請局長購置之但不得

超過每月預算數如有個人或機關團體贈送者尤所歡迎

第五條　本室書報應在室內閱覽但各科處因公調閱者不在此限惟須填具調閱証存室備查閱畢交還原証撤回

第六條　本室書籍各科處職員如欲借閱時須填寫借書劵存本室備查但借閱時間不得過一週交還時原劵撤回

第七條　各職員閱覽書報不得任意批點塗抹如有損壞或遺失須按價賠償

第八條　各職員在本室閱覽書報不得吸煙並不得任意嬉笑

第九條　各職員閱畢書報時應仍置原處或交管理員歸檔

第十條　本簡章經局務會議通過施行如有未盡事宜得由第三科提交局務會議修正之

——摘自《教育公報》（天津）一九二九年創刊號

(三)教育廳圖書室借書規則

(一)由圖書室製借書證兩種分給本廳工作人員一作借圖書用一作借雜誌用(不能借出者不在此例)借書時憑證借閱還書時仍將借書證領還無借書證者不得借書

(二)借書時間規定每日上午十時至十二時下午三時至五時星期日及例假日停止借閱

(三)借圖書不得逾一星期借雜誌不得逾三日到期不還圖書管理員得向之索取如有遺失損毀者卽由圖書室通知會計處照書籍原價扣留賠償金如逾索取不還者作爲遺失辦理

(四)借書證每人分給二張不得遺失

(五)本規則由廳務會議議決施行如有未盡善處得由廳務會議隨時修改之

——摘自《安徽教育行政週刊》一九二九年第二卷第二十期

圖書館員服務規程

一、圖書館員須負保管圖書雜誌報紙及圖書室一切用品之責

二、圖書館員須隨時將書籍雜誌報章等分類編目登記清楚以便檢閱

三、圖書館員依照圖書館主任之指示及設計力謀圖書館之改進

四、圖書館員於必要時遇閱覽者之咨訊及請相助檢書等應盡顧問之責

五、圖書館員有督率圖書館僕役之責

六、圖書館員除將原有書籍整理清楚外應將新到書籍隨時於佈告處通知本廳同人

七、圖書館員須隨時留意各處新出版之書籍或設法請捐贈或逕行訂購

八、圖書館員於每月之第一星期徵集本廳同人購買新書意見一次調查其需要與否直接塡具購書單經主任之核定得通知庶務處承辦其價在三十元以上者須由主任秉承廳長准可然後定購

九、圖書館員每月須將閱覽者及新書冊數購書實價統計發

表以資改進上之比較參攷

十、圖書館員於每年春秋二季擇天氣晴朗之日分別將書籍晒刷檢查其毀損者設法修補遺失者從事調查補充或登記

十一、圖書館員承主任之設計每年辦理徵書一次或二次

十二、圖書館員如有改進上建議及困難情形可陳商主任設法進行及解決

十三、圖書館員遇有新舊交替情形舊館員應將所有書籍圖書雜誌用具等及館中一切手續情形須交代清楚

十四、本規程呈請 廳長核准施行

圖書館僕役服務規則

一、圖書館僕役須負保管圖書雜誌報紙及圖書館一切用品之責

二、圖書館僕役須聽從圖書館主任及圖書館員之督率

三、圖書館僕役除每日料理圖書室清潔整齊外須將新到報章雜誌書籍等分別安置

四、圖書館僕役每月須將報章裝訂一次

五、圖書館僕役如發現書籍有毀損者須立即報告圖書館員設法裝置

六、圖書館僕役非經圖書館員之准可不能隨意將書籍等借出

七、圖書館僕役如因病或因事須請假時除得庶務股許可外應通知圖書館員設法請代

八、圖書館僕役如不能稱職時圖書館員可報告庶務股撤換之

圖書館閱覽規程

1、閱覽人入室先簽名然後得任意在書架揀閱圖書閱覽畢請交管理員收存或放原閱覽桌上以便統計

2、關於流覽書籍可以自由閱覽但閱畢時須放置原處不得任意攜出室外

3、關於研討價值之書籍可以借出閱覽惟以一星期爲限

4、關於借出閱覽書籍如未曾閱完可以續借續借時須將該書帶交管理員辦理續借手續

5、閱覽人如欲借出閱覽請先查目錄然後填寫借書證借書每次以一種一本爲限其册數較多者當分作數次借閱換取他種圖書時須重行填寫借書證

6、借書人務須愛護所借書籍如有損失照價賠償

7、下列各種圖書概不借出

A.善本珍本

B.在一月以內之新購圖書

C.陳列之雜誌報章

8、閱覽時間

上午七時至九時

下午一時至二時　五時至六時　七時至八時

——摘自《江蘇教育季刊》一九三〇年創刊號

江蘇省教育廳圖書館徵書辦法

一　本圖書館附設在江蘇教育廳內故定名為江蘇教育廳圖書館

二　本圖書館組織之目的在利用同人公餘消遣之時光助長切磋創作之興趣提倡學術研究精神促進教育文化事業

三　本圖書館雖設在江蘇教育廳內於規模稍大時得開放供省垣各機關同人及附近民衆閱覽

四　本圖書館應備之書籍

1、黨義教育科學藝術文學史地體育醫學宗教等各項參考書籍雜誌報告及學校教本等

2、各省縣教育作品及學校各項規程等

3、本省各項教育統計及其他與省教育有關係之作品

4、本省各縣地志特刊

5、本廳及省教育機關出版物暨同人作品

6、各省名人作品

7、國外名人作品及教育章則暨報告等

8、民衆兒童閱覽物

五　本圖書館於每年十月至十一月徵集圖書一次

六　本圖書館書籍雜誌等除由本廳絡續添購外其不足者按期徵募

七　本圖書館於捐書寄到時發給收書憑證為據

八　本圖書館於每年十二月將捐書狀況報告一次并彙集捐書者台銜登省公報誌謝

九　本圖書館除登報鳴謝外如有捐書價值在百元以上者敬於館中將台銜懸列三百元以上者鐫名於銀盾陳列廳中五百元以上者於建築圖書館時勒石題名於圖書館旁永留紀念

十　如蒙海內外熱心諸君及各書坊各學社學校等處捐助書籍請逕寄鎮江江蘇教育廳本圖書館

圖書館購書辦法

一，本圖書館定每月之第一星期徵集購買新書一次

二，本廳同人如需要書籍請在規定之一星期內向圖書館員領取介紹新書單填交照購如圖書館中有同性質之書籍得由圖書館員徵得請購者之同意停購或換購其他書籍如過期請購者非急需品則移至下月一併付購

三，圖書館員徵集各方介紹定購之書外再視本圖書館應添書籍一併塡具購書單由主任核准通知庶務股照購其價在三十元以上者由主任陳請　廳長核准然後定購

四，圖書館通知庶務股購書用購書單庶務股購送圖書館書籍用送書單均雙聯式可備互相查攷

五，庶務股將所購各項書籍實價通知圖書館後圖書館員於每月終須將一月中之書籍費統計發表以便比較

——摘自《江蘇教育季刊》一九三〇年創刊號

中國科學社上海明復南京生物圖書館借書章程

一　凡本社社員本社現任職員本社各機關及經本社承認現在本社研究者均有向本館借書之權利

二　每日下午二時至六時爲本館借書時間教育部規定放假日及星期一停止借書

三　下列各類之書如字典百科全書叢書未登記分類之書籍圖表日報週刊及月刊出版未過半年季刊及年刊出版未過一年者均不得借出

四　社員職員或經本社承認現在本社研究者借出書籍每人同時至多以三冊爲限

五　借出書籍限二星期歸還如欲續借須於滿期日或未滿期前持借書證來館聲明續借惟續借不得過一次

外埠社員借書至多以五星期爲限不得續借借出及收到日均以郵局戳印爲憑

六　本社社員須先繳借書保證金十元（不借書時仍得發還）領取收據及借書證來館借書時先將借書證交館員驗明次取借書單逐項塡好並須親自簽名方得借書還書時將書及借書證交館員館員於借書證上簽字仍將借書證交還借書人

外埠社員如欲借書除應繳借書保證金十元外須存郵費二元（所存郵費已減至不足一元時得本館通知後社員應再寄二元）由本館發給收據借書證各一張及借書單十五張借書時可將塡好借書單及借書證寄至本館或託本地社員轉交本館收到後卽將欲借之書籍由郵寄出

七　本社研究所或編輯部欲借書籍時由該機關主任或代理人簽字方可借出惟不得攜出社所之外三個月歸還可再續借三個月如本館於

八 必要時得隨時收回

現任職員及經本社承認現在本社研究者由本館發給借書證一張憑證借書手續悉照社員借書辦理

九 凡社員所借書籍有過期不還或遲誤聲明續借者每過期一日每册罰洋五分由證金內扣算如證金已減少至五元尚不補足時暫停借書權利

職員借書有過期不還或遲誤聲明續借至三次以上者本館得停止其借書權利

借出書籍有污損者借書人須酌量賠償有遺失者應照値加倍賠償賠款未繳清以前暫停借書權利

十 寄存書籍由本館編目瀏覽除存書人特別聲明不得借出者外悉照第三條辦理如本人需用時三足年後得隨時索還

十一 本圖書館於每年六月二十三日至三十日又十二月二十四日至三十一日爲檢點書報之期各機關及各個人所借書報概須於此期間攜交本館檢點

十二 本章程於民國二十年一月一日起實行

中國科學社明復圖書館閱書規則

一 除教育部規定放假日暨星期外本館每日下午二時至六時開覽

二 凡願來館閱書報者本社社員簽名後即可入覽非社員存款二元取得閱書證每次憑證簽名入覽該款於繳還閱書證時發還惟閱書證如有遺失不得掛失

三 除小鈔簿外所攜各物概須寄存寄物處離館時憑券領回

四 閱書報時勿高聲朗誦重步偶語吸煙隨地吐痰及其他有擾他人之行動

五 所閱書報不得污損勿折角勿塗寫

六 書報閱畢後或未閱畢而欲離室時均須歸置原處

七 欲閱書庫之書報須填明借書單向管理員領取不得擅入書庫閱畢仍交管理員檢收

八 非本社社員概不得借出閱覽

——摘自《社友》一九三一年第五期

青島市觀象台圖書館簡則

第一條　本圖書館定名爲觀象圖書館直隸於青島市觀象臺

第二條 本圖書館以儲集有關天文磁力氣象地震海洋及其他有關係之中外圖書及定期刊物以供本臺同人與有志研究是項科學者之閱覽與參攷而謀學術上之發展

第三條 本圖書館設主任一人管理員二人向臺長遴選本臺人員提交臺務會議議決後委任之不另支薪

第四條 主任禀承臺長主持一切館務及採購圖書事項

第五條 管理員受主任之指揮辦理館務其職掌如左

一、關於會計及庶務事項每月杪須將細賬送交本臺會計庶務以便計算

二、關於圖書及定期刊物之庋藏整理分類及編目事項

三、關於新書之登記事項

四、關於圖書統計及閱覽統計事項

五、關於圖書及定期刊物之閱覽及借出收回事項

六、關於閱覽室之監視及整理事項

第六條 本圖書館因辦事之需要得臨時僱用書記

第七條 本簡則如有未盡事宜得呈請修正之

第八條 本簡則自呈奉核准之日施行

——摘自《青島市政府市政公報》一九三一年第十七期

江蘇各縣黨部設置圖書辦法

江蘇黨務整理委員會爲宣傳黨義並使工作同志便於研究黨義探討學術起見，擬令各縣黨部設置圖書館。該案業經會議通過，日昨分令各縣黨部遵照辦理，茲錄誌其辦法如下：

第一條　各縣黨部爲宣傳黨義並使工作同志便於研究黨義探討學術起見，得設置圖書館。

第二條　各縣黨部至少須有書籍一千種以上，且有確定經常費，每月能購書籍在十元以上者，方得稱爲圖書館。凡不能合前項規定者，得設圖書室。

第三條　各縣黨部所設之圖書館，其所置書籍應就關於黨義者儘先購置。

第四條　各縣黨部圖書館經費之籌撥與圖書館之選購，概由各該縣黨部會議決定之。

第五條　各縣黨部圖書館之管理事項，由各該縣黨部指派職員兼任，不另支薪。如需另聘專員管理者，必須先呈由省黨部核准。

第六條　各縣黨部設置圖書館，須先將組織大綱工作計劃及經費預算呈報省黨部核定。

第七條　各縣黨部圖書館應訂定民衆借書辦法，將所有書籍盡量借與民衆閱讀，以廣宣傳。

第八條　各縣黨部圖書館每月擬添圖書名目，應由各該黨部塡報省黨部備查。

第九條　本辦法如有未盡事情，得隨時修改之。

第十條　本辦法經江蘇省黨務整理委員會通過施行。

——摘自《中華圖書館協會會報》一九三一年第六卷第四期

法規

學友互助社第一圖書館巡迴書車條例

第一條　本館為活用圖書起見特舉行流動書車以供應軍校學員部隊官兵及社會民衆之閱覽

第二條　由本館派出指導員一人率社役二人負責辦理此項事務

第三條　每週巡行四次星期二五出巡軍校及特別班星期三六出巡本市公衆場所及各部隊（如公園及春熙路）時間軍校在診斷時內公衆場所則在午後三時至六鐘

第四條　流動書籍除軍校不限并許按照通常借書手續辦理外民衆閱覽只限通體書籍不許過時不還

第五條　指導員應於每次出巡填報紀事表繳訓練部編審科備查（表式附後）

項別／次數	月日	地點	曜別	事記

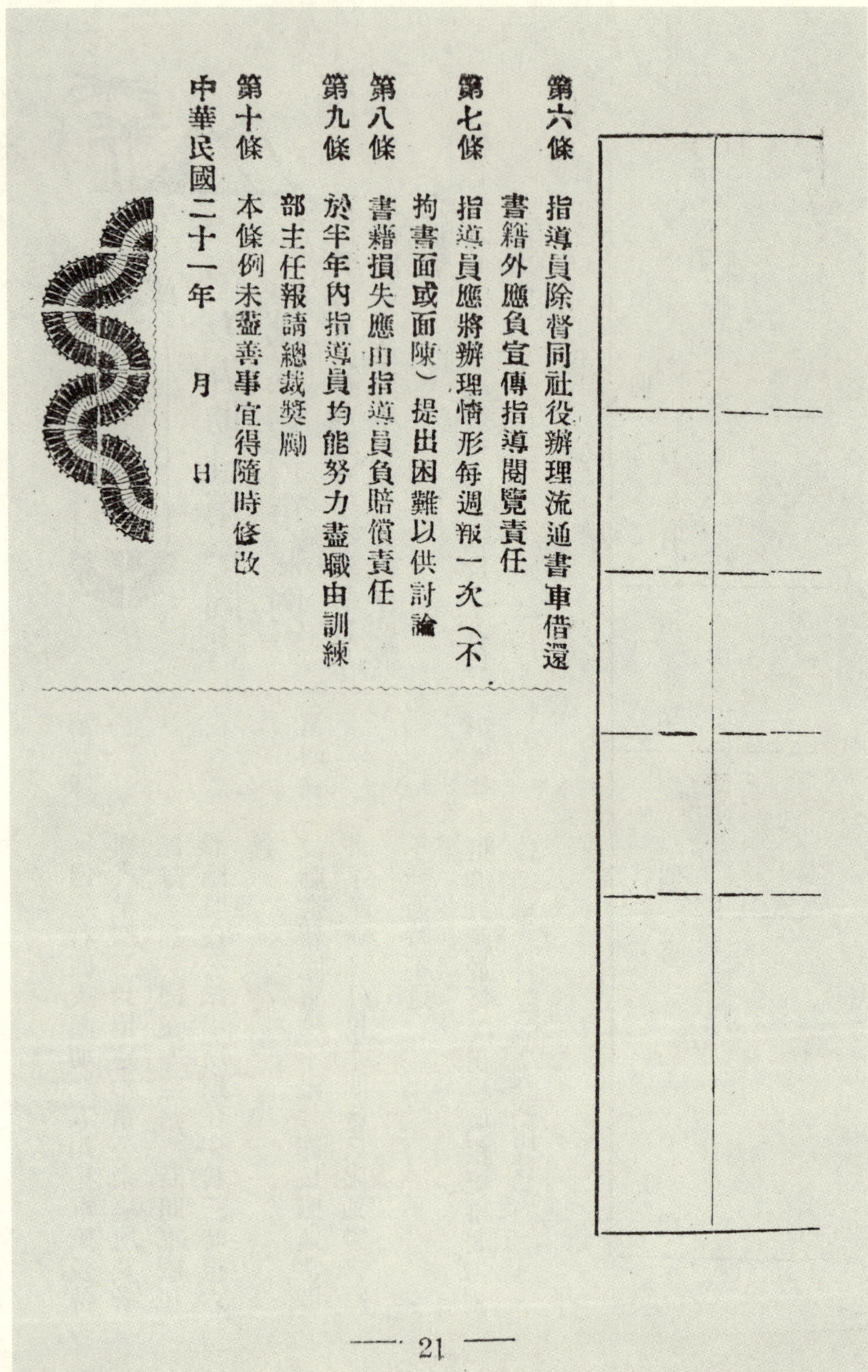

第六條　指導員除督同社役辦理流通書事借還書籍外應負宣傳指導閱覽責任

第七條　指導員應將辦理情形每週報一次（不拘書面或面陳）提出困難以供討論

第八條　書籍損失應由指導員負賠償責任

第九條　於半年內指導員均能努力盡職由訓練部主任報請總裁獎勵

第十條　本條例未盡善事宜得隨時修改

中華民國二十一年　　月　　日

——摘自《圖書館月刊》一九三二年第一卷第四期

本公司圖書館巡迴固定文庫閱覽規約

1. 閱覽權　凡屬本輪旅客職工，均得享受。

2. 時　間　除本船職工隨時均可借閱外；旅客則在起程查票後借書，收票前還書。

3. 借書規定　每次以一册爲限，可以續借。

4. 借書手續　除本輪職工直接塡明閱覽劵借閱外，旅客則將船票持向管理人換取閱覽劵借閱。

5. 賠　償　借出圖書如有汚毀，斟酌賠償。遺失，則照原價加三倍賠償。

6. 參　攷　固定文庫內所有參攷書籍，一律限於管理室參攷。

6. 附　則　(1)凡願贈送或寄存圖書者，本館極表歡迎。

(2)凡寄存之圖書，請將姓名述明，以便登記。如係贈送，則更記於該圖書上，永久紀念，並登報鳴謝。

附管理須知

1. 所有圖書，一律由總館發給，不得自行採購。
2. 文具紙張表册，一律由總館供給。
3. 旅客持船票換取閱覽劵時，須在船票上註明旅客姓名，以便收票時查對
4. 每日須將閱覽劵彙集訂好，幷分別登入日記册上各項中，月終時送來本館，以

便統計。

5.巡迴文庫之移轉，應照總館通知辦理，不得隨意轉交。

6.巡迴文庫由此輪移交他輪時，雙方須逐一點清後，註明移交表，並簽字蓋章以清手續。

7.如有污損，遺失，按閱覽規則第五項清理，並報知總館。

8.凡有贈送或寄存圖書者，應交總館，以憑辦理登記登報等事。

9.凡旅客職工有意見發表時，管理人須虛心接受，並報知本館，以便斟酌改善。

——廿二年九月四日

——摘自《新世界》一九三三年第二十九期

◉東省特別區教育廳圖書室公開借閱辦法

第一條　東省特別區教育廳圖書室爲擴大閱覽範圍使本區教育人士皆有利用本室圖書之機會起見特訂公開借閱辦法

第二條　凡在本廳所屬各機關各學校服務人員皆得依照本辦法向本廳圖書室借閱圖書

第三條　除字典辭典類書圖表新到雜誌新聞紙及貴重書籍外均得借出室外閱覽

第四條　借書手續除依據東省特別區教育廳圖書室規則第七條及第十一條第五項及第六項外悉照本辦法辦理

第五條　用機關或學校名義借書者須由機關或學校蓋章用個人名義者除親自簽名蓋章外更須有所在機關或學校之介紹書并照所借圖書價格繳納保証金由本室製給收據還書之時退還之如繼續借用仍須繼存本室

第六條　借出圖書之册數在本埠者個人每次以二部爲限機關或學校以四部爲限在外站者倍之但如遇一部册數過多者每次借閱不得過二十册

第七條　借用期間在本埠者個人以一星期爲限機關或學校以二星期爲限在外站者倍之

第八條　借出之書籍如未閱完得通知本室續借一次如未經續借或續借逾期不還者每册每日罰洋五分超過一星期者停止其借書權一個月

第九條　外站借書之人如不克親自接洽得委託代辦人但須有証明文件還書時可以郵寄但須掛號

第十條　上次所借之書如未歸還不得再借

第十一條　願在本室閱覽者須遵守本室各種規則及一切臨時佈告並接受本室管理員之指導

第十二條　借閱書籍不得任意批點塗抹如有損壞及遺失等情事均須照價賠償

第十三條　罰金或賠償費無論其爲個人機關或學校概由本室通知本廳會計處在各該機關或學校之經費內扣除並由會計處製給收據所收罰金作爲添置本室圖書之用

第十四條　本辦法自呈准公佈之日施行如有未盡事宜得隨時修正之

——摘自《東省特别區教育行政週報》一九三三年第三卷第四期

江西省教育廳圖書室訂定省會小學教職員借閱書籍規則

一、凡省會小學教職員均可依照本室借書規則來室借閱書籍

二、凡省會小學教職員借閱書籍者均須攜帶本室所發借書證

三、凡省會小學教職員欲來本室借閱書籍者應先繳納保證金一元

四、凡省會小學教職員願在本閱覽室閱覽書籍者須遵守下列規則

(1)閱覽者須先簽名再塡寫借書單

(2)閱覽者不得在閱覽室吸烟喧笑或隨意吐痰

(3)閱覽書籍不得隨意批點如有汚損遺失應照價賠償

(4)閱書時准閱者隨時鈔錄但文具須自備

(5)本室書籍不得任意攜出閱覽後須交還管理人收藏

五、借閱書籍以四册爲限時間不得過兩星期

六、借書人不得將書轉借他人

✲　✲　✲

——摘自《江西教育旬刊》一九三三年第七卷第九期

女子圖書館章程

第一條　本館定名爲女子圖書館。

第二條　本館宗旨爲收藏一切有益於女子之圖書以供給女子閱覽。

第三條　本館之基金由女子書店每年分撥盈餘十二分之二，女子月刊社每年分撥盈餘三分之一，捐助而成。

第四條　本館設管理委員會，由女子書店，女子月刊社，各派總編輯一人，合聘女教育家一人，圖書專家一人，及捐助本館基金最多者一人，合組而成，委員概不支薪。

第五條　本館得向各界募捐基金，徵求書籍。

第六條　本館以設立於人口最多之地爲原則，但須設流通部，藉郵筒以利內地讀者。

第七條　本章程俟規模闊大時得修改之。

附告：本館現已有書三千四百餘册，懇求出版家及同情者捐贈書籍及基金。本屆委員名單如下：戴志騫，葉恭綽，姚名達，黃心勉。

——摘自《女子月刊》一九三三年第一卷第一期

法規

建設委員會圖書館借閱圖書規則 二十三年一月四日會令公布

第一條 本館所置中西圖書雜誌係供本會委員職員參考之用直轄機關職員如須借閱圖書須由各該機關向本館負責函借

第二條 本會職員欲借閱圖書者須親到本館塡寫借書人存查單簽名蓋章後交館員核閱換領借書證憑證借書

第三條 借書證應於終止借書時隨同所借圖書一併繳還

第四條 借圖書至館外閱覽者應注意下列各項

一、借出圖書以尋常版本爲限

二、欲借何書應就目錄中選擇記其書名及分類號數於索書單交館員檢取

三、受書時須用中文正楷簽名於書片

四、借期以二星期爲限外埠直轄機關以四星期爲限到期須續借者得酌量展期至

多不得展期過二次以上

五、到期之書欲續借者須將該書隨同借書證帶至館員處聲明續借換蓋借期日戳及到期日戳外埠續借應用書面手續

六、借出圖書本館得隨時通知收還

七、每人借出圖書總數中文以五本爲限西文以三本爲限

八、到期而不還者在逾二星期以內每日每册罰洋五分逾二星期以外每日每册罰洋一角

九、凡未到期但經圖書館催索而不還者自限期還書之日起作逾期論

第五條　逾期罰款手續由圖書委員會按月通知會計科或本會各直轄機關在本人月薪上照扣

第六條　在閱覽室閱覽圖書應注意下列各項

一、務宜肅靜勿高聲朗誦重步偶語至妨他人閱覽

二、勿吸煙勿隨地吐痰

三、勿攜雨具入室

四、陳列圖書雜誌報章不得攜出室外閱後必須放置原處

五、借書在館中閱覽仍應依第四條二三兩項規定之手續
六、閱覽未畢因事離館時必須將所借圖書交還後始可出外
第七條　書經閱畢即須交還不得任意輾轉傳閱倘有遺失汚損應由原借人負賠償之責
第八條　對於借閱書籍應注意下列各項
一、勿汚損
二、勿圈點批評
三、勿蘸唾翻閱
四、勿折角
第九條　借閱圖書如有剪裁圖畫或遺失汚損評點等情者應即按照原價加倍賠償
第十條　閱覽室開放時間由圖書委員會隨時規定之
第十一條　非經本館許可閱覽人不得至書庫擅自翻閱
第十二條　本規則自公布之日施行

——摘自《建設委員會公報》一九三四年第三十七期

仙舟合作圖書館組織規定

第一條 本圖書館定名爲中國合作學社仙舟先生紀念合作圖書館，簡稱仙舟合作圖書。

第二條 本圖書館設立之宗旨如下：

一、紀念中國合作導師薛仙舟先生。

二、供給中國合作學社社員及社外有志合作事業者研究之便利。

第三條 本圖書館除庋藏合作書籍及有關合作之一切典籍外，幷得辦理其他適合本館宗旨之之事業。

第四條 本圖書館設南京中央路中國合作學社內。

第五條 本圖書館設置職員如左：

(一)館長一人，由中國合作學社執行委員會聘用之，總理本館一切事務。

(二)主任幹事一人由館長提請中國合作學社執行委員會聘用之協助館長管理本館一切事務。

(三)技術員事務員若干人，得由館長量事務之繁簡任用之。

(四)書記練習生工役得由館長酌量雇用之。

第六條 本圖書館每年度經費預算，由館長提出中國合作學社執行委員會議決通過後支用之。

第七條 本圖書館於必要時得組織各種專門委員會，其組織及委員人選，由館長提請中國合作社執行委員會決定之。

第八條 本圖書館職員服務規則另定之。

第九條 本圖書館得隨時製定各項辦事細則閱覽借書等章則公佈之。

第十條 本規程如有未盡事宜得由館長提請中國合作學社執行委員會增修之。

第十一條 本規程經中國合作學社執行委員會議決通過後施行。

——摘自《農村合作》一九三四年第五十五期

閱覽及借書規則

第一條　本館每日辦公時間，以本院之辦公時間爲標準。

第二條　閱覽室開放時間，得視時令之推移或特殊需要，酌量提早或延長之。

第三條　本館所備各種書報，除參考辭典及新到刊物，經認定之各種善本，只准在館內借閱外，凡本院職員，均得照常借閱。

第四條　凡本院職員，向本館借閱書報，應先行塡具索借條，交出納股換取，所借圖書，至歸還時仍將原條領回。

第五條　借閱書報，除特別情形外，每人每次不得逾兩種或四册，時間以兩星期爲限，逾期尙未閱畢者，得向圖書館聲明續借一星期，期滿應將原書交還。

第六條　借閱書報，逾期不還者，本館得向借閱人索還，借閱人必須尅日歸還，以淸手續。

第七條　借閱書報，逾期經本館兩次善意勸告，而猶不理者，得陳報長官，飭知會計室，在該借閱人月薪項下扣除書價，作爲賠償。

第八條　借閱書報，如有遺失或損壞，應按照原價賠償。

第九條　借閱人，如因公出差，在一星期以上，或因事離職，應將所借書報，先期歸還，否則照第七條之規定辦理。

第十條　借閱人如發現書中錯誤，或裝訂顚倒，可交本館管理人員更正，不得自由塗改或更訂。

第十一條　借出書報，如因處理公務急須查攷者，雖在規定時間內，亦得隨時索還。

第十二條　本規則，如有未盡事宜得隨時修正之。

第十三條　本規則，由館主任核准後施行。

行政院圖書館概況　一〇三

——摘自《農村復興委員會會報》一九三四年第二卷第五期

新世界

本公司圖書館巡迴文庫管理規程

1，本館爲便利各分部及輪船職工旅客閱書起見特設巡迴文庫

2，巡迴文庫之管理各分部由主幹人指定專人負責輪船由賬房負責

3，輪船文庫管理人對于旅客當隨時設法介紹書籍不得畏煩鎖閉

4，各分部及短航輪船每月由本館調換一次長航輪船兩月一次

5，巳塡之閱覽卷應逐日彙存于文庫調換時交館統計

6，管理人若有更調應照目錄交代清楚者有不合接收人應立即報知本館以明責任否則由接收人賠償損失

7，凡有旅客捐贈書籍應記出贈書人姓名幷速交本館登記以便刊載新世界致謝

——摘自《新世界》一九三五年第六十三期

浙江省建設廳圖書館借閱圖書規則

第一條 本館所置中西圖書雜誌，專供本廳及所屬各機關職員參考之用。

第二條　本廳職員借閱圖書，須親自填寫借書人存查單，簽名蓋章，交館員核換借書證，憑證借書。

第三條　本廳所屬各機關職員通函借閱圖書，規定辦法如左：

（一）初次借書時，除履行前條手續外，存查單証明欄內，須由借書人直接長官蓋章；

（二）欲借之書，須按照圖書目錄，將書名、著者、分類、號碼等，逐一塡明於取書單上，郵寄本館；

（三）郵局寄遞圖書均須掛號，所需寄費，由借書人負担。

第四條　（一）借書證應予終止借書時，隨同所借圖書一併繳還；倘有遺失，應立即通知本館，聲明作廢；(二)因遺失借書證所生之損失，由原借書人負責。

第五條　借出圖書，應遵守左列各項：

(一)借出圖書，以尋常版本爲限；

(二)欲借何書，應就目錄中選擇，將書名、著者及分類、號碼，記明於書單，交館員檢取；

(三)領書時，須用中文正楷簽名於書片；

(四)借期以二星期爲限，逾限須續借者，得酌量展限，惟不得過二次以上；所屬各機關借書日數，以付郵之日起算；

(五)逾限續借，須將所借圖書，隨同借書証，帶至館員處聲明，換蓋借期日戳；

(六)借出圖書遇有緊急需要時，得由本館隨時通知收回；

(七)每人借出圖書總數，中文線裝書以二十本爲限，普通板本以三本爲限，西文以二本爲限；

(八)逾限不歸還所借圖書者，停止借書權。

第六條　在閱覽室閱覽圖書，應遵守左列各項：

(一)借書在館中閱覽，仍須依第五條第(二)(三)兩項規定手續辦理；

(二)務宜肅靜，勿高聲朗誦、重步、偶語，致妨他人閱覽；

(三)勿吸烟及隨地吐痰；

(四)勿携雨具入室；

(五)陳列圖書雜誌報章，不得携出室外，閱後仍安放原處；

(六)書經閱畢，即須交還，不得任意轉輾傳閱；倘有遺失污損，應由原借人負賠償之責；

(七)閱覽未畢，因事離館時，須將所借圖書交還後始可外出。

第七條　對於借閱書籍，應注意下列各項：

(一)勿污損；

(二)勿圈點批評；

(三)勿醮唾翻閱；

(四)勿折角；

(五)勿捲屈書本。

第八條　借閱圖書，如有剪裁圖書或污損遺失評點等情，應按照原價加倍賠償。

第九條　閱覽室除例假日不開外，每日開覽時間如左：

星期一至星期六，上午九時至十二時，下午二時至五時，晚間六時至九時；星期下午一時至五時。

第十條　非經本館許可，閱覽人不得

至書庫擅自翻閱。

第十一條　本規則自核准公佈之日施行。

一三

——摘自《浙江省建設月刊》一九三五年第八卷第七期

◎廣東教育廳圖書館借書規則

（一）本館圖書，供應本廳職員研讀參攷，爲利便檢閱起見；除將「漢字排列書目」整理外，另編圖書目錄三本，幷訂借書規則，以便各職員借閱，若廳外人得本廳職員介紹，亦得依照本規則借之。

（二）凡借書人，先向管理員取借書証，照式塡明姓名、書名、册數、及日期，交由管理員憑証檢借，若係廳外人借書，介紹人須在借書証上簽名負責。

(三)凡借出圖書，自借日起，限一星期內交回，以便別人借閱，交回時取銷借書証。

(四)借書有損壞失落，須照價賠償，以重公物。

(五)本館開放時間，除例假外，每日上午八時至十二時，下午一時至五時止。

(六)管理員設登記簿一本，備書証一張，插於書后特設之紙袋，以便借者依期交回。

附本館整理述略

——摘自《廣東教育廳旬刊》一九三五年第一卷第二期

蟻蜂戲劇圖

上海蟻蜂劇圖最近創立一蟻蜂戲劇圖，館址在上海重慶路三一〇弄一五號。因尚未有閱覽室之設備，故只藉郵政流通定于二月一日起開始。郵借章程如左：

第一條　本館定名爲蟻蜂戲劇圖。

第二條　本館以蟻蜂般之精神去搜集國內外戲劇圖書，灌輸大衆以戲劇智識，幫助促進新興戲劇運動爲宗旨。

第三條　本館因受客觀條件之限制。而借辦法，殊難實現，故特設郵借部，補償此缺憾。

第四條　凡戲劇愛好者均有加入本館借閱圖書之資格。

第五條　凡欲借閱本館圖書者，須先將申請書填明，蓋章親自來或寄交本館，隨繳納保證金一元，（郵票代洋十足通用）並須預存郵費（即由本館寄與讀者圖書之郵資）最低限度本埠讀者須預存二十分，外埠讀者須預存五十分，且每單位以二分爲限，以後遇用盡時，須續繳，仍以此限度）經本館審査後，由本館製給保證金收據，並發給借書證，憑證借書。

第六條　郵借圖書往返郵費，均由讀者負担。

第七條　郵借手續：讀者須先將借書證寄來，（如係換書，即將借去之書寄來。）並取本館印就之郵還借書單填明——書號，書名，（爲避免他人借去起見，特分別主要次要並須多塡十餘種。）借書人姓名，借書證號數，詳細住址等五項，附入信內或書內寄來，本館收到後當依次寄出，但請注意每次限借一册。

第八條　讀者預存之郵資，由本館發給結存郵單，夾入每次借出之書內，俟讀者退出時，當依照存郵單上結存之數目如數退還。

第九條　郵借期限自本館發出之日起至收到日止，連郵程在內，每次本埠以十日爲限，外埠以二十日爲限，逾期後每日每册得罰金一分，（該罰款可於預存之郵資內扣除。）逾期十五日後得沒收其保證金，但遇特殊之情形，得來函要求展期一星期，但以一次爲限，（關於比項罰金處置，係集有成數以之購書，而於所購書上蓋明罰金處置字樣之圖章）。

第十條　郵還圖書，本館寄與讀者圖書時，均用平牛皮紙包妥，以繩紮牢，並將讀者寄還本館時之地址書於反面，故讀者閱完後將書寄還本館時，祇須將原包皮紙反一面，依式包紮寄來即可，惟於第二次寄還時，須將上次將所黏貼郵票處以白紙貼沒，庶免違犯郵章。（請參照本館寄遞時之包封。）

第十一條　讀者請勿在圖書上圈點，或批改，設發見錯誤，凡關於印刷上者，如缺葉訛誤等請指明交由本館更正，否則一律以汚損論，須照原價賠償之，讀者寄還圖書，切勿捲摺，致有損傷，亦應由讀者負賠償責任。

第十二條　圖書有輕重之不同，故所納資有分別，讀者還書時所貼郵票，祇須依照本館寄出時包封所貼即可。

第十三條　圖書價值在二元以上者，寄還必須掛號，以資愼重。

第十四條　郵還圖書如遇遺失，讀者須負賠償之責。

特別說明：本館既以服務大衆爲職志，即隨處以便利大衆爲前題，是以讀者亦宜加意愛護，勿使本館有所損失；蓋本館之損失實即讀者之損失也，關於郵寄圖書，本館有專員負責並有簿籍登記，且已商得郵局諒解特別注意，故事實上甚少遺失，萬一遺失，無論爲本館寄出讀者並未收到，或讀者寄出本館未曾收到，讀者爲大衆福利計亦應略具犧牲精神而毅然負賠償之責，免得本館因損失而生戒心致辦法中止，而況尋常郵件遺失亦可向郵局查詢，查詢之法須書明（一）何等信件及封裹式樣（二）收件人姓名及詳細住址（三）何處何日時寄出。（四）投入何處郵局或郵筒（五）寄件人詳細地址，並須附郵費一角作爲查信費，直寄郵政總局，郵局查明後即將結果通知查問人，如遇本館寄出而讀者未收到者由本館負責查問，如係讀者寄出而本館未收到者則由讀者負查問之責，惟無論如何損失，讀者爲顧全大衆福利計均應照價償賠。

第十五條　按尋常之郵程，本埠函件快者四小時，遲者隔日亦可到達，故讀者自圖書寄出後五日後尚未收到回件者，即須具函向本館查詢，如已遺失，應立即向郵局查詢。

第十六條　凡本圖書目錄內註有停寄者，皆不得借出，然本館欲補此缺憾起見，特另訂通融辦法，凡有特殊證者得先來函約期面洽，經本館審查後始得借去，惟萬一遺失，遂即停止此特許，並沒收其保證金，更取消其借書權。

第十七條　借書證及保證金收據如遇遺失，應即具正式舖保向本館聲明補給，若有持證冒領借書及其他損失時仍由失證人負責。

第十八條　讀者不再借書時，交還借書證並填退出理由書後，保證金隨憑收據領回，如借書證係遺失而補給者，須於補給之日起三個月（保證金收據係遺失而補給者二個月）後行之。

第十九條　讀者之通訊處或住址，如有更動，應立即通知本館。

第廿條　讀者務須注意郵章，切不可將類似信件等紙條夾入書內寄遞，否則經郵局查出，即須依照郵章處罰。

第廿一條　讀者如對本簡章感覺不便，可來函說明，本館當酌量修改之。讀者如能賜改進意見，更所歡迎。

又該館目錄亦已印成，函索附郵票三分即寄。

——摘自《中華圖書館協會會報》一九三五年第十卷第四期

份，向附近商號工廠住戶發散，以促其及時向學，而收智識增進之效云。

知行團取送圖書辦法

西安私立知行團開幕後，對於流通圖書，甚爲注意，茲又續訂收送圖書辦法，以利閱讀人士。誌之如下：

一、本館爲謀終日羈身職務之民衆獲得讀書機會起見，在本城內（路線另定）將設騎車收送圖書法，凡已辦妥借書手續者，均得免費享受此項利益。

二、凡願享受此項利益須按照本館借書辦法第三條領取借書証，並須遵守其他各條之規定。

三、本館暫定每週一三五日下午四時爲騎車收送圖書時間。

四、關于投寄借書之函件，可以免費投入本館所設之借箱中，本館隔日派人收取一次。

五、借書人投寄借書函件時，須同時開列圖書兩種，如第一種已借出，當以第二種借給。

六、借書人收到本館所借予之圖書，應在本館製定之圖書簿上加蓋印章，並將借書証交送書人帶存本館。

七、凡借書到限期時，由本館派人收回（借書時間與送書時間同）。

八、凡本市飛落雪雨，遇有非常事件，或本館規定之收送圖書路線以內發生阻礙時，皆得暫時停止收送。

該館又爲提倡工商各界讀書興趣起見，時印製文字淺近之勸學文多

——摘自《中華圖書館協會會報》一九三五年第十卷第五期

上海洋涇浜公教進行會信衆流通圖書館簡章

民國廿五年五月三日訂

名稱　本館定名為洋涇浜公教進行會信衆流通圖書館，簡稱信衆圖書館。

宗旨　本館為增進信友聖學智識，提高內修生活，並為便利教外有志之士研究教理而設。

設備　本館設在本堂公教進行會會所內，暫先購備各種公教圖書，分類編號庋藏櫥內，以供信衆借閱。

管理　本館由本堂公教進行會指導司鐸兼任館長，另委管理員負責管理之，並得任用助理員數人，以司整理及出借圖書等事務。

開放　本館暫定每主日晨九下至十下，（夏季八點至九點），及每瞻禮五晚五下至六下開放。

借閱　凡欲借閱館本圖書者，須先到本館填寫申請書，經管理員審查合格，即發給借書證，自後即可憑證借閱，惟定期刊物如雜誌報類，只可在館內瀏覽，倘無管理員特准，概不借出。

限期　借閱圖書，限一主日交還，換借他種，倘未看完，得攜書來館申請續借，此時倘無人預約要借，即可帶回續看，其有特別需要者，可商請管理員延長限期，總以不妨他人閱讀權利為是。

罰則　本館出借圖書，不收租費，惟倘有遺失或損污，得責令賠償，介紹人亦連帶負責，借書逾期不還，每過一主日，罰款一分，又倘遺失借書證，申請補給時，亦罰款五分。

捐贈 本館經費有限，設備甚簡，倘蒙熱心信友捐贈圖書，無任感激，經管理員接受後，當將台銜登入贈書錄，並誌於書本及目錄卡片上，以酬高誼。

代辦 凡欲自資購備日常需用聖經默禱等書，或為贈送教外人閱讀之辯道教理等圖書，本館可服務代辦，書價先付，購到後憑收據取書。

附則 本館辦事及借書細則另訂之，本章程有未盡處，得由管理員申請館長增修，經批准後施行之。

——摘自《我存雜誌》一九三六年第四卷第六期

北平教育短波社創設郵借圖

北平教育短波社，爲謀小學教師進修上之便利，解除小學教師買不起書，買不到書，找不到書，借不到書的困難，除作圖書代辦，圖書獎贈等辦法外，近更於社會工作部創設「郵借圖書館」。茲錄其借書規程如左：

教育短波社郵借圖借書規程

第一條　本社爲供給本社各地社外工作員閱讀圖書起見特組「郵借圖」。

第二條　凡本社社外工作員依本規程之規定均享有借閱之權利。

第三條　凡欲借閱本圖圖書者須於首次借閱時備函聲請並寄繳押金。

第四條　寄繳押金分一元者兩元者三元者三種。（押金多少係與每次所借書價有關各人可就自己經濟能力任便交納）

第五條　凡經各該縣市教育局證明並作擔保者，可免繳押金。（須用本社之保證書函索即寄）

第六條　每次所借圖書，以數量計不得超過三册，有押金者其借書價值不得超過所繳押金數目，縣市教育局擔保者其借書價值不得超過三元。（有特殊情形者得聲請變通，增借册數）

第七條　加入借書者，其限期至少半年，多至無限，少在半年者，須至半年終了時始得索還押金。

第八條　每次所借圖書，借期不得超過一個月。（郵遞不便地方本社可酌予展期）時期算法：自本社寄發書之日起至借閱者寄還付郵時止（以郵戳爲憑）逾期不還，每日扣書價百分之一，（由押金項下扣除）逾期一月，仍未寄還者本社得由其押金內扣除書價以備另行購置。

第九條　所借圖書，如有遺失損壞情形，須按價賠償，其款由押金內扣除。

第十條　每次所借圖書，郵寄時掛號與否，由借閱者決定，普通郵遞寄發時由本社貼資，寄還時由借閱者貼資，掛號郵遞寄發時其掛號費八分（過重另包寄時倍加）須由借閱者擔負，此項借閱人應擔負之掛號費，或於借書來函交納，或由押金內扣除均可。

第十一條　普通郵遞如有遺失，借閱人須負賠償之責，是否遺失，以下列事實判斷：本社寄出書籍是否付出以郵局截爲憑，寄還書籍如有遺失，借閱人得以郵局收到截卸脫賠償責任。

第十二條　有左列情形者，須補繳押金：

1. 逾期書價扣金已超過押金三分之一者。

2. 扣除賠償書籍已超過原押金三分之一者。

3. 本社墊付掛號郵資已超過原押金三分之一者。

4. 上述三項合計超過原押金三分之一者。

補繳額以補足缺數爲準，惟零星郵匯不便而願多補繳時可寄存本圖，原寄存人隨時均可提用。

第十三條　凡經縣市教育局擔保借閱書籍者其掛號郵資，賠償損失費及借閱逾期扣金，半年結賬一次，須於接到本社通知後，即速寄下。

第十四條　如欲借閱某類書籍，而不知有何書可讀者，來信只須寫明範圍，本圖可代爲選定，惟於某類書籍，曾讀過何書，須一併附知，以免本圖選配重複。

第十五條　上次所借圖書繳還後，始得另借，借閱時須寫明書名，著者，册數，及出版處等項。借閱書目除急要擬借書目外，並須多列次要擬借書目，備所借圖書，已借出時，本社按次要書目寄發。其急要擬借書，如他人寄還本社後，下次借時享有優先借閱權。

第十六條　交納押金逾半年後，欲停止借閱者，其押金除應行扣除者外（押金退還掛號費亦在扣除之例）悉數退還。

第十七條　社外工作員資格中途被取消者，或應補繳扣金而未繳納者，即停止其借書權。

第十八條　本規程有不妥處，由本社隨時修訂公佈之。

——摘自《中華圖書館協會會報》一九三六年第十二卷第三期

本廳編審委員會圖書室圖書出納規則

（1）本室圖書出納時間依下列之規定

（一）在本室規定時間內閱覽者

晨六——八

午一——二

夜六——九

(二)借至辦公室或宿舍自由閱覽者

上午八——十二

下午二——五

(2)除在本室閱覽外，凡本廳同人，得借出自由閱覽，但必須備具借書簽條，經主管人員蓋章或本人證章，以憑登記。

(3)借出之書在本室閱覽者，閱後送還，在室外自由閱覽者，以一星期爲限，期滿欲續借者須將原書携至出納處聲明，經管理員審核，並無他人需要時，得酌量展期，但至多不得再過一星期。

(4)借閱圖書不得圈點批註折角污損。

(5)借閱圖書如有遺失損毀等情，須照原價賠償。

(6)借閱圖書逾限不還者，第一次由本室催索，第二次警告，如仍不守本規則，即取消其借閱權。

(7)每日出納書籍，應行登記，其已收回者即須註銷，每月統計讀者及書名種類一次以資考核。

(8)本規則自開放閱覽之日起公佈施行。

本廳編審委員會閱覽室閱覽規則

(1)本室每日開放閱覽除辦公時間外暫定如左：

晨六——八

午一——二

晚七——九

(2)凡本廳同人來室閱覽者得照圖書出納規則借取圖書在本室閱覽。

(3)本室陳列之雜誌報章及與其他刊物，可以自由閱覽不必借取但不得隨意携出室外或有損毀情事。

(4)閱覽時間內不得高聲談話喧嘩，以免妨碍他人之閱讀。

(5)閱覽者對本室一切公物須盡愛護之責。

(6)本室圖表或其他陳列品，非經管理人允許不得借出室外。

(7)閱覽者須維持本會之清潔與公共秩序。

(8)報章雜誌閱畢，須放還原處，不得任意棄置，其已列號歸類者仍須按照原號放置不得淩亂。

(9)本規則自開放閱覽之日起公佈施行。

——摘自《教育旬刊》一九三七年第一卷第三期

西風清寒讀者流通圖書館簡則

（一）凡西風各期刊讀者因家境清寒無力購買本社雜誌書籍者，均得來函詳述生活現狀，要求參加。來函須註明姓名住址，並附覆信郵資。

（二）經本社認爲合格者，即可憑借書證來本社借閱雜誌書籍。

（三）加入者均須遵守本館規則。犯規者得由本館隨時予以除名。

（四）請求人之姓名由本社嚴守秘密。

借書簡則

（一）西風清寒讀者經有正當職業者或西風各期刊長期定戶一人之介紹及證明，並經本館審查合格者，即得加入西風清寒讀者圖書館。

（二）加入者除須繳保證金一元外，並不收其他任何費用，保證金得於書籍歸還後退出時領回。

（三）期刊每次限借一冊，每冊可以借閱五天。單行本書籍每次限借一種，每種可以借閱七天。

（四）逾期未還每天罰洋一角，罰欵全部捐入西風清寒讀者基金部。

（五）借閱期刊或書籍，倘有損壞，均須按價賠償。此點證明人須連帶負責。

（六）如有違犯本館規則者，本館得隨時取消其借閱權。

（七）本館保留一切問題之最後決定權。

——摘自《西風》（上海）一九四一年第五十四期

各級學校及各機關團體附設圖書館室供應民衆閱覽辦法

第二二四一二號頒發（三十年六月三日）

一、本辦法根據普及全國圖書教育暫行辦法第六條之規定訂定之

二、各級學校及各機關團體附設圖書館（室）（以下簡稱各圖書館室）應一律開放供應民衆閱覽

三、各圖書館（室）除有特殊情形得另訂民衆閱覽時間外應於每日開放時間允許民衆入內閱覽

四、各圖書館（室）如規模較大或係專門性質者除應將普通參考書籍供社會人士借閱外（借閱辦法由各圖書館（室）自行規定）並應將通俗書刊及日報提出一部專闢民衆書報閱覽室供衆閱覽

五、各圖書館（室）應協助當地鄉鎮保設置書報閱覽室並應介紹或借予書報陳覽

六、各圖書館（室）應將規定每日開放時間或民衆閱覽時間通告週知廣事宣傳勸導並應舉辦民衆讀書會讀書競賽等以提高民衆讀書興趣

七、各級學校各機關團體應輪派職員協助圖書館（室）主管人員辦理及指導民衆書報閱覽事宜

八、各圖書館（室）應備民衆閱覽登記簿及各種表册以備查考

九、各圖書館（室）應於每年度終了時將上年度開放民衆閱覽工作編具報告呈送主管教育行政機關備案

——摘自《教育部公報》一九四一年第十三卷第十一、十二期合刊

湖南省各機關團體及各級學校附設圖書館室供應民衆閱覽辦法

來教四字第59608號訓令抄發
中華民國三十一年三月九日

一、本辦法根據湖南省普及圖書教育暫行辦法第三條之規定訂定之。

二、本省各機關團體及各級學校附設圖書館（室）（以下簡稱各圖書館室）應一律開放供應民衆閱覽

三、各圖書館（室）除有特殊情形得另訂民衆閱覽時間外每日開放時間應允許民衆入內閱覽

四、各圖書館（室）如規模較大或係專門性質者除應將普通參考書籍供社會人士借閱外，並應將通俗書刊及日報提出一部專闢民衆書報閱覽室供衆閱覽

五、各圖書館（室）應協助當地鄉（鎮）保設置書報閱覽室並應介紹書報閱覽

六、各圖書館（室）應將每日開放時間或民衆閱覽時間（不得少於四小時）通告周知廣事宣傳勸導並舉辦民衆讀書會讀書競賽等以提高民衆讀書興趣

七、各機關團體及各級學校應輪派職員協助圖書館（室）辦理及指導民衆書報閱覽事宜

八、各圖書館（室）應進行訂定閱覽規則及圖書借閱保管辦法以資管理，並應備具民衆閱覽登記簿及各種表冊以備查考

九、各圖書館（室）應於每年度終了時將上年度開放書報供應民衆閱覽情形編具報告呈送主管機關轉湖南省政府備案

——摘自《湖南教育》一九四二年第二十七期

章　　則

臺灣省林業試驗所圖書館借書規則

第一條　借閱圖書以本所員工爲限

第二條　借閱圖書須先填寫借書單（格式另定之）交由圖書管理員提取不得擅入書庫自由取書

第三條　每人借出圖書每次不得超過五冊必要時得經各該科室主管核准後酌加之

第四條　借出圖書除各科室專用者外其餘普通圖書以一星期爲限必要時得延長一星期但須辦理續借手續續借只限一次

第五條　字典，辭典，叢書，年鑑，便覽，抄錄孤本等書須在本館閱覽室參閱不得借出館外

第六條　新購圖書須在閱覽室陳列一月後方能出借

第七條　借閱圖書須加愛護不得有塗圈，批註剪裁，摺角等情事

第八條　借出圖書如有遺失或毀損時借書人須以實物或照市價賠償

第九條　借書人離職或請假時須將所借圖書全部歸還

第十條　本館在每年度終了時須淸查圖書一次在淸查時借出圖書得全部收回

第十一條　借出圖書遇必要時得臨時收回

第十二條　本規則呈經所長核准公佈施行

——摘自《臺灣省林業試驗所通訊》一九四七年第十七期

指令江西教育廳江西省立通俗圖書館規程規則證券並職員履歷等核與規程尚合准備案

文第一千二百零八號 七年九月二十六日

據呈已悉查該館規程規則證券並職員履歷等核與通俗圖書館規程尚無不合應准備案仰即轉飭知照此令

附原規程

第一條　本館遵照部頒通俗圖書館規程辦理以圖公衆閱覽之利益為宗旨

第二條　本館直隸於教育廳設主任一人掌理全館事務由教育廳長派委館員二人承主任之指揮分掌館內各事務其任用由主任定之但須呈報教育廳長

第三條　本館經費由省教育經費支給之

第四條　本館儲備圖書以關於通俗為限但亦得酌備程度較高之圖書

第五條　組織分閱覽及借貸二部各部規則另訂之借貸部得暫緩設置

第六條　本館各部領取證券概不收費

第七條　本館得呈請教育廳長徵集各地合於第四條規定之圖書以備陳列

第八條　凡私人或團體有以合於第四條規定之圖書捐贈本館者照優待捐贈圖書規則辦理

第九條　每屆年終應由主任將一年經過情形及閱覽人數呈報教育廳轉報省長暨教育部

第十條　本規程及各種規則自呈奉核准之日施行如有未盡事宜得隨時呈請修正之

附優待捐贈圖書規則

第一條　優待事項分四款如左

(甲)標識捐贈者之姓名籍貫職業於所贈之圖書

(乙)以捐贈者之姓名籍貫職業經過事實製為一覽表懸挂本館并刊登教育行政月報表揚之

(丙)給予本館永遠有效之特別閱覽券並得入優待室

閱覽

(丁)呈請敎育廳長比照捐貲興學褒獎條例給予褒奬捐贈圖書値在五元以上不滿五十元者適用甲乙欵之規定五十元以上不滿百元者適用甲乙丙欵之規定百元以上者甲乙丙丁各欵均適用之

第二條　有以圖書定期借陳本館者適用前條甲欵之規定其陳列中改作捐贈者分別適用前條各欵之規定

第三條　圖書捐贈本館後其儲藏及陳列方法由本館主之但捐贈者亦得陳述意見以備採擇

附閱覽規則

第一條　本館儲備各種圖書無論何人均得入內閱覽但不得攜出館外

第二條　本館閱覽時間除休息日外暫定如左

一月至四月　午前九時起午後五時止

五月至八月　午前八時起午後五時止

九月至十二月　午前九時起午後五時止

第三條　定期休息日特定如左但臨時休息得別行揭示

(一)每星期月曜日

(二)歲首　一月一日至三日

(三)春節日

(四)夏秋冬節日之翌日

(五)民國紀念日

(六)灑掃日　每月十五日

(七)曝書日　每年約十日於期前二週間揭示

(八)年終　十二月三十一日

第四條　閱覽人除得有本館特別閱覽券者外應於入館時領取左列閱覽券之一種

(甲)公衆閱覽券(乙)兒童閱覽券(丙)新聞閱覽券

第五條　領券後須換取領書證逐項塡明交由館員檢發入室閱覽但領丙種券者得逕至新聞閱覽室

第六條　領書以一種爲限如欲換閱他書須將前書連同領書證交淸後另塡領書證交發

第七條　閱覽人出門時須將圖書交由館員點收於領書證上蓋明收訖字樣

第八條　閱覽人有一日中數次來館者其每次出入手續與前一律

第九條　閱覽人隨身物件須自行照管不得携帶危險及笨重等物

第十條　閱覽圖書不得塗抹污損摺皺撕裂如有上項情事須酌量輕重責令賠償並禁止閱覽

第十一條　閱覽人應注意左列各事

不朗誦不談笑不吸煙不食物不隨意涕唾不傾側倦臥窗檻牆壁不得塗抹陳列器具不得移易

如有不遵者館員得隨時令其出館

第十二條　癲癡酒醉有傳染惡疾及衣履不整者不得入館

附書券式

領書證

請領書名	冊數	領書人姓名	籍貫	職業	收回盖戳

中華民國　年　月　日

江西省立通俗圖書館

第　號

閱覽券

江西省立通俗圖書館

附履歷冊

主任馬禊光浙江紹興人曾在紹興中學堂杭州蕙蘭中學校上海震旦學院復旦公學先後修業八年歷充紹興興賢高等小學嵊縣中學英文教員山會兩邑師範學校浙江旅滬公學及明誠學校教員黑龍江通志局分纂員江西教育廳第三科一等科員

館員沈景春江西都昌人江西高等附屬師範畢業歷充安仁樂平高等小學南一區兩等小學本省第七小學教員第十一區國民學校校長省會第一區第一高等小學教員省教育會文牘

館員潘樹仁浙江紹興人曾任餘姚縣署第三科科員

——摘自《教育公報》一九一八年第十五期

指令第一千九百二十三號八年十一月十八日

令浙江教育廳

呈一件呈送永嘉縣公立通俗圖書館清冊章程辦事細則圖說履歷請核備令遵由

據呈已悉查閱該館清冊規程規則館舍圖式主任履歷核與通俗圖書館規程尚無不合應准備案仰即轉飭知照此令

附章程

第一條　本館由縣經費設立故定名爲永嘉縣公立通俗圖書館

第二條　本館基地向設在永嘉城內東南隅舊東山書院內

第三條　本館設主任一員館員一員

第四條　本館主任由縣知事委任呈報館員由主任呈請縣知事任用

第五條　主任之職務如下

一綜理全館事務

二掌理購置圖書報章

三編輯年報及目錄

四編製預算決算

第六條　館員承主任之指揮其職務如下

一整理圖書報章及其收發事項

二辦理文牘會計及一切雜務

命令

第七條 本館應分設藏書室閱書室並附設閱報所

第八條 本館經費由主任按月查照預算陳請勸學所轉呈縣知事給發

第九條 本館不徵收閱覽費

第十條 本館應於每屆年終將辦理情形分別具報

第十一條 本館章程如有未盡事宜或變更時得隨時修正

之辦事細則另行擬訂

第十二條 本館章程俟呈奉核准後施行

附辦事細則

第一章 總則

第一條 本細則凡本館職員應均遵守

第二條 本館設事務處藏書處附設閱報所藏報處各由主管職員依規定時間駐處辦事

第三條 職員每日辦公時間及閱覽時間如左

自一月起至三月止每日午前八時起至午後五時半止

自四月起至九月止每日午前七時半起至午後六時止

自十月起至十二月止每日午前八時起至午後五時止

第四條 職員休息日如左

一月一日 春節前五日起至後十日止 夏秋冬三節日

各紀念日 孔子誕日

第五條 本館各處所應由主任指定館員駐宿每日自散館時起至翌日開館時止對於館內一切事務負完全責任如館員因有事故不能駐宿時應預請他員代理並陳明主任

第六條 本館館員請假無論久暫須填請假單由主任許可

第二章 購置

第七條 本館藏貯圖書原以供一般人民之閱覽凡新舊通俗圖書及新聞雜誌均應擇要選購

第八條 本館對於地方長官或紳富捐助各書籍除登報聲謝外均當標明姓名謹爲保存並查照捐資興學褒獎條例呈縣轉呈給獎

第九條 本館購入圖書應將書名及著者姓名隨時揭示目表並由主任彙編書目分別呈報備查

第三章 庋藏

第十條 本館舊藏保存類圖書應於特別室妥藏

第十一條　通俗圖書及新聞雜誌各種日報依照種類分別藏儲

第十二條　本館庋藏各書報及新聞雜誌應均加蓋館鈐編列號數並黏貼書簽標明門類

第十三條　庋藏各櫥架應均編列號數並標明門類

第十四條　庋藏各書報應由館員隨時整理排列不得錯亂散置

第十五條　藏書報室每日由館員督同僕役隨時洒掃所藏圖書每年三伏期內晒晾一次並由主任督同館員按照書目詳細檢查之

第十六條　藏書報室非取書報時不得開鎖其鑰於每日開館時向館員領取開館後即繳還

第十七條　在藏書報室內不得吸食各種煙草並不得攜火入內

第十八條　如因意外事故致圖書有損失時應呈報主管官廳

第四章　閱借

第十九條　本館館員對於閱覽人及借貸人須妥為接應

第二十條　本館所購各報及新聞雜誌對於閱覽人應分別先後挨次輪閱不許爭執

第二十一條　本館館員對於閱覽人及借貸人所閱之書應將部數冊數當面點交收領

第二十二條　凡遇借閱貴重各書非有保證金及保證人不得輕自借閱

第二十三條　每次借貸圖書或貴重之書均以五本為限如部數在十本以上者應分次借閱但保證金仍應於第一次按照全部價銀繳納

第二十四條　借貸圖書不得逾十日如逾期不還即將保證金扣抵

第二十五條　本館所購各報及新聞雜誌須先由本館閱覽人閱畢然後出借

第二十六條　圖書歸還時館員應先查對原冊點明部數本數卷數並無圈點污損等情准收回銷冊如查有缺少圈污應責成原借人賠償若冒昧收回應由館員負責

第二十七條　本館館員閲借書報應照上條規則辦理

第二十八條　本館對於閲書報之人應隨時檢查如有污損割裁之弊着令賠償否則由館員負責

第二十九條　本館對於閲覽人應隨時督察倘有人將書報私自攜去經館員或僕役查出當即面斥令其將所攜之書報當衆取出嗣後不許入館閲覽

第五章　冊報

第三十條　本館每屆年終彙報主管官廳一次其應載如左

一本年度新置圖書日報

一本年度關於本館辦理情形並一切章制文牘

一本年度經費收支款數

一本年度之整理進行計畫

第三十一條　本館經費預算由主任於每會計年度前三個月編製陳請勸學所彙編轉報

第三十二條　本館歲支經費應於每會計年度終了後一個月內造具四柱清冊陳請勸學所轉呈縣知事核銷

第六章　附則

第三十三條　本細則如有未盡事宜隨時呈請修正

第三十四條　本細則俟呈奉核准後施行

——摘自《教育公報》一九二〇年第一期

訓令各縣知事（除未設通俗教育圖書館各縣）第四九三號（爲據松江公民陸規亮函陳整理各縣通

命令

俗教育圖書館意見仰轉飭參照辦理由)

案據松江縣公民陸規亮函陳意見畧謂江蘇全省設立通俗教育圖書館者業有多縣各館中設有講演部講演體育衛生及試驗理化者已有數館由館長兼任講演之職者聞有其人然亦有徒懸通俗教育圖書館之名初不設部講演而爲館長者長年坐鎭無所事事者或有收買舊版古書以爲考古之資料者似此情形揆之通俗教育四字之名義似嫌未合按通俗教育本以開通一般普通民智爲原則通俗教育圖書館與古代之藏書樓迥乎不同館長一席與從前之書院山長截然各別茲特請求廳長通飭各縣知事轉飭各該縣通俗教育圖書館中其有未經設立講演部者須遵照　部定通俗教育講演規則第三條所載要項辦理外並應參照第七條第一項辦法酌加科學講演藉以興起一般國民趣味增進普通智識一面令各館長將按月出外講演情形詳細報縣以備查核如是則地方必獲實益而爲館長者不徒務虛名矣芻蕘之獻是否有當敬祈鈞裁等語察閱所陳於促進社會教育至有關係除分行外合行令仰該知事轉飭通俗教育圖書館參酌辦理此令

——摘自《江蘇教育公報》一九二〇年第三期

指令第五百十四號 九年四月二日

令浙江教育廳廳長夏敬觀

呈一件 呈送省立公衆運動場並附設通俗圖書館章程細則規則清冊圖樣主任履歷請鑒核由

據呈已悉查閱該場館章程細則規則清冊圖樣及主任履歷大致尚無不合應准備案仰即轉飭知照

此令

附公衆運動場章程

第一條 本場以鍛鍊地方人民之體育增進其健康間接以助各種事業之發展為宗旨

第二條 本場設場長一人掌理全場事務由教育廳長委任

之指導員一人掌各部運動之指導及監察事務員一人掌一切事務均由場長聘任呈報教育廳長轉報備案

職員辦事細則另定之

第三條　本場設備暫分八部如左

(甲)柔軟體操部　凡徒手啞鈴棍棒球杆等體操及其他各種柔軟游戲體操均屬之

(乙)球部　凡足球網球檯球籃球隊球棒球及其他戶外球戲均屬之

(丙)器械部　凡單槓雙槓跳箱鞦韆平檯浪木及其他各種器械運動均屬之

(丁)彈子運動部　凡木彈檯彈等均屬之

木彈運動尚待設備

(戊)田徑賽部　凡跳高跳遠擲球賽跑等均屬之

(己)水上運動部　凡游泳及賽船運動均屬之

游泳場尚待設備

(庚)技擊部　凡拳術刀槍劍棍之類均屬之

(辛)跑冰部

各部運動規則另定之

第四條　本場另備浴室練身房游憩處各一所

以上浴室練身房游憩處均待設備

第五條　本場注重衛生設立衛生部由指導員兼掌本部一切事務

第六條　凡有志研究體育者均得入場運動

第七條　凡團體比賽欲借用本場者須先期備函通知并須得本場之認可

第八條　本場經費以預算定之

第九條　凡入場游覽者應守本場游覽規則

游覽規則另定之

第十條　本場得附設體育研究會及通俗教育研究會

體育研究會及通俗教育研究會規則另定之

第十一條　本場場務辦理情形於每年度終了時由場長彙呈教育廳長分別核轉

第十二條　本場地址在省城新市場湖濱路

第十三條　本章程及各種規則俟呈請教育廳長轉報核定後施行如有未盡事宜得隨時呈請修正之

附運動規則

一運動時間之規定　本場每日運動時間自一月起至三月

止每日午前九時起至午後五時止自四月起至九月止每日午前八時起至午後六時止自十月起至十二月止每日午前九時起至午後五時止但室內運動每日午後至九時止

二分組運動人數及時間之規定

(甲)柔軟體操　此類運動人數無定額時間以三十分爲限

(乙)球類運動

(一)足球　每組以十二人至二十二人爲限時間四十五分

(二)網球　每組以二人至八人爲限時間四十五分

(三)籃球　每組以六人至十二人爲限時間四十五分

(四)隊球　每組以十六人至三十二人爲限時間四十五分

(五)檯球　每組以二人至六人爲限時間二十分

(丙)彈子運動(檯彈)　每組以二人至六人爲限

(丁)器械運動

(一)單槓　同時以一人至四人爲限

(二)雙槓　同時以一人至二人爲限

(三)木檯　同時以一人爲限

(四)跳箱　同時以一人爲限

(五)浪木　同時以一人至二人爲限

(六)鞦韆　同時以一人爲限

(七)滑檯　同時以一人爲限

(戊)田徑賽　此類運動人數及時間由本場指導員臨時支配之

(己)水上運動(划船)　每組以五人至七人爲限

三本規則有未盡處得隨時修改之

附游覽規則

一本則依本場章程第九條之規定爲入場游覽者之準則

一游覽人應守左列之規約

勿喧譁

勿隨意涕唾

勿食雜物

一游覽人如有違背規則時應受本場職員之勸告倘有反抗得令其退出

一游覽人如有醉酒或傳染病及精神病者得謝絕之

附職員辦事細則

一本細則依本場章程第二條之規定爲全場職員辦事之準則

二場長一人應辦事務如左

甲延訂職員稽查勤惰

乙規畫各務妥訂規則

丙督同職員辦理全場事務

丁辦理文牘

三指導員一人應辦事務如左

甲掌各部運動之指導及監察並記錄每日運動種類及人數編製統計表列入年報

乙掌理衛生事務

四事務員一人應辦事務如左

甲掌管會計司銀錢之出入編製預算決算並造月報清册

乙購置必要物品保存購物發票

丙佐理文牘

丁監視工程督察僕役

五全場職員應守規約如左

甲依據規則辦理事務尤應以身作則

乙對運動員及游覽人應一視同仁不得稍有歧異

丙對於不守規則者施以和藹周詳之勸告使其感化

六職員辦理事務後應隨時將各務記錄於月末將大要報告場長

七職員辦事應各守權責不得侵越但遇必要時仍須相互助理

八辦事時間自一月起至三月止每日午前九時起至午後九時止自四月起至九月止每日午前八時起至午後九時止自十月起至十二月止每日午前九時起至午後九時止

九職員除服務外應定期集會研究

十職員請假應具請假書並須托人代理經場長許可後始能離職

十一職員除依本通則處理事務外並須注意其他各項規則之實施

附通俗圖書館章程

第一條　本館蒐集通俗圖書以提倡通俗教育輸入國民常識為宗旨

第二條　本館設主任一人由場長兼充掌理全館事務管理員一人掌書二人分掌館務由主任聘用呈報教育廳長轉報備案

職員辦事細則另定之

第三條　本館所儲圖書分六類如左

(一)科學淺說

(二)小說戲曲

(三)講演錄

(四)通俗新聞雜誌

(五)圖書標本

(六)現行法令章程及文告

第四條　凡有志閱覽圖書者均得來館閱覽閱覽規則另定之

第五條　本館各項事務依照教育部通俗圖書館規程辦理

第六條　本館經費以預算定之由運動場撥給

第七條　本館辦理情形於每年度終了時由主任彙呈教育廳長分別核轉

第八條　本館地址在省立公衆運動場內

第九條　本章程及各種規則俟呈請教育廳長轉報核定後施行如有未盡事宜得隨時呈請修正之

附通俗圖書館閱覽規則

一閱覽時間自一月起至三月止每日午前九時起至午後九時止自四月起至九月止每日午前八時起至午後九時止自十月起至十二月止每日午前九時起至午後九時止

二閱覽人欲閱何種圖書應就揭示之書目牌自行選定向發券處領取閱覽券

三領就閱覽券應持向發給圖書處易取圖書

四每人每次閱覽以二種五冊為限閱畢得掉換仍以二種五冊為限

五閱覽畢將所閱圖書交至收回圖書處領回原劵交於收卷
處然後出館
六進閱覽室除帶鉛筆紙簿以備摘抄外其他物件禁止攜帶
七在閱覽室不得喧譁不得任意吐涕並不得吸烟及食雜物
八閱覽圖書不得圈點塗抹如有損壞或遺失閱覽人應負賠
償責任

附通俗圖書館職員辦事細則

一本細則依本館章程第二條之規定為全館職員辦事之準
則
二主任一人應辦事務如左
(甲)延訂職員稽查勤惰
(乙)規畫各務妥訂規則
(丙)督同職員辦理全館事務
(丁)辦理文牘
三管理員一人應辦事務如左
(甲)保管圖書分別種類編製目錄
(乙)編製各項統計表冊及年報
(丙)佐理關於圖書部各項文牘
四掌書二人應辦事務如左
(甲)輔佐管理員保管圖書
(乙)收發閱覽劵並收發書籍
(丙)整理圖書並標簽書目
(丁)辦理繕寫事務
五全館職員應守規約如左
(甲)依據規則辦理事務尤應以身作則
(乙)對閱覽人應一視同仁不得稍有歧異
(丙)對於不守規則者施以和藹周詳之勸告使其感化
六職員辦理事務應隨時將各務記錄於月末將大要報告主
任
七職員辦事應各守權責不得侵越但遇必要時仍須相互助
理
八辦事時間自一月起至三月止每日午前九時起至午後九
時止自四月起至九月止每日午前八時起至午後九時止
自十月起至十二月止每日午前九時起至午後九時止

九職員除服務外應定期集會研究之實施

十職員請假應具請假書並須托人代理經主任許可始能離職

十一職員除依本通則處理事務外並須注意其他各項規則

（附註）場長履歷見本期紀載門辦理學校社會教育核准備案人員一覽表內

——摘自《教育公報》一九二〇年第六期

指令第六百八十三號 十年六月九日

令浙江教育廳廳長夏敬觀

呈一件送縉雲縣公立通俗圖書館事項清冊簡章規則職員履歷請核示由

據呈已悉查閱該館事項清冊簡章規則職員履歷核與通俗圖書館規程大致尚無不合應准備案至該館建築圖式暨主任員任職日期仍應按照規程補呈到部以憑核辦仰卽轉飭知照此令

附簡章

第一條 本館在縣款設立定名曰縉雲縣公立通俗圖書館

第二條 本館館址暫設縣城勸學所內

第三條 本館以購備通俗圖書供公衆之閱覽改良社會爲宗旨

第四條 本館開辦費由縣教育費項下提洋六十元經常費因辦理人員暫由勸

學所兼任故不另開支

第五條　本館設主任一人管理員一人均暫盡義務不支薪水

第六條　本館不徵收閱覽費

第七條　本館於每屆年終應將辦理情形報告於縣公署列入地方學事年報

第八條　本館之管理閱覽規則另定之

第九條　本簡章如有未盡之處由主任修改呈請縣知事核定

附規則

第一條　本館圖書各界人均得請求閱覽

第二條　閱覽圖書須遵左列各款

一請求閱覽須填姓名住址職業日時並就目錄中擇所欲閱之圖書記書名册數於日記簿候管理員檢交圖書即至閱覽室閱覽

二所填圖書册數以二册爲限如不敷俟閱完再請

三本館圖書每種止一部如有數人同請此種須讓先請者閱畢然後遞交

四在閱覽室務宜肅靜勿朗誦及大聲互話致妨他人閱覽

五閱覽室禁止吃烟

六閱畢須將圖書交由管理員檢查於日記簿收回欄蓋章然後退去

七經管理員查明圖書毀失或污損須賠償同一之圖書或相當之價値

第三條　閱覽時間清明至秋分節上午八時至十一時下午一時至四時寒露至春分節上午九時至十時一下午一時至三時以便收藏圖書例不延遲

第四條　本館主任一人管理員一人均以勸學所職員充之不另支薪

第五條　主任員總理館內一切事務

第六條　管理員掌左記事務

一編理圖書目錄

二整理圖書標題

三圖書之檢查

四收發閱覽圖書

五整理閱覽室及其物品

六每年夏季曝曬圖書一次

七閱覽人如將圖書毀失或污損須責令賠償

第七條　各種圖書概不得借攜出外

第八條　本館於春節前後放假二十五日夏季間停止閱覽十日以便曬書餘惟年節紀念日四節日清明前後十日並日曜日停止

第九條　本規則如有必須修改時由主任呈請縣知事核定

——摘自《教育公報》一九二一年第七期

指令第一千八百二十五號十年十月二十九日

令浙江教育廳廳長夏敬觀

呈一件送温嶺縣通俗圖書館章程冊件請核備由

據呈送温嶺縣通俗圖書館章程清摺履歷各一份到部査閲該章程等尙無不合應准備案仰卽轉飭

知照此令

附章程

第一條　本館蒐集通俗圖書以提倡通俗教育輸入國民常識為宗旨

第二條　本館設主任一人掌理全館事務管理一人掌書一人分掌館務由主任聘用呈報縣知事轉報備案職員辦事細則另定之

第三條　本館所儲圖書分類如左

（一）四庫

（二）科學淺說

（三）小說戲曲

（四）講演錄

（五）新聞雜誌

（六）圖畫標本

（七）現行法令章程

（八）雜書

第四條　凡有志閱覽圖書者均得來館閱覽閱覽規則另定之

第五條　本館各項事務依照教育部通俗圖書館規程辦理

第六條　本館經費以預算定之由縣公款撥給

第七條　本館辦理情形於每年度終了時由主任彙呈縣知事分別核轉

第八條　本館地址在縣城東門內

第九條　本章程及各種規則俟呈請縣知事轉報核定後施行如有未盡事宜得隨時呈請修正之

閱覽規則

一　閱覽時間自一月起至三月止每日午前九時起至午後五時止自四月起至九月止每日午前八時起至午後六時止自十月起至十二月止每日午前九時起至午後五時止

二　閱覽人欲覽何種圖書應就揭示之書目牌自行選定向發券處領取閱覽券塡寫姓名年齡職業住址並某種圖書及册數

三　塡寫閱覽劵應持向收發圖書處易取圖書至閱覽室閱覽但女子須入女子閱覽室

四　每人每次閱覽以二種五册爲限閱畢欲換閱他種即於原劵第二次欄內塡寫欲換閱之書名册數交收發圖書處換發如閱畢再欲掉換即塡於第三次欄內但以三次爲限

五　閱畢將所閱圖書繳還收發圖書處領回與劵送交收劵處然後出館

六　進閱覽室除帶鉛筆紙簿以備摘抄外其他物件禁止攜帶

七　閱覽人在閱覽室內應行注意如左

(一)不得縱步疾馳

(一)不得放聲談笑

(一)不得隨意涕唾

(一)不得高聲誦讀

(一)不得亂移坐椅

(一)不得吃食雜物

(一)不得爭佔座位

(一)不得越入他室

八　閱覽圖書不得圈點塗抹如有損壞或遺失閱覽人應負賠償責任

九　閱覽新聞報紙但須向發劵處報明姓名年齡職業住址即可入室閱覽惟閱畢後須檢齊安置原處不得携至室外

十　閱書室閱報室座次已滿時閱覽人應暫在會客室坐候俟有閱畢出館者再依次補入

十一　閱覽人如違背本規則經本館職員勸告不從者得令出館

十二　有傳染病精神病或酗酒者不得入館閱覽

職員辦事細則

一　本細則依本館章程第二條之規定爲本館職員辦事之準則

二　主任應辦事務如左

(甲)延訂職員稽查勤惰

(乙)規畫各務妥訂規則

(丙)督同職員辦理館中一切事務

三　管理員及掌書應辦事務如左

(甲)保管及整理圖書分別種類編製目錄並標籤書目

(乙)編製各項統計表册及年報

(丙)收發閱覽劵並收發書籍

(丁)辦理文牘及繕寫事務

五　本館職員應守規約如左

(甲)依據規則辦理事務尤應以身作則

(乙)對閱覽人一視同仁不得稍有歧異

(丙)對於不守規則者施以和藹周詳之勸告使其感化

六　館員辦理事務後應隨時將各務記錄於月末彙報主任

七　辦理時間自一月起至三月止每日午前九時起至午後九時止自四月起至九月止每日午前八時起至午後九時止自十月起至十二月止每日午前九時起至午後九時止

八　館員請假應具請假書並須托人代理經主任許可始能離職

九　館員除依本通則處理事務外並須注意其他各項規則之實施

(附註)第四項原缺

——摘自《教育公報》一九二一年第十二期

指令第七號十一年二月八日

令江西教育廳

呈一件送上饒縣通俗圖書館規程等請核備令遵由

呈悉查閱上饒縣通俗圖書館規程書目職員表圖式均無不合應准備案仰即轉飭知照此令

附規程

第一章 宗旨

第一條 本館遵照部定通俗圖書館規程儲集各種通俗圖書以灌輸國民之常識為宗旨

第二章 地址

第二條 本館事務所設于文昌宮內

第三章 職員

第三條 本館設主任一人掌理全館事務館員四人分任館內各項事務但須將履歷呈報主管官署轉呈備案

第四章 經費

第四條 本館開辦經費除由創辦人先行擔任外並呈請地方長官酌撥公款補助之其常年經費由縣教育經費支給大洋二百元

第五章 事務

第五條 本館儲存圖書以關於通俗為限但亦得酌備程度較高之圖書

第六條 本館向外埠定購新聞報數種以備公衆閱覽

第七條 本館圖書概不徵收閱覽費

第八條 本館閱覽時間及一切規則另定之

第九條 本館事務每屆年終應由主任將一年經過情形及閱覽人數呈報勸學所彙入學事年報轉呈教育廳備案

第六章 開館時日

第十條 本館於民國十年三月一日開館

第七章 附則

第十一條 本規程及各種規則自呈奉核准之日施行如有未盡事宜得隨時呈請修正之

附規則

第一條 本館係社會教育之一種無論何人均得入覽但不得攜出館外

第二條 本館閱覽時間除休息日外暫定如左

一月至四月午前九時起午後五時止

五月至八月午前八時起午後五時止

九月至十二月午前九時起午後五時止

第三條　定期休息日特定如左臨時休息得特別揭示

（一）每星期月曜日

（二）歲首一月一日至三日

（三）春節日

（四）夏秋冬節日三翌日

（五）民國紀念日

（六）酒掃日　每月十五日

（七）曝書日　每年約十日於期前二週間揭示

（八）年終　十二月三十一日

第四條　凡至本館閱覽者必先報名登記號數發給閱覽證以便稽查

第五條　閱覽證分左列兩種

（一）圖書閱覽券

（二）新聞閱覽券

第六條　凡領圖書閱覽券者卽將此券交由館員塡明何種書籍登記册內然後檢發書籍入室閱覽但領新聞閱覽券者得逕至新聞閱覽室

第七條　領書以一種爲限如欲換閱他書須將前書交由館員調換另行登記册內

第八條　閱覽人出門時須將圖書交由館員點交於閱覽券上蓋明收訖字樣

第九條　閱覽人有一日中數次來館者其每次出入手續與前一律

第十條　閱覽人隨身物件須自行照管不得携帶危險及笨重等物

第十一條　閱覽圖書不得塗抹污損摺皺撕裂如有上項事情須酌輕重責令賠償

第十二條　閱覽人應注意左列各事

不得朗誦不得談笑不得吃煙不得食物不得隨意涕唾不得傾側倦臥窗檻牆壁不得塗抹陳設器具不得移易如有不遵者館員得隨時令其出館

第十三條　癲痴酒醉有傳染惡疾及衣履不整者不得入館

——摘自《教育公報》一九二二年第一期

指令第六十三號 十一年二月十七日

令浙江教育廳廳長夏敬觀

呈一件送嘉興縣新塍鎮公立通俗圖書館簡章等件請核示由

據呈送嘉興縣新塍鎮公立通俗圖書館成立事項清摺五件到部查該委員等由自治區內籌募鉅款創辦社會教育熱心毅力殊堪嘉許所送簡章等件核與規程尚無不合應准備案仰即轉飭知照此令

附簡章

第一條　本館蒐集古今圖書以提倡通俗教育增進社會知識為宗旨

第二條　本館設主任一人館員若干人總理館務共籌進行事宜管理員一人分掌圖書及一切事務主任由館員公推管理員由館員協議延聘

職員辦事細則另定之

第三條　本館所儲圖書分類如左

（一）經史子集　（二）科學叢書　（三）講演錄　（四）通俗新聞雜誌（五）圖書標本　（六）小說戲曲　（七）東西洋參考書　（八）現行法令章程及文告

第四條　本館就市集繁盛之區分設閱報處二所或四所其地點臨時定之

第五條　凡有志閱覽圖書者均得來館閱覽並按照規定手續得移借出館

閱覽借貸規則另定之

第六條　本館經費除地方公款補助外概由私人捐助

第七條　本館暫設自治辦公處於區教育會內

第八條　本館各項事務依照教育部通俗圖書館規程辦理

第九條　本章程於本館成立日施行如有未盡事宜得隨時修正之

附借貸規則

（一）本館開館期內得按照本規則借貸圖書

（二）借貸時間悉照閱覽規則第一條辦理

(三)凡保存或寄存圖書及字典辭書新聞雜誌等概不得借貸出館

(四)借貸圖書須先至館填寫借劵並按照該圖書之價值隨繳保證金交由管理員核明將圖書發給并掣付收據

(五)借貸人指借圖書如因借出未歸或已有人閱覽得由管理員聲明換借他種圖書

(六)每次借貸書籍以兩部爲限圖書卷幅以兩幅爲限

(七)借貸圖書出館至多不得逾十日如有逾期不還卽將保證金備抵

(八)圖書歸還時如有圈點塗抹摺皺污損或缺少本數頁數時應責成原借人修補賠償

附閱覽規則

(一)閱覽時間自一月至三月每日午前八時至十一時午後一時至五時止自四月至九月每日午前七時至十一時午後二時至六時止自十月至十二月每日午前八時至十一時午後一時至五時止

(二)閱覽人到館須先至發劵處按照所閱書目填明交由管理員檢發閱畢繳還

(三)每人每次閱覽以二種五冊爲限圖書卷軸以兩幅爲限指換閱覽以二次爲限

(四)閱覽人指閱某種圖書如因借出未歸或先已有人閱覽得由管理員聲明換閱他種圖書

(五)閱覽畢將所閱圖書交管理員檢收後出館

(六)進閱覽室除帶鉛筆紙簿以備摘錄外其他各物件禁止携帶

(七)在閱覽室不得喧嘩不得任意吐涕并不得吸煙及食雜物

(八)閱覽人如在圖書或雜誌上圈點塗抹摺皺污損及毀壞遺失應責令繳納相當之賠償

(九)閱覽人對於本館置備圖書或關於閱覽設施事項倘有意見時得隨時函知本館採擇

——摘自《教育公報》一九二二年第二期

指令第七百八十號 十一年四月十五日

令江西教育廳

呈一件送臨川縣通俗圖書館簡章等件請核令由

呈悉查閱該縣通俗圖書館簡章書目圖式履歷均無不合應准備案仰即轉飭知照此令

附簡章

第一條　本館遵照部頒通俗圖書館規程由通俗教育會會員組織之定名臨川縣公立通俗圖書館

第二條　暫設於縣通俗教育會內俟經費籌足再謀另設

第三條　本館經費分為左列三項

（甲）每年由通俗教育經費項下暫行開支

（乙）會員常年捐及特別捐

（丙）官廳補助費

第四條　本館暫向商務印書館中華書局購買出版之一切通俗圖書計共六十種其詳目及卷數另列之

第五條　本館暫就通俗教育會內前面廳房加以修葺計閱覽室一大間主任暨館員休息室二間

第六條　本館設主任一人館員一人其職務如左

（甲）關於主任者　總理館內一切事務有指揮館員之權

（乙）關於館員者　（一）關於圖書之保管及整理事項　（二）關於公牘之保管及收發事項　（三）關於經費之收支及預算決算事項　（四）關於圖書之取與事項

第七條　主任一人暫不支薪館員酌月給薪伙洋四元

第八條　本館閱覽規則另定之

第九條　本館圖書概不徵收閱覽費

第十條　本館於每屆年終將辦理情形依照圖書館規程第七條之規定分別具報

第十一條　本館於民國十年十二月三日開館

第十二條　本簡章如有未盡事宜應隨時呈報修改

——摘自《教育公報》一九二二年第四期

東省特別區教育管理局暫行通俗圖書館規程

第一條　通俗圖書館儲集各種通俗圖書供公衆之閱覽

第二條　通俗圖書館之名稱適用圖書館規程第二條之規定

第三條　通俗圖書館之成立具報適用圖書館規程第三條之規定

第四條　通俗圖書館得設主任一人館員若干人應照圖書館規程第四條之規定任用之

第五條　通俗圖書館每屆年終應照圖書館規程第五條之

規定呈報

第六條　通俗圖書館之經費預算適用圖書館規程第六條之規定

第七條　通俗圖書館不徵收閱覽費

第八條　通俗圖書館得附設公衆體育場

第九條　私人以資財設立或捐助通俗圖書館者適用圖書館規程第八條之規定

第十條　本規程有未盡事宜得隨時請呈修訂之

第十一條　本規程自呈准公佈之日施行

——摘自《教育月刊》一九二三年第一卷第二期

命令

指令第一千四百零八號 十一年七月十五日

令浙江教育廳

呈一件送孝豐縣通俗圖書館册件請核備由

命令

據呈送孝豐縣通俗圖書館章程規則履歷圖式事項清冊各一份到部查該冊件核與通俗圖書館規程均無不合應准備案仰即轉飭知照此令

附章程

第一條　本館由縣經費設立定名爲孝豐縣公立通俗圖書館

第二條　本館館址設於城內奎文閣

第三條　本館設主任一人館員一人

第四條　主任館員由縣知事委任遵章呈報

第五條　主任綜理一切館務並督率館員分辦各項事務編製預算決算及年報

第六條　館員承主任之指揮保管一切圖書掌理收發庋藏事宜編輯圖書目錄辦理各項庶務

第七條　主任館員薪給公費由縣知事酌定呈報

第八條　本館經費由主任查照預算按月陳請勸學所照發

第九案　主任館員有辦理不力怠廢職務時由縣知事查明懲戒呈報

第十條　本館章程俟奉核准後施行

附藏書規則

第一條　本館圖書分類庋藏編製目錄以便檢閱

第二條　所藏圖書無論何人不得攜借出門

第三條　坊間舊本新刊有關通俗教育者本館得隨時酌採購藏

第四條　凡私人著作未經印行或各處圖書館及私家藏本如有關於通俗教育者本館得商請抄錄儲藏

第五條　藏書之家有願將圖書捐入或附存本館供人閱覽者由本館塡付證書以誌高誼惟附存圖書如欲取回時須以本館所發之證書爲憑

第六條　本館所藏圖書如有虫蛀霉損應隨時設法抄錄修補或因意外事故致遭損失由主任呈報縣公署存案

第七條　本館藏書之櫥隨時鎖閉非取書時不得開動

第八條　每年三伏期內晒晾圖書一次晒畢仍歸原處并由主任協同館員按照書目詳細查對

第九條　如有欲參觀本館圖書室者須由職員許可偕入惟不得任意翻檢

第十條　藏書室務須潔淨

第十一條　藏書室內無論何人不得吸煙

第十二條　本規則俟呈奉核准後施行

附閱書規則

第一條　凡年滿十五歲以上者無論男女均得依照閱書時間入館閱覽但本館認為有精神病及酗酒者得拒絕之

第二條　閱覽時間每日上午九時至十一時下午一時至四時

第三條　凡入館閱覽者須就簿上簽名并受本館職員之盤視

第四條　閱覽者須先向職員索取證券就目錄中擇所欲覽圖書記其名稱號數冊數於券上

第五條　閱覽券上所填就圖書冊數至多以四冊為限

第六條　閱覽券填就交由職員候取圖書

第七條　每逢星期二為女子閱覽期星期三至星期日為男子閱覽期

第八條　圖書不得任意裁割并不得圈點批評如有任意損壞毀失須責成納相當之賠償

第九條　閱覽室內揭示應注意事項閱覽人均應遵守

第十條　本規則俟呈奉核准後施行

附辦事細則

第一條　本館職員須逐日到館任事不得任意曠職

第二條　本館辦事時間每日上午八時起至下午五時止

第三條　本館休息日期每逢星期一國慶日紀念日及陽曆歲首末各二日陰曆歲首末各十日

第四條　本館館員對於各種圖書須編明目錄整理標題并列表編號分類藏儲於其他器物亦須隨時檢查毋任散失

第五條　本館館員對於閱覽人交還圖書後須認明點收妥放原處庶免錯誤而昭鄭重

第六條　本館每年度辦理情形應由主任編成年報呈縣轉呈教育廳備案

第七條　本館預算應由主任編製陳送勸學所轉請縣知事

核定轉報決算事項應按月造具四柱清冊陳請勸學所轉呈縣知事核銷

第八條　本細則俟呈奉核准後施行

——摘自《教育公報》一九二二年第七期

指令第一千九百五十二號十一年十二月二十日

令京師通俗圖書館

呈一件修改館規由

呈悉所擬修改各項館規尚屬可行應准備案此令

附抄件

命令

京師通俗圖書館規則

第一條 本館直隸於教育部蒐集通俗圖書及新聞雜誌供給公衆閱覽

第二條 本館設主任一人事務員五人書記二人學習生額數視事務之繁簡定之

第三條 主任由教育總長遴選部員兼充之

第四條 主任承教育長官之命綜理館務監督所屬職員

第五條 事務員書記承主任之指揮辦理館中事務

第六條 學習生承主任之指揮輔助事務員分理事務

前項學習生按本館職員薪水規則薪水滿至最高級後得升爲額外事務員遇有事務員缺額時得擇尤升補之

第七條 本館置左列各課

總務課 目錄課 庋藏課

第八條 總務課掌事務如左

甲 文牘

一關於印章典守事項

二關於編製統計及報告事項

三關於公文撰擬及收發保管事項

四關於館務記錄及通知事項

乙 會計

五關於編製預算決算事項

六關於款項出納及保管事項

七關於會計簿記之整理保存及報告事項

丙 庶務

八關於館中各種設備事項

九關於警備預防及衛生事項

十關於器物及圖書之購置事項

十一關於器物之登記及保管整理事項

十二關於營造修繕事項

十三關於工匠僕役監督事項

十四凡不屬他課各事項

第九條 目錄課掌事務如左

一關於書目之編製及整理事項

二關於圖書簿記之登錄及保管事項

三關於圖書編號及統計事項
四關於圖書之收受及交付事項
五關於圖書之選擇及調查事項

第十條　庋藏課掌事務如左

一關於閱覽人之招待及監視事項
二關於閱覽圖書之出納及檢查事項
三關於新置圖書之驗收及陳列事項
四關於書架編號及圖畫懸掛事項
五關於圖書之整理保管修訂及報告事項

第十一條　本館事務員得兼任各課所列職務辦事細則另定之

第十二條　本館設左列各閱覽室

一公衆閱覽室
二兒童閱覽室
三新聞閱覽室

第十三條　本館各種閱覽證劵概不收費

第十四條　本館附設公衆體育場運動規則另定之

第十五條　本規則自核准日施行

京師通俗圖書館辦事細則

第一節　服務

第一條　本館人員分任各項職務均由主任指定之

第二條　本館閱覽室一切事務爲事務員之主要任務事務員處理其他職務時均應以一人輪値在閱覽室任事

第三條　閱覽室應辦之事務如左

一設備　室內張掛各種圖畫定兩星期更換一次其他應用各項物品均應隨時置備
二招待　對於閱覽人之接待應和平誠摯不得怠忽
三監視　保護各種圖籍凡違背閱覽規則第三第四條各項之規定者得勸告或拒絕之

第四條　事務員兼任之職務經主任認爲必要時得指定其事務之一部派學習生或書記辦理之

第二節　文牘

第五條　外來文件應隨時登記收文簿送由主任核定分別辦理

會　會

第六條　發文繕寫完畢經由主任核閱蓋章再行印發

第七條　收入原件及所擬文稿均應摘錄事由分別歸檔以備檢查

第三節　會計

第八條　本館編製預算決算並款項出納保管各事應由主任核定之

第九條　本館薪水工資均於每月二十六日發給其發款時應先將收據簽名蓋章黏足印花始行發放未經到期以前概行不得預支

第十條　本館雜用夫役工食等項由庶務辦理雜用支款過二十元以上者應由主任簽字始行發給

第四節　庶務

第十一條　本館各項購置均由庶務辦理購置之件分左列三種

一圖書　二器具　三消耗品

各項購置之發單及收據應由庶務蓋章檢交會計按月黏存報部

第十二條　本館所有器物由庶務保管記入物品簿中如有添補及毀損者應於年終造具清冊以備查核

第十三條　館中一切設備及預妨衛生各事庶務應隨時辦理不得疏懈

第十四條　本館夫役之僱用斥退及分配一切事務由庶務商承主任行之

第五節　目錄

第十五條　本館目錄分左列二種

一兒童閱覽圖書目錄　用油印目錄裱糊於木板分類排列

二公衆閱覽圖書目錄　用紙片目錄分組裝置

前項目錄之更換及增加應於每星期整理一次

第十六條　本館辦理目錄之順序如左

一查照發單收受各種圖書登記於收書簿

二加蓋本館小章分別類目

三登記圖書總簿分類簿對照表

四用圖書揭告條發表分類號數爲求時間迅速此項揭告

條須於新書到館之次日行之
五填寫書簽黏貼於圖書封面
六交付圖書由藏書室驗收就中貴重圖籍另用特別標識並附監視券以便注意
七繕寫紙片或油印加入於原有目錄

第十七條　本館選擇圖書分左列二種
一就新出圖書中適合於通俗教育及原有部類所缺少者儘先購備
二就原有圖書中擇其與現代社會無甚裨益或殘缺不能整理者應即檢出另行保存

第十八條　本館定購各種日刊週刊應於每月終擇其紀載翔實者裝訂編號分別保存

第六節　庋藏

第十九條　本館藏書室分設四處遇閱覽繁劇原有職員不敷分配時得派他項人員助司出納及修訂之事

第二十條　閱覽圖書之檢查分左列二種
一尋常圖書應於收入時檢查册數
二貴重圖書應將附設之監視券送由監視人隨時注意至收入時仍應檢查原書册數
前列各項圖書遇有遺失損壞等事應隨時記入保管簿交由主任查核

第二十一條　收受新置圖書驗收人須於交付簿中蓋章爲據

第二十二條　藏書室內不得吸煙朗誦及高聲談笑並於每日閱覽後將各種圖書分別整理

第七節　辦公時間

第二十三條　本館辦公時間及休息日依閱覽規則第七第八條之規定行之

第二十四條　本館設置考勤簿凡本館人員到館須於本人名下註到

第二十五條　本館遇有特別事件及事務繁劇時主任得於辦公時間外或休息日委囑辦理

第二十六條　本館人員應輪流用餐其用餐時間無論在館內館外不得逾一鐘點

命令

第二十七條　本館人員於休息日應以一人輪值在館任事

第八節　請假規定

第二十八條　本館人員因病或不得已事故請假時其所任職務應請主任派人代理之若事假逾二十日病假逾一月以上者按其假期內薪水十分之四扣給代理人但喪服及因公致疾不在此限

第二十九條　凡請假無論久暫均應塡寫請假單於前一日呈送惟病假及緊急事故不及先送者得於當日或次日補送

第九節　報告

第三十條　本館報告分左列三種

一臨時報告　本館遇有特別事件均應隨時呈報遵照部示行之

二每月報告　本館支付預算支出計算及閱覽券數均應編製表册按月呈報

三年終報告　本館每屆年終應將一年經過情形及各項閱覽統計呈部備核

第三十一條　本細則自核准日施行

京師通俗圖書館閱覽規則

第一條　本館儲備各種通俗圖書及新聞雜誌供人閱覽惟以在館取閱爲限

第二條　本館閱覽券概不徵收券資其券分左列二種

一圖書閱覽券

二新聞閱覽券

第三條　閱覽圖書應遵左列各欵

一領取閱覽券就目錄中擇其所欲閱覽者塡寫某部某類某號並記姓名職業於券上

二閱覽券塡寫畢赴藏書室遞券取書閱覽畢仍交藏書室點收於原券加蓋收記字樣即持原券繳還出館

三欲再閱他種圖書者須持原券領換新券並得於一日內數次來館閱覽但出入各項手續均與前同

四領取之閱覽券不得遺失

五圖書如有擦抹污染撕毁剪裁及評點各事須賠償同一之圖書或相當之價値

六閱覽室內務宜肅靜不得朗誦及高聲互語致妨他人閱覽

七閱覽室內禁止吸烟食物臥眠赤膊及任意涕唾

八閱覽者攜帶隨身物件應自行照管其他笨重之物不得帶入室內

第四條　閱覽新聞除依前條第四第六第七第八各項規定外應遵左列各欵

一領取之新聞閱覽劵須於出館時繳還

二各種新聞均可任意取閱但於同一時間內不得一人執持多份致妨他人閱覽

三閱覽畢應將新聞置諸原處不得混亂次序

四對於新聞如有裁割及撕取副張等事須負賠償之責

第五條　凡閱覽人違背第三條第四條各項之規定者本館得勸告或拒絕之

第六條　瘡疥及瘋癡醺醉者概不准入館

第七條　本館閱覽時間規定如左

自陽歷一月至三月　午前九時至午後八時

自陽歷四月至六月　午前八時至午後七時

自陽歷七月至九月　午前八時至午後六時

自陽歷十月至十二月　午前九時至午後八時

第八條　本館定期休息規定如左

歲首陽歷一月一日至三日

星期日

國慶日

孔子誕日

四節日

各官署放假日

右五項均於次日補行其他各項臨時休息另行揭示之

第九條　本規則自核准日施行

京師通俗圖書館職員薪水規則

第一條　本館職員薪水依本規則支給

第二條　本館職員薪水分級如左表

職別	級數								
	一	二	三	四	五	六	七	八	九

事務員	九〇	八〇	七〇	六〇	五〇	四五	四〇	三五	三〇
書記	四〇	三六	三二	二八	二四	二〇	一六		
學習生	二八	二四	二〇	一八	一六	一四	一二		

第三條　本館職員初到館薪水均按第二條之規定從最低級支給

第四條　事務員服務勤愼確有成績者每滿一年後由主任呈部核准進給薪水一級

第五條　書記學習生服務每滿一年後由主任核實考察勤績優良者得進給薪水一級

第六條　學習生升爲額外事務員時服務勤愼每滿一年後由主任斟酌情形得給十元以內之獎金一次

第七條　教育部部員派在本館辦事者其月支薪津不適用本規則

第八條　本規則自核准日施行

——摘自《教育公報》一九二二年第十二期

南陵縣縣立通俗圖書館簡章

第一章　總則

第一條　本館章程係依部頒通俗圖書館規程擬定之

第二條　本館儲集各種通俗圖書以增長國民常識爲宗旨

第二章　名稱及位置

第三條　本館定名爲南陵縣縣立通俗圖書館

第四條　本館暫設尊經閣

第三章　經費及書卷種類

第五條　本館圖書費係由南邑熱心公益人捐助

第六條　本館經常費暫由教育預備費項下酌量撥支一俟地方經費籌足再行規定

第七條　本館所置圖書之各科名目另製圖書一覽表以備查考

第四章　開館時日

第八條　本館不論星期冬夏季每日均開館閱書時間以六小時爲度但遇國慶紀念節令及特別事故日停止閱覽

第九條　本館閱書規則另訂之

第五章　職員及薪資

第十條　本館設館長一人館員若干人館長由地方官委充館員由館長聘請

第十一條　本館館長總理全館一切事務館員分理館內圖書並招待閱書之人

第十二條　本館館長館員暫係名譽職俟籌有常年的款再行酌給薪資

第六章　附則

第十三條 本館遵章得附設閱報室

第十四條 本簡章如有未盡事宜得隨時改訂之

附圖書館閱覽規則

第一條 本館以每日上午九時至下午三時爲閱覽時間

第二條 非閱覽時間內無論何人不得索閱

第三條 凡入館閱書者須先查明圖書一覽表再簽註姓名書目於簿向館員領取閱覽閱畢卽還收藏

第四條 已閱一册可向館員換閱不得同時領取多書（參考事實者不在此限）

第五條 閱覽時抄錄亦可但不得汚損剪裁及携出室外

第六條 有汚穢圖書或損壞者當賠償同一之圖書或相當之價値

第七條 閱覽人應注意事項

一 不可逐句朗誦及高聲笑語致妨他人閱覽

二 不可吸煙及隨意咳唾

三 室內棹凳器具不得隨意亂擲或毀壞

四 非閱覽人不得偕來閒遊

五 有傳染病或瘋癲酒醉以及衣履不整者不得入室

第八條 閱書者倘因某書頁數太多卽日不能閱畢可於次日復來接閱但不得携帶他處

第九條　本館圖書皆係公有之物供公衆之閱覽不得以經理人不肯借與遂生怨言

第十條　本館所備之各種圖書即本館人亦不得擅自攜出或借與他人

第十一條　本規則如有未盡事宜得隨時修正

第十二條　以上條條有故意不遵者得分別取銷其閱覽權或經理權

——摘自《安徽教育公報》一九二三年第五期

咨廣西省長准咨送永淳縣通俗圖書館章程規則等准備案文第一千四百四十四號十三年十月十六日

爲咨行事准第七六號咨送永淳縣通俗圖書館章程規則履歷圖式各一份到部核閱各該附件均屬妥洽應准備案合即咨請貴省

長查照轉知可也此咨

附章程

第一條　本館由縣經費設立故定名爲永淳縣公立通俗圖書館

第二條　本館館址原設於永淳縣城外西墟至民國十一年乃遷至長與街十二年八月復還移城外米街即今該館地址

第三條　本館設主任一人館員一人雜役一人

第四條　本館主任向係勸學所所長兼任館員則由主任呈明縣知事任用

第五條　本館主任係義務職不支薪水館員薪水則由主任視地方教育經費情形酌定支給之

第六條　主任之職務如下

一　綜理全館事務

二　掌理購置圖書報章

三　編輯年報及目錄

四　編製預算決算

第七條　館員承主任之指揮其職務如下

一　整理圖書報章及其收發事項

二　辦理文牘會計及一切雜務

第八條　本館內設藏書樓閱書室並附設閱報室

第九條　本館經費由主任按月查照預算在教育經費項下支給

第十條　本館不徵收閱覽費

第十一條　本館應於每屆年終將辦事情形分別具報

第十二條　本館章程如有未盡事宜或變更時得隨時修正之

第十三條　本館章程俟奉核准後施行

附規則

第一條　本館儲備各種圖書供衆閱覽惟不得借出館外

第二條　閱覽時間除定期休息外每日自上午八時起至下午五時止定期休息如左

(一)每星期月耀日　(二)夏歷歲首一日至三日

(三)春節三日　(四)夏節冬節各一日

(五)夏歷年終十二月三十一日

第三條　閱覽人入館須先領圖書閱覽券依式填寫後交由館員檢發閱畢將圖書暨閱覽券交還館員點收然後出館

第四條　領閱圖書每次以一册爲限閱畢交還再領

第五條　領閱圖書以先後爲序如所索閱先已有人領去須俟其閱畢交還方能領閱

第六條　閱覽人不得於圖書上着筆圈點塗抹及裁割扯壞如有上項事情須照價賠償

第七條 閱覽室內不得高聲朗誦吸煙偃臥及隨意涕唾

第八條 閱覽人隨身物件須自行照管不得携帶危險及笨重物品

第九條 瘋痴酒醉裸衣赤足及有傳染病者禁止入覽

——摘自《教育公報》一九二四年第十一期

附錄一　雙林公共圖書館暫行簡章

第一條　本館儲集圖書供人閱覽除經史文學及掌故外更以簡易科學諸書開通各社會之常識爲宗旨

第二條　館員分名譽職有給職

甲名譽職

一館　長　綜理全館事務

二管理員　承館長之指揮掌理目錄年報統計及印鈔選購圖書事宜

三經濟員　承館長之指揮保管基金及銀錢出納預算決算等事

四董　事　組織董事會有稽察及計畫之責凡館中執行事項以董事會議決案爲標準

以上職員集合學校校長教育會會長學務委員學董發起人贊助人及捐書捐款人選舉之館長管理員經濟員以三年爲任期期滿再被選得連任之

乙有給職

一收發員　承館長之指揮掌管圖書之收發及保管事項

二繕錄員　歸管理員兼職

第三條　每年春間開董事會一次凡遇必要事項由館長召集或由董事　人同意得開臨時會會議以館長爲主席館長因事缺席時由董事互推主席

管理員經濟員得出席於董事會

第四條 本館圖書分左列類

一經史子集數

二通俗類（依借貸法另訂細則）

三保存類

四寄存類

保存類寄存類僅限在館閱覽概不借出

第五條 本館設左列各室

一藏書室

二閱書室

三閱報室

四管理室

五休息室

第六條 經費除地方補助外得隨時募捐

基金由經濟員保管之

第七條 本館閱覽規則借貸規則參觀規則酬贈捐募

人規則辦事細則另定之

第八條 本章程自公布日施行

——摘自《湖州月刊》一九二五年第一卷第六期

南京特別市市立第一通俗圖書館

暫行規程

第一條　本館隸屬於南京特別市教育局

第二條　本館視事務之性質置左列六股

（一）總務股

（二）選購股

（三）編目股

（四）參考股

（五）典藏股

（六）推廣股

第三條　總務股所掌事務如左

（一）關於文書之撰擬收發繕寫校對及保管事項

(二) 關於統計報告調製事項
(三) 關於館務記錄事項
(四) 關於預算決算編製事項
(五) 關於館舍管理及衛生事項
(六) 關於設備佈置事項
(七) 關於用品配置保管事項
(八) 關於引導參觀及招待來賓事項
(九) 關於調查事項
(十) 關於不屬他股各事項

第四條 選講股所掌事務如左
(一) 關於圖書選擇及購買事項
(二) 關於徵求及介紹圖書事項
(三) 關於書款登記及查詢事項
(四) 關於圖書登錄事項
(五) 關於圖書交換及寄存事項

第五條 編目股所掌事務如左
(一) 關於目錄編製及整理事項
(二) 關於圖書解題事項
(三) 關於圖書增減調查事項

第六條 參考股所掌事務如左
(一) 關於圖書借閱及收還事項
(二) 關於指導讀者事項
(三) 關於參考圖書調查及徵集事項
(四) 關於參考資料採集事項
(五) 關於研究問題答復事項
(六) 關於雜誌報章登記陳列及整理事項

第七條 典藏股所掌事務如左
(一) 關於圖書保管整理事項
(二) 關於圖書曝晒及消毒事項
(三) 關於圖書修補裝訂事項
(四) 關於材料配置保管事項
(五) 關於報紙重要文字之翦裁彙集事項
(六) 關於其他附屬事項

第八條 推廣股所掌事務如左

（一）關於分館籌設事項

（二）關於與其他圖書館互助事項

（三）關於演講事項

（四）關於通俗書報編輯及審定事項

（五）其他附屬事項

第九條　本館設館長一人總攝全部事務主任一人秉承館長處理全部事務管理員事務員書記若干人分理各股事務

第十條　本館館長由　市教育局長兼任主任由　市教育局長委任管理員事務員書記由主任呈請館長分別延訂

第十一條　職員處理事務應依據辦事細則其細則另訂之

第十二條　本規程如有未盡事宜得由館長或主任於館務會議時提出修正之

第十三條　本規程呈請　市教育局長核定公布施行

暫行辦事細則

第一章　通則

第一條　各職員除遵守　市教育局職員公守暫行規則外其處理一切事務應依據本細則辦理

第二條　各職員對於所任職務及職務內附有之事件均負全責

第三條　各股事務或各職員所辦事務有互相關聯者應彼此協商辦理

第四條　各股事務較繁時可由他股職員幇同辦理

第五條　各職員應按照規定時間到館辦公

第六條　辦公時間除例假停止外夏季星期一至星期六每日上午七時至十一時半下午二時至五時半星期日上午八時至十一時冬季得酌量變更之

第七條　辦公室設簽名簿職員到館時請自署名月終時由主任呈請館長核閱

第八條　職員因特別事故或疾病請假時除遵守　市教育局職員公守暫行規則第八條外幷須向本館館長或主任說明

第九條　館長爲謀事務進行之順利起見得開館務會議其細

則另訂之

第二章　總務股

第十條　文書收到及發出時摘錄事由登記編號

第十一條　保管及分類庋藏各種文書

第十二條　凡重要文書當永久保存其無關緊要者失時效後即銷毀之

第十三條　每半年徵集各項統計繪製圖表呈報　市教育局長

第十四條　本館重要事項須登載日記以免遺忘并備查考

第十五條　館內應用物品應隨時查察登記

第十六條　每年度開始時應編製預算一次每月終了應編製決算一次

第十七條　督促及管理工役打掃清理及一切事項

第十八條　招待來賓參觀遇有研究問題應盡力答覆或介紹專家與之討論

第三章　選購股

第十九條　留心各書坊新書廣告審察書籍內容擇最適用者購買

第二十條　購書時應注意定價不得超過預算

第二一條　新書及雜誌購到時均須加蓋館章隨時登錄

第二二條　關於寄存圖書事項應依據本館寄存圖書規則辦理

第四章　編目股

第二三條　新書購到時均須依法分類并黏貼書籤編製目錄

第二四條　書目採用書冊式及卡片式二種書冊式目錄可與各圖書館交換卡片式目錄便於檢查

第二五條　卡片式目錄種類如左

（一）著者目錄片

（二）書名目錄片

（三）類別目錄片

（四）分析目錄片

（五）書架目錄片

第二六條　卡片式目錄片編就後應隨時依法排入目錄櫃中

第二七條　新書購到或舊書有遺失時均應檢查目錄分別編

製加入或抽換之

第五章　參考股

第二八條　閱覽人借閱圖書時應依據本館閱覽規則辦理

第二九條　閱覽人送還書籍時應注意有無損毀及評點等事

第三十條　凡可供參考之資料應隨時採集分類庋藏

第三一條　認爲有參考價值之書籍可提出交選購股購買

第三二條　凡有研究問題向本館諮詢者均應盡所知答復並代爲搜集參考材料

第三三條　新到雜誌應隨時登託陳列并每日整理一次

第三四條　雜誌中之論文應編目分類排列以便檢查

第三五條　每日應填寫閱覽統計表

第三六條　閱覽人有不遵循規則時應婉言開導

第六章　典藏股

第三七條　保管圖書并隨時依法排列整理之

第三八條　每月應查點一次

第三九條　蟲蛀霉爛破裂等弊應隨時注意處理

第四十條　書籍破裂損毀時應審其價值裝訂修理

第四一條　雜誌每卷終了日報每月終了均裝訂成册分類庋藏

第七章　推廣股

第四二條　視地方之需要在本市內各轄境籌設分館

第四三條　與各圖書館商訂互助事宜

第四四條　請專家公開演講

第四五條　編輯通俗書報

第八章　附則

第四六條　本細則如有未盡事宜得由館長或主任於館務會議時提出修正之

第四七條　本細則呈請　市教育局長核定公布施行

館務會議暫行細則

第一條　依本館暫行辦事細則第九條之規定特另訂館務會議細則

第二條　會議時除本館館長主任及館員列席外并得由館長函請　市教育局各課課長及課員職務上與本館有關係者參加討論

第三條　應討論之事項如左

（一）關於館務進行計劃事項

（二）關於規則制訂事項

（三）關於經費籌措事項

（四）關於全體重要事項

（五）關於募贈圖書事項

（六）關於臨時發生事項

第四條　會議時以館長爲主席但館長因事未能出席時得由主任代理之

第五條　常會每月舉行一次臨時會無定期均由館長召集之

第六條　本會議議案須得規定出席人員三分二以上之同意方得通過

第七條　議決案由館長審察其輕重緩急督率主任及館員積極辦理

第八條　每次會議之議案及出席人員應由館員記入議事錄

第九條　本細則如有未盡事宜得由館長或主任於館務會議時提出修正之

第十條　本細則自公布日施行

募贈圖書辦法

本館爲謀圖書增多通俗教育發達起見對於國內外熱心教育之士捐贈本館圖籍者極表歡迎謹訂左列辦法以誌盛意而資提倡

一、凡捐贈圖書價值在五千元以上者應將其等身小影懸掛館中並贈以銀爵一只上鐫嘉惠士林再由本館呈請　市教育局轉呈　市政府及　國民政府褒獎

二、凡捐贈圖書價值在二千元以上者應將其等身小影懸掛館中並贈以銀盾一枚上鐫嘉惠士林

三、凡捐贈書價值在一千元以上者應將其半身小影懸掛館中並贈以銀盾一枚上鐫嘉惠士林

四、凡捐贈圖書價值在五百元以上者應贈以銀盾一枚上鐫嘉惠士林

五、凡捐贈圖書價值在一百元以上者應將其姓名彙鐫銅製鏡屏懸掛館中

六、凡捐贈圖書者之姓名均記入所捐贈之圖書中

七、凡捐贈圖書者之姓名均彙登報紙以揚仁風

八、凡代本館募贈圖書者均贈以相當之名譽酬答

寄存圖書規則

一、凡以自藏圖書寄存本館者除登錄圖書寄存簿外并由經收人出具存單交存書人收執

二、每書之封面及第一頁均須由寄存人加蓋印章以資識別

三、除由存書人加蓋印章外本。并於每書上黏貼標簽註明某某人寄存字樣

四、寄存圖書時應將價値聲明

五、寄存後如有遺失殘缺當照價賠償

六、存期預先約定至少須在一月以上未滿期不得收回

七、在存期內存書人除享有借閱優先權外其餘應遵守本館之閱覽規則

八、收回存書時應將存單交還

閱覽規則

第一條　本館備各種。籍雜誌報章只限在館內閱覽不得攜出

第二條　閱覽人欲閱何書應向館員索取書目并借書單自行選定依式塡寫後交館員取書并繳還書目

第三條、每人每次閱書至多以二冊爲限但因特別參考不在此例

第四條　閱書時應注意左列各項

（一）務宜肅靜勿高聲朗誦重步偶語致妨他人

（二）勿吸烟及隨地吐痰

（三）勿躺臥椅上

（四）勿攜雨具入室（天雨時所用雨傘等件宜置門外置物處）

（五）勿汚損及翦裁書籍

（六）勿圈點批評

（七）勿蘸唾翻頁

（八）勿折角

（九）閱覽未畢因事出外時須將原書交還由館員檢收後方可外出

（十）雜誌報章可自由取閱但閱後須送還原處

第五條　閲覽人有不遵上列之規則者本館得停止其閲覽

第六條　閲覽人如有割裁書籍及雜誌報紙中之圖畫文字或遺失污損評點等情者應即按照原書全部之價値賠償

第七條　閲覽人如欲抄錄館中書籍須得館員之許可并須自備紙筆

第八條　館內一切用具均須愛護如有損壞者亦須按原價賠償

第九條　閲覽時間除例假停止外夏季星期一至星期六每日上午七時至十一時半下午二時至五時星期日上午八時至十一時冬季得酌量變更之

第十條　本規則如有未盡事宜得由館長或主任於館務會議時提出修正之

第十一條　本規則自公布日施行

——摘自《南京特别市教育月刊》一九二七年第一卷第二期

第四中山大學區各縣公共圖書館暫行條例

（十六年十二月廿一日本大學公布）

第一條　各縣至少應設置公共圖書館一所，隸屬於縣教育局。

第二條　公共圖書館設館長一人，綜理全館事務，管理員事務員若干人，承館長之指揮，分任各項事務。館長除綜理館務外，仍應從事指導演講等工作。

第三條　公共圖書館館長，以人格高尚，服膺黨義，而合於左列資格之一者爲合格：

㈠大學或專門學校畢業並于圖書館學有相當之研究者；

㈡中等學校畢業並曾在圖書館專科學校畢業者；

㈢中等學校畢業曾任圖書館主要職務三年以上確有成績者；

㈣國學確有根柢而於圖書館學及社會教育有相當之研究者。

第四條　公共圖書館館長，由縣教育局長審查資格，呈由本大學核准後聘任之，並呈報縣政府備案。縣教育局應於呈請聘任時，繳驗下列文件：

㈠畢業証書㈡服務証明書㈢計畫書或著作。

第五條　公共圖書館管理員及事務員，由館長呈准縣教育局長聘任之。

第六條　公共圖書館館長及管理員之薪俸，由縣教育局長酌量情形按下列等級支給之：

職務＼等級	第一級	第二級	第三級	第四級	第五級
館長	七〇元	六〇元	五〇元	四〇元	三〇元
管理員	六〇元	五〇元	四〇元	三〇元	二〇元

第七條　公共圖書館館長，不得兼任他項有給職務。

第八條　公共圖書館館長聘任以一年爲期，但中途如有服務不力者，由縣教育局長呈准本大學撤換之。

第九條　私人或私人團體設立圖書館供公衆閱覽者，須呈請所在縣教育局核准，轉呈本大學備案。其館長資格應依照本條例辦理。

第十條　私人或私人團體設立之圖書館，應標明私立字樣。

第十一條　圖書館立案條例另定之。

第十二條　本條例自公布日施行。

——摘自《第四中山大學教育行政週刊》一九二八年第二十四期

南京第一公園通俗圖書館閱覽規則

第一條　本規則依照本園通俗圖書館管理章程第九條規定

第二條　凡閱覽本館圖書者須向本館管理員依章取給圖書至閱書室坐定閱覽之

第三條　取閱圖書一次不得過一種于閱覽時間內次數若干不限制之

第四條　取閱之圖書不得任意污穢損壞如有污穢損壞情事應負賠償之責

第五條　閱覽本館圖書務在本館閱覽室閱覽不得携出館外閱覽畢交還本館管理員點收之

第六條　凡在本館閱覽室閱覽圖書者不得有彼此交談任意痰涕横躺伏睡等情事如發見有此事本館管理員得禁止之

第七條　本館閱覽時間除例假及星期日或停止閱覽外每日依照本館規定時間閱覽之逾時不論圖書閱畢與否館管理員得收回之

第八條　本規則如有未盡事宜由本園管理處隨時修改之本

第九條　本規則自本園管理處公佈之日施行

——摘自《南京特别市教育月刊》一九二八年第一卷第六期

江西各市縣立通俗圖書館規程

第一條　本館依大學院圖書館條例第二條第二項之規定設置之。

第二條　本館爲便於通俗教育起見，以儲藏關於黨義及各項常識之圖書爲主，但亦得酌備程度較高可供學者研究參考用之圖書。

第三條　在圖書館未成立以前，本館有蒐集鄉土已刊未刊文獻之責，並代宣揚保存之。

第四條　本館爲便利閱覽起見，得擇鄉村適中地點，分設通俗圖書室及圖書代辦處。其就近學校有需借閱圖書之必要時，本館並得與訂特別協助之約。

第五條　各鄉村圖書室未遍分設以前，本館得暫設置巡迴文庫以供閱覽者之需求，其規程另定之。

第六條　本館設館長一人館員一人至三人，以具左列資格之一者充任：

㈠畢業於圖書館專科者；

㈡在圖書館服務一年以上而有成績者；

㈢對於圖書館事務有相當學識及經驗者；

第七條　本館館長及館員，關於任職服務等事項，準本縣市教育局職員之規定。

第八條　館長總理館內一切事宜，館員商承館長，辦理左列事項：

㈠圖書之徵求及購置事項；

㈡出納，整理，登記及保管圖書事項；

㈢編纂目錄及繪製圖表事項；

㈣指導通俗閱覽幷解答其疑問；

㈤管理巡迴文庫；

㈥其他關於文書及庶務會計事項。

第九條　本館每月終，應將辦理情形報告於教育局，轉報教育廳。其年終，並應將一年內閱覽事項，製成各種統計，由教育局列入學事年報內，呈教育廳備查。

第十條　本館經費。每于會計年度開始之前，由教育局列入預算，呈報教育廳。其標準以合於縣市教育經費總額百分之五爲度，但得視地方情形，酌量增減之。

第十一條　本館圖書閱覽證劵，概不收費。

第十二條　凡從前公有圖書現在尙無所屬者，均應由本館接收保管之。

第十三條　凡私人或私法人有捐助資產及圖書於本館者，得援照大學院圖書館條例第十四條之規定，由本館呈請教育廳轉呈省政府或大學院，給予獎勵。

第十四條　凡私人或私法人有以圖書借由本館陳列，以供公衆閱覽者，本館除代爲負責保存外，並於閱覽範圍內，予以交換之利益或相當之優待。

第十五條 本館閱覽規則另定之。

第十六條 本規程自公佈日施行。

江西各縣市立通俗圖書館閱覽規則

第一條 本館儲備各種書報，無論何人均得入內閱覽，但不得携出館外。

第二條 本館閱覽時間，除休息日外，暫定如左：

一月至四月 午前九時至午後五時；

五月至八月 午前八時至午後四時；

九月至十二月 午前九時至午後五時。

第三條 定期休息日特定如左；但臨時休息，得另行揭示。

㊀每星期一日； ㊁歲首一月一日至三日；

㊂春夏秋冬節日； ㊃民國紀念日；

㊄灑掃日（每月十五）；

㊅年終十二月三十日至三十一日。

第四條 閱覽人入室閱書，須向發証處請領閱書證

第五條 領證後應於證上逐項填明，交出館員發領圖書，入室閱覽；但閱新聞紙者，得逕至新聞閱覽室。

第六條 領書證每次所領之書，以一種爲限。如欲換閱他書，須將其書連同領書證交清後，另塡領書證交發。

第七條 閱覽人出門時，須將圖書交由館員點收，於領書證上蓋明收訖字樣。

第八條 閱覽人有一日中數次來館者，其每次領書手續，與前一律。

第九條 閱覽人隨身物件，須自行照管，不得携帶危險及笨重物品。

第十條 閱覽圖書，不得塗抹汚損，摺皺撕裂。如有上

項情事，須酌量輕重，責令賠償。

第十一條　閱覽室內禁止左列各事：

朗誦　談笑　吸煙　食物　隨意涕唾　傾側倦臥　塗抹窗檻牆壁　移動陳設器具等件

第十二條　癲痴泥酒及有傳染惡疾者不得入室。

第十三條　本規則如有未盡事宜，得隨時修改之。

附領書證式

領書證

領書人姓名	年齡	職業	所領何書	年月日

——摘自《江西教育公報》一九二八年第十六期

◉上海特別市市立民衆圖書館暫行條例

十七年三月八日大學院准予備案

第一條　本館隸屬於上海特別市市政府教育局。

第二條　本館各種事務暫不分股。

第三條　本館設管理員一人，秉承本局，處理全部事務。

第四條　本館管理員處理事務，遵照本局辦事通則辦理。辦事通則另訂之。

第五條　本條例如有未盡事宜，得隨時提出局務會議修改之。

第六條　本條例經市教育局局務會議通過後，公布施行。

附上海特別市市立民衆圖書館辦事通則

第一條　各館職員除遵守上海特別市市政府各局辦事通則外，其處理一切事務，須遵照本通則辦理之。

第二條　各館事務有互相關聯者，應彼此協助辦理。

第三條　各館職員須按照規定時間辦公。

第四條　各館開放時間，除星期一上午停止外，每日上午九時至十二時，下午一時至六時。

第五條　各館職員因特別事故或疾病請假時，應呈明市教育局，派員代理。

第六條　各館職員執掌如左：

一　文書收到及發出時，摘錄事由，登記編號；

二　保管及分類庋藏各種圖書及刋物；

三　館內應用物品，隨時查察登記；

四　督促及管理工役打掃清理及一切事項；

五　招待來賓參觀，遇有研究問題，應盡力答覆；

六　留心各書坊新書廣告，察書籍內容，擇最適宜者，列表呈報；

七　新書及雜誌到館時，加蓋館章，隨時登錄；

八　閱覽人借閱圖書時，依據閱覽規約辦理；

九　閱覽人送還書籍時，注意有無損壞及評點等事；

十　每日塡寫閱覽及參觀統計表，每月呈報一次；

十一　蟲蛀霉爛破裂圖書及刋物，隨時注意處理；

十二　定期刋物每卷終了，日報每月終了，均裝訂成册，分類庋藏。

第七條　各館得僱用工役一人，以供伺應，并照料館內一切物件。

第八條　各館購置圖書及應用物件　均由各館管理員呈請市教育局核辦。

第九條　本通則如有未盡事宜，得由市教育局提出，交局務會議修改之。

第十條　本通則經市教育局局務會議通過施行。

●附上海特別市市立民衆圖書館閱覽規約

第一條　閱覽時間每日上午九時至十二時，下午一時至六時。星期一上午停止。

第二條　停止閱覽日期臨時布告。

第三條　閱覽場所分圖書館日報兩部

第四條　本館備有閱覽券，入覽者須按式填就，向管理員領書。

第五條　借閱圖書同時不得過二册。

第六條　本館圖書日報概不外借。

第七條　閱覽室內不得高聲誦讀，談話，吸煙及其他妨礙公衆之行爲。

第八條　閱覽者如欲摘抄書籍，不得用毛筆墨汁，以自備鉛筆爲限。

第九條　閱畢後交還本館，經管理員檢查無誤，然後出室。

第十條　無論何項圖書不得在書上圈點批評及割裂。如有損壞圖書情事，應照原書全部價值賠償。

第十一條　全書未閱完，次日須接閱者，不得折角及用鉛筆勾點爲記。

——摘自《大學院公報》一九二八年第四期

△[illegible]福建各縣市立民衆圖書館辦法：

第一條　本館依大學院圖書館條例，第一條，第二項之規定，設置之。

第二條　本館爲便於民衆受教育起見，以儲藏關於三民主義，及各項常識之圖書爲主，但亦得酌備程度較高，可供學者研究參考用之圖書。

第三條　在圖書館未成立以前，本館有蒐集鄉土已刊未刊文獻之責，並代宣揚保存之。

第四條　本館爲便利閱覽起見，得擇鄉村適中地點，分設民衆閱書報室，及圖書代辦處，其就近學校，有需借閱圖書之必要時，本館並得與訂特別協助之約。

第五條　各鄉村，民衆閱書報室，未遍分設以前，本館得暫設巡迴文庫，以供閱覽者之需求，其規程另定之。

第六條　本館設館長一人，館員一人，至三人，以具左列資格之一者充任。

(一)畢業於圖書館專科者，

(二)在圖書館服務一年以上，而有成績者，

(三)對於圖書館事務，有相當學識及經驗者。

第七條　本館館長，及館員，關於任職服務等事項，準本縣教育局之規定

第八條　館長總理館內一切事宜，館員商承館長辦理左列事項，

(一)圖書之徵求及購置事項，

(二)出納整理登記及保管圖書事項，

(三)編纂目錄，及繪製圖表事項，

(四)指導民衆閱覽幷解答其疑問，

(五)管理巡迴文庫，

(六)其他關於文書及庶務會計事項。

第九條　本館每月終，應將辦理情形，報告於縣教育，轉報教育廳。其年終並應將一年內閱覽事項，製成各種統計，由縣教育局呈教育廳備查。

第十條　本館經費，每于年度開始之前，由縣教育局列入預算，呈報教育廳，其標準以合於市縣教育總額百分之五爲度，但得視地方情形酌量增減之。

第十一條　本館閱書看報概不收費。

第十二條　凡從前公有圖書，現在尚無所屬者，均應由本館接收保存之。

第十三條　凡私人，或法人有捐助資產，及圖書於本館者，

援照大學院圖書館校例第十四條之規定，由本館呈請教育廳，轉呈省政府，或大學院給予獎勵。

第十四條　凡私人或私法人，有以圖書借由本館陳列，以供公衆閱覽者，本館除代爲負責保存外。並於閱覽範圍內予以交換之利益，或相當之優待。

第十五條　本館閱覽規則另定之，

第十六條　本規程自公佈日施行。

▲附福建各縣市立民衆圖書館閱覽辦法

第一條　本館儲備各種書報，無論何人，均得入內閱覽，若欲携出館外，須繳保證金，照書本定價加倍，以一星期爲限。過期每日酌收百分之一補助金，以一星期爲度，過期沒收之。

第二條　本館閱覽時間，除休息日外，暫定如左，

一月至四月，午前九時至午後四時，

五月至八月，午前八時至午後五時，

九月至十二月，午前十時至午後四時。

第三條　定期休息日，特定如左，但臨時休息得另行揭示。

(一)每星期一，(二)歲首一月三日至五日，(三)春夏秋冬節後一日，(四)民國紀念日後一日，(五)年終十二月二十八日至三十日。

第四條　閱覽人先檢書目，入室閱書須向發證處請領閱書證，倘迹近游戲概不照給。

第五條　領證後，應於證上，逐項塡明，交由館員發領證書，入室閱覽，但閱新聞紙者得逕至新聞閱覽室。

第六條　領書證，每次所領之書，以一種爲限，如欲換閱他書，須將其連同領書證，交淸後，另塡領書證。

第七條　閱覽人，出門時，須將圖書交由館員點收，於領書證上蓋明收訖字樣，以淸手續。

第八條　閱覽人，有一日中數次來館者，其每次須領書手續，與前同。全書未閱完，次日須接閱者，不得折角爲記須向館員領用夾籤。

第九條　閱覽人，隨身之物件，各自留意。不得携帶危險及笨重物品，凡筆硯墨盒及油積物等，足以汚損

書籍者，亦勿攜帶．

第十條　閱覽圖書，不得塗抹，汚損，摺皺，撕裂，如有上項情事，須酌量輕重，責令賠償．

第十一條　閱覽室內禁止左列各事．

朗誦，談笑，吸烟，食物，隨意涕唾，傾倒倦臥，塗抹窗櫺墻壁，移動陳設器具，等件．

第十二條　閱覽者，如欲摘抄書籍，不得用毛筆，墨汁，以自備鉛筆爲限．

第十三條　癲痴泥酒．及有傳染病者，得謝絕之．

第十四條　本規則如有未盡事宜，得隨時修改之．

——摘自《福建教育廳教育週刊》一九二八年第七期

△徵集圖書簡約

(甲)募捐圖書辦法：

國內外熱心教育之士，有願捐資購書，或贈送書籍者，本館訂下列紀念辦法，數條以誌　高誼：

甲，捐資或贈送貴重書籍數，在一千元以上者，本館爲特闢一室，以捐資或贈書者，別號名之。

乙，捐資或贈書數，在二百元以上者，將捐資或贈書者等照片，懸掛室中。

丙，捐資或贈書數，在五十元以上者，本館將捐資或贈書小像懸掛室中。

丁，捐資或贈書數，在二十元以上者，本館將捐資或贈書者姓名，鑴銅牌嵌置壁上。

戊，凡捐資購書，或贈書者，本館將捐資或贈書者姓名載入書內。

巳，凡以名人未刊著述，或海內孤本，寄存本館，當負保存之責。

(乙)酌贈募捐人辦法：

國內外熱心教育之士，有願募捐圖書，或贈圖書者，本館訂下列紀念辦法數條以誌 高誼。

一，募捐圖書費，或圖書價，在一千元以上者，依募捐圖書辦法甲項，本館將募捐人姓名附列並贈銀爵一樽。

二，募捐圖書費，或圖書價值五百元以上者，本館將募捐者照片放大，懸館紀念，並贈銀盾一座。

三，募捐圖書費，或圖書價值，三百元以上者，本館將募捐者姓名，鐫於募捐銅牌，嵌於館壁，並贈繡旗一方。

四，凡募捐圖書費，或圖書價在一百元以上者，本館將募捐者姓名，鐫於館捐銅牌，嵌置館壁。

福建各縣市民衆圖書館最低限度須設備之圖書

師範小叢書，職業教育叢書，教育叢書，職業教育叢刊，教育叢著，通俗教育叢書，新時代民衆叢書，少年自然科叢書，少年史地叢書，文學叢書，國學小叢書，學生國學叢書，新時代叢書，小說月刊叢書，小說世界叢書，說部叢書，新智識叢書，百科小學叢書，百科問答小叢書，百科常識叢書，東方文庫，商業叢書，農業小叢書，市政叢書，醫學小叢書，手工叢書，平民叢書，平民職業小叢書，兒童文學叢書，兒童史地叢書，兒童理科叢書，兒童常識叢書，兒童藝術叢書，兒童工藝叢書，兒童手工叢書，兒童遊戲叢書，兒童世界叢刊，平民千字課掛文，平民千家課掛圖，五彩通俗教育書。

以上均係商務印書館出版

兒童百科叢書，兒童報社叢書，兒童課餘服務叢書，兒童歌曲集，兒童歌劇，常識叢書，學生叢書，學生文學叢書，史學叢書，歐遊叢刊，名人傳記叢書，國語叢書，國語小叢書，自然叢書，科學叢書，新文化叢書，教育小叢書，戲劇叢書，音樂叢刊，新世記叢書，國民外交小叢書，哲學叢書。

以上中華書局出版

△各縣民衆圖書館暫行規程

第一條　各縣至少應設置民衆圖書館一所，隸屬於縣教育局。

第二條　民衆圖書館設館長一人，綜理全館事務，管理員事務員若干人，承館長之指揮，分任各項事務。

館長除綜理館務外，仍應從事指導演講等工作

第三條　民衆圖書館館長，以人格高尚，服膺三民主義，而合於左列資格之一者爲合格

㈠大學或專門學校畢業並於圖書館學有相當之研究者；

㈡中等學校畢業並曾在圖書館專科學校畢業者；

㈢中等學校畢業曾任圖書館主要職務二年以上確有成績者

㈣國學確有根柢而於圖書館學及社會教育有相當之研究者．

第四條　民衆圖書館館長，由縣教育局長審查資格聘任之並呈報本廳備案。縣教育局應於聘任時。繳驗下列文件：

㈠畢業證書㈡服務證明書㈢計劃書或著作。

第五條　民衆圖書館管理員及事務員，由館長呈准縣教育局長聘任之。

第六條　民衆圖書館館長及管理員之薪俸，由縣教育局長酌量情形按下列等級支給之；

職務＼等級	第一級	第二級	第三級	第四級
館長	五〇元	四〇元	三〇元	二〇元
管理員	四〇元	三〇元	二〇元	一〇元

第七條　民衆圖書館館長，不得兼任他項有給職務

第八條　民衆圖書館館長，聘任以一年爲期，但中途如有服務不力者，由縣教育局長撤換之並呈報本廳

第九條　私人或私人團體設立圖書館供公衆閱覽者，須呈請所在縣教育局核准。轉呈本廳備案其館長資格應依照本規程辦理

第十條　私人或私人團體設立之圖書館，應標明私立字樣

第十一條　圖書館立案規程另定之．

第十二條　本規程自公布日施行．

——摘自《福建教育廳教育週刊》一九二八年第七期

◎山西省立通俗圖書館章程

第一條、本館以實施通俗教育、增長國民常識爲宗旨、

第二條、本館直隸於山西省政府教育廳、

第三條、本館設主任司事各一人、由山西省政府教育廳委任之、

第四條、本館主任、負有管理全館事務之責、司事受主任之指揮、分掌各項事務、其辦事規則另定之

第五條、本館所備各種圖書報章、任人閱覽、概不收費、其閱覽規則另定之、

第六條、本館圖書、除隨時購置外、並向諸處捐集、各界寄陳、尤屬歡迎、其關於酬謝保管規則另定之、

第七條、本館於每月杪、應將閱覽書報情形、分別作成統計、呈報山西省政府教育廳查核、年終並應作成全年統計報聽備案、

第八條、本館經費由省欵開支、
第九條、本章程自公布之日施行、

◎山西省立通俗圖書館辦事規則

第一條、本館館員辦事組織及方法、依本規則所定、
第二條、本館主要事務如左、(一)購訂書報、(二)編製目錄、(三)製作統計、分二種、(甲)每月統計、(乙)全年統計、(四)徵集書報、(五)書報之登記、(六)書報之整理、(七)書報之出納及典藏、
第三條、本館主任總理第二條所列各事項、司事受主任之指揮助理之、
第四條、本館不用差人、關於清潔衛生各事項、由司事兼理、
第五條、本館會計事務、由主任負責辦理、如臨時委託司事辦理，仍由主任負責、
第六條、凡不屬於第二條所列各事項，均由主任臨時酌量處理、並得指定某事項使司事處理之、
第七條、主任及司事在辦公時間、不得離職、
第八條、主任及司事在辦公時間、不得會客、如遇特別情事、必須會晤、不得高聲談笑，致碍閱覽、
第九條、主任及司事均須常住館內、不得外宿、館內並不得留宿外賓、
第十條、本規則自公布之日施行、

◎山西省立通俗圖書館閱覽規則

第一條、本館圖書報章、限於在館內閱覽、不許外借、
第二條、本館每日開館時間、依季節之不同、規定如左、
自十月起至翌年三月止、每日上午八時至十二時、下午一時至五時、

自四月起至九月止、每日上午七時至十二時、下午二時至七時、

第三條、本館休假如左、(一)每週星期一、(二)例假及紀念日之翌日、因曝書及其他事故有停止閱覽之必要者、臨時宣布、

第四條、閱覽手續如左、(一)閱覽圖書、閱覽者須將姓名職業書名册數、塡寫於閱覽簿、由館員依次檢取、閱畢交由館員收存、於閱覽簿上加蓋交訖字樣、(二)閱覽報章、得隨意取閱、但閱畢仍須放置原處、

第五條、閱覽者入館、須依照館內所定閱圖書閱報章之座位入座、不得紊亂、

第六條、閱覽圖書者、如於閱覽中欲暫行出館、須將所閱圖書交館員暫存、回時續取、但出館時間、不得過五分鐘、

第七條、閱覽者在所閱圖書之報章上、不得有批寫圈點及折角汚損剪裁等情事、違者責以相當賠償、

第八條、閱覽者攜帶隨身物件、自行照管、但笨重之物、不得攜入館內、

第九條、閱覽者如欲鈔錄、須自帶筆墨、

第十條、閱覽者不得吸烟食物、隨地吐痰、及朗誦喧譁、

第十一條、有傳染病精神病或酗酒者、得阻止其入館閱覽、

第十二條、本規則自公布之日施行、

山西省政府教育廳指令第二六三七號 十一月十九日

令平魯縣縣長

呈報城內設立通俗圖書館情形備案由

呈及簡章均悉准予備案仰即知照此令 簡章存

附原呈

呈爲呈報事案奉

鈞廳第一四四號訓令尾開合亟令行該縣仰先於城鎮人煙稠密處所分別設立漸次推及各村其已設立之處並應加以整頓圖書館與閱報處可合設爲一即統稱通俗圖書館館內設備無庸故事鋪張以切於實用爲主其所需書報除日報雜誌隨時購訂外書籍須行黨義政治經濟衛生地理歷史農工商業及各項統計並其他與民族精神有關之圖書小說等類所採不必長編而各類却宜廣搜黨義書關係重要參照縣黨部所奉上級黨部指定書目最佳事關國民程度務須認眞辦理仍將辦理情形具報備核切切此令等因奉此遵查職縣連遭奇災公款虧累甚鉅茲奉前因礙難廣爲設立擬先於縣城內舉辦一處俟元氣恢復公款稍裕再行分別設立所有縣城內成立通俗圖書館情形及簡章是否有當理合備文呈報恭請

鑒核備案示遵施行謹呈

山西教育廳長陳

附呈簡章一份（見專載欄）

代理平魯縣縣長馮　鼐

——摘自《山西教育公報》一九二八年第二百六十二期

專載

平魯縣城內通俗圖書館簡章

第一條　本館定名爲平魯縣城內通俗圖書館

第二條　本館以增進民衆普通常識及開發民衆政治思想爲宗旨

第三條　本館地址爲兼備學生閱覽附設於縣城文廟內第一高小校東院

第四條　本館設主任一人由第一高小校長兼任之管理員一人由該校教員輪流担任之設書記一人館役一人

第五條　本館草創伊始遵照　廳令暫備黨義政治經濟衛生地理歷史農工商業等書籍及各項統計日

報雜誌並與民族精神有關之圖畫小說俟籌有鉅欵隨時擴充

第六條　本館爲便於鄉村學校購買課本起見於閱覽書籍外兼售新時代教科書

第七條　本館經費全年酌定爲大洋二百元由地方公欵項下實支實領

第八條　本館主任管理純係義務職書記館役酌給薪工

第九條　本館人覽時間及書籍出借手續另定之

第十條　本館爲閱覽人便利起見特於校門東邊另闢一門以免混雜

第十一條　本簡章如有未盡事宜得隨時修正之

——摘自《山西教育公報》一九二八年第二百六十二期

山西省政府教育廳指令第二六四一號 十一月十九日

令平順縣縣長

呈報成立通俗圖書館並送簡章規則由

呈悉仰遵照

省政府指令辦理簡章規則准予存查此令

附原呈

呈爲呈報事案奉

鈞廳第一四四號訓令除原文有案不叙外尾開仍將辦理情形具報備核切切此令等因奉此遵查通俗圖書館原爲開通民智增加人

民常識起見自應遵照辦理惟是地方公款拮据萬分勢難單獨設立玆爲兼籌並顧計將勸學所附設之圖書館與書報社合併一處成立通俗圖書館既省經費復于民衆有益誠屬一舉二得除擬定簡章及閱覽書報規則呈報省政府主席外理合檢同簡章規則一併備文呈送祇請

鑒核備案施行謹呈

教育廳廳長陳

計呈送

簡章規則各一份（見專載欄）

署理平順縣縣長王鴻藏

——摘自《山西教育公報》一九二八年第二百六十二期

平順縣通俗圖書館簡章

第一章　定名

第一條　本館定名爲平順縣通俗圖書館

第二章　宗旨及地址

第二條　本館以開通民智增高平民常識並補助社會教育爲宗旨

第三條　本館地址設在城内洗心社

第三章　組織

第四條　本館由縣長提倡將勸學所附設之圖書及書報社合併組成之

第四章　職員及其權限

第五條　本館設經理一人總理本館一切事務兼管選購書報處置書報及收支銀錢各事宜管理員一人承經理之命辦理本館書報之保管及收藏並書報統計編訂書報目錄記錄閱書報人數等一切事務

第五章　職員薪俸公費及其任免

第六條　本館經理每月薪金定爲八元管理員定爲六元辦公費月支四元雜役一人月支三元

第七條　本館經理及管理員由縣政府任免之

第六章　經費

第八條　本館經費除書報社及圖書館之經費外不足之欵由地方公欵補助之

第七章　閲覽

第九條　本館書報凡屬平順人民於規定時間内皆可隨時入覽

第十條　本館書報閲覽規則另定之

第八章　借書報

第十一條　本館借書報無論何人不得使用

第九章　附則

第十二條　本簡章有未盡事宜得隨時修改之

平順縣通俗圖書館閲覽書報規則

（一）本館書報不論何人均可入覽

（二）本館閲覽書報時間每日上午九點至十二點下午三點至六點

（三）本館書報無論何種不得隨意圈點或加批評

（四）本館書報如閲覽者隨意損壞必須酌量賠補

（五）本館所儲書報在何處所閲畢仍歸置原處不得隨意抛棄

（六）本館書報不論何種不准携帶外出及私自剪裁

（七）本館閲覽室不得高聲朗誦妨礙他人閲覽

（八）本館書報如欲抄錄時必須自帶筆墨

（九）本館閲覽室牆壁棹櫈不得塗抹損壞

（十）本館所定各條閲覽書報人務須遵守否則必受管理員之干涉並停止閲覽權

（十一）本館閱覽規則有不適宜處得隨時修改之

（十二）本館閱覽規則自公佈日施行

——摘自《山西教育公報》一九二八年第二百六十二期

◎呈主席為通俗教育館與圖書館合併編造全年度預算書請備案文

呈為通俗教育館亟待成立並與圖書館合併編造全年度預算書恭請

鑒核備案事案查　職廳前經呈請創辦省立通俗教育館將區立圖書館歸併在內就圖書館原有每月經費二百元增加一百元以資撙節一案業經

鈞府政務會議議增加數目由教育廳學田租項下月支五十元由財政廳撥補開辦費六百元作為全年經費並令行遵照在案現在籌備事項業已就緒亟待成立以資展覽唯經費係就圖書館經費畧事增加借資挹註擬將圖書館即行歸併改為通俗教育館圖書部仍在原址與展覽游藝各部分別設立以免喧囂而便閱覽更就圖書館原有職員增加事務員一人即敷分配計設館長一員主持全館進行事宜主任一人分司圖書部保管事宜事務員三人承館長主任命令輔助一切進行事務所有歸併及擬議各緣由是否有當理合編造全年度預算書呈請

鑒核准予備案施行再由財政廳撥補六百元足敷一年補助經費之用候明年學田租收數暢旺再行呈請補助合併聲明謹呈

省政府主席楊　十二月七日

公牘

附呈預算書三份

——摘自《察哈爾教育公報》一九二八年第一卷第六期

民衆圖書館通則

第一條　本館由民衆教育館直接管轄

第二條　民衆圖書設主任一人由民衆教育館館長聘任之館員二人

第三條　每月經常費定爲一百六十元其支配如左（每年經常費二千元）

一，主任月支薪膳五十元

二，正館員月支薪膳四十元

三，副館員月支薪膳三十元

四，勤務月支薪膳十元

五，書報費月支三十元

六，雜費每年八十元

第四條　館員之職員支配如左

一管理圖書器具事宜

（二）管理圖書出納及登記事宜

（三）編製圖書目錄及保管事宜

（四）登記閱覽人數及統計事宜

（五）指導閱覽及舉行演講代筆事宜

（六）其他館內一切事宜

第五條　各館館員均須常川駐館不得兼任其他職務

第六條　每日閱覽時間上午十時至十二時下午一時至六時星期日照常開館星期一休息

第七條　每月終應將館內辦理情形具報民衆教育館館長

第八條　館內添置圖書及器具等項如款數目在經常費以外者須商承館長核准方可實行

——摘自《福建教育廳教育週刊》一九二八年第十一期

(二)中央大學區各縣公共圖書館暫行規程

第一條　各縣至少應設置公共圖書館一所，隸屬於縣教育局。

第二條　公共圖書館爲謀辦事便利，應酌設左列各股：

一　選購股　關於圖書之選擇購買徵求介紹登錄交換寄存等事項屬之。

二　編目股　關於圖書目錄之編製整理，以及圖書解題圖書增減調查等事項屬之。

三　指導股　關於指導閱覽，答覆問題，講演書報內容等事項屬之。

四　保管股　關於圖書之保管整理，以及報紙剪裁彙集等事項屬之。

五　推廣股　關於書報之介紹編輯刊印審定取締以及一切推廣事屬之。

六　事務股　關於圖書之借閱收還，以及文書會計庶務統計交際等事項屬之。

以上各股得視地方情形合併設立。

第三條　公共圖書館爲謀閱覽便利，得分設左列各閱覽室：

一　普通閱覽室，

二　特別閱覽室，

三　婦女閱覽室，

四　兒童閱覽室，

第四條　公共圖書館應附設巡迴文庫民衆閱報處，發行各種刊物，從事各種民教運動及文化保存傳布等事項。

第五條　公共圖書館各種書籍，得向私人或公共機關徵集或借存抄印。

第六條　公共圖書館設館長一人，秉承縣教育局長負本館進行之全責；公共圖書館館長，以專任爲原則，但得以指導員兼任之。

第七條　公共圖書館設指導員事務員若干人，承館長之指揮，分任各股事務。

第八條　公共圖書館遇必要時，得酌設書記若干人。

第九條　公共圖書館館長館員任免待遇規程另訂之。

第十條　公共圖書館應舉行館務會議，並得組織各項委員會。

第十一條　公共圖書館於每月月終及年度終了時，應將辦理事項，製成各項統計，報告於縣教育局，轉呈本大學備查。

第十二條　公共圖書館行事曆，由各館斟酌情形按年訂之。

第十三條　本規程自公布日施行。

——摘自《安徽教育行政週刊》一九二九年第二卷第九期

河南教育廳訓令 第389號

令各平民圖書館——改館名爲「民衆圖書館」並將館內所有書籍等項情形具報

爲令遵事：

查十七年全國教育會議議決，凡平民教育機關，「平民」字樣，一律改爲「民衆」，本市各平民圖書館，自應遵照更改，以昭劃一，按照前定名稱，該館應改爲河南省垣△區第△民衆圖書館，應卽速製館牌，妥懸門首。各該館館室間數，棹橙若干，書籍圖表數目名稱及每日開館時間，幷應開具詳單呈廳備查，除分行外，合亟令仰該館查照上開各節，限文到一來復內，遵辦具報以憑查考，切切此令。

廳長張鴻烈 18,3 29

——摘自《河南教育》一九二九年第一卷第十七期

◉本局主辦通俗圖書館計畫大綱

一本局爲宣傳主義開發民智起見擬設立通俗圖書館若干處以爲成人教育之實施所

二通俗圖書館暫就市內適宜地點分配設立之

三各館得酌設代辦所並利用巡迴文庫辦法以期普及代辦所可附設於講演所閱報所茶樓市場等處由館員委託各該處主管人員代辦給以津貼巡迴文庫則派人辦理之

四各館各設管理員一人掌理館中一切事務並視館務之繁簡得酌用助理若干人管理員由教育局委派助理員由管理員商承教育局僱用之

五各館設代辦所依成立之先後定名爲天津特別市第一通俗圖書館第二通俗圖書館第一通俗圖書館第幾代辦所第二通俗圖書館第幾代辦所等

六各館購置書籍由管理員商承教育局辦理各代辦所之書籍由各該館給之

七各代辦所存備之書籍須區分部類按期領換

八各代辦所每屆月終須將經過情形呈報於各該館各館再連同館內及巡迴文庫經過情形呈報於教育局以備查核

九各館之規程閱覽規則及各代辦所巡迴文庫辦法另定之

十各館開辦費及經常費概算如左

開辦費二千元

每月經常費五百元

——摘自《教育公報》（天津）一九二九年創刊號

河南民衆圖書館暫行章程

17,1,6•本廳公佈

第一條　定名為民衆圖書館。

第二條　宗旨可分兩項：

一•宣揚黨化教育。

二•灌輸平民常識，

第三條　按照教育廳所編制的民衆圖書館圖書目錄，盡力購置，最低限度，必須購足五分之四。

第四條　書報取直陳列法，以便閱者隨時翻覽，但依書報性質分別陳列，藉醒閱者耳目。

第五條　館中設指導員一人，負保管圖書之責任，並招徠閱者而指導其閱覽。

備考　書報豐富，或館地狹小，得兼採直接與間接陳列二法，

河南民衆圖書館閱覽規則

17,1,6•本廳公佈

一•館中書報，任人閱覽。

二•閱覽時間，定於上午九時至十二時，下午一時至六時•（但亦可酌量地方情形更動之）

三•閱覽書報，均宜愛護，如有毀損，應負賠償的責任。

四•閱覽時，不得高聲朗誦，及妨碍公共的舉動。

五•閱覽人在館內，不得任意涕吐，及吸食紙煙，致碍衞生。

六•閱覽書報，不得用筆圈點。

七•閱覽書報，不得任意拋置，閱畢仍還原處。

八•館內書報，不得攜去，亦不得借用。

九•閱覽人擬看何種書籍，須先向借書簿上寫明，由指導員取付。

十•每次只准取書籍二種，且繼續時，不得超過二次。

『備考』　九十兩項，在間接陳列法適用之。

——摘自《河南教育特刊》一九二九年第一期

北平大學區各縣通俗圖書館暫行規程

第一條　爲灌輸民衆黨義及普通常識並指導其利用餘暇設立通俗圖書館

第二條　各縣通俗圖書館所在地點成立民衆教育館時圖書館應歸併於教育館改名爲圖書部

第三條　通俗圖書館隸屬於縣教育局

第四條　通俗圖書館爲辦事便利起見得酌設左列各股

一　指導股　關於指導閱覽答覆問題講演書報內容以及書報之介紹取締編輯刊印等事項屬之

二　管理股　關於圖書館之選購整理保管目錄之編製以及報紙之剪裁彙集等事項屬之

三　事務股　關於圖書之借閱收還以及文書會計庶務統計交際等事項屬之

第五條　通俗圖書館得附設巡迴文庫民衆閱報處報紙揭貼牌發行各種刊物從事各種民衆教育運動及文化保存傳佈等事項

第六條　通俗圖書館各種書籍得向私人或公共機關徵集或借用

第七條　通俗圖書館設主任一人秉承縣教育局長負本館進行之全責設事務員若干人商承主任分任各股事務遇必要時得酌設書記

第八條　通俗圖書館主任任免及待遇規程另定之

第九條　通俗圖書館得設各種委員會

第十條　通俗圖書館於每月月終及年度終了時應將辦理事項製成各項統計表報告於縣教育局轉呈本大學備查

第十一條　通俗圖書館行事歷由各館斟酌情形按年訂之

第十二條　本規程自公布日施行

——摘自《北平大學區教育旬刊》一九二九年第九期

◉天津特別市市立通俗圖書館閱覽規則本局第三十次局務會議通過

一、本規則依據市立通俗圖書館組織規程第十條規定之
二、本館閲覽時間定爲上午九時至十二時下午二時至五時七時至九時但得因季候關係酌量改定之
三、本館停閱日期除每週月曜日外其他休假臨時布告
四、本館備有簽名簿入覽者須按式塡寫後方得領書
五、閲覽圖書同時祇限定一種
六、本館圖書概不外借但有特殊情形經管理員認可者不在此限
七、閲覽人遇有生字難句得向館員請爲解釋但不得故意問難
八、閲書室內不得有吟哦，朗誦，談話，吸煙，吐痰及其他妨碍公衆之行爲
九、閲覽圖書不得用唾液黏翻及用手壓摺
十、無論何項圖書不得在書上圈點批評及割裂倘有損壞情事應照原書價値賠償
十一、本規則經教育局核准施行

——摘自《教育公報》(天津)一九二九年第八期

◉天津特別市市立通俗圖書館代辦所辦法本局第三十次局務會議通過

一、本辦法依據市立通俗圖書館組織規程第六條規定之

二、代辦所依成立之先後定名某通俗圖書館第幾代辦所

三、代辦所附設於公共處所及茶樓市場澡塘等處由本館委託各該處主管人員代辦酌給津貼

四、本館除發給各代辦所科學常識時事雜誌等圖書外尤須選擇有關黨義及通俗教育者按照補發或交換閱覽

五、代辦所如有建議添購書籍時本館得斟酌情形添置之

六、代辦所置備之書籍應由本館區分部類編成目錄以便閱覽

七、代辦所接收書籍時應出具收據以爲憑證

八、閱覽人如將書籍損失應照價賠償

九、各代辦所之書籍祇許臨時借閱不得外借但有特殊情形經代辦人認可者不在此限

十、每屆月終本館應將代辦所經過情形造表呈報教育局備查

十一、本辦法經教育局核准施行

——摘自《教育公報》（天津）一九二九年第八期

◉天津特別市市立通俗圖書館組織規程本局第一三〇號呈送市政府經市政會議第四十五次例會原案通過

第一條　本規程依據天津特別市教育局通俗圖書館計畫大綱規定之

第二條　本館設管理員一人由教育局委任之

其附設者得以該主管機關之主管人爲管理員

第三條　管理員承局長之命掌理全館事務其職責如下

一、關於館內一切行政事項

二、關於編審撰擬繙譯及一切計畫事項

三、關於選購圖書及保管事項

四、關於助理員之考勤事項

五、關於代辦所巡廻文庫之設計及考查事項

六、其他事項

第四條　本館設助理員二人由管理員任用之呈報敎育局備案

第五條　助理員輔助管理員處理下列各項事務

一、關於鈐記之啟用及典守事項

二、關於文件表册之收發繕寫及保管事項

三、關於編擬預决算及其他會計庶務事項

四、關於管理閱覽事項

五、關於裝訂整理及登記事項

六、其他事項

第六條　本館得斟酌地方情形就茶樓市場組織代辦所及巡廻文庫

第七條　巡廻文庫及代辦所辦法由管理員擬定呈報敎育局核准施行

第八條　本館購置圖書由管理員秉辦敎育局辦理之

第九條　本館圖書除通俗刋物外得由其他圖書館借用關於學術之圖書以備閱覽

第十條　本館閱覽規則借閱規則辦事細則由管理員擬定呈報敎育局備案服務規則由敎育局定之

第十一條　本館及各代辦所巡廻文庫之經過情形連同工作報告書閱覽人統計表由管理員分別編擬於每次月十日前呈送教育局備查

第十二條　本規程如有未盡事宜由教育局隨時修正之

第十三條　本規程自公布之日施行

——摘自《教育公報》（天津）一九二九年第九期

河北省各縣通俗圖書館組織大綱 十八年八月十九日公佈

第一條 爲灌輸民衆黨義及普通常識並指導其利用餘暇特設各縣通俗圖書館

第二條 各縣通俗圖書館所在地點成立民衆教育館時圖書館即歸併於教育館改名爲圖書部

第三條 通俗圖書館隸屬於縣教育局

第四條 通俗圖書館爲辦事便利起見得酌設左列各股

一、指導股 關於指導閱覽答覆問題講演書報内容以及書報之介紹取締編輯刊印等事項屬之

二、管理股 關於圖書之選購整理保管目錄之編製以及報紙之剪裁彙集等事項屬之

三、事務股 關於圖書之借閱收還以及文書會計庶務統計交際等事項屬之

第五條 通俗圖書館得附設巡迴文庫民衆閱報處報紙揭貼牌發行各種刊物從事各種民衆教育運動及文化保存傳佈等事項

第六條　通俗圖書舘各種書籍得向私人或公共機關徵集或借用

第七條　通俗圖書舘設主任一人秉承縣教育局局長負本舘進行之全責設事務員若干人商承主任分任各股事務遇必要時得酌設書記

第八條　通俗圖書舘主任任免及待遇規程另定之

第九條　通俗圖書舘得設各種委員會

第十條　通俗圖書舘於每月月終及年度終了時應將辦理事項製成各項統計表報告於縣教育局轉呈教育廳備查

第十一條　通俗圖書舘行事歷由各舘斟酌情形按年訂之

第十二條　本大綱自公佈日施行

——摘自《河北教育公報》一九二九年第一期

成立全省各縣民衆圖書館以省款預購萬有文庫作基本圖書請公决案

（八月三十日）

爲提議事竊維成立民衆圖書館所以增進教育効率良以圖書館之設在社會方面足供衆覽易謀知識之普遍在學校方面亦可藉資參考裨益自動之研求徒以新舊書籍浩如淵海搜求不易各科選擇購備爲費不貲卽使成立圖書館管理之術困難仍多茲據商務印書館呈稱爲解决以上三大困難謀整個之貢獻輯成萬有文庫發售預約每部價洋三百六十元外加郵費三十元如購至百部並願特別犧牲照預約價再打八折畧盡輔助教育之意等語查吾湘各縣圖書館所在闕如民衆無書可讀因而

文化滯進擬從十八年度民衆敎育預算項下籌撥此項圖書費每縣一部約計需洋二萬四千八百餘元經與該館商定分八九十三個月攤繳月約八千二百六十餘元嗣後各機關訂購經本廳紹介得照樣辦理並通令各該縣限期一律成立民衆圖書館即以該萬有文庫爲基本圖書並可爲無數的巡迴文庫似此以民衆教育經費之一部分卽能成立全省各縣民衆圖書館誠千載一時之良機是否可行合亟提出

大會敬請

公決

議決　照案通過

中華民國十八年八月　日

——摘自《湖南教育行政彙刊》一九二九年第二期

上海特別市市立流通圖書館暫行規則

第一條　本館隸屬上海特別市教育局、定名曰上海特別市市立流通圖書館、

第二條　本館設董事若干人、組織董事會籌畫本館一切進行事宜、董事由市教育局長聘任之、

第三條　本館設主任一人、掌理全館事務、由市教育局長委任之、辦事員若干人掌理各股事務、由主任遴選呈請市教育局長派充之、

第四條　本館爲辦事便利起見、暫分總務典藏流通三股、

甲、總務股之職掌如左、

一、關於文書之撰擬繕寫校對收發整理及管理事項、
二、關於預決算之編製、各種統計之調製、及紀錄報告事項、
三、關於設備及用品之配置保管事項、
四、關於各種調查及招待等事項、

乙、典藏股之職掌如左、
一、關於圖書報紙雜誌及其他刊物之選購、徵求介紹登錄分類編號事項、
二、關於圖書之保管整理修補裝訂曝晒及防蠹事項、
三、關於報紙之剪裁彙集等事項、

丙、流通股之職掌如左
一、關於圖書借閱郵寄及收還事項、
二、關於圖書雜誌報章陳列及整理事項、
三、關於對外宣傳及互助其他圖書館事項、

第五條　本館圖書分購置捐助二種應由主管股分別編成書目、并註明重量、

第六條　本館董事會暫行規則、主任任免待遇規程借書規約另定之、

第七條　本規則如有未盡事宜、得由市教育局隨時修正、呈請市政府核准施行、

第八條　本規則自特別市政府公布之日施行、

——摘自《上海特別市公安旬刊》一九二九年第一卷第十八期

河北省通俗圖書館流動閱覽辦法大綱十九年一月本廳公佈（教育部備案）

第一條　爲擴大閱覽範圍延長閱覽時間使距離圖書館較遠之機關或個人均有閱覽之機會起見特定圖書流動閱覽大綱

第二條　各市縣通俗圖書館及民衆教育館之圖書部須按照本大綱自行制定圖書借閱規則

第三條　各市縣通俗圖書館及民衆教育館之圖書部必須設置巡廻文庫巡廻辦法得按地方情形自行規定

第四條　除字典辭典新到雜誌新聞紙及特別貴重書籍外均得借出閱覽

第五條　借閱圖書者須先向圖書館領取借書証依法塡寫用機關名義者除由機關盖戳外更須由借者個人簽名負責用個人名義者除簽名外更須有舖保水印或保証金

第六條　借出圖書之部數在圖書館所在地方者個人每次以一部爲限機關以五部爲限在距離較遠之地方者倍之

第七條　上次所借之書未歸還者不得再借

第八條　借出之時期在本地方者個人以一週爲限機關以二週爲限在較遠之地方者倍之

第九條　凡借出書籍已逾交還期限而未交還者得按其遲誤之久暫酌停其借閱權若干時期

第十條　借出書籍如有損壞及遺失等情形均須照價賠償個人借者由舖保負責或由保証金扣抵

機關借者由簽名人負責

第十一條　各市縣通俗圖書館須將流動閱覽辦法及圖書閱覽規則廣爲宣傳并將所藏書目隨時公布以促進民衆之借閱

第十二條　本大綱自公布日施行

——摘自《河北教育公報》一九三〇年第三卷第四期

本省法規

湖南市縣立民衆圖書館暫行規程

第一條　湖南市縣立民衆圖書館(以下簡稱民衆圖書館)以根據三民主義啓發民衆知能涵養民衆德性促進社會文化爲宗旨

第二條　民衆圖書館隸屬於市縣敎育局(以下簡稱敎育局)

第三條　民衆圖書館設館長一人其職務如左

一　計劃全館興革事宜

二　監督並支配館員工作

三　編製館規及表簿

四　處理館內經費

五　召集館務會議

第四條　民衆圖書館設總務典藏指導三股每股設館員若干人其職務如左

甲　總務股之職務

一　編製統計

二　執掌文牘及庶務會計

三　選購新舊圖書及報章雜誌

四　依據閱覽規約收發圖書並塡寫日誌

乙　典藏股之職務

一　編製目錄並黏貼書簽

二　登錄新置之圖書報章雜誌

三　保管並整理圖書及報章雜誌

四　每年須於夏初秋末各曝書一次

丙　指導股之職務

一　應答閱覽人之質疑問難

二　舉行各項宣傳誘導民衆閱書

三　代寫書信

四　編撰時事壁報

五　舉行各種常識演講

六　舉辦巡迴文庫

七　辦理附設民衆問字處

第五條　館長由市縣教育局長遴選人格高尙服膺黨義並具有左列資格之一者呈請市縣政府核准委任之

一　四年以上之師範學校畢業曾任教育職務一年以上者

二　中等學校畢業曾任教育職務三年以上者

第六條　館員由館長遴選具有左列資格之一者呈請市縣教育局核准委任之

一　四年以上之師範學校畢業者

二　中等學校畢業曾任教育職務一年以上者

三　簡易師範學校畢業曾任教育職務二年以上者

第七條　館長館員均不得兼任館外有給職務但各市縣教育局如因教育經費奇絀得由局長自兼館長並得指派局員兼任館員不另開支薪水

第八條　館長館員之薪俸得比照市縣立完全小學校長教員之標準規定之

第九條　民衆圖書館圖書之來源如左

一　省教育廳發給者

二　市縣欵購買者

三　各機關團體書館及私人捐贈者

四　各機關團體及私人寄存者

第十條　圖書館工作情形及收支狀況每月應造具表册呈報教育局備查每學期應造具總表册由教育局轉呈教育廳察核其表册式樣另定之

第十一條　圖書館經費由教育局於市縣民衆教育經費內支給之但至少須以全館經費十分之三

作爲添置圖書雜誌報章之用

第十二條 本規程由教育廳呈准公布施行

——摘自《湖南教育行政彙刊》一九三〇年第五期

本廳訓令各縣政府爲令發本省民衆圖書館辦法大綱並應查照教育公報刊登書報目錄購備仰飭遵辦文　十九年六月三十日　第四二五號

本廳爲推進教育灌輸民知起見議由各市縣區鎮設立民衆圖書館曾擬具本省民衆圖書館辦法大綱並擇訂應備書報目錄呈奉　省政府核准在案除將圖書館應備書報目錄刊登於第六十三期教育公報外合亟檢同民衆圖書館辦法大綱令仰該縣長即便轉飭遵照辦理並將辦理情形隨時具報備核此令

附發吉林省民衆圖書館辦法大綱一份

應備書報目錄（查照第六十三期教育公報）

吉林省民衆圖書館辦法大綱

第一條　民衆圖書館以宣揚黨化教育灌輸民衆常識爲宗旨

第二條　各市縣及區鄉鎮均須籌設民衆圖書館

第三條　民衆教育館內得附設民衆圖書館或於圖書室內多備民衆圖書

第四條　其已設圖書館之市縣須於該館內添購民衆圖書

第五條　民衆圖書館應參照教育廳編發之民衆圖書目錄盡力購置最低限度亦須購足五分之四

第六條　書報依其性質分別陳列並用直接陳列法以便隨時閱覽但書報豐富或館地狹小得兼採直接間接陳列二法

第七條　館中設指導員一人負指導及保管之責任

第八條　民衆圖書館得兼辦巡廻文庫並得另設指導員一人司輸送圖書及指導閲覽之責不能另設指導員者得由講演員兼司其事

第九條　民衆圖書館閲覽規則自行訂定但須呈廳備案

第十條　本大綱自呈准公布之日施行

——摘自《吉林教育公報》一九三〇年第六十九期

杭縣縣立流通圖書館規程

第一條　本館由前縣立敎育流通圖書館改組，定名爲杭縣縣立流通圖書館。

第二條　本館購備之圖書，分下列三大類：

1 一般書類；（哲學，敎育，政治，經濟及自然科學等書屬之。）

2 兒童讀物，（童話、故事及兒童文學等屬之。）

3 通俗圖書，（歷代演義傳奇小說及民衆常識等屬之。）

第三條　本館各類圖書之流通，依下列之規定：

1 一般書類流通於縣屬各敎育機關，

2 兒童讀物流通於縣屬各小學，

3 通俗圖書流通於縣屬鄉村圖書館及本館各指定流通處。

第四條　本館以流通爲主旨，館內暫不特設閱書室。

第五條　本館各類圖書，除一般書類由本館直接處理外；其兒童讀物及通俗圖書特設專庫，名爲兒童讀物庫及通俗圖書庫。

第六條　一般書類之流通借閱章程，與兒童讀物庫通俗圖書庫各庫章程，均另定之。

第七條　本館設館長一人，由縣政府敎育局局長兼任之，館員一人至二人，由館長任用之。

第八條　本館館長及館員，協同掌理下列各種事宜：

1 圖書購置及用具設備，

2 圖書分類及保管，

3 分配及收發圖書，

4 編輯圖書目館務概況，調製統計表式。

5 指導借閱人關於圖書內容之質問。

6 辦理文牘，編製預決算。

7 其他關於圖書館之業務。

第九條　本館經費於縣敎育經費項下支撥之。

第十條　本規程由縣政府轉呈浙江省敎育廳核准施行。

杭縣縣立流通圖書館一般書類流通借閱章程

（一）流通辦法

第一條　本館所有一般書類之圖書，分兩部分流通：

1　一部分存放館內備各教育機關或私人之借閱。

2　一部分存放本館定製之船上，直接運送各區教育機關，依次借閱。

第二條　每學期開始時，本館將一般書類之圖書目錄，送發各教育機關，函請其來館借閱。

第三條　本館認爲有價值而足供教育機關參考研究之圖書，隨時撰述內容綱要介紹各教育機關借閱。

（二）借閱規則

第一條　一般書類之圖書凡借閱人均得函借或面借，但均須先索取本館借書劵。

第二條　借書劵內各項借閱人，應依照塡寫並簽字蓋章函寄或面交本館。

第三條　借書劵上所在機關項內，必須蓋有機關主持人印章，由該機關負完全責任。

第四條　非教育機關人員借閱圖書，須覓相當機關負責保證，其以私人名義借閱者，應納同值之保證金，還書時保證金發還。

第五條　本館收到借書劵後，認爲手續完備，即照發圖書；其函借者，應納足郵費：其郵寄不通處，照借閱人通訊處寄遞，倘有遺失，由

借書人負責。

第六條　每人每次借書以三種爲限（新到雜誌以一種爲限），每次借閱時間，以二週爲限（自圖書發出日算起）。

第七條　借閱人不依限期寄還，亦不聲明遲還理由時，第二次不得再借，一面函催負責保證機關索還。

第八條　借去圖書如有遺失，缺少圈點，塗抹，加蓋圖章，及摺皺破壞割裂，剪裁時，應照圖書原價賠償。

第九條　借書劵之使用方法及注意各點，詳載劵上。

——摘自《中華圖書館協會會報》一九三〇年第六卷第一期

杭縣縣立流通圖書館附設通俗圖書庫暫行章程

(一)總則

第一條 本館為便利縣屬各處民衆得隨時借閱通俗圖書，特附設通俗圖書庫分別流通。

第二條 通俗圖書庫設於本館所指定之流通處。

第三條 本館就尚未設立鄉村圖書館各處，暫設六個流通處，委托當地小學管理之。

第四條 通俗圖書之管理辦法及借閱規則，均依本章程之規定。

(二)管理辦法

第一條 每學期開始時，本館將通俗圖書，送至各庫。

第二條 各庫於圖書送到時，應查對書目及冊數；如查有不符，應立即函告本館。

第三條 各庫圖書彼此交換之時期及次數，由本館定處理之。

第四條 每年暑假及年假期內，應由各委托管理之小學，推定校內職員一人管理之。

第五條 委托管理之小學對於民衆借書事項，應照本館印發之借書登記簿內各項，逐次塡記。

前項借書登記簿，每學期終應繳還本館。

(三)借閱規則

第一條 縣屬各區民衆借閱通俗圖書，須先向各流通處索取借書證，依式塡記，其不能塡記者，可請流通處代塡之。

前項借書證由本館印發各流通處保管使用。

第二條　借書證上應有保證人簽字蓋章，否則無效，此項保證人限於借書人所在地之機關主持人。（如村里會及小學之負責人）

第三條　借書證手續完備後，即得領取圖書。

第四條　每一借書證可連續使用若干次，以證上塡滿爲度；每一借書證使用完畢後，須繳還原領之流通處調換新證。

第五條　每人每次借閱通俗圖書以兩册爲限，每次借書時期，至多不得過一星期。

第六條　借書人如將圖書遺失或損壞時，應責令保證人追繳賠償。

——摘自《中華圖書館協會會報》一九三〇年第六卷第一期

法規

華僑商會倡辦民衆圖書館或附設民衆書報閱覽處辦法

第一條　教育部爲提倡華僑民衆教育起見，特制定華僑商會倡辦民衆圖書館或附設民衆書報閱覽處辦法，勸導華僑商會倡辦，以啓迪僑胞知識，宣傳祖國文化。

第二條　華僑商會，遵照本辦法倡設民衆圖書館或民衆書報閱覽處（以下簡稱民衆圖書館或閱報處），而具有成績者，得由所在地領事館呈請教育部酌量獎勵，其規模較大成績較著者，援照捐資與學褒獎條例獎勵之。

第三條　各華僑所在地領事館，對於華僑商會倡辦民衆圖書館或閱報處，應積極提倡，並予以相當之便利或援助。

第四條　華僑商會于倡辦民衆圖書館或閱報處時，應開具左列事項呈報所在地領事館轉呈教育部備查：

一　創辦之華僑商會；

二　圖書館或閱報處之名稱；

三　館處數目及其分館分處數目；

四　創辦年月；

五　館處所在地；

六　組織概況；

七　設備概況；

八　經濟概況；

九　其他。

第五條　民衆圖書館及閱報處之圖書設備，大要如左：

（一）民衆圖書館

一　黨義書籍：如中山全書等；

二　教科圖書：如三民主義千字課，注音符號傳習小册，各種初高級小學教科書自習書等；

三　民衆文學，如各種小說，歌，謠，故事等；

四　社會科學常識圖書，如公民，衛生，中外史，地理，及有關本國或國際情形之各項常識圖書；

五　自然科學常識圖書：如生物，物理，化學，各種淺易明顯之圖書；

六　職業圖書：如商業，工業，農業，家事等有關職業之各種圖書；

七　藝術圖書：如繪畫，雕刻，音樂等有關藝術之各種圖書；

八　報紙雜誌：如國內外各種著名之報紙雜誌等；

九　辭典，字典，及百科全書等，

十　其他。

(二)民衆書報閱覽處：

一　三民主義淺說，建國方略圖解，建國大綱及其他黨義書籍；

二　本國及居留地之報紙，雜誌，公報等；

三　關于職業及公民等之普通常識書籍

四　其他。

第六條　民衆圖書館及閱報處選擇圖書報紙，應依照如左之標準：

一　符合三民主義，或不違反三民主義者；

二　不涉及迷信，淫穢，或含有封建思想者(如盲的崇拜英雄帝王等，均含有封建思想)；

三　與一般僑民之職業最有關係者；

四　有益於僑民個人修養及社會風俗文化之提高增進者；

五　文字通俗條達，內容切要充實，印刷淸楚者。

第七條　民衆圖書館或閱報處之組織標準如左

一　民衆圖書館：視規模之大小得設主任一人，辦事員一人至三人。

二　民衆書報閱覽處，設管理員一人或二人。

以上各職員，以由商會職員義務兼職爲原則，遇必要時，得聘用專員，其資格及待遇，由該商會自定之。

第八條　領事應于每年六月底，將該地華僑商會辦理民衆教育狀況，彙報教育部，以憑查核或獎勵。

第九條　本辦法有未盡事宜，得隨時修改之。

第十條　本辦法自公布日施行。

——摘自《教育部公報》一九三〇年第二卷第三十九期

本廳指令汪清縣據呈擬於原有通俗教育圖書館內附設民衆圖書館核准並飭將通俗教育圖書館改稱爲民衆教育館文　十九年七月三十一日　第二一三〇號

呈悉該縣擬將民衆圖書館附設於通俗教育圖書館內尚無不合應准照辦惟通俗教育圖書館之名稱應改爲民衆圖書館並將辦理情形隨時具報備核仰併轉飭遵照此令

——摘自《吉林教育公報》一九三〇年第七十八期

法規

◉天津特別市市立通俗圖書館辦事細則

本局第五十四次局務會議修正通過
本局訓令第七四八號附發

第一條　本細則依據本館組織規程第十條規定之

第二條　本館職務依據本館組織規程第三第五兩條辦理之

第三條　本館辦公時間上午八時至十二時下午二時至五時七時至九時但因季候關係酌量改定之

第四條　本館於星期日照常開館其休息日暫定爲星期二其他例假亦不休息但得於翌日補行之

第五條　本館職員應按時到館辦公不得遲到或早退其因事或病不得到館者應行請假

第六條　本館備有工作日誌簽到請假等簿各職員均應逐日登記於每日散値前由管理員分別檢閱並須簽名或蓋章

第七條　本館所收文件應即時編號登記於收文簿送經管理員簽閱後分別擬辦或歸卷

第八條　本館所有稿件須經管理員核閱蓋章然後繕發原稿編號歸卷

第九條　本館處理事務均應隨到隨辦不得遲延如有特別情形者不在此限但至遲不得過三日

第十條　本館經費收支情形除每日登入流水總分各帳外並應按月造具預計算各書對照表等呈報教育局

第十一條　本館每日經費收支情形應由經手人逐日造具收支簡報表送呈管理員核閱保存

第十二條　本館應備每日閱覽人數統計表逐日塡寫於月終呈報教育局

第十三條　本館辦公時間內不得會客因公接洽者不在此限

第十四條　本館購買圖書應由管理員預先選定圖書目錄呈請教育局核准並應於月終造具本月所購圖書目錄呈報教育局

第十五條　本館購置圖書物品均應分別錄入登記簿其有損壞消毀者應隨時登記以備查核並呈教育局備案

第十六條　本館每日工作情形應於月終編擬工作報告書呈報教育局

第十七條　本細則如有未盡事宜得提出修正之

第十八條　本細則經教育局核准之日施行

——摘自《教育公報》（天津）一九三〇年第三十七期

本廳指令楡樹縣據轉報民衆敎育館辦理民衆圖書館情形准予備案仰即轉知並飭將圖書目錄及閱覽規則繕訂呈核文　十九年九月十五日　第二五六一號

呈悉查該縣民衆敎育館辦理民衆圖書館及兼辦巡廻文庫各情形核與吉林省民衆圖書館辦法大綱大致相合應准備案仰予轉知並飭將圖書目錄及閱覽規則繕訂呈核此令

本廳指令楡樹縣據轉報通俗敎育館改稱民衆敎育館准予備案並飭將擬辦事項及館章繕訂呈核文　十九年九月十五日　第二五六四號

呈悉該縣通俗敎育館既據呈改稱民衆敎育館應准備案仰即轉知並飭將擬辦事項及館章繕訂呈核此令

——摘自《吉林教育公報》一九三〇年第八十五期

河北省教育廳指令第七〇九號　中華民國十九年十一月二十七日

令順義縣縣政府

呈報籌設通俗圖書館經過情形附簡章等件請鑒核由

呈暨附件均悉據報該縣通俗圖書館籌設情形並擬具該館簡章進行計劃及開辦經常等費預算書大體均無不合應准照辦仰卽督率積極進行早日開幕並將辦理情形隨時具報爲要附件存此令

——摘自《河北教育公報》一九三〇年第三十三期

規程

銅山縣公立圖書館暫行規程

第一條　本館由銅山縣教育局設立定名爲銅山縣公共圖書館

第二條　本館爲謀辦事便利酌設左列三股

一、總務股　關於各書借閱收還及文書會計庶務統計交際等事屬之

二、編管股　(甲)關於目錄之編製整理以及圖書解題增減調查(乙)關於圖書收受登記選購徵求介紹交換以及統計管理(丙)關於圖書寄存之保管記錄(丁)關於編集報告及年刊(戊　關於圖書之保管修整以及報紙之剪裁彙集

三、指導股　(甲)關於指導閱覽答復問題講演書報之內(乙)關於借書手續之登記及統計(丙)關於閱覽圖書之出納及保管(丁)關於博物模型標本之指導及添置(戊)關於閱覽人之招待及統計(己)關於各書閱覽次數之記錄及統計

第三條　本館爲閱覽便利分設左列閱覽室

一、普通閱覽室

二、特別閱覽室

三、報誌閱覽室

四、兒童閱覽室

第四條　本館附設巡迴文庫民衆閱報處發行各種刊物從事各種民敎運動及文化保存傳佈等事項

第五條　本館各種書籍得向私人或公共機關征集或借抄印

第六條　本館設館長一人秉承縣敎育局長負本館進行之全責

第七條　本館指導員二人幹事三人練習幹事一人均承館長之指揮分任各股事務

第八條　本館遇必要時得酌設書記若干人

第九條　本館館長館員任免待遇規程另訂之

第十條　本館每兩週舉行館務會議一次並組織各項委員會

第十一條　本館於每月月終及年度終了時應將辦理事項製成各項統計報告於縣教育局轉呈江蘇省教育廳備查

第十二條　本館行事歷由本館斟酌情形按年訂之

第十三條　本規程呈准銅山縣教育局核准施行

銅山縣公共圖書館暫行辦事規則

第一章　通則

第一條　本館設館長一人館員五人館員視事務之繁簡經濟之多寡由館長酌量增減之

第二條　館長由縣政府呈請江蘇教育廳核准委任

第三條　館長總攝全館事務

第四條　館員分任館務如在規定辦公時間內因事不能到館者須託人代理在一日以上者須向館長請假七日以上者須商得館長同意并自行請入代理或由館長另請他人代理并得酌提其薪水給代理人但因館務在外者不在此限

第五條　各主管事務有互相關聯者得由各該主管自行商定並將望結果報得館長同意然後執行或逕商承館長協同辦理

第六條　各主管事務遇有特別繁劇時得商請館長託人幫同辦理

第七條　各主管事務每旬應編製統計送交館長月終彙編全館統計表冊

第八條　本館辦事時間暫定每日上午八時半起十一時半止下午一時半起至四時半止但依氣候空空暖得塲時變更

第九條　本館休息日期規定如次歲首歲末各五日月曜日國

五日月曜日國慶紀念翌日本館開幕紀念日夏季曝書冬季整理各一星期

第十條 遇有特別或重要事件時館長得委託館員於規定時間外辦理

第十一條 辦公室設簽到簿凡職員到館時須自署名於簿

第十二條 館長如須徵集意見商議辦法或經館員二人以上之提議得開館務會議

第二章 職務

第十三條 本館職務暫分編管總務指導三股

甲、編管股職務提要

一、關於目錄之編製整理統計以及圖書解題圖書增減調查等項

一、關於圖書之收受登記選購徵求介紹交換以及統計管理等事項

一、關於寄存圖書之記錄保管事項

一、關於編集報告及年刊等事項

一、關於圖書之保管修整以及報紙剪裁彙集等事項

以上各條由編管股辦理

乙、總務股職務提要

一、關於預算決算事項

一、關於款項之出納及統計事項

一、關於會計賬簿之保存及報告事項

一、關於經費之保管事項（會計員職務）

一、關於印記典守事項

一、關於文牘之起草謄等收發及文卷之整理保管統計事項

一、關於報告及通知事項

一、關於館中經過事實紀錄紀錄事項（文牘書記職務）

一、關於管理修繕及添置事項

一、關於僕役勤惰事項

一、關於招待來賓事項

一、關於器具之整理保管事項（庶務員職務）

一、其他不關於各股之事項

以上各條由總務股辦理

丙、指導股職務提要

一、關於指導閱覽答復問題講演書報內容等事項

一、關於借書手續之登記及統計事項

一、關於閱覽圖書之出納及保管事項

一、關於博物模型標本之指導及添置事項

一、關於閱覽人之招待及統計事項

一、關於圖書閱覽次數之記錄及統計事項

以上各條由指導股辦理

第三章　附則

第十四條　本規則如有未盡事宜得隨時修正之

第十五條　本規則自民國十八年八月施行

銅山縣公共圖書館捐款褒獎簡則

一、捐借十元以上至五十元者由本館請銅山縣教育局給獎以資紀念

一、捐款五十元以上至二百元者由本館轉請銅山縣政府給獎以資紀念

一、捐款二百元以上至五百元者除轉請中央大學給獎外由本館將捐助人姓名刊入銅牌懸示紀念

一、捐款五百元以上至三千元者除轉請江蘇省政府給獎外由本館敬繪捐助人肖像懸示館內永留紀念

一、捐款在三千元以上者除轉請教育部給獎外由本館敬繪捐助人肖像勒名館內永留紀念

附則

一、凡捐款在一元以上者陳照本館捐款褒獎簡則分別轉請褒獎外其捐款人之姓名捐額均刊載本館創立紀念冊內永留紀念

銅山縣公共圖書館徵書褒獎簡則

一、惠助各類圖書其價值在十元以上至五十元者由本館轉請銅山縣教育局給獎以資紀念

一、惠助圖書其價值在五十元以上至二百元者由本館轉

請銅山縣政府給奬以資紀念

一、惠助圖書其價値在二百元以上至五百元者除轉請中央大學給奬外並將捐書人姓名刊入銅牌留館陳列永留紀念

一、惠助圖書其價値在五百元以上至三千元者除轉請江蘇省政府給奬外並敬繪捐書人肖像懸示本館永作紀念

一、捐助圖書其價値在三千元以上者除轉請敎育部給奬外並敬繪捐書人肖像勒石館內永留紀念

附則

一、凡捐給圖書一冊或價値一元以上者除照本館征書褒奬簡則分別轉請褒奬外其捐書人之姓名書目均刊載本館創立紀念冊內永留紀念

銅山縣公共圖書館圖書寄存簡則

一、願將圖書寄存本館陳列者須將姓名住址書目價値及寄存期限依照製定格式塡寫兩份一份留館備查一份存於寄書者之手以爲取書之依據

一、本館發給寄存圖書證後對於寄存之圖書絕負完全保管之責惟寄存圖書者須將此證妥爲收存屆期憑證取還

一、本館除將寄存圖書者之姓名書目登報披露外並在館內懸示以資銘感

銅山縣公共圖書館圖書選備委員會簡則

一、定名　本會定名爲銅山縣公共圖書館圖書選備委員會

二、宗旨　(一)適應閱者的需求(二)提高閱者的學術(三)放大閱者的眼光(四)適合社會的環境尤注意保存宣傳提高調和文化爲宗旨

三、組織

1.本會委員由銅山縣公共圖書館遵照省令第十條之規定聘請委員十一人組織之(但館長得爲當然委員)

2.本會由全體委員中互推常委一人爲開會時之主席並處理本會議決事件

3.本會委員得分類認選圖書俟選竣公同審查後彙交圖書館採購

四、職權　本會議決案件分別彙交圖書館執行

五、會期　每日開常會一次遇必要時得開臨時會均由常委招集之

六、經費　本會經費由圖書館臨時費項下撥支

七、會址

八、附則　本簡則如有未盡事宜得由本會公決修正之

銅山縣公共圖書館基金籌募委員會簡則

一、定名　本會定名爲銅山縣公共圖書館基金籌募委員會

二、宗旨　本會以籌募圖書館基金使得充分發展永久穩固爲宗旨

三、組織　1.本會委員由銅山縣公共圖書館遵照省令第十條之規定聘請委員十三人組織之（但館長得爲當然委員）

2.本會設常務委員及基金監各一人保管員二人均由全體委員中推選之至基金監及保管細則另訂之

四、職權　本會議決案件得商同圖書館長分別執行如有窒礙得再招集復議

五、經費　本會經費得請由圖書館臨時費項下撥支

六、開會

每月開常會一次遇必要時得開臨時會均由常委招集之

七、會址　設銅山縣公共圖書館內

八、附則　本簡則如有未盡事宜得由本會公決修正之

銅山縣公共圖書館古物徵集委員會簡則

一、定名　銅山縣公共圖書館古物徵集委員會

二、宗旨　本會以徵集古物藉供考鏡研究爲宗旨

三、組織　1.本會委員由銅山縣公共圖書館遵照省會第十條之規定聘請委員十三人組織之（但館長得爲當然委員）

2.本會由全體委員中推選常委一人爲開會時之主席並處理日常會務

3.本會設總務調查交際三股每股主任一人股員二人均由本會委員互選至各股辦事細則另訂之

四、職權　本會議決案件分交各股執行如有窒礙各股主任得再商請常委交會復議

五、經費　本會經費由圖書館臨時費項下撥支

六、會期　每月開常會一次遇必要時得開臨時會均由常委招集之

七、會址　設銅山縣公共圖書館內

八、附則　本簡則如有未盡事宜得由本會公決修正之

館務會議規則

一、本規則依據本館辦事規則第一章第十二條特訂之

二、本會議以本館全體職員組織之

三、會議事項

1. 關於全體重要事項
2. 關於事涉兩股以上未易解決事項
3. 關於臨時發生事項
4. 其他由館長認爲應付會議事項
5. 關於規則有所修正事項
6. 經本館員二人以上提出事項

四、會議時館長主席館長因事未能出席由指導股主任代理

五、會議議案依多數表決如遇可否同數時由主席決定

六、每次議案及列席人數由紀錄員詳細記載成冊

七、凡專屬於各股重要事項得開股務會議其細則另訂之

八、本規則有未盡事宜得於修訂辦事規則時修正之

職員服務通則

一、應依照本館宗旨留意社會之情況隨時研究俾盡指導社會之職責

二、須按規定時間到館辦公上午八時半至十一時半一時半至四時半但依氣候寒暖得隨時變更

三、職員到館先至辦公室簽到

四、職員到館對於所任職務及職務內附有事件均須負責辦理

五、對遊覽人負有指導說明責任

六、對於圖書均負有共同保管之責

七、應隨時注意本館之秩序與清潔

八、各室內限制遊覽人之規約本館職員尤應共同遵守

九、當值日誌逐日送交館長撫閱於每月終了編錄工作報告

十、對館務有興革意見可提交館務會議討論之

十一、職員因事不能到館者須預先向當值者或館長用書面聲明並須託人代理

十二、職員在規定辦事時間內因事請假者須向當值者或

館長聲明并須託人代理但因公外出者不在此限

十三、職員請假期間在一日以上者須向館長請假在七日以上者須商得館長同意并自行請人代理或由館長另請他人代理但因館務在外者不在此限

十四、本館如辦設民衆學校職員須輪流分担其功課

十五、均負有撰述稿件之責

十六、各股辦事或各職員所辦事務有互相關係者應協商辦理

十七、職員服務細則另訂之

十八、月曜日及紀念之翌日停止辦公凡紀念日非有團體參加之必要者均照常工作

普通閱覽室規約

一、欲閱覽書籍者先行檢査卡片目錄索取閱書劵填寫欲閱之書籍

二、持劵向掌書處取書

三、每次閱覽書籍新書以二種各三册爲限舊書只限一種

四、取書後入閱覽室將書劵交與指導員閱畢還書時取回閱書劵憑劵出館

五、圖書應在閱覽室閱覽不得攜出室外

六、閱覽室內只可帶鉛筆紙簿以備摘抄其他文件請勿攜帶

七、無論何項圖書不得在書上圈點批評及劃裂如全書未閱完次日須接閱者不得折角爲記須向指導員領用夾籤

八、閱覽室內不得有喧嘩談笑與攜帶物品食物及任意吸烟涕唾等事

九、損壞圖書或遺失者照價賠償其汚損者償原價三分之二

十、舊書之價値較高損壞賠償臨時酌定

十一、逐日閱覽時間上午八時半至十一時半下午一時半至四時半但依氣候寒暖得隨時變更

十二、凡閱覽者有違犯本規約經指導員勸導不聽者得令

其出館

十三、振鐘閉館時得停止閱覽

十四、本規約有未盡事宜得隨時修正之

兒童閱覽室規約

一、欲閱覽室內所陳列圖書先向指導員說明種類然後取閱

二、閱書時不可多取閱完一種存放原處後再說明取第二種

三、欲閱覽櫥中之書籍須向指導員索取不得自行取書

四、每次借閱櫥中之書籍至多不得過三本

五、閱書應在室內不得攜出室外

六、書籍閱畢後交還指導員憑籤出館

七、閱覽室內勿攜帶物件勿喧嘩談笑勿隨意吐痰

八、閱覽圖書應當愛護倘有損壞照價賠償

九、閱覽完畢請出閱覽室

十、逐日閱覽時間上午八時半至十一時半下午一時半至四時半但閉館時間三十分鐘停止發書

十一、振鐘閉館時停止閱覽

十

特別閱覽室規則

一、本室備有各科參考圖書及碑帖畫冊以便研究閱覽者

二、閱覽圖書須先檢閱目錄填寫閱書券向藏書室掌書處領取後入本室閱覽本室圖書亦須填寫閱書券向指導員領取

三、閱覽後將書點交指導員持券交收籤券處憑券出館

四、本室備有筆墨以備摘抄惟紙簿由閱者自備

五、無論何項圖書不得在書上圈點批評及割裂等事如書須夾記者不得析角為記須向指導員領用夾籤

六、閱覽室內不得有喧嘩談笑與攜帶物品食物及任意吸烟涕唾等事

七、損壞圖書照價賠償其汚損者償原價三分之二惟舊書之價值較高損壞賠償臨時酌定

八、逐日閱覽時間上午八時半至十一時半下午一時半至

四時半但依氣候寒暖隨時變更

九、振鐘閉館時得停止閱覽

十、本規約有未盡事宜得隨時修正之

報誌閱覽室規約

一、本室備有各種報章雜誌任人閱覽

二、本室報紙不得攜出室外並不得剪裁塗抹

三、各報均懸掛定所閱畢請還原處

四、欲閱舊報請向管理員索取

五、室內請勿高聲談笑任意吐唾

六、本室閱覽時間上午八時半至十一時半下午一時半至四時半但依氣候寒暖得隨時變更

七、本規約有未盡妥處得由本館隨時修正之

參觀規則

一、團體參觀須先期通知俾便招待

二、個人參觀須有介紹

三、參觀人須題名於本館參觀人題名錄

四、參觀時由本館職員導引

五。參觀書庫時不得自行檢閱各書

六、參觀人須閱覽各書時應遵照閱覽規則辦理

七、休息日謝絕參觀

八、本規則有未盡事宜得在本館館務會議時修正之

——摘自《銅山縣公共圖書館年刊》一九三一年第一期

檢尋目錄須知

一、本目錄係用卡片或暫備分類一種按書碼挑列其格式如下

十二

冊數	書名		書
	書名 ○	著	碼

二、全目共分九部其部名號及碼列下
總部〇〇〇哲學部一〇〇宗教部二〇〇自然科學部三〇〇應用科學部四〇〇社會科學部五〇〇史地部六〇〇語文部八〇〇美術部九〇〇

三、每部分若干類類分若干目每屜或盛一部或盛一類皆標於屜外子目皆用指引卡標於屜內

四、閱者欲檢何書應先視其應歸何部何類將該部該類目錄屜抽出按索引卡檢出該目

五、將書目檢出後卽照式填於閱書劵上持劵取書

六、閱書手續請注意閱書劵上三附註

當值員服務暫行內規

第一條　凡本館職員均應輪流當值

第二條　當值員須於當日上午開館前三十分鐘到館至下午職務完畢後出館其在規定時間內得負完全責任

第三條　當值員因事缺席時須請人代理或先期與他人對調但以本館職員爲限

第四條　當值員須佩帶當值徽章以示標識

第五條　當值員應注意左列事項：

1. 各室之整潔門窗之開閉
2. 院內之整潔
3. 廁所之清潔
4. 廚房之檢查
5. 注意開館閉館時間
6. 引導參觀人參觀
7. 處理遺失品
8. 記載當值日誌

9. 考查職工之勤惰並督責其服務

10 其他偶發事項之處理

第六條 本內規有未盡事宜得館經務會議修正之

銅山縣公共圖書館圖書出借暫行規約

1. 本館出借書籍暫以總部之革命文庫及社會科學部之教育類為限

2. 欲借書者須先向本書索取聲請書依式填就連同保證金三元或有商號蓋章担保繳交本館由館發給借書證後即憑證借還

3. 本縣各機關團體如欲索取本館借書證須來函聲明並由其主管人員簽名蓋章得免繳保證金

4. 憑證所借書籍須由領證者完全負責如證遺失可即來函聲明註銷欲補領借書證者得納補證費小洋貳角

5. 借書時間即本館開放時間星期一及其他各假日停止借書

6. 借書手續須將書名等項填寫借書券連同借書證交掌書處取書時並簽名於書片上

7. 每次借出以二種各三冊為限期滿交還後方得再借他書但每次所借書籍其總值不得超過書證金之數

8. 借書日期以一星期為限（從借出日計）如未能閱完而欲續借者須將該書隨同借書證交本館掌書處聲明換蓋戳記但以一次為限如不聲明逾期者得停止借書如其逾期日數

9. 借書人指借書籍因已借出未歸或已有人閱覽時得換借他書或俟該書繳還後方可借出

10 借出書籍須加意愛護不得圈點折角損污等情如有損壞及遺失者由借書人照價賠償

11 本館借出書籍在借閱期內遇必要時得臨時收回

12 本規約如有未盡事宜當隨時修正之

附告一、本館徵集購置書籍至數量充裕時當擴充借書範圍以便閱者

二、借書人認爲必須購備之書可來函介紹本館當酌量經濟情形隨時添購

本館館員借閱書籍規約

本館爲便利各職員檢閱書籍並公同保護起見特定規約如左：

一、各職員借閱書籍須先塡寫館員借書單交由掌書處收存遇必要時得隨時收回

二、借閱書籍無論何種須在館內閱覽不得攜出館外及轉借與他人

三、借閱書籍每次以兩種爲限

四、各職員告假在一日以上者須先將所借書籍一律交還掌書處

——摘自《銅山縣公共圖書館年刊》一九三一年第一期

巧家縣立通俗圖書館擴爲巧家縣立民衆教育館之計劃

一，目標

本計畫依據雲南全省縣立民衆教育館設施綱要，并斟酌地方情形，就現有之圖書館擴大組織，改有民衆教育館，使內容鴻大，以爲推行全巧社會教育之中心機關。

二，館址

就現教育局即前月潭書院之後半部，加以改修，其條件有：

(一)此處爲巧城名勝，風景甚佳，左臨龍潭，右傍蓮池，遊人如織，絡繹不絕，現正建築月潭公園，實爲民衆最能涉足集中之場所。

(二)就現有房屋，略加改建，需款無多即可成爲一完美之民衆教育館。

(三)就通俗圖書館改民衆教育館、性質相近，祇分設各部，遴委幹員，負館內主責，一切進行均可聯絡奏效。

(四)館之後面有廣曠地一幅，可以闢爲公共體育運動場。

三 設置

遵照綱要暫擬設左列兩部：

(一)書報部 將現有圖書館之書籍爲基礎，每年酌量添加，內訂購省內外各種日報數份，雜誌數種，及民衆必需之圖書。

(二)講演部 於館內設一講堂，定時派人購演，或請名人講演，幷設音樂，戲劇，遊藝各組，以助餘興。

除上設兩部外，其推廣及陳列兩部，亦當積極進行，以求完善。

四 人員

(一)設主任一人，主持館中一切事務。

(二)設助理員一人，補助主任之不及。

(三)設雜役一人，照應館中一切雜務等事。

五 費經

(一)開辦費 就圖書館現籌之欵(計滇幣三千元以上)，作開辦之費，幷照綱要呈請教育廳令省督學查核後，以省欵補助之。

(二)經常費由縣教育經費項下撥給支用。

除開辦經常兩費有着落外，並可隨時向各界募捐，以補充之。其開辦預算，俟批准改組後，即擬具呈核。

六 員役薪津

(一)主任 每月支銀幣三十元。

(二)助理 每月支銀幣十八元。

(三)雜役 每月支銀幣十元。

七 附則

本計畫自呈奉教育廳核准之日施行。

——摘自《雲南教育週刊》一九三一年第一卷第十四期

⊙訓令第七四二號 二十年八月二十五日

令張家口公立黨義圖書館

為督學王子佩查報該館辦理情形仰按照指示各節分別遵辦具報查核由

為令遵事案據本廳督學王子佩視查該館辦理情形繕具報告書並附意見請鑒核等情查該館職員均嫌陳腐且乏整理圖書知識以致開辦三年之久耗去公款數千元毫無成績可言應設法改善從新整理茲特分條指示如下(一)關於建築者第二第三藏書室宜設法展寬以便應用後院之伏義祠倉頡祠及禮堂宜將隔壁通開改為閱書室現在之閱覽室改為閱報室(二)關於經費者宜由董事會妥籌款項以資應用查該館房租全年收入一千一百餘元除孔子廟修理費及看廟夫役工資外餘約在八九百元之譜乃多數撥作職工薪金以致成立迄今添購書籍甚少實屬不合宜將職員迅速予裁減祇准雇用一員月薪不得超過三十元節餘之款作為添各種書籍之用並于每月將支出計算開報一次以資考核(三)關於事務者(1)書籍宜妥速分類編號以便查考(2)設法徵求雜誌報章以便充實內部(3)名項報章均須訂冊保存不得任意拋棄以上各項仰該館迅速分別遵辦並將辦理情形具報查核此令

廳長高惜冰

——摘自《察哈爾教育公報》一九三一年第一卷第九期

◉指令第一五一五號　二十年十月二日

令張家口公主黨義圖書館董事會

呈一件爲呈請改定本館名稱並頒發鈐記祈鑒核

由

呈悉該館名稱准改爲察哈爾省立民衆圖書館茲刊刻鈐記一顆除留鈐模備查外仰即照繳刊費一元六角來廳祇領啟用可也此令

四五

——摘自《察哈爾教育公報》一九三一年第一卷第十期

◉察哈爾省立通俗教育館圖書部借書簡章

第一條　本館為便利讀者起見特定借書簡章

第二條　本館出借之書以普通圖書為限珍貴版本概不出借

第三條　各機關團體學校欲借閱本館圖書者須備具正式公函由主管人簽名蓋章且須遵守本簡章一切之規定

第四條　個人借書者須先領取借書券並覓妥實舖保或為本館認可之個人作保然後發給允借證此項允借證以六個月為有效期間

第五條　借書人於借書時須先出示允借證

第六條　借書人如無正式舖保或本館認可之個人作保時須照所借書之價值酌交保證金

第七條　凡所借圖書遇有遺失汚損等情事應負賠償責任

第八條　借閱圖書同時以一種為限前次借書未繳還者不得續借他書

第九條　借閱圖書以一週為限屆期卽須送還本館

第十條　擬借之圖書如已被他人借出者須先行登記俟該書交還後再由本館通知領取

第十一條　本簡章自呈准教育廳公布之日施行

第十二條　本簡章如有未盡事宜得隨時呈請修改之

——摘自《察哈爾教育公報》一九三一第一卷第十二期

▲轉令發提倡流通圖書館案及促進流動識字教學案

廣東省政府教育廳訓令第三一〇三號（二十一年十一月十九日）

令各市縣政府

現准

中國社會教育社公函第一一七號內開：

「查本社第一屆常會，關于「促進流動識字教學案」「提倡流通圖書館案」均經議決通過○事關改進實施文字教育之方法，除分函外，相應檢同議決案全案各一份，函請查照轉飭辦理○」

等由，計抄送提倡流通圖書館案促進流動識字教學案全案二份；准此，自應照辦，除分行外，合將原送議決案全案二份抄發，仰該縣即便遵照辦理！此令○計抄發議決案全案二份

提倡流通圖書館案

附審查意見：

決議：照審查意見將案文修正通過

原案主文改為『由本社提倡流通圖書館案○』

『辦法，(1.)本社徵集各種流通圖書館之辦法，分發各社教機關，(2.)由本社通函各公私立圖書館及民衆教育館圖書部注意圖書之流動，如巡迴文庫，通信借閱專差送閱等○

附原案：呈請教育部提倡流通圖書館案○

(理由)年來識字運動，雖然備極猛進，民衆學校，力事推廣，然就讀于是項學校者，大都均為無產階級勞動者與婦人孺子而已，若輩一經畢業，不但無再進取之機會，即購買通俗書報之能力，亦不可得，不獨如此，設欲往圖書館閱書，因受職業，地處，時間，與保証之限制而不可得，為此祇得將其所學逐漸任其自然退化，至其極識字與不識字等，職是之故，乃有提倡圖書館之必要○蓋流通圖書館者，係以其所搜集之圖書，用種種流通方法，俾凡

識字之任何階級民衆，人人得以不妨其職業與時間，而得有讀書之實惠，此流通圖書館所以尙焉。

(辦法)流通圖書館事業與一般圖書館不同者，乃在活用圖書，所以准許人民到館借書去讀，不然，通信借閱，不然，用脚踏車送，再不然，用巡迴送閱：：凡此種種，皆予人民以讀書之便利而補實其求知之願欲。至于其辦法，請參看浙江流通圖書館所出版之流通圖書館敎育小叢書可也。

促進流動識字敎學案。

議決：照審查意見通過

附審查意見

原案主文「識字班」改爲「識字敎學」。辦法，改爲「由社敎機關職員或小學敎師至家庭內，或其他適當地點施行識字敎育；並于小菜塲茶園或其他民衆集合塲所設問字處。」

附原提案　(主文)促進流動識字班案

(理由)受職務及生活羈絆之農工商人，往往因地處時間及年齡之關係，即欲求識字而入平民學校亦不可得。雖然政府及辦敎育者十分致力于此項勸學運動，但其效果終于極微，欲達全民人人識字之目的，殆亦夢想耳。舉辦民衆學校努力識字運動，原爲普及敎育之不二法門，設能按照民情，將民衆學校促進爲流動識字班，順應民衆之需要，如此庶能達人人識字之目的。

(辦法)吾之所謂流動識字者，係責成講師或小學敎員于每晨或每晚攜其課本字牌墨粉布等至會館小菜塲廟宇內茶館裏對民衆公開敎授。今日東，明日西，循環無已，來復不斷，務使各地人民人人皆有隨處可以學字之機會，農村鄉間尤當致力，蓋此種地方不識字之人既多，識字之塲所又無，自然更爲吾人之着眼點也。

——摘自《廣東教育月刊》一九三二年第一卷第十一期

法規

各縣公共圖書館〔暫行規程〕

十八年一月修正公布

第一條　各縣應設置公共圖書館一所，隸屬於縣教育局。

第二條　公共圖書館為謀辦事便利，應酌設左列各股：

一．選購股　關於圖書之選擇，購買，徵求，介紹，登錄，交換，寄存等事項屬之。

二．編目股　關於圖書目錄之編製，整理，以及圖書解題，圖書增減，調查等事項屬之。

三．指導股　關於指導，閱覽，答復問題，講演書報內容等事項屬之。

四．保管股　關於圖書之保管，整理，以及報紙剪裁彙集等事項屬之。

五．推廣股　關於書報之介紹，編輯，刊印，審定，取締，以及一切推廣事項屬之。

六．事務股　關於圖書之借閱，收還，以及文書，會計，庶務，統計，交際等事項屬之。

以上各股，得視地方情形合併設立。

第三條　公共圖書館為謀閱覽便利，得分設左列各閱覽室：

一．普通閱覽室。

二．特別閱覽室。

三．婦女閱覽室。

四・兒童閱覽室。

第四條　公共圖書館應附設巡迴文庫，民衆閱報處，發行各種刊物，從事各種民教運動，及文化保存，傳佈等事項。

第五條　公共圖書館各種書籍，得向私人或公共機關徵集，或借存，抄印。

第六條　公共圖書館設館長一人，秉承縣教育局長，負本館進行之全責。公共圖書館館長以專任爲原則，但得以指導員兼任之。

第七條　公共圖書館設指導員，事務員若干人，承館長之指揮，分任各股事務。

第八條　公共圖書館遇必要時，得酌設書記若干人。

第九條　公共圖書館館長館員任免待遇規程另訂之。

第十條　公共圖書館應舉行館務會議，并得組織各項委員會。

第十一條　公共圖書館於每月月終，及年度終了時，應將辦理事項，製成各項統計，報告於縣教育局，轉呈教育廳備案。

第十二條　公共圖書館行事歷，由各館斟酌情形，按年訂之。

第十三條　本規程自公布日施行。

——摘自《圖書館月刊》一九三二年第一卷第二號

河北省教育廳訓令 第九九號 中華民國二十一年一月二十一日

令省立第一通俗圖書館

案據本廳委員視察該館情形報稱

優點

一該館位於通衢每日前往閱覽者甚多

二該館所有舊存及新購各書尚適通俗之用

應改革點

一充實內容　該館宜置備淺近史地叢書尤應搜集關於國恥之資料以堅實一般民衆之愛國觀念

二館址擴充　該館地勢狹小閱覽座位過少應再行擴充

三速製卡片　該館雖有兩種目錄但無卡片殊不適用應速製卡片以便閱者

四各種圖書應粘籤標明　該館圖書均未粘標籤取放不便應速粘籤標明

五添設附設事業　廳令規定各項附設事業該館可辦民衆學校

六規定流動閱覽辦法　該館雖有圖書外借習慣無公布辦法應速行規定借閱規則以資遵守

七逐日詳細記載閱覽人數　該館對於閱覽人數雖有記載但無詳細表册應製定簽名薄每月統計一

求藉悉概況以資改進

八添置卡片木橱　該館存有十一個月圖書購置費約千餘元應將此欵除購重要圖書外速添購卡片木橱

等情據此查該委員指示各節均關切要合行令仰該館長切實遵辦并將辦理情形具報候核此令

——摘自《河北教育公報》一九三二年第三期

河北省教育廳訓令 第五八七縣 中華民國二十一年五月二十日

令東光縣縣政府教育局

案據本廳臨時囑託圖書館視察員李文裿報告視察該縣通俗圖書館辦理情形畧稱該館現無獨立館址僅劃鄉村師範校舍之一部暫爲開館閱覽者較少書籍亦不外借購書費月僅十元登錄簿係採取直行式所著之項目尙合編目係用書本式陳列案頭備人檢閱編亦無不合并附具視察意見等情前來査所稱各節均屬切要除分令教育局縣政府外合亟抄附原意見令仰該縣局轉飭遵照辦理具報此令

計開

一、應速完成卡片目錄

二、另籌的欵認眞添購新書

三、應照公共圖書館辦法出借圖書以便閱讀

河北省教育廳訓令 第五九六號 中華民國二十一年五月二十日

令南皮縣縣政府教育局

案據本廳臨時囑託圖書館視察員李文裿報告視察該縣縣立通俗圖書館辦理情形畧稱該館成立於客冬極爲簡陋閱覽室二楹兼作通俗講演之用全年經費僅百餘元藏書只六百六十餘册自成立至今除開辦後購入一批書籍外未添購新書亦無添購新書之預算至於登錄簿與書目無別均係分類記載用油印

行格逐部登錄每日到館閱覽人數亦不發達等情并附具視察意見前來查所稱各節均屬切要除分令該縣教育局/縣政府外合亟抄附原意見令仰該縣督同教育局/局商承縣長速籌的欵轉飭該圖書館遵照指示各點積極改進具報爲要此令

計開

一、應妥籌的欵逐年添購新書

二、應延長閱覽時間

三、每次新到各書必於時聞周報上發表以便周知

四、以時聞周報向各出版處交換刊物

五、印發通函向各出版處徵求書籍

河北省教育廳訓令 第五九五號 中華民國二十一年五月二十日

令景縣縣政府/教育局

案據本廳臨時囑託圖書館視察員李文裿報告視察該縣教育館圖書部辦理情形畧稱該館圖書部購書費既少且未函徵各地出版物故登錄事務極簡已入藏之書僅用油印直行登錄簿記錄之目錄用書本式與上述之登錄簿無大差別亦未分類每日到館閱報者約二十五人借書者平均約九人到館閱書者則未

有也并附具視察意見等情前來查所稱各節均屬切要除分令教育局縣政府外合亟抄附原意見令仰該縣局轉飭遵照辦理具報此令

計開

一、速完成卡片目錄

二、妥籌的欵逐年添購新書

三、講演部應多爲圖書部事務上之宣傳

——摘自《河北教育公報》一九三二年第十四期

河北省教育廳訓令 第五九零號 中華民國二十一年五月二十日

令省立第一通俗圖書館

案據本廳臨時囑託圖書館視察員李文裿報告視察該館辦理情形畧稱該館登錄簿之形式俱採用直行式所備項目均無不合惟係逐部登錄不易窺見總册數至圖書分類亦無不合惟不採用著者號碼殊欠妥當并附具視察意見等情前來查所稱各節均屬切要合亟抄附原意見令仰該館遵照辦理具報此令

計開

一、應速完成卡片目錄

二、分類號與著者號同時採用以免書號繁複排架困難

三、應向各出版處函徵書籍

——摘自《河北教育公報》一九三二年第十四期

命令

◎爲抄發視察報告改進事項一份仰即按照所指切實改善以期進步令第三九九號

令市立第一二三四五六七通俗圖書館

爲令遵事案查本局前派第二科科員劉燕東視察各市立通俗圖書館茲據報告視察情形前來查該館工作雖有相當努力惟應行改進之處亦復不少茲抄發視察報告改進事項一份令發該館仰即按照所指切實改善以期進步此令

計抄發改進事項（略）一份

中華民國二十二年七月二十九日

天津特別市教育局印

局長 鄧慶瀾

——摘自《教育公報》（天津）一九三三年第一百〇五期

[illegible]令發學校巡廻文庫辦法及家庭巡廻文庫辦法，仰遵照辦理具報令。第六二七號

令市立第一二三四五六七通俗圖書館

命令

前准天津市社會教育委員會議函開，

（略）七月十九二十一兩日，繼續召集七處通俗圖書館，開圖書組會議。茲將議案及會議紀錄（略）送由貴局採擇施行（略）附學校巡迴文庫辦法等。

當經本局提交市政會議。茲奉

市政府第六三號指令內開，

案經檢同各辦法提交市政會議，第一八四次例會議決，交付審查，並經第一八五次例會議決，修正通過。（略）除照章公布外，茲隨令檢發修正學校巡迴文庫辦法及修正家庭巡迴文庫辦法各一份。仰併遵照辦理可也。

奉此。除分行外。合行檢同學校巡迴文庫辦法及家庭巡迴文庫辦法各一份，令仰該館知照，即便遵照辦理，並將辦理情形具報為要。

此令。

計發學校巡迴文庫辦法及家庭巡迴文庫辦法（見第一一零期法規欄）各一份。

中華民國二十二年十月二十八日

天津特別市教育局印

局長 鄧慶瀾

——摘自《教育公報》（天津）一九三三年第一百一十一期

法規

天津市市立通俗圖組織規程

第一條　本規程依據天津市教育局通俗圖計劃大綱規定之

第二條　本館設管理員一人由教育局委任之其附設者得以該主管機關之主管人為管理員

第三條　管理員承局長之命掌理全館事務其職責如下

一，關於館內一切管理事項

二，關於編審撰擬翻譯及一切計劃事項

三，關於選購圖書及保管事項

四，關於助理員之考勤事項

五，關於代辦處巡迴文庫之設計及考查事項

六，其他事項

第四條　本館設助理員二人由管理員任用之呈報教育局備案

第五條　助理員輔助管理員處理下列各項事務

一，關於鈐記之啟用及典守事項

二，關於文件表册之收發繕寫及保管事項

三，關於編擬預決算及其他會計庶務事項

四，關於管理閱覽事項

五，關於裝訂整理及登記事項

六，其他事項

第六條　本館得斟酌地方情形就茶樓市場組織代辦處及巡迴文庫

第七條　巡迴文庫及代辦處辦法由管理員擬定呈報教育局核准施行

第八條　本館購置圖書由管理員秉承教育局辦理之

第九條　本館圖書除通俗刊物外得由其他圖借用關於學術之圖書以備閱覽

第十條　本館閱覽規則借閱規則辦事細則由管理員擬定呈報教育局備案服務規則由教育局定之

第十一條　本館及各代辦處巡廻文庫之經過情形連同工作報告書閱覽人統計表由管理員分別編擬於每次月十日前呈送教育局備查

第十二條　本規程如有未盡事宜由教育局隨時修正之

第十三條　本規程自公布之日施行

天津市市立通俗圕編輯委員會規則

第一條　本委員會以導揚文化研究圕學及發表津市圕消息爲宗旨

第二條　本會定名爲天津市市立通俗圕編輯委員會

第三條　本會暫以第一通俗圕爲會址

第四條　本會由天津市市立通俗圕聯合組織之

第五條　本會委員暫定七人由各館管理員分任之

第六條　本會設委員長一人由委員中推選之總理全會事務

第七條　本會設左列各部

一　編輯部

二　事務部

三　印刷發行部

第八條　編輯部掌理事項如左

一　關於發表津市圕消息事項

二　關於搜集國內外圕學術材料事項

三　關於編譯各科學術刊物事項

四　關於稿件徵集事項

五　關於介紹新書事項

第九條　事務部掌理事項如左

一　關於會計庶務文書事項

二　關於保管事項

三　關於招登廣告事項

第十條　印刷發行部掌理事項如左

一　關於印刷校對事項

二　關於刊物發行事項

第十一條　本會發行刊物分左列二項

一　定期刊

二　不定期刊

第十二條　本會各部得設主任副主任各一人分別掌理之

第十三條　本會每月舉行會議一次由委員長召集之遇有臨時事

件發生時得召集臨時會議

第十四條　委員長及各部主任每年改選一次連選得連任

第十五條　委員長因事請假時由編輯部主任代理之

第十六條　各部主任因事請假時由副主任代理之

第十七條　本會期刊材料由各圕供給之

第十八條　本會期刊材料由各館自行擬定繕清於付印前一星期送交編譯部以便審核付印

第十九條　本會經費由各館分任之

第二十條　本會委員職員皆無給職

第廿一條　各部辦事細則另定之

第廿二條　本規則如有未盡事宜須經過半數委員提議修正之

第廿三條　本規則呈經　教育局核准後施行

天津市市立通俗圕編輯委員會編輯部

辦事細則

第一條　本細則依據天津市市立通俗圕編輯委員會規則第八條及第二十一條規定之

第二條　本部設主任及副主任各一人編輯若干人分擔本刊編輯事宜

第三條　本部職掌事務如左

A關於發表津市及國內外圕消息事項

B關於搜集國內外圕學術材料事項

C關於編譯各科學術刊物事項

D關於稿件徵集事項

E關於介紹新書事項

F關於其他一切編輯事項

第四條　本刊分爲定期不定期二種定期每刊月發行一次所有稿件應於發行期前十五日交由印刷部付印不定期刊隨時編輯發行之

第五條　本刊編輯內容等欄隨時編訂之

第六條　編輯稿件時須用固定格式紙謄寫清楚並詳加新式標點

第七條　本部需用各項物品向事務部憑條領取之

第八條　投稿及徵文簡章另訂之

第九條　本部辦公時間暫定每星期一下午一時至五時

第十條　本細則如有未盡事宜得隨時修正之

第十一條　本細則經天津市市立通俗圕編輯委員會通過施行

天津市市立通俗圖編輯委員會印刷發行部辦事細則

第一條　本細則依據市立通俗圖編輯委員會規則第二十一條規定之

第二條　本部暫以市立第一通俗圖爲辦事發行地址

第三條　本部設主任副主任各一人幷聘請職員若干人均無給職

第四條　本部事務分左列三項

1,印刷

2,校對

3,發行

第五條　本部收到編輯部之稿件即行整理付印

第六條　本部發行月刊一次以每月一日爲發行期

第七條　本刊物分贈閱及訂閱兩種

第八條　凡訂戶先交報費然後寄送並由本部發給收據

第九條　購報之定單及收據由本部發給之

第十條　每月收入報費彙齊交與事務部存儲作爲本會之經費

第十一條　本部需用各項雜費由事務部支取之

第十二條　本部辦公時間暫定每星期一由下午二時至五時

第十三條　本細則如有未盡事宜得修改之

第十四條　本細則經編輯委員會通過後施行

事務部辦事細則

第一條　本細則依據天津市市立通俗圖編輯委員會規則第八條及第廿一條規定之

第二條　本部設主任副主任各一人事務員若干人分理本部事宜

第三條　本部職掌事務如左

A,關於各項經費收支事項

B,關於會計上一切單據保管事項

C,關於會計上一切稿件擬稿保管事項

D,關於公用物品購置及保管事項

E,關於印信典守事項

F,關於造報預算決算事項

G,關於招登廣告及推銷事項

第四條　各部支領物品應由各部主任簽字方得發給

第五條　本部辦公時間暫定每星期一由下午二時至五時

第六條　本細則如有未盡事宜得隨時修正之

第七條　本細則經天津市市立通俗圖編輯委員會通過施行

——摘自《天津市市立通俗圖書館月刊》一九三四年第一卷第一期

法　規

天津市市立通俗圖書館代辦處規則

第一條　本規則依據市立通俗圖書館組織規程第六條規定之

第二條　代辦處依次成立定名爲天津市市立第幾通俗圖書館第幾代辦處

第三條　代辦處附設於公共處所及茶樓市場澡塘旅館等處由各該館委託各該處主管人員代辦之

第四條　代辦處各種圖書書架匾牌由各該館發給之但該處主管人於接點後具報各該館備查以資憑證

第五條　代辦處主管人應備具保證書交由本館呈　局備案

第六條　代辦處每月酌給津貼伍元

第七條　代辦處圖書每月由各該館隨時補發或交換之倘該處於圖書一項認爲有需要添置時得請由各該館覆核添購以便閱覽

第八條　代辦處圖書不准外借如有特殊情形必須外借者應由該主管人酌核辦理但負遺失賠償之責

第九條　代辦處書籍以及公有物品如有損失該主管人負賠償責任但遇天災事變得酌量當時情形辦理之

第十條　代辦處受各該館委託後不得無故中輟倘各該館認爲人地不宜時得隨時移設他處但該處須將書籍物品點交清楚以資結束

第十一條　閱覽時間須依照所在地（營業時間情形）規定之

第十二條　每日閱覽人數及閱書種類須於月終結報各該館以便彙報

第十三條　本規則如有未盡事宜由各該館隨時修正之

第十四條　本規則自呈請　教育局核准後施行之

天津市市立通俗圕月刊　第二期　一五

——摘自《天津市市立通俗圖書館月刊》一九三四年第一卷第二期

籌設各省流通圕辦法

中國社會教育社第三屆年會議決「擬請籌設各省流通圕，以普及鄉村教育，爲鄉村建設之基礎案」，提議者爲陳濬，原案理由云：

查流通圕爲新興社會教育事業之一種，因其借書手續便利，不受時間地域及經濟能力之限制，流通方法又可因時因地制宜，或通信借書，或到館借書，或整批陳列，或分組巡廻，或派人收送或託人代理，故能深入民間，得大衆之贊助。浙江流通圕創設于前，已著成效，江蘇流通圕更繼起于後，亦漸具規模。其借書人大半爲鄉鎮上小商人、農民、及小手工業工人，小學教員、社教機關仝人及自由職業者次之。城市知識份子則甚少。借書類別除文藝外，兼及農業技術、工業製造、商業經營諸書，於法律常識以及專門技能書籍，需要更爲迫切。借書人多知此種事業之偉大，更起而協助，有捐贈圖書者，亦有捐助現金者，且集合同好，自動組織圖書代理處，讀書研究，與省館取得密切之聯絡，足見鄉村民衆知識上的飢渴與夫熱心互助之眞情，無形中確能鼓起人讀書性與趣，獲得生活上之改進。欲建設鄉村，首在普及教育，而普及教育流通圕亦爲重要之設施。江浙兩館皆爲本社社員私人所經營，各省似亦可倣行。

通過辦法三條：一、呈請教育部令飭各省市教育廳局，設立流通圖書館。二、由本社社員自動發起籌設，本社理事會應盡力協助其發展，予以精神上經濟上之幫助。三、本社社員及各地社教機關，請儘量供給出版物及著作，捐贈流通圕，使成爲民衆之大書庫。即由該社理事會負責推行云。（參閱本會報十卷一期一九頁）

——摘自《中華圖書館協會會報》一九三四年第十卷第三期

天津市市立第　通俗圖書館館外借閱規則

第一條　本館依據閱覽規則第六條之規定得酌量借予各機關各學校及個人各種書籍以供研究

第二條　凡各機關學校欲借閱本館圖書者應具正式公函由負責人簽名蓋章並須遵守本館借閱規則但未經立案之私立學校借閱圖書概以個人論

第三條　左列書籍概不外借

1善本及貴重書籍

2新舊期刊

3各種參考書

4其他臨時指定之圖書

第四條　個人借閱者須先向本館領取請求書照式填寫並覓妥實保

證經本館審核無悞後發給借書證卽可憑證借書此證以六個月爲有效期間

第五條　借書人如無相當保證時得納保證金但須照原書價加半倍由本館掣給收據俟繳書時連同前項收據一併交回再由本館將原保證金發還借書人

第六條　借閱書籍每次以一種爲限

第七條　借閱時期以兩星期爲限如期滿尚未閱畢仍欲續閱者須來館說明理由得斟酌延長之但至多不得過二星期

第八條　借閱期滿卽宜繳還如延期不繳經本館函催於函到之日起一星期而仍不繳者卽將其保證金變購新書供衆閱覽其保證借閱者應由保證人負責賠償

第九條　借書人如將圖書遺失或損毀須照原書價加半倍賠償其賠償費處理情形應呈報教育局備査

第十條　借書證不得轉借他人倘私借他人時一切責任仍由原借書人担負之

第十一條　借書證如有遺失須具函本館聲明註銷另請補發但在未聲明前有持此證借書者借去之書仍由原領借書證人負責賠償

第十二條　本館某種圖書如已經借出而更有其他借閱者得在本館登記俟原書繳還時卽行通知領取如逾三日不取便取消其預借權

第十三條　本規則如有未盡事宜得隨時修正之

第十四條　本規則自呈准之日施行

——摘自《天津市市立通俗圖書館月刊》一九三五年第二卷第十—十二期合刊

爲令知奉市政府訓令，以據裘視察主任世廉簽報視察市立各通俗圖書館情形，市立第一第三第六通俗圖書館着予嘉奬，其餘各館應參照市政府訓令切實整理，以期日有進展，仰遵照

令◎第二六一號

令市立各通俗圖書館

案奉

市政府第一二二八號訓令內開——據本府裘主任世廉簽報視察市立各通俗圖書館情形，仰參照分別核辦具報——等因；奉此，查第一通俗圖書館秩序井然，各員役亦均嚴肅整齊，勤謹工作，足徵該管理員辦理得法。市立第三通俗圖書館對於館務擘畫周詳，成績卓著。市立第六通俗圖書館管理員既具熱心，復饒毅力，對於流通文化，啓迪鄉民，進行事業，不遺餘力，洵難能可貴。該管理員呂錦麟崔文奎譚濱等着予嘉奬。其第五第七通俗圖書館，應即另覓地址，以圖擴充，在地址未覓妥以前，仍應切實整頓。市立第二通俗圖書館，應遵照市政府訓令迅予糾正。第四通俗圖書館，亦應注意，充實內部，俾得日有進展。仰各該館仍將辦理情形，隨時具報，以憑考核。除呈

市政府外，合行抄同　市政府訓令，仰各該館即便遵照，切切！

此令。

附抄發市政府訓令一件（略）

中華民國二十四年　五　月　六　日

——摘自《教育公報》（天津）一九三五年第一百四十八期

命令

◎據會銜呈報館外借閱規則，准如所擬辦理，仰即遵照令。第二一五四號

令市立第一二三四五六七通俗圖書館

一件，據會銜呈報館外借閱規則，請鑒核示遵由。

呈暨附件均悉。准如擬辦理。仰即遵照。

此令。附件存

中華民國二十四年六月十九日

天津特別市教育局印

局長 鄧慶瀾

——摘自《教育公報》（天津）一九三五年第一百五十一期

◎爲准社會教育機關會議議決代辦處無效率者予以撤消、及供給閱書報所圖書辦法，仰遵照，并將辦理情形具報由。第一七四號

令市立各通俗圖書館

案准

天津市社會教育機關會議函送第四次全體會議議案暨會議記錄，請由本局採擇施行，等因；准此，查該會議決第一案即各通俗圖書館附設之代辦處應擇其無效率者予以撤消案，尙屬可行。該館應就所附設之代辦處擇其無效率者，予以撤消，其有保留之價値者，開列清單并說明理由，呈局核辦。再查第二案即各民衆閱書報所之圖書，今後擬由附近圖書館按代辦處辦法供給以增閱書效率案，亦屬可行。該館應即按代辦處辦法，每月供給附近民衆閱書報所圖書，以增閱書效率。除分行外，合亟令仰遵照，并將辦理情形，具報備案爲要！

此令。

中華民國二十四年十一月十九日

天津特別市教育局印

局長　李金藻

——摘自《教育公報》（天津）一九三六年第一百六十一、一百六十二期合刊

指令京師學務局巡廻文庫規程表件應准備案文 第三百五十六號 七年三月二十八日

呈及規程表件一冊均悉查閱各項規程表件尙無不合應准如呈備案仰即知照此令

附原呈

呈爲呈報京師小學敎員巡廻文庫酌籌經費暨舉辦情形仰祈鑒核事竊本局舉辦小學敎員巡廻文庫緣由暨由經費月存項下

挪用一千二百元用作籌辦巡廻文庫經費等情業經呈請大部鑒核備案嗣經詳細體察地方情形城內四郊按地勢宜劃分四區每區文庫以八匭計算應閱十有六月在各區內自行巡廻一次閱六十有四月文庫始行巡廻一周前次所請以經費存款項下挪用之一千二百元作爲籌辦經費不敷之數尚鉅再四籌思惟有於補助經費項下力求撙節每月提撥二百元爲巡廻文庫添補書籍經費逐月列入計算應俟文庫書籍已足之時再行移作別用此次採擇書籍務求中西兼備價格不昂製造書匭務使木質堅實大小稱用惟以限於經費於原定每區分配八匭之數一時難以齊備應於每月酌添書籍逐漸頒發各校此次購買書籍無多每區只能暫發四匭且一匭之內半實半空以後自應漸次增補現已製成全數書匭採買應用書籍分配巡廻順序制定文庫簡章劃分書類編列號數以及經理借閱規則保管閱書表冊已製就理合繕具規章表件呈請大部鑒核備案謹呈

附京師小學教員巡廻文庫簡章

第一條　京師學務局爲增進小學教員學識起見特仿照巡廻文庫辦法舉辦小學教員巡廻文庫

第二條　小學教員巡廻文庫應備書籍約分五類如左

一教育書類　占十分之四

二文科書類　占十分之二

三理科書類　占十分之二

四法制經濟書類　占十分之一

五圖畫雜著類　占十分之一

第三條　小學教員巡廻文庫之組織隨地理上自然之區劃暫分爲四組如左

第一組　巡廻內城左區各小學

第二組　巡廻內城右區各小學

第三組　巡廻外城左右區各小學

第四組　巡廻郊外西區各小學

郊外東南北三區暫附於就近各區俟學校增多時再行添設

第四條　巡廻文庫每組暫分八匭書匭所在之學校爲文庫所在之地點其就閱之各小學校按文庫所在之地點支配別以巡廻順序定之

第五條　為管理方便起見文庫之巡廻地點暫以局立小學為範圍凡公私立各小學校均應發給文庫巡廻日期表及借閱證屆期各教員可至附近文庫借閱

第六條　巡廻文庫每匭在各校停留之時期暫以兩月為限各組交換之時期暫以十六個月為限約至六十四個月後適巡廻一週

第七條　巡廻文庫之書籍於每巡一週後酌量添換一次

第八條　第一項每組內各設主任一人由經理員中選派之凡巡廻文庫各組交換事項均由各組主任司理之

第二項凡置放巡廻文庫書匭之學校校長即為經理員凡一切保管書籍交換書庫之事項均由經理員司理之

第九條　巡廻文庫每匭應備閱書借閱簿記各校閱書人姓名暨所閱書目以備查考

第十條　巡廻文庫之運搬費及其他費用准於各校辦公項下作正開銷

第十一條　本簡章有未盡事宜由京師學務局隨時修改

附內城左區公立各校巡廻順序表

文庫所在之學校	文庫所在之地點	就閱之各小學校
公立第十一國民高等小學校	什錦花園黃土坑	公立第二十五國民學校
公立第五女子高等三十八國民小學校	東觀音寺奉天試館	
公立第五國民高等小學校	崇文門內新開路	公立第二十四國民學校
公立第六國民高等小學校	象鼻子坑	公立第三國民高等小學校
公立第十二國民高等小學校	東直門內羊尾巴胡同	東郊公立第一國民高等小學校
公立第一國民高等小學校	前圓恩寺	公立第十八國民高等小學校

學校	地址	學校
公立第三女子（三十六國）高等小（民）學校	安定門內香餌胡同	
公立第十七國民高等小學校	方家胡同	公立第二十三（三十三）國民學校

附內城右區公立各校巡迴順序表

學校	地址	學校
公立第七國民高等小學校	絨綫胡同	公立第十國民高等小學校 公立第二十一國民高等小學校
公立第二女子（三十五國）高等小（民）學校	二龍坑丁字街	
公立第十五國民高等小學校	武定侯胡同	公立第二國民高等小學校 南郊公立第一國民高等小學校
公立第四國民高等小學校	報子胡同	公立第十四國民高等小學校
公立第二十二國民高等小學校	中毛家灣	公立第十三國民高等小學校
公立第二十九國民學校	北魏家胡同	公立第二十七國民學校
立第四女子（三十七國）高等小（民）學校	西直門大街	
公立第二十八國民學校	新街口三條	北郊公立第一國民學校

附外城左右區公立各校巡迴順序表

學校	地點	學校
公立第九國民高等小學校	西便門內楊道廟	公立第二十國民高等小學校
公立第三十二國民學校	廣安門大街	
公立第三十國民學校	南西門內三聖觀	
公立第一女子高等小學校 公立第三十四國民學校	丞相胡同	
公立第十九國民高等小學校	梁家園	公立第八國民高等小學校
公立第十六國民高等小學校	金臺書院	
公立第三十九國民學校	南小市口	
公立第二十三高等小學校 公立第三十一國民學校	崇文門外手帕胡同	公立第二十六國民學校

附郊外西區公立各校巡迴順序表

學校	地點	學校
西郊公立第一高等小學校 西郊公立第一國民學校	頤和園前翰林院公所	
西郊公立第二高等小學校 西郊公立第二國民學校	京西外火器營	
西郊公立第十一國民學校	同上	
西郊公立第三高等小學校	健銳營印房	
西郊公立第三國民學校	健銳鑲黃旗	西郊公立第五國民學校

西郊公立第七國民學校	健銳正藍旗	西郊公立第九國民學校
西郊公立第四國民學校	健銳正黃旗	
西郊公立第八國民學校	健銳鑲藍旗	西郊公立第十國民學校

附巡迴文庫借閱規則

第一條　借閱人須守借閱規則

第二條　借閱人須先按圖書借閱簿格式自註姓名住所暨所欲閱圖書名稱號數册交經理員領書

第三條　借閱人索閱圖書以本文庫現有者爲限

第四條　如欲借閱之圖書現正有人閱覽時待其閱畢不得强索

第五條　借閱圖書須閱畢一種交還後再閱他種不得同時借閱至二種以上

第六條　公共借閱之圖書須有特別愛護寶貴之意不得損傷若有損壞或遺失等情須賠償同等之圖書或相當之代價

第七條　圖書閱畢須逕交經理員收存

第八條　本規則有未盡事宜得隨時修改

借閱證

今有　　學校教員　　願借閱
貴庫代價　　以內之圖書有損失
願任賠償由本校校長完全擔
保此據

校長
借閱人

中華民國　年　月　日

附巡迴文庫經理規則

第一條　所備圖書均盖巡迴文庫戳記

第二條　所備圖書宜照章分類編號登簿附於匭內

第三條　圖書表册各類內均留餘地以便添置時隨時續載

第四條　書匭置放之處須隨時留意勿令有損壞及潮濕之

公　牘

處書籍須排列整齊

第五條　存放圖書之法匭內排列須與簿內號次相合以便檢取

第六條　圖書封面或向外一端均用紙簽將某圖書名目卷數號數標明

第七條　閱書規則須附隨書匭以便檢閱

第八條　書匭宜時時清潔之

第九條　每日收來圖書仍歸原處不得錯亂

第十條　每日停閱後須將所有圖書整理一次以去積塵應修補者設法修補

第十一條　選定適當日期曝書一次並隨時揭示停止閱覽

第十二條　閱圖書人請其先看規則曾經來者不在此限

第十三條　備圖書借閱簿由經理員將每日借閱情形照簿填註

第十四條　凡某種圖書現正有人閱看尚未繳還時其他借閱人亦索閱此種圖書經理員爲之答覆聲明不能借閱之理由

第十五條　圖書閱畢繳還時宜檢有無汚損情形然後登諸圖書借閱簿備考欄內

第十六條　如添有新圖書須特別布告之

第十七條　本規則未盡事宜隨時修訂之

附保管簿及借閱簿式

圖書保管簿

書名	冊數	號數	著作者	定價	購入年月	備考

圖書借閱簿

書名	冊數	號數	借閱人姓名及住址	借去月日	收回月日	備考
				月　日	月　日	

——摘自《教育公報》一九一八年第七期

公牘

呈省長爲本屆教育行政會議議決巡迴文庫案請核准文並指令第八八月

一四號二十一日

呈爲本屆省教育行政會議議決巡迴文庫案請予　核示施行事竊查圖書館與社會教育至有密切關係東西各國咸以建設圖書館爲補充學校教育增進社會智識之唯一機關蘇省各縣圖書館前曾通令籌辦惟困於經費有迄今尚未成立者即已成立各縣設館地點多在縣治四鄉偏僻之處亦難享受實益則巡廻文庫似宜剋期舉辦本屆省教育行政會議開會時職廳曾將舉辦巡迴文庫案提交會議當經大會議決理合將議決案另繕清摺備文呈請　鈞鑒核示謹呈

計呈請摺一扣九月一日奉

指令呈摺均悉該案應准由該廳長令行各縣察酌辦理此令

附錄巡迴文庫案

巡廻文庫由勸學所長總其成按照原有市鄉依次巡廻指定公共機關或學校輪司其事其巡迴手續及一切辦法由各縣勸學所酌量地方情形訂定簡章呈廳核准行之

指令第一二七號 一月十五日

令太倉縣知事

呈爲屬縣巡廻文庫由圖書館兼辦並修正簡章請核示由

呈件均悉據稱該縣圖書館現已成立該縣勸學所長爲謀辦事上之便利起見將巡廻文庫託由該館兼辦事屬可行察閱修正簡章大致妥洽准予備案仰飭知照此令

附原呈暨簡章

呈爲屬縣巡廻文庫由圖書館兼辦並修正簡章請　賜核示祇遵事案據屬縣勸學所所長錢詩棣呈稱本縣巡廻文庫由勸學所設置前經擬訂簡章呈奉轉呈　教育廳長核准在案嗣因縣立圖書館成立所長爲謀辦事上之便利計爰參照無錫辦法即委託圖書館經辦假定設巡廻文庫二所其開辦費約需二百四十元由該

館於購書費項下動支經常費年需七十二元即在縣教育費項下撥給業與圖書館徐主任會商酌定於民國十年一月開始舉行並送修正簡章前來理合據情並照繕修正簡章呈請　鑒核示遵謹呈

計附呈簡章一紙

太倉縣圖書館附設巡廻文庫簡章

一此項巡廻文庫奉教育廳令籌設以增進普通社會之道德智識使社會教育逐漸改良爲宗旨由勸學所委托縣立圖書館辦理之定名爲太倉縣圖書館附設第幾巡廻文庫

二巡廻文庫置備書籍暫以小學教員參考書通俗教育書兒童閱覽書爲限

三巡廻文庫書籍書箱等件於本館購置項下開支其全年經常費七十二元由勸學所於縣教育費項下動支其概算另立之

四巡廻文庫地點由勸學所所長會商圖書館主任指定之

五是項文庫巡廻時間每鄉以二個月爲度滿二月後由圖書館向甲鄉收回移送乙鄉

六是項文庫巡廻各鄉依各鄉之繁簡爲次太倉市爲本館所在地點不列巡廻之次

七巡廻文庫職員於各鄉教育人員內指任之每一巡廻致送津貼銀六元應負完全保管之責任

八巡廻文庫職員應於每一巡廻終了時造具報告於圖書館每學年終了時圖書館應具報告二份送由勸學所分別呈縣備查

九巡廻文庫閱覽人以能自書姓名及所閱書名爲率

命令

十巡廻文庫閱覽時間除星期覔日開放外每日下午一時起至五時止

十一巡廻文庫書籍概不借出其有汚損書籍者照圖書館定章辦理

十二是項巡廻文庫簡章呈由縣知事核准施行

——摘自《江蘇教育公報》一九二一年第一期

指令第二一六二號六月二十七日

令南通縣知事

呈爲舉辦巡廻文庫擬訂簡章規程請鑒核備案由

呈及附件均悉准予備查仰即轉知此令

附南通縣勸學所巡廻文庫簡章及規程

南通縣勸學所巡廻文庫簡章

一本所爲增長人民學識促進社會文化置備圖書雜誌辦理巡廻文庫

一本縣全境分爲五學區巡廻文庫即依學區之支配分爲五組每組用木箱二具裝置圖書約一百冊依下列市鄉之順序挨次傳遞

第一學區　南通市　競化市　觀永市　興仁鄉

第二學區　唐閘市　平潮市　白蒲鄉　劉海沙鄉

第三學區　四安市　劉橋市　石港市　騎岸鄉

第四學區　西亭市　金沙市　餘西市　三樂鄉

第五學區　餘中鄉　三益鄉　餘東市　呂四市　墾牧鄉

一巡廻文庫每遞到市鄉先由本所備函將書箱書目簿冊等件送交該市鄉教育會長或董事酌擇相當之公共場所設置閱書室

一每組書箱在一市鄉停留期以一月爲限限滿應由教育會或董事辦事處將圖書檢齊封鎖與書目簿冊等件送交本所指定之鄰近市鄉

一市鄉教育會或董事辦事處接到某組書箱時應查照書目按數檢點繕具收據寄存本所如有缺少汚損等事須隨時函知本所以備查理在閱覽時遺失破損者由該市教育會或董事辦事處負責賠償

一各組書箱在各學區巡廻終了時由最後輪到之市鄉送交本所酌將各組圖書交換或另換新置圖書再爲下屆之巡廻

一各市鄉教育會或董事辦事處收到巡廻文庫時應編貼通告招致閱覽人定期閱覽

一巡廻文庫停留時應由該市鄉教育會或董事辦事處遴派相當人員負管理指導之責（如指導圖書之選擇讀書之方法等）

一閱覽圖書者須在本所送交各市鄉之閱覽統計簿上照式記入姓名住址職業等項欲借書者須塡借書許可狀以備查考

一各學區學務委員對於巡廻文庫應負調查之責視察各市鄉教育會或董事辦事處處理圖書是否合宜塡載簿冊是否切實而爲實當之指導

一本所訂定閱覽圖書規程若干條巡廻文庫停留之場所應抄貼於牆壁俾閱覽者遵守之

命令

一本簡章如有未盡事宜或應行修改之處由本所隨時修訂通知各市鄉查照辦理

圖書閱覽規程

一欲閱圖書者須先檢查書目指名某圖某書某册請管理員取出交付不得擅自携取閱後仍須交管理員收存

一閱書時不得喧嘩或朗讀以免妨碍他人

一閱書室內不得吸煙及隨地吐痰

一閱覽圖書不得用硃墨筆加以圈點及評語

一閱覽圖書不得將圖書卷腦折角或以爪侵字以唾揭幅

一甲乙二人如欲閱同一之圖書儘先到者閱之

一閱覽者如將圖書遺失或汚損管理員當責令賠償

一閱覽時間每日上午九時至十二時下午一時至五時倘遇不適宜時管理員得斟酌變通之

一借閱圖書須經管理員之許可如管理員認爲不便借出者不得勉强

一借閱圖書每次不得過二種或四册以上歸還期不得過一星期以免妨害公衆之閱覽

——摘自《江蘇教育公報》一九二一年第六期

指令第五百十六號 十年三月十四日

令江西教育廳

呈一件 報臨川縣圖書館開辦巡行文庫並送簡章職員履歷藏書目錄請鑒核由

呈及附件均悉該縣開辦巡行文庫所具簡章履歷書目尚無不合應准備案仰即轉飭知照此令

附簡章

一 本文庫遵照本省教育廳暫行章程以使一般識字人民便於就近閱覽輸入新知爲主旨

二 本文庫暫設一總區六分區俟有成效逐漸推廣即以今日之分區改辦總區由各總區分設多數分區

三 本文庫以縣立圖書館爲總區

四 本文庫之分區以距縣之遠近及路線之順序而定其地點於西鄉之龍津南鄉之龍溪及東館東鄉之流坊北鄉之唱凱及李渡六處各設一分區列表於後

區別	鄉別	地點	備考
總區	縣城內	公立圖書館	
第一分區	西鄉	龍津鎭	由縣城至龍津十五里
第二分區	南鄉	龍溪街	由龍津至龍溪四十五里
第三分區	南鄉	東館	由龍溪至東館三十里
第四分區	東鄉	流坊	由東館至流坊三十五里
第五分區	北鄉	唱凱	由流坊至唱凱四十里
第六分區	北鄉	李渡	由唱凱至李渡四十五里

五 文庫巡行之次第先由總區發交第一分區再由第一分區遞交第二分區順次推至第六分區爲巡行一週周而復始勿容間斷

六 文庫巡行以一年爲一週每一分區留置時期以二月爲限

七 本文庫於鄉自治未開辦以前暫以保衛團鄉農會或學校爲各分區留置所但以能容積閱書人數爲度

八 本文庫之圖書悉遵教育廳發交書目表購備並逐年增購通俗之新圖書

九 本文庫管理員遵照教育廳暫行章程設總管及分管等名目惟臨時經理人俟由六分區擴充範圍時再行增設

十 總管分管及臨時經理人等皆爲義務職員

十一 總區管理員一人由縣長委任之分區管理員由總管員會同勸學所遴選自治職員或學務職員呈請縣長委任以專責成

十二 開辦之始由總區管理員製備文庫十二具編定號數以六具儲存總區預備臨時或巡行時間之補充以六具按照號數同時交分管員查照巡行次第及留置時期辦理

十三 每一文庫須附圖書目錄印簿一册各分管員於交代時按簿點驗如有損失即於交代時記明按照價目賞以賠償並開報總區查考應否添置以便酌定

十四 總區應規定巡行文庫之發達及交換期限通知各分區留置所俾有所遵守

十五 各分區接受巡行文庫時須提出領受文庫證於總區

領收文庫證

今領到
貴總區發送第　　號巡行文庫按照書目查驗圖書並無損失所領是實
民國　　年　　月　　日第　　分區分管員

十六 各分區接受巡行文庫時應將書目表宣示通衢引起一般識字者閱覽之樂觀

十七 各分管員於巡行文庫交代時須將閱覽成績報告總區由總區彙報於縣長

十八 遇有特別情形總區得臨時派員視察各分區之情狀

十九 總區遞送文庫得臨時僱用夫役

二十 本文庫須用經費造具預算書呈由縣公署籌撥之

二十一 各分區閱覽細則由各分區斟酌情形另定之

二十二 本章程如有未盡事宜得隨時呈請縣公署訓令修改以增完善

——摘自《教育公報》一九二一年第五期

指令第七八七號四月三日

令嘉定縣知事

呈爲轉報勸學所擬辦巡廻文庫規程簡則祈鑒核備案由

呈件均悉察閱規程簡則均尚妥洽准予備查仰即知照此令

附原呈及規程

呈爲轉報勸學所擬辦巡廻文庫規程簡則仰祈鑒核備案事案據代理勸學所長戴思振呈稱竊查本邑巡廻文庫業由所長籌定經費列入預算冊現已擬定規程並閱覽簡則擬即開辦相應將巡廻文庫規程及閱覽簡

則備文呈請察核示遵等情並附規程簡則前來據此除指令外理合錄同原件呈請廳長鑒核備案示遵實爲公便謹呈

計呈送規程簡則各一份

嘉定縣巡廻文庫規程

一本文庫以增進人民普通之常識爲宗旨

二本文庫暫設二組由勸學所指定各市鄉學校爲閱覽處所並委托學校職員管理之

三本文庫分甲乙二組每組裝置書籍一箱挨次輪送甲組輪送於第一第二學區乙組輪送於第三第四學區

四本文庫由各該區學務委員按照書目冊數點交于勸學所指定之學校校長接收之並塡註接收憑證繳存勸學所他校接收時併須於接收之學校校長塡具接收憑證於移交之學校

五每學區中應由何校接收管理由勸學所酌定之

六各學校收到文庫書籍後應即酌設閱覽處所按照閱覽簡則規定時間任人閱覽

七本文庫書籍由勸學所購備凡新出版之書籍隨時添入

八本文庫以後書籍加多再當擴充組數以期普及

九本文庫經費由縣教育費內核實開支

十本規程如有未盡事宜得隨時修改之

——摘自《江蘇教育公報》一九二二年第四期

江西各縣市通俗圖書館附設巡廻文庫規程

第一條　巡廻文庫依縣市立通俗圖書館規程第五條之規定設置之。

第二條　巡廻文庫依縣市立通俗圖書館名稱，定名為某縣市立第幾通俗圖書館附設巡廻文庫。

第三條　巡廻文庫每月巡廻時，應將巡廻範圍內路程日程及站所，先期列表通告巡廻地之羣衆，其表式如左：

縣立第幾通俗圖書館巡迴文庫　月巡迴路程日程通告表　月　日

巡迴次數	巡迴範圍路程		日程	站所		附註
				尖站	宿站	
第一次	自某處經某處至某處	若干里	某日起身某日到達	某村某校	某村某人家	
第二次	自某處經某處至某處	若干里	某日起身某日到達	某鎮某人家	某鄉某公所	
第三次	……	……	……	……	……	

第四條　巡廻文庫於巡廻時，得置備手提風琴，留聲機

及活動影片等，藉以號召羣衆，引起其閱書之動機。

第五條　巡迴文庫管理員，由通俗圖書館員輪值。

第六條　巡迴文庫管理員，依路程遠近，得酌給相當之旅費。

第七條　巡迴文庫，不得徵收閱覽費。

第八條　凡向巡迴文庫借閱圖書者，依照左列之規定：

㈠向管理員領取借書券，依式填明，交管理員存查；

㈡每人同時不得借閱兩種圖書；

㈢凡借閱圖書者，須於管理員下次輪到時交還，不得延期。

㈣凡借閱圖書者，對於所借圖書，有保存之義務；如有汚損毀壞，均須照價賠償。

第九條　巡迴文庫，應置借書券，及還書券，其式如左：

借書券

借書人										
姓名	年齡	性別	住址	職業	所借書名及册數	保人姓名	借閱日期	交還日期預約	交還日期實行	備考

注意（此券由管理員保存按月彙訂成册）

還書券

某人借閱本巡迴文庫圖書　　册，已如期交繳。

此證！

年　月　日管理員○○○

第十條　管理員須於每月終，依據借書券，塡寫各項統計表，分別存轉備查。其表式如左：

（附註）左列爲總表，其分表曁每月比較表，由各地自行規定。

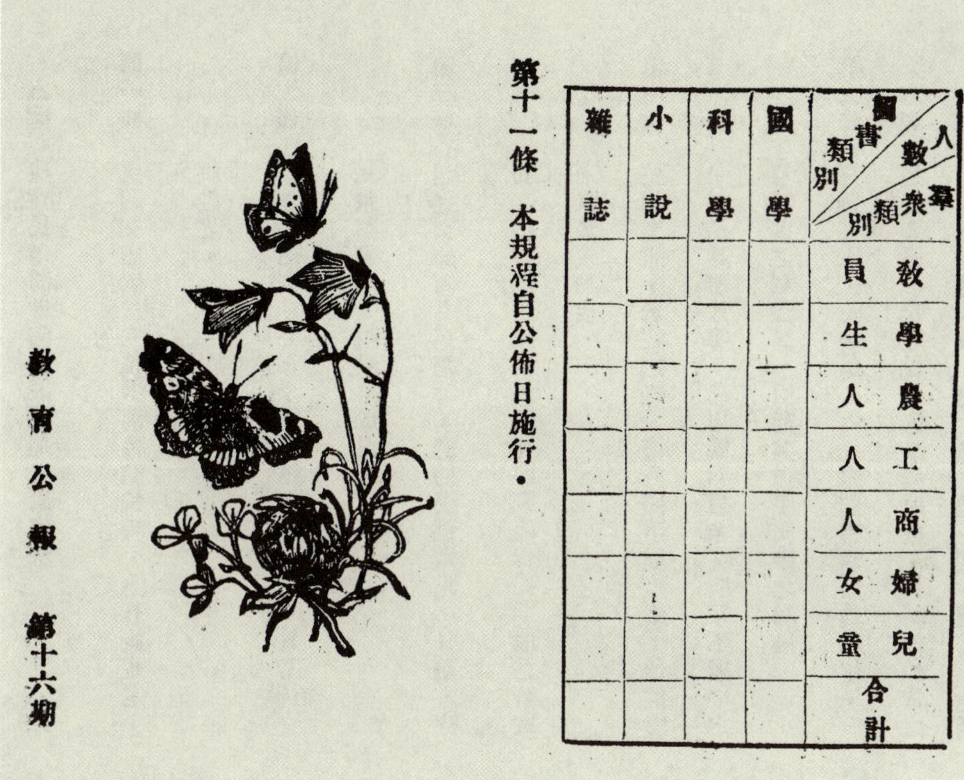

圖書類別 ＼ 羣衆類別 人數	教員	學生	農人	工人	商人	婦女	兒童	合計
國學								
科學								
小說								
雜誌								

第十一條　本規程自公佈日施行。

——摘自《江西教育公報》一九二八年第十六期

△四福建市縣民衆圖書館附設巡迴文庫辦法

第一條 巡迴文庫依市縣立民衆圖書館規程，第五條規定，設置之。

第二條 巡迴文庫依市縣立民衆圖書館名稱定名。爲某市縣立民衆圖書館，附設第幾巡迴文庫。

第三條 巡迴文庫每月巡迴時，應將巡迴地點，日期，時間，借書處，先期列表，印刷通告巡迴地之羣衆，其表式列後。

第四條 巡迴文庫，於巡迴時，得置備手提風琴，留聲機，及活動影片等，藉以號召羣衆，演講不識字之苦，讀書之利益等。引起其識字閱書之動機。

第五條 巡迴文庫，管理員，由民衆圖書館館員輪值。

第六條 巡迴文庫，管理員，依路程遠近，得酌給相當之旅費，實支實銷。

第七條 巡迴文庫，不得徵收閱覽費。

第八條 凡向巡迴文庫借閱圖書者，依照左列之規定，

（一）向管理員，領取借書證，依式塡明，交管理員存查。

（二）每人同時不得借閱兩種圖書，

（三）凡借閱圖書須於下次管理員輪到時交還，不得延期，

（四）凡借閱圖書，對於所借圖書，有保存之義務，如有污損，毀壞均須照價賠償，

第九條 巡迴文庫，應置借書證，其式如前第五。

第十條 管理員須於每月終，依據借書證，塡寫各項統計表，其式如前六。

第十一條 本規程自公布日施行。

——摘自《福建教育廳教育週刊》一九二八年第七期

教育要聞

(一)國內

(一)中央大學區各縣巡迴文庫暫行規程

第一條　各縣巡迴文庫，隸屬於公共圖書館或通俗教育館。前項巡迴文庫，如在公共圖書館及通俗教育館尚未成立縣分，得單獨組織，暫隸屬於縣教育局。

第二條　巡迴文庫依所隸屬機關之名稱，定名為某縣某館附設第幾巡迴文庫。前項巡迴文庫隸屬於縣教育局時，定名某縣教育局附設第幾巡迴文庫。

第三條　巡迴文庫每庫設管理員一人，以所隸屬機關原有管理圖書人員輪任之；遇必要時，得酌用工役以司輸運。

前項巡迴文庫隸屬於教育局時，其管理員另行聘任。

第四條　巡迴文庫每月巡迴時，應將巡迴區域日期時間借書處先期列表分別通報巡迴地之羣衆及所隸屬機關，其表式另訂之。

第五條　巡迴文庫不得徵收閱覽費。

第六條　巡迴文庫於巡迴時，得置備手風琴留聲機活動影片等，並從事講演，以引起民衆識字閱書之動機。

第七條　巡迴文庫管理員，每月月終及每年度終了時，應將辦理事項製成各項統計報告於其隸屬機關。

第八條　巡迴文庫管理員，依路程遠近，酌支相當旅費，實報實銷。

第九條　巡迴文庫之巡迴辦法及各項細則，由各縣斟酌情形訂定之。

第十條　本規程自公布日施行。

——摘自《安徽教育行政週刊》一九二九年第二卷第九期

◉天津特別市市立通俗圖書館巡廻文庫辦法本局第三十次局務會議通過

一、本辦法依據市立通俗圖書館組織規程第六條規定之

二、巡廻文庫由本館派員酌定路線設計辦理之

三、巡廻文庫除置備科學常識時事雜誌等書外尤須選擇有關黨義及通俗教育者隨時添購以資

閱覽

四、巡廻文庫各種書籍須區分部類編訂目錄揭示周知

五、巡廻文庫須於每月月終由負責人結束清楚繳還本館換領新書

六、凡借閱巡廻文庫書籍者須經負責人認可後方能借用惟期限不得過一星期

七、負責人須將每日出借之情形閱覽之人數塡表報告本館其表格另訂之

八、閱覽人如將書籍損失須賠償相當之代價

九、本館每屆月終須將巡廻文庫經過之情形呈報教育局查核

十、巡廻文庫借閱手續另定之

十一、本辦法經教育局核准施行

——摘自《教育公報》(天津)一九二九年第八期

湖北省各縣巡迴講演暨巡迴文庫辦法大綱

一　名稱　定名爲湖北省某縣巡迴講演附設巡迴文庫處

二　宗旨　以宣傳三民主義普及民衆教育爲宗旨

三　經費　經費完全由省庫開支每處設講員一人月支薪俸四十元工人一名月支工食八元書報費

每处月支五元讲员及工人川资月共支八元灯油笔墨纸张共四元

四 员额 按照各县情形得设讲员一人至三人

五 资格 各员皆由教育厅依照左列资格之一直接委用

1 大学专门毕业者

2 高中或旧制师范毕业者

3 旧制中学毕业对于民众教育富有研究者

六 职权 讲员除遵守厅令外应受各县县长及教育局长之监督指导

七 工作报告 讲员每调应将讲稿及工作报告表呈厅备核其工作报告在县城时须请求教育局加盖钤记在乡镇时应借盖公共机关或团体图记以资证明

八 奖惩 本厅依讲员之讲稿工作报告及省督学之考察县长教育局长县督学之报告分别奖惩其条例另定之

九 附则 本办法由湖北省政府教育厅拟订呈报省政府备案施行如有未尽事宜得由教育厅随时提出修正之

——摘自《湖北教育行政旬刊》一九二九年第七期

湖北各縣巡迴講員暨巡迴文庫處獎懲條例

第一條　本條例依照湖北省各縣巡迴講演暨巡迴文庫辦法大綱第八條規定之

第二條　凡辦理巡迴講演暨巡迴文庫人員均依本條例之規定辦理

第三條　本條例孜成方法分爲獎懲二種

第四條　獎勵方法如左

1.名譽獎勵

2.進級

第五條　凡受名譽獎勵三次以上者得予進級

第六條　凡講演員有下列情事之一者得予以名譽獎勵

（甲）講稿暨工作報告能按時呈報者

（乙）努力講演工作經考查屬實者

（丙）辦理巡迴文庫確有成績可孜者

（丁）經費報銷不稍涉浮濫者

第七條　凡講演員有下列事情之一者得予以進級

（甲）長於講演具有特別成績者

（乙）品行端正卓著勤勞者

（丙）所擬講稿有特殊見地足資採取者
（丁）經省縣督學或縣長敎育局長報告成績優良者

第八條 懲誡方法如左
1．申誡
2．記過
3．扣薪
4．免職

第九條 申誡一次不改者即予記過記過二次不改者即予扣薪記過三次者即行免職

第十條 凡講演員有下列情事之一者得酌予記過或扣薪
（甲）不按期呈報講稿及工作報告者
（乙）爲虛僞之陳報查有實據者
（丙）不認眞講演敷衍塞責者
（丁）未經請假怠棄職務者
（戊）請假逾限貽誤工作者

第十一條 凡講演員有下列情事之一者予以免職
（甲）發現有共產黨國家主義派或其他反動嫌疑者
（乙）言行違背黨紀者
（丙）劣迹顯著經人告發查有實據者

（丁）有不良嗜好者

（戊）辦理毫無成績者

第十二條　本條例由教育廳公佈施行如有未盡事宜得隨時修改之

——摘自《湖北教育行政旬刊》一九二九年第九、十期合刊

法規

湖北省立各縣巡迴講演暨巡迴文庫處辦事細則

第一條　本細則依照湖北省立各縣巡迴講演暨巡迴文庫處組織大綱第七條之規定訂定之

第二條　各巡迴講員講演材料應以下列各項爲範圍

一，黨義

二，法令解釋

三，常識

四，各地社會智徜狀況

五，農村教育之設施

六，政治概要

七，公共衛生大意

第三條　各巡迴講員應以全縣之區域爲範圍不得彼此分劃區域互相推諉

第四條　凡一縣有講員二人至三人者得由各該講員會商巡迴地點分途輪流講演

第五條　凡講員務須備置巡迴布牌隨時張掛俾民衆週知

第六條　講演地點以公共塲所爲原則於必要時得借私人地址舉行之

第七條　各講員每星期須將工作呈報到廳以憑考核至講演材料須按月彙報一次

第八條　凡講員到縣以縣教育局或省立各該縣初級小學校爲住址如有特別情形時亦得自覓住所

第九條　各講演員火食川資概歸自備不得藉詞苛索致擾地方

第十條　各講演員不得久居一處至少每十日須換地一次

第十一條　凡講演員奉委後不得在省久留如一星期尚未起程或半月尚未到縣者除分別撤差外並追繳其所領經費

第十二條　講員因事請假在一星期以內者須呈報該縣縣長及教育局長備案其在一星期以外者須先呈廳核准否則以離職論

第十三條　各講演員每日至少須講演三小時

第十四條　各縣社會教育機關或市縣黨部服務人員各級學校敎員願加入講演或協同工作者均得隨時與各該講員會商辦理

第十五條　凡星期日或各種紀念日照常工作次日休息

第十六條　每巡迴文庫處須按月定購首都滬漢等處報紙各一份以備民衆閱覽

第十七條　每巡迴文庫處除由政府或黨部發給宣傳品外按月須照章添購關於黨義政治社會公民科學常識各種書籍但以淺近通俗能使一般民衆瞭解爲主旨

第十八條　每巡迴文庫處書報應由各該巡迴講演暨巡迴文庫處工人攜帶隨該講員所至地點分別陳列以供閱覽

第十九條　每巡迴文庫處每月所購報紙書籍須將名稱種類著者姓名價目及發行處所詳細報廳并將各單據粘簿呈廳審査核辦否則截留下月經費

第二十條　每巡迴文庫處書報民衆得隨時閱覽並由講員設置簽名簿令閱者自行簽名以資考査

第二十一條　民衆閱覽書報有質疑問難者講員應明白解釋不得稍形傲慢致阻閱覽者之興趣

第二十二條　各巡迴文庫處書報不得分借或攜出

第二十三條　各巡迴文庫處所有書報應分類編號逐月保存如講員有更調時應分別造册移交不得稍涉含混

第二十四條　閱覽民衆對於各該處書報如有汚損毀壞情事應責令照價賠償

第二十五條　閱覽者不得喧嚷談笑違者卽行扶出

第二十六條　本細則自湖北省政府教育廳公佈施行如有未盡事宜得以廳令修改之

——摘自《湖北教育行政旬刊》一九二九年第十一期

河北省各縣巡迴文庫暫行辦法　十八年十月廳令公布

一　本辦法依據各縣通俗圖書館組織大綱第五條制定之

二　巡迴文庫隸屬於通俗圖書館或民衆教育館但在兩館未成立縣分得單獨設立隸屬於縣教育局

三　巡迴文庫依所隸屬之機關名稱定名爲某縣某館或某縣某局巡迴文庫

四　巡迴文庫不只一處者其名稱應附以第一第二等字樣

五　巡迴文庫圖書應多製複本以便分組巡迴

六　巡迴文庫設管理員一人負出納保管全責即以主管機關一人担任但單獨設立者得另聘專員担任

七　各村鎭由辦公人員或學校教職員中公推一人爲巡迴圖書管理員司接交出納保管事項

八　巡迴文庫管理員應先期將巡迴地點日期圖書種類及各村鎭巡迴圖書管理員姓名分配妥適屆時分別公布於各該地民衆并呈報主管機關

九　巡迴文庫巡迴地點期間由各縣自定但須注意左列二事

一，地點　務求普遍

二，時間　至多不得過一月至少不能下兩星期

十　管理員在接交期間應將圖書查點清楚以明責任但在巡迴期間倘有遺失應責令管理員賠償

十一　巡迴文庫管理員應於月終年終將經過情形造具報告表册送由主管機關轉呈本廳備查

十一 巡廻文庫及巡廻圖書管理員於因公赴城鄉時得酌支旅費其數目由各縣自定之

十二 巡廻文庫不得徵收閱覽費

十三 巡廻文庫辦事細則由各縣自定之

十四 本辦法自公布之日施行

湖北省政府教育廳訓令　第二九號

令省立各縣　巡迴講員

為令遵事查湖北省立各縣巡迴講演暨巡迴文庫處懲獎條例第十項甲項之規定凡講員不按期呈報工作報告表暨講稿者酌予記過或扣薪又十一條戊項之規定辦理毫無成績者予以免職等語茲經一再令飭各該員遵照辦理在案近查各該員按期呈報者固不乏人而延遲未報或不按期續報者亦復不少似此怠荒職務虛糜公帑殊屬非是茲特

公牘

重申前令凡省立各縣巡廻講員在十八年十二月以前所有應行呈報之工作報告表暨講稿尙未報齊者限交到一週內趕報完全並自十九年三月起均應遵照辦法大綱第七條之規定按期造報勿得藉故遲延有違功令倘敢仍蹈故轍定即照章撤懲除分令外合亟令仰該員遵照辦理切切此令

廳長黃昌穀

中華民國十九年元月九日

——摘自《湖北教育行政旬刊》一九三〇年第二十五、二十六期合刊

河北省教育廳指令第一六九〇號

令交河縣縣長

呈送巡迴文庫辦事細則請鑒核備案由

呈暨細則均悉查該項細則第六條規定設巡迴團長二十四人核與本省各縣巡迴文庫暫行辦法第六條

之規定不符應改稱巡迴圖書管理員第十四條規定閱覽一星期與前項辦法第八條之規定不符應改爲兩星期又第十六條傳送人由各校教員委派學生輪流充當十六字應即刪除改爲傳送圖書由巡迴圖書管理員負責辦理字樣仰即轉飭修改爲要細則存此令

中華民國十九年三月八日

河北省教育廳印

廳長沈尹默

——摘自《河北教育公報》一九三〇年第九期

嘉善縣公立通俗圖書館辦理巡迴文庫報告

爲解決民衆求知而設的圖書館，依照最近統計，各縣都有一個小規模的圖書館設立，雖分館支部，未見成立，然而城市民衆，已有找書閱覽的機會。至於偏僻地方的民衆，要想求知，苦於不得書籍。所以爲謀偏僻地方民衆求知起見，巡迴文庫有設立的必要哩。查紐約市立圖書館，所辦的巡迴文庫圖書館，約有一萬多處，每年貸出圖書約百萬冊，該館辦理的效能及民衆得益的宏大，可想而知了，現在各縣雖無如此財力，作大規模之添設；然而上項辦法，祇要利用圖書館所有的書籍，抽調一部分，裝貯書箱，運送各處陳列，除管理運送以外，其餘的事情，都可由館員兼辦，雖稍費手續，逐漸添設起來，偏僻地方的民衆，受益不淺，本館鑑於巡迴文庫有設立的必要，現已酌量成立多處，茲將辦理情形，報告於後：

ㄅ、嘉善縣公立通俗圖書館巡迴文庫暫行辦法

一、本文庫爲供給本縣各地民衆閱覽而設

一、本文庫圖書由嘉善縣公立通俗圖書館供給

一、本文庫圖書館祇能在指定場所閱覽概不出借

一、每日閱覽時間除星期一例假外，規定如後

午　時起至　午　時止

一、閱覽人閱覽圖書時，先向助理員取得閱覽券，就目錄中擇所欲覽之圖書，記其名稱於券上，由助理員檢交，不得自取。

一、閱覽券上所填圖書冊數，至多以三冊爲限。

一、閱覽人不准將所閱圖書任意裁割，並不得圈點批註折角，如有任意損壞燬失，責令繳納相當之賠償。

一、本辦法如有未盡事宜，得隨時修正之。

文、閱覽券之式樣

嘉善縣公立通俗圖書館
區巡迴文庫閱覽券

書名：

姓名：

職業：　　性別：

中華民國　年　月　日

工、嘉善縣公立通俗圖書館巡迴文庫助理員須知

一、本文庫於每月末日，由嘉善縣公立通俗圖書館　區巡迴文庫助理員按址將圖書打包裝寄，到達後覆信通知。

一、每月一日將收到圖書陳列指定場所，公開閱覽，每月末日裝寄　區巡迴文庫助理員　嘉善縣公立通俗圖書館收領。

一、每月一日應將上月閱覽人數作成統計塡記於報告表內，寄交嘉善縣公立通俗圖書館，以備查考，其閱覽券一項，應加封保存。

一、每日閱覽時間，由助理員自定，每日以二小時爲度。除星期一停止閱覽外，概不停止。

一、助理員因事不能服務時，應請相當人代理。

一、裝寄運費由嘉善縣公立通俗圖書館付給，助理員每月津貼銀四元

一、執行賠償時，須依照目錄單上所開之實價收取，

一、抽屜中各物用罄時，請即通知，以便照發。

匚、各種表式

1 圖書寄發前之通知明片

今由＿＿民局　航船君寄奉

第＿＿號巡廻文庫圖書＿＿冊及書目　　份請照目錄點

收並盼見覆此致

＿＿＿＿＿＿收

＿＿＿＿＿＿寄

＿＿年＿＿月＿＿日

2 圖書收到後之通知明片

今收到＿＿＿＿＿＿

由＿＿民局　航船　君交來巡廻文庫第＿＿號書目＿＿份

圖書＿＿冊點收無誤此覆

＿＿＿＿＿＿收

＿＿＿＿＿＿寄

＿＿年＿＿月＿＿日

3 工作月报表

嘉善縣 區巡迴文庫 月份報告表			
本月份閱覽人數 人男 人女 人			
本月份每日開放間時 午 時起至 午 時止			
賠償圖書			
困難問題及意見			
助理員簽名	年	月	日

4 圖書賠償補購通知明片

請補購			
書名	出版處	編譯者	價格
			$
該$ 俟補購圖書寄到後請憑發票來領			
助理員簽名 年 月 日			

万、書箱之式樣

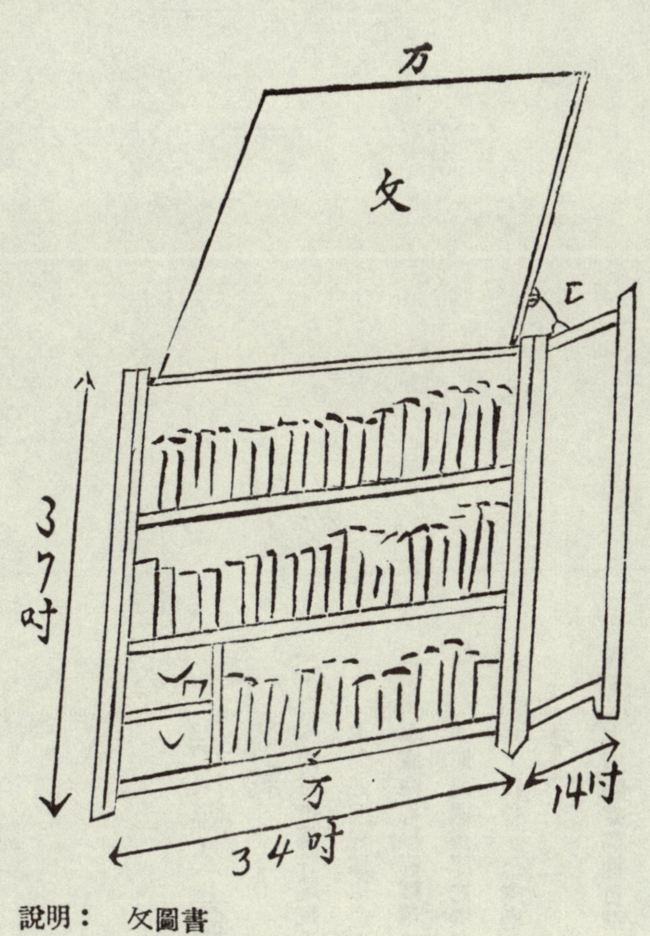

說明： 攵圖書
攵箱蓋
ㄇ抽屜
ㄈ絞鍊
万鎖
價值＄5，可藏圖書二百冊

——摘自《浙江教育行政週刊》一九三〇年第二卷第十一期

銅山縣公共圖書館巡迴文庫暫行規約

一、本館爲增進各處民衆讀書之機會起見特設巡迴書庫

二、本館巡迴書庫以巡迴本縣爲原則

三、本庫圖書編制暫用固定編成法

四、本館巡迴書庫之機關暫定爲農民教育館及鄉集，灘頭，鐵營，三中心民衆學校至書庫巡迴之次序另訂之

五、本庫圖書巡迴自期由本館規定通知其停留日數暫定以一月爲限

六、圖書收送方法由巡迴機關派人來館運取俟停留日滿

仍應運送交換

七、收受本庫圖書時須塡具收受證送交本館備查

八、圖書倘有遺失或損壞由收受機關照價賠償

九、收受本庫圖書有機關須將所受之圖書盡量宣傳以期吸引民衆之閱覽

十、取受本庫圖書之機關應於停留定期終了時須將圖書收集不得逾期交還並應將閱覽成績造表統計報告本館以便彙報呈核

十一、閱覽規約由各巡迴機關擬定幷報告本館備查

十二、本簡則如有未盡事宜由本館隨時修正之

銅山縣公共圖書館流動書車暫行規約

一、本館爲增進民衆讀書之機會起見特備流動書車巡送圖書於各學校私塾民衆集合場所及各商店各街市民住戶以便借閱

二、民衆借閱圖書時須有切實住址凡無一定住址者不得

借閱

三、民衆借閱圖書須塡具借書證及存查簿並須有學校商店或住戶切實保證得始出借如手續不完不得借書

四、借書停留日期以三日爲限倘未閱完得續借一次但須補塡借書證及存查簿以備考查

六、圖書汚損須照價賠償

七、圖書切勿圈點或折角違者作汚損論

八、借閱圖書概不取費

九、借閱圖書以車中所有者爲限倘欲借閱其他書籍請親至圖書館閱覽

十、本簡則如有未盡事宜得由本館臨時修正之

——摘自《銅山縣公共圖書館年刊》一九三一年第一期

浙江省會巡迴文庫委員會章程

一　本委員會以啓發並普及省會民衆知識爲宗旨。

二　本委員會由浙江省會設有巡迴文庫之各機關各推代表一人組織之。

三　本委員會各機關出席代表以固定爲原則。

四　本委員會之任務如左：

（1）關於巡迴文庫用書之選擇事項

（2）關於巡迴文庫巡迴區域之分配事項

（3）關於巡迴文庫設施之研究事項

（4）關於巡迴文庫之統計事項

（5）關於巡迴文庫其他事項

五　本委員會設總幹事一人，由委員中互推之，管理本委員會之文件及經費等事項。

六　本委員會每月舉行會議一次，由總幹事召集之，其地點及主席，由組織各機關輪值之。

七　本委員會一切用費，由組織各機關分任之。

八　本委員會於每次會議時；得請教育廳派員指導。

九　本章程有未妥處，得由委員會提出修正，呈奉教育廳核定之。

十　本章程由本委員會議決呈奉教育廳核准施行。

——摘自《浙江教育行政週刊》一九三一年第二卷第二十九期

五、各縣巡廻文庫暫行規程

第一條　各縣巡廻文庫，隸屬於公共圖書館或通俗教育館，前項巡廻文庫，如在公共圖書館及通俗教育館尙未成立縣分，得單獨組織，暫隸屬於縣教育局。

第二條　巡廻文庫依所隸屬機關之名稱定名爲某縣某館附設第幾巡廻文庫。

前項巡廻文庫隸屬於縣教育局時，定名爲某縣教育局附設第幾巡廻文庫。

第三條　巡廻文庫每庫設管理員一人，所以隸屬機關原有管理圖書人員輪任之，遇必要時，得酌用工役一人，以司輸運。

前項巡廻文庫，隸屬於縣教育局時，其管理員另行聘任。

第四條　巡廻文庫每月巡廻時，應將巡廻區域日期時間借書處，先期列表，分別通報巡廻地之羣衆，及所隸屬機關，其表式另訂之。

第五條　巡迴文庫不得徵收閱覽費。

第六條　巡廻文庫於巡廻時，得置備手風琴，留聲機，活動影片等，並從事講演，以引起民衆識字閱書之動機。

第七條　巡廻文庫管理員，每月月終及每年度終了時，應將辦理事項，製成各項統計報告於其隸屬機關，

第八條　巡廻文庫管理員，依路程遠近，酌支相當旅費，實報實銷。

第九條　巡廻文庫之巡廻辦法，及各項細則，由各縣斟酌情形訂定之。

第十條　本規程自公布日施行。

——摘自《民衆教育月刊》一九三一年第三卷第四、五期合刊

宜興縣立公共圖書館巡迴小書庫試行規約

一 本館爲推廣教育，便利遠道閱者起見，特設巡迴小書庫。現暫設六庫，以後得視本館經濟及社會需要情形，逐漸添設。

二 巡迴小書庫巡迴地點，依照下列方法規定之。

甲 由縣教育局指定後通知本館者。（通知書式另定）

乙 凡本縣教育機關呈請縣教育局經核准後通知本館者。

三 於巡迴小書庫巡迴地點，設宜興縣立公共圖書館巡迴小書庫第一閱覽處，（其排列之次序以教育局核定之先後爲標準）該閱覽處得設管理員一人，由縣教育局委教育機關原有人員兼任義務職。該管理員須協商縣立圖書館之意志辦理一切事宜。

四 巡迴小書庫每四星期調換一次。

五 巡迴小書庫管理員負管理保護巡迴小書庫之全責，如遇有損壞遺失情事，管理員須照價賠償。

六 各閱覽處閱覽規則，由各巡迴小書庫管理員斟酌地方情形及本館規約擬訂詳細辦法，報由教育局核准施行。

七 本規約由縣教育局核准施行。

——摘自《中華圖書館協會會報》一九三一年第七卷第一期

◉令知呈准該館創設巡廻文庫增加經費仰卽派員來局更正前送年度歲出預算及七月份支付預算並携帶請款憑單領款收據以便更換給領令第六八三號

令市立第一二三四五六七通俗圖書館

爲令遵事案奉

市政府第一七二一號指令本局呈爲市立通俗圖書館七處各創設巡廻文庫每處每月增加經費拾元擬自二十年七月份起由教育專款項下動支請鑒核令遵緣由奉令呈悉應予照准除令知財政局外仰卽知照此令等因奉此查此案前經局務會議議決卽呈請

市政府核示在案奉令前因自應將增加經費加入年度歲出預算及七月份支付預算之內應由該館派員來局更正並携帶七月份請款憑單領款收據以便與前送單據互換給領除分令外合行令仰該

命令

館查照遵辦此令

中華民國二十年八月六日

局長鄧慶瀾

天津特別市教育局印

——摘自《教育公報》（天津）一九三一年第五十八期

㊙令發巡廻文庫草案仰遵照籌備並將籌備情形隨時呈局備查令第七〇四號

令市立第一二三四五六七通俗圖書館

命令

爲令遵事案查市立通俗圖書館巡廻文庫辦法及自七月份起增加經費拾元業經先後令知各在案惟借閱手續依巡廻文庫辦法第十條之規定應另行規定茲特製定借閱手續草案附各項格式六種先行令發該館試行一俟局務會議通過後再行公布除分令外合行令仰該館知照即便遵照籌備務於最短期間促其實現並將籌備情形隨時呈局備查此令

計發巡廻文庫借閱手續草案一份附格式六種

中華民國二十年 八 月 十五 日

天津特別市教育局印

局 長 鄧慶瀾

——摘自《教育公報》(天津)一九三一年第五十八期

平市通俗教育館添設圖書流動車

平市通俗教育館，爲使一般民衆得有隨時隨地讀書之機會起見，擬創設圖書流動車；每日巡廻市内商場，廟會及通衢各處。昨並擬定簡章九條，呈請教育局鑒核，茲錄原呈及簡章如下：（呈文）案查本館以前之圖書室，祇能供給民衆到館閱覽。且限于館址附近之居民，揆于普及教育之設施，似有未週。爲此本館現備圖書流動車一輛，定于二月一日，即派人巡廻本市廟會，通衢等處，供人閱覽，以便深入民間而使一般民衆，各得有隨時隨地讀書之機會，謹擬簡章草案，呈請查核備案。再圖書流動車，在平市係屬創舉，一但巡廻，深恐有不肖之徒，藉端擾亂，並請轉呈市政府令飭公安局轉飭所屬各區署妥爲保護，實爲公便。謹呈。

簡章

第一條　本館爲普及教育改良社會起見，特設圖書流動車。

第二條　所備圖書暫以關于民衆兒童讀物及有益身心之淺近小說爲限。

第三條　圖書流動車暫設一人管理之。

第四條　管理人專司圖書借出收回與保管等事宜。

第五條　圖書借閱規則另定之。

第六條　圖書流動車巡廻本市廟會商場及通衢各處。

第七條　圖書流動車每日上午十時至下午四時爲巡廻時間。

第八條　本簡章經本館館務會議通過，呈准教育局施行。

第九條　本簡章如有未盡事宜得隨時修改之。

——摘自《中華圖書館協會會報》一九三二年第七卷第四期

桐廬縣各學區小學教育巡廻圖書庫巡廻辦法

一、本縣爲謀各小學教師增廣學識便利進修起見特設各區小學教育巡廻圖書庫

二、本庫圖書純以關於初等教育之各種參考書籍爲限

三、巡廻區域依現有第一·二·三·四學區爲範圍分區巡廻以供各小學教師之瀏覽

四、各區巡廻圖書庫由中心小學主持並由中心小學就各區內

現有小學劃分若干小組分別巡廻

五、本庫圖書巡廻手續規定如左

(ㄅ)各小組內均須指定一地點適中之小學負責辦理巡廻事宜

(ㄆ)各小組內之適中小學於接到巡廻圖書庫後應即通知組內小學敎師來庫借書

(ㄇ)各小學敎師向巡廻圖書庫借閱讀書須塡寫借書劵存庫備查

(ㄈ)每人每次借書以二冊爲限並須於一星期內歸還

六、每小組巡廻期限暫定十日期滿應將全部圖書轉送次組之適中小學依照圖書目錄核對交接清楚並將交接情形函知中心小學備查

七、借閱圖書不得圈點塗抹及汚損遺失否則應照價賠償以重公物

八、每學區內各小組巡廻方法採用循環制周而復始

九、每學期終了時各區中心小學應將巡廻圖書庫收回保管以免遺失

十、本辦法經縣教育局局務會議議決通過呈請　浙江省教育廳核准施行修改時同

——摘自《浙江教育行政週刊》一九三二年第三卷第二十八期

◎呈爲呈報各市立通俗圖書館成立巡迴文庫請鑒核備案文第一一八號

呈爲呈報各市立通俗圖書館成立巡迴文庫仰祈

鑒核備案事案查本局所屬各市立通俗圖書館成立巡迴文庫增加工友預算業經呈請

鈞府核准在案當即令飭各該館分別籌備正籌備間適值津變因戒嚴關係未便巡迴茲以本市秩序恢復常態且各街市交通亦無阻碍爰自本年三月分起各該館即分别成立巡迴文庫所有七處通俗圖書館成立巡迴文庫各緣由理合具文呈請

鑒核備案實爲公便謹呈

天津市市長周

中華民國二十一年五月九日

天津特別市教育局印

天津市教育局局長鄧慶瀾

——摘自《教育公報》(天津)一九三二年第七十六期

江蘇省各縣巡迴文庫暫行辦法

第一條：各縣縣立圖書館或民衆教育館，須附設巡迴文庫，依本辦法辦理之。

第二條：巡迴文庫依所隸屬機關之名稱，定名爲某縣立某館附設第幾巡迴文庫

第三條：巡迴文庫每庫設管理員一人，以所隸屬機關原有管理圖書人員担任之，並得僱用工役一人，以司輸運。

第四條：巡迴文庫每月巡迴時，應將巡迴區域，日期，時間，借書處，先期列表，分別通報巡迴地之民衆及所隸屬機關。

第五條：巡迴文庫不得徵收閱覽費。

第六條：巡迴文庫於巡迴時，得設備手風琴，留聲機，活動影片等，並從事講演，以引起民衆識字閱書之動機。

第七條：巡迴文庫管理員，每月月終及每年度終了時，應將辦理事項，製成各項統計，報告所隸屬機關。

第八條：巡迴文庫管理員，依路程遠近，酌支相當旅費，實報實銷。

第九條；巡迴文庫巡迴辦法及各項細則，由各縣教育局斟酌情形訂定，呈廳核准施行。

第十條：本辦法由江蘇省教育廳公布施行。

——摘自《江蘇教育》一九三二年第一卷第十一、十二期合刊

浙江省奉化縣最近有奉化縣立巡迴圖書館之組織，訂

奉化縣成立巡迴圖書館

有暫行規程及細則如左。

奉化縣立巡迴圖書館暫行規程

第一條　本縣為啟迪小學教員教育智識；增進小學教員讀書機會起見。特設巡迴圖書館；以資補助。

第二條　本館暫設二組；俟財政充裕再行推廣。

第三條　本館以購備黨義及教育書籍為限。

第四條　本館每月分區巡行各學校；以便各小學教員借閱。

第五條　本館書籍得視借閱狀況及需要情形隨時增購或更換。

第六條　本館設主任一人以縣政府教育局第三課長兼任之。總理本館一切事務；各組設管理員一人。以寄存學校教職員充任之；擔任保管整理一切事務。

第七條　各校教員借書時須將姓名；校名；月日分別記載於借書簿上。

第八條　各校教員借書時每人每次借閱以一種爲限。閱畢繳還始得續借他種。

第九條　各校教員借閱之書籍；至遲七日即須繳還。

第十條　各校教員借閱之書籍須加意愛護；如有毀損及遺失情事，應負責賠償。

第十一條　本暫行規程經教育委員會議決後施行。

——摘自《中華圖書館協會會報》一九三三年第六卷第四期

奉化縣立巡迴圖書館巡迴暫行細則

1本圖書館在巡迴區域內巡迴時各該學校須負保管整理之責。如不肯負是項責任者，認作放棄權利論，即於該區域略過。

2圖書到後該校須出收據一紙，同寄本館總主任備查。

3圖書到後，該校教職員即須推定一位管理員，并據定相當地點作爲閱覽室，並排定閱覽時間，一面函知所屬區域内各校得便借閱。

4本館所定規程，及圖書目錄，均當貼於閱覽室內。

5期滿出校如有圖書損失，須開明書名照原價賠償。

6本細則有未盡事宜，得隨時修改之。

——摘自《中華圖書館協會會報》一九三三年第六卷第四期

◉天津市市立通俗圖書館學校巡廻文庫辦法（市政會議第一八五次議決修正通過 市府指令第六三號附發）

第一條　本文庫書籍專供給市立或已立案之私立各小學校教職員參考之用

第二條　本文庫書籍得由市立私立小學校教職員介紹由圖書館酌量購置之

第三條　市立私立各小學校介紹書籍以下列各項爲限

甲　字典

乙　辭書

丙　百科全書（單行本）

丁　各科參考書

第四條　本文庫每月購書費最多不得超過本館購書費之百分之二十五

第五條　第三條第四項所稱各科參考書限於左列各項

甲　關於教育者

乙　關於歷史語言者

丙　關於文學藝術者

丁　關於社會科學者

戊　關於自然科學者

己　關於應用科學者

第六條　市立私立各小學校教職員介紹購置圖書應赴圖書館領取圖書介紹卡片將各欄塡寫清楚

於一個月以前送交圖書館以便彙呈教育局審核購置之

第七條　本文庫書籍用木匣裝置須由借閱人自行取送

第八條　本文庫備有圖書目錄以便檢查

第九條　各校教職員借閱書籍應由該校校長出具收據署名蓋章以爲憑證

第十條　凡借閱本文庫書籍者每次至多不得過十種

第十一條　本文庫書籍巡廻期爲兩星期於必要時仍依本規則第九條之規定延長兩星期

第十二條　本文庫供給書籍以本圖書館設定區域爲限

第十三條　市立私立各小學校借閱本文庫書籍遇有汚毀或遺失必須賠償時由該校校長負責辦理之

第十四條　本規則如有未盡事宜得提請市政會議修正之

第十五條　本規則自公布之日施行

◉天津市市立通俗圖書館家庭巡廻文庫辦法（市政會議第一八五次議決修正通過市府指令第六三號附發）

第一條　本文庫借書閱覽依本規則所定辦理之

第二條　本文庫書籍供給家庭與兒童閱覽其範圍如左

甲　關於家事者

乙　關於兒童讀物者

丙　關於常識者

丁　關於科學者

戊　關於文藝者

己　關於通俗教育者

第三條　家庭借閱須以家長名義向圖書館聲請並具有妥實保證交由圖書館塡發借書證每次借書限於五種以兩星期爲限期滿將原書繳還

第四條　借書人如無保證時得納相當之保證金由本文庫掣給收據期滿繳回圖書發還保證金

第五條　前項借書證不得轉借他人倘有遺失應即時聲請補發前證作廢

第六條　借書證以三個月爲有效期

第七條　本文庫供給書籍以本圖書館設定區域爲限

第八條　本文庫備木匣若干裝置書籍由圖書館派人向借書人送達

第九條　本文庫備有圖書目錄以便檢查

第十條　凡借閱圖書遇有汚毀或遺失時應由保證人負責賠償或由保證金扣抵

第十一條　凡借閱期滿延不繳還者以遺失論

第十二條　借閱本文庫書籍之家庭如有遷移時須先期將所借之書籍及木匣一併繳還倘欲賡續借閱經圖書館許可後另發新證

第十三條　本規則如有未盡事宜得提請市政會議修正之

第十四條　本規則自公布之日施行

——摘自《教育公報》（天津）一九三三年第一百一十期

浙江省立溫中附小設置民衆巡迴文庫辦法

(一)定名

定名爲浙江省立溫中附小民衆巡迴文庫，因設立早遲的關係，於民衆巡迴文庫上面，加第一第二第三等字樣。

(二)地點

地點設在溫屬內河汽輪及外江小汽輪中，已規定的有下列幾處：

1. 第一民衆巡迴文庫，設在航行永強之華汽輪中。
2. 第二民衆巡迴文庫，設在航行永瑞間之泰利汽輪中。
3. 第三民衆巡迴文庫，設在航行永樂間之汽輪中。
4. 第四民衆巡迴文庫，設在航行瑞平間之汽輪中。
5. 第五民衆巡迴文庫，設在航行會昌間之汽輪中。

以下另定。

(三)期間

民國二十二年十一月一日開始設立，每間兩個月，將所有圖書巡迴一次。開始設立時，只有第一第二兩處，到二十三年一月一日，三月一日，五月一日，陸續添設一處，以後仿此。

(四)書箱

每處備有書箱一只，如下圖：(圖中所註尺寸，以英尺計算)。箱門上寫「浙江省立溫中附小第幾民巡迴文庫—設在某某汽輪內」等字樣。

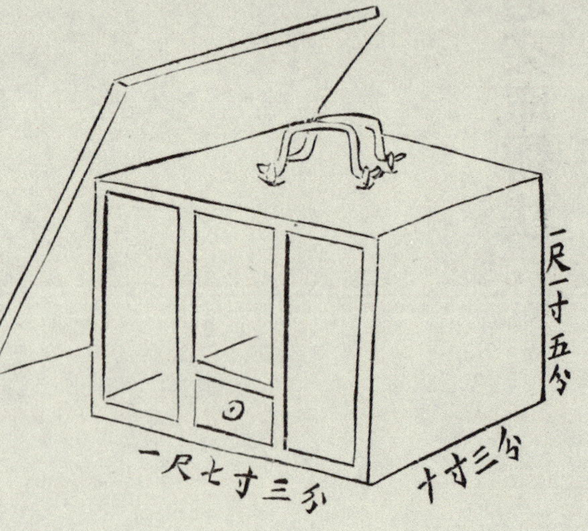

(五)圖書

圖中分爲溫字，中字，附字，小字，民字，衆字，巡字，迴字，文字，庫字，等十號，每號備民衆文藝二十冊；及民衆常識四十冊，書目如下：

(1)溫字號圖書目錄

類別	書名	冊數	號碼
文藝類	民間傳說	一	一
	農工商尺牘	一	二

類別	書名	冊數	號碼
	商業新尺牘	二	三—四
	平民尺牘	一	五
	兒童應用書信	一	六
	水滸	四	七—十
	七俠五義	二	十一—十二
	精忠岳傳	四	十三—十六
	三國演義	四	十七—二〇
常識類	左寶貴	一	二一
	粱忠甲	一	二二
	戚繼光	一	二三
	陳化成	一	二四
	韓光第	一	二五
	丁汝昌	一	廿六
	鄭成功	一	廿七
	劉永福	一	廿八
	鄧汝昌	一	廿九
	馬占山	一	三十
	哥德	一	三一
	司蒂芬生	一	三二
	甘地	一	三三
	威爾遜	一	三四
	華盛頓	一	三五
	馬可尼	一	三六
	達爾文	一	三七
	愛迪生	一	三八
	林肯	一	三九
	違警罰法	一	四十
	我國的交通	一	四一
	我國的商埠	一	四二
	我國的物產	一	四三
	世界大都市	一	四四
	蒙古人的生活	一	四五
	人類的進化	一	四十六
	人類的生活	三	四七—四九
	人體是怎樣構造的	一	五十
	常識小叢書	十	五一—六十

(2)中字號圖書目錄

類別	書名	冊數	號碼
文藝類	十二個月的農產	一	一
	十二個月的動物	一	二
	十二個月的水果	一	三
	十二個月的花卉	一	四
	十二個月的衛生	一	五
	十二個月的節期	一	六
	十二個月的遊戲	一	七
	十二個月的國恥	一	八
	二度梅	二	九—十
	列國演義	六	十一—十六

常識類	現代民衆常識	一	二十一
	趣味小科學	二	廿二—廿三
	電報與電話	一	廿四
	民衆常識叢書	七	廿五—卅一
	民衆工業叢書	七	卅二—卅八、
	民衆經濟叢書	十一	卅九—四九
	近代弱小民族被壓迫史及獨立運動史	一	五十
	日本小史	一	五十一
	不平等條約	一	五十二
	新時代民衆叢書	八	五三—六〇

(3)附字號圖書目錄—另詳

(六)巡迴辦法

每逢二月，四月，六月，八月，十月，十二月，的月尾兩天，天，由溫中附小民衆教育委員會、派人至各處收回原有圖書，調換另一字號的圖書，如溫字書調中字書，中字書，調附字書等。

(七)管理辦法

委託各輪賬房代爲管理，并依照浙江省立溫中附小民衆巡迴文庫借書規約，隨時將圖書借給該輪搭客閱覽，借書規約如下：

一、凡是本汽輪的搭客都有向本巡迴文庫借書的權利。
二、借書的時間在本汽輪開駛後五分鐘
三、收書的時間在本汽輪抵埠前十分鐘
四、每人每次只限定借一本
五、借閱圖書不得離開本汽輪
六、損壞圖書須照價賠償

——摘自《浙江教育行政週刊》一九三三年第五卷第十六期

◉據呈報成立學校巡迴文庫，及家庭巡迴文庫日期，擬具實施計畫等情，准予備案令。

第七五九號

令市立第七通俗圖書館

一件，呈報成立學校巡迴文庫，及家庭巡迴文庫日期，擬具實施計畫，請鑒核備案由。

呈暨附件均悉，准予備案。

此令。附件存

中華民國二十三年三月二十一日

天津特別市教育局印

局長 鄧慶瀾

——摘自《教育公報》（天津）一九三四年第一百二十一期

法規

天津市市立通俗圖書普通巡迴文庫暫行規則

第一條　本規則依據市立通俗圖書館組織規程第六條規定之

第二條　巡迴文庫由本館派員酌定路線設計辦理其巡迴線表另定之

第三條　巡迴文庫依照預定路線按期巡迴除大風雨雪及例假外概不停止

第四條　巡迴文庫備有各種書籍區分門類編訂目錄卡片以便檢查借閱

第五條　凡借閱書籍者須塡具代金借書証並預交該書代金作抵經負責人認可後方能借閱俟閱畢繳書時再將代金退還但團體或機關及有相當保証者亦可不用代金

第六條　借閱人如將書籍汚毀或遺失時即將代金收沒抵賠書價

第七條　凡兒童借閱書籍除依照第五條之規定辦理外並請其家長爲保證人

第八條　借閱日期以一星期爲限如有特殊情形得延長之但至多不得過兩星期

第九條　巡迴文庫係借出閱覽定期繳還性質凡沿途有臨時閱覽者一律謝絕

第十條　負責人須將每日出借之情形閱覽之人數塡表報告本館其表格另定之

第十一條　本館每屆月終須將巡迴文庫經過情形呈報教育局查核

第十二條　巡迴文庫須於每月月終由負責人將該項書籍淸結一次以便更換新書

第十三條　本規則呈經教育局批准後施行

天津市市立通俗圖書館巡迴文庫借閱手續草案

一、本文庫借閱手續依巡迴文庫辦法第十條規定之

二、本文庫係借出閱覽定期繳還性質凡沿途臨時閱覽者一概謝絕

三、本文庫備有各種圖書區分門類編定目錄卡片以便檢查借閱

四、本文庫除大風雪雨例假外概不停止

五、本文庫借閱範圍分爲下列三種

甲、民衆借閱

乙、館所互借

丙、各機關借閱

六、凡地方人民依照法定手續借閱者屬於第五條甲項

七、其他圖書館及閱書報所依照法定手續互相貸借者屬於第五條乙項

八、凡市立或已立案之私立學校及其他各機關借閱者屬於第五條丙項

九、本文庫借閱圖書之範圍如下

甲、關於黨義者

乙、關於常識者

丙、關於科學者

丁、關於通俗教育者

十、本文庫圖書之編製取固定及自由之折衷編製法

十一、本文庫須備具下列各項

甲、書片

乙、借書特許証

丙、期日箱或袋

丁、保証金收據

戊、保証書

己、互相借貸簿

十二、前條各項用品之格式另定之

十三、民衆借閱之手續先由借書人取得本文庫負責人同意之保証人塡具保証書（或納保證金）交由本文庫塡發借書特許証持此証即得借閱圖書每次以一種爲限閱畢繳還圖書時再將借書証發還

十四、借書人如無相當之保証人時得納相當之保証金由本文庫製給收據閱畢繳書時應連同前項收據一併繳還以便發還原納保証金

十五、館所互借手續先由該圖書館或閱書報所先期以正式公函商洽後或用互相借貸簿互借之每次以三種爲限但不用保証書或保証金

十六、各機關借閱手續須有該借閱機關之正式証明文件經本文庫負責人許可後塡發借書特許証得借閱之每次借書以一種爲限但不用保証書或保証金

十七、第十五條及第十六條所稱之館所及各機關均以法人視之但須由借閱之經手人或主管人簽字或蓋章

十八、前項借書特許証不得轉借他人倘私借他人時一切責任皆由原領特許証人担負之

十九、特許證如有遺失須即向本館聲明補發在未聲明以前倘有持證借書者應由原領特許証人負責

二十、特許證以塡發之日起三個月爲有效時間

廿一、凡十七歲以下之兒童須由其保護人爲借閱人

廿二、凡民衆借閱圖書有下列情形之一致有妨閱覽者應由借閱人負賠償責任其不賠償者由保証人負責或由保証金抵償

甲、圖書損壞時

乙、圖書污毀時

丙、圖書遺失時

二十三、凡館所互借及各機關借閱有二十二條規定之一者得由該經手人或主管人員負責賠償但有特殊情形者得呈請教育局聲明註銷

二十四、民衆借閱機關借閱及館所互借均以一星期爲限遇必要時得延長之至多不得過二星期

二十五、凡借書期滿不還經本館函催仍不繳還者即按第二十二條辦法辦理之

二十六、負責人須將每日出借之情形借閱之人數塡表報告主管圖書館每屆月終呈報教育局備查

二十七、本文庫之路線以一星期巡迴一週爲限由主管圖書館自定之但須呈報教育局備案

二十八、本借閱手續如有未盡事宜得提出修正

二十九、本借閱手續自公佈之日施行

——摘自《天津市市立通俗圖書館月刊》一九三四年第二卷第三期

核示洱源縣小學生文庫巡迴閱覽辦法

教育廳指令第一一一二號（二三，五，一一●）

令 洱源縣縣長許端毅

呈一件，據呈擬奉獎小學生文庫巡迴閱覽辦法，祈核示由。

呈件均悉。查所擬巡迴辦法，尚屬可行，應准備案。仰即遵照！件存。此令。

附辦法

兼代廳長袁丕佑

巡迴全縣辦法

1. 本局以奉到教育廳頒獎小學生文庫伍部，以一部存教育局開放閱讀，以四部分發一・二・三・四等區兩級小學校負責保管，並辦理巡迴閱覽。

2. 巡迴分鄉鎮及其次第如左：

第一區

（甲）寧湖鎮 （乙）五門上鄉 （丙）五門下鄉 （丁）城南上鄉 （戊）城南中鄉 （己）城南下鄉 （庚）上路上鄉 （辛）上路下鄉 （壬）官充鎮 （癸）下路上鄉 （甲）下路下鄉 （乙）大庄鎮

第二區

（甲）三營鎮 （乙）上節上鄉 （丙）上節東鄉 （丁）上節西鄉 （戊）靈山鎮 （己）中節鄉 （庚）下節鄉

第三區

（甲）何中鄉 （乙）何尼前鄉 （丙）何尼後鄉 （丁）何姁西鄉 （戊）何頭中鄉 （己）何姁東鄉 （庚）官中鎮 （辛）太元鎮 （壬）包大鎮

第四區

（甲）上江鄉　（乙）煉鐵鎮　（丙）長邑鎮
（丁）下江鄉　（戊）同仁鄉　（己）西山鄉

3. 自小學生文庫五部全數頒到後，兩星期內即分發各區兩級小學校，由校長查照規定辦法，按鄉鎮次第，舉行巡迴。

4. 各鄉鎮接到小學生文庫，應即開放閱讀，閱讀期限，定爲一個月，期滿即轉送，不得藉故停滯。

5. 轉送小學生文庫，應由各校長邀同區長，督促鄉鎮長負責辦理。例如，由甲鄉鎮運至乙鄉鎮，即由甲鄉長或鎮長，妥爲設法運交接收，其餘類推。

6. 開放文庫應由各鄉鎮長，佈告週知，並擇適中地點，盡量開放，俾小學生便於閱讀，其詳細辦法，各自定之。開放閱讀，如有必要之茶水小費，即由各鄉鎮自行籌集。

7. 保管文庫，應由校長等切實負責，惟在巡迴開放期間，致有輕微汚損，姑免置議，倘有遺失，應即責令直接負責保管之鄉長或鎮長，照價加倍賠還，其有任意割裂及塗抹者，以遺失論。

8. 各鄉鎮長辦理巡迴事宜，應將左列各欵分別具報區公所，及兩級小學校。再由區長校長函知或呈報教育局，以便考核。

甲、接到小學生文庫日期，並文庫卷數，開單報明。

乙、每次開放文庫及保管詳情。

丙、巡迴所到之最後鄉或鎮，應具案報明。

巡迴所到最後之鄉或鎮專案報明後，應即將文庫運送兩級小學校開放閱讀，經一月後，如前再行巡迴閱覽。

9. 本局隨時派縣督學或教育委員到各鄉鎮考查辦理巡迴情形及承辦人員之盡職與否，以憑轉報，呈請分別獎懲。

10 本辦法自奉准後，即公布實行。

——摘自《雲南教育》一九三四年第三卷第四期

法　規

天津市市立通俗圖書館學校巡文庫規則

第一條　本文庫書籍專供給市立或已立案之私立各小學校教職員參考之用

第二條　本文庫書籍得由市立私立小學校教職員介紹由圖書館酌量購置之

第三條　市立私立各小學校介紹書籍以下列各爲限

甲　字典

乙　辭書

丙　百科全書（單行本）

丁　各科參考書

等四條　本文庫每月購書費最多不得超過本館購書費之百分之二十五

第五條　第三條第四項所稱各科參考書限於左列各項

甲　關於宗教者

乙　關於歷史語言者

丙　關於文學藝術者

丁　關於社會科學者

戊　關於自然科學者

己　關於應用科學者

第六條　市立私立小學校教職員介紹購置圖書應赴圖書館領取圖書介紹卡片將各欄塡寫淸楚於一個月以前送交圖書館以便彙呈　教育局審核購置之

第七條　本文庫書籍用木匣裝置須由借閱人自行取送

第八條　本文庫備有圖書目錄以便檢查

第九條　各校借閱本文庫書籍應由該校校長出具收據署名蓋章以爲憑証

第十條　凡借閱本文庫書籍者每次至多不得過十種

第十一條　本文庫書籍巡廻期爲兩星期於必要時仍依本規則第九條之規定延長兩星期

第十二條　本文庫供給書籍以本圖書館設定區域爲限

第十三條　市立私立各小學校借閱本文庫書籍過有污毁或遺失必

須賠償時由該校校長負責辦理之

第十四條　本規則如有未盡事宜得提請市政會議修正之

第十五條　本規則自公布之日施行

——摘自《天津市市立通俗圖書館月刊》一九三四年第二卷第四—六期合刊

法規

天津市市立通俗圖書館家庭巡迴文庫規則

第一條　本文庫借書閱覽依本規則所定辦理之

第二條　本文庫書籍供給家庭與兒童閱覽其範圍如左

甲，關於家事者

乙，關於兒童讀物者

丙，關於常識者

丁，關於科學者

戊，關於文藝者

已，關於通俗教育者

第三條　家庭借閱須以家長名義向圖書館聲請並具有妥實保證交由圖書館塡發借書証每次借書限於五種以兩星期爲限期滿將原書繳還

第四條　借書人如無保証時得納相當之保証金由本文庫掣給收據期滿繳回圖書發還保証金

第五條　前項借書証不得轉借他人倘有遺失應即聲請補發前証作廢

第六條　借書証以三個月爲有効期

第七條　本文庫供給書籍以本圖書館設定區域爲限

第八條　本文庫備木匣若干裝置書籍由圖書館派人向借書人送達

第九條　本文庫備有圖書目錄以便檢查

第十條　凡借閱圖書遇有汚毁或遺失時應由保証人負責賠償或由保証金扣抵

第十一條　凡借閱期滿延不繳還者以遺失論

第十二條　借閱本文庫書籍之家庭如有遷移時須先期將所借之書籍及木匣一併繳還倘欲賡續借閱經圖書館許可後另發新證

第十三條　本規則如有未盡事宜得提請市政會議修正之

第十四條　本規則自公布之日施行

——摘自《天津市市立通俗圖書館月刊》一九三五年第二卷第七—九期合刊

安徽各輔導區設立巡廻書庫

安徽省教育廳爲推進地方教育，增進各小學教員學識起見，特以五百元由滬購來大批圖書，分發六個輔導區，並在各區組織巡廻書庫，茲將各輔導區巡廻書庫借閱規則摘錄于後：

一、本書庫由地方教育輔導員隨身攜帶借與所到學校或教育機關之教職員及學生閱讀。

二、借書人借書時，須先塡借書單交與輔導員，閱畢後，須將「閱書心得表」詳細塡寫隨書交還，（借書證須蓋機關圖章，閱讀心得表須簽名或蓋私章）此項心得表，即作爲教員進修考成之一。

三．每人借書，每次以一部爲限，兒童讀物以十部爲限，閱讀心得表可免填。

四．借書期至多以一星期爲限。

五．借書人不得在書上批註圈點或加蓋私章，如有污損及遺失，應照原價賠償。

六．輔導員有臨時收回出借圖書權，倘有交通不便之地域，借書人應限於限期內掛號郵寄，或專人遞送輔導員預先指定之所在地。

——摘自《中華圖書館協會會報》一九三五年第十卷第五期

各輔導區設立巡迴書庫

訂有借書規則

本廳為推進地方教育，增進各小學教員學識起見，特以五百元由滬購來大批圖書，分發六個輔導區，並在各區組織巡迴書庫，茲將各輔導區巡迴書庫借書規則錄後：

一、本書庫，由地方教育輔導員隨身攜帶，借與所到學校或教育機關之教職員及學生閱讀。

二、借書人借書時，須先填借書單交與輔導員，閱畢後，須將「閱讀心得表」詳細填寫隨書交還，（借書證須蓋機關圖章，閱讀心得表須簽名或蓋私章，）此項心得表，即作為教員進修考成之一。

三、每人借書，每次以一部為限，兒童讀物以十本為限，閱讀心得表可免填。

四、借書期至多以一星期為限。

五、借書人不得在書上批註圈點或加蓋私章，如有污損及遺失，應照原價賠償。

六、輔導員有臨時收回出借圖書權，倘有交通不便之地域，借書人應於限期內掛號郵寄，或專人遞送輔導員預先指定之所在地。

七、本規則如有未盡事宜，得由教育廳修正之。

八、本規則自教育廳公佈之日施行。

——摘自《安徽教育輔導旬刊》一九三五年第一卷第一期

青島市圖書館巡迴書庫出借用簡則

第一條　本館爲推廣圖書效用與便利各學校各機關閱書者起見特設巡廻書庫儲備出借以補不能自設圖書館或補充已設圖書館之不足

第二條　凡向本館借出巡廻書庫之學校或機關須先塡就本館印就之保證書或繳付相當之押金經本館認可後始可借出

第三條　巡廻書庫內書籍之配備得由告借之學校或機關開列需要何種書本由本館在可能範圍內酌量支配之

第四條　巡廻書庫借出後所有一切圖書之安全統由借出者負完全責任如有損壞遺失等情須負賠償之責任

第五條　借出期間以半個月爲限必要時得延長之但至多不得超過一月

第六條　本章程如有未妥之處得由本館隨時修正

——摘自《中華圖書館協會會報》一九三六年第十一卷第六期

縣(市)立圖書館設置巡迴文庫辦法

第四八六三六號公布(三十年十二月十五日)

一、縣(市)立圖書館應設置巡迴文庫巡迴本館施教區內各地以便民衆閱覽

二、縣(市)立圖書館爲便於推近與管理巡迴文庫事業起見得將本館施教區劃分若干區域各設一巡迴文庫

前項文庫巡迴區域以鄉(鎮)爲準

三、縣(市)立圖書館巡迴文庫名稱定爲某某縣(市)立圖書館巡迴文庫同一館設置二庫以上者以數目字順序區別之定爲某某縣(市)立圖書館第幾巡迴文庫

四、各文庫巡迴區域內應指定鄉(鎮)中心學校保國學校或其他公共場所爲巡迴站由各該學校場所指派相當人員負責辦理

五、文庫巡迴區域之劃分及巡迴站之指定得由縣(市)立圖書館呈請主管教育行政機關以命令行之

六、巡迴站應接受縣(市)立圖書館之指導負圖書借閱保管交接運送及指導閱覽之責

七、巡迴站應利用集會或其他機會舉行讀書識字宣傳幷舉辦讀書會讀書競賽會等籍以提高民衆讀書興趣

八、巡迴文庫之圖書應由縣(市)立圖書館斟酌地方實際需要爲配備並應按季更換一次

九、巡迴文庫之巡迴路線巡迴時間及圖書借閱保管交接運送等辦法由縣(市)立圖書館訂定之

十、縣(市)立圖書館應將巡迴文庫書目編造三份一份留館備查一份送呈主管教育行政機關備案一份隨同文庫傳遞各站以便檢點交接

十一、縣(市)立圖書館設置巡迴文庫應先擬具詳細計劃呈報主管教育行政機關備案每年度終了應將辦理情形列入工作報告

十二、縣(市)立圖書館應備齊巡迴文庫各項閱覽記錄表冊隨同文庫交由巡迴站負責人員填寫以便查核

十三、各巡迴站負責人辦理巡迴文庫工作努力或不接受規定辦理與辦理不力時得由縣(市)立圖書館呈報主管教育行政機關分別予以相當獎懲

十四、未設立圖書館之縣(市)應由縣(市)立民衆教育館依照本辦法設置巡迴文庫巡迴本館施教區內各地供衆閱覽

十五、省立圖書館應輔導該省區內縣(市)立圖書館舉辦巡迴文庫事業在未設立圖書館及民衆教育館之縣市幷應設法參照本辦法設置巡迴文庫巡迴各該縣(市)境內供衆閱覽

十六、本辦法自公布之日施行

——摘自《教育部公報》一九四一年第十三卷第二十三、二十四期合刊

△△縣立民衆教館/圖書館設置巡迴文庫計劃式樣

宋教四字第六一五二三號
中華民國卅一年四月十一日抄發

甲、總則

一、本計劃遵照教育部頒縣（市）立圖書館設置巡迴文庫辦法第十四條之規定訂定之（圖書館應將「第十四條之規定」七字刪去）

二、本計劃之推行除法令另有規定外，概依本計劃辦理之。

乙、文庫巡迴區

三、呈請縣政府劃本館施教區內△△△△△△△△（將鄉鎮名稱填入）四鄉（鎮）劃為文庫設置區，並在△△△△△△△△四鄉（鎮）中心學校設置巡迴站，函請各中心學校校長指派相當人員負責辦理之。

四、本館巡迴文庫以△△鄉中心學校為第一站，△△鄉中心學校為第二站，△△鄉中心學校為第三站，△△鄉中心學校為第四站。

丙、事業實施

五、本館應置備巡迴文庫箱，配置圖書遞送各站。

六、本館圖書室應將巡迴文庫書目編造三份，一份留館備查，一份送呈縣政府備案，一份隨同文庫傳遞各站，以便檢點交接。

七、本館圖書室應製備巡迴文庫各項閱覽紀錄表冊，隨同文庫交由各巡迴站負責人填寫以便考查。

八、各巡迴站應接受本館指導，負圖書借閱保管交接遞送及指導閱覽之責。

九、各巡迴站負責人辦理巡迴文庫，工作努力或不按照規定辦理，或辦理不力時，得由本館呈報縣政府予以相當獎懲。

十、巡迴文庫巡迴時間，由本館斟酌實際情形，每季更換兩次，巡迴路線暨日期，由本館另表訂定之。

十一、各巡迴站於收到圖書後，應即佈告民衆到站閱覽，並得利用集會或其他機會舉行讀書識字宣傳，及讀書會讀書競賽會，藉以提高民衆讀書興趣。

十二、巡迴各站之圖書如遇遺失或損毀，應由各站負責人或借閱人賠償。

十三、各巡迴站圖書如借出站外閱覽，應取得確實担保，否則收取定價四倍之押金，此項押金於還書時如查所借圖書確無損毀，應照數退還。

十四、各巡迴站應設置問字代筆處，並添置娛樂用具，提倡正當娛樂。

十五、各巡迴站應在各該鄉中心學校寒暑假前一週將全部圖書送還本館，以憑清理。

附則

十六、本計劃呈經縣政府核轉教育廳備案後施行。

——摘自《湖南教育》一九四二年第二十八期

湖南省各縣民衆教育館（圖書館）巡迴文庫設置指南

一、設置目的：

巡迴文庫將書箱儲藏圖書送到各處，使不能來館之人士亦能得到讀書機會，並在「以書找人」施教原則之下，務使圖書充分發揮效能。

二、巡迴文庫種類：

巡迴文庫分固定式與流動式兩種，前者有固定之地點，多附設於學校茶園工廠，後者無一定之地點，凡民衆集聚之處，如碼頭車站街衢村落均爲施教之場所，都須省市立圖書館設置巡迴文庫辦法，則以前者爲主，各館設置巡迴文庫，自應以此爲先，而後漸及於後者。

三、文庫圖書選擇標準：

（一）內容應適合一般民衆知識水準者。

（二）應切合地方需要，文筆生動饒有興趣者。

（三）圖畫豐富，裝璜精美引人注目者。

（四）篇幅不長，能於短時內閱完者。

（五）足以培養品性，有益身心及陶練技能有助生產者。

（六）有關三民主義及抗戰建國之宣傳者。

四、巡迴書箱之製造

巡迴書箱高一市尺八寸，深五寸半，寬一市尺五寸，內分二層，上層分二格，每格高七寸半，可容圖書五十至一百冊，下層裝抽屜一只，高三寸，存放零星物件，簿冊表格，頂上及兩邊可裝手提環各一，以便移運，上層裝一向上抽動之板門，板面楷書「某某省立△△圖書館 某某縣立民衆教育館（或民教館）（或圖書館）巡迴文庫」等字樣，又上板門之內約能裝玻璃二扇，更便圖書之保管，此可由各館各就財力決定裝置與否，此種書箱各館必需製備四個，其用費可在各館事業費項下支用。

五、巡迴文庫木牌之製備。

各館應於設置文庫之各站門首，懸一長形木牌，木牌長三市尺，寬六寸，應一律藍底白字，楷書某某民衆教育（或圖書）館第△巡迴文庫。

六、應備之各項表冊：

（一）日記簿式樣

某某縣立民衆教育館（圖書館）第△巡迴文庫站日記簿

閱書人數			閱書狀況				本日以何類書籍閱覽最多	工作紀要	其他	記事
成人	婦女	兒童	室內閱書		室外貸出					
人	人	人	冊		冊					

中華民國△△△年△月△日星期△氣候（ ）記者

（一）閱覽人簽名簿式樣（大小以六裁紙一面爲準）

日	姓名	性別	年齡	職業	擬看何類書籍幾次來站
月　日					
月　日					
月　日					
月　日					

（二）民衆讀書指導記錄簿式樣（大小以六裁紙一面爲準）

中華民國　年　月　日星期　指導人

讀書指導記載簿

姓名	性別	年齡	職業	住址

書名	著者

疑難問題	指導經過	意見

（四）領借書證借書參考簿式樣（大小以六裁紙一面為準）

第　號 | 姓名 | 年齡 | 職業 | 領證期 | 借書冊數：一月 二月 三月 四月 五月 六月 七月 八月 九月 十月 十一月 十二月 | 共計

（五）某某縣立民衆教育館[illegible]書目

類 | 書名 著者 | 冊數 | 出版者 | 價值 | 備考

（六）民衆詢問代筆存稿簿式樣

請求人 | 性別 | 年齡 | 職業 | 住址

請求事項

答句摘要 | 代筆摘要

中華民國　年　月　日星期　　辦理人

（七）借書證式樣（兩面用）

0 1 2 3 4 5 6 7 8 9 0

△△圖書室借書證

第　　號

茲准　　先生隨時借書△種有效期間至　　年　　月　　日爲止

館長（或主管人）　　年　　月　　日

（八）流動文庫出巡記事簿式樣

中華民國　　年　　月　　日星期　　天氣　　記者

出巡地點及狀況

一（　　）二（　　）三（　　）

工作後意見

（九）文庫書箱附件表式樣

第△文庫箱附件表

藏書△△冊

目錄一份

（十）文庫巡迴日期表

（本表由各館製備貼文庫箱板門反面）

第△文庫箱遞送日期表

遞送日期	發出地點	接收地點
月　日	由本館	第△站
月　日	由△站	第△站
月　日	由△站	第△站
月　日	由△站	第△站
月　日	由△站	本館

（本表由各館製備貼文庫箱門板反面）

（十一）各館傳送巡迴文庫通知單式樣

通知

查第　號巡迴文庫箱業經本館酌置圖書△△冊茲特檢同目錄巡迴日期表暨附件清冊各一份希即查收陳列供應民衆閱覽

右通知

△△△第△巡迴庫站

附目錄日期表清冊各一份

△△圖書館
民衆教育館　啓　月　日

（十二）各巡迴文庫站收到書箱報告單式樣

報告　（或某館）

查第　號巡迴文庫箱業於　月　日由第　站遞到本站茲特開具申報表一份報請備查

右報告

△△縣民衆教育館（或圖書館）

△△△△△

（十三）申報表式樣

（一）圖書部份

書名	接收時情形

（二）附件部份

品名	接收時情形

（十四）各巡迴文庫站轉送書箱公函式樣

查第　號巡迴文庫箱停留本站閱覽日期已於　月
日期滿依照規定應移送
貴站接收相應派員運送前來即希將所有圖書附件照册點
收並請
惠覆爲荷此致
△△圖書館民教館第△巡迴文庫站
附目錄一份附件清册一份
△△△第△巡迴文庫站啓　月　日

（十五）各巡迴站收到書箱後回覆公函式樣（一）

茲准
貴站於　月　日遞到第　號巡迴文庫箱一口計藏
書△△册附件△△均已照數點收相應復請
查照此致
△△第△巡迴文庫站
△△第△巡迴文庫站啓　月　日

（十六）各巡迴站收到書箱後回復公函式樣（二）（收到書箱如發生疑義時用此函式樣）

茲准
貴站於　月　日遞到第△號巡迴文庫箱一口計藏書
△△册附件△△經已照數點收惟表列數事應請
查照此致
△△第△巡迴文庫站
附收到圖書附件申報表一份（表式與前申報表同）
△△第△巡迴文庫站啓　月　日

（十七）各巡迴站收到地站遞送之書箱後報告圖書館民教館文式

報告
查第△巡迴文庫箱業於　月　日由第△站遞到茲
開具申報表一份報請備查
右報告
△△圖書館民教館
附申報表一份
△△△　月　日

（十八）各站工作月報表式樣（各站應按月呈報圖書館民教館）

△△縣立圖書館民教館第△巡迴文庫站工作月報表　三十一年　月份

辦理情形		
活動事業		
改進意見		
成績統計	閱書人數	成人　人　婦女　人　兒童　人　合計　人
	閱書册數	室內借閱　册　室外貸出　册　合計　册

中華民國三十一年　月　日　站負責人　□

（十九）各館辦理巡迴文庫月報表式樣（分報教育廳縣政府）

△△縣立圖書民教館辦理巡迴文庫月報表　三十一年　月份

站次	設立地點	負責人姓名	閱書人數	借閱册數	辦理概況	考核意見
第一站						
第二站						
第三站						
第四站						
辦理經過						

中華民國三十一年　月　日　館長　口

說明：（一）辦理概況欄應將活動事業如讀書會等列報
（二）辦理經過欄應將書箱圖書配備及巡迴更換情形分別詳報

——摘自《湖南教育》一九四二年第二十八期

四川省縣(市)立圖書館/民教館舉辦巡迴文庫注意要點

一、各縣(市)圖書館，均應遵照部頒「縣(市)立圖書館設置巡迴文庫辦法」組織巡迴文庫，其未設立圖書館之縣市，遵照規定，由縣立民衆教育館辦理之。

二、各縣(市)組織巡迴文庫之計劃，悉依省頒「縣(市)立圖書館/民衆教育館設置巡迴文庫計劃範式」辦理。

三、各縣(市)巡迴文庫之圖書，至少須爲各縣(市)圖書館/民衆教育館所載數量之三分之一。

四、本省教育廳翻印之部頒民衆文庫及民衆讀物，各縣(市)奉到後，必須加入巡迴文庫，各縣(市)政府及圖書館或民教館，均可依照部頒仿印民衆文庫辦法，自行仿印，以供需要。

五、文庫書籍之選擇，須遵照省頒「各縣(市)圖書館/民衆教育館巡迴文庫設置須知」第三條各款之規定。

六、巡迴文庫箱之製造，其樣式悉依省頒「各縣市圖書館/民教館巡迴文庫設置須知」辦理，所需經費，必要時，得連同其他有關開支經費，一併呈由該縣(市)政府撥款支用，

但須事先呈報本府核准。

七、各巡迴區站工作月報表，應於辦理情形欄內，將室外貸出書籍之押金收退情形詳報，各館應隨時派員查核現存金額是否與所報相符。

八、各館對於各巡迴區站之各種表報，應認眞審核是否翔實完備。

四川省縣(市)立圖書館/民教館設置巡迴文庫計劃範式

甲、總則

一、本計劃遵照部頒「縣(市)立圖書館設置巡迴文庫辦法」第一條及第十四條之規定訂定之。

二、本館辦理巡迴文庫，除另有法令規定外，悉依本計劃辦理之。

乙、巡迴區域劃分

三、呈請縣政府，斟酌本縣鄉(鎮)之多少，及地面之廣狹，以三鄉(鎮)至四鄉(鎮)爲單位，將本館施教區域劃爲若干文庫巡迴區域。

四、本館巡迴文庫名稱，以數目字順序區別之，定名爲〇〇縣(市)立圖書館/民教館第幾巡迴文庫。

五、本館各文庫巡迴區域，任各鄉(鎮)中心學校，保國民學校，分設巡迴站，定名爲第幾巡迴文庫第幾

站。

六、各巡迴站，除各該鄉（鎮）公所文化股主任爲當然負責人外，由各該學校，指派相當人員負責辦理。

七、本館應置巡迴文庫箱，配置適當書籍，遞送各巡迴區域及巡迴站。

丙、巡迴事業實施

八、本館應將巡迴文庫總書目編造二份，一份留館備查，一份送呈縣府備案。

九、各巡迴文庫，應各編書目二份，一份自存，以作輪換時檢點交接之用，一份隨同文庫傳遞各站。

十、本館製備巡迴文庫各項閱覽紀錄表冊，隨文庫分發各巡迴區域，再由巡迴區域分發各巡迴站，交由各該區站負責人填寫以便考查。

十一、各巡迴區及巡迴站，應受本館指導，負圖書借閱保管交接運送及指導閱讀之責。

十二、各巡迴文庫巡迴時間，由本館斟酌情形，每季更換一次，各巡迴站則每季更換二次，巡迴路線及日期由本館另表訂定之。

十三、各巡迴區及巡迴站，應利用鄉會及其他集會，舉行讀書識字宣傳，并舉辦讀書會讀書競賽會等，藉以提倡民衆閱讀興趣，各該鄉（鎮）公所，應予以切實之協助。

十四、各巡迴區及巡迴站應與各該地中心學校及保國民學校協作設置問字代筆處，并添置娛樂用具，提倡正當娛樂。

十五、各巡迴區及巡迴站圖書如有遺失損毀，應由各該區站負責人或借閱人照市價賠償。

十六、各巡迴區及巡迴站圖書如外借閱覽，應取得確實担保，否則收取書價四倍之押金，俟還書時，如查明確無損毀，應即照數退還。

十七、各巡迴區站，應在各該地中心學校或保國民學校寒暑假前一週，將全部圖書送還本館，以憑清理。

丁、督導與獎懲

十八、本館於每季派員巡視各巡迴區站一次，以督導及考查各該地之巡迴工作，事後將結果報告本館以備考核。

十九、各巡迴區站負責人，辦理巡迴文庫工作努力者，及不按規定辦理或辦理不力者，得由本館呈報縣政府予以相當之獎懲。

戊、附則

二十、本計劃呈經縣政府核轉教廳備案施行。

四川省縣(市)圖書館民教館巡迴文庫設置須知

一、巡迴文庫之意義

巡迴文庫，用書籍儲藏圖書，分送各處，使遠道不能來館之人士，亦能得閱讀機會，在（以書找人）施教原則之下，使圖書充分發揮其效能，並促進人民知識水準之提高。

二、巡迴文庫之種類

分固定與流動兩種，前者有固定之地點，多附設於學校茶園或工廠中，後者無一定之地點，凡民衆集聚，如碼頭、車站、通衢、村落等，均可為施教之場所，各館舉辦時，應先前者而漸及於後者。

三、文庫圖書選擇標準

（一）有關總理遺教之闡揚及抗戰建國之宣傳者。

（二）含有統一性能增強民族意識者。

（三）適合地方特殊需要者。

（四）能增進民衆之生產知識與技能者。

（五）足以培養品性有益身心之陶冶者。

（六）適合民衆知識水準文學生動而饒有興趣者。

（七）有關世界大勢之認識與了解者。

（八）篇幅不長，能於短時閱完者。

（九）圖書豐富含意正確而引人注意者。

四、巡迴負責人員應具之條件

（一）確信三民主義明瞭抗建國策。

（二）富於指導民衆閱讀之興趣與能力。

（三）態度和藹精神活潑樂與民衆接近。

（四）具備吃苦耐勞之生活習慣。

五、巡迴文庫設置步驟

（一）劃分全縣（市）為若干巡迴區及巡迴站。

（二）依巡迴區之多少，按規定式樣，製造巡迴書箱。

（三）遵照規定，選擇圖書，適當的分配於各巡迴箱，並編造圖書目錄。

（四）函各鄉（鎮）公所中心學校及保國民學校，請求協助工作，并預定巡迴區站地點。

（五）預備各項表報簿冊，並依規定派定各文庫負責人員。

（六）決定整個巡迴路線巡迴日期及有關實施之各重要事項。

（七）巡迴工作開始。

六、巡迴書箱之製造

巡迴書箱高一市尺八寸，深五寸半，寬一市尺五寸，內分二層，上層分二格，每格高七寸半，可容圖書五十至一百冊，下層裝抽屜一只，高三寸，存放零星物件及簿冊表格，頂上及兩邊，可裝手提環各一，以便移運，上層裝一向上抽動之板門，板面楷書〇〇縣（市）圖書館（民衆教育館）巡迴文庫字樣，箱用深黃色，字用藍色。

此種書箱製造之費用，可於各館事業費項下支用。

七、巡迴文庫之標識。

各館應於設置巡迴文庫之各區站門首，懸一長形木質標識，長三市尺，寬六寸，一律藍底白字，楷書「〇〇縣

（市）圖書館
　　民教館第○巡迴文庫（第○站）

八、巡迴文庫應用表冊。

（一）日記簿——附一
（二）閱覽人簽名簿——附二
（三）巡迴文庫目錄——附三
（四）借書證——附四
（五）巡迴書箱附件表（即「原文庫書籍附件表」）——
——附五
（六）文庫巡迴日期表——附六
（七）傳送巡迴文庫通知單——附七
（八）各站收到書箱報告單——附八
（九）各站工作月報表——附九
（十）各館辦理巡迴文庫月報表——附十

附　日記簿式樣

某縣立圖書館（民衆教育館）第△巡迴文庫站日記簿

閱書人數			圖書借況			記事	
成人	婦女	兒童	室外閱書	室外貸出	本日以何類書籍閱覽最多	工作紀要	其他
人	人	人	冊	冊			

中華民國三十　年△月△日星期△氣候　　記者

二、閱覽人簽名簿式樣（大小以戶籍紙一面為準）

日期	姓名	性別	年齡	職業	閱覽何書	第幾次來站
月　日						
月　日						
月　日						
月　日						

附三　某某縣立民衆教育巡迴文庫書目「式樣」

類＿＿＿＿＿＿

書名	著者	冊數	出版者	出版年月	價值	備註

附四　借書證式樣（兩面用）

○123456789●

○○圖書室借書證

第　　　號

茲准○○○先生隨時借書○種有效期間至○年○月○日為止

館長（或主管人）

○年○月○日

担保人姓名

住址

職業

（說明）：担保人必經各站負責人查保後，自行蓋章，始為有效，書籍有毀損情形，担保人應負賠償之責，

附五　巡迴書籍附件表式樣

第△文庫箱附件表

藏書	目錄						
△△冊	一份						

（本表由各館製備貼文庫箱板門反面）

附六　文庫巡迴日期表

第△文庫箱遞送日期表

遞送日期	發出地點	接收地點
月日	由本館	第△站區
月日	由△站區	第∧站區
月日	由△站區	第△站區
月日	由△站區	第△站區
月日	由△站區	本館

（本表由各館製備貼文庫箱板門反面）

附七　傳送巡迴文庫通知單式樣

通知

查第●號巡迴文庫箱，業經本館酌量圖書○○冊，茲特檢同目錄巡迴日期表，暨附件清冊各一份，希即查收陳列，供應民衆閱覽。

右通知

○○○第○巡迴庫站（區）。

附目錄日期表清冊各一份。

○○圖書館
　　民衆教育館

○月●日

附八　各巡迴文庫站收到書箱報告單式樣

報告

查第○號巡迴文庫箱，業於○月○日由第○站（或某館）遞到本站，茲特開具申報表一份，報請備查。

右報告

●○縣民衆教育館（或圖書館）

●○○○○

附九　各站工作月報表式樣（各站應按月呈報圖書館）

〇〇縣立圖書館第〇巡迴文庫站工作月報表　三十一年　月份

辦理情形			
活動事業			
改進意見			
成績設計	閱書人數	成人	人
		婦女	人
		兒童	人
		合計	人
	閱書冊數	室內借閱	冊
		室外貸出	冊
		合計	冊

中華民國三十一年〇月〇日　負責人　□

說明：辦理情形欄應將室外貸出書籍押金收退情形詳報各館應隨時派員到站查核現存金額

附十各館辦理巡迴文庫月報表式樣（分報教育廳／縣政府）

△△縣立圖書／民教館辦理巡迴文庫月報表　三十一年年八月份

站次	設立地點	負責人姓名	閱覽人數	借閱冊數	辦理概況	考核意見
第一站						
第二站						
第三站						
第四站						
辦理經過						

中華民國三十一年〇月〇日　館長　□

說明：（一）辦理概況欄應將活動事業如讀書會等列報

（二）辦理經過欄應將書庫到達及…………巡迴更換情形分別詳報

——摘自《四川省政府公報》一九四三年第一百五十四期

教育部訓令　第一八六一二號（三十四年四月十一日）

令各省教育廳
重慶市教育局

（令仰轉飭各縣市國民教育研究會遵照開示各點積極辦理圖書供應業務）

查本部為督導各省市推進小學教員福利事業起見曾於三十一年十二月八日以國字第50314號訓令飭以縣市為單位斟酌實際需要與經濟情形由各級國民教育研究會分別負責籌劃管理監督並由各級教育行政機關協助舉辦節約儲蓄團體保險合作事業圖書供應康樂活動等事業之全部或一部在案值此書籍缺乏書價昂貴時期為輔助小學教員進修研究起見各縣市國民教育研究會對於上述「圖書供應」業務應即積極推進並注意左列各點辦理之

（一）各縣市研究會辦理圖書供應應由福利組主持採用巡迴文庫方式縣市設置圖書供應總站以各鄉鎮中心國民學校為巡迴範圍鄉鎮設置圖書供應分站以各保國民學校為巡迴範圍

（二）徵集之巡迴文庫圖書以有關三民主義及國民教育之書刊為主其來源除購置外並得用徵求捐贈備用等各種方法

（三）供應總站得委託縣市研究會所在地之中心國民學校負責分站得委託各鄉鎮中心國民學校負責辦理圖書分類編目裝配調換及巡迴閱覽等事項

（四）總分站職員由各校教職員兼任均為無給職其應需設備費在福利事業費項下動支並得就實際需要臨時募集之

（五）各縣市辦理圖書供應為提高各校教職員閱讀興趣與研究精神起見得舉辦閱讀競賽與專題研究事項

除分行外合行令仰轉飭遵照辦理此令

——摘自《教育部公報》一九四五年第十七卷第四期

元氏縣創設閱報所並章程稟 光緒三十一年九月

敬稟者竊維當今之要政莫如學堂巡警工藝種植諸大端凡身任地方者固當認眞籌辦不容稍涉鬆懈卑職到任以來亟亟講求刻期舉辦然竊察縣屬人情輕義而重

利固執而鮮通甚或以學堂爲洋學目巡警爲洋兵其陋可哂其愚可憐卑職勸迫交施百姓雖不敢公然阻撓而腹誹觀望者所在皆是似此民智不開籌欵無地新政安望推廣竊以爲欲救此弊非廣閱報章以開其知識不可查前奉　宮保奏辦北洋官報最爲醒俗化民之善本此外各種報紙於各省風俗利弊中外交涉政治凡有關國計民生者亦無不廣收備載苟能留心寓目擇善而從自足以識時務而擴見聞然讀書識字者大抵寒士居多難免有心閱報無力訂購之恨而風氣不開其患何可勝道茲卑職仰承　憲意俯察人情特於城內南街籌設閱報處一所捐廉購備各種新聞報章專供衆覽粗擬章程五條明白曉示並飭典史袁文鳳幫同照料覓司事一人管理其事兼管工藝局事務已於月朔開辦察看閱報人數日漸增多此後民智可冀漸開於勸辦一切新政或不無裨益也除現將學堂等事認眞籌辦稍有端倪容續稟報外所有開辦閱報處緣由並酌擬章程是否有當擬合開摺稟請　大人查核批示寔爲公便肅此具稟恭請　勛安伏乞　垂鑒

——摘自《直隸教育雜誌》一九〇五年第十四期

深澤縣閲報室簡章

宗旨

本社以開通風氣。增進文明。使人增長知識通曉時務爲目的。

基址

本社擬暫假南關老母廟堂八九間爲閲報室。及講報室。

經費

本邑學界商界熱心義務者。隨時酌捐。以充購置書報及社内零用司役薪金之費。而於閲報者不另取費。

社員

凡捐助本社者。皆得爲本社社員。凡社員皆得提議決議。並可隨時參議。查問賬目。

職員

本社職員概不收薪金。每屆年終。選舉一次。投票公舉。總理一人。庶務一人。管理收支。定報一切事務。隨時到社稽查。

購報

本社定購某報。半年一議。酌月撥多寡。以爲增損。至各報優劣。則隨時酌量增減。

入閱

無論何人。皆得入社閱報。但必需守本社規則。

時限

本社擬購置各樣報紙。任人觀覽。自九月朔日開辦。每日閱報時限。自八鐘起。至晚十鐘止。

傳觀

社中於新報到時。即將前星期之報。令各鄉中小學堂輪流傳觀。互相遞送。不得滯留。亦不得損壞。損壞者。按報價之三倍賠償。

講報

本社選明達者若干人。於二七集日。按二人輪班到社。宣講新報。及科學實業。俾衆周知。

報室

室內設列棹凳供閱報之便。此外另設一棹。以備飲茶吸烟之用。

存報

報紙傳觀終後。交庶務檢查保存。

會議

每年春一月夏六月。各開議會一次。公議本社諸事項。

收入

每年於社員自認之捐欵。按四季收入。爲既係慨然樂捐。屆期應從速交納。不宜遲延。

報告

每年春夏議會時。職員應將所需各項。及購存書報用具等件。開列淸單。報告捐款諸君以昭明信。

夫役

社中特設夫役一人。酌與薪金。整理書報。掃除庭堂。伺應閱報及他雜役。

二

改章

本社開創之始。章程恐難完善。日後可隨時改訂。

附規則十條

一　閱報諸君。如有携帶之物件。均須自己照料。儻有遺失。與本社無干。

二　凡各種報紙。閱者須按次傳觀。閱畢仍放置原處。

三　飲茶吸烟。既特設一棹。閱者不得在閱報棹上隨意取用。

四　閱報時。不得信口吟哦。高聲喧笑。

五　本社各種報紙。概不外借。

六　報內常有精細圖畫。閱者不得裁割攜去。

七　閱報縱有所見。不得在原報紙上動筆批寫。

八　閱報外。不得在此久坐閒談。

九　室內置有痰盂。痰盂以外。不得任便吐唾。

十　閱報者。須守本社規則。即規則中未及載者。亦宜聽管理人指告。

——摘自《直隸教育雜誌》一九〇六年第二十一期

萬全縣設立宣講閲報所禀並批 光緒三十一年十一月

敬禀者竊維科舉既停學堂之設原以啓其人生應有之知識立其明倫愛國之根基爲宗旨然一邑之中四民之衆勢必不能盡驅學堂而教育之彼庶民中之熙熙攘攘少壯誤於蹉跎衰齡難於建豎其愚蒙無知猶自若也卑職籌思及此計惟設立宣講

閱報兩所宣講以明夫倫理使忠君親上之心油然而生閱報以啓其知識使讀書識字之輩有所觀感以補學堂之不逮似於世道人心不無裨益當與紳董籌度商搉議在本城彌陀寺及張家口之大王廟各設宣講所一處任聽本處居民入所聽講招選本邑優廪生馬緒熙每逢三六九日赴所宣講　聖諭廣訓直解及國民必讀民教相安白話報諸書俾顓愚之氓易於知曉啓其覺悟張家口大王廟內則選舉人解全福在所宣講一切規制與城相同該寺廟內各有廂房數楹即在內分設閱報所各一處由卑職籌款訂北洋官報天津日日新聞京話日報諸報並教育雜誌數分分發本城紳董趙藎臣張家口紳董陳國謨等管理聽民在所取閱並由卑職酌擬閱報章程數條懸諸座右俾資遵守計自八月二十日開辦以來現在赴所聽講者接踵而來閱報者聯肩而至察看情形似皆有所感悟現復勸諭四鄉紳董廣謀設立多多益善與學堂相輔並行卑職復思萬事之奥義靡窮一人之識力有限歐美創設研究而盛行日本上自軍國政治下逮輿臺販夫無一事而不究無一夫之或遺故能蒸蒸日上誠得古人格物致知集思廣益之法方今教育盛行研究萬不可緩茲在本城官立高

等小學堂禮賢齋內設立研究所一處酌定規則自九月爲始每月會集敎佐暨各學堂學董敎員集議二次專究敎育諸務各抒所見互相討論以上大概辦法前於籌辦學堂一切情形禀內陳明在案今已諸事就緒除仍由卑職督率紳董認眞經理遇有未盡事宜隨時研究請　示遵行外所有卑縣設立宣講閱報研究諸所暨酌定章程規則緣由是否有當理合繕具淸摺稟請　大人查核俯賜訓示立案寔爲德便肅禀

恭請　勛安

本處批　禀摺均悉該縣設立宣講閱報研究諸所洵足開通風氣增廣知識規則亦甚妥善仰卽督率紳董認眞經理以期教育普及仍候　督部堂批示繳摺存

萬全縣閱報所章程

一本處設在本城彌陀寺口武城街大王廟內專備報紙任人觀覽此外不涉他事故以閱報所命名

一閱報宗旨因近辦學堂教育不能普及故設此所但期地方多一閱報之人卽多一曉事之人便可開通風氣且亦簡便易行

一閱報時限自本月二十八日爲開辦之期每日夏秋早自十點鐘起至晚三點鐘止春冬早自十一點鐘起至晚二點鐘止聽人入内閱報並備茶水不取分文逾時各散

一室内安設桌櫈閱者任便就坐各報暫備一二分挨定先後次序傳觀閱後仍送原處安放不可任意抛置或借出外觀

一閱報時不可信口吟哦並高聲喧笑或任便吐唾

一除閱報外不得在内閒坐閒談

以上係屬創辦章程所有未盡事宜隨時斟酌損益以臻妥善合併陳明

萬全縣教育研究所章程

一本所擬設於本城高等小學堂禮賢齋内專爲研究教育而設不及他事

一本所公同議定以每月第一第三星期爲集議日期自下午一點鐘至四點鐘爲度定期之外遇有特別要件隨時集衆開議

一本所酌定員數所有研究諸君如無事故均應屆時一凖到所不可延宕遲到及託

一定員之外如有情願入座者聽之以期廣益
一本所事屬創舉一切規則恐未盡善竊願諸公隨時賜教
以上係屬創辦時所擬規則其餘未盡事宜隨時斟酌稟陳合併聲明

——摘自《直隸教育雜誌》一九〇七年第二十一期

本司支批金華勸學所總董請創辦送閱報紙機關稟 四月十四日

報紙足以開通風氣該總董擬遣足送閱各報并能規取宗旨純正自屬可行惟每區逐漸擬組織一閱報處查勸學所章程有宣講所一條若能以閱報附設因屬易舉且能兼筭仰卽核實籌辦可也此繳

——摘自《浙江教育官報》一九〇九年第十一期

指令第一千六百十七號 七年十二月二十七日

令京師學務局

呈一件修訂公立通俗教育講演所及公衆閱書報處簡章送請備核由

據呈已悉查閱該局此次修訂各該處所簡章均屬切實可行應准備案仰即知照此令

附公立通俗教育講演所簡章

第一條　京師學務局依照教育部所定通俗教育講演規程及通俗教育講演規則設立通俗教育講演所稱為京師公立通俗教育講演所但內外城以第一第二等字樣區別之四郊以東郊西郊等字樣區別之

第二條　各公立講演所在內外城設經理員一人管理之在四郊每所設所長一人即委各郊勸學員兼任講演員每所

二人或三人以合於部定通俗教育講演所規程第九條所列各項資格之一者委充之

第三條　各公立講演所經費另定之

第四條　各公立講演所得酌量附設閱書報處在四郊如房屋有餘因所長辦公之便並得借爲學區事務所

第五條　各公立講演所定爲每日實講二小時不得縮短其起訖時間由經理員或各所長視地方情形及節令氣候適宜酌定隨時呈報京師學務局備查

第六條　各公立講演所於每日講演時間以前應將講演時間及題目分別懸牌揭示

第七條　各公立講演所遇有演試幻燈試驗理化時應先期懸牌揭示

第八條　各公立講演所四節日均休息一日遇國家慶祝紀念日須加以特別注意之講演其休息推於次日年假休息不得過兩星期此外非遇大風雨雪及京師學務局特別通知不得停講

第九條　講演員如因事故不能到所講演須預先聲明請假自行覓人代理代理人以合於部訂通俗教育講演所規程第九條之資格者爲限其代理期間至三日以上者應呈報京師學務局備查

第十條　各公立講演所除聘定專員按時講演及廟會巡迴各講演員到所助講外無論何項人等概不得假地演說遇有舉辦他項通俗教育事業時由京師學務局先期知照

第十一條　講演宗旨及要項宜遵照部定通俗教育講演規則第一條及第三條第四條所載切實講演遇有應行特別講演時由京師學務局特別通知

第十二條　講演資料須富有興趣演詞須用普通白話不得攙入鄙俚之語遇須引起聽衆興味時尤宜莊諧並適勿得徒爲滑稽之談致損品格

第十三條　各公立講演所備有定式表格每月月終須將表錄講演情形呈報京師學務局查閱其表內講某題目用某書兩格均須每日由講演員自行塡寫餘歸司事人塡記

第十四條　各公立講演所講演須遵照部定通俗教育講演規則第三條所載各要項或由京師學務局擬發講演題目

編作講稿每三月一次交由經理員或各所長彙呈京師學務局核閱藉覘講演員之研究並資選錄成册呈部備核

第十五條　各公立講演所聽講規則由經理員或各所長自擬呈由京師學務局核定

第十六條　本簡章之規定私立通俗教育講演所得分別適用之其自定規則者須呈請京師學務局核准

附公立公衆閱書報處簡章

第一條　京師學務局就京師城郊各公立通俗教育講演所分別附設公衆閱書報處以實施社會教育增進公衆之知識爲宗旨

第二條　公立閱書報處經理員在內外城由講演經理員兼任在四郊由講演所所長兼任並責成各講演所書記管理書報及閱覽各事宜

第三條　公立閱書報處經費由京師學務局核定隨同講演經費按月發給

第四條　公立閱書報處所備書報於設立時由京師學務局選定分別發給或令自購遇有應行添置亦須呈由京師學務局審核

第五條　每日閱覽起訖時間由各處斟酌情形適宜擬定隨同講演時間表呈局備查

第六條　公立閱書報處所備圖書應分類造具部數目錄清册送局備查

第七條　公立閱書報處於所備圖書外應將政府公布之法律命令爲一般人民必須知悉遵守者擇要另存用備查閱所備報紙應新舊分陳新報尤宜隨到隨即陳列勿稍延擱

第八條　休息日期定爲歲首三日國慶紀念春夏秋冬四節及年終各一日

第九條　每日閱書平均人數每日供閱圖書平均册數及閱書者均屬何項人索閱圖書多係某種每届滿三個月應列表報局一次每月購備各報名稱宗旨體裁每日張數每月報價及每日閱報人數應每月隨同講演日記列表報局一次

第十條　公立閱書報處管理規則及閱覽規則得由各處經理員自行擬定呈局備查

——摘自《教育公報》一九一九年第二期

○安徽省立公共體育場閱書室規則

閱書室規則

一　本場爲供運動員之參考起見。特備關於體育各種書籍。欲閱何書。先就書目牌自行選定。並向事務室領取閱覽券。再向收發員取閱。

一　閱覽券每張售銅元一枚。每券以一種書籍爲限。

一　取書後。仍將券取回至閱覽室閱覽。閱畢。將書券并繳於收發員。

一　本場書籍。概不借出。並不得攜至其他場所。

一　書籍如有損壞或遺失。應照原價賠償。其汚損者。亦應償原價十分之三。

一　本規則如有未盡事宜。得隨時修正。

——摘自《安徽教育月刊》一九二一年第四十八期

令遵全國教育會議廣設民衆閱報處

安徽省政府教育廳訓令第九一五號

令六十縣教育局局長
　安慶市教育局局長

為訓令事：案奉

大學院訓令內開：「為令遵事：查本屆全國教育會議會員陳劍翛提出全國應廣設民衆閱報處，以資推廣社會教育一案，經審查會審查結果，擬請大學院通令各教育行政機關酌量辦理，業經大會通過。查民衆教育事宜，本院正在組織設計委員會，計畫進行，此項民衆閱報處，搆以補助民衆教育，既經大會通過自應查照辦理。除分行外，合亟將原案印發，令仰該廳長即便遵照酌量辦理；並轉飭所屬一體遵照。此令！」等因並抄發原提案一件到廳。奉此，除

分令外，合行抄發原提案一件，令仰該局長即便遵照辦理。此令！（九月二十二日）

計抄發原提案一件

全國應廣設民衆閱報處以資推廣社會教育案（陳劍脩）

理由　社會教育以民衆教育爲主，民衆教育之主要部分，爲民衆學校，民衆圖書館，及民衆閱報處等。前二者另案討論，茲請言民衆閱報處。

設立民衆閱報處之利益有如下述：

一，適合一般民衆——報紙文字，最爲淺近，國人之可讀者，得佔多數，故宜多設立之。

二，設備方面甚簡單——每處只須屋一間，長桌一張，小櫈六個，報夾六個。

三，經常費並不多——每處只設管理員一人，餘僅報費耳。

四，報紙爲民衆最好之日常讀物——報紙包羅萬有，且多新的消息，是故民衆讀得報紙，不但灌輸民衆以常識，且使受得感化。

五，民衆政治訓練以閱報爲最好機會——大學院政治教育委員會，社會教育組中之第一項，便是民衆政治訓練。報紙大半是報告政治新聞，即將此物多與民衆接近，民衆自多增進政治智識，及政治了解。

辦法　大學院通飭所屬全國廣設民衆閱報處，以每百戶設立一處爲原則。

附件一（每處開辦費表）

種類	數量	元	備考
屋舍修理		五、〇〇〇	
長桌	一	五、〇〇〇	
小櫈	十	五、〇〇〇	
報夾	六	二、〇〇〇	
總計		一七、〇〇〇	

附件二（每處經常費表）

總額	數量	元	備註
管理員津貼	一	三、〇〇〇	該員以請託或兼任爲原則

報　　八　　八、〇〇〇

雜　支　　二、〇〇〇

總　計　　一三、〇〇〇

附件三（經費概算說明）

A　全國民數約計　四四〇、〇〇〇、〇〇〇人

B　戶數約五口一戶　八八、〇〇〇、〇〇〇戶

C　閱報處每百戶一處　八八〇、〇〇〇處

D　開辦費總計每處十七元　一四·九六〇·〇〇〇

E　經常費總計每處十三元　一一·〇四四·〇〇〇元

——摘自《安徽教育行政週刊》一九二八年第一卷第二十七期

訓令第六四五號

大學院令發全國應廣設民衆閱報處以資推廣社會教育案飭屬遵照由

令各縣市

爲令遵事現奉

中華民國大學院第六四八號訓令開查本屆全國教育會議會員陳劍脩提出全國應廣設民衆閱報處以資推廣社會教育一案經審查會審查結果擬請大學院通令各教育行政機關酌量辦理業經大會通過查民衆教育事宜本院正在組織設計委員會計劃進行此項民衆閱報處堪以補助民衆教育既經大會通過自應查照辦理除分行外合亟將原案印發令仰該廳長卽便遵照酌量辦理並轉飭所屬一體遵照等因計發全國應廣設民衆閱報處原提案一件下廳奉此自應遵辦除分別函行外合將奉發原提案一分抄發仰該口長卽便遵照辦理此令

附抄奉發原提案一分

中華民國十七年九月廿九日　廣東教育廳廳長黃節

全國應廣設民衆閱報處以資推廣社會教育案　陳劍脩

理由　社會教育以民衆爲主民衆教育之主要部分爲民衆學校民衆圖書館及民衆閱報處等前二者另案討論玆請言

民衆閱報處

設立民衆閱報處之利益有如下述

一　適合一般民衆——報紙文字最爲淺近國人之可讀者得佔多數故宜多設立之

二　設備方面甚單簡——每處只須屋一間長桌一張小機六個報夾一個

三　經常費並不多——每處只置管理員一人除僅報費耳

四　報紙爲民衆最好之日常讀物——報紙包羅萬有且多新的消息是故民衆讀得報紙不但灌輸民衆以常識且使受得黨化

五　民衆政治訓練以閱報處爲最好機會——大學院政治教育委員會社會教育組中之第一項便是民衆政治訓練報紙大半是報告政治新聞卽將此物多與民衆接近民衆自多增進政治智識及政治了解

辦法　大學院通飭所屬全國廣設民衆閱報處以每百戶設立一處爲原則

附件一（每處開辦費表）

種類　元　備攷

屋舍修理　數量　五、〇〇〇

長桌	一	五、〇〇〇	
小機	十	五、〇〇〇	
報夾	六	二、〇〇〇	
總計		一七、〇〇〇	

附件二（每處經常費表）

總類	數量	元	備註
管理員津貼	一	三、〇〇〇	該員以請託或兼任為原則
報	八	八、〇〇〇	
雜支		二、〇〇〇	
總計		一三、〇〇〇	

附件三（經費概算說明）

A 全國民數約計 四四〇、〇〇〇、〇〇〇人

B 戶數約五口一戶 八八、〇〇〇、〇〇〇戶

C 閱報處每百戶一處 八八〇、〇〇〇處

D 開辦費總計每處十七元 一四、九六〇、〇〇〇元

E 經常費總計每處十三元 一一、〇四四、〇〇〇元

——摘自《廣東教育公報》一九二八年第一卷第五期

教育新聞

二，河南教育廳擬定推廣河南全省圖書館計畫

教育發展，貴乎均而異畸形，邇者開封一隅，其建設之關於教育者，雖非美備，似亦應有盡有，差足觀覽，外此，荒僻不計，雖洛陽汲縣等處，除有一二中等學校外，社會教育幾無設施，且此一二中等學校，又簡陋滋甚，無怪乎教育落後，民智榛狉，為謀教育平均發展計，固應多方進行，然欲補學校設　之缺憾，植民衆讀書之機緣，且事半而功倍者，莫創設圖書館若。河南教育廳擬仿俄國圖書館教育制度，於洛陽信陽淮陽汲縣鄭縣等處，先各闢省立圖書館一座，廣置書籍，任民衆之瀏覽，借學校之參考，然後視經費之狀況，逐漸擴充，務使窮鄉僻壤，皆成讀書的環境，民衆之知識可因耳濡目染而自廣，庶不至如今日之畸形狀態，現教廳已製定，推廣河南全省圖書館之計畫，並造具臨時費及經常費支付預算書各一份，呈請省政府鑒核施行矣。

附民衆閱報處報章揭示辦法

(一)設立數目——凡五十戶至百戶之鄉村，須設民衆閱報處一，百戶至二百五十戶之鄉村或市鎮，須設民衆閱報處二，二百五十戶至四百戶須設三，四百至五百五十戶須設四處，每增加一百五十戶加，設一處，依此類推，城廂亦然。

(二)設立地點——若鄉村應行設立之數目確定後，由村正副負責按照本村人民居住情形，選擇適宜地點，寬敞牆壁上懸掛報牌，以便民衆

閱覽，如設立在二處以上者，更須注意各處之分配距離，勿使過近或過遠。

(三)報牌形式——由教育局按照報張之大小形式，規定尺寸，用木質做成堅固適用之懸報牌，以便懸掛。

形式如下

某區某村第　　民衆閱報處

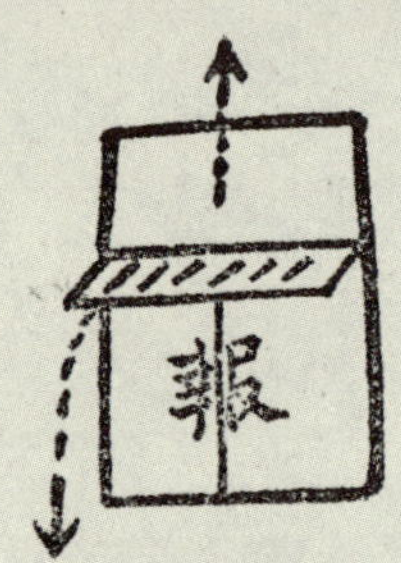

出緣以蔽雨

(四)管理(1)由教育局統計全縣民衆閱報處應備各村報章總數，向各報館定購，除通郵鄉村直接寄報外，其餘各村應備報章，須由教育局僱用送報差役數人，分區按期送往各鄉村，(2)各鄉村之村正副及街長等負本村或本街報章懸掛改換及保存之責。(3)教育局每月須將全縣民衆閱報處總數及增減呈報教育局備查。

(五)經費各鄉村報費，由各鄉村民衆公任，通郵鄉村報費由各鄉村直接寄交報館，(或教育局代辦)其不通郵者應將應繳報費(連同教育局送報差役工食各鄉村應攤費用)彙送教育局，由教育局分別寄交。

(六)報章種類　各處至少須訂河南民報一份，滿二百五十戶之鄉村，須增加訂中央日報一份，城內與大村鎮更須增訂國民日報北平益世報各一份更欲增訂者，可由各本村正副直接教育局訂購之。

備考　全縣報章統歸教育局代訂分送，一則事權統一，便于統計，二則訂報數目增多，報費或可減省。

——摘自《河南教育》一九二八年第一卷第二、三期合刊

●山東各縣民衆讀書閱報所暫行規程

第一條　各縣所設民衆讀書閱報所，隸屬於縣教育局。

第二條　民衆讀書閱報所，應設備關於黨義及各項常識之圖書，並各地報紙。

第三條　民衆讀書閱報所設主任一人，商承縣教育局，辦理所內事務，遇有必要時，得請准縣教育局，酌設事務員一人至三人，分任各項事務。

第四條　民衆讀書閱報所主任，以品行端正，服膺黨義，而合於左列資格之一者爲合格：

（一）中等學校畢業並曾在圖書館人員訓練所畢業者；

（二）中等學校畢業，曾任圖書館主要任務一年以上確有成績者；

（三）國學確有根底，並對於圖書館及社會教育有相當之研究者。

第五條　民衆讀書閱報所主任，由縣教育局長審查合格後聘任之，並呈報教育廳與縣政府備案。

第六條　民衆讀書閱報所事務員，由主任呈准縣教育局長委任之。

第七條　民衆讀書閱報所主任之薪俸，由縣教育局長酌量情形按下列等級支給之；

第一級月支三十元　第二級月支二十七元　第三級月支二十四元　第四級月支二十一元　第五級月支十八元　第六級月支十五元

第八條　民衆讀書閱報所主任，不得兼任他項有給職務。

第九條　民衆讀書閱報所經費，由縣教育經費項下支給。

第十條　民衆讀書閱報所主任，每屆月終應將該月經過情形，閱覽人數，及翌月進行計畫，編成報告，呈送縣教育局長查核。

第十一條　民衆讀書閱報所辦事細則，由主任另定之，並呈報縣教育局備案。

第十二條　民衆讀書閱報所主任如有違背黨義，及違法舞弊情事，或服務不力，經縣教育局長查明確實者，即行免職，並呈報教育廳與縣政府備案。

第十三條　私人或私人團體設立之民衆讀書閱報所，須呈請所在縣教育局核准，轉呈教育廳及縣政府備案。

第十四條　私人或私人團體設立之民衆讀書閱報所，應標明私立字樣。

第十五條　私立民衆讀書閱報所立案規程另定之。

第十六條　本規程如有未盡事宜，得由教育廳廳務會議議決修正之。

第十七條　本規程自公布日施行。

——摘自《山東教育行政週報》一九二八年第八期

◉山東省政府教育廳附設民衆讀書閱報處暫行規程

第一條　本處隸屬於山東省政府教育廳。

第二條　本處各種事務暫不分股。

第三條　本處設管理員若干人，秉承教育廳。處理全處事務。

第四條　本處管理員處理事務。遵照教育廳所規定之民衆讀書閱報所辦事細則辦理，關事細則另定之。

第五條　本規程如有未盡事宜，得由教育廳隨時提出廳務會議修改之。

第六條　本規程經教育廳廳務會議通過後，公布施行。

——摘自《山東教育行政週報》一九二八年第九期

◉山東省政府教育廳附設民衆讀書閱報所辦事細則

第一條 各處職員，均須遵照本細則，處理一切事務。

第二條 各處事務有互相關聯者，應彼此協助辦理。

第三條 各處職員，須按照規定時間辦公。

第四條 各處開放時間，每日上午九時至十二時，下午二時至六時。星期一上午停止。

第五條 各處職員因特別事故或疾病請假時，應呈明教育廳派員代理。

第六條 各處職員執掌如左：

一、文書收到及發出時，摘錄事由，登記編號。

二、保管及分類庋藏各種圖書及刊物。

三、處內應用物品，隨時查察登記。

四、督促及管理工役，打掃清理及一切事項。

五、招待來賓參觀，遇有研究問題，應盡力答覆。

六、留心各書坊新書廣告，攷查書籍內容，擇最適宜者，列表呈報。

七、新書及雜誌到館時，加蓋所章，隨時登錄。

八、閱覽人借閱圖書時，依據閱覽規則辦理。

九、閱覽人送還書籍時，注意有無損壞及評点等事。

十、每日填寫閲覽及參親統計表，每月呈報一次。

十一、蟲蛀霉爛破裂圖書及刊物，隨時注意處理。

十二、定期刊物每月終了，日報每月終了，均裝訂成册，分類庋藏。

第七條　各處得僱用工役一人至三人，以供伺應並照料所内一切物件。

第八條　各處購置圖書及應用物件，均各由所管理員呈請教育廳核辦。

第九條　本細則如有未盡事宜，得由廳務會議修改之。

第十條　本細則經教育廳廳務會議通過施行。

——摘自《山東教育行政週報》一九二八年第九期

◉山東省政府教育廳附設民衆閱處閱覽規則

第一條　閱覽時間每日上午九時至十二時，下午一時至六時。星期一上午停止。

第二條　本處若因事停止閱覽時，得臨時佈告之。

第三條　閱覽場所，分圖書日報兩部。

第四條　本處備有閱覽券，入覽者須按式填就，向管理員領書。

第五條　借閱圖書，同時不得過二册。

第六條　本處圖書日報概不借出所外。

第七條　閱覽室內不得高聲誦讀，談話，吸烟，及有其他妨碍公衆之行爲。

第八條　閱覽者如欲摘抄書籍，不得用毛筆墨汁以自備鉛筆爲限。

第九條　閱畢後交還本處，經管理員檢查無誤，然後出室。

第十條　無論何項圖書，報章，雜誌，概不得圈點批評及割裂。如有損壞情事，應照原價賠償。

第十一條　全書未閱完，次日須接閱者，不得折角及用鉛筆勾點爲記。

——摘自《山東教育行政週報》一九二八年第十期

◉本局主辦民衆閱書報所計畫大綱

一本局爲宣傳主義開發民智輔助教育起見擬設立民衆閱書報所以便市民隨時閱覽

二各閱書報所暫就五大區暨三特別區各設二處至三處其各講演所及有相當設備之機關得附設之

三各閱書報所設管理員一人管理閱書報所一切事宜由教育局任用之其附設之閱書報所得委託附設地主管人管理之

四各閱書報所除購置各種報張外並應購置黨化書籍定期及不定期刊物若干種供市民閱讀

五各閱書報所閱覽時間每日早十時起至十二時止下午一時起至五時止星期日及紀念日不停閱以報紙之休息日爲休假日其閱覽規則另定之

六閱書報所內環境之布置應注意左列各點

1 黨化 2 藝術化 3 科學化 4 民衆花 5 職業化

七各閱書報所所備報張須由教育局指定閱畢各報須按期裝訂保存以備檢查

八各閱書報所得酌量情形設置報架以備擔行各處俾衆閱覽

九各閱書報所經費由本市教育專款項下支用其預定概數如下

1開辦費每處二百元（建築費在外） 2經常費每處每月七十元（冬季煤費在外）

附設之閱報所其經費預算如下

1開辦費每處八十元 2經常費每處每月四十元（冬季煤費在外）

以上開辦費及經常費詳細預算另定之

——摘自《教育公報》（天津）一九二九年創刊號

◉大學院發陳劍脩提全國應廣設民衆閱報處以資推廣社會教育案十七年九月七日

理由　社會教育以民衆教育爲主民衆教育之主要部分爲民衆學校民衆圖書舘及民衆閱報處事

前二者另案討論茲請言民衆閱報處

設立民衆閱報處之利益有如下述

一適合一般民衆報紙文字最爲淺近國人之可讀者約佔多數故宜多設立之

二設備方面甚簡單每處只須室一間長桌一張小杌六個報夾六個

三經常費並不多每處只置管理員一人餘僅報費耳

四報紙爲民衆最好之日常讀物報紙包羅萬有且多新的消息是故民衆無論讀何報紙不但灌輸民衆以常識且使受及黨化

五民衆政治訓練以閱報處爲最好機會大學院政治教育委員會社會教育組之第一項便是民衆政治訓練報紙大事是報告政治新聞卽將此物多與民衆接近民衆自多增進政治智識及政治了解

辦法　大學院通飭所屬全國廣設民衆閱報處以每百戶設立一處爲原則

附件一（每處開辦費表）

種類	數量	元	備考
屋舍修理		五、〇〇〇	
長桌	一	五、〇〇〇	
小杌	十	五、〇〇〇	

報夾	六	二、○○○
總計		一七、○○○

附件二（每處經常費表）

總額	數量	元	備考
管理員津貼	一	三、○○○	該員以請聘或兼任爲原則
報	八	八、○○○	
雜支		二、○○○	
總計		一三、○○○	

附件三（經費概算說明）

A 全國民數約計 四四、○○○、○○○人

B 戶數約五口一戶 八八、○○○、○○○戶

C 閱報處每百戶一處 八八○、○○○處

p 開辦費總計每處十七元 一四、九六○、○○○元

F 經常費總計每處十三元 二、○四四、○○○元

——摘自《教育公報》（天津）一九二九年創刊號

㈦訓令省立第二通俗書報閱覽室胡久棨令發省督學視察該室報告仰遵照辦理由

為令遵事：案據省督學蕭謙等視察該室報告，稱該前管理員閔嗣禮，管理佈置，俱有條理，所擬計劃，亦尚可行等語。查閔嗣禮，現經辭職，該員任事伊始，除賡續蕭規辦理外，並應力求發展，毋使他人專美於前，庶不負本廳長委任之至意。茲將督學視察報告總評抄發，仰即遵照積極進行爲要。此令！

計抄發報告一件（見報告欄）

中華民國十八年四月二十九日　　廳長陳禮江

省立第二通俗書報閱覽室視察報告

民國十八年三月

該室位於東湖西岸，空氣新鮮，房屋亦頗整潔，光線充足，極合公衆閱覽之用。室内陳設書報頗多，據云書籍在七百册以上，雜誌在一千册以上，京滬北平漢口廣州各地著名報紙均備，辦公室暨藏書室，佈置均佳，閱覽人數亦頗踴躍，據云每日在八十人以上。

管理員閔嗣禮，不在館内，聞已另就他職；惟管理方面，頗能得法：圖書佈置，有條不紊；各種統計圖表，亦頗詳密；閱過報紙，均能分別儲藏；且將有用文字裁下，訂裝成册，以資查考，尤爲難得。所陳將來計劃，擬於晚間開放閱覽，查該館靠近環湖馬路，夏夜行人必衆，閱覽人數，當不在少，似可從速實行。省督學蕭謙周克剛佘家慶

——摘自《江西教育公報》一九二九年第三卷第三期

本大學區各縣民衆閱報事務所暫行規程

第一條　爲灌輸民衆黨義及普通常識並傳播時事消息設立民衆閱報事務所

第二條　各縣民衆閱報事務所所在地點成立民衆教育館時閱報事務所卽歸併於教育館圖書部

第三條　民衆事務所隸屬於縣教育局

第四條　民衆閱報事務所辦理民衆閱報及報紙揭貼牌等事項得分股掌管之

第五條　民衆閱報事務所設立主任一人秉承縣教育局長負本所進行之全責並爲時聞簡報之主編者設事務員若干人商承主任分任各項事務遇必要時得酌設書記

第六條　民衆閱報事務所主任任免及待遇規程另定之

第七條　民衆閱報事務所得設各種委員會

第八條　民衆閲報事務所於每月月終及年度終了時應將辦理事項分别製成統計表報告於縣教育局轉呈本大學備查

第九條　民衆閲報事務所行事歷由各該所斟酌情形按年訂之

第十條　本規程自公布日施行

——摘自《北平大學區教育旬刊》一九二九年第九期

◉天津特別市市立民衆閱書報所閱覽規則本局第二十一次臨時局務會議過通

一、本規則依據教育局民衆閱書報所計畫大綱第五條規定之

二、本所閱覽時間定爲上午九時至十二時下午二時至五時七時至九時但得因季候關係酌量改定之

三、星期日及紀念日概不停閱以各報紙之休刊日爲休假日

四、凡閱書報者應靜心瀏覽不得任意喧嘩以免妨碍他人

五、凡閱書報者不得同時取閱兩種以免妨碍他人閱覽

六、凡閱書報者應就座閱覽不得挾持書報任意遊行

七、凡閱書報者遇有生字難句得向管理人請爲解釋但不得故意問難

八、凡閱書報者對於本所書報應特別愛護不得任意裁剪及毀壞

九、本規則經教育局核准施行

——摘自《教育公報》(天津)一九二九年第八期

河北省各縣民衆閲報所組織大綱 十八年八月十九日公佈

第一條　爲灌輸民衆黨義及普通常識並傳播時事消息設立民衆閲報所

第二條　各縣民衆閱報所所在地點成立民衆教育館時閱報所卽歸併於教育館圖書部

第三條　民衆閱報所隸屬於縣教育局

第四條　民衆閱報所辦理民衆閱報處時聞簡報及報紙揭貼牌等事項得分股掌管之

第五條　民衆閱報所設主任一人秉承縣教育局局長負本所進行全責並爲時聞簡報之主編者設事務員若干人商承主任分任各項事務遇必要時得酌設書記

第六條　民衆閱報所主任任免及待遇規程另定之

第七條　民衆閱報所得設各種委員會

第八條　民衆閱報所於每月月終及年度終了時應將辦理事項分別製成統計表報告於縣教育局轉呈教育廳備查

第九條　民衆閱報所行事歷由各該所斟酌情形按年訂之

第十條　本大綱自公布日施行

——摘自《河北教育公報》一九二九年第一期

◉天津特別市市立民衆閱書報所組織規程本局訓令第四四八號發

第一條　本規程依據民衆閱書報所計畫大綱規定之

第二條　民衆閱書報所(以下簡稱本所)以宣傳主義開發民智輔助教育俾便市民隨時閱覽為宗旨

第三條　本所暫就五大警區三特別區之需要地方設立之有相當設備之機關得由教育局委託附設之

第四條　本所名稱以設立之先後定名為天津特別市市立第幾民衆閱書報所

第五條　本所設管理員一人由教育局任用之附設之閱書報所由教育局委託附設處所主管人管理之

第六條 管理員管理本所一切事宜其職務如下

1 會計及庶務事宜

2 典守鈐記事宜

3 書報及文件保管事宜

4 計畫購置書報事宜

5 各項統計及報告事宜

6 其他一切事宜

第七條 本所酌量情形設報紙揭貼牌若干處以便行人隨時閱覽

第八條 本所閱覽規則及辦事細則由教育局定之

第九條 本規程如有未盡事宜由教育局提出修正之

第十條 本規程自公佈之日施行

——摘自《教育公報》（天津）一九二九年第十一期

（附）南京特別市立民衆閲報處簡章

第一條　本章程依據市教育局組織條例第七條第二款訂定之

第二條　市教育局爲增進市民智識傳佈時事消息及宣傳黨義起見特於市區內各相當地點設置民衆閲報處

第三條　閲報處以附設於學校或公共機關爲原則

第四條　閲報處設立之數量概由教育局核定之

第五條　各閲報處設主任一人由市教育局社會教育科科員兼任之

第六條　主任任務如左

(一)計劃各閱報處之興革事項

(二)編製各閱報處之預決算事項

(三)視察各閱報處并考查各管理員之勤惰事項

(四)撰購及徵集各種書報及其他宣傳品分發各閱報處陳列事項

(五)統計各閱報處每月成績報告事項

第七條　每處設管理員一人由市教育局委任之

第八條　管理員之任務如左

(一)關於修葺房屋器具保管事項

(二)關於本處之報紙書籍管理事項

(三)關於執行本處之閱覽規則事項

(四)關於注意本處之清潔事項

(五)關於統計本處每月閱覽人數填送事項

第九條　本處管理員每月津貼由市教育局按月發給之

第十條　本處閱覽規則另訂之

第十一條　本簡章如有未盡事宜得由市教育局隨時修改之

第十二條　本簡章自公布日施行

南京特別市立民衆閱報處閱覽規則

一、本處閱覽時間每月上午八時起至下午六時止

二、本處閱覽者在規定時間市民得自由入內閱覽

三、本處閱覽者須先簽名而後閱覽之

四、本處閱覽者應注意各點如左

(一)不得吸烟及隨意吐痰

(二)不得高聲朗誦妨礙其他閱覽者

(三)不得將本處書報私自裁剪及故意汚損

(四)不得將本處書報移外閱覽

五、閱覽者如有不遵守上列各項之一者得隨時停止閱覽

六、閱覽者閱畢後仍須歸還原處

七、本處各種書報概不出借

八、本處室內一切設備均須愛護如有故意損壞得令照價賠償之

九、本規則如有未盡事宜得由市教育局隨時修訂之

十、本规则自公布日施行

——摘自《首都教育》一九二九年第一卷第四、五期合刊

法　規

◉天津特別市教育局委託各機關設立民衆閲書報所辦法本局第二十六次臨時局務會議通過市政會議第五十六次修正通過

一、本辦法依據民衆閲書報所計畫大綱第二條規定之

二、受委託之機關以有確定經費不至中途停頓有適當房舍足供閲書報所之用並地址適中不過於偏僻者爲合格

三、受委託之機關如因故停辦或辦理不良時本局得酌量情形將附設之閲書報所轉移他處繼續辦理

四、附設閲書報所（以下簡稱附所）之地點以不違反本局民衆閲書報所計畫大綱第二條之規定爲原則附所數目暫定爲八處即五警區三特別區各設一處

五、附所之名稱應依本局其他民衆閲書報所設立之先後定名爲天津特別市市立第幾民衆閲書報所

六、附所設管理員一人以所在機關主管人充任之純盡義務不支薪水

七、附所得設事務員一人由管理員指定所在機關之職員兼任但須呈局備案

八、附所一切進行事項均應依照本局民衆閱書報所計畫大綱組織規程及閱覽規則辦理

九、附所經費由教育專款項下支撥其預定概數如下

1. 開辦費　每處八十元

2. 經常費　每處每月四十元冬季煤費在外

十、開辦費之支配如左

1. 修繕　十元

2. 傢俱　二十元

3. 購書報　四十元

4. 其他　十元

前項支配方法除購書報費不得減少外其餘各項得酌量變通

十一、經常費之支配如左

1. 事務員津貼　十元

2. 夫役津貼　三元

3. 辦公雜費　七元

4. 購書報費　二十元

前項支配方法除購書報費不得減少外其餘各項得酌量變通

十二、附所圖書報紙傢俱及銀錢賬薄之保管登記均須獨立不得與所在機關混合之

十三、附所鈐記由本局呈請　市府刊發

十四、本辦法如有未盡事宜由本局提出市政會議修正之

十五、本辦法自公布之日施行

——摘自《教育公報》(天津)一九二九年第十一期

昆明縣立民衆書報閱覽室辦法

一，本縣爲增進民衆智識，積極推行民衆教育起見，特創設縣立民衆書報閱覽室。

二，民衆書報閱覽室，分設於五鄉適中地點。

三，民衆書報閱覽室，設於何處，得借用該處公廟或公房及桌凳。

四，民衆書報閱覽室，各設經理一員，司事一人。

五，民衆書報閱覽室經理員，就地委小學辦事員兼任，爲名譽職，俟經費寬裕時，得酌給津貼，其辦事規則另定之。

六，民衆書報閱覽室司事，由經理員擇任當地具有識別整理書報知能者，報呈教育局備案，月支薪水十五元，其服務規則另定之。

七，民衆書報閱覽室之經費，由教育局核發。

八，民衆書報閱覽室之書報，由教育局訂購，每星期由各經理員到局具領，置存室內。

九，民衆書報閱覽室應各置簿記如左：書報收發稽查簿。書報目錄簿。逐日閱覽人簽名取書察驗簿。

十，民衆書報閱覽室閱覽規則另定之。

十一，不論何界人士，有捐資於各民衆書報閱覽室者，由教育局照捐資興學褒揚條例，呈請褒揚之。其捐送圖書書價在五十元以上者，準上項辦理；不及五十元者，由教育局登報鳴謝。

十二，本辦法自呈准日施行。

——摘自《云南教育半月刊》一九三〇年第二卷第六期

◉據呈報奉令改稱天津市市立第一閱書報所已悉令第三三號

令市立第一民衆閲書報所

一件呈報奉令改稱天津市市立第一民衆閲書報所由

呈悉此令

中華民國二十年一月九日

天津特別市教育局印

局長　鄧慶瀾

——摘自《教育公報》（天津）一九三一年第四十四期

◉令據呈送十九年三月至二十年四月分圖書清册如此延緩玩視局令殊屬不成事體應將管理員記過一次並遵照第三三九號通令辦理仰遵照令第二〇三六號

令市立第三民衆閱書報所

呈一件呈送十九年三月至二十年四月分圖書清册請鑒核由

呈悉查市立各教育機關每月購置圖書器俱迭經令飭按月塡表呈局登記在案乃該所自十九年三月至本年四月分所購各種圖書直至今日始行塡送如此玩視局令殊屬不成事體應將該所管理員何祖炎先行記過一次以爲玩忽功令者戒自此以後務須遵照本局第三三九號通令辦理毋得再事違延致干咎戾再查此次送到清册未將購置價目塡明無憑核辦仰速另塡妥表呈局查核勿延此令清册暫存

中華民國二十年六月二十四日

天津特別市教育局印

局長 鄧慶瀾

——摘自《教育公報》（天津）一九三一年第五十五期

福建省民衆書報所辦法大綱

二十一年六月廿九日教育部核准備案

第一條　福建省教育廳爲推行民衆教育起見先就福州市區域內相當地點設立民衆書報所若干所

第二條　民衆書報所設管理員一人辦理所內一切事務由教育廳任用之於必要時得設助理員一人

第三條　民衆書報所每所開辦費暫定一百元至一百五十元經常費每月五十元由管理員依照左列標準編製預算呈廳核准支給惟附設講演所者經常費每月增加廿元

職員薪俸占全數百分之五十

購置書報費占全數百分之廿五

辦公費占全數百分之廿五

第四條　民衆書報所管理員須人格高尚服務熱心勤慎耐勞

并具有左列資格之一者

(一)民衆教育師範學校畢業或民衆教育師範講習所畢業者

(二)受過民衆教育訓練得有証明書者

(三)師範學校或高中師範科畢業對於民衆教育有相當研究者

第五條　民衆書報所管理員犯左列事項之一者應停止其職務

(一)違背本廳教育方針者

(二)行爲不檢不足領導民衆者

(三)身心缺陷不能執行職務者

(四)治事不力改進無方者

(五)在法律上喪失公民資格者

第六條　民衆書報所每日閱覽時間由上午九時至十二時下午一時至六時

第七條　民衆書報所除星期一停閱外其他各紀念日概不放假遇有特別情形經本廳核准後得宣布暫時停閱

第八條　民衆書報所經本廳核准後得附設巡迴文庫通俗講演所民衆問字處民衆代筆處等其辦法另訂之

第九條　民衆書報所於每月終了時應將辦理事項製成各項統計呈報教育廳備查

第十條　本辦法經呈准後公布施行

——摘自《教育週刊》(福建)一九三二年第一百二十五期

◉據呈爲創設民衆閱書報社懇請備案等情如係該坊公所自設可擬具組織章程呈局核訂若請由市立應俟教育專款增加再行核辦仰知照批第四號

令天津市第五自治區第十五坊坊長李玉廷等

一件呈爲創設民衆閱書報社懇請備案由

呈悉查市立民衆閱書報所已在河東郭莊子大街分配設立一處以供民衆閱覽在案來呈所請創設一節如係該坊公所自設可擬具組織章程呈局核訂若請由市立應俟教育專款增加再行核辦仰即知照此批

中華民國二十二年一月二十三日

天津特別市教育局印

局長鄧慶瀾

——摘自《教育公報》(天津)一九三三年第九十三期

●奉市府令爲該所經費准自二十二年七月份起由專款項下動支等因仰造具經費預算書請款憑單呈局彙辦

令第三四八號

令市立第九民衆閱書報所

爲令遵事案奉

市政府第一六九六號指令本局呈市立第九民衆閱書報所經費每月玖拾元自二十二年七月份起由教育專款項下動支請鑒核令遵緣由奉令呈悉准如所擬辦理除令知財政局外仰即知照此令等因奉此合行令仰該所知照並造具本年七月份經費預算書六份請款憑單一份呈局彙辦毋延此令

天津特別市教育局印

局長　鄧慶瀾

中華民國二十二年七月八日

——摘自《教育公報》(天津)一九三三年第一百〇四期

◉訓令第一七九號　二十三年二月八日

令懷來縣政府

據督學蕭賓報告視察該縣民衆教育館第二民衆閱報處等情形，仰轉飭查照指示各節改進由。

案據本廳督學蕭賓，視察該縣民衆教育館第二民衆閱報處，第二中山圖書館，報告內稱：

「查該館館員韓國華，忠誠老練，對事頗熱心負責。

「總觀各該館處各種設施，其應行改善各點，謹分呈於左：

一，宜籌定固有經費。

二，館內光線太暗，宜設法多闢窗戶。

三，桌椅太少，宜設法增加。

四，宜購置國恥衛生及歷史有關民族思想等圖，張掛墻壁。

五，宜添置飲水器具。

六，圖書太少，宜設法添購。」

等情；據此，合行令仰該縣，轉飭查照指示各節，切實改進。爲要！

此令。

廳長趙伯陶

——摘自《察哈爾教育公報》一九三四年第二卷第二期

核准昆明縣重訂民衆書報閱覽室辦法

教育廳指令第三九一一號（二三、一、二三●）

令昆明縣縣長劉言昌

呈一件，呈轉教育局重訂民衆書報閱覽室辦法轉請核示由○

呈件均悉○查所重訂辦法，尙無不合，應准照辦○仰即轉飭知照！件存○

此令○

兼廳長龔自知

附辦法

重訂昆明縣立民衆書報閱覽室辦法

一、本縣爲求切實促進民衆智識，積極推行民衆教育起見，鑒於過去閱覽室之成績平常，效益淺薄；特體察情況，重訂閱覽室辦法○

二、各閱覽室地址，分別遷移如左：

第一閱覽室，原設官庄，繼移三撘橋，復移馬家營，地點均不甚適宜，現決遷設六甲街○

第三閱覽室，原設小壩，現決遷設大板橋，與東鄉鄉立第二圖書閱覽室互移○

第二閱覽室，原設官渡文明閣，地址偏於一隅，以致閱覽人稀少，現決遷設官渡三聖宮○

第四閱覽室，仍舊設馬街子○

第五閱覽室，原設龍頭村高小校內，殊不便民衆閱覽，現決於龍頭村市場上，另覓地點遷設○

三、各閱覽室均改設主任一人，指導員一人，助理一人○主任，擇小學教員之能認眞任事者專任之，日支薪水新滇紙幣一百圓；指導員以所在地小學校長兼任之，爲名譽職；助理擇所在地小學教員或辦事員之勤慎者兼任之，月支津貼六元；其服務規則另定之。原設之經理及司事等，一律取消。

四、各閱覽室之辦公及茶水雜費，定爲每室年々三百元。（每月二十五元）

五、各閱覽室之圖書報章，由教育局訂購，每星期由各主任派人到局具領，登記存室內，以供閱覽。

六、各閱覽室應置之書報收置稽查簿，書報目錄簿，逐日閱覽人取書查驗簿，簽名閱報簿，均由教育局製發。

七、各閱覽室之圖書目錄牌，由教育局製發。各主任應將所有圖書目錄，按類書寫於牌，懸置室前。

八、各閱覽室前，由教育局製置新聞揭示牌一面。各主任應將逐日新聞，擇要譯書於牌。

九、各閱覽室每星期日，由主任召集民衆，開講演會一次。其講演時間，或午或晚，斟酌地方情形定之。講演地址，或就學校，或就民衆集合場所，不必拘定在閱覽室。講員即由主任自任，或請他員講演亦可，不另支薪。講演事項，以增進民德，啓發民智，改善不良習俗等爲主旨。講題及講演概況，按月具報教育局查核。

十、各閱覽室之經費，由教育局按月支發。

十一、各閱覽室之辦理情況，每月由教育局分派職員考查一次。

十二、本辦法由教育局局務會議議決，自呈准公佈之日實行。

十三、本辦法有未盡事宜，隨時由局務會議提出修改之。

——摘自《雲南教育》一九三四年第二卷第七期

命令

◉據呈送遺失圖書登記表，准予照表分別註銷令。第三一四七號

令市立第四民衆閱書報所

呈一件，呈送遺失圖書登記表，請鑒核註銷由。

呈表均悉。准予照表分別註銷，以便查考，仰即知照。

此令。

中華民國二十三年九月二十二日

天津特別市教育局印

局長鄧慶瀾

——摘自《教育公報》（天津）一九三四年第一百三十三期

◉令發閱書報處概況報告表須遵即塡報

廣東省政府敎育廳訓令　第六八四號（廿三年九月十四日）

令各縣市政府
所屬公私立各學校

本廳爲明瞭本省各閱書報處概況起見，特製定閱書報處概況報告表，應於每年二月及八月份各依表塡報一次，每表二份，以備查核。除分行外，合將表式一紙隨發，仰即遵照，將本年八月份應塡概況塡報。嗣後幷應依期塡報爲要！此令。

計發表式一紙

閱書報處概況報告表

中華民國　年　月　日塡報

縣市別	名稱	公私立別	主任人員姓名	地址	成立日期	每月經費及其來源	職員數	圖書冊數	每月平均閱覽人數	備考

附註
（一）此表每年塡報兩次，二月至七月辦理概況在八月塡報，八月至一月辦理概況在二月塡報，每次應塡表二份呈廳
（二）各級學校附設之民衆閱書報處均須塡報
（三）表內各欄如不敷塡寫時可用別紙塡報

——摘自《廣東教育月刊》一九三四年第三卷第十、十一期合刊

◉令知奉市政府訓令，以據裘視察主任世廉，簽報視察市立各民衆閲書報所情形，市立第一第七民衆閲書報所着予嘉獎，第三民衆閲書報所既經遷移，應即迅予整頓，其餘各所應參照市政府訓令，切實整理，以期日有進展，仰遵照令。第二五九號

令市立各民衆閲書報所

案奉

市政府第一二六九號訓令內開：——以據本府裘主任世廉簽報視察市立各民衆閲書報所情形，令仰參照核辦具報——等因；奉此，查市立第一民衆閲書報所管理員馬振英對於民衆教育，頗能盡心。市立第七民衆閲書報所管理員劉育民佈置完善，內外清潔整齊爲各所之冠，可證管理有法。以上二員應即着予嘉獎。市立第三民衆閲書報所既已遷移所址，應即迅予整頓。其餘第二第四第五第六第八第九第十各所，亦均應遵照市政府訓示各點，切實整理，以期日有進展。除呈覆市政府外，合行抄同市政府訓令一件，令仰該所即便遵照，仍將辦理情形，隨時具報，以憑考核，切切！

此令。

附抄發市政府訓令一件（略）

局長 鄧慶瀾

中華民國二十四年五月四日

天津特別市教育局印

——摘自《教育公報》（天津）一九三五年第一百四十八期

◎為准社會教育機關會議議決，閱書報所之圖書由附近之通俗圖書館供給，以所餘之購書費伍元，作為多訂報紙，及增設閱報牌之用，仰遵照，並將辦理情形具報由。第一七三號

令市立各民衆閱書報所

案准

天津市社會教育機關會議：函送第四次全體會議議案暨會議記錄，請由本局採擇施行。等因；准此，查該會議決第二案，卽各民衆閱書報所之圖書今後擬由附近通俗圖書館按代辦處辦法供給，以增閱書效率案，尙屬可行，嗣後該所之圖書，應與附近之通俗圖書館接洽供給辦法，以便進行，至每月所餘之購書費伍元，可作為多訂報紙及增設閱報牌之用，除分令外，合行令仰該所遵照，並將辦理情形，具報備案。

此令。

中華民國二十四年十一月十九日

——摘自《教育公報》(天津)一九三六年第一百六十一、一百六十二期合刊

民國時期圖書館學
報刊資料分類彙編

法律法規卷

滕静静　張珊珊　主編

上　册

國家圖書館出版社

圖書在版編目(CIP)數據

民國時期圖書館學報刊資料分類彙編．法律法規卷：全三册／滕静静，張珊珊主編．—北京：國家圖書館出版社，2016.7

ISBN 978-7-5013-5906-6

Ⅰ．①民… Ⅱ．①滕… ②張… Ⅲ．①圖書館學－資料－彙編－中國－民國 ②圖書館法－彙編－中國－民國 Ⅳ．①G250.92 ②D922.162

中國版本圖書館 CIP 數據核字(2016)第 180842 號

書　　名　民國時期圖書館學報刊資料分類彙編·法律法規卷(全三册)
著　　者　滕静静　張珊珊　主編
責任編輯　鄧詠秋
助理編輯　王錦錦
封面設計　邢毅工作室

出　　版　國家圖書館出版社(100034　北京市西城區文津街 7 號)
(原書目文獻出版社　北京圖書館出版社)
發　　行　010－66114536　66126153　66151313　66175620
66121706(傳真)　66126156(門市部)
E－mail　nlcpress@nlc.cn(郵購)
Website　www.nlcpress.com→投稿中心
經　　銷　新華書店
印　　裝　河北三河弘翰印務有限公司
版　　次　2016 年 7 月第 1 版　2016 年 7 月第 1 次印刷

開　　本　787×1092(毫米)　1/16
印　　張　104

書　　號　ISBN 978-7-5013-5906-6
定　　價　1800.00 圓

《民國時期圖書館學報刊資料分類彙編》

編委會

本卷編委會

主　編：滕静静　張珊珊

編　務（以姓氏筆畫爲序）：

王　迎　李　雪　那思晗

郝夢緣　陶敏娟　劉會媛

前言

王志庚

我國現代圖書館事業肇始於清末，但民國時期是其迅速蓬勃發展的第一個高潮期。隨著遍佈全國的省級公共圖書館的建設完成，民國時期的圖書館事業也經歷了公共圖書館運動、新圖書館運動、民衆社會教育館運動，逐步形成了一個多層次的圖書館體系。與此同時，我國第一代圖書館人在圖書館立法、人才培養、隊伍建設、理論研究、學科教育、行政管理、業界聯合等領域也進行了深入的探索與積極實踐，基本確立了我國現代圖書館事業發展所涉及的各個領域，在圖書館類型、服務手段等方面做出了積極的嘗試。即使置諸當下，也依然值得我們借鑒。因此，對於我國的圖書館事業而言，民國時期無疑是值得關注和深入研究的一個重要的歷史發展階段，應該成爲我國圖書館發展史上的研究重點。

與民國圖書館界所進行的廣泛而深入的辦館實踐共同閃耀的，是當時的圖書館學研究工作的開展，特別是論著的出版與發表。正如范凡在其論著中所指出的那樣，『民國時期是我國圖書館學著作出版和發表的重要時期，其整體狀況可以用「由少到多、發展迅速、涵蓋全面」來描述』。可以說這一時期所發表的圖書館學著作及論文，基本涵蓋了圖書館學範圍內所有重要的理論和實踐問題，從圖書館立法到社會功能研究、從圖書館人才培養到學術研究、從分類法到文獻編目等，均有較深入的探討和論述，這些圖書館學論著是研究民國時期圖書館事業發展的重要史料，是當下我們進行圖書館事業發展史和圖書館學史研究不可或缺的文獻寶庫。

史料整理工作對於任何一門學科來説，都是至關重要的基礎工作，故有『史學便是史料學』之説，離開史料，我們的研究就會變成無本之木、無源之水。長期以來，與其他學科相比較而言，我國圖書館界的史料整理工作一直未能引起足夠重視，圖書館史的梳理與研究亦是如此，尤其是晚清與民國時期，這一問題更爲突出：對民國時期圖書館史中的許多重要問題，多有不明所以、知之不詳者；對活躍於民國時期圖書館界的許多重要學人，不知所蹤者亦有許多；甚至對於當時圖林大家的一些重要觀點，當今學界都存在著不同程度的誤讀，乃至以訛傳訛。

圖書館學者要對上述問題進行深入研究，就需要對大批文獻進行翻檢查閱，然而，難點在於，這些民國時期的圖書館學論著淹沒在海量的民國文獻中，散落於全國各地的公私藏書機構內。這些文獻大多因紙張酸化等原因，已不堪翻閲。這種現狀已成爲影響史學深入研究的一大制約因素。

目前，業界已有人注意到這一點，不斷有學者呼籲重視圖書館史料整理工作，希望系統性整理二十世紀圖書館學人著作。國家圖書館作爲國内民國文獻收藏的重鎮和我國圖書館事業的領導力量，它對民國時期圖書館學論著的收集和整理既有先天的優勢，又肩負著不可推卸的責任和義務。國家圖書館典藏閲覽部是負責文獻典藏和讀者服務的基礎業務部門，在做好日常工作的同時，近年來開展了一系列民國文獻整理開發工作，先後出版了《國家圖書館藏民國時期抗戰圖書書目提要》《國家圖書館藏辛亥革命圖書目録提要》《民國時期連環圖畫總目》《國家圖書館藏民國時期毛邊書舉要》《民國兒童畫報選編》等工具書，還將出版

《中國年鑒總目提要》《民國時期圖書館學著述總索引》等書目和索引。二〇一一年，國家圖書館牽頭策劃了全國性文獻保護項目『民國時期文獻保護計劃』，典藏閱覽部借機加大了對民國時期圖書、報刊的整理和開發力度，積極申報並承擔相關文獻整理項目。在參與民國時期文獻保護計劃的過程中，我們發現民國時期圖書館學者發表的圖書館學論著數量可觀，且當時學人對圖書館事業的探求已達到了很高的水準，這爲圖書館學作爲一門獨立的學科構建了基本理論框架。許多我們今天依然在探尋、實踐、研究、談論的觀點與話題，在民國時期也早有論述；許多當時的論斷，明晰鮮活，鞭辟入裏，即使放在今天也依然啓人深思。然而，這些成果卻長時間被塵封，有感於此，作爲新時期的圖書館人，我們深覺有義務、有責任將這些著述認真整理出來，供學界使用。於是，二〇一二年，我們開始系統性整理民國時期報刊上所刊登的各類圖書館學資料，數十名同人對民國報刊逐頁進行耐心細緻的翻閱和篩選，其中涉及報刊三百餘種，至今歷時四載有餘，記録篇目近三萬條，目前工作仍在進行中。對於所整理出的成果，如何更好地將其展現，便於當今學者使用，是我們一直在思考的問題。爲此，我們在整理史料期間不斷與業内學者及國家圖書館出版社編輯進行交流，還專門召開了『民國時期圖書館史料整理工作專家討論會』，就圖書館史料整理工作聽取專家意見，不斷優化、調整史料整理和編輯出版工作思路。

國家圖書館出版社自上世紀九十年代以來，已經影印出版了《圖書館學季刊》《中華圖書館協會會報》《文華圖書館學專科學校季刊》《近代著名圖書館館刊薈萃》（目前已出版五編，共收録八十餘種圖書館館刊）等。這些影印出版工作在業内獲得了良好的反響與評價，但也存在一些問題。一方面，上述影印圖書的内容基本限定在圖書館學期刊範圍内，而我們通過搜集原始資料發現，民國時期在圖書館期刊之外的報紙中也刊載了相當數量的圖書館學論著，這部分散見的史料若不加以集中整理，未免有遺珠之憾，這堅定了我們將其結集出版的信心。另一方面，上述影印出版的民國時期圖書館學期刊，基本是按照刊物的原始形態整部影印，其中部分還缺少配套的篇目索引，造成學者在使用過程中或有查檢不便。鑒於此，我們決定以分類主題彙編的形式對民國時期報刊中的圖書館學著述進行系統性的整理。具體來說，我們利用圖書館學論文索引、數據庫和編者的新發現，將民國時期各種報刊上刊載過的各種圖書館資料進行全面整理收集，以文章爲收録單元，按文章主題分類彙總，按原樣影印，分多卷陸續出版。

而對於主題的分類，也頗費思量。新中國成立初期，北京圖書館和重慶圖書館等機構都曾編過圖書館學論文索引，對晚清及民國時期的圖書館學論著進行了較爲全面的集中梳理，特别是李鍾履的《圖書館學論文索引》，分類詳盡，並配著者索引，查檢便利，爲我們今天的書目調查和史料整理工作提供了很好的綫索與借鑒。這套叢書的基本分類即按照李鍾履索引之類目，按主題分類結集出版。因所輯論著散見各處，且大多紙張脆黄易破，因此編選整理工作不可謂不繁難，耗時亦久，諸多辛勞，不再贅述。

選編影印這樣一套叢書，一方面是致敬先賢，希望能夠通過我們的努力，最大程度保存民國時期圖書館先輩學者所創造的豐富研究成果，最真切地傳承先輩的專心治學、潛心治業的精神遺產。另一方面也爲當下及未來的圖書館學者研究提供便利，不敢寄望成爲學者治學之利器，但望聊充學海探尋之舟楫，爲圖書館學界的史料建設略盡綿薄之力。

這套叢書在整理出版過程中得到了國家圖書館研究院院長汪東波，國家圖書館研究館員李萬健，北京大學信息管理系教授王余光、王子舟，北京大學圖書館副研究館員范凡，華東師範大學教授范并思等業界專家的大力支持與指導，國家圖書館出版社的鄧詠秋博士爲此付出了很大的辛勞，在此我謹代表叢書編委會向他們一併表示謝忱。

二〇一四年三月初稿

二〇一六年七月修訂

本卷編輯説明

《民國時期圖書館學報刊資料分類彙編·法律法規卷》（以下簡稱『本卷』）以《圖書館學論文索引》（李鍾履編，商務印書館一九五九年版）、《圖書館學論文資料索引》（重慶市圖書館一九五七年編印）以及《民國時期總書目》（北京圖書館編，書目文獻出版社一九八六—一九九六年陸續出版）爲基礎，以國家圖書館藏《中華圖書館協會會報》《浙江公立圖書館年報》《圖書館月刊》《教育公報》等圖書館學、教育學報刊作爲主要收録來源，並輔以『全國報刊資料索引』『大成老舊期刊全文數據庫』等數字資源作爲查找文獻的主要綫索，經過一年多的搜集、查重、補充、整理而成。

本卷收録一八九八—一九四九年間一百餘種報刊上有關圖書館法律法規的文章七百餘篇。根據每篇文章的内容，按主題分爲以下十八類：（一）一般法令；（二）關於國立圖書館的法令；（三）關於省立圖書館的法令；（四）關於市立圖書館的法令；（五）關於縣立圖書館的法令；（六）關於區立圖書館的法令；（七）關於機關團體圖書館的法令；（八）關於民衆圖書館的法令；（九）關於巡迴文庫的法令；（十）關於閲書報處的法令；（十一）關於學校圖書館的法令；（十二）關於私立圖書館的法令；（十三）關於職員任免和待遇的法令；（十四）關於工作標準的法令；（十五）關於輔導事業的法令；（十六）關於考查社教機關的辦法；（十七）關於社教機關開放時間的法令；（十八）圖書館立案備案表。每一類別的文章，依據在報刊中發表的時間先後排序。連載文章，以其第一部分發表的時間爲準排序。

關於收録内容，有以下兩點需要説明：（一）本卷所收資料，大部分發表在民國時期，有少量清末圖書館法規資料，因對民國時期圖書館學研究産生重要影響，也予以收録。（二）本卷所收資料絶大多數來源於一次文獻，唯有《京師大學堂續訂圖書館章程》例外。該章程資料珍貴，但原始材料未找到，衹好以二次文獻代替。

爲方便讀者使用，編者將每篇文章（資料）的篇名逐一録出，置於各册之前的目録中，又在書後附篇名索引。需要特别説明的是，有些法規法令原來没有標題，或標題信息不夠清楚完整，遇這種情況時，編者根據内容自擬標題或者增加標題文字。凡編者所擬（加）文字，加〔〕以示區别。

雖經努力搜羅，但囿於編者識見及客觀條件所限，本卷必有遺漏之處，懇請讀者加以指正，以便於我們今後進一步補充完善。

滕静静

二〇一六年一月

本卷所收文章的報刊來源一覽表

（按報刊名稱漢語拼音排序）

A

安徽教育半週刊
安徽教育輔導旬刊
安徽教育公報
安徽教育行政旬刊
安徽教育行政週刊
安徽教育月刊
安徽教育週刊
安徽政務月刊

B

北京圖書館月刊
北京大學史料（第一卷）
北平大學區教育旬刊
北平市教育行政週報
北平市政府公報
北平私立木齋圖書館季刊
北平特別市市立第一普通圖書館週年紀念刊
北洋週刊

C

察哈爾教育公報

D

大公報
大學院公報
第四中山大學教育行政週刊
東省特別區教育行政週報

F

法令週刊

福建教育

福建教育廳教育週刊

福建省立圖書館年報

福建省政府公報

G

甘肅教育公報

甘肅省教育廳教育週刊

工學院半月刊

光華通信

廣東國民大學圖書館館刊

廣東教育公報

廣東教育廳旬刊

廣東教育月刊

廣西教育公報

廣西教育行政月刊

廣西省政府公報

國大週刊

國立四川大學校刊

國立中山大學圖書館週刊

H

河北教育公報

河南教育

河南教育公報

河南教育行政週刊

河南教育季刊

河南教育特刊

河南教育週刊

河南省政府公報

河南圖書館館刊

河南政治

湖北教育行政旬刊

湖北教育月刊

湖北省政府公報

湖南教育

湖南教育行政彙刊

湖州月刊

J

吉林教育公報

暨南校刊

建甌縣公立圖書館十週年紀念刊

建設委員會公報

江蘇教育
江蘇教育公報
江蘇省公報
江蘇省立國學圖書館年刊
江西教育公報
江西教育行政旬刊
江西教育旬刊
江西省立圖書館館刊
江西省政府公報
教育部公報
教育潮
教育公報
教育公报（天津）
教育通訊
教育旬刊
教育益聞録
教育月刊
教育雜誌
教育週報
教育週刊

K

科學

L

勞大週刊
遼寧教育公報
遼寧教育月刊

M

民衆教育月刊

N

南京特別市教育月刊
南通學院院刊
農村復興委員會會報
農村合作
農聲
農訊
女子月刊

Q

青島市政府公報
青島市政府市政公報

R

熱河教育月刊

S

山東教育行政週報
山東省圖書館季刊
山西教育公報
陝西教育週刊
陝西省政府公報
上海特別市公安旬刊
上海總商會月報
社會教育季刊
社教通訊
社教之友
社友
時代教育
首都教育
四川教育
四川教育公報
四川省政府公報

T

臺灣省行政長官公署公報
天津市市立通俗圖書館月刊
銅山縣公共圖書館年刊
統計月刊
圖書館（上海圖書館協會）
圖書館學季刊
圖書館月刊

W

我存雜誌
無錫圖書館協會會報

X

西風（上海）
厦大圖書館館報
厦大校刊
湘報
新陝西月刊
新世界
學部官報
學風
學觚

浙江省立圖書館月刊
浙江圖書館館刊
政府公報（南京）
直隸教育雜誌
中國圖書館聲
中華圖書館協會會報
中央軍校圖書館報

Z

浙江公立圖書館年報
浙江教育
浙江教育官報
浙江教育行政週刊
浙江省建設月刊

Y

雲南教育
雲南教育半月刊
雲南教育公报
雲南教育行政週刊
雲南教育週刊

總目録

上册

中册

下册

上册目録

一般法令

關於國立圖書館的法令

關於省立圖書館的法令

湘撫咨送奏設圖書館暫定章程

第一章　名稱

第一條　本館名曰湖南圖書館

第二章　設置

第二條　本館以湖南長沙東城漢定王臺改修充用

第三章　宗旨

第三條　本館以保存國粹輸入文明開通智識使藏書不多及旅居未曾携帶書籍者得資博覽學校教員學生得所考證爲主義

第四條　本館所藏各種圖書報章凡有志嚮學者皆得照規例入館參閱

——摘自《學部官報》一九〇七年第十一期

第四章　職員

第五條　監督主持全館事務會辦輔佐監督以總其成

第六條　提調兼收支管理全館事務發布命令訂立規則運籌經費設備一切皆其專責

第七條　收掌收發以下職員及各司事均應歸監督提調節制其職掌均由監督提調隨時派定如有不勤職司者隨時有撤換之權

第八條　館中事務必經監督提調認可方能照辦收掌以下不得擅自處置

第九條　書記在每月之末作閱覽人月表每年之末作閱覽人年表榜示館門

第十條　收掌以下各員均應常川住館專管館中收發劵據塡發證書及經管本館所藏圖籍報紙等事

第十一條　館中各職員人等月曜日作爲休沐之期可毋庸來館惟平

日須於開館前一小時到館以資辦公

第十二條　館中采辦圖書添置器皿及薪水辛工火食一切雜用等項按季造具報銷呈報

第五章　指助章程

第十三條　凡同志捐助本館圖書碑帖字畫報紙說部以及財產等項均塡付本館收訖證書爲據隨時登報以誌欽感惟淫穢悖逆之書概不收受

第十四條　無論捐入本館應藏何件均分爲兩種辦法一自願出捐不復收回者謂之永久捐一或有珍重家藏不能割愛但偶出以供衆覽或數月或一年或若干年仍復收回者謂之暫時捐可由捐主加蓋印章並粘用書簽以便易於辨識本館即塡付證書注明久暫亦登報廣告

第十五條　凡永久捐所捐圖書本館以永遠保存爲要義倘嗣後經理

人不善或有散佚自盜情事經捐事捐主查實亦有收回之主權惟必有確實證據方能承認

第十六條　如有急公好義之士捐財產至千金以上者隨時詳請撫憲照例奏奬並推爲名譽贊成員另致送縱覽劵可隨時入館閲看圖書惟倒閉之賬項轇轕之業產一槪不收

第十七條　捐書估値至三百金以上者亦推爲名譽贊成員並致送縱覽劵不及此數者亦致送覽劵照第二十二條劵資折數估計以書値之多少定閲覽之久暫至暫時捐其書較多者以收回之日定縱覽之期如永久捐估値至五千以上者由本館詳請撫憲核示辦理

第十八條　無論何人寄贈圖書搬運之費不拘多寡均由本館付給

第六章　閲覽章程

第十九條　本館以閲覽圖書爲主宜注意靜肅無論學界軍界官界商

界及各色人等不得在本館開會演說應咨明警察局隨時嚴行查禁再定王臺本昔年游讌之所現既藏有圖書不得視同館地以設筵讌

第二十條　本館開閉每日均有一定時間入館不得過早出館亦不得過遲

第二十一條凡閱覽圖書者必須年齡在十二歲以上者方得取劵入館

第二十二條凡入館閱覽圖書者不得不畧取劵資一以津貼雜用一以稍示限制每次取錢三十文祗准一次入館一人二枚至十枚定入館二次至十次者每劵取錢二十四文以一月爲限一人十一枚至二十五枚定入館十一次至二十五次者每劵取錢十八文以二月爲限多則惟照日推算劵費不得再減惟此種劵據註明月日過期即爲廢紙如有中途遺失以及塗抹損壞本館概不承認至閱覽各項報章者每人每次

取券資十二文

第二十三條凡入館必於買券處繳清券費然後領券入館惟學堂教員學生在本校領有縱覽券及捐主由本館送有縱覽券者即照第二十五條辦理

第二十四條未入閱覽室門先繳券據另授領書證載明所領何部圖書交司事以便檢付

第二十五條凡官立各學堂及民立各學堂在學務處稟定有案者所有教員學生入館閱覽圖書一概免收券資先由本館致送縱覽券五分每日每學堂以五人入館爲率先於買券處呈驗仍於繳券處換領書證出館時仍交還本人携回以便回各學堂繳銷如各學堂有遺失情事可報明號數將原送者作廢另行補送捐主之縱覽券遺失亦同此辦理

第二十六條圖書閱畢後由司事於領書證上加蓋收訖無誤圖章然後

出閱覽室仍於原領處繳銷

第二十七條凡入閱覽室者務須力求公益不得高聲朗誦廢書談笑任意涕唾塗抹几案題寫牆壁傾潑茶水以及妨害他人等事

第二十八條凡閱書者一日之長中國書不得過五十本洋裝書不得過二十册若各教員有編講義之義務本館應特別招待不在此限

第二十九條如此種圖書已經閱畢欲更換他種者可交領書處更換

第三十條所領之書先於領書處檢閱一過如有缺頁墨汚破壞等事可載明於領書證內

第三十一條如有欲自行鈔錄者其筆墨紙均歸自備不得向本館借用

第三十二條凡所領圖書不得圈點塗抹如有墨汚破壞及前項情事均照全部書價賠償

第三十三條凡閱書諸君不得携出室外隨地觀看更不得私自借出館

外惟各教習有須編講義者應行暫借惟必有本學堂關防借據另備抵償金方得携出如書值壹元者應備抵償金一圓五角值多者亦照此數加增歸還之期以十日爲率其書交明無誤仍將原金借據付還不取分文借書時應由本人於抵償金上標明字記以便易於辨識免致轇轕惟書籍有損壞遺失情事金與借據概不退還卽以此金購辦其抵償金附入報銷彙報

第三十四條每日館中供給茶水另有職役照料如有欲購食物者可交錢司事屬其人代購以免自由出入而亂定規

第三十五條現在風氣初開未便設立女閱覽室如有女學生須閱圖書者應由本學堂出具領證准暫借出外每次所領中國書以十本爲率洋裝書以三本爲率歸還之期以三日爲限抵償金卽照第三十三條辦理

第七章　書樓章程

第三十六條藏書處所有各種圖書無論捐入購入須蓋本館印記暫捐者亦由本館粘註書籤載明捐主姓名隨時登簿載明庋藏第幾架第幾層以便易於尋覓

第三十七條所藏圖書必須區別種類分架陳列並於圖背書頭端楷標識以便依次收發

第三十八條所藏既多必須立表編列簡名目錄載明圖幾軸書若干本以及著作之姓名何地刊行或爲購入或爲捐入係在何時價值幾何有無缺頁墨污破壞以便調查

第三十九條管書人等所有會晤親友祇得於應接室坐待不得擅自上藏書樓如有願往參觀者本人毋庸同往另由同事人招待庶可各別嫌疑而互相糾辦

第四十條閱覽人非經特別認可不得上藏書樓

第八章　開閉定期

第四十一條正月午前九時開　午後四時閉

二月午前九時開　午後四時閉

三月午前八時開　午後四時閉

四月午前七時二十分開　午後四時三十分閉

五月午前七時二十分開　午後五時閉

六月午前七時二十分開　午後五時閉

七月午前七時三十分開　午後五時閉

八月午前八時開　午後五時閉

九月午前八時開　午後五時閉

十月午前八時開　午後四時三十分閉

十一月午前八時開　午後四時二十分閉

十二月午前八時開　午後四時閉

第四十二條本館休息日期　歲首前五日　歲末後五日　端節中秋節　定王春秋祭祀日　館內掃除　本館設立紀念日　曝書日　假期臨時揭示

第四章　補遺

第四十三條本館甫經開辦組織多未完備所有未盡事宜隨時詳請撫憲核示辦理

第四十四條查學部新章提學使司總理全省學務設立六課分曹辦事圖書一課內載有幷管圖書館字樣本館此項章程應作爲暫定試辦章程俟提學使司到任後再行斟酌釐定一切

○奏擬定京師及各省圖書館通行章程摺（并單）

奏爲擬定京師及各省圖書館通行章程另繕清單恭摺具陳仰祈

聖鑒事竊本年閏二月二十八日臣部奏陳分年籌備事宜單開本年應行籌
備者有頒布圖書館章程一條奏蒙
允准欽遵在案京師圖書館業經臣部奏明開辦各省圖書館亦須依限於宣
統二年一律設立臣等伏查圖書館之設所以保存國粹造就通才創辦
伊始頭緒紛繁非有整齊劃一之規末由植初基而裨文治臣等悉心斟
酌擬訂章程二十條謹繕具清單恭呈
御覽如蒙
俞允即由臣部欽遵通行辦理所有擬訂圖書館章程開單奏陳緣由謹恭摺
具陳伏乞
皇上聖鑒謹
奏宣統元年十二月十七日奉
旨依議欽此
謹擬圖書館通行章程恭呈

御覽

第一條　圖書館之設所以保存國粹造就通才以備碩學專家研究學藝學生士人檢閲考證之用以廣徵博采供人瀏覽爲宗旨

第二條　京師及各直省省治應先設圖書館一所各府廳州縣治應各依籌備年限以次設立

第三條　京師所設圖書館定名爲京師圖書館各省治所設者名曰某省圖書館各府廳州縣治所設者曰某府廳州縣圖書館

第四條　圖書館地址以遠市避囂爲合宜建築則取樸實謹嚴不得務爲美觀室内受光通氣尤當考究合度豫防潮溼霉蝕之弊

第五條　圖書館應設藏書室閲書室辦事室

第六條　圖書館應設監督一員提調一員（京師圖籍浩繁得酌量添設以資助理）其餘各員量事之繁簡酌量設置京師圖書館呈由學部核定各省圖書館呈由提學使司轉詳督撫核定各府廳州縣治圖

書館呈由提學使司核定（各省治暨各府廳州縣治圖書館事務較簡圖籍較少祇設管理一人或由勸學所總董學堂監督堂長兼充）

第七條 圖書館收藏圖籍分爲兩類一爲保存之類一爲觀覽之類

第八條 凡

內府祕笈海內孤本宋元舊槧精鈔之本皆在應保存之類保存圖書別藏一室由館每月擇定時期另備券據以便學人展視如有發明學術堪資考訂者由圖書館影寫刊印鈔錄編入觀覽之類供人隨意瀏覽

第九條 凡中國官私通行圖書海外各國圖書皆爲觀覽之類觀覽圖書任人領取繙閱惟不得汚損翦裁及携出館外

第十條 中國圖書凡四庫已經著錄及四庫未經采入者及乾隆以後所出官私圖籍均應隨時采集收藏其有私家收藏舊槧精鈔亦應隨時假鈔以期完備惟近時私家著述有奉

旨禁行及宗旨悖謬者一概不得采入

第十一條　海外各國圖書凡關係政治學藝者均應隨時搜采漸期完備惟宗旨學說偏駁不純者不得采入

第十二條　京師暨各省圖書館得附設排印所刊印所如有收藏祕笈孤本應隨時仿刊行或排印發行以廣流傳

第十三條　京師圖書館書籍鈐用學部圖書之印各省圖書館書籍由提學使鈐印各府廳州縣圖書館書籍由各府廳州縣鈐印無論為保存之類觀覽之類概不得以公文調取致有損壞遺失之弊

第十四條　圖書館每年開館閉館時刻收發書籍接待士人各項細則應由館隨時詳擬京師圖書館呈請學部核定各省圖書館暨各府廳州縣圖書館呈請提學使司核定

第十五條　圖書館管理員均應訪求遺書及版本由館員隨時購買以廣搜羅惟須公平給價不得藉端强索其私家世守不願出售者亦應妥為借出分別刷印影鈔過錄以廣流傳原書必應發還不得損污勒

索

第十六條　海內藏書之家願將所藏秘籍暫附館中擴人聞見者由館發給印照將卷册數目鈔刻款式收藏印記一一備載領回之日憑照發書管理各員尤當加意保護以免損失其借私家書籍版片鈔印者亦照此辦理

第十七條　私家藏書繁富欲自行籌款隨在設立圖書館以惠士林者聽其書籍目錄辦理章程應詳細開載呈由地方官報明學部立案善本較多者由學部查核酌量奏請頒給
御書匾額或頒
賞書籍以示獎勵

第十八條　京師圖書館經費由學部核定籌撥撙節開支各省由提學使司核定籌撥撙節開支各府廳州縣由地方公款內撙節開支

第十九條　京師及外省各圖書館均須刊刻觀書劵以便稽察凡入館

觀書非持有劵據不得闌入

第二十條　圖書館辦事章程如有未盡事宜應隨時增訂在京呈由學部核定施行在外呈由提學使轉詳督撫核定施行

——摘自《學部官報》一九一〇年第一百一十三期

法規

圖書館規程 四年十月二十三日

第一條　各省各特別區域應設圖書館儲集各種圖書供公衆之閱覽

各縣得視地方情形設置之

第二條　公立私立各學校公共團體或私人依本規程所規定得設立圖書館

第三條　各縣及各特別區域及各縣所設之圖書館稱公立圖書館公共團體及公私學校所設者稱某團體某學校附設圖書館私人所設者稱私立圖書館

第四條　公立圖書館應於設置時開具左列事項由主管長官咨報教育部

一　名稱　二　位置　三　經費　四　書籍卷數　五　建築圖式　六　章程規則　七　開館時日

私立圖書館應照前項所列各款稟請地方長官核明立案

附設之圖書館由主管之團體學校照前項具報於主管長官

關於圖書館之廢撤及第一項各款之變更時應照本條之規定分別具報

第五條　圖書館得設館長一人館員若干人

圖書館館長及館員均於任用時開具履歷及任職日期具報於主管公署並轉報教育部

第六條　公立圖書館館長及其他館員關於任職服務俸給等事項準各公署所屬教育職員之規定

第七條　圖書館館員每屆年終應將辦理情形報告於主管公署列入地方學事年報

附設之圖書館報告主管之團體學校轉報於主管公署

第八條　公立圖書館之經費應於會計年度開始之前由主管公署列入預算具報於教育部

公立學校附設圖書館之經費列入主管學校預算之內

第九條　圖書館得酌收閱覽費

第十條　私人以貲財設立或捐助圖書館者由地方長官依照捐貲興學褒奬條例咨陳教育部核明

給奬

第十一條　本規程自公布日施行

通俗圖書館規程　四年十月二十三日

第一條　各省治縣治應設通俗圖書館儲集各種通俗圖書供公衆之閱覽

各自治區得視地方情形設置之

私人或公共團體公私學校及工場得設立通俗圖書館

第二條　通俗圖書館之名稱適用圖書館第三條之規定
各自治區設立之通俗圖書館稱爲某自治區公立通俗圖書館
第三條　通俗圖書館之設立及變更或廢撤時依圖書館第四條之規定分別具報
第四條　通俗圖書館得設主任一人館員若干人
通俗圖書館主任員應照圖書館第五條之規定分別具報
第五條　公立通俗圖書館主任員之任職服務俸給等事項準各公署委任椽屬之規定
第六條　公立通俗圖書館之經費預算適用圖書館第八條之規定
公立學校工塲附設通俗圖書館之經費列入主管學校工場預算之內
第七條　通俗圖書館不徵收閱覽費
第八條　通俗圖書館主任員應於每屆年終將辦理情形依照圖書館第七條之規定分別具報
第九條　通俗圖書館得附設公衆體操場
第十條　私人以貲財設立或捐助通俗圖書館者由地方長官依照捐貲興學褒奬條例咨陳教育部
核明給奬
第十一條　本規程自公布日施行

——摘自《教育公報》一九一五年第八期

提倡小圖書館案 呈教育部並函各省區教育會

理由　我國自五四運動以還。社會氣象。煥然一新。國民覺悟。頗有端倪。惟鄉僻各處。未受教育者。猶居絕大多數。欲圖迅速普及。似當提倡小圖書館。以補學校教育之不足。蓋小圖書館優點至多。創辦維持。集事較易。一也。能普及於鄉僻各處。勞工各界。二也。養成創辦新事業之共同精神。三也。引起國民學術上之嗜好。而戒除其舊時之不良習慣。四也。各館圖書可互相交換。輪流閱覽。得以最經濟之方法。求最有益之智識。五也。現時基礎雖小。而隨時改良擴充。不難漸臻美備。六也。凡茲所舉。皆小圖書館最顯著之優點。所以歐美日本。均竭力提倡。而日本每遇特種事業告成之際。尤莫不借創設小圖書館。以留紀念。如日韓合併紀念圖書館。日露戰役紀念圖書館。戰勝紀念圖書館。大正即位紀念圖書館等等。縣立者有之。府立者有之。村立町立者有之。私人所創立者。尤所在多有。今日全國小圖書館之衆多。實受此提倡鼓舞之賜。我國近來發生事件。如文化運動。抵制劣貨運動。地方自治運動等。可資紀念者。亦復不少。苟借以鼓勵國民。殆亦根本改革之一法也。茲擬辦法如左。

一、此項圖書館。規模務從簡易。以期普及。一機關一團體。各附設一所。而一市一街之內。倘能聯合商店工廠等組織之。俾一般人隨時有閱覽之所。尤爲有益。

二、由各省區敎育會縣敎育會勸學所。組織圖書館委員會。以負指導推廣之責。

三、每一小圖書館內。必附設閱報所。選擇各種日報雜誌。俾資閱覽。

四、每年各省區敎育會。縣敎育會。調查本地所有圖書館總數。藏書卷數。閱覽人數。詳細公布。以資比較。而謀改進。

——摘自《教育潮》一九二一年第一卷第十期

訓令通字第五一一號十月二十四日

令各縣知事

案奉

教育部訓令第二三九號內開查民國四年本部擬訂圖書館通俗圖書館講演所規程凡各省

區都會地方暨各縣治均應設置以期社會教育之普及並 經本部迭次通行調查雖經各處呈報而詳加綜覈尚不免遺漏參差無以得眞確之統計亟應切實 調查以重要政合卽令知該廳仰卽通令所屬將各處公立私立之圖書館通俗圖書館講演所名稱地址暨 成立年月尅期開單呈報轉呈到部以資考核此令等因奉此除分令外合行令仰該知事卽便查 照尅期呈報切切此令

——摘自《河南教育公報》一九二二年第二期

52

蘇省整理各項圖書館之令飭　江蘇

教育廳蔣廳長以圖書館與地方文化關係綦重，曾向本省第七屆省教育行政會議提出整理及推廣各地方各學校圖書館案。當經大會通過，現在已將此案呈請省長核准。由廳通飭各縣分別遵照辦理，原議案如下：——

近世國民化之程度。恆視圖書館之有無多寡爲同一比例，我國提倡教育亦既有年，而注意設立圖書館者尚不多覯，茲將理由及辦法分述如次：——(一)理由。「甲」地方上有圖書館，可以增進一般社會之知識及道德，並可減少其消極之嗜好。「乙」學校內有圖書館，可以使研求學術之興味，益加濃，厚並可使其心力，得爲正之消耗、本省各地方各學校之圖書館，或有或無，或善或不善，全部現狀，並未日臻發達，而其需要之深切則如此。故有整理及推廣之必要。(二)辦法。「甲」各縣已設之圖書館。應寬籌經費，逐漸添置新舊圖書改良管理方法。並爲閱覽者力謀便利。使閱覽人數日見增多，「乙」未設圖書館各縣，應於十三年度預算內籌列的款，從速組織，「丙」不能單獨設立圖書館之縣分，應將通俗教育圖書部加以擴充，「丁」省立各校已設圖書館者，應行注意之點同(甲)，未設者應從速設立，並應規定相當辦法，使校外人得有公開閱覽之機會，「戊」市鄉及縣市鄉立各學校有力籌設圖書館者，所應注意之點同(甲)(丁)

——摘自《圖書館》(上海圖書館協會)一九二五年創刊號

公函中華教育文化基金董事會墊付圖書館經常費每月二千五百元并辦法六條

第一百四十八號　十六年七月十九日

逕復者接准函開以本年六月二十九日第三次年會議決自本年七月起由貴會墊付國立京師圖書館經常會每月二千五百元以一年爲期等因并擬定墊款辦法六條抄送過部披誦迴環足徵貴會尊重契約維持館務欽佩莫名惟查墊欵維持辦法第五第六兩條所載均涉及行政範圍似與館務轉多窒碍應請將第五第六兩條撤銷再由本部轉知該館查照辦理爲此函復即希查酌見復爲荷此致

附辦法

一、董事會根據與教育部合組國立京師圖書館契約之旨趣并本年六月十七日教育部商請墊欵來文每月墊付京師圖書館銀二千五百元自本年七月起暫以一年爲度

二、此項墊欵係充京師圖書館維持經費但館長墊出之欵業由教育部迭催財政部從速籌還在未清償以前得就本會墊欵撙節開支每月酌提五百元作爲償還館長墊欵之

用

三、在本會墊欵期內館中不得新增職員原定開支應再就可能範圍力求節省如有欵可騰務須儘量充作修理圖書之用

四、十六年七月以前之欠薪及他項債務概由政府撥欵清理不得在墊欵內移撥

五、在本會墊欵期內館中關於圖書之保存編目及其他館務得由本會委託人員隨時到館接洽期於館務有益

六、在本會墊欵期內館中關於圖書之保存編目及其他館務每月由館造具報告送交董事會備查

右列辦法六條分抄三份一存教育部一存董事會一存圖書館由三方共同遵守之

——摘自《教育公報》一九二七年第一期

公函中華教育基金會修正墊欵維持辦法第三五六等條第一百七十號十六年八月十一日

逕復者接准函開以前經年會議決墊欵維持國立京師圖書館辦法現在年會已散無從再議擬由本部將關於此次墊欵辦法之意見加以說明等因茲本部按照前次與范董事面商洽定將原議墊欵維持辦法第三第五第六等項條文加以修正說明另紙抄送爲此函復即希貴會查酌見復再由本部行知圖書館查照可也此致

附條文

修正第三項　在本會墊欵期內館員薪金總額暫照原定之數開支如能力求撙節有欵可騰務須儘數充作修理圖書之用

修正第五項　在本會墊欵期內館中關於圖書之保存編目等事項得由教育部派員會同本會委託人員到館接洽商詢一切

修正第六項　在本會墊欵期內館中關於圖書之保存編目閱覽情形每月除造表報部外另抄一份送會備查

——摘自《教育公報》一九二七年第一期

江西獎勵捐贈圖書文獻條例

第一條　凡私人或團體有以圖書及文獻物品，捐贈省立圖書館者，由圖書館呈請教育廳，依本條例獎勵之。

第二條　捐贈之種類如左：

㈠中外圖書；　㈡圖書版本；

㈢各種文獻物品。

第三條　獎勵之種類如左：

㈠銀盾三等至一等；　㈡金盾三等至一等；

㈢匾額；　㈣獎狀六等至一等。

第四條　獎勵之等差如左：

（甲）屬於個人者：

㈠捐物價值在百元以上，未滿三百元者，給予三等銀盾；

㈡捐物價值在三百元以上，未滿五百元者，給予二等銀盾；

㈢捐物價值在五百元以上，未滿一千元者，給予一等銀盾；

㈣捐物價值在一千元以上，未滿三千元者，給予三等金盾；

㈤捐物價值在三千元以上，未滿五千元者，給予二等金盾；

㈥捐物價值在五千元以上，未滿一萬元者，給予一等金盾；

㈦捐物價值在一萬元以上，除給予一等金盾外，並加獎匾額。

（乙）屬於團體者：

㈠捐物價值在一百元以上，未滿三百元者，給予六等獎狀；

㈡捐物價值在三百元以上，未滿五百元者，給予五等獎狀；

㈢捐物價值在五百元以上，未滿一千元者，給予四等奬狀；

㈣捐物價值在一千元以上，未滿三千元者，給予三等奬狀；

㈤捐物價值在三千元以上，未滿五千元者，給予二等奬狀；

㈥捐物價值在五千元以上，未滿一萬元者，給予一等奬狀；

㈦捐物價值在一萬元以上，除給予一等奬狀外，並加奬匾額。

第五條　凡慨捐款項備省立圖書館購置之用者，得比照第四條辦理。

第六條　凡受奬勵者之姓名，暨捐物之名稱，以及奬勵之種類等級，均載入教育公報公布之。

第七條　本條例經省務會議通過施行。

——摘自《江西教育公報》一九二七年第十六期

◉圖書館條例 十六年十二月二十日公布

第一條　各省區應設圖書館，儲集各種圖書，供公衆之閱覽。各市縣得視地方情形設置之。

第二條　團體或私人，得依本條例之規定，設立圖書館。

第三條　各省區及各市縣所設之圖書館，稱公立圖書館；團體或私人所設者，稱私立圖書館。

省區立圖書館，以省區教育行政機關爲主管機關。

市縣立圖書館，以市縣教育行政機關爲主管機關。

私立圖書館，以該圖書館所在地之教育行政機體爲主管機關。

第四條　公立圖書館設置時，應由主管機關開具左列各款，呈報大學院備案：

一　名稱；

二　地址；

三　經費分臨時費與經常費二項，並須註明其來源，

四　現有書籍册數；

五　建築圖式，及其說明；
六　章程，及規則；
七　開館日期；
八　館長姓名，及履歷。
私立圖書館，由董事會開具前項所列各欵，及經費管理人之姓名履歷。呈請主管機關核明立案。
圖書館之名稱，地址，建築章程，館長，經費保管人，等項，如有變更時，應照本條之規定，分別呈報。
第五條　圖書館停辦時，須呈經主管機關核准。
第六條　公立圖書館除蒐集中外各書籍外。應有收集保存本地已刊未刊各種文獻之責。
第七條　圖書館爲便利閱覽起見，得設分館，巡迴文庫，及代辦處，並得與就近之學校訂特別協助之約。
第八條　圖書館得設館長一人，館員若干人。
館長應具左列資格之一；

一 國內外圖書館專科畢業者；

二 在圖書館服務三年以上而有成績者；

三 對於圖書館事務有相當學識及經驗者。

第九條 公立圖書館館長及其他館員，關於任職服務俸給等事項，準各教育機關職員之規定。

第十條 圖書館職員每屆學年終，應將辦理情形報告於主管機關。

第十一條 公立圖書館之經費，應於會計年度開始之前。由主管機關列入預算，呈報大學院，但不得少於該地方教育經費總額百分之五。

第十二條 私立圖書館應設立董事會，爲該圖書館法律上之代表，私立圖書館董事會有處分財產，推選館長，監督用人行政，議決預算決算之權。

私立圖書館董事會之董事，第一任由創辦人延聘，以後由該會自行推選。

第十三條 私立圖書館董事會應於成立時，開具左列各欵，呈請主管機關核明立案：

一 名稱；

二　目的；

三　事務所之地址；

四　關於董事會之組織，及職權之規定；

五　關於資產或資金，或其他收入之規定；

六　董事姓名，籍貫，職業，及住址。

上列各欵如有變更須隨時呈報主管機關。

第十四條　私人以資財設立或捐助圖書館者，得由主管機關呈報大學院，核明給獎。

第十五條　本條例自公布日施行。

◉新出圖書呈繳條例 十六年十二月二十日公布

第一條　凡圖書新出時，其出版者，須自發行之日起兩個月內，將該項圖書三份，呈送中華民國大學院。

第二條　凡圖書改版時須依前條規定辦理，但僅重印而未改版者，不在此限。

第三條　出版者如不遵繳所出圖書時，大學院得禁止該圖書之發行。

第四條　本條例自公布日施行。

——摘自《大學院公報》一九二八年第一卷第一期

▲大學院訓令令發圖書館調查表式仰卽限期具報文第一九四號
二月二十三日

爲令行事查各地圖書館關繫社會教育甚巨各館內容亟應調查清楚以便考核而資發展茲由本院製定調查表式一種合行令仰該廳卽便遵照通飭該管教育行政區域內公立私立各圖書館一體遵照限期具報彙繳送院切切此令

全國圖書館發展步驟大綱之決議　全國敎育會議

中之請規定全國圖書館發展步驟大綱一案，由劉國鈞君提出，結果議決辦法三項如左：

（甲）培養圖書館人才辦法

（一）由國家設立專門學校招收大學畢業生，授以圖書館學，目錄學及社會敎育學之原理與方法，以求養成深造之專門人才。

(二)由國家或各省區大學辦理專修科，招收程度適當之學生，以敎授圖書館之技術的訓練爲目的。

(三)由各大學設圖書館學系或科，以敎授應用之目錄學與基本之圖書館學原理爲主。

(四)私立大學之願舉辦是項事業者，宜設法奬勵並監督之。

(五)以上四項在圖書館事業進行程序上，應儘先舉行，而第一項爲尤要，蓋基礎不立無以進行也。

(乙)完成全國圖書館系統

(一)成立中央圖書館籌備處，規畫國立圖書館及各地國立圖書館之辦法。

(二)調査各省區現在圖書館情形及經費。

(三)完成各省省立圖書館。

(四)完成各中小學校附設之圖書館。

(五)促進各縣縣立圖書館。

(六)推廣圖書館與社會之關係，設立分館，巡迴圖書館及代辦所等，以期普及。

(七)各省區均應將其境內圖書館事業進行步驟，擬定分年程序，呈報大學院以資考核。

(丙)完成圖書館行政系統

(一)由大學院頒布圖書館指導員任用條例。

(二)凡全省之縣已有四分之一設立縣立圖書館者，應依前項條例設指導員專職。

(三)凡全縣之公私立圖書館及學校附設之圖書館共有十所以上者，應於縣教育行政機關依前項條例設置指導員專職。

(四)指導員除視察及監督各圖書館事務外，並負有應各地方之請求代爲組織圖書館，或解決管理上難題之義務。

(五)凡未設指導員之地方，應由視學員負視察圖書館之責。

——摘自《中華圖書館協會會報》一九二八年第三卷第六期

全國教育會議中關於圖書館之提案

大學院於五月十五日在首都召集全國教育會議討論國民政府統治下之教育方針其中關於圖書館者有十數案茲將報載大會通過者彙錄於左其餘各案聞大學院將一併印入議事錄云

（一）

主文　請規定全國圖書館發展步驟大綱案

辦法　甲，培養圖書館人才辦法：一，由國家設立專門學校招收大學畢業生，授以圖書館學，目錄學及社會教育學之原理與方法，以求養成深造之專門人才，二，由國家或各省區大學辦理專修科招收程度適當之學生，以教授圖書館之技術的訓練爲目的，三，由各大學設圖書館學系或科以教授應用之目錄學與基本之圖書館學原理爲主，四，私立大學之願舉辦是項事業者，宜設法獎勵並監督之，五，此上四項在圖書館事業進行程序上，而第一項爲尤要，蓋基礎不立無以進行也。乙，完成全國圖書館系統：一，成立中央圖書館籌備處規畫國立圖書館及各地國立圖書館之辦法，二，調查各省區現在圖書館情形及經費，三，完成各省省立圖書館，四，完成各中小學校附設之圖書館，五，促進各縣縣立圖書館，六，推廣圖書館與社會之關係，設立分館巡廻圖書館及代辦所等以期普及，七，各省區均應將其境內圖書館事業進行步驟，擬定分年程序，呈報大學院以資考核；丙，完成圖書館行政系統，一，由大學院頒布圖書館指導員任用條例，二，凡全省之縣已有四分之一設立縣立圖書館者，應依前項條例設置指導員專職，三，凡全縣之公私立圖書館及學校附設之圖書館，共有十所以上者，應於縣教育行政機關依前項條例設置指導員專職，四•指導員除視察及監督各圖書館事務外，並負有應各地方之請求代爲組織圖書館或解決管理上的難題之義務，五，凡未設指導員之地方，應由視學負視察圖書館之責。

（二）

主文　全國應廣設民衆閱報處以資推廣社會教育案。

辦法　請大學院通令各省區教育行政機關酌量辦理。

（三）

主文　籌設中央圖書館案。

辦法　一，中央圖書館設於首都，二，中央圖書館建築及設備費定爲一百萬元，三，請國民政府撥二五庫券或其他的欵二百萬元爲基金，以其利息供常年購書費及行政費，四，中央圖書館之圖書依下列各項方法收集之：（甲）全國出版物於呈請著作權註冊時，除照著作權法規定繳呈部數外，應加繳兩部，由主管機關繳存於中央圖書館，（乙）各公共機關出版物，一律以其兩部繳存於中央圖書館，（丙）一切公有之古本圖書，於可能範圍內收集於中央圖書館，（丁）徵集國內私人所藏佚本，規定名譽獎勵辦法，（戊）國際交換之出版品，一律繳存中央圖書館，（己）徵集國外學術團體出版物，以本圖書館影印佚本為交換，（庚）向國外各大圖書館，將我國流傳彼處之孤本攝影或抄錄，（辛）搜購國內孤本與國外富有價值之圖書，五，中央圖書館於館長及副館長下設圖書研究出版三部，圖書主本館藏書及公開閱覽事項，研究部主研究圖書管理法，及訓練圖書館應用人材，出版部主印行孤本及編印各種目錄及索引。

（附註）本案係韓安所提，「請大學院籌設國立中央圖書館案」及王雲五所提之「提議請大學院從速設立中央圖書館並以該館負指導全國圖書館之責任案」之合併。

（四）

主文　請大學院通令全國採用四角號碼檢字法案。

辦法　由大學院通令全國圖書館盡量採用。

（五）

主文　大學院所擬建設之中央圖書館應迅籌的欵購置國內外歷年專門研究學術之各種雜誌及貴重圖書以供各地專門學者參考。

辦法　由大學院聘請各科專門學者及富有辦理圖書館之經驗者，組織中央圖書館委員會，擬訂計劃及章程，並請國民政府籌建中央圖書館一所，並籌撥的欵採購國內外歷年出版專門研究學術之各種雜誌及貴重圖書，倘經費充裕，更酌購古籍，以供研究版本之參考。館中所置備之圖書雜誌等除在專門學者到館閱覽外，並得由相當機關負責担保，用郵寄方法，借往各地，遇有損壞遺失，均歸借書人賠償，惟價值過鉅之書報，中央圖書館委員會，認為不能借出時，則可由借書人負担費用，請館中主任人員飭屬用照像影寫機寫或僱人抄寫所需之部分，寄供參考，至其他詳細辦法，應由中央圖書館委員會本嘉惠士林之旨，另訂規程。

（六）

主文 請大學院通令各校，均須設置圖書館，並於每年全校經常費提出百分之五以上購書案。

辦法 請大學院通令各校。

（七）

主文 請大學院令各圖書發行所將發行圖書，每種摘刊要目，分送各教育行政機關各學校各圖書館以便參查採擇案。

辦法 交大學院斟酌辦理。

（八）

主文 請組織委員會規定中小學附設圖書館圖書設備之標準案。

辦法 併入業已通過之中央圖書館案辦理。

案此次全國教育會議集黨國之碩彥於一堂定百年之大計於教育及文化事業多方致慮亦既審慎周詳而於圖書館亦有如上所記之提案不可謂非我國尚在萌芽之圖書館之幸也然人苦不知足得隴又望蜀我人對於教育會議之議案實尚有不能已於言者夫圖書館之性質以制度言兼有學校與社會教育之關係以程度言則自通俗以至專門故其在教育上實自佔一地位所以歐美各國教育會議中圖書館往往自為一組即我國之中華教育改進社會亦有圖書館教育組此次全國教育會議分組至於十二而獨無圖書館遂至同一性質之議案分隷於高等教育普通教育社會教育及出版物各組議案既失去聯絡討論遂漫無準繩馴至高等教育組既有籌設中央圖書館之案而出版物組審查會復

有關於中央圖書館之提案一事兩出已覺可異然大會竟兩通過核其辦法約畧相同可歸併而不歸併此不能謂非不設圖書館組之失也此兩案既可分別成立而規定中小學圖書館標準一案何以又併入中央圖書館案辦理遍查此次通過之中央圖書館案其職權絕無與此相類者王雲五提案本有指導全國圖書館之語審查會既將其刋落則添入此案殊爲無根況中央圖書館不與學校教育發生直接關係而制定中小學圖書館標準則又非富有中小學教學經驗者不爲功以此重責對於不必有教學關係之中央圖書館雖有專家亦難得効果此不能不認爲審查會之疎忽者也綜觀此次關於圖書館之提案其通過者多與高深研究或學校教育有關是此次會議諸公尚未認識圖書館在社會教育方面之價值而以爲圖書館乃少數讀書人之專利品一若與民衆無關者此不能不望將來之補正也此次會議中於行政及經費特加注重討論獨詳然於圖書館經費則無專案其於經費之籌措保障與支配均未過問其有注意及此者又均在分配率上之討論而不顧及實際經費之有無是誠不無遺憾至於行政方面則計畫大綱案內語焉不詳識者憾其空論然此案甫通過而大學院之圖書館組忽以取消聞斯誠有令人不解者矣

——摘自《圖書館學季刊》一九二八年第二卷第三期

（十四）福建徵集圖書文獻辦法

第一條　爲徵集各種圖書及地方文獻起見特定本辦法頒行之

第二條　徵集之種類如左

（一）各郡縣志及山水志

（二）各地方金石或拓本

（三）各姓族譜

（四）已刊未刊之各家著述

（五）各種圖書及版本

（六）各種文獻特品

（七）各學校講義

（八）各種集會紀錄

（九）各機關重要擋案及刊物

（十）關於革命之各種紀載

第三條　凡徵集之圖書文獻均由福建省立福州圖書館保管之

第四條　前第二條所列第七項至第九項應用各學校各集會及機關備具副本餘均責成各縣長官及教育局長徵集之

第五條　各縣長官及教育局長徵集成績若何應列入辦學考成內分別奬懲

第六條　凡省會及外屬書肆遇有新出刊物須自發行之日起兩個月內將該項圖書一份寄送省立福州圖書館

第七條　凡捐贈圖書文獻者得優予奬勵其規程另定之

第八條　凡徵集之圖書文獻其種類名稱以及徵集者之姓名

均於教育廳行政週刊公布之

（十五）福建獎勵捐贈圖書文獻辦法

第一條　凡私人或團體有以圖書及文獻物品捐贈省福州圖書館者由圖書館呈請教育廳依本辦法獎勵之

第二條　捐贈之種類如左

（一）中外圖書　（二）圖書版本　（三）各種文獻物品

第三條　獎勵之種類如左

（一）銀盾三等至一等　（二）金盾三等至一等　（三）匾額

（四）獎狀六等至一等

第四條　獎勵之等級如左

（甲）關於個人者　（乙）關於團體者

（一）捐物價值一百元以上三百元以下者獎三等銀盾

一座獎六等獎狀

（二）捐物價值三百元以上五百元以下者獎二等銀盾

一座……獎五等獎狀

（三）捐物價值五百元以上一千元以下者獎一等銀盾

一座……獎四等獎狀

（四）捐物價值一千元以上三千元以下者獎三等金盾

一座……獎三等獎狀

（五）捐物價值三千元以上五千元以下者獎二等金盾

一座……獎二等獎狀

（六）捐物價值五千元以上一萬元以下者獎一等金盾

一座……獎一等獎狀並加獎匾額

第五條　凡概捐款預備省立福州圖書館購置之用者得照第四條酌核辦理

第六條　凡受獎勵者之姓名暨捐物之名稱以及獎勵之等級均載入教育廳行政週刊公布之

——摘自《福建教育廳教育週刊》一九二八年第十一期

擴充省縣圖書館案

理由

圖書館之設立與社會教育關係極爲重大東省省縣設立之圖書館雖爲數甚多然率多規模狹小成效不著究其原因固由於經費困難或人才缺乏有以致之但關於省縣圖書館之辦法向無標準一任各該圖書館當局之隨意處理優劣既無比較敷衍自所難免長此以往本省將無圖書館教育之可言故今後亟宜規定一種整個的計劃以便整頓擴充茲草擬擴充原則及辦法如左是否有當尚希　公決

原則

擴充之原則有三

第一使省縣各圖書館之設立均得由最低限度之標準起以謀逐漸發展

第二使省縣各圖書館之管理均有相當之管理人員與管理方法以實現圖書館之眞精神

第三使省縣各圖書館之成績均有相當之考察方法以便督促進行

辦法

擴充之辦法得就建築設備經費管理及成績等五項計劃之

甲建築省立圖書館現僅有一處且偏在省城東關爲數既省地位亦不適宜現皇宮開放已多爲文化事業所分據宜請省政府更分出一部分籌設一省立大規模之圖書館則建築既不感困難地點更覺適中其東關之舊圖書館可定爲省立第二圖書館或分館

各縣圖書館之建築率多簡陋幾全不合用其未設圖書館者更無論矣故各縣無論已設未設均須另行規定建築稍完備之圖書館其辦法可按照各縣經濟狀況及社會需要情形分別等第以資實現擬就縣分之大小分爲甲乙丙此三種圖書館之建築均須有一最低限度表列於左

	藏書室	閱書室	閱報室	辦公室	人員宿室	共計間數
甲種圖書館	四	五	二	二	二	一五
乙種圖書館	三	四	二	一	二	一二
丙種圖書館	二	三	一	一	二	九
備考	丙種圖書館閱報室可與閱書室合					

乙設備　省立圖書館內部設備宜仿照內省各大圖書館辦法以便爲各縣圖書館之模範其設備標準暫可不定

各縣圖書館內部之設備宜隨其等第而有差別其用器均須適用書籍尤須逐年增加其書籍册數及新聞雜誌之最低限度表列於左

	基本書籍册數	每年增加書籍數	雜誌種數	新聞份數
甲種圖書館	五〇〇〇	二〇〇	二〇	一二
乙種圖書館	三〇〇〇	一〇〇	一〇	八
丙種圖書館	一〇〇〇	五〇	五	四
備考	中文書以一部爲一册西文書以一本爲一册			

丙經費　省立圖書館宜按照擴充情形增加預算其各縣圖書館雖向無詳密之預算者宜規定經常預算以足符各種設備圖書館及費用爲標準

丁管理　圖書館之管理本須有專門人才方能臻於完善本省此項人才極爲缺乏暫時可由各圖

書館主管人員擇其比較有相當之學識與經驗者延用管理其資格最小限必須中等學校以上畢業者方爲合格並可於寒暑假之際由廳擇一相當期間召集各圖書館人員延聘省內外圖書館專家爲之短期講習以資補救

戊成績　各圖書館辦理成績之優劣從前雖亦由省縣視學隨時視察但每以無相當標準以資比較則成績既無定評獎懲亦無所施今後各圖書館既按照以上規定辦理實現則主管官廳宜切實本其建築設備經費及管理等項依照標準詳爲考核比較其成績之優劣以便監督進行

——摘自《遼寧教育月刊》一九二九年第一卷第三期

河南教育廳佈告 第 3 號

嚴促經營出版事業各機關須按新出圖書呈繳條例辦理

爲佈告事：案奉 教育部訓令第一九六八號內開：——

『案查新圖書呈繳條例，自經前大學院製定公佈後，已歷兩載。各地書局暨經營出版事業機關，遵章呈繳者固多；而意存觀望，或日久疎玩未曾照辦者，亦所在皆有。現屆十八年度終了之期，本年度全國發刊或改版重印各種圖書甚多，所有未經遵照定章呈繳各書局或經營出版事業機關，亟應從嚴督促以重法令。除分令外，合行印發新出圖書呈繳條例一份，令仰該廳轉飭所轄境內各書局暨經營出版事業機關遵照辦理！此令。』附印發新出圖書呈繳條例一份，等因。

奉此，除呈復外，合亟印發上項條例，佈仰各書局暨營業出版事業機關一體遵照辦理爲要，此佈。

附印發新出圖書呈繳條例一份(見法規欄)

廳長黃際遇 19，1，9.

2

——摘自《河南教育》一九三〇年第二卷第十二期

法規

◉圖書館規程 教育部訓令第四三七號附發

第一條　各省及各特別市應設圖書館儲集各種圖書供公衆之閱覽

各市縣得視地方情形設記置之

第二條　私法人或私人得依本規程之規定設立圖書館

第三條　各省市縣所設之圖書館稱公立圖書館私法人或私人所設者稱私立圖書館

省立或特別市立圖書館以省或特別市教育行政機關爲主管機關

市縣立圖書館以市縣教育行政機關爲主管機關

私立圖書館以該圖書館所在地之教育行政機關爲主管機關

第四條　省立或特別市立圖書館設置時應由主管機關呈報教育部備案市縣立圖書館設置時應由主管機關呈報教育廳備案呈報時應開具左列各款

一、名稱

二、地址

三、經費（分臨時費與經常費二項並須註明其來源）

四、現有書籍册數
五、建築圖式及其說明
六、章程及規則
七、開館日期
八、館長及館員學歷經歷職務薪給等私立圖書館由董事會開具前項所列各款及經費管理人之姓名履歷呈請主管機關核明立案並由主管機關轉呈上級教育行政機關備案

圖書館之名稱地址經費建築章程館長保管人等如有變更時應照本條之規定分別呈報

第五條　公立圖書館停辦時須由主管機關呈報上級教育行政機關備案私立圖書館停辦時須經主管機關核准並由主管機關轉呈上級教育行政機關備案

第六條　公立圖書館除蒐集中外各書籍外應負責收集保存本地已刊未刊各種有價値之著作品

第七條　圖書館爲便利閱覽起見得設分館巡迴文庫及代辦處並得與就近之學校訂特別協助之約

第八條　圖書館得設館長一人館員若干人

館長應具左列資格之一

一、國內外圖書館專科畢業者

二、在圖書館服務三年以上而有成績者

三、對於圖書館事務有相當學識及經驗者

第九條　圖書館職員每年三月底應將辦理情形報告於主管機關

第十條　省市縣立圖書館及私立圖書館之概況每年六月底由省教育廳或特別市教育局彙案轉報教育部一次

第十一條　私立圖書館以董事會爲設立者之代表負經營圖書館之全責私立圖書館董事會有處分財產推選館長監督用人行政議決預算決算之權

私立圖書館董事會之董事第一任由創辦人延聘以後由該會自行推選

第十二條　私立圖書館董事會應於成立時開具左列各款呈請主管機關核明立案並由主管機關轉呈上級教育行政機關備案

一、名稱

二、目的

三、事務所之地址

四、關於董事會之組織及職權之規定

五、關於資產或資金或其他收入之規定

六、董事姓名籍貫職業及住址

上列各款如有變更須隨時呈報主管機關

第十三條　私人以資財設立或捐助圖書館者得由主管機關遵照捐資興學褒奬條例呈報教育部核明給奬

第十四條　本規程自公布日施行

——摘自《教育公報》（天津）一九三〇年第二十八期

▲籌辦圖書館等辦法▼

教育部茲擬就籌辦圖書館博物館教育館公共講演廳，及保存文獻古物辦法，俾便於本年實行。其內容：

一　遵照中央議案，籌設中央教育館。

二　依照國都設計委員會所假定分期建設區域，草擬建築中央圖書館博物館計劃。

三　會同中華教育文化基金董事會，籌商分作整理與充實國立北平圖書館辦法。

四　調查並統計各省公立圖書館博物館講演廳等機關，並規定嗣後分年分區考察辦法。

五　頒布圖書館教育館博物館公共講演廳等機關之規程

六　會同內政部，製訂並執行保護古物古蹟方法。

七　會同內政部外交部限制外人採掘古物。

八　會同內政部，製訂禁止古蹟古物出國規程，嚴厲執行。

九　審核本國學術團體，與外人合組科學考查團辦法。

十　限期恢復蘇州角直年久失修之塑佛像舊觀，並設法保存。

十一　會同國立中央研究院，及其他學術團體，組織西北西南各省古物科學考察團。

十二　擬具在比利時獨立百年紀念賽會內，設立中國教育館計劃，通令全國，準備教育及藝術出品，運往展覽。

十三　製訂分年擴充本部直轄圖書館古物保存所機關之計畫。

一月二十六日

——摘自《教育益聞録》一九三〇年第二卷第一期

法規

新出圖書呈繳規程

十九年三月二十八日本部公布

第一條　凡圖書新出時，其出版者，須自發行之日起，兩個月內，將該項圖書四份，呈送出版者所在地之省教育廳或特別市教育局。

前項圖書之呈繳，應由各省教育廳及各特別市教育局負責督促。

第二條　各省教育廳及各特別市教育局收到出版者所繳圖書後，除留存一份外，應將其餘三份轉送教育部。

第三條　凡呈繳之圖書，經教育部核收後，發交教育部圖書館，中央教育館，中央圖書館各一份，分別保存。（中央教育館及中央圖書館未成立前，暫由教育部圖書館代爲保存。）並將書名，出版者姓名，及出版年月登載教育部公報。

第四條　凡圖書改版時，須依照本規程第一條辦理。但僅重印而未改訂者，不在此限。

第五條　出版者如不遵繳所出圖書時，教育部得禁止該圖書之發行。

第六條　本規程自公佈日施行。

——摘自《教育部公報》一九三〇年第二卷第十四期

教育部訓令第四三七號十九年五月九日

令熱河省教育廳

查前大學院所公布之圖書館條例現經本部酌加修正並改稱爲圖書館規程除以部令公布並分行外合行抄發原規程令仰知照並轉飭所屬一體知照此令

計附發圖書館規則一份（見法規）

——摘自《熱河教育月刊》一九三〇年第十一期

教育公牘

（一）令發圖書館規程

安徽省政府教育廳訓令第六八〇號

令 六十縣教育局
省立各教育機關
各市政籌備處

爲令知事：案奉

教育部第四三七號訓令內開：『查前大學院所公布之圖書館條例，現經本部酌加修正，並改稱爲圖書館規程。除以部令公布，並分行外；合行抄發原規程，令仰知照，並轉飭所屬一體知照。此令！』等因；並附發圖書館規程一份到廳。奉此，除分行外，合行附發原規程，令仰知照。此令！（五月十七日）

——摘自《安徽教育行政週刊》一九三〇年第三卷第十六期

訓令江西省立圖書館 私立匡廬圖書館 贛南公立中山圖書館 各縣教育局圖書館奉

教育部令爲修正前大學院公佈之圖書館條例並改稱爲圖書館規程通令知照由

爲令遵事：案奉

訓令

教育部第四三七號訓令內開：查前大學院所公布之圖書館條例，現經本部酌加修正，并改稱爲圖書館規程。除以部令公布，並分行外，合行抄發原規程，令仰知照，並轉飭所屬一體知照。此令！計附發圖書館規程一份，等因。奉此，除分行外，合行抄發圖書館規程，令仰該館長知照。此令！

計抄發圖書館規程一份（見法規欄）

廳長蔣　笈

民國十九年五月二十六日

——摘自《江西教育公報》一九三〇年第三卷第三十五期

法規

圖書館規程十九年五月教育部修正公布

第一條　各省及各特別市應設圖書館，儲集各種圖書，供公衆之閱覽。各市縣得視地方情形設置之。

第二條　私法人或私人得依本規程之規定，設立圖書館。

第三條　各省市縣所設之圖書館，稱公立圖書館，私法人或私人所設者，稱私立圖書館。

省立或特別市立圖書館，以省或特別市教育行政機關爲主管機關。

市縣立圖書館，以市縣教育行政機關爲主管機關。

私立圖書館，以該圖書館所在地之教育行政機關爲主管機關。

第四條　省立或特別市立圖書館設置時，應由主管機關呈報教育部備案；市縣立圖書館設置時，應由主管機關呈報教育廳備案；呈報時應開具左列各款：

一　名稱，

二　地址；

三　經費（分臨時費與經常費二項並須註明其來源）

四　現有書籍册數；

五　建築圖式及其說明；

六　章程及規則；

七　開館日期；

八　館長及館員學歷，經歷，職務，薪給等。

私立圖書館，由董事會開具前項所列各款及經費管理人之姓名，履歷，呈請主管機關核明立案，並由主管機關轉呈上級教育行政機關備案。

圖書館之名稱，地址，經費，建築，章程，館長，保管人等，如有變更時，應照本條之規定，分別呈報。

第五條　公立圖書館停辦時，須由主管機關呈報上級教育行政機關備案。私立圖書館停辦時，須經主管機關核准，幷由主管機關轉呈上級教育行政機關備案。

第六條　公立圖書館除蒐集中外各書籍外，應負責收集保存本地已刊未刊各種有價値之著作品。

第七條　圖書館為便利閱覽起見，得設分館巡迴文庫及代辦處，幷得與就近之學校，訂特別協助之約。

第八條　圖書館得設館長一人，館員若干人。

館長應具左列資格之一：

一　國內外圖書館專科畢業者；

二　在圖書館服務三年以上而有成績者；

三　對於圖書館事務有相當學識及經驗者。

第九條　圖書館職員，每年三月底，應將辦理情形報告於主管機關。

第十條　省市縣圖書館，及私立圖書館之概況，每年六月底，由省教育廳或特別市教育局彙案轉報教育部一次。

第十一條　私立圖書館，以董事會為設立者之代表，負經營圖書館之全責。私立圖書館董事會，有處分財產，推選館長，監督用人行政，議決預算決算之權。

私立圖書館董事會之董事，第一任由創辦人延聘，以後由該會自行推選。

第十二條　私立圖書館董事會，應於成立時，開具左列各欵，呈請主管機關核明立案。並由主管機關轉呈上級教育行政機關備案：

一 名稱；

二 目的，

三 事務所之地址；

四 關於董事會之組織及職權之規定；

五 關於資產或資金或其他收入之規定；

六 董事姓名籍貫職業及住址。

上列各款如有變更須隨時呈報主管機關。

第十三條 私人以資產設立或捐助圖書館者，得由主管機關遵照捐資興學褒獎條例呈報教育部核明給獎。

第十四條 本規程公布日施行。

——摘自《江西教育公報》一九三〇年第三卷第三十五期

教育公牘

一，行政院文

（一）令知教育部審核中華圖書館協會議决各案意見已由 國府核准照辦

行政院訓令第二二六七號

令安徽省政府

爲令行事：案查前准

國民政府文官處函開：「奉
主席發下中華圖書館協會執行委員會呈，爲該協會在首都舉行第一次年會，討論訓政時期之圖書館工作問題，表决議案五端，並附呈報告二冊，請准予實行一案，奉 諭「交行政院審核」等因；相應抄檢原件函達查照辦理。」等由；准此，當交教育部審核去後，嗣據呈送審核意見前來，除第四項應從緩議，第五項事屬交通部主管另由院令行

該部核議外，其餘三項當經轉呈
國民政府鑒核施行在案。茲奉
指令第一零七八號內開：「呈件均悉。所議各節尚屬可行，候送
中央黨部查照辦理，並由該院分行遵照可也。此令。」等因；奉此，除分別函咨令行外，合行抄發原件令仰該省政府即便查照分別辦理！此令。（六月十二日）

計抄發中華圖書館協會執委會原呈一件，教育部審核意見書一件。

抄呈

呈爲呈請事：敝協會於本年一月二十八日至二月一日在首都舉行第一次年會，討論訓政時期之圖書館工作問題，表決各項議案頗屬重要。竊念圖書館事業發展，固需要專門人才，而尤仰賴
黨國之提倡及政府之獎勵，爰將下列五端，陳請
鑒核。

一，廣設專門圖書館（年會議決案見報告一四八至一五一頁。）查世界各國，任何事業均任用專門人才，以科學方法處理，故政治日見昌明。我國改革伊始，建設多端，我
政府拔取專門人才不遺餘力，然尤須於任用後予以繼續研究之機會，庶可日進有功。倘欲達此目的，自非全國各行政機關一律添設圖書館不可，各按其性質購備專門圖書，庶幾一方面可促學術之進步，一方面可期政治之改良。尤有進者，立法爲一切政制之標準，實業乃發展民生之要圖，此兩種圖書館之建立，均爲建設上之要端，不容或緩；顧皆端緒繁賾，而又事近專門，更非博稽廣考實難期其有當。此應請
鈞府令飭立法，行政各院，以及教育，工商，財政，農礦，交通，衛生，鐵道各部，極力進行，各就職掌之範圍，立專門圖書館，並於適當範圍之內公諸民衆，則在職諸員不失研究之便利，政治昌明可以預卜。此所請採擇施行者一。

二，頒發全國各行政機關之出版品於各圖書館年會議決案，見報告六八至七一頁。查欲圖國民有健全之知識，自必以使其深通於本國之政治，法律，財政，經濟，外交，交通，建設，軍備以及教育，文藝等一切之狀況。而過去及現在各行政機關所有各項設施及調查報告，初未嘗無印刷。公布之品，惟所謂公布者既不能家喻戶曉，只有隨意贈送。或竟束之高閣，無人過問。圖書館既負指導民衆閱覽之責，爲國家宣傳法令之機關，亟應懇請

鈞府令行所屬各機關，將各項公布文件，法規，調查報告等分贈全國各圖書館；庶國人一入圖書館之門，則對於國家之政令設施，無不可以按圖索驥，而油然生愛戴之心。此所請

採擇施行者二。

三，防止古籍流出國境年會議決案，見報告七八頁。查年來時局不靖，大宗古物先後爲外人盜竊出口，實爲我國文化上重大之損失。若再不加禁止，則此後愈難補救。而古書及舊檔案有關文獻尤爲重要，應由

鈞府明令全國各海關各郵局嚴禁出口，如有故違，即行懲辦。此所請

採擇施行者三。

四，組織中央檔案局年會議決案，見報告六八頁。整理過去政府之檔案，以供現時之參考，爲當今之要務。查中央各部及各地方政府，整理方法既不苟同，而又分置各地，易致散失。今宜參照各國成法，特設中央檔案局，將各項檔案集中一處。且檔案爲一國之基本文獻，尤宜特設專部，以科學方法整理典藏。該局或獨立，或爲中央圖書館之一部分，應由

鈞府遴派圖書館專家，成立設計委員會，妥籌整理之方法，以供人參考之便利爲目標。此所請

採擇施行者四。

五，減輕圖書館寄書郵費年會議決案，見報告八九頁。圖書館之事業，不外書籍之流通，因之專賴郵政上予以特別之協助，故凡圖書館寄出之書籍，須訂定減費辦法。郵政方面，雖於單獨之郵件收入郵費減少，而圖書館郵

件預料必多，收入上亦當然無形增高。此種特別郵率在美國已由國會議決施行，我國亦亟應仿照辦理。此所請採擇施行者五。

以上五端敝會年會議決原案，俱見報告中，附呈二冊，敬乞

鑒核！是否有當伏祈

酌奪准予實行，不勝待命之至！謹呈

國民政府主席蔣

中華圖書館協會執行委員會主席袁同禮謹呈

教育部審核中華圖書館協會原呈各案之意見

一，廣設專門圖書館案。查專門圖書館之設置，本部正在規畫進行。原案主張令中央各院部各就主管範圍設立專門圖書館，並酌量開放，既可供在職人員之參考，又可公諸民衆，用意至善。現在中央及各地方黨政機關間有此項設備，惟以預算關係，未能普遍，或因地方狹小，未便開放，故效能尚未大著。擬請由

中央暨

國民政府分別令行各級黨政機關，先行酌量添設專門圖書館，其已設者亦應量力擴充，將所需經費列入該機關正式預算，並於可能範圍內酌量開放，予民衆以閱覽參考之便利。

二，頒發全國各行政機關之出版品於圖書館案。查原案意在宣揚政府法令及政情，自是要圖。惟全國公私立圖書館數量不少，必責各機關將所有刊物悉行分贈，勢非增加各該機關大批印刷費不可，此又須視經費狀況爲衡，未能以命令强制執行者。現擬改訂補救辦法，擬請由

國民政府令行各機關，凡所發行之印刷物，對於各圖書館特訂廉價優待辦法，在各機關既不致感受困難，在各圖書館亦可以廉價添置刊物，似屬兩利，且易推行。

三，防止古籍流出國境案。查國內所存古籍珍本年來散佚頗多，究其原因，多係外人轉運出口，自宜設法防止。本部對於保存古籍珍本，向極注意，遇有此項事實發生，屢經咨請各當地軍政機關暨財政，交通，鐵道各部，飭屬嚴查在案；若由政府明令上列關係各部轉飭各關口暨

各交通機關，嚴厲稽查，不准運輸出口，效能自更宏大，原案擬請准予照辦。

四，組織中央檔案局案。　查原案主張成立設計委員會，以科學方法整理並典藏各項檔案，自係要圖。此項委員會擬請先由本部組織，俟研究得有結果，卽行呈請通令施行。至特設中央檔案局，將各項檔案集中一處一節，查各機關散處各地，檔案集中於辦公上恐多不便，原案擬請緩議。

五，減輕圖書館寄書郵費案。　查圖書館流通書籍專賴郵寄；現在各圖書館經費均甚困難，自非設法將寄費減輕不可。按新聞郵電減費辦法，業奉發交交通部執行在案，圖書館流通書報似可援照辦理，擬請

院長核發交通部核辦。

——摘自《安徽教育行政週刊》一九三〇年第三卷第二十三期

福建省捐資創辦圖書館及捐助圖書獎勵簡章

第一條　私人以資財創辦圖書館或捐助圖書價在一百元以上者除依照捐資興學褒獎條例請獎外得由省行政長官分別給獎

第二條　捐資創辦圖書館應於設置時開具名稱位置經費書籍卷數建築圖式章程規則開館時日等

一　呈由地方長官轉請主管官廳核辦

第三條　私人捐助圖書應由收到之機關隨時詳細列明所捐之書目價值呈請主管官廳核辦

第四條　本省獎勵分三等如下

（甲）獎狀　（乙）獎章　（丙）匾額

第五條　捐助創辦圖書館或捐助圖書者除照章請獎外得加省獎如左

（一）捐資或捐助書籍價在一百元以上三百元以下者給與獎狀

（二）捐資或捐助書籍價在三百元以上五百元以下者給與獎章

（三）捐資或捐助書籍價在五百元以上者給與匾額

第六條　授與獎章或匾額均填明執照其獎章式執照式均另定之

第七條　獎狀之狀式另定之

第八條　私人結合之團體捐助款目或圖書價值在一百元以上者得酌給獎狀或匾額

第九條　凡獎章無論內國人外國人均得受之但許受獎人終身佩帶

第十條　本簡章自發布日施行

本館章程　（中華民國十七年三月第二次經　福建教育廳修正）

第一條　本館爲社會教育起見儲集各種圖書供衆閱覽以宣傳文化發揚國光灌輸常識啟迪民智爲宗旨

第二條　本館定名爲福建建甌縣公立圖書館

第三條　本館現在義學前義學五夫子祠俟建安學宮新建洋式館址落成再行遷入

第四條　本館設館長一人其餘分設編目登錄購書典書總務五課館長由教育局長委任呈請教育廳備案各課職員由館長延聘呈報教育局轉報備案

第五條　館長管理全館一切事宜

編目課一人掌編列圖書目錄分類及儲藏整理圖書標題立表編號等事均屬之

登錄課一人掌一切收發來往文件及登記購到報紙書籍等事屬之

購書課一人掌訂購書籍及調查家藏古集設法採購之事屬之

典書課一人掌招待閱覽人收發閱覽圖籍保管藏書室等事屬之

總務課設文書二人掌文件之起草及繕正庶務會計各一人掌館中一切庶務及銀錢出納編製預算決算等事屬之

第六條　本館職員辦事細則另定之

第七條　本館創設之初由同志儲集書籍數百種並勸捐古今書籍一面廣購新書儲存

第八條　本館除蒐集中外書籍外有搜羅保存本地已刊未刊各種文獻之責

第九條　本館為建甌縣公有事業其經費由全縣共同擔負遵照國民政府大學院現頒圖書館條例第十一條之規定由館長編製預算呈請教育局核撥並轉呈縣政府教育廳備案

第十條　本館分藏書閱覽二部並設兒童閱書會學校成績陳列所

第十一條　本館為便利閱覽起見得於城內繁盛地點設立通俗分館並於城外東南西北四區設巡迴文庫四所

第十二條　本館儲藏圖書均刊列書目如有添置隨時增刊

第十三條　本館閱覽人數及增購圖書並其他關於本館文件者每年彙編年報呈報教育局轉呈縣政府教育廳備案

第十四條　本章程如有未盡完善之處得隨時修改呈請教育局轉報備案

——摘自《建甌縣公立圖書館十週年紀念刊》一九三〇年版

(三)令發中華圖書館協會擬具條陳飭遵照辦理

安徽省政府教育廳訓令第九五三號

令　六十縣教育局
　　省立各教育機關
　　各市政籌備處

案奉

教育部第六二七號訓令：

「案據中華圖書館協會呈，以根據十八年一月第一次年會決議案，擬具條陳，請予採擇施行到部。

查圖書館規程，業經本部修正頒布在案。此種事業，爲促進學術研究，實施民衆識字運動之基本設備，自應努力推行。除分別批示幷分行飭辦外，合行抄發原呈暨原批各一份，令仰遵照，並將下列各事切實奉行：

一，轉飭各級學校對於購書費應特別注意酌量規定。

二，自十九年度起，積極增設各種專門，普通，民衆，兒童等圖書館。

三，對於圖書館事業，應酌量聘請專家指導。

四，每年考送留學生時，應視地方需要情形，酌定圖書館學名額。

五，關於各教育機關出版之各種書報及刊物，應盡量減價以廣流傳。

六，轉飭省立或私立大學，於文學院或教育學院內，酌設圖書館學程或圖書館學系。

所有以上各節遵辦情形，並仰隨時具報。此令。」

等因；奉此，合行抄發原呈暨原批各一份，令仰知照！此令。

計抄發原呈暨原批各一份。

照抄原呈（中華圖書館協會呈）

呈爲呈請事：竊敝會於本年一月二十八日至二月一日在京舉行第一次年會，曾表決議案多種，內有數端關係全國教育者甚大，用敢陳請鑒核施行。

一　頒布圖書館設立標準法令（年會議決案，見報告九八頁。）　現在訓政時期，各地方皆有圖書館之議，惟尚無標準法令，各自爲政，將不免有畸形發展之虞。此項法令之功效，則在指示圖書館之創辦者以最低限度之途徑及組織之方法，並可策進已成立各館之擴充或改進。此舉於現在專門人員不敷分配之時，實爲最要之圖。此應請採擇者一。

二　增加圖書館經費（年會議決案，見報告一〇三頁。）圖書館之要素有三：曰書籍；曰人才；曰建築。而三者均非財莫舉。我國在早年成立之圖書館，每因陋就簡，大率開辦之時略置書籍，絕少逐年添購之事。房屋腐舊，光線空氣均無可饜人意，而能引人讀書之興味，加以館員薪俸微薄，又復時有拖欠減折，生活尚感困難，何能久於其事。故圖書館整頓之方，首在經費。敝會討論之結果，以爲全國各省市縣應於每年教育經費中規定百分之二十爲辦理圖書館事業費；全國各級學校應於每年經常費中規定百分之二十爲購書費。此應請採擇者二。

三　勵行設立圖書館　中央圖書館我　政府早有設立之決議，此館爲中外觀瞻之所繫，亦學者參考上所必需，實有促其早日實現之必要。（年會議決案，見報告六十六頁。）　而公共圖書館與民衆圖書館，在訓政時期中，爲民衆教育之利器，輔助　政府以訓練民衆，宣傳三民主義之精神，養成民衆健全之知識，此宜勵行擴充者也。（年會議決案，見報告一二〇至一二六頁。）　我國以農立國，鄉村社會尤不可不廣立圖書館，以爲各小社會之中心。（年會議決案，見報告一二七頁。）　又各小學校大抵經費有限，每不能一一設立兒童圖書館；爲適應目前之情形計，可於必要時聯合數校共同組織之，各地廟院林立，即可設法利用擴充圖書館址。（年會議決案，見報告一二六頁。）此應請採擇者三。

四　圖書館事業進行應聘專家指導（年會議決案，見報告一一〇頁）二十年來，各省辦理之省縣立圖書館及通俗教育館，成績每不甚著，此皆由於缺乏專門人才以資指導，而各館情形遂無由上達。故敝會之意，以爲各省教育廳，各特別市敎育局，亟應酌聘圖書館專家，或對於圖書館學夙有研究而成績卓著者，詳細規劃各種圖書館之進行，並隨時負視察指導之責，庶圖書館之效率得以增加。此應請

採擇者四。

五　注重圖書館專門人才（年會議決案，見報告一七六至一九〇頁。）　查圖書館爲專門之學術，自非任用專門人才不爲功，我國方今建設伊始，亟應努力培植，以資應用。竊擬左列各條：

一，設立圖書館專門學校，或充分津貼已開辦之圖書館學校。

二，通令各大學添設圖書館學課程，或圖書館學系。

三，逐年舉行圖書館學考試，選最優者資送留學。

四，中學校及師範學校課程中，加授圖書館學每週一二小時；在中學校爲選科，在師範學校爲必修科。

五，各種各級學校，應有有系統之圖書利用法之指導。此應請

採擇者五。

六　實行全國教育會議議決案（年會議決案，見報告一〇三頁）　上年全國教育會議關於圖書館方面之議決各案，皆當今之根本要圖，尅期實行，不容或緩，亟宜由

大部提倡舉辦，以圖進展，此應請

採擇者六。

七　請勵行出版法案（年會議決案，見報告一〇二頁。）　查我國政府雖有著作權及出版法之規定，然行之不廣，效能未著，且樣本呈送官署，無由公諸民衆，殊失立法原意；亟宜改訂出版法施行細則，使新出版之圖書各呈送六份，由

大部指定國內大圖書館六處，分別庋藏，即令各該館按年印行目錄，以便檢閱。又國語羅馬字，既經

大部公佈，以後審定新書，自須一律加寫羅馬字書名及著者姓氏，以廣宣傳。（年會議決案，見報告九十五頁。）此應請

採擇者七。

八　教育書報減價（年會議決案，見報告九七至九八頁。）　書報爲宣傳之利器，其收效每比其他讀物爲大，但往往因價格昂貴，不易購備。教育機關爲文化之根源，有推廣領導之責，其所出版各種書報及刊物，務宜由

大部通令減價，以廣流傳。此應請

採擇者八。

九　熱心圖書館事業者予以褒獎（年會議決案，見報告一〇九頁。）　查捐助圖書館書籍或經費者，及私人創辦圖書館者，皆有功於教育，政府法令原有褒獎之規定，宜按時令各地方官吏代爲轉請，以勵來者。此應請

採擇者九。

十　規定學校圖書館行政獨立（年會議決案，見報告一三九頁。）　學校圖書館係學校之附屬機關，其關係既與教務密切，又與事務相連，蓋其自身即有教育性質，而管理又賴有專門方法，故學校行政系統上，必須獨立，方易發展，以促進學校教育之效率。此應請

採擇者十。

十一　由省立圖書館接管各省官書局（年會議決案，見報告九十八頁。）　查省立圖書館負指導全省圖書館事業之責任，但徒具空言，何補實際，必有印行所之附設，而後翻印古籍，推廣新書，印刷卡片，刊行目錄，乃能給予各市縣圖書館以絕大之便利。各省舊有之官書局所藏板片漸次朽毀，機關等於虛設，最好即由省立圖書館接收改組，以資進展。此應請

採擇者十一。

十二　規定舉行圖書館運動週（年會議決案，見報告一三六頁。）　圖書館運動週，爲提倡國人對於圖書之興趣，其性質與衛生運動週等，且爲指示讀書機會與方法，使一般民衆能享受其利益之最善方法，應由

大部規定日期，令行全國各級教育機關，按公布之一星期

內執行之。此應請

採擇者十二。

以上各端議決原案，俱見敝會年會報告中，附呈一冊，敬乞

鑒察，是否有當，尙待

鈞酌，不勝屏營待命之至。謹呈

教育部部長蔣。

中華圖書館協會執行委員會主席袁同禮謹呈

附中華圖書館協會第一次年會報告兩冊。

抄原批

呈暨報告書均悉。所陳各節，不無可採，茲分別批答如下：

一，關於頒布圖書館設立標準法令者，查圖書館規程業於本月十日公布在案，至設立標準，本部正在進行調查全國圖書館狀況，並徵集圖書館專家意見後，再行編訂。

二、關於增加圖書館經費者，查社會教育經費，應暫定為全教育經費百分之十至二十，曾經前大學院呈奉　國府核准，並通令遵辦在案。惟社會教育範圍甚廣，圖書館係社會教育事業之一，自難以社會教育全部經費專辦此一種事業，故經費比例，擬暫緩規定，以留伸縮餘地。至各級學校購書費一節，應予飭令特別注意，酌量規定。

三，關於勵行設立圖書館者，查第二次全國教育會議議決，籌設中央圖書館，於八年內成立，本部正在計劃進行；在中央圖書館未成立以前，於本年內成立中央教育館時，先在該館內設圖書部，搜集有關教育之中外圖書，陳列備用。至各種專門，普通，民衆，兒童等圖書館，并擬令各省教育廳各特別市教育局自本年起積極增設。

四，關於圖書館事業進行應聘專家指導者，准予轉飭各省教育廳各特別市教育局酌量辦理。

五，關於注重圖書館專門人才者：

（一）圖書館專門學校擬暫緩設立；至津貼已開辦之圖

書館學校，應照私立學校條例辦理。

(二)准予通令各大學，於文學院或教育學院內，酌量添設圖書館學課程或圖書館學家。

(三)准予通令各省教育廳，各特別市教育局及淸華大學，每年考送留學生時，酌定圖書館學名額。

(四)本部頒布中小學課程暫行標準，正在試驗，俟將來修正時，圖書館學可酌量增添。

(五)各級學校應有有系統的圖書利用法之指導，暫時毋庸由部規定。

六，關於實行第一次全國教育會議議決案者，已由前大學院擇要通令遵行。

七，關於勵行出版法者，訂定著作權及出版法；係內政部主管範圍，前大學院所公布之新出圖書呈繳條例，現經本部修正。關於各書局呈繳圖書，規定爲各書局須將新出圖書四份，呈送出版者所在地之省教育廳或特別市教育局內一份留存省市教育行政機關；其餘三份轉送本部，再發交本部圖書館，中央教育館，中央圖

書館，若令多繳，顯與該條例不符，未便照辦。再，國語羅馬字雖經公布，但僅爲推行國語第二法式，可資學者參考研究之用，現推行尚未普遍，未便强迫立卽實行。

八，關於教育書報減價者，准予由部令通令各教育機關遵照辦理。

九，關於褒獎熱心圖書館事業者，准照捐資興學條例辦理。

十，關於規定學校圖書行政獨立者，因事實上困難頗多，應毋庸議。

十一，關於由省立圖書館接管各省官書局者，查各省官書局情形不同，如果各省區之官書局有合併之必要與可能者，應呈請各省主管機關查明核辦。

十二，關於規定舉行圖書館運動週者，可於各省區或特別市舉行識字運動或民衆教育演講時，附帶提倡，毋庸單獨舉辦。

以上各點，仰卽分別知照！此批。

——摘自《安徽教育行政週刊》一九三〇年第三卷第三十一期

法規及章則

浙江省縣市圖書館暫行規程（省政府委員會第三三八次會議議決通過）

第一條　縣市圖書館，以儲集圖書，供給公衆閱覽爲宗旨。

第二條　縣市圖書館之業務如左：

一、關於閱讀興趣之提高者：凡館內館外之演講，讀書團研究會之組織等事項屬之。

二、關於閱書機會之增加者：凡各種覽閱室之開闢，分館之舉辦，巡迴書庫書車之設置日夜館之開放，書籍之出借等事項屬之。

三、關於閱覽之指導者：凡閱書方法之指示，書報內容之講述閱書者疑問之答復等事項屬之。

四、關於書報之介紹者：凡新出書籍目錄之揭示，書報提要之編輯，孤本藏版之翻印等事項屬之。

五、關於參考材料之供給者：凡專門學術參考書籍之蒐集，行政參考資料之搜羅等事項屬之。

六、關於文獻之保存者：凡史料名著之搜集，精抄名校之徵存等事項屬之。

第三條　圖書館得設分館，巡迴文庫，或代辦處，並得與學校或其他公共機關，訂特別協助之約。

第四條　圖書館設館長一人，指導員事務員若干人。

第五條　館長綜理館務；指導員事務員秉承館長，分掌指導管理及其他事務。

第六條　具有左列資格之一者得任爲館長或指導員：

一、國內外圖書館專科畢業者；

二、在圖書館服務三年以上，而有成績者；

三、對於圖書館事業，有相當學識及經驗者。

第七條　圖書館分縣市立，聯合縣立，區立，三種。

第八條　縣市立圖書館館長，由教育局遴請縣市政府轉呈教育廳委任。聯合縣立圖書館館長，由聯合各縣教育局遴請聯合各縣政府會同轉請教育廳委任。區立圖書館館長，由區教育員遴請縣市政府委任。

第九條　縣市立及區立圖書館指導員事務員，由館長任用，呈報縣市政府備案。聯合縣立圖書館指導員事務員，由館長任用，並呈報聯合各縣政府備案。

第十條　圖書館得遴聘各學校或其他教育機關之教職員或他項相當機關人員，辦理巡迴文庫或代辦處事務，並呈報縣市政府備案。

第十一條　縣市立圖書館章程，由縣市教育局依照本規程，擬呈縣市政府，核轉教育廳備案。聯合縣立圖書館章程，由聯合各縣政府會同擬呈教育廳備案。區立圖書館章程，由縣市政府訂定之。

第十二條　縣市立圖書館，應於每年度開始前三月，預擬計劃，呈送縣市政府，核呈教育廳備案。聯合縣立圖書館計劃呈由所在地縣政府核轉並分報其他聯合各縣政府查核。區立圖書館計劃，呈送縣市政府核定之。

第十三條　縣市立及區立圖書館，應按月填具月報表送請縣市政府審核，聯合縣立圖書館月報表，分送聯合各縣政府審核之。

前項表式，由教育廳定之。

第十四條　各縣市巡迴文庫，得單獨設立；其設立，組織，及管理等事項，得適用本規程第二條及第四至第十三條之規定。

第十五條　本規程自省政府公布日施行。

——摘自《浙江教育行政週刊》一九三〇年第二卷第一期

训令第一〇九五號（頒發縣市圖書館暫行規程，仰遵照由）十十，九，十三。

令各縣市政府

查圖書館爲社會教育重要事業，各縣市現正積極推廣，亟應訂定規章，俾有遵循。前奉教育部頒發圖書館規程，業經通令飭遵在案。兹依據部頒規程，擬訂浙江省縣市圖書館暫行規程，提經省政府委員會第三三八次會議議決修正通過。合亟印發前項暫行規程，連同月報表式及現况調查表式，令仰該縣政府遵照，並轉飭所屬一體遵照，於文到一月內，由該縣政府擬訂縣市立圖書館章程，開具館長履歷，呈請核辦；併將現况調查表塡報備查。至各縣市立圖書館十九年度計劃，仍應令飭補編，彙案核轉，毋延！此令。

計發浙江省縣市圖書館暫行規程（見本刊第二卷第一期）暨月報表式各一份

縣市圖書館現况調查表式二紙

——摘自《浙江教育行政週刊》一九三〇年第二卷第二期

訓令第一二八一號

令各學校各社會教育機關——奉省令發教育部審核中華圖書館協會議決各案意見一案仰知照

案奉　河南省政府第一二九號通令內開，爲令行事，案查接管卷內奉　行政院第二二六七號訓令開，爲令行事，案查前准國民政府文官處函開，奉　主席發下中華圖書館協會執行委員會呈爲該協會在首都舉行第一次年會討論訓政時期之圖書館工作問題表決議案五端，幷附呈報告二冊，請准予實行一案，奉諭交行政院審核等因，相應抄檢原件函送查照辦理等由，准此，當交教育部審核去後，茲據呈送審核意見前來，除第四項應從緩議，第五項事屬交通部主管另由院令行該部核議外，其餘三項當經轉呈　國民政府鑒核施行在案，茲奉　指令第一零七八號內開，呈件均悉，所議各節尚屬可行，應送　中央黨部查照辦理，幷由該院分行遵照可也，此令。等因奉此，除分別函咨令行外，合行抄發原件，令仰該省政府卽便查照分別辦理此令，等因，計抄發原呈一件，教育部審核意見書一件，奉此，除分行外，合亟照抄原呈及意見書各一件，令仰該廳遵照，幷轉飭所屬各機關一體知照爲要，此令，等因，附二件，奉此，除呈復幷分行外，合亟抄發原件，令仰知照，此令。

計抄發中華圖書館協會執委會原呈一件教育部審核意見書一件

廳長李敬齋

抄呈

呈爲呈請事竊協會於本年一月廿八日至二月一日在首都舉行第一次年會討論訓政時期之圖書館工作問題表決各項議案頗屬重要竊念圖書館事業發展固需要專門人才而尤仰賴

黨國之提倡及政府之獎勵爰將下列五端陳請

鑒察

一，廣設專門圖書館（年會議決案見報告一四八至一五一頁）查世界各國任何事業均任用專門人才以科學方法處理故政治日見昌明我國改革伊始建設多端我

政府拔取專門人才不遺餘力然尤須於任用後予以繼續研究之機會庶可日進有功倘欲達此目的自非全國各行政機關一律添設圖書館不可各按其性質購備專門圖書庶幾一方面可促學術之進步一方面可期政治之改良尤有進者立法爲一切政治之標準實業乃發展民生之要圖此兩種圖書館之建立均爲一切建設上之要端不容或緩雖省端緒繁頤而又事近專門更非博稽廣徵實難期其有當此應請

鈞府令飭立法行政各院以及教育工商財政農鑛交通衛生鐵道各部極力進行各就職掌之範圍設立專門圖書館於適當範圍之內公諸民衆則在職諸員不失研究之便利政治昌明可以預卜此所請　採擇施行者一

二，頒發全國各行政機關之出版品於各圖書館（年會議決案見報告六八至七一頁）查欲國民有健全之知識自必以使其深通於本國之政治法律財政經濟外交交通建設軍備以及教育文藝等一切之狀況而過去及現在各行政機關所有各項設施及調查報告初未嘗無印刷公布之品惟所謂公布者既不能家喻戶曉只有隨意贈送或竟束之高閣無人過問圖書館既負指導民衆閱覽之責爲國家宣傳法令之機關亟應懇請

鈞府令行所屬各機關將各項公布文件情況調查報告彙齊增入列於圖書館使國人一入圖書館之門則對於國家之政令設施無不可以按圖索驥而油然生愛藏之心此所請採擇施行者二

三，防止古籍流出國境（年會議決案見報告七八頁）查年來時局不靖大宗古物先後爲外人盜竊出口實爲我國文化上重大之損失若再不加禁止則此後愈難補救而古書及舊檔案有關文獻尤爲重要應出

鈞府明令全國各海關各郵局嚴禁出口如有故違卽行懲辦此所

請採擇施行者三

四，組織中央檔案局（年會議決案見報告六八頁）整理過去政府之檔案以供現時之參攷爲當今之任務查中央各部及各地方政府整理方法既不易同而又分置各地易致散失亦宜參照各國成法特設中央檔案局將各項檔案集中一處且檔案爲一國之基本文獻尤宜特設專部以科學方法整理典藏各局或獨立或爲中央圖書館之一部分應由

鈞府遣派圖書館專家成立設計委員會妥籌整理之方法以供人參攷之便利爲目標此所請採擇施行者四

五，減輕圖書館寄書郵費（年會議決案見報告八七頁）圖書館之事業不外書籍之流通因之專賴郵政上予以特別之協助故凡圖書館寄出之書籍須訂定減費辦法郵政方面雖於單獨之郵件收入郵費減少而圖書館郵件預料必多收入上亦當然無形增高此種特別郵率在美國已由國會議決施行我國亦亟應仿照辦理此所請　採擇施行者五

以上五端敝會年會議決原案俱見報告中附呈二冊敬乞鑒核是否有當伏祈　鈞奪准予實行不勝待命之至謹呈

國民政府主席蔣

附中華圖書館協會第一次年會報告二冊　中華圖書館協會機關會員表二份

中華圖書館協會執行委員會主席袁同禮謹呈

教育部審核中華圖書館協會簽呈各案之意見

一，廣設專門圖書館案查專門圖書館之設置本部正在規畫進行原案主張令中央各院部各就主管範圍設立專門圖書并酌量開放既可供在職人員之參攷又可公諸民衆用意至善現在中央及各地方黨政機關間有此項設備惟以預算關係未能普及或因地方狹小未便開放故效能尚未大著擬　請由

中央暨

國民政府分別令行各級黨部機關先行酌量添設專門圖書館其已設者亦應量力擴充將所需經費列入該機關正式預算并於可能範圍內酌量開放予民衆以閱覽參攷之便利

二，頒發全國各行政機關之出版品於圖書館案查原案意在宣揚政府法令及政情自是要圖惟全國公私立圖書館數量不少必責各機關將所有刊物悉行分贈勢非增加各該機關大批印刷費不可此又須視經費狀況爲衡未能以命令強制執行者現擬改訂補救辦法擬請由

國民政府令行各機關凡所發行之印刷物對於各圖書館特訂廉價優待辦法在各機關既不致感受困難在各圖書館亦可以廉價添置刊物似屬兩利且易推行

三，防止古籍流出國境案查國內所存古籍珍本年來散佚頗多究其原因多係外人轉運出口自宜設法防止本部對於保存古籍珍本向極注意過有此項事實發生屢經咨請各當地軍政機關

暨財政交通鉄道各部飭屬嚴查在案若由　政府明令上列關係各部抄錄各關口暨各交通機關嚴厲稽查不准運輸出口效能自更宏大原案擬請准予照辦

四，組織中央檔案局案查原案主張成立設計委員會以科學方法整理幷典藏各項檔案關係要圖此項委員會擬請先由本部組織俟研究得有結果卽行呈請通令施行至於設中央檔案局將各項檔案集中一處一節查各機關散處各地檔案集中於辦公上恐多不便原案擬請復議

五，減輕圖書館寄書郵費案查圖書館流通書籍專賴郵寄現在各圖書館經費均甚困難自非設法將寄費減輕不可按新聞郵電減費辦法等業奉發交交通部執行在案圖書館流通書報似可援照辦理擬請

院長核發交通部核辦

——摘自《河南教育週刊》一九三〇年第十三期

甘肅省政府教育廳訓令

第一六五號 三月十八日（不另行文）

令各縣教育局　回教教育促進會
　各附屬機關　各中等學校

為令行事。案奉教育部第六二七號訓令開：案據中華圖書館協會呈，以根據十八年一月第一次年會決議案，擬具條陳，請予採擇施行等情到部。查圖書館規程，業經本部修正頒布在案，此種事業，為促進學術研究，實施民衆識字運動之基本設備，自應努力推行。除分別批示並分行飭辦外，合行抄發原呈暨原批各一份，令仰遵照，並將下列各事項切實奉行；一、轉飭各級學校、對于購書費，應特別注意酌量規定。二、自十九年度起，積極增設各種專門普通民衆兒童等圖書館。三、對於圖書館事業，應酌量聘請專家指導。四、每年考選留學生時，應視地方需要情形，酌定圖書館名額。五、關於各教育機關出版之各種書報及刊物，應盡量減價，以廣流傳。、轉飭省立或私立大學，於文學院或教育學院內，酌設圖書館學程或圖書館學系。所有以上各節遵辦情形，並仰隨時具報，此令。等因，計抄發原呈及原批各一份奉此。查此案除將奉發原呈及原批存廳參考不再印發，並由本廳遵照規定切實奉行(四)(五)諸項，妥籌辦法，切實進行，及分別函令呈報外，合行令仰該局會館處校遵照辦理，並轉飭所屬一體遵照辦理，仍將辦理情形，隨時具報，以憑彙轉，此令。

廳長趙元貞

——摘自《甘肅省教育廳教育週刊》一九三一年第十一、十二期合刊

◉教育部代電第一二三號　二十年五月十八日

河北省教育廳覽：

尤代電悉。查圖書館閱報所爲社會教育機關，其職員除會計庶務事務員書記，依照教育會法第十六條第一款之規定，不得爲教育會會員外，其他職員均具有教育會會員之資格。至教育局職員，凡科員股員以上之職員及與科員股員相當之職員，均爲現任教育行政人員，依照教育會法第十六條第二款之規定，得爲教育會會員，仰即知照。

教育部巧印。

附原電

南京教育部鈞鑒案准中國國民黨河北省黨務整理委員會函開查各縣教育會會員間有圖書館閱報所職員教育局辦理文書事務人員及講演員似不得認爲教育行政人員及學校職員等語究應如何辦理案關解釋法令理合電請鑒核示遵實爲公便河北省教育廳廳長張見庵叩尤印

——摘自《教育部公報》一九三一年第三卷第十九期

令知各社教機關合併改組爲江西省立民衆教育館

訓令　字第二九五號　二十一年二月二日

令省立各社會教育機關

案查省立各社會教育機關，向係分隸本廳，茲將省立教育博物館，民衆教育館，第一第二第三第四書報閱覽室，公衆體育場，合併改組爲江西省立民衆教育館，設館長一人。內分歷史博物部，通俗編演部，書報閱覽部，公衆體育部，以期統一而利進行。茲委任省督學歐陽魁兼代省立民衆教育館館長，除印發委任狀，暨分令外，合行令仰該　遵照移交並具報察核！此令。

——摘自《江西教育行政旬刊》一九三二年第一卷第一期

修正浙江省縣市圖書館暫行規程

（省政府第四六〇次委員會修正通過）教育部核准備案

第一條　縣市圖書館分縣市立，區立，坊鄉鎮立，及私立四種。

各縣市區坊鄉鎮聯合設立者，應冠以某某縣市，某某區坊鄉鎮共立字樣。

第二條　圖書館以儲集圖書；供給公衆閱覽爲宗旨。

第三條　圖書館之業務如左：

一、關於供給閱書機會者：凡各種閱覽室之開闢，分館之舉辦，巡迴書庫書車之設置，日夜館之開放，讀書團之組織，書籍之借出等事項屬之。

二、關於指導閱覽者：凡閱書方法之指示，書報內容之講演，閱書者疑問之答復，研究會之組織等事項屬之。

三、關於介紹書報者：凡新出書藉目錄之揭示，書報提要之編輯，孤本藏版之翻印事項屬之。

四、關於參考材料之供給者：凡專門學術參考書籍之蒐集，行政參考資料之搜羅等事項屬之。

五、關於保存文獻者：凡史料名著之搜集，精抄名校之徵存等事項屬的。

第四條　圖書館設置時，應由主管教育行政機關開具左列各款，呈報教育廳備案：

一、名稱地址成立日期及進行計劃

二、開辦費經常費預算並其來源

三、建築圖說

四、現有圖書目錄及冊數

五、職員履歷

六、章程

第五條　圖書館停辦時，應由主管教育行政機關詳敘事由，呈請教育廳核准。

第六條　圖書館設館長一人，指導員若干人，並得因辦理事務之必要，酌設事務員及書記。

第七條　縣市立圖書館除直接辦理圖書館業務外，並負輔導全縣市境內圖書館及其他圖書館事業之責；如縣市圖書館設立在二所以上者，其輔導區域，由縣市教育行政機關分劃之。

第八條　圖書館得設分館巡迴文庫或代辦處。

第九條　圖書館應於每年度開始前，預擬計劃，呈送主管教育行政機關審核；縣市立及私立者，並應轉呈教育廳核定。

第十條　圖書館應按月塡具月報表，呈送主管教育行政機關查核。

第十一條　圖書館應於每年度終了時，造具全年度工作報告書，呈送主管教育行政機關查核；縣市立及私立者，並應轉呈教育廳查核。

第十二條　各圖書館之章程，由各該館依照本規程擬訂，呈請主管教育行政機關核定之。

各共立圖書館之章程，應由聯合設立者會同擬訂，依照前項手續辦理。

第十三條　各圖書館應依其業務訂定各項章則，呈送主管教育行政機關查核。

第十四條　私立圖書館除適用本規程外，並依管理私立社會教育機關暫行辦法辦理之。

第十五條　各縣市巡迴文庫得單獨設立；其設立組織及管理等事項，準用本規程第一條至第七條及第九條至第十三條之規定。

第十六條　本規程自浙江省政府公布日施行。

——摘自《浙江教育行政週刊》一九三二年第三卷第三十四號

訓令 第一三一一號 七月十四日

令各縣縣長 省立各學校 圖書館 省立民衆教育館

爲令飭事本廳爲明瞭本省各圖書館（包括普通圖書館專門圖書館通俗圖書館藏書樓各機關圖書館中等以上學校圖書館民衆教育館之圖書部等）所藏各類書籍之種數及册數起見特製定圖書館調查統計表式分發查填除分別函

令外合將表式令發仰該縣長轉飭所屬各圖書館塡註於文到十日內彙齊呈送來廳以憑彙辦此令
校館長即便遵照妥速塡送來廳以憑彙辦

計發圖書館調查表式　份

——摘自《廣西教育行政月刊》一九三三年第三卷第一期

布　告

◎布告各書店遵章呈繳新出圖書

廣東省政府教育廳布告　第二一七號　（二十二年七月二十五日）

現奉

教育部第八四一八號訓令開：

「案查新出圖書呈繳規程，自十九年三月二十八日修正公布以來，各省市教育廳局，局近督促各書店呈繳者，祇有上海一市，且甚延緩，往往有圖書出版半年，然後呈送者，殊屬不合，合再抄發該項規程，令仰該廳飭令該省各書店，將三年來出版而未呈繳之圖書，一律補繳，若再任意延緩，或竟不繳送，應由該廳分別查明呈報，以憑按照規程第五條之規定辦理，仰卽遵照，並轉飭各書店一體遵照。此令。」

等因，附發新出圖書呈繳規程一份，奉此，合亟抄錄原規程布告，仰各書店一體遵照。此布。

附錄新出圖書呈繳規程一份。

——摘自《廣東教育月刊》一九三三年第二卷第八期

記載

山東全省圖書委員會

本省教育廳，前為推廣全省圖書館教育起見，於十九年四月，組織全省圖書委員會。由省政府第七十八次及八十四次會議議決，延聘蔡元培，李石曾，吳敬恒，戴季陶，蔣夢麟，袁同禮，傅斯年，楊杏佛，馮庸，葛敬恩，趙太侔，宋春舫，王獻唐，陳調元，朱熙，袁家普，陳鸞書，何思源，于恩波，陳名豫，崔士傑，劉復等為委員。茲將該會組織規程列下：

第一條　山東省政府為推廣山東省境內圖書館，及保存舊文化發展新文化事業起見，特設山東全省圖書委員會。

第二條　本會之職權如左：

一　所屬各圖書館基金之籌集及保管。

二　所屬圖書館基金利息之分配。

三　所屬圖書館事業之設計。

四　所屬圖書館每年度關於新置圖書之預決算審核及議決。

五　所屬圖書館舊管及新購圖書報告書之審查。

六　所屬圖書館管理規章之編製，及圖書事業改進之指導。

七　調查各省各國圖書館現在之內容，及將來之發展。

八　調查或徵集國內外近代出版各種名著。

第三條　本會委員定為二十一人至二十七人，山東教育廳長，青島大學圖書館長，山東省立圖書館館長，及由本會議決在山東省境內設立之圖書館館長，為當然委員。其餘各委員，由省政府委員會議決延聘國內熱心及熟習圖書事業之名人充之。

前項當然委員，仍由省政府聘任之。

第四條　本會設常務委員三人，由本會委員互選之，其職權如左：

一　召集全體委員會議。

二　處理本會日常事務。

三　執行委員會議決案。

第五條　本會因事務之繁簡，得設有給職員及僱員。其人數由委員會議議決，分別委任。

第六條　本會委員爲名譽職。常務委員如係專任，得酌支辦公費；省外委員開特別大會時，得酌給川資。

第七條　本會會議，分爲特別通常兩種。特別會議，於每年暑假時，在青島大學舉行。通常會議無定期，在濟南舉石，由常務委員隨時召集。

第八條　本會每年經常及臨時費用，列入教育費預算項下，由省庫開支，不得動支所管基金。

第九條　本會基金，除呈請省政府及中央政府指定的欵，或不動産外；得由本會議決，以本會名義，向國內外熱心圖書事業之個人或團體募集之。

第十條　本會基金不敷分配時，得由本會陳明理由，呈請省政府補助，或轉呈中央政府補助之。

第十一條　本會辦事細則，及會議規則另定之。

第十二條　本規程如有未盡事宜，得由本會議決，隨時呈請省政府修正之。

第三條　本規程自省政府委員會議決公布之日施行。

——摘自《山東省立圖書館季刊》一九三四年第一卷第一期

函送雲南圖書館及民教館調查表

教育廳公函第六八一號（二二、一二、三〇●）

案准

貴會公函中字第一零四號：「請補正圖書館調查表並將民衆教育館名稱地址，列表賜示○」等由；准此，自應照辦○除將關於本省部分與現狀不符之處補正外；相應將補正部分及新設之民衆教育館名稱，地址，一併列表函請查照彙編爲荷！

此致

中華圖書館協會。

附送雲南圖書館及民衆教育館調查表一份。（見表册）

——摘自《雲南教育》一九三四年第二卷第七期

雲南圖書館及民衆教育館一覽表（二十二年十二月調查）

昆明

名稱	地址	名稱	地址
雲南省立昆華圖	昆明市翠湖公園	省立昆華師範學校圖	昆明市光華街
昆明市立圖	昆明市市府東街	省立昆華中學圖	昆明市文林街
雲南省教育會圖	昆明市省教育會	省立昆華女子中學圖	昆明市長春坊
雲南省教育廳圖	昆明教育廳	省立第一工業學校圖	昆明市大西門外
東陸大學圖	昆明東陸大學	省立第一農業中學校圖	昆明市雙塔寺
私立育志學社圖	昆明市長春坊	私立求實學校圖	昆明市雙塔寺
雲南省立昆華民衆教育館圖	昆明市孔子廟	私立南菁學校圖	昆明市北門街
昆明縣立民衆教育館圖	昆明市象眼街	昆明市立中學圖	昆明市勸業場
各縣			
巧家縣立民衆教育館圖	雲南巧家縣	鶴慶縣立民衆教育館圖	雲南鶴慶縣
劍川縣立民衆教育館圖	雲南劍川縣	開遠縣立民衆教育館圖	雲南開遠縣
永善縣立民衆教育館圖	雲南永善縣	楚雄縣立民衆教育館圖	雲南楚雄縣
墨江縣立民衆教育館圖	雲南墨江縣	省立楚雄中學圖	雲南楚雄縣
鳳儀縣立民衆教育館圖	雲南鳳儀縣	尋甸縣立民衆教育館圖	雲南尋甸縣

新平縣立民衆教育館圖	雲南新平縣	祿勸縣立民衆教育館圖	雲南祿勸縣
洱源縣立民衆教育館圖	雲南洱源縣	宜良縣立民衆教育館圖	雲南宜良縣
安寧縣立民衆教育館圖	雲南安寧縣	牟定縣立民衆教育館圖	雲南牟定縣
尋甸縣立民衆教育館圖	雲南尋甸縣	箇舊縣立民衆教育館圖	雲南箇舊縣
河西縣立民衆教育館圖	雲南河西縣	呈貢縣立民衆教育館圖	雲南呈貢縣
永平縣立民衆教育館圖	雲南永平縣	保山縣立民衆教育館圖	雲南保山縣
寧洱縣立民衆教育館圖	雲南寧洱縣	省立普洱中學圖	雲南寧洱縣
省立永昌中學圖	雲南保山縣	鄧川縣立民衆教育館圖	雲南鄧川縣
大關縣立民衆教育館圖	雲南大關縣	姚安縣立民衆教育館圖	雲南姚安縣
馬龍縣立民衆教育館圖	雲南馬龍縣	麻栗坡區立民衆教育館圖	雲南麻栗坡
五福縣立民衆教育館圖	雲南五福縣	霑益縣立民衆教育館圖	雲南霑益縣
祿豐縣立民衆教育館圖	雲南祿豐縣	華寧縣立民衆教育館圖	雲南華寧縣
昆陽縣立民衆教育館圖	雲南昆陽縣	順寧縣立民衆教育館圖	雲南順寧縣
玉溪縣立民衆教育館圖	雲南玉溪縣	省立順寧中學圖	雲南順寧縣
祥雲縣立民衆教育館圖	雲南祥雲縣	蘭坪縣立民衆教育館圖	雲南蘭坪縣
賓川縣立民衆教育館圖	雲南賓川縣	麗江縣立民衆教育館圖	雲南麗江縣

名稱	地址	名稱	地址
石屏縣立民衆教育館	雲南石屏縣	省立麗江民衆教育館	雲南麗江縣
宣威縣立民衆教育館	雲南宣威縣	蒙化縣立民衆教育館	雲南蒙化縣
廣南縣立民衆教育館	雲南廣南縣	彌渡縣立民衆教育館	雲南彌渡縣
雲縣縣立民衆教育館	雲南雲縣	文山縣立民衆教育館	雲南文山縣
鎮南縣立民衆教育館	雲南鎮南縣	省立開化民衆教育館	雲南文山縣
江川縣立民衆教育館	雲南江川縣	鎮雄縣立民衆教育館	雲南鎮雄縣
鹽豐縣立民衆教育館	雲南鹽豐縣	永仁縣立民衆教育館	雲南永仁縣
蒙自縣立民衆教育館	雲南蒙自縣	路南縣立民衆教育館	雲南路南縣
瀾滄縣立民衆教育館	雲南瀾滄縣	瀘西縣立民衆教育館	雲南瀘西縣
會澤縣立民衆教育館	雲南會澤縣	廣通縣立民衆教育館	雲南廣通縣
平彝縣立民衆教育館	雲南平彝縣	武定縣立民衆教育館	雲南武定縣
大理縣立民衆教育館	雲南大理縣	嵩明縣立民衆教育館	雲南嵩明縣
省立大理中學	雲南大理縣	佛海縣立民衆教育館	雲南佛海縣
思茅縣立民衆教育館	雲南思茅縣	建水縣立民衆教育館	雲南建水縣
漾濞縣立民衆教育館	雲南漾濞縣	省立臨安中學	雲南建水縣
通海縣立民衆教育館	雲南通海縣	峨山縣立民衆教育館	雲南峨山縣

館名	印文
龍陵縣立民衆教育館	雲南龍陵縣
雲龍縣立民衆教育館	雲南雲龍縣
車里縣立民衆教育館	雲南車里縣
曲靖縣立民衆教育館	雲南曲靖縣
富州縣立民衆教育館	雲南富縣
元江縣立民衆教育館	雲南元江縣
臨江縣立民衆教育館	雲南臨江縣
羅次縣立民衆教育館	雲南羅次縣
晉寧縣立民衆教育館	雲南晉寧縣
維西縣立民衆教育館	雲南維西縣
西疇縣立民衆教育館	雲南西疇縣
鎮越縣立民衆教育館	雲南鎮越縣
彝良縣立民衆教育館	雲南彝良縣
馬關縣立民衆教育館	雲南馬關縣
大姚縣立民衆教育館	雲南大姚縣
省立昭通民衆教育館	雲南昭通縣

——摘自《雲南教育》一九三四年第二卷第七期

●中華教育文化基金董事會分配款項原則

本會所有事業以中國駐美公使於民國十四年六月六日致文於美政府所聲明者爲範圍註一現在會務方始關於事業中之各項問題尙待調查考慮惟緣各方送到多數之請款意見書屬望甚奢而收回賠款爲數有限註二且經議定以賠款之一部分留作永久基金庶賠款期滿後仍得以其息金辦理必須繼續之事業因此目前可以支撥之金額更屬不多本會甚願就此有限之資力進謀最大最良之效果茲先就分配款項一端議定原則如下

一　本會分配款項概言之與其用以補助專憑未來計畫請款之新設機關毋甯用以補助辦理已有成績及實效已著之現有機關

二　有因本會補助可以格外努力前進或可以多得他方之援助者是種事業本會更應重視之

三　本會考慮應行提倡之事業時對於官立私立各機關不爲歧視

四　本會分配款項於地域觀念應行顧及其道在注重影響普遍之機關如收錄學生遍於全國或學術貢獻有益全民者皆在

注重之例

五　本會分配款項應規定期限到期繼續與否由本會斟酌再定

六　本會分配款項須先經幹事長詳愼審查遇必要時得徵集專家意見或請其襄助審查

(註一)節譯中國駐美公使致美國政府照會

查中國庚子賠款餘額全數退還中國一案中國政府已於去年九月十七日明令組織中華教育文化基金董事會使專任保管此項退還賠款事宜在案現該會集議於六月三日一致通過左列之決議案

茲決議美國所退還之賠款委託於中華教育文化基金董事會管理者應用以(一)發展科學知識及此項知識適於中國情形之應用其道在增進技術教育科學之研究試驗與表證及科學教學法之訓練及(二)促進有永久性質之文化事業如圖書館之類

該會爲欲貫澈貴國國會兩院聯合會之決議案起見現已準備接收貴國政府退還之庚子賠款云云

(註二)美國退還庚子賠款數目

據美國衆議院外交股委員會庚款審查報告書所載美國退還庚款餘額之總數爲美金一千二百五十四萬五千四百三十八元六角七分就中本金爲六百一十三萬七千五百五十二元九角息金爲六百四十萬七千八百八十五元七角七分分二十年交付

本年七月十六日美政府撥還之款據美使館公布計美金一百三十七萬七千二百五十五元零二分當爲自民國十一年十二

月一日起積至本年所存之數

●分配款項之補充原則民國十五年二月第一次董事常會通過

一　本會教育事業，擬暫以左列各項爲範圍，

第一項　科學研究，包含：

（一）物理（二）化學（三）生物學（四）地學（五）天文氣象學

第二項　科學應用，包含：

（一）農（二）工（三）醫

第三項　科學教育，包含：

（一）科學教學（二）教育之科學的研究

二　文化事業，擬暫以圖書館爲限，

三　其他屬於教育文化之事業影響及於全國者亦在考慮之列

四　對於某種機關加以補助時除須有（一）過去成績及（二）維持現狀之能力外以（三）能自籌款項之一部分爲重要條件

五　除僅與一次補助者外如無特別約定或計畫每事補助暫以三年爲限在補助期内如無相當成績本會得隨時停付補助金

六　凡請求撥款以作基金者概不照允

——摘自《教育部公報》一九三四年第六卷第四十五、四十六期合刊

河北省教育廳佈告第十四號

中華民國二十三年十一月十五日

案奉

教育部教字第一一九三二號訓令內開：「案據上海市教育局呈，爲國立北平圖書館，請變更圖書呈繳程序，由各書局將應繳圖書，逕寄該館，以求迅速，請鑒核示遵等情；正核辦間，又據國立中央圖書館籌備處呈同前情。查該館處等所陳各節，尚屬可行。除指令幷分行外，合行抄發新出圖書分繳清單一份令仰該廳轉飭所屬各出版機關，嗣後呈繳新書，並照附單所列，分別逕寄。此令」等因，附清單一份，奉此，查新出圖書呈繳規程，前於二十二年七月間，奉教育部第六四一八號令發到廳。凡新出圖書須呈送四份於所在地教育廳或特別市教育局，由廳或局存留一份，轉送教育部三份，由部發交部圖書館，中央圖書館，中央教育館各一份，分別保存，復於是年八月間奉教育部第六〇〇九號訓令，除繳部一份外，餘兩份分別逕寄。經本廳先後佈告並分別通知各在案。各出版機關遵照呈繳者固有，而稽延未繳者亦復不少，茲奉令發分繳清單，所有應繳及應補繳圖書，自應迅速辦理，合即佈仰遵照。此佈。

附抄新出圖書分繳清單

應得書籍機關	運寄處所
所在地教育廳局	仝上
國立中央圖書館	南京成賢街沙塘園國立中央圖書館籌備處
國立中央教育館	北平西安門內文津街國立北平圖書館代收
教育部圖書館	南京成賢街教育部圖書館

——摘自《河北教育公報》一九三四年第三十一、三十二期合刊

◎轉令抄發國立中央圖書館籌備處關於國際出版品交換事宜

廣東省政府教育廳訓令　第二四一九號　（廿三年十一月廿八日）

令公私立各學校（不另行文）

現奉

廣東省政府教字第七九八號訓令開：

「現准國民政府　西南政務委員會秘書處　第八六〇號公函開：『現准貴省政府教字第七四五號公函，接國立中央圖書館籌備處函，奉令接辦國立中央研究院之出版品國際交換事務，嗣後關於國際出版品交換事宜，請逕寄本處接洽一案。囑轉陳核復。等由，當經陳奉常務委員諭，「着飭屬知照。」等因，相應函復查照。』等由，准此，查此案前接國立中央圖書館籌備處第五〇一號來文，當經函達西南政務委員會秘書處轉陳核示在案。茲准前由，除分行外，合就抄錄國立中央圖書館籌備處來文，令發，仰該廳長即便知照。并飭屬知照。此令。」

等因，計抄發國立中央圖書館籌備處第五〇一號來文一件；奉此，除分令外，合將前項來文抄發，令仰該校即便知照！

此令。

計抄發國立中央圖書館籌備處第五〇一號來文一件。

〈附抄國立中央圖書館籌備處來文　第五〇一號

逕啓者，本處奉令接辦國立中央研究院之出版品國際交換事務，自本年七月一日起，開始接收，業經竣事，於即日起正式辦公，并更定名稱爲教育部出版品國際交換處，嗣後關於國際出版品交換事宜，請逕向南京沙塘園七號本處接洽爲荷，相應函達查照，此致

廣東省政府

主任蔣復璁　廿三，九，三十。

——摘自《廣東教育月刊》一九三五年第三卷第十二期

三　擬定促進圖書館推廣事業辦法以供教廳採擇案

審查委員會合併整理成立
大會議決修正通過

理由　詳附列各案

辦法

一　請教育廳轉飭各縣教育科或教育局督促各圖書館或民教館購備適宜各該地之通俗圖書設立巡迴文庫或流動書車等

二　各圖書館選宜讀或講演人員擇適宜地點定期宣讀或講演

三　爲節省經濟起見各圖書館或民教館應互訂圖書流通辦法其詳細條文由各該館自定

四 各圖書館得附設人事諮詢處用口頭或用書面答覆民衆之咨詢

附原案五件

標題 圖書館應附設人事諮詢處案　提案人王孝總

理由 社會演進人事隨而繁雜一般民衆及青年學生往往因缺乏指導或咨詢之機關而誤入歧途者不知凡幾圖書館爲社會教育機關爲謀整個社會之發展應以其豐富之庋藏攷古稽今爲民衆解决問題

辦法 可附設人事諮詢處於各館推廣部或用口頭或用書面答復民衆之咨詢

標題 圖書館定期舉行宣讀會案　提案人王孝總

理由 我國人不能自由閱讀書籍者平均佔全人口百分之八十在識字教育未普及以前圖書館對此大多數之民衆似無法盡其工作之能事然每觀街頭聚聽說書者皆此等文盲之男女由現今圖書館之趨勢已注重以書就人彼輩文盲雖不能就之使閱似可以就之使聽論者或以爲此種工作屬於評話範圍近來已有將評話加以取締並改良者似無須再事擴張不知評話所書只于故事猶之圖書中之小說類是也凡有圖書館經驗者皆知多數閱覽者初皆借小說類而後進而借閱他類可見於此中求娛樂者必進而於此中求智識我們圖書館若能利用此種心理舉行宣讀會取材於文化歷史科學智識及古今偉人事蹟以及新聞雜誌等等詳細講解以發展民族精神提高民衆智識同時可以推行新生活運動

辦法 各圖書館選宣讀人員擇適宜地點定期宣讀各按地方情形規定宣讀方針以爲採取資料之標準如遇紀念日可施行中心宣讀關於紀念日之歷史及意義以灌輸現今公民應有之知識

標題 擴充社會教育急宜設置四鄉巡迴文庫案　提案人建甌縣立圖書館館長謝 源

理由 灌輸民衆智識爲社教之先務而促進鄉村文化復興農村教育尤屬刻不容緩我國鄉村疆域十倍城市而鄉村民衆亦十倍城市欲期社教之普及非設置四鄉巡迴文庫不爲功

辦法 擬請大會呈請教育廳轉飭各縣教育局或教育科督促各館舉辦四鄉巡迴文庫並多多添購民衆讀物及各種報刊等藉以啟迪一般民衆而除文盲之弊可否之處仍請公决

標題 各縣應設立流通圖書館以普及鄉村社會教育案　提案人莆田縣立民衆教育館館長龔德榮

理由 圖書館爲傳播文化之中心關係地方文野至爲密切本省內地交通梗塞城市之區書店甚少已感購書困難而鄉村方面則更無閱覽新書之機會致思想落後智識閉塞言之深堪浩歎各縣應早日籌劃經費設立流通圖書館以資補救

辦法 由大會提請教育廳令飭各縣教育行政當局備置各種通俗圖書籌設流通圖書館一所分期巡迴于各鄉村俾鄉村民衆得有閱書之機會

標題　請教育廳飭令省立圖書館設立巡廻文庫按期分發各縣公私立圖書館以普及社會教育案

提案人福鼎縣立圖書館主任陳海亮

理由　查各縣圖書館強半限於經費未能購置多量圖書以供民衆閱覽殊於普及社教前途大有妨碍救濟辦法唯有請廳飭令省立圖書館設立巡廻文庫按期分發各縣圖書館以資輪閱

辦法　一年分發歸還各分兩期以每年之一月十日及七月十日爲分發期以六月十日及十二月十日爲歸還期分發歸還一概由郵直接遞寄

——摘自《福建教育》一九三五年第一期

圖界

一、協會

教部委本會擬具改進圖行政要點

教育部社會教育司，鑒于過去各市縣立圖書館或民教館閱覽部，購置圖書漫無標準，工作活動，亦未規定，爰特委託本會乘年會之便，討論一具體辦法，呈部俾資採擇，用供改進。本會為求妥慎起見，除在年會討論外，擬再組織一改進圖行政要點討論會，重行研討。茲將教部社教司原函披露如左：

「逕啓者本司鑒於過去各縣市立圖書館或民教館閱覽部購置圖書漫無標準，其工作活動，多未規定，深感有釐訂圖書設備及工作標準之必要，惟茲事體大，且關係專門學術，實有賴於圖書館學專家之精密設計，素諗貴會係我國圖書館學專家組織而成，過去各地圖書館之啓設，貢獻甚多，最近復定期在青島舉行年會，集全國專家於一堂，共同討論今後圖書事業之進展，本司以為如此良機，不可多得。特擬訂改進圖書館行政要點數則，附錄於後，請貴會提交年會商定一具體辦法，於閉會後詳爲見告，相應函達，即希查照見復爲荷！

此致

中華圖書館協會

附改進圖書館行政要點一份

教育部社會教育司啓　六，二二．」

改進圖書館行政要點

（一）縣立圖書館至少限度應備圖書標準

（二）縣立民衆教育館閱覽部應備圖書標準

（三）縣立圖書館工作標準

（四）縣立圖書館全縣巡迴圖書辦法

（五）各縣木刻古版保存辦法

（六）縣立圖書館或民教館閱覽部分類編目標準

（七）省立圖書館輔導及推進全省圖書館教育工作辦法

——摘自《中華圖書館協會會報》一九三六年第十二卷第一期

山西省教育廳訓令第四八六號五月十二日

令各縣縣政府 直轄各級學校 第一二通俗圖書館

爲奉　令中華圖書館協會議決案並教育部審核意見仰查照分別辦理由

案奉

省政府訓令教字第二六號內開案查前奉

行政院第二二六七號訓令內開爲令行事案查前准

國民政府文官處函開奉

主席發下中華圖書館協會執行委員會呈爲該協會在首都舉行第一次年會討論訓政時期之圖書館工作問題表決議案五端並附呈報告二册請准予實行一案奉　諭交行政院審核等因相應抄檢原件函達查照辦理等由准此當交教育部審核去後嗣據呈送審核意見前來除第四項應從緩議第五項事屬交通部主管另由院令行該部核議外其餘三項當經轉呈

國民政府鑒核施行在案茲奉

指令第一〇七八號內開呈件均悉所議各節尚屬可行候送

中央黨部查照辦理並由該院分行遵照可也此令等因奉此除分別函咨令行外合行抄發原件令仰該省政府即便查照分別辦理此令等因計抄發中華圖書館協會執委會原呈一件教育部審核意見書一件奉此除分令外合抄原呈及意見書各一件令仰該廳查照分別辦理此令等因計抄發中華圖書館協會執行委員會原呈一件教育部審核意見書一件奉此除分別函令外合抄原呈及意見書各一件令仰該縣校館查照分別辦理爲要此令

計抄發中華圖書館協會執委會原呈一件教育部審核意見書一件

抄呈

呈為呈請事敝協會於一月二十八日至二月一日在首都舉行第一次年會討論訓政時期之圖書館工作問題表決各項議案頗屬重要竊念圖書館事業發展固需要專門人才而尤仰賴

黨國之提倡及政府之獎勵爰將下列五端陳請

鑒察

一廣設專門圖書館年會議決案見報告一四八至一五一頁 查世界各國任何事業均任用專門人才以科學方法處理故政治日見昌明我國改革伊始建設多端我

政府拔取專門人才不遺餘力然尤須於任用後予以繼續研究之機會庶可日進有功倘欲達此目的自非全國各行政機關一律添設圖書館不可如按其性質購備專門圖書庶幾一方面可促學術之進步一方面可期政治之改良尤有進者立法為一切政治之標準實業及發展民生之要圖此兩種圖書館之建立均為建設上之要端不容或緩雖皆端緒繁頤而又事近專門更非博稽廣攷實難期其有當此應請

鈞府令飭立法行政各院以及教育工商財政農鑛交通衛生鐵道各部極力進行各就職掌之範圍之內公諸民衆則在職諸員不失研究之便利政治昌明可以預卜此所請

採擇施行者一

二頒發全國各行政機關之出版品於各圖書館年會議決案見報告六八至七一頁 查欲圖國民有健全之知識自必以使其深通於本國之政治法律財政經濟外交交通建設軍備以及教育文藝等一切之狀況而過去及現在各行政機關所有各項設施及調查報告初未嘗無印刷公布之品惟所設施公布者既不能家喻戶曉只有隨意贈送竟束之高閣無人過問圖書館既負指導民衆閱覽之責為國家宣傳法令之機關亟應懇請

鈞府令行所屬各機關將各項公布文件法規調查報告等分贈全國各圖書館庶國人一入圖書館之門則對於國家之政令設施無不可以按圖索驥而油然生愛戴之心此所請採擇施行者二

三防止古籍流出國境年會議決案見報告七八頁 查年來時局不靖大宗古物先後為外人盜竊出口實為我國文

化上重大之損失如再不加禁止則此後愈難補救而古書及舊檔案有關文獻尤爲重要應由
鈞府明令全國各海關各郵局嚴禁出口如有故違即行懲辦此所請採擇施行者三

四組織中央檔案局（年會議決案見報告六八頁）整理過去政府之檔案以供現時之參攷爲當今之要務查中央各部及各地方政府整理方法旣不苟同而又分置各地易致散失今宜參照各國成法特設中央檔案局將各項檔案集中一處且檔案爲一國之基本文獻尤宜特設專部以科學方法整理典藏該局或獨立或爲中央圖書館之一部分應由
鈞府遴派圖書館專家成立設計委員會妥籌整理之方法以供人參考之便利爲目標此所請採擇施行者四

五減輕圖書館寄書郵費（年會議決案見報告八七頁）圖書館之事業不外書籍之流通因之專賴郵政上予以特別之協助故凡圖書館寄出之書籍須訂定減費辦法郵政方面雖於單獨之郵件收入郵費減少而圖書館郵件預料必多收入上亦當然無形增高此種特別郵率在美國凡由國會議決施行我國亦亟應仿照辦理此所請採擇施行者五

以上五端敝會年會議決原案俱見報告中附呈二冊敬乞
鑒核是否有當倘祈酌奪准予實行不勝待命之至謹呈
國民政府主席蔣

附中華圖書館協會第一次年會報告二冊　中華圖書館協會機關會員表二份

中華圖書館協會執行委員會主席袁因禮謹呈

教育部審核中華圖書館協會原呈各案之意見

一廣設專門圖書館案查專門圖書館之設置本部正在規畫進行原案主張令
中央各部院各就主管範圍設立專門圖書館並酌量開放可供在職人員之參攷又可公諸民衆用意至善

現在中央及各地方黨政機關間有此項設備惟以預算關係未能普遍或因地方狹小未便開放故效能尙未大著擬請由

中央暨

國民政府分別令行各級黨政機關先行酌量添設專門圖書館其已設者亦應量力擴充將所需經費列入該機關正式預算並於可能範圍內酌量開放予民衆以閱覽參考之便利

二頒發全國各行政機關之出版品於圖書館案查原案意在宣揚政府法令及政情自是要圖惟全國公私立圖書館數量不少責各機關將所有刊物悉行分贈勢非增加各該機關大批印刷費不可此又須視經費狀況爲衡未能以命令强制執行者現擬改訂補救辦法擬請由

國民政府令行各機關凡所發行之印刷物對於各圖書館特訂廉價優待辦法在各機關既不致感受困難在各圖書館亦可以廉價添置刊物似屬兩利且易推行

三防止古籍流出國境案查國內所存古籍珍本年來散佚頗多究其原因多係外人轉運出口自宜設法防止本部對於保存古籍珍本向極注意遇有此項事實發生屢經咨請各當地軍政機關暨財政交通鐵道各部飭屬嚴查在案茲由政府明令上列關係各部轉飭各關口暨各交通機關嚴屬稽查不准運輸出口效能自更宏大原案擬請准予照辦

四組織中央檔案局案查原案主張成立設計委員會以科學方法整理並典藏各項檔案自係要圖此項委員會擬請先由本部組織俟研究得有結果即行呈請通令施行至特設中央檔案局將各項檔案集中一處一節查各機關散處各地檔案集中於辦公上殊多不便原案擬請緩辦

五減輕圖書館寄書郵費案查圖書館流通書籍專賴郵寄現在各圖書館經費均甚困難自非設法將寄費減輕不可按新聞郵電減費辦法業奉交交通部執行在案圖書館流通書報似可援照辦理擬請院長核發交通部核辦

——摘自《山西教育公報》一九三六年第二百二十一期

圖界

一、協會消息

教部社教司提交年會議案議决具覆

教育部社會教育司鑒於各縣市立圖書館或民教館閱覽部購置圖書漫無標準，工作活動多未規定，深感有釐訂圖書設備及工作標準之必要，爰特擬訂改進縣市圖書館行政要點數則，致函本會請提交本屆年會商定一具體辦法，於閉會後，詳為函覆，社教司原函及所附改進縣市圖書館行政要點七則，已於上期會報中披露，本會自接到社教司公函後，即分函各地圖書館之於縣市圖書館，有經驗者請其詳加研討，擬具方案，於年會之前寄交本會，以便彙集於年會時討論，而收集思廣益之效，如期收到者，不在少數，當於年會之第三日（七月二十二日）開全體會員大會，專事討論此項問題，除書面之意見外，臨時發抒者頗多，俱皆彙入紀錄，會歷三小時始畢，僉以為仍有再事慎重研究討論之必要，爰又有特別委員會之產生，於會後，復一再研究討論具體辦法，始告完成，除去函具復社會教育司外，特將原函及所擬關於改進縣市圖書館行政要點之具體辦法披露如左：

逕覆者：前奉

貴司六月二十二日函開「本司鑒於各縣市立圖書館或民教館閱覽部，購置圖書，漫無標準，其工作活動多未規定，深感有釐訂圖書設備及工作標準之必要，惟茲事體大，且關係專門學術，實有賴於圖書館學專家之精密設計，素諗貴會係我國圖書館學專家組織而成，過去各地圖書館之普設，貢獻甚多，最近復定期在青島舉行年會，集全國專家於一堂，共同討論今後圖書館事業之進展，本司以為如此良機，不可多得。特擬訂改進圖書館行政要點數則，附錄於后，請貴會提交年會商定一具體辦法，於閉會後，詳為見告。附改進圖書館行政要點一份。」等因。敝會遵於本屆年會將改進各縣市圖書館行政要點一案，列為專項，慎重討論，謹將討論結果彙編成册，交袁守和先生携京，即希鑒核，酌予採納，實為公便。此致

教育部社會教育司

中華圖書館協會執行委員會謹啓九月十四日

改進縣市圖書館行政要點

（一）縣立圖書館至少限度應備圖書標準

1. 縣立圖書館購書費應佔圖書館經費百分之三十至四十

2. 圖書分量的標準

（1）地方文獻　百分之五

（2）生產教育　百分之十五（應用科學等）

（3）歷史地理　百分之十（國際關係，民族英雄）

（4）公民教育　百分之四

（5）報紙　百分之五

（6）雜誌　百分之十

(7)自然科學　百分之十

(8)衛生　百分之四

(9)文藝　百分之八

(10)社會科學　百分之十

(11)兒童讀物　百分之四

(12)其他　百分之十五

3.圖書內容的標準

(1)文字要深淺適當

(2)內容要充滿實際

(3)條理要簡潔清晰

(4)思想要趨向振作

(5)版本要新近正確

(6)定價要低廉適當

(二)縣立民衆教育館閱覽部應購圖書標準

1.如有縣立圖書館則民衆教育館閱覽部應備圖書標準如後並應與縣立圖書館合作以免重複

(1)購書經費應佔民衆教育館經費百分之十

(2)書籍分配方法

甲，報紙雜誌　百分之三十

乙，通俗讀品　百分之五十

丙，其他　百分之二十

2.如無縣立圖書館其圖書標準得適用第(一)項辦法

(三)縣立圖書館工作標準

1.內部工作

(1)採購

(2)登記

(3)分類編目

(4)典藏

(5)閱覽(圖書陳列)

(6)保存地方文獻

2.其他活動

(1)舉辦流通書庫及巡迴書庫

(2)輔助地方教育興社會事業

(3)推進全縣圖書館事業(如鄉區瀏及學校圖)

(4)推進識字運動(剷除文盲)

(5)指導讀書(尤其關於職業指導之書籍)

(6)廣播及演講

(四)縣立圖書館全縣巡迴圖書辦法

1.組織

(1)劃全縣爲若干區

(2)用管理員若干人(由小學教員或鄉鎮長兼任之)

2.地址

(1)鄉公所或區公所

(2)鄉村小學及私塾

(3)鄉村茶園

(4)祠堂及廟宇

（5）集市及其他公共場所

3.設備

（1）巡廻書担

（2）巡廻書車

（3）巡廻書箱

4.辦法

（1）規定路線

（2）每箱備目錄及巡廻表

5.內容

（1）民衆讀物

（2）幼童讀物

6.數量　百册至五百册

7.時間　二星期至一個月

8.統計及報告

（五）各縣木刻古版保存辦法

1.由縣立圖書館集中保管（私家不能保藏之版本應歸公家保管）

2.調查

3.徵購

4.登記

5.保存（通風；插架；庋藏；修補，防水火，蝕濕設備）

6.印刷流通

7.制止流出海外

（六）縣立圖書館或民衆教育館閱覽部分類編目標準

1.分類

（1）分類法當具原則

甲，適合現有或擬購圖書之性質

乙，類目豐富而有伸縮性

丙，類碼簡明

丁，有適當索引

（2）提出採用之分類法

甲，劉國鈞中國圖書分類法

乙，王雲五中外圖書統一分類法

丙，杜定友杜氏分類法

2.編目

（1）目錄種類

甲，著者目錄

乙，書名目錄

丙，分類目錄

丁，書架目錄

（2）目錄編製　採用劉國鈞中國圖書編目條例或採用國立北平圖書館印就之卡片

（3）目錄形式

甲，卡片式

乙，必要時可印書本式專類目錄

（七）省立圖書館輔導及推進全省圖書館教育工作辦法

1.省立圖書館應按時調查全省各縣圖書館狀況并遣派專員指導籌謀改進

2.編製全省圖書聯合目錄以便各圖書館間互借幷採訪之用

3.省立圖書館應促成全省圖書館間圖書互借其詳細辦法由各該省立圖書館擬定之

4.省立圖書館應負訓練各縣立圖書館館員之責幷視實際情形得設訓練班或函授部

5.協助各縣立圖書館館員赴各大圖書館參觀及實習

6.省立圖書館應設專部以備各縣圖書館之問訊（如建築設備，採購及指導民衆閱讀等問題）

7縣立圖書館用品及書籍等如有特別情形時可請求省立圖書館代爲購置

8.各省省立圖書館應組織全省圖書館委員會及圖書館協會以輔導其全省圖書館教育工作

——摘自《中華圖書館協會會報》一九三六年第十二卷第二期

圖書館暫行規程

民國二十八年九月十二日教育部令甲字第一三二三號公布

第一條　各省及特別市應設圖書館儲集各種圖書供公衆之閱覽各市縣得視地方需要設置之私法人或私人亦得依本規程之規定設置之

第二條　各省市縣所設之圖書館稱省立市立縣立圖書館私法人或私人所設之圖書館稱私立圖書館並應冠以所在地名稱

省立或特別市立圖書館以省或特別市教育行政機關爲主管機關市縣立圖書館以市縣教育行政機關爲主管機關私立圖書館以該館所在地之教育行政機關爲主管機關

第三條　省立或特別市立圖書館設置時應由主管教育行政機關呈報教育部備案市縣立圖書館設置時應由主管教育行政機關呈報教育廳備案

第四條　前條呈報時應開具左列各款

一、名稱
二、地址
三、經費（分臨時費與經常費二項並須註明其來源）
四、現有圖書册數
五、建築圖式及說明
六、章程及規則
七、開館日期

八、館長及館員學歷職務薪給等

私立圖書館應由董事會開具前項所列各款及經費管理人之姓名履歷呈請主管教育行政機關核明立案並由主管教育行政機關轉呈上級教育行政機關備案圖書館之名稱地址經費建築章程館長保管人等如有變更時應照前條及本條之規定分別呈報

第五條　省市縣立圖書館停辦時應由主管教育行政機關呈報上級教育行政機關備案私立圖書館停辦時應經主管教育行政機關核准轉呈上級教育行政機關備案

第六條　圖書館除蒐集中外各圖書外應負責收集保存本地已刊未刊各種有價值之著作品

第七條　圖書館爲便利閱覽起見得設分館巡迴文庫及代辦處並得與就近之學校訂特別協助之約

第八條　圖書館得設館長一人館員若干人館長應具左列資格之一

一、國內外圖書館專科畢業者

二、在圖書館服務三年以上而有成績者

三、對於圖書館事務有相當學識及經驗者

第九條　圖書館職員每年二月底應將辦理情形報告於主管教育行政機關

第十條　圖書館之概況每年六月底由各該主管教育行政機關彙案轉報教育部一次

第十一條　私立圖書館以董事會爲設立者之代表負經營圖書館之全責

私立圖書館董事會有處分財產推選館長監督用人行政議決預算決算之權

私立圖書館董事會之董事第一任由創辦人延聘以後由該會自行推選

第十二條　私立圖書館董事會應於成立時開具左列各款呈請主管教育行政機關核明立案並

由主管敎育行政機關轉呈上級敎育行政機關備案

一、名稱

二、目的

三、事務所之地址

四、關於董事會之組織及職權之規定

五、關於資產或資金或其他收入之規定

六、董事姓名籍貫職業及住址

上列各款如有變更須隨時呈報主管敎育行政機關

第十三條　私人以資財設立或捐助圖書館者得由主管敎育行政機關遵照捐資興學褒奬條例呈報敎育部核明給奬

第十四條　本規程自公布日施行

——摘自《政府公報》一九三九年第七十四號

◉修正圖書館規程

教育部第一七〇五四號部令公布（二八，七，二二，）

第一條　圖書館應遵照中華民國教育宗旨及其實施方針與社會教育目標，儲集各種圖書及地方文獻，供衆閱覽；並得舉辦各種社會教育事業，以提高文化水準。

第二條　各省市（行政院直轄市以下仿此）至少應各設置省市立圖書館一所，各縣市（普通市以下仿此）應於民衆教育館內附設圖書室，其人口衆多，經費充裕，地域遼闊者，得單獨設置縣市立圖書館。地方自治機關，私法人或私人，亦得設立圖書館。

第三條　圖書館由省市設立者，應由省市政府開具左列各事項，咨請教育部核准備案；由縣市設立者，應由縣市政府開具左列各事項，呈報教育廳核准並轉呈教育部備案；由地方自治機關設立者，應由地方自治機關開具左列各事項，呈報縣市政府核准並轉呈教育廳備案。

（一）名稱；

（二）地址；

（三）經費（分開辦經常兩門並註明來源）；

（四）藏書（詳報現有書籍種數册數）；

（五）建築（圖式及其說明）；

（六）章則；

（七）職員（館長館員之學歷，經歷，職務，薪給等）。

第四條 圖書館之變更及停辦，由省市設立者，應由省市政府咨請教育部核准備案，由縣市設立者，應由縣市政府呈報教育廳核准並轉呈教育部備案，由地方自治機關設立者，應由地方自治機關呈報縣市政府核准並轉呈教育廳備案。

第五條 圖書館之由私法人或私人設立者，以董事會爲其設立者之代表，負經營圖書館之全責，有處分財產，推選館長，監督用人行政，議決預算決算之權。

私立圖書館董事會之董事，第一任由創辦人延聘，以後由該會自行推選。

第六條 私立圖書館董事會，應於成立時開具左列各事項呈請當地主管教育行政機關核准并轉呈上級教育行政機關備案。

（一）名稱；

（二）地址；

（三）目的；

（四）董事會之組織及職權之規定；

（五）經費（詳報基金數目及常年收入，支出方面分開辦與經常兩門）；

（六）藏書（詳報現有書籍種數册數）；

（七）建築（圖式及其說明）；

（八）章則；

（九）董事（姓名籍貫職業及住址）；

（十）職員（館長館員之學歷，經歷，職務，薪給等）。

第七條 私立圖書館之變更及停辦，應由私立圖書館董事會呈報當地主管教育行政機關核准，並轉呈上級教育行政機關備案。

第八條 省市立圖書館設置左列各部：

（一）總務部 文書，會計，庶務，及其他不屬於各部之事項屬之。

（二）採編部 選購，徵集，交換，登記，分類，編目等屬之；

（三）閱覽部 閱覽，庋藏，參考，互借等屬之；

（四）特藏部 金石，輿圖，善本，地方文獻等屬之；

（五）研究輔導部 調查，統計，研究，實驗，視察，輔導，圖書館工作人員之進修與訓練及各項推廣事業等屬之。

以上各部，得視地方情形，全部設立或合併設置，其工作大綱另定之。

第九條 縣市立圖書館設置左列各組：

（一）總務組 文書，會計，庶務及其他不屬於各組之事項屬之；

（二）採編組 選購，徵集，交換，登記，分類，編目等屬之；

（三）閱覽組 閱覽，庋藏，參考，互借等屬之；

（四）推廣組 演講，播音，識字，展覽，讀書指導，補習學校及普及圖書教育事項屬之。

以上各組，得視地方情形，全部設立或合併設置，其工作大綱另定之。

第十條 圖書館為便利閱覽起見，應設分館，巡迴文庫，圖書站及代辦處，並得協助學校，辦理圖書閱覽事宜。

第十一條 圖書館設館長一人，綜理館務。省立者由教育廳遴選合於本規程第十三條資格之人員，提請省政府會議決定後派充之，市（行政院直轄市）立者由市教育行政機關遴選合於本規程第十三條資格之人員，呈請市政府核准後派充之，均應呈報教育部備案。縣市立者由縣市政府遴選合於本規程第十六條資格之人員，呈請教育廳核准後派充之；但教育廳於必要時，得直接遴選合格人員派充之。地方自治機關設立者，由設立之機關遴選合格人員，呈請縣市政府核准後派充之；私法人或私人設立者，由私法人之代表或設立者兼任或聘任合格人員充任之；並呈報主管教育行政機關核准備案。

第十二條　圖書館每部或每組設主任一人，幹事若干人（由主管教育行政機關視各館事務之繁簡規定最高或最低員額），由館長遴選合於本規程第十四條第十五條及第十七條資格之人員任用之，並呈報主管教育行政機關備案。圖書館長應兼一部或一組主任，但不得兼薪。

第十三條　省市立圖書館館長，須品格健全，才學優良，且具有左列資格之一者：

（一）圖書館專科學校或圖書館專修科畢業，曾任圖書館職務一年以上，著有成績者；

（二）師範學院教育學院或教育科系畢業，曾任圖書館職務二年以上，著有成績者，

（三）大學或其他專科學校畢業曾受圖書館專業訓練並曾任圖書館職務三年以上，著有成績者；

（四）在學術上確有特殊貢獻，並對於圖書館學素有研究者。

第十四條　省市立圖書館各部主任，須品格健全，其所任職務，爲其所擅長，且具有左列資格之一者：

（一）圖書館專科學校或圖書館專修科畢業者；

（二）師範學院教育學院或教育科系畢業者；

（三）大學或其他專科學校畢業曾受圖書館專業訓練者；

（四）中等學校畢業曾任圖書館職務三年以上者。

第十五條　省市立圖書館幹事，須品格健全，且具有左列資格之一者：

（一）具有前條各款資格之一者；

（二）中等學校畢業曾任教育職務二年以上者；

（三）對於圖書館職務有相當學識及經驗者。

第十六條　縣市立圖書館館長，須品格健全，才學優良且具有左列資格之一者：

（一）圖書館專科學校或圖書館專修科畢業者；
（二）師範學院教育學院或教育科系畢業者；
（三）大學或其他專科學校畢業曾受圖書館專業訓練者；
（四）在學術上確有貢獻並對於圖書館學素有研究者。

第十七條　縣市立圖書館各組主任及幹事，須品格健全，且具有左列資格之一者：
（一）具有前條各款資格之一者；
（二）中等學校畢業曾任教育職務一年以上者；
（三）對於圖書館職務有相當學識及經驗者。

第十八條　圖書館得酌用助理幹事。

第十九條　地方自治機關私法人或私人設立之圖書館，其內部組織及職員資格，應比照縣市立圖書館之規定。

第二十條　圖書館應舉行左列會議：
（一）館務會議　由館長及各主任組織之，以館長爲主席，討論全館一切興革事項，每月開會一次。
（二）輔導或推廣會議　由館長各主任及各該地方內有關之教育行政機關代表組織之，以館長爲主席，討論圖書館辦理輔導或推廣事業之興革事項，每半年開會一次。

第廿一條　圖書館應設置左列各會：
（一）小組討論會　由各主任及幹事分別組織之，以部或組主任爲主席，負研究有關學術及討論改進工作之責每週開會一次。
（二）經費稽核委員會　由各主任及全體幹事互推三人至五人爲委員（總務主任會計庶務不得爲委員）組織之，委員輪流充當主席，負審核收支帳目及單據之責，每月開會一次。

第廿二條　圖書館爲謀事業之發展起見，得聯絡地方黨政機關社會團體及熱心圖書館事業人士，組織各種委員會。

第廿三條　省市立圖書館及民衆教育館應分別輔導，縣市及地方自治機關公立或私立圖書館，並謀事業之聯繫，其輔導辦法另定之。

第廿四條　圖書館應於每年度開始前一個月內，造具下年度事業進行計劃及經費預算書，呈報主管教育行政機關查核備案。

第廿五條　圖書館應於每年度終了後一個月內，造具上年度工作報告及經費計算書，呈報主管教育行政機關查核備案。

前項事業進行計劃及工作報告，縣市立者應轉報教育廳備查；省市立者應轉報教育部備查。

第廿六條　圖書館經常費分配之標準，薪工不得高於百分之五十，事業費及圖書館購置費不得低於百分之四十，辦公費佔百分之十。

第廿七條　圖書館設備標準另定之。

第廿八條　圖書館之章程及辦事細則，由館長定之。縣市立者應呈報縣市教育行政機關核准並轉呈教育廳備查，省市立者應呈報省市教育行政機關核准並轉報教育部備案。

第廿九條　圖書館應備齊各種財產目錄閱覽紀錄表册以備查核。

第三十條　圖書館休假，得採用例假之次日補行辦法或按事業之性質，分職員爲兩組，於例假日及次日更番休假，寒暑假期，應比照當地學校假期，分職員爲兩組，更番休假，事業照常進行。

第卅一條　圖書館每日工作時間，以八小時爲原則，並須酌量地方情形，於晚間開放。

第卅二條　本規程得由教育部于必要時修改之。

第卅三條　本規程自公布之日施行。

——摘自《教育部公報》一九四〇年第十一卷第七—九期合刊

法規

普及全國圖書教育暫行辦法

第九七二號三十年二月

第一條　教育部為普及全國圖書教育，以提高文化水準起見，特訂定本辦法。

第二條　各省市（行政院直轄市以下倣此）已設置省市立圖書館者應即設法充實其設備，發揮其效能，其未設置者，應於民國三十年度內一律設立各省市至少先設立一所，並須依經濟能力，地方需要，逐漸增設。

第三條　各縣市（普通市以下倣此）已設置縣市立圖書館者，應即充實設備，其未設置者，應於民國三十年度內一律設立，經費困難之縣市，得呈由省市政府依照實際情形，酌予補助。

第四條　各鄉（鎮）應於民國三十年度內設置書報閱覽室一所，並應逐漸增設，以期每保有書報閱覽室一所，其經費以鄉（鎮）自籌為原則，貧瘠鄉（鎮）得由縣市政府補助。

第五條　各級圖書館應儘量於集鎮或人煙稠密之處設置分館或書報閱覽室，以便利閱覽。

第六條　各級學校及各機關團體附設之圖書館室，應一律開放，供民衆閱覽，開放辦法另訂之。

第七條　各級圖書館除遵照圖書館輔導各地社會教育機關圖書教育辦法大綱之規定，輔導圖書教育事業外，國立中央圖書館應設置書報供應總站，省市立圖書館應設置書報供應分站，縣市立圖書館應設置書報供應支站，辦理各圖書館室及書報閱覽室書報供應事宜。

第八條　書報供應總站應設法蒐集有關三民主義及抗戰建國與各種科學之書報雜誌，並視其需要，加以翻印，分寄各省，市立圖書館及書報供應分站應用，各書報供應分站除轉發總站所寄發之書報雜誌外，並應設法蒐集有關三民主義及抗戰建國與各種科學之書報雜誌加印分寄各該省境內各縣市立圖書館及書報供應支站應用，各書報供應支站應將分站所寄發之書報雜誌，悉數分寄各該縣市境內各圖書館室及書報閱覽室應用。

第九條　各級書報供應站得酌量情形受私人委託代向書局或其他圖書館訂購或借閱書報事宜，其辦法另定之。

第十條　各級書報供應站由各級圖書館館長兼任主任並指派館內職員協助辦理，必要時得設置專人，所需經費，應在各該圖書館經費預算內增列專項開支。

第十一條　各書報供應站工作情形，應每兩月列表呈報主管教育行政機關一次，以備查核，各書報供應分支站並應另將送書報供應總站一份備查。

第十二條　圖書館經常費，省市立者，每年不得少於三萬元，縣市立者，每年不得少於三千元，鄉（鎮）書報閱覽室，每年不得少於五百元。其分配標準應依照修正圖書館規程第二十六條辦理。

第十三條　各鄉（鎮）書報閱覽室得附設於鄉（鎮）中心學校及保國民學校辦理。

第十四條　圖書館設備標準另行訂定，在未頒佈以前縣市立圖書館及鄉（鎮）書報閱覽室選購書報，應依左列之原則：

一、闡揚三民主義者；

二、適應抗戰建國之需要者；

三、有關一般民衆之職業及生活者；

四、有益於一般民衆個人修養及社會風俗文化之提高增進者；

五、文字通俗暢達，內容切要充實，印刷清楚者；

第十五條　中央圖書館對於圖書館幹部人員，應積極設法訓練，以應各方需要。

第十六條　各級教育行政機關，應儘量鼓勵私人或私法人設立圖書館，並得比照捐資興學辦法呈請中央予以獎勵。

第十七條　本辦法自公佈之日施行。

——摘自《教育部公報》一九四一年第十三卷第三、四期合刊

三十二年度教育部補助各省市縣民衆教育館圖書館設備費辦法

第一三三六五號訓令頒發（三十二年五月十二日）

一、本部為充實各省市縣民衆教育館圖書館設備起見特撥款補助之

二、本年補助之館以上年度辦理成績最優者為限其館數及補助費規定如下：

（一）各省立民衆教育館圖書館每省各補助一所至二所補助費自五千元至一萬元（　）

（二）各省縣立民衆教育館圖書館每省補助一所至十所補助費自一千元至二千元（

（三）省屬市立民衆教育館僅設一所而成績優良者比照縣民衆教育館補助費數辦理

（四）各省市經呈准立案之私立圖書館共補助五所至十所補助費比照縣立圖書館辦理

三、各省市教育廳局應根據視察結果將上年實施成績最優之館工作計劃及辦理成績對照表呈部審核並得由部令派視導人員實地視察以為審核根據（三）

四、各省市教育廳局應比照本部補助數額同樣予以補助其屬縣市者並應轉飭各縣市政府籌撥相同經費撥之

五、本部補助費於核定後發給各省市教育廳局轉發各廳局應連同加給之補助費隨時轉發不得移用

六、各館於本部及各主管機關補助費撥到後應即着手計劃為購置各項設備並須於兩個月內辦竣

七、民衆教育館購置物品應以書籍掛圖標本模型及體育娛樂衛生等用具為範圍圖書館購置物品應以書籍掛圖為範圍均不得作為添製傢具或挪作他用有違反經查明後將主管人員從嚴懲處

八、各館設備購置計劃應呈經主管機關核准購置完竣後應造具清冊呈報主管機關轉報本部備查

九、各省市教育廳局視導人員視察各館時應隨時注意該項設備保管及運用情形予以指導

十、本辦法由教育部訂定施行

——摘自《教育部公報》一九四三年第十五卷第五期

普及全國圖書教育辦法

第六二三九號部令公布（三十二年十二月二十一日）

第一條 教育部為普及全國圖書教育以提高文化水準起見特訂定本辦法

第二條 各省市（院轄市以下倣此）已設置省市立圖書館者應及設法充實其設備發揮其效能其未設置者應即一律設置各省市至少應先設立一所並須依經濟能力地方需要逐漸增設

第三條 各縣市（省轄市以下倣此）依照經濟能力應設置縣市立圖書館或在民衆教育館內附設圖書室經費困難之縣市得呈由省市政府依照實際情形酌予補助

第四條 各鄉鎮應即設置書報閱覽室一所並應逐漸增設以期每保有書報閱覽室一所其經費以鄉鎮自籌為原則貧瘠鄉鎮得由縣市政府補助

第五條 各級圖書館應儘量於集鎮或人口稠密之處設置分館或書報閱覽室以利閱覽

第六條 各級學校及各機關團體附設之圖書館應一律開放供民衆閱覽開放辦法另訂之

第七條 各級圖書館除遵照圖書館輔導各地社會教育機關圖書教育辦法之規定輔導圖書教育事業外並得設置書報供應站辦理各該下級圖書館室及書報閱覽室書報供應事宜其辦法另定之。

第八條 各級圖書館書報供應站得酌量情形受私人委託代向書局或其

他圖書館訂購或借閱書報事宜

第九條　各級圖書館書報供應站由各納圖書館館長兼任主任並指派館內職員協助辦理必要時得設置專人所需經費應在各該圖書館經費預算內增列專項開支

第十條　圖書館經常費省市立者每年不得少於五萬元縣市立者每年不得少於一萬五千元鄉鎮書報閱覽室每年不得少於二千元其分配標準應依照圖書館規程第二十六條辦理。

第十一條　鄉鎮書報閱覽室得附設於鄉鎮中心學校及保國民學校辦理。

第十二條　圖書館設備標準表另行訂定在未頒佈以前縣市立圖書館及鄉鎮書報閱覽室選購書報應以合於左列各項原則者爲準。

一、闡揚三民主義者

二、適應抗戰建國之需要者，

三、有關一般民衆之職業及生活者

四、有益於一般民衆個人修養及社會風俗文化之提高增進者。

五，文字通俗條達內容切要充實印刷清楚者

第十三條　各省市教育廳局及國立圖書館，對於圖書館幹部人員應積極設法訓練以應各方需要

第十四條　各級教育行政機關應儘量鼓勵私人或私法人設立圖書館並得依照捐資興學褒獎條例酌予以鼓勵

第十五條　本辦法自公佈之日施行。

——摘自《教育部公報》一九四三年第十五卷第十二期

圖書館工作實施辦法

第一二三三一六號部令公布（三十三年三月十日）

第一條 本辦法依圖書館規程第八第九第二十三條之規定訂定之

第二條 省市（院轄市）立圖書館工作事項如左

1. 總務部

（一）收發登記文件

（二）撰擬文件及典守印信

（三）編製年報彙製表冊

（四）編製預算決算

（五）掌管經費出納及票據冊

（六）登記及保管不屬於圖書之公產公物

（七）購置物品修繕房屋及一切庶務事項

（八）辦理不屬於其他各部事項

2. 採編部

（一）選購或徵集中外圖書表冊本省文獻及其他文獻物品

（二）辦理圖書館與國內外各機關團體之圖書交換事宜

（三）整理書店出版之圖書目錄及其他輔選購用具

（四）辦理圖書登記並編製圖書統計

（五）辦理館藏圖書表冊之分類

（六）編製館藏圖書表冊之各類目錄片及書本目錄

（七）編製圖書論文索引及專題書目

（八）辦理各類卡片之排列並整理破舊卡片

（九）會同閱覽部辦理館藏圖書與目錄片之查對事項每年至少舉行普查一次及抽查若干次

（十）辦理其他關於採編事項

（四）編輯各項課程專目指導讀者研究

（五）研究讀者讀書興趣輔導書局編印書籍

（六）舉辦圖書館員暑期講習會促進圖書館事業之發展

（七）舉辦全省圖書館員研究會交換專門智識

（八）舉辦巡迴文庫圖書站及代辦處

（九）舉辦民衆同學處民衆學校或補習學校

（十）協助各學校團體機關辦理圖書閱覽事宜

(十一)辦理其他關於研究輔導事項

第三條 縣市(省轄市)立圖書館工作事項如左

1.總務組

(一)收發登記文件

(二)撰擬文件及典守印信

(三)編製年報彙製表冊

(四)編製預算決算

(五)掌管經費出納及票據賬冊

(六)登記及保管不屬於圖書之公產公物

(七)購置物品修繕房屋及一切庶務事項

(八)辦理不屬於其他各部事項

2.採編組

(一)選購征集圖書表冊及地方文獻

(二)辦理圖書及交換事宜

(三)整理書店出版之圖書目錄及其他輔導用具

(四)辦理圖書登記并編製圖書統計

3.閱覽部

(一)辦理已分類編目之圖書庫藏與歸架事項並負保管之責

(二)辦理閱覽人之登記及圖書之出納

(三)答復閱覽人之普通諮詢指導閱覽人使用卡片目錄與圖書

(四)答覆一般參考諮詢並斟酌情形編製各種參考書目

(五)辦理館際間之互借與郵寄

(六)會同採編部辦理館藏圖書與目錄查對事項每年至少舉行普查一次及抽查若干次

(七)編製各種閱覽統計出借互借統計

(八)辦理其他關於閱覽事項

4.特藏部

(一)辦理各種特藏專室設立各專室講座

(二)辦理各特藏專室之閱覽事項

(三)辦理各專室參考諮詢事項

(四)編製各專室閱覽統計

(五)編製各種特藏文獻物品提要說明等事項(如金石拓片善本圖書地方文獻音樂譜及各種專書等)

(六)辦理其他關於特藏事宜

5.研究輔導部

(一)調查省區內各級圖書館之情況并統計之

(二)根據調查與統計編製省區內各級圖書館標準表冊與比較表

(三)舉辦特種圖書館實驗考察各圖書館實況

(四)辦理館藏圖書表冊之分類

(五)編製館藏圖書表冊之各類目錄片并於必要時編製書本目錄

(六)辦理各類卡片之排列并整理破舊卡片

(七)會同閱覽組辦理館藏圖書與目錄片之查對事項每年至少舉行普查一次及抽查若干次

(八)辦理其他關於採編事項

3.閱覽組

(一)辦理已分類編目之圖書庫藏與歸架事項並負保管之責

(二)辦理閱覽人之登記及圖書之出納

(三)答復參考與諮詢指導閱覽人使用卡片目錄與圖書

(四)辦理館際間之互借與郵寄

(五)會同採編組辦理館藏圖館與目錄之查對事項每年至少舉行普查一次及抽查若干次

(六)舉辦兒童閱覽室兒童讀書競賽會兒童故事會等

(七)編製各種閱覽統計出借互借統計

(八)辦理其他關於閱覽事項

4.推廣組

(一)按照市縣人口之分布設立分館圖書店及圖書代辦處

(二)辦理巡迴文庫便利人口稀疏交通不便之山區及邊區民衆

(三)辦理民衆問字處民衆學校或補習學校

(四)於總館分館內設置無線電收音機接收廣播輔導民衆讀書

(五)按期放映幻燈片及教育影片

(六)辦理各項學術講演陳列館藏新書

(七)舉辦讀書顧問指導民衆進修

(八)協助縣市各社教團體黨政學商機關設置圖書館

(九)舉辦巡迴壁報發表民衆論著輔導民衆作家

(十)編製各種推廣統計

(十一)辦理其他關於推廣事項

地方自治機關或私法人或私人設立之圖書館其工作除毋庸辦理輔導事宜外餘照前項各款辦理

第四條 圖書館輔導工作之範圍除社會教育機關協助各級學校兼辦社會教育辦法已有規定者外並依左列規定

(一)省立圖書館應負輔導各該區內圖書館及其他社會教育機關關於圖書教育之責

(二)縣立圖書館應負輔導各該縣區內圖書館及其他社會教育機關關於圖書教育之責

(三)市(院轄市及省轄市)立圖書館應負輔導各該市區內圖書館及其他社會教育機關關於圖書教育之責

第五條 各省市教育行政機關應根據本辦法並參酌地方情形訂定本省市各級圖書館之中心工作及細目

第六條 各級圖書館須依照教育行政機關訂定之中心工作及其細目訂定圖書事業進行計劃輔導計劃暨工作月歷呈報主管教育行政機關備案

第七條 圖書館編造工作報告時須將輔導報告列入呈報主管行政機關備查

第八條 圖書館之施教方法應根據民衆實際需要發展地方特性並聯絡黨政機關社會團體學術文化團體及地方民衆所信仰之人士以增進工作效能所有各種設施並應儘量巡迴推廣

第九條 各級圖書館及館內各部之工作均應取得密切聯繫

第十條 各級圖書館應備齊施教紀錄及統計保存各種憑證以備考核

第十一條 本辦法自公布之日施行

——摘自《教育部公報》一九四四年第十六卷第三期

普及全國圖書教育辦法修正第七條條文

第五六六九九號部令公布（三十三年十一月二十二日）

第七條　各級圖書館除遵照圖書館工作實施辦法之規定輔導圖書教育事業外並得設置書報供應站辦理各該下級圖書館室及書報閱覽室書報供應事宜其辦法另定之

——摘自《教育部公報》一九四四年第十六卷第十一期

修正圖書館規程有關主計部份條文

第十九條　省市立圖書館各設會計員一人委任依國民政府主計處設置各機關歲計會計統計人員條例之規定掌理各該館歲計會計事務受各該館館長之指揮並分別受該管上級機關主辦會計人員之監督指揮

——摘自《教育部公報》一九四七年第十九卷第四期

社會教育類

教育部訓令 社字第五三五九二號（卅六年十月三日）

令各省市教育廳局

（修正圖書館規程第九條條文由）

查圖書館規程有關主計部份條文會經本部於本年三月二十六日以社字第一六八六六號訓令再予修改將縣級除外縣級圖書館不設會計專人應仍於該規程第九條（一）總務組文書下加「會計」二字除分令外合行令仰知照幷轉飭知照此令

——摘自《教育部公報》一九四七年第十九卷第十一期

教育法令

圖書館規程

教育部第一七七五二號部令公布(三十六年四月一日)

第一條　圖書館應遵照中華民國教育宗旨及其實施方針與社會教育目標，儲集各種圖書及地方文獻，供衆閱覽；並得舉辦各種社會教育事業，以提高文化水準。

第二條　各省市(行政院直轄市以下仿此)至少應各設置省市立圖書館一所；各縣市(普通市以下仿此)應於民衆教育館內附設圖書館，其人口衆多，經濟充裕，地域遼闊者，得單獨設置縣市立圖書館。地方自治機關，私法人或私人，亦得設立圖書館。

第三條　圖書館由省市設立者，應由省市政府開具左列各事項，咨請教育部核准備案；由縣市設立者，應由縣市開具左列各事項，呈報教育廳核准並轉呈教育部備案；由地方自治機關設立者，應由地方自治機關開具左列各項，呈報縣市政府核准並轉呈教育廳備案。

(一)名稱
(二)地址
(三)經濟(分開辦經常兩門並註明來源)；
(四)藏書(詳報現有書籍種數册數)；
(五)建築(圖式及說明)；
(六)章則；
(七)職員(館長館員之學歷、經歷、職務、薪給等)。

第四條　圖書館之變更及其停辦，由省市設立者，應由省市政府咨請教育部核准備案；由縣市設立者，應由縣市政府呈報教育廳核准並轉呈教育部備案；由地方自治機關設立者，應由地方自治機關呈報縣市政府核准幷轉呈教育廳備案。

第五條　圖書館之由私法人或私人設立者，以董事會爲其設立者之代表負經營圖書館之全責，有處分財產，推選館長，監督用人行政，議決預算決算之權。私立圖書館董事會之董事，第一任由創辦人延聘，以後由該會自行推選。

第六條　私立圖書館董事會，應於成立時開具左列各項，呈請當地主管教育行政機關核准，並呈轉上級教育行政機關備案。

(一)名稱；
(二)地址；
(三)目的；
(四)董事會之組織及職權之規定；
(五)經費(詳報基金數目及常年收入，支出方面分開辦與經常兩門)；
(六)藏書(詳報現有書籍種類册數)；
(七)建築(圖式及其說明)；
(八)章則；
(九)董事(姓名、籍貫、職業及住址)；
(十)職員(館長館員之學歷、經歷、職務、薪給等)

第七條　私立圖書館之變更及停辦，應由私立圖書館董事會呈報當地主管教育行政機關核准，並轉呈上級教育行政機關備案。

第八條　省市立圖書館設置左列各部。

(一)總務部：文書、庶務及其他不屬於各部之事項屬之；
(二)採編部：選購、徵集、交換、登記、分類、編目等屬之；
(三)閱覽部：閱覽、庋藏、參考、互借等屬之；
(四)特藏部：金石、輿圖、善本、地方文獻等屬之；
(五)研究輔導部：調檢、統計、研究、實驗、視察、輔導、圖書館工作人員之進修與訓練及各項推廣事項等屬之；

以上各部，得視地方情形，全部設立或合併設置，其工作大綱另定之。

第九條　縣市立圖書館設置左列各組；

(一)總務組：文書、庶務及其他不屬於各組之事項屬之；
(二)採編組：選購、徵集、交換、登記、分類、編目等屬之；
(三)閱覽組：閱覽、庋藏、參考、互借等屬之；
(四)推廣組：演講、播音、識字、展覽、讀書指導，補習學校及普及圖書教育事項屬之。

以上各組，得視地方情形，全部設立或合併設置，其工作大綱另訂之。

第十條　圖書館爲便利閱覽起見，應設分館，巡迴文庫，圖書站及代辦處，並得協助學校，辦理圖書閱覽事宜。

第十一條　圖書館設館長一人，綜理館務。省立者由教育廳遴選合於本規程第十三條資格之人員，提請省政府會議決定後派充之，市(行政院直轄市)立者由市教育行政機關遴選合於本規程第十三條資格之人員，呈請市政府核准後派充之：均應呈報教育部備案。縣市立者由縣市政府遴選合於本規程第十六條資格之人員，呈請教育廳核准派充之；但教育廳於必要時，得直接遴選合格人員派充之。地方自治機關設立者，由設置之機關遴選合格人員，呈請縣市政府核准後派充之；私法人或私人設立者，由私法人之代表或設立者兼任或聘任合格人員充任之；並呈請主管教育行政機關核准備案。

第十二條　圖書館每部或每組設主任一人，幹事若干人，(由主管教育行政機關視各館事務之繁簡規定最高或最低員額)由館長遴選合於本規程第十四條第十五條及第十七條資格之人員任用之，並呈報主管教育行政機關備案。

第十三條　省市立圖書館館長，須品格健全，，才學優良，且具有左列資格之一者：

(一)圖書館專科學校或圖書館專科畢業，曾任圖書館職務一年以上，著有成績者；

(二)師範學院教育學院或教育科系畢業，曾任圖書館職務二年以上，著有成績者；

(三)大學或其他專科學校畢業曾受圖書館專業訓練並曾任圖書館職務三年以上，著有成績者；

(四)在學術上確有特殊貢獻，並對圖書館學素有研究者。

第十四條　省立圖書館各部主任，須品格健全，其所任職務，爲其所擅長，且具有左列資格之一者：

(一)圖書館專科學校或圖書館專修科畢業者；

(二)師範學院教育學院或教育科系畢業者；

(三)大學或其他專科學校畢業曾受圖書館專業訓練者；

(四)中等學校畢業曾任圖書館職務三年以上者。

第十五條　省立圖書館幹事，須品格健全，且具有左列資格之一者：

(一)具有前條各款資格之一者；

(二)中等學校畢業曾任教育職務二年以上者；

(三)對於圖書館職務有相當學識及經驗者。

第十六條　縣市立圖書館館長，須品格健全，才學優良且具有左列資格之一者：

(一)圖書館專科學校或圖書館專修科畢業者；

(二)師範學院教育學院或教育科系畢業者；

(三)大學或其他專科學校畢業曾受圖書館專業訓練者；

(四)在學術上確有貢獻並對於圖書館學素有研究者。

第十七條　縣市立圖書館各組主任及幹事，須品格健全，且具有左列資格之一者：

(一)具有前條各款資格之一者；

(二)中等學校畢業曾任教育職務一年以上者；

(三)對於圖書館職務有相當學識及經驗者。

第十八條　圖書館得酌用助理幹事。

第十九條　省市立圖書館各設會計員一人，委任依國民政府主計處設置各機關歲計會計統計人員條例之規定，掌理各該館歲計會計事務，受各該館館長之指揮，並分別受各該管上級機關主辦會計人員之監督指揮。

第二十條　地方自治機關私法人或私人設立之圖書館，其內部組織及職員資格，應比照縣市立圖書館之規定。

第二十一條　圖書館應舉行左列會議：

(一)館務會議：由館長及各主任組織之，以館長爲主席，討論全館一切興革事項。每月開會一次。

(二)輔導或推廣會議：由館長各主任及各該地方內有關之教育行政機關代表組織之，以館長爲主席，討論圖書館辦理輔導或推廣事業之興革事項，每半年開會一次。

第二十二條　圖書館應設置左列各會：

(一)小組討論會：由各主任及幹事分別組織之，以部或組主任爲主席，負研究有關學校及討論改進工作之責，每週開會一次。

(二)經費稽核委員會：由各主任及全體幹事互推三人至五人爲委員(總務主任會計庶務不得爲委員)組織之，委員輪流充當主席，負審核收支帳目及單據之責，每月開會一次。

第二十三條　圖書館爲謀事業之發展起見，得聯絡地方黨政機關社會團體及熱心圖書館事業人士，組織各種委員會。

第二十四條　省市立圖書館及民衆教育館應分別輔導縣市及地方自治機關公立或私立圖書館，並謀事業之聯繫，其輔導辦法另定之。

第二十五條　圖書館應於每年度開始前一個月內，造具下年度事業進行計劃及經費預算書，呈報主管教育行政機關查核備案。

第二十六條　圖書館應於每年度終了後一個月內，製具年度工作報告及經費計算書，呈報主管教育行政機關查核備案。

第二十七條　圖書館經常費分配之標準，薪工不得高於百分之五十，事業費及圖書館購置費不得低於百分之四十，辦公費佔百分之十。

第二十八條　圖書館設備標準另訂之。

第二十九條　圖書館之章程及辦事細則，由館長定之。縣市立者應呈報縣市教育行政機關核准並轉呈教育廳備案，省市立者應呈報省市教育行政機關核准並轉報教育部備案。

第三十條　圖書館應備齊各種財產目錄閱覽記錄表册，以備查核。

第三十一條　圖書館休假，得採用例假之次日補行辦法，或按事業之性質，分職員爲兩組，於例假日及次日更番休假，寒暑假期，應比照當地學校假期，分職員爲兩組，更番休假，事業照常進行。

第三十二條　圖書館每日工作時間，以八小時爲原則，並須酌量地方情形，於晚間開放。

第三十三條　本規程得由教育部於必要時修改之。

第三十四條　本規程自公佈之日施行。

——摘自《教育通訊》一九四八年復刊第五卷第四期

指令京師圖書館所呈修訂暫行辦事規則准如所擬辦理文第三百二十號　五年十二月三十日

據呈修訂該館暫行辦事規則已悉查核規則各條尚屬妥協除第二條略爲修改外均准如所擬辦理此令

附原呈

呈爲呈送修訂暫行辦事規則懇請鑒核事竊查本館暫行辦事規則十四條業於民國四年七月奉批照准在案施行以來尚稱便利惟開館在即事務殷繁該規則訂定於籌備之時未便沿用於開館之後自應將規則悉心修改以臻妥洽茲擬具修訂暫行辦事規則十三條理合備文呈送大部伏乞鑒核施行謹呈

計抄規則一份

第一條　京師圖書館除館長外置主任及事務員前項人員外得僱用錄事及匠工

第二條　主任商承館長處理館務指揮監督所屬事務員但關主任時得由館長就事務員中指定一人代行其職務

第三條　事務員受主任之指揮監督分掌左列三科事務

一目錄課

二庋藏課

三總務課

第四條　目錄課職掌如左

一關於目錄之編製整理統計事項　二關於圖書解題事項　三關於應增應汰之圖書調查事項　四關於閱覽室之設備整理及物品之保管事項　五關於雜誌講義錄新聞紙之裝訂事項　六關於閱覽人之招待及統計事項　七關於主管事務附屬物品之整理保管事項

第五條　庋藏課職掌如左

一關於圖書之出納修訂整理保管及統計事項　二關於圖書原簿之記錄保管事項　三關於閱覽圖書出納事項　四關於圖書借出館外事項　五關於寄存圖書之記錄保管事項　六關於圖書閱覽次數之記錄及統計事項　七關於主管事務附屬物品之整理保管事項

第六條　總務課職掌如左

甲　文牘

一關於印記典守事項　二關於文牘之起草収發及文卷之整理保管事項　三關於報告及通知事項　四關於優待券及贈券事項　五關於館中經過事實記錄事項

乙　會計

六關於豫算決算事項　七關於款項出納事項　八關於會計賬簿之整理保管及報告事項　九關於財產（除去圖書及各課主管事項附屬物品不計）之保管及財產目錄之整理

丙　庶務

十關於事務員等姓名履歷住所及畫到請假直宿各項記錄保管事項　十一關於警備門禁及衛生事項　十二

關於營造修繕事項　十三關於巡視及匠工僕役之監督事項　十四關於主管事務附屬物品之整理保管事項　十五凡不屬他課各事項

第七條　事務員對於所管事務應負完全責任

第八條　事務員辦事定時如左表

自一月一日起至三月三十一日止每日上午九時起下午四時半止

自四月一日起至九月三十一日止每日上午八時起至下午五時止

自十月一日起至十二月三十一日止每日上午九時起至下午四時半止

事務員休息日如左表

歲首　自一月一日起至一月三日止

每週月曜日　四節日　國慶紀念日

歲末　自十二月二十九日起至十二月三十一日止

第九條　事務繁劇及有特別事件時主任得委託事務員於規定時間外或休息日辦事

第十條　事務員因或不得已事故請假在十日以內者得囑託他員代理但至十日以上者由主任派員代理其薪俸十分之六歸代理人

第十一條　除辦公時間外每日應有事務員一人在館輪值若有必要事故囑託他員代理者須經主任認可

第十二條　主任認爲必要時得於本規則外訂定辦事上之規則程序

第十三條　本規則自十二月三十日施行

——摘自《教育公報》一九一七年第三期

指令京師圖書館送修正該館暫行圖書閱覽規則准備案文第六十四號 六年二月二日

據呈暨該館暫行圖書閱覽規則均悉查該項規則前經本部簽改各條既由該館遵照修正應准備案此令

附原呈及規則

呈爲呈送修正本館暫行圖書閱覽規則懇請鑒核事本年一月十二日案奉鈞部指令內開據呈暨閱覽規則均悉查該館擬定暫行圖書閱覽規則十九條大致妥善間有應改正之處業經逐條簽改仰即遵照修正原摺發還等因奉此當即遵照修正依式付印茲謹檢同印就圖書閱覽規則一份備文呈送鑒核備案施行謹呈

京師圖書館暫行圖書閱覽規則

第一條　本館每日開館閱覽時間如左表

自一月起至三月止每日午前十時起至午後五時止

自四月起至九月止每日午前九時起至午後六時止

自十月起至十二月止每日午前十時起至午後五時止

閱覽起止時間以鳴鈴爲號

第二條　本館閉館日停止閱覽定如左表

歲首　自一月一日起至一月三日止

每週月曜日

四節日

國慶紀念日

歲末　自十二月二十九日起至十二月三十一日止

曝書日　每年約十五日由本館訂定日期於前二週間布告

但因有特別事故臨時閉館另行布告

第三條　本館閱覽券分六種

甲　普通閱覽券一張收銅元二枚　十張收銅元十二枚

乙　新聞雜誌閱覽券一張收銅元一枚

丙　學生閱覽普通書券一張收銅元一枚

丁　學生閱覽新聞雜誌券不收費

戊　善本書閱覽券一張收銅元十枚　十張收銅元六十枚

已　四庫書閱覽券一張收銅元五枚　十張收銅元二十四枚

凡到館閱書者須先購甲種或丙種券欲閱善本書者加購戊種券閱四庫書者加購已種券

閱報者購乙種券或取丁種券

閱報者如欲閱書可加購丙種券欲閱善本或四庫書者可再加購戊種或已種券

第四條　凡購善本及四庫書閱覽券者至特別閱覽室閱書購普通閱覽券者至普通閱覽室閱書皆先向領書處換取領書証填寫姓名籍貫職業住址取閱何書並按照書目注明號數交由領書處檢發閱畢仍繳交領書處持新聞雜誌閱覽券者至閱報室閱覽婦女閱書者至婦女閱書室閱覽

第五條　凡捐贈書籍於本館者本館當酌贈優待券持券人館不收券資其贈券辦法別定之

第六條　各官署學校得具正式公函領取優待券

第七條　凡持有本館甲種優待券者得閱覽善本書持有乙種優待券者得閱覽普通書

第八條　每次閱書善本書以一種二冊為限卷軸以二卷為限四庫書以一種一函為限普通書華裝以三種十冊為限西裝以三種五冊為限閱畢掉換即於領書証第一次換書欄內塡寫書名號數如閱畢後再欲掉換即填於第二次換書欄內換書以二次為限

第九條　館書為公共之物閱者各宜愛護如有點污損壞或毀失者須賠償相同之書或相當之價值

第十條　善本書中有舊槧秘笈海內罕傳且紙質脆弱易損者特別保存不供閱覽俟經費稍裕當裝置玻璃橱架中以

便參觀

第十一條 本館別備休憩室以供閱覽人閑談或飲茶吸菸時之用

第十二條 閱覽室內所揭閱覽人注意各條閱者宜各遵守

第十三條 閱畢如欲出館須領取出門劵携交購劵處以便統計

第十四條 有傳染病或瘋癲酒醉及衣履不整者不得入館

第十五條 閱覽室設有投函箱閱覽者如曾見有用圖書爲本館所未備者希即投函相告本館當量財力之所及儘先購買

第十六條 欲得善本書籍卷軸攝影者須經館長許可並繳相當之費用其金額俟臨時酌定

第十七條 本館圖書除有特別規定外概不貸出

第十八條 凡參觀者先期函知本館經館長或主任認可後由館通知定時招待參觀者須遵守本館參觀規則

第十九條 本規則自核准日施行

——摘自《教育公報》一九一七年第五期

指令京師圖書館所請釐定購劵規則應准照辦文 第一百零八號 六年二月十六日

據呈暨購劵規則均悉所請釐定購劵規則以免流弊等情尚屬妥協應准照辦此令

附原呈

呈爲釐定購劵規則懇請核准以便實施事竊以本館開館以來經驗未深建築不甚合用書籍種類不一閱覽劵亦有甲乙丙丁戊己六種及甲乙二種優待劵甲戊己廉價劵三種共計有十一種之多俱詳暫行圖書閱覽規則之中業經大部核准施行在案惟查購劵規則未定閱書者往往有一人兼買戊己二種閱覽劵或一日內用優待廉價等劵二條以上每次還書時照章必給以出門劵一張其第一次得出門劵者第二次借書乘閱書人多不便稽查之時即可懷挾出門不再交還目下雖尚未見諸事實惟既有流弊不能不預爲之防又館章買劵收資各有統計如一人可兼買二劵則挾劵出門無從查核自開館後戊己二種閱覽劵已被持去三張在統計上既有資劵不符之病而閱覽劵被帶出館難免無僞造等弊茲擬定購劵規則數條分別普通特別二種出門劵顏色俾閱書者無不便之感而本館亦無遺失書本被造僞劵紛亂統計之虞且不必變更閱覽規則重製閱覽劵等理合檢同購劵規則一分懇請大部批准以便早日施行而免流弊謹呈

附購劵規則

一閱普通書者交還原書後領取白色出門劵

一閱特別書庫善本與四全書者交還原書後領取藍色出門卷

一持有白色出門劵或普通劵者得買特別劵同時須交還之
一徒手或持有藍色出門劵者不得買特別劵
一一人只准買普通劵一張特別劵有二種一人可任買一張不得兼買兩張如須二日內閲二種書者可出門一次再入門買劵
一如買劵後未閲書者須申明理由向售劵處交換藍色出門劵並領還劵資
一未買普通劵或閲報劵者不得入門不交還出門劵者不得出門
一閲報者閲畢後以閲報劵換領藍色出門劵
一持有優待劵或買廉價劵者亦須持有普通劵或白色出門劵一人只准購十條欲多購者不妨用完後再購

優待劵及廉價劵用法

用聯票一條領書時須交館員撕下自行撕下者作爲無効
一日只准使用一條其次條上由館員印明使用日期
如一人兼持有戊己二種廉價劵者還書時須申明兼看二種書籍
第一次還書時不發出門劵

規則說明

本館開館未久借用國子監舊樣建築與圖書館管理上頗多窒礙又書籍劵類既多閲覽劵亦分數種如不定有嚴密之規則於管理統計上至爲不便玆於本館未遷午門以前暫定購劵規則數條以便閲覽而免紛歧

——摘自《教育公報》一九一七年第六期

指令圖書閱覽所所擬閱覽規則尚稱允協准備案文 第五百七十七號 六年九月十二日

據呈暨規則均悉查該所所擬閱覽規則十五條均屬允協應准備案仰即知照此令

附原呈

呈爲擬定圖書閱覽所閱覽規則請核准備案事竊本所開幕及啓用章記日期均已呈報在案惟閱覽圖書須有一定程序以便遵守而利進行當經不讓率同事務員斟酌本所情形悉心擬訂閱覽規則十五條是否有當理合備文呈請大部鑒核施行謹呈

附中央公園圖書閱覽所閱覽規則

第一條　本所閱覽規則凡閱覽人均須遵守之

第二條　本所儲備各種圖書專供來所閱覽不得攜出

第三條　閱覽人到所應購入覽券憑券入所閱報紙者即可逕至閱報處閱覽如欲閱圖書須持此券換取領書證填寫姓名及所欲閱圖書名稱號數冊數交發書處領書

第四條　凡著制服之小學校學生兒童及軍人來所閱覽者得領免費券但入覽手續與前一律

第五條　本所入覽券價值另以揭告規定之

第六條　本所閱覽室分設男女兒童各閱書處閱覽人須按路線循序入座

第七條　閱覽圖書同時不得過二種以上每種以十冊或二函爲限如欲復閱他書須將前書繳清再行領取

第八條　圖書閱畢交收書處如數收清再領回原入覽券繳還收券處方可出所

第九條　閱覽人隨身物件須自行照管凡危險及笨重物件不得帶入閱覽室

第十條　本所閱覽時間按季酌定臨時揭告

第十一條　本所停止閱覽日期除因曝書或因故臨時停閱另行揭告外概於普通例假之次日行之

第十二條　本所圖書及一切物品閱覽人均宜愛護勿得塗抹污損摺皺若有損壞或遺失須賠償同等之物或相當價值

第十三條　閱覽室內勿得朗讀及大聲互語致妨他人閱覽並禁止食物吸煙隨便唾涕斜倚臥睡等事

第十四條　有不遵守前條之規定或癲癡酒醉及有傳染疾者經事務員發現時得隨時令其出所

第十五條　本規則自核准日施行

教育部指令第一三一號八年一月二十一日

令京師圖書館

呈一件擬變通捐助圖書褒獎辦法由

據呈擬變通捐助圖書褒獎辦法尚稱允協應卽照准此令

附原呈

呈爲變通捐助圖書褒獎辦法事竊查教育部捐資興學褒獎條例第一條創辦或捐助圖書館得援照給奬是苟捐助圖書價值較鉅者原可核計數目依本條給予褒獎惟捐助圖書之人或意在振興學術表章文藝不願與捐資同論若但援常例給奬辦理不無窒碍擬請量予變通除捐助書籍有價目可計自願依褒奬條例分別核奬者仍予照例辦理外凡遇捐助善本藏書及卷帙較多不願計資給奬者准予另案陳明酌給奬章匾額其捐贈尤多裨益學術教育尤鉅者並得呈請大總統特予褒奬庶以見大部徵求文獻之苦心卽以助國內圖書館之發達所有擬請變通捐助圖書奬例各緣由是否有當理合呈請訓示遵行謹呈

——摘自《江蘇教育公報》一九一九年第一期

指令第六十四號八年一月十一日

令京師圖書館

呈一件送改訂藏書流布暫行規則請示遵由

據呈擬改訂該館藏書流布暫行規則十二條均屬妥協應即照准此令

命令

附原呈

呈爲改訂本館藏書流布暫行規則十二條繕摺懇請鑒核事竊查本館藏書流布暫行規則曾由前館長主任於去年三月間擬訂十一條呈請鑒核在案嗣於是年五月奉到鈞部指令飭照簽出改正等因未及遵辦該館長主任等均因改任去職遂至延擱至今現在商務印書館既經呈准許其印行本館之書籍卷軸該規則實有遵守之必要惟事過一年前後情形已多不同故該規則自有應行修改之處謹詳加斟酌增改爲十二條另摺繕呈倘荷鑒允試行可否刊登政府公報及教育公報以便公布周知伏乞鈞裁訓示遵行謹

呈

附規則

第一條　本館爲流布藏書起見擬將所藏善本書籍及文津閣四庫全書敦煌石室寫經均許人攝影及轉抄之

第二條　凡欲攝影或轉抄本館書籍卷軸者須先聲明是否印行呈經教育部核准再與本館商訂辦理

第三條　按照本館閱覽規則第十六條之規定凡欲將本館書籍卷軸攝影或轉抄者須繳左表之費額但本館爲增徵圖書與訂有特別契約者酌量優免之

種類	數目	費額	
		攝影	轉抄
宋元舊槧及其抄本	一冊	四元	二元
明刊及其抄本	一冊	二元	一元
清精寫及名人校抄本	一冊	一元	五角
文津閣四庫全書	一冊	一元	五角
敦煌石室寫經	一卷	二元	一元

如欲一冊或一卷內節取攝影或轉抄者得臨時與本館商訂辦理冊卷有特殊情形者亦依上欵辦理

第四條　本館收藏善本書籍卷軸均係舊裝古本凡攝影及轉抄者應加意珍惜不得拆訂或影抄之但有不得已時經

本館特許拆訂者應收拆訂諸費其費額臨時酌定

第五條　凡攝影或轉抄本館書籍卷軸者如有毀失汚損情事應負賠償之責賠償金額臨時由本館酌定

第六條　凡欲攝影或轉抄本館書籍卷軸者須先期指定其種類數目每一次不得逾左定之限制

宋元舊槧及其抄本　一部至三部

明刊及其抄本　一部至五部

清精寫及名人校抄本　一部至五部

文津閣四庫全書　一部至十部

敦煌石室寫經　一卷至十卷

第七條　凡攝影或轉抄本館書籍卷軸者須按照訂定之部數卷數與本館商訂開始及竣事期限在訂定期限內他人不得同時再請抄攝

第八條　凡攝影或轉抄本館書籍卷軸者均須在館內指定之地行之併按照閱覽規則由本館酌給免費劵往來繳驗不得任意出入

第九條　凡攝影或轉抄本館書籍卷軸者均須聽受監視員命令之指導糾察倘有不服及認爲違反各項規則時得停止其抄影

第十條　凡遵照本規則攝影或轉抄本館書籍卷軸者無論何時印行至少須贈送五部於本館

第十一條　本規則未盡事宜由本館隨時修改并呈報教育部備查

第十二條　本規則自奉部核准日施行

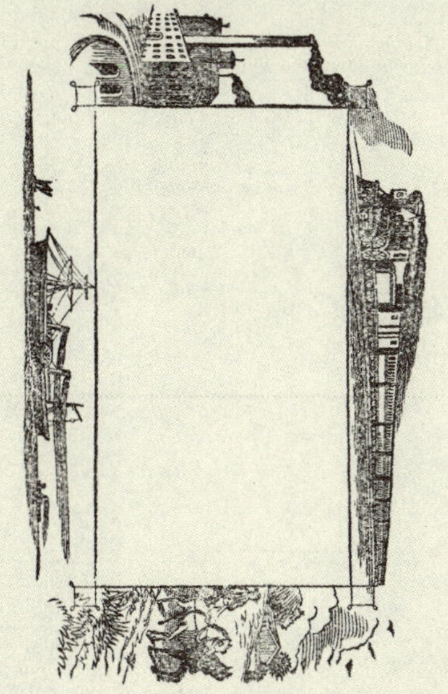

——摘自《教育公報》一九一九年第二期

指令第一百三十二號八年一月二十一日

令京師圖書館

呈一件徵集圖書謹擬簡章請核行由

據呈送徵集圖書簡章已悉核閱所擬簡章均屬妥協應即照准此令

附原呈

呈為徵集圖書謹擬簡章陳請鑒核施行事竊維中國書籍自清初建設四庫搜採之後迄今二三百年公家久未徵求散佚之虞匪可縷舉私家為圖書建築館宇者實屬寥寥一遇刀兵水火之災無力保全最易燬滅絳雲之禍前車不遠一也私家藏書最久者海內獨推寧波范氏然天一閣之書今亦散佚蓋子孫不能世世保守勿失二也海通以來外人搜求中國善本孤本之書日盛一日售主迫於饑寒書估但圖厚利數年之後勢必珍籍秘笈盡歸海外書樓中國學者副本亦難寓目三也名人著作及校本未刊行者指不勝屈亦有子孫無力刊行倘知保守者但數傳之後或漸陵夷心血一生空箱飽蠹四也且當四庫搜採之時佚書尚多加以二百年來名臣學士項背相望著述之多尤當及時徵集敝館雖限於經費不能放手購求但抄錄校讎或者尚易為力況熱心之士苟知公家保存可以長久或且樂意捐助亦未可知總之在館中能多一冊書即學術上多受一分利益倘或再稽時日竊恐異時徵求更屬不易為此謹擬簡章仰乞鈞裁如蒙核准並請一面由部通咨京內外各機關一面由本館函達各省圖書館及海內藏書家以便廣為搜輯所有擬具徵書簡章各緣由理合備文呈述伏候訓示遵行謹呈

附京師圖書館徵求書籍啟

蓋聞二星垂象天分東壁之躔羣玉騰輝地署西崑之府龍圖悊緯紀奇蹟於九頭鳥迹橫從發靈文於四目探衡山之玉簡文命告功觀周史之寶書水精創制雖祖龍肆暴人拾秦灰而子魚收藏經留孔壁陳農奉使西京增天祿之儲景伯編摩東洛聚蘭臺之秘晉更新簿荀勗綜四部源流齊集叢殘王儉訂九篇條例里仁上表隋承五厄之餘元載購書唐重千錢之價宋開內庫詳目錄於崇文元入臨安移牙籤於秘省十艘遠載明廷留廣運之鈐四庫兼儲清代開獻書之路率皆遐徵鈿軸廣輯縹囊合百衲以名琴聚九金而鑄鼎

然而南中印本不免朱子譏評東觀藏書僅許黃童入讀尙難望識大識小爲百姓日用之供見知見仁總九流會歸之極今者道崇汲古學重知新回光喩鏡墨翟尙未極其功精血爲燐淮南猶難神其用矢激水激闞呂覽之微言旁行下行証佉盧之作字記名博物張茂先遜厥宏通學窮格致王陽明慙其固陋詢方言於譯象導源蠑項之書萃重載於汗牛增耀藍皮之色况復近睎三島旁覽五洲奠不館闢嫏嬛珍逾宛委赫號粲爛詎論秦籍四千玉軑巡廻奚止虞初九百蓋其人思殖學俗尙輸公是以連曹車於內府或容積石之倉補周典以孜工無俟千金之賞也本館椎輪經始難揭學海之波廣內藏餘僅抱文津之舊箱羅籤簡愧二酉之儲藏書問龍城待六丁之攝取百家博採入聽爨擬乎焦桐片札皆珍求益無譏於買菜覓河西之忝簡竊比杜林辨汲縣之竹書有慙束晳特恐緘固名山奠訪馬遷之副珍遺赤水難期象罔之求漢書眞本猶貯瓠盧鴻寶遺編惟存秘枕文園封禪之稿待所忠以相求祭酒解字之篇至許沖而後進用是披沙見寶特定簡章引玉投磚恭摅小引所望石渠碩彥金海名家發晏子之墜楹出鄴侯之別傳庶幾字經三食猶留脈望之仙書擁百城不忝小侯之號儒生講論得窺虎觀異同士女觀摩復見鴻都塡咽謹啓

附徵求書籍簡章

一本館徵求之書籍如左

甲公家私家所藏書籍目錄

乙名人未刊之著作

丙善本及名人校本

丁近時木刻及石印鉛印書報

二前條前三類書籍有願其流通而或未印行或係孤本不便捐入本館者可函知本館錄副庋藏其抄錄方法臨時酌定

三第一條第四類書籍無論叢書單本皆可捐贈譯本講義小說雜誌日報亦在此列能捐至數份尤所欣企

四凡捐助本館書籍者當永記姓名於書籍目錄之內幷彙集登報以酬高誼

五捐助大宗書籍價值甚鉅者可援照教育部捐貲興學褒獎條例分別呈部給予褒獎其不願援照捐貲給獎者幷得另案陳明特予名譽褒獎

——摘自《教育公報》一九一九年第三期

指令第一百八十二號八年一月二十七日

令京師圖書館

呈一件與商務印書館訂立印書免費契約由

據呈與商務印書館訂立印書免費正式契約十條等情已悉應准備案契約存此令

附原呈

呈爲與商務印書館訂立印書免費契約恭請備案以便履行事案查本館與商務印書館商訂印書免費草約十條前經呈明在案旋於八年一月十七日蒙鈞部指令第九二號內開據呈送該館與商務印書館商訂印行藏書免費草約十條已悉應即照准此令等因本館遵即與商務印書館雙方協議根據前項草約訂立正式契約十條理合另繕清摺恭請鑒核伏候訓示遵行謹呈

附契約

命令

第一條　京師圖書館爲亟欲流布藏書以期提倡學術促進國家文化起見故特許商務印書館免納藏書流布暫行規則第三條之費額得隨時請求印行所收藏之書籍卷軸

第二條　商務印書館爲酬答京師圖書館優免納費之特惠亦願將所發行之中外圖書雜誌小說無論鉅帙小冊新書舊籍高價廉値凡屬有版權者均贈送一部於京師圖書館但發行在訂約以前者選擇贈送其久經斷版者得於選擇時聲明

第三條　京師圖書館嗣後如對於捐贈圖書者有特別褒獎及其他榮譽之規定商務印書館得仍有一律邀給之權

第四條　商務印書館爲証明寔能履行第二條之義務應於每年終將所發行出版目錄寄送一份於京師圖書館備查

第五條　商務印書館依照本契約欲攝影或轉抄京師圖書館之書籍卷軸得直接商訂辦理勿庸再經藏書流布暫行規則第二條之手續至該規則第四條以下之規定仍應一律遵守但履行藏書流布暫行規則第九條時凡攝影及借抄之書籍卷軸係供參考而未印行者免其贈送

第六條　本契約暫定以五年爲期在此五年內商務印書館應負第二條之義務依每三個月彙送一次之方法履行

第七條　本契約有效期間商務印書館不得因私利上之理由請求修改或廢止之京師圖書館非因公務上不得已及認爲違反藏書流布暫行規則第九條時亦應受同一之拘束

第八條　本契約由京師圖書館及商務印書館代表人署名蓋章後須呈請教育部批准方能認爲有效

第九條　本契約應繕寫三份一存京師圖書館一存商務印書館一存教育部備案

第十條　本契約卽於京師圖書館奉到部令批准通知發出之日寔行

附則

印行上項藏書時得由商務印書館呈請教育部轉咨內務部禁止他人翻印已印行之書但直接向圖書館借印者不在此例

——摘自《教育公報》一九一九年第三期

指令第九百十三號 八年五月二日

令京師圖書館

呈一件 擬訂與分館交換閱覽圖書簡則連同閱覽暫行規則請核示由

據呈送擬訂本館與分館互借閱覽圖書簡則及閱覽互借圖書暫行規則各一分到部查核所訂互借簡則及閱覽規則均尚妥洽應准予備案此令

附簡則

一本館為推廣閱覽起見與分館互借圖書特訂兩館共同遵守之簡則

二本館及分館之書除善本四庫及其他認為珍貴不便携取者不得借出外其餘均得應閱覽人之請求互相借取

三互借之書不得逾兩星期如有特別情形得臨時酌定

四借書還書於每星期二行之

五互借之書由兩館各置一簿往來取書即以此簿為憑

六兩館對於此項互借之圖書無論借出收還均由經手人加蓋戳記以憑查核

七互借之書如有損失即由損失者賠補

八本簡則自教育部批准之日施行

附規則

一圖書館與分館為推廣閱覽起見訂立規則得互借各種圖書以圖閱覽人之便利

二所藏圖書除善本四庫及其他認為珍貴不便携取者外其餘均可借閱

三借取圖書於每星期二行之

四圖書館閱覽所備有分館書目分館亦備有圖書館書目閱

覽人欲依第一條之規定請爲借取閱覽者應於上星期向管理處註明書名卷數以便先日借取届期赴館閱覽

五閱覽互換之圖書以兩星期爲限如有特別情形必須繼續閱覽者應向管理閱書處預先聲明臨時酌定

六本館暫行圖書閱覽規則於借閱圖書均適用之

七本規則自教育部核准之日施行

訓令第四百八十七號 八年十月三十一日

令京師圖書館

本部現製定鈔書閱書特許券各一種每種暫編十號均以三個月爲限所有規則載在該券後方嗣後經本部核給上項特許券者均應由該館查驗相符妥爲接待准其鈔閱書籍免收券費幷核計日期期滿收回繳部如須賡續鈔閱應即知照持券人另行赴部陳明核給合將兩項特許券式樣發給該館查照仰即遵照妥愼辦理此令

附券式

教育部

字第　　號

國立圖書館　　書特許券

年　　月　　日核給

背面式

持券人注意左列事項

一此券專爲確係研究學問搜討典籍者而設由部核准發給

一持此券到京師圖書館鈔書閱書者但准免費其他仍應遵照該館一切章程

一此券以一人爲限或鈔或閱應先行向部陳明以便分別塡

命令　十二

一此券以三個月爲期期滿作廢如無他項情事得賡續請發

一此券以十號爲限每發一號時由部將號數及持券人名通知該館查照

一持券人如有違背該館章程時得由館索還原券即日繳部不再發給

——摘自《教育公報》一九一九年第十二期

指令第一千五百七十七號十一年九月二十日

令京師圖書館

呈一件為酌擬修改本館閱覽規則及藏書流布暫行規則請核施由

據呈稱酌擬修改閱覽規則及藏書流布暫行規則等情均悉核閱修改各條均稱妥協應准照辦此令

附原呈

呈為酌擬修改本館閱覽規則及藏書流布暫行規則乞予鑒核施行事竊查舊有之京師圖書館閱覽規則暨藏書流布暫行規則施

行已久按諸事實覺有應行修改之處數端如閱覽規則第三條善本四庫各書閱覽券價過廉兼之銀元市價與昔懸殊似宜略增以重收入又同條閱覽善本書者須先購普通書券終嫌手續過繁第九條賠償之規定適用於善本書籍事實上頗難辦理第十條保存陳列之規定係屬本館辦事手續不必闌入閱覽規則第十六條關於善本書籍卷軸攝影一節已另有藏書流布暫行規則規定一切如實行此條即與流布暫行規則第二條衝突以上各節均經分別修改至藏書流布暫行規則第三條所定攝影轉抄費額表亦經略事修改第四條之但書亦擬刪去茲將以上兩種規則繕成修改草案兩份連同原有規則兩份送請察核倘無不合即乞令准施行謹

呈

附京師圖書館暫行圖書覽閱規則

第一條　本館每日開館閱覽時間如左表

自一月起至三月止每日午前十時起至午後五時止

自四月起至九月止每日午前九時起至午後六時止

自十月起至十二月止每日午前十時起至午後五時止

閱覽起止時間以鳴鈴爲號

第二條　本館閉館日停止閱覽定如左表

歲首　自一月一日起至一月三日止

每週月曜日

四節日

國慶紀念日

歲末　自十二月二十九日起至十二月三十一日止

曝書日　每年約十五日由本館訂定日期於前二週間布告但因有特別事故臨時閉館另行布告

第三條　本館閱覽券分六種

甲普通書閱覽券一張收銅元二枚　十張收銅元十二枚

乙新聞雜誌閱覽券一張收銅元一枚

丙學生閱覽普通書券一張收銅元一枚

丁學生閱覽新聞雜誌券不收費

戊善本書閱覽券一張收銅元十五枚　十張收銅元一百二十枚

己四庫書閱覽券一張收銅元十枚　十張收銅元八十枚

凡到館閱覽書報者須按照上表分別購券

第四條　凡購善本及四庫書閱覽券者至特別閱覽室閱書

購普通閱書劵者至普通閱覽室閱書者先向領書處換取領書證塡寫姓名籍貫職業住址取閱何書幷按照書目註明號數交由領書處檢發閱畢仍交領書處待新聞雜誌閱覽劵者至閱報室閱覽

第五條　凡捐贈書籍於本館者本館當酌贈優待券持劵入館不收劵資其贈劵辦法別定之

第六條　各官署學校得具正式公函領取優待劵

第七條　凡持有本館甲種優待劵者得閱覽善本書持有乙種優待劵者得閱覽普通書

第八條　每次閱書善本書以一種二冊爲限卷軸以二卷爲限四庫以一種一函爲限普通書籍華裝以三種十冊爲限西裝以三種五冊爲限閱畢掉換即於領書證第一次換書欄內塡寫書名號數如閱畢後再欲掉換即塡於第二次換書欄內換書以二次爲限

第九條　館書爲公共之物閱者各宜愛護如有點汚損壞或毀失者須賠償相同之書或相當之價値至善本書或四庫等貴重書籍尤不可稍加汚損違者得按刑律治罪

第十條　本館別備休憩室以供閱覽人閑談或飲茶吸菸時之用

第十一條　閱覽室內所揭閱覽人注意各條閱者宜各遵守

第十二條　閱畢如欲出館須領取出門劵携交購劵處以便統計

第十三條　有傳染病或瘋癲酒醉及衣履不整者不得入館

第十四條　閱覽室設有投函箱閱覽者如曾見有用圖書本館所未備者希即投函相告本館當量財力之所及儘先購買

第十五條　本館圖書除有特別規定外槪不貸出

第十六條　凡參觀者先期函知本館經管長或主任認可後由館通知定時招待

第十七條　本規則自核准日施行

附修正京師圖書館藏書流布暫行規則

第一條　本館爲流布藏書起見擬將所藏善本書籍及文津閣四庫全書燉煌石室寫經均許人攝影及轉抄之

第二條　凡欲攝影或轉抄本館書籍卷軸者須先聲明是否

印行呈經教育部核准後再與本館商訂辦理

第三條　按照本館閱覽規則第十六條之規定凡欲將本館書籍卷軸攝影或轉抄者須交左表之費額但本館爲增徵圖書與訂特別契約者得酌量優免之

種類	數目	費額	
		攝影	轉抄
宋元舊槧及其抄本	一冊	五元	三元
明刊及其抄本	一冊	三元	一元五角
清精寫及名人校抄本	一冊	二元	一元
文津閣四庫全書	一冊	二元	一元
燉煌石室寫經	一冊	二元	一元

如欲以一冊或一卷節取攝影或轉抄者得臨時與本館商訂辦理冊卷有特殊情形者亦依上欵辦理

第四條　本館收藏善本書籍卷軸均係舊裝古本凡攝影及轉抄者應加意珍惜不得拆訂或影抄之

第五條　凡攝影或轉抄本館書籍卷軸者如有毀失汚損情事應負賠償之責賠償金額臨時由本館酌定

第六條　凡欲攝影或轉抄本館書籍卷軸者須先期指定其種類數目每一次不得逾左定之限制

宋元舊槧及其抄本　一部至三部

明刊及其抄本　一部至五部

清精寫及明人校抄本　一部至五部

文津閣四庫全書　一部至十部

燉煌石室寫經　一部至十部

第七條　凡攝影或轉抄本館書籍卷軸者須按照訂定之部數卷數與本館商訂開始及竣事期限在訂定期限內他人不得同時再請抄攝

第八條　凡攝影或轉抄本館書籍卷軸者均須在館內指定之地行之并按照閱覽規則由本館酌給免費劵往來繳驗不得任意出入

第九條　凡攝影或轉抄本館書籍卷軸者均須聽受監視員之指導糾察倘有不服及認爲違反各項規則時得停止其抄影

第十條　凡遵照本規則攝影或轉抄本館書籍卷軸者無論

何時印行至少須贈送五部於本館備查

第十一條　本規則未盡事宜由本館隨時修改呈報教育部

第十二條　本規則自中華民國　年　月　日施行

——摘自《教育公報》一九二二年第九期

指令第一千九百三十三號十一年十二月十八日

令圖書閱覽所

呈一件修訂所章請核示由

呈悉所有修改及擬訂各項章程尚屬妥協可行應准備案施行此令

命令

附章程

第一條 本規則凡閱覽人須遵守之

第二條 本所儲備各種圖書專供來所閱覽不得携出但選定外借之書得照館外閱覽規則借出閱覽

第三條 閱覽人入所應購入覽券每券售銅元二枚

第四條 凡着制服或佩徽章之學生軍人及兒童來所閱覽者得領免費券

第五條 本所閱覽室西間爲男閱書處東間爲女子兒童閱書處入所閱覽者須分別入席

第六條 閱覽人領書須持入覽券至書目擡換取領書證填寫姓名及書名號數交發書處領書但同時以一號爲限如欲更閱他書須將前書繳清再行領取

第七條 閱覽報紙亦須購券入室但休息日閱報免費每次取閱只可一份閱畢仍置架上再行更換不得同時携取多份致碍他人閱覽

第八條 字典辭源等參考書置在書目擡上如欲參考可至該處檢閱不得携帶入座

第九條 圖書閱畢交收書處如數收清再領回原入覽券繳還收券處方可出所

第十條 本所閱覽時間按季酌定臨時揭告

第十一條 本所停止閱覽日期除歲首四節及國慶日外所有普通例假槪於次日停閱如遇曝書或特別事故應行停閱時當臨時揭告

第十二條 閱覽人對於所閱圖書不得塗汚撕毁所用物件亦當留意勿令損壞若有以上情事須賠償同等之物或相當價値

第十三條 閱覽室內勿得朗讀及大聲互語故妨他人閱覽幷禁食物吸煙隨便唾涕斜倚臥睡等事

第十四條 閱覽人隨身物件須自行照管凡危險及笨重物件不得帶入閱覽室

第十五條 有不遵前條之規定或顚擬酒醉及有傳染疾者經事務員發現時得隨時令其出所

第十六條 本規則自核准日施行

附規則

第一條 本所直隸於教育部儲庋各種圖書供衆閱覽

第二條 本所置主任一人事務員六人書記一人學習生額數視事務之繁簡定之學習生學習期滿至最高級津貼一年後成績優良者得升額外事務員遇有事務員缺出得挨次遞補

前項人員外如遇必要事故發生時得聘請或僱用人員辦理

第三條 主任由教育總長遴選部員兼任總理所務監督所屬職員

第四條 事務員受主任之指揮亦辦理所中事務

第五條 學習生受主任之指揮輔助事務員學習事務

第六條 本所事務分列三課如左

一總務課

二目錄課

三 庋藏課

第七條 總務課職掌如左

一 關於章記典守事項

二 關於文牘事項

三 關於會計事項

四 關於財產事項

五 關於消耗品事項

六 關於購置事項

七 關於營造修繕事項

八 關於監督僕役工匠事項

九 關於警備衛生事項

十 關於凡不屬他課各事項

第八條 目錄課職掌如左

一 關於圖書之選擇調查事項

二 關於圖書之登錄事項

三 關於圖書之解題事項

四 關於目錄之編製事項

第九條 庋藏課職掌如左

一 關於圖書之編號插架事項

二 關於圖書之保管整理事項

三 關於殘破圖書之購補裝修事項

四 關於書目之整理事項

五 關於閱覽人之招待事項

六 關於圖書之借出收回事項

七 關於圖書報紙之整理事項

八 關於閱覽室整理監視事項

九 關於閱覽券數之統計報告事項

十 關於應購求及應撤銷之圖書調查事項

第十條 職員在各本課辦事外並得派兼他課事務

第十一條 職員辦公時間視事務之繁簡由主任分別酌定

第十二條 本所休息日開列於左

月曜日

歲首

四節

國慶

其他普通例假之翌日

第十三條 遇有緊要事件必須趕辦時主任得委職員於辦公時間外或休息日辦理

第十四條 職員中應派定二人常川住宿

第十五條 住宿員服務時間自散職時刻至翌日辦事時間止

第十六條 休息日應由職員中派定一人值日其服務時間視辦公時間爲准值日員得於他日補行休息

第十七條 住宿值日職員應接待來賓收受文書管束僕役注意警備

第十八條 本規則自核准日施行

附館外閱覽暫行規則

第一條 凡借閱本所選定外借圖書一切手續須遵照本規則辦理

第二條 本所借書還書除休息日外在每日閱覽時間內行之

第三條 借書人來所借書須在號簿內按照格式塡註姓名住址書名並照納所定保證金

第四條 借書人索借之書如先經他人借出時須在預定借書號簿內塡註姓名住址以便該書繳還時據以通知如通知後三日不來取書即將該號撤消以便他人另借

第五條 借書期間以七日爲限限滿後仍欲續借者須於期內來所聲明或專函通知以便登記

第六條 借書人如逾期尚未繳還原書又未聲明理由當由本所於期滿次日備函催繳去函後五日仍無答復者即以保證金另行購書

第七條 借書人借出圖書如偶因不愼致將所借之書污毀傷損來所繳還時經館員檢出認爲尚可修補者應扣除保證金十分之二作爲修補費倘將書頁撕毀字跡塗抹擅加批點難於修補或竟將原書遺失等情應將保證金全數扣留另行購置

第八條 借書人繳還圖書收回保證金時須在收回保證金格內簽字蓋章

第九條 本規則自核准日施行

附暫行借書辦法

第一條 本所現爲推廣閱覽起見規定館外借書辦法除貴重圖書及册數多者不便借出外僅擇選最普通適用之圖書供閱覽

第二條 本所閱覽室僅足容藏書閱書之用別無餘房辦理借書事宜又因經費困難不能添構房舍只得於辦公處劃出一部作爲接待借書人及庋藏借出圖書之所至辦理借書一切仍由原有人員兼辦於原定經費尚無出入一俟經費增加再行擴充

第三條 外借之圖書須另備書目存置接待室俾借書人隨時檢閱如已經借出之書須將該目片抽置另匣庶易辨別

第四條 定有借書規則九條俾借書人有所遵守并製借書號簿一册保證金收存簿一册預定借書號簿一册以便分別登記

第五條 收書時須將原書查無損壞插入函架隨即退還保證金在號簿內塡注收回日期於備考欄內蓋銷字印章並將書目歸還原匣以淸手續

第六條 每至月終計算借出圖書劃分種類列表報部至年終彙總報告俾便分

別查核

第七條 本辦法自核准日施行如有未盡事宜再行呈請修正之

附職員薪水規則

第一條 本所職員薪水依本規則支給之

第二條 本所職員薪水分級如左表

職別 \ 級數	一	二	三	四	五	六	七	八	九
事務員	九〇	八〇	七〇	六〇	五〇	四五	四〇	三五	三〇
書記	四〇	三六	三二	二八	二四	二〇	一六	—	
學習生	二八	二四	二〇	一八	一六	一四	一二		

第三條 本所職員初到所薪水均按第二條之規定從最低級支給

第四條 事務員服務勤慎確有成績者每滿一年後由主任呈部核准進給薪水一級

第五條 書記學習生服務每滿一年後由主任核實考查勤績優異者得進給薪水一級

第六條 學習生升爲額外事務員時服務勤慎每滿一年後由主任斟酌情形得給十元以內之獎金一次

第七條 教育部部員派在本所辦事者其月支津貼不適用此規則

第八條 本規則自核准日施行

附職員請假規則

第一條 本所爲愼重職務起見製定請假單考勤簿職員到所均須在考勤簿簽名如遇有重要事故須請假者應將事由及期限詳記於請假單送交主任須得其認可

第二條 請假者無論久暫均應將所任職務託同僚一人代理并將代理人姓名記明請假單

第三條 請假單皆須於先時送交惟病假及緊急事故不在此例

第四條 凡不及先時送交請假單者仍須補塡

第五條 請假日期逾於原定期限者仍須依據前法續假

第六條 凡因特別事故請假至半月以上者由主任派員代理

第七條 職員中應派定一人管理考勤簿請假單每月五日以前將上月考勤簿請假單及請假職員日數列表送交主任查閱每年一月十五日以前將上年職員請假日數開列總表送交主任

第八條 凡一年之內因病請假過九十日或因事請假過三十日者應計其假期內應得之薪津扣除二分之一但因公致疾及服喪不在此限

第九條 本規則奉部核准日施行

——摘自《教育公報》一九二二年第十二期

指令第一千九百三十八號十一年十二月十八日

令京師圖書館

呈一件修改各項暫行規則請核示由

據呈稱修改該館各項暫行規則等情並附送舊訂規則暨修改規則各一份到部核閱修改各條均稱妥協應准施行此令

附京師圖書館修改暫行辦事規則

第一條　京師圖書館除館長外置主任及事務員前項人員外得傭用錄事及匠工

第二條　主任承館長之命令處理館務指揮監督所屬事務員但闕主任時得由館長就事務員中指定一人代行其職務

第三條　事務員受主任之指揮監督分掌左列三科事務

一總務科

二目錄課

三庋藏課

第四條　總務課職掌如左

甲　文牘

一關於印記典守事項

二關於文牘之起草收發及文卷之整理保管事項
三關於報告及通知事項
四關於圖書收入及貸閱事項
五關於優待券及贈券事項
六關於館中經過事實記錄事項

乙　會計

七關於預算決算事項
八關於款項出納事項
九關於會計賬簿之整理保管及報告事項
十關於財產（除去圖書及各課主管事項附屬物品不計）之保管及財產目錄之整理

丙　庶務

十一關於事務員等姓名履歷住所及畫到請假直宿各項記錄保管事項
十二關於禁備門禁及衛生事項
十三關於營造修繕及設備事項
十四關於巡視及匠工僕役之監督事項
十五關於主管事務附屬物品之整理保管事項
十六凡不屬他課各事項

第五條　目錄課職掌如左

一關於目錄之編製及統計事項
二關於圖書解題事項
三關於應增應修之圖書調查事項
四關於圖書收入登記事項
五關於圖書之整理事項
六關於參觀人之招待事項
七關於主管事務附屬物品之整理保管事項

第六條　庋藏課職掌如左

一關於圖書之收入書修訂整理保管及統計事項（管理敦煌石室寫經另有專則）
二關於圖書原簿之記錄保管事項
三關於圖書借出館外事項
四關於閱覽圖書出納事項
五關於寄存圖書之記錄保管事項

六關於圖書閱覽次數之記錄及統計事項

七關於主管事務附屬物品之整理保管事項

第七條 事務員對於各主管事務應負完全責任其有與他課關聯者得會同辦理

第八條 事務員辦事定時如左表

自一月一日起至三月末日止每日上午十時起至午後五時止

自四月一日起至九月末日止每日上午九時起至午後六時止

自十月一日起至十二月末日止每日上午十時起至午後五時止

事務員休息日如左表

歲首自一月一日起至一月三日止

每週月曜日

四節日

國慶紀念日

歲末自十二月二十九日起至十二月三十一日止

第九條 事務繁劇及有特別事件時主任得委託事務員於規定時間外或休息日辦事

第十條 事務員因病或不得已事故請假在十日以內者得囑託他員代理但至十日以上者主任派員代理其薪俸十分之六歸代理人

第十一條 除辦公時間外每日應有事務員二人在館輪値若有必要事故囑託他員代理者須經主任認可

第十二條 主任認爲必要時得於本規則外訂定辦事上之規則程序

第十三條 本規則自教育部核准之日施行

附修改京師圖書館暫行圖書閱覽規則

第一條 本館每日開館閱覽時間如左表

自一月起至三月止每日午前十時起至午後五時止

自四月起至九月止每日午前九時起至午後六時止

自十月起至十二月止每日午前十時起至午後五時止

閱覽起止時間以鳴鈴爲號

第二條 本館閉館日停止閱覽定如左表

歲首自一月一日起至一月三日止
每週月曜日
四節日
國慶紀念日
歲末自十二月二十九日起至十二月三十一日止
曝書日每年約十五日由本館訂定日期於前二週間布告
但因有特別事故臨時閉館另行布告

第三條 本館閱覽劵分六種
甲普通書閱覽劵一張收銅元二枚 聯劵收銅元十二枚
乙新聞雜誌閱覽劵一張收銅元一枚
丙學生閱覽普通書劵一張收銅元一枚
丁學生閱覽新聞雜誌劵不收費以著制服或佩徽章者爲濕
戊善本書閱覽劵一張收銅元十五枚 聯劵收銅元一百二十枚
己四庫書閱覽劵一張收銅元十枚 聯劵收銅元八十枚
凡到館閱書報者須按照上表分別購劵

第四條 凡持有善本及四庫書閱覽劵者至特別閱覽室閱書普通書閱覽劵者至普通閱覽室閱書皆先向領書處換取領書證填寫姓名籍貫職業住址取閱何書按照書目注明號數交由領書處檢發閱畢仍交繳領書處新聞雜誌閱覽劵者至閱報室閱覽

第五條 凡捐贈書籍於本館者本館當酌贈優待劵持劵入館不收劵資其贈劵辦法別定之

第六條 各官署學校得具正式公函領取優待劵但甲種以二張爲限乙種以十張爲限

第七條 凡持有本館甲種優待劵者得閱覽善本書持有乙種優待劵者得閱覽普通書

第八條 每次閱書善本書以一種二冊爲限四庫書以一種一函爲限換書以二次爲限普通書四部以一種二十冊爲限科學以三種十冊爲限閱畢掉換即於領書證第一次換書欄內填寫書名號數如閱畢後再欲掉換即填於第二次換書欄內四部以四次爲限科學以二次爲限

第九條 館書爲公共之物閱者各宜愛護如有點汙損壞或毀失者須賠償相同之書或相當之價値至善本或四庫等

貴重書籍尤不得稍加汙損違者得交送法庭按律處分

第十條　善本書中有年代久遠且紙質脆損難揭者特別保存不供閱覽俟經費稍裕當貯之玻璃橱以便參觀

第十一條　本館別備休息室以供閱覽人休息之用

第十二條　閱覽室內所揭閱覽人注意各條閱者宜各遵守

第十三條　閱畢如欲出館須領取出門券携交驗券處以便統計

第十四條　有傳染病或瘋癲酒醉及衣履不整者不得入館

第十五條　閱覽室設有投函箱閱覽者如曾見有用圖書爲本館所未備者希即投函相告本館當量財力之所及儘先購買

第十六條　本館圖書除有特別規定外概不貸出

第十七條　凡參觀者先期函知本館經館長或主任認可後由本館通知定時招待

第十八條　本規則自教育部核准之日施行

附修改京師圖書館藏書流布暫行規則

第一條　本館爲流布藏書起見擬將所藏善本書籍及文津閣四庫全書燉煌石室寫經中之完整不脆爛者均許人攝影及轉抄之

第二條　凡欲將本館書籍卷軸攝影或轉抄者須經館長許可並交左表之費額但本館爲徵圖書與訂有特別契約者得酌量優免之

種類	數目	費額	
		攝影	轉鈔
宋元舊槧及其抄本	一冊	五元	三元
明刊及其抄本	一冊	三元	一元五角
清精寫及名人校抄本	一冊	二元	一元
文津閣四庫全書	一冊	二元	一元
燉煌石室寫經	一卷	二元	一元

如欲於一冊或一卷內節取攝影或轉抄者得臨時與本館商訂辦理冊卷有特殊情形者亦依上欵辦理

第三條　凡攝影或轉抄本館書籍卷軸而欲印行者須先呈經教育部核准後再與本館商訂辦理

第四條　本館收藏善本書籍卷軸均係舊裝古本凡攝影及

轉抄者應加意珍惜不得拆訂或影抄之

第五條　凡攝影或轉抄本館書籍卷軸期間有發生毀失汚損情事應負賠償之責其金額臨時由本館酌定如不服賠償得照暫行閱覽規則第九條辦理

第六條　凡欲攝影或轉抄本館書籍卷軸者須先期指定其種類數目每一次不得逾左定之限制

宋元舊槧及其抄本　一部至三部

明刊及其抄本　一部至五部

清精寫及名人校抄本　一部至五部

文津閣四庫全書　一部至十部

燉煌石室寫經　一卷至十卷

第七條　凡攝影或轉抄本館書籍卷軸者須按照訂定之部數卷數與本館商訂開始及竣事期限內他人不得同時再請抄攝

第八條　凡攝影或轉抄本館書籍卷軸者均須在館內指定之地行之並按照閱覽規則由本館發給出門券以便統計

第九條　凡攝影或轉抄本館書籍卷軸者均須聽受本館所派之監視員指導糾察倘有不服及認爲違反各項規則時得停止其抄影

第十條　凡遵照本規則攝影或轉抄本館書籍卷軸者無論何時印行至少須贈送五部於本館

第十一條　本規則未盡事宜由本館隨時修改呈報教育部備查

第十二條　本規則自教育部核准日施行

——摘自《教育公報》一九二二年第十二期

指令第一千九百九十八號十一年十二月二十八日

令京師圖書分館

呈一件重訂規則請核由

據呈重訂各項規則等情到部核閱所訂各條尚稱允協應准施行此令

附規則

第一條　本館直隸於教育部蒐集中西各種圖書及各種新聞雜誌供衆閱覽

第二條　本館設主任一人事務員五人書記二人學習生額數視事務之繁簡定

之

第三條　主任由教育部遴派部員兼充之

第四條　主任承教育部長官之訓示綜理館務指揮監督所屬職員

第五條　事務員承主任之指揮分掌左列三課

一總務課

二目錄課

三庋藏課

第六條　總務課職掌如左

甲文牘

關於印章典守事項

關於公文牘之撰擬及收發保管事項

關於編製表册事項

關於館務記錄事項

乙會計

關於編製預算決算事項

關於款項出納及保管事項

關於會計簿記之整理保管事項

丙庶務

關於營造修繕及設備購置事項

關於器物之登記及整理保管事項

關於警備預防及衛生事項

關於匠工僕役之監督事項

凡不屬他課事項

前列各課務職員得兼任之

第七條　目錄課職掌如左

關於目錄之編製整理事項

關於圖書解題事項

關於圖書之選擇及調查事項

關於圖書之貸付收回事項

關於閱覽室之監視整理事項

關於閱覽人之招待及閱覽統計事項

關於主管事務附屬物品之整理保管事項

第八條　庋藏課職掌如左

關於圖書之保管及統計事項

關於圖書之出納及檢查裝修整理事項

關於圖書編號總簿編製事項

關於主管事務品附屬物品之整理保管事項

第九條　書記承主任之指揮分任繕寫辦理館中事務

第十條　學習生承主任之指揮輔助館中事務

前項學習生按本館職員薪水規則薪水滿至最高級後得升為額外事務員遇

有事務員缺額時得擇尤升補之

第十一條　本館每日辦公時間及休息日根據閱覽規則定之

第十二條　事務繁劇及有特別事件時主任得指派職員於休息日辦事

第十三條　職員因事缺席必須請假其請假規則另定之

第十四條　本館每逢星期一日休息設輪值員一人照料新聞閱覽及館中事務其輪值員得於次日下午休息惟應將所管職務託同館職員一人代理

第十五條　職員應每日分班交替用餐其用餐時間無論在館內或館外均不得逾一鐘

第十六條　職員向館中領用物品應由主任處核准始得發給

第十七條　職員薪津未到發薪之期不得預支如有特別事故必須預支時仍應視館內經費情形酌定之

第十八條　職員對於閱覽人均應妥慎接待但遇違背規則時得勸告或拒絕之

第十九條　本館駐宿職員對於館中一切警備預防事項均應負責

第二十條　本館每日閱覽人數及券數每屆月終分別造具統計表呈報教育部一次每屆年終將一年經過情形造具報告書呈報教育部一次

第二十一條　館中設置通知簿遇有必要事件得隨時由主任以通知發表之

第二十二條　本規則自奉部核准之日施行

附請假規則

第一條　凡請假無論久暫均須填寫請假單

第二條　請假者應將所任職務託同館職員一人代理并將代理人姓名記明於請假單

第三條　請假單須於先時送交惟病假及緊急事故不在此例

第四條　凡不及先時送交者仍須於當日補填

第五條　請假日期逾於原定期限者仍須依據前法續假

第六條　凡因特別事故請假至半月以上者由主任派人代理

第七條　請假單由主任指派職員一人管理每屆月終統計一次交由主任查核并由該管理人知會請假各員

第八條　凡一年之內因病請假過九十日或因事請假過三十日者應計其請假日數內應得之薪扣除二分之一但因公致疾及服喪者不在此例

第九條　本規則奉部核准之日施行

附閱覽規則

第一條　本館每日閱覽時間如左表

四月至六月　上午九時至下午六時

七月至九月　上午八時至下午六時

十月至三月　上午九時至下午五時　星期日下午五時半止

表定閱覽時間得以揭告變更之

每逢月曜休息日上午十時起至下午四時止照常閱報

第二條　本館休息日停止閱覽如左表

歲首　一月一日至一月三日

四節日

其他各官署學校休假之翌日
曝書日每年約十日由本館訂定日期於二週間以前通告
第三條 本館閱覽券如左表
甲種 閱圖書新聞雜誌收銅元二枚
乙種 專閱新聞雜誌收銅元一枚
丙種 限學生閱圖書新聞雜誌收銅元一枚 但購乙種券者得向售券處補
購此券閱書
丁種 專備學生閱新聞雜誌免收費
券定學生免費或減半費但以佩有學校徽章或服戴制服制帽者爲限
第四條 本館閱覽室分圖書閱覽室新聞雜誌閱覽室婦女閱覽室三種閱覽人
到館應先購閱覽券認明閱覽室憑券換取領閱證塡寫姓名籍貫職業住所并
書名册數號數交請館員檢發但閱新聞無庸塡領閱證
第五條 每次領閱以三種爲限每種不得過十册閱畢掉換即於領閱證第一
項換書欄內塡寫書名册數號數如閱畢再欲掉換即塡於第二次換書欄內換
書以三次爲限
第六條 閱畢繳書訖應領取原券持交收券處出館
第七條 閱覽人如欲暫時出館者可領取原券向售券處換取暫出券持券回館
再換取原購之券繼續閱覽
第八條 凡捐贈書籍於本館者本館按價値之多寡得酌送定期贈覽券一張若
捐書至五十元以上者得送長期贈覽券一張
前項定期贈覽券各官署學校得具正式公函請求之
第九條 凡持贈覽券來館閱覽者須至售券處掉換臨時券閱畢再掉換原券出
館
第十條 本館新聞雜誌閱覽室附閱通俗雜書不另收費
第十一條 月曜日閱覽新聞免徵閱覽費但須於新聞閱覽簿簽名後始得閱覽
第十二條 本館所備新聞雜誌槪不貸出館外閱覽圖書每部未至十部以上者
槪不貸出館外閱覽但教育部行文提出及京師圖書館交換閱覽者不在此限
第十三條 閱覽人携帶隨身物件應自行照管但重笨之物可寄存售券處不得
携入閱覽室
第十四條 閱覽人應注意各項列左
各種閱覽備有專室不得携出室外閱覽
閱覽室內不得朗讀及大聲互語
閱覽室內不得吸煙及隨意唾溺
窗櫺牆壁不得塗抹
非閱覽者不得偕同至館閒游
館役伺應不周可告知館員申斥
第十五條 閱覽人對於圖書如有圖抹汚損撕拆裁取故意損壞毀失者須賠償
同一之書或照當價値并禁止入館閱覽
第十六條 館中備有參觀題名簿凡參觀者須預先通知以便接待
第十七條 本規則自呈部核准之日施行

附職員薪水規則

第一條 本館職員薪水依本規則支給

第二條 本館職員薪水分級如左表

職別 \ 級數	一	二	三	四	五	六	七	八	九
事務員	九〇	八〇	七〇	六〇	五〇	四五	四〇	三五	三〇
書記	四〇	三六	三二	二八	二四	二〇	一六		
學習生	二八	二四	二〇	一八	一六	一四	一二		

第三條 本館職員初到館薪水均按第二條之規定從最低級支給

第四條 事務員服務勤慎確有成績者每滿一年後由主任呈部核准進給薪水一級

第五條 書記學習生服務每滿一年後由主任核實考查勤績優良者得進給薪水一級

第六條 學習生升爲額外事務員時服務勤慎每滿一年後由主任斟酌情形得給十元以內之獎金一次

第七條 教育部部員派在本館辦事者其月支薪津不適用本規則

第八條 本規則自核准日施行

命令

指令第五百零二號十二年三月二十一日

令京師圖書館

呈一件條陳該館應行改革事宜請批准由

據呈該館應行改革事宜等情並附規章一扣到部核閱所擬暫行規章除第十 二十四 二十五 二十六條無庸加入規章應即刪去外其餘各條規畫尚屬詳密應予核准施行至所請加增該館經費一節應俟部款稍裕時再行核議此令

附規章

第一章 職員

第一條 本館為國立圖書館直隷於敎育部

第二條 本館設館長一人館長之下設主任一人主任之下分設三課一總務課二目錄課三庋藏課每課課員若干人

前項人員外得用錄事及匠工

第三條 館長定為名譽職由部聘任主任視薦任職由部令派課員除由部員兼充者由部令派外其餘一律由部屬派

第四條 館長有支配全館之權館長缺席時主任得代行其職權

第五條 主任承館長之命令處理館務指揮監督所屬各課人員主任缺席時得由館長或主任就各課人員中指定一人代行其職務

第六條 各課人員受主任之指揮監督分掌各課主管事務但各課員職務得由主任隨時改派以期事務無滯

第七條 主任為整理各課事務便利起見得隨時就各課員中指派各課課長課長課員無分等第課長解職仍為課員但課員正值充課長時其餘課員均應服其統率

第八條 主任如不稱職得由館長呈部更換各課人員如不稱職得由主任陳明館長呈部更換無故不得更換人員

第九條 本館課員不設定額視事務之繁簡經費之多寡由館長酌量增減隨時呈部備案無故不得添派人員

第十條 (刪)

第二章 事務

第十一條 總務課職掌如左

甲 文牘

一關於印記典守事項

二關於文牘之起草收發及文卷之整理保管事項

三關於命令報告及通知事項

四關於優待券及贈券事項

五關於館中經過事實記錄事項

乙 會計

六關於預算決算事項

七關於款項出納事項

八關於閱覽費之辦理事項

九關於會計賬簿之整理保管及報告事項

十關於財產(除圖書及各課主管事項附屬物品不計)之保管及財產目錄之整理事項

丙 庶務

十一關於職員之履歷住所及畫到請假值宿各項記錄保管事項

十二關於職員之服務缺勤事項

十三關於警備門禁及衛生事項

十四關於營造修繕事項

十五關於巡視及匠工僕役之監督事項

十六關於來賓之招待事項

十七關於主管事務附屬物品之整理保管事項

十八凡不屬他課各事項

第十二條 目錄課職掌如左

十九關於目錄之編製整理統計事項

二十關於圖書解題事項

二十一關於應增應廢之圖書調查事項

二十二關於雜誌講義錄新聞紙之裝訂事項

二十三關於閱覽室之設備整理及物品之保管事項

命令

二十四關於閱覽人之招待及統計事項
二十五關於主管事務附屬物品之整理保管事項
第十三條　庋藏課職掌如左
二十六關於圖書之收受修訂整理保管及統計事項
二十七關於圖書借出館外事項
二十八關於圖書原簿之記錄保管事項
二十九關於閱覽圖書出納事項
三十關於寄存圖書之記錄保管事項
三十一關於圖書閱覽次數之記錄及統計事項
三十二關於閱覽人之引導事項
三十三關於主管事務附屬物品之整理保管事項
第十四條　各課之事務與他課有關係者會同他課辦理
第十五條　各課課長課員對於所管事務應負完全責任
第十六條　職員辦事定時如左表
自一月一日起至三月三十一日止每日上午十時起至午後五時止
自四月一日起至九月三十一日止每日上午九時起至午後六時止
自十月一日起至十二月三十一日止每日上午十時起至午後五時止

職員休息日如左
歲首　自一月一日起至一月三日止
每星期一日
四節日
國慶紀念日
歲末　自十二月二十九日起至十二月三十一日止
第十七條　事務繁劇及有特別事件時主任得委託各課人員於規定時間外或休息日辦事
第十八條　各課人員因病或不得已事故請假在十日以內者得託他員代理但至十日以上者主任派員代理其薪俸十分之六歸代理人
第十九條　除辦公時間外每日應有二人在館輪值若有必要事故囑託他員代理須經主任認可
第二十條　主任為整理各課事務便利起見得於本規章外

另訂辦事細則隨時呈部核准施行

第三章　經費

第二十一條　本館常年經費每月由部額支二千四百元視事務之擴張得由館長隨時呈請核加

第二十二條　本館臨時經費隨時由館長視其必要呈部籌撥但全年不得過三萬元

第二十三條　京師圖書分館及圖書閱覽所經費共壹千一百元按月由本館向部代領轉給

第二十四條　（删）

第二十五條　（删）

第二十六條　（删）

第二十七條　本規章自奉部令批准之日起施行至國立圖書館全體計畫成功之日止重改新章

第二十八條　本規章未盡事宜得隨時由館長修改呈部核准施行

（説明）舊章爲十四條現修改分設職員事務經費三章共成二十八條係根據舊章參合現狀及應行改革事宜補偏救弊斟酌再三然後規定

——摘自《教育公報》一九二三年第三期

指令第八百零五號十三年三月二十九日

令京師圖書館

呈一件擬訂暫行辦事細則由

據呈擬訂暫行辦事細則等情均悉核閱所訂各條除第九十條借支薪津應隨時酌量辦理毋庸列入細則外其餘均屬妥適應准備案此令

附細則

第一章　總則

第一條　本細則係依暫行辦事規章第十九條規定以督促事務之進行爲宗旨

第二條　館長主任得就各課員中依暫行辦事規章第七條指派課長

第三條　課長不稱職時得由館長主任令其退職

第四條　本館課員由館長主任分配各課

第五條　本館職員如因事或因病請假時應加將請假事項明情由送主任核閱

但假期即路遠歸里者亦不得過三個月

第六條　本館每季開定期會議一次由館長主任主席有特別事件發生時得開臨時會議

會議次序如左

一館長主任交議事件

二課長報告本季成績提議下季館務

三課員陳述意見

第七條　本館各課人員應特加研究圖書館學以資改良館務

第二章　總務課

第八條　總務課分設文書會計庶務三室

本課應辦事務及不屬他課事務課長得隨時考察情形陳明主任核辦

第九條　本館印記典守啓用均由文書室負責專管

第十條　凡本館公文歸文書室辦稿呈由館長主任核准簽字方能有效

文書室收發文卷應備由記錄編號歸檔

第十一條　本館收入書籍由文書室登記送交目錄課編査庋藏課保管登記手續如左

一應分別本館自購及外間贈送設兩種簿册

二登記時圖書種類卷數價目贈送人均應詳載入册

三贈送者書籍上面應加蓋贈送戳記

四書籍送交目錄課時自購者並應附送價目原單雜誌新聞紙等類登記後發交閱報室號房限令月終繳回送交目錄課

第十二條　凡圖書借出借入文書室登記於借書簿並加蓋戳記關於圖書借出注意事項如左

一部中調閱圖書須有總長正式命令

二本館與分館互借須有主任及經手人簽名蓋章

三其餘機關團體及個人非經本部總長正式命令概不得直接借與

第十三條　本館贈給優待券及普通券由文書室經管

贈券之限制個人不得過一張機關團體不得過三張

對於贈送本館書籍之人得酌贈前項各券

第十四條　凡遇開館休息國慶紀念及變更辦事時間由文書室通知各職員並牌示本館門首

第十五條　本館年報由文書室辦理但得由主任委囑他課員任其總纂

凡館內人員調動事務支配計畫進行均須經館長主任正式命令文書室除應遵照第十條辦理外並應摘要分類編入年報

館務會議議決事件及其程序並由文書室詳載會議錄摘要編入年報

第十六條　本館歲入歲出預算書決算書及每月支付預算書每月收支計算書并收支對照表單據黏存簿會計室應遵照部定格式期限辦理呈請館長主任詳核後由文書室備文呈部

會計室應按照國務院鑒定官廳簿記格式設備各種主要簿及補助簿隨時將各項收支數目分別記載按月結算一次經手人簽名蓋章呈由館長主任核閱蓋章後妥爲保存

第十七條　本館閱書鈔書售券各項收入每屆月終由庶務室彙送會計室收欵登記

會計室收欵時應在售票簿上加蓋會計室章註明收欵訖三字

第十八條　本館領欵時會計室應繕具印領蓋用館印並於印領及領款簿加蓋鈐口印赴部領取

凡本館收入欵項會計室除酌留若干以備隨時支付外餘送中交兩行或殷實銀行存儲

本館銀行存欵摺據歸會計室負責專管但存欵取欵時應由館長主任簽名蓋章

第十九條　本館各員薪津由各員塡寫收據簽名蓋章黏貼印花然後由會計室照發

本館各員請假不得逾兩個月超過三個月假期尚未到館者停止薪津

第二十條　庶務室所用零星欵項得隨時向會計室領取但須具領欵單塡明數

目領欵人簽名蓋章

庶務室每屆月終應將本月支付實數開具清單並粘齊購物收據送交會計室雙方結算清楚

前項清算手續辦畢會計室應將原領欵單退還庶務室

第二十一條　本館職員畫到簿置於庶務室每日各員均應親自書名畫到上午至十一時下午至二時猶未到館者由庶務室代書其姓名分別上下午加蓋缺席二字但各員依第五條請假時庶務室應即加蓋事假或病假二字

第二十二條　本館值宿每逢年假節假施行

前項值宿員由主任按照職員姓名簿每日輪派數人充之

值宿員有會同庶務室指揮守衛巡警及館役之權

平時庶務室員不得離開職守但住館各員應隨時帮同庶務室照料燈火等一切應防之事

第二十三條　本館守衛巡警遇警署更調時庶務室員得陳明主任由文書室備函警署定其去留

本館頭門每晚十時應令守衛鎖閉無故不得擅開守衛對於工役之出入應令嚴密檢查

第二十四條　庶務室員應隨時考察工役之勤惰定其去留

關於庶務室整飭館內注意事項如左

一每日督飭館役洒掃院內整理一切

二並隨時整理閱覽室及休息室之設備

三夜間巡察燈火門窗及其他應防事件

四疫病流行時購用消毒藥品檢查厨役所用食品

第二十五條　本館必須建築營造之時費用多應事前呈部費用少由館長主任核辦

遇有前項情形庶務室應會同會計室籌察估計報告

第二十六條　本館器具物品管理手續如左

一凡器具應編明字號登記並註明陳設何處

二凡物品應分別消耗品非消耗品登記月終將消耗品用去及現存數目並非消耗品均開列清單呈送主任核閱

第三章　目錄課

第二十七條　編輯事務暫行分組如左

第一組　編輯善本書籍目錄兼辦各項總纂審核

第二組　編輯普通舊書碑拓等目錄

第三組　編輯新舊雜誌等目錄兼研究圖書館學

第四組　編輯外國書籍目錄兼譯述關於圖書館學之書

第五組　編輯唐人寫經目錄兼專門研究圖書館學

第六組　編輯叢書分出目錄

編輯分類目錄同時應編輯人名目錄及書名目錄兩種

編輯詳細目錄同時應編輯簡明目錄

各組編輯人員意見不一致時課長得參與議決

第二十八條　凡任編輯課員應於前條六組中擔任一組事務
各組事務得由課長商得編輯員同意分別緩急酌量合辦一組或兼任他組
遇事務繁時得由課長陳明主任派員助理一切
第二十九條　書籍應併應分或應改名稱時目錄課爲便於檢查起見得詳加題識通知庋藏課照改
目錄課於庋藏課書庫編列號數及陳列次序得隨時商同辦理
關於書籍應行修理爲庋藏課未及查出者應報告庋藏課發交裝訂處修理
第三十條　本館添購書籍由目錄課選定開單送主任核交總務課購辦
第三十一條　關於收入書籍應辦手續如左
一凡收入書籍由文書室送交目錄課時應查明卷帙及著者名氏出版地及年月等分類詳細登册
二本館自購者亦應查明書籍卷頁破缺交由文書室備函索換查畢價單送交會計室書籍送交庋藏課
第三十二條　中外參觀人除遊覽者由庶務室接待外凡考察學術及特別參觀之人概由目錄課接待團體來館參觀由三課共同接待
第三十三條　本館歷年收書須清查叢殘舊書底册及各種目錄底稿均應妥爲保存

第四章　庋藏課

第三十四條　庋藏課書庫分設善本藏經四庫普通四室
本課人員不得擅離職守
遇事務繁時得由課長陳明館長主任派員助理一切
第三十五條　各室管理書庫注意事項如左
一室內之設備
二櫃架之檢點
三書籍之整理及統計
四裝修之次第及查察
五簽標之詳審
六編號之適用
七收發之便利
八封鎖之嚴密
九災患之預防
十潮濕塵土蟲蝕之避免
關於上列事項應由課長詳訂管理規則呈由館長主任核准施行
第三十六條　善本書籍保存手續如左
一每册書皮內面黏一詳細表目標明書明版本版口尺寸卷數頁數印章其他標題及狀況等項
二每册首尾中間蓋京師圖書館藏書之印其最貴重者每頁裏面隱蓋小章
三新購入及裝修後册數增加者一律補蓋藏書之印
四宋元版本閱覽只供校讎之用否則但許參觀其餘善本書籍仍一律供人閱覽

第三十七條　唐人寫經已編查者應清量名卷尺寸詳記起訖登入畺經細册分類列號庋藏

第三十八條　寄存善本藏經兩室古代名人墨跡地圖碑拓等類管理員應詳細登簿保存

第三十九條　四庫室於本庫木函縹緗損缺時應報告總務課修理

第四十條　除普通室惟目錄課課員因查書得入書庫與管理員共同負責外其餘各室書庫他人不得擅入

第四十一條　凡收入書籍由目錄課送交庋藏課時管理員收受書籍應即詳細登簿庋藏

第四十二條　庋藏課收發處人員注意如左

一應遵照本館閱覽規則經管閱覽室收發書籍事務

二整理室內陳列之各種目錄

三隨時注意室內衛生

四對於閱覽人應和顏接待懇切引導

五收發書籍須貴敏速

六監視室內一切事務

第四十三條　收發處領書証應編就號目加蓋圖章標明年月發交閱覽人填寫書名號數手續完備始可飭役向各書室領取書籍

各室驗明領書証手續完備始可發出書籍否則應將領書証退回俟手續完備再許領書

第四十四條　每日散值時應將領書証閱覽劵交由課長檢閱登簿月終核算分別填寫各項統計表册報部

第四十五條　部中調閱圖書時管理員應按照書名點清卷數頁數詳細登載出書簿交由文書室轉送

前項書籍送還時再按照出書簿檢查清楚即於簿上加蓋收訖戳記

分館借閱普通書籍時管理員應按照分館借書簿所填書名册數檢出交由文書室轉送交還時手續仝前項

第四十六條　本館人員借閱普通書籍時每次不得過三種卷數不得過二十册每月終繳還

第四十七條　本課借出各處書籍應於規定期間告由文書室備函索還

第四十八條　本課管理員於參觀人前來時應在書室內各處指點不得離開職守隨參觀人他往團體來參觀時應分室引導不得擁擠一室

第四十九條　本課各室啓閉由各管理員執行

前項各室鑰匙歸各管理員負責專管但不住管者得於封鎖後將鑰匙交由庶務室員或值宿員代爲保管

第五十條　本課修理書籍手續如左

一管理員應隨時檢查令裝訂處逐次修理

二發交書籍時由管理員及裝訂處技首共將本書詳細檢查卷數頁數有無殘缺開明清單並年月日加蓋該室圖記交由裝訂人收存

三照式登載該室修書簿

四修成繳回時管理員援照簿單核算點收並於修書簿本書名下標明某年月日收回

第五章　附則

第五十一條　關於晒書事項之規定如左

一每年秋季舉行

二日期由主任指定但遇陰雨及其他障礙得酌量展期

三全館人員均須擔任職務其職務由主任分配之

四庶務室先將所需器具設備齊全

五各室管理員預備號碼分配各架發書收書時均按號碼順序而行

六參觀閱覽一律停止並由文書室先期牌示本館門首

七期前由文書室備函索還各處借出書籍

八公備午餐兩班輪換

第五十二條　本館各課簿冊單據及出入文件均應經課長檢閱或簽名蓋章

第五十三條　本館各項雜誌及裝訂成册之新聞紙如有欲閱本年度以前者應預先知照本館由管理員特爲檢出

第五十四條　關於裝訂處之規定如左

一裝訂處僱技首一人匠工數人

二裝訂書籍時由技首到庋藏課遵照第五十條手續辦理

三裝訂處應備考勤簿按日記明所修何書形狀若何滿一星期送庶務室查考

四技首匠工有不法行爲時除撤換外仍按律懲究

關於裝修規則應由總務庋藏兩課課長詳細規定呈由館長主任核准施行

第五十五條　本館人員考成每季由館長主任分別勤惰記錄年終彙案呈部核辦

第五十六條　本細則自呈部批准之日施行其有未盡事宜隨時由館長主任訂正

——摘自《教育公報》一九二四年第五期

公牘

◎教育總長呈臨時執政文

署教育總長章士釗呈　臨時執政呈報組織國立京師圖書館委員會并擬定委員請簡派文（附契約）

為呈報組織國立京師圖書館委員會並擬定委員恭請簡派仰祈鑒核事竊查國立京師圖書館原設安定門內方家胡同地處偏僻規模過陋實不足以壯觀瞻而重文化現由本部與中華教育文化基金董事會商明合力辦理並臻完善並經妥訂合辦國立圖書館契約期共遵守查契約第一條載明教育部與中華教育文化基金董事會合組國立京師圖書館委員會第二條載明上項委員會設委員九人由教育部指派三人中華教育文化基金董事會推定三人雙方合推三人組織之第一次之委員應於提出後由教育部呈請任命各等語玆經本部與該董事會分別指派推定范源廉周詒春任鴻雋陳任中高步瀛徐鴻寶胡適翁文灝馬君武等九人均堪充任第一次之委員應請明令派

充俾得依照預定計畫切實進行理合鈔繕契約一分恭呈鑒核伏乞訓示施行謹呈

教育部中華教育文化基金董事會合辦國立京師圖書館契約

第一條　教育部與中華教育文化基金董事會合組國立京師圖書館委員會主持一切進行事宜

第二條　上項委員會設委員九人由教育部指派三人中華教育文化基金董事會推定三人雙方合推三人組織之第一次之委員應於推出後由教育部呈請任命顧問員無定額由委員會推舉對於圖書館事業有特殊貢獻者任之

第三條　上項委員會設委員長副委員長書記各一人司庫二人執行委員四人由委員投票互選任之委員長爲當然執行委員長但司庫二人應於教育部指派委員及中華教育文化基金董事會推定委員中各推一人任之

第四條　第一任之委員任期一年二年三年者各三人三人中教育部佔一人中華教育文化基金董事會佔一人雙方合推者佔一人於第一次開委員會時簽定之第一任委員任滿後委員任期均爲三年

第五條　委員之職權如下

一規定本圖書館之計畫預算

二向教育部及中華教育文化基金董事會提出關於館長及副館長之任免而徵其同意

三聘請建築工程師並訂定建築合同

四保管館產
五籌畫經費
六核定館長推薦之職員
七審定館章
八審核決算
九其他關於本圖書館之重要事項

第六條　教育部與中華教育文化基金董事會會定館址並由教育部無償撥為建築圖書館之用

第七條　現在教育部直轄國立圖書館所有圖書及設備由教育部完全移交委員會處理凡屬於中央政府之圖書得由教育部設法陸續劃歸委員會處理

第八條　教育部及中華教育文化基金董事會合任本圖書館之每年經常費確數由教育部及中華教育文化基金董事會另行協定教育部擔負本圖書館合任經常費二分之一由教育部提出國務會議指定的款充之中華教育文化基金董事會擔任圖書館合任經常費二分之一由基金利息充之

第九條　中華教育文化基金董事會擔任建築設備費一百萬元分四年向委員會付清

第十條　本約有效期限自雙方簽定之日起算暫定為十年屆期滿時再行商定

中華教育文化基金董事會會長顏
教育總長章

——摘自《安徽教育公報》一九二五年第六十二期

(四)請大學院籌設國立中央圖書館案

(普及教育及社會教育組)

理由

(一)國都所在，人文薈萃，觀瞻攸關，故吾國歷代都會俱有藏書之所。石室蘭臺，崇文秘閣，史所艷稱；近世歐美國都，亦莫不有偉大圖書館；如德之柏林國家圖書館，法之巴黎圖書館，英之倫敦博物院圖書館，美之華盛頓國會圖書館，皆規模閎壯，組織精良，參考者稱便，遊覽者起敬，實足以表示民族之精神。今南京為

總理指定之首都，宜建一大中央圖書館，廣收圖籍，以供政府人員及學者之參考，而資外賓之觀光。藉以表彰吾國文化而增高國際聲譽。

(二)現今國內各地圖書館均感專門人才之缺乏，自應從速設立圖書館學學校，培養此項人才；惟圖書館學術理論與實習並重，非有規模完備之中央圖書館，不足以供此項專門學校學生之實習，而宏其造就。

(三)目錄未詳，索引未精，參考困難，讀書不便，此圖書學所以注重編目錄與製索引也；吾國對於二者，素鮮研究，故有圖書而無圖書學，如中央設有大規模之圖書館，加以專家之研究，則目錄可詳，而索引可精，既便於參考，即所以促進圖書館學術。

(四)近來外人重視東方文化，來華之收買古籍者接踵而至，致奇書秘籍，流於異域，國人之講國故者，竟有求諸國外圖書館之事，可謂奇恥大辱。此種保存文獻之重任，不得不屬望於強有力之中央圖書館。

辦法

（甲）籌備委員會—組織籌辦中央圖書館委員會主持一切。

（一）委員會設委員九人，除大學院院長爲當然委員外，由大學院聘圖書館專家四人，建築專家一人，由全國教育會議出席代表推舉三人。

（二）委員會設左列各股

1.總務股　專司文牘會計庶務等事。

2.建築股　專司館舍之設計，圖案之徵求，及工程之監督等事。

3.經濟股　專司經費之籌措，及保管等事。

4.徵求股　專司圖書之訪購，徵求等事。

5.圖書股　專司圖書之登錄，編目，典藏等事。

（三）各股設主任一人，由大學院於各委員中委任之，設股員若干人，由各股主任聘任之。

（四）委員會每周開會兩次，以當然委員爲主席，主席缺席時，由主席指定委員一人代理。

（乙）籌備期間—以二年爲限。

（丙）進行計畫—應備之第一月內擬定全部計畫，及進行程序，以便依照辦理

（丁）館址—在南京擇一交通便利之地點，而四周有擴充餘地者爲館址。

（戊）經費—籌備費暫定一百萬元。

建築費　六十萬元。

設備費　七萬元。

購中文圖書費　十二萬元。

購西文圖書費　十六萬元。

籌備期內之辦公經費　五萬元。

至經費如何籌措之處，由委員會從長討論。或在各國退還庚款內，或在鹽斤附加及煤油附加特稅等收入內，設法劃撥。

以上理由及辦法，是否有當，敬候

公決。

——摘自《安徽教育行政週刊》一九二八年第一卷第五期

附錄

本館收受寄存圖書簡章

一 凡寄存圖書於本館者不論有無條件其圖書之保存由本館視同所藏圖書辦理但因天災巨變及其他不可抗之損失本館不負其責

二 寄存圖書應與本館所藏圖書一律公開閱覽或出貸但原主得附加限制條件

三 寄存圖書須由原主加蓋圖記由本館點收編造詳細目錄二本其一本存本館其他一本送交原主保存俟領回圖書時憑目交付原書前項目錄必須具備下列各項記載

(一)書名 (二)撰人

(三)出版處及出版年 (四)卷數函數及册數

(五)版本 (六)裝訂款式

(七)紙色 (八)有無題跋眉批校注圈點

(九)圖記式樣 (十)其他可供參攷之記載

(十一)估價

寄存圖書之目錄本館有公表之權但原主得附加限制條件

四 寄存圖書滿十萬册以上者得要求專室庋藏

五 寄存圖書之運費由本館負擔至領回時之裝運費用由原主自措

六 寄存圖書之庋架分類由本館主之但不加鈐章記識於原書

七 寄存圖書有必須裝修時得由本館商取原主同意酌量裝修其費用概由本館負擔

八 寄存圖書之紛失由本館按照估價賠償但因積久之閱覽或貸出而污染者不在賠償之列

九 寄存圖書爲閱覽或借書人所污毀或紛失時得由本館責令閱覽或借書人按照估價賠償

十 凡欲寄存圖書於本館者應以正式書函先向本館商訂辦法函內必須聲明下列各項

(一)藏書人姓名籍貫職業住所(如係團體所有則於團體名稱性質地址之外仍列代表人姓名籍貫職業住所)

(二)擬寄存圖書之卷數册數及其函架箱橱之數

(三)寄存年限及領回時之條件(但寄存年限最短不得少於三年)

(四)關於公開閲覽及出貸之條件

(五)關於度藏之條件

十一　寄存圖書之原主在寄存圖書期内有變更住址或其他情形應隨時通知本館俾資接洽

——摘自《北京圖書館月刊》一九二八年第一卷第一期

北京圖書館徵求新版報告辦法

敬啓者本館係中華教育文化基金董事會所創辦與教育部訂有合辦國立京師圖書館之契約現正籌備宏大之建築蒐集各國各種學術圖書並受有萬國圖書學院Institut International da Bibliographie囑託永為調查中國每年出版圖書之總機關事屬闡揚我文化於寰球敢期著錄以無遺抑且此事即就國內論刊書者每以地廣而流傳不易渴學之士復時興鄙塞無聞之嘆苟能藉此時會通我國內學者之聲郵則裨益文獻亦豈淺鮮顧本館棉薄鴻鉅難膺惟有仰賴

提携俾盡厥職則從此國光炳耀高我民族之尊榮皆拜

倡導之功固亦不朽之業也務乞

率先示範並廣為蒐訪勸導隨時通郵如蒙

貽贈本館尤當題識珍藏公諸閱覽用溥沾溉共戴

般情茲擬就辦法五條開陳于後

一斷自民國十四年一月以降凡以國內新刊無論官商版刻私家槧印備舉左列各端報知本館者除逐端彙報萬國圖書學院外當以時編為新刊報告奉贈以酬並揭載報知者姓氏用表功績而申悃忱

（一）書名　卷數　册數

（二）著作人

（三）刊行者及其地址

（四）刊行年月及版次

（五）書價

（六）報知人姓名住所

二倘以原書見寄期以匝月當為編目目成而書為本館所留即償其値決不稽遲其不留者即當寄還決不汚損返書郵資並由館任

三業出版而在京有分所或代理者即可在京接洽

四來書聲明願贈本館者謹當拜登肅謝並題誌姓氏鄭重庋藏公諸閱覽

五有私家刊書多種裨益學術者本館當為呈請政府酌量褒奬不願者聽仍由館佈載報告用志盛事

——摘自《北京圖書館月刊》一九二八年第一卷第三期

●國立北平圖書館組織大綱十八年五月十八日本部公布

第一條　國立北平圖書館直隸於教育部。

第二條　國立北平圖書館，設館長一人，由教育部聘任之，主持館務。

第三條　國立北平圖書館，分總務圖書兩部，各設主任一人，由館長聘任，或委派之，商承館長，辦理主管事務。館員若干人，由館長分別聘委，辦理各該管事務。

第四條　總務部分文書庶務會計三股。

第五條　文書股職掌如下：

關於保管印信事項；
關於文書收發分配事項；
關於撰繕文件及保管事項；
關於各項會議記錄事項；
關於館員進退記錄事項；
關於各股事務統計事項。

第六條　庶務股職掌如下：
關於物品之購置及管理事項；
關於房屋整理及清潔事項；
關於考核工役勤惰及賞罰事項；
其他不屬於他股事項。

第七條　會計股職掌如下：
關於編製預算及決算事項；
關於經費出納事項；

關於登記帳目及核算事項。

第八條　圖書部分庋藏閱覽編訂三股。

第九條　庋藏股職掌如下：

關於採購圖書事項；

關於徵集圖書事項；

關於保管圖書事項；

關於檢查圖書及整理事項。

第十條　閱覽股職掌如下：

關於收發圖書事項；

關於閱覽室及研究室監察事項；

關於編製閱覽統計事項。

第十一條　編訂股職掌如下：

關於編輯目錄事項；

關於考訂板本事項；

關於讐校及撰擬提要事項；

關於補輯裝訂事項。

第十二條　國立北平圖書館，爲繕寫文件及修理書籍，得酌用雇員。

第十三條　本組織大綱自公布日施行。

——摘自《教育部公報》一九二九年第一卷第六期

●訓令第一一三一號十八年八月二十七日

令國立北平圖書館、圖書館委員會

爲結束國立北平圖書館移交委員會接收由

案查本屆中華教育文化基金董事會會議本部提議將原有國立北平圖書館與北平北海圖書館合組爲國立北平圖書館業經議決通過在案依據該項合組辦法第六條教育部直轄之北平

圖書館所有圖書及設備由教育部完全移交於國立北平圖書館委員會處理之之規定應將該原有北平圖書館移交該國立北平圖書館委員會除訓令該委員會前往接收館迅即移交外合行令仰該館迅即結束于本月內會即於本月內前往接將所有圖書及設備移交委員會收併將移交接收情形具報備查仰卽遵照。此令。

——摘自《教育部公報》一九二九年第一卷第九期

國民政府教育部中華教育文化基金董事會合組國立北平圖書館辦法

十八年九月本部公布

第一條　國民政府教育部（以下簡稱教育部）爲促進學術發展文化起見特與中華教育基金董事會（以下簡稱董事會）合組國立北平圖書館

第二條　國立北平圖書館一切進行事宜由教育部及董事會合組國立北平圖書館委員會（以下簡稱委員會）主持之

第三條　委員會設委員九人除國立北平圖書館館長副館長均爲當然委員外其餘七人之聘任方法按照委員會組織大綱所規定辦理

第四條　委員會委員任期及職務另定之

第五條　國立北平圖書館設館長及副館長各一人由委員會推荐經董事會同意由教育部聘任之

第六條　教育部直轄之北平圖書館所有圖書及設備由教育部完全移交於委員會處理之

第七條　董事會直轄之北海圖書館所有圖書設備購書費建築費館址及建築由董事會完全移交於委員會處理之

第八條 國立北平圖書館每年之經常費由董事會担負每年分四期撥交委員會支用但以曾經董事會核准之預算爲限

第九條 本辦法經教育部及董事會之核定卽爲有效

●國立北平圖書館委員會組織大綱 十八年九月本部公布

第一條 本委員會依據國府教育部(下稱教育部)中華教育文化基金董事會(下稱董事會)合組國立北平圖書館辦法第二條第三條組織之

第二條 本委員會委員皆屬名譽職其任期除當然委員外第一任委員由教育部聘任之並分別指定任期爲一年二年者各二人三年者共三人嗣後委員缺出卽由委員會自行推補其任期俱爲三年

第三條 本委員會之職權如左

一 審議圖書館辦理方針及進行計劃

二 推薦館長及副館長之人選于教育部及董事會

三 審核圖書館之預算決算

四 保管館產

五　籌畫經費
六　審定館章
七　審查館長推薦之職員
八　審定合同及契約
九　審議及提議其他關于圖書館之重要事項

第四條　本委員會設委員長一人副委員長一人代表本會處理一切事務書記一人掌理本會一切文件會計一人掌理圖書館經費之收支存放上項各職員皆由委員互選任期一年

第五條　本委員會因事務上之便利得設置分委員會或酌用雇員助理各務

第六條　本委員會開會時以委員五人之出席爲法定人數不能出席者得用通信投票

第七條　本委員會至少每三個月開常會一次由館長報告館務經過臨時會無定期由委員長召集之

第八條　本委員會每年應將會務經過報告于教育部及董事會

第九條　本大綱經教育部及董事會核定施行

條　本大綱經本委員會委員三人以上之提議到會委員三分之二以上之議決教育部及董事會之核定得修改之

——摘自《教育部公報》一九二九年第一卷第十期

中央圖書館成立籌備委員會

中央圖書館籌備委員會現已成立，其組織條例如左：

第一條　本會根據中央第十一次常會決議案，由中央各處部各推籌備委員一人組織之。

第二條　本會之任務如左：

一、關於中央圖書館設備上之設計，及籌辦事宜。
二、關於中央圖書館各項規程之擬定事宜。
三、關於中央圖書館經費之募集及預算之編製事宜。

第三條　本會設常務委員一人，負責召集會議，並保管文件及鈐記，由籌備委員互推擔任之。

第四條　本會每週至少須開會一次，常務委員為當然委員，遇必要時得由常委召集臨時會議。

第五條　本會重要決議案，須經中央常務委員核准，方得執行。

第六條　本會得因事務上之需要，酌用幹事助理及錄事若干人，由本會決定調各部職員兼任之。

第七條　本會於中央圖書館正式成立之日撤銷。

第八條　本條例由中央常務委員會核准施行。

——摘自《中華圖書館協會會報》一九二九年第五卷第一、二期合刊

館規

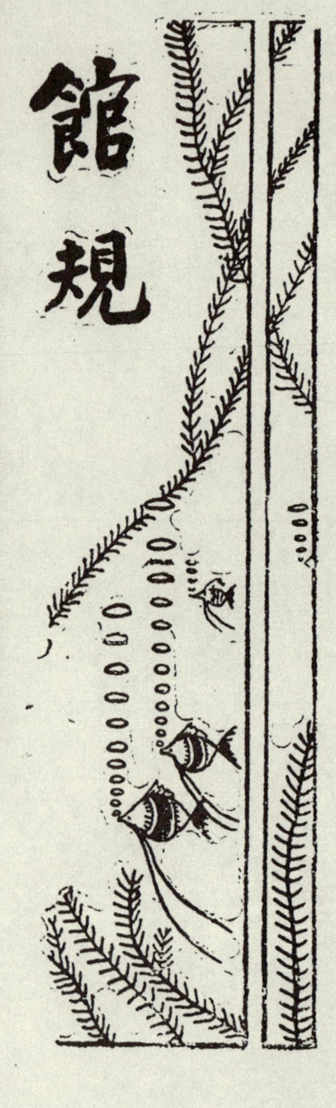

國立中央圖書館書籍裝訂暫行規則

（一）高廣　裝訂普通書籍以及期刊等，其高廣分爲四種：

一、大本　高三十至四十公分，廣二十至二十五公分者；

二、中本　高二十至三十公分，廣十五至二十公分者；

三、小本　高十五至二十公分，廣十至十五公分者；

四、特大本　其高廣均超過大本者，如報紙等是。

（二）顏色　所有普通書籍，期刊雜誌等，除政府公報及報紙爲全黑外，其餘裝訂時，均按種類分別其顏色，計分定下列七種：

一、普通類，爲深藍色；

二、社會科學類，爲深綠色；

三、自然科學類，爲茶褐色；

四、語言，文學，藝術類，爲藍色；

五、哲學，宗教類，爲黑色；

六、應用科學類，爲黃色；

七、歷史傳記，地理遊記類，爲紫色。

（三）封面　裝訂封面，分爲全面，大半面，半面，三種：

一、全面　書之封面，係完全採用一種材料，整個裝訂者；如全皮，全布等是；

二、大半面　書之背及角，用較堅固材料，而封面嘗中，則鑲以較次之材料者；如皮背角而鑲布心，布背角而鑲紙心者是；

三、半面　書之背用較堅固材料，而其餘角及面心，則用較次之材料者。

(四)材料　裝訂所用材料，分外皮，紙板，綫索，襯紙等四種，茲分述如左：

一、外皮　外皮約分五種：

甲、皮　(羊皮，猪皮，牛皮)；

乙、充皮；

丙、布；

丁、充布；

戊、紙。

二、紙板　紙板分大，中，小，特大，按書籍之高廣(參閱第一條)厚薄分別應用：

大本厚　不過八公分者用三十六磅至四十磅紙板；

中本厚　不過八公分者用三十二磅紙板；

小本厚　不過八公分者用二十八磅紙板；

特大本　用四十八磅紙板。

三、綫索　綫索粗細，分甲乙二種，依書籍之高廣，厚薄，分別用之：

甲、大本及特大書籍，用甲種軸線鎖之，而以粗蔴繩穿之，

乙、中本及小本書籍，用乙種軸線鎖之，而以細蔴繩穿之。

四、襯物　襯物包括襯頁與皮裹，及襯背二種：

甲、襯頁及皮裹，均用紙類，其厚薄按書籍大小定之：

子、大本書籍用一百磅白紙襯頁；

丑、中本書籍用八十磅白紙襯頁；

寅、小本書籍用七十磅白紙襯頁；

卯、特大本書籍用一百二十磅白紙襯頁。

乙、襯背　襯背分襯背，襯端，及聯皮布條等三種。書背之上下二端均須襯以細條紋布。聯皮布條則務用堅牢之質，俾可耐久。書背當中，則按書籍高廣，厚薄，而分別粘襯皮紙

或蔴布。惟黏貼時，須用濃膠，而不得用漿糊，以免蠹蝕。

子、特大本及大本書籍須襯蔴布，

丑、中本及小本書籍須襯較厚紙張或皮紙。

(五)釘法　釘法分鎖線，縫線，及打孔釘三種，以上各種釘法，均視書籍情狀而規定採用：

一、鎖綫釘　普通西裝書，在可能範圍，裝釘時均須用鎖綫釘(穿綫釘)法。

二、縫綫釘　如遇紙張脆薄，易於破裂，或書籍各組，其頁數極不一律，而不易鎖綫時，則可採用縫綫釘法。

三、打孔釘　如遇書籍用單頁組成者，始可用打孔釘法。

(六)燙字　裝訂書籍，視其厚薄，分別在書背或皮面燙金字。

一、較厚之普通書籍，或定期刊物，則在書背分格燙

字：

甲、普通書籍，分爲四項：

子、最上一格爲書名項；

丑、二格爲著者項；

寅、三格爲卷號項；

卯、最末爲書碼及館名項。

乙、定期刊物則分爲五格，除第一，第二，及第三格與甲項相同外，其第四格則加以日期格，而第五格則與甲項第四格同。

二、如遇書籍較薄時，則於書背，自上至下，用最簡單文字，直燙之，而其應有各項，則另燙于前皮面，同時將館名印，燙于封面之後頁。

三、燙字讀法，西文書應自左至右橫讀，而中文書則應自上而下直讀。但字數過多，而必須佔二行或二行以上時，應由右而左，如遇中文字橫燙時，卽與西文同。

(七)修補　書籍雜誌，如遇損壞，須修補時，視該書籍或雜誌損壞情形而定。惟書口切齊時，不得切去過多，

愈少愈佳。又書頁如遇破裂時，應用透明紙黏好，然後裝訂。

(八)裝盒　綫裝書皆須裝盒，最大以厚十公分為準。如一部書須裝若干盒者，卽按其目次而排比之。書盒之製法如次：

甲、須用四十磅板紙為底，外黏黑紙，其接連處，須用深藍或黑布膠黏之。盒背之下端，則橫開一高一公分狹長之口，而其長度，則須與盒背之闊度相等。

(九)準備　無論書籍或雜誌在交裝釘者以前，須檢查清楚，是否備有書名頁，索引或總目，及其頁數之全備與否。然後用棉綫束緊，以免散失。檢查時須注意者如下列：

甲、書名頁　一般國內所發行之雜誌多無書名頁一項，國外出版雜誌，大半皆附於該卷末期之中間或前後，與索引或總目合印，書名頁須釘在卷之前端。

乙、索引　雜誌索引之發行方法有三：(一)在每卷之末，(二)在次卷之首期，(三)單獨印行。索引須釘在卷後，至於無索引而或有總目次者，卽須視其頁數而定其在前或後。

丙、廣告　雜誌中之廣告，有頁數與正文連接者，卽須連同裝釘。如係另有頁數者，卽須撕去，免礙正文。

丁、封面　如雜誌中已附有正式書名頁，索引，或目次，而其頁數係連貫者，卽應將其各期封面除去。但少數西文雜誌，多數中文雜誌，官報，並無前項附件者，其各期封面須連同釘入，因大多數此種雜誌，其目次係印於封面。

(十)分冊　大凡期刊之分冊，其原則不外乎按卷期，號數，或日期等均分之。大概季刊年出一卷者，作為一冊；月刊每年作為一冊或二冊；半月刊則作為一冊或二冊；週刊則由二冊至四冊。總而言之，求其時間之分斷，每冊包括三個月或六個月均可，而總以厚薄適中為度。其最厚者，不得過十公分。然在特殊情形之下，如整本參考書之裝釘，則不在此例。

(十一)色標　館內工作用參考書，及各種特藏書籍，其裝釘或裝盒時，封面當中應加以色帶。其位置，顏色，大小，詳見另件。

（十二）塡寫　塡寫裝釘指導單時，應注意書名，著者，卷號，年期等項。至其所用數字，一律用亞拉伯數字，不得使用羅馬數字。凡直行中文，須由上而下。若分作二行時，須由右而左。如係橫列，須由左而右。

甲、書名項　塡寫書名時，須按其原様文字塡之。如書名過於冗長，得節錄之。惟不得失其原意及語氣。

凡刊物爲某機關出版者，而書名內已含有該機關稱名時，即以該機關名稱爲第一格，而刊物名稱則爲第二格。如 Bulletin of American Library Association 應書爲 America Library Association Bulletin

乙、著者項　凡著者，編譯者，或出版機關，其姓名或名稱皆塡此格內。

凡西文刊物，爲某附屬機關出版者，則首行塡寫該機關名稱，次行須將其直轄機關名稱附入，如

Bureau of Standards
Department of Commerce。

但中文刊物，恆一貫而下，如「實業部漢口商品檢驗局」是也。則無須如西文刊物之另行排置。

如書背過於狹小者，則書名及著者須一行直書。但著者與書名之間，須加以一橫畫，以示區別。如著者爲機關，則將二項之地位易置。

如機關之名稱，過於冗長時，則可略之如 International Labour Office 之縮爲I. L. O.是。

丙、卷期項　此項專爲塡寫卷數，期數，或號數之用。如一刊物，祗有號數，而無卷數時，則僅書某號至某號。如有卷數，而同時又有號數者即祗用卷數。

「卷」字應居前，而數目字須在後，如Vol. 1 Bd.1 Tome 1等是。且所有數字，須用亞拉伯數字。

如係第某次會議錄，或第幾年年報等，其次第數字應在前，如 1st Session, 2nd Congrese, 3. Jahrgang, 4th Year, 等是。

如某一 Jahrgang 與其年份數字無異時，即可

省去Jahrgang一項。

如以年份爲主者，卽以年份居先，卷數在後；反之卷數應在前，如 1935 Vol. 1，1935 Vol. 2，Vol. 1 1935，Vol. 2 1936，等是。

如某卷在本年份內已完全者，則期數可省去。倘或成卷，而書本過厚，必須分裝二冊時，則每冊期數應一一寫明塡上。

丁、年月項　如年出一卷者，祇塡寫年份；倘於一年中，出版二卷，或二卷以上者，每卷應註明年份，及月份；如某卷係跨乎二年者，應將所跨之年月，一一塡出。

戊、館名項　該項居書背之最下格。裝釘時，燙有本館名稱之烙印；如書背過于狹小，卽燙於書皮反面之正中。

國立中央圖書館裝釘指導單

書名	
著者	
卷數	
日期	
書碼	
館名	

書皮：紙　充布　布　充皮　半皮　全皮

顏色：　面　背　角

釘法：穿綫釘　縫綫釘　打孔釘

附件：目次　索引　書名頁

高廣：（　分公　公分）小本　中本　大本　特大本

期限：限　年　月　日　交還

附樣：

備考：

裝釘號碼 ....　裝釘人 ....

發出日期 ....　經手人 ....

收到日期 ....　點收人 ....

——摘自《學觚》一九三六年第一卷第三期

館規

國立中央圖書館暫行期刊編目條例

一、凡分期繼續刊行之出版品，不論出版之有定或無定，皆謂之期刊。

二、期刊分三種：

　一　新聞紙　凡以時事消息爲主者，爲新聞紙。

　二　雜　誌　凡登載普通或專門各種有時間性之論著者爲雜誌。

　三　叢　刊　凡專載專門研究論文者爲叢刊。

三、期刊之著錄，分下列各項：

　一、書名項

　二、卷數項

　三、編者項

　四、出版項

　　四一、出版時、

　　四二、出版地及出版者

　五、稽核項

　　五一、冊數

　　五二、插圖等

　　五三、高廣

　六、附註

　　六一、存缺

六二、 刊期

六三、 書名之變更

六四、 編輯者

六五、 出版項之變更

六六、 分合

六七、 內容提示

一 書名

四 期刊之卷數相銜接者，雖書名不同，亦視爲一書。從其最新之書名。舊書名得詳記于附註中，並另作參考片。

五 期刊之另起卷數者，應認爲另一書。

六 書名以書名葉(title-page)所題者爲準。如有副書名時，記于附註項內。

七 封面(covers)或卷端等處所題書名較書名葉爲詳時，亦得記于附註項內。

八 期刊無書名葉時，以封面所題爲準。但卷端書名與封面所題不同，且較爲適當時，得從卷端書名。

二 卷數項

九 卷數項應記明起訖之卷數，期數，年度（如第一年第二年），號數等，所採用之字句各從本書。排架目錄片上之卷數，須再詳細記入目片背後。與登錄號相對照。

一〇 已停刊之期刊，館中藏有全份者，記曰，「第一卷至某卷」。

一一 已停刊之期刊，館中所藏不全，但各號皆相連接者，記曰，「第某卷至某卷」，用鉛筆書之。如起始卷爲第一卷或至某卷爲最後一卷，則第一卷或最後卷以墨筆書之。

一二 已停刊之期刊，館中所藏不全，而有號碼連接之兩段落者，得記曰，「第某卷至某卷，第某卷至某卷」，用鉛筆書之。如起始卷數爲第一卷，其數用墨筆書之。

一三 無論已未停刊，館中所藏不全，而卷數零落者，得用方括弧記曰，「[第某卷至某卷]」，或曰，「第一卷至〔某〕卷」。方括弧及其中數字用鉛筆書之•其細目于附註中存缺項內詳記之。

一四 未停刊之期刊，本館藏有全份者，記曰，「第一卷至某卷」，後一卷數用鉛筆書之。

一五 未停刊之期刊，本館藏有全份，並仍繼續入藏者，記曰，「第一卷至最近」。最近二字用鉛筆書之。

一六 未停刊之期刊，本館所藏不全，但最近數卷接連無缺者，記曰，「第某卷至最近」；或曰，「第某卷至某卷，第某卷至最近」。以鉛筆書之。

三 編者項

一七 編者項之著錄，應僅限于已停刊之期刊，而編輯人名著于書名葉或封面而始終無變更者。然爲求一致，以記于附註項內爲宜。

四 出版項

四一、出版時

一八 出版時期應記明起訖，與卷數項相應合，但不得分爲兩組。

一九 出版時期應視情形記爲某年（如年刊），某月（如季刊，月刊，兩月刊），某日（如週刊，旬刊，半月刊，新聞紙）。

二〇 季刊之自某年一月二月或三月起始者，與至某年十月十一月或十二月止者，得僅書某年不書某月。

月刊之自某年一月起者，與至某年十二月止者，得僅書某年，不書某月。

週刊之自某年一月第一週起始者，與至某年十二月末週止者，得不書某月某日，僅書某年。

週刊之自某月第一週起始者與至某月末週止者，得不書某日，僅書某年某月。

旬刊之自某年一月上旬起始者，與至某年十二月下旬止者，得不書某月某日，僅書某年。

旬刊之自某月上旬起始者，與至某月下旬止者。得不書某日，僅書某年某月。

半月刊之自某年一月前半月起始者，與至某年十二月後半月止者，得不書某月某日，僅書某年。

半月刊之自某月前半月起始者，與至某月後半月止者，得不書某日，僅書某年某月。

餘類推

二一　用鉛筆書寫之卷數，其所關連之出版時亦用鉛筆書寫。

二二　書名葉及封面等處所題出版時，遇有不盡一致時，除顯然有誤外，以封面所題爲準。必要時，並得于附註項內說明其異點。

四二、出版地及出版者

二三　仍在出版之期刊，如出版地或出版者曾經變更時，以最近者爲主，稱某某等地，或某某等。有必要時應記其變異之處，于附註項中。倘此期刊編目之後，再有變異，得不改正，如屬必要，則于附註項中添記之。

二四　已停刊之期刊，如出版地或出版者曾經變更時，以時間最久者或最初者爲主，稱某某等地，或某某等。有必要時，應記其變異之處于附註項中。

五　稽核項

二五　稽核事項中之數目，均用阿拉伯數字表示之。

五一、冊數

二六　期刊記錄其合訂之冊數（大致每卷合訂一冊）。只出一冊並未繼續出版之期刊，如其面數相連，則記其面數。

二七　館中所藏不全之期刊，其冊數以鉛筆書之。

五二、插圖

二八　期刊之每期有圖或圖版者，記之。

二九　期刊之每期插圖中，附有實物爲樣品者，記之。

三〇　地理期刊之有地圖者，記之；音樂期刊之有樂譜者，記之；建築期刊之有設計圖者，記之。

五三、高廣

三一　期刊應記其高若干公分。長短不一，則記其最長與最短者。如26-28公分。如長者與短者之界限甚明，得詳記之。如，25公分(第1-卷1-3期，14公分)；又如，25.5公分(第2-4卷，30公分)。

六　附註

三二　附註中之數目均用阿拉伯數字表示之。

三三 附註中分記刊期及書名，編者，出版等項之變遷，各為一條。但合為一條，能更簡明時，則宜合為一條。

六一、存缺

三四 館中所藏不全之期刊，其詳細卷數期數不便在卷數項內表示者，于稽核事項下加註「本館有」三字及引號，(..)詳列其卷冊及出版時。若所缺頗少，則可加註「本館缺」三字及引號，詳列所缺之卷冊及出版時。皆用鉛筆書之，以便削改。

三五 記載存缺之卷數號數及年月日等，得簡寫之，例如，第21卷，卽第二十一卷；民12.6.29，卽民國十二年六月二十九日。

三六 有時期刊缺少某號，但乃編行者之誤，並非藏本不全者，宜註曰，「原缺某卷某號」。

六二、刊期

三七 刊期應記明為年刊，半年刊，季刊，雙月刊，月刊，半月刊，旬刊，週刊，等等或不定期刊。但在書名中如已表明，則不復書。

三八 定期刊物有不按期編行時，應註明之。例如：

月刊(出版無定)

月刊(七月八月休刊)

三九 如曾經停刊，後又復刊者，是謂長期休刊，亦宜註明。離前空一格書之。例如：

民12-24，休刊

民15.5-17.2，休刊

四〇 期刊刊期前後不同，可分數段落者，一一詳之。例如：

第1-4卷，民13-16，週刊；民11-12，休刊；第6-10卷民13-17，不定期刊；第11-18卷，民18-25，月刊。

其倘在繼續出版者，得如下式書之。

半月刊(第1-15卷，光緒32-民9，月刊)

四一 有時每年出版卷數亦宜註明，以便參攷。離前空一格書之。例如：

週刊　每年二卷

月刊　每年三卷

週刊　民 9-17，每年二卷；民 18-23，每年五卷。

六三、舊名之變更

四二　記錄書名之變更，如不止一名時應于其前冠以「舊書名」三字及引號。例如

舊書名：第1卷，第1-6期，民 1.71-17.6，北京雜誌；第1卷第7期至第2卷，民17.7-18，舊京雜誌。

四三　期刊之詳細書名或副書名，如某團體之機關誌之類，別爲一行記之。

六四、編輯者

四四　雜誌之編輯者，除少數特例記于出版事項之前以外，均應記于附註中。例如：

劉青藜主編

何斌華等編

胡璉，沈逡禮合編

中華圖書館協會執行委員會編

第1-2卷，民1-2，趙可澄編；第 3-4 卷，民3—4

，錢多聞編；第五卷，民 5-，錢多聞，孫國棟合編

四五　營業雜誌與平常文藝雜誌之編輯者，既不載于書中，則不必註出。卽載于書中，而時常更易者，亦不必註出。但編輯者如爲名家，則不可省略。

四六　凡所註出之編輯者，均應製著者片。但編目者得斟酌情形省略之。

六五、出版之變易

四七　出版地與出版人不便在出版事項中詳記者，可記于附註中。例如：

第1卷，民22，在北平出版；第2-7卷，民14-19，由上海商務印書館出版

第19-20卷，民21-22，由中華書局出版。

第1-5卷，民2-6，王大昭編，廣州新民書局出版

其繁者，冠以出版者三字及引號。例如：

出版者：第 1-6 期，民21，天津百城書局；第7-12期，民22，北平民立印書局。

六六、分合變滅

四八 凡一期刊與其他期刊之關係及其停刊，均宜註明。

例如，本刊爲進步及德育二雜誌合併刊物

本刊于民15.7與育雜誌合併爲進德雜誌

尙友季刊于民21併入本刊

併入益友月刊

以後改爲益友月刊

繼續益友週刊出版

以後改爲婦女月刊及家庭月刊

本刊爲婦女與家庭分出兩種月刊之一

已停刊

六七、內容

四九 關于期刊內容之一部有應提示者，一曰索引，二曰目錄擧等欄，三曰專號，四曰特刊。

五〇 索引記其載于卷內者。例如，

每卷後有索引。

第1-5卷索引，在6卷165-80面。

第20卷爲第1-19卷索引。

五一 索引之另成一書者，另按書籍編目法編目。

五二 目錄擧專欄之記載，可引用書中之字句。例如，

每卷有新書目錄一篇。

有出版界消息。

有介紹與批評。

有書評。

有新書提要。

五三 專號之記載，有簡有繁。繁者之前宜冠以專號二字及引號：例如，

第3卷第4期爲年會論文專號。

專號：美術，第21卷5期，民18.6；婚姻，第21卷6期，民18.7；救國，第22卷10期，民19.11。

五四 期刊之號外，特刊，附錄，選輯，等等，既另記面數又另裝訂成冊，應視同單行之本，另行編目。但宜于附註中簡略記之。例如，

有號外。

第36卷有號外。

每期有附錄。

有邏輯，民17出版。

七　目片格式

五五　期刊書名及卷數，寫于第一行，自第一直線起。如一行不盡，得回行自第二直線縮再一字起。書名與卷數中間，空一字。

五六　編者項(通常省去)及出版事項，在書名及卷數下，自第二直線起。如一行不盡回行自第一直線起。編者項與出版項中間空二字。出版時出版地與出版人，中間各空一字。如無編者項　則出版事項逕自第二直線起。

五七　稽核事項在出版事項下，自第二直線起。如一行不盡，回行自第一直線起。冊數插圖與高廣，中間各空一字。

五八　附註在稽核事項下每條另起一行，自第二直線起，回行時自第一直線起。

五九　書碼寫于左角。橫線上寫分類號。橫線下寫書次號。

六〇　登錄號碼記于書架目錄片之背面，其他目錄中得不記之。

——摘自《學觚》一九三六年第一卷第四期

館規

國立中央圖書館暫行中文圖書編目規則

一 通則

一 編目以詳確明白，使閱覽人可于最短時間內尋獲其所欲檢閱之書爲原則。

二 本館中文圖書，須編分類目錄，書名目錄，著者目錄，及排架目錄各一種。

三 凡目錄記載左列各項：

一 書名項（附卷數）

二 著者項（卽著者名及其時代，著述種類，與注釋人等等）

三 出版項（包括出版時，出版人，出版地，版本及版次）

四 稽核項（包括冊數，圖表，高廣，裝釘等）

五 附註項

六 號碼

二 書名 附卷數

四 凡在目錄中舉書名，須意義完備而不失書中原來之形式。

五 凡舉書名，除特別情形外概以卷端書名爲準。如于卷端不題書名，或所題書名不適宜時，得以目次書名爲準。

六　各卷或各册所題之書名，如有歧異時，以最初卷册爲準。若大部份相同，而最初卷册特異者，則改從大部份所題之書名。如歧異之處甚關重要，則更須于附註內說明之。

七　凡無卷端書名及目次書名時，以書名葉之書名爲準。如無書名葉時，則以版權葉所題之書名爲準。

八　凡卷端，目次，書名葉及版權葉均不載書名時，須參考諸家目錄以決定之。如在他家目錄中尋得相當書名，而爲書中所未載者，則採用後並須于附註中註明：「書名佚去，據某書補」。

九　如他家目錄中未有著錄，得于原書中其他各處所載書名中擇取最適當者用之。凡取用卷端，目次，書名葉及版權葉以外之書名者，如書口，序跋，或書籤等，必于附註中說明之。

一〇　凡于本書中及諸家著錄俱不能取得相當書名時，編目者得以已意裁定之。但須于附註中舉示正文之起始及內容之簡要敍述。

一一　凡卷端或書名葉與其他各處所題之書名有重要之差異者，須于附註中舉示其差異之書名。

一二　凡不採用卷端書名或書名葉書名時，須于附註中載明「卷端題某某」或「書名葉題某某」。

一三　凡採用書名葉書名，而書中有兩書名葉時，須視下列情形決定之。

甲　影印或翻版之書有于原本書名葉外，另加書名葉者，應以另加者爲準。如另加者之書名與原本有異時，須于附註中舉示原本之書名。

乙　卷端或封面，同時具有兩種語文之書名葉，以中文者爲準，其他語文之書名應于附註中註明之。

一四　書名文字得删削及補注或補正。删削之符號爲四點，補註之符號爲圓括孤，補正之符號爲方括弧。

一五　凡書名之字畫標點及夾用外國字，應依原書。

一六　凡書名之字有誤者，宜加以改正，並于附註中說明之。

一七 凡用國語注音符號，羅馬字拚音，或其他注音符號所著作之圖書，著錄時應易以適當之漢字。其原書名，須于附註中舉示之。

一八 凡書之別名，改名，副名，全名（以簡名爲主時），簡名（以全名爲主時），原名（翻譯書），外國文名（中外國文對照之書），均應記入附註中。原名及外國文名，得視情形在西文目錄目添立目片。其餘均應在書名目錄中另立副片。若兩書均入藏者，則祇須彼此互註，不必另立副片。

一九 書名之帶有冠詞如「欽定」，「增補」，「新編」，「增廣」之類者，可無須省去，但在檢字目錄中，排列順序時，須將此等字樣除去不計。遇此類情形時，應加說明，以備參攷。

二〇 凡書名冠有叢書名或類似叢書之名稱者（如新學制中學教科書等），須將其省去，而移載於附註之地位。省略處不置四點。

二一 凡書名有疑義或不甚明瞭時，應于附註中解說之。如朱方增之從政觀法錄，註云，「清初名臣二百八十人列傳」。如玉谿生年譜會箋，註云，「玉谿生爲唐李商隱（313-858）別號」；曾太傅傳略，註云，「曾太傅名國藩，清人（1811-1872）」。如廉石居藏書記，註云，「廉石居爲清孫星衍（1753-1818）室名」，八千卷樓書目，註云，「八千卷樓爲清丁丙（1832-1899）室名」。如定遠縣志，註云，「定遠屬四川省，今名武勝」。如翠微南征錄，註云，「詩」。如幾何原本，註云，「滿文」。如孫中山出世大事記，註云，「同治五年至民國十四年」。

二二 卷數應記于書名之後。

二三 卷數之計算依原書爲準。其不分卷者則不書。其書與目不符者，須于附註中載明之。

二四 凡卷首卷末不列入正文者，須于原卷數之後另計之，稱卷首若干卷，卷末若干卷。卷首末不分卷者，各作一卷。

二五 凡叢書記種數，不記卷數。書名中有集數，編數，次數，期數，年度等順序數詞，視如卷數，記于卷數之地位。小說之回數，有必要時，得視如卷數記載之。

二六　凡殘存之書，仍記其全書之卷數。其殘存部份，于附註中詳註之。

三　著者

二七　著者名，以正文卷端，書名葉或版權葉所題者爲準。

二八　凡書之著者，或爲一人，或爲二人，或爲多人，或爲合著，或爲分著，或爲個人，或爲團體，悉宜詳明著錄。

二九　凡書之自述意見，或傳述他人意見者，皆稱「撰」。

三〇　凡彙編數書爲一書，或編著[illegible]錄者，稱「編」。

三一　凡採錄佚書或採錄散見文字爲一書者，稱「輯」。

三二　凡編輯之書，宜仍以原著者爲主，稱「某某撰，某某輯」。如原著者在二人以上時，則以編輯者爲主；得視情形記原著者之名于附註中。

三三　目錄，索引，等書，除將編者作爲著者外，其私家收藏目錄之非自編者，收藏者亦須另作副片。

三四　凡續修前人之書，補苴其遺漏者，如所補之書與原書不可分離，稱「某某撰，某某補撰」，或稱「某某撰，某某續撰」；或稱「某某撰，某某增訂」，視書之情形而定。如所補之書與原書分離，或不分離而改名者，即以補撰者爲著者，逕稱「某某撰」。

三五　箋釋之書附本文以行者，稱「某某撰，某某注」。如(一)節錄或不錄本文者，(二)不以本文爲主者，(三)注者將書名改題者，或(四)書經注釋箋證之後，完全改變其原來之性質者，即以注者爲著者，逕稱「某某撰」。有必要時，得記原書之著者及書名于附註中。

三六　有圖畫解說之書，稱「某某撰，某某繪圖」。如其書完全爲圖畫所組成或以圖畫爲主者，應以繪者爲著者，稱「某某繪」。

三七　地圖及建築設計圖，以製圖及設計者爲著者，稱

三八 「某某製」。但裝冊地圖之稱編者，得稱「某某編」。

曾經校讎考訂之書。稱「某某撰，某某校」。如校者未在書中表示負責者，應記入附註，不作副片。其書若與原作迥異，且經變異書名者，即以校者爲著者。稱「某某校訂」。但校勘記之單行者，須以校者爲著者，稱「某某撰」。

三九 凡附批評之書，稱「某某撰，某某評」。如其書中不備載原書者，即以評者爲著者，逕稱「某某撰」。

四〇 將一種語言文字易爲另一種語言文字者爲譯。其書稱「某某撰，某某譯」。書經重譯者，省略其中間譯者，亦稱「某某撰，某某譯」，有必要時記其所據之本及中間譯者名于附註中，不作副片。

四一 斷句讀，分篇章，或加新式標點符號之書，稱「某某撰，某某句讀」。

四二 書之重要，不在文字之意義，而在示人以書法之體勢風格者，省略原文之撰者，逕稱「某某書」。

四三 樂譜之書，稱「某某譜」。其樂譜並載文字者，視其情形，稱「某某撰，某某譜」，或「某某譜，某某塡。」

四四 書之爲照片所組成者，無論爲原照片，或另版複印，應以攝影者爲著者，稱「某某攝」。其選集諸家之作者，稱「某某編」。

四五 板畫集或印譜之書，以刻者爲著者，稱「某某刻」。其爲選集諸家之作者，稱「某某編」。

四六 講演錄之著者，有講演者及記錄者，稱「某某講，某某記」。其書爲多人之講演而記錄者相同時，逕稱「某某記」。講演者自撰講演稿以行者，稱「某某撰」。多人之講演，其記錄者不同，而經他人編輯者，逕稱「某某編」。一人之講演，記錄者不同，而經他人編輯者，則稱「某某講，某某編」。講演者自輯多人之記錄，稱「某某講」。

四七 語錄及諭旨等，應以編者或記者爲著者，稱「某某編」，或「某某記」，並爲立言者或帝王另作副片。但不著編者或記者之書，得以立言者或帝王為著者，稱「某某撰」。

四八　訪問記之書，以訪問者為著者逕稱「某某撰」。被訪問者如為一人得製副片。

四九　一著者得兼具二種資格如「編校」，「輯譯」等。

五〇　二人合著之書，稱「某某，某某同撰」，其次序如書中所列。「同撰」二字得視情形改為「同編」，「同輯」，「同補」，「同續」，「同註」，「同繪」，「同繪圖」，「同製」，「同校」，「同校訂」，「同評」，「同譯」，「同句讀」，「同書」，「同譜」，「同填」，「同攝」，「同刻」，「同講」，「同記」等。

五一　問答，酬唱集及往還尺牘等，應視為合著之書。稱「某某，某某同撰」。合刻而非合著之書，則只稱「撰」，不稱「同撰」。

五二　二人以上合著之書，稱「某某等同撰」，應舉其中為主幹之人(可由序及凡例緣起等處見之)或列名最前之人。其餘人名，如有必要，得于附註中詳之，並製副片。「同撰」二字得視情形改為「同編」「同輯」等字樣。又「等同撰」三字，得視原文詞句改為「主撰」，「主編」等字樣。

五三　官書有纂修人主名者，以纂修人為著者，主事者稱「修」，主筆者稱「纂」。敕撰之書，稱「某某等奉敕撰」，如無編撰纂輯人主名者，則書「某朝某帝(稱廟諱)敕撰」。編輯譯注等，倣此。

五四　凡無纂修人主名之官書，其以中央或地方政府機關名義編纂者，即以該機關為著者。

五五　凡以團體或會社名義發表之著作，均以該團體或會社為著者，其載有個人姓名者，則以個人為著者，團體名仍作副片。

五六　原題著者名，業經證明錯誤者，則以考證所得者為著者，倘不能考得眞實之著者，則著者項可省，但須于附註中記明「原題某某誤」。有必要時，說明考證之根據，並得為誤題之人名作副片。

五七　如一書係著者代他人所作或用他人名義發表者，得于附註中詳之，並作副片。例如書目答問，為繆荃孫代張之洞所作，即註云「繆荃孫代撰」，並為繆荃孫製一副片。

五八　凡周秦以前古籍，雖題有著者之名，但灼知其爲憑信者，如內經靈樞題黃帝撰之類，則省略著者項，而于附註中記明之，依四庫例稱「舊題某某撰」，得製副片。

五九　書之著者無從查考時，則省略著者項；于附註中書「不著撰人」或「不著編者」。其有時代可尋者，則稱「某代人佚名撰」，如「唐人佚名撰」，「宋人佚名撰」，「近人佚名撰」。

六〇　書中不著撰人，又不能確實考證，但一般人傳說均謂爲某人所著者，得省略著者項；于附註中記曰「疑某某撰」，並製副片。

六一　雖書中不著撰人，如可考得，卽以考得者補充之，而于附註中註出其根據。如考得者與一般人傳說者不同，並註曰「俗謂某某撰誤」。

六二　著者用其正名，如原書所題有異時，須考訂之。

六三　一著者而前後更名者，採用其最後之名。

六四　凡著者名之前皆須註明朝代。但現代之著者，不註「民國」二字。

六五　著者名前應冠之朝代名如左所列：

周、秦、西漢、東漢、魏、蜀、吳、西晉、東晉、前漢、前趙、後趙、前燕、前涼、前秦、後燕、後秦、西燕、後涼、西秦、南涼、北涼西涼、夏、北燕、宋、南齊、梁、陳、北魏、東魏、西魏、北齊、北周、隋、唐、後晉、後梁、後唐、後漢、後周、吳、閩、楚、吳越、前蜀、南漢、荊南、後蜀、南唐、北漢、北宋、南宋、西夏、遼、金、元、明、南明、清。

六六　著者所屬之朝代以卒年爲準，如有疑義，得參攷他家著錄決定之。

六七　凡外國著者名之前皆須註明國籍。西洋著者之國籍不明者得註「西洋」二字。

六八　凡不用漢文之國家，無論其著者所署爲個人姓名，抑爲團體名稱，皆須于其名之後註明原文及生卒年，以圓括弧括之。其原文之形式，依照英美圖書館協會編目條例，所規定者書之。例如：莎士比亞 (Shakespeare, William, 1564-1616)；

博馬舍 (Beaumarchais, Pierre Augustin Caron de, 1732-1799) 耶魯大學 (Yale university)；牛津大學 (Oxford. University)。

六九 外國著者原名無從查攷時，于附註中，書「著者原名待考」。

七〇 書中所題著者名不全，或有名無姓，或有姓無名，或用西文字母署名，或夾用花樣符號署名時，如不能考得其全名或正名，得從書中所題者錄之。

七一 著者名已包含于書名中，字樣與著者項所採用者完全相同者，則著者項可省略之。

七二 個人著者以其入學服官往來書啓含有法律性質之姓與名爲正名。

七三 凡女子之著作，均著錄其閨中之姓名。其已出嫁者，須以夫家之姓，冠於其姓名前，立一參照款目，並註云，「某某之妻」，「或某某之母」。例如席佩蘭，須立參見款目云，「孫席佩蘭見席佩蘭」，並註云，「佩蘭爲清孫原湘之妻」。其無名者，得

依舊例稱「某氏女」，若已嫁者，則稱「某某氏」。

七四 凡帝王均稱國稱廟號，如唐太宗，清高宗；后妃均稱國稱謚號，如唐則天后，明仁孝后；先秦諸侯均稱國稱謚及封號，如魏文侯，以便檢查。倘有世人習知之名，應立參照款目，如「乾隆帝見清高宗」，「武則天見唐則天后」。

七五 凡秦以後有爵者，雖有國有謚，亦用其原姓名。但得以其封謚立參照款目。

七六 凡僧尼均稱其法名。其俗家姓氏甚著名時，得立參照款目。

七七 凡滿回蒙藏人除有習用漢名者外，均稱其名。如其姓甚著時，得立參照款目。(?)

七八 外國人有中文姓名者採用之。

七九 外國人之無中文姓名者採用書中本有之譯名，但祇取其姓。其姓名合譯爲世所稱說，或有習用之名者，仍得並存，如蕭伯納，大仲馬，聖西門，黎朋，等。書中譯名與先所著錄者不同時，以已用者爲準。書中無譯名，則據已出版之外國人名

地名標準譯音表斟酌補譯之。

八〇　原書所題著者名如係別號或託名之時，須以其正名著錄。倘無法尋得其正名時，得照原書所題著者著錄。但如「國民一份子」，「某書之著者」等類之託名，視同業經證明錯誤之著者。

八一　原書所題著者之姓名與著錄時所採用之姓名有歧異時，須于所採用姓名之後補註歧異部份以圓括弧括之，例如，「劉鶚（洪都百鍊生）」。並宜作參照款目，例如「洪都百鍊生見劉鶚」，下註云，「劉鶚別署洪都百鍊生」。

八二　政府機關及團體編行之書，所題名稱，涵義不備，或詞義累贅時，得為增減。

八三　以機關為著者時，其機關名稱之前，須冠以所轄地方名稱，如「河北省政府」，「南京市社會局」等。所指之地名，須用正式名稱，不得用古名或簡稱。

八四　外國中央政府機關須冠以所屬國名，但地方機關不冠國名。

八五　凡政府或部院等內部之各司課等，均附記於其各該部院名稱之後，如「清吏部考功司」，「教育部社會教育司」，「江蘇省政府祕書處統計科」，「立法院編譯處」等，惟各部院所轄之獨立機關，則不記于其所屬機關之後。如「鹽務署」，不作「財政部鹽務署」。

八六　凡外國之會社，須視其事業範圍之廣狹。冠以其國之名或所在地之名。

八七　學校中之會社，須冠以學校之名稱。

八八　凡學校或圖書館，博物院，天文台，醫院，劇場，會館，寺院，教會，商會，商店等機關，與齋堂館閣等名稱，用為著者時，除特立名稱之機關或其名稱已包括所在地者外，均須冠以其所在地之地名。

八九　中國國立機關，各從其名，外國國立機關，須冠以其國之名。

九〇　大學之學院，學系，及科學館，圖書館，生物館，地質館等等，須冠以大學之名稱。

九一　私立學校冠有某地私立字樣者，其字樣得省略之。

九二　凡各種會議均用其正式名稱，但作著者片時，其名稱中如有次序數詞，應移于本名之後。其無正式名稱者，須冠以會議所在地之地名，如北平市民大會。

九三　外國政府會社機關及國際組織，應用其確定之中文名稱。如未自定，則採用其通行之名。例如國際圖書館協會聯合會」，「紅十字會」等。倘書中無中文名，則代爲譯出補足之。

四　出版項

九四　出版項在著者項後，照下列順序記載之。

一　出版時

二　出版地

三　出版者或印售者

四　版本及版次

九五　出版項概以書名葉，版權葉，或書尾所載爲準。但清以前出版書籍，採用其書名葉或書尾時，須參攷刻書序跋及各家目錄以決定之。眞確之出版項與書名葉，版權葉或書尾所題不同時，宜記所題者于附註中。

九六　影印書，重印書，或翻印書，記其影印重印或翻印之時地及發行者。其所據原書記于附註中。

九七　出版時，出版地與出版者，本書完全不載或有一部份不載，而能從他書推定者，均應行載明。惟須於附註內註明其根據。

九八　於必要時出版項得照錄原書之字句及次第。例如「光緒二十年刊於粵東官廨」。此例多用之于刻本書籍。

九九　出版項如有某部份不明時，只記其可知之部份。全部不明時，則預留空白，以待將來補入。

一〇〇　近世出版，以新法印刷之書籍，以其發行年份爲出版時。

一〇一　雕版之書籍以其刊刻之年份爲出版時，其曾經修補增改者，即以修補之年份爲出版時，于附註中載明「修補某年某人刻本」。其增刻序跋或附錄于正文無所改易者，須于附註中載明原刻年份。例如云，「就道光五年刻版補序」。

一〇二　載于版權葉及書名葉之出版年不同時，採用最後之紀年。

一〇三　出版年均用年號年數。例如「民國十五年」「清光緒三十二年」「明嘉靖元年」。日本等外國年號須加國名，如「日本昭和十年」。

一〇四　凡出版時，用干支紀年者，須查用其確實年代，而以干支置于圓括弧之內，記于該年代之後。其用外國紀元者，亦同此例。但外國人出版之書，用其本國年號者，則仍其舊。

一〇五　如全書二冊，其出版年不同時，依書冊之次序分記之。例如「民國二十一年，十五年」；附註中註云，「第一冊，五版；第二冊增訂再版」。

一〇六　如書在二冊以上，其出版在不同之二年以上時，無論其版次是否相同，記其最前及最後之年。例如「民國八年至二十四年」，附註中註云，「第一冊，第十五版，民國十七年；第二冊，第四版，民國八年；第三冊，第三版，民國二十年；第四至十冊，民國十二至二十四年」。但書雖在二冊以上，僅有一冊之出版年不同時，例如，選集之書，首冊之出版，或在他冊之後，可記云，「民國十六年至十九年」，附註中註明，「第一冊，民國十九年出版」。

一〇七　全書不只一冊，編目時僅有一部份書出版者，或編目時，館中僅有一部份書者，其起訖之出版年，應用鉛筆寫，以便修改。如首冊爲初版時，首冊之出版年可用墨筆書之。

一〇八　無出版年，則以最後之註冊或審定年代之，惟須於年後加註冊或審定字樣。如「民國二十三年註冊」。

一〇九　無出版年及註冊或審定年，則以最後之序跋年代之，惟須於年後加序或跋字樣，以圓括弧括之。如「清宣統三年序」。

一一〇　凡本書未著明出版時期，而其序跋審定之年則又斷定距出版年甚遠者，得推定其時期，稱「明」，「清」，或「明萬曆」，「清道光」，「民國」，或「明初」，「清末」，或「明嘉靖十…年」，「民國初年」，「民國二十…年」，「民國六?年」等。

一一一　出版地記出版所在之市名或縣名。

一一二　出版地之不著名或同名而易渾者，應于其後添註省名或國名，以圓括弧括之。

一一三　古刊本所記出版地名之別稱，照原書著錄之。有必要時，得于其後添註現行之名稱。

一一四　凡一出版者在書中記二處以上之出版地名時，無論書之分冊與否，應用其主要之地名，如主要地名不明時，得採用其最前之地名。外國出版之書，其地名中有一處或數處為中國地方者，宜添錄一處。如中國地方中有一處為上海，以選用上海為宜，例如「倫敦，上海　別發洋行」。

一一五　出版地之不詳者，得以出版者之籍貫代之。

一一六　出版者乃指發行者而言，稱「某某印行」。代印及代售者，不在此例。

一一七　雕版之書，以刊刻人為出版人，稱「某某刊行」。若其版曾經他人修補者，即以修補之人為出版人，于附註說明所據之版及增補部份。若版主易人，而新版主于版之本身，無甚增損者，仍以原刊刻人為出版者，稱「重印本」，于附註中載明新版主之名及某年重印。

一一八　雕版之書不能確知出版人者，得稱「官刊」，「家刊」，「坊刊」，或視其情形將「刊行」二字接于出版地或出版年之後。

一一九　非雕版之書，而又不便稱印行者，得改稱發行或其他字樣。

一二〇　版權轉移，則承繼人所發行之書，以承繼人為出版者。

一二一　凡刊刻之書，不載刊刻人，修補人，或重印人之名而題有藏板處者，得著錄之。稱某某藏版。

一二二　書店名或團體名與某代表者之個人名併載者，應只採用書店名或團體名。

一二三　出版者名稱中之累贅字樣，得減去之。例如，會文堂書局」之後二字，「金港堂書籍株式會社」之後六字，「合資會社共益商社樂器店」之前四字及後三字，「財團法人東洋文庫」之前四字等，皆在減去之列。

一二四 由私人刊刻發行之書，卽以其人爲出版人，著明其姓名。其用齋，堂，書室等名稱者，亦得以其姓氏冠於此項名稱之前，如「劉氏嘉業堂」「王氏四印齋」等。書中有正式姓名，又有齋室之名者以採用正式姓名爲宜。

一二五 發行者與著者相同時，得將發行者省稱。例如稱「著者刊行」，「編者印行」。其餘「該校」，「該館」，「該局」，「該部」，「該會」，「該院」等等準此。

一二六 一書係數家聯合出版者，如爲兩家，則併記「某地某某與某地某某印行」；如在兩家以上，則記其最顯著之一家，稱某地某某等印行。

一二七 一書數冊，非一家出版者，除照前條著錄外，有必要時，得于附註中詳細說明之。

一二八 出版者不詳，則以承印或經售者代之。如云某某「代印」，「某某經售」，「某某印售」。

一二九 版經修改或增補者，謂之另版。以「再版」，「三版」等註明之。原書有「改訂」或「增補」等字樣者，須照錄之。

一三〇 重印乃指以原版複印而言，與版次不同。尋常重印之次數，得略去不書，只稱「重印本」。

一三一 原書雖明載再版或三版等，但在文字上未加修改者，認作重印本。

一三二 雕版書之重印者，不能詳推其時地與人時，稱「後印本」。雕版書可知其爲首次刷印者，稱「初印本」。初印本之用紅色或藍色印者，稱「朱印本」或「藍印本」。

一三三 影印影刻之書，稱「影宋本」，「影元本」，「影明本」，「影手抄本」。

一三四 影印之書，其大小與原書不同者。稱「縮本」或「放大本」。

一三五 非影印之縮本或放大本，稱「小字本」或「袖珍本」。

一三六 用木活字印行之書，稱「活字本」；用銅活字印行之書，稱「銅活字本」；武英殿之活字本，稱「聚珍版」；用謄寫版印行之書，稱「謄印本」；摹拓之書，稱「拓印本」；印譜之書，稱「鈐印本」；照相之書，稱「照像本」；照書機所製之書，稱「攝影本」；縮製影片(micro-coping)之書，稱「影片本」；用化學方法複製之書，稱「複製本」。書中註有「普及本」「特印本」等字樣者，得用其名稱之。

一三七 繕錄之書，稱某年某地某某鈔本，或稿本。著者親寫之稿，稱「手稿本」。民國以前之鈔本，不詳確實時期者，得稱「舊鈔本」。

一三八 影鈔之書，得稱「影鈔本」，「影宋鈔本」，「影元鈔本」，「影明鈔本」。于附註中載明其所據之本。

五 稽核事項

一三九 稽核項記載之次序如下：

（一） 面葉或冊數

（二） 圖表

（三） 高廣

（四） 裝釘，紙張，墨色等。

一四〇 書之全部僅一冊者，註明其面數，以書中所載最後之數目爲準。

一四一 出版者所註最後之面數在反面(左方之面)，而其後接連之正面(右方之面)有承繼前方之文字圖畫，或有附表，或有目錄，(法文書多此例)者，足證此正面當視如載有面數，而其面數爲繼續前方反面面數之數，應依此數註明，前後加方括弧。如「〔四二三〕頁」。

一四二 出版者所註最後之面數在正面。而其反面倘有繼續之文字圖畫者，卽採用此出版者之面數。如反面之文字圖畫，在附註或內容中須指明其面數，則應註出推定之數如前例，加方括弧。

一四三 出版者所註面數，顯然有誤時，應註實際面數，前後加方括弧。例如「〔二九六〕面」。

一四四 一書之正文面數爲主要面數，正文前之序目錄等及正文後之跋，附錄，索引等，統稱序跋面數。主要面數及序跋面數，應按其在書中之次序及所載數目註出，隔以撇點(，)。例如序及目次四面，正文五六九面，附錄六面，寫作「四，五六九，六面」。倘序跋面數，各不只一組，則用合計面數，加方括弧。例如張序二面，王序二面，自序四面，凡例二面，目錄六面，正文五六九面，跋二面，校記四面，附錄甲十面，附錄乙八面，寫作「〔十六〕，五六九，〔二四〕面」。倘主要面數在三組以上者，亦用合計面數，其爲三組者，仍詳爲註明。例如，「〔六一〕，二八四，二八五，〔二四〕頁」。

一四五　題詞序文等之特別製版印刷者，得于面數之前記其葉數。如爲影印筆跡且甚重要者，于附註中詳之。

一四六　凡書之合訂成册，其內分有第一册，第二册等名目，且分册單獨計頁者，應如下式記之，「二册（合一册）」。

一四七　由某一書中提出相連續之若干面單獨存在，訂爲一册者，（如期刊抽印本之類）記其起訖頁數，加「第」字。例如，「第一二七至一五三面」。

一四八　凡書之無面數（無論全體或一部份）者，或面數錯雜者，應核計其確實面數而註出之，前後加方括弧，並於解說中註明「面數錯雜」或「不標面數」。但書之厚滿三公分以上，且不便於核計者，如非重要圖籍，得寫作「一册（面數錯雜）」，或「一册（不標面數）」等。

一四九　書之以正反兩面爲計算單位者。（線裝書爲多）則按書之所標記載之，稱若干葉。以上六條皆適用之。

一五〇　書內分欄，不載面數或葉數而僅載欄數者，記其欄數，仍附註面數于方括弧中。如：「三八八欄〔一九四面〕」。

一五一　書之在一册以上者，其面數皆按册分計，則應記其册數，不記面數。但如有必要，得於舉內容時，詳記每册之面數。其書爲二册，而面數接連者，則得並記之。例如，「二册（〔一六〕，五六九，〔二四〕面）」。

一五二　凡數册之書，合訂一册，或多册之書，合訂少册，亦須註明。例如「四冊(合一冊)」，「四冊（第二，三冊合一冊)」，「四冊(合二冊)」。

一五三　摺裝之書，記其開數，如有多冊，記其本數。

一五四　卷子記其軸數。

一五五　獨立之單葉，記其葉數。

一五六　書之裝函者，得于冊數後記之，加圓括弧。

一五七　圖表之種類及次第如下：

一　插圖(illustrations in narrow sense)　在正文內之圖表。

二　冠圖(frontispieces)在正文前之圖表，不計入主要面數者。

三　夾圖　散在正文中，而不計入主要面者數者。

四　附圖　在正文後之圖表，不計入主要面數者。

五　圖版(plates)　另用較優紙料精印之圖，其背面常爲空白。

六　像(portraits)　攝影或圖畫或雕刻，以顯示人之面目者。

七　地圖，海圖，天文圖(maps, charts)　不論爲插圖，冠圖，夾圖，抑附圖。其在歷

史地理書中及其他書中有重要意義者必舉出之。

八　設計圖(plans)　建設構造之圖，以建築圖爲最多。必其在書中甚多，感覺重要時，始特別舉出。

九　摹圖(facsimiles)　影印原形完全逼眞之圖。

十　圖解(diagrams)　簡略之圖形，表示事物之關係或組織，亦常以文字符號等輔助之。在數學或工程機械書中必須舉明，如在其他書中，亦得稱圖。

十一　表(tables)　以線條或欄格表示文字，數目，符號等之關係或同異者。不可與圖相混，當分舉之。如云：「有圖及表」。

十二　格式(forms)　取印就備塡之文字表格爲樣本。在簿記學及論說事務管理之書中，必須舉明，如在其他書中，亦得稱圖。

十三　樂譜(music)　凡音樂書中之音樂譜，無論在書之文內，抑爲夾圖，均須註明，若有

其他圖表，亦宜明舉。如在非音樂書中附有樂譜，則視同插圖或夾圖，附圖。

十四 書名葉(title-pages) 包括副書名葉，但不包括封面。

一五八 插圖在著錄時稱有圖。

一五九 凡插圖之有像，地圖，摹圖等，且在書中佔重要地位時，始行註明，以「及」字連之。例如，「四，三六九面 有圖及像，地圖，摹圖，表 二四公分」

一六〇 插圖之後更記其他不計入正文面數中之圖表時，應以分號(；)隔之，並加「又」字。例如，「六，三四八面 有圖及像，表；又圖版五葉，地圖二葉 二二公分半」

一六一 如夾圖，冠圖，等，均已計入正文面數者，視同插圖。寫作「六，三四八面 有圖及圖版，像，地圖，表 二二公分半」.

一六二 記錄冠圖，夾圖，附圖等，得詳其葉數。此種數目可據圖上號數，或目錄所示定之，或實際核計而得。連舉之時，以逗點(，)隔之。如圖之最後號數與葉數不符時，將其數目注於葉數之後，例如，「六，三四八面 有圖；又圖版九葉（一五圖），地圖二葉 二二公分」。圖之最後號數有誤時，則用確實之數目，加方括弧。例如，「六，三四八面 有圖；又圖版(九)葉 二二公分」

一六三 圖表雖有缺失，仍應按照完備時情形記錄之。其缺失情形於附註中述之。

一六四 爲插圖，冠圖，夾圖或附圖所包含而必須舉出者，如像，地圖等，均應註明之。但已見於前者，後不再舉。例如「有圖及像；又插圖及像六七葉」，應作「有圖及像；又插圖六七葉」。

一六五 插圖，冠圖，夾圖，附圖，或圖版等所包含之各圖，性質簡單，則直稱其名。可曰，「有像」，「有地圖」，「有設計圖」，「有摹圖」，「有表」，「有圖解」等；冠圖，夾圖，附圖同此。例如「有像，地圖，表」，不作「有圖及像，地圖，表」亦不作「有像及地圖，表」；「冠像二葉，插地圖二四葉(二六圖），附表四葉」，不作「冠圖（像）二葉，插圖二四葉（卽地圖二六幅），附圖（表）四葉」。

一六六　像，地圖，圖解等之應否詳列，抑作有圖，冠圖，夾圖，附圖等著錄之，均視書之情形及圖之系統而定。

一六七　凡圖表之有色者，冠以「彩」字。如「有彩圖」「插彩圖」。惟地圖及圖解之有彩色者，必于有特別重要價值時，始舉明之。

一六八　凡圖幅之大于書葉而折疊於書葉之間者，冠以「折」字

一六九　凡圖幅之大于書葉而折疊於書後之一袋中者，冠以「另」字，並註明之。例如「四七九面　有圖，表，另圖五葉（在書後袋中）」。

一七〇　凡圖幅之另爲一冊者，例如地圖，寫作「二冊　有圖及表　另地圖一冊」，或「四，五六八面　有圖及表　另地圖一冊（五九葉）」。

一七一　凡書之僅有一二圖表在正文中，面積不大，且並不重要者，則可不舉。

一七二　凡書之全體或主要部份爲圖表所組成，由書名卽可知其意義者，如畫集，對數表之類，可不必重舉。但有時亦得寫作「六面，圖二一四葉，附說二一四葉」。

一七三　凡書之圖表爲名人所製者，應于附註中詳之。

一七四　在稽核項中，書名葉常不舉示。惟于無書名葉時特舉之。例如，「四八七面　有圖表；無書名頁」。

一七五　凡分別書中前後部分之副書名葉，應加舉示。例如，「四八七面　有圖及表；又副書名葉三葉」。

一七六　測量高廣之法，依書葉紙幅計之，尺度以半公分（生的米突）爲標準；奇零數三公厘至七公厘均作半公分，逾七公厘則作一公分計。

一七七　一書之廣，不及高度五分之三者爲長本，一書之廣逾高度四分之三者爲方本，一書之廣過於高度者爲橫本。此三種書之高廣尺度，須並記之，高度在前，廣次之，中間置×號。例如「一七×一〇公分（長本）」，「一七×一四公分（方本）」，「一七×二八公分（橫本）」。橫本之天頭在書背處者，

宜于附註中詳之。

一七八 凡一數冊之書，其中少數之冊，尺度有異時，應于括弧中記之。例如，「五冊 二五公分(第一，四冊，二三公分)」，「七冊 有圖；又圖版四六葉 二五公分(第四冊，二四公分)」

一七九 凡一數冊之書，而其尺度各半不同者，應分記之。例如「二冊 第一冊，十八公分，第二冊，十五公分」，「七冊 有圖；又圖版四十六葉 第一，二，六冊，二四公分，第三，五，七冊，二五公分」。

一八〇 凡一數冊之書而有數種尺度者，宜舉其最小與最大之數。例如，「二四冊 一八—二四公分」。如屬可能，于內容中詳其各冊之確實尺度

一八一 凡一冊之書而有兩種尺度者，則先舉其較大之尺度，次舉其較小之尺度。例如，「三二四面 二五公分 又附錄二六面 十八公分」，「三冊 (合一冊) 二二公分(第一，二冊，十九公分)」。

一八二 凡一冊之書，有兩種或兩種以上尺度，不能詳舉其互異之部份者，得舉其最小與最大之數。例如「三二四頁 一八—二〇公分」。

一八三 凡書之有附圖或地圖等而另為一冊，其尺度較本書不同時，得另記之。例如。「六，一〇〇面 有圖 二五公分 另地圖(一冊)四〇葉，二七公分半」，「四冊 二四公分 又圖版一冊(二四葉)，三〇公分」，「一二，三六〇面 冠圖一葉 一八公分 另地圖一冊，二三×二五公分」。

一八四 凡書之裝訂，應照下列所舉區別而記載之。

線裝 以書葉對開分摺，使書版兩旁餘幅皆向書背，上下加書皮，以線釘其書背者，稱「線裝」。

包背裝 即裹背裝。書葉如線裝書摺疊後，以紙捻在兩旁餘幅鑽釘，外加硬紙或練帛以為書皮，緊包書背者，稱「包背裝」。

蝶裝 即蝴蝶裝。反摺書葉，黏其板心之背，使兩旁餘幅向外，不用線裝，其外一如包背裝之加書皮者，稱「蝶裝」。

冊裝　散葉謂之葉，積葉謂之冊，褋合散葉而摺疊成書者，稱「冊葉」。

摺裝　即旋風葉；俗謂經摺裝。取長幅而摺疊之，如書葉相連之狀，自首至尾可以循環翻閱者，稱「摺裝」。

卷子　縑帛或紙之橫幅，左右卷束者，稱「卷子」。

平裝　兩面印刷之書頁，摺疊釘合之後，如包背裝之加書皮者，稱「平裝」。

洋裝　書葉之摺疊裝釘成圓書背者，稱「洋裝」。

活葉裝　書葉排齊後，上下加書皮，于近書背處繫孔，穿以繩帶或用金屬釘合，而書版可以移易增減者，稱「活葉裝」。

散葉　即葉子。書葉之不釘合而置於盒或袋中者稱「散葉」

一八五　凡書籍用特殊紙張印行者，得明舉之。如「開化紙」等。

一八六　凡書之用彩色印刷者，得舉示之。如「朱墨套印」等。

六　附註

一八七　凡爲解說或增補書名，著者，出版，稽核各項所未及之記述，得作附註說明之。如書之審定，校輯，題署，序跋，收藏印記，參考書目，著者之更名或其姓名之誤題，代作者之姓名，書名之出入，乙書爲甲書之續本，校注譯者之增減補刪，他種著作之附刊，重印或影印所據之版本，初版于何時發行，名家之朱墨校點，書葉之損壞不全，甲書與乙書之合釘等項。

一八八　附註之詞句亦可引用本書原文，並註明其出處。

一八九　凡叢書散出之零種，及雖入叢書而仍單行者，除照單行之書著錄外，應於版次之後，註云「某某編某某叢書」，以圓括弧括之。

一九〇　凡單行之書，或叢書中之一種，其版後經收入他書者，如娛園叢刻之收入榆園叢刻，秋浦雙忠錄之收入貴池先哲遺書等，應於前者註云「後收入某某叢書，」後者註云，「原爲某某叢書」。

一九一　凡一書之性質複雜，書名不足以表示其內容，如(一)一人著作之書而內含數種作品者，(二)彙編多人之作品而成一書者，(三)一專題之書中內含多種作品者，或(四)包含甚廣之書，其綱要爲閱者所欲知者，得撮錄原書細目于附註中。

一九二　凡列舉內容，開端處應標明「內容」二字，並加引號(：)；細目與目之間，用分號(；)，或破折號(—)隔之。

一九三　凡列舉內容，須詳舉其題目，撰人，出版項及篇幅，抑須省節，須先舉題目，抑先舉撰人，均視情形而定。

一九四　凡原書無目次者，必要時得爲編記。

一九五　凡列舉內容應原書之次序，但如必要時，亦得變更之。

一九六　凡列舉內容，應以簡明爲主。導言，序跋，及一切不重要之細目得從略。如需佔甚長之記載地位者，得僅記總目或章目，不記詳目或節目。

一九七　凡列舉內容，一切冗長字句得刪略或簡寫之，刪略處不置省略號(……)。但選錄一部份目次者，其刪略部份應置省略號。

一九八　書之附有參攷書目或引用書目，索引，名詞表，勘誤表，及其他參攷性較大之部份時，皆應特爲提示其所在。

一九九　序跋題記等之重要者，得舉示之。

二〇〇　書有附錄或附刻者，應舉出題目及篇幅。或爲節節起見，得列入內容。

二〇一　中文書譯爲外國文或外國文書譯爲中文，其附載原文者。視其原文如附錄。

二〇二　合刻，合印或合釘之書，應舉示之，稱「與某人撰某書同本」，或「與某人撰某書同函」；其非由發行者合釘之書，稱「與某人撰某書合釘」。

二〇三　凡合刻合釘之書，著錄時以最前之一種爲主，視其書名如叢書名稱，視其他各種如附錄。

二〇四　凡附註之分數則者。須按下列次序分段排列之。

1. 叢書註

2. 關于書名項

3. 解題

4. 關于著者項

5. 關于出版項

6. 關于稽核項

7. 內容提示

參攷書目或引用書目

索引

名詞表

勘誤表

附釘合刻合釘

8. 內容詳目

七　互見及別出

二〇五　凡書均應在分類目錄，書名目錄，著者目錄，及排架目錄中，分別著錄。

二〇六　書之性質複雜，如在一種目錄中，僅列一目不便檢查者，應立副片。例如一書在分類目錄中，可歸入數類時，應立副片，互見于各類之下。（書名目錄及著者目錄中應立副片之情形，在書名及著者兩章中已有規定。）

二〇七　凡書之有左列情形者，應立引見片，稱「某某見某某」。

甲　板本較多圖書之有異名時，

乙　著者有異名時，

丙　類目之指導，

丁　字樣之不同，

戊　排檢之指引。

二〇八　凡書之性質，書名，著者名，遇有與他類或他名關連時，應立參見片，稱「某某參見某某」。

二〇九　凡附刻，合刻，合訂之書，及一書內之重要部份或附錄等，均應裁篇別出，另立分析片。

二一〇　凡叢書作一書編目者，其中各零種應另立分析片；凡叢書內各零種單獨編目者，應再總合而另爲叢書編目，作一總片。

三一一　分析片除載明別出之著者，書名卷數等外，必須載明原書著者，書名，及所在之卷冊，遇必要時並得詳載原書之出版時與出版者等，統以圓括弧括之。

〔未完〕

——摘自《學觚》一九三六年第一卷第五期

館　規

國立中央圖書館籌備處閱覽室規則

一　本館在籌備期間暫行局部開放以供衆覽

一　本館圖書暫不出借

一　本館開放時間除例假外每日上午九時至十二時下午一時至六時

一　閱覽人簽名時應領取號籌向目錄櫃中檢查書目依式填寫取書單連同號籌交由管理員取書閱畢將書歸還換取號籌交還簽名處再行出門

一　閱覽人不得在圖書上塗寫及折角

一　閱覽人如有汚損圖書情事須負責賠償

一　閱覽人除紙張筆墨外如帶有書籍刊物皮包等件應交存物處不得攜入室内

一　室内閱書不得出聲朗誦互相談話及吸煙飲食以致有礙他人閱覽

一　凡酒醉瘋漢有傳染病及衣冠不整者概不得入室閱覽

——摘自《學觚》一九三六年第一卷第七期

教育法令

國立中央圖書館重慶分館建築委員會組織規則

一，教育部爲國立中央圖書館在渝建築分館設立國立中央圖書館重慶分館建築委員會（以下簡稱建築委員會）

二，建築委員會設委員五人以教育部代表管理中英庚款董事會代表四川教育廳廳長重慶市市長暨中央圖書館籌備處主任組織之

上項委員由教育部分別聘派之

三，建築委員會之職權如左

甲　保管建築基金

乙　監查建築工程

丙　其他關於建築事宜

四，建築委員會設常務委員一人由委員會公推之會同籌備處主任執行一切議決案件

五，建築委員會每月開會一次遇必要時得由常務委員召集臨時會議

六，建築委員會開會時常務委員須將所執行之案件詳細報告

七，常務委員得會同籌備處主任處置臨時發生之事件但須於建築委員會開會時請求追認幷解釋其理由

八，一切建築款項由常務委員及籌備處主任會同簽字支付之

九，建築委員會之文牘會計庶務等事項由籌備處派員兼任之

十，本規則自教育部核准之日施行

——摘自《教育通訊》一九三八年第一卷第三十二期

法規

國立中央圖書館組織條例 國民政府二十九年十月十六日公布

第一條　國立中央圖書館隸屬於教育部，掌理關於圖書之蒐集編藏考訂展覽及全國圖書館事業之輔導事宜。

第二條　國立中央圖書館設左列各組。

總務組

採訪組

編目組

閱覽組

特藏組

第三條　國立中央圖書館設館長一人，簡任，組主任五人，薦任，編纂十四人至二十人，內六人聘任，餘委任，幹事二十人至三十人，委任。

第四條　館長綜理館務，各組主任及編纂承長官之命，分掌各組事務，幹事承各組主任編纂之命，辦理所任事務。

第五條　國立中央圖書館設會計員一人，依主計處組織法之規定辦理會計歲計事務。

第六條　國立中央圖書館因事務上之需要，得酌用雇員。

第七條　國立中央圖書館得在各地設立分館，其組織另以法律定之。

第八條　國立中央圖書館兼辦教育部出版品國際交換事宜，其辦法由教育部擬訂，呈請行政院核定之。

第九條　國立中央圖書館設圖書館事業輔導委員會，由館長及各組主任組織之，以館長爲主席，承教育部之命，研究及實施全國圖書館事業輔導事宜。

前項委員會，得由館長聘請館外專家一人至五人爲委員，但應呈報教育部備案。

第十條　國立中央圖書館得聘請中外圖書館及目錄學專家爲顧問。

前項顧問爲無給職。

第十一條　國立中央圖書館辦事細則，由館長擬訂，呈請教育部核定之。

第十二條　國立中央圖書館每屆年度終了，應將全年工作概況及下年度工作計劃，分別造具報告書及計劃書，呈報教育部備案。

第十三條　本條例自公布日施行。

——摘自《教育部公報》一九四〇年第十二卷第十九、二十期合刊

四　國立西北圖書館籌備委員會組織規程

第一條　教育部為籌設國立西北圖書館設立國立西北圖書館籌備委員會

第二條　國立西北圖書館籌備委員會（以下簡稱本會）由教育部聘請籌備委員九人至十一人組織之並指定一人為籌備主任總理籌備事務

第三條　本會設於蘭州但得於其他地方設立通訊處

第四條　本會之職責如左

一、關於章則之擬訂事項

二、關於進行計畫之擬訂事項

三、關於預算決算之編製事項

四、關於其他臨時事項

第五條　本會設總務徵集二組每組設主任一人由籌備主任提請本會聘任之

第六條　本會各組共設幹事十人至十四人助理幹事六人至八人均由籌備主任任用之

第七條　本會設編纂二人至四人担任編輯考訂研究出版等事項由籌備主任聘任之

第八條　本會設會計室會計主任一人佐理員一人及僱員若干人由教育部會計處依法呈請任用，辦理本會歲計會計事宜

第九條　本會為求事務便利進行起見得酌用技工及雇員

第十條　本會開會由籌備主任召集之

第十一條　本會於國立西北圖書館正式成立之日呈請撤銷之

第十二條　本規程自公布之日施行

——摘自《社會教育季刊》一九四三年第一卷第二期

教育部訓令　第二二六五四號（三十三年五月十三日）

令國立北平中央西北圖書館籌備委員會

（抄發本部邊疆教育委員會會議決議國立圖書館應充實東方圖書一案仰遵辦具報）

查本部邊疆教育委員會第四屆會議決議關於國立圖書館應充實東方圖書一案經核尚屬可行除分令外合行抄發該項決議案一份令仰該館遵照就該館力量所及注意辦理並將辦理情形具報備核為要此令

計抄發上項決議案一份

國立圖書館應充實東方圖書案

西人注意我國邊疆約始於康熙年間三百年來代有嚴正紀載與研究海通以後英俄德法日本等國謀我益急對我邊陲亦益加注意或遣探險隊實地考察或獎勵學者作專門研究於是旅行記載研究報告遂汗牛充棟蔚成專科日人為後起之强對我國邊陲文籍及西人三百年來工作成績尤搜求不遺餘力今吾國籌設專館雖已難求全備然竭澤而漁猶非甚晚戰後開發邊疆之士行見增多竊以為欲收事半功倍之效國立圖書館宜及早成立或充實東方部以為一切建設事業之基礎部內應分三庫

一、國文書庫　專搜集與邊疆及鄰邦有關之古今圖書

二、邊文書庫　專搜集蒙藏及他種邊文之古今圖書

三、外文書庫　專搜集西人及日人刊行有關東亞諸國之書籍

——摘自《教育部公報》一九四四年第十六卷第五期

國立中央圖書館組織條例

第一條　國立中央圖書館隸屬於教育部，掌理關於圖書之蒐集、編藏、考訂、展覽及全國圖書館事業之研究事宜。

第二條　國立中央圖書館，設左列各組：

採訪組。

編目組。

閱覽組。

特藏組。

總務組。

第三條　國立中央圖書館置館長一人，簡任，組主任五人，編纂十四人，編輯十五人至二十五人，均聘任，幹事二十五人至四十人，均委任。

第四條　館長綜理館務，各組主任、編纂、編輯承館長之命，分掌各組事務，幹事承各組主任編纂之命，辦理所任事務。

第五條　國立中央圖書館設會計室置會計主任一人，薦任，佐理員二人，委任，依國民政府主計處組織法之規定，辦理歲計會計統計事項。

第六條　國立中央圖書館置人事管理員一人，佐理員一人，均委任，依人事管理條例之規定，辦理人事管理事務。

第七條　國立中央圖書館因事務上之需要，得酌用雇員四十人至五十人。

第八條　國立中央圖書館得在各地設立分館，其組織另以法律定之。

第九條　國立中央圖書館設出版品國際交換處，辦理出版品國際交換事宜，其辦法由教育部擬訂，呈請行政院核定之。

第十條　國立中央圖書館設圖書館事業研究委員會，由館長及各組主任組織之，以館長為主席，研究圖書館之改進事宜。

前項委員會得聘館外圖書館專家三人至九人為委員，由館長呈報教育部備案。

第十一條　國立中央圖書館得聘請中外圖書館學及目錄學專家一人至五人為顧問，或通訊員。

第十二條　國立中央圖書館辦事細則，由館擬訂，呈請教育部核定之。

第十三條　國立中央圖書館每屆年度終了，應將全年工作概況及下年度工作計劃，分別造具報告書及計劃書，呈報教育部備案。

第十四條　本條例自公布日施行。

——摘自《教育部公報》一九四五年第十七卷第十期

國立北平圖書館組織條例

六月廿八日府令公布

第一條　國立北平圖書館隸屬於教育部，掌理關於圖書之蒐集編藏考訂展覽，及圖書館事業之研究事宜。

第二條　國立北平圖書館設左列各組。

採訪組。

編目組。

閱覽組。

善本組。

輿圖組。

特藏組。

研究組。

總務組。

第三條　國立北平圖書館置館長一人，簡任，祕書二人，組主任八人，編纂八人至十二人編輯十四人，至二十人，均聘任，幹事二十人至三十五人，委任。

第四條　館長綜理館務，祕書、各組主任、編纂、編輯承館長之命，分掌文書及各組事務，幹事承各組主任、編纂、編輯之命，辦理所任事務。

第五條　國立北平圖書館置會計員一人，委任，依國民政府主計處組織法之規定，辦理歲計會計統計事務。

第六條　國立北平圖書館置人事管理員一人，委任，依人事管理條例之規定，辦理人事管理事務。

第七條　國立北平圖書館因事務上之需要，得用雇員二十五人至四十人。

第八條　國立北平圖書館得聘請中外學者爲顧問或通訊員。

前項顧問及通訊員爲無給職。

第九條　國立北平圖書館每屆年度終了，應將全年工作概況及下年度工作計劃，分別造具報告書及計劃書，呈報教育部備案。

第十條　國立北平圖書館辦事細則，由館擬定，呈請教育部核定之。

第十一條　本條例自公布日施行。

——摘自《教育部公報》一九四六年第十八卷第六期

社會教育類

教育部訓令　社字第三六三三三號　（卅五年十二月四日）

令國立北平圖書館

該館復員後曾經本部派員視察茲將視察意見開列於後令飭該館知照

（令照視察意見遵辦）

一、該館應在經費可能內分期積極補製書套及裝訂書籍淪陷期間僞組織發行報紙有關史料尤應速爲裝訂保藏

二、北平爲國家北方重鎭與外蒙接壤一切滿蒙文獻圖書收購較易宜極力蒐求

三、中西文雜誌應廣爲征求訂購

四、北平各校多已開學該館每日開放閱覽時間應早日恢復舊制

五、搜求古籍應與各學術機關各大學保持聯繫總期一經發現即能有人收購以免古籍少縱即逝難再訪求

六、該館編纂研究工作頗屬積極所訂採購目標亦尚核實可行應切實推進

右視察意見第四項尤應迅行照辦此令

——摘自《教育部公報》一九四七年第十九卷第一期

教育部訓令　社字第三六三三四號（卅五年十二月四日）

令國立中央圖書館
　　　北平圖書館
　　　西北羅斯福圖書館籌備委員會

（令飭搜藏各級政府官書官文書）

查各圖書館選購藏書對於古籍珍典與夫世界書刊率不惜重價以求而於各級政府官書官文書之蒐羅則罕有注意及之者殊不知現代刊行之政令及其有關著作均爲將來之史實如能闢室庋藏自不難大量獲得際茲復員伊始凡我國立各館應隨時廣爲搜集爲要此令

——摘自《教育部公報》一九四七年第十九卷第一期

奉行政院令發國立中央圖書館辦理出版品國際交換事項辦法等因仰遵照由

北平市政府訓令

府秘二字第四四四六號
三十六年五月九日

令各局

案奉

行政院本年四月十九日從玖字第一四六四六號訓令內開前據教育部核轉國立中央圖書館出版品國際交換處辦法到院經酌予修正於本年一月廿九日以從玖字第二七九三號令准備案在卷玆據該部本年三月廿七日社字第一七一三零號呈轉國立中央圖書館呈略以各機關檢送書刊爲數極少對於交換工作不無影響懇分別咨令各機關按照規定辦法檢送書刊以利分送協約國等情應准照辦除分行外合行抄發原辦法令仰遵照并轉飭所屬一體遵照此令等因附件奉此除分令外合行抄發原件令仰該局遵照

此令

附抄發國立中央圖書館辦理出版品國際交換事項辦法一份

國立中央圖書館辦理出版品國際交換事項辦法

一、凡我國政府各機關編輯出版或津貼經費印刷之中西文圖書公報得視事實之需要檢送三十份與交換處分送協約各國

二、交換處應各協約國之需要調取各機關出版品時須隨時照送

三、公私機關及個人有多量出版品贈送國外機關及個人或互相交換者均可委託交換處代爲分別登記轉寄

四、國內各機關之出版品願贈送國外而不指定何機關及個人者可各寄若干份由交換處斟酌支配寄送

五、國外贈送國內各公私機關及個人或交換之出版品寄至交換處統由本處整理登記然後分別郵寄或裝箱寄運

六、國內寄件人委託寄遞出版品至國外時應將寄至南京之運費或郵費付清由南京寄往各國之費用歸交換處負擔

七、國外委託交換處轉寄之包件分寄國內各機關或個人時所需之郵費歸交換處負擔運費則暫由收件人負擔

八、本處郵寄各件皆不掛號如欲掛號須先備函通知其掛號費應由收件人負擔

九、因未掛號而遺失之物件交換處概不負責但寄出郵件無論大小多寡概有詳細登記並交郵局蓋印以便查核

十、國內寄件人將書件委託交換處寄往國外時應先將下列各項預先函告

甲、箱數

乙、包數

丙、刊物名稱

丁、寄件詳細清單註明國外收件人姓名住址包數及包內刊物名稱庶易點收登記以便查考

十一、包件上人名地址須由寄件人用英文或寄往國文字用打字機打好免致糢糊如係用地址單黏貼包上者紙宜堅靱若寄至機關者切勿用個人名義以免爭執

十二、包件須包扎堅固不可捲包免致汚損如有附圖恐易損破者須加襯厚紙板

十三、包件內不得附有任何信件

十四、國內寄件者須得雙方收據時可於包件內附一空白收據以便國外收件者簽字寄回如希望對方交換亦可於此項收據或包封上印明

十五、由交換處轉寄國內外之包件內亦附有空白卡片一張收件人務須將包數及包封上所印之登記號數塡明簽字寄回以便查核

十六、交換處爲國內外出版品轉寄交換總機關並非營業性質故除各機關及個人出版品贈送國外或交換者外凡具有商業性質之書籍概不轉遞

十七、國外寄來包件有時因地址不甚明瞭或外國拚法錯誤以致無從轉遞故歡迎各方時常來函詢問函詢時須註明收件人中西文姓名住址如無法投遞書件一年內無來承領者交換處得自由處置贈送國內圖書館或退

同國外寄件人

十八、國內寄件人及收件人住址如有變更須隨時通知交換處及國外收件人或寄件人

十九、所有委寄各件均寄南京成賢街四十八號國立中央圖書館出版品國際交換處收

——摘自《北平市政府公報》一九四七年第二卷第十一期

直隸圖書館暫定章程

第一章　宗旨

第一條　本館蒐集中外古今圖書以保存國粹輸入文明供學人閱覽參考之資省士子購求搜尋之力爲宗旨

第二章　名稱

第二條　本館遵照　部章設立名曰直隸圖書館

第三章　設置

第三條　本館設於天津河北大經路勸業會場以東附直隸學務公所之內

第四章　圖書

第四條　搜羅圖書如左

子　直隸學務公所圖書課舊存之圖書

丑　直隸官紳學員及各書肆呈請審查之圖書

寅　呈請咨取京外各衙門官纂圖書

卯　呈請咨取各直省官局圖書

辰　呈請咨取各國官纂圖書

已　呈請咨行各書肆凡經官審定印行之圖書隨時寄贈一部

午　（捐贈）（借取）（寄陳）收藏家圖書

未　（捐贈）（借取）（寄陳）私家著作

申　購取秘本佚書

酉　與中國各書肆訂定合同凡新出圖書減價寄送一部

戌　與外國書肆訂定合同凡新出圖書減價寄送一部

亥　收買古版殘書

第五條　捐贈圖書至千金以上者代請立案詳咨　奏獎

第六條　請取捐贈借取之圖書運費郵費由館出

第七條　凡悖逆猥褻迷信等圖書概不收受

第五章　陳列

第八條　圖書之種類如左

子　中國圖書經史子集叢書圖畫

丑　各種科學書中文東文西文

寅　各種教科書中文東文西文

卯　各種掛圖册幅中文東文西文

辰　各種教育雜誌官報及各報章中文東文西文

第九條　按圖書收入之性質約分次序

子　舊藏

丑　購入

寅　請取

卯　發存

辰　捐贈

巳　借取

別錄

午　寄陳

第十條　按前子丑卯辰四項所列圖書均蓋本館戳記以防遺失

第十一條　按前子丑卯辰四項所列圖書分架陳列用字編號（或用干支）或用千字文字）以便收發

子　華裝書於書頭標誌並於書面籤題書名每部幾函幾册並某類某字第幾號（紙式地位應一律）

丑　洋裝書於書脊之書名下首粘籤註明某類某字第幾號書脊無字者補籤題名並著譯者姓氏（紙式地位亦應一律）

寅　掛圖畫幅於紙背註明某類某字第幾號

經六章　閱覽

第十二條　凡欲閱覽本館圖書者除特別贈送優待券者外入館門時須購入覽券券分兩種子特別入覽券丑普通入覽券

子　入覽各室并取閱取各書不限册數　　銅幣二枚

丑 每券得取閱各書十册 銅幣一枚

第十三條 購券後至館門內換取領書證書明領用何種圖書交司書以便檢付後入閱書室觀覽

第十四條 每換取一次由司書於證上注明閱畢交司書加蓋收清戳記出閱覽室繳證於原領入覽券之處

第十五條 學堂職員教員學生有編輯叅考之急需由各堂函請寄贈特別普通券俱免取券資但每堂以五券爲限入門時向購券處驗明換取領書證與前條同惟繳證時仍將原券領還

第十六條 寄贈之券每年終仍繳本館失迷時應速告知以便補寄

第十七條 捐贈本館圖書者由本館特別寄贈優待券換證繳券等與前二條同

第十八條 本館圖書除總理調取及學務公所編輯取用册記外概不出借然調取與取用俱須有本人取某書圖記條証

第十九條 入覽人攜帶傘包等物具及禽畜類者交購券處出門時交還不得帶入

館內

第二十條 入覽人欲抄記者只得帶鉛筆紙册等件其餘各種筆墨等恐有翻潑汚染之時致毀圖書然無論何種鉛筆俱不得在圖書上圈點批評

第二十一條 圖書爲公共之物入覽人須格外愛惜在閱書室並以肅靜整潔爲最要

第二十二條 如將圖書損壞照原價賠償

第二十三條 飲茶吸烟唾痰有一定之處閱書室內俱請同守禁例格外謹愼

第二十四條 本館無論士農工商軍界皆得入覽限定每星期日及星期二三四等日女學堂職員教員學生限定星期五六等日

第二十五條 癲癡瘖疥及醺醉者免入

第二十六條 開館閉館休息有一定時日牌示館門

第七章 調查

第二十七條 本館應備各種應用表簿以資存記而便調查其名類如左

子　存書簿按照第五章之次序分類陳列表列圖書名目部册幅數編著譯述者之姓名刋行之處所出版或數版之年月華裝和裝洋裝之區別價值若干何年月日購入或某人捐贈或請取或寄陳或發交或借取之類

丑　學務公所取用圖書簿

寅　每日閱覽人取書簿每月一統計繕清呈總理查核

卯　入覽人數分普通入覽特別入覽二種逐日登記

辰　收入票費逐日登記簿

已　用木籤分載圖書目錄插列牆壁以便指明取閱

第八章　職司

第二十九條　現定職司如左

子　總理一人提學使兼任主持進退職員指籌經費及全館一切重要事務

丑　經理無定員查　學部奏章學務公所分設圖書課載有並管圖書館字樣應由該課長員兼任之掌籌畫添置調度理處一切無例規之事仍受總理之指

揮
寅　司書暫設一員掌收發保存圖書署籤登簿印票造册整理館務閱覽圖書等事項并督飭書記館役管理館中一切會計零雜庶務
卯　書記聽經理司書之指揮管謄寫並零用雜物
第三十條　總理以外皆住館
第三十一條　館務甚忙時經理可指派圖書課司事以下協助辦理

第九章　經費

第三十二條　開辦費如左
子　館室用學務公所西南角大樓下之各房間只須修改之費約一百金
丑　已添購東文圖書約一千五百金
寅　擬購置西文圖書約一萬餘金
卯　閱書三人凳棹二十具約一百五十金
辰　添置幮架櫃牌等約三百金

已　其餘印票表簿戳記等約五十金

第三十三條　經常費如左

子　司書一人年薪火食二百八十八金

丑　書記一人年工火食約百金

寅　館役一人年工火食約五十金

卯　其餘隨時添置中外新出圖書及零費俟試辦數月再行估計

第三十四條　右開經費由總理向學務公所會計課指撥每年約　金

第三十五條　入覽費每月交會計課核存

第三十六條　支領零款可由司書商明經理直接會計課辦理其大宗用項須經總理核准後再行支取

第十章　設備

第三十七條　必要之設備如左

子　藏書室

丑　閱書室

寅　事務室

卯　售券處

辰　領書處

第三十八條　擬附設者如左

子　閱報室

丑　游藝室如案球彈琴之類

寅　學堂成績品陳列室

第三十九條　應用器具不備載

第十一章　時期

第四十條　本館除每年自十二月二十五日至來年正月初五日及每星期一之外每日開館如星期一遇萬壽聖誕或端午中節時照常開館

第四十一條　本館開閉之時限如左

正月二月上午九鐘開館下午四鐘半閉館

三月四月上午八鐘開館下午四鐘半閉館

五月至七月上午七鐘開館下午五鐘閉館

八月九月上午八鐘開館下午四鐘半閉館

十月至十二月上午九鐘開館下午四鐘半閉館

第四十二條　備開館時限及本日休息木牌逐日分別懸示館門

第十二章　附則

第四十三條　開館之前本章程即登報廣告並示開館日期

第四十四條　藏書室閱書室售劵處另擬詳細規則

第四十五條　本館房舍無多組織尚未完善所有未盡事宜隨時擴充改良

——摘自《直隸教育雜誌》一九〇九年第二十期

奏

東督徐　奏請江省創建圖書館摺

奏為江省擬建圖書館以廣庋藏而開風氣恭摺具陳仰祈

聖鑒事竊維時局日新政學遞變非博通古今之故則用有所窮非並讀東西之書則才難應變近日歐美各邦競尚文化一國之內藏書樓多至百數十所卷帙宏富建築精良於以盡圖籍之大觀資學人之參考誠盛事也

江省僻處邊隅罕沾文教城市之間書坊絕少村塾之子論孟不知近日學務甫有萌芽鼓篋之士略見海外譯書學堂課本經史巨册無可尋求若不設法提闡學風購求古籍即可學堂漸立教課如程誠慮篤守方隅稍識粗淺之新書不聞精深之國學根柢不固智識不完其影響於風俗政治者所關甚鉅伏查學部奏定各省學務官制内稱圖書館亟須籌設江省原有圖書館向僅租屋數椽市屋湫隘册籍不全非擇地另修無以廣儲藏而資披覽現於省城西關外勘得原有古廟基址擬改建圖書館一區屋式略求寬敞並添修藏書樓檢發室閲覽室以期完備一面派員廣購經史子集各種並東西各國圖書暨譯印各精本其在京各衙門及各省官書局刻印各書擬咨由各處寄送以餉邊區並由臣等派委專員管理分别收儲詳定規則聽人入館觀覽所冀積軸塡委學理昌明國粹藉之保存人才因而輩出似於補助教育啓發民智不無裨益現已派員鳩工庀材所有建屋購書各欵一俟事竣應請作正開銷除分咨外所有

江省擬建圖書館緣由謹恭摺具
奏伏乞
皇太后
皇上聖鑒謹
奏

——摘自《浙江教育官報》一九〇九年第九期

河南藩學兩司會詳請撫院創建圖書館並擬訂章程文章程附

爲詳請事竊維萬化之原由於學校學無新舊所藉以啟發愚蒙增進智識者其功用莫過於圖書往年考察政治戴大臣回華時條奏即首稱建設圖書館爲導民善法直省學務公所初立時學部頒定官制權限及教育會辦法亦均注意於圖書館由是湖南江蘇等省後先報設本年四月

直隸既設於天津復議續設於保定南北勝地莫不紛羅卷軸振起文明蓋不獨國粹隱存且可使人人知讀書識字之美日開靈鑰以漸悉中外古今誠引導之最神亦教育行政至急之務也汴省地處至中豈於此獨容闕略祇以籌款覓地諸凡不易以致尚未觀成現查本公司所附近有藩經廳舊署一區該廳移駐南倉屋久曠廢略加修葺所費無多擬就其地改建圖書館除 公所圖書課舊有圖書外擬再大加添購分部庋置任人觀覽所有修理房舍添置圖籍器具開辦等費擬請由藩司撥銀三千兩其常年經費則仿學部圖書館現設售書處例於館內附設售書處由公所隨時排印有用書籍發售以其贏餘藉資添補續籌有款再事擴充此雖經營草創一時難驟成鉅觀而有所藉以導士民似並可爲教育普及之一助附擬簡章呈電如蒙鑒允擬卽遴員照辦懇予咨送學部立案並通咨各省請將官局及特別自有曾經審定之圖書寄送數種以助美舉實爲公便所有創建圖書館並擬定辦法緣由理合會同藩司具詳陳

請伏候憲諭施行

附擬辦河南圖書館章程

計開

第一章 宗旨

第一條 本館蒐集中外古今圖書以保國粹而進文明供學人閲覽參考之資省士子購求搜尋之力爲宗旨

第二章 名稱

第二條 本館遵照部章設立名曰河南圖書館

第三章 設置

第三條 擬就公廨改修開設

第四章 圖書

第四條 搜羅

一河南學務公所圖書課及舊日各書院庋藏之圖書

一河南官紳學員及各書肆呈請審定之圖書
一呈請咨取京外各衙門及各直省官局各國官纂圖書
一呈請咨行各書肆凡經官審定印行之圖書隨時寄贈一部
一捐贈借取寄陳收藏家圖書私家著作
第五條　捐贈圖書至千金以上者代請立案詳咨　奏奬
第六條　請取捐贈借取之圖書運費郵費由本館出
第七條　凡悖逆猥褻迷信等圖書概不收受
第五章　陳列
第八條　圖書之種類
一中國經史子集叢書圖書
一各種中文東文西文科學書
一各種中文東文西文教科書
一各種掛圖冊幅

一各種教育雜誌官報及各報章

第九條　本館圖書按各類分架陳列用字編號以便收發除借取寄陳外均蓋本館戳記以防遺失

一華裝書於書頭標誌並於書籤題書名每部幾函幾册並某字第幾號紙式地位應一律

一洋裝書於書脊之書名下首黏籤注明某類某字第幾號書脊無字者補籤題名並著譯者姓氏紙式地位亦應一律

一掛圖畫幅於紙背註明某類某字第幾號

第六章　閲覽

第十條　凡欲閲覽本館圖書者入館門時須取入覽劵自書姓名於入覽劵上

第十一條　領劵後至館門内換取領書證註明領閲何種圖書交司書以便檢付後入閲書室觀覽

第十二條　每換取一次由司書於證上註明閱畢交司書加蓋收清戳記出閱覽室繳證於原領入覽劵之處

第十三條　捐贈本館圖書者由本館特別寄贈優待劵換證繳劵等與前二條同

第十四條　本館圖書除總理調取及學務公所編輯取用册記外概不出借然調取與取用俱須有本人取某書圖記條證

第十五條　入覽人攜帶傘包物具交發劵處不得帶入館内

第十六條　入覽人欲鈔記者只得帶鉛筆紙册等件其餘各種筆墨恐有翻潑汚染之時致毁圖書然無論何種鉛筆俱不得在圖書上圈點批並須格外愛惜在閲書室以肅靜整潔爲最要

第十七條　如將圖書損壞照原價賠償

第十八條　飲茶吸烟唾痰有一定之處閲書室内俱請同守禁例格外謹慎

第十九條　本館無論士農工商軍界皆得入覽然非能識字閲書及癲癡瘡疥醺醉之人概不准入

第二十條　本館每日按閲書室座位照數發券兩次上午備券若干張下午備券若干張以到館先後次序給券入覽如券已發完座位俱滿無論何色人等不得强索券證要求入覽

第二十一條　開館閉館休息有一定時日牌示館門

第七章　調查

第二十二條　本館應備各種應用表簿以資存記而便調查其名類如左

一存書簿按照第五章之次序分類陳列圖書名目部册幅數編著譯述者之姓名刊行之處所出版或數版之年月華裝和裝洋裝之區别價值若干何年月日購入或某人捐贈或請取或寄陳或發交或借取之類

一學務公所取用圖書簿

一每日閱覽人取書簿每月一統計繕清呈總理查核

一入覽人數逐日設簿登記

一用木籤分載圖書目錄插列牆壁以便指明取閱

第八章　職司

第二十三條　職司

一總理　提學使兼任主持進退職員指籌經費及全館一切重要事務

一經理　所有館中一切事務有管理稽查之責

一司書　掌收發保存圖書署籤登簿印票造册整頓館務閱覽圖書收發劵證等事項並督飭書記館役管理館中一切會計零雜庶務

一書記　聽經理司書之指揮管謄寫並零用雜物

第九章　經費

第二十四條　開辦費

一館室擬就藩經廳舊署修葺整齊約二百金上下

一擬購置東西文圖書約一百五十金

一擬購各種標本及學堂用品約一千金

一閱書桌橙約一百五十金

一添置廚架櫃牌等約一百五十金

第二十五條　經常費

一經理一員年津貼二百四十金

一司書一人年薪火食九十六金

一書記一人年工火食六十金

一館役三人年工火食約九十金

一燈油茶水年約三十金

一其餘隨時添置中外新出圖書及零費俟試辦數月再行估計

第二十六條　支領零欵可由司書商明經理直接會計課辦理其大宗用項須經總理核准呈明後再行支取

第十章　設備

第二十七條　必要之設備

藏書室（東籍 中西 各種標本）　閱書室　事務室　領書處

第二十八條　附設

售書處

由學務公所排印房翻印各種教科書刷印學堂課本各種表簿購運學堂用品定價發售所得贏利卽以充經常費之用不足則由報資項下撥補

刷印閱報室

二項用欵均由學務公所排印房報資項下開支

學堂成績品陳列室

凡各處學堂局廠所呈書籍物品由公所各課查驗後即送交館司書掛號另登簿以便調查如有遺失惟司書責成

第十一章　時期

第二十九條　本館除每年自十二月二十五日至來年正月初五日及每星期一之外每日開館　如星期一遇萬壽日或端午中秋節時照常開館

第三十條　本館開閉之時限

正月二月上午九鐘開館下午四鐘半閉館
三月四月上午八鐘開館下午四鐘半閉館
五月至七月上午七鐘開館下午五鐘閉館
八月九月上午八鐘開館下午四鐘半閉館
十月至十二月上午九鐘開館下午四鐘半閉館

第三十一條　備開館時限及本日休息木牌逐日分別懸示館門

第十二章　附則

第三十二條　開館之前本章程即登廣告並示開館日期

第三十三條　藏書室閱書室售書處另擬詳細規則

——摘自《浙江教育官報》一九〇九年第十一期

奏

浙撫增　奏建設圖書館併將官書局藏書樓歸幷擴充摺宣統元年閏二月十七日

奏爲浙省創建圖書館將官書局藏書樓歸併擴充以備庋藏而宏教育恭

摺具

奏仰祈

聖鑒事竊維古今中外文化之遞嬗學識之交通必藉圖書爲之津導邇來江鄂諸省先後創置圖書館文物燦然足資揚扢浙省爲山水秀靈之域昔

我

高宗純皇帝六飛巡幸

詔頒四庫全書於西湖文瀾閣與江左之文匯文宗鼎峙而立兵燹之後敬謹修葺浙人士相與鈔藏閣本闕而復全盖涵濡

右文之治曠百世而未有艾也際茲風會大通智能日出非保存國粹無以扶植人倫非輸進文明無以博通事理奴才查歐美諸邦通都巨埠皆有圖書館之設建築精美卷帙盈闐縱人覽鈔月無虛日故舉國無不向學之人

國家自無乏才之憾現在學部奏定學務官制注重圖書奴才身任地方日求教育之發達自以蒐集圖書爲先務查省城舊有官書局刋布經史子集百數十種近年專事刷印版權未能擴充前學臣張亨嘉所設藏書樓規制粗具收藏亦憾無多均未足以饜承學之士茲議一併歸入圖書

館以爲基礎廣購中西載籍凡政治法律之殊工商藝術之屬有關實用
俱擬搜羅檄委提學使支恒榮爲圖書館督辦候補知府許鄧起樞爲坐
辦延聘在籍翰林院編修孫智敏中書科中書楊復爲會辦一面就城內
外適宜之地相度基址預備建築並飭參酌江鄂等省成法妥訂藏書及
觀書章程以便多士之觀摩用助文明之進步此項購書建館經費暨員
司薪水雜支擬先就官書局暨藏書樓常年額支各欵撥充應用倘有不
敷再行飭司籌撥的欵撙節動用事關補助教育應請作正開銷所有浙
省創建圖書館緣由除咨部查照外謹會同閩浙總督臣松壽恭摺具
奏伏乞

咨浙江省長准咨送浙江公立圖書館章程等應准備案請飭知文第三千六百六十三號 六年十二月八日

爲咨行事准咨開據浙江公立圖書館呈送該館辦事細則請假規則暨閱覽借貸參觀各規則並館長館員履歷到署復核尚無不合

相應將細則規則履歷各檢一分連同浙省議會議決該館章程一分備文咨請察核等因並清摺六件履歷一件到部查閱該館所送章程各件均屬妥協應准備案相應咨復貴省長請煩查照飭知清摺履歷存此咨

附原送章程細則

(一)浙江公立圖書館章程

第一條　本館以儲集中外圖書供人閱覽爲宗旨

第二條　本館設館長一人由省長遴選碩學通儒充任管理員一人編纂員一人文牘一人庶務一人掌書四人繕錄一人均由館長任用並呈報省長

第三條　本館職員之職掌如左

館長綜理全館事務

管理員承館長之指揮掌關於圖書之購置閱借整理及印行所印刷發行之稽核事項

編纂員承館長之指揮掌關於目錄年報統計之編輯及印鈔各書之審核事項

文牘承館長之指揮掌關於撰擬文牘及校勘印鈔各書事項

庶務承館長之指揮掌關於銀錢出納預算決算及管理僕役並其他雜務事項

掌書承管理員之指揮掌關於圖書之收發及保管事項

繕錄承文牘之指揮掌關於繕寫事項

第四條　本館圖書分左列二類

一保存類　以文瀾閣本宋元明刻本海內孤本及精抄名校本屬之

二通常類　以通行之圖書雜誌屬之

第五條　本館設左列各室

一藏書室　二掛圖室　三目錄室

四閱書室　五閱報室　六休憩室

第六條　本館閱書室分爲男子閱書室女子閱書室兒童閱書室特別閱書室

前項特別閱書室以閱覽保存類圖書爲限

第七條　本館設分館一處由本館職員兼管之

第八條　本館附設印行所分爲印刷發行二部掌印售前浙江官書局原刻及本館刊行書籍事項

前項本館刊行書籍須呈准省長備案

第九條　印行所設管理員一人掌書二人匠頭一人

第十條　印行所印售書籍價目由館長酌定之

第十一條　本館閱覽規則借貸規則參觀規則及辦事細則另定之

第十二條　本章程自公布日施行

(二)浙江公立圖書館辦事細則

第一章　總則

第一條　本細則凡本館職員應均遵守

第二條　本館職員之職掌依章程第三條及第七條之規定但事務繁劇或有特別事故時得由館長酌量支配之

第三條　本館事務處編纂處罕書處及發券處各由主管職員依規定時間駐處辦事

第四條　職員每日辦公時間由館長酌量各處事務情形及閱覽時間分別定之

第五條　職員休息日如左

一月一日至三日　春節前五日起至後五日止　夏秋冬三節日　各紀念日　每週月曜日

第六條　本館本分兩館應均由館長指定駐宿員每日自散館時起至翌日開館時止對於館中一切事務負完全責任駐宿員因有事故不能駐宿時應預請他職員代理並陳明館長

第七條　職員因有事故不能到館時應照請假規則辦理

第二章　購置

第八條　本館購置書籍圖表以足供學子研究者爲準凡有關學術之中外新舊圖書及雜誌應均隨時選購但每種不得過兩部如因特別情事須購至兩部以上者應呈請主管長官核准

第九條　本館對於叢書類書及各種科學字彙等凡爲私家不易購備者不論中外文字應均注意購置

第十條　本館對於本省鄉土藝文及名人手寫本應隨時注意訪購

第十一條　凡私人著述稿本未經刊行者得商准原著述人移藏本館

第十二條　各處圖書館珍藏孤本或私家世守圖書得商經原藏人允准攝影轉鈔手續由雙方協定之

第十三條　私家藏書捐入本館者應由館填付證書並於書內載明原捐人姓名籍貫

第十四條　本館購入圖書應將書名及著者姓名隨時揭示目錄室

第三章　庋藏

第十五條　保存類圖書應均於西湖本館專室妥藏

第十六條　通常類圖書應依照學術門類分類藏儲

第十七條　本館庋藏圖書應均加蓋館鈐編列號數並粘貼書籤標明門類

第十八條　新聞雜誌應依照種類分門登册

第十九條　藏書櫥架應均編列號數並標明門類

第二十條　庋藏圖書應由掌書隨時整理排列不得錯亂散置

第二十一條　藏書室採光通風應由掌書時加注意毋使潮濕致生蟲蛀霉損倘有發見應即時報由管理員設法修補

第二十二條　藏書室每週由掌書督同僕役洒掃一次所藏圖書每年三伏期內曬晾一次並由館長督同管理員按照書目詳細檢查之

第二十三條　藏書室非取書時不得開鎖其鑰於每日開館時由掌書向管理員領取閉館後即繳還

第二十四條　在藏書室內不得吸食各種烟草並不得携火入內

第二十五條　如因意外事故致圖書有損失時應即時呈報主管長官

第二十六條　私家藏書願存本館供人閱覽者須請其先將姓名住址書名册數板本開單函知經本館認可後將圖書交館給與證書取還時即將證書收回

第二十七條　寄存書籍應分爲保存通常兩類專廚庋藏

第二十八條　寄存書籍倘因災變盜刼致有損失時本館不負責任

第四章　閱借

第二十九條　本館掌書對於閱覽人及借貸人須妥爲接應其閱借各書應隨時檢付不得留難

第三十條　閱書人倘不諳檢查目錄方法時掌書應助其檢查

第三十一條　掌書於收到閱覽或借書券後應先分別登册次檢取閱借圖書將部數卷數本數當面點交原閱借人收領

第三十二條　繳還圖書時掌書應先查對原册點明部數卷數本數並查無圈點污損等情事方准收回銷册分別給發交還出館券或保證金

前項收回圖書掌書應即時歸藏原處不得任意擱置

第三十三條　繳還圖書時倘有圈點污損等情事未經覺察收回者應由承收之掌書負責

第三十四條　閱覽借書各券應連同參觀券於每日閉館後彙交編纂員存編統計報告

第三十五條　本館職員閱借圖書應仍填具閱覽券或借書券按照規則辦理

第五章　目錄

第三十六條　本館圖書目錄依左開種類各別編印

一依本館保存通常兩類分類編纂

一依學術門類分類編纂

一按圖書名稱依字典順序分編

一按著者姓名依字典順序分編

第三十七條　本館新置圖書除照第十四條隨時揭示外每一月終彙編爲暫行書目油印分布

第三十八條　寄存圖書應另編寄存書目

第六章　統計

第三十九條　本館統計應就閱書人數借書人數參觀人數及閱借圖書雜誌種類等項分別編製

第四十條　前條統計應每月造一分表並每年造一總表及前年度比較表登入年報

第七章　年報

第四十一條　本館每學年終編印年報一次其應載事項如左

一本學年新置圖書雜誌新聞各目錄

一本學年關於本館辦理並一切章制文牘

一本學年各項統計

一來學年之整理進行計畫

一附錄　本國及外國關於圖書館之法令章程或撰述譯著本省各地方圖書館之組織報告國內私家藏書之調查報告均屬之

第四十二條　前條年報應分別呈函主管官廳及各機關存閱

第八章　印行

第四十三條　本館附屬印行所除印售前浙江官書局及本館已刻各書外凡海內孤本或有關學術之私家著述經著述人允許刋印者得呈准主管長官酌量木刻或鉛印

第四十四條　凡有關學術之私家版片得呈主管長官購置印行或代爲寄存印售

第四十五條　印售書籍價目由館長酌定揭示不得折扣但本省教育機關經備具正式公文請購者得照成本計算各省圖書館得以相當圖書交換坊間或私人購買價在十元以上者得照原價減十分之一

第四十六條　本所版片除登册送館存查外應由所員負責保管不得缺損

第四十七條　本細則如有未盡事宜得隨時呈請修正

第四十八條　本細則自呈准日施行

(三)浙江公立圖書館閱覽規則

第一條　本館每日開館閱覽時間如左

自一月起至三月止每日午前九時起至午後五時止

自四月起至九月止每日午前八時起至午後六時止

自十月起至十二月止每日午前九時起至午後五時止

第二條　本館停止閱覽日如左

一月一日至三日　春節前五日起至後五日止　夏秋冬三節日　各紀念日　每週月曜日

曝書日（在三伏期內以二十日爲限由本館訂定日期通告）其因有特別事故臨時閉館者另行通告

第三條　閱覽人到館須先至發券處領閱覽券至掌書處換取領書券塡寫姓名籍貫職業住址取閱某種圖書並按照書目塡明號數交由掌書檢發閱畢繳還

第四條　女子閱書不論通常類或保存類者入女子閱書室

第五條　每次閱覽華裝書以三種十本爲限西裝書以三種

五本爲限圖書劵軸大者以兩幅爲限小者以十幅或一冊爲限閱畢換取他種圖書時即於領書劵第一次換書欄內填寫書名號數交掌書換發如閱畢後再欲掉換即填於第二次換書欄內換書以二次爲限

第六條　凡公共機關備具正式公文派員到館查閱圖書得以五種二十本爲限換書以三次爲限

第七條　閱覽人指閱某種圖書如因借出未歸或先已有人閱覽時得由掌書聲明換閱他種圖書

第八條　凡閱覽人暫出閱書室時應將所閱圖書交掌書暫存

第九條　閱覽人如有在圖書或雜誌上圈點塗抹摺皺汚損及破毀遺失時應繳納相當之賠償

第十條　閱覽人閱畢出館時須向掌書室領取出門劵無出門劵者不得出門

第十一條　閱覽新聞報紙得但領閱覽劵入室閱覽惟閱畢後務須檢齊安置原處不得攜至室外

第十二條　閱書室閱報室座次已滿時閱覽人應在休憩室坐候俟有閱畢出館者再依次補入

第十三條　閱書室內所揭閱覽人注意事項須各遵守

第十四條　閱覽人如須飲茶吸烟或休憩閒談等應均至休憩室內

第十五條　閱覽人如違背本規則及注意事項經本館職員勸告不從者得令出館

第十六條　有傳染病精神病或酗酒者不得入館閱覽

第十七條　閱覽人對於本館置備圖書或關於閱覽上設施事項倘有意見時得隨時函知本館採擇

第十八條　本規則自呈准日施行

(四)浙江公立圖書館參觀規則

第一條　凡來本館參觀者須先期通知由本館許可接待

第二條　參觀人須記載姓名籍貫住址職業於題名簿內

第三條　參觀人須由本館職員導引

第四條　參觀人在藏書室內欲檢視書籍行欵版本可囑接待人取閱但舊槧秘笈紙脆易損者仍不供檢視

第五條　參觀人欲閱覽圖書時須照閱覽規則辦理

第六條　參觀人入室參觀勿吸煙及唾涕

第七條　參觀人勿攜帶幼孩僕役及雜物

第八條　參觀人對於本館如有意見得面告或函達本館

第九條　停止閱覽日謝絕參觀

第十條　本規則自呈准日施行

(五)浙江公立圖書館借貸規則

第一條　本館開館期內得按照本規則借貸圖書

第二條　左列各圖書不得借貸

一保存類圖書　二寄存圖書　三字典辭書及新聞雜誌

四本館購藏僅一部者

第三條　借貸圖書須先至發券處領取借書券開明姓名籍貫職業住址借閱某種圖書並按照所借全書價值隨繳保證金交由掌書陳經管理員核准後由掌書將圖書檢發並隨付保證金收據

第四條　每次借貸圖書以兩部為限圖畫卷軸大者以兩幅為限小者以十幅或一冊為限如圖書每部在十本以上者應分次借貸但保證金仍應於第一次按照全部價值繳納

第五條　借貸人指借圖書如因借出未歸或已有人閱覽時得由掌書聲明換借他種圖書

第六條　借貸圖書至多不得逾十五日如逾期不還即將保證金扣抵

第七條　圖書歸還時如查有圈點塗抹摺皺污損或缺少本數頁數應責成原借人修補賠償

第八條　本規則自呈准日施行

(六)浙江公立圖書館職員請假規則

第一條　本館職員請假無論久暫應均填具請假單陳由館長核准

第二條　假期在十日內得請他職員兼代如在十日以上者由館長派員代理

第三條　請假單須先期填送但因緊急事故不及先送時得補請核准

第四條　本規則自呈准日施行

——摘自《教育公報》一九一八年第三期

指令第二百十號 八年二月七日

令浙江教育廳廳長伍崇學

呈一件送公立圖書館修正辦事細則由

據呈稱修正公立圖書館辦事細則等情已悉應准備案此令

附修正條文

原條文

第四十五條　印售書籍價目由館長酌定揭示不得折扣但本省教育機關經備具正式公文請購者得照成本計算各省圖書館得以相當圖書交換坊間或私人購買價在十元以上者得照原價減十分之一

修正文

第四十五條　印售書籍價目由館長酌定揭示不得折扣但本省教育機關經備具正式公文請購者得照成本計算各省圖書館得以相當圖書交換坊間或私人購買價在十元以上者得照原價減十分之一五十元以上者得照原價減十分之一五

（附註）原案係本部五年十二月八日核准見本報第五年第三期公牘門內

——摘自《教育公報》一九一九年第四期

○社會

公函阮紳強等第九九號（函爲呈轉公民阮強等請在蕪湖創設省立第二圖書館擬列入第十年度預算由）六月十八日

逕啓者前據貴紳等呈請擬在蕪湖創設省立第二圖書館懇予列入第十年度預算案等情到廳當經批答並轉呈省長核示在案茲奉指令內開據呈該公民阮強等現以組織職業學校所有公立圖書館勢難同時並舉請改在蕪湖創設省立第二圖書館擬俟編製十年度預算再行酌核列入等情應准如呈備案仰卽轉飭知照此令等因奉此合行函達查照幷希轉知列名各紳一併知照此致

（以上圖書館）

——摘自《安徽教育月刊》一九二〇年第三十一期

指令第一千一百七十號十一年六月二十二日

令江西教育廳廳長李金藻

呈一件呈送省立圖書館章程請核令由

據呈送省立圖書館章程等件到部核閱所擬章程暨各種規則均尚妥協應准備案合亟令仰轉飭知照此令

附章程

第一條　本館以儲集中外圖書供公衆閱覽爲宗旨

第二條　本館由省經費設立定名爲江西省公立圖書館

第三條　本館設館長一人綜理全館事務由教育廳長委任之館員若干人承館長之指揮分掌館內各事務其任用均由館長定之惟須呈報教育廳長

職員辦事細則另定之

第四條　本館組織分閱覽借貸二部借貸部得暫緩設置

第五條　本館圖書分左列三類分製目錄

一中文類

二西文類

三東文類

第六條　本館設左列各閱覽室其規則另定之

一特別閱覽室

二普通閱覽室

三婦女閱覽室

四兒童閱覽室

五新聞閱覽室

前項特別閱覽室以閱覽孤本精刻及各種珍貴圖書爲限

第七條　本館閱覽證分左列各種

甲優待證

乙特別閱覽證

丙普通閱覽證

丁婦女閱覽證

戊兒童閱覽證

已新聞閱覽證

前項閱覽證除甲種由本館贈給及戊已二種不取費外均須酌量收費但有時得減收或免除之其收費辦法另行隨時揭示

給予優待證規則另定之

第八條　凡私人或團體有以圖書捐贈或存本館者照本館捐贈圖書優待規則及寄存圖書規則辦理其規則另定之

第九條　每屆學年終應由館長將本年度辦理情形呈由教育廳分報省長暨教育部

第十條　本館得附設古物或美術品陳列室其規則另定之

第十一條　凡來館參觀者須遵守本館參觀規則其規則另定之

第十二條　本章程自呈奉核准日施行

附圖書閱覽規則

第一條　本館儲備各種圖書分置各室供衆閱覽惟暫不借出館外

第二條　閱覽時間除定期休息外每日自上午八時起至午後五時止定期休息日如左至臨時休息另行揭示

（一）每星期月曜日

（二）歲首一月一日至三日

（三）春節

（四）夏節冬節之翌日

（五）洒掃每月十五日

（六）年終十二月三十一日

第三條　閱覽人入館須先領圖書閱覽證依式填寫後交由館員檢發閱畢將圖書暨閱覽證交由館員點收於閱覽證上加蓋收訖戳記出館時仍將閱覽證繳還領證處

第四條　領閱圖書每次以一册爲限閱畢交還再領

第五條　領閱圖書以先後爲序如所索閱先已有人領去須俟其閱畢交還[illegible]領閱

第六條　閱覽人不得於圖書上着筆圈點塗抹及裁割扯壞如有上項情事須照價賠償

第七條　閱覽室內不得高聲朗誦吸煙側臥及隨意涕唾

第八條　閱覽人隨身物件須自行照管不得携帶危險及笨重物品

第九條　癲癇酒醉及有傳染病者禁止入覽

第十條　本規則關於普通特別婦女各閱覽室均適用之

第　號　閱覽證

閱覽人姓名	籍貫	職業	領閱圖書種類及號數
			第一次
			第二次

江西省公立圖書館

附兒童圖書室規則

第一條　本館備有各種兒童圖書及圖畫等供兒童之閱覽

第二條　閱覽時間每日自午後二時至五時日曜日自午前九時至午後四時假期另有規定由本館隨時揭示

第三條　入館時須領兒童閱覽證填寫姓名年歲及就學處所幷按照書目填明欲閱何書交由館員檢發如不能書寫者可由館員詢明代填

第四條　閱畢出館須將圖書交由館員點收幷於閱覽證上加蓋收訖戳記繳還收證處

第五條　領閱圖書每次以一册爲限閱畢再領至二次爲止其有已經人領閱者須俟人閱畢再領

第六條　所閱圖書如內容有未明瞭者得向館員詢問

第七條　遇適當時間得由館員就閱覽室內開講演談話等會

第八條　圖書上須保存清潔不得有圈點或塗抹污損等事

第九條　閱覽室內不得閒談及任意涕唾

第十條　隨身物件須交館員保管出館時收回但不得携帶笨重物品

第十一條　本規則自呈奉核准日施行

兒童閱覽證

第　號			
閱覽人姓名			
年歲			
在何處就學			
領閱圖書種類及號數	第一次	第二次	

江西省公立圖書館

附新聞閱覽規則

第一條　本館備有各種新聞紙無論何人均得入覽但不得携帶出外

第二條　閱覽時間每日自午前八時起至午後五時止

第三條　閱覽人入館須領取新聞閱覽證再行入室閱覽出館時仍將此證交還領證處

第四條　閱覽人須依次就坐不得任意移動桌椅之方位

第五條　各種新聞皆裝入報夾閱覽時不得隨意拆開閱後仍放回原處

第六條　閱覽室內不得高談朗誦吸煙側臥及隨意涕唾

第七條　閱覽人隨身物件須自行照管不得携帶危險及笨重物品

第八條　癲痫酒醉及有傳染病者禁止入覽

第九條　本規則自呈奉核准日施行

江西省公立圖書館
新聞閱覽證
第　號

附捐贈圖書優待規則

一　凡私人或團體有以圖書捐贈本館者除給發收證(收證式附後)外得酌予左列各種優待

甲　標識捐贈者之姓名及捐贈年月於所贈之圖書目錄內

乙　給予本館優待證來館閱覽圖書不另收費

丙　以捐贈之姓名籍貫職業住址製成一覽表懸掛本館并刊登本省教育行政月報表揚之

丁　捐贈圖書值在百元以上者除受甲乙丙各款優待外并遵照捐貲興學褒獎條例呈請褒獎

二　圖書捐贈本館後其儲藏及陳列方法由本館主持但捐贈者得陳述意見以備採擇

三　本規則自呈奉核准日施行

命令

捐贈圖書收證存根
捐贈人姓名籍貫及職業住址
捐贈圖書名及冊數
捐贈年月日
中華民國　年　月　日江西省公立圖書館存根

第　字　號

捐贈圖書收證
捐贈人姓名籍貫及職業住址
捐贈圖書名及冊數
捐贈年月日
中華民國　年　月　日江西省公立圖書館（蓋館章）

附寄存圖書規則

一　凡私人或團體願將圖書寄存本館供人閱覽者須將書名冊數及出版年月處所開清送交本館驗收後給予收證取還時即將收證繳回收證式附後

二　寄存書籍除意外危險外本館當妥慎儲藏負保管之責

三　寄存書籍另編寄存書目依照門類專架庋藏

四　寄存書籍其儲藏及陳列方法由本館主持但寄存者得陳述意見以備採擇

五　寄存者來館閱覽圖書本館給予優待證不另收費

六　本規則自呈奉核准日施行

寄存圖書收證存根
寄存人姓名籍貫及職業住址
寄存圖書名及冊數
寄存圖書出版年月處所
寄存年月日
中華民國　年　月　日江西省公立圖書館存根

第　字　號

寄存圖書收證
寄存人姓名籍貫及職業住址
寄存圖書名及冊數
寄存圖書出版年月處所
寄存年月日
中華民國　年　月　日江西省公立圖書館（蓋館章）

附給予優待證規則

一　給予本館優待證以左列各人為限

甲　以貲財或圖書捐助本館者

乙　以圖書寄存本館者

丙　本館退職職員

二　本館優待證有效時間為一年每年換給一次

三　優待證內均填寫受證者姓名不得轉送他人來館閱覽

——摘自《教育公報》一九二二年第六期

直隸省立第一圖書館閱覽章程

一無論男賓女賓凡閱書籍者均須購本館閱覽證

一凡購閱覽証每人收銅元兩枚可作一日用（如上午購証出館復入不用再購下午

亦然）

一凡有夙疾及醺醉者免入

一閱覽人須將其姓名職業（注明何界中人即可）務請塡於閱覽証內以資統計而備考查

一擬閱覽何種圖書者須自向目錄檢查本館員司恕不招待

一閱覽者於檢定何種圖書後須將目錄所載書名册數某號一一塡注閱覽証之內交與司書人以便檢付

一每次換書時應由閱覽人將原證索回即於該證上添注所換書名並照前條逐一塡注然後付書

一付書時該證之上司書人加蓋付字戳記繳書時加蓋收字戳記以免差錯

一閱覽各種圖書每次以一部爲限閱畢方能再換他部

一閱覽人如願鈔錄本館圖書者不許用毛筆墨汁以及易汚書籍各種物件

一鈔錄時所需紙筆均由閱覽人自帶本館不便預備

一本館圖書爲公共之物尤須格外珍惜倘有撕裂損壞及遺失情事應照本館所訂該書之價格賠償或償還同一之圖書

一閱覽時不可誦讀尤不可與來賓接談致妨公衆

一閱書閱報均有一定之處不得隨意挪移致紊秩序

一不得向地板上吐痰保守公共衛生

一本館飲茶吸烟各有專席不得將閱覽書籍携入以防意外

一閱覽時不可輕離坐位隨便出入免致遺失圖書

一藏書室所藏書籍甚夥閱覽人不得擅入惟欲參觀者須經本館主任之許可然後接待

一閱覽室內所揭閱覽人注意事項務希留意否則經本館職員勸告不聽者得令出館

一每日開館閉館以及休息均有一定時間隨時由本館佈告

附閱報簡章

一本館備有報紙多種儘可隨意閱覽並不收費

一報紙與雜誌內帶有精細圖畫插畫諷畫等件閱覽者不得剪裁塗改違則賠補

一閱者如有對於報紙等言論有所意見不得在該報紙上批評

一報閱畢請置原處以免錯雜

一本館本日報紙一律概不外借
一各種報紙設有專席閱者不得攜至他處
一本館所有報紙按日保存俟一月後裝訂成册以備查考
一以上各條如有不適用時隨時修改另行佈告

直隸省立第一圖書館參觀規則

一凡各界人士來館參觀者請先行通知以便接待
一參觀人請書姓名於參觀册內俾誌景仰
一參觀人須由本館職員導引
一參觀人在藏書室內願檢視書籍行欵版本可向接待人取閱不得親自檢取
一參觀人願閱覽圖書時須照閱覽章程辦理
一參觀人入藏書室內不得吸煙及隨意唾涕
一參觀人勿携帶幼孩僕役及雜物進內
一參觀人對於本館如有意見或面示或函知本館極端歡迎
一凡遇停止閱覽之日恕不接待

一以上規則務請參觀人注意
一本館規則如不適用時得隨時更正

——摘自《浙江公立圖書館年報》一九二二年第七期

直隸省立第二圖書館章程

第一章　宗旨

第一條　本館蒐集中外古今圖書以保存國粹輸入文明爲宗旨

第二章　名稱

第二條　本館向爲保定圖書館今改直隸省立第二圖書館頒發圖記以資遵守

第三章　設置

第三條　本館建設直隸省城古蓮花池內即現今之公園

第四章　圖書

第四條　本館陳列圖書其類別如左

甲部經書類屬之　略分正經　諸經

乙部史書類屬之　略分正史　雜史

丙部子書類屬之　略分周秦諸子　漢魏晉唐宋元明清諸子

丁部詩文集類屬之　略分別集　總集

戊部合刻諸書屬之　略分叢書　類書

己部科學諸書屬之　略分名學　哲學　心理　倫理　教育　法政　兵學　理科　天算　地理　農工商學　醫藥學

庚部各種圖書屬之　略分地圖　標本

辛部各種教科書屬之

壬部各種學報屬之

癸部各佛經道書屬之

第五條　東西文各書概依上開各類所屬者分列之

第六條　凡館中所列圖書均蓋本館圖記以防遺失

第七條　各項圖書均分類編號以便收發

子　華裝書於書頭標誌並於書面籤題書名每部幾函幾冊並某類某號（紙式地位應一律）

丑　洋裝書於書脊之書名下首黏籤注明某類某號書脊無字者補籤題名並著

譯者姓氏紙式地位亦應一律

寅　凡張挂之圖須於紙背注明某類某號

第八條　凡館中精槧舊本均特別庋藏不歸尋常閱覽之列以資保存

第五章　閱覽

第九條　凡欲閱覽本館圖書者均於買票入公園後再購入覽券每人一張銅元二枚

第十條　入門購券後須換取領書證塡寫領何種圖書交司書檢付再行入閱書室觀覽

第十一條　領書後欲另換他書由司書於證上蓋用繳換戳記閱畢另蓋收清戳記由閱書人向換證處繳還方得出館

第十二條　本館圖書概不出借

第十三條　入覽人不得携帶禽畜各物以昭肅靜

第十四條　圖書本係國粹入覽人須格外愛惜不得故意汚損犯者須加倍賠償諸君閱書宜依照本館所定規則

第十五條　凡瘋癡瘡疥及酗酒醉漢免入

第六章　調查

第十六條　本館應備各種表簿以資存記而便調查其名類如左

子　存書簿按照第四章類別次序開列名目册數其新購者并宜注明購入年月編著之姓名刋行之處所出版之年月華裝和裝洋裝之區別

丑　入覽比較表分別劵類劵價及閱書種類按月統計繕呈主任查核

第十七條　本館特製木牌分載圖書名目安置壁間一覽無餘以便閱書人按圖索驥寫證取書

第七章　職司

第十八條　現定職司如左

子　總理館事由省長教育廳委任管理一切事宜

丑　庶務一員由主任延用辦理會計事宜

寅　文牘一員由主任延用掌管文牘公函事宜

卯　司書一員由主任延用掌管整理圖書一切事宜

第十九條　凡收劵換證檢書等事以司書館役公同分任之

第八章　經費

第二十條　本館常年經費每月請領銀洋一百八十元大略用款如左

一主任庶務文牘司書均爲有給之員

一館役二名每月發給工食

一購買各種學報雜誌

一劵證表册筆墨紙張

一煤油茶水及雜用器具

一整理書籍籤套裝訂各費

第二十一條　購買圖書除需欵無多者由每月經費撙節項下支給外餘概聲請辦理

第二十二條　每月用款由庶務經理由主任核閱蓋戳按月造册呈報

第九章　設備

第二十三條　必要之設備如左

子　藏書室

丑　閱書室

寅　接待室

卯　事務室

第二十四條　應用器具概於購置後開列外存簿以便考查

第十章　時期

第二十五條　本館每日於早九鐘售券午後四鐘閉館每屆星期一日停售入覽券以便整理圖籍

——摘自《浙江公立圖書館年報》一九二二年第七期

江蘇省立第一圖書館章程民國十年十一月呈准施行

第一章　總綱

第一條　本館以儲集中外圖書供人閱覽爲宗旨

第二條　本館暫就南京龍蟠里原設圖書館開放閱覽俟覓定交通較便地址再行建築遷移

第三條　本館原有善本書籍由省長另委專員保管俟本館新築告成時所有龍蟠里房屋即專爲善本書籍庋藏之所至善本書籍保管章程另定之

第四條　本館設館長一人由省長遴選充任編輯一人文牘一人庶務兼會計一人掌

書二人收發兼書記四人均由館長任用並呈報省長

第二章　職掌

第五條　本館職員之職掌如左

館長總理全館事務　編輯掌關於目錄年報統計之編輯事項　文牘掌關於撰擬文牘及校勘事項　庶務兼會計掌關於銀錢出納預算決算及管理僕役並其他雜務事項　掌書掌關於圖書之庋放保管及檢交閱覽事項　收發兼書記掌關於閱覽室之招待繕寫文件事項

以上職員之執行職務均稟承館長之指揮行之

第六條　本館職員於職務上有專掌者均宜常川住館

第三章　庋藏

第七條　本館原有書籍分經史子集四大類並逐漸添購地圖及新學書籍及儀器標本模型之屬以資學者參觀

第八條　本館逐漸所購新學書籍當隨時彙編總目至五千冊以上時當即按照性質分類編目以供衆覽

第九條　本館藏書止備閱覽概不携借出館

第十條　本館藏書每年三伏期內曬晾一次並由館長督同員司按照書目詳細檢查

第十一條　藏書樓酌定某時啟門某時鎖門其鎖鑰責成掌書員妥慎掌管

第十二條　在書樓不得吸水旱呂宋紙捲等煙並不得携火上樓

第十三條　書樓儲書各箱編列號數如經類第幾號史類第幾號與閱覽室檢查書目相符

第十四條　各省新刊官書應請省長行文調取其各縣志書暨先賢撰著由館咨取儲藏惟每書以一部爲率運費郵費由館照付

第十五條　藏書家如有以所刻書投贈或願將所藏書捐入本館者皆由館塡付証書並於書目內登記贈書捐書人姓名以志高誼

第十六條　本館所購書及調取咨取贈書捐書分別立簿登記六個月編輯目錄一次積書日多應與已編書目彙編

第十七條　館中書籍如發見蟲蛀黴損等事由掌書員交修書生剋期修補不得延緩

第四章　閱覽

第十八條　本館藏書凡情殷向學者皆得按照開館時間到館閱覽惟本館認爲酒醉人及有精神病者得謝絕之

第十九條　本館每日開館閱覽時間如左
自一月起至三月止每日午前九時起至午後五時止　自四月起至九月止每日午前八時起至六時止　自十月起至十二月止每日午前九時起至午後五時止

第二十條　本館停止閱覽日如左
一月一日至三日　春節前五日起至後五日止　夏秋冬三節日　各紀念日　每週月曜日　曝書日（在三伏期內以二十日爲限由本館訂定日期通告）其因有特別事故臨時閉館者另行通告

第二十一條　閱覽人到館須先至發劵處購閱覽劵（每劵繳銅元一枚）至招待室換取領書劵塡寫姓名籍貫職業住址取閱某種圖書並按照書目塡明號數交由招待員轉向掌書室檢出交閱並隨即檢點頁數該劵即留招待室備查

第二十二條　女子閱書皆入女子閱覽室

第二十三條　每次閱覽華裝書以十本爲限西裝書以三本爲限閱畢換取他種圖書時卽於領書劵換書欄內塡寫書名號數交由招待員換發但換發以二次爲度

第二十四條　凡公共機關備具正式公文派員到館查閱圖書得以二十本爲限換書以三次爲限

第二十五條　閱覽人指閱圖書如先已有人閱覽時得由招待員聲明換閱他種圖書

第二十六條　閱覽人暫出閱書室時應將所閱圖書交招待員暫存

第二十七條　閱覽人如有在圖書上圈點塗抹摺縐汚損及破毀遺失時應繳納相當之賠償

第二十八條　閱覽人閱畢出館時繳還書籍並檢點頁數無訛換取出門劵無出門劵者不得出門

第二十九條　閱書室座次已滿時閱覽人應暫在休憩室坐候俟有閱畢出館者再依次補入

第三十條　閱書室內所揭閱覽人注意事項須各遵守

第三十一條　閱覽人如須飲茶吸烟或休息閒談等均應至休憩室內

第三十二條　閱覽人不得逕至書樓

第三十三條　閱覽人如違背本章程及注意事項經本館職員勸告不從者得令出館

第五章　參觀

第三十四條　凡來本館參觀者須先期通知由本館許可接待

第三十五條　參觀人須記載姓名籍貫住址職業於題名簿內

第三十六條　參觀人須由本館職員導引並不得逕自檢取圖書

第三十七條　參觀人欲閱覽圖書時須照閱覽章程辦理

第三十八條　參觀人勿携帶幼孩僕役及雜物

第三十九條　停止閱覽日謝絶參觀

第六章　附則

第四十條　本章程自呈准日起施行

江蘇省立第一圖書館保存善本規則民國十一年一月呈准施行

第一條　本館所藏善本以保存爲宗旨

本館分出兩部分書一以入通俗教育館一暫在本館開放備供學者研究之用此項善本多係宋元明三朝舊籍專事保存不任人閱覽

第二條　本館由前省長委任胡嗣芬梁公約檢校溥通舊書提取善本別爲一編茲呈由今省長鑒定爲善本與原有善本一律保存

第三條　本館善本凡要求閱覽者一概謝絕惟有後列之事項得陳由省長公署許可後通知館員遵辦但仍不得任意繙閱及携書館外

第四條　一如有精於鑒別親携自藏善本或未及携而夙具神解凡宋槧元刻校本精鈔能言支流派別者本館得出善本與印證之

第五條　一如有從事校勘因一書而並世數刊或異代而卷帙不同及字數行欵異式與書中有字句譌誤攜所自藏來館參校者本館得出善本與勘定之

第六條　一雅好收藏之家有於本館秘籍願得副本者得用相當之價值由本館代爲覓工寫之

第七條　一流通古書之士有願覆墨宋元兩朝書籍以永其傳得指定本館書名用相當之報酬聽許來館攝影其攝影章程由省長公署臨時另定之

第八條　前列人展視善本須加珍護不得用手把握書腦汗漬卷帙亦不得用指爪揭書觸損邊口有違越者得由館員隨時將原書收回

第九條　前列人展視之後由館員將該書詳細檢查若發見汚損或缺失情事即陳明省長公署責令賠償

第十條　善本書樓門窗箱厨館員宜視時日之晴風雨氣之燥濕而啟閉之

第十一條　古籍紙張率多枯脆不任日曝當什襲以藏檢有略帶潤濕者除春秋兩季風曝外當擇風日晴和之候不時曬晾之

第十二條　善本書籍隨時檢查有發見蠹蝕情事即設法消弭並預用辟蠹之方防護之其書籍殼面線訂有破綻者即次第整理俾成美觀

第十三條　本規則第四第五第六第七各條事項須先陳經省長公署核準辦理

第十四條　本規則係依前章程略加變通酌量增訂凡前章程與本規則不相抵觸者仍一律依照辦理

——摘自《浙江公立圖書館年報》一九二二年第七期

江蘇省立第二圖書館增訂詳細章程

第一章　總則

第一節　本館奉江蘇巡按使定名江蘇省立第二圖書館

第二節　本館設蘇州吳縣城內可園學古堂舊址向爲藏書之藪茲奉巡按使籌款擴充重加修葺

第三節　本館依據館章第二章第一節及第三章第一第二第三節增訂詳細章程以資遵守

第二章　儲藏則

第一節　本館藏書以從前學古堂存古學堂所遺之書爲基礎分經史子集叢五部以餉多士

第二節　本館舊藏有書無圖有舊學書無新學書茲籌欵擴充添購新書圖畫儀器標本模型之屬以資學者參觀

第三節　本館舊藏六萬五千餘卷茲逐月購置並籌欵擴充廣爲搜羅增至八萬餘卷當彙編書目以供衆覽

第四節　本館藏書凡一切邪說悖理違道之書概不庋存

第五節　本館藏書止備閱覽概不携借出館

第六節　本館藏書每年三伏期內曬晾一次曬畢仍歸原處由館長督同員司按照書目詳細檢查

第七節　藏書樓酌定某時啟門某時鎖門其鎖鑰責成掌書員妥慎收發

第八節　在書樓不得吃水旱呂宋紙捲等煙並不得携火上樓

第九節　書樓儲書各箱編列號數每箱若干種籤列書目實貼箱門與閱覽檢查書目相符

第十節　存古學堂所編叢鈔及點閱書每種有多至一二十部者今以數部安置閱覽書樓餘貯本館第五進書樓另編書目詳列部數册數妥愼藏庋

第十一節　本館藏書不厭搜求坊間如有精本舊本鈔本出售及近人著譯關於政治學術者私人著作未廣流傳者皆得採購儲藏

第十二節　各處圖書館珍藏未見書或私家世守圖籍應請互寄目錄仿倦圃曹氏流通古書約設法傳鈔

第十三節　各省官書局書應請巡按使行文調取其各縣志書暨先賢撰著由館咨取儲藏惟每書以一部爲率運費郵費照付

第十四節　藏書家如有以所刻書投贈或願將所藏書捐入本館者皆由館塡付證書並於書目內登記贈書捐書人姓名以志高誼

第十五節　藏書家有願將所藏秘籍暫附本館陳列者由館塡給證書將書名卷册數目收藏印記一一備載與本館書籍一律寶藏取回時以證書爲憑

第十六節　本館所購書及調取咨取贈書捐書分別立簿登記六個月編輯目錄一次積書日多應與已編書目彙編

第三章　管理則

第一節　館長主持全館事宜查察各員役勤惰有不遵館規者隨時酌易

第二節　文牘員辦理文牘條告事件編輯員編訂書目劄記提要掌書員典守圖書會計兼庶務員司銀錢出入一切庶務按月塡預算計算書凡有職守管理權限者須各勤厥職常川住館

第三節　書記員收管文卷繕寫文牘藏書樓書眉閱覽人月表年表及一切應繕事件

第四節　招待員接待閱覽人承管一切閱覽事宜

第五節　館中各事經館長認可方能照辦管理員以下不得擅自處置

第六節　館中書籍每月由館長與掌書員眼同查點如有遺誤即行察究

第七節　館中書籍如發見蟲蛀霉損等事由掌書員交修書生尅期修補不得延緩

第八節　閲覽售券收發繕寫閲書日記簿由館長酌派管理人或書記員認眞辦理輪日承管如某日貽誤即惟某日承管人是問

第九節　閲覽既畢承管員須將本日檢發書籍查點無誤鎖閉樓門

第十節　館中購鈔圖書置辦器皿一切雜件由庶務員照實塡表具報

第十一節　非館中職員不得登藏書樓

第四章　閲覽則

第一節　本館藏書凡情殷向學者皆得按照開館時間到館閲覽惟本館認爲酒醉人及有精神病者得謝絶之

第二節　本館原設閲覽室一所今新闢特別閲覽室一所

第三節　本館開館時間分別牌示館門一月二月上午九句鐘起下午五句鐘止三月四月上午八句鐘起下午六句鐘止五月至七月上午七句鐘起下午六句半鐘止八月九月上午八句鐘起下午五句半鐘止十月至十二月上午九句鐘

起下午五句鐘止

第四節　本館閉館日期如歲首自一月一日至十日先師誕日紀念日春節夏節秋節冬節各一日每月星期一休息日曝書期在三伏期內以二十日爲限歲末自十二月二十六日至月杪以上日期皆閉館

第五節　閱覽人須先至售券處購券塡寫姓名住址職業持券至招待室看書目指明某書若干本塡寫入券由招待員指示入閱覽室靜候取書

第六節　招待員照閱覽券塡寫取書券送掌書室由掌書員按券檢取書籍至閱覽室當面點明部數本數交閱覽人將取書券留存備查閱覽券仍存招待室

第七節　閱覽畢閱覽人將書籍點明部數本數交招待員比對閱覽券無訛方註銷原券出館

第八罰　閱覽人購券入館每券取當十銅元二枚特別券倍之

第九節　閱覽券資逐日彙繳會計處以備津貼雜用

第十節　閱覽人姓名館中隨時登記每月終作閱覽人數表

第十一節　閱覽人不得遝登藏書樓

第十二節　閱覽人入室如坐位已滿在招待室略坐俟有出館者挨次補入

第十三節　凡入閱覽室者不得高聲談笑隨處涕唾塗抹几案題寫窗壁傾潑茶水隨便偃臥携帶游人幼孩及有妨害他人等事

第十四節　閱覽人如携包傘等物購劵時應交存收劵處不得帶入閱覽室

第十五節　閱覽人如携油漬等食物可在招待室食之食畢淨手閱書勿以油污書籍

第十六節　凡欲鈔書中文句者須帶鉛筆紙册不得帶墨筆墨水致糊污册籍亦不得在書內加圈點批評倘有前項損壞照原書原價賠償

第十七節　閱覽人領書時須檢閱一過原有缺頁墨污破損等可載明閱覽劵內

第十八節　凡領書閱覽者每次以十本爲率洋裝書以三本爲率

第十九節　閱覽人指明某書或先已有人閱覽或因損壞正在修補本館得請閱覽人另指他書

第五章　附則

第一節　本章程以開館之日爲施行之期

第二節　本章程施行時如未盡善得隨時修改

——摘自《浙江公立圖書館年報》一九二二年第七期

江西省立圖書館規程

第一條　省立圖書館儲集中外圖書供公衆之閱覽其經費由省教育經費項下支給之

第二條　本館設主任一人由教育廳委任之館員三人由主任任用之

第三條　本館職員除須深明黨義外其資格規定如左

(甲)主任由大學專門畢業或對於圖書館學有專門研究者

(乙)館員須中等以上學校畢業對於圖書管理有經驗者

第四條　主任主持館內一切事宜館員禀承主任分掌左列事項

一·關於購置圖書事項　二·關於徵求捐贈圖書事項　三·關於保管圖書事項　四·關於圖書登記事項　五·關於圖書分類編目事項　六·關於編造統計表册事項　七·關於圖書出納事項　八·關於指導閱覽事項　九·關於文書事項　十·關于館內庶務事項　十一·其他與本館有關係事項

第五條　本館職員均須專任不得兼任其他有給職務

第六條　本館每月至少須開職員會一次討論館內一切進行事宜

第七條　本館每屆年終應將辦理情形呈報教育廳查核並發行年刊公佈一切

第八條　本館辦事細則另定之

第九條　本規程自公布日施行

——摘自《江西教育公報》一九二七年第八期

（三）飭令圖書館教育館照章領用臨時費

安徽省政府教育廳訓令第一六七號

令省立圖書館
第一第二通俗教育館

為令飭遵辦事：查臨時費請用辦法，照章關於建築一項，應先估計工程清單，並繪具建築圖；關於修理一項，應先估計修理工程清單；關於購置一項，應先開具購置物品名稱，件數，價值，清單；呈經核准後，方准發款動用。前因該館開辦在即，房屋器具急待修理添置，未及照章估計清單，即經發給臨時費在案。現該館關於臨時費用途，當已計畫決定，除分行外，仰即趕行遵照臨時費動用辦法，分別估計，切實清單，呈送核奪，限於文到五日內，遵照呈報。並仰於各項完全辦竣後，再行呈請派員驗收，至此次添置之器具，圖書，儀器，應即連同舊有器具，圖書，儀器一併遵照。另發調查表式，造冊呈報，將來交卸時，即須按冊點交，切切，此令！（四月二十八日）

——摘自《安徽教育行政週刊》一九二八年第一卷第六期

安徽圖書館財產保管委員會簡則

安徽省政府教育廳訓令第五九七號

令 六十縣縣長
省立圖書館館長
安慶市教育局

爲訓令事：案奉

省政府指令祕字第三一一九號，據本廳呈報擬訂安徽圖書館財產保管委員會簡則，請鑒核備案由，內開：「呈及簡則均悉，准予備案，此令！」等因，奉此。查安徽圖書館財產保管方法，向未明白議定，前經本廳擬訂上項簡則十

八條，以資保管，茲奉前因除分行外，合行檢發該項簡則，令仰該縣館長即便遵照辦理，並轉飭所屬一體遵照，此令！（八月十一日）

計發安徽圖書館財產保管委員會簡則一份

安徽圖書館財產保管委員會簡則

第一條　本簡則依據安徽圖書館規程第二十六條規定之。

第二條　本委員會委員由左列人員組織之。

一主管機關代表二人；

二圖書館館長；

三由主管機關在本省教育法團暨社會教育機關中選聘二人；

除主管機關代表，暨圖書館館長為當然委員外，其餘委員每年更聘二分之一，於第一次開會時籤定。

第三條　本委員會設正副主管委員各一人，由全體委員推舉之。

正主管委員，因故不能執務時，由副主管委員代理之任期均為一年，選舉得連任。

第四條　本委員會應辦事項如左：

一關於財產約據之保管事項；

二關於財產整理事項；

三關於租利之徵收攷核事項。

第五條　所有財產約據，由本委員會分別查清登錄於財產簿由各委員簽名蓋章於簿以資信守。

第六條　各種債票約據簿串等均存置於圖書館保險箱內，不得任意携至館外，保險箱之鑰匙，由主管委員保管之。

第七條　所有財產不得變賣、或轉移，如經委員會認為有變動必要時，由全體委員擬具理由書，並各署名蓋章，交由圖書館，呈請主管機關核定之。

第八條　田地房屋之租金•金額，由本委員會議定之。

第九條　凡徵收租金字據，須經委員三人以上之署名蓋章，始得發生効力。

第十條　如因天災時變致原定租金金額，必須減輕或豁免時，由委員派員查勘核定之。

第十一條 每年財產項下收入專作購置圖書，或建築館舍之用，不得移作他用。

第十二條 屆半年應將徵收狀況，交圖書館呈報主管機關備案。

第十三條 主管委員任滿時，應將所保管者，照財產簿所列各項原件，送由委會轉交後任委員接收。

第十四條 本委員會每半年開會兩次，其時日由主管委員訂之；遇必要時，得由主管委員招集臨時會。

第十五條 同會時主席及紀錄，由到會委員推任之。

第十六條 每次開會紀錄，應交由圖書館呈報主管機關備案。

第十七條 本簡則如有未盡事宜，得委員三人以上之提議，交由圖書館轉呈教育廳核定之。

第十八條 本簡則由教育廳核定公布施行，並呈省政府備案。

——摘自《安徽教育行政週刊》一九二八年第一卷第二十期

江西省立圖書館附設圖書館學研究室辦法

十七年三月

㈠江西省立圖書館爲研究便利起見，附設圖書館學研究室。

㈡研究人員暫以本館職員爲限。

㈢研究分爲六部如下：

㈠學理部　凡關於圖書館學之專門學理屬之；

㈡目錄部　凡圖書之分類編目等事屬之；

㈢圖表部　凡統計圖表等事屬之；

㈣法規部　凡關於圖表館之法令規程報告年刊等事屬之；

㈤採訪部　凡新舊圖書之採訪審査等事屬之；

㈥設備部　凡關於圖書館之設備等事屬之。

㈣前項各部之研究，由本館職員自行認定一部或數部。

㈤對於各部研究之問題，得隨時開研究會共同討論，至月終彙齊報告一次。

㈥關於圖書館學之圖書，應提出另行編目，儲藏於本研究室。

㈦各處來件關於圖書館學之研究者，應視其性質，分別陳列各部。

㈧用本館名義函聘館外富於圖書館之學識經驗者二人，爲研究室研究指導員，並得延聘專家，公開講演。

㈨研究所得之結果，務以實際應用爲主，俾館務隨時改良

——摘自《江西教育公報》一九二八年第二十一期

教育法令

安徽圖書館規程

安徽省政府教育廳訓令第六七三號

令 六十縣縣長
省立圖書館館長
安慶市教育局長

為令遵事：案奉中華民國大學院指令第七二零號，前據本廳呈送安徽圖書館規程請予備案由，內開：「呈及附件均悉。查現送規程，為院頒圖書館條例之補充法規，適用於安徽全省之公立圖書館。規程全部，與院頒條例，尚無牴觸；雖第二十七條所定報告期限，與院條例微有不符，然實際比院章為嚴密，亦無不合；應准予備案。規程存。此令！」等因。奉此查安徽圖書館規程，前由本廳擬訂，經本廳廳務會議通過，提出

省政府會議通過，並呈送大學院請予備案在案。茲奉前因，除分行外，合行檢發該項規程，令仰該縣長館局即便遵照，並轉飭所屬一體遵照。此令！（八月二十一日）

抄發安徽圖書館規程一份

安徽圖書館規程

第一條 本省各圖書館，除遵照大學院頒布圖書館條例外，凡公立圖書館應依據本規程辦理之。私立圖書館組織及辦法，得自訂之；但須呈報該館所在地之教育行政機關核定，並受其指導。

第二條 以省款設立之圖書館，稱省立圖書館。

以市縣款設立之圖書館，稱市縣立圖書館。

第三條　省立圖書館之主管機關爲教育廳。

市縣立圖書館之主管機關爲市縣教育局。

凡省市縣立之圖書館，遇必要時，均得冠以第一第二等字分別之。

凡圖書館宗旨，僅在蒐集通俗圖書雜誌報章等供民衆閱覽者，稱通俗圖書館。

第四條　圖書館視事務之繁簡，得設左列各股：

一，總務股；

二，圖書編藏股；

三，圖書流通股；

四文獻徵存股。

第五條　總務股所掌事務如左：

一，關於文件之起草，收發，及整理，保管事項；

二，關於總計，報告，調查，製表事項；

三，關於館務記錄事項；

四，關於館舍管理事項；

五，關於預決算編製事項；

六、關於金錢出納事項；

七、關於圖書物品購置事項；

八、關於參觀招待事項；

九、關於不屬他股各事項。

第六條　圖書編藏股所掌事務如左：

一、關於圖書登錄事項；

二、關於目錄編製及整理事項；

三、關於圖書解題事項；

四、關於參考資料採集事項；

五、關於圖書典藏及整理事項；

六、關於圖書交換事項。

第七條　圖書流通股所掌事務如左：

一、關於圖書閱覽及收發事項；

二、關於借閱圖書統計事項；

三、關於閱覽人指導事項；

四、關於研究問題答復事項；

五、關於巡迴圖書事項；
六、關於民衆閱書報處事項；
七、關於圖書館事業宣傳及推廣事項。

第八條 文獻徵存股所掌事務如左：
一、關於鄉賢遺稿探訪事項；
二、關於文獻材料徵集事項；
三、關於民俗刊物採集事項；
四、關於文獻整理保存事項；
五，關於文獻陳列展覽事項；
六，關於文獻編印事項。

第九條 各館設館長一人，總攝全體事務各股設主任一人，事務員若干人，商承館長分掌各股事務。但圖書館館務簡單者，可不分股，即依照第五六七八各條所訂事項設館員若干人分任之。

第十條 省立圖書館館長之任免，由教育廳長提出於省政府委員會議決定之。

市立圖書館館長，由市教育局局長推薦三人，呈請市

政府選任，並由市長開具該員詳細履歷函請教育廳備查。

縣立圖書館館長由縣教育局局長推薦二人或三人，並開具該員等詳細履歷，呈由縣政府轉呈教育廳選任但遇必要時，得由教育廳直接委任之。

第十一條 圖書館各股主任或管理員事務員，由館長聘任之，所聘職員對於所任職務，應具有相當之學識經驗，並須先行呈請主管機關審核，呈請時須取具該員等詳細履歷，並附送服務証明書。

第十二條 館長館員爲專任職，不得兼任其他有給職務。

第十三條 各館之財產，器具，圖書，及經費，之收支，概須照教育廳規定簿式，印製編號，呈送主管機關蓋印塡用。

凡館長交替，須據上項印簿點交接收，

第十四條 各館應於每會計年度前三個月，將次年度進行計劃及預算書，呈報主管機關審核，列入預算。

第十五條 凡經費領完甲月時，應於乙月十五日以前造具

支出預算書，收支對照表，單據粘存簿，呈報主管機關審核。如屆期未經呈報者，即停止其應領之經費，至呈報日爲止。

第十六條　凡呈請撥發臨時費，應具理由書及估單，呈由主管機關派員會勘核定。

上項物品運到，或工程完工時，應將實支銀數，造具清冊，連同單據，呈請驗收。

第十七條　購備及捐贈圖書到館時，應即登錄於圖書登錄簿，塡登錄號數於書內，並加蓋館章。

第十八條　凡目錄均用卡片式，並得酌量編印簿式。

第十九條　圖書應妥愼保存，每年終，查照書架目錄片，檢點一次。

第二十條　各館除左列各假期外，不得停止閱覽：

總理誕辰紀念日，總理逝世紀念日，國慶日，國恥日，南京政府成立紀念日，四節日，中央臨時公布休假日。

第二十一條　各館開覽時間，每日至少八小時，其鐘點由各館斟酌當地情形訂定之。

第二十二條　來館閱書不得收費。

第二十三條　每新出版圖書到館時，除將書名，著者，印行處及內容大綱揭示外，並將圖書陳列閱書室，以供衆覽。

第二十四條　各館除善本圖書外，普通圖書，得以借出；惟須有確實保證，經館長核定，負責簽發借書證，憑証借書。

第二十五條　借出書籍逾期未還，得斟酌情形令借者納金，是項納金標準，由各該館明白規定之。

借書者逾期所納之金，須由經收人製給收據。

第二十六條　圖書館財產應組織保管委員會負責經理。

其委員會章程另訂之，

第二十七條　各館每半年應將辦理情形，編具報告書，呈報主管機關，轉呈上級教育主管機關，以便查考，上半年之報告書應在八月上旬呈送，上半年之報告書應在二月中旬呈送。

上項報告書，呈報時，應備兩份。

第二十八條　館長爲徵集意見商酌辦法，得開館務會議。

第二十九條　主管機關得隨時派員赴各館視察，並指導其進行。

第三十條　圖書館辦事細則，暨借閱圖書各項規則，由各館訂定，呈報主管機關核定之

第三十一條　本規程經省政府委員會議議決通過後，公布施行。

——摘自《安徽教育行政週刊》一九二八年第一卷第二十二期

河北省政府教育廳訓令第四六一號

令省立第二圖書館主任

爲令遵事：頃據視學王金紱報稱，省立第二圖書館，因受軍事影響，閉館已久。現在軍隊撤退，可以開館。該館優點有二，(一)舊書庋藏甚富，如廿四史有三部，圖書集成有二部，都三萬八千餘冊。復有宋代珍版祕笈，爲他館所無。(二)位於保定城垣中部，市場衙署，櫛此相鄰，不愁無閱覽之人。缺點有五，(一)舊書雖富，新書太少，即西文東文書籍，亦多購於清季。計舊書三萬八千

命令　十

餘册，新講書籍，僅二十九册。際茲新思想發展時代，宜廣購新籍，陳儲館中，供衆瀏覽，以轉移羣衆思想。(二)應備購各種雜誌及各埠新聞，俾羣衆可以隨時閱覽。(三)壁間宜懸總理遺像及標語，中國形勢，世界大勢各地圖。(四)室內應懸各國國旗。(五)應添設兒童圖書館。等情。前來。查現當訓政時期，民衆常識，亟待灌輸。各處圖書館之設立，洵屬刻不容緩。未設者，方當積極籌設，已設者，詎可反令長期閉館。據報前情，合亟令行該主任，速籌開館，並造具詳細預算書，呈核。其藏書應妥爲保護，各項缺點，應按該視學所稱各節，分別改進，仰卽遵照。此令。

廳長嚴智怡

河北省政府教育廳印

中華民國十七年十二月七日

——摘自《河北教育公報》一九二八年第十期

福建公立圖書館規程草案

第一條　本館爲促進社會教育發展文化起見儲集各種圖書以供衆覽

第二條　本館定名爲福建公立圖書館

第三條　本館直轄於教育廳另組圖書館委員會以輔助館務

第四條　本館組織系統如下

館長——館務主任——
- 總務股
  - 會計
  - 庶務
  - 文牘
- 登記股
  - 購訂
  - 登記
- 編目股
- 出納股
  - 巡迴文庫
  - 出納
- 閱覽股
  - 革命文庫閱覽室
  - 兒童閱覽室
  - 普通閱覽室
  - 雜誌閱覽室
- 典藏股
  - 典藏
  - 裝訂

第五條 本館設館長一人統理全館事務由教育廳廳長委任之

第六條 本館設館務主任一人統理圖書館專門事務並商承館長掌理全館事項由館長呈請教育廳廳長委任之

第七條 本館各股設館員若干人由館長聘定呈報教育廳備案

第八條 凡關於全館進行事務得由館長召集館務會議其會議章程另訂定

第九條 本館內部暫分六股各股職掌如下

一總務股

一，本館文件之收發及保管事項
一，會計及庶務事項
一，設備用具之保管修理及點查清理事項
一，全館清潔衛生事項
一，管理勤務工人等事項
一，編製統計圖表報告等事項
一，接待參觀事項
一，一切接洽事項

二登記股

一，圖書雜誌之購訂及徵求事項
一，寄贈圖書之答謝事項
一，圖書之檢閱蓋章貼裏書標事項
一，圖書雜誌日報登記事項
一，編理各處圖書目錄學校簡章等事項

三編目股

一，圖書之分類編目事項
一，目錄卡之繕寫排列事項

一，書架目錄之編纂事項
一，目錄之撤消及修改事項
一，會同典藏股點查書籍事項

四出納股

一，圖書之出納事項
一，編製出納統計表事項
一，圖書之點查事項
一，收發巡迴文庫事項

五閱覽股

一，執行閱覽規則
一，閱覽室佈置整理事項
一，閱覽室秩序之維持及閱覽之指導事項
一，閱覽室參考書之管理與運用事項
一，閱覽室圖書之點查事項
一，編製閱覽統計事項
一，雜誌插架佈置事項

六典藏股

一，一切藏書之整理及保管事項
一，繕寫書卡書標等事項
一，書袋書標之黏貼項
一，圖書雜誌報紙之修理裝訂事項
一，小册子之陳列及分類保管事項

第十條　本館各股辦事細則及閱覽借貸等規則另訂之
第十一條　本館經費由本館編造預算決呈請經教育廳核准
第十二條　本規程由省政府委員會通過日起施行

職員辦事簡則

一本簡則依本館章程第十條之規定爲全館職員辦事之準則
二館長一人應辦事務如左
(ㄅ)延聘職員稽查勤惰
(ㄆ)規劃館務妥訂規則
(ㄇ)督同職員辦理全館事務
三主任一人應辦事務如左
(ㄅ)分別圖書種類
(ㄆ)商承館長辦理全館各項事宜
(ㄇ)編製各項統計表册及年報
四事務股一人應辦事務如左

(ㄅ)庶務　專司購置，管理勤務，修繕房屋，及其他雜務事項。

(ㄆ)會計　專管銀錢出納，及編造預算決算等務。

(ㄇ)文牘　辦理公文函件，及整理文報等事。

五編目股一人應辦事務如左

(ㄅ)編製各種圖書目錄，

(ㄆ)登記中外圖書，

(ㄇ)引導參觀等事，

六出納股一人應辦事務如左

(ㄅ)專司圖書之出納

(ㄆ)收發巡迴文庫

七閱覽股應辦事務如左

(ㄅ)普通閱覽室之指導

(ㄆ)革命文庫室之管理及收入門證，

(ㄇ)雜誌閱覽室之管理兼發出門証，

(ㄈ)兒童閱覽室之管理及指導，

(ㄪ)日報閱覽室之管理及寄物處之收發，

八典藏股一人應辦事務如左

(ㄅ)專司圖書之典藏

(ㄆ)圖書之裝訂

(ㄇ)圖書之晒曬

普通閱覽室規則

一本館開館日閱覽時間如左

(ㄅ)自一月起至三月止，每日午前九時至十二時，午後二時至五時

(ㄆ)自四月起至九月止，每日午前八時至十一時，午後二時至六時，

(ㄇ)自十月起至十二月止，午前九時至十二時，午後二時至五時，

二本館停止閱覽日如左

(ㄅ)一月一日，

(ㄆ)夏秋冬節各一日，

(ㄇ)寒假以一週爲限，

(ㄈ)各紀念日，

(ㄪ)每週月曜日，

(ㄉ)曬書日(在三伏期內以一週爲限)

三閱覽人到館，須先至領証處領入門証至收証處驗後，向目錄櫃查書目，寫借書券並填姓名職業等　交出納處取書閱畢繳還，同時向館員，領出門證至寄物處繳証出門，

四每次閱覽以一種四本為限為限其册數在十册以上者當分作兩次或三次借閱圖畫卷軸大者，以幅為限，閱畢換取他種圖書時，須重寫借書券，

五閱覽人借閱某種圖書，因已有人閱覽時，得由出納聲明換閱他種圖書，

六閱覽人如因事暫出閱覽室，應將所閱覽書交出納處，

七閱覽人如在圖書上圈點，塗抹，摺皺，汚損等，應負照價賠償之責，

八閱覽室座次已滿時，閱覽人應暫在休憩室坐候，俟有閱畢出館者再依次入覽，

九閱覽人如遇友人訪晤應引休憩室

十閱覽室內所揭閱書人注意事項須各遵守，

十一閱覽人如違背本規則，及注意事項，經本館職員勸告不從者，得令出館，

十二患傳染病，精神病，或瘋癲，酗酒者，不得入館閱覽，

雜誌閱覽室規則

一本室閱覽時間除停止閱覽日外每日上午九時至十二時下午二時至五時

二閱覽者閱畢請將姓名及所閱何種雜誌等填入簽名簿以便統計

三室內各種雜誌可自由閱覽但　畢必須放置原處不得擅自携出室外及移動位置

四所閱雜誌不得塗寫如有損壞者閱覽人應負照價賠償之責

五在室閱覽時不得吸烟及高聲談笑

六吐痰必向痰盂

七閱覽人閱畢須向指導員領出門証至寄物處繳証出門

參觀規則

一，參觀人到館時請在會客室暫待由傳達處通知本館職員引導

二．參觀人如詳細考察或團體參觀時須先期通知

三，參觀人須記載姓名籍貫住址職業于題名簿內

四，參觀時請勿吸烟及隨地唾痰，

五，參觀人如携帶雨具什物須交寄物處，

六，參觀時請勿携帶幼孩及僕從，

七，參觀人在典藏室勿得翻閱圖書欲查書籍行版，可囑引導人取閱，

八，參觀人出門時，須向領証處領取出門証，

九，有精神病，傳染病，酗酒者，謝絕參觀，

十，停止閱覽日謝絕參觀，

——摘自《福建教育廳教育週刊》一九二八年第十二期

福建公立圖書館徵集圖書簡章

一・徵集圖書分兩種辦法㈠捐贈㈡寄存

(甲)捐贈簡則

(子)凡各機關熱心贊助圖書館將各機關所出之週刊年刊以及統計圖表並其餘一切刊物均祈源源捐贈

(丑)各縣縣志及各縣地圖無論新舊刊印均祈各縣政

府及各機關採訪捐贈

（寅）凡各個人熱心贊助圖書願將個人所收藏舊籍及平時所譯著新書捐贈者均所歡迎

（卯）無論各機關各個人除將自己所有書籍捐贈外倘再能廣爲搜集本省鄉先哲遺著捐贈者尤所企盼

（乙）寄存簡則

（子）寄存年限最多十年至少兩年爲期

（丑）凡各機關各個人如熱心贊助願將不易得之圖籍寄存圖書館者應請通函說明寄存年限圖書價值及爲何人出名寄存將來年限滿後爲何人出名來館領還

（寅）凡寄存之圖籍當由教育廳先出收據寫明圖書名稱種類册數寄存年限何人寄存何人領還等項庶不致誤

（卯）凡寄存之圖籍或有缺頁及破碎等處在寄存時請預爲聲明

（辰）凡寄存之圖籍至領回時如有損壞或殘缺等圖書館當然負賠償之責惟在寄存時未經聲明者不在此例

一・凡捐贈圖書及寄存圖書者當將台銜永誌刊目如捐存在價值百元以上者當懸捐贈人照片於館中閱書室

三・凡捐贈圖書如有外省外縣遠道郵贈者既竭誠歡迎更願將教育廳近刊之教育週刊還贈及將來圖書館目錄出版後奉酬高誼

四・各處如有珍藏本省鄉先哲遺稿不願寄存者倘能先示書名及著作人姓名後當由教育廳雇員代鈔覆函爲期俟書籍寄到教育廳鈔畢奉還

五・如有熱心贊助賜贈購書券者教育廳極爲歡迎當將台銜永誌刊目其贈券在百元以上者亦懸照片於館中

六・本簡章暫由教育廳草定俟圖書館成立後當再由圖書館草定詳章以資永守

——摘自《福建教育廳教育週刊》一九二八年第十二期

福建

普通閱覽室規則

第一條　本館開放閱覽時間除例假外每日上午九時至十二時下午二時至五時晚間六時半至九時惟自四月起至九月止改爲每日上午八時至十一時下午三時至六時晚間七時至十時

第二條　星期一爲本館休息日停止閱覽

第三條　入覽者雨傘書籍雜物勿得携帶室内

第四條　本館設有寄物處凡入覽者書籍零物雨傘等可交該處收存領取牌證以便出館時校對牌證號數領囘寄件

第五條　閲者入室時須繳入門證或他室領取之出門證

第六條　閲者借閲圖書須按圖書目錄檢得號碼抄錄借書券向館員借書閲畢交還同時註銷取書條並向館員領取出門證

第七條　閲者領取出門證至總入口處繳還方得出館

第八條　閱覽人不得入藏書庫

第九條　無論何項圖書不得在書上圏點塗抹批評及割裂如有損壞圖書情事應照原書全部價値賠償

第十條　閱覽人發現書中錯誤之處應另紙記明書名卷數頁數交館員告知本館更正不得自行添註塗抹

第十一條　閱覽室禁止高聲誦讀談笑吸煙及隨地吐痰

第十二條　閱覽圖書同時不得取二種及一種不得過四册

第十三條　閱覽人如欲摘抄書籍不得用毛筆墨汁以自備鉛筆爲限

第十四條　全書未閲完次日須續閲者不得折角爲記須向館員領取紙籤

第十五條　閱覽人須恪守本館規則如有違背館規經館員勸告不從時得令出館

第十六條　凡酒醉瘋癲傳染病及不着衣服者禁止閱覽

四五

——摘自《福建省立圖書館年報》一九二九年年報

革命文庫及民衆閱覽室閱覽規則

第一條　本室閱覽時間除例假日外每日上午九時至十二時下午二時至五時晚六時半至九時半惟自四月起至九月止改爲每日上午八時至十一時下午三時至六時晚間七時至十時

第二條　閱覽者入室時須繳入門證或他室領取之出門證

第三條　閱覽者欲借閱櫥內圖書須填具借書券交館員取書閱畢交還同時註銷借書券

第四條　所閱書籍不得塗寫及割裂如有損壞者應照原書全部價值賠償

第五條　閱覽室內不得高聲誦讀談笑吸煙及隨地吐痰

第六條　閱覽者交還書籍時請向館員領取出門證至總入口處繳還方得出館

雜誌閱覽室閱覽規則

第一條　本室閱覽時間除例假日外每日上午九時至十二時下午二時至五時晚六時半至九時半惟自四月起至九月止改爲每日上午八時至十一時下午三時至

六時晚間七時至十時

第二條　閱覽者入室時須繳入門證或他室領取之出門證

第三條　閱覽者姓名職業及所閱何種雜誌於出室時請塡入簽名簿以便統計

第四條　室内各種雜誌可自由閱覽但閱畢必須放置原處不得擅自携出室外及移動位置

第五條　所覽雜誌不得塗寫及割裂如有損壞情事應照價賠償

第六條　閱覽室内勿得高聲朗誦談笑吸煙及隨地吐痰

第七條　閱覽者塡寫簽名簿後請向館員領取出門證至總入口處繳還方得出館

參觀規則

第一條　團體參觀須先期通知候答覆後訂期招待

第二條　個人參觀須先經傳達處報告派人招待

第三條　參觀人須塡載姓名籍貫職業於題名錄

第四條　參觀人須由本館職員引導

第五條　參觀人至藏書室內勿得自由檢視書籍

第六條　參觀人欲閱覽圖書亦須照閱覽室規則辦理

第七條　參觀人不得攜帶幼孩僕役及雜物等

第八條　本館休息日停止參觀

——摘自《福建省立圖書館年報》一九二九年年報

福建公立圖書館規程（審查修正）

第一條　本館爲促進社會教育發展文化起見儲集各種圖書定名爲福建公立圖書館

第二條　本館直轄於教育廳其組織系統如下

館長
- 總務股
  - 會計
  - 庶務
  - 文牘
- 登記股
  - 購訂
  - 登記
- 出納股
  - 巡迴文庫
  - 出納
- 閱覽股
  - 革命文庫閱覽室
  - 兒童閱覽室
  - 普通閱覽室
  - 雜誌閱覽室
- 典存股
  - 典存
  - 裝訂

第三條　本館設館長一人綜理全館事務由教育廳廳長委任之

第四條　本館各股設館員若干人由館長分別聘任呈報教育廳核准備案

第五條　凡關於全館進行事務得由館長召集館務會議其會議規則另定之

第六條　本館暫分五股其職掌如左

(一)總務股

一・本館文件之收發及保管事項

一・會計及庶務事項

一・設備用具之保管修理及點查清理事項

一・全體清潔衛生事項

一・編製統計圖表報告等事項

一・接待參觀及接洽一切事項

(二)登記股

一・圖書雜誌之購訂及徵求事項

一・寄贈圖書之答謝事項

一・圖書之檢閱蓋章貼裏書標事項

一・圖書雜誌日報登記事項

一・編理各處圖書目錄及一切章程事項

一・圖書之分類編目事項

一・目錄卡之繕寫排列事項

一・書架目錄之編纂及撤銷修改事項

（三）出納股

一・圖書之出納事項

一・編製出納統計表事項

一・圖書之點查事項

一・改發巡迴文庫事項

（四）閱覽股

一・閱覽室佈置整理事項

一・閱覽室秩序之維持閱覽之指導及執行閱覽規則等事項

一・閱覽室圖書之點查及參攷書之管理運用事項

一・編製閱覽統計事項

（五）典藏股

一・一切藏書之整理點查及保管事項

一・書袋書標之粘貼事項

一・圖書雜誌報紙之修理裝訂事項

一・小冊子之陳列及分類保管事項

第七條　本館各股辦事細則及閱覽借貸等規則另訂之

第八條　本館經費由本館編造預算決算呈請教育廳核准

第九條　本規程由省政府委員會議決公布施行

——摘自《福建省政府公報》一九二九年第七十七期

(三)令省立圖書館長改進缺點

令省立圖書館館長胡翼謀

爲訓令事：本月十四日本廳長曾前往該館視察，藉知該館藏書雖偏而不全，然容量尙稱豐富，布置亦略具條理　惟視察所及，頗有應行改進者多端，用特令仰該館長注意，分別更張，以期改進。該館位於舊藩署之最後進　且迴旋曲折，爲程頗遙，市民非久居本市者，幾不知有該館，乃自頭門入內，直至館址，爲門十數，祇有敝舊不堪之該館牌匾。三方，卽或溜覽及之，亦不知該館今尙存在與否，何能引人注意。亟應多張標幟，並宜作宣傳之書畫，以吸引讀者，此宜改進者一也。該館門首，設有省立第一通俗教育館之閱報所，該館旣已備有日報，卽應設置閱報所於最外部，第一通俗教育館之閱報所可以移設別處，庶幾多收實効，此固由第一通俗教育館之措置未當，而該館長亦未免放棄職責，除分令第一通俗教育館移設外，應由該館改進者二也。查閱該館規則，有星期及例假日停止閱覽條文，圖書館性質有異於學校，假日市民多暇，不宜停閱：普通圖書館假期多有定於星期一者，此應行改正者三也。閱覽室之南，有小方軒一，任其空荒，殊不經濟，或闢作閱報所，或闢爲兒童閱覽室，或闢爲美術品。（碑帖圖畫等）閱覽室，或闢爲地方文獻閱覽室，可由該館長酌定，此應予改進者四也。查閱覽室之閱書棹椅，以及雜誌種類，均嫌過少。且雜誌架上尙陳有去年八九月間之雜誌，此後應行添置，并宜注意按時陳列，此應行改進者五也。藏書部樓上書籍雖多殘缺，亦應加以整理，何至任積塵灰，圖書集成既有兩部，雖一全一殘，而其殘缺本數儘可飭員補抄齊全；又樓上所置之圖書集成，其封套多受蠹蝕，亟應折置，免損書本；又查字典字彙等類，多置樓上，殊為不合，應行改置閱覽室中，以備檢查；此應注意改進者六也。又該館藏書室及閱覽室，雖均有編目，而該館長任事十閱月，尚無一完全之書目，殊屬因循；據館員稱已在編制，應即督促限期告成；至本省各縣志書，究竟曾否齊全，如有欠缺，亦應速為搜集，此應注意改進者七也。本廳長視察一過，為時甚暫，而指示各端，已多欠缺。仰該館長切實整頓，奮勉改進，庶幾不糜省款，有補教育。本廳長有厚望焉。切切此令！（二月十九日）

(六)訓令省立圖書館主任歐陽祖經據省督學報告視察該館情形令仰知照由

為令知事：案據省督學張芳葆等報告所稱：該主任對於館務，頗為熱心，各種計劃，亦頗周詳，似此積極進行，前途大有希望；惟館舍既宏，圖書亦宜多備，現有圖書，殊覺不足，亟應設法添置，以臻完善等語。查該館新添圖書，未據造冊具報．此後新館落成，對於新出圖書，尤有添購之必要。除着照報告所指各節辦理。合行抄錄報告一份，令仰該主任即便知照。此令！

計抄發督學報告總批一份（見報告欄）

中華民國十八年四月二十七日　　廳長陳禮江

——摘自《江西教育公報》一九二九年第三卷第三期

省立圖書館視察報告十八，三月。

該館位於百花洲，地点甚佳，新建館舍，尚未落成。

現暫假蘇公圃及前國語統一會內爲館址。普通閱覽室，藏書室及辦公室設蘇公圃，新聞閱覽室及兒童閱覽室則設前國語統一會內。全館圖書，原有二萬五千餘冊，新添八千五百餘冊，雜誌原有四十餘種，新添九十餘種，日報共二十餘種，閱覽人數，以新聞閱覽爲多，每日平均約百人。圖書及兒童閱覽，每日平均四十餘人。館內設備，因新館未落成之故，暫因陋就簡；惟各項統計圖表，頗爲詳盡。

該館主任歐陽祖經，對於館務，頗爲熱心，各種計劃，亦頗周詳。據稱俟新館落成，將大加刷新，藏書目錄管理等項，均將採用最新方法；至應用器具，則正在逐漸添置。現有圖書亦將整理就緒，似此積極進行，該館前途大有希望；惟館舍既宏，圖書似應多備，現有圖書，殊覺不足，亟應設法添購，以臻完善。省督學張芳傑　蕭　謙

——摘自《江西教育公報》一九二九年第三卷第三期

本廳訓令省立圖書館遵照本年春季省督學報告應行改進各節切實辦理文　第二〇二號

十八年四月二十六日

案據省督學湯衡人呈送本年春季視察省立圖書館報告書內稱查該館館址位置適當就近女師女中一中各校均得隨時閱覽計館中藏書四萬餘册叢書類蒐集多種古籍板本佳良者且佔大部惟分類保管均須改良購置圖籍亦必中西並採新舊兼收以應付社會據館長初憲章聲稱年邁氣衰力有未逮辦理難望起色況建築設備在在需款目下不易着手整理等情當即囑其努力進行以圖後效茲將視察情形及應行改進之點分別陳之(甲)現今實況一經費—常年經費五千餘元經常費四百二

十四元冬季每月增加四十元柴炭費但以三個月計算圖書費每月二十七元報費每月十四元一房舍—前院閱報閱書室各一間實不敷用閱書室地板已高低不平應行折卸北面正房東七間棟樑歪斜尙須收拾現借與女中貯藏儀器標本正房南七間爲藏書室天棚地板均無損壞南面正房西四間改作辦公室房屋亦須撥正東六間係館長室一書籍購訂—書籍雜誌除贈閱者外並未按月添購報紙十餘份內中上海北平著名報紙實屬罕見一借閱書籍辦法—書籍可借出館外館中備有借書證閱覽者須持證取書但遇携出館外時必有介紹人或交納押金報紙可隨時閱覽時間並未規定(乙)應行改善者(一)分類尙須精細劉歆七略書以類分隋志輯錄間有不同迄於有淸雖增訂細目然仍沿唐朝四部分法至於外國圖書分類多按性質如亞里士多德培根其首倡者厥後卡特氏杜威氏有用字母作符號者有用字母和數目作符號者又有完全用數目作符號者其分類方法雖略有差異而學科各自作種精細分藏大低相同近人圖書分類採用杜威十進法外又加叢書經史子集五大類淸華大學分類多准此法餘若杜定友沈榮祖諸人分類頗可取則該館圖書分類須切實研究以期精細(一)須製各種卡片書籍檢查務求便利圖書至少應備類別片書名片叢書片著者片而卡片上之標題排列尤不可忽視一應備圖書登記簿可隨時登記一館內新到書籍應即公佈能於敎育公報或其他刊物上詳爲介紹更佳一應常與各校各書局聯絡徵求意見並時向各書局索書目一雜誌須檢有價値者訂閱數種報紙應裁減持論不公正者而添加北平上海三三種每月應行合訂雜誌亦須分門

貯藏一應擇一般人悅讀書籍每種購置多份以便分閱一如能建設新館須詳細計劃閱書閱報各室均宜特別擴大一以前每月購書費須聲明用途並詳舉證據今後此種款項可按月添購新到書籍亦必按月呈報附調查表請鑒核等情到廳查該館閱覽室僅兩間實不敷用內容佈置亦欠雅潔應即設法擴整以便閱者所藏舊書四萬餘册尚足供一般之參考惟中西新書暨本國著名報紙所購殊尠每月既有二十七元圖書費十四元報費應選擇有價值之新出書報陸續添置如慮不足即照該視學所擬將持論不公之報紙停止另訂他種亦無不可至分類保管各法均可借鏡希即力圖改進以期完善除原件存查外合亟令仰該館長遵照指評各節切實辦理爲要此令

——摘自《吉林教育公報》一九二九年第八期

㊅湖南省立中山圖書館組織規程

第一條　本館以搜羅羣書及各種出版物供衆閱覽開通民智爲宗旨

第二條　本館辦理左列事務

一，保存並整理原有圖書

二，徵求國内外圖書

三，調查及購置中外各種新出版物

四，保管寄存圖書碑帖

五，設置閱書室閱報室研究室及兒童閱覽室

六，訂定借書閱書章程

七，發行刊物

八，其他應辦事項

第三條　本館設館長一人總理全館事務由教育廳就具有左列資格之一者提請省政府委任之

一，國内外圖書館專科畢業者

二，在大學或專門學校畢業者

三，富有圖書館學識經驗者

第四條　本館於館長之下設左列各職員

一，圖書主任一人由館長提出二人呈請教育廳選任商承館長辦理關於圖書一切事

宜

二，圖書員二人由館長委任襄助主任分別掌管編輯目錄及整理圖書事宜

三，庶務一人由館長委任禀承館長辦理庶務事宜但購置物品及登記帳項應受會計員之查察

四，本館得酌用辦事員及錄事若干人

第五條　本館設會計員一人由教育廳委任之其職權如左

一，依照預算管理銀錢出納

二，造具各種報單及決算

三、查察庶務員購買物品及一切賬項

四，督促庶務逐日記賬

五，保管銀錢簿據表册

六，其他屬於會計範圍事項

第六條　本館得於長沙市及近郊適中地點設立圖書分館

第七條　本規程如有未盡事宜得由教育廳修改之

第八條　本規程自公布日施行

——摘自《湖南教育行政彙刊》一九二九年第一期

省立各圖書館經常費預算數目仍照舊案辦理案

委員兼教育廳廳長沈尹默提議

省政府委員會八月二十七日第一一六次會議討論

決議　併入社會教育案内審查

原議案

爲提議事案查本省省立各圖書館上年經費每月共計洋一千零三十元業經

鈞府委員會議通過分冊飭廳按月籌撥具領并歷經遵辦各在案兹値十八年度開始除本年增加社會教育經費另案提議外其省立各圖書館原經費預算數目仍擬照舊案辦理理合將十八年度省立各圖書館經費預算開單提出

大會仍飭財廳照舊撥付是否有當敬請

公决

附十八年度省立各圖書館經費預算單

委員兼教育廳廳長沈尹默

十八年度省立各圖書館經費預算單

館別	十七年度每月經費數	十八年度每月經費數	兩年度月份比較	全年總數
省立第一圖書館	二八〇元	二八〇元	同	三三六〇元
省立第二圖書館	一八〇元	一八〇元	同	二一六〇元
省立第一通俗圖書館	二八五元	二八五元	同	三四二〇元
省立第二通俗圖書館	二八五元	二八五元	同	三四二〇元
總計	一〇三〇元	一〇三〇元	同	一二三六〇元

中華民國十八年八月　日

河北省十八年度增設社會教育事業計劃及預算案

省立各圖書館經常費預算數目仍照案辦理案

天津廣智館林兆翰呈請補助該館建築費及常年經費審查報告案審查報告

省政府委員李鴻文嚴智怡沈尹默等審查報告。

省政府委員會九月六日第一一九次會議討論

——摘自《河北教育公報》一九二九年第三期

山東省立圖書館工作計劃大綱

十八年十月四日核准

A.宗旨之決定

圖書館在教育上之功用有三：一爲補濟家庭教育，二爲輔助學校教育，三爲推進社會教育。至其辦理之原則，現代圖書館界，有一通行之格言曰：『集最有益之書籍，施以最合經濟之方法，以供民衆應用。』從前本省教育當局，對於前項之功用，既不注意；辦理圖書館者，對於後項之原則，又不考求。以致來館閱覽者，但知賞翫風景，消遣時光，其眞能獲得圖書館之利益者，寥寥無幾。究其效用，僅等於私家之藏書樓，於教育實際，殊少影響。現在省政府教育廳，鑒於圖書館在教育上之重要，增加經費，積極發展。本館此次接辦目的，即在依據教育行政標準，一反前此之積習，出其所藏，使之活用於社會，俾各界民衆，無論男女老稚，讀書機會，一切平等，以普遍爲原則，以致用爲職志，以提高生活，獲得革命之眞正幸福，爲最後歸宿。並以宣傳之功用，積極推廣，使人人了解斯事之重要，而養成讀書習慣。以科學之方法，組織管理，使人人證實斯事之效率，而饜足讀書要求。總之前此爲靜止的，此後爲推展的；前此爲被動的，此後爲自動的；前此爲因循的，此後爲革新的。又查省政府教育廳，頒定之教育政策，有曰：『提倡國民道德，發展國民知能。』又曰：『涵養審美興趣，吸取世界文化。』本館之重大使命，即在予民衆以應用圖書，增進知能，涵養品德之機會，並予民衆，以欣賞藝術，吸取文化之場所。目標既立，循序而前，藉求實現圖書館教育之功用。

B.組織之變更

本館創建於清宣統元年，內部組織，歷年雖有變更，大致仍沿舊條，自與現代圖書館之潮流不合。惟省立圖書館，其性質地位，與他種圖書館，各不相同。現在國內省立圖書館，既無完備組織，可供取法，歐美各國，又多分類別居，釐爲十數部，每部又分若干科股，本館以經濟及人位關係，實難兼顧；祇有依據實際情形，參酌圖書館組織原理，於館長之下，暫設左列三部：

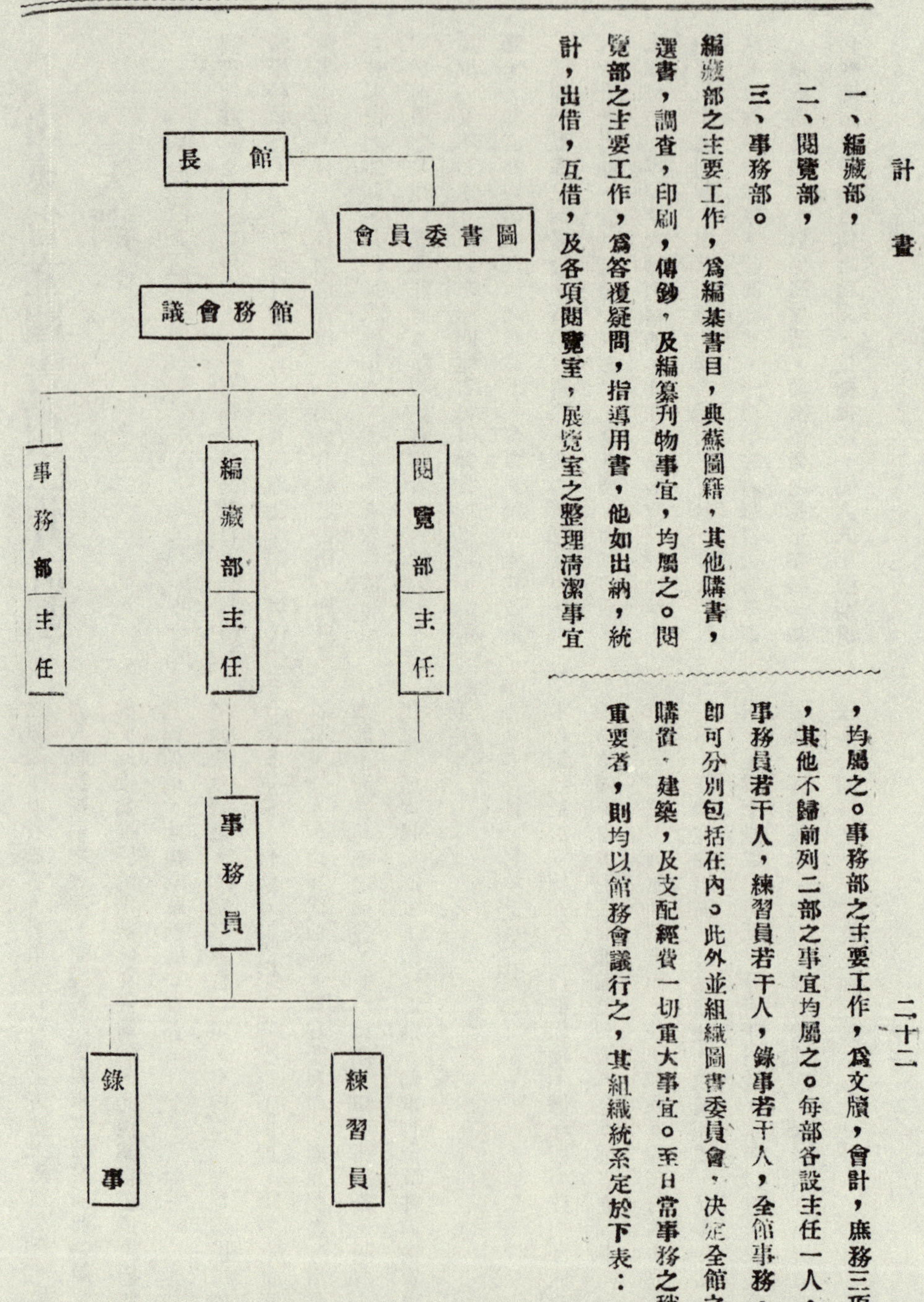

計畫

一、編藏部，

二、閱覽部，

三、事務部。

編藏部之主要工作，爲編纂書目，典藏圖籍，其他購書，選書，調查，印刷，傳鈔，及編纂刊物事宜，均屬之。閱覽部之主要工作，爲答覆疑問，指導用書，他如出納，統計，出借，互借，及各項閱覽室，展覽室之整理清潔事宜

，均屬之。事務部之主要工作，爲文牘，會計，庶務三項，其他不歸前列二部之事宜均屬之。每部各設主任一人，事務員若干人，練習員若干人，錄事若干人，全館事務，即可分別包括在內。此外並組織圖書委員會，決定全館之購置，建築，及支配經費一切重大事宜。至日常事務之稍重要者，則均以館務會議行之，其組織統系定於下表：

C. 工作之程序及其內容

本館之工作，暫定爲三時期，依次進行，茲分述如左：

a. 第一時期

此時期工作，均爲在開館以前，必須籌辦之事，純爲對內的；一部份屬於整頓方面，一部份屬於擴充方面，茲擇其重要者，分別列下：

甲，整頓方面

(一)庋排書籍　本館現儲書籍，一部份原置架上，部類糅雜，排列顛倒，入室調閱，幾無從尋覓；一部份則散置短凳，及樓板之上，紛歧叢亂，較前尤甚。當逐書點查，分中外兩部，整理歸架。至排列方法，向分大小排列，及分類排列二種，茲擬採用後法；而後法之中，又分固定排列，自由排列二種，並擬酌用自由排列一種，其詳細手續，當另訂排列細則。

(二)編訂書目　本館原有書目，係按四部舊法分類，已不合於科學發達之時代，且係民國六年編印，此後新入各書，均未列入，尤不適用，自當另編新目，以餉閱者。惟目錄有書本，及卡片二種，各有優劣，現擬一律採用。書本目錄，爲參考流通之用，卡片目錄，爲閱者檢查之用。但以編定卡片目錄，所費時間甚長，擬先製成書本目錄，臨時應用。至其分類方法，在今日圖書館界，尚無一定標準：四部舊法，既嫌過疎，歐美各種方式，亦不能盡括我國舊籍，即使勉强列入，亦嫌輕重失當，不合比例。現擬中外圖籍，各爲一目，外國文書籍，純照杜威十進法分類編目；中文書籍，其能括入杜法，而比例相當者，亦照杜法分類；若中國獨有，或特多之書，杜法無相當類號，可以容納者，即酌增類號；若杜法類目，有現存中國書籍，無可納入者，即酌減類號。此項辦法，總之中外圖書，大體尚能整飭，而事實上之困難，不能不使內容稍有紛歧，亦無可避免者。現在國內圖書館界，每多主張中外圖書分類，儲藏等手續，宜絕對統一；就辦事之理想上言之，固得人贊許，但其所持方法，施之實際，每感發生困難，且本館此項書目，係一種臨時草稿，先行油印應用，將來俟大批中外圖書購到時，當再另行編定，正式付印。在此短促之時間，欲解決全國數年未能解決之問題，誠屬難能；惟有萃同人之心力，就實施情況，繼續研究，期於將來正式印行之時，有統一方法之出現，目下削足適履之誚，不敢辭也。至現在臨時編目細則，當另行規定。

(三)選編善本書志　本館舊儲，原有一部份善本書籍，前年新入馬官和君一批，善本尤多，如宋元舊刋，及明清精刻精抄，堪供專門者之校勘參考。除將該項書籍，分別編入上列書目外，擬仿照前人之藏書志式，另編善本書志，將各書內容，提要述明，以便稽考。書中門類，暫定下列五項：(一)舊刋，(二)精刻，(三)孤本，(四)鈔本，(五)校本。每類之中，再照四部區分，其詳細辦法，當另行規定。

(四)選編出借書目　本館圖書，原定不許借出館外，但爲便利閱者，及流通普遍起見，擬提出一部份，酌量出借。除在閱覽部另設借書處外，應將此項書籍，分別提選，編定目錄。其可以借出者，均限於本館之複本書，一部份由本館舊書中選出，一部份由本館酌量購。其不能出借者，暫定下列標準：(一)善本：如舊刻，精刻，及孤本校本等。(二)普通參考書：如辭典，字典，百科全書等。(三)各項雜誌。至一切詳細辦法，當另行規定。

(五)編纂金石目錄　本館舊藏金石書畫，現經逐一評定，爲金石方面，精品最多。前經連同磁器玉器，分別估値，爲數甚鉅，應當加意護惜，分別整理，并稽其製作年代，出土地址，收藏經過，及文字之異同，史實之參證，製作之嬗變，彙爲專書，以供國內學者之研究。其內容擬暫分爲兩部：一爲本館自存之金石，一爲本館收存之拓片，其細目詳章，當另行規定。

(六)整理殘廢書籍　本館原有一部份殘廢書籍，歷年主管人員，以爲無用，棄置樓隅。其實以歷史之眼光衡之，并無無用之書，而在圖書館中，亦無書不可保存。且經詳細搜查，竟發現明版補刻釋藏一部，殘餘一萬餘冊。此項板本，求之今日國內，已爲少見。如此珍貴之品，聽其廢置，眞堪痛惜。當一一分別整理，擇其完整者，歸架入目，以供衆覽；提其重複者，另置一室，備爲出借及擴充分館之用。

(七)修補房屋　本館房舍，亭榭，走廊，歷年失修，多有塌壞。去年五三慘案，又將藏書樓擊毀，本年大雨，博物館樓上，亦全行墜塌。現在除藏書樓及大門，已經修好外

，尙餘博物館及各處房舍，未曾動工。前已造具工程圖樣，及經費預算，呈請
教育廳核轉辦理。

（八）修整庭院　院中花木樹石，及花架溝池，均須整理疏濬。又因一年來停辦之故，館內花木，多已枯僵，應分別添置，並將其中西文名目，製牌標列。至水池中之各項噴水機，早經損壞，不能使用亦須覓工修理。

（九）修理器具　館中所存木器，現經點查結果，計分三類：（一）爲完全無缺者，（二）爲已經破壞，尙可修理使用者，（三）爲完全損壞，不能修理者。除第（一）項外。（二）項須覓工修理。（三）項棄置無用，未免可惜，擬於購造新木器之時，釐定詳細辦法，呈請
教育廳核定，將其材料，拆補使用。

（十）粉刷匾聯　館內匾聯，久不油刷，黯淡無色，或已損壞，不堪懸掛。當分別擇其文字之可用者，重新修治，以點綴美觀。

（十一）修理版片　歷年本省官刻書籍版片，多歸本館保存，現均閉藏室中，多年無人整治，長此廢置，將被蟲濕損壞。應即分別點查，歸架度置，其數目書名，并一一標列，以便稽考。　（未完）

——摘自《山東教育行政週報》一九二九年第六十期

計劃

山東省立圖書館工作計劃大綱（續）

十八年十月四日核准

乙、擴充方面

（一）添購圖書　本館儲藏圖書，現經查核結果：關於中國四部舊籍，雖不足供專門學者之探究，大致尚能敷用。至最近十年來新出版各項國學書籍，則寥寥無幾。如科學，哲學，文學等書，百無一二，而黨義暨外國文書籍，更無論矣。現擬就前列短缺圖書，分別添購，其進行計畫應分兩項：一為臨時的，一為將來的。前項係開館以前，必須置備之書，後項多屬外國文書類，因轉運稽時，急切不能購到，改置第二期工作中說明。茲先將第一項購書標準列下：

一、用客觀的標準，考察閱覽人之程度，及其種類，使適應社會

二、用主觀的標準，注重民族精神之發揚，世界文化之吸収，使改造社會。

以上二項，應兼籌并顧，其購書數量之比例，假定如下：

類別	百分率
黨義	二〇
哲學	七
社會科學	二〇
語文學	三
自然科學	八
應用技術	八
美術	四
文學	十五
史地	八
總類（如詞典字典雜誌書目圖及書館學等）	七
合計	一〇〇

前項書中，各有一部份外國文圖籍，以能在本國，或外國（如日本等）購置，於開館以前運到者為限。除上項外，尚擬設立兒童圖書閱覽室，其購書之標準如下：

一、能引起兒童之情感，與知覺者。

二、能養成兒童之記憶，想像，與推理力者。

三、須使兒童愛讀，而淺顯有文學價值者。

根據前列標準，假定購書數量之比例如下：

類別	百分率
黨義	五
社會學	五
言語學	二
理科	五
實用技術	五
美術	二〇
文學	四
歌曲	四
史地	五
旅行記	五
傳記	五
小說寓言	二五
總類（如兒童常識及兒童雜誌等）	一〇
合計	一〇〇

以上分類，頗嫌紛雜：如傳記可合入史地類，小說可合入文學類，惟以特別特重之故，另爲分出。至各項圖書之蒐集方法，約分二類：（一）可以寄贈者，分函索取。（二）不能寄贈者，照優待圖書館之購書章程 分別購買，並可與各大書局商酌，或能酌贈一部份也。

（二）添設書庫 本館書庫，原有二室，現以不敷分配，擬再擴充三室，其名稱如下：

一、第一書庫 （儲藏普通圖書）

二、第二書庫 （儲藏普通圖書）

三、第三書庫 （儲藏善本圖書）

四、第四書庫 （儲藏外國文圖書）

五、第五書庫 （儲藏出借圖書）

第一至第四書庫，均設在樓上，第五書庫，則設於樓下，業將各項房舍，分配妥協。

（三）添設閱覽室及展覽室 本館原有閱書室一處，博物館一處。現爲便利閱者，及增加效率起見，將原閱覽室改組，並特加擴充，分下列數室：

一、中山先生紀念室 蒐集關於 總理，及本黨革命歷史上之物品，像片，手翰，文件，陳列室中，藉以紀念 總理革命之偉迹。並使閱者，於景慕之中，切實認識本黨革命之眞諦。

二、黨義圖書閱覽室 此室附設 中山先生紀念室中，搜集總理著述，及各項黨義書籍，應有儘有，俾無遺漏，用開架式，陳列室中，由人自由取閱。

三、參考圖書閱覽室　此室通聯藏書樓，爲研究參考各項專門圖籍之用。如詞典字典等，用開架式；其他圖書，以數量過繁，房屋窄狹，暫用閉架式，由本館職員代爲檢取。

四、普通圖書閱覽室　此室純取開架式，陳列普通常識書籍，及各項字典，詞典，雜誌，報章等，由人自由取閱。

五、兒童圖書閱覽室　此室設立目的：專爲適應兒童之特別需求，並養成其讀書習慣，訓練其利用圖書館之能力。因恐妨害他人閱書，特與他閱書室隔離。亦用開架式，陳設兒童應用圖書，由其取閱。至一切管理方法，均以適合兒童身心爲原則。

六、美術展覽室　陳列各項有價值之美術品，如字畫，雕刻，磁器，玉器等，尤注意各項善本圖書之陳列，如版本年代，裝訂款式，皆附加說明，以便稽攷。

七、古物展覽室　陳列本館現藏之古物，如鼎彝，石刻，樂器，陶器等，亦附說明，使閱者認識歷史上之遺迹。

八、博物展覽室　陳列關於動物，植物，鑛物之標本，及各項模型，仍就原博物館存件，整理擴充之。

九、招待室　就原有房屋，整理應用。

十、休息室　此室爲閱者休息之所，在普通圖書閱覽室外間，佈置應用，並附設寄物處於內。

十一、娛樂室　此室擬於館內平台上，另行築設，可以眺望湖山風景，內備各項遊戲器具，備閱者娛樂之用。

（四）添置器具　本館原有器具，爲數既少，又以歷年失修，多有損壞。現既添設閱覽各室，其中木器，有一部份，與普通用具不同，自當特別添置，以資應用。玆就目前急需備置各件，分述於左：

一、書架　館內樓上，現有一大部份書籍，散置各處，無架存放。將來添置書籍益多，而各閱覽室，又多用開架式，所有書架，均應完全新製。其格式約分兩種：一爲壁書架式，一爲兩面架式，各依其空間之情形，分別裝置。

二、閱書桌　此項書桌，分設於新闢之黨義圖書閱覽室，及參考圖書閱覽室，兒童圖書閱覽室內。一爲長方式一爲半環式，亦照室內地位，相度設置。

三、出納臺　此臺適用於閉架式之閱覽室，用半環式，設在與藏書樓接近地方，以便出納圖書。並於臺前附製長案，陳列書目，及圖書閱覽券。

四、新聞架　設在普通圖書閱覽室內，用四面木架，每面上下，可懸置報章若干份。

五、圖書架　設在美術展覽室內。用半輪式，沿壁架之。

六、裝璜美術品玻璃盒　本館所藏銅器，磁器，玉器，擬分陳美術古物兩室；爲珍護起見，應擇其貴重者，各配以玻璃盒。

七、添置各項陳設案架　美術古物，及兒童圖書閱覽各室，所有器具，一部份就原有各件，整理應用，其餘不敷尚多，應再分別添備。

八、辭書臺　此臺用以陳列笨重之辭典字典，於普通圖書，及參考圖書兩閱覽室內各設一具；依室內之方位形式，分別製備。

九、投書箱　此箱爲收受民衆，投書館中發表意見，及質疑之用。

十、答案發表牌　此牌爲發表民衆質疑答案之用。

十一、新入圖書揭示牌　凡本館新入圖書，隨時將書名，及著者姓名，分別標列牌內，使閱者注意。

十二、滿館牌　爲報告館中閱覽坐位已滿之用。

十三、本館內部方位指示牌　此牌係將館內各閱覽室，展覽室，辦公室等，繪一詳圖，樹立門內入口地方，以備閱者按圖尋覓。

十四、裝置消防機　館內儲藏書籍物品，應愼防火災，國內各大圖書館，或多已保險，茲以經濟關係，擬暫購消防機裝置應用。

（五）訂定規程　本館應行訂定之規章，暫擬子目如下。

一、本館組織條例

二、本館辦事通則

三、本館圖書委員會組織規則

四、本館會議規則

五、編藏部辦事細則

六、閱覽部辦事細則

七、事務部辦事細則

八、本館閱覽室規則

九、本館展覽室規則

十、兒童圖書閱覽室規則

十一、本館娛樂室規則
十二、本館借書規則
十三、本館圖書編目細則
十四、本館圖書庋架標題規則
十五、本館參觀規則
十六、黨義研究會組織規則
十七、圖書事業宣傳規則
十八、編訂善本書誌規程
十九、編訂金石目錄規程
二十、本館保存金石規則
廿一、捐贈圖書規則
廿二、委托保管圖書規則

（六）訂定各項劵證單簿。本館應用各項劵證單簿，有須特別製定者，暫擬子目如下：

一、本館圖書總簿
二、本館閱覽證
三、圖書閱覽劵
四、圖書出借劵
五、圖書出借存查證
六、還書通知單
七、圖書質疑箋
八、預借書證
九、圖書增減報告表
十、圖書閱覽統計表
十一、類目箋
十二、選購圖書單
十三、閱覽室出入證

（七）宣傳圖書館事業 圖書館宣傳方法，在圖書館學中，已成專門一科；目的即在引起公衆，對於圖書館之注意，因而利用之，並使明瞭圖書館之組織管理，以便自助助人。茲於第一時期中，暫定宣傳辦法如左：

一、於市內適當地點，懸掛小牌子，標書圖書館地址，與引起利用圖書館之語句。
二、印發傳單，詳述圖書館之內容，與利用方法。
三、登報說明圖書館之內容地點，及開館時刻日期，借閱手續等。
四、撰述新聞，報告圖書館情形，並討論圖書館利用方法，讀書方法。
五、擇相當日期，為圖書館事業宣傳週：（一）在館內對閱者講演，並介紹閱覽書籍。（二）在學校或其他會所講演。(三)請名人講演，其地點臨時規定。

b.第二時期

此時期工作，亦分整理及擴充二項：

甲、整理方面

(一)編印書目　前述書目，係臨時編製油印應用；此時訂購大批圖書，均當陸續運到，即再分別加入，編目印行。

(二)編製書目卡片　此項卡片，大別擬分二種，一爲圖書目錄片，一爲雜誌目錄片，其詳細編製手續，另行規定。

(三)重裝中文舊書　本館所儲中文舊籍，均爲平壓式，檢查標目，多不便利；擬以新法裝訂，分類豎列。但工程繁重，非短時間所能辦到，又以經濟關係，故改移第二時期。

(四)修補殘缺圖書，館內圖書之損壞者，應分別覓工，修補重裝；其有善本，而殘缺不完者，亦擬一一鈔補，俾成完書，

乙、擴充方面

(一)編印本館季刊　此項季刊，每年共出四期，登載關於圖書學之論著譯文，及本館工作告報，各項規章表冊等，另定編輯詳章。

(二)編印圖書館學叢刊　此項叢刊，備爲擴充分館附館，及縣立圖書館參考之用；並可與國內外圖書館界，藉此交換意見，茲擬定子目如下：

一、省立圖書館之組織與管理

二、縣立圖書館之組織與管理

三、通俗圖書館之組織與管理

四、學校圖書館之組織與管理

五、兒童圖書館之組織與管理

六、圖書分類編目法

七、購置圖書選擇法

八、圖書排列法

九、圖書館與教育

十、圖書館與社會

十一、現代圖書館概況

十二、中國藏書源流考

十三、中國圖書目錄學

十四、中國圖書版本考

以上各書，如在此時期內，不能完全編定，可酌擬一部份，於第三時期辦理。

(三)推廣館所　此項可分爲左列三種：

一、分館　在本市人口繁盛，離館較遠地點，設立分

館；館內書籍，與總館互通，辦法一致。

二、附館　各學校，各機關，各會所，如無圖書館設備者，由本館代爲設備；已有設備者，由本館輔助其進行，互通書籍，與管理人才，並指示一切方法。

三、巡廻書庫　用汽車或人力，運送書籍，至本市各地，供民衆閱覽借用。

(四)設立圖書館學訓練班　圖書館爲專門科學之一，現在本國此項人材，已感缺乏，東省方面，尤爲缺少。擬設立訓練班，養成圖書學專門人才。備於擴充分館附館，及各縣立圖書館時担任工作；其詳細辦法，另行規定。

(五)購置大批外國文書籍　本館外國文書籍，寥寥無幾，應大批添購。惟以經費及時間關係，在第一時期，祇可將急需備置之書、略爲購添，至時應由圖書委員會負責辦理此事：一、決定經費數目，二、決定各國書籍，應購比例數量，三、決定各項書名，四、決定購買方法；其詳細辦法，應於該會組織條例內規定之。

(六)添購中文書籍　中文舊籍，有一部份，爲現在學術界參考必備，而價值頗昂者，在第一時期，以經濟關係，不能全備，應移置此時期內辦理，其類別如下：

一、金石書類

二、契文書類

三、聲韵書類

(七)推廣圖書事業　此項應分下列數節：

一、刊印書籍　本館原存書版，擬擇其重要者，修補重印，並搜集孤本，善本，及本省有價值之著作，未經付刻者，分別印行。

二、椎拓金石　就本館所存金石，選擇椎拓，藉與各圖書館及收藏家交換，或廉價出售

三、互借圖書　本館擬加入中國圖書館協會，互助進行，並與國內各圖書館，商定互借辦法，以資流通。

(八)增築儲藏室　本館儲藏室，現在已不敷用，將來擴充之後，物品加多，擬再增築儲藏室一處，藉資應用。

c第二時期

此時期之工作。暫擬定爲兩大部份：

(一)設立各縣市圖書館　在第二時期內，所述之分館附館，均限於本市；爲普及全省圖書館教育起見，各縣市必須籌設圖書館．每處至少一所，屬轄本館。一方面由本館供給一部份書籍，一方面指導其組織與管理方法。此項亦擬

分二步辦理：第一先從各市及各大縣着手施行，第二再遞次推及各縣。至供給圖書，擬採用全省巡迴書庫辦法，一切詳細計畫，當另行規定。

(二)另築藏書樓及閱書室　圖書館建築之要點有三(一)(美)觀，(二)堅固，(三)合用。三者之中，以「合用」一項，尤爲重要，內容約分爲四類：(甲)分配適宜，(乙)設置完備，(丙)光線清朗，(丁)空氣流通。本館藏書室，完全爲舊式之樓房，面積雖廣，而容書太少，儲藏過多，則力重不勝；至於空氣光線，設置分配，亦多與圖書館建築不合。蓋當創建之時，吾國尚無圖書館學，更不知有所謂圖書館之特別建築，其不適用，當在人意中。且將來圖書日增，閱覽人數加添，益將不能敷用。但若將舊樓折毀，另行改建，殊不經濟；擬於毗連本館之處，別拓空地，另建一樓，作藏書閱書之用，將現在書樓，改爲各項展覽室。經費既多，規模亦大，斷非短時間所能辦到；但爲發展圖書館教育，亦不能不預計及此，以求實現。

d.結論

以上三時期工作，第一期須於開館以前辦到，第二期之最大限期，定爲一年，第三期以經濟及環境關係，現在不能預定。但如各縣市圖書館之較易着手者，亦可於第二期中，分別籌設。凡此所述，其步驟程序，均可視時機之成熟與否，酌奪進行，并可隨時計畫改善，固難一一詳盡也。

——摘自《山東教育行政週報》一九二九年第六十一期

江西省立圖書館規程

第七十八次廳務會議通過十八年九月三日公布

第一條　省立圖書館儲集中外圖書，供公衆之閱覽，以增進國民學識，提高地方文化爲宗旨。

第二條　本館經費由省教育經費項下支給之。

第三條　本館爲館務分掌便利起見，應設總務，圖書，文獻三部。

第四條　總務部設文書，事務，推廣三股，各股執掌範圍如左：

(甲)文書股　關於草擬文牘，暨編輯各種刊物，統計表册，會議紀錄等事項屬之。

(乙)事務股　關於會計，庶務等事項屬之。

(丙)推廣股　關於書報介紹，社會交際，暨附屬機關之設置管理等事項屬之。

第五條　圖書部應設目錄，典藏，指導三股，各股執掌範圍如左：

(甲)編目股　關於圖書登記分類，及編製目錄卡片，纂輯提要索引等事項屬之。

(乙)典藏股　關於圖書排列，出納，檢查，裝訂及書庫衛生消毒等事項屬之。

(丙)指導股　關於答復閱覽人詢問，選擇民衆讀物，以及關於兒童游藝或講演等事項屬之。

第六條　文獻部應設徵存印行兩股，各股執掌範圍如左：

(甲)徵存股　關於採訪徵集圖書文獻特品，及保管地方文獻等事項屬之。

(乙)印行股　關於版本保管修補印刷事項，及本館刊物出版發行等事項屬之。

第七條　本館遇特種事務，非一部或一股所能包括，必須集中多數人材討論研究，以資解決者，得設置各特種委員會。

第八條　本館設館長一人，由教育廳委任之，館員若干人，由館長任用之。

第九條　本館職員除須深明黨義外，其資格規定如左：

(甲)館長由大學專科畢業，或對於圖書館學有專門研究者；

(乙)館員須中等以上學校畢業，對於圖書管理有經驗者。

第十條　館長主持館內一切事宜，館員秉承館長分掌各部各股事務。

第十一條　本館職員均須專任，不得兼任其他有給職務。

第十二條　本館每月至少須開館務會議一次，討論本館暨各部各股一切進行事宜。

第十三條　本館每屆年終，應將辦理情形呈報教育廳查核，並發行年刊公佈一切。

第十四條　本館辦事細則，閱覽規則另定之。

第十五條　本規程自經廳務會議通過後施行。

——摘自《江西教育公報》一九二九年第三卷第十五期

(三)訓令省立圖書館整頓館務

安徽省政府教育廳訓令第一七六八號

令省立圖書館館長胡翼謀

爲令遵事：案據本廳督學董淮陳東原報告視察該館狀況到廳。據此，應將該督學等視察所得，指示於下：

一，該館組織，規模粗善；惟館務繁簡不均，除固定日常工作外，少擴張改進之事務，應將全體職責任務，重行分配，以求工作效率之增加。

二，該館所有田地房產收入，每年五千餘元，實收約四千元左右，向以此款爲購書之用，而年歲豐歉不時，繳租不必在春秋二季，若無妥善規劃，購書殊感困難。以後應使所執管之資產，極力整頓收入，俾行政費與事業費，比例相合。再者，每年收入之款，應儲存若干成，作爲預備費，以備歉年或臨時購書之用。

三，該館添購新書，無一預定計劃，難免當購者未購之弊（查該館現有書籍，不甚適用，爲普通閱讀，則嫌艱深；爲學術研究，又感缺乏；亟應統計固有之書籍，按諸社會文化之需要，預算添購新書之種類，擬定計劃，呈廳核准，切實遵行。又查該館出版之概況，登載圖書數目，計有五千三百五十部，而圖書登記簿，舊圖書僅列四千〇五十五號，是否尚有未編完竣之圖書？應詳細具報，以憑查考。

四，圖書館之設立，原冀引起人之讀書興趣，增進社會之文化；若無招待勸誘之法，不問閱者之來與不來，則與藏書樓何異？以後該館對宣傳推廣事業，應多注意，如組織講演會，讀書會，指導閱書，鼓勵閱書，設立答問部，爲閱者釋疑解惑，出刊物，貼壁報，通告新添書籍，與各學校聯絡交换圖書，徵求意見，辦理流通書車，以備巡迴講演等項皆是。

以上所指各節，均屬切要；合行令仰該館長遵照辦理，並將辦理情形具報，以憑核奪。此令！（十月八日）

附註：視察省立圖書館報告載本期「視察報告」欄。

——摘自《安徽教育行政週刊》一九二九年第二卷第四十二期

視察報告

(一)視察省立圖書館報告

督學 陳東原 董淮

省立圖書館，創設於民國元年，中間曾迭經遷變，現館址在舊藩署正中，新蓋樓房一帶，爲民國十年所遷入。十六年革命軍興，亦隨其他教育機關同時停頓。十七年四月，本廳委胡翼謀充任館長，始稍整飭。但以館址去前門太遠，不大引人注意。本年計劃，擬收回前面保安隊駐房，向前擴充兩進，已有定案，以後當可日見發展矣。

組織及行政

該館組織，據規程所載，館長以下，設總務，編藏，流通，及文獻徵存等四股；除總務由館長自兼外，各股設主任一人。近以編藏兩項事務較繁，遂分爲編目典藏兩股，至文獻徵存股，亦由館長兼任。故館長以下，現仍只有主任三人，每股有股員一人，事務員管理員若干人不等。該館組織，規模粗善；惟館務繁簡不均，除固定日常工作，殊少擴張改進之事務；編目股主任董明道，係文華圖書科畢業，對於圖書館甚有研究，亦能盡力服務，殊堪嘉許。

經費

該館經費來源有二，一爲省款，一爲館租。十八年度該館經常預算一萬二千二百五十二元；但俸薪一項，已爲九千九百九十六元，佔百分之八十一有奇，其餘爲辦公及報紙雜誌諸費。至書籍之購置，則全恃館租，該館館租，查有四項：

一，桐城崇文洲地租　計老地一〇五石一斗一升五合四勺，新地三三·石四斗一升〇一勺，灘地八十七石四斗一升三合五勺，子洲地二十二石零三升五合三勺，北埠埂外地五石三斗四升八合四勺，泥草地五十三石八斗五升五合四勺，每年兩季共可收地租洋三千餘元。

二，銅陵地二千三百十六畝六角一分，與救生局銅陵小學及池州作七股半均分，圖書館佔二股，每年約收三百二十餘元。

三，安慶市房十四處，月租九十餘元，全年千餘元。

四，全椒地租一處，現租與大豐公司，每年租額八百元，但該公司對於繳租，頗多推延，每年所繳均不足數。前議發賣，因無售主，尚在糾紛未决中。

總上四項，該館房地租之收入，每年五千餘元，實收亦在四千元左右，向例以此款爲購書費。

書籍

該館藏書，大半均係舊籍，前皖省藏書及高等學堂所遺也。民元初創時，略辦新籍，近復稍稍添購，然亦無預定計劃。現藏之書，據該館概況所載，計原有圖書四千五百十二部，十七年添購四百九十一部，十八年添購三百四十七部，總計有五千三百五十部，都五萬二千六百三十五冊。但參觀之日，調閱圖書登記簿，新舊圖書僅列有四千零五十五號，冊數不詳，想係樓上舊籍，尚有未典厘完竣，未入登記簿也。

事業

該館館內，現有普通閱書室一處，列四書桌，能容三十二人，每日閱書者上下午兩次共五十人左右，平均每次二十餘人。兒童閱書室一處，列二書桌，每日閱書兒童十餘人。另巡迴文庫兩所，一在本廳西鄰，一在縣下坡，除每週輪迴送書若干種前往外，長期訂報數種，閱者亦復絡繹，出版有季刊兩種，已至第二期，內容平平。

意見

綜觀該館，基礎尚屬可觀。胡館長接事以來，僅一年有半，館務已具規模，亦殊難得。惟圖書館之任務，最要在能提高地方之學術空氣，況該館設在省垣，一省文化之所關，觀瞻之所繫，俱負有莫大責任。該館書籍，現雖有四千餘種，但除新購者外，頗少合需要者，爲普通閱讀，則多嫌艱深，爲學術研究，又殊感貧乏；且何以號召社會，力謀擴充，尤爲當務之急。茲列具體意見數則，應令切實注意。

一，經常費須訂定比例　該館購書，全恃館租，而年歲既豐慊不時，繳租又必須在春秋二季，用以購書，殊感困難；以後應規定購書經費，於經常項下開支，俾便按月購買，而以館租抵充經常之別項開支。至俸薪一項，圖書館之向例，至多不能超過全體費百分之五十，此則學理所載，各國事實，俱不能外者也。

二，購書須先定計劃　查該館現在添書，一無預定計劃，難免當購者未購之弊，似亟應按地方之需要，徵求閱者意見，調查社會情形，統計固有書籍，速行訂定計劃，學術研究與民衆讀物，兩者俱應兼顧，而民衆讀物尤應多辦。

三，注意宣傳與推廣　圖書館之設，若只能靜待閱者之自來，而另無招徠勸誘之法，則與藏書樓何異？故近代圖書館對於宣傳推廣事業，視較藏書更爲重要，該館於此似應多多注意。如（一）增加講演，以指導成人之閱書；（二）設立詢問部，以爲閱者釋疑惑；（三）兒童閱書室，定期講故事，設獎勵；（四）藉新聞以宣傳；（五）多貼壁報廣告；（六）與各學校圖書館交換藏書；（七）新添書籍，隨時通告各機關各學校；（八）組織各種讀書會，如兒童讀書會，婦女讀書會等，以鼓勵此等人之閱書；（九）徵集各學校各機關，，對於書籍需要之意見；（十）辦流通書車巡迴城鄉。

——摘自《安徽教育行政週刊》一九二九年第二卷第四十二期

山東省立圖書館組織章程 十月二十二日廳令核准

~~附組織系統表~~

第一條　本館直轄於山東省政府教育廳

第二條　本館以儲集中外圖書供一般人之閱覽及研究爲宗旨

第三條　本館設館長一人總持全館事務由山東省政府教育廳委任之

第四條　本館設圖書設計委員會由山東省政府教育廳聘任委員五人至九人組織之計劃關於圖書設備一切重大事宜其規則另定之

第五條　本館暫設左列三部

一，編藏部

一，閱覽部

一，事務部

第六條　編藏部之職掌如左

一關於本館圖書之庋藏標題及一切整理事宜

一關於本館圖書分類編目事宜

一關於本館金石書畫及各項版片之保存整理事宜

一關於臨時選購圖書事宜

一關於圖書之裝訂修補及傳寫事宜

一關於編輯本館出版物事宜

一關於本館書版印行事宜

一關於中外圖書交換事宜

一關於國內外出版物調查事宜

一其他關於編藏一切事宜

第七條　閱覽部之職掌如左

一關於黨義圖書室之閱覽事宜

一關於參考圖書室之閱覽事宜

一關於普通圖書室及雜誌報章之閱覽事宜

一關於兒童圖書室之閱覽事宜

一關於美術品展覽事宜

一關於古物展覽事宜

一關於博物展覽事宜

一關於答覆閱者之諮詢及指導用書事宜

一關於圖書出借及國內各圖書館互借事宜

一關於編製各項閱覽統計表事宜

一關於收發書籍及查點部冊頁數事宜

一關於查點閱覽券領書證及出門證事宜

一關於各閱覽室之秩序及整理清潔事宜

一關於照料休息室及招待室事宜

一其他關於一切閱覽事宜

第八條　事務部之職掌如左

一關於撰擬公文事宜

一關於會議記錄事宜

一關於收發文件事宜

一關於保管卷宗事宜

一關於典守印信事宜

一關於購置及一切雜務事宜

一關於銀錢出納及編製經費預算決算事宜

一關於訓練工友及考察事宜

一關於館內一切佈置事宜

一關於本館出版物及閱覽券之印刷發售事宜

一其他不屬於各部事宜

第九條　每部各設主任一人承館長之命主管全部事務由館長聘任之

第十條　各部主任之下設事務員若干人練習員若干人承館長及主任之指導襄理各部事務由館長委任之

第十一條　各部設錄事若干人辦理繕寫事宜由館長委派之

第十二條　本館爲紀念本黨總理得設中山先生紀念室其規則另定之

第十三條　本館於相當時期得酌設分館及巡迴書庫並設學校部以扶助學校圖書館之不足設工人部監獄部醫院部以提倡工人囚犯病人之讀書

第十四條　本館一切重要事項應舉行館務會議決定其規則另定之

第十五條　本館全體職員均須研究黨義組織黨義研究會其章程另定之

第十六條　本館爲限制亂雜人等出入起見得酌收閱覽券費以便稽考

第十七條　本館得擇相當日期爲圖書館週舉行圖書館事業宣傳事項

第十八條　各部辦事細則另定之

第十九條　本條例呈奉山東省政府教育廳核定施行如有未盡事宜得隨時呈請修正之

山東省立圖書館組織系統表

- 館長
  - 圖書設計委員會
  - 館務會議
    - 閱覽部主任
    - 編藏部主任
    - 事務部主任
      - 事務員
        - 練習員
        - 錄事

編者注：本章程係經教育廳核准故附入此欄

——摘自《山东教育行政週報》一九二九年第六十六期

訓令第一〇八三號十二月十日

令省立第一圖書館館長龍佩瑩

爲令遵事案查圖書館條例第四條內載公共圖書館設置時應由主管機關開具左列各欵呈報大學院備案一名稱二地址三經費分臨時費與經常費二項並須註明其來源四現有書籍冊數五建築圖式及其說明六章程及規則七開館日期八館長姓名及履歷各等語茲該館改組伊始亟應依照上列各款造具册表圖說二份呈送來廳以憑轉報備案而符定章合行令仰該館長即便遵照辦理此令

——摘自《廣西教育公報》一九三〇年第三卷第四號

河北省省立圖書館暫行規程十九年一月本廳公布（教育部備案）

第一條　本規程依照前大學院頒布圖書館條例第一條之規定制定之

第二條　省立圖書館分圖書館及通俗圖書館二種

第三條　圖書館應儲集大宗圖書以供公衆閱覽俾促進學術之研究

第四條　通俗圖書館應徵存購置普通圖書小說報章雜誌等類以供一般民衆閱覽俾促進文化之普及

第五條　爲謀圖書館事業之擴充及標明系統起見圖書館或通俗圖書館名稱上應冠以河北省立第一第二等字樣

第六條　省立圖書館應酌設左列各股

1. 總務股　掌文書會計庶務及介紹書報招待參觀等事項

2. 編目股　掌圖書審查登記蓋章及分類編目整理卡片等事項

3. 指導股　掌出納書報指導閱覽解答問題編製統計及編輯通俗書報籌辦民衆學校等事項

4. 保管股　掌書報之保管展覽文獻之徵存報紙之裁剪彙集等事項

第七條 省立圖書館爲謀閱覽便利起見得分設左列各部

1. 普通閱覽部

2. 專門閱覽部

3. 兒童閱覽部

4. 婦女閱覽部

通俗圖書館免設專門閱覽部

第八條 省立圖書館得附設巡廻文庫民衆閱報處民衆學校並得刊行時聞簡報及從事各種民衆教育運動

第九條 省立圖書館應隨時調查新出圖書雜誌按月添購並呈報教育廳備查

第十條 省立圖書館設主任一人秉承教育廳長負館務進行之全責

第十一條 省立圖書館設館員及事務員若干人於必要時並得酌設書記

第十二條 省立圖書館應於每月終將館務狀況及各項統計造具報告表册呈送教育廳備查

第十三條 省立圖書館辦事細則借閱規則及行事歷由各館自行擬定呈由教育廳核定之

第十四條 省立圖書館得設各項委員會

第十五條　省立圖書館主任由教育廳長委任館員事務員由主任任用但須呈報教育廳備案

第十六條　省立圖書館主任館員事務員以品格高尙服膺黨義並分具左列各項資格之一者爲合格

Ⅰ主任

1. 國內外圖書館專科畢業者
2. 大學師範院或大學教育系畢業者
3. 專門以上學校畢業曾任教育職務二年以上者
4. 師範學校畢業曾任教育職務三年以上並於圖書館事業有相當研究及經驗者
5. 中等學校畢業曾任社會教育職務三年以上著有成績並於圖書館事業有相當研究及經驗者

前項應徵人員應擬具計畫書連同畢業証書服務證明文件履歷及著作品等一併呈送教育廳查核

Ⅱ館員

1. 大學或專門學校畢業者
2. 中等學校畢業曾任教育職務一年以上對於圖書館事務有興趣者

3. 曾在圖書館繼續任職三年以上著有成績者

Ⅲ事務員

1. 具有第Ⅱ項資格之一者

2. 曾任圖書館職務一年以上有相當處理能力者

3. 辦事勤能工作努力對圖書館極感興趣者

第十七條 省立圖書館主任不得兼其他有給職

第十八條 省立圖書館職員之月薪標準如左

職務	第一級	第二級	第三級
主任	一二〇—一〇〇	九〇—七〇	六〇—四〇
館員	七〇—六五	五五—四五	四〇—三〇
事務員	五〇—四五	四〇—三五	三〇—二五

第十九條 本規程如有未盡事宜得隨時修改之

第二十條 本規程自公布之日施行

——摘自《河北教育公報》一九三〇年第三卷第四期

河北省教育廳指令第五八四八號

令省立第二圖書館

呈送各項章程及辦事細則等件請察核由

呈暨附件均悉查核該圖書館章程與廳頒省立圖書館暫行規程未盡脗合茲由本廳逐條修正另單開列仰即遵照修改其他各章則大致尚屬可行惟該館辦事細則內總務科圖書科之科字統應改爲股字參觀章程第七項星期日或停止閱覽日九字應改爲休息日三字並仰遵照附件存此令

計單一紙

中華民國十九年九月四日

河北省教育廳印

河北省立第二圖書館章程應修正之點

一、「以改造」之「以」字應改爲「爲」字

「智識」二字應改爲「民智」

「特」字「之」均應删

「給」字下應增一「供」字

二、「館員」下應增「事務員」三字

「定之」二字下應增「遇必要時得酌設書記」九字

三、「北平」二字應改爲「河北省」

「館員」下應增「事務員」三字

「聘任」下應增「呈報教育廳備案」七字

四、「及」字應改爲「并」字

廳長沈尹默

命令

命令

五、館員下應增「事務員」三字

七、「之一切」三字應删

「等」字下應增「一切」二字

「互相」二字應改爲「共同協助」四字

八、「本館」二字下應增「爲辦事便利起見暫」八字

「分」字應增一「設」字

「兩科」二字應改爲「兩股」

九、「設」字上應增一「暫」字

「公衆」二字應改爲「普通」

應增5「專門閱覽部」一項

圖八

——摘自《河北教育公報》一九三〇年第三卷第二十五—二十七期合刊

浙江省立圖書館十九年度各組織進行計劃大綱

甲、徵集組進行計劃

一、關於採訪事項：

(1)國內外名著

(2)各地方金石或拓片

(3)各藏書家各書坊所有善本書及版片

(4)各寺院釋藏道藏及有名之雕塑圖畫

(5)鄉賢遺著及各種有關文獻物品

一、關於選購事項：

(1)改訂本館購書百分比例標準

(2)館中未備必須應用者

(3)孤本善本足資珍藏者

(4)抄本稿本未經刊行者

(5)名家校本可資考證者

(6)國內外新出圖書及其他刊物堪供研究者

一、關於審查事項：

(1)善本書刊印時代及收藏源流

(2)各本異同及有無殘缺

(3)科學書應用時期及現在之趨勢

(4)新出圖書雜誌報章等有無價值及流弊

一、關於傳抄事項：

(1)中國古書流出國外不能設法收回者

(2)私家著述未經刊行不能收歸館有者

(3)公私庋藏珍本不能另行購置者

(4)私家善本可商借影印以廣流傳者

一、關於其他事項：

(1)遇有大宗善本書非常款所能購置者擬請撥巨款以購之并組織特別購書委員會以昭慎重

(2)古書珍本偷運海外一經訪查擬請截留收歸館有或酌給相當價值

(3)本省各縣新志名姓族譜各商店陳年物價簿據各學校講義各機關刊物及關於革命之各種紀載擬分別徵求之

(4)擬訂捐贈圖書紀念辦法

(5)擬商請各學術專家介紹圖書并審查之

乙、編纂組進行計劃

一、關於書目編製事項：

(1)本館中外新舊圖書總目錄（書式的）

(2)特種書目和本館中外參考書目叢義書目等

(3)添製西湖總館所藏中文舊書卡片目錄

(4)本館中外雜誌總目錄

一、關於索引編印事項：

(1)本館叢書子目索引

(2)本館所藏本省志書內容索引

(3)本館雜誌論文索引

(4)本省各機關刊物索引

一、關於編輯事項：

(1)館報

(2)珍本叢刊

(3)本館叢書

(4)各書提要

一、關於校勘事項：

(1)本館現行刊物

(2)本館舊藏各書可互校者

(3)公私所藏善本書可商借過校者

(4)本館舊藏四庫全書與單行精本有異同者

丙、閱覽組進行計劃

一、關於庋藏整理者：

(1)改裝四庫全書之封面

(2)擴充分館藏書室

(3)改訂總館中文線裝圖書裝匣直置

(4)添置新式圖書鋼架

一、關於出納閱覽者：

(1)延長開放閱覽時間

(2)擴充開架式閱覽

(3)擴充分館閱書室及閱報室

(4)改善閱覽室之設施

一、關於指導事項者：

(1)指導目錄的用法

(2)指導用書的方法

(3)來館參考者本館當予以充分之便利

(4)商聘各科專家爲本館名譽閱覽指導

丁、推廣組進行計劃

一、關於圖書流通者：

(1)增設流通圖書部

(2)創設圖書代辦處

(3)廣設通信借閱箱

(4)增設書報閱覽處

(5)設立舟車圖書部

(6)設立巡迴文庫

一、關於調查事項者：

(1)繼續調查各機關刊物

(2)調查國省市縣圖書館狀況

(3)調查各學校圖書館狀況

(4)調查國內外書肆地址

一、關於輔導事項者：

(1)發行圖書館週刊於報端以鼓吹圖書館教育之重要

(2)編輯民衆圖書館叢書以供各市縣圖書館之參考

(3)派員考察各縣市圖書館並協助其發展

(4)乘寒暑假中附設圖書館學講習所以增進市縣圖書館之學識

一、關於其他事項：

(1)隨時敦請專家公開講演圖書館學以增學識

(2)組織讀書儲蓄會以養成民衆讀書之習慣

(3)組織圖書流通研究會以研究圖書流通之眞諦

(4)籌設圖書館用品代辦所以利各圖書館之購置

(5)組織浙江省會巡迴文庫委員會以冀普及巡迴而免重複

(6)設民衆學校以喚起民衆識字讀書

——摘自《浙江教育行政週刊》一九三〇年第二卷第六期

(八)嘉奬省立圖書館館長並飭擴展館務

安徽省教育廳訓令第一九三五號

令省立圖書館館長陳東原

案據本廳督學周元吉等呈送視察該館報告到廳。查該館長整頓館務，力謀擴展；任事未久，成績斐然，應予傳令嘉奬，以昭激勸！

玆幷就報告所指各點，分別摘示如左：

(一)該館內部組織，秩然有序；工作效率，因而增加，仍宜隨時督促各職員勤奮從事，益求進步！

(二)該館房屋整潔，佈置適宜；且於室內懸列各種統計圖表，經營擘畫，具見匠心。惟閱報室及兒童閱覽室，一嫌狹小，一嫌偏僻，應卽設法移往他處。並於設備上力圖完善，以免簡陋之誚。

(三)館中圖書，均照「杜威分類法」分類編目，並擬重新登記，俾便查考，辦法甚是。惟仍應隨時添購，充實內容。

(四)該館設立流通處，發給借書證以便利閱者；裝製佈告箱，樹立揭示牌以傳播消息，意美法良，易收效果。以後仍望力謀各種設施上之完善，庶可積極發展。

(五)圖書館本負有闡揚文化之責任。現該館擬征集志書，並編纂著書人物志；假以時日，必有成績可觀，尚冀努力進行，始終勿懈！

(六)該館長所擬計劃，均甚扼要。其發行刊物，組織

兒童讀書會等事，輕而易舉，不妨提前辦理。

(七)該督學等此次視察該館，所陳意見二點，——如聯絡各校師生，提出問題，指示圖書，以引起其研究之興趣；及無論私人團體，凡有學術之研究，文字之諮詢，該館皆當代爲查考解答——亦切要可行。合亟抄發原報告一件，令仰該館長即便遵照辦理！

此令。(十月二十九日)

計抄發視察該館報告一件(見視察報告欄)

——摘自《安徽教育行政週刊》一九三〇年第三卷第四十七期

(四)視察安徽省立圖書館報告書

視察日期——十九年十月三日

督學　李光烈　周元吉　王德輿

安徽省立圖書館

○沿革○

該館創立於前淸末年，原於風節井街賃屋二間爲館舍，三經遷徙，始改今址。(安慶舊藩署)創立之始，一般人尙不覺圖書館之重要，兼之經費困難，館務終未見有若何之進展。近年來擴充館址，增加圖書，該館始漸爲社會人士所注意。民國十六年，館內藏書，爲數尙少。十八年胡翼謀長該館時，曾作一度之統計，計有五千三百五十種，五萬二千六百餘冊。十九年二月，現任館長陳東原，方始接任，館內圖書，逐漸增多，館務益見發達。視察時，由館長引導。茲將全館概況，分述於后：

○……行政組織……○館長之下，設總務，編藏，研究，流通四股。總務股分設文書，統計，會計，庶務，出版，購書六課；編藏股分設登記，分類，編目，典藏，裝訂五課；流通股分設閱覽，推廣，兩課；研究股分設參考，編纂，文獻征集，指導四課。各股原定各設主任一人，指導各課，分工辦事。嗣以館內職員不敷，而又限於經費，礙難添設，不得已權將總務，研究兩股主任，暫不聘用，卽以此項節餘經費，增設職員四人。館內工作之效率，緣以增大；經費開支，亦不溢出，變通辦法，頗能合於需要。館務會議，業經組織開會，備有會議紀錄。全館職員凡二十人；館長月薪一百二十元，股長八十元，其餘職員，多在五十元以下。

○……經費概況……○常年經費一萬二千九百二十元，購書費及臨時費另有預算。支出項下：館長及職員俸月支八百零二元，勤務工食七十元，雜誌報章列在辦公費內，月支七十元，其他辦公費一百二十二元，總共月支一千零七十六元。全年收支，適可相抵。該館購書費，向恃田租收入，陳館長接任後，此項田租，收歸本廳管理，而另外發給購書費。據稱現因十九年度預算尚未正式公佈，購書費確數若干，尚未決定。

○……設備概況……○館舍係用安慶舊藩署加以改建，前後一連四進：第一進中間爲大門，左右爲閱報室與購書課。東西兩廂，爲流通股辦公室及休憩室。房屋皆建築不久，就中除閱報室稍嫌狹小外，餘均適用。第二進中間爲會客室，室內懸列各種統計圖表，皆精緻而有意義。左端爲普通閱覽室，內設閱書桌七張，可坐四十餘人；右端爲雜誌參考室，內設閱書桌五張，可坐二十餘人，兩室佈置，亦甚整潔。第三進計五大間，建於同治年間，頂蓋雖已破敝，但樑柱仍甚堅固。該館長擬拆取材料，改建樓房。據稱改建經費，業經呈准，不日卽可興工。第四進係新式樓房，大部分爲藏書之用，樓下爲總務，研究，編藏三股辦公室及館長室與會議室。此樓建築尙好，惟光線稍嫌暗淡。第三進與第四進之間，亦有廂房，東廂爲裝訂課，西廂通兒童閱覽室與職員宿室。兒童閱覽室房屋比較更舊，且位置亦嫌偏僻，似宜改設他處。職員宿室均甚可用，且有餘屋。總計該館有大小房屋九十餘間，地址甚大，近年來幾度修建，始粗具規模，然欲完成一美備之公共圖書館，房屋固須擴張，內容尤待充實也。各室器用，不甚完全，然因佈置適宜，尙能應有盡有。且各處整潔，亦因之增色不少。

圖書　現有圖書，計五千六百餘種，六萬餘册，參照杜威分類法，分類編目。新制卡片，擬將新舊圖書，全部重新登記，現時尙未竣事。刊有社會科學類書目一册，尙有科學文學等類書目，已在編輯中。普通閱覽室內之圖書，採用架式，任人取閱；雜誌參考室僅有一部分開放，名貴著作，仍置櫃中。藏書樓之所收藏，皆係宏編巨帙之舊籍，非日常所閱讀者。訂有各地報紙二十五種，雜誌公報二百餘種，就中以校刊一項爲最多。

工作概況

該館自新屋擴充後，閱覽人數，遽形增加。調閱九月份閱覽人數統計，平均每日有五百七十餘人之多；就中以學生爲最多，兒童次之，農人婦女爲最少。閱讀種類以小說文學爲最多，西文及地理爲最少。閱覽時間，規定爲午前八時至十二時，午後一時半至六時。星期六及星期日，均照常開館，而以星期一爲休假期。館員皆按時簽到辦公，並有工作日記，以覘進度。

該館爲便利閱者起見，有借書證與流通處之設立。借書證已發出六百餘張，領證者皆具有担保，憑證借書，約期歸還，以防損失。固定流通處設在各校，每處每週送書一次。臨時流通處相機設立，如曾經舉辦之華中運動會臨時流通處是。

該館爲引起閱者動機起見，又有佈告箱及揭示牌之設立。佈告箱設在各校，公佈該館新到圖書，以吸引學生前往閱讀；揭示牌設在該館門外，揭載時事趣聞，以吸引民衆入內瀏覽，用意皆甚可取。

至於研究方面，該館之所已辦者，則有本省文獻之征集與著書人物誌之編纂。前者僅集有旌德，英山，南陵，太湖等縣縣誌各一部；後者僅草成桐城等縣底稿一小部分。蓋茲事體大，非短時間所能成功者也。

○……將來計劃……○

該館建築方面，擬俟第三進樓房改建竣工，即開闢一廣大之閱覽室，而將閱報室移至二進。研究方面，仍舊繼續征集文獻編纂書目等事。此外更擬發行刊物，組織兒童讀書會，增購圖書，推廣借書證等等，該館長皆擬有辦法，頗具條理。

○……視察意見……○

該館前此辦理多年，而效用未見。自該館長蒞任以來，整頓甚力，所擬計劃，亦頗扼要，雖時間未及一年，而進步已甚顯著。該館長任事努力，應請予傳令嘉獎，以資策勵。

圖書館事業，乃智識分子之需要，智識分子，以學校之教師學生為多。該館對於省垣各校之教師學生，已有相當之聯絡，此後仍應時常提出問題，指示圖書，以引起彼等研究之興趣。省垣以外之學校，亦應逐漸推廣，設法聯絡，寒假暑假期間，尤為集合研究之良好機會。—此該館可以舉辦之事一。

該館係唯一之省立圖書館，其事業範圍，當不限於省垣一地。窮鄉僻壤好學自修之士，所在多有。若輩遇一問題，窮一事物，每因缺乏典籍，參證為難。該館應訂立規章，廣事露佈。無論私人團體，凡有學術之研討，文字之咨詢，該館皆竭其所有，代為查考，竭其所知，代為解答——此該館可以舉辦之事二。

至於該館現時工作，皆已大致就緒，有條不紊，假以時日，當可日起有功也。

謹呈

廳長程

——摘自《安徽教育行政週刊》一九三〇年第三卷第四十七期

河南革命圖書館

徵集圖書辦法已擬就

河南省黨部指委會自第六十六次常務會議決議籌設河南革命圖書館以來，積極籌備進行。現已製定徵求圖書簡章，並派圖書館籌備主任莫祥之攜同函件簡章，向京滬各書肆接洽捐贈圖書事宜。茲錄其簡章如下：

（第一條）本館爲征集圖書供衆閱覽起見，得向各方征求捐贈圖書。（第二條）凡各方捐贈圖書，以合於左列之原則者爲限：一，關於本黨黨義者；二，關於社會科學及自然科學者；三，關於普通常識者；四，爲科學上專門之著作者；五，爲中國文獻上有價值之著作者；六，關於美術及藝術者。（第三條）凡各方捐贈圖書，其運費應由本館担任；但願自任者不在此限。（第四條）凡捐贈之圖書，得於書面上加蓋某某捐贈字樣；并由本館登報誌謝。（第五條）凡捐贈圖書價值在千元以上者，由本館特定紀念辦法。

——摘自《河南教育行政週刊》一九三一年第一卷第三十期

提議省府委員會請將省立中山圖書館臨時辦事處名義改爲籌備處十九年下半期經費預算改從二十年度上半期開支案

爲提案事查省立中山圖書館臨時辦事處組織規程及開辦臨時費預算七百六十九元八角十九年下半期六個月經常會預算平均每月六百七十四元五角業經本會第一五五次常費議決通過在卷嗣以長沙市黨務整委會借用該館新館舍致未即時成立辦事處現市整委會已於本月十八日遷出經本廳派員接收自應將該館籌備事項積極進行原定臨時辦事處名義應

改爲籌備處組織規程所定辦事處主任應改爲籌備員其經費預算應改從二十年度上半期開支以符事實而便進行是否可行相應提請大會

公決

提案委員兼教育廳廳長黃士衡

中華民國二十年七月二十日

（編者按：本案經省府委員會一百九十三次常會議決照准）

——摘自《湖南教育行政彙刊》一九三一年第九期

▣安徽省立圖書館組織大綱

第一條　本館設左列各股

一　總務股

二　圖書編藏股

三　圖書流通股

四　研究股

第二條　總務股所掌事務如左

一　關於文件起草收發及整理保管事項

二　關於統計報告調查製表事項

三　關於預算決算編製事項

四　關於館舍管理事項

五　關於設備用具保管修理及點查清理事項

六　關於圖書物品購置事項

七　關於金錢出納事項

八　關於管理雜役工人事項

九　關於館務記錄事項
十　關於參觀招待事項
十一　關於不屬其他各股事項

第三條　圖書編藏股所掌事務如左

一　關於圖書分類編目事項
二　關於目錄卡片繕寫排列事項
三　關於目錄卡片撤消修改事項
四　關於圖書增減調查事項
五　關於圖書解題事項
六　關於參攷書籍調查事項
七　關於參攷資料採集事項
八　關於雜誌新聞分類編目事項
九　關於小冊陳列分類保管事項
十　關於研究問題答覆事項

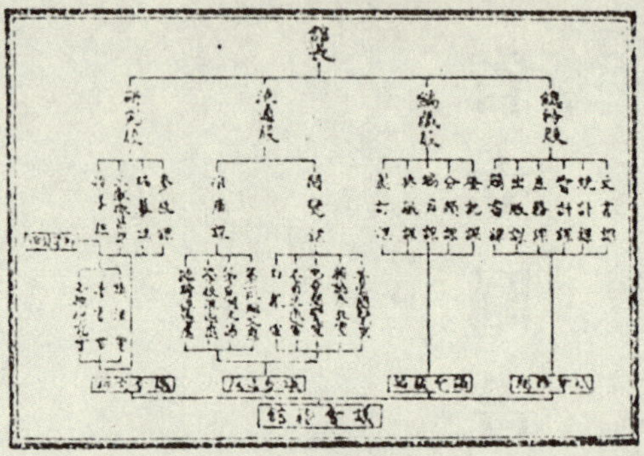

安徽省立圖書館組織系統圖

十一　關於圖書雜誌選擇事項
十二　關於圖書徵求及介紹事項
十三　關於圖書價格查填事項
十四　關於圖書驗收蓋章貼籤事項
十五　關於圖書登記事項
十六　關於圖書保管整理交換及寄存事項
十七　關於圖書修理裝訂曝晒消毒事項
十八　關於雜誌新聞點收登記事項
十九　關於雜誌新聞彙集裝訂事項

第四條　流通股所掌事務如左

一　關於圖書閱覽及收發事項
二　關於執行閱覽規則事項
三　關於閱覽室佈置整理事項
四　關於借閱圖書統計事項
五　關於閱覽指導事項
六　關於閱覽室圖書點查事項
七　關於兒童閱覽室參攷書室管理事項
八　關於巡廻文庫經理事項
九　關於圖書館事業宣傳及推廣事項
十　關於答覆普通問題事項

第五條　研究股所掌事務如左

一　關於鄉賢遺稿採訪事項
二　關於文獻材料徵集事項

三　關於民俗刊物採集事項

四　關於文獻整理保存事項

五　關於閱者之領導啓發事項

六　關於參攷書籍之選擇事項

七　關於學術介紹研究事項

八　關於編輯出版事項

九　關於推廣設計事項

第六條　本館設館長一人由教育廳提案省政府會議決定委任總攬全館事務各股設主任一人事務員若干人由館長聘任商承館長分掌各股事務

第七條　各職員處理事務應依照工作大綱辦理其大綱另訂之

第八條　各職員服務規則應遵照職員規約其規約另訂之

——摘自《學風》一九三一年第一卷第九期

□各種細則

(一)職員規約

一、本館職員應服膺三民主義勤慎任事協助館長共謀社會教育之發展

二、本館職員應具左列四種精神絕對負責館務以促進本館事業

(一)學術化

(二)責任化

(三)專業化

(四)革命化

三、按照廳定規程本館職員每日平均工作八小時不得遲到或早退

四、在辦公期間職員應勤于職務今日可做之事勿待明日上一小時可做之事勿待下一小時

五、職員因事或因病不能按時到館辦公者須先請假短期不得過三日長期不得過兩星期

六、凡請假在三日以上者所任職務應商得館長同意請本館其他職員代理之

七、本館職員無故曠職不到館辦公在四日以上或遲到早退在十二次以上者所任職務即由館長另行派人接充

八、職員勤于職務者館長得就本館之能力酌予嘉獎記功或年功加俸

九、本館職員中途解約者其俸薪即自解約之日截止

十、職員工作輕閒或餘暇應就個人之嗜好研讀書報爲社會青年之倡導

十一、本館職員有爲本館刊物撰稿之責任

十二、關於協進館務事項本館職員有向館長諮詢薦議或提案于館務會議之權利

十三・本公約經館務會議通過呈請教育廳備案施行

(二)購書課工作大綱

(一)謄寫介紹單
(二)寄發介紹單
(三)編列寄回之介紹單
(四)抄錄報章雜誌上新出版之書目
(五)檢查各種書目並抄錄應購之圖書雜誌
(六)開啓意見箱並將意見箱內之意見書抄錄轉送
(七)校對書架目錄查館內有無其書
(八)將館中所無者於一定期間交「館務會議」或「購書委員會」審查，審查目的分三種：(一)急購(二)遲購(三)不購
(九)謄寫訂購書單每單須寫兩份
(十)將一份訂購書單交館長簽字
(十一)將館長簽字後之訂購書單分別寄發
(十二)將寄發訂購書單的日期抄錄於存查之單上
(十三)存查的訂單依日期先後排列
(十四)隨時檢查訂書存單如未寄到可函催該公司速寄
(十五)書籍雜誌收到後照發票點收同時須注意倒裝損壞等情如有此等情形隨時送回掉換
(十六)校對存查之訂書單如有未到的書須再通知公司將其書補完
(十七)通知會計處付款
(十八)通知原介紹人
(十九)通知發行所聲明收到
(二十)書籍雜誌經點核後卽送編藏股登記

(三)編藏工作大綱

(一)編藏股專理全館圖書雜誌新聞小册之登記分類編目以及修理裝訂等事宜
(二)編藏股爲辦事便利起見分以下五課
(1)登記課
(2)分類課
(3)編目課
(4)典藏課
(5)裝訂課
(三)登記課工作程序
(1)凡新到圖書由購書課照訂單點收後交與登記課
(2)凡新到雜誌新聞小册由總務股交與登記課點收
(3)書籍雜誌經點核後須加蓋館章於下列各處
(a)中日文書籍雜誌每本書面正中及書內首頁右下端一字之上與本頁末行之中
(b)西文書籍雜誌每本第一面及每逢五十五面之下端
(c)書籍雜誌內每逢全幅圖表之右下端
(d)中西書籍須加蓋登記章於末頁上空白之中
(4)圖書新聞經點核後須加蓋館章和登記章於每面之右上角空白內

(5)圖書經蓋章後應登記於登記簿上

(6)登記圖書以一部為單位每部用一號碼

(7)登記圖書時須將登記之日期及該圖書之名稱著者或編譯者卷數冊數發行所及價目逐一記入登記簿

(8)登記號碼用號碼機蓋在書後或圖下之登記章內

(9)每日登記由幾號至幾號應在登記簿上註明已登記之書籍應在書脊上離書脚一寸半貼上書籤

(10)凡首次新到之雜誌新聞須將該雜誌新聞之名稱出刊期限出版處價格(贈閱者亦須註明)以及訂閱日期填入製定之雜誌新聞登記卡上並在卡上該期下作一符號以示該期已經收入

(11)續到之新雜誌日報將以前填就之登記卡取出在該期下作一符號

(12)凡捐贈之圖書雜誌新聞除在書籍上加蓋捐贈章以及登記簿登記卡上註明外並須函發誌謝

(13)凡不滿五十頁之小冊不定期刊概不登記但須依定章加蓋館章

(14)所有各處贈送之圖書目錄皆不登記但應加蓋館章編號排列至新目錄到時該目錄方得撤消

(15)每月最後一日應統計該月共進之圖書若干種若干冊估價若干連以上共計若干種若干冊估價若干逐一在登記簿上註明

(16)每月最後一日須將一切之雜誌新聞登記卡取出檢查該月所未到及滿期之雜誌新聞錄下分別催寄或續定

(17)凡遺失或撤消之圖書應在登記簿上將其號碼註消並註明日期及原因

(18)每月統計時應將撤消之書數減去以求確切

(四)分類課工作程序

(1)本館中文圖書依本館編訂之臨時分類表分類西文圖書仍照杜氏十分法分類

(2)凡存在參考室作參考用之圖書分類號碼上加(R)凡存在兒童閱書室者分類號碼上加(J)以示區別

(3)分類號碼之外應用著者號碼中日文一律用四角號碼西文用Cutter's(開特氏)著者號碼

(4)分類號碼及著者號碼應注明於書內首頁上空白之中及書脊之書籤上

(5)每次分類應在分類表中作一符號以示該號曾經採用

(6)每次分類須檢查書架目錄以免所用之號碼衝突

(7)本館各種雜誌公報須按照本館所編雜誌分類表分類序列

(五)編目課工作程序

(1)本館目錄均用卡片式但因需要時得酌量編印簿式

(2)中文目錄依本館所編編目規則及劉國鈞中文編目條例草案辦理西文目錄則照 L.C. 編目規則及

Filbow.s編目規則辦理

(3)每編一書先擬目錄稿紙一張注明(一)書 (二)書名(三)著者(四)出版期(五)發行所(六)篇幅事項(七)分類及參攷事項

(4)西文類名一律依 A.L.A 類名表爲標準中日文則另須編分類目錄

(5)本館圖書應繕以下各種卡片

(A)書名目錄 一張

(B)著者目錄 一張

(C)書架目錄 一張

(D)分類目錄 若干張

(E)參考目錄 若干張

(F)分析目錄 若干張

(G)書卡 一張

(6)中日文目錄卡片應用毛筆繕寫清楚

(7)西文目錄卡片須用打字機繕製

(8)各種目錄卡片繕製後應夾在該書內交與主任校對

(9)各種已編目之圖書經主任簽核後列單送交流通股辦公室並在單內註明送書之日期及册數

(10)送交流通股之圖書由該股主任簽收轉發各閱覽室借書室管理員簽收

(11)本館各種小册雜件須各按照其性質分別處置

(六)典藏課工作程序

(1)凡書籍有虫蛀霉爛破裂等弊應隨時由閱覽室之管理員及書庫保管員注意檢查

(2)每年於暑期中將全館書籍曝晒一次期限以兩星期爲度

(3)每年年底須依照書架目錄將全館圖書檢查一次

(4)圖書檢查後如有損壞得隨時檢出交與裝訂課分別處理如有遺失時須通知登記課將其登記號數註消通知編目課將該書之各種目錄卡片撤消如須重購則通知購書課將該書存記

(5)每月月底由各閱覽室將該月之各種新聞報章檢交本課分別保存並將其中之重要報章各一份交裝訂課裝訂

(6)每年年底由各閱書室將本年之各種定期刊物檢交本課分別存並保將其中重要者交裝訂課裝訂

(七)裝訂課工作程序

(1)閱覽室管理員及書庫保管員所檢出之破壞圖書交本課處理

(2)凡破壞之圖書得斟酌該圖書之價値分別修理裝訂

(3)凡過期之重要報章由典藏課交與本課裝訂

(4)報章經裝訂後仍交典藏課保存

(5)凡過期之重要定期刊物由典藏課交與本課裝訂

(6)雜誌刊物經裝訂後仍送編目課編目

(八)本股各課須將逐日之工作編製報告交主任彙集轉送總

務股保存

(四)流通股工作大綱

一、查收編藏股送來之書籍

(一)點查冊數是否如數若不如數須通知編藏股更正錯誤

(二)檢查書籍有無遺失如有即通知編藏股撤消之

(三)送來之書籍是否完全編號如未完全編號再送回編藏股就編

二、佈告已到新書雜誌

三、將已到新書雜誌分類送列架上

四、閱覽室管理員之工作

(一)照料閱者閱書

(二)指導閱者檢查目錄

(三)輔助閱覽者查閱圖書

(四)維持閱覽室之秩序(a)禁止吸烟吐痰(b)禁止放聲言笑(c)禁止朗誦書報

(五)婉勸閱者遵循規則

(六)檢查架上圖書校正各書秩序

(a)圖書是否依號碼排列

(b)書內有無批注圈點污損等弊

(七)將桌上圖書插回架上按類排列

(八)作閱者人數統計表

(九)注意閱覽室中之佈置與清潔衛生等事

(十)指導關於借書事項

五、送交書籍於各巡迴文庫

(1)檢書

(2)繕寫書單兩份(一份存攷一份附交)

(3)按照書單復查一次再包好送去

(4)保存各巡迴文庫交來收據

(a)攷查收據上領收與發送之數字是否相符

(b)該文庫管理員已簽字或蓋章否

六、視察各巡迴文庫

(1)詢問管理員事項

(a)閱覽人能否遵循規則

(b)閱覽人之要求如何

(c)以往送來書報能否迎合閱者心理

(2)注意各巡迴文庫內佈置與衛生等事

(3)檢閱登記簿及各種表格

(4)指導管理員剪貼報紙

七、每星期按照書架目錄點查一次

八、彙集意見箱介紹箱之存單

(1)謄寫意見箱之存單

(2)關於重要之意見備提出於館務會議討論

(3)介紹箱之存單轉移於購書課

九、提交存疑問題於研究股

十、答覆閱覽人所詢普通問題

十一、推廣圖書事業

(1)發布宣傳標語公告等

(2)添設臨時流通處及學校流通處

(3)計畫與外縣聯絡并幫助其創設圖書館

(4)計畫與外埠省立中學等校聯絡或交換圖書

(五)研究股工作大綱

一、本股內分四課(一)參考課(二)指導課(三)文獻徵存課(四)編纂課

二、參考課之工作如左

㈠留意選擇書籍將舊版或過時之書易以新者或最近出版者

㈡留意各閱覽室掛圖攝影等之陳列及桌椅用具之設備等

㈢檢查各種學科之專門參考書籍以便選購及答復研究各該學科者

㈣解釋館中目錄指示參考方法與一般閱者

三、指導課之工作如左

㈠指示普通閱覽者利用圖書館之方法

㈡利用機會至各學校講演圖書館之效用

㈢聘請各科導師答復研究專門學科者之諮詢

㈣啓發青年學生研究學問之興趣

㈤領導並集合常川閱書者組織各種讀書會

㈥其他關於指導方面之工作

六、文獻徵集課工作如左

㈠鄉賢著述應就各縣縣志儒林文藝兩門所載者按類徵求

㈡鄉賢遺著有購求不得者應設法商請借鈔

㈢鄉賢遺著有願以底稿或書板或孤本寄存本館者應叅照寄存圖書辦法妥爲保管

㈣編輯遺佚書目以便按類採訪

㈤加意選購本省近人著作有選購不得者則自其本人或其家族師友處徵求之

㈥徵求本省名家之字畫鄉賢之遺墨至本省近世學者則請其書寫留館以便保存

㈦會同流通股佈置本省文獻室

㈧其他關於碑帖古跡拓片攝影等之徵集事項

五、編纂課工作如左

㈠出版定期刊物介紹書報公布出版界消息本館消息

㈡採得之文獻材料應隨時編製報告

㈢鄉賢著述中有於學術上有重大貢獻者應隨時撮其要旨或著爲論文以闡發之

㈣編纂本省著述人物志

㈤一俟文獻徵集有相當成績時卽編纂安徽叢書分期出版

㈥關於編纂事項於必要時應敦請本省近代學者校勘指導

（六）本館閱覽通則

一、本館實行教育機會均等主義，除意識不明或有傳染病者外，一律無費歡迎入館。

二、本館總館現設有：㊀日報室，㊁普通閱覽室，㊂雜誌參考室，㊃兒童閱覽室，此四室爲供閱覽之所。㊄借書室，爲借書還書之所。㊅展覽室，爲有關歷史文化之碑帖畫片墨蹟實物等展覽之所。㊆休憩室，爲供閱者休息飲水吸烟之所。㊇藏書樓，爲供庋藏圖書之所。

三、本館每日開館閱覽時間如左：

㊀自頭年十月至次年三月：每日午前九時至晚間九時，共十二小時。

㊁自本年四月至九月：每日午前八時半至晚間九時半，共十三小時。

四、本館停止閱覽時間如左：

一月一日至三日；

各紀念日；

每週星期一；

曝書日（在三伏內以兩星期爲限）；

其因有特別事故臨時閉館者另行通告。

五、總館外有巡迴文庫二處，其閱覽時間與總館同。

六、閱覽人請依職業領取入門券，然後入館。

七、領入門券後，即可任意至日報室看報或閱覽室看書。惟閱書完畢出館時，請以入門券向該室管理人換出門券，無出門券者，不得出門。

八、閱覽人如攜有書籍提包等物，請於入館時交存號房，另取存物牌爲憑，出門時憑牌取物。

九、閱覽者如須飲茶吸烟或休息閒談等，均請在本館專設之休憩室內。

十、閱書室內務請保持寂靜整潔等秩序，恕不另揭規則。藉希良好習慣之自然的養成。

十一、閱覽者若希望加購圖書或改進館務時，請自由來信，或投函意見箱，惟須註明姓名住址，以便答覆。

十二、閱覽者如有懷疑，請勿客氣，彼此互商。

十三、館中圖書雜誌及報章等，請勿圈點批註折角或汚穢，以免互生不快之感。

（七）本館借書規則

一、本館爲推廣效率起見，實行公開借書。本年發出借書證暫以一千份至一千五百份爲度。

二、閱覽人如欲出借書籍，請依照本規則第三條之規定手續，領取借書證。

三、欲領借書證者，須覓商店負責擔保；或請居住本埠，有相當工作爲本館所認可之個人保證亦可。

四、由商店擔保者，每家店鋪所保不得超過三人；其借書證有效期爲一年；個人擔保者，不得超過兩人，有效期爲一學期。

五，借書證之發給期，上半年在二三月，下半年在八九月，過期概不發給。

六，欲領借書證者，每人以一張爲限；本館如發現有領兩張者，隨時可以扣留其證，取銷其借書權。

七，已領借書證者，欲借書籍時，請至借書室將借書證交管理人；由管理人將所欲借之書查出，抽片書片填明期限後，書交借者，證卽留下，還書時再行取證。

八，每次出借書籍，綫裝書以二十本爲限，洋裝書以二本爲限；在必要時，本館得隨時限制借額。

九，借書時須聲明還期，至多不得逾十日。逾允還期不還者，得聲明續借。既逾期復不聲明續借者，函催；再不還者，責其介紹人或鋪保賠償，並註消其借書證。

十，左列各書不得出借：

㊀保存類圖書；

㊁寄存圖書；

㊂雜誌報章；

㊃字典辭書及閱覽室參考室內各書。

十一，借書人對所借書籍，應負責愛護，歸還時如查有圈點，批注，塗抹 加蓋私章，摺皺，汚損，或缺少本數頁數時，本館得令其賠償。

十二，借出之書，在未到期之際，本館遇有必要時，亦得調回。

十三，本館職員借書者，適用本規則概無例外。

（八）流通股辦事公約

第二十一次館務會議通過

一、管理員在辦公時間內，請勿遲到或早退。

一、管理員遇特別事故或臨時生病不能辦公時，請先請假。

一、各閱覽室及借書室每禮拜須檢查一次，遇卡片與圖書之數不符時，請隨時報告本股辦公室。

一、管理員在辦公時間內，請少閱書報。

一、本館職員借書，亦須履行普通借書手續。

一、閱覽室及參考室圖書，概不外借，遇有特別情形要求外借時，須得館長或本股辦公室同意。

一、閱覽室參考室借書室圖書之分配，管理員認爲有不當時，須先通知本股辦公室，然後轉移，並須留一底册，以便查核。

一、巡迴文庫送書，先由本股辦公室開一草單，交由借書室檢送，並由借書室用複寫紙寫書單送一紙留一紙。

一、閱書人或借書人之行爲，如違背本館規則，請管理員隨時負責婉勸。

一、管理員請隨時督促工友注意各室清潔衛生事宜，

一、在辦公時間內，管理員請佩帶本館徽章，以示精神。

一、借書室，每晚須報告圖書之借出册數，與圖書仍存册數。

——摘自《學風》一九三一年第一卷第九期

三、指令

（一）指令省立圖書館呈送十九年度工作報告祈鑒核備考由

安徽省教育廳指令第二三二一號

令省立圖書館館長陳東原

呈一件，呈送十九年度工作報告，請鑒核存

轉由。

呈暨附件均悉。查該館一年來工作成績，斐然可觀，

較前已有顯著之進步，具徵平日辦事認眞，殊堪嘉許！據

呈前情，除將原報告二份分別存轉外，仰即知照！此令。

工作報告存轉。（八月二十四日）

——摘自《安徽教育行政週刊》一九三一年第四卷第三十九期

革命圖書館提倡閱書

規定借書章程　並獎兒童讀書

山貨店街河南革命圖書館自成立以來，除對於內部設備力求完善外，現又規定借書章程，以便利好學之士研究學問；並規定獎勵小朋友讀書辦法，以提倡兒童閱書興趣。茲將其借書章程及贈獎辦法，彙錄於後：

一，借書章程

一，本館爲便利好學之士從事研究學問起見，特設借書部，以求增進圖書之效能。二，凡欲來本館借書者，請先至本館事務處，繳納保證金五元，換取收據及願書。三，借書者取得收據及願書後，須在願書上依式塡寫姓名及詳細往址，交由本館借書部收存，換給借書證一紙；以後即憑此證借閱圖書。四，本館出借之書籍以目錄所載者爲限；但四部叢刊及參考書不在借出之例。五，借書時須將本館所備借書條、依照卡片目錄，逐項塡寫清楚，連同借書證，交與借書部，換取書籍。倘遇該書已經借出者，可先行登記；俟該書收回後，通知借閱；先後以登記之次序爲定。六，借書人借閱書籍在定價不超過保證金者，以四冊爲限。如超過保證金者，在借書時並應依照該書之全部價額補繳所超過數目之臨時保證金，並換取收據；但此項臨時保證金得於該書歸還時，同時退還借書人。七，本館圖書之借出期間，每次暫以一星期爲限；借書人須按照所註明之日期，將書送還本館借書部。如到期不能閱畢，應先聲請續借；惟至多只能續借一次。八，借書人如逾期不送還所借之圖書，且不聲請續借者，本館即自滿期之次日起，每日罰款洋五分，算至該書之半價爲止，通知借書人。此項罰款須由該借書人於接到通知後，三日內來館還書，並攜款償算。九，無論何項圖書，不得在書上圈點批評及割裂塗抹撕毀；如有上項情事，應照原書全部價値賠償。十，借書人如將所借圖書遺失，應即來館聲明，按照該書全部價値賠償。如聲明日期逾借書期限，並照第八條之規定，收逾期之罰金。十一，上列三條應繳之款如未照繳，即由保證金扣算；有餘發還，不足追補，並停止其借書權。十二，借書人還書時，須親將該書送至本館借書處，取回該書借條及借書證。如由郵局寄還，須掛號用厚紙包裹，並須一律平包綑紮，切勿捲寄，致損書籍；設有遺失破壞等情，應照前條辦理。其借書證須由本館寄還者，所有郵費掛號費等，應由借書人預附郵資。十三、借書人如遇借書證遺失時，應即報告本館，聲請補發；惟須繳手續費大洋五角。十四，本館借書證以半年爲有效期間。期滿後，借書人如欲收還保證金，須將借書證繳還本館借書部；經本館查核無誤，當將保證金收據發還，持向原存處所換取現金。如欲繼續取得借書權者，可將舊借書證換取新借書證。十五，借書人通訊地點如有變更，應隨時通告本館。十六，本章程如有未盡事宜，得隨時修正之，並通告各借書人。十七，本章程經河南省黨部核准施行。

二，贈獎辦法

一，凡來本館兒童閱覽室閱書之小朋友，每次閱書時間滿一點鐘以上者，由本館贈給獎券一張。二，小朋友持自巳所得之獎券，在本館可換下列美麗的物品： 1積獎券五張者可換美麗小畫片一張； 2積獎券十張者可換日記本一冊； 3積獎券十五張者可換乒乓球兩個； 4積獎券二十張者可換大畫片一張或象棋一盒； 5積獎券三十張者可換書籍四冊； 6積獎券五十張者贈小朋友或兒童世界三個月。三，此項辦法自即日起，以三個月爲期；期滿後，酌量改定之。

——摘自《河南教育行政週刊》一九三一年第二卷第七期

陝西省立圖書館暫行規程

第一條　本省省立各圖書館、（以後簡稱圖書館）直隸於教育廳，以儲集圖書，保存文獻，公開閱覽，兼輔導各縣縣立圖書館爲宗旨。

第二條　圖書館設館長一人，由教育廳廳長就具有左列資格之一者，提請省政府委員會通過委任；

一，國內外大學圖書館專科畢業者；

二，大學教育系師範大學畢業，對於圖書學術，具有相當研究與經驗者；

三，大學或專科學校畢業，在圖書館擔任主要職務二年以上者

第三條　圖書館得酌設左列各股；

一，編藏股，關於圖書之徵集，收藏，分類，編目等事項。

二，流通股，關於圖書之出納，介紹，及閱覽指導等事項。

三，事務股，關于會計，庶務，文書，統計等事項。

第四條　圖書館每股設主任一人，秉承館長掌理各該股事務，股員助理員各若干人，秉承主任，分理各該股事務。

前項股員助理員之名額，由教廳以廳令規定之。

第五條　圖書館各股主任，由館長聘任，股員助理員由館長派充，均須呈報教育廳備案。

第六條　圖書館得視地方情形，附設歷史博物館，由館長指派本館職員管理之。

第七條　圖書館館長應兼一股主任，但不得另支薪金。

第八條　圖書館館長及館員，均不得兼任館外任何有給職務。

第九條　圖書館得舉行館務會議及其他會議，並得組織各種委員會。

第十條　圖書館於每年度開始兩月前，應擬具進行計劃書呈報教育廳核定，於每月月底塡具工作報告表，呈報教育廳查核。

第十一條　本館各項細則另定之。

第十二條　本規程自省政府委員會議決公布之日施行，如有未盡事宜，得隨時提請修正之。

——摘自《新陝西月刊》一九三二年第二卷第一期

河北省教育廳訓令　第七二號　中華民國二十一年一月十八日

令省立第二圖書館

爲令遵事案據視察員崔叔青視察該館辦理情形報告前來查該館一切佈置井然有條新舊書籍分類法佳每日閱覽之人亦復不少足徵該館主任梁兆澧及以下各職員熱心供職殊堪嘉尙惟尙有應行改進之點茲擇要列左仰即切實遵辦并將辦理情形具報候核此令

計開

一冬季宜增加夜晚閱覽時間　查該館閱覽時間現爲自上午九時至下午四時正午不休息較諸一般進步多矣惟該閱覽時間內適爲各界工作之時難免閱者有向隅之嘆冬季晝短夜長保定交通便利如能增加夜間閱覽二三小時則於民衆更便矣

二閱覽室宜再擴充　查該館閱覽室只一大間於一間內分爲普通婦女兒童雜誌報章等閱覽部地方稍嫌狹窄如能設法將兒童報章雜誌等部另設一閱覽室可免雜亂使閱覽書籍者得專心研究該室容積如再不敷用時將普通閱覽與婦女閱覽合爲一部亦自無妨

命令

二十一

——摘自《河北教育公報》一九三二年第二期

河北省教育廳訓令 第七三號 中華民國二十一年一月十八日

令省立第一圖書館

爲令遵事案據本廳委員視察該館辦理情形內稱

優點

一該館設於河北公園內環境甚佳

二該館善本書籍較多

三時値東北事變該館搜集日本侵略東北地圖及其他材料以便閱覽甚屬得法

應改革點

一應提前編分類簡明目錄及卡片　查該館原有目錄係民國二年編訂迄今多年添購及捐增之書甚多尚無分類目錄卡片亦未製成該館現編詳細目錄一時不易編成應令先編分類簡明目錄及卡片以資應用詳細目錄暫緩編輯至善本圖書應另編目錄另行存儲

二應妥擬圖書購置標準呈核　該館每月購圖書費定爲百元上下查閱本年購入圖書簿內所購之書皆爲不常應用之木版古書對於現代科學文學各種書籍甚不注意至兒童婦女讀物更少應令將以上各種書籍購置標準妥擬呈核

三圖書再加整理新到書籍應逐日公佈　該館圖書室內圖書雜亂堆積新到雜誌多種亦積存於此殊欠條理宜從速清理將圖書分類存儲將新到雜誌在閱覽室內另設木架存放以便取閱至新到圖書尤應逐日公佈使人注意

四工作設法改良　該館職員八人並不爲少而館務仍不免廢弛之處想見分配不當工作遲緩應設法改良

五應遵章呈報館務　該館應行呈報事項甚多如工作月報及每月購置圖書等應遵章呈報

等情前來查該館爲省立第一圖書館似此敷衍因循殊爲不合仰即遵照上指各節切實改進期副省立圖

書舘之名實并將改進情形隨時具報爲要切切此令

——摘自《河北教育公報》一九三二年第二期

請
查照轉發見復！
此致
雲南省立昆華圖書館。
計送任狀五件。
民國二十一年三月　日

雲南省教育廳公函第一五零號

逕復者：案准
貴館函報改組情形及請核委主任館員暨各部館員等由，到廳，查所擬改組為編選，出納，事務，文牘，印售五部之處，似稍擴大，且事實上亦可歸併。應縮減為四部：一曰編選部，二曰閱覽部——原擬出納部不如改稱閱覽較為貼切——三曰印售部，四曰事務部，至原擬文牘部所掌事項，即可併入事務部辦理，或將文牘事項明訂由主任館員辦理亦可。又組織雖經更變，經費仍應在原額數目內開支。請查照改組情形，擬定館章，函送備案。

至請委張樹為主任館員，曹鍾瑜為編選部館員，任嗣鈞為閱覽部館員，郭從光為印售部館員，彭才志為事務部館員一節，已查照敘委，除將各該員任狀隨函送達外，相應函

——摘自《雲南教育週刊》一九三二年第一卷第五十一期

法規

山東省立圖書館組織大綱草案

第一條　山東省政府教育廳爲發展文化事業增進民衆知識起見特設山東省立圖書館

第二條　本館之職責如左

一、關於搜集整理庋藏陳列各種圖書事項

二、關於指導民衆閱覽事項

三、關於搜集保存金石古籍藝術作品各種版片及本地已刊未刊各種有價値著作品事項

四、關於調查交換國內外出版物事項

五、關於各種文化圖書或作品之展覽事項

六、關於編譯及出版事項

七、關於圖書館事業之其他事項

第三條　本館設館長一人由教育廳委任主持全館事務

第四條　本館設編藏閱覽事務三部編藏部設中西文主任各一人閱覽部事務部各設主任一人由館長聘任商承館長分掌各該部事務

第五條　本館設館員二人事務員六人至八人裝訂員一人由館長委任受館長及主任之指導襄理各部事務

第六條　本館爲繕寫文件表册等得酌用書記

第七條　本館設圖書設計委員會委員十人至二十人由教育廳聘任其章程另定之

第八條　本館辦事細則另定之

第九條　本大綱如有未盡事宜由教育廳廳務會議議決修正並分呈教育部省政府備案

第十條　本大綱自呈准公布之日施行

——摘自《山東教育行政週報》一九三二年第一百七十八期

浙江省立圖書館學術通訊研究暫行辦法

第一條　本館爲解答本省各縣市及各學校之圖書館或圖書部及各界民衆關於圖書館學術與事業上之諮詢特

訂定本暫行辦法

第二條　研究問題須以書面提出並開具機關名稱或個人姓氏現任職務及詳細通訊處

第三條　研究問題視其性質之不同由本館分送各組處分別擬覆或會同擬覆

第四條　研究問題之可公開者得由本館刊物中刊布之諮詢者願將其機關名稱或個人姓字發表與否悉聽自便

但並未說明不願發表者作願意公開論

第五條　研究問題之屬於專門性質者得由本館商請專家答覆之

第六條　研究問題包含下列任何一種情形者概不置答

1.與圖書館無關者

2.關於經費之困難者

3.顯屬對個人而發者

第七條　研究問題普通簡單者隨時答覆其須經實驗而定者得約期答覆其須經鄭重討論者得俟商榷成熟後答覆

——摘自《浙江省立圖書館月刊》一九三二年第一卷第二期

河北省教育廳訓令 第六一五號 中華民國二十一年五月二十四日

令省立第一圖書館

案據本廳臨時囑託圖書館視察員李文裿報告視察該館辦理情形畧稱該館成立有年藏書亦富購書標準除舊籍之價廉者留購外頗徵求閱讀者之意見惟函購各書均無紀錄片故採購時有檢查不便之處至於登錄簿係每書逐部登錄且無登錄號但項目尚詳複本書籍均未加清理善本書籍無專室庋藏亦未另爲統計書庫中排架均欠整齊號數係自第一號起連續排列取閱時全恃管理員之記憶力幸每日閱覽人來館不甚發達尚能應付也閱覽手續過簡故常有遺失書籍之事發生普通參考書及雜誌等均不陳列室中閱覽統計僅以每日到館人數記入至於所閱書籍之種類及册數則不著錄頗爲缺欠民國元年以前之書印有目錄後購之書則鈔編書本式簡明目錄一份備用等情幷附具意見四條前來查所稱各節均屬切要合亟抄附原意見令仰該館遵照指示各點切實改進具報此令

計開

一、速完成卡片目錄

二、確定分類法另製健全書號以便書庫排架整齊

三、雜誌公報應按年裝訂易於檢取

四、延長閱覽時間中午停止二小時半似嫌過久

——摘自《河北教育公報》一九三二年第十五期

浙江省立圖書館聯絡各縣市圖書館暫行辦法

第一條　本館爲謀對本省各縣市及各學校之圖書館或圖書部之聯絡，促進本省圖書館事業之發展，特訂定本暫行辦法。

第二條　本館對各圖書館或圖書部擬履行之義務，現時暫定如下：

1.招待來館參觀，　2.供給本館刊物，　3.代辦圖書用品，　4.解答通訊研究問題，　5.收受藝友，　6.擔任學術講演，　7.接受其他業務上委託事項。

第三條　各圖書館或圖書部對本館履行之義務如下：

1.依限填復本館調查事項，　2.依限辦理本館請求事項，　3.提出改進本館輔導事項之意見。

第四條　本辦法所稱各項義務，以圖書館業務爲限。

第五條　各縣市圖書館或圖書部委託代辦圖書用品，須貸付規定價値。此外各項事業務，以不使任何一方直接負担經濟上之責任爲限。

第六條　供給本館刊物，本館得酌量成本之大小，決定其贈送與否；其須購買者，仍得由本館規定優待計價辦法。

第七條　任何一方如不能對對方履行指定義務時，須申明

第八條　理由或提出意見變通之。
每年年度終了時，本館將雙方聯絡情形，呈報教育廳。

——摘自《浙江教育行政週刊》一九三二年第三卷第三十六期

浙江省立圖書館解答業務詢問暫行辦法

第一條 本館爲備本省各縣市各機關及各界民衆業務上之詢問，特訂定本暫行辦法。

第二條 關於業務上之詢問範圍，暫定如後：1.本館現行各項章則，2.本館各組處所各項實施，3.本館庋藏各項圖書，4.其他各本館業務。

第三條 詢問及解答方式，得採用下列之任何一種：1.口頭，2.電話，3.書面。

第四條 口頭及電話之詢問，須於本館辦公時間提出。

第五條 口頭詢問時，須先向號房索取業務詢問登記單，逐項塡明，始得解答。

第六條 電話詢問時，須由接話人就電話詢問登記單，逐項塡明，以備查攷。

第七條 口頭及電話之詢問，具有研究性者，得以書面答

第八條　凡業務詢問須對杭州新民路本館推廣組提出。（電話一六一三號）

——摘自《浙江教育行政週刊》一九三二年第三卷第三十六期

浙江省立圖書館擔任學術講演暫行辦法

第一條　本館爲採用講演方式，推進圖書館事業，并促進學術研究之風氣，特訂定本暫行辦法。

第二條　擔任學術講演暫先以本館推廣組人員爲限。

第三條　請求本館擔任學術講演時，至遲須於講演員從杭州出發講演前一星期預約。

第四條　請求本館擔任學術講演時，須先説明下列各項：1.講演範圍或題目，2.講演時期，3.聽講人程度，4.聽講人約數，5.舉行講演目標，6.講演員從杭州出發路由及沿途應注意事項。

第五條　請求本館擔任學術講演者，須供給講演員川費及膳宿，并以節約爲原則。

第六條　本館對請求擔任學術講演者，無論職務上容許與否，當即時答覆，但未得本館答覆前，不能擅自對外發表。

——摘自《浙江教育行政週刊》一九三二年第三卷第三十六期

浙江省立圖書館收受藝友暫行辦法

一、本館爲便於各市縣各學校圖書館或圖書部工作人員之進修起見，在本館可能範圍內，得收容藝友，來館實習。

二、凡經各市縣教育行政機關或其他教育機關正式保送者，均得爲本館藝友。

三、藝友經各市縣教育機關之保送，須得本館正式答復確有接受可能者，始能來館。

四、藝友進修時限視其需要而定，但最短不得少於一月，最長不得過一學期。

五、藝友進修範圍須視本館之可能，與各市縣之需要，及進修期間而定，但其項目應包括下列各項：

(一)甲種

子、選購 丑、鑒別 寅、登記 卯、分類 辰、編目 己、出納 午、裝修 未、典藏 申、庶務。

(二)乙種

子、購書 丑、目錄 寅、閱覽 卯、庶務。

六、藝友進修方式分下列各項：

一、閱讀 二、參觀 三、討論 四、實習 五、設計

七、藝友學業成績之考查，依據進修方式，就下列各項評定之：

一、試驗成績 二、工作報告 三、各項筆記 四、勤惰紀錄

八、藝友因事請假須經本館之許可，請假時間不得超過進修時間五分之一；逾限者本館得拒絕其繼續進修，但因病請假者，不在此限。

九、藝友進修期滿，經考查成績及格者，得由本館給與證書，證明其進修期間及成績。

十、藝友膳宿等費，概須自備。

十一、本暫行辦法經教育廳核定施行。

——摘自《浙江教育行政週刊》一九三二年第三卷第三十六期

雲南省立昆華圖書館章程

第一章　總則

第一條　本館儲集新舊圖書報章雜誌供各界人士閱覽以保存國粹灌輸新知爲宗旨

第二條　本館隸屬於雲南教育廳設在省會省會地方以昆海華山爲代表故命名曰雲南省

立昆華圖書館

第三條　本館設於翠湖舊經正書院嗣因事移舊糧署後仍遷回翠湖定爲圖書館永遠地址湖光山色風景宜人其有助於閱覽興趣不少

第四條　本館創設於前清宣統元年迄今已二十四年書報愈多閱覽之人亦愈衆亟應增購書報以饜社會人士之望

第五條　每日閱覽書報人數須於月終逐一造册報請　教育廳查核

第六條　本館收藏除圖書報章雜誌外凡本省舊槧新鐫各種書板均搜集保存并斟酌需要緩急隨時印售以廣流傳

第七條　如有熱心公益願以家藏書籍及圖書報紙板片捐贈本館者當於捐入後登報誌謝并註明某人捐贈字樣以誌高誼

第八條　館中有重要事件得開館務會議由館長召集所有各部館員均應列席館員發表意見由館長決定之

第二章　職掌

第九條　本館設館長一員綜理全館事務督率本館各職員辦理一切設備稽核保存擴充各事宜

第十條　本館設主任一員贊助館長辦理館中一切事務並撰擬文牘

第十一條　本館分設四部曰編選部曰閱覽部曰印售部曰事務部每部暫設館員一人俟館務發達再爲酌添

第十二條　編選部掌管圖書報紙雜誌之選擇購置選購後即登入簿記隨即分類編目粘貼書標以便檢查閱覽

第十三條　本館所編書目舊分經史子集叢書科學六類編選部現參照杜威十進分類法從事編輯宏綱細目縷晰條分畧以類從取便研究

第十四條　編選部於分類書目外更參照近世圖書館辦法加編書名索引著者索引以便閱覽人士之檢查

第十五條　閱覽部掌管圖書報紙雜誌之保存

每日之出納以及書目登記整理舊書等事

第十六條　閱覽分爲五部曰閱書室曰閱報室曰雜誌室爲節省經費計雜誌室暫附於閱書室　曰婦女閱覽室曰兒童閱覽室其規則另訂之

第十七條　印售部掌管本館出版各書暨雲南叢書之印刷發行以及保存書板等事

第十八條　印售部附設印刷所辦理印書事件附設售書處辦理售書事件其目的在傳播文化不在營利故書價極廉以足敷成本爲準

第十九條　事務部掌管每月經費之出入預算之編製閱覽人數之册報文牘之收發校對以及保管案牘物品等事

第二十條　各部職員對於所任職務及職務內附有之事件均負全責

第二十一條　各部職員所辦事務有互相關聯者應彼此協商辦理

第二十二條　各部事務較繁時可由他部職員幫同辦理

第二十三條　本館設辦事員若干人司事若干人贊助館員辦理各部事務

第二十四條　本館設書記一人繕寫一切公牘文件如遇臨時發生事件不敷辦理時得添臨時書記幫辦之

第二十五條　本館設號房一人門房一人茶房一人花匠一人打掃雜役一人更夫一人分任各項事務

第二十六條　館中員司書役如非休假日有事他出須向館長或主任請假

第二十七條　館中員司書役休假日須輪流值日

第三章　經費

第二十八條　本館經費每月先擬具概算書報教育廳查核轉行省教育經費管理局發給又於次月內將上月實際開支數目造具計算書報教廳轉送省教育經費委員會核銷

第二十九條　本館爲提倡社會教育起見凡來館閱覽書報之人概不收費

第四章　時間

第三十條　本館暫定午前十時開館午後五時閉館一俟經費充裕能添早餐時則改於午前八時開館

第三十一條　本館因星期日閱覽書報之人較多故不休假惟參照京師及各省圖書館辦法於星期一補假一日以資休息

第三十二條　本館爲增進社會教育效率起見所有各界紀念日休假日概不放假以便閱覽

第五章　附則

第三十三條　此項章程係就本館實際情形修訂應鈔一份送請教育廳查核

第三十四條　經此次修訂後如有未盡事宜得由館長於館務會議時提出修正之

——摘自《雲南教育行政週刊》一九三二年第二卷第九期

雲南省立昆華圖書館閱覽規則

第一條　本館設有閱書室、閱報室、婦女閱覽室、兒童閱覽室，勿論何界之人，均得照規則入室閱覽。

第二條　閱覽人不限資格，不分階級，但有傳染病、精神病、及酒醉者，一律拒絕入室。

第三條　每日閱覽時間，自午前十點鐘起至午後五點鐘止，星期日仍照常閱覽惟參照京師及各省圖書館辦法，於星期一補假一日，藉資休息。

第四條　本館爲提倡社會教育起見，凡來閱書報者，概不收費。

第五條　閱覽人須在號簿上書確實姓名，並註明年齡籍貫職業，然後領取閱書券，將書名開明，并註記姓名於券內，向經理人索取，閱畢繳還，其報紙則分置案上，任便觀覽。

第六條　館中所置書報，每種多係一份，倘欲閱之書報，已被他人先取，後來者儘可另閱他種，不必強同以致衝突。

第七條　閱覽書報，同時不得逾二種，其

閱書者，一種不得過四冊。

第八條　閱覽人不得於書報上，圈點塗抹，及裁割扯壞，如有上項情事，須照原價賠償。

第九條　閱覽人如欲鈔錄書報，其筆墨紙硯，均須自備，不得向本館借用。

第十條　閱覽人不得信口吟哦，高聲喧笑，任意閒談，以致妨擾旁坐之人，亦不得攜帶僮僕幼孩，及吸食水旱紙捲等煙。

第十一條　閱覽人不得攜帶書籍物件等入室。

第十二條　本館書報，只能在本館閱看，勿論何界人士，均不得攜借出外，即捐贈之人，亦應守此規則。

第十三條　閱覽未畢，因事出外時，須將原書交還，由職員檢收，其報紙則放置原處，方可出外。

第十四條　本館備有痰盂，閱覽人不得任意涕唾，致礙衛生。

第十五條　本館備有茶水，並派雜役常川照料，閱覽人口渴，可自行取飲，惟不得將飲具攜入座席。

第十六條　館內一切用具，閱覽人均宜愛護，如有損壞者，須照原價賠償。

第十七條　閱覽人非經特別認可，不得上藏書樓。

第十八條　閱覽人如有建議，可自由投函，如在可能範圍內，本館應酌量採納。

第十九條　閱覽人須恪守本館規則，如有違背館規，經員司勸告不從者，得令其出館。

第二十條　此項規則，凡本館閱書室，閱報室，及婦女閱覽室，兒童閱覽室，均適用之。

——摘自《雲南教育行政週刊》一九三二年第二卷第九期

雲南省教育廳公函　第二一九六號

案准

貴館第三八號函送修訂章程，規則請核定，等由；過廳，查所擬章程三十四條，暨閲覽規則二十條，均尚妥適，應予一併照准實行。除將章程，規則存查外，相應函請查照！

此覆

省立昆華圖書館。

民國二十年五月　　日

——摘自《雲南教育行政週刊》一九三二年第二卷第九期

河北省教育廳訓令 第九七三號 中華民國二十一年八月二十三日

令省立第二圖書館

案據本廳臨時囑託圖書館視察員李文𥙿報告視察該館辦理情形略稱該館購書之標準係以最新出版內容豐富適合一般民衆需要者舊籍暫少添購登錄簿係採用直行式登錄號數不記載書上殊失登錄之功效分類仍按一般圖書館慣例分爲新舊書兩部舊書則按照經史子集分類每類中不再細分即以集部而論詩文集之先後次序亦未確切排定號數則自第一號順序統排添購書籍則不能依類列入也新籍則係用杜威分類法並云將製書目卡片不過一種擬議尚未着手編製閱覽室狹小雖分普通婦女兒童雜誌報章等部然仍集於一室之中且全部藏書除舊書外均陳列於閱覽室內採用半開架式室內益覺不敷閱覽人數每日雖百有餘人閱報者實佔大多數等語幷附具視察意見前來查所稱各節均屬切要合亟抄附原意見令仰該館遵照辦理具報此令

計開

一、從速完成卡片目錄

二、延長閱覽時間中午不應中斷至兩小時之久

命令

——摘自《河北教育公報》一九三二年第二十五期

安徽省立圖書館借書規則

民國二十二年一月修正

一，欲向本館借書者，須持有本館印發之借書證。此項借書證之領取，先須具函本館，聲明職業住址學歷及其擬借閱之書籍種類，經本館審核認爲合格後，於九日内將本館之借書保單直接送達。其認爲不合者，恕不答復。

二，借書人收到保單後，須覓商店擔保，或有職業爲本館認可之個人負責擔保。

三，商店擔保者之借書證有效期一年，但每商店擔保不能超過四人；個人擔保者有效期半年，每人擔保最多以三人爲限。

四，領借書證者每人以一張爲限，如發現有一人須得兩張者，得隨時扣留，停止其借書權。

五，借書人借書時，須在出納處檢查目錄，將欲借之書名及借書證交管理人，由管理人將所借之書查出，塡明還書期後，書交借者，證即留下，還書時再行取證。

六，每次出借書籍，綫裝書以二十本爲限，平裝書以一本爲限。

七，借出書籍，須於七日内歸還。欲續借者，得於七日内攜書來館聲明。逾期一日不還者，函催，如仍不還，隔三日再函催，停止其借書權二星期。經第二次函催後五日不還者續催一次，逾續催後還來者，停止其借書權四星期，逾續催後五日仍不還者，停止其借書權一學期，并向其保人追還書籍。

八，善本書籍，寄存圖書；雜誌報章及參考室書籍恕不借出。

九，借書人對所借之書，應負責愛護。還書時如查有圈點，批註，塗抹，加蓋私章，摺皺污損或缺少頁數時本館得令其賠償。

十，借出之書，在未到期前，本館遇有必要時，亦得調回。

十一，除星期一外，每日借書時間：規定上午十時至十二時，下午一時半至四時。

——摘自《學風》一九三二年第二卷第十期

一、訓令

安徽省政府教育廳訓令 第一四三九號

令省立圖書館館長陳東原

案據本廳督學楊學愷呈送視察該館報告到廳，當經詳加察閱，分別核示於下：

(一)查該館於十六年前後，藏書尚少；十八年曾作一度統計，共只五千三百五十種，計有五萬二千六百餘冊。自該館長任事後，迄今登記完竣，據稱館內圖書已達一萬三千零九十餘種，計有八萬六千一百餘冊之多，兩年以來，館務發達之速，殊出意料；足徵平日辦事認眞，良堪嘉許！惟該館係社會教育實施機關，負責綦重；仍當繼加奮勉，力求充實。

(二)該館因經費不裕，爲撙節起見，權將流通，總務兩股共設主任一人兼理之，核與概算不符；又該館現有職員二十四人，比概算所列增多三人，應酌裁冗員，增聘專門一人爲流通股主任，以符原案；而重職責；至研究股主任由該館長自兼，尚無不合，並應切實探討，冀收實效；又該館股主任月薪八十元，亦核與概算不符，仍應依照概算支給。

(三)該館各種設備，大致尚屬適當，惟兒童閱覽室距大門太遠，實感偏僻，不便於兒童之進出，應即設法遷移，以便閱者。

(四)該館長所擬購書計劃六點，尚無不合之處，應即分別辦理，期收實效。

再該督學所陳視察意見，亦均切要。合亟抄發報告，令仰該館長即便遵照指示各節切實辦理，是爲至要！此令。

計抄發視察報告一份(見報告欄)

(七月一日)

——摘自《安徽教育行政旬刊》一九三三年第一卷第二十一期

報告

視察省立圖書館概況報告

督學楊學愷

視察日期——二十二年六月十日

是館設於安慶龍門口藩署舊址。其前身學務公所主辦之藏書樓，係創立於前清末年，民國二年始正式改爲省立圖書館。館址數遷，至十一年以後，改移今址，基礎始漸穩固。在十六年前後，藏書尙少，十八年時，作一度統計，共只五千三百五十種，計有五萬二千六百餘冊。十九年二月，現任陳館長東原接辦，截至近今 登記完成，據稱館內圖書已達一萬三千零九十餘種 有八萬六千一百餘冊之多，兩年以來，館務發達之速，殊出意料，視察時，由陳館長及館員吳景賢引導，茲將全館概況分述於後：

▲行政組織 館長之下，設總務，編藏，流通，研究四股，總務股分設文書，統計，會計，庶務，購書，出版六課，編藏股分設登記，分類，編目，裝訂，典藏五課，流通股分設閱覽，推廣兩課，研究股分設參考，編纂，指導，文獻徵集四課，各股原定各設主任一人，指導各課分工辦事，然因經費不裕，爲撙節起見，權將流通，總務兩股共設主任一人兼理，編藏股設主任一人，又研究股主任，由館長自兼，暫不聘用，全館職員，凡二十四人。館長月薪一百六十元，編藏股主任一百元，總務流通股主任八十元

，其餘職員多在五十元以下。

▲經費概況　常年經費二萬六千零八十八元，其支出項下，館長及職員俸給月支一千零七十四元，勤務工餉月支九十元，購置圖書，雜誌，報章，器具等月支六百九十元，保險費月支十元，其他辦公雜費月支三百十元，共月支二千一百七十四元，全年收支，適可相抵。如有特種修造及購置，則許另立預算，臨時請費辦理，並無一定限制。

▲設備概況　館舍係利用舊藩署，新樓可供藏書樓之用，而逐次加以改建，現有房屋一連四進，第一進樓下中間為大門，左端為日報閱覽室，從前只有兩間，稍嫌狹小，今年新添設為二間，已足敷用，右端為傳達室及借書室，其樓上共有房屋七間，現正修繕中，擬作為歷史民俗陳列室。第二進平房，中間為會客廳，壁上懸掛各種統計圖表，左端一大間為普通閱覽室，內陳列平裝洋裝中西文法律類，經濟類，哲學類，政治類，文學類，小說類及萬有文庫等書籍，右端一大間為雜誌參考室，內陳列中本圖書集成，四部叢刊，大藏經各一部，及各種辭典，字典，雜誌，刊物，地圖等，其中尤以商務書館所出之東方雜誌，教育雜誌，學生雜誌，婦女雜誌，小說月報五種，皆集有全部，為最特色，兩室均公開閱覽，布置整潔，第三進亦平房，形式上雖為五大間，但未正式裝修，頂蓋亦多破壞，不適於用，該館長已擬有改修計劃，惟以經費尚未核准，一時不克興工，第四進為洋式樓房，在各進中比較完好，樓下分為五間，中間作編藏股辦公室，左端兩間，藏置名人文集，詩集，以及經典等書，右端兩間，第一間作藏置裝訂成冊之陳年雜誌，第二間作待裝雜誌室。樓上五間，中間藏置農工醫天文及金石等各舊籍，左端藏大本圖書集成全部，及訂冊陳年報紙及稀有藏本書籍多種，右端藏置歷史地理書籍，如本省各縣及縣誌及各省誌書之類多種。所有分類及排列方法，均覺條理井然。樓之左邊有平房五間，作職員宿舍，樓之右邊亦有平房五間，兩間作館長辦公室，兩間作職員宿舍，一間作總務股與流通股之共同辦公室。在第三進與第四進之間，有右偏院一所，共為三進，作為兒童閱覽室與職員宿室之用。兒童閱覽室，雖設於此院之第一進，然距大門太遠，實感偏僻，不便於兒童之進出。室內陳列兒童讀物五百七十一種，共二千九百二十餘冊，並有各種圖表數十張，各室器具，頗具規模，若將第三進改造完成，必大有可觀。

該館全部圖書，現有一萬三千零九十六種，參照美國杜威十進分類法，並依劉國鈞中國圖書分類法，分類編目，製有卡片，新舊圖書全部重新登記，現已竣事，共得八萬六千一百六十五冊。日常所閱者，分置於普通閱覽室及雜誌參考室，名貴著作，及宏編巨帙之舊籍，則收藏於藏書樓，非經開條手續，不能取閱。訂有各地報紙二十七種，雜誌公報現已由二百餘種增至四百四十八種，就中以大學及中學校刊為最多，教育雜誌次之，文學，政治，藝術等雜誌又次之。

▲工作概況　該館自擴充日報室，並添訂飛機報之後，閱

覽人數，增加更多，據統計每日平均有六百數十人，就中以學生佔多數，兒童次之，普通人士又次之，農人婦女仍佔最少數。閱覽時間，規定爲午前八時至午後六時，中間並不休息，星期日照常開館，星期一爲休假期，閱讀種類，以日報爲最多，小說文學次之，西文及歷史地理爲最少云。

該館爲便居家閱者起見，自十九年八月起，實行借書出館辦法，備有借書證，初時爲五六百份，現已增至一千餘份，凡有舖保或該館認可之人作保者，即可領得該證，有效期限定爲一年或半年。自行此項辦法，書籍流通，收效甚著，據統計十九年五個月中，借出書一萬二千餘冊，二十年全年借出書三萬三千餘冊，二十一年亦復類是。

此外爲引起閱者閱讀動機起見，則有佈告箱及揭示牌之設立，揭示牌設在該館門外，揭載時事趣聞，佈告箱設在各校，公佈該館新到圖書，藉以吸引學生及一般民衆前來瀏覽，閱覽人數增加，此亦原因之一也。

至於研究部分，該館爲充實行將開覽之歷史民俗陳列室起見，正積極徵集文獻，共有（一）各縣古蹟照像，（二）各縣先賢影像，（三）各縣往哲遺蹟，（四）各機關公文舊檔，（五）各縣金石拓片，（六）各縣出土古物，（七）各縣出產樣品，（八）本省方志，（九）本省人著述，（十）本省板片等，十個項目。

又爲擴充出版起見，除編印學風月刊，已出至第三卷第四期，及已印有中文書目六冊外，近擬出版叢書，其已編成待印者有（一）安徽書院志，（二）安徽清末新教育（三）四庫著錄安徽先哲書目等書，尚在編撰中者，有（一）安徽先賢傳略，（二）安徽名人象傳，（三）安徽著述人物志，（四）民國以來安徽新教育，（五）中國教育史話，（六）圖書館學經驗論文集等書。惟關於印刷叢書，并無此項經費，陳館長云，暑假擬赴滬一行，謀與各書局接洽實現辦法，其熱心經營，殊堪欽許。

▲將來計劃　該館推廣方面，爲大量增加起見，擬有購書計劃六點（一）國內新出圖書求其全備，（二）線裝舊書，逐漸添置，（三）本省著述，力求充備，（四）新出各種雜誌，希望全有，（五）國內著名機關出版物，力求完備，（六）添置外國文書籍雜誌，又爲便利外埠借書起見，近擬設法添置複本，以備實行郵政借書。

又該館建築方面，爲改進兒童閱覽室與日報室起見，前於二十年時，計劃改建第一進屋，曾經本廳呈請省府通過七千餘元，改建樓房，嗣以水災影響，經費無着，未能舉辦。民國二十一年，復經該館呈請本廳撥款三千餘元，將該屋裝修，仍爲平房，又以本省財政困難，未能提省府會議。近陳館長仍擬計劃將該屋改建樓房，樓上作一大閱覽室，樓下作辦公及陳列室之用。其第二進現有閱覽室參考室，俱移至第三進樓上，而移兒童閱覽室與日報室於第二進。現在之兒童閱覽室改爲金石部，現在之日報室改爲詢問部，據稱需款仍在七千餘元之譜，不致超過二十年時之預算云。以上兩項計劃，均屬切合實際需要，確應即辦者也。

▲視察意見　該館設備方面，圖書部分，三年以來　增加甚多，現象頗佳，以後循序漸進，不難達到充實地步。惟屋房部分，兒童閱覽室竄遠於最後之偏院中，事實上深感不便，而第三進又僅爲短少改造費數千元之故，長此曠置無用，未免可惜，應由本廳爲之舊案重提，俾其實現二十年時省府通過之改建計劃，方能得到適於需要　合於事理之良好局面也。

又該館現時內部整理　業經著有成績，自宜設法推廣，以收更大之效用。陳館長所擬對於各地公私立範圍較小之圖書館，就其圖書之選擇，工作之訓練，辦法之指導等，加以相當輔導，確屬應辦之事。惟查該館職員，大都各有專司，研究工作，雖經進行，既無研究股主任之固定經費，更乏專人負責，此類參考輔導之事，遂至難以舉行，殊爲可惜，應請早日增加研究股經費，俾其實現。

至於該館叢書，多係本省文獻　倘能自行出版，亦可免書價之操縱壓迫，江蘇國學圖書館及浙江省立圖書館，均附設有出版部，該館於文獻闡發，既能如此努力，將來教育經費稍有擴充可能，似有另撥專款，俾其成立出版部之必要也。

——摘自《安徽教育行政旬刊》一九三三年第一卷第二十一期

浙江省立圖書館「圖書館學術參攷室」暫行辦法

一、浙江省立圖書館爲謀館員業務上參攷之便利，並增進其研究圖書館學之機會起見，特設立圖書館學術參攷室。

二、本室陳列之圖書約爲下列數類：

1.關於圖書館學之圖書與定期刊物；

2.各圖書館之概況書目，及其他報告等出版物；

3.重要之參攷書，如字典、辭書、地圖、年表、分類表、書報目錄等；

4.本館之出版物（木印書在外）；

5.普通之定期刊物，得酌擇重要者數種陳列之。

三、本室之管理事項，由本館閱覽組主持，並由館長及各組主任共同擔任設計事宜。

四、本室於必要時，得另備卡片目錄一份。

五、本室圖書概不出借，惟本館職員於業務上有必要時，經館長與閱覽組主任之同意，得臨時借出之，但以最短期限歸還爲原則。

六、本室開放時間暫定爲每日上午八時半至下午五時半，但遇必要時，得由閱覽組主任商承館長酌量改變之。

七、本暫行辦法俟呈奉 教育廳核准後施行。

八、本暫行辦法有未盡事宜，得由閱覽組主任提出館務會議修改，仍呈報 教廳備案。

——摘自《浙江教育行政週刊》一九三三年第四卷第二十四期

安徽省立圖書館

新修正借書規則

（一）欲向本館借書者，須持有本館印發之借書証。此項借書証之領取，先須具函本館，聲明職業住址學歷及其擬借閱之書籍種類，經本館審核認爲合着後，于五日內將本館之借書保單直接送達。其認爲不合者，恕不答復。（二）借書人收到保單後，須覓商店担保，或有職業爲本館認可之個人負責担保。（三）商店担保者之借書證有效期一年，但每商店担保不能超過四人；個人担保者有効期半年，每人担保最多以三人爲限。（四）領借書證者每人担保以一張爲限，爲發限有一人領得兩張者，得隨時扣留停止借書權。（五）借書人借書時，須在出納處檢查目錄，將欲借之書名及借書證交管理人，由管理人將其所借之書查出，塡明還書期後書交借者，證卽留下，還當時再行取證。（六）每次出借書籍，線裝書以二十本爲限，平裝書以一本爲限。（七）借出書籍，須于七日內歸還。欲續借者，得擬于七日內來携書館聲明。逾期一日不還者，函催，如仍不還，隔三日再函催，停止其借書權二星期，經第二次函催後五日不還者，續催一次，逾續催後還來者，停止其借書權四星期，逾續催後五日仍不還者，停止其借書權一學期，並向其保證人追還書籍。（八）善本書籍，寄存圖書雜誌報章及參攷室書籍恕不借出。（九）借書人對所借之書應負責愛護。還書時以查有圈點，批註，塗抹加蓋私章，摺皺污損或缺少葉數時本館得令其賠償。（十）借出之書，在未到期前本館遇有必要時，亦得調回。（十一）除星期一外，每日借書時間規定上午十時至十二時，下午一時半至四時。

——摘自《中華圖書館協會會報》一九三三年第八卷第四期

省立圖書館徵集歷史民俗資料陳列品簡則

三月二日本廳第一三四四號指令存查

一，本館爲謀擴大史料範疇，引起民衆觀摩研究起見，特向各機關各熱心公益之士募贈歷史及民俗資料陳列品，并依照本簡則辦理。

二，徵集範圍如左：

（甲）歷史資料：

（一）文化藝術類：

符璽，旗幟，甲胄，金石，字畫，樂器，禮器，文獻，文具，鐘鼎，繡織，陶甆，建築，彫塑，名勝，古蹟。

（二）生產工具類：

農業用具——如耒，耜，犂，耙，水車，鋤，鏟等；

工業用具——如鎚，鑽，斧，鋸，刀，尺，機，梭等。

（三）戰爭工具類：

武器——如弓，箭，戈，矛，盾牌，斧，鉞，槍，砲等；

武裝——如盔頭，鎧甲等，以及戰爭遺物影片等。

（四）交通工具類：

航政路政驛站郵政等之工具。

（五）生活工具類：

泉幣服飾陳設物品日常用具等

（六）人物類：

歷史名人之傳記事蹟著述像片遺物等。

（七）革命史料類：

革命偉人之傳記佚事，著述墨蹟相片以及宣傳革命之書報圖畫，及一切有關係之資料，與記述革命戰爭之書報圖畫及影片等。

（乙）民俗資料

（一）職業生活類：

農工商學各種用具等實物之蒐集，與其工作狀態之攝影繪畫及文字寫眞。

（二）社會生活類：

婚喪年節教育行會之用具等實物之蒐集，與狀態之攝影繪畫及文字寫眞。

（三）宗教生活類：

釋耶回道之齋醮，經壇，禮拜，符籙等實物之蒐集，與狀態之攝影繪畫及文字寫眞。

（四）休閒生活類：

游戲娛樂，民衆文字，民衆文藝等實物之蒐集，與狀態之攝影繪畫及文字寫眞。

以上各類之物品　實物　模型　圖畫　影片　拓本，均可陳列。

三，以上資料之徵集辦法，分爲惠贈與寄存兩種。

四，凡惠贈陳列品者，請開列品名類別數量價值產地時代，藉資識別，幷記載本人姓名，以便本館鐫刻張掛，永彰不朽。如價值在五百元以上者，除遵照　國民政府公布之捐資與學褒獎條例辦理外，本館另備下列褒揚辦法。

（一）價值在五百元以上者，本館贈銀盾一只，永留紀念；

(二)價值在一千元以上者，本館贈銀杯一只，永留紀念。

(三)價值在三千元以上者，本館贈銀爵一只，永留紀念；

(四)價值在五千元以上者，本館將其等身小影懸掛館中，並贈銀鼎一只，永留紀念。

五，凡寄存陳列品者，依下列辦法辦理之：

(甲)記存陳列品時，由寄存人填寫存物品單，註明名稱類別數量價值產地及時代，並加蓋私章，以資識別。

(乙)本館收到陳列品後，除登記編號並標名寄存人姓名外，仍出具收據交付收執。

(丙)寄存期限，請在事先約定，但至少在一月以上。約期滿後，倘許繼存，再行訂約。

(戊)寄存人收回陳列品時，應將收據交還。

六，凡惠贈或寄存陳列品時，所需寄費，請先來函說明數目，以便照寄。

七，本館收到陳列品按月在本館編印之「學風」上公布，以資徵信。

八，凡本館經募陳列品至十倍第三項所列各項者，即依照該項辦法辦理之。

九，本簡則如有未盡事宜，得呈請　教育廳修正之。

十，本簡則呈請　教育廳核准公布施行。

——摘自《安徽教育行政旬刊》一九三三年第一卷第九期

四

據呈報擬訂聯絡各縣市圖書館暫行辦法等數種准予修正備案

指令第三八四一號（五、九、）

令省立圖書館

呈一件呈報擬訂各縣市圖書館暫行辦法數種請鑒核備案由。

呈件均悉。查聯絡各縣市圖書館辦法第三條(1)(2)「依限」二字，應予刪除。解答業務詢問辦法第二條(4)其他各本館業務，應改爲本館其他各項業務，餘無不合，准予備案。仰即知照！件存。此令。

註（原辦法已載第二卷第三號本刊附錄欄）

——摘自《浙江教育行政週刊》一九三三年第四卷第三十八期

頒圖書館組織規程

河南圖書館歷史較久，規模較大，亟應整理改進，俾成爲河南圖書館事業之中心。惟該館組織原甚簡單，關于典籍之搜集陳列，文獻之整理保管，文化之提倡，教育之推行，千頭萬緒，責任綦重。乃于館長一職之上，增設理事會，延聘碩學如李敏修張伯英韓子步非偉生諸君爲該會理事，共策進行。是集思廣益，則發展較易。并擬具該館組織規程，頒發于該館，飭即遵照。茲將該館組織規程照錄如後：

第一條　河南省立圖書館隸屬于河南省教育廳。

第二條　本館設理事會；理事十一人，由左列人員組織之：

一、當然理事七人：

(1)河南教育廳廳長；

(2)河南民政廳廳長；

(3)河南財政廳廳長；

(4)河南建設廳廳長；

(5)河南省政府祕書長；

(6)河南大學校校長；

(7)河南省教育會常務理事。

聘任理事四人，由教育廳就合于左列資格之一者聘任之：

(1)圖書館學專家；

(2)教育專家；

(3)學識淵博，聲望素孚，并熱心提倡文化事業者。

第三條　本館理事會之職權如左：

一、推薦館長人選；

二、決議進行計劃；

三、審核預算決算；

四、稽查圖書；

五、決議其他重要事項。

第四條　本館理事會聘任理事任期二年；連聘得連任。

第五條　本館理事會理事均爲無給職；但聘任理事，得酌給公費。

第六條　本館設館長一人，總管全館事務；由理事會推薦合于館長資格者三人，提請教育廳遴選一人委任之。

第七條　本館館長須具有左列資格之一者，方爲合格：

一、國內外大學教育科或師範大學畢業，曾任教育職務二年以上，對于圖書館學有相當研究者。

二、國內外大學或專門學校畢業，曾任教育職務四年以上，對于圖書館學確有研究者。

三、學識淵博，聲望素孚，富有著述者。

第八條　本館分設三股，各置主任一人，館員若干人；由館長聘任之。秉承館長，分任文書會計庶務選購登記編目典藏出納閱覽等事宜。

第九條　本館因繕寫文件及其他事務，得酌用雇員。

第十條　本館遇必要時，得延聘專家，組織各種專門委員會。

第十一條　本館每年購置圖書及研究印刷費，應佔全年度預算數五分之二以上。

第十二條　本館辦事細則及理事會會議規則另定之。

第十三條　本規程如有未盡事宜，得隨時呈請修正之。

第十四條　本規程自呈准公布之日施行。

——摘自《河南政治》一九三四年第四卷第五期

省立圖書館視察報告經廳核令遵照

（廳令指示改進二點

附視察意見四條）

本廳爲明瞭省會各社敎機關實施狀況，並謀積極改進起見，曾派本廳秘書許凝生科員佘蒸雲前往省立第一民衆教育館，省立公共體育場及省立圖書館視察，並先後據該員等呈報公共體育場及第一民教館視察報告到廳，當經分別據報令飭各該機關遵照。各情迭見本刊。茲本廳復據該員等呈報視察省立圖書館報告，並附陳視察意見到廳，審核尚屬切要，除將原報告及視察意見抄發外，已訓示二點，令飭該館遵照。附原令及視察意見書如次：

案據本廳視察員許凝生佘蒸雲等呈送視察該館報告到廳，當經詳加察閱，分別核示於下：

（一）該館於普通閱覽室及兒童閱覽室外，仍應添設中等學生參考室及小學生圖書室，將原有圖書之適合中小學學生需要者，分別移入其中，其無關者，仍照舊陳列，以備一般成人及兒童閱覽，並於每年購書費項下，指定若干專為購置中小學學生圖書之用，次第擴充，以期完備。

（二）該館以後工作，應注重於現代應用知識之廣播，努力發揚文化；並從事於對外活動事業，輔導各縣立圖書館，以期推進全省圖書館事業之發展，幷擬具輔導辦法，呈廳核奪。

再該視察員等所陳視察意見，亦均切要。合亟抄發報告，令仰該館長即便遵照指示各節，切實辦理，是為至要！此令。

視察意見：綜觀該館佈置，尚屬整潔，內部組織，秩然有序。尤其於固定經費中，增闢歷史文化室，及最近擬增設分館，撙節經費，力求擴充，實屬難得。又該館利用學風月刊，鼓勵本省青年之從事著述，年來頗收成效。亦該館至大貢獻也。至其應行遵辦之事，據視察所及，約有四端：

（一）成立研究股：該館於參考研究闡發文獻諸工作，雖已粗具規模，然研究工作，向由該館長自兼，時間精力，容有不逮。欲求效率更進，繼續不綴，似以有專人負責為妥善，故研究股應設法，使其正式成立。此應辦理者一。

（二）充實圖書：該館圖書，近年來雖增加甚速，然而為數仍嫌太少。查近年來海內出版風氣甚盛，新書在所必購，而以農村經濟破產之故，舊家藏書，頗多流出，若不隨時收購，即將售至外省，甚且流出國外，故中國舊書，亦應置存；又科學日昌，西洋書籍，誼應添購，此應辦理者二。

（三）輔導其他圖書館：該館為唯一省立圖書機關，在本省居建瓴之勢。職責所在，不應以借給省會人士閱讀參考而止，其於全省各縣各學校之圖書館事業，均應予以輔導，除該館對於全省圖書館界，組織協會，管事協助外，應由該館擬具輔導辦法，呈廳核奪施行。此應辦理者三。

（四）添設印刷部：該館出版方面，除定期學風刊物外，並印有書目概況等件。據陳館長報稱，尚有關於本省文獻之叢書多種，屬稿已成，亟待出版，均以印刷經費困難而停頓。該館為發揚文化，促進效率計，應即設法增設印刷部。此應辦理者四（下略）。

——摘自《安徽教育半週刊》一九三四年第十四期

浙江省立圖書館獎勵捐贈圖書版片及文獻物品辦法

第一條　本館為保存文獻，闡揚學術，特訂定本辦法。凡個人或團體，以私有之中外圖書，木刻書版，或其他各種文獻物品，（如碑誌拓片先賢遺像手澤以及古物等）捐贈本館者，除照國民政府及本省公佈捐資興學褒獎條例規程辦理外，並照本辦法獎勵之，以垂永久紀念。

第二條　凡個人捐贈圖書、版片、及其他物品者，其獎勵紀念之法如左：

一、捐贈價值百元以上者將捐贈者姓名彙鐫銅碑嵌置于閱覽室壁間。

二、捐贈價值千元以上者，將捐贈者照片懸掛特別閱覽室。

三、捐贈價值萬元以上者，特闢一室，以捐贈者之別號名之。

第三條　凡團體捐贈文物價值在百元以上者除鐫該團體名稱于銅碑外，並發送感謝狀。

第四條　凡捐助款項以備購置圖書或文獻物品或雕刻書版者依照第二條各款及第三條之規定辦理。

第五條　凡對于個人已經獎勵如續有捐贈者得併計先後數目晉等獎勵之。

第六條　捐贈未經刊行之著作經本館審查後認為確有出版之價值者酌量印行以廣流傳。

第七條　凡捐贈者姓名或團體名稱及所贈物品均揭布于本館館刊，以資表揚。

第八條　本辦法自經教育廳令准後公布施行。

——摘自《浙江圖書館館刊》一九三四年第三卷第二期

浙江省立圖書館收受寄存圖書版片及文獻物品辦法

第一條 凡團體或個人以私有之中外圖書，木刻書版，或其他各種文獻物品寄存本館，經本館同意後，即出具收據，訂立議據，負責保管。如有缺損，除不可抵抗之事變外，本館負賠償之責。

第二條 寄存品之價值，須在議據中定明之；賠償時即以此數爲根據。

第三條　凡寄存之圖書及其他文獻物品本館有公開閱覽之權。

第四條　凡寄存之書版，本館有印刷出版之權，如版主欲抽版税，其成數須在議據中訂明之。

第五條　寄存之期限至少二年，過二年後方得收回，收回時須在一個月前備函通知本館。

第六條　本辦法自經教育廳令准後公佈施行。

——摘自《浙江圖書館館刊》一九三四年第三卷第二期

◉河南省立圖書館組織暫行規程

第一條　河南省立圖書館，隸屬於河南省教育廳。

第二條　本館設理事會理事十一人，由左列人員組織之；

一，當然理事七人；

（一）河南教育廳廳長

（二）河南民政廳廳長

（三）河南財政廳廳長

（四）河南建設廳廳長

（五）河南省政府秘書長

（六）河南大學校校長

（七）河南省教育會常務理事

二，聘任理事四人，由教育廳就合於左列資格之一者聘任之；

（一）圖書館學專家

（二）教育專家

（三）學識淵博，聲望素孚，並熱心提倡文化事業者。

第三條　本館理事會之職權如左；

一，推薦館長人選

二，決議進行計劃

三，審核預算決算

四，稽查圖書

五•決議其他重要事項

第四條　本館理事會，聘任理事，任期二年•連聘得連任。

第五條　本館理事會理事，均爲無給職，但聘任理事，得酌給公費。

第六條　本館設館長一人，總管全館事務，由理事會推薦合於館長資格者三人，提請教育廳遴選一人委任之。

第七條　本館館長，須具有左列資格之一者，方爲合格：

一，國內外大學教育科或師範大學畢業，曾任教育職務二年以上，對於圖書館學有相當研究者，

二，國內外大學或專門學校畢業，曾任教育職務四年以上，對於圖書館學確有研究者，

三，學識淵博，夙望素孚，富有著述者。

第八條　本館分設三股，各置主任一人，館員若干人，由館長聘任之，秉承館長，分任文書，會計，庶務，選購，登記，編目，典藏，出納，閱覽等事宜。

第九條　本館因繕寫文件，及其他事務，得酌用雇員

第十條　本館遇必要時，得延聘專家，組織各種專門委員會。

第十一條　本館每年購置圖書，及研究印刷費，應佔全年度預算數五分之二以上。

第十二條　本館辦事細則，及理事會辦事細則，另定之。

第十三條　本規程如有未盡事宜，得隨時呈請修正之。

第十四條　本規程自呈准公布之日施行。

——摘自《河南省政府公報》一九三四年第一〇一八期

甘肅省教育廳指令第一一六一號
五月十六日

廳長水　梓

令省立圖書館

呈一件—呈為擬具補充圖書館計劃概略，請鑒核出。

呈悉，查核所擬計劃，尙屬周詳，茲經本廳分別核示於后：

(甲)全盤事項

(一)建設內部　查此項應由該館將應修理之場所及工程之估計與由何項經費開支，詳擬計畫一分，另案呈廳，以憑核辦。

(二)改善內部布置　查此項除將添設電燈電話機，俟經費寬裕再辦外，餘如增加各室掛圖，預備茶水，培植園地等，均即如擬辦理。

(三)舉行各項展覽

(四)應用圖書暫理程序表

查以上兩項，准即如擬切實辦理。

(五)添任職員僱員並規定相當薪俸

查此項俟經費寬裕，再行如擬擴充辦理。

(乙)徵集事項

(一)選購中外圖書刊物

(二)收購珍本名籍

查以上兩項，應由該館選出最需要圖書名稱，另案呈廳 以憑核辦。

(三)徵求方志及鄉賢遺著

查此項本廳前奉 部令後，業經令各縣教育局將各該縣縣誌呈賫二部，以憑分別存轉在案，俟各縣呈賫齊全後，即將存廳一分，統發該館收藏，至鄉賢遺著，應另文呈請到廳，以憑分令各縣徵求。

(四)確定購書價值比例

查此項准如擬分配辦理。

(丙)庋藏事項

(一)修補舊書籍

(二)清理縣曬

(三)製備綫裝書低匣

(四)加寫綫裝書卷數

查以上各項，均准如擬切實辦理。

(丁)閱覽出納事項

(一)改善雜誌之陳列

(二)編發閱覽指南

查以上兩項，准即如擬切實辦理。

(三)改善通俗及閱報室之設備

查此項關於添設助理員一人，應就該館現有經費內酌用，餘如擬辦理。

(四)信用保證借書辦法

查此項應由該館訂定辦法呈廳核准後實行。

(戊)推廣事項

(一)改造巡迴庫

查此項應就原庫，加以改良，書箱書架應就原有經費內酌量製備。

(二)改進圖書館流通事業

(三)添設兒童巡迴文庫

查以上兩項，俟經費寬裕再辦。

(己)編纂出版事項

(一)編印概況

(二)編印定期刊物

(三)編印新書提要

(四)編印其他圖書

查以上各項，均應就該館原有經費內分別積極辦理，如果經費缺乏，不能同時舉辦時，應先斟酌緩急量力編印。

仰遵照以上所示各節，分別切實辦理爲要！此令。

廳長水梓

江西省立圖書館暫行規程

（二十一年十月公佈）

第一條　江西省立圖書館以儲集圖書保存文獻公開閱覽推進社會教育提高地方文化爲宗旨

第二條　本館經費由省教育廳經費項下支給之

第三條　本館暫設左列各股

一、典藏股　關於圖書登記圖書管理圖書校勘及板片保管等項屬之

二、編目股　關於圖書卡片目錄之編製書本目錄及圖書索引之編輯等項屬之

三、閱覽兼推廣股　關於圖書之出納閱覽之指導統計之編製圖書之流通及圖書館事業之調查宣傳等項屬之

第四條　本館設館長一人主持全館一切事宜各股各設主任一人（內一股由館長兼任）承館長之指揮掌理各該股一切事宜股員四人承館長之命主任之指導分任各股事宜事務員四人辦理文牘會計庶務收發及其他事務書記二人辦理繕寫事宜

以上各員除館長由教育廳長委任外其餘職員由館長分別聘用呈報教育廳核准備案

第五條　本館應組織左列各委員會

一、徵集圖書文獻委員會

二、基金委員會

三、經濟審核委員會

前項委員會章程應呈廳核准備案

第六條　本館職員均不得兼任館外有給職務

第七條　本館每月至少須開館務會議一次其會議規則另定之

第八條　本館基金非呈經教育廳核准不得動用

第九條　本館應於每年度開始前三個月擬訂進行計劃呈請教育廳核定

第十條　本館應於每月終造具工作報告表呈報教育廳查核

第十一條　本館應於每年度終了時造具全年工作報告書呈報教育廳查核

第十二條　本館辦事細則及閱覽規則另定之

第十三條　本規程經教育廳核准後施行

江西省立圖書館辦事細則

第一條　本辦事細則根據本館暫行規程第三條訂定

第二條　本館設總務，典藏，編目，閱覽兼推廣四股各股設主任一人秉承館長辦理各該股一切事宜

第三條　總務股辦理左列事項

A關於文牘方面

1．文書收發分配事項

2．撰繕文件及保管事項

3．各項會議紀錄事項

4．各股事務統計事項

5．摘錄新聞事項

6．其他一切事項

B關於庶務會計方面

1．物品之購製及管理事項

2．房屋整理及清潔事項

3．考核工役勤惰及賞罰事項

4．編製預算及決算事項

5．經費出納事項

6．登記賬目及核算事項

7．籌備館內舉行各種集會事項

8．其他一切事項

C關於書記方面

1．文書函件之繕寫事項

2．書目卡片之繕寫事項

3．廣告之繕寫事項

4．圖表之製造事項

5．其他一切事項

第四條　典藏股辦理左列事項

1．新到圖書雜誌須分別登記

2．登記圖書先蓋登記號碼再加蓋本館藏書印在下列各處

甲．書籍每册之封面（或書名頁）目錄頁正文起首頁插圖上及最末一頁

乙．地圖或圖表每幅之下各方及其反面之中間

丙．雜誌之封面正文起首頁及重要之插圖上

3．新到圖書經編目手續完竣後須分別按類插架排列

4．每月初須將前月份之各種新聞紙責成裝訂員彙齊裝訂成册

5．每年三月間須將上年之各種雜誌彙齊裝訂成册部經編目手續完竣後按類排架

6．書庫內所設橱架須編列號數並標門類

7．新書到館須一一審查其內容如發現有不妥者應報告館長核辦舊書亦須隨時檢查如發現有不妥者應商承館長撤廢

8．圖書之銷毒衛生事項須負責處理如發現蟲蛀霉爛損破情事應督率裝訂員修補

9．每年夏季於適當時期內須會同出納員將全館圖書曝晒一次以三星期為限

10．臨時閱覽室須向總館取出圖書及送還圖書時須隨時辦理

第五條　編目股辦理左列事項

甲　關於卡片目錄方面

1．審查圖書性質詳細分類（中文線裝書類用四庫分類法中文洋裝書及日文書類用杜定友圖書分類法西文書類用杜威分類法）

2．既已分類之圖書卽須編目

3．按照圖書之性質及需要編製以下各種卡片

甲．著者卡

乙．書名卡

丙．主題卡

丁．參照卡

戊．分析卡等（其卡片格式另訂之）

4．中文卡用毛筆繕圖端正清楚西文卡用打字機印製

5．各種卡片製就後須詳細校對俟書已粘貼書簽依類排架完畢方得插入目錄卡櫃

6．每部圖書須編製下列二種卡片目錄

一、以著者書名主題參照分析等混合組成之字典式目錄其排列法中日文以漢字排列法爲準西文以字母爲準

二、以著者卡一份排列而成之排架式目錄其排列法以館用各種分類法爲準

7．各種目錄須隨時整理如有損壞之卡應卽補製

8．遺失或撤銷之圖書經發覺後須卽將其圖書之各種卡片同時撤銷

乙

關於書本目錄方面

1．爲謀閱覽及管理便利起見編輯本館中外圖書目錄分下列四部

一、中文線裝書類

二、中文洋裝書及日文書類
三、西文書類
四、新聞雜誌類
2．每部目錄以排架式目錄爲準則
3．新製圖書須即照編簡明目錄張貼本館閱覽室內
4．逐年應將新添圖書編輯目錄續編仍照前一二兩項之規定辦理
5．編輯特種目錄如館藏鄉賢著作目錄參考書目等
6．遺或失撤銷之圖書發覺後即須在目錄上註銷之

第六條　閱覽兼推廣股辦理左列事項

甲　關於出納方面
1．管理圖書出納
2．執行本館閱覽規則
3．隨時整理架上圖書秩序
4．每月閱覽人數及借書册數與種類須填表統計
5．每月底須會同全館職員將出納圖書點查一次

乙　關於指導方面
1．指導閱覽者使用本館各種目錄及參考書
2．解答閱覽者各項問題

3·領導參觀者

4·對於閱覽兒童除普通指導外須隨時舉行各種能引起兒童讀書興趣之談話或講演

5·關於閱覽上之設備須隨時留心作種種改造計劃商請館長核辦

丙 關於統計方面

1·編製各種統計圖表

2·編製本館工作報告表

丁 關於圖書流通方面

1·辦理圖書流通部及民衆書報閱覽處

2·巡查各圖書流通部及民衆閱覽處並須將巡查結果報告館長核閱

3·辦理巡迴文庫（圖書流通部民衆書報閱覽處及巡迴文庫組織規則另訂之）

戊 關於宣傳方面

1·製定圖書館廣告

2·敦請專家講演

3·設立各種讀書會

4·舉行識字運動

5·設立各種補習學校

己 關於調查方面

1·調查全國圖書館現狀

2．調查全國圖書館所藏善本
3．調查全國圖書館界刊物及新出圖書
4．調查鄉賢著作及文獻物品
5．調查全國公私所藏版片

第七條　本辦事細則如有未盡善處得由館務會議修改之
第八條　本辦事細則自館務會議通過後施行

江西省立圖書館普通閱覽規則

第一條　本館圖書專供民衆閱覽
第二條　閱覽時間除星期一及例行休假之紀念日停止閱覽外每年自十月起至翌年三月止每日上午九時至下午九時自四月起至九月止每日上午八時至下午九時如遇有特別事故得臨時通告停止閱覽
第三條　閱覽人來館閱覽圖書時須先向領證處領取閱覽證至出納處換取領書單依照單內規定塡寫明白交出納職員檢取發閱還書時將領書單一並繳還換回閱覽證憑證退出
第四條　每次借閱圖書以兩册爲限若換閱他書須將前借之書繳還但特別參考者不在此限
第五條　閱覽人指定閱覽之圖書如因借出未還或已有人在館閱覽時應改期閱覽或換閱他種圖書
第六條　閱覽人如欲借閱百花洲本館所藏之圖書須先一日通知出納處以使派人往取閱覽時仍須依照閱覽手續借閱但善本圖書不在此限
第七條　閱覽善本圖書規則另定之

第八條 閱覽人不得在圖書上圈點剪裁污損違者照原價賠償

第九條 閱覽人如欲摘錄抄寫須自備紙張筆墨

第十條 閱覽人不得喧嘩談笑吸煙涕唾重步偶語以及攜帶雨具危險笨重物品等類

第十一條 閱覽人如不遵守第十條之規定者卽停止其閱覽權

第十二條 閱覽人退出館外時除交還閱覽證外不問攜帶何物均須受領證處嚴格檢查不得藉故拒絕

第十三條 閱覽人不得遺失所領閱覽證如有遺失除賠償閱覽證代價二角外並須酌賠價兩册圖書價值三元

第十四條 閱覽人須注重公德如查出有竊盜圖書舞弊等情送公安局依法辦理

第十五條 振鈴時卽停止閱覽但在停止閱覽前三十分鐘停止發書

第十六條 閱覽人於本館設備之圖書或關於閱覽上設施事項如有意見得以口頭或書面建議於本館

第十七條 本館圖書外借規則另定之

第十八條 本規則如有未盡善事宜得由館務會議通過修正之

第十九條 本規則經館務會議通過施行

江西省立圖書館善本圖書閱覽規則

第一條 本規則根據教育廳頒發江西省立圖書館善本圖書保管法訂定之

第二條 館藏善本圖書只許在本館閱覽概不借出館外

第三條 欲閱覽本館善本圖書者須先得館長之允許塡給閱覽證由職員引至指定之地點閱覽之

第四條 每次閱覽善本圖書至多以兩種二十册爲限

第五條　閱覽善本圖書須加意愛護如有損壞依照損壞程度責令賠償

第六條　善本圖書閱覽時間與本館辦公時間同

第七條　閱覽善本圖書者須遵守本館普通閱覽規則

第八條　本規則經本館館務會議通過施行並呈請教育廳備案

江西省立圖書館保證金借書規則

第一條　本館爲便利閱者館外研究起見在開館期內得依照本規則出借圖書

第二條　凡善本書西文書叢書字典辭書年鑑類書新購圖書以及新聞雜誌均不外借

第三條　借書人須先領借書單按照規定事項填寫明白連同保證金交由出納處核明檢借隨付保證金收據

前項保證金數目以所有借圖書全部價值爲準但收整數例如定價在一元以內者收洋一元兩元以內者收洋兩元餘類推雜洋一律不收

第四條　每次借書以二種八册爲限如一部在八册以上者應分次借出但保證金須一次繳足

第五條　借書人指借之圖書如因借出未還或已有人在館閱覽時應改期借閱或換借他種圖書

第六條　借書期間暫定兩星期如逾期不還即將保證金全數沒收借書期滿日如值本館休息時則不計算

第七條　圖書歸還時如發現有塗改污損情事得照原價在保證金內扣除賠償費

第八條　本規則如有未盡事宜得由館務會議通過修正之

第九條　本規則經本館館務會議通過實行并呈報教育廳備案

江西省立圖書館機關借書規則

第一條 本館爲便利黨政直屬各機關需用圖書參攷起見在開館期內得按照本規則出借圖書

第二條 凡借閱圖書須備具正式鈐記公文由主管長官署名蓋章送本館核明許可後並取得借書人簽名蓋章之收據方得借出

（前項所稱機關以設在省會而有固定性質者爲限）

第三條 本館所藏左列各書不得出借

（一）善本書

（二）叢書

（三）字典辭書年鑑類書

（四）新聞雜誌

（五）新購圖書

第四條 每次借書以中文五種十五册西文兩種四册爲限如在此册數以上者應分次借出

第五條 借書期間暫以兩星期爲限到期得聲明理由請求續借兩星期但以一次爲限如逾期不還不得再借並限期將前借圖書繳還

第六條 還書時如發現有遺失及塗改汚損等情應照定價賠償

第七條 本規則如有未盡事宜得由館務會議通過修正之

第八條 本規則經本館館務會議通過實行並呈報教育廳備案

江西省立圖書館圖書流通部規則

第一條　本館爲供給民衆便利閱覽起見於省市縣鄉村各公共場所内設立圖書流通部以圖普及

第二條　本部圖書均委托省市縣鄉村公共場所主管人員管理之

第三條　本部圖書如有遺失管理人應負賠償之責

第四條　本部圖書得由本館每月更換新書一次

第五條　本部附有圖書閱覽次數查考表閱覽人須將姓名日期依次填入以便統計

第六條　本部圖書管理人須於每月月底將閱覽次數考查表作統計報告在下月十日以前送交本館考查

第七條　本部圖書依照本館編定目錄排列閱覽後應由管理人員歸還原處

第八條　本部圖書須在指定室内閱覽不得任意攜出

第九條　閱覽民衆對於本館有何意見得函告本館採納施行

第十條　閱覽人應遵守各該公共場所應守之規約

第十一條　本部圖書如辦理閱覽成績最佳者得由本館呈報　教育廳奬勵之

江西省立圖書館職員請假規則

第一條　本館職員須按時到館辦公不得遲到或早退

第二條　本館職員在辦公時間不得會客但因公務之接洽或其他要事接見者不在此限

第三條　辦公室内不得接見賓客

第四條　本館職員因事或因病不能到館辦公者須向館長請假

第五條　本館職員請假在三日以上者所任職務應商得館長同意請人代理若無故曠職卽由館長另行派人接充

第六條　本規則如有未盡事宜得由館務會議通過修正之

第七條　本規則自館務會議通過後施行

江西省立圖書館閱報規則

第一條　本館報紙供公衆閱覽凡閱報人均應愛護之

第二條　閱報人請勿任意挪動或撕破

第三條　閱報人請勿剪裁篇幅

第四條　如任意剪裁或損壞報紙一經查悉卽取消其來館閱覽權利

第五條　數人同時共閱一種報紙請各自謙讓免致無意損破

第六條　小報畫報及半頁副刊請勿抽出報夾以免遺失

第七條　如須查閱舊日報紙請按照借書手續

第八條　本規則經館務會議通過施行

江西省立圖書館書庫規則

第一條　本館閱覽股爲避免書庫圖書遺失及保持整潔起見特訂定本規則以資遵守

第二條　本館書庫除本館職員因職務上之必要於開放時得隨時出入外其餘無論何人不得擅入但經本館許可之參觀人不

在此限

第三條　出納職員于閱覽人繳還圖書時應卽點查清楚庋藏原處不得擱置

第四條　出納職員如發現圖書有蟲蛀破爛應卽交裝訂員認眞修補

第五條　每月終清查圖書時除出納職員外其他各股職員均須協同按照書目逐細查點如有缺損應卽報明館長核辦

第六條　出納職員及參觀人等在書庫內不得吸煙

第七條　本規則經本館館務會議通過實行

江西省立圖書館職員借書規約

第一條　本館爲便利職員借閱書籍及共同保護起見特訂立本規約以資遵守

第二條　凡各職員借領書籍均須依式填寫館員借書單交由管理員檢發幷逐一記入職員借書總登記簿內依姓名排列存館備查

第三條　借閱書籍每次以三種爲限至多不得過十二册

第四條　凡借閱書籍交還期限至多不得過二星期如遇必要時得由本館隨時取回己借滿三種書籍須交還後方能再借

第五條　本館新購圖書至少須俟開放一星期後方得借閱

第六條　借出之書應由借閱者完全負保管之責知有遺失破壞及塗寫汚損等事應照本館閱覽規則所規定者辦理之

第七條　凡本館職員借閱書籍依照第一條之規定手續履行不得隨意轉借他人

第八條　凡職員請假在二星期以上者須先將所借書籍交還

第九條　本館所藏善本以及金石拓本報紙雜誌概不得借出

第十條　本規約由本館館務會議議決施行

江西省立圖書館閱覽雜誌規則

一、本館雜誌陳列閱覽室內凡來館閱覽者均可自由取閱惟閱畢後須放置原處

二、閱雜誌人須特別加意愛護請勿任意放置或撕破剪裁篇幅

三、如發現第二條情弊除即取消其來館閱覽權利外並須酌量情節輕重議罰

四、外國文雜誌放置書庫內如須取閱須照閱覽圖書手續辦理

五、欲閱覽舊雜誌須先一日通知出納處方能借閱

六、本規則經館務會議通過後施行

——摘自《江西省立圖書館館刊》一九三四年創刊號

湖北省立圖書館建築委員會章程（十一月六日第一百十六次會議決議通過）

第一條　教育廳為籌劃及監督圖書館之建築起見，組織湖北省立圖書館建築委員會

第二條　本會設委員十五人至十九人以左列人員組織之

（一）省政府暨各廳共五人

（二）省立圖書館一人

（三）圖書館學專家一人

（四）工程學專家一人

（五）熱心贊助者七人至十一人

第三條　本會委員由教育廳呈請　省政府聘任均為無給職

第四條　本會之職掌如左

（一）關於建築事務之籌劃及實施事項

（二）關於建築工程設計之審核及招標事項

（三）關於工程之訂約及設計事項

（四）關於經費之領發保管及核報事項

第五條　本會設主席委員一人由教育廳呈請　省政府於委員中指定之

第六條　本會設助理員二人承主席委員之命辦理會內事務於必要時得酌用雇員

第七條　本會每月開會一次，遇必要時得由主席委員召

集臨時會議

第八條　本會辦事細則另訂之

第九條　本章程自公布之日施行

（本章程係本年四月十日經本府委員會第七十八次會議決議通過茲由兼教育廳長提修正本章程第五六七各條條文請公決案經本府委員會第一一六次會議決議通過）

——摘自《湖北省政府公報》一九三四年第五十七期

河南省圖書館閱覽規則

一通則

(1)本館閱覽時間除休假日與來復一暫停外每日自上午八時起至下午五時止中間並不間斷
或因季候關係得酌量更改之

(2)閱覽人對本館圖書須加意愛護不得批註塗改摺皺撕揭損汙遺失否則須按該書定價加倍
賠償

(3)閱覽人請勿重步行走高聲談誦及其他有礙他人閱書之行動

(4)閱覽人須重公衆衛生不得吸煙隨地吐痰並攜帶食物拋棄紙屑碎物等

(5)藏書室內非經管理員許可不得擅入

二閱書規則

(1)閱覽人擬閱某種圖書須向出納處領取閱書券自行檢查書目依閱書券內各項規定一一填
明交出納員檢發

(2)閱覽册數舊籍以一函或四册爲限新籍以二種爲限交還後方可再換他書

(3)閱覽人指定所閱圖書如因借出未還或先有人閱覽時應時換閱他種或改期閱覽

(4)閱覽人請勿將書籍攜至室外如欲暫離此室時須將所借圖書點交管理員暫爲保管

(5)閱覽人如欲抄錄紙筆文具概由自備

(6)閱覽室內所備棹椅器具閱覽人不得隨意移動及損汙

(7)閱覽人所帶衣帽皮包及其他等物均須自己照料免有遺失

三借書規則

(1)閱書人擬借某種書籍須按照該書價多繳一倍之保證金還書時如數取回

(2)借書以三種或六册爲限已借之書尚未繳還者不得再借他書

(3)借閱期間以兩來復爲限如到期尚未閱完須先期聲明得展限一來復惟展限只准一次倘逾
期不還並未聲請展限或展限屆滿仍不送還者每過一日罰洋一角

(4)所借書籍如全部册數較多不能一次外借者須按全部之書價交納保證金

(5)凡本市各圖書館及各學術機關(以有永久地址者爲限)擬借書籍須備正式公函由主管人及
經手人簽名蓋章對本館規則完全遵守如或有違規則除將原書索回外並停止其借書權

(6)本館舊書新聞雜誌地圖書册碑帖字典詞書及一切珍本鈔本概不外借

四附則

(1)本規則如有未盡事宜得隨時修正之

(2)本規則自呈准公布之日施行

——摘自《河南圖書館館刊》一九三四年第四期

寧夏省立圖

寧夏省立圖在省城玉皇樓，于廿三年九月間告成。現正集欵購書，開幕之期當不在遠。頃承寧夏省教育廳鈔示「寧夏省立圖章程，」錄之于左：

第一條　本館定名爲寧夏省立圖

第二條　本館以儲集圖書保存文獻公開閱覽以促進學術發展文化爲宗旨

第三條　本館設館長一人承教育廳之監督指揮綜理全館事務

第四條　本館設總務圖書兩部各部設主任一人由館長聘任之

第五條　總務部分文書庶務兩股

(甲)文書股職掌如左

關於保管印信事項關於文書收發分配事項關於撰繕文件及保管事項關於館內會議記錄事項關於館內各部各股統計事項

(乙)庶務股職掌如左

關於物品之購置及保管事項關於房屋之整理及清潔事項關於考核工役勤務事項關於經費出納事項關於登記購目及核算事項關於館內一切雜務

第六條　圖書部職掌如左

關於採購圖書事項關於徵集圖書事項關於保管圖書事項關於補輯裝訂事項關於借閱收發事項關於檢查圖書及整理事項關於圖書之分類編目事項關於編製閱覽統計事項

第七條　各部主任下各設幹事或職員若干人總務部主任得由館長兼任之

第八條　本館館長由教育廳長於具左列資格之一者提請省政會議通過後委任之

(一)國內外圖專科畢業者(二)在圖服務三年以上而有成績者(三)對於圖事務有相當學識及經驗者(四)專門以上學校畢業者

第九條　本館館長及館員均不得兼任館外事務

第十條　本館應于每年度開始三個月前擬定進行計劃呈請教育廳核准

第十一條　本館應于每年六月底造具工作概況呈報教育廳轉報教育部

第十二條　本館應于每年度終了時造具工作報告書呈報教育廳查核

第十三條　本館各項細則另訂之

第十四條　本章程如有未盡事宜由教育廳呈准教育部修正之

第十五條　本章程自呈准教育部備案并經省政府公佈之日施行

——摘自《中華圖書館協會會報》一九三五年第十卷第四期

令發省立各教育機關省立圖書館百年儲金辦法

安徽省政府教育廳訓令第二九零號

令省立各教育機關

案據省立圖書館館長陳東原呈稱：

「本年二月十日爲本館成立二十二週年之期，本館同人曾集合館內開會紀念，因鑒於教育經費之艱絀，思爲將來規恢拓之基，同人等發議倣江蘇省立上海中學之例，爲百年儲金之舉。儲存之法，即於民國二十四年二月十日，撥本年度學風月刊售款一百元儲之銀行，每十年一結，結後更依制定之標準轉存，十結而至百年，本利結算凡六十六萬餘元。百年之內毋許耗損，成數既達，作擴充本館事業之用。惟作始也簡，守成匪易，擬特組織儲金保管委員會以保管之。現此項儲金業已交安慶上海商業儲蓄銀行儲存。理合將所擬辦法，備文呈請鈞廳察核備案，並懇派員爲保管委員會委員，實爲公便。」等情；並附送百年儲金辦法，據此，除指令外，合行檢同原辦法一份，隨令頒發，仰即查收採用！此令。

計抄發百年儲金辦法一份。

中華民國二十四年三月　日　廳長楊廉

安徽省立圖書館百年儲金辦法

第一條　基金來源　本儲金之基金，由本館於二十四年學風月刊售款撥一百元存儲之。

第二條　存放方法　本儲金之存放方法如左：

1本儲金須存放在國家銀行或確實可靠之實業銀行。

2本儲金存放年限，以十年爲一次，每次結算後，依照第三項之存放標準處理之。

3每銀行之存數應依左列爲標準：

儲存年數	本利推算	分存銀行	存儲時每行最大數
一年	一〇〇元	一銀行	壹百元
十年	二四一·一七	一銀行	叁百元
二十年	五八一·六四	二銀行	伍百元
三十年	一、四〇二·七四	二銀行	壹仟元
四十年	三、三八三·〇一	四銀行	壹仟五百元
五十年	八、一五八·八五	四銀行	貳仟伍百元

六十年	一九、六七六・六九	五銀行	伍仟元
七十年	四七、四五四・四九	六銀行	壹萬元
八十年	一一四、四四六・六四	七銀行	貳萬元
九十年	二七六、〇一二・五八	八銀行	伍萬元
一百年	六六五、六六三・三八		

第三條　保管方法　本儲金之保管方法如左：

1本儲金依下列標準組織保管委員會，其主席由委員互推之。

A儲金年數在五十年以內，由安徽省教育最高行政長官，本館館長及本館職員代表三人，依據規定方法保管之，前項職員代表，由館務會議用記名投票選出，每五年更選一次，如被選舉人中途離職，隨時補選充任，任期至原當選人任期爲止。

B儲金年數在五十年以上，由安徽省最高行政長官，安徽省教育最高行政長官，本館館長及職員代表五人，依據規定方法保管之。

2保管委員會每屆選舉後，應由保管委員會主席將委員名單，分呈安徽省最高行政官廳及教育最高行政官廳備案。

3本儲金存入銀行時，應向銀行聲明本儲金存款不准充作任何抵押品。

4本儲金存放後，須將存放詳情，呈報安徽省最高行政官廳及安徽教育最高行政官廳備案。

5本館如中途不存在時，由保管委員會主席召集會議，開會時須有委員三分之二、出席者四分之三之同意，撥同性質圖書館轉移之。

6本儲金存摺存章及賬冊文件等，由保管委員會保管之。

7本儲金如遇存放銀行倒閉，或臨時發生危害情事，應由保管委員會會議解決之。

8本儲金如遇提取本金，或轉存他銀行時，須經保管委員半數以上之簽名蓋章，方得提取，並預向銀行聲明。

第四條　動用方法　本儲金之動用方法如左：

1本儲金自民國二十四年二月十日起，存滿一百年，（民國一百二十四年二月十日後）方得動用。

2本儲金動用時，只限發展本館事業，不得移作他用。

第五條　附則　本儲金實行存放後，應將本辦法呈報安徽省政府及安徽教育廳備案，永不變更。

——摘自《安徽教育週刊》一九三五年第六期

廣西省立第一圖徵募圖書

廣西省立第一圖成立于宣統年間，開辦迄今，將垂三十年，館藏舊籍，約有八萬餘卷。近該館爲謀增廣圖書起見，特訂募贈簡章，向各界人士徵募書籍，茲綠該簡章於后：

廣西省立第一圖募贈圖書文獻物品簡章

第一條　本館爲謀增廣圖書文獻物品以供民衆閱覽參考起見得向熱心教育人士募贈

第二條　凡捐資購贈者除照國民政府及本省公佈捐資興學褒奬條例規程辦理外依本簡章之規定辦理

(甲)捐贈圖書文獻物品其價值在一萬元以上者除登報宣揚及贈銀爵一座綉旗一方外特闢一室陳列以捐贈者之別號名之並懸其照片於室中以誌紀念

(乙)捐贈圖書文獻物品其價值在五千元以上者除登報宣揚外特闢一室陳列以捐贈者之別號名之並懸其照片於室中以誌紀念

(丙)捐贈圖書文獻物品其價值在壹千元以上者除登報宣揚外並將捐贈者之等身照片懸掛閱覽室中

(丁)捐贈圖書文獻物品其價值在五百元以上者除登報宣揚外並將捐贈者之四寸照片懸掛閱覽室中

(戊)捐贈圖書文獻物品其價值在壹百元以上者除登報宣揚外並將捐贈者之姓名彙鐫銅牌嵌啓閱覽室中

(己)捐贈圖書文獻物品其價值在一百元以下者除在館牌示宣揚外並登報鳴謝

第三條　捐贈名人未刊行之著作得酌量刊行或影印以廣流傳

第四條　如捐資贈書者對於捐資贈書經自定使用辦法而與本館宗旨相符者亦得酌量依據辦理

第五條　每屆年終應將捐贈者之姓名及其捐贈圖書文獻物品數目價值分別彙報省政府備案

第六條　本簡章自公佈日施行如有未盡事宜得隨時修正公佈之

——摘自《中華圖書館協會會報》一九三五年第十一卷第一期

雲南省立雲南圖書館收藏圖書計劃

大綱：

一、目標——決定收藏的目的

甲，質的方面

乙，量的方面

丙，語文方面

二、步驟——分期完現既定目的

甲，創立時算第一期

乙，以後算第二期

三、方法——按步就班做去

甲、第一期的方法

A徵募

1徵募什麼

（一）書

（二）買書的錢

2向誰募？

（一）個人

（二）團體，會，社

（三）機關

B捐撥

C購買

乙、第二期的方法

一、目標——決定收藏的目的

甲，質的方面

這個圖書館的性質是着重專門的學術參考，與夫西南民族的語文史地。同時，這個圖書館還要兼營普通的閱覽，所以：通俗的一般讀物，我們也要收藏。這個圖書館希望牠是省內唯一完備的圖書館，收藏的內容一定要周到充實，凡哲學，社會科學，自然科學，應用科學，藝術，文學，史地等各類的圖書，都要適當地收藏一些。

乙，量的方面

依美國的標準，供全省社會使用的一個圖書館，牠的藏書的冊數如全省人口數應該保持一與十的比例。那樣說來，雲南人口以一千二百萬計，我們也該收集一百二十萬冊書。但，那是美國的標準，我國情形不同，本省自也不合照辦。「幾十萬」這麼一個美滿的數目，創立時自然做不到，那只好儘可能的努力幹去，大概五六萬冊是要的。

丙，語文方面

中國的科學技術都不及外人，學者要作精深的研究，有賴西文書的時候很多，一樣地，圖書如完備，也就該相當地收藏些西文書。說是能讀西文的人少，那是另一個問題，可以另外設法，圖自己的責任是要盡到的。西文書要佔幾分之幾？倒不容易說定。總之，至少，最有用而中文還沒有相當的書籍的西文書，都該買。

二、步驟——分期實現既定目的

祇有創立時的情形特殊，以後的狀況便都一樣。因此，我們就依據這種客觀的環境，分做兩個步驟，來實現我們的目的。

甲，創立時算第一期

圖書就是圖書館的生命。在圖書館初成立的時候，一本書也沒有，圖書館無異於還是死的。在初創立的時候，應當大大的收集一批圖書，以爲基礎。

乙，以後算第二期

圖書館既經創立之後，我們可以繼續用按月購買的方法，站在創立時所造成的基礎上，依次去發展我們的計劃，實現我們的目的。

三、方法——按步就班做去

甲，第一期的方法

A募捐

1募捐什麼？

（一）書：這就是我們募捐的主要目的物，有書的人，如願意捐出，可以請他捐給圖書館；自已沒有書的人，如果樂意現時去買幾本捐給圖書館，留個好名譽的，更好。

（二）買書的錢：不願用上述方法，但對於這個圖書館却很愛護的人，以捐錢的方式捐錢給圖書館，圖書館再用這些錢去買書，不作他用，也是一樣。

2向誰捐募？

（一）個人：這包羅着有名的藏書家和無名的愛好藏書的人，學者，教授，教師………等等。我們都可以向他們募捐。

（二）團體社會：書局，報館，和各種學會

等，都是富有圖書的地方。只要大家熱心，『功德無量』，你捐一點，我捐一點，成績一定可觀。

（三）機關：學校和各級政府機關，有時很會有些專門的有用的圖書，而且同一種書會有好幾個複本，那便很容易捐，捐來又有用。不應該忽視。

B指撥　已廢的會社，或停辦的學校或機關，他們所有的藏書，可由政府將他撥給這個圖書館，或現存的會社，團體，機關等，他們所有的某部分圖書，於他們沒有多大用處，他們還要花很多工夫去保管的，也可以撥給圖書館。拿到圖書館去的圖書，就對於大家有用了。那里管理便當，又管理得好。

C購買：在這個圖書館的創辦費裏，提出相當的一筆欵來，去購買大批的圖書，爲這個新圖書館立下點基礎，這是非常必要的。買什麽書呢？我們所要買的書，買古書，買現代新書，買科學書，買普通讀物，買中文書，買西文書，買康藏，緬甸，印度、暹邏，安南的書。

乙、第二期的方法　依第一期的購買方法按月購訂便可，若有很現成的機會，募捐指撥的方法也可以權用，這里應該注意的是：看第一期的收藏如何，是那類的圖書多？是那方面的書籍缺？那些書最急需？應該先把缺的和急需的買足，再分買别類的圖書，以求平均的發展，去奪取完善最後的勝利。

——摘自《雲南教育公報》一九三六年第六卷第一期

核准省立圖書館籌設委員會組織規程

省府二十五年度教育施政綱要，社教部份，曾列有籌設省立圖書館一項，經省府教育廳擬具四川省立圖書館籌設委員會組織規程，簽奉　主席核准，原文如下。

第一條　四川省政府為設立省立圖書館特組織四川省立圖書館籌設委員會負籌備之責

第二條　本委員會以左列人員組織之並以教育廳廳長為委員長

甲、當然委員

一、教育廳廳長

二、教育廳第一三科科長

三、秘書處民政廳財政廳建設廳代表各一人

乙、專門委員

一、圖書館專科學校畢業對於圖書館事業饒有學識及經驗者一人至三人

二、建築工程師一人至三人

丙、聘任委員

一、學術界富有聲望人士若干人

二、熟習地方掌故及文獻之碩學通儒若干人

三、藏書家若干人

第三條　本委員會分總務建築圖書三組每組設主任委員一人由委員長就委員中聘任之幹事一人至三人由委員長指派教廳職員兼任必要時並得酌設事務員及書記

第四條　本委員會各組之職掌如左

總務組

一、關於圖記之保管

二、關於文書之撰擬收發及保管

三、關於各項會議之記錄

四、關於預決算之編製

五、關於經費之出納

六、關於賬目之登記及核算

七、關於物品之購置

八、其他不屬於他組事項

建築組

一、關於建築之設計製圖及進行

二、關於設備之設計及製購

三、關於工人之督促及考核

圖書組

一、關於圖書之徵集及採購

二、關於圖書之庫藏及保管

三、關於圖書之編製目錄卡片及撰擬提要

四、關於圖書之閱覽及統計

第五條　本委員會委員及幹事任期當然委員及幹事依其本職專門及聘任委員任期至本委員會結束之日止

第六條　本委員會全體委員開會日期由委員長訂定各組會議每月舉行一次遇必要時得由各組主任委員召集臨時會議

第七條　本委員會全體委員會議以委員長爲主席各組會議以各組主任委員主席

第八條　本委員會委員均爲名譽職但專門委員于必要時得酌致酬金

第九條　本委員會經費由省教育經費項下支給

第十條　本委員會各組辦事細則另訂之

第十一條　本委員會於省立圖書館成立之日撤銷

第十二條　本組織規程自公布日施行

——摘自《四川教育》一九三七年第一卷第二期

閩省圖規定借閱圖書規則

福建省立圖書館規定圖書借出規則如下：（一）凡欲向本館借出圖書者，應照本規則辦理之（二）借閱圖書應繳納保證金，於還書時領回，其繳納保證金辦法如下：一、不滿一元者繳一元保證金。二、一元以上者應照議圖書原價繳納保證金。（三）凡屬本省先哲遺著善本、圖書、字典、解書、新聞雜誌、小說及寄存圖書等，例不借出。（四）借出期間以一星期為限，限滿欲繼續者，應帶原圖書到館申明，經館長許可方得展期。（五）展期只限一次，亦以一星期為限。（六）借閱圖書者，如擬借之圖書，已經他人借閱，可向出納處預約，本館俟他人還時，當即通知。（七）借出圖書逾期不還者，每日每冊罰國幣二分，但逾限三日後，本館即將保證金沒收，另購新書。（八）借出圖書不得塗註及割裂。（九）交還圖書，如有發現餘情，應以所繳保證金賠償。（十）借出圖書，無論已否屆期，本館得隨時收回。（十一）本規則經呈請教育廳備案施行。

——摘自《中華圖書館協會會報》一九三七年第十二卷第六期

雲南省政府指令審總字第六二四號開：

「呈悉○詳核所呈因駁飭更正，核轉需時各情，尚屬事實○亟應設法改善，予以變通○茲分別核示如下：

1、預算方面：遇有因班級添減，須另行核定時，在未核定期間，准由廳暫照舊案呈請發款，俟預算核定後，按月補報預算呈核○幷由核定之月補發，或扣發以前少領或具領經費○但此種核定日期，不能超過兩個月○

2、省內各機關學校，須一律按照定章逐月編報預算，遲到者照章處分○

3、省外各校，暫准每學期造報標準預算一次，經本府核定後，即由廳按期照數塡支令呈核○但若中途有變更時，須隨時編報預算，呈廳核轉本府審核備案○

4、對從未造報預算各學校，由廳嚴令催報，如再遲延，則照章議處○

5、計算方面，准如該廳所擬，令飭各校將本年分二月以前之計算儘兩個月內掃數辦呈，以後即照章辦理，幷准予延後一個月呈報計算○

6、以前停簽之支付命令，從寬准予簽發○

7、義敎經費，每年中央補助費核定後，須專案呈報備案○其開支數目，每學期由廳造報概算每

函昆華圖書館及經費委員會等轉知月報預算計算改進辦法案

雲南省敎育廳公函第九三號

案查本廳前以辦理各級學校，及各敎育機關，月報預計算愆期原因，並擬具改進辦法，呈請核示去後，茲奉

月終由廳將各支領義敎經費之各機關受欵單據彙報計算書。

8、義敎經費，應併歸教育金庫保管，統收統支，不另設置人員保管，以節縻費。

9、凡金庫支款，除有緊急情形，准予由廳核准先行發欵後補支令外，其餘非經本府簽發支令，不能動支。

以上核飭各點，仰即切實遵照辦理！此令。」

等因，奉此，自應遵辦。除分別函令外，相應函請

貴館
會查照辦理！

此致

省立昆華圖書館。

省教育經費委員會。

省民衆教育委員會。

省義務教育委員會。

國民軍事訓練委員會。

——摘自《雲南教育公報》一九三八年第八卷第八期

浙江省立圖書館組織暫行條例

第一條　浙江省政府爲保存文獻儲集圖書供給閱覽促進社會教育闡揚學術文化特設立浙江省立圖書館（以下簡稱本館）

第二條　本館暫設二部（一）總務部（二）閱覽部

第三條　總務部之職掌如下

一、文件文稿之撰擬繕寫保管事項

一、會計庶務之處理事項

一、圖書雜誌之徵集選購登記事項

一、出版物之編輯發行事項

一、不屬於閱覽部事項

第四條　閱覽部之職掌如下

一、圖書雜誌報紙之分類編目事項

一、圖書雜誌報紙之庋藏事項

一、圖書之出納流通整理事項

一、製卡排卡等事項

一、閱覽指導事項

第五條　本館暫以前新民路分館爲總館作爲全館一切設施之中心另設孤山分館專供儲藏書版石刻及整理圖書之用

第六條　本館設館長一人部主任二人幹事若干人書記若干人館長應兼任一部主任

第七條　館長綜理館務主任秉承館長主辦各部事務幹事秉承主任分掌各部事務書記辦理文牘會計庶務繕寫等事務

第八條　館長由教育廳遴選呈請省政府委任之部主任幹事及書記均由館長委用呈報教育廳備案

第九條　本館應於每年度開始前擬訂計劃呈報教育廳核准行之

第十條　本館應於每月終塡具工作報告表每年度終了時編造全年度工作報告書分別呈

報教育廳查核

第十一條　本館各項細則由館擬訂呈請教育廳核定之

第十二條　本條例呈請省政府核准公佈施行

——摘自《浙江教育》一九三九年第一期

江西省立圖戰時書報流通暨供應暫行辦法

江西省立圖書館，近鑒於敵寇侵入我國土以後，我沿海及交通較便利之各大城市，悉遭淪陷，各文化團體機關及出版界從業者，亦悉數西移，復因抗戰期間，交通多感不便，以致內地文化，極爲阻滯，精神食糧，大感缺乏，該館爲溝通贛省文化，便利各界購閱各種書報計，特擬訂戰時書報流通及供應暫行辦法，除呈報該省教育廳鑒核外，並請通令全省各文化機關，茲將該項辦法，臚列於後：

一，採訪方法（一）本館將國內各書店（如重慶，桂林，金華，上海，香港等地）新出版中西文圖書，雜誌，報紙等項目錄，按期彙印成篇，散發各學校及各文化機關團體，以供購買書報時之參攷。（二）各級學校及各文化機關或私人，欲購置何種書報，可先函知本館，代爲查詢訂購。

二，訂購手續　各學校機關擬購之書報，可先函知本館，由本館彙集各種書目，分別向各書店，函商訂購，並索取定單收據等。

三，交付款項（一）各學校，各文化機關擬購大批圖書時，所有款項，可由機關呈請教育廳撥借，再由本館匯寄，如少數款項，可由本館函商書店，暫爲記帳。（二）所有匯寄款項，以國立銀行匯款單據及書店收據爲憑。

四，寄遞方法　凡購定書報雜誌，均由本館分發，爲郵寄迅速及減輕郵費起見，擬向公路處接洽，按照運送新聞紙優待辦法，及運輸行李包裹規程辦理。

五，在此非常時期內所購書報等，如遇有損失，按照各機關所購買書價比例數目攤認。

——摘自《中華圖書館協會會報》一九三九年第十四卷第一期

本省圖書教育法規

湖南省普及圖書教育暫行辦法

一、本省為普及圖書教育以提高文化水準起見特訂定本辦法

二、本省除省立圖書館單獨設立外各縣縣立圖書館仍歸併縣立民眾教育館兼辦但應專設幹事一人工人一人以專責成

三、本省各級學校及各機關團體附設圖書館（室）應一律開放供應民眾閱覽開放辦法另定之

四、本省各鄉（鎮）應於三十一年度設置書報閱覽室一所附設於鄉（鎮）中心學校以該校校長兼閱覽室主任不另支薪閱覽室每所經費暫定為九百元以各該鄉（鎮）自籌為原則

五、省縣立圖書館經費應按照普及全國圖書教育暫行辦法第十一條之規定列支經費困難之縣份得呈請中央補助

六、省立中山圖書館應設置書報供應分站、除轉發中央圖書館供應總站所寄發之書報雜誌外並應設法蒐集有關三民主義及抗戰建國與各種科學及地方文獻之書報雜誌加印分寄各縣

七、各縣民眾教育館應聯合地方教育界人士組織購書委員會（不列支經費）並照規定設置書報供應支站將分站所寄書報雜誌悉數分寄各該境內各圖書館室及圖書報閱覽室應用並得按照左列標準為全縣各鄉（鎮）書報閱覽室選

購書報

報閱覽室選購書報

（一）闡揚三民主義者

（二）適應抗戰建國之需要者

（三）有關一般民衆之職業及生活者

（四）有益於一般民衆個人修養及社會風俗文化之提倡增進者

（五）兒童讀物不涉及神仙迷信者

（六）文字通俗條達內容切要並置印刷清楚者

八、省立中山圖書館書報供應分站由該館館長兼任主任各縣書報供應支站由各該縣民衆教育館館長兼任主任均得指派館內職員協助辦理省立中山圖書館於必要時得設置專人所需經費應在該館經費預算內增列專項開支

九、各書報供應分支站於每兩月應將工作情形列表呈報主管教育行政機關以備查核並應另行抄送書報供應總站一份備查

十、本辦法自湖南省政府委員會通過之日施行

江蘇省立國學圖書館閱覽部特種借書規約

一　本館爲青年有志讀書而苦無門徑者計特選關於國學研究初步必讀之書若干種儲備多份俾能以充分時間假歸研閱依類探求得漸進深造之資

一　凡欲借閱國學門徑書者得向本館閱覽部主幹或指導員接洽繳納保證金三元聲明時期（短或一星期一月長或半年聽借書者自訂）領取借書證（此項保證金由本館以借書者之名義另立號記存之本京有儲蓄部之銀行人爲一摺借書期滿無汚損不須賠償者本館即將該欵存摺交與本人任其自行提取本息）

一　持有借書證者得就國學門徑書中選擇某種向指導員或事務員指借所借之書或一種或數種其册數由指導員酌定借出之書限一星期繳還仍得續借他書其到期而未能繳還者須聲明理由展限一星期展限之期已滿仍不歸還者本館即派人索取不得延宕倘再不交本館即取消其借書權沒收其保證金幷揭示其姓名佈告於衆

一　借閱之書須負責愛護不得塗抹損壞如還書時查有塗抹損壞者得由本館斟酌情形在保證金內扣取鈔配或另購之費（鈔配另購之數不及保證金全額者仍將餘欵退與本人其溢出保證金全額者由館通知借書人定期補繳踰期不補繳者亦揭示其姓名）及准否再行借書

一　借閱之書宜有劄記以驗心得如有疑義商榷之點隨時錄送本館當在可能範圍內竭誠以告其劄記心得本館認爲有公諸衆覽之必要者當設法代爲發表

一　閱讀勤劬長期無間且記述成績優良者本館得酌贈館中印行書籍以示獎勵

一　借閱大部書如正經正史周秦諸子唐宋名賢文集者仍照本館普通借書規程辦理

一　本規約自民國二十二年八月十四日呈報　江蘇省教育廳核准公佈施行

——摘自《江蘇省立國學圖書館年刊》一九四二年年刊

河南省立圖書館規程

第一條 本館定名為河南省立圖書館儲集各種圖書供公衆之閱覽（以下簡稱本館）

第二條 本館以促進河南文化之發展補助社會教育之進行為宗旨

第三條 本館直隸於河南省公署教育廳

第四條 本館於設立呈報時應開具左列各款

一 名稱

二 地址

三 經費預算（分臨時費與經常費）

四 現有書籍

五 建築圖式及其説明

六 章程及規則

七 開館日期

八 館長及館員資歷

第五條 本館除蒐集中外各種書籍外並負責收集保存本地已刊未刊各種有價值之著作品

第六條 本館於必要時為便利閱覽起見得設分館巡迴文庫及代辦處並得與就近之學校訂特別協助之約

第七條 本館暫設左列各部

一 事務部

二 圖書部

三 閱覽部

第八條 本館事務部職掌如左

一 關於典守印信及文件起草收發整理保管事項

二 關於統計報告調查製表等事項

三 關於預算決算編造事項

四 關於館舍管理事項

五 關於設備用具保管修理及點查清理事項

六 關於圖書物品購置事項

七 關於參觀招待事項

八 關於不屬其他各部事項

第九條 本館圖書部職掌如左

一 關於圖書分類編目事項

二 關於目錄卡片繕寫排列及撤消修改事項

三 關於參考書籍之調查及參考資料之採集事項

四　關於圖書增減調查及選擇介紹事項
五　關於圖書題解及答復事項
六　關於圖書價格査塡事項
七　關於圖書驗收登記蓋章貼籤事項
八　關於圖書保管整理交換寄存及裝訂曝晒消毒等事項

第十條　本館閱覽部職掌如左
一　關於閱覽室佈置整理事項
二　關於借覽圖書閱覽統計事項
三　關於閱覽指導及執行閱覽規則事項
四　關於閱覽室參考室圖書之管理及點查事項
五　關於圖書館事業宣傳及推廣事項
六　關於推廣設計事項

第十一條　本館設館長一人由教育廳簽呈省署委任總攬全館一切事務各部設主任一人事務員若干人由教育廳直接委任分掌各部事務並得酌用傭員若干人

第十二條　充任本館館長應具左列資格之一
一　國內外圖書館專科畢業者
二　在圖書館服務三年以上而有成績者
三　對於圖書館事務有相當學識及經驗者

第十三條　充任本館館員應具左列資格之一
一　中等以上學校畢業曾任圖書館職務一年以上者
二　在圖書館服務二年以上而有成績者
三　對於圖書館事務有相當學識及經驗者

第十四條　本館經費由河南省公署教育廳按月發給之

第十五條　本館各種規程另定之

第十六條　本規程如有未盡事項得隨時修正之

第十七條　本規程自公佈日施行

——摘自《河南教育季刊》一九四二年第一卷第三期

臺灣省立圖書館章程

中華民國卅五年六月十日
參　長　官　核　准

第一條　本章程依修正圖書館規程第二十八條之規定訂定之。

第二條　臺灣省立圖書館（以下簡稱本館）遵照中華民國教育宗旨，及其實施方針，與社會教育目標，以儲集各種圖書及地方文獻，供民衆閱覽，舉辦各種社會教育事業，提高文化水準爲宗旨。

第三條　本館設左列各部，但得斟酌情形合併之：

一　總務部　文書，會計，庶務及其他不屬於各部之事務屬之；

二　採編部　選購，徵集，交換，登記，分類，編目等屬之；

三　閱覽部　閱覽，藏，參考，互借等屬之；

四　特藏部　金石，輿圖，善本，地方文獻等屬之；

五　研究輔導部　調查，統計，研究，實驗，視察，輔導圖書工作人員之進修與訓練，及各項推廣事業等屬之。

第四條　本館設館長一人，由教育處遴選合於修正圖書館規程第十三條資格者，報請本省行政長官公署派任之。

第五條　本館各部設主任三人至五人（館長應兼任一部），由館長遴選合於修正圖書館規程第十四條資格之人員，呈報教育處委派之，幹事七人至十四人，由館長遴選合於修正圖書館規程第十五條資格之人員聘任之，助理幹事，書記各三人至七人，均由[illegible]

前項助理幹事之資格，應中等學校畢業。

第六條　主任承館長之命，分掌各該部主管事務，幹事，助理幹事，書記，分承各該部主管之命辦理事務。

第七條　本館應舉行左列會議：

一　館務會議：由館長及各部主任組織之，以館長爲主席，討論全館一切興革事項，每月開會一次；

二　輔導會議：由館長各部主任及各該地方內有關之教育行政機關代表組織之，以館長爲主席，討論圖書館辦理輔導，或推廣事業之興革事項，每半年開會一次。

第八條　本館應設置左列各會：

一　工作討論會；由各主任及幹事助理幹事組織之，各部主任輪流當主席，研究有關學術，及討論改進工作事項，每兩週開會一次；

二　經濟稽核委員會：由各部主任及全體幹事互推五人至七人爲委員（總務主任會計庶務不得爲委員）組織之，委員輪流當主席，負稽核收支帳目及單據之責，每月開會一次。

第九條　本館爲謀事業之發展起見，得聯絡地方黨政機關，社會團體及熱心教育人士組織各種委員會。

第十條　本館應於每年度開始前一個月內造具下年度事業進行計劃及經費預算書，呈報行政長官公署查核備案。

第十一條　本館應於每年度終了後一個月內，造具上年度工作報告及經費計算書，呈報行政長官公署查核備案。

第十二條　本館經常費分配標準，薪水不得高於百分之五十，辦公費不得高於百分之十，事業費及圖書費不得低於百分之四十。

第十三條　本館職員薪俸，依「臺灣省社會教育機關服務人員任用及待遇規程」之規定支給之。

第十四條　本館應按月將工作情形，填具月報表，呈送教育處查核，其月報表格式另定之。

第十五條　本館辦事細則另定之。

第十六條　本章程未規定事項，悉依修正圖書館規程辦理。

——摘自《臺灣省行政長官公署公報》一九四六年夏字第三十七號